KB190738

마가복음:
길 위의 예수, 그가 전한 복음

박윤만 지음

마가복음: 길 위의 예수, 그가 전한 복음
개정증보판

개정1쇄 2021.11.08.
지음 박윤만
교정교열 김요셉, 박이삭, 윤웅렬, 이판열

발행처 감은사
발행인 이영욱
전화 070-8614-2206
팩스 050-7091-2206
주소 서울시 강동구 암사동 아리수로 66, 401호
이메일 editor@gameun.co.kr

ISBN 9791190389440
정가 63,000원

A Commentary on the Gospel of Mark:
The Gospel Proclaimed by Jesus on the Way

Yoon Man Park

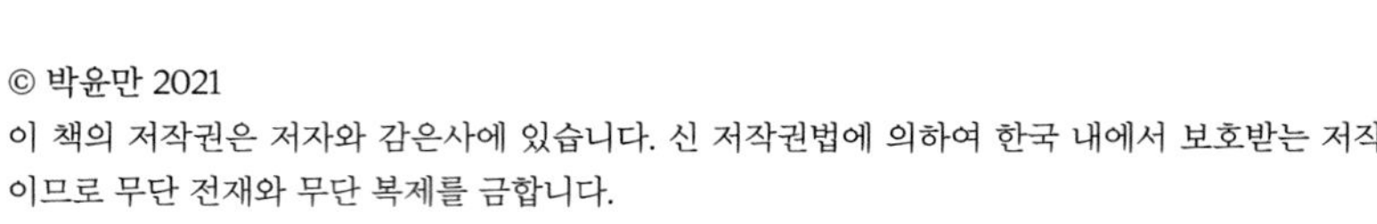

© 박윤만 2021
이 책의 저작권은 저자와 감은사에 있습니다. 신 저작권법에 의하여 한국 내에서 보호받는 저작물이므로 무단 전재와 무단 복제를 금합니다.

이 책을 스탠리 포터(Stanley E. Porter)에게 헌정합니다.

| 목차 |

추천사

'길 위의 예수님이 전한 하나님의 복음'을 소개하는 이 주석은 박윤만 박사의 신대원 시절부터 박사학위 논문까지, 그리고 그의 교수 사역과 목회 사역의 길에서 땀 흘린 결과물이기도 합니다. 신대원 시절에 마가복음을 가르쳤고, 목회학석사(M. Div.) 학위논문을 지도했던 기억이 엊그제 같은데 세월은 유수같이 흘러갔습니다. 길이 없는 길에서 길이 되었던 예수님은 길이 너무 많아 길을 잃어버린 우리에게 참된 길, 십자가의 길을 보여 주셨습니다. 마가는 누구보다도 간결하고 명료하게 이 길을 소개하고 있는데, 박윤만 박사는 우리에게 이 책을 통하여 자세한 길 안내자와 길동무가 되어 우리를 안내하고 있습니다. 이 책은 마치 높은 산을 등반하는 사람들에게 꼭 필요한 셰르파(Sherpa)와 같은 역할을 합니다. 특별히 종교개혁의 유산인 언어적·역사적·신학적 방법—스스로 "성경의 성격 자체를 존중하는 접근"이라고 부르는—을 통하여, 그중 특히 그의 전문적 영역인 언어적 해석을 통하여 우리를 잘 안내하고 있습니다. 마가복음에 대한 좋은 한국어 주석이 많지 않은 상황에서 이 주석책은 신학도만이 아니라 일선 목회자들에게도 좋은 지침서가 되기에 충분할 것입니다. 성령의 조명하심과 기도 가운데 마가복음을 깊이 묵상하려는 독자들을 이 책은 더 심도있는 사색으로 안내할 것입니다. 책과 산책, 검색과 사색을 통해 하나님의 말씀에 대해 더 깊이 깨닫고자 하는 이들에게 이 책은 좋은 도구가 되리라 믿어 의심치 않습니다. 장망성을 빠져나와 해석자의 집에서 미궁을 향하여 나아가는 필자에게 또한 그를 가르쳤던 한 사람으로서 이 책의 출간을 진심으로 축하하며, 이제 함께 마가복음의 길동무가 됨을 기쁘게 생각합니다.

심상법 교수 | 총신대학교 신학대학원 신약학

저자는 마가복음 주해를 위해 주후 1세기의 역사적 상황, 마가복음과 관련된 그리스-로마와 유대문헌, 구약의 신학적 이해, 그리고 현대언어학적 통찰력을 통합적으로 활용한다. 방대한 참고 자료는 저자가 긴 호흡으로 대기만성형 작품을 내놓기까지의 산고를 증거한다. 문장과 단락마다 균형 잡힌 정교한 논의가 담겨 있으므로 독자는 천천히 정독해야 한다. 독자는 보너스로 주어진 마가복음 사역(私譯)에 감사해야 하고, 더불어 길 위의 예수님을 중심으로 하는 마가신학을 선명하게 드러내는 틀 의미론적 분석의 제 맛을 음미할 수 있다. 새로운 해석 방법론은 새로운 결과를 산출하는 법이다. 이제부터 마가복음 연구자들은 이정표가 될 이 책과 진지한 대화를 나눠야 할 것이다.

송영목 교수 | 고신대학교 신약학

본 주석서의 저자 박윤만 교수는 우리나라 기독교계의 귀한 차세대 목회자요, 신학자라고 말할 수 있습니다. 그는 영국의 뛰어난 신약학자 스탠리 포터 박사 밑에서 9년 동안 헬라어와 성경신학을 제대로 배운 분으로 성경 언어에 뛰어난 능력을 가진 소장학자입니다. 그는 복음의 열정으로 성경을 연구하며, 설교하는 데에도 뜨거운 마음을 가지고 있습니다. 마가복음 주석을 집필하면서 마가복음 전체를 무려 72개의 장으로 세밀하게 나누어 연구한 것을 보면, 그의 연구가 얼마나 섬세하면서도 철저한지 잘 알 수 있습니다.

김서택 목사 | 대구동부교회

박윤만 목사님의 '마가복음 주석'은 최근 주석 학계의 학문적 경향을 세심하게 살피며 그 단단한 기초 위에서 쓰인 귀한 노작으로, 복음서에 대한 과거 양식 비평의 한계를 아주 잘 극복한 책이다. 특히 마가복음이 초대 교회의 가장 큰 특징인 '스토리텔링 공동체'(Story-telling Community)를 위해 쓰인 내러티브(Narrative)형식의 저서라는 것을 전제로 주석함으로써 예수라는 역사적 인물과 그가 중심이 된 사건들을 구체적인 시공간 안에서 아주 잘 드러내고 있다. 이것은 최근의 '역사적 예수'와 '신앙의 그리스도'라는 이분법적 복음서 연구의 한계를 넘어서서 해석학적 지평의 융해를 이루어 목회자뿐만 아니라 모든 성도들에게 신앙의 큰 유익을 주는 귀한 저서가 될 것이다.

이문식 목사 | 광교산울교회, 복음주의교회연합회 대표이사

박윤만 박사의 마가복음 주석은 좋은 주석의 특징을 모두 갖추고 있다. 우선 저자의 입장과 방법론을 선명하게 제시한 후 그에 따라 충실한 본문 읽기가 이루어진다. 저자의 강점인 언어학적 눈길은 더 날카로워지고, 거기에 본문의 역사적·신학적 차원에 대한 관심이 더해져, 독자들은 다른 어떤 주석 못지 않게 풍성하고 균형잡힌 본문읽기를 경험하게 된다. 본문을 세심하게 관찰하고, 그 신학적 의미를 곱씹으며, 다른 이들의 연구에 경청하는 모습 역시 성경을 읽는 모든 독자들에게 좋은 귀감이 된다. 본문의 중요한 주제나 논점에 관해서는 꽤 상세한 설명을 제시해주어 보다 많은 독자들이 본문의 깊은 울림에 공감할 수 있게 해준 것도 인상적이다. 마가복음을 공부하는 모든 이들의 필독서가 되리라 생각한다. 상대적으로 관심이 적었던 마가복음에 대한 우리말 주석이라 더 반갑다. 오랜 인내와 땀흘림으로 우리의 성경 읽기를 더욱 풍성하게 만들어 준 저자의 수고에 감사한다.

권연경 교수 | 숭실대학교 기독교학과

서문

마가복음의 예수님은 길 위의 예수님이다. 복음서 내내 그는 걸으시며 어디론가 이동해 가신다. 복음서 전체 구조에서 본다면 그의 길은 갈릴리에서 예루살렘(10:32)으로 이어지지만, 보다 상세한 관측도 가능하다. 그의 출발지는 길이 없는 광야(1:9; 참고. 5절)였고 도착지는 막다른 길, 곧 무덤이었다(15:46). 광야를 출발지로 삼은 것은 선지자 이사야의 예언을 이루려는 세례 요한의 선구자적 사역(1:2-4) 때문이고, 무덤이 그 종착지가 된 것은 아리마대 요셉의 자기희생적 배려(15:43-46) 때문이다. 이런 점에서 그의 여정은 수동적이었다고 말할 수 있다. 하지만 예수님의 여정이 수동적이기만 한 것은 아니다. 예수님은 세례 요한이 있는 광야로 직접 찾아가시고(1:9) 또 다른 사람들을 불러 그가 걷는 길을 따라(1:16-20; 2:14; 6:1; 10:52) 혹은 함께(3:14; 15:41) 걷게 하신다. 무엇보다 그 너머에 무덤이 기다리고 있는 예루살렘행은 그의 자발적 선택(10:1, 32-33; 11:27)에 따른 것이었다. 그러므로 길이 없는 광야에서 출발하여 갈릴리와 예루살렘, 그리고 무덤으로 이어지는 여행 과정은 사실 예수님 스스로 선택한 길이었다.

예수님의 길 여행에는 역설과 반전이 동시에 존재한다. 1:2-3에서 이사야의 예언을 빌려 마가가 말한 것처럼 예수님이 걸으시는 길은 사실 "주의 길", 곧 하나님의 길이었다(3절). "주의 길"에 들어선 예수님이 보여주신 것은, 역사 속에 난 하나님의 '로드맵'은 길이 없는 광야에서 출발하여 막다른 골목과 같은 무덤으로 이어진다는 것이다. 이런 점에서 길 위의 예수님이 전한 하나님의 복음에는 아이러니가 있다. 하나님의 다스림을 받는 자가 결국 가야할 곳은 길이 없는 광야와 막다른 골목인 무덤이라는 암시를 주기 때문이다. 그러나 길 위의 예수님이 전한 복음에는 반전 또한 존재한다. 하나님 복음의 담지자인 예수님이 결국 도착하신 무덤은 말 그대로 '길의 무덤'이 아니라 새 창조가 시작되는 '하나님의 모태'가 되기 때문이다. 죽어서 들어간 곳이 살아 부활한 곳이 된 것이고, 여행의 종착지가 새 창조의 출발지가 된 것이다. 이런 점에서 예수님의 길 여행은 무덤이 새 창조의 모태가 될 수 있음을 보여준 복음 선포의 장 그 자체이다.

마가복음은 일인 단막극이 아니고 그 길 위에는 예수님만 있었던 것이 아니다. 그 길은 하나님의 길로 이사야에 의해 예언되었고, 역사 속에서 세례 요한이 먼저 걸었고 예수님은 그 뒤를 따라 걷는다(1:7, 14). 그뿐만 아니라 예수님은 다시 그의 길에 제자들을 불러 함께 그 길을 걷게 하신다. 그러나 제자들이 초대된 것은 갈릴리에서 예루살렘으로 이어진 길 여행만이 아니었다. 무덤에서 걸어 나오신 후 예수님은 제자들을 다시 갈릴리로 불러 모으시는데(14:28; 16:7), 이런 소환은 그를 메시아로 믿고 그의 부활을 믿는 자들이 걸어야 할 길이 있음을 알려준다. 제자들은 갈릴리에서 예루살렘으로 이어지는 여행을 다시 하도록 초대받은 것이다. 두 번째 여행은 첫 번째 여행과 다를 것이다. 첫 여행에서 제자들은 부름받은 여정을 완주하지 못하는데, 이는 무덤이 막다른 골목이라 판단했기 때문이다. 그러나 두 번째 여행에 초대받은 제자들은 이제 죽어 무덤에 들어갔다가 살아 부활하여 나온 예수님으로 인해 무덤 또한 새 창조의 장이 될 수 있음을 깨달았음이 틀림없다. 이런 점에서 마가복음은 메시아 예수 안에 새로운 차원의 길 여행이 있음을 알려주는 복음이자 사람들을 그 길에로 부르는 초대장과 같다.

모든 해석에는 고유한 방법론이 있듯이 본 주석 역시 언어적·역사적·신학적 접근을 취하여 마가복음을 해석한다. 위 세 가지 방법론을 택한 두 가지 이유가 있다. 첫째, 언어적·역사적·신학적 성경해석 방법은 벌코프가 그의 책 『성경해석학』 전체에서 일관되게 지적한 것처럼 모든 삶의 규칙과 원칙을 성경에서 찾으려 했던 종교개혁가들의 성경 해석의 삼중적 방법이다. 둘째, 본 주석은 삼중적 방법론이 성경의 성격 자체를 존중하는 접근이라 믿는다. 구약성경을 통해 자신을 드러내셨던 하나님께서는 주후 1세기 역사 속에서 특정 언어와 문법으로 기록된 마가복을 통해 다시 계시하셨기 때문이다. 그러므로 마가복음을 통해 진행된 하나님의 계시에 대한 이해는 그것이 기록된 역사적 상황, 그것의 의사소통 매체인 언어와 문법, 그것이 전제로 하고 있는 구약성경의 신학에 대한 고려 없이는 이해가 불가능하다. 삼중적 접근 중 어느 것이 더 우선적으로 주해에 고려돼야 하는지 결정하기는 쉽지 않다. 그럼에도 성경 본문이 언어와 문법으로 구성되어 있다는 엄연한 사실은, 언어와 문법적 방법을 주해의 출발점이 되도록 허락한다. 하지만 언어와 문법은 언어 사용자의 신학과 그것을 소통의 도구로 사용하는 사회/역사와 분리된 채 존재하지 않는다는 사실 역시 기억해야 한다. 따라서 본 주석은 마가복음을 주해함에 있어서 언어학적 접근을 출발점으로 삼지만 1세기 역사 및 그것이 전제하고 있는 구약(유대) 신학과의 대화를 지속적으로 해나갈 것이다.

마가복음 주해에 대한 나의 관심은 마가복음 2:1-3:6을 현대 언어학

특히 틀 의미론(frame semantics)으로 분석한 박사학위 논문을[1] 쓰는 동안 본격적으로 시작되었다. 귀국 후 5년간의 나의 학문 활동은 학위 논문에서 사용한 언어적 방법론을 발전시키는 데 집중했는데, 특히 현대 언어학의 결실들을 신약성경의 언어와 문법 이해에 접목하여 본문의 의미를 언어학적으로 명료화시키는 작업을 하는 데에 집중했다. 본 주석에는 박사학위에서 사용된 틀 의미론과 귀국 후 여러 학회지에 실은 그러한 논문들(2011b: 69-96; 2013a: 63-89; 2014: 329-64; 2015: 86-110; 2016: 261-90; 2017: 35-69)과 저서(2013b[개정 2019]); 2020: 77-103)가 두루 반영되어 있다. 이후 최근 3-4년 동안 나의 학문적 궤도에는 약간의 변화가 생겼다. 마가복음 연구에는 변함이 없었지만 방법론은 언어학에서 역사로 그 중심이 이동했다. 이런 변화는 앞서 지적한 것처럼 성경 해석의 삼중적 방법론이 성경의 성격 자체를 존중하는 접근이라는 나의 믿음 때문이었다. 따라서 본 주석은 역사적-신학적 해석에 집중된 그 같은 논문들의 연구 성과 역시 반영하고 있다.[2]

본 주석이 나오기까지 많은 이들의 수고와 희생이 있었다. 먼저, 총신대학교 신학대학원의 심상법 교수님께 감사드린다. 마가복음 전공자이신 심 교수님은 나의 신학대학원 졸업 논문 지도 교수로서 나로 하여금 마가복음의 중요성과 매력에 눈을 뜨게 만들어준 장본인이었다. 그후 나의 유학 중에도 적잖은 충고로 학문의 길을 계속 갈 수 있도록 이끌어 주셨다. 더불어 김서택 목사님께도 감사를 드린다. 저자는 신학대학원 시절 김서

---

1. 나의 학위 논문은 2010년 Brill 출판사에서 출판되었다. Yoon-Man Park, *Mark's Memory Resources and the Controversy Stories (2:1-3:6): an Application of Frame Theory into the Markan Oral-Aural Narrative* (Leiden/Boston: Brill, 2010).
2. 박윤만, "예수님의 두 얼굴-마가복음의 고기독론 연구", 『신약연구』 16/1 (2017), 35-69.

택 목사님의 설교를 통해 하나님의 말씀이 적절하게 주석되고 적용될 때 어떠한 은혜가 주어지는지 배웠다. 또한 광교산울교회 이문식 목사님께도 감사드린다. 저자가 대학교 재학 시절 활동했던 IVF(한국기독학생회) 수련회에 갔을 때 이 목사님이 해주신 '역사의 예수'에 대한 강의는 나에게 큰 도전이었다. 그 후 그의 강해설교를 들으며 예수님을 알아가는 일이 우리 시대 사회와 역사에 어떤 의미가 있는지 배우게 되었다. 그리고 바쁜 중에도 본 주석을 읽고 추천을 해준 고신대학교 송영목 교수님과 학문의 선배이신 권연경 교수님에게도 감사의 말을 전한다.

또한 대신대학교 신학대학원 박사과정에 있는 정주환 목사, 성웅현 목사, 서양순 전도사에게 감사를 드린다. 주석의 여러 부분을 수업 중 함께 읽고 토론한 덕분에 내용의 많은 부분을 수정 보완할 수 있게 되었다. 또한 본 주석을 처음부터 끝까지 몇 차례 읽으며 교정을 해준 한지선 전도사에게 진심어린 감사의 말을 전하고 싶다. 꼼꼼하고 인내심을 요하는 교정을 그녀가 기꺼이 감당해준 덕분에 초고의 투박하고 서툰 여러 어투와 흐름이 정교히 다듬어졌음을 인정하지 않을 수 없다. 그럼에도 오타와 어설픈 표현이 발견된다면 그것은 전적으로 저자인 나의 책임이다.

하늘깊은샘교회 성도들에게 감사하지 않을 수 없다. 몇 년간 주일 아침 예배 시 마가복음과 관련된 수십 편의 설교를 하는 동안 본 주석이 우리 시대에 치열한 삶의 현장에 있는 이들에게 보다 더 적실성을 가져야 함을 알려주었다. 사실 때론 그들의 삶과 별 관련이 없어 보이는 내용을 설교할 때도 '은혜'로 응답해준 것은 나를 행복한 목회자로 살아가게 한 원동력이었다. 교회는 또한 주석이 마무리에 들어갔던 지난 2년간 특별 여름휴가를 가져 주석 작업에만 매진할 수 있도록 배려까지 해주었다. 더불어 언제나 연구에 집중할 수 있도록 묵묵히 인내하고 후원해 준 아내에게 감사를 드린다. 감사의 명단에 내가 사랑했고 존경했던 아버님이 빠질 수 없지만, 부친은 6년간의 암투병 후 이 주석이 나오기 몇 개월 전에 소천하셨다. 아버님이 살아내셨던 82년의 인생은 나와 우리 가족에게 예수님을 믿고 따르는 것이 무엇과 같은 것인지를 온 몸으로 보여주셨을 뿐만 아니라, 믿음이 병을 낫게도 하지만 병도 어떻게 할 수 없는 것이 믿음임을 후손들에게 영적 유산으로 남겨주셨다.

끝으로 감사의 말을 해야할 사람은 나의 선생인 스탠리 포터(Stanley E. Porter)다. 그는 주석에 있어서 언어와 문법적 이해의 중요성을 나에게 알려주고 또한 현대 언어학의 통찰을 사용할 수 있는 능력을 구비토록 해주었다. 사실 이 주석이 취한 언어적·문법적 방법론은 1999년 영국 런던 소재 써리-로햄턴 대학교(The University of Surrey-Roehampton)에서 시작된 포터와의 첫 만남에서 구체화되기 시작했다. 이후 영국에서 석사과정을 마치고 그와 함께 캐나다로 옮긴 후 박사학위 논문을 완료한 2008년까지 현대 언어학과 신약성경 해석의 접목을 위해 그가 해준 방향 제시와 비평적 충고는 나의 사고력과 연구 능력을 향상시켜 본 주석의 연구방법론을 체계화할 수 있는 발판이 되었다. 존경과 감사를 담아 이 주석을 스탠리에게 헌정한다.

개정증보판 서문

개정증보판은 초판 이후 혹은 초판에 미처 반영하지 못한 국외 마가복음 주석과 국내 신약학자들의 연구 결과물을 가능한 많이 반영하려고 했다. 또한 초판의 오탈자와 오류를 고치고 누락된 출처를 새롭게 표기했다. 본문의 내용에 대한 큰 개정은 없지만 부분적 수정과 내용 첨가는 이뤄졌다.

본 개정증보판이 나오기까지 여러 사람의 수고가 있었다. 초판을 함께 읽고 토론하면서 내용을 새롭게 정리할 수 있도록 도와준 대신대학교 일반대학원 석사 및 박사 과정 학생들에게 감사의 말을 전한다. 또한 책을 완독한 후 오탈자와 성경 구절의 오류를 꼼꼼하게 지적해준 정주환 박사, 서양순 박사, 김기선 목사, 서요한 목사와 이명희 전도사와 재수 형님(이재수 님)과 황윤주 선생에게 진심어린 감사를 드린다. 끝으로 아내에게 고맙다는 말을 하지 않을 수 없다. 바쁜 교직 생활 가운데서도 아내는 적지 않은 분량의 원고를 처음부터 끝까지 꼼꼼히 읽으며 마지막 교정을 기꺼이 해주었다. 본 주석에 인용된 저자의 논문들(아래)은 해당 학술지로부터 재출판 허락을 받아 사용함을 밝혀 둔다.

재출판 또는 부분 인용이 허락된 논문들:

"마가의 구술-청각적 서사(Mark's Oral and Aural Narrative) 이해를 위한 인지 모형(Cognitive Model)으로서 틀 이론(Frame Theory)." 「신약연구」 7.4 (2008b): 649-77.

"신약성서 헬라어의 현저성 표지들(Prominence Markers)." 「신약연구」 9.2 (2010): 309-35.

"동사 상과 빌레몬서 담화 처리." 「신약연구」 10.4 (2011a): 941-76.

"응집성과 문단-틀 의미론(frame semantics)에 기초한 마가복음 1:16-20 연구." 「성경과 신학」 58 (2011b): 69-96.

"추론(Inference)에 기초한 신약성경 본문 읽기." 「성경과 신학」 66 (2013a): 63-89.

"예수님의 죄 용서 선언에 드러난 자기 이해-가버나움 집에서 죄 용서 선언(막 2:1-12)을 중심으로." 「신약논단」 21.2 (2014): 329-64.

"예수님의 구약해석-마가복음을 중심으로." 「신약연구」 14.1 (2015): 86-110.

"예수, 총체적 종말론적 구원자-마가복음의 예수님의 치유와 축귀 그리고 죽음을 중심으로." 「성경과 신학」 77 (2016): 261-90.

"예수님의 두 얼굴-마가복음의 고기독론 연구." 「신약연구」 16.1 (2017): 35-69.

"고난받는 인자에 대한 '기록'-막 9:12와 2:21에 드러난 예수님의 구약 사용 연구." 「신약연구」 19.1 (2020): 77-103.

"신약성경 헬라어 분사에 사용된 부사적 분사의 화용적 의미 결정에 대해." 「신약연구」 20.1 (2021): 39-75.

약어표

AB	Anchor Bible
ABD	*Anchor Bible Dictionary*. Edited BY D.N. Freedman. 6 vols.
ATR	*Anglican Theological Review*
AUSS	Andrews University Seminary Studies
BA	*Biblical Archaeologist*
BAR	*Biblical Archaeology Review*
BAGL	*Biblical and Ancient Greek Linguistics*
BDAG	Bauer, Walter, *A Greek-English Lexicon of the New Testament and Other Early Christian Literature*, ed. Frederick William Danker, 3rd ed.
BDF	Blass Debrunner Funk
BNTC	Black' New Testament Commentary
BR	*Biblical Research*
BH	*Book History*
BTB	*Biblical Theology Bulletin*
CB	*Coniectanea Biblica*
CBQ	*Catholic Biblical Quarterly*
DBC	Doubleday Bible Commentary
DSD	*Dead Sea Discoveries*
EDNT	*Exegetical Dictionary of the New Testament*. Edited by H. Balz and G. Schneider. 3 vols
HTR	*Harvard Theological Review*
JAAR	*Journal of the American Academy of Religion*
JBL	*Journal of Biblical Literature*
JGRChJ	*Journal of Greco-Roman Christianity and Judaism*
JSNT	*Journal for the Study of the New Testament*
JSNTSup	Journal for the Study of the New Testament: Supplement Series

JTS	*Journal of Theological Studies*
IEJ	*Israel Exploration Journal*
NICNT	New International Commentary on the New Testament
NIGTC	The New International Greek Testament Commentary
NovT	*Novum Testamentum*
NTS	*New Testament Studies*
NHL	*New Literary History*
PNTC	Pillar New Testament Commentary
RE	*Review and Expositor*
RIDI	*Revue Internationale des Droits de l'antiquite*
OGIS	Orientis graeci inscriptiones selectae
OTL	Old Testament Library
OTP	Old Testament Pseudepigrapha 1 & 2
SBLDS	Society of Biblical Literature-Dissertation Series
SBT	*Studies in Biblical Theology*
SNTSMS	Society for New Testament Studies Monograph Series
TDNT	*Theological Dictionary of the New Testament.* Edited by G. Kittel and G. Friedrich.
TNTC	Tyndale New Testament Commentaries

구약외경/위경 한글 음역[1]

1 Esdras	에스드라1서
1 Enoch	에녹1서
1 Maccabees	마카비1서
2 Baruch	바룩2서
2 Enoch	에녹2서
2 Esdra	에스드라2서
2 Maccabees	마카비2서
3 Enoch	에녹3서

1. 이하 고대 문헌들에 대해서는 (영서명이 이탤릭으로 표현되었더라도) 서명에 겹낫표를 사용하지 않았습니다.

3 Maccabees	마카비3서
4 Enoch	에녹4서
4 Maccabees	마카비4서
4QMessianic Apocalypse	메시아의 묵시
Apocalypse of Abraham	아브라함의 묵시
Apocryphon of Ezekiel	에스겔 비록
Biblical Antiquities	성경고대사
Ezekiel the Tragedian	비극 작가 에스겔
Jubilees	희년서
Judith	유디트
Parables of Enoch	에녹의 비유
Psalms of Solomon	솔로몬의 시편
Sibylline Oracles	시뷜라의 신탁
Sirach	집회서
Testament of Asher	아셀의 유언
Testament of Gad	갓의 유언
Testament of Isaac	이삭의유언
Testament of Issachar	잇사갈의 유언
Testament of Job	욥의 유언
Testament of Joseph	요셉의 유언
Testament of Levi	레위의 유언
Testament of Moses	모세의 유언
Testament of Solomon	솔로몬의 유언
The Life of Adam and Eve	아담과 이브의 생애
Tobit	토비트

랍비문헌

Aboth	아보트
Avodah Zarah	아보다 자라
Baba Kamma	바바 캄마
Bereshit Rabbah	창세기 랍바

Devarim Rabbah	신명기 랍바
Eduyoth	에두요트
Esther Rabbah	에스더 랍바
Gittin	깃틴
Hagigah	하기가
Kellim	켈림
Ketuboth	케투보트
Lamentations Rabba	예레미야애가 랍바
Megillah	메길라
Middoth	미도트
Midrash Mishle	미드라쉬 잠언
Midrash Tehilim	미드라쉬 시편
Nedarim	네다림
Niddah	닛다
Oholoth	오홀로트
Peah	페아
Pesahim	페사힘
Qiddusin	킷두쉰
Rosh Hashanah	로쉬 하샤나
Sanhedrin	산헤드린
Shabbat	샤바트
Shebuoth	쉐부오트
Shekalim	쉐칼림
Shemot Rabbah	출애굽기 랍바
Sifra Leviticus	시프라 레위기
Taanit	타아니트
Tamid	타미드
Tohoroth	토호로트
Yadaim	야다임
Yebam	예밤
Zavim	자빔

제1부
개관

1. 배경

1. 저자

마가복음은 그 저자가 누군지를 알려주는 내적 증거를 제공하지 않는다. 헬라어 본문의 표제인 '까따 마르꼰'(KATA MAPKON, "마가에 따른")은 학자에 따라 2세기 초·중반 혹은 1세기 후반부터 사본에 기록되기 시작했을 것이라는 등 의견이 분분하지만, 원본은 그 표제를 가지지 않았을 것이란 데 있어서는 의견의 일치를 보인다(Hengel, 1985: 64-84). 아래에서 살펴볼 것처럼 주후 1세기와 같이 전체 인구의 90% 정도가 글을 읽거나 쓸 수 없었던 구술-청각 의사소통 사회는, 현대의 인쇄문화 사회와 같은 저작권에 대한 관심이 없었기 때문이다.[1] 어쨌든 내적 증거가 부재한 가운데서 저자에 대한 논의는 교회사로부터 온 증거에 의존할 수밖에 없다. 가장 오래된 증언은 소아시아 리쿠스(Lycus)시에 있는 히에라폴리스(Hierapolis)의 주교 파피아스(Papias)의 것으로 기록 연대가 주후 80-130년으로 알려진 그의 책, 『주의 가르침에 대한 해설집』(*The Exposition of the Logia of the Lord*)에서 파피아스는 말한다:

> 그리고 이는 장로가 말한 것입니다. "마가는 베드로의 통역관이 되어 그가 기억한 모든 것을 정확히 기술했습니다. 비록 [연대기적] 순서를 따르지는 않았지만 그것들은 주님에 의해 말해지고 행해진 것입니다"(Eusebius, *Ecclesiastical History* 3.39.15).

---

1. 헹엘(Martin Hengel)은 1세기 말 혹은 2세기에 이르러 복음서 사본에 저자명이 붙기 시작한 이유를 여러 권의 복음서들(마태, 누가, 요한)이 교회에서 기록되고 회람되기 시작하면서 복음서 상호간의 구분의 필요성이 대두되었기 때문이라 본다(1985: 81-84).

유세비우스에 따르면 파피아스는 마가복음 저자를 마가로 밝히고 있다. 이러한 증언은 후에 다른 교부들에게 영향을 주어 이레나이우스(Irenaeus, 주후 약 130-202년)와[2] 알렉산드리아의 클레멘스(Clement of Alexandria, 주후 약 150-215년)[3] 역시 마가복음 저자를 마가로 밝힌다. 그렇다면, 마가 저작설은 적어도 2세기 중·후반 즈음에 이르러서는 교회 안에서 이미 자리매김이 이뤄진 입장이었다는 것이 분명해진다.[4] 마가는 누구인가? 사실 마가는 1세기 팔레스타인에서 빈번하게 등장하고 있는 유대 남성 이름들 중의 하나였다.[5] 그럼에도 파피아스와 교부들이 마가복음의 저자를 마가로 언급하면서 그에 대한 추가적인 설명을 하지 않은 것은 그가 교회 안에서 잘 알려졌던 인물이었기 때문일 수 있다. 그렇다면 베드로의 통역관이었던 마가를 신약성경에 나오는 요한 마가(벧전 5:13; 행 12:12, 25; 13:13; 15:37-39; 몬 24; 골 4:10; 딤후 4:11)와 동일 인물로 볼 수 있을까? 베드로전서 5:13에서 요한 마가가 베드로의 "아들"로 소개되고 있는 것을 고려해본다면, 그럴 가능성이 높다(Jefford, 557-58; Elliott [b], 887-89). 또한 베드로의 통역관이자 "아들"이었던 마가가 사도행전과 바울 서신에서 실라와 함께 바울의 선교 동행자로 언급된 인물과 동일인이었을 가능성도 있는데, 이는 베드로전서 5:12에서도 마가를 실라와 함께 머물고 있는 동료로 밝히고 있기 때문이다. 따라서 우리는 마가복음의 저자로 알려진 마가는 베드로의 통역관이며, 또 바나바의 조카(골 4:10)일 뿐 아

2. Irenaeus, *Against Heresies* 3.1.1.
3. Eusebius, *Ecclesiastical History* 6.14.5-7에서 언급된다.
4. 파피아스의 증언의 신뢰성에 대한 문제 제기와 그에 대한 반박은 Park, 49-55 참조.
5. 예수 시대 가장 빈번하게 사용되던 유대 남성/여성 이름들의 목록을 위해서는 Bauckham, 2006: 85-91 참고.

니라, 베드로와 바울의 동행자였음을 확신할 수 있는 근거를 가지게 되었다(Park, 51).

2. 수신인

마가복음이 특정 지역의 그리스도인을 수신자로 삼아 기록된 문서라는 것은 최근 신약 학계에서 거의 일치된 견해가 되다시피 해왔다. 그러나 최근에 보캄(Richard Bauckham)은 그러한 전제가 바울 서신의 상황을 복음서에 적용한 것이라 주장하면서 복음서는 불특정 다수의 그리스도인을 대상으로 기록된 문서라는 주장을 내놓았다(1997: 9-48). 그 주장을 뒷받침하기 위해 보캄은 고대에 기록된 문서는 원거리 수신자를 위한 의사소통 도구라는 점을 먼저 지적한 후, 많은 학자들이 말하는 것처럼 마가가 그의 수신자와 동일 공동체에 속해 있었다면 그들이 이미 알고 있는 복음을 왜 다시 기록하는 수고를 하려 했겠느냐고 반박한다(Bauckham, 1997: 29).[6] 마가는 지역적으로 멀리 떨어져 있어 직접 대면할 수 없는 불특정 그리스도인들에게 "하나님의 아들 예수 그리스도의 복음"(1:1)을 알려주려는 목적으로 복음서를 기록했다는 것이다. 보캄의 주장이 설득력 있는 것처럼 보임에도 불구하고, 특정 지역 수신자 이론이 여전히 타당한 것으로 믿을 수 있는 결정적인 내적 증거가 있다. 15:21에서 마가는 예수님의 십자가를 대신 짊어진 사람을 "루포의 아버지인 구레네 사람 시몬"이라고 밝힌다. 이 표현은 오직 루포를 알고 있는 사람에게만 이해 가능한 표현(Marcus, 2000: 25)이기에 마가복음이 루포를 공동체 구성원으로 알고 있었던 특정 청자를 수신자로 삼고 있었다는 주장은 여전히 타당하다고 볼 수 있다.

6. 이 문제는 마가복음의 기록 목적 부분에서 다뤄질 것이다.

그렇다면 마가복음은 어느 지역에 있는 그리스도인들에게 보내진 것일까? 세 곳이 비중 있게 다뤄져 왔는데 갈릴리(Roskam, 94-114), 시리아(Marcus, 2000: 33-39), 그리고 전통적으로 알려진 로마(Hengel, 1985: 28-30)가 그 후보 지역들이다. 이 중 로마가 가장 높은 개연성을 가진 후보 지역이라는 언어적 증거가 있다. 먼저, 마가복음에는 라틴어를 음역한 것 같은 헬라어가 자주 사용된다. '모디오스'(μόδιος, "침상", 4:21), '레기온'(λεγιών, "군대", 5:9, 15), '스뻬꿀라또라'(σπεκουλάτορα, "시위병", 6:27), '께소스'(κῆσος, "세금", 12:14), '까이사로스'(Καίσαρος, "가이사", 12:14), '껜뛰리온'(κεντυρίων, "백부장", 15:39, 44) 등이 대표적인 예들이다(BDF §5). 보다 결정적인 증거는 라틴어에 익숙한 로마 혹은 이탈리아에 있는 사람을 위한 번역이 이뤄졌다는 사실이다(대조. Turner, 29). 예컨대, 12:42는 과부의 동전을 '렙따 뒤오 호 에스띤 꼬드란떼스'(λεπτὰ δύο ὅ ἐστιν κοδράντης, "두 렙돈, 곧 한 고드란트")라고 표현한다(Hengel, 1985: 29). 헬라 동전 "렙돈"의 가치를 로마 동전 '코드란트'로 번역하고 있는 것이다. 또한 15:16에서 마가는 예수님이 붙들려 가신 곳을 '에소 떼스 아울레스 호 에스띤 쁘라이또리온'(ἔσω τῆς αὐλῆς ὅ ἐστιν πραιτώριον, "뜰 안 곧 브라이도리온")이라 하면서 다시 "뜰"을 가리키는 헬라어 '아울레스'(αὐλῆς)를 라틴어 '쁘라이또리온'(πραιτώριον)으로 번역한다(Hengel, 1985: 29). 언어적 수고가 뒤따르는 헬라 개념의 라틴어 음역은, 라틴어를 모국어로 한 이탈리아 청자를 위한 배려로 볼 때 가장 쉽게 설명될 수 있다(Taylor, 1966: 54).

다. 저작 시기

이레나이우스는 마가가 로마에서 베드로가 죽은 직후(주후 약 64-65

년)에 그의 복음서를 기록했다고 전해준다.[7] 한편 알렉산드리아의 클레멘스는 베드로가 로마에 있을 때(주후 약 45-65년) 기록했다고 한다.[8] 하지만 베드로를 준거점으로 삼는 교부들과는 달리 현대 학자들은 로마에 의한 예루살렘 멸망 시기(주후 70년)를 마가복음의 저작 연대를 추정하는 기준으로 삼는다(Cranfield, 8; Gnilka, 1권 38-39; Hooker, 1991: 8). 그들은 마가가 목격자들로부터 전해 들은 예루살렘 멸망에 관한 예수님의 여러 예언들 중 그의 시대에 벌어지고 있는 상황에 가장 필요한 진술을 택했다고 보기 때문이다. 13:14에서 예수님은 "멸망의 가증한 것이 서서는 안 될 곳에 선 것을 보면 … 그때에 유대에 있는 자들은 산으로 도망하라"라고 하신다. 이런 예언은 유대에 있는 사람이 여전히 도망할 가능성이 열려 있는 시대에 살고 있던 사람들에게 적실하다. 유대와 예루살렘은 주후 70년에 로마에 포위되어 멸망했기 때문에 "산으로 도망가라"는 말은 로마의 포위망이 점점 좁혀오던 주후 68-69년의 상황에 처해있던 사람에게 필요한 예언이다(Hengel, 1985: 16-20). 외적 증거보다 내적 증거가 더 우선적으로 고려돼야 하기 때문에 13:14에 근거하여 마가복음의 저작 시기를 대략 주후 68-69년으로 추정하는 것이 무리가 없다.

라. 자료

파피아스의 증언을 다시 들어 보자:

> 그리고 이는 장로가 말한 것입니다. "마가는 베드로의 통역관이 되어 그가 기억한 모든 것을 정확하게 기술했습니다. 비록 [연대기적] 순서를 따르지는 않았지만 그것은 주님에 의해 말해지고 행해진 것들입니다. 그는 주님

7. Irenaeus, *Against Heresies* 3.1.1.
8. Eusebius, *Ecclesiastical History* 6.14.5-7.

으로부터 직접 듣지도 않았고 그를 따르지도 않았지만, 내가 말한 것처럼, 후에 베드로를 따랐습니다. 그[베드로]가 필요하다고 판단할 때마다, 말하자면, 주님의 말씀에 대해 정돈된 설명을 하지는 않았지만, 그에게 가르침을 주곤 했습니다. 그러므로 마가는 그것들을 기억하면서 기록하는 데 있어 어떤 실수를 범하지 않았습니다. 이는 그가 들었던 것 중의 하나라도 빼먹지 않고 또 그것들과 관련해서 거짓된 진술을 하지 않도록 세심한 주의를 기울였기 때문입니다"(Eusebius, *Ecclesiastical History* 3.39.15., 번역은 저자의 것).[9]

마가가 복음서를 기록할 때 의존했던 주된 자료는 베드로로부터 왔다는 것이 파피아스의 증언을 통해 확인된다.[10] 특히 그의 통역관으로서 마가는 베드로가 구술로 주었던 가르침을 기록된 문서에 옮길 때 "어떤 실수를 범하지 않았다"고 말한다. 이런 진술은 그의 복음서가 베드로의 구술전승에 의존해 있었음을 증명하려는 시도로 보인다. 최근 어떤 학자들은 파피아스가 베드로의 이름을 빌려 마가복음에 사도적 권위를 부여하려 했다고 말하면서 그의 증언의 신뢰성을 의심하기도 한다(Botha, 36-37; Marcus, 2000: 22-24; Park, 50 재인용). 하지만 회의론자들이 답해야 할 문제가 있다. 파피아스가 만일 마가복음의 사도적 권위를 변호하고자 그의 증언을 조작하려 했다면, 초기 교회의 여러 저자들이 그러했던 것처럼, 마가복음을 왜 '베드로의 복음'이라 이름 붙이지 않고, 간접적으로, 그

9. 홈즈(Michael W. Holmes)의 영역을 토대로 저자가 번역하되 헬라어 원문을 참고하여 새롭게 번역한 부분도 있다.

10. 마가복음의 베드로 기원설은 최근 보캄에 의해 재조명 받았는데, 그는 사복음서의 예수 전승이 목격자 증언에 기초해 있다는 주장을 펼친다. Bauckham, 2006: 155-239 참고.

리고 모호하게 마가복음 뒤에 베드로가 있다는 식으로 말하고 있는지 그 이유를 말해야 할 것이다(McDonald and Porter, 287; Park, 50).

마가 배후에 베드로가 있었다는 파피아스의 증언이 사실이라 믿어야 할 합리적 이유가 있다. 위에서 지적한 바와 같이 마가는 열두 제자 그룹에 속한 권위 있는 인물도, 그렇다고 목격자도 아니었다. 그의 신분은 다만 바울의 선교 동행자라는 것이 전부였기에 만일 마가복음 뒤에 베드로가 있다는 마가의 증언이 교회에서 사실로 받아들여지지 않았다면, 초기 교회가 파피아스의 증언만을 듣고 마가복음의 사도적 권위를 인정할 수 있었다고 보기는 매우 힘들다(Park, 50). 더 중요한 점은, 학자들이 주장하는 것처럼, 파피아스의 주 관심은 마가복음의 사도성 옹호보다는 마가복음의 서툰 문체를 변호하는 데 있었다는 것이다. 파피아스는 마가복음의 사도성을 위해 베드로 배후설을 지어낼 필요를 갖고 있지 않았다. 위 모든 것을 고려할 때 마가복음의 예수 증언이 베드로로부터 기인했다고 말하는 파피아스의 증언을 믿지 못할 이유가 없다(박윤만, 2013b: 38).[11]

물론 베드로 배후설을 받아들인다 하더라도 마가복음의 전체가 베드로가 목격자 자격으로 직접 참여했던 사건을 토대로 한다고는 말할 수 없다. 복음서 안에는 베드로가 참여하지 않았던 많은 사건들과 대화들이 기록되어 있기에 그와 같은 주장은 설득력이 없다. 오히려 마가복음의 주된 자료가 된 베드로의 증언은 베드로 개인이 목격한 예수님의 행적과 어록뿐 아니라 그가 동료 제자들로부터 들어 알게 된 사건들과 어록 역시 포함한다고 보는 것이 옳다. 이러한 추론은 초기 교회가 열두 사도를 중심으로 강한 내부적 결속을 유지하고 있었고, 그 가운데서 베드로가 핵심적

11. 파피아스 증언에 대한 불신을 정당하게 비판하고 그의 증언의 신빙성을 증명한 글을 위해서는 Byrskog, 272-92; McDonald and Porter, 286-87; Bauckham, 2006: 202-39; Park, 48-51 참고.

위치를 차지하고 있었다는 것(행 1:15-25; 4:5-23; 15:7)을 고려할 때 결코 불가능한 것이 아니다. 따라서 베드로의 예수에 대한 기억과 증언은 개인적인 것이었다기보다는 다른 사도(목격자)들과 공유하고 있던 것(Bauckham, 2006: 179-80; 박윤만, 2013b: 34-35)이었다는 주장은 정당하다.

따라서 마가복음의 이야기가 열두 제자의 관점으로 기록된 특징을 가진다는 주장이 학자들에 의해 지속적으로 제기된 것은 결코 우연이 아니다(Turner, 225-40; Bauckham, 2006: 156-64). 예컨대, 마가는 예수님이 갈릴리에서 하나님 나라를 선포하신 후 본격적으로 사역을 하시기 전 가장 먼저 네 명의 제자(베드로, 안드레, 야고보와 요한)를 부르는 일부터 하셨다고 말한다(1:16-20). 이런 사건 배열은 예수님의 공적 사역에 제자들이 처음부터 목격자로 참여하였다는 것을 함의한다. 실제로 마가복음에서 예수님의 사역은 공동체 중심으로 진행된다. 아래 본문 주석에서 살펴볼 것처럼 초기 사역에서 예수님은 네 명의 제자들과 함께 움직이시며(1:21, 29, 36; 2:15, 18, 23), 사건과 행동은 예수님이 포함된 3인칭 복수 주격으로 서술된다(1:21, 29, 36; Bauckham, 2006: 161). 사역이 진행됨에 따라 안드레를 제외한 세 명의 제자들(5:38; 9:9, 14-15)에 의해 목격된 이야기도 나온다. 무엇보다 마가복음에 있는 열두 제자의 전망은 마가의 빈번한 "열둘"이라는 명칭 사용을 통해 확인되는데, 그들의 존재는 명시되기도 하고(3:14; 4:10; 6:7; 9:35; 10:32; 11:11-12; 14:10, 17, 20, 43) 암시되기도 한다(3:31-35; 4;35-41; 5:31; 6:30, 45-56; 7:2; 9:1-19; 8:27-38 등등). 만일 베드로가 마가복음 배후에 있었다는 우리의 주장이 옳다면 베드로의 예수 기억은 다른 세 제자 혹은 열두 제자의 기억과 공유되거나 혹은 그것을 바탕으로 형성된 것이라고 봐야 한다(Gerhardsson, 1968: 73; 비교. Bauckham, 2006: 94-113, 164).

마가복음이 베드로의 증언을 바탕으로 한다는 주장에는 두 가지 보충적 설명을 필요로 한다. 첫째, 마가복음의 모든 내용이 베드로와 열두 제자의 기억만을 바탕으로 하고 있는 것은 아니다. 베드로와 열 두 제자의 참여가 언급되지 않은 단화들이 있기 때문이다. 예컨대, 예수님의 세례와 광야 시험(1:9-13), 시리아 페니키아 여인의 딸 치유(7:24-30), 데가볼리 지방에서 귀 먹고 말 더듬는 자 치유(7:31-37) 등이 그 대표적인 단화들이다. 이런 이야기들은 현장에 참여했던 목격자의 도움을 받아 마가가 직접 기록했을 가능성이 상당히 높다. 물론, 베드로가 그런 목격자의 증언을 토대로 예수 이야기를 구술로 이미 전하고 있었고, 마가는 그 이야기를 복음서에 기록했다고 보는 것 역시 불가능하지 않다. 둘째, 마가가 베드로의 구술 전달을 기억하여 복음서를 기록했다는 것이, 그의 자율적 능력의 개입을 부정한다는 뜻은 아니다. 마가는 자기의 기억으로부터 예수님에 관한 베드로의 증언들을 가져왔고 그것을 기록으로 옮기는 과정을 거쳤기에, 마가 자신만의 문학적 문체와 언어적인 특징을 서술에 반영할 수 있었을 것이다. 무엇보다 예수님과 열두 제자들, 그리고 현장에 있었던 목격자들은 아람어로 말을 했지만 마가복음에서 그들의 말은 헬라어로 번역되어 전해진다. 물론 번역은 창조가 아니며, 또 소위 말하는 마가의 신학은 예수님의 신학과 다른 별개의 것이 아닌 게 사실임에도, 마가의 내러티브 구조와 전개, 그리고 그것을 서술하는 문체와 언어에는 그의 독특한 어법과 신학적 강조가 반영되었다는 점을 부인할 수 없다.

2. 기록[12] 목적

복음서의 장르가 역사적 인물을 소재로 하여 쓴 헬라 전기(βίος)이라는[13] 것은, 지난 세기 말부터 이미 많은 신약학자들이 받아들여 온 견해다(Talbert, 1977; Aune, 1989; Burridge, 1992; 권영주 456-90).[14] 이런 장르 이해에 따르면 마가복음은 예수님의 역사적 전기이다. 그러면 마가가 예수님의 생애를 기록한 목적은 무엇일까? 역사적 전기로서 그것의 성격이 말해주듯 마가복음의 역사적 성격을 염두에 둔 채 그 기록 목적을 고려해 보자. 전기 저자를 포함하여 고대 역사가들의 역사 기록의 목적(과 방식)

---

12. 예수님과 마가복음의 기록 사이에는 대략 36-7년의 간격이 있다. 우리에게 남겨진 문서적 증거로 볼 때 사복음서를 제외하고는 그 시기에 예수님의 이야기를 문서로 기록하려는 그 어떤 다른 시도가 없었다고 말할 수 있다. 여기서 중요한 질문이 생긴다. 예수님은 소리로 복음을 전파했는데 복음서는 소리로 전달된 메시지를 글로 옮겼다. 의사소통 매체의 변화가 일어난 것이다. 왜 복음서 저자들은 의사소통 매체의 변화를 각오하면서까지 소리로서 예수님의 복음을 글로 옮겼을까? 필자는 총 네 가지로 그 이유를 제시했는데, 1) 목격자들의 죽음, 2) 이방 선교의 결과, 3) 구술 공연의 보조물, 4) 예수님의 이야기를 전기로 남기고자 한 의도가 그것이다(박윤만, 2013b:39-41).
13. 당시 문학 장르 중의 하나인 '헬라 전기'(βίος)는 현대적 의미의 '자서전'(autography)과 뚜렷한 차이들이 있다. 현대 자서전은 작가가 자신의 일생을 특히 심리와 성품, 그리고 업적을 소재로 삼아 스스로 저술하거나 혹은 구술을 통해 타인이 저술하게 한다. 그러나 고대 헬라 전기는 위대한 인물(장군, 철학가, 왕 등)로 알려진 사람 혹은 한 조직의 창시자의 사후에 다른 사람이 그들의 생애를 서술하되 출생에서 시작하여 공적 사역에 이르는 과정, 그리고 죽음까지의 일대기를 그들이 남긴 격언, 일화, 어록과 더불어 소개한다(Burridge, 1998; 1998). 대표적인 헬라 전기에는 수에토니우스(Suetonius)의 『카이사르의 생애들』(*Lives of the Caesars*), 플루타르크(Plutarch)의 『소 카토』(*Cato Minor*), 타키투스(Tacitus)의 『아그리콜라』(*Agricola*) 네포스(Nepos)의 『아티쿠스』(*Atticus*), 필로(Philo)의 『모세』(*Moses*) 등이 있다.
14. 권영주는 복음서를 고대 전기라는 장르로 다루되 복음서 상호간의 상이성이 나타나는 이유를 고대 전기 작가들의 다양한 작법의 관점에서 찾는다.

은 세 가지이다.

첫째, 사건과 인물과 관련된 과거를 기록으로 남겨놓되 보다 신뢰할 만한 자료에 의거하여 후대가 그것을 기억할 수 있도록 역사를 기록했다.[15] 예컨대, 폴리비우스(Polybius, 주전 264-146년)는 역사를 기록할 때 들은 소문보다 참여한 목격자의 증언을 더 선호하며 "눈은 귀보다 더 확실한 목격자들이다"라고[16] 했다. 이 진술은 그의 역사 기술이 좀 더 정확하고 실제에 부합하는 과거를 남겨 놓으려는 의도를 담고 있었음을 말해준다(Byrskog, 179-84). 투키디데스(Thucydides) 역시 그의 역사 기술이 좀 더 분명하며(σαφής),[17] 믿을 만하며(ἀλήθεια),[18] 그리고 정확한(ἀκρίβεια) 것이라 표현했다. 특히 그는 자신의 역사책은 청자들의 기호에 영합하려는 경향을 배제한 채 진리를 말하고 있는 것임을 천명한다(Morrison, 104, 112).

지난 세기 유행했던 양식비평은 마가복음을 비롯하여 복음서들이 '역사의 예수'보다는 초기 교회의 가르침을 반영한다는 주장을 펼치며 복음서의 역사성에 대한 극단적 회의를 부추겼다.[19] 그러나 초기 교회로부터 온 증거는 이런 양식비평의 주장이 근거 없는 것일 뿐만 아니라 도리어

15. Polybius, 12.27.1; Byrskog, 52에서 재인용.

16. Thucydides, *The Peloponnesian War*, 1.22.4.

17. Thucydides, *The Peloponnesian War*, 1.23.6.

18. Thucydides, *The Peloponnesian War*, 1.22.2. 투키디데스의 저술 방식에 대한 위의 관측은 Morrison, 99에서 재인용. 누가 역시 그의 복음서 서문(1-4)에서 비슷한 용어를 사용한다. 그는 자신의 복음서가 "목격자"(αὐτόπται)와 "말씀의 일꾼된 자들"의 증언에 기초해 있다고 한다. 이어서 예수님에게 일어난 일을 "자세히"(ἀκριβῶς) 살펴 기록하여 이미 데오빌로가 배운 것이 "확실함"(τὴν ἀσφάλειαν)을 알려주고자 함이라 밝힌다.

19. 복음서 전승에 있어서 양식비평의 주장이 가진 문제점에 대해서는 박윤만, 2013b: 33-39를 보라.

교회가 가진 예수전승에 대한 자세는 고대 역사가들의 역사 기록 목적 및 원칙과 유사한 입장을 견지했음을 보여준다. 파피아스는 예수님의 말과 가르침이 주후 80년대 교회 상황에서 어떻게 수집, 보존, 그리고 관리되었는지를 보여 주는 증언을 한다:

> 나는 다른 어떤 사람들의 명령을 회상하는 사람을 좋아하지 않는다. 대신에 주님께서 신앙을 위해 주신 명령들과 그 진리 자체로부터 나오는 명령들을 기억하는 사람을 좋아한다. … 내가 장로들의 시중을 들었던 사람들을 만났을 때는 장로들의 말들—안드레, 베드로, 빌립, 도마, 야고보, 요한, 마태 또는 다른 주의 제자들이 말했던 것과 장로 요한과 주의 제자들이 말하고 있었던 것들—에 대해 세심히 질문하였다. … (Eusebius, *Ecclesiastical History* 3.39.3-4., 번역은 저자의 것).[20]

파피아스가 보존 가치가 있다고 여긴 예수 증언은 초기 교회에서 권위 있는 이들로 알려진 사도들과 장로(전승 보존자)로부터 온 것이었다. 또한 파피아스는 의도적으로 사도들 혹은 장로로부터 직접 가르침을 들은 사람들을 선별해서 만나려고 할 정도로 예수 증언을 정확하고 신실하게 보존하는 일에 관심을 가지고 있었다.[21] 그렇다면 역사적 인물인 예수에 대한 전기를 저술하는 마가 역시 자기 의식적인 고대 역사가들(예. 폴리비우스, 투키디데스)과, 그와 거의 동시대인인 파피아스가 하려고 했던 것처럼 가능한 정확하고 신실하게 예수님의 어록과 사역을 기록하려는 의도로 펜을 들었다고 보지 못할 이유는 없다(참고. 눅 1:1-4; Bauckham,

20. 홈즈(Holmes)의 영역을 토대로 저자가 번역하되 헬라어 원문을 참고로 새롭게 번역한 부분도 있다

21. 이런 파피아스의 증언에 대한 충분한 논의를 위해서는 박윤만, 2013b: 36-38를 보라.

2006: 271-89; 박윤만, 2013b: 38). 또한 양식비평과는 달리 사실 초기 교회는 한 인물의 과거 행적과 현재 행적을 구분할 능력이 교회에 엄연히 존재했었음을 보여 주는 신약성경의 증거도 있는데, 예컨대, 바울은 결혼에 관한 가르침을 주면서 예수님과 자신의 것을 구분하면서 준다(고전 7:10, 12). 이런 증거는 초기 교회가 부활한 예수님의 말과 '역사의 예수'의 말을 구분하지 못했다는 양식비평의 전제가 초기 교회의 실제 상황에 대한 정당한 평가가 결코 아님을 말해 준다.

둘째, 그러나 고대인들의 역사 기록에 사건과 인물의 과거를 기록으로 남겨 놓으려는 의도만 있었다는 주장은 시대착오적인 이해다. 고대인들의 역사 기록이 현재를 살아가는 청자들에게 과거를 통한 교훈을 주기 위해서였다는 점을 간과해서는 안 된다(Byrskog, 301; Burridge, 1992: 125-26, 149-52). 무엇보다 유대 그리스도인들에게 성경의 과거 역사는 특정한 상황에 처해 있는 현재의 그들에게 삶의 안내서 역할을 한다는 믿음은 견고했다("그들에게 일어난 이런 일은 본보기가 되고 또한 종말을 만난 우리를 깨우치기 위하여 기록되었습니다", 고전 10:11). 누가 역시 그 이전에 예수님의 역사를 기록한 이들이 있다는 것을 알면서도 다시 "이루어진 사실"을 기록하려는 이유가 데오빌로가 이미 받은 가르침에 "확실함"을 더하기 위함이라 밝힌다(1:1-4). 이미 받은 가르침에 "확실함"을 더한다는 것은 누가가 예수 이야기를 데오빌로의 이해와 혹은 상황에 더 적실성을 가지도록 하기 위해 다시 기록한다는 뜻을 가진다.

당대의 특정한 필요에 관심을 가지고 과거 사건을 기록한 고대 사회의 역사 기록 경향은 당시의 의사소통 방식과 깊은 관련이 있다. 로마 제국 시대에는 전 인구의 10-15%만 글을 읽고 쓸 수 있었다(Harris, 22, 267-72). 압도적 문맹률을 가진 시대에서 문서 기록은 청자를 염두에 둔 채 공개적 읽기를 위해 기록되었고(Park, 43-70), 그런 문맹률의 사회에서 대부분의 사람들은 역사적 정보를 그들의 기억에 저장한다. 기억에 저장된 과거 역사는 기억의 쇠퇴와 함께 잊혀 가지만, 현재의 삶의 길을 안내하는 정보는 지속된다. 이 때문에 과거 역사 기록은 현재 역사의 등불 노릇하는 방식으로 청자에게 들려져 회상되며 또 다음 세대로 전달된다(박윤만, 2013b: 45-48). 마가가 그의 복음서를 기록할 때 가진 의도는 청자들이 예수님의 역사를 그들의 기억에 저장하고 회상하도록 하기 위해서였음이 분명하다. 이런 점에서 사복음서는 '기억력의 쇠퇴'를 극복해낸 전승이다. 특히 고대 사회의 문서는 개인적인 조용한 읽기가 아니라 공개적 읽기로 저술되었기 때문에(Hadas, 51, 60-64; Harris, 220-29; Park, 55-60) 그의 복음서는 교회가 한 주의 첫날 공동체로 모여(16:2 주해를 보라) 예수님의 복음을 소리로 들을 때마다 그들의 기억에 이미 있던 예수님의 이야기는 되살아나 그들의 삶의 길을 인도하는 진리가 되는 방식으로 사용되었을 것이다.[22]

마가가 그의 복음서를 통해 '과거의 예수님'이 '현재의 청자'에게 말하도록 하기 위해 기록했다는 주장은 복음서의 언어가 헬라어라는 사실을 통해 더욱 분명해진다. 예수님의 일상생활어는 아람어였다(Porter, 1998: 123-54). 그러나 복음서의 예수님은 헬라어로 말씀하신다. 언어적으로 본다면 복음서의 예수님은 '번역된 예수'이다. '번역된 예수'에 대한 가장 타당한 설명은 복음서 저자들이 아람어를 모르는 헬라어권 청자에게 "예수님의 복음을 전함에 있어서 하나님 나라의 '선포자의 언어'보다 하나님 나라 '수혜자의 언어'를 택함으로 '언어적 성육신'의 과정을 거쳤다"고 보는 것이다(박윤만, 2013b: 24-25). 따라서 과거의 예수님(who Jesus was)에 대한 지식을 담고 있는 마가복음은 필연적으로 원(original) 청자들의 현

22. 초기 교회의 복음서가 한 주의 첫날에 공개적으로 읽혀졌다는 증거를 위해서는 Justin, *1 Apology* 67.6를 보라.

재 삶에 예수님이 누구인지(who Jesus is) 끊임없이 질문하게 하고 또 그들이 갈 길을 그 안에서 찾게 한다.

셋째, 버리지(Richard Burridge)가 지적한 것처럼 헬라 전기를 집필한 저자는 대체로 세 가지의 목적을 가지는데, 변증(apology)과 논쟁(polemic), 그리고 교육(didactic)이 그것이다(1998: 122). 따라서 마가복음은 외부의 공격으로부터 예수님의 가르침과 사역, 그리고 의미를 보호하고(변증), 또 보다 더 적극적으로 대적들을 물리치고(논쟁), 그리고 그의 공동체가 예수님의 가르침을 따라 계속적으로 살아가도록 양육(교육)하고자 기록되었다고 볼 수 있다. 이와 관련하여 마가복음이 기록되었을 때 그것의 역사적 청자인 로마의 그리스도인들이 직면한 상황은 고려해 볼 만하다. 마가복음이 기록된 시기(주후 68-69년)에 로마 교회는 네로에 의한 기독교 박해 국면(주후 64-68년)에 직접 처해 있었다. 로마 대화재의 범인으로 기독교인들이 누명을 썼기 때문이다. 로마 역사학자 타키투스(Tacitus)는 그 당시 상황을 그의 책에서 이렇게 말한다. "자신이 그리스도인이라 고백하는 자들이 먼저 잡혔다. 그 다음 그들의 밀고에 따라 많은 다른 그리스도인들이 잡혀 방화죄가 아닌 인류를 증오한 죄로 유죄 판결을 받았다."[23] 마가복음 13:12-13의 구절은 정확하게 이 상황을 반영하는 것처럼 보인다:

> 형제가 형제를, 아버지가 자식을 죽는 데에 내 줄 것입니다. 그리고 자식들이 부모를 대적하여 일어날 것입니다. 그리고 그들이 그들을 죽게 할 것입니다. 그리고 그대들은 나의 이름 때문에 모든 사람들에게 미움을 받게 될 것입니다. 그러나 끝까지 참는 그 사람은 구원을 받을 것입니다.

23. Tacitus, *Annals* 15.44.

예수님은 자신을 따르는 공동체가 박해로 위기를 겪게 될 것이라 예언하셨고, 로마의 그리스도인들은 실제로 그 상황에 직면하게 된 것이다. 마가복음 전체를 예수님의 수난 기사로 보아도 전혀 이상하지 않을 정도로 예수님의 죽음과 고난의 그림자가 그의 사역 초기부터 짙게 드리워지기 시작하여 결국 복음서 전체에 퍼진다(1:14; 3:6; 6:14-29; 8:31; 9:9, 31; 10:33-34, 45; 11:18; 12;1-12; 14:1, 10-11). 고난받아 죽음의 길을 걷는 예수님에 대한 강조는, 그를 주로 믿고 고백하였기 때문에 박해를 받던 로마의 그리스도인들에게 그러한 운명이 결코 이상한 게 아니라 도리어 그들의 주가 걸은 길과 같은 것임을 깨닫게 했을 것이다. 게다가 죽음과 고난 후 부활의 영광을 입은 예수님처럼 박해 가운데서 "끝까지 참는 자는 구원을 얻을 것이다"라는 말씀(막 13:13)은 분명 그들에게 소망의 메시지가 되었을 것이다.

특히, 지난 세기 여러 학자들에 의해 관찰된 '실패한 제자들'(Weeden; Malbon, 1983: 29-48; Achtemeier, 1986: 105)이라는 마가복음의 제자들의 위상 역시 로마의 그리스도인들에게 중요한 의미가 있다. 마가복음에 따르면 열두 제자는 이후에 교회의 기초를 놓은 사도들이었음에도 그들의 이전 모습은 예수님의 길을 따라 걷는 일에 실패한 자들이었다는 사실을 결코 숨기지 않는다(양용의, 29-32). 실패한 제자에서 사도로 변화되는 과정 뒤에는 무엇이 있었을까? 마가는 그 변화 뒤에 예수님의 주도권이 있었다고 말한다. 예수님의 주도권은 부활한 후 그를 부인할, 그리고 부인한 제자들에게 갈릴리에서 만나 다시 시작하자는 결론 부분에서 절정에 도달한다(14:27-31; 16:7; Garrett, 142, 150). 이처럼 실패한 제자들을 다시 세워 나가시는 예수님의 주도권을 담고 있는 마가복음의 제자도는 로마의 그리스도인들에게 분명한 메시지가 되었을 것이 확실한데, 로마에 있던 기독교 공동체 역시 형제가 형제를 배신하는 일로 와해의 위기를 겪고 있었기 때문이다. 이런 상황에 처했던 로마 교회에 실패한 제자를 사도로 바꾸신 예수님의 반전 이야기는 한 세대 전에 일어난 과거 사건인 것만 아니라 지금 그들의 공동체에 재현되어야 할, 그리고 재현될 수 있는 이야기라는 믿음을 가지게 했을 것이다(Radcliffe, 167-89).

3. 구조

마가복음의 문학적 구조에 대한 논의는 오랫 동안 진행돼 왔음에도 일치된 견해는 없다. 몇몇 주요 구조 분석은 아래와 같다. 헹엘은 마가복음을 그리스-로마의 드라마(drama) 구조에 따라 다음과 같이 분석하였다(Hengel, 1985: 34-36):

프롤로그: 서론(*prologue*, 1:1-13)

제1막: 시작(*propositio*, 1:14-3:6)

제2막: 절정(*climax*, 3:7-8:26)

제3막: 갑작스러운 불행(*peripeteia*, 8:27-10:51)

제4막: 참혹한 종결(*lusis* 또는 *katastrophe*, 11:1-13:37)

제5막: 파토스(*pathos*, 14:1-15:39)

에필로그: 결말(*epilogue*, 15:40-16:8)

프란스(R.T. France)는 예수님의 활동(이동) 지역에 따라[24] 마가복음을

24. 마가복음에 등장하는 공간 특히 갈릴리와 예루살렘에 대한 최근 학자들의 다양한 논의에 대해선 김선욱 2015: 341-70를 보라.

분석하였다(2002: 13-14):

서론: 광야(1:1-13)

제1막: 갈릴리(1:14-8:21)

제2막: 예루살렘으로 가는 길 도중(8:22-10:52)

제3막: 예루살렘(11:1-16:8)

에셀(Bas van Iersel)은 마가복음이 교차배열 구조로 짜여 있음을 주장하며 다음과 같이 분석한다(20):

제목 (1:1)

A1 광야에서 (1:2-13)

(y1) 첫째 연결고리 (1:14-15)

B1 갈릴리에서 (1:16-8:21)

(z1) 맹인의 시력 회복 (8:22-26)

C 길위에서 (8:27-10:45)

(z2) 맹인의 시력 회복 (10:46-52)

B2 예루살렘에서 (11:1-15:39)

(y2) 둘째 연결고리 (15:40-41)

A2 무덤에서 (15:42-16:8)

위의 예들이 보여 주는 것처럼, 마가복음의 문학적 구조를 분석하기 위한 다양한 시도들이 있어 왔음에도 불구하고 거의 일치를 이루지 못하고 있다. 이유는 마가복음이 의도된 의사소통 성격을 적절하게 고려하지 않은 탓이 크다. 마가복음은 구술-청각 문화의 산물이기 때문에 오늘날

문학책과 같이 긴밀하게 연결되어 발전하는 구조를 발견하기 어려울 수밖에 없다(Park, 85-6). 듀이(Joana Dewey)가 적절하게 지적한 것처럼 구술 문화에서 나온 내러티브는 여러 가지 에피소드들이 접속사 '까이'(καί)에 의해 병렬식으로 배열되어 있으며, 각 에피소드들은 주제와 단어를 통해 느슨하게 상호 연결되어 있는 특징을 가진다(Dewey, 1991: 221-36). 따라서 마가복음의 내러티브 구조는 역시 현대 문학작품에서 발견될 수 있는 치밀한 구성의 전개 형태라기보다는 일련의 에피소드들이 느슨하게 연결된 병렬 형태(예. '샌드위치' 구조[ABA′], 삼단 발전[A1…A2…A3], 동일 단어의 단순 반복[A1 … A2 … A3 … A4 …])를 갖추고 있다(Rhoads et al., 47-54). 주해를 통해 밝히겠지만 몇몇 예들은 아래와 같다:

■ '샌드위치' 구조

- 5:21-43

  (A) 야이로의 딸 치유(5:21-24)

    (B) 혈루증 앓는 여인 치유(5:25-34)

  (A′) 야이로의 딸 치유(5:35-43)

- 6:7-30

  (A) 열두 제자 파송(6:7-13)

    (B) 세례 요한의 죽음(6:14-29)

  (A′) 열두 제자 귀환 및 보고(6:30)

- 6:35-44; 7:1-23; 24-37; 8:1-10

  (A) 오병이어 급식 기적(6:35-44)

    (B) 유대인 식사법(7:1-23) 및 이방 여인의 식탁 동참 비유(7:24-37)

(A′) 사천 명 급식 기적(8:1-10)

- 11:12-25

(A) 무화과나무 저주(11:12-14)

(B) 성전 소란 행위(11:15-19)

(A′) 무화과나무 저주(11:20-25).

- 14:1-11

(A) 종교 지도자들의 살해 음모(14:1-2)

(B) 무명의 여인의 자기희생(14:3-9)

(A′) 종교 지도자들의 살해 음모에 열둘 중 하나의 동참(14:10-11)

■ 삼단 발전 구조

- 예수님의 수난 예고: 8:31; 9:31; 10:33-34
- 식사 섬김: 오병이어(6:35-44); 사천 명 먹이심(8:1-9); 마지막 만찬(14:17-26)
- 배 여행: 4:35-41; 6:45-52; 8:14-21
- 겟세마네 기도와 제자 방문: 14:32-38; 14:39-40; 14:41-42
- 베드로의 세 번 부인: 14:66-72

■ 단순 반복 구조

- 광야(ἔρημος): 1:3, 4, 12, 13, 35, 45
- 섬기다(διακονέω): 1:13, 31; 10:45; 15:41
- 잔(ποτήριον): 10:38, 39; 14:23, 36
- 길(ὁδός): 8:27; 9:33; 10:32, 46, 52
- 넘기다(παραδίδωμι): 1:14; 3:19; 9:31; 10:33, 2x; 13:9, 11, 12; 14:10, 11,

18, 21, 41, 42, 44; 15:1, 10, 15

4. 주해 방법

본 주해는 성경이 인간 역사 속에서 주어진 정확 무오한 하나님의 계시의 말씀으로 우리의 구원과 삶의 유일한 기준이라는 전제를 바탕으로 하고 있음을 밝힌다. 물론 엄밀한 의미에서 본다면 위의 진술은 말 그대로 독서의 전제이지 방법은 아니다. 그러므로 주해의 방법론이 따로 논의돼야 한다는 말은 옳다. 가다머(H. G. Gadamer)가 주장한 것처럼 본문(text)을 이해하는 것은 "지평의 융합"(Fusion of horizons; *Horizontverschmelzung*)이라는 입장(Gadamer, 273)을 무시하지 않지만 주해에 사용될 방법론의 정당성은 성경 본문의 성격 자체로부터 나와야 한다는 것을 결코 간과하지 말아야 한다. 성경 본문은 언어와 문법에 기초하여 의사소통을 하고 있기에 모든 주해는 언어적, 문법적이어야 한다. 또한 위의 전제에서 명시한 것처럼 모든 성경은 구체적인 역사적 상황에서 나왔기에 역사적 방법 역시 채택돼야 한다. 마지막으로 신약성경은 구약성경과 그것의 신학을 종교적 유산으로 삼고 있는 이들의 기록물이기에 (구약)신학적 방법론 또한 고려돼야 한다. 따라서 본 주석이 마가복음 주해를 위해 사용할 방법은 크게 언어·역사·신학적 방법론이다. 이런 세 가지 방법은 아래와 같이 구체화할 수 있다.

첫째, 언어·문법적 방법으로 이것은 다시 아래의 네 가지 접근으로 세분화될 수 있다.

1) 마가복음이 하나님의 말씀이라는 믿음은, 가장 권위 있는 주해의 도구가 본문 자체임을 믿게 한다. 이런 방법론은 종교 개혁가들이 주창한

'성경은 성경으로 해석해야 한다'(웨스트민스터신앙 고백 1장 9항)는 성경해석의 원리와 현대 해석학이 말하는 '단어의 의미는 문맥이 결정한다'는 언어학적 원리에도 일치한다. 문맥(맥락)에 대한 정의는 쉽지 않지만 크게 언어적 문맥과 상황적 문맥으로 나뉜다(박윤만, 2009: 241-74). 상황적 문맥은 역사적 방법이라는 이름으로 다뤄질 것이므로 지금 여기서는 언어적 문맥만 다음과 같이 정의한다: 한 단어의 문맥은 구, 구의 문맥은 절, 절의 문맥은 문장, 문장의 문맥은 문단, 문단의 문맥은 앞뒤 문단, 앞뒤 문단의 문맥은 복음서 전체이다.

2) 하나님의 계시는 언어와 문법적 장치를 통해 주어졌기 때문에 주석이 현대 언어학의 중요 연구 결실과 대화를 가질 필요가 있음은 아무리 강조해도 지나치지 않다. 특히 담화 분석으로부터 온 여러 통찰들을 필요할 때마다 주석에 적용하되, 시제를 분석함에 있어서 포터(Stanley E. Porter)의 동사 상(Verbal Aspect) 이론을 사용할 것이다. 포터에 따르면 헬라어 동사 상에는 시제 형태에 따른 세 가지 동사 상이 있다. 먼저, 완료 상은 언어 사용자가 동작이나 사건이 완료되었다고 판단할 때 사용하는 의미적 범주로 과거 시제가 여기에 해당된다(Porter, 1994: 21). 내러티브에서[25] 과거 시제는 배경 시제로 사용된다(Porter, 1994: 22-24). 미완료 상은 동작이나 사건이 여전히 진행 중이라 판단할 때 사용하는 상으로 현재와 미완료 과거 시제가 가지고 있는 개념이다(Porter, 1994: 21). 이 시제들은 내러티브에서는 정보를 전방에 부각시킬 때 사용된다(Porter, 1994: 22-23). 마지막으로 상태 상은 완료 시제를 포함하는데, 말 그대로 정보의 상태를 알려주는 의미적 범주로써 내러티브에서는 어떤 정보를 최상으로

25. '내러티브'(narrative)의 정의에 대해서는 아래를 보라.

강조할 때 사용된다(Porter, 1994: 21-23).[26] 동사 상과 현저성의 이러한 관계는 다음의 표를 통해 정리될 수 있다.

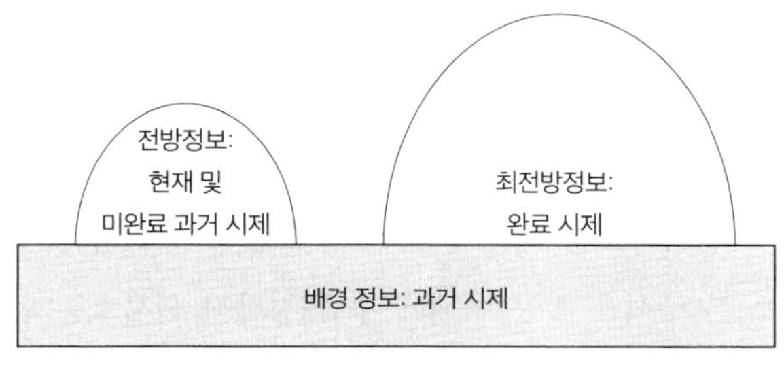

[동사 상의 현저성]

3) 언어적 방법은 넓은 의미에서 문학적 장치를 포함한다. 앞서 언급한 것처럼 마가복음은 예수님에 관한 역사적 전기(βιός)이고 그 서술 방식은 서간체나 운문체가 아닌 산문체, 곧 내러티브(narrative) 형식을 취했다. 내러티브는 고대 유대 역사 기술의 전형적인 방식으로(예. 사무엘서와 역대기 및 열왕기서) 역사적인 인물과 사건을 구체적인 시간과 공간, 그리고 주제라는 틀(frame)안에서 서술한다(Rhoads et al., 1-7). 그러므로 본 논문이 내러티브 혹은 이야기라는 용어를 사용할 때는 마가가 예수님의 역사적 전기를 서술하고자 택한 문학 형식(genre)을 고려하고 있음을 밝혀 둔다. 내러티브로서 예수님의 전기 안에는 짧은 어록, 긴 비유 담화, 혹은 짧은 이야기, 곧 에피소드(episode)와 반어법(irony)과 역설(paradox) 등과 같은 다양한 문학적 형식(Rhoads et al., 39-62)을 포함하고 있기 때문에 본 주석은 그와 같은 문학적 형식을 비중 있게 다룰 것이다.

26. 위에서 제시된 세 가지 동사 상과 현저성의 관계를 위해서는 박윤만, 2011a: 941-76를 보라.

4) 1세기 의사소통 환경은 구술-청각적 의사소통(oral-aural communication) 문화였다(Park, 2010). 앞서 언급한 바와 같이 소수의 사람만이 글을 읽고 쓸 수 있었던 시대에 기록된 문서는 조용한 읽기가 아닌 대중적 읽기를 위해, 또 시야가 아닌 소리로 정보를 전달하고자 의도되었다(또한 참고. 박윤만, 2013b: 46). 마가복음 역시 소리로 예수님의 이야기를 듣고 이해할 청자를 위해 기록되었다면 마가복음을 적절하게 이해하기 위해서는 구술-청각적 의사소통 매체에 대한 지식을 가져야 하는 것은 당연하다. 그러므로 본 주석은 본문 이해에 구술-청각적 의사소통 원리를 적용해 나갈 것이다.

둘째, 역사적 방법이다. 성경은 시대를 초월한 보편적 진리임에도 그것의 기록은 특수한 역사적 상황에서 기록되었다. 이런 사실은 마가복음 주해에 1세기 지중해 세계의 문화와 제2성전 시기 유대 사회의 정치, 경제, 종교적 환경의 빛이 필요함을 알려준다. 특히, 1세기 유대의 정치-종교적 배경은 마가복음이 말하는 예수님의 소명과 사역, 그리고 어록을 이해하는 중요한 자료가 될 것이다. 마찬가지로 중요한 것은 제2성전 시기 유대 문헌들인데, 이런 문헌들은 예수님의 사역과 어록을 이해하도록 돕는 유비적 인물과 사건을 제공해 주기 때문에 유용하다.

셋째, 신학적 방법이다. 본 주석은 마가가 따르고 전하고 있는 예수님의 신학은 유대인의 경전(이후 구약성경)의 신학을 배경으로 볼 때에야 이해가 가능하다는 믿음을 기초로 한다. 이는 예수님은 물론 초기 기독교인에게 구약이 가진 압도적 권위가 큰 영향을 끼쳤다는 것은 의심할 바 없는 사실이기 때문이다. 구약과 신약(복음서)의 관계는 오래된 논의 영역이기도 하고 최근 토의가 점점 더 활발해지고 있는 주제이다(Swartley, 1994; Hays, 2014; Porter, 2016). 예수님은 이스라엘의 메시아로 오셔서 그 역사에 절정을 가져오셨기 때문에 구약이 말하는 이스라엘의 소명과 그 소명이 성취되는 과정으로서의 역사에 대한 지식은 예수님의 종말론적 사역을 이해하는 데 있어서 필수적 요소이다. 마가복음에서 구약이 사용되고 있는 방식은 총 네 가지 범주에서 이해될 수 있다: 공식 인용(formulaic quotation), 직접 인용(direct quotation), 의역(paraphrase), 암시(allusion) 또는 에코(echo)[27](Porter, 2016: 33-46).[28]

1) 공식 인용은 구약의 특정 책의 이름이나 저자를 언급하며 일정한 공식 어구를 사용하면서 인용하는 경우로, 대표적인 본문은 1:2("선지자 이사야의 책에 이렇게 기록된 것처럼", 사 40:3); 12:36("다윗 자신이 성령으로 말하였습니다", 시 110:1); 7:6("이사야가 너희 위선자들에 대해 잘 예언하였다", 사 29:13) 등이 있다.

2) 직접 인용은 비록 공식 인용문이 인용된 본문 서두에 나오지 않지만 구약의 특정 본문의 단어와[29] 구(phrase) 문장 등이 사용된 경우인데, 예컨대, 4:12의 이사야 6:9-10 인용, 10:19의 출애굽기 20:12-16과 신명기 5:16-20 인용, 14:27의 스가랴 13:7 인용, 14:62의 시편 100:1; 다니엘 7:13 인용, 그리고 15:34의 시편 22:1 인용 등이 있다.

3) 의역은 구약의 본문이 인용되는 방식이 원 본문의 어휘와 문법과

---

27. '에코'의 번역어는 '반향'이지만 이 책에서는 개념어 에코가 독자들에게 보다 더 친숙하다는 판단 하에 외래어를 그대로 사용한다

28. 포터는 암시와 에코를 분리하는데 암시는 구약의 구체적인 인물, 장소, 책이 신약 본문에 간접적으로 떠올려진 경우이며, 에코는 구약의 "주제적으로 다소 일반적, 추상적인 개념 또는 관념을 내포한 언어"가 신약 본문에 등장하는 경우를 위한 용어로 사용한다(Porter, 2016: 46). 하지만 본 주석은 두 용어를 엄격히 구분하지 않고 상호 교차적으로 사용할 것이다. 암시와 에코를 상호 교차적으로 사용하는 대표적인 학자로는 헤이스(Hays, 1989)가 있다.

29. 포터는 구약 본문이 신약에 직접 인용된 예라고 판단할 수 있는 기준으로 적어도 세 단어의 일치가 구약과 신약에 있어야 한다고 제안하는데(Porter, 2016: 35), 그에 따르면 하나 혹은 두 단어의 일치는 우연이다.

다른 형태로 신약에서 인용된 경우이다. 예컨대, 2:25-26의 사무엘상 21:6 인용과 십계명 중 "네 이웃의 소유를 탐내지 말라"(출 20:17) 계명이 10:19에서 "속여 빼앗지 말라"로 의역된다.

4) 암시/에코는 구약의 인물, 장소, 사건에 주제적으로 연결된 단어와 구(phrase)가 신약에 사용되는 경우이다. 예컨대, 4:29의 "낫"은 요엘 3:13의 암시이고, 4:32의 "공중의 새들", "큰 가지", 그리고 "그늘"은 다니엘 4:12의 에코이며, 6:34의 "목자 없는 양"은 에스겔 36:5-8의 이미지의 암시이다. 인자의 길을 언급하는 9:12와 14:21은 "기록된 대로"와 같은 공식 인용 문구를 가지지만 구체적인 구약 본문은 명시하지 않는다. 따라서 9:12와 14:21은 그곳에 사용된 단어와 구를 근거로 구약 본문을 찾는 작업을 해야 한다는 점에서 암시/에코의 예를 보여주는 구절이라 할 수 있다.

물론 인용된 구약 본문은 마가복음의 맥락에 따라 그 의미가 확장 및 전복되는데, 이는 예수님이 종말론적 하나님의 계시자로 이스라엘 역사에 절정을 가져온 인물이라는 믿음이 저자에게 있었기 때문이다(박윤만, 2015: 86-110). 따라서 최근 헤이스(Richard B. Hays)가 지적한 것처럼 복음서 저자의 구약 읽기는 역방향(reading backwards)을 포함할 수밖에 없는데(2014: 93-109), 이는 역사의 절정을 향해 나아가는 과정 중에 계시된 구약은 오직 완성자 혹은 절정의 시각에서 볼 때에야 온전하게 볼 수 있기 때문이다(1-16; 93-109; 눅 24:25-27).

5. 번역에 대한 소고

번역은 가능한 원문을 직역하되, 원문의 단어와 문법, 그리고 구조를 최대한 존중하여 번역할 것이다. 아래는 번역에 있어서 따른 몇 가지 원칙이다.

첫째, 마가복음의 뚜렷한 문체적 특징이라고(Turner, 20) 알려진 역사적 현재 시제(대략 151회 사용)는 가능한 현재 시제로 번역할 것이다.[30]

둘째, 마가복음의 또 다른 특징 중 하나는 접속사 혹은 부사 '까이'(καί)의 빈번한 사용이다(Taylor, 1966: 48-49). 비록 우리말의 문체상으로는 어색할지라도 절과 절 사이에 있는 '까이'는 가능하면 번역하되, 문맥에 따라 그것이 가진 다양한 의미('그리고', '그러나', '그럼에도', '그러자', '그런 후', '다시 말하면', '조차', '심지어' 등)를 고려하면서 번역할 것이다.

셋째, 마가복음이 구술-청각 내러티브의 전형적인 문체인 '생생한'(vivid) 표현으로 기록되었다는 것은 잘 알려져 있다(Park, 78-80). 이러한 생생한 문체를 가능한 그대로 살리는 번역을 할 것이다.

넷째, '예수님'이라는 이름은 오직 고유대명사 '이에수스'(Ἰησοῦς)가 직접 언급된 경우에만 번역하고 그 외에는 원문에 따라 3인칭 단수 명사로 번역할 것이다. 마가는 종종 "예수"라는 이름을 담화적 차원에서 여러 의미를 담아낼 때 사용하고 있기 때문이다.

30. '역사적 현재 시제'는 내러티브에서 등장하는 시제로서 시간적으로 과거에 일어난 동작 혹은 사건임에도 현재 시제로 발화된 경우를 일컫는 용어이다. 역사적 현재 시제의 역할은 그 시제로 발화된 동작과 사건에 현저성을 부여한다(Porter, 1994: 31).

제2부

본문 주석

제1장
복음의 기초: 이사야의 예언
마가복음 1:1-3

본 단락이 속해 있는 1-13절은 결속성을 가진 하나의 대단락이다. 그런 판단의 언어적 근거는 '앙겔로스'(ἀγγελός, '전령' 혹은 '천사')와 '에레모스'(ἔρημος, '광야')가 시작(2-3절)과 끝(12-13절)에 공통적으로 등장하여 수미상관(*inclusio*)을 이룬다는 것이다. 더불어, 주제와 관련된 이유도 있다. 1-13절을 구성하고 있는 네 단락, 즉 이사야의 예언(2-3절), 세례 요한의 사역과 예언(4-8절), 예수님의 세례와 하늘에서 들려오는 소리(9-11절), 그리고 시험(12-13절)은 예수님이 누구시며, 무슨 일을 하고 또 어떤 길을 걸을 분인지를 간접적으로 소개한다. '간접적'이라는 말은 1-13절에서 예수님이 사건의 주체라기보다 객체로 등장함을 뜻하며, 이사야(2절), 세례 요한(4-9절), 하늘의 소리와 성령(10-12절), 그리고 사탄(13절) 등이 주체로서 예수님의 사역과 존재를 규정한다는 의미이다. 그 후 14절이 되어서야 비로소 예수님의 육성이 처음으로 들리고, 예수님은 마가복음 전체의 주제이자 그의 소명과 불가분의 관계에 있는 하나님 나라 도래에 대해 선포한다. 따라서 14절 전까지의 내러티브는 주인공이 될 인물의 사역이 본격적으로 시작되기 전에 그 인물이 누구인지에 대해 타자를 통해 알려주는 방식을 취한다. 이런 점에서 1-13절은 예수님에 의해 선포될 복음의 '기초'를 제공한다. 연극에 빗댄다면, 1-13절의 정보는 14절에서부터 시작되는 본격적인 드라마의 무대 장치 역할을 하는 것이다. 배경(background)은 실제 극이 진행될 때 사건과 대화의 진행을 예상하게 하고, 또 극 자체로만 보았을 때 이해하기 힘든 인물의 대화나 사건의 의미에 대한 이해를 돕는 역할을 한다. 게다가 이야기 중 생략 혹은 암시된 정보의 충분한 뜻을 되살리는 일 역시 가능하게 하는 요소이기 때문에 1-13절은 앞으로 전개될 예수님의 행동과 말, 그리고 사역을 이해하는 중요한 실마리 노릇을 할 수 있다.

첫 단락(1-3절)은 제목(1절)과 예수님이 전한 복음의 첫 번째 기초로 이사야의 예언(2-3절)을 소개한다.

1 [하나님의 아들][1] 예수 그리스도의 복음의 기초[2][이다]. **2** 선지자 이사

---

1. "하나님의 아들"(υἱοῦ θεοῦ, '휘우 테우')이라는 말은 권위 있는 초기 사본(시내산 사본[**א**])에는 생략된 반면, 보다 후기 사본들에만 나오는 것으로 원본에 포함되었을 칭호로 보기엔 사본 상의 어려움이 있는 게 사실이다. 후기 서기관들이 예수님의 칭호를 덧붙였다는 것이 그 반대의 경우보다 합리적인 추론처럼 보이지만 마가복음 전체에서 예수님은 '하나님의 아들'이라 반복적으로 불린다는 점은 간과되지 말아야 한다(1:11; 3:11; 9:7; 5:7; 12:6; 14:61; 15:39). 이런 일관성 있는 사용은 "하나님의 아들"이 마가복음 원문에 포함되었을 가능성을 높여준다. 1절의 네 개의 단어의 끝이 모두 동일한 소리(*homoioteleuton*) '우'로 끝나기 때문에 시내산 사본이 실수로 마지막 '휘우 테우'를 빠뜨렸을 수 있다(Cranfield, 38; Edwards [b], 25-26 각주 8).
2. '아르케'(ἀρχή)는 '시작'(beginning/starting-point, 고로 '예수 그리스도의 복음의 시작') 혹은 '기준'(norm, '예수 그리스도의 복음의 표준')이라는 뜻이 일반적이지만 어떤 일과 사건의 '기초'(basis. '예수 그리스도의 복음의 기초')라는 뜻(히 5:12; 6:1) 역시 가진다. BDAG, ἀρχή §5. 귤리히(Robert Guelich)는 "아르케는 … 복음의 궁극적 '기원'을 설명한다는 면에서 복음의 '기초'를 의미할 수도 있다"고 말한다(2001: 64).

야의 책에 이렇게 기록된 것처럼, '보라 내 전령을 네 앞에 보내니 그가 네 길을 준비할 것이다. **3** 한 소리가 광야에서 외친다. 그대는 주의 길을 준비하십시오. 지체 없이 그의 길을 곧게 하십시오.'

주해

제목(1절) 1절은 첫 단어를 제외한 모든 헬라어 낱말의 끝소리가 동일한 '우'(-ου)로 끝난다:

> 하나님의 아들 예수 그리스도의 복음의 기초
>
> ἀρχή τοῦ εὐαγγελίου Ἰησοῦ Χριστοῦ υἱοῦ θεοῦ
>
> (아르케 뚜 유앙겔리오 이에수 크리스뚜 휘우 테오).[3]

'우' 운율은 이어지는 2-3절의 구약 인용문에서도 계속되는데 첫 시작 단어와 각 행(line)의 마지막 단어의 끝소리가 '우'(-ου) 또는 '오'(-ῳ)로 반복된다: Ἰδου … σου … σου … ἐρήμῳ … κυρίου … αὐτοῦ('이두 … 수 … 수 … 에레모 … 뀌리오 … 아우뚜', '보라 … 그대의 … 그대의 … 광야에서 … 주님의 … 그의'). 이와 같은 운율은 예전적이자 권위적인 어조를 띄고 있기에 낭독되는 동안 청자에게 예수님과 구약성경의 인용에 대한 경외감을 불러 일으켰을 것이다(Tolbert, 111).

---

3. 헬라어는 가능한 한국어로 음역하되 한번 음역된 헬라어는 다른 단락에서는 음역을 반복하지 않는 것을 원칙으로 한다. 하지만 필요할 때는 이해를 돕고자 다시 음역하는 경우도 있다.

대부분의 학자들은 1절을 '제목'(title)으로 보는 데 동의하지만[4] 무엇의 제목인지에 대해선 크게 두 부류로 나뉜다. 첫째, 다수의 학자들은 그것을 마가복음 전체의 제목으로 본다(Boring, 2006, 29; Collins [a], 130; 양용의, 37; 신현우, 2011: 17). 이 입장에 따르면 저자는 초기 교회가 전하고 있던 복음이 예수 그리스도를 통해 어떻게 시작되었는지를 보여 주고자 마가복음을 집필했고 그런 의도를 1절에 담았다는 것이다. 둘째, 예수님의 복음 선포 사역은 1:14에서부터 본격화되고 있으므로 1절을 예수님의 복음 사역이 시작될 즈음에 벌어졌던 일들을 다루는 2-13절의 제목(혹은 요약)으로 보는 견해이다(Cranfield, 34-35; Guelich, 2001: 65; France, 2002: 49-50; 참조. Hooker, 1991: 33).[5] 첫째 견해는 "복음의 시작"(1절)의 '복음'을 초기 교회가 전했던 복음으로 보면서 마가복음 전체가 그 '복음의 시작'이라 본다. 두 번째 견해는 '유앙겔리우'를 14절 이후 예수님이 전하신 복음으로 보면서 "복음의 시작"은 14절에서부터 시작되는 예수님의 복음 선포 사역이 어떤 배경 과정(2-13절)을 거쳤는지를 알려준다고 믿는다. 한 단어의 의미 결정에 있어서 원접 문맥보다 근접 문맥을 우선적으로 고려하는 해석학적 원칙을 감안한다면 두 번째 입장이 보다 더 타당하다. 실제로 공동 문맥(co-text)은 '아르케 유앙겔리우'를 2-13절로 보게 한다. "예수 그리스도의 복음"이라는 제목 이후 예수님이 실제로 "복음"을 선포하셨다는 정보는 14절에 처음으로 등장하기 때문에 그 복음의

4. 그닐카(Gnilka, 1권 48)는 1절을 제목이 아니라 마가복음 전체 내용의 요약으로 본다. 또한 오성종 역시 헬라어 본문에서 2절을 시작하는 '…처럼'(καθώς)을 1절과 연결시켜 2-3절의 구약본문의 성취가 1절이라고 해석한다(오성종, 2009, 378).

5. 귤리히는 '유앙겔리온'(εὐαγγέλιον, '복음')을 "뒤따르고 있는 작품의 내용"으로 보면서 복음의 "시작"은 본격적 내용이 시작되기 직전의 내용에 대한 소개부분(1:1-15)을 가리킨다고 본다(Guelich, 2001: 65). 프란스(R. T. France) 역시 이런 입장을 따른다(2002: 49-50).

"기초"(ἀρχη)는[6] 그 전의 내용 곧 2-13절을 가리킨다는 해석이 가능하다. 마가에 따르면 예수 그리스도의 복음의 '기초'는 이사야를 통한 하나님의 예언(2-3절), 그 예언의 성취로서 세례 요한의 활동(4-8절), 세례 요한의 예언의 성취로서 예수님의 세례(9-11절), 사탄의 시험을 이기심(12-13절) 등이다(아래 표를 보라).

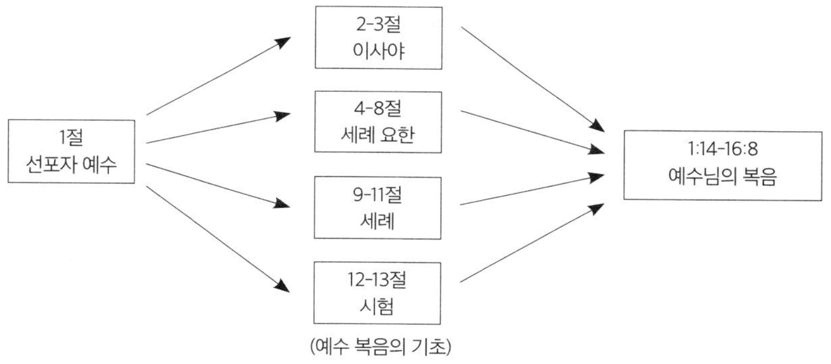

(예수 복음의 기초)

예수님에게 부여된 칭호는 두 개다. 먼저는 '크리스뚜(Χριστοῦ, '그리스도')이다. '크리스또스'(Χριστός)는 히브리어 '마쉬아흐'(משיח)에 대한 헬라어 번역이다. 마가는 예수님을 그리스도로 칭하지만 예수님은 자기를 그리스도로 먼저 밝히신 적은 한 번도 없다. 베드로가 자기를 그리스도로 고백했을 때는 "아무에게도 말하지 말도록" 경고까지 하셨고(8:30), 후에 대제사장으로부터 "그대가 … 그리스도요"라는 질문을 받았을 때(14:61)에야 "내가 그렇소"(ἐγώ εἰμι)로 답하셨을 뿐이다. 그리스도라는 호칭 사용에 대해 예수님이 부정적인 태도를 보이신 이유는 아마도 로마 치하에 있던 1세기 전 후 팔레스타인의 사회적 환경 때문일 것이다. 민족

6. '아르케'를 '기초'로 번역한 점에 대해선 위 번역을 보라.

적 저항 운동을 이끄는 메시아를 기대하고 있었고,[7] 또 요세푸스(Josephus)가 증언하고[8] 있는 것처럼 1세기 유대 사회에는 많은 폭력적인 자칭 메시아들이 활동하고 있었다는 것을 고려할 때, 예수님은 메시아라는 칭호가 자신에게 공적으로 사용될 경우 많은 오해를 일으킬 수 있다고 판단하셨을 것이다(Cranfield, 271; France, 2002: 330; Edwards [b], 251).[9] 그럼에도 마가는 1절에서 거침없이 예수님을 그리스도로 칭한다. 이는 그의 기록이 다루고 있는 것처럼 예수님의 가르침과 죽음, 그리고 부활과 같은 생애 전체를 통해 비로소 1세기 유대 사회의 통속적인 것과는 다른 참 그리스도관이 정립되었다는 확신에서 비롯되었을 것이다. 마가는 '여기 참 그리스도가 있다. 바로 예수님이다'라고 선언하고 있는 것이다.

두 번째로 예수님에게 부여된 칭호는 '휘우 테우(υἱοῦ θεοῦ, '하나님의 아들')이다. '하나님의 아들'은 구약과 제2성전 시기 유대 문헌에서 통상 이스라엘 백성,[10] 다윗의 아들 혹은 이스라엘의 왕,[11] 의로운 자,[12] 그리고 천사를[13] 위한 지시어로 등장하지만 메시아를[14] 가리키는 용례가 없는 것

7. 솔로몬의 시편 17:21-22, 32.

8. Josephus, *Jewish Antiquities* 17.10.5-8 §§271-85; 17.13.2 §§342-44; 18.1.1 §§1-10; 18.1.6 §§23-25; *Jewish War* 2.17.8 §§433-40; 2.22.2 §§652-54; 2.4.2 §§57-59; 4.9.3 §§503-508.

9. '크리스또스'(Χριστός)에 대한 추가적인 논의는 8:29-30 주해를 보라.

10. 출 4:22-23; 렘 31:9, 20; 호 11:1; 집회서 36:17; 솔로몬의 지혜 9:7; 18:13; 희년서 1:24-25; 솔로몬의 시편 17:27.

11. 삼하 7:14; 대상 17:13; 22:10; 시 2:7; 89:26-27; 솔로몬의 시편 17:32; 8:5, 7.

12. 집회서 4:10; 솔로몬의 지혜 2:18; 희년서 1:24-25; 참고. 5:5.

13. 시 82:6; 욥 1:6; 2:1; 38:7; 단 3:25; 에녹1서 6-19, 64장(특히 6:2); 참조. 희년서 4:15, 22; 5:1-7; CD 2:17-21.

14. 에스라4서 7:28; 4Q174 1:10-12; 1QSa 2:11-12; 4Q246 (4QAramaic Apocalypse) 2:1-3. 콜린스(John J. Collins, *The Scepter and the Star. The Messiahs of the Dead Sea Scrolls and Other Ancient Literature* [New York: Doubleday, 1995], 157-60)는 쿰란 문서 4Q246 칼럼 2 전체를 단 2:5, 9; 3:33; 4:31; 7:13-14, 27의 에코로 본다.

은 아니다. "하나님의 아들"과 그리스도(메시아)가 병렬 관계에 있는 점을 감안한다면 마가는 예수님이 (새) 이스라엘 백성의 왕 또는 메시아임을 밝히기 위함이 분명해 보인다. 이와 더불어, 비록 구약과 유대 문헌에는 "하나님의 아들"이 신적 칭호로 사용된 예가 극히 드물지만[15] 마가복음에서 그 칭호는, 해당 본문 주해에서 살펴볼 것처럼, 예수님의 신적 정체성을 함축적으로 보여 주고자 사용되기도 한다(1:11; 3:11; 9:7; 12:6; 13:32; 14:61-62; 15:39를 보라). 사실 마가의 로마 청자는 '하나님의 아들' 칭호에서 신적 함의를 발견하기는 어렵지 않았을 것인데, 이는 '신의 아들'(라틴어. *Divi Filius*)이란 칭호가 로마 황제 아우구스투스와 그 후계자를 기념하는 동전들과 다양한 비문에 새겨질 정도로 그리스-로마 세계에서 광범위하게 사용되고 있었기 때문이다(Deissmann, 346-47; Evans, 2001: lxxxii-lxxxiii; 또한 12:16 주해를 보라). 이러므로 마가는 그의 복음서를 통해 가이사와 예수님 중 누가 진짜 '신의 아들'인지를 그의 청자들에게 알려주기를 원했다는 해석은 충분한 개연성을 가진다. 이런 개연성은 내러티브 종결부에 다다라 십자가에 죽은 예수님 맞은편에 서 있던 로마 백부장이 "참으로 이 사람이야말로 하나님의 아들이었도다"(15:39) 라고 선언할 때 확증되는데, 이는 1:1에서 마가가 했던 선언을 백부장이 그의 고백을 통해 확인해주고 있다고 볼 수 있기 때문이다. 백부장의 고백에 내포된 의미는 '죽인 가이사가 아니라 죽임 당한 예수님이 참으로 하나님의 아들이다.'와 다르지 않을 것이다. 그렇다면 1절에 등장하는 두 칭호 중 히브리어 '메시아'의 헬라어 번역인 '그리스도'는 유대인 청자에게, '하나님의 아들'은 로마 청자에게 더 친숙하게 다가갔을 수 있다는 이진경의 주장은 근거 없는 것이 아니다(이진경, 272-73).

15. 4Q246; 또한 8:38 주해를 보라.

'뚜 유앙겔리우 이에수 크리스뚜'(τοῦ εὐαγγελίου 'Ιησοῦ Χριστοῦ, '예수 그리스도의 복음')에서 소유격 "예수 그리스도의"를 '주격'의 의미를 가진 것으로 본다면 '예수 그리스도가 전한 복음'이라는 뜻으로 이해할 수 있고, 반면 '목적격'의 의미를 가진 것으로 본다면 '예수 그리스도에 관한 복음'을 뜻할 수 있다. 두 용례 중 하나를 반드시 택해야 할 필요는 없는데(Hooker, 1991: 34), 마가복음에서 예수님은 복음을 전하는 자일 뿐 아니라(1:14) 그 자신이 복음과 동격으로 사용되기 때문이다("나와 복음 때문에", 10:29). 적어도 예수님에게서는 '메시지'(message)와 '메신저'(messenger)가 분리될 수 없다. 이런 점에서 예수님을 주인공(main character)으로 삼고 있는 마가복음 전체가 '복음'이라는 귤리히의 입장은 결코 가볍게 넘길 수 없는 주장이다(Guelich, 2001: 65).

그러면 무엇이 '유앙겔리온'(εὐαγγέλιον, '복음')인가? 그것의 문자적인 뜻은 '좋은 소식'이다. 하지만 무엇이 '좋은' 소식인가? 로마인들에게 '유앙겔리온'은 공적 영역에서 세 가지 의미로 사용되었다. 신의 아들로 알려진 황제의 탄생, 즉위, 그리고 전쟁에서의 승리가 '유앙겔리온'의 내용이었다(OGIS 458; II 37-38; 40-41; Deissmann, 366-67). 유대인 역시 '유앙겔리온'으로 여긴 소식이 있었다. 그러나 유대적 맥락에서 '복음'이 의미하는 바는 로마적 맥락에서 의미하는 바와 뚜렷한 차이를 가진다. 칠십인경 이사야 40:9은 "복음을 … 전하는 자"(ὁ εὐαγγελιζόμενος)가 알리는 소식을 "주 여호와께서 장차 강한 자로 임하실 것이요 친히 그의 팔로 다스리실 것이라"(10절)고 알려준다. 칠십인경 이사야 52:7에서도 "복음을 전하는 자"(εὐαγγελιζομένου; εὐαγγελιζόμενος)가 전하는 소식의 내용을 "네 하나님이 통치하실 것이다"(βασιλεύσει σου ὁ θεός)로 소개한다. 로마인들에게 복음은 '가이사가 다스린다'는 소식이었던 반면, 유대인들에게는 '하나님이 다스린다'는 소식이 복음이었다. 그렇다면 "예수 그리스도의 복음"은 무엇일까? 소유격 "예수 그리스도의"를 주격의 의미로 취한다면 복음은 '예수 그리스도가 다스린다'는 소식이다. 그리고 마가복음은 예수 그리스도를 통해 어떻게 하나님께서 통치하시기 시작했는지를 보여 주는 것이 된다(1:14 주해를 보라). 마가복음 전체에서 이런 선언은 역설적인 의미를 가지며 내러티브 종결부에서 그 절정에 도달한다(16:6, 8 주해를 보라). 예수님은 로마법에 의거하여 가이사에 대한 반역죄로 십자가 처형을 받은 인물로 기껏해야 '로마의 복음'(황제의 다스림과 승리)을 확증해 주는 일만 한 것처럼 보인다(15:2, 12-14). 또 유대법에 의거해서는 신성 모독죄로 정죄 받아(14:64) 하나님의 복음을 거스르는 인물로 이해되었다. 그러나 마가는 예수님의 복음이 참이라는 전제로 그의 이야기를 시작하며 또 그 복음이 어떤 점에서 진리가 될 수 있는지 그의 책을 통해 보여 주겠다고 말한다.

이사야의 예언(2-3절) 마가의 "예수 그리스도의 복음" 소개는 구약성경으로부터 온 구절을 인용함으로 시작한다(2-3절). 구약성경은 유대인과 초기 그리스도인 모두에게 권위 있는 계시의 책으로 여겨지고 있었기 때문에 복음의 기초로서 인용된 구약은 앞으로 소개될 예수님과 그의 복음의 '계시적' 권위를 높이는 역할을 한다. 인용된 구약성경은 "이사야의 글"이라 언급되고 있는데 연결사 '까토스'(καθώς) 절(καθὼς γέγραπται, '기록된 것처럼', 2절)이 말하듯 마가는 이사야의 예언을 예수 그리스도의 복음의 첫 번째 기초로 소개한다.[16] 마가가 이사야의 이름을 그의 책 서론에 거론한 것은 귤리히가 주장한 것처럼 어쩌면 예수님의 모든 이야기가 이사야를 배경으로 이해돼야 한다는 것을 암시하기 위해서일지도 모른다

16. 마가복음에서 "기록된 것처럼" 혹은 '기록'의 쓰임에 대해선 저자의 논문(박윤만, 2020: 77-103)을 보라.

(Guelich, 1982: 5-15).[17]

사실 2절 전반부는 칠십인경 출애굽기 23:20과 말라기 3:1의 결합이고[18] 3절만 칠십인경 이사야 40:3으로부터 왔다(마가의 본문에서 이탤릭은 출애굽기 본문과 일치하는 내용, 짙은 글은 말라기 본문과 일치하는 본문이고, 밑줄은 이사야와 일치하는 본문이며, 이탤릭체와 볼드체가 함께 있는 단어는 출애굽기와 말라기 본문 모두와 일치하는 것이다):[19]

출 23:20	말 3:1	사 40:3
그리고 *보라* 내가 *내 전령을 네 앞에 보내노니* 그가 너를 길에서 인도할 것이다. καὶ *ἰδοὺ ἐγὼ ἀποστέλλω τὸν ἄγγελόν μου πρὸ προσώπου σου* ἵνα φυλάξη σε ἐν τῇ ὁδῷ	**보라 내 전령을** 파송하노니 그가 **내 앞에** 길을 주목할 것이다. **ἰδοὺ** ἐξαποστελλω **τὸν ἀγγελόν μου** καὶ ἐπιβλέψεται ὁδὸν **πρὸ προσώπου** μου	한 소리가 광야에서 외친다. '그대들은 주의 길을 준비하십시오. 지체 없이 우리 하나님의 길을 곧게 하십시오.' φωνὴ βοῶντος ἐν τῇ ἐρήμῳ Ἑτοιμάσατε τὴν ὁδὸν κυρίου εὐθείας ποιεῖτε τὰς τρίβους τοῦ θεοῦ ἡμῶν

17. 마르쿠스(Joel Marcus, 1992)는 귤리히의 주장에 따라 마가복음 전체에 이사야의 본문이 직간접적으로 얼마나 광범위하게 사용되고 있는지 증명해 보였다. 또한 왓츠(Rikki E. Watts)의 책(1997)를 보라.

18. 보링(M. Eugene Boring)은 당시 유대인들은 출 23:20을 말 3:1과 4:5-6의 빛 아래서 이해하여 모세 앞에 보내질 사자를 종말에 다시 올 엘리야와 동일 인물로 이해했다(Boring, 2009: 35)고 주장한다. 하지만 그가 제시하고 있는 증거(미드라쉬 출애굽기 랍바 32.9; 신명기 랍바 11.9)는 마가복음보다 훨씬 후기(대략 주후 7-8세기)에 기록된 랍비 문헌이다.

19. 본서에서 칠십인경 번역은 따로 언급이 없을 경우 저자의 사역이다.

막 1:2-3
2 *보라 내 전령을 네 앞에 보내니* 그가 네 *길을* 준비할 것이다. 3 한 소리가 광야에서 외친다. '그대들은 주의 길을 준비하십시오. 지체 없이 그의 길을 곧게 하십시오.' καθὼς γέγραπται 2 **ἰδοὺ** ἀποστέλλω **τὸν ἄγγελόν μου πρὸ προσώπου** σού ὅς κατασκευάσει τὴν **ὁδόν** σου 3 φωνὴ βοῶντος ἐν τῇ ἐρήμῳ Ἑτοιμάσατε τὴν ὁδὸν κυρίου εὐθείας ποιεῖτε τὰς τρίβους [αὐτοῦ]

출애굽기 본문의 맥락은 한 전령을 보내어 출애굽하는 모세와 이스라엘 백성의 광야 길을 인도하도록 하겠다는 하나님의 말씀이고, 말라기의 본문은 종말론적 어조를 띤 채 하나님께서 다시 그의 백성 위에 왕 노릇하시고자 오실 때 한 전령을 보내어 "내 앞에 길"을 예비하도록 하시겠다는 내용이다. 마가가 두 본문을 "이사야의 글"이라 한 것은 출애굽기와 말라기 본문을 이사야 40:3의 빛으로 읽도록 하려는 의도로 볼 수 있다 (Guelich, 2001: 67,69; Marcus, 2000: 147; Edwards [b], 27).[20] 이사야 40:3의 맥락은 하나님께서 그의 백성을 포로생활에서 자유케 하실 것(그러므로 종말론적 새 출애굽,[21] 40:1-2)이고 해방받은 백성 위에서 왕 노릇하실 것(그러므로 '복음', 9-11절)이라 알려준다. 그런 근접 문맥을 가진 3절은 광야에서 구속받은 백성들을 향해 외치는[22] "한 소리"의 내용에 대

20. 마가복음에 나타나고 있는 융합적 구약 인용 방식에 대해서는 저자의 논문(박윤만, 2020: 77-103)을 보라.

21. 사 40-55에서 새 출애굽(New Exodus)의 주제가 두드러진 본문은 40:3-5; 41:17-20; 42:14-16; 43:14-21; 49:8-12; 51:9-10; 52:11-12; 55:12-13 등이다. 공관복음 안에서 새 출애굽의 주제가 어떻게 사용되고 있는지에 대한 구체적인 논의는 Swartley, 44-94 참고.

22. 길을 예비해야 하는 이들은 2인칭 복수로 발화된 ἑτοιμάσατε('그대들은 준비하십

한 것으로, 포로생활을 끝내고 죄 용서함을 받은 언약 백성을 다스리고자 오시는 하나님의 길을 광야에서 예비하라는 외침이다. 하나님께서 새 출애굽을 이끄시고자 광야 길로 오실 것이라는 예언을 하고 있는 것이다. 종말에 그의 백성에게 돌아오시는 하나님의 길은 말라기에서 이미 언급되고 있는데, 말라기의 전령은 하나님으로부터 "내 앞의 길"(ὁδὸν πρὸ προσώπου μου, 3:1) 곧 하나님의 길을 준비하라는 명령을 받고 있기 때문이다. 따라서 첫 탈출을 다루는 출애굽기와 종말론적 하나님의 방문을 예언하는 말라기 본문(김창대, 398)을 "이사야의 글"이라 소개한 것은 두 본문 모두가 이사야 40:3의 주제, 곧 종노릇에서 해방된 그의 백성 위에 왕노릇 하시고자 오시는 하나님의 길을 준비하라는 "한 소리"의 외침에 관한 주제에 통합될 수 있다고 판단했기 때문이라 봐야 한다. 마가는 "전령"이자 "한 소리"인 세례 요한에 의해 준비된 "주의 길"(τὴν ὁδὸν κυρίου, 3절)을 걷는 예수님이 이사야가 내다 본 종말론적 "새 출애굽"을 이끌고 돌아오시는 하나님이라는 주장을 하고 있는 게 분명하다(Marcus, 1992: 37-41; Watts, 90, 370; 또한 아래를 보라).

마가의 인용문에는 주목해야 할 몇 가지 특징이 있다. 첫째, 2절 후반부(ὅς κατασκευάσει τὴν ὁδόν σου, '그가 네 길을 준비할 것이다') 는 인용된 구약 본문 그 어디에도 나오지 않는 마가만의 표현이다. 마가만의 독창적 표현은 아마도 이어지는 "그대들은 주의 길을 준비하십시오"('Ετοιμάσατε τὴν ὁδὸν κυρίου, 3절)와 의미적인 병렬을 만들어 내려는 시도로 보인다. 이런 병렬은 결국 전령의 역할이 "길을 준비"하는 데 있다는 점을 강조하는 데 기여한다.

시오')가 암시하듯 구속받은 이스라엘로 보는 게 옳다. 길 안내자를 가리키는 복수 2인칭은 마가복음 전체에서 예수님의 길을 예비하는 이가 세례 요한 혼자만이 아니라는 것을 암시한다. 2:23 주해를 보라.

둘째, "주의 길"(τὴν ὁδὸν κυρίου)에서 '뀌리우'(κυρίου)는 칠십인경 이사야의 본문에서 하나님의 개인적 이름인 여호와에 대한 헬라어 번역으로 사용되는데, 마가복음의 맥락에서 세례 요한은 "주의 길"을 준비하는 자이고 예수님은 그 길을 걷는 분으로 서술되기 때문에(1:7, 14) "주"는 예수님을 가리킨다. 물론 세례 요한이 준비한 "주의 길"이 예수님을 통해 계시될 혹은 그가 선포할 '하나님의 길'을 가리킨다는 해석도 가능하다. 하지만 마가복음의 맥락에서 길을 걷는 주체는 예수님이고 이 심상은 1:2-3을 그 출발점으로 한다는 점은 의심의 여지가 없다. 마가가 예수님을 말라기와 이사야가 말하고 있는 '여호와의 길'(τὴν ὁδὸν κυρίου)을 걷는 분이라 소개한다는 점과 여호와를 가리키는 "주"가 예수님을 위한 칭호로 사용되고 있다는 점(참고. 5:19; 11:3; 고전 8:6;빌 2:11)에서 이 추론은 타당하다(Stein, 43-44; Gathercole, 244; 김선욱, 2019, 64).

셋째, 원 본문인 이사야의 "우리 하나님의[τοῦ θεοῦ ἡμῶν] 길"이라는 명사구는 마가에 의해 "그의[αὐτοῦ] 길"(3절)로 수정되었다. 마가의 맥락에서 "주"와 마찬가지로 "그"는 세례 요한이 예비할 예수님을 가리키는 지시어다. 물론 "그"가 예수님을 가리킨다는 점은 8절("그는[αὐτὸς] 너희에게 성령으로 세례를 베풀리라")과 10절("성령이 … 그[αὐτόν] 위에 내려오심을")에 가서야 언어적으로 명시된 것이 사실이다. 그럼에도 마가가 9절에서 처음으로 예수님을 이름(Ἰησοῦς)으로 언설하기 전인 3절과 8절에서 3인칭 대명사 "그"(αὐτοῦ, 3절; αὐτός, 8절)를 통해 예수님을 지시하고 있다고 봐야 하는데, 이는 마가가 이사야의 예언이 세례 요한을 통해 성취되고 있고 또 세례 요한의 예언이 예수님을 통해 성취되고 있다는 점을 밝히고 있는 것이 분명하기 때문이다(Hurtado, 2020: 44; 김선욱, 2019: 64). 이처럼 하나님을 위한 지시어로 사용된 낱말이 예수님에게 거리낌 없이 사용되고 있는데, 이는 예수님의 신성에 대한 이해가 마가복음이 기록되기 이전부터 초기 교회에 확립되었다는 주장의 근거가 될 수 있다.[23] 어쨌든 예수님은 새 출애굽을 이끄는 여호와 하나님의 길을 가는 분이라는 마가의 이해가 다시 한 번 확인된다(France, 2002: 64, 참고. 232).

넷째, "길"은 마가복음에서 가장 빈번하게 등장하는 언어적 모티프(verbal motif)로서 예수님은 길을 걷는 인물(道人, Jesus on the way)로 제자들은 그 길을 따라 걷는 이들로 소개된다(2:23; 6:8; 8:27; 9:33; 10:32; 10:46, 52; Rhoads et al., 68, 71-72; 김선욱, 2019: 42-78).[24] 현 인용문은 "길"이 처음으로 언급되는 곳으로, 세 번 반복된다(ὁδός, 2절 후반부, 3절 중반부; τρίβους, 3절 후반부). 세례 요한에 의해 예비된 후 예수님이 걷고 제자들이 따르는 그 길은 사실 이사야에 의해 예언된 것이라 밝힌다. 그리고 그 길은 "주의 길" 곧 하나님의 길이었다. 하나님의 통치를 선포한 예수님은 하나님의 길을 걷는 분이었다. 그의 언어적 선포와 삶의 길 모두가 하나님의 통치를 이 땅에 도래케 하는 방식이었기에 예수님을 통해 도래하는 하나님의 통치에 참여하는 것은 그를 따라 길을 걷는 것과 다른 것이 아니다.

다섯째, '유튀스'(εὐθύς, '곧' 또는 '지체 없이')라는 단어를 주목해야 한다. 마가복음에서 '유튀스'(단 한 번 나오는 동의어 εὐθέως를 포함하여)는 42회 나오는데 3절은 그 첫 번째 등장이다. 흥미로운 사실은 그것의 사용

23. 허타도(Larry Hurtado, *Lord Jesus Christ: Devotion to Jesus in Earliest Christianity* [Grand Rapids, Michigan: Erdmans, 2005], 111)는 하나님에게 부여된 칭호 κύριος의 기독론적 사용은 아람어를 사용하던 유대 기독교 그룹에서 기원한 것으로 본다. 저자는 막 1:2-3에 나오는 신적 기독론에 대한 논문(박윤만, 2017: 39-41)을 저술한 바 있다. 위 내용은 저자의 논문과 상당 부분 일치함을 밝혀 둔다.

24. 초기 기독교인은 "길"(ὁδός)을 가르치고 또 믿는 자였다는 것에 관해서는 행 9:2; 19:23; 22:4; 24:14 참고; 최근에 김선욱은 마가복음의 길 모티프가 가진 문학적, 신학적, 구약적(새 출애굽) 의미를 재조명하였다(김선욱, 2019: 42-78).

이 예수님이 예루살렘 입성하신 11:11 이후에는 급격하게 줄어들고 있다는 것이다. 총 42회 가운데 38회가 예루살렘 입성 전에 일어난 사건을 묘사할 때 사용된 반면, 그 이후의 이야기에서는 단 4회만 쓰이고 있다. 이는 마가가 예수님의 갈릴리 사역과 예루살렘으로 올라가는 도중 사역은 '숨 가쁠' 정도로 빠르게 진행하다가 일단 예수님이 예루살렘에 도착하시자 그 내러티브 진행 속도를 현격하게 늦추고 있음을 보여준다. 이러한 사건 전개 방식은 마가가 예수님의 예루살렘 입성과 그곳에서의 행적에 높은 관심을 가지고 있다는 사실을 방증한다. 인용문에서 관심 가져야 할 마지막 주제는 마가가 광야를 종말론적 새 출애굽의 출발지로 설정한다는 점이다. 이 주제에 대한 논의는 아래에서 상세히 이뤄질 것이다.

요약과 해설

마가는 예수 그리스도의 복음의 첫 기초로서 이사야의 예언을 소개한다. 마가가 특별히 이사야를 복음의 기초로 삼아 그의 복음서를 시작하고 있는 이유는 이사야서 특히 40-55장이 지닌 뚜렷한 종말론적 지향성 때문이다. 이사야 40:1-11과 52:7-10은 하나님께서 종말에 그의 백성을 종노릇에서 자유케 하실 것이며 그렇게 자유함을 얻은 백성 위에 다시 왕 노릇 하실 것이라는 복음을 논하고 있다. 마가는 이사야의 예언을 그의 복음서 서두에 위치시킴으로써 예수님의 복음과 그 앞서 사역한 세례 요한의 사역이 선지자가 예언한 종말론적인 새 출애굽과 하나님의 왕 노릇이라는 주제를 기초로 진행될 것임을 미리 알려준다. 이사야에 따르면 이 복음은 광야에 나가 "주의 길"(3절)을 예비하는 "한 소리"(3절)에 의해 준비돼야 했다. 이사야의 예언을 인용함으로 마가는 복음을 가지고 오시는

"주"는 길을 걷는 분이며 그 길의 시작은 길이 없는 광야가 될 것이라 말한다.

제2장
복음의 기초: 세례 요한의 등장
마가복음 1:4-8

선지자 이사야의 글(2-3절)로 시작된 내러티브는 또 다른 선지자 세례 요한의 등장으로 이어진다. 그러나 단순 병렬은 아니다. 세례 요한의 출현과 사역은 이사야의 예언의 성취라는 점을 놓치지 않는다. 보다 큰 틀에서 본다면 세례 요한의 등장은 이사야의 예언과 마찬가지로 1절에서 제시된 예수님의 복음의 기초가 어떻게 닦였는지를 보여준다. 본 소단락은 자기보다 "더 강한 자"가 올 것이라는 세례 요한의 예언(7절)으로 끝을 맺고 있는데, 이러한 끝은 또다시 예언 성취에 대한 강한 기대를 불러일으킨다. 이런 면에서 그의 출현은 옛 시대의 성취이자 새로운 시대의 도래를 알리는 표지이다. 현 이야기는 세례 요한의 등장과 사람들의 나아옴(4-5절), 세례 요한의 옷과 음식(6절), 오실 이 소개(7-8절)로 진행된다.

4 세례 요한이 그[1] 광야에 이르러 죄 용서를 위한 회개의 세례를 전파

1. '떼 에레모'(τῇ ἐρήμῳ)에서와 같이 관사를 가진 명사구에서 관사의 지시적 기능이 언급돼야 할 경우 헬라어 관사를 따로 번역할 것이다.

하고 있다.[2] 5 그러자 온 유대 마을과 예루살렘 사람 모두가 그에게로 나아
갔다. 그리고 자신들의 죄들을 고백하면서 그들이 요단 강에서 그에게 세
례를 받고 있었다. 6 그런데 요한은 낙타 털 옷을 입었다. 그리고 허리에는
가죽 띠를 매고 있었다. 그리고 메뚜기와 야생 꿀을 먹고 있었다. 7 그리고
그가 선포하며 말하였다. "나 보다 더 강한 분이 내 뒤에 오십니다. 나는 굽
혀 그 분의 신발 끈을 풀 자격이 없습니다. 8 나 자신은 물로 그대들에게 세
례를 주지만 그분 자신은 그대들에게 성령으로 세례를 주실 것입니다."

주해

세례 요한의 등장과 사람들의 나아옴(4-5절) 요한은 "세례"로 일컬어진 의식을 행한 인물이었다(마 3:11, 병행. 눅 3:16; 막 1:4; 요 1:25; Josephus, *Jewish Antiquities* 18.5.2 §116). 요한에게 붙은 '호 밥띠존'(ὁ βαπτίζων, '세례자')은 사람들이 그에게 붙인 별명일 것이다(참조. 막 6:25; 8:28). 이것은 세례를 주는 행위가 동시대 유대인들에게 요한의 인물과 사역을 특성화하는 행위로 이해되었음을 알려준다(Dunn, 2012: 487-88). 그는 왜 세례를 베풀었을까? 마가는 요한의 세례를 "회개의 세례"(βάπτισμα μετανοίας, 4절)라 한다. 소유격으로 발화된 "회개"(βάπτισμα μετανοίας, '회개의 세례')는 세례의 성격이 참여자들을 회개케 하는 일에 집중된 것임을 말해준다. 헬라어 소유격의 주된 기능이 수식하는 명사의 성격을 '제약'하는 것이기 때문이다(Porter, 1994: 93-94; 박윤만, 2014: 341). 구약성경에

2. '께뤼손'(κηρύσσων, '선포하면서')같이 마가복음에 나오는 시제 중 '역사적 현재 시제'로 알려진 시제는 가능한 한 번역에 반영할 것이다.

서 회개는 통상 하나님께로 돌아가는 행위(returning to God)를 뜻한다(암 4:6-13; 호 5:15-6:5; 렘 3:12-24; Healey, 671-72).[3] 따라서 회개의 세례를 베풀 때 요한은 동시대 유대인들이 하나님께로 돌아가려면 그의 세례를 받아야만 한다는 당위를 선포했을 것이라 추론할 수 있다(Webb, 189).

더 나아가 마가는 요한의 세례가 "죄 용서를 위한"(εἰς ἄφεσιν ἁμαρτιῶν, 4절) 것이라고 밝힌다. 전치사구인 '에이스 아페신'(εἰς ἄφεσιν, '죄 용서를 위한')에서 전치사 '에이스'(εἰς, '위한')는 신약성경에서 목적격과 결합되어 통상 '방향'을 의미하지만, 은유적으로 일 또는 행동의 '목적'을 드러내기도 한다(Porter, 1994: 152-53; 박윤만, 2014: 340). 따라서 요한의 세례 목적(εἰς)이 사람들로 회개케 하여 "죄 용서"를 받도록 하는 데 있다는 마가의 설명은 타당하다.[4] 물론 요한이 사람들의 죄를 용서하고자 세례를 주었다고는 말하지 말아야 한다. 죄 용서가 하나님의 전권이라는 믿음은 위반될 수 없기 때문이다(비교. 2:7). 다만 죄 용서의 결정은 하나님의 손에 맡겨 둔 채 죄로부터 돌이켜 하나님을 향해 살아가게 하고자 그의 세례가 시행됐다는 것은 분명하다(박윤만, 2014: 341). 세례 요한의 세례 운동은 당시 성전 권력자들과의 충돌이 잠재된 사건이었다(Dunn, 2012: 401-402). 죄 용서와 관련된 일련의 행위들은 성전에서 진행되던 제사 의식의 한 부분이었다는 점에서 성전 바깥 요단 강에서 행해진 회개

---

3. '회개'에 대한 추가적인 연구는 Behm and Würthwein, "μετανοέω, μετάνοια", *TDNT* 4 (1967): 985 참고.
4. 최근의 고고학적 발굴에 따르면 쿰란 유적지(Khirbet Qumran)에는 욕조('미크바옷')가 있었고 그 기능은 입회자들의 정결 예식을 위한 것임이 밝혀졌다(Collins (b), 2012: 297-99). 이런 점에서 세례 요한의 세례가 쿰란 공동체에서 비롯되었다는 추론이 가능하지만, 쿰란 공동체의 침수 의식과 세례 요한의 세례 의식에는 중요한 차이가 있다. 쿰란 입회자들의 목욕은 제의적 정결(ritual purity)을 위한 것이었던 반면, 요한의 세례는 죄의 용서를 받아 "종말론적인 심판에서의 구원"을 받도록 하는 데 맞추어져 있었다(Lichtenberger, 41-43, 53-58[인용은 53]).

의 세례가 종교 권력자들의 기득권을 위협했을 충분한 가능성이 있기 때문이다. 그럼에도 마가가 세례 요한의 이야기에 이 점을 부각시키지 않은 것은 죄 용서와 관련된 논쟁을 예수님의 사역 특징으로 돌리려 했기(2:1-12) 때문이었을 것이다.

지금까지는 요한의 세례 운동의 성격을 본문과 문법적 분석에 의존해서 밝히려 했다. 이에 더해 제2성전 시기의 맥락 역시 고려돼야 한다. 이 연구는 세 가지 본문 정보에 대한 주해로 시작할 수 있다. 첫째, 세례 요한이 회개의 세례를 "광야에서"(ἐν τῇ ἐρήμῳ, 4절) 베풀었다는 점이다. 세례 요한의 공간적 위치가 "광야"(τῇ ἐρήμῳ)였다는 정보는 "광야에서"(ἐν τῇ ἐρήμῳ, 3절) 외치는 한 소리가 있어 주의 길을 준비할 것이라는 이사야의 예언이 그를 통해 성취되고 있다는 의미 추론을 가능하게 한다. 그뿐만 아니라 이사야 40:2-3에 따르면 "광야에서" "외치는 자의 소리"는 유대 백성의 노역이 종결되었음과 그것을 유발한 죄악이 사함을 받았다는 메시지를 전해야 했던 것처럼, 광야에 이른 세례 요한은 회개를 선포한다. 3절에서 살펴본 것처럼 이사야는 다름 아닌 종말론적인 새 출애굽이 일어날 것을 예언하고 있기 때문에, 만일 세례 요한이 이사야의 예언의 성취자로 묘사되고 있는 것이 맞다면 마가는 광야에서 베풀어진 세례 요한의 회개 운동이 종말론적인 새 출애굽의 일환으로 진행된 것임을 말한다고 보는 것은 자연스럽다.

둘째, 그의 세례의 성격을 밝히는 일은 세례의 기원에 대한 이해와 불가분의 관계에 있다. 요한이 세례라는 의식을 택한 이유와 관련하여 던(James D. G. Dunn)이 제기한 주장은 의미심장하다. 요한은 "아마 자신이 이미 그 세례가 표현한 상징체계의 힘을 일찌감치 인정했기 때문에 세례를 주었을 것이다"(Dunn, 2010: 502). 그렇다면 요한이 세례를 통해서 표현하고자 한 "상징체계"는 무엇이었을까?[5] 세례 요한의 세례 베풂의 기원인 것처럼 보이는 에스겔 63:22-31을 보자.[6] 위 본문에 따르면 에스겔 선지자는 이스라엘이 바벨론의 종노릇에서 회복될 때(24절) 물로 씻음(25절)과 죄로부터 정결케 되는 일(25절)이 일어날 것이라 예언한다. 또 그렇게 회복된 백성은 "굳은 마음이" 제거되고 "새 영", "새 마음"을 받아(26-27절) 주의 율례를 마음으로부터 지킬 것이라 예언한다. 마찬가지로 세례 요한은 물로 세례를 주며 죄를 회개할 것을 요청한다. 게다가 성령 세례가 곧 주어질 것이라 예고한다(8절 후반부).

둘 사이에 있는 그런 주제적 유사성은 세례 요한의 세례 기원을 에스겔의 예언과 연결토록 한다.[7] 물론 에스겔의 예언은 당시 바벨론으로부터의 해방을 내다본 유대인을 대상으로 하고 세례 요한 당시 유대인은 이미 바벨론 포로에서 돌아온 상태였다. 그럼에도 세례 요한이 에스겔의 예언을 따라 세례 운동을 펼친 것은 그의 동시대 유대인들이 비록 바벨론에서는 돌아왔지만 여전히 우상 숭배 죄악 가운데서 종노릇하면서 하나님의 언약 백성으로서의 합당한 삶을 살지 못하고 있다는 판단 때문이었을 것이다. 즉 세례 요한에게 그의 동시대 유대인들은 새 출애굽(new exodus),

---

5. 스스로 회복된 이스라엘이라 믿었던 쿰란 공동체는 입회원에게 제의 목욕을 요구했는데(1QS 5:13-14;1QS 3:6-9), 그러한 목욕은 제의적 부정과 도덕적 부정(즉 죄)으로부터 회원을 정결케 하는 것이라 말한다. 비록 요한의 세례와는 다른 지향점(쿰란은 요한과는 달리 제의적 부정으로부터의 정화를 그의 목욕에 포함시켰다는 점에서)을 가지고 있었지만, 쿰란 공동체의 제의 목욕은 제2성전 시기에 이스라엘 회복운동과 물로 씻는 의식이 연결되어 실행되고 있었다는 것을 보여준다. 쿰란 공동체의 침수 의식의 의미에 대해서는 박윤만, 2014: 339-40를 보라.
6. 몇몇 학자들(Guelich, 2001: 90; Marcus, 2000; 152)이 겔 36:22-31을 배경으로 세례요한의 등장을 설명하면서 주로 성령과 '물'이라는 열쇠말이 막 1:4-5과 겔 36:22-31에 등장한다는 점을 지적한다.
7. Guelich, 2001: 90 참고.

곧 종말론적 회복이 필요한 상태에 있었다(신현우, 2011: 18-22). 그럼에도 세례 요한은 그의 사역이 물 세례를 통한 회개의 차원에 한정될 수밖에 없고 에스겔이 예언한 새 영, 새 마음이 주어지는 일은 그 "뒤에 오는 이"이자 자기보다 "더 강한 자"(7절)에게 맡겨진 것으로 믿었다. 이것이 세례 요한이 자기는 "물로 … 세례를 주지만 그분 자신은… 성령으로 세례를 주실 것"(8절)이라 선포한 이유이다. 그는 종말론적 새 출애굽 운동의 시작자는 될 수 있었지만 완성자는 될 수 없었다(Guelich, 2001: 99).

셋째, 요한이 그의 세례와 선포를 통해 언약 백성을 회복하는 종말론적 새 출애굽 운동을 전개했다고 보는 주장은, 그가 광야에 있는 요단 강을 그의 사역지로 택했다는 사실을 통해서도 지지받을 수 있다. 광야는 그들의 선조들이 이집트의 종노릇에서 벗어나 들어갔던 곳이며, 요단 강은 이스라엘이 광야 40년의 생활을 끝내고 약속의 땅에서 하나님의 백성으로서 첫 발을 내딛기 위해 마지막으로 통과해야 했던 '관문'이었다. 따라서 두 장소는 제2성전 시기 유대인들이 유월절 절기를 지킬 때마다 반복해서 떠올렸던 역사적인 기억이 있는 장소였다. 예수님 시대 유대인들이 광야와 요단 강과 관련하여 그와 같은 정보를 원형적 지식으로 가지고 있었다는 증거가 있다. 예수님 시대에 스스로를 종말론적 새 언약의 공동체라 믿었던(CD 6:19; 8:21; 19:34; 1QpHab 2:3-4) 쿰란 역시 유대 광야에서 집단생활을 했는데 그들 역시 이사야 40:3을 인용한다(1QS 8:12-14). 또한 1세기 팔레스타인에서 활동했던 자칭 메시아들이 "자유의 표적"(σημεῖα τῆς ἐλευθερίας)을 보여 주겠다며 사람들을 모았던 장소 역시 광야였다(Josephus, *Jewish War* 2.13.4 §259; 참조. 7.11.1 §438). 요세푸스가 로마 청자를 위해 사용하고 있는 "자유"는 유대적 맥락에서 본다면 '구속'을 의미한다(8:11-13 주해를 보라). 광야에서 펼쳐질 구속의 표적이 어떻게 이해되었을지는 요세푸스에 의해 자칭 "예언자"로 알려진 드다

(Theudas)를 통해 알 수 있는데, 그는 강을 가르겠다면서 큰 무리를 이끌고 요단 강으로 갔다가 로마 군인들에 의해 진압되었다(Josephus, *Jewish Antiquities* 20.5.1 §§97-99; Schürer, 1권 456). 그에게 요단 강을 가르는 일은 출애굽 이후 광야 시절 여호수아가 요단 강을 가른 후 가나안 땅에 들어간 사건의 재연이었다는 것을 어렵지 않게 추론할 수 있다.[8]

쿰란 공동체와 자칭 메시아들의 예가 보여 주듯이 당시 광야와 요단 강은 종말론적인 구속이 펼쳐질 배경으로 이해되고 있었던 게 분명하다면 세례 요한이 광야에 있는 요단 강을 택하여 세례를 베풀고 선포했다는 것은 우연이 아니다.[9] 바로와 바벨론에서 종노릇하던 선조들처럼 그의 동시대 유대인들도 구속(해방)이 필요했고, 그들의 선조들이 했던 것처럼 그들 역시 언약 백성으로서 새로운 삶을 시작할 필요가 있었다는 것이 세례 요한의 판단이었다. 그럼에도 세례 요한의 회개의 세례가 정치적 차원으로나 단순히 개인 윤리 차원으로 축소되어서는 안 된다. 하나님께서 이사야와 에스겔을 통해 말씀하신 새 출애굽이 그의 사역의 배경이고, 무엇보다 그 일을 이루실 이의 오심을 선포의 중심으로 삼고 있었다는 점에서 그의 사역 방향은 종말론적이었던 것이 분명하기 때문이다. 종말론은 제2성전 시기 유대인의 세계관이다.[10] 주된 내용으로는 이스라엘 역사의 절

---

8. 이스라엘 회복을 위해 로마와 싸우던 그들이 단순한 도피처로 산을 택했던 것도 사실(Josephus, *Jewish War* 4.9.4 §509; 6.6.3 §§353-55; 20.6.1 §121; Hengel, 1989: 252, 254-55)이지만, 유대인에게 '구속'을 의미했을 것이 틀림없는 "자유"를 실현하는 장소로 산이나 광야를 택했다는 것은 그곳이 단순한 도피처를 뛰어넘어 새 출애굽의 장소로 이해되었다는 것을 분명히 한다.

9. 세례 요한은 어떤 점에서 쿰란 공동체와 닮은 점이 있다. 둘 다 사 40:2-3을 근거로 광야에서 생활했으며, 둘 다 물과 관련된 의식을 베풀었다는 것이다(1QS 3:6-9).

10. 제2성전 시기 유대 역사와 '역사의 예수'를 연구함에 있어 유대 종말론을 중심 개념으로 보는 학자들은 다음과 같다: Schweitzer, 1954; Sanders, 1985; Wright, 1996; Dunn, 2010; 2012; Evans, 2006; Witherington, 1997.

정 혹은 역사 너머에서[11] 일어날 하나님과 그가 세운 대리자에 의한 통치와 그 통치에 따르는 사건에 대한 가르침으로 정의된다.[12]

첫 탈출과 비교했을 때 세례 요한의 새 출애굽 운동에는 중요한 혁신이 있다. 그들의 선조들이 탈출해야 했던 곳은 이집트였고 들어가야 했던 장소는 가나안 땅이었다. 그러나 세례 요한은 그의 동시대 유대인들에게 그들이 "나와야"(ἐξεπορεύετο, 5절)하는 곳은 "온 유대 마을과 예루살렘"(5절)이었으며 들어가야 할 곳은 선조들이 벗어났던 광야라고 선포한다. 그곳에서 그들은 회개를 해야 했다. 회개는 문자적으로 '하나님께로 돌이키는 것'이다. 사실 당시 유대인들이 하나님께로 돌아가려면 예루살렘에 자리 잡은 성전으로 가야 했지만 세례 요한은 회개 곧 하나님께로 돌아가기 위해서 광야로 오도록 요구했다.

세례 요한의 옷과 음식(6절) "요한은 낙타 털 옷을 입었다. 그리고 허리

---

11. 콜린스(John J. Collins)는 종말론을 역사 안에서 이스라엘 역사의 절정을 이야기한 예언적 종말론(the eschatology of the prophets)과 현 세상 그 너머를 내다본 묵시적 종말론(apocalyptic eschatology)으로 나눈다(1998: 11-12). 복음서가 묘사하고 있는 것처럼 예수님의 사역과 선포는 역사적 현실과 함께 죽음 후의 부활을 다루고 있다는 점에서 복음서는 묵시적 종말론의 범주에서 이해되어야 한다.
12. 쉬러(Schürer, 2권 514-49)와 라이트(Wright, 1996: 244-348)에 따르면 제2성전 시기 유대인들은 종말이 도래했을 때 다음과 같은 일련의 사건들이 일어날 것으로 보았다: 첫째, 이스라엘의 회복(사 43:18-21; 48:20-21; 51:9-11; 겔 36-37; 47장), 둘째, 이스라엘의 모든 원수가 하나님에 의해 제압당함(시 2; 겔 38-39; 암 5:18-20; 사 27:1; 66:15, 16, 24), 셋째, 다윗 계열의 왕 혹은 하나님에 의한 다스림(학: 62-9; 2:23; 슥 3:8; 4:6-14; 6:9-15; 사 24:23), 넷째, 새 영의 임함(겔 36:26-27; 욜 2:28; 비교. 신 30:5-6, 14), 다섯째, 열방이 예루살렘으로 성지 순례(시 47:10; 렘 3:17; 사 2:3; 19:23-25; 60:11, 14; 66:18; 미 7:17-12; 슥 8:18-23; 14:16) 후 예배(시 72:9-11; 86:10; 96:8; 렘 16:19; 사 45:23-24; 49:23; 56:7; 66:18; 습 3:9), 여섯째, 죽은 자의 부활(단 12:1-3; 사 26:19), 마지막 심판(사 24:1-13, 21-23; 암 9:11-15), 일곱째, 현 세상의 끝과 단지 이스라엘의 회복만이 아니라 새 세상의 창조(사 65:17, 25; 66:22).

에는 가죽 띠를 매고 있었다"는 세례 요한의 외모에 관해 매우 세부적인 정보를 준다. 이런 작고 상세한 묘사는 5절("온 유대 마을과 예루살렘 사람 모두가 그에게로 나아갔다")의 다소 과장된 표현인 "온"(πᾶσα)과 "모두"(πάντες)와 비교된다. 선행하는 수많은 인파에 둘러싸인 세례 요한에게서 그가 입었던 옷과 허리 띠, 그리고 먹는 음식 등과 같은 세세한 부분으로 청자의 관심을 집중시키킨다. 구체적이고 생생한 이런 묘사는 마가복음이 목격자의 증언에 기초한다는 증거가 될 수 있다(Cranfield, 11). 그러나 구술-청각적 의사소통 문화의 관점에서 본다면 그런 문체는 귀로 정보를 듣는 청자의 기억에 뚜렷한 각인을 만드는 구술 장치이다(Park, 78-79).

세례 요한의 옷에 대한 강조는 문법적으로도 이뤄진다. "입다"(ἐνδεδυμένος)는 완료 분사로 상태 상(Stative Aspect)에 해당된다.[13] 상태 상은 가장 많은 의미적 무게를 가진 상으로 내러티브에서는 동작, 사건, 행동의 상태를 최전방에 부각하는 역할을 한다(Porter, 1994: 22-24; 박윤만, 2010: 325; 2011: 942, 944-45, 960-61). 이렇게 강조된 세례 요한의 복장(6절)은 구약의 선지자 엘리야와 그의 복장을 연상시킨다(왕하 1:8, "그는 털이 많은 사람인데 허리에 가죽 띠를 띠었더이다"). 마가가 2절에서 인용한 바 있는 말라기 선지자는 종말이 도래하기 전 엘리야가 먼저 보냄을 받아 사람들의 마음을 돌이키는 일을 할 것이라 예언한다(4:5-6). 세례 요한이 엘리야를 연상하는 복장을 한 것은 거의 확실히 그가 바로 말라기 선지자가 예언한 종말론적 엘리야라는 사실을 상징적으로 드러내기 위함이다(Cranfield, 47; France, 2002: 69; Edwards [b], 32).

오실 이 소개(7-8절) 7절에서 세례 요한은 성령으로 세례를 주실 분을

---

13. 헬라어 동사 상 이론에 대해서는 Porter, 1994: 20-25를 보라.

자기보다 "더 강한 분"이면서 자기 뒤에 오는 분(ἔρχεται ὁ ἰσχυρότερός μου ὀπίσω μου, 7절)으로 소개한다. 요한이 자기가 기다리던 분을 비교급 "더 강한 분"(ὁ ἰσχυρότερός μου)으로 묘사했을 때 어떤 인물이 어떤 일을 어떻게 할 것이라 기대했을까? 해답은 세 가지 입장으로 압축될 수 있다. 첫째, 마가가 세례 요한의 등장과 사역의 구약적 배경으로 제시했던 칠십인경 이사야 40:3과 맥을 같이 하는 10절에 따르면 종말론적인 통치와 심판을 위해 "주님은 능력으로[μετὰ ἰσχύος]으로 오신다"(참고. 또한 26, 29, 31: 45:24; 50:2; 52:1; 63:1, 15). 따라서 요한이 기대한 "더 강한 분[ὁ ἰσχυρότερός]"은 하나님의 심판과 통치의 능력을 드러내시는 분이라는 이해가 마가에게 있었다고 볼 수 있다(Hooker, 1991: 38; France, 2002: 70; Boring, 2006:42). 물론 요한이 "나 보다 더 강한 분"으로 하나님을 염두에 두었다고 볼 수는 없는데, 이는 요한이 하나님과 자신을 비교한다고 보기는 어렵기 때문이다. 둘째, 마가복음 3:27에서 예수님은 사탄을 '강한 자'(τοῦ ἰσχυροῦ, "강한 자의"; τὸν ἰσχυρόν, "강한 자를")로 표현하신 후, 그가 "강한 자"를 결박하였기에 귀신(곧 "살림살이", 27절)을 쫓아낼 수 있다고 말씀하신다. 마가의 이 같은 '이스퀴로스'(ἰσχυρός) 용어 쓰임을 고려한다면 요한이 기대한 "더 강한 분"은 악한 영과의 종말론적인 전투에서 자신보다 더 잘 싸워 결국 승리를 가져오실 분이라는 설명 역시 가능하다(Marcus, 2000: 157-58; Harrington, 63; 참조. Edwards [b], 33).

셋째, 요한이 기대한 "나보다 더 강한 분"에 대한 보다 나은 이해를 위해서는 세례요한의 사역과 그 역할을 고려해야 한다. 이는 요한이 그를 자기 자신과 비교하고 있기 때문이다. 세례 요한의 사역 대상은 "온 유대 마을과 예루살렘 사람"이다(5절) 그에게 나아온 것에서 알 수 있듯이 전체 이스라엘이었다. 그리고 앞서 제시한 것처럼 그가 머문 공간이 요단강과 광야였다는 것과 그의 사역 방식이 에스겔이 새 출애굽 한 백성의 증표로 제시한 물로 씻음, 곧 세례였다는 것은, 그의 사역의 목적이 개별 유대인의 개인적 믿음 회복만이 아니라 이스라엘 전체의 종말론적 회복에 있었다는 것을 말해준다. 그러나 에스겔은 종말론적으로 회복된 이스라엘에게 물로 씻음과 새 영이 주어질 것이라 했지만, 그는 물로 세례를 줄 뿐이고 성령은 뒤에 오시는 분이 주실 것이라 말한다. 이런 점에서 그는 시작했지만 완성할 수 없는 존재임을 알았다. 시작자로서 요한 자신과 완성자로서 뒤에 오시는 분의 대조는 문법적 설명을 통해 확인된다. 세례 요한은 강조하는 경우가 아니면 사용하지 않는 인칭 대명사 주격을 사용하여 자신(ἐγώ)과 뒤에 오실 분(αὐτός)을 각각 부각시킨다. 그런 후 반의적 접속사(δέ, '그러나')를 통해 자기와 그 뒤에 오시는 분의 사역이 가지는 차이를 반의적으로 연결시킨다. "나 자신은(ἐγώ) 물로 그대들에게 세례를 주지만(δέ) 그분 자신은(αὐτός) 그대들에게 성령으로 세례를 주실 것입니다"(8절). 세례 요한은 자신이 하고 있는 종말론적 이스라엘 회복운동의 한계를 알고 있었던 것이다. 요한이 기다리던 분은 그의 한계를 극복하고 또 완성할 분이었다는 점에서 그는 "더 강한 분"이었다.

요한에 따르면 "더 강한 분"은 "내 뒤에"(ὀπίσω μου) 온다. 여기서 앞뒤는 우열이 아니라 시간에 따른 순서이다. 그가 먼저 사역을 했고 종말을 완성할 자는 곧이어 올 것이라 믿었기 때문이다. 이것과 함께 이사야의 예언이 지시한 길 개척을 고려하면 그 의도가 보다 더 명확해진다. 세례 요한은 "주의 길"을 예비하는 일을 위해 부름을 입었다고 소개되었다(2-3절). 그렇다면 그가 자신 뒤에 오는 분이 걸어야 할 길을 먼저 걸어가고 그 분은 그 길을 따라 올 것이라 믿었다고 보면, 그가 "내 뒤에" 온다는 말을 했을 때 무엇을 의미했는지 자연스럽게 이해된다. 더불어, 마가가 세례 요한 뒤에 오는 분(예수님)의 사역이 세례 요한의 사역의 연장선에서 이뤄질 것이라 알려준다고 봐도 무방하다. 1:16-20에서 살펴보겠지만 예수님은 갈릴리 해변에서 시몬과 안드레를 부르실 때 "내 뒤에 오시오"(δεῦτε ὀπίσω μου)라고 하셨다(1:17; 비교. 막 8:33). 마가는 명사구 '오삐소 무'(ὀπίσω μου, '내 뒤에')를 통해 세례 요한과 예수님, 그리고 제자들이 동일한 길을 가는 인물들로 그리고 있고 그 길 가장 앞에는 세례 요한이 있다(1:14 주해를 보라)고 말하고 있는 것이다. 샌드위치 기법이 마가의 중요 문학적 특징이라는 것은 잘 알려져 있다.[14] 그런데 이 기법은 에피소드 배열만이 아니라 내러티브 인물 배열에서도 나타난다. 종말론적 길에서 "요한은 예수보다 앞서 가고, 열두 제자는 예수님을 따라 간다"는 점에서 "예수님은 중심이다"(Shepherd, 174). 요한은 오실 종말론적인 인물의 길을 예비했고(2-8절), 제자들은 다시 오실 인자를 깨어 기다리는 인물로 그려진다(13:33, 35-37).

"나는 굽혀 그 분의 신발 끈을 풀 자격이 없습니다"(7절 후반부)를 통해 세례 요한은 자신과 그 뒤에 오시는 분과의 관계를 노예와 주인의 관계에 빗댄다. 고대 유대 사회에서 다른 사람의 신발 끈을 풀고 묶는 일은 노예의 일로 여겨졌기 때문이다.[15] 신발은 물론 다가올 종말론적인 인물이 신고 걸어갈 신발일 것이다. 그의 신발 끈을 풀기에 "나는 자격이 없다"(οὐκ εἰμὶ ἱκανός)는 언설은 "주의 길"을 닦는 자가 갖춘 겸손한 성품을 보여준다.

그가 "불로 세례를 베풀 것"(마 3:11; 눅 3:16)이라는 마태와 누가의 어록을 요한의 원 발설로 보는 반면, "성령으로 세례를 주실 것"이라는 마가의 어록은 후기 교회의 첨부로 보는 콜린스(Collins [a], 146) 의 판단을 따를 필요는 없다. 데이비스(W. D. Davies)가 지적한 것처럼 종말의 도래를

---

14. 본 주석의 서론의 〈2. 구조〉를 보라.
15. 바벨론 탈무드 케투보트 96a.

알리는 신호로 성령의 오심을 바라본 증거들이 제2성전 시기 유대 문헌에서 발견된다(Davies, 215-16). 특히 중요한 것은 이미 언급한 것처럼 세례 요한의 세례의 기원을 설명해주는 에스겔 36:25-28인데 그 본문은 물과 성령이 종말론적인 선물이라 말한다. 시기적으로 예수님 시대보다 훨씬 앞선 쿰란 공동체는 공동체 생활 규칙(the Rule of the Community)에서 에스겔로부터 온 동일 본문을 이미 사용하여(1QS 4:18-23) 그들이 성령과 물로 정화된 언약의 공동체라고 주장한다.[16] 따라서 요한 역시 그에 의해 준비되고 종말론적 인물에 의해 시작될 새 언약의 공동체는 에스겔의 예언에 따라 물과 성령을 받은 공동체이며, 그가 예언한 종말의 담지자가 성령의 수여자가 될 것이라는 주장은 역사적으로 타당하다. 물론 세례 요한의 에스겔 본문 사용에는 혁신이 있다. 에스겔에 따르면 “새 영”을 주실 분은 하나님이신데(“내 영을 너희 속에 두어”, 36:27) 세례 요한의 예언에서는 “내 뒤에 오시는 분”이 성령으로 세례를 줄 것이라고 말한다. 세례 요한은 “내 뒤에 오시는 분”이 어떤 인물인지 구체화하고 있지 않지만,[17] 그의 혁신적 구약(에스겔) 사용은 그가 기다린 인물은 어떤 점에서 하나님의 종말론적 일을 수행할 존재 곧 하나님의 위치에서 성령을 주시는 일을 할 분이라는 기대를 했을 것이라고 추정하게 한다(Gathercole, 73).

16. 쿰란 문서 1QS 4:21에서 성령이 “정결케 하는 물과 같은” 존재로 비유된다는 점에서, 물이 성령을 가리키는 상징이라 믿었다는 주장은 가능하다(Collins [a], 146).

17. 슈바이처(Schweitzer)는 세례요한이 기다린 존재가 종말 전에 올 것으로 기대된(말 4:1; 에스라4서 6:23-26) 엘리야였다고 주장한다(Schweitzer, 372). 하지만 종말론적 엘리야가 성령으로 세례를 줄 것이라는 세례요한의 선포는 슈바이처의 주장을 받아들이기 힘들게 하는데, 이는 엘리야가 성령을 준다는 사상은 유대 문헌 그 어디에도 나오지 않기 때문이다.

요약과 해설

이사야가 예언한 지 칠백 년 이상이 지났음에도 세례 요한은 예언을 가슴에 품고 광야 요단 강에 나타난다. 그곳에서 주님 오실 길을 준비한다. 그가 준비한 방법은 유대인들로 하여금 그들을 종노릇하게 만든 죄를 회개하도록 세례를 베푸는 것이었다. 세례 요한의 세례 운동은 이사야와 에스겔이 내다본 종말론적 새 출애굽 운동을 준비하는 것이었다. 이러한 이스라엘의 새 출애굽 운동이 가진 놀라운 점은 옛 탈출 때 이스라엘이 벗어나 들어갔던 예루살렘과 유대가 그 시대에는 탈출해야 하는 '이집트' 이자 '바벨론'이 되었다는 점이다. 이는 그의 회개의 세례에 동참하고자 온 유대인과 예루살렘 사람이 다 "나왔다"(5절)는 묘사를 통해 지지된다. 사실 당시 하나님께로 돌이키기(회개를) 위해서는 성전에 들어가야 했지만, 요한은 광야에 있는 요단 강으로 사람들이 나오도록 했다. 마가는 "주의 길"이 '광야에서 예비되리라'는 이사야의 예언이 세례 요한의 이런 사역을 통해 성취되고 있음을 알려준다. 이사야가 예언한 것처럼 그는 광야에 나갔고, 에스겔이 예언한 것처럼 물로 세례를 주었다. 하지만 "새 영" "새 마음"(겔 36:26-27)을 주는 일은 "더 강한 자"(7절)에게 맡겨졌다. 에스겔에 따르면 종말론적 새 출애굽이 일어날 때 새 언약 백성에게 주어질 것은 물 뿌림과 새 영이었지만, 세례 요한은 자신은 물로만 세례 주고 성령으로 세례를 주는 일은 그 뒤에 오는 인물에게 맡겨졌다고 가르쳤다. 이런 점에서는 그는 한계를 아는 사역을 한 것이다.

세례 요한이 "더 강한 자"를 기다리며 어떤 분을 염두에 두었는지는 명확하지 않다. 하지만 마가가 인용하고 있는 이사야의 예언에 따르면 오실 분은 하나님이시다. 이것은 마가가 이사야의 예언에 따라 세례 요한에 의해 예비된 길을 걸으시는 예수님을 어떤 분으로 소개하고 있는지 알 수 있게 해준다.

제3장
복음의 기초: 예수님의 세례
마가복음 1:9-11

대단락 2-13절에 속한 현 소단락(small unit)은 내러티브상에서 예수님의 첫 등장과 세례를 다룬다. 불트만은 예수님의 세례를 "전설"로 분류하지만(Bultmann, 247) 예수님의 이름으로 세례를 주었던 초기 교회(행 10:48; 롬 6:3)가 예수님이 세례를 주기보다 받는 이야기를 창작했다고 생각하기는 매우 어렵다. 뿐만 아니라, 요한의 세례가 회개를 위한 것임을 고려할 때 교회가 예수님이 회개했다는 오해를 살만한 이야기를 창작했다고 믿기도 어렵다(Jeremias 2009: 80-81).

대단락의 흐름상 예수님의 등장은 자기 뒤에 오실 분에 대한 세례 요한의 예언이 언설된 직후에 이어지고 있어, 그의 출현이 예언의 성취라는 점이 강조된다. 세례 요한의 등장은 이사야가 한 예언의 성취였으며, 예수님의 등장은 세례 요한이 한 예언의 성취였다.[1] 그러나 이러한 예언의 성

1. 마가복음의 서두에서 진행되고 있는 이러한 예언-성취 구도는 마가가 전해주려는 예수님의 이야기의 신뢰성을 증가시켜, 이후 예수님이 하실 예언 또한 반드시 성취될 것이라는 믿음을 가지도록 돕는다. 더 나아가 그런 성취는 비록 실패해 보이는 상황일지라도 이뤄지리라는 기대를 갖도록 한다(예언의 역설적 성취의 대표적

취에는 역설이 동시에 내포되어 있다. 성령으로 세례를 주기로 예언된 이가 성령으로 세례를 받고 있기 때문이다. 예수님의 첫 등장의 역설적 측면은 메시아로서 예수님의 길이 가진 더 큰 파라독스(paradox)를 단적으로 예시하고 있다. 그는 '기다려 온' 메시아이지만 동시대 유대인들이 '기대한' 길은 걷지 않는다. 오히려 메시아로서의 그의 길은 세례 때 하늘로부터 들은 계시의 소리에 따라 정해진 것이다. 현 단락은 세례(9절), 성령 임재(10절), 하늘의 소리(11절)라는[2] 주제적 흐름으로 진행된다.

> **9** 그리고 이는 그 무렵에 일어난 일이다. 예수님이 갈릴리 나사렛으로부터 오셔서 요한에 의해 요단 강에서 세례 받았다. **10** 그리고 곧 물에서 올라오실 때 하늘이 찢어지는 것과 성령이 비둘기처럼 그에게로 내려앉으시는 것을 보셨다. **11** 그리고 그 하늘로부터 소리가 있었다. "바로 네가 나의 사랑하는 아들이며 내가 너를 기뻐하노라."

주해

세례(9절) 예수님이 내러티브상에 처음으로 등장하는 곳은 여기다. 먼저, 그가 등장한 시점은 "그 무렵에"(ἐν ἐκείναις ταῖς ἡμέραις)였다(참고. 8:1; 13:24). "그 무렵"은 구약 선지자들이 하나님의 구원이 나타날 종말의 때를 가리킬 때 사용한 시간 어구이다(μετὰ τὰς ἡμέρας ἐκείνας, '그 날 후', 칠십인경 렘 38:33[개역개정 31:33]; μετὰ ταῦτα, '이 후에', 칠십인경

인 예에 관해서는 10:31과 14:65의 해설을 보라).

2. 저자는 막 1:11에 나오는 신적 기독론에 대해 논문(박윤만, 2017: 54-57)으로 다룬 바 있다. 위 내용은 저자의 논문과 상당 부분 일치함을 밝혀 둔다.

욜 3:1 [개역개정 2:29]; ἐν ταῖς ἡμέραις ἐκείναις, 칠십인경 욜 3:2 [개역개정 2:29]; 4:1 [개역개정 3:1]; 칠십인경 슥 8:23; Marcus, 2000: 163, 487).[3] 예수님의 첫 등장에 이런 시간 어구가 사용된 것은 그의 등장과 함께 선지자들이 기다렸던 종말의 때가 도래하기 시작했다는 것을 의미한다. 하지만 문맥적 의미 역시 무시하지 말아야 한다. 앞선 사건은 요한이 요단 강에서 세례를 주던 때를 배경으로 하고 있기에 그의 등장은 세례 요한의 사역이 진행되고 있는 "그 무렵"이라는 의미 역시 가능하다. 그러나 이 두 해석 중에서 양자택일할 필요는 없다. 요한의 세례 사역을 시간적 배경으로 한 채 이뤄진 예수님의 등장은 종말론적인 사건인 것이 틀림없기 때문이다.

이어서 마가는 처음으로 등장하는 예수님이 "갈릴리 나사렛으로부터 오셨다[ἦλθεν]"고 소개한다(9절). 게터콜(Simon J. Gathercole)은 최근에 예수님의 어록에 등장하는 '내가 왔다'(ἦλθον) + 목적 어구(purpose formula)의 의미를 밝히고자 천상적 존재의 지상 방문과 목적을 드러낼 때 사용된 구약,[4] 제2성전 시기 문헌,[5] 탈굼(targum), 그리고 다른 랍비 문헌의[6] 예를 들어, 예수님에게 적용된 그 공식은 선재하신 예수님의 지상 방문과 지상 사역의 목적을 나타낸다고 주장했다(Gathercole, 113-76). 그의 주장은 분명 설득력 있고 마가복음에서 사용된 예수님의 어록(1:24, 38; 2:17; 13:26, 36)에 적용될 수 있다. 그러나 게터콜도 인정한 것처럼(Gath-

3. 또한 8:1 주해를 보라.
4. 단 9:22, 23; 10:12, 14, 20; 11:2.
5. 토비트 5:5; 모세의 묵시 16:2 (3); 에스라4서 6:30; 7:2; 바룩2서 71:3 (2); 아브라함의 유언 16:15 등.
6. 탈굼/불가타 민수기 22:32; 탈굼 여호수아 5:14; 출애굽기 6장에 대한 미드라쉬 탄후마; 신명기 11:10에 대한 신명기 랍바; 미드라쉬 잠언 9장; 미쉬나 에두요트 8.7 등.

ercole, 101) 9절 역시 그 해석학적 범주에 포함하는 것은 무리가 있다. 마가는 예수님의 '엘텐'의 기원을 "갈릴리 나사렛으로부터"(ἀπὸ Ναζαρὲτ τῆς Γαλιλαίας)라고 구체적으로 지시하고 있기 때문이다. 9절의 예수님의 출신은 갈릴리 나사렛과 관련시켜 이해하는 게 맥락상 무리가 없다.

예수님의 첫 등장을 갈릴리 나사렛과 연관 짓는 마가의 출현 소개는 다른 복음서의 '출현 내러티브'와 비교할 때 흥미로운 면이 있다. 마태복음에서 예수님은 "아브라함과 다윗의 아들"(1:1)로 밝혀진 후 다윗의 고향 베들레헴 출신으로 소개된다(2:5-6, 8, 16). 누가 역시 마태와 동일하게 예수님을 "다윗의 집 사람"이자 베들레헴 출신으로 기록한다(2:4). 한편 요한은 예수님의 '출신'을 "태초"('Eν ἀρχῇ)에까지 거슬러 올라가 하나님과 함께 계셨던 분으로 소개한다(1:1). 그러나 마가에 따르면 예수님은 갈릴리 나사렛으로부터 오셨다. 하지만 제2성전 시기 문헌 그 어디에서도 메시아의 기원을 갈릴리와 연결하지 않는다. 요한복음에서 나다나엘의 "나사렛에서 무슨 선한 것이 날 수 있느냐("1:46)라는 외침과 "그리스도가 어찌 갈릴리에서 나오겠느냐"라는 유대인의 냉소(7:41)는 이런 맥락에서 이해돼야 한다(Morris, 145). 사실 마가복음은 예수님을 갈릴리인으로 총 네 번 소개하지만(1:24; 10:47; 14:67; 16:6) 나사렛에서 그가 어떤 생활을 했는지는 그 어디에도 언급하지 않는다. 특히 마가는 6:1에서 예수님이 "고향"으로 가셨다고 하지만 그곳을 지역 명으로 밝히지는 않는다. 그는 나사렛인이라 불리지만 마가 내러티브에서 나사렛 자체는 숨겨져 있다. 이런 점에서 나사렛 예수는 그의 은닉성(참고. 4:22-23)을 형성하는 데 일조한다. 특히 1:1에서 그리스도(메시아)로 알려진 "예수"('Iησοῦς)의, 내러티브에서의 첫 출현이 "갈릴리 나사렛으로부터"였다는 정보는 그의 출신지 소개를 뛰어넘어 메시아 예수는 '뜻밖의 메시아' 혹은 '예상치 못한 메시아'라는 의미를 만들기에 충분하다(신현우, 2013: 469; 대조. Gathercole,

101).[7] 이런 이미지는 이어지는 정보를 통해 더욱 강화된다. 세례 요한에게 세례를 받고자 온 이들은 모두가 이스라엘의 정치, 경제 및 종교가 집중된 유대와 예루살렘 사람이었던 반면, 북쪽 갈릴리로부터 온 사람으로는 예수님이 유일하게 기록되었다(France, 2002: 65, 67, 75). 공적 사역을 위해 역사에 첫 발을 내디딘 예수님의 걸음은 주목받지 못한 발걸음이며 그는 무명의 메시아로 출발한다. 이는 마가복음에서 세례 요한이 자기에게 세례를 받는 예수님을 알아보았다고 추론할 증거를 남기지 않았다는 것과, 하늘의 소리 역시 예수님 개인에게만 들린 것("네가 나의 사랑하는 아들이며 내가 너를 기뻐하노라", 11절)으로 소개한다는 사실에 의해서 지지된다(11절 주해를 보라).

예수님의 세례는 마가에 의해 수동형 동사(ἐβαπτίσθη, '세례 받았다')로 발화된다(9절). 신약성경 헬라어에서 사건이나 행위의 묘사는 행위의 주체를 문법적 주어로, 그 수혜자를 문법적 목적어로 발화하는 것이 일반적이다. 이는 신약성경 전체에서 태의 빈도수가 능동태가 20,697회, 중간태가 3,500회, 그리고 수동태는 3,930회로 나오는 통계에 의해서도 확인될 수 있다(Reed [a], 85). 따라서 행위의 주체인 요한이 문법적 목적격 자리에 오고 세례 행위의 수혜자인 예수님이 문법적 주어의 자리에 온 9절의 현저성은 당연히 세례의 수혜자이면서도 문법적 주어의 자리를 차지한 "예수"(Ἰησοῦς)에게 주어진다(박윤만, 2010: 329). 예수님의 세례 사건은 문법적 현저성에 더해 가중된 의미적 무게 역시 전달한다. 세례 요한은 성령으로 세례를 받으신 분, 곧 자기보다 더 강한 분이 오리라 예언했지만 오신 예수님의 첫 사역은 세례를 주는 것이 아니라 세례를 받는 일이었기 때문이다. 더군다나 전투적 메시아상이 대세였던 제2성전 시기 팔

---

7. "나사렛인 예수"의 추가적 주해는 14:67; 16:6을 보라.

레스타인 상황에서 자신 역시 회개 요청의 대상으로 여기는 메시아는 매우 낯설 수밖에 없기 때문이다.[8] 이런 점에서 세례 받으시는 예수님은 '메시아 틀'의 이탈(frame deviation)이며[9] 따라서 놀라움과 현저성을 가진 담화 정보로 처리된다.

'수동적 예수'는 광야 시험에까지 이어진(아래 표와 12-13절 주해를 보라) 후 종결부에 해당하는 수난 기사에 다시 등장한다(아래 표를 보라):

시작부(세례와 시험)	종결부(수난 기사)
세례를 받았다(1:9). 성령이 … 그에게 내려앉으시는 것(10절) 성령이 그를 … 몰고 간다(12절).	그들[무리들]이 그를 붙잡는다(14:51). 그들이 예수님을 대제사장에게 데리고 갔다(53절). 대제사장들이 장로들과 서기관들과 온 산헤드린과 회합을 한 후 예수님을 묶어 끌고가 빌라도에게 넘겼다(15:1).
사탄에게 시험을 받았다(13절 전반부).	빌라도는… [예수님을] 십자가에 못 박히도록 넘겨주었다(15절).
들짐승이 그와 함께 있었다(13절 중반부). 천사들이 그를 섬겼다(13절 후반부).	군인들이 그를 … 뜰 안으로 끌고 갔다(16절). 그를 십자가에 못 박고자 밖으로 데리고 나갔다(20절).

사실 시작부(1:1-13)와 수난 기사(14:1-16:8)를 제외하고는 사건을 이끌어 가는 주체는 대부분 예수님으로 서술된다. 이런 점에서 서론부와 수난 기사의 '수동적 예수 상'은 두드러진다. 아래에서 살펴볼 것처럼 하나님 나라를 선포의 주제로 삼은 예수님의 수동적 모습은 그 나라가 인간의 예상과 다르게 시작하고 성취되는 비밀스러운 차원을 가진다(참고. 4:26-27, "하나님의 나라는 이와 같은 것입니다. … 그 씨가 싹이 터서 자라는

8. 제2성전 시기 여러 유대 메시아관은 Collins [b], 1995; Neusner, Green and Frerichs, 1987; Schürer, 2권 492-513 참고. 1세기 팔레스타인의 자칭 메시아들의 전투적 성향은 Horsley and Hanson, 1985 참고.

9. 담화에서 틀(frame)의 역할과 틀 이탈이 가지는 의사소통적 기능에 대해서는 박윤만, 2008b: 660-62를 보라.

데, 그 사람 자신은 과정을 알지 못합니다")는 의미를 만드는 데 일조한다.

남은 질문은 예수님은 왜 세례를 받으셨을까이다. 두 가지 이유가 제시될 수 있다. 먼저, 예수님은 세례 요한의 사역을 인정하셨고 자기의 사역 역시 그의 사역의 연장선상에서 이뤄질 것임을 표명하고자 세례를 받았다(France, 1994: 104; Jeremias, 2009: 86; Allison, 2010: 204-220). 이미 살펴본 것처럼 요한의 사역은 이스라엘이 그들의 죄악된 삶에서 벗어나 언약 백성으로서 합당한 삶을 살게 하는 종말론적인 새 출애굽 운동이었고, 예수님은 그 종말론적 새 출애굽 운동을 이어받아 완성하려는 의도를 가지고 있었기에 세례를 받았다고 보는 추론은 지극히 자연스럽다. 예수님이 세례를 받으신 또 다른 이유는 메시아적 소명과 관련되어 있다. 사실 내러티브 흐름상 예수님이 받으신 세례는 "죄 사함을 위한 회개의 세례"(1:4)이었다. 이 사실을 기억하면 예수님이 세례를 받으신 것은 죄 사함을 얻기 위한 회개의 행위처럼 보일 수 있다. 하지만 예수님이 다른 백성들처럼 자신의 죄를 사함 받는 일환으로 회개의 세례를 받았다고 볼 수 없다. 대신 예수님의 행위는 메시아적 행위로 이해해야 한다. 후에 살펴볼 것처럼 예수님은 자신을 이스라엘의 메시아로 이해하였던 것이 분명하기 때문이다(8:29-30; 14:61-62). 따라서 회개의 세례를 받았다는 것은 메시아로서 그의 백성의 죄를 짊어지고 하나님께로 그들을 돌이키는 것을 그의 소명으로 삼겠다는 결심의 발현으로 봐야 한다(참고. 10:45; 14:24; 비교. France, 2002: 76).[10]

성령 임재(10절) 마가는 예수님이 세례 받으실 때 직접 경험한 구체적 사건을 나열한다(10-11절). 마가가 서술하고 있는 세례 때 예수님의 경험

10. 예수님은 후에 세례와 죽음을 동일시한다(10:38). 그렇다면 세례 때 이미 그는 죽음을 예측하고 그것을 받아들이기로 결심하셨을 것이다(Porter, 2016: 93).

은 후기 교회의 "창작"(Dibelius, 271-72) 혹은 "전설"(Bultmann, 247)로 잘못 평가되어 왔다. 현 본문이 만일 양식비평가들이 말하는 것처럼 초기 교회가 변증적 목적으로 창작한 것이라면 무리가 아닌 예수님만이 성령의 임재와 하늘로부터 들려오는 소리를 경험했다는 묘사는 이해하기가 힘들다(Gundry, 53; Lee, 168). 모든 사람이 예수님의 신분에 대한 하늘의 소리를 들었다고 말한다면 변증적 효과는 더욱 높아질 수 있음에도 불구하고, 마가는 그렇게 하지 않았다. 이것은 현 본문이 초기 교회의 창작 혹은 전설이라는 주장이 근거 없음을 말해준다.

다만 현 사건이 예수님의 역사적 경험으로서 후에 제자들에게 전달된 전승이라고 믿어야 할 보다 적극적인 이유가 있다. 첫째, 제2성전 시기 유대인에게 성령의 임재는 사소한 혹은 그냥 지나칠 수 있는 사건이 아니었다. 성령의 돌아오심은 종말에 일어날 일로 믿고 있었기에(8절 주해 참고) 하나님 나라 선포자로서의 자기 이해를 가진 예수님이 그 같이 중대한 경험을 하신 후 그의 제자들에게 전해주었다고 믿는 것은 결코 역사적으로 무리한 해석이 아니다. 둘째, 예수님의 하나님의 아들로서의 자기 이해는 공관복음의 일관된 서술이다(막 14:36, 병행. 마 26:39; 눅 22:42; 마 11:25-27, 병행. 눅 10:21-22; Lee, 167). 초기 교회는 스스로를 예수님의 신실한 추종자로 이해하고 있었다는 사실(제1장의 '§2. 기록 목적'을 보라)을 고려할 때 공관복음의 일관된 묘사를 교회의 창작 탓이라기보다 예수님의 가르침을 신실하게 보존한 결과로 보는 것이 훨씬 더 합리적이다. 따라서 10-11절은 예수님의 세례 때 경험에서 비롯된 전승이라고 믿지 못할 이유가 없다(Cranfield, 51; Guelich, 2001: 99; Hooker, 1991: 44; Lee, 178-80).

예수님의 경험은 생생한(vivid) 문체로 서술된다. 청각적 감각에 호소한 "하늘로부터 소리가 있었다"는 정보나, 시각적 표현인 "물에서 올라오실 때"(ἀναβαίνων)와 "하늘이 찢어지는"(σχιζομένους) 것과 보이지 않는 성령을 직유법으로 가시화한 "비둘기처럼 … 내려앉으시는 것"(τὸ πνεῦμα ὡς περιστερὰν καταβαῖνον)이라는 표현은 듣는 동안 청자의 인지 기능을 적극 활용케 하여 들려오는 정보를 능동적으로 처리하도록 만든다. 그 목적은 그들의 기억에 정보를 적극적으로 각인토록 하는 것이다.[11] 문법적 특징 역시 두드러지는데 예수(ἀναβαίνων, '올라오실 때'), 성령(καταβαῖνον, '내려앉으시는'), 하나님(σχιοσομένους, '찢어지는')과 관련된 일을 묘사하는 세 동사들은 모두 어떤 정보를 전방에 부각시킬 때 사용하는 현재(분사)형이 사용되었다. 게다가 동사 상의 전망에서 본다면 현재 시제는 미완료 상으로 해당 사건이 진행 중이라는 의미를 전한다. 이렇듯 문체와 문법적으로 초점화(focalization)가 이뤄진 예수님의 세례 장면이 지향하는 바가 무엇일까? 예수님이 세례 받으실 때 그에게 일어난 일은 크게 세 가지인데 하나씩 살펴보며 그 신학적 의미를 찾아가야 한다.

첫째로, 세례 때 예수님은 "하늘이 찢어지는 것"(σχιζομένους τοὺς οὐρανούς)을 보셨다(참조. 막 15:38, "성전 휘장이 위로부터 아래까지 찢어져[ἐσχίσθη])." 유대인은 전통적으로 하늘을 하나님이 계시는 영역으로 인정하였다(참고. 느 1:4; 2:4; 사 66:1; 단 2:19; 막 11:25; 마 6:9). 하지만 이사야는 하나님께서는 종말에 그의 고유한 영역에 머무시기보다 "하늘을 가르고[ἀνοίξῃς] 강림"하실 것이라 기대하였다(사 64:1[칠십인경 63:19]; 또한 참조. 미 1:3-4; 에녹1서 1:3-7). 이사야가 예언한 하나님의 강림은 선조들이 출애굽 한 후 시내산에서 체험한 강림을 떠올리는 것이었다(63:11-12; 64:3-4; 참고. 시 18:9; Whybray, 262). 이사야가 활동하던 시대

11. 물론 이런 생생한 표현은 구술-청각적 내러티브의 의사소통 특징이다. Park, 78-9 참고.

백성들은 그들의 선조들이 이집트에 있을 때와 같이 "주의 다스림을 받지 못하는 자 같은"(63:19) 처지에 있었기에 선지자는 하나님께서 강림하시어 그의 백성을 구속하시기를(16절) 바라고 있었다. 이사야에게 하나님의 강림은 그의 백성과 열방 가운데 실현하실 하나님의 통치와 구속을 의미하는 새 출애굽 사건이었다(Bauckham, 2020: 95). 하나님 나라 선포를 사역의 핵심으로 삼으신 예수님은 그의 소명을 세례 때 "보신"(εἶδεν) 하나님의 강림에서 확인했을 가능성이 높다(Marcus, 1992: 57-58; Lee, 177; 신현우, 2013: 47-74).

둘째로, 예수님이 물에서 올라오실 때(ἀναβαίνων ἐκ τοῦ ὕδατος) 자기 위에 임하시는(καταβαῖνον εἰς αὐτόν) 비둘기 같은 성령을 보셨다. 물 위로 오르시는 예수님과 그 위에 내려앉으시는 성령이 생생한 그림 언어로 표현되었다. 이 그림 언어는 물, 비둘기, 그리고 하나님의 영이라는 세 가지 중요한 요소로 구성된다. 이는 창세기 1:2("하나님의 영이 수면 위에 운행하시니라")을 떠올리게 한다. 창조를 시작하기 전 하나님의 영은 수면 위에 운행하고 계셨다. 물론 이 구절에서는 물과 하나님의 영은 나오지만 새는 직접적으로 언급되고 있지 않는 것처럼 보인다. 그러나 창세기 1:2에 나오는 히브리어 동사, '므라헤페트'(מרחפת, '운행하다')는 신명기 32:11에서 피엘형 '라하프'(רחף, '맴돌다')로 사용되어 독수리가 자기 새끼 위를 맴돌고 있는 모습을 표현한다. 앨리슨(D. C. Allison)은 유대 문헌에서 창세기 1:2의 '라하프'가 그와 같은 용례로 사용된 증거를 제시한다. 먼저, 비록 예수님 시대보다 시기적으로 늦은 시점에 나온 책이지만 랍비 문헌은 창세기 1:2을 주해하며 "비둘기 같이 하나님의 영이 수면 위에 운행하였다"고 말한다(Allison, 1992: 58-60).[12] 다음으로, 예수님 시대로부

12. 바벨론 탈무드 하기가 15a.

터 온 쿰란 문서는 창세기 1:2을 종말론적으로 해석하여 창조 때 하나님이 물 위에 운행하신 것처럼 마지막 날에 "가난한 자 위에 그의[하나님의] 영[רוח]이 맴돌[רחף] 것이고 신실한 자를 그가 그의 힘으로 도울 것이다"(4Q521 1:6)라고 밝힌다(Allison, 1992: 58-60).[13]

그렇다면 마가는 예수님이 물에서 올라오실 때 성령이 그의 위에 임하시는 경험을 한 것을 첫 창조에 비교되는 사건으로 설명하고자 했음을 알 수 있다. 첫 창조 때 하나님의 영이 물 위에 임한 것처럼 예수님이 세례를 받고 아직 물 위에 계실 때에 그의 위에 다시 임하여 그를 통해 새 창조가 진행될 것을 생생한 그림 언어로 보여 주고 있다(Marcus, 2000: 165; Bauckham, 2020: 97).[14] 아래에서 살펴볼 것처럼 세례 때 하늘에서 들려온 소리는 왕적 메시아로서 예수님의 신분을 드러내는 데 집중한다. 하지만 예수님은 왕적 메시아이기만 한 것은 아니다. 창조 사역은 구약과 제2성전 시기를 통틀어 하나님의 특권으로 알려졌다(Wright, 1992: 248-50; Bauckham, 1998: 1-24). 그러므로 예수님의 세례를 묘사하는 물, 새, 그리고 성령의 임재를 통해 드러난 재 창조의 주로서 예수님에 대한 묘사는 하나님의 특권을 공유하는 그의 신적 신분을 드러내는 표지들인 것이다.

하늘의 소리(11절) 세례 때의 마지막 세 번째 경험은 그 대상자를 예수님 개인으로 삼은 하늘의 소리를 그 자신이 들으신 것이다. 하늘의 소리

---

13. 언급된 자료는 이전에는 출판되지 않은 책, *Messianic Vision*으로 알려졌다가 지금은 쿰란 문서 4Q521 1:6로 출판되었다. Eisenman, 65 참고.

14. 보캄(Bauckham)은 마가복음의 새 창조 주제가 세례 때 암시된 것을 제외하고는 더 이상 나타나지 않는다고 말한다. 하지만 세례 때 기대된 예수님을 통한 새 창조 사역은 부활을 통해 결정적으로 성취되기 시작한다. 처음과 끝에 배치된 새 창조 사역의 기대와 성취는 세례와 부활 사이에 놓여 있는 주제적 유사성을 통해 확인된다. 세례 때 예수님은 혼돈과 죽음을 은유하는 물(창 1:2; 시 29:3, 10; 단 7:3; 막 5:13)로부터 올라와 새 창조의 영을 받으셨고, 부활 때는 흑암(창 1:2)과 죽음이 있는 무덤으로부터 살아나시어 새 창조의 시작을 성취하신 것이다.

는 9:7에서 다시 들려오는데 그 소리의 주체는 누구일까? 크랜필드(C. E. D. Cranfield)는 랍비 문헌에 하나님의 뜻을 전하는 '바트 콜'(בת קול, '소리의 딸')에 관한 유비를[15] 근거로 예수님이 들은 소리가 '바트 콜'이었다고 주장한다(Cranfield, 54). 하지만 예수님이 들었던 것이 하나님의 직접적인 계시보다 열등한 것으로 간주된 '바트 콜'이었다는 것은 믿기 힘들다. 오히려 하늘은 하나님이 계시는 영역이라는 구약성경의 믿음(왕상 8:43; 단 2:18; 마 6:9; 계 4:2 등)과 마가복음 11:25에서 예수님 역시 하나님을 "하늘에 계신 그대들의 아버지"(참고. 6:41; 7:34)로 말씀하신다는 것을 고려할 때 그 소리의 주체는 하나님 자신이라 추론돼야 한다(참고. 출 20:22; 신 4:36; 특히 시 29:3, "여호와의 소리가 물 위에 있도다").[16]

그 소리의 내용은 다음과 같다:

> 바로 네가 나의 사랑하는 아들이며 내가 너를 기뻐하노라.
>
> σὺ εἶ ὁ υἱός μου ὁ ἀγαπητός ἐν σοὶ εὐδόκησα.

---

15. 예컨대, 바룩2서 13:1-2; 22:2; 레위의 유언 28:6 참고.

16. 도나후(John R. Donahue)가 1982년 그의 논문("A Neglected Factor in the Theology of Mark," *JBL* 101 (1982), 563-94)에서 적절하게 지적한 것처럼 마가복음 연구에서 "하나님"과 그의 일은 간과되어온 주제이다. 도나후의 이런 지적 이후 다노베(Paul Danove)는 그의 논문("The Narrative Function of Mark's Characterization of God," *NovT* 43 (2001), 12-30)에서 마가복음에서 하나님은 예수님의 신뢰성과 소명을 확증하는 분이라 밝혔다. 또한 킹스베리(Jack D. Kingsbury, "'God' Within the Narrative World of Mark," in *The Forgotten God: Perspectives in Biblical Theology*, (ed) A. Andrew Das and Frank J. Matera. Louisville: Westminster John Knox, 2002), 75-89)도 마가복음 전체는 하나님의 전망으로 서술되고 있으며 그곳에서 하나님은 예수님의 신분을 드러내며, 그의 소명과 사역의 기원이자 궁극적 의미를 제공하는 역할을 한다고 주장했다. 보다 최근에 허타도(Larry W. Hurtado, *God: In New Testament Theology* [Nashville, TN: Abingdon Press, 2010])역시 마가복음을 비롯하여 신약성경 전체에서 "하나님"이라는 주제가 차지하고 있는 의미와 중요성을 재강조한 바 있다.

강조형 2인칭 대명사 '쉬'(σύ, '바로 당신')가 말해주듯이 이 소리는 예수님에게만 들려진 개인적 경험이다(눅 3:22; 비교. οὗτος, '이 사람은', 마 3:17). 이 소리의 내용이 구약의 어떤 본문을 근거로 하고 있는지를 두고 많은 논의들이 있었다. 예레미아스(Joachim Jeremias)는 이사야 42:1과 발전적 기독론이 소리의 배경이라고 주장(1964: 701-2)했지만 최근 대부분의 학자들은 창세기 2:2, 시편 2:7, 이사야 42:1(혹은 49:3; Edwards [b], 37), 그리고 출애굽기 4:22-23이 종합적으로 현 본문에 에코(echo)된다고 본다(Guelich, 2001: 101-4; France, 2002: 80-81; Lee, 169-78).[17]

먼저 "너는 내 사랑하는 아들"(σὺ εἶ ὁ υἱός μου ὁ ἀγαπητός)을 보자. 이 절 중 특히 "너는 내 … 아들이다"는 시편 2:7의 에코이다: "바로 네가 나의 아들이다"(칠십인경, υἱός μου εἶ σύ). 시편 2:7의 상황적 문맥은 이스라엘 왕의 취임식이다. 하나님은 이스라엘 왕의 취임식 때 그를 하나님의 아들로 선포한다. 7절에서 '하나님의 아들'로 불릴 이는 2절에서 이미 "기름 부음 받은 자"(Χριστός), 곧 메시아로 불린다.[18] 이어지는 9절은 취임 받은 '크리스또스'는 하나님의 아들(참고. 삼하 7:14)이라 불리며 또 온 열방을 다스리라는 소명("내게 구하라 내가 이방 나라를 네 유업으로 주리니 네 소유가 땅 끝까지 이르리로다")을 부여받는다. 이는 이스라엘은 열방을 유업으로 받게 될 것이라는 아브라함에게 주신 약속(창 12:2-3;

17. 테일러(Taylor, 1966: 162)는 시 2:7과 사 42:1을 하늘의 소리의 배경으로 보며 주해한다.

18. 제2성전 시기에 시 2편이 메시아적으로 해석되었다는 증거를 위해서는 쿰란 문서 4Q174(4Q1Flor) 1:10-11, 18-19; 4Q 246 2:1-3; 솔로몬의 시편 17:21-24; 에녹1서 46:5. 이러한 문헌에 대한 주석을 위해선 Lee, 246-50 보라. 또한 "하나님의 아들"이 왕적 메시아를 위한 칭호로 사용된 예를 위해선 위의 본문들과 더불어 에스라4서 7:28; 13:32, 37을 보라.

15:7)이 메시아를 통해 성취될 것을 내다 본 것이다(Wright, 2013: 366). 그렇다면 세례 때 예수님에게 들린 하나님의 아들이라는 소리는, 그가 이스라엘의 왕, 곧 메시아이며 그의 소명은 아브라함과 이스라엘의 소명을 성취하여 세상을 복주는 통치를 행하는 것임을 확인해주는 역할을 했을 것이다.[19]

물론 이 말은 세례 이전에는 아들이 아니었다가 세례 때 하나님의 아들, 곧 이스라엘의 왕으로 취임했다는 말이 아니다. 만일 하나님의 아들이라는 호칭을 메시아적 타이틀로만 본다면 앞선 주장이 가능하다. 하지만 예수님에게 주어진 하늘의 소리는 그가 단순히 메시아적 역할에로 부름을 입은 존재라는 의미를 넘어서 존재론적인 아들이라는 암시를 주는 어구가 있다. "바로 네가 나의 사랑하는 아들이며"의 형용사 "사랑하는"(ἀγαπητός)은 시편 2:7에는 나오지 않는다. 이 어구의 가능한 기원은 아브라함과 이삭의 관계를 위해 사용한 칠십인경 창세기 22:2로 보이는데 하나님은 아브라함에게 "네 아들, 네가 사랑하는 그 사랑하는 아들[τὸν υἱόν σου τὸν ἀγαπητόν, ὃν ἠγάπησας] 이삭을 데리고 모리아 땅으로 가서 … 그를 번제로 드리라" 하신다(Best, 1965: 169-70; Marshall [b], 1999: 163; France, 2002: 81). 아브라함에게 이삭이 "사랑하는" 아들이라는 말은 존재론적이며 인격적 관계를 전제로 한다. 더불어 주목해야 할

19. 깁스(J.A. Gibbs)는 막 1:11의 구약배경을 시 2:7보다 하나님께서 에브라임을 향해 "내 사랑하는 아들"(υἱός ἀγαπητός ... ἐμοί)로 부르는 렘 31:20(칠십인경 38:20)이라 본다("Israel Standing with Israel: the Baptism of Jesus in Matthew's Gospel [Matt 3:13-17]," *CBQ* 64 [2002], 511-26). 하지만 렘 31:20의 어구가 현 본문의 "내 사랑하는 아들"(ὁ υἱὸς μου ὁ ἀγαπητός)과 어휘적 유사성을 가지고 있음에도 시 2:7이 가지는 메시아적 암시가 부재하다는 점은 그의 주장이 가지는 약점이다. 신현우(2013: 478-79) 역시 깁스의 입장을 따라 마가의 "사랑하는 아들"은 예레미야 31:20의 반향이라 본다.

것은 구약성경에서 "사랑하는 아들"은 "유일한 아들"과 동의어로 사용된다는 것이다(Bauckham, 2020: 97; 아래 관찰은 Bauckham에 빚졌음을 밝혀둔다). 먼저 히브리어 창세기 22:2는 "네 아들 이삭, 네가 사랑하는 독자[את-בנך את-יחידך אשר-אהבת, '에트-빈하 에트-예히드하 아쉐르 아하브타']를 데리고 가서"라고 말한다. 히브리어 "네가 사랑하는 독자"를 칠십인경은 "사랑하는 아들"로 바꾸어 사용하고 있는 것이다. 또한 히브리어 사사기 11:34는 입다의 딸을 "독녀"(רק היא, '라크 히')라고 하는데, 칠십인경 사사기 11:34는 "그녀는 그의 사랑하는 유일한 딸[μονογενὴς αὐτῷ ἀγαπητή]이며 그에게는 그녀를 제외하고는 아들이나 딸이 없었더라"고 말한다. 칠십인경은 '사랑하는 자녀'와 '유일한 자녀'를 동의어로 이해하고 있는 것이다. 그렇다면 하나님이 예수님을 부를 때 이 어구가 사용된 것은 예수님이 하나님의 존재론적이며 '독특한'(유일한) 아들이라는 점을 부각시킨다(Lee, 173-74). 환언하면, 이스라엘이 하나님의 아들(출 4:22-23; 호 11:1; 말 2:10)이라 불렸기 때문에 예수님 역시 이스라엘의 대표 메시아로서 하나님의 아들로 불렸다는 의미 그 이상이 현재 구절에 포함되어 있다. 곧 강조적 2인칭 대명사를 동반하고 있는 "너는[σὺ] 내 사랑하는 아들"이라는 선언은 이삭이 아브라함의 유일한 아들이었던 것처럼 예수님이야말로 하나님의 독특하고 특별한 아들이라는 것을 밝힌다.

이 점에서 세례 시에 있었던 하나님의 아들이라는 선언은 예수님을 메시아로 확증하는 그 이상의 의미가 있다. 마샬(I. Howard Marshall)이 지적하고 이형일(Aquila H. I. Lee)에 의해 지지된 것처럼 "예수님은 메시아였기 때문에 하나님의 아들로 불린 것이 아니라 그 반대[하나님의 독특한 아들이었기 때문에 메시아로 선언된]"가 바른 이해이다(Marshall [b], 1990a: 143; Lee, 174). 예수님이 하나님의 아들이라는 선언은 그를 메시아 직에 임명하는 기능적인 선언을 뛰어넘어 존재론적으로 그가 하나님과의 관계에서 특별한 아들이라는 의미를 나타내고 있는 것이다(Marshall [b], 1990b: 130; Lee, 174). 물론 이 선언에 예수님의 선재 의식이 있다는 추론은 짧은 본문에 너무 많은 의미를 담는 것이다. 하지만 초기 교회가 "선재한 하나님의 아들로서 예수님을 이해하는 데 있어서 중요한 기초를 현 본문이 보여 주고 있는 예수님의 하나님의 독특한 아들로서의 자기 이해"(참고. 12:6; 13:32; 14:61-62)에서 발견했다는 데는 이견이 있을 수 없다(Lee, 180).

11절 후반부에는 시편 2:7과 창세기 22:2만 아니라 이사야 42:1 역시 에코되고 있다:

> 내가 붙드는 나의 종, 내 마음에 기뻐하는 자 곧 내가 택한 사람을 보라. 내가 나의 영을 그에게 주었은즉 그가 이방에 정의를 베풀리라.

마가복음에서 하나님이 예수님에게 "내가 너를 기뻐하노라"고 한 것처럼 이사야에서 하나님은 그의 종에게 "내 마음에 기뻐하는 자"라고 부른다. 물론 칠십인경 이사야 42:1은 '쁘로세덱사또 아우똔 헤 프쉬케 무'(προσεδέξατο αὐτὸν ἡ ψυχή μου, '내 마음이 그를 열렬히 환영한다')로 마가 본문(ἐν σοὶ εὐδόκησα)과는 언어적 차이가 있다. 하지만 맛소라 이사야 42:1의 '라츠따 나프쉬'(רצתה נפשי, '내 마음이 기뻐하노라')의 헬라어 번역상 최적의 표현은 ἐν σοὶ εὐδόκησα이다(Guelich, 2001: 103; France, 2002: 82).[20] 실제로 칠십인경 시편 149:4는 '그가 자기 백성을 기뻐하시며[רוצה ... ב]'를 '그가 자기 백성을 기뻐하시며[εὐδοκεῖ ... ἐν]'로 번역하

20. 이는 칠십인경 데오도톤(Theodoton) 아퀼라(Aquila) 심마쿠스(Symmachus)가 εὐδοκέω로 표현하고 있는 사실을 통해서도 알 수 있다(Edwards [b], 54; 신현우, 2013: 480).

며 마태복음 12:18 역시 이사야 42:1을 직접 인용하여 “종 … 내 마음에 기뻐하는[εὐδόκεσεν] 바”로 번역한다(박윤만, 2020: 93). 이사야 42:1과 가지는 유사성은 성령에 관한 언급에 의해서도 알 수 있다. 이사야에서 여호와의 종은 여호와의 영(τὸ πνεῦμά μου, ‘내 영’)을 받아 열방에 정의를 베푸는 소명을 받는다. 마찬가지로 마가복음에서 예수님은 성령(τὸ πνεῦμα)을 받고 열방을 다스리라는 하나님의 아들의 소명을 받는다. 그렇다면 예수님이 세례 때 여호와의 종에게 들려졌던 “내가 너를 기뻐하노라”는 소리를 하나님으로부터 들었을 때 무엇을 기억하셨을까? 이스라엘의 메시아(시 2:7) 혹은 이스라엘의 대표자(사 44:1)로서 그의 소명은 언약 백성을 구속하고 이방의 빛(사 42:6-7)이 되는 것이며, 그런 소명을 이루는 길 역시 고난받는 여호와의 종의 길과 다르지 않다는 확신을 가지게 되었을 것이다. 추측컨대 예수님은 겟세마네에서 ‘내 뜻’과 ‘하나님의 뜻’ 사이에 갈등하셨듯이(14:33), 그의 소명을 이루는 두 길 중 어느 것을 선택하실 것인지를 두고 갈등하셨을 수도 있다. 그리고 마가복음에는 명시되지 않았지만 광야에서 사탄의 시험 역시 소명을 이루는 방식의 선택 문제로 예수님에게 찾아왔을 수 있다. 실제로 가이사랴 빌립보에서 베드로가 예수님이 희생하는 인자의 길을 갈 것이라 예언하자 그의 길을 막아섰고 예수님은 그런 그에게 ‘사탄아 내 뒤로 물렀거라’(8:33)하셨다. 하지만 예수님은 두 길 사이에서 이사야의 종의 길을 메시아의 길로 선택하신다. 이것은 마가복음이 진행될수록 점점 더 분명해지는데, 그의 길은 시편 2:9가 말하듯 철장으로 열방을 격퇴하는 길이 아니라 이사야 52:13-53장이 말하는 남을 살리기 위해 자기를 희생하는 종의 길임이 명확해지기 때문이다(8:31; 9:12, 31;10:33-34, 45). 이런 점에서 당시 유대 메시아관과 비교했을 때 예수님의 메시아적 길에는 창조 혁신이 있다.

끝으로 쉽게 지나치지 말아야 할 것은 인용된 시편 2편의 하나님의 아들과 이사야 42:1의 여호와의 종의 소명에 이방인을 위한 사역이 언급되고 있다는 것인데, 이스라엘이 회복될 때 이스라엘을 통해 이방인 역시 돌아온다는 것이 종말론적 사상에 있었다는 것(사 40:1-3; 42:6-13; 45:20-23; 슥 1:12; 8:13-23)을 고려한다면, 이스라엘의 메시아로 예수님이 이 두 구절을 세례 때 받았다는 것은 그가 이스라엘을 회복하고 이방인을 돌아오게 하는 소명을 이루실 분임을 알려준다.[21] 물론, 세례 때 소명을 들었다고 해서 이전에 없던 소명을 새롭게 받았다고 보지는 말아야 한다. 오히려 세례는 그가 이미 가지고 계셨던 메시아 의식과 이스라엘의 왕으로서 열방을 향한 소명을 하나님으로부터 확증받는 시간이 되었을 것이라는 양용의의 주장은 옳다(양용의, 44 각주 9).

요약과 해설

예수님은 광야에서 '뜻밖의 메시아'로 등장한다. 많은 사람이 이스라엘의 중심인 예루살렘과 유대로부터 세례 요한에게 나아오고 있었지만, 그는 메시아가 나올 것으로 기대되지 않던 갈릴리로부터 무명의 인물로 나온다. 더욱이 오실 분은 성령으로 세례를 줄 분으로 예언되었지만 막상 오신 예수님은 물로 세례를 받으셨고, 성령 역시 그 위에 임하신다. 역설적 성취자로 역사의 무대에 첫 등장하는 예수님은 세례 때 두 종류의 시각적, 청각적 사건을 경험한다. 첫째, 시각적 사건은 하나님의 영역인 하늘의 찢어짐과 그곳으로부터 내려와 자기 위에 임하시는 성령을 보신 것이다. 하늘의 찢어짐은 옛 세상의 질서에 시작된 균열을, 성령의 임재는

21. 마가복음에서 이방인을 위한 예수님의 사역에 대해서는 3:8; 5:1-20; 7:24-37; 8:1-9; 10:45 참고.

새 창조의 영의 오심을 뜻했기 때문에 예수님은 그 영이 자신 위에 임하시는 것을 목격하고 그가 해야 할 새 창조의 사역을 확인할 수 있었다. 창조는 하나님의 대권이라는 점에서 그 장면을 '목격'한 분이 예수님이라는 마가의 서술(εἶδεν, '그가 보셨다', 10절)은, 그 역시 자신이 신적 사역에 참여하는 자라는 의식이 있었다는 추론을 가능케 한다.

둘째, 청각적 사건은 "바로 네가 나의 사랑하는 아들이며 내가 너를 기뻐하노라"(11절)라는 하늘의 소리를 들으신 것이다. "너는 내 사랑하는 아들"이라는 하늘의 소리는 그가 하나님의 독특하고 특별한 아들이라는 존재론적 관계를 확인해 주었을 뿐만 아니라, 더 나아가 특별한 아들인 그에게 메시아 직을 수여하는 소리였다. "내가 너를 기뻐하노라"라는 소리는 이사야 42:1에서 여호와의 종에게 주어진 소리를 떠올리게 하는 것으로, 예수님이 그 소리를 들었다는 것은 이사야가 예언한 것처럼 그가 하나님이 기뻐하는 여호와의 종 곧 고난받는 종의 길을 걸어감으로써 그의 소명을 이루어 가라는 부름을 들었다는 것을 뜻한다. 그러므로 예수님의 신분과 그가 걸어가야 할 길을 담고 있는 하늘의 소리가 하나님의 계시였다는 점에서 "예수 복음의 기원은 하나님 자신이다"라는 말은 옳다(신현우, 2013: 465-87).

제4장
복음의 기초: 예수님의 시험
마가복음 1:12-13

현 단락은 1:2-13을 구성하는 마지막 소단락으로 복음의 시작(1절)이 어떻게 완성되는지 보여준다. 구조적으로 본다면 첫 소단락에서 이사야는 주의 길이 “광야”에서 “전령”(ἄγγελος, 2절)에 의해 준비될 것이라 예언했다. 그 예언의 첫 성취는 두 단계로 진행된다. 먼저, 첫 성취는 “광야”(4절)에서 회개의 세례를 베풀며 사람들이 그들의 기대를 자신이 아닌 그 뒤에 오시는 분을 향해 가지도록 하는 인물인 세례 요한을 통해 이뤄졌고, 다음으로 “광야”(τὴν ἔρημον, 12절; τῇ ἐρήμῳ, 13절)에서 예수님을 섬기는 “천사들”(οἱ ἄγγελοι, 13절)의 사역으로 다시 성취된다. 대단락(2-13절)은 ‘에레모스’(ἔρημος, 3, 4, 12, 13절)와 ‘앙겔로스’(ἄγγελος, ‘전령’, 2절; ‘천사’, 13절)로 수미상관 되어 있다(Tolbert, 110).

현 소단락은 선행 단락들과 차이 역시 있다. ‘까이’(καί, ‘그런데’)로 시작하는 12절은 앞선 10-11절의 정보와 비교했을 때 새로운 국면이 시작됨을 알려준다. 배경은 요단 강(9절)과 물(10절)에서 광야(12, 13절)로 바뀐다. 이전 단락에서 예수님은 하나님으로부터 ‘사랑’과 ‘기쁨’의 소리를 들으셨지만 현 단화에서는 이와 대조적으로 사탄으로부터 시험을 받으신다. 또한 이전에는 온 예루살렘과 유대 사람들이 모인(5절) 틈 사이에 끼여 있었다면, 지금 예수님은 홀로 광야에 거하시며 전혀 다른 존재인 사탄과 들짐승, 그리고 천사를 대면하신다. 또한 12-13절은 뒤따르는 에피소드(14-15절)에 대한 전망 역시 보여 주는데, 사탄의 시험을 이기심으로 갈릴리에서 복음 선포(14-15절)를 준비하신다. 현 단락은 광야로 이끄시는 성령(12절), 사탄의 시험(13절 전반부), 그리고 시험 결과(13절 후반부)로 진행된다.

> **12** 그런데 즉시 성령이 그를 그 광야로 몰고간다. **13** 그리고 그는 그 광야에서 사십 일간 계셨고 사탄에게 시험을 받는다. 그러자[1] 들짐승이 그와 함께 있었다. 그리고 천사들이 그를 섬겼다.

주해

광야로 몰아내신 성령(12절) 현 단락에서의 뚜렷한 강조는 예수님의 공간적 배경으로 반복 언급된 광야(εἰς τὴν ἔρημον, 12절; ἐν τῇ ἐρήμῳ, 13절)에 있다. 성령이 그를 광야로 이끄셨다는 정보는 사실 불필요한 것처럼 보일 수도 있다. 예수님이 세례 요한에 의해 세례받은 곳이 광야에 있는 요단 강이라는 정보가 이미 주어졌기 때문이다(4, 9절). 어떤 점에서 광야를 다시 언급할 필요가 있었을까?[2] 담화 시작 부분에서 이야기의 배

1. καί가 결과의 의미를 가진 "그러자"로 번역된 것은, "사탄에게 시험을 받았다"는 정보 안에 마가가 예수님의 승리를 함의한다는 믿음 때문이다. 이러한 해석을 위해서는 본문 주해 참고.
2. 4절의 광야는 지형학적 장소로, 13절의 광야는 신학적인 의미를 부각하려는 장소

경으로 이미 주어진 장소 정보가 중간에 다시 언급되는 경우는 그 정보를 강조하기 위해서라는 것이 담화 원칙이다(박윤만, 2010: 312-14). 예수님이 광야로 이끌려 가셨다는 정보를 통해 강조하고자 하는 바는 두 가지이다. 첫째, 내러티브상에서 주어진 이사야 예언의 성취를 부각한다. 이사야는 주께서 광야 길로 오시리라 예언했다(3절). 예수님이 세례 후 광야로 가셨다가 갈릴리로 오시어 하나님 나라를 선포하시는 여정을 취한 것은 바로 예수님이 이사야가 예언한 광야로부터 오시는 "주"라는 점을 드러낸다. 둘째, 광야는 제2성전 시기 유대인에게 종말론적 새 출애굽의 출발지가 될 것으로 기대되었다(1QS 8:13-16; 1QS 9:19-21; 사 35:1-10; 40:3; 호 2:14-15; Hengel, 1989: 249-55; 또한 4-8절 주해 참고). 예수님 역시 광야에 이끌려 가심으로, 뒤따르는 14절에서 시작된 그의 하나님 나라 운동은 결국 출발지를 광야로 하게 되었다. 이런 본문 정보는 예수님이 종말론적 새 출애굽을 시작할 인물임을 기대하도록 만든다.

예수님을 척박한 환경으로 이끈 주체는 성령이었다. 그는 이전 단락에서 물에서 올라온 예수님에게 임했던 새 창조의 영(10절 주해를 보라)이셨다. 임한 성령께서 하신 첫 사역은 "즉시로"(εὐθύς) 그를 메마른 광야로 '몰고 가는'(ἐκβάλλει가 강조적 현재 시제로 쓰인 것에 주목) 것이었다. '에끄발로'(ἐκβάλλω)는 마가복음에서 주로 어떤 대상을 강제적으로 보낼 경우에 사용되며 많은 경우 귀신을 내쫓을 때 사용(1:34, 39; 3:15, 22, 23; 6:13; 7:26; 9:18, 28)된 것이 사실이지만(Marcus, 2002: 167), 근접 문맥에서는 치료된 한센병환자를 제사장에게 "보낼"(ἐξέβαλεν, 1:43) 때도 사용되었다. 두 강조적 단어 "즉시"와 "몰고 가다"를 통해 마가가 말하려 한 바는 성령님의 강제성보다 예수님이 광야로 나가 해야 할 일의 '급박함'

표현으로 보기도 한다(Mauser, 97).

을 드러낸다(Cranfield, 56). 혼돈과 공허만 있던 땅(창 1:2)에서 창조를 시작하신 하나님의 영이 아무것도 없는 혼돈의 땅인 광야에서 다시 재 창조 사역을 다급히 시작해야 할 정도로 세상은 급박한 상황에 처해 있었던 것이다.

사탄의 시험(13절 전반부) 광야에서 사십 일간 계시며 예수님은 사탄에게 "시험을 받으신다"(πειραζόμενος). 사탄(σατανᾶς)은 아람어(סטנא, '사따나')의 헬라어 음역으로 구약성경에서 인간 대적자(삼상 29:4; 왕상 5:18)와 초자연적인 하나님의 대적자(욥 1:6-12; 2:1-7; 슥 3:1-2; 칠십인경 대상 21:1[διάβολος]) 모두를 가리킨다. 사탄은 아담과 하와를 타락시킨 뱀(창 3:1-15)과 동일시되기도 하며(계 12:9; 20:2) 때로는 창세기 6장의 "하나님의 아들들"을 타락한 천사로 볼 때 그들과 동일한 존재로 간주되기도 한다(에녹1서 6-10장; 희년서 5:1-10; 비교. 눅 10:18; 계 12:7-9).[3] 제2성전 시기의 다양한 유대 문헌은 사탄이 부패와 죄악의 충동자라는 전제하에 그 이름이나 그에 상응하는 이름을 사용한다(집회서 21:27; 단의 유언 3:6; 5:6; 6:1; 갓의 유언 4:7; 아셀의 유언 6:4, '벨리알'; 1QM 13:11, '적의의 천사' 또는 '천사 마스테마'; CD 16:5, '적의의 천사' 또는 '천사 마스테마'; 희년서 10:8; 11:5, 11; 17:16, '마스테마'). 현 본문에서처럼 사탄 혹은 귀신(δαιμόνιον)이 광야를 거주지로 삼는다는 지식은 당시 유대 문헌에서 증명된다(토비트 8:3; 마카비1서 18:8; 바룩1서 10:81; 에녹1서 10:4-5; 참조. 막 5:2-13; 마 12:43; 레 16:10; Guelich, 2001: 38). 따라서 광야에 간 예수님이 사탄의 시험을 받았다는 것은 어렵지 않게 이해된다. 사탄의 시험 목적은 본문에서 명시되지는 않았지만 추론은 가능하다. 선행 본문에서 예수님이 메시아적 소명을 확증받았다는 정보와 유대 문헌에서 드러난

---

3. Böcher,"σατανᾶς", *EDNT* 3.

사탄의 속성을 고려한다면 사탄은 예수님이 하나님으로부터 확증받은 메시아적 길에서 벗어나도록 하고자 접근했을 것이 분명하다(8:33).

13절 전반부는 해석상의 어려움이 있다:

> 그는 그 광야에서 사십 일간 계시며 사탄에게 시험을 받는다.
>
> ἦν ἐν τῇ ἐρήμῳ τεσσεράκοντα ἡμέρας πειραζόμενος ὑπὸ τοῦ σατανᾶ

"사십 일간"(τεσσεράκοντα ἡμέρας)이 주동사 '그가 계시며'(ἦν)를 수식하는 것으로 보면 광야에서 사십 일간 계시며 사탄에 의한 시험은 광야 생활 끝날 즈음에 받은 것으로 해석할 수 있고, "사십 일간"이 분사 "시험을 받는"(πειρανζόμενος)을 수식하는 것으로 본다면 광야에 있는 사십 일간 시험을 받았다고 해석할 수 있다(Porter, 1994: 46). 구문상 주동사인 '그가 계시며'(ἦν)가 "사십 일간"(τεσσεράκοντα ἡμέρας)과 병렬되어 있는 반면, 분사 "시험을 받는"(περανζόμενος)은 절 후미에 위치해 있기 때문에 "사십 일간"이 주동사 '그가 계시며'(ἦν)를 수식하는 것으로 보는 것이 자연스럽다. 따라서 시험은 광야 생활 후반부에 있었던 것으로 보는 것이 옳다. 하지만 어느 쪽을 택하든지 시험이 예수님이 사십 일간 광야에 계시는 동안 일어난 사건이라는 것만큼은 분명하다.

사십 일간 광야에 머문 예수님은 사십 일간 시내산에 머문 모세(출 24:18)와 사십 일간 광야로 여행을 한 엘리야(왕상 19:8)를 동시에 떠올리게 해준다. 하지만 예수님의 사십 일간 광야 생활은 모세나 엘리야처럼 개인적인 차원에서 겪은 과정이 아니라 이스라엘의 메시아로서 그가 가진 공적 여정 중의 하나라는 것을 기억해야 한다. 이런 점에서 예수님의 사십 일간의 광야 생활은 신명기 8장이 서술하고 있는 이스라엘 백성들의 사십 년간의 광야 여정과 유사성을 가진다(Stegner, 18-27; Gibson, 13-

14; Henten, 36-61; 김세윤, 1993: 26-28; France, 2002: 85; 대조. Hooker, 1991: 50; Stein, 63). 이스라엘은 "거룩한 백성"과 "제사장 나라"로 소명을 받는다(출 19:6). 그 후 하나님은 아버지가 아들에게 하는 것처럼(신 8:5) "사십 년간"(τεσσαράκοντα ἔτη, 4절) "광야에서"(ἐν τῇ ἐρήμῳ, 2절) 이스라엘을 "시험하셨다"(ἐκπειράσῃ, 2, 16절; 참고. 시 81:7). 그러나 이스라엘은 실패한다(시 95:10). 마찬가지로 요단 강에서 하나님의 아들 곧 이스라엘의 메시아로 소명을 받은 후 예수님도 "광야에서 사십 일간 … 시험을 받는다"(ἐν τῇ ἐρήμῳ τεσσεράκοντα ἡμέρας πειραζόμενος).

물론 시험의 주체가 신명기에서는 하나님이시고 마가복음에서는 사탄이라는 점에서 두 단화 사이엔 차이가 있다. 그렇다면 시험의 주도권이 사탄에게 있다고 말할 수 있을까? 그렇게 보기는 어렵다. 이는 예수님이 성령의 주도적인 이끄심에 따라 광야로 나가셨다고 말하기 때문에, 사탄에게 시험을 받는 동안에도 하나님의 이끄심 가운데 있었음을 말해야 한다. 게다가, '뻬이라제인'(πειράζειν, '시험하다')은 언약적 용어로 하나님에 대한 '신뢰성을 확실히 하고자 검증하는 것'이라는 의미를 포함한다(Gerhardsson, 1966: 25-35; Gibson, 12, 23). 따라서 하나님/성령께서 예수님을 옛 이스라엘이 실패했던 장소인 광야로 다시 이끄셔서 사탄에게 시험을 받게 하신 것은 한편으로는 세례 때 확인된 것처럼 이스라엘의 메시아로서 예수님이 하나님께 순종적인 아들로 남아 있도록 연단하시려는 뜻이 있었고, 다른 한편으로는 하나님의 나라 곧 새 시대의 도래를 선포하기 전 옛 시대의 통치자(1:14-15 주해를 보라)이자 모든 죄악의 근본 원인(3:27; 참고. 롬 16:20; 고전 15:25; 히 2:14)인 사탄을 먼저 격퇴하도록 하시기 위해서였다(Gibson, 24-31).

시험 결과(13절 후반부) 이스라엘의 광야 여행과 예수님의 광야 체류 사이에는 중요한 차이가 있다. 하나님의 아들로서(출 4:23; 신 8:5) 옛 이스라엘은 광야 여행 동안 하나님을 거역하고 격노케 함으로 시험을 통과하지 못했지만(신 9:6-24; 시 95:8-11), 하나님의 아들이자 이스라엘의 메시아이신 예수님은 시험을 '통과'하신다. 마가는 예수님이 사탄에게 받은 시험에서 승리하셨는지 어떤지를 명시하고 있지 않는 것처럼 보인다. 그럼에도 예수님의 승리가 함의되었다(Best, 1965: 10-27)고 보아야 하는 몇 가지 이유가 있다.

첫째, 마가는 예수님이 광야에서 "들짐승과 함께 있었다"(13절의 중반부)고 알려 준다. 들짐승은 광야를 거주지로 삼으면서 인간에게 위협적이고 악한 피조물로 이해되었다(민 21:6; 신 7:22; 8:15; 겔 34:5). 들짐승과 인간의 불화는 에덴 동산 이후 시작된 것이라 보는 유대 전승이 있다(모세의 묵시 10-11; 아담과 이브의 생애 37-39). 주목해야 할 것은 예수님이 들짐승과 "함께"(μετά) 있었다는 마가의 표현에 담긴 의미이다. 마가복음에서 '메따'(μετά)가 '에이미'(εἰμί)와 함께 나올 경우 상호 관계가 우호적이라는 의미를 가진다(3:14; 4:36; 5:18; 14:67; 또한 마 12:30; 26:69; 눅 22:59; 요 3:2; 8:29; 행 7:9; 참고. Guelich, 2001: 109-10; Bauckham, 1994: 5; 대조. France, 2002: 86).

둘째, 마가가 서론(2-3절)에서 인용한 이사야서의 또 다른 본문은 예수님이 야생 동물과 "함께" 계신 그림 언어가 사탄에 대한 승리라는 신학적 의미를 함의하고 있음을 알려준다. 이사야 11:6-9은 메시아의 시대가 도래할 때 일어날 야생 동물과의 평화적 공존을 예언한다. 이사야는 먼저 1-5절에서 "이새의 줄기"에서 나올 "한 싹"(1절)을 언급한 후 10절에서 다윗 메시아에 대한 예언을 재개한다. 야생 동물과의 평화(6-9절; 참고. 65:25)는 다윗 메시아의 도래를 알리는 예언(1-5절, 10절) 사이에 놓여 장차 올 메시아의 사역이라는 의미를 만든다. 마가는 이미 세례 때 예수님이 하나님의 아들 곧 다윗 메시아(삼하 7:14; 시 2:7)로 확증되었다고 밝혔다. 이후 광야에서 그가 "사탄의 시험을 받았다"는 것과 "들짐승과 함께 있었다"(ἦν μετὰ τῶν θηρίων)는 사건을 병렬로 연결시킨 것은 예수님이 사탄을 격퇴한 후 이사야가 내다 본 종말론적 평화를 척박한 땅에 가져오기 시작했다는 메시지를 상징적으로 보여 주려는 의도가 있다(Bauckham, 1994: 19-20; 대조. 왕인성, 390-92).

유사한 관측이 열두 족장의 증언들 중 하나인 납달리의 유언에서도 발견된다:

> 내 아들아, 만일 그대들이 [언약적] 선을 달성하면
> 사람들과 천사들 모두 그대들을 축복할 것이다.
> 그리고 하나님은 그대들을 통해 이방인들 가운데서 영광을 받으실 것이다.
> 그리고 악마가 그대들로부터 도망갈 것이다.
> 그리고 야생 짐승들이 그대들을 두려워할 것이다.
> 그리고 주께서 그대들을 사랑하실 것이다.
> 그리고 천사들은 그대들 곁에 있을 것이다(8:4, 번역은 *OTP* 1의 영역에 따른 저자의 것)

하나님의 언약에 신실한 자들에게 주어질 일로 천사의 축복과 동행, 악마의 떠남, 야생 짐승의 순종이 있을 것이라는 증언은 시험 후 예수님에게 일어난 일과 매우 유사하다. 이는 예수님이 시험을 통과하여 하나님의 신실한 아들로 증명되었다는 것을 마가가 보여준다는 주장을 가능케 한다.[4] 이에 더해 보캄은 "들짐승이 그와 함께 있었다"는 그림 언어는 에덴 동산에서 동물들과 함께 있던 아담(창 2:19-20)을 떠올리게 하여 예수

---

4. 이런 관측은 『열두 족장의 증언』(*OTP* 1)을 번역한 Kee, 813 각주 8에서도 발견된다.

님이 둘째 아담이라는 이미지를 만든다고 주장한다(Bauckham, 1994: 3-21). 하지만 현 단락 이후 더 이상 둘째 아담에 대한 언급이 없다는 점은 마가가 예수님을 둘째 아담으로 묘사하는 데 별 관심이 없다는 뜻으로 볼 수 있다는 점에서 이 주장은 약점을 가진다.[5]

셋째, 마가가 사탄의 시험에 대한 예수님의 승리를 현 단락에 담아내고 있다는 점은 현 소단락을 결론 짓는 동사(διηκόνουν, '섬기고 있었다', 13절 후반부)를 통해서도 확인된다. '디아꼬네오'(διακονέω, '섬기다')는 식탁에서의 섬김이 기본 용례이며[6] 마가 역시 예외는 아니다(1:31; 10:37-38, 43, 45; 15:41).[7] 현 본문에서 '디에꼬눈'(διηκόνουν)은 진행의 의미를 지닌 미완료 시제로 발화되었기에 천사의 섬김이 일정 기간 동안 지속되었다는 의미 추론이 가능하다. 중요한 것은 이 섬김이 언제 일어났으며 무엇을 뜻하는 것인가이다. 어떤 학자들은 '디에꼬눈'이 광야 시험 '중에' 천사의 식탁 제공이었다고 주장하지만(Henten, 163-64; Best, 1965: 9-10; Edwards [b], 42) 문맥은 사탄의 시험 '후' 예수님이 가지신 승리의 잔치였다고 판단하게 한다. 시험 단화 바로 직후 마가는 예수님이 갈릴리에 오셔서 "하나님의 복음"을 선포하셨다고 기록한다(14절). 1절에서 보았고

5. 왕인성은 들짐승의 존재를 "예수에 대항하는 악한 세력"의 등장이라 주장한다(왕인성, 392). 이를 위해 왕인성은 본문의 구약 배경일 가능성이 있는 신 6-8장에 등장하는 들짐승(불뱀과 전갈)은 위협적인 존재로 묘사된다는 사실과 마태와 누가복음에 인용되고 있는 시 91:13에 등장하는 짐승 역시 적대적인 세력이라는 근거를 제시한다. 왕인성에 따르면 예수님의 시험기간에 등장한 들짐승은 마가복음 전체에 등장하는 예수님의 적대자들에 대한 은유이다(왕인성, 392, 401-406). 하지만 앞서 살펴본 언어적 증거(첫째 이유)와 문맥적 증거(셋째 이유)와 더불어 마가복음에서 자연만물은 예수님에게 순종하는 대상으로 서술되고 있다는 점(4:39; 6:48)을 고려할 때, 들짐승의 등장은 적대적인 세력인 사탄의 시험을 이긴 후 예수님이 가져오신 평화에 대한 그림 언어로 보는 것이 더 자연스럽다고 하겠다.

6. Weiser, "διάκονος", *EDNT* 1.

7. BDAG, διακονέω §2b.

또 아래서 살펴볼 것처럼 복음 곧 '유앙겔리온'은 하나님의 다스림이라는 뜻을 가진다. 시험 직후 예수님은 하나님의 다스림을 공적으로 선포하신 것이다. 이런 내러티브 흐름은 광야에서의 식탁이 사탄을 이기신 후 가지신 승리의 잔치라는 함의를 가진다고 보게 한다(Cranfield, 60; Twelftree, 204-205). 왜냐하면 마가가 예수님이 하나님의 대적자인 사탄에게 시험을 받으셨다고 말을 하면서도 그 결과가 어떠했는지에 대해 아무런 정보도 주지 않은 채 하나님의 다스림을 선포했다는 이야기를 이어갈 수 있다고 생각하기는 매우 어렵기 때문이다(Marcus, 2000: 170).

이에 더해 후행 문맥인 베드로 장모 치유 사건(1:29-31) 역시 천사의 섬김을 승리의 잔치로 보는 입장을 지지한다. 베드로 장모는 "열병이 떠난 후" 예수님과 제자들을 "섬긴다"(διηκόνει, 1:31). 식탁 교제의 의미를 알기 위해서는 병 치유에 대한 마가의 표현에 집중해야 한다. 베드로 장모의 열병 치유는 이례적으로 "떠났다"(ἀφῆκεν, '아페껜')로 표현한다. '아페껜'은 '허락하다' 또는 '용서하다'의 의미를 가지지만 많은 경우 사람이 특정 공간을 떠나는 행위(1:18, 20; 4:36; 8:13; 10:28, 29 등)를 가리킬 때도 사용된다. 병이 "떠났다"는 표현은, 질병은 악한 영이 가져온다는 고대 유대인들의 병에 대한 이해가[8] 반영된 것이라 볼 수 있다(눅 4:39; Gnilka, 2권 105; Corley, 87). 하지만 마가가 귀신 들림과 병을 엄격히 구분하고 있고, 본문에서도 예수님은 축귀가 아닌 손을 잡아 일으킴으로 병을 고치고 있기 때문에 마가가 열병을 귀신과 동일시한다고 단정 짓기는 어려운 것이 사실이지만, '아페껜'이 열병을 가져온 귀신의 패퇴를 함의한다는 것은 부인될 수 없다. 그러므로 베드로 장모 치유 사건에서의 식탁 교제는 열병을 가져온 원인(아마도 귀신)이 제거된 후에 하나님의 나라 선포자와

8. 토비트 6:13-17: 8:1-3; 에녹1서 7:1; 8:3-5; 10:4-8. 또한 Vermes, 1973: 61-62 참고.

그 수혜자들이 가진 승리의 잔치의 의미를 함의한다고 말할 수 있다. 이처럼 마가는 내러티브 초반에 두 개의 식탁 교제(1:13 후반부; 31절)를 병렬시키고 있는데 하나는 광야에서 사탄의 시험 후, 다른 하나는 베드로의 집에서 열병 치유 후에 베풀어진 식탁이다. 베드로 장모의 열병이 떠난 후에 하나님 나라의 실현이 이뤄진 것에 대한 축하연(celebration)의 성격이 있듯이, 광야에서의 식탁 역시 사탄의 격퇴 후에 이뤄진 축하연의 성격이 있다(Jeremias, 2009: 113, 149. 각주 104; 비교. Gibson, 34).

넷째, 이러한 본문 주해는 원거리 문맥인 마가복음 3:21-30을 통해 지지된다. 그곳에서 예수님은 축귀 사역이 가능한 이유로 자기가 사탄의 나라의 "강한 자"를 이미 결박했기 때문이라고 설명을 한다(27절). 3:21-30 이전 내러티브에서 예수님이 언제 사탄을 묶으셨는가라는 질문은 정당하고, 그 시기에 대해 광야 시험 외에는 추론할 수 있는 근거 구절이 마가복음에는 없다(Best, 1965: 10-15, 33; 1983: 8-9; 김세윤, 1993: 27, 35-36)는 대답은 옳다.[9]

요약과 해설

예수님은 이미 광야에 계셨지만 성령은 다시 그를 광야로 "몰고" 가신다(12절). 이사야(40:3)와 호세아(2:14)가 예언한 것처럼 종말론적인 새 출애굽은 광야에서 시작될 것으로 기대되었기에 예수님은 광야로 이끌려졌

9. 예수님의 사역 초기에 등장하는 '시험과 식탁' 모티프는 사역 말기 겟세마네에서 예수님이 "이 잔을 내게서 옮기시옵소서. 그러나 내 자신이 원하는 대로 마시옵고 아버지 당신이 원하는 대로 하옵소서"라는 기도 중에 다시 등장한다. 두 시험 모두에서 예수님은 승리하셨다(14:36).

다. 또한 광야는 사탄의 거주지로 알려진 곳이었다. 성령이 예수님을 광야로 "곧 몰고" 가신 것은 종말론적인 탈출 운동에 있어서 사탄을 대적하여 격퇴하는 일이 시급하다는 방증이다. 그곳에서 예수님은 사탄의 시험을 이기신다. 하나님의 아들인 옛 이스라엘은 광야 여행 동안 그들에게 주어진 시험을 통과하지 못했지만 이스라엘의 메시아이자 하나님의 "사랑하는 아들"(11절)로 확증받은 예수님은 그들이 실패한 그곳에서 사탄의 시험을 이김으로 복음 곧 하나님의 통치를 선포할 기초를 놓으셨다.

2-13절이 나열하고 있는 광야에서의 일들(세례 요한의 선포와 예수님의 세례, 그리고 시험)은 이후 예수님의 하나님 나라 선포가 어떻게 가능하게 되었는지를 보여 주는 배경을 제공한다. 내러티브가 진행되는 동안 일어날 수 있는 질문들, 곧 예수님이 누구시며, 어떤 길을 가시고, 또 예수님이 하시는 선포가 어떻게 가능하게 되었는지는 2-13절에서 펼쳐졌던 내막을 기억할 때 이해될 수 있을 것이다.

제5장
예수님 사역의 요약: 하나님 나라 선포
마가복음 1:14-15

현 단락은 마가복음 전반부를 구성하는 예수님의 갈릴리 사역(1:14-8:26)에 대한 "요약적 진술"이다(Taylor, 1966: 165). 내러티브 흐름상 14-15절이 차지하는 구조적인 위치는 논쟁 중이다. 서론(2-15절)에 포함해야 한다는 입장(Gnilka, 2권 43; Marcus, 2000: 137-38; Guelich, 2001: 57-58)과 본론(1:14-8:26)의 첫 단락이라는 입장(Taylor, 1966: 164; Cranfield, 61; Edwards [b], 43)이 있다. 이런 상충되는 입장은 양용의가 지적한 것처럼 현 단락이 "앞뒤 단락들과 공히 긴밀하게 연관되어 있는 독특한 특징 때문에" 생겨난 것이다(양용의, 49). 현 단락에 반복된 "복음"은 1절에 언급된 바가 있고 또 앞으로도 언급(8:35; 13:10; 14:9)된다. 또한 등장 장소인 갈릴리는 이미 9절에서 예수님의 출신지로 언급되었을 뿐 아니라 앞으로 사역의 배경이 된다. 예수님의 선포 내용으로 소개된 하나님 나라는 복음과 동의어("하나님의 복음", 14절; "하나님 나라", 15절)로 사용되어 한편으로는 1절의 "예수 그리스도의 복음"을 상기시키고, 다른 한편으로는 앞으로 예수님의 선포의 핵심이 될 하나님 나라(4:11, 26, 30; 9:1; 10:15, 24; 14:25)를 내다보게 한다. 이런 점에서 양용의의 지적은 옳다. 그럼에도 마가복음의 서론은 13절로 끝나고 14절은 예수님의 공적 사역이 본격적으로 시작되었음을 알리고 있는 것이라 믿을 이유가 있다. 새로운 시대를 준비해 왔던 요한의 최후가 언급(14절)되었고, 무엇보다 예수님의 육성으로 그의 주된 사역(하나님 나라)이 선포되기 때문이다.

본 단락은 마가의 진술(14절)과 예수님의 선포 내용(15절)으로 나뉠 수있다.

> **14** 요한이 넘겨진 후 예수님이 갈릴리로 오셔서 하나님의 복음을 전파하시며 **15** 말씀하셨다. "때가 찼고 하나님의 나라가 가까이 왔습니다. 회개하십시오. 그리고 복음을 믿으십시오."

주해

마가의 진술(14절) 마가는 예수님이 "요한이 넘겨진[τὸ παραδοθῆναι] 후"에 하나님의 복음을 전파하기 시작하셨다고 밝힌다. 메시아의 사역의 출발점을 특정 인물이 잡힌 시점으로 명시한 것은 흥미롭다. 요한의 최후가 예수님의 시작점이 된 이유는 분명해 보인다. 세례 요한이 "주[예수]의 길"을 예비하는 자로 등장했고 그 예비는 그의 세례 사역(4절)과 선포(7-8절)를 통해 이뤄졌다. 예수님이 세례 요한이 걸어간 길 그 끝점을 보고 길을 걷기 시작했다고 말하는 14절은, 세례 요한이 예비한 길은 그가 살아간 삶의 길이었음을 말한다. 마가는 예수님의 종착지 또한 세례 요한의 그것과 크게 다르지 않을 것임을 복음서 서두에서부터 암시하고 있는데 이는 예수님이 그를 뒤따라 걸을 것이라고 소개했기 때문이다(ἔρχεται ... ὀπίσω μου, 7절). 실제로 내러티브는 예수님이 그의 제자를 모으는 등 대중적 사역(1:14-:26)의 절정으로 가는 도중에 그가 선택한 제자 중 한 명이 그를 넘길 것이라 예고(ὅς ... παρέδωκεν αὐτόν, '그는 그를 넘겨준자다', 3:19; 9:31; 10:33)한다. 그리고 내러티브 종결부에 이르면 이것이 현실화된다(παραδίδωμι, '넘겨주다', 14:42, 44; 15:1, 10, 15).[1] 세례 요한의 초기 사역(4-8절)은 예수님의 출현을 알렸고, 그의 최후는 예수님의 최후를 알린다(Tolbert, 198). 마가에 따르면 예수님의 복음(good news) 선포는 그 시작부터 죽음의 그림자가 드리워져 있다. 이런 점에서 1892년에 케흘러(Martin Kähler)가 "마가복음은 확장된 서론을 가진 수난 내러티브"라고 지적(80 각주 11; Marcus, 2000: 62에서 재인용)한 것은 결코 과장이 아니다.

예수님이 갈릴리에 '오신'(ἦλθεν) 모습은 두 개의 현재 분사 '께뤼손'(κηρύσσων, '선포하면서')과 '레곤'(λέγων, '말씀하면서')으로 묘사된다. 이 두 분사가 현 맥락에서 갖는 (화용적) 기능은 주동사 "오셔서"(ἦλθεν)의 목적을 드러내는 것임이 분명하다. 그렇다면 14-15절은 예수님이 갈릴리에 "오셔서" 행하신 사역의 목적을 요약적 진술 형태로 보여 주고 있는 것이다. 마가의 요약을 내러티브 정보의 현저성 정도를 보

1. 이응봉(35-36) 역시 유사한 관측을 한다. 이응봉은 단어의 교차대구를 넘어 주제적 교차대구 역시 마가복음의 처음(1:1-13)과 끝(14:43-16:8)에 있음을 발견했다:

"서론
1:1-8(A: 세례 요한의 활동),
1:9-11(B: 예수님의 세례 받음),
1:12-13(C: 광야에서 시험받으심)

결론
14:43-15:36 (C′: 제자들의 시험들/예수님의 십자가 상에서 시험받으심)
15:37-41 (B′: 예수님의 죽음),
15:42-16:8 (C′: 제자들/여인들의 임무)"(이응봉, 37-38).

여 주는 동사 상의 쓰임과 관련해서 보면 마가의 강조점이 어디에 있는지를 확인할 수 있다.[2]

	완료 상 (과거)	미완료 상 (현재, 미완료 시제)	상태 상 (완료 시제)
14절	잡힌(τὸ παραδοθῆναι) 왔다(ἦλθεν)	전파하시며(κηρύσσων)	
15절		말씀하셨다(λέγων) 회개하십시오(μετανοεῖτε) 믿으십시오(πιστεύετε)	찼습니다(πεπλήρωται) 가까이 왔습니다(ἤγγικεν)

[마가복음 1:14-15의 동사 상 분석]

완료 상인 과거 시제는 배경(background) 정보를 묘사할 때 사용되는 것으로 현 단락에서는 내러티브의 기본 뼈대를 이루는 사건인 '요한의 잡힘'과 '예수님의 오심'을 묘사한다. 미완료 과거 시제와 현재 시제는 미완료 상으로 정보를 전방(foreground)에 배치시킨다. 예수님의 '전파'와 '말하는' 행위, 그리고 사람들의 반응을 요하는 요청("회개하십시오", "믿으십시오")을 위해 사용된다. 완료 시제는 상태 상으로 정보를 최전방(frontground)에 부각시킨다. 현 단락에서 예수님의 육성으로 발화된 마지막 선포인 '뻬쁠레로따이'(πεπλήρωται, '찼다')와 '엥기껜'(ἤγγικεν, '가까이 왔다')이 완료 시제로 발화되어 가장 높은 현저성을 가진다.

예수님의 선포의 내용은 이중적 방식으로 소개된다. 마가(내레이터)에 의해 먼저 진술되고(14절) 이어서 예수님의 육성으로 들려진다(15절). 마가는 그의 선포를 "하나님의 복음"(τὸ εὐαγγέλιον τοῦ θεοῦ)으로 집약한다. 1절 주해에서 논증한 것처럼 이사야 40:9-10과 52:7을 근거로 본다면 복음은 "네 하나님이 통치하실 것이다"(βασιλεύσει σου ὁ θέος)를 그

2. 동사 상과 현저성의 정도에 관해서는 박윤만(2010: 324-27)를 보라.

내용으로 한다. 그렇기 때문에 예수님이 전하신 "하나님의 복음"은 '하나님이 다스린다'는 것을 가리킨다. 물론 창조 이후 인간을 비롯한 모든 창조물을 향한 하나님의 섭리적 다스림이 멈췄던 적이 없는 것은 사실이다. 그러므로 오히려 예수님의 하나님 나라 선포는 하나님의 창조적 섭리라기보다는 종말론적인 통치의 시작을 알리는 것이다.[3] 아래서 살펴볼 것처럼 제2성전 시기 유대 사회에서 하나님의 종말론적 다스림은 결코 추상적인 개념이 아니었으며 이사야 40:9-10과 특히 52:7이 밝히듯이 죄로 흩어져 종노릇하던 그의 언약 백성을 다시 돌아오게 하여 결국 그들을 통해 땅 끝까지 하나님의 구원을 맛보도록 하는 것(52:10)이었다.

예수님의 선포 내용(15절) 내러티브 시작 이후 처음으로 들리는 예수님의 육성을 포함하고 있는 15절은 예수님의 선제적 행동과 그에 대한 인간의 반응을 요청하는 두 부분으로 나눠진다.

> 때가 찼고 하나님의 나라가 가까이 왔습니다 — 예수님/하나님의 선제적 행동
>
> 회개하십시오. 그리고 복음을 믿으십시오 — 인간의 반응

"때가 찼고"(πεπλήρωται ὁ καιρός)라는 메시지는 "메시아의 시대"가 성취되었다는 뜻일 수도 있고(양용의, 49), 아니면 악의 시대가 막을 내렸다는 뜻을 전하고 있을 수도 있다(신현우, 2011: 27). 해석의 관건은 예수님이 '까이로스'('때')를 통해 메시아의 시대를 함의하셨는지 아니면 악의 시대를 의도하셨는지에 있다. 해결은 쉽지 않다. 그러나 예수님의 세계관이 종말론이었다는 것은 부인될 수 없기에(Schweitzer, 328-401; Wright, 1996: 202-9; Caird and Hurst, 359-408; Allison, 1994: 651-68)[4] '까이로

---

3. 종말론적인 하나님의 다스림에 대해선 제2장 각주 12를 보라.
4. 제2장 각주 12 참고.

스'에 대한 종말론적인 해석은 필연적이다. 유대 묵시론은 시간을 이분법으로 이해하면서 현재는 악이 다스리는 시대이며 종말이 오면 하나님이 다스리는 시대가 될 것으로 믿었다(Lohse, 53; Wright, 1992: 253).[5] 그렇다면 종말을 시작케 한 이로서의 자기 인식이 있던 예수님은[6] "때가 찼고"라는 말씀을 통해 '악의 시대는 완료되었다'는 것을 말하고자 하셨다는 주장이 가능하다(Marcus, 2000: 175). 이런 해석이 타당한 세 가지 이유가 추가로 제시될 수있다.

첫째, 사전적 의미로 본다면 "찼고"의 헬라어 동사 '쁠레로오'(πληρόω)는 '성취하다' 혹은 '채우다'의 뜻 외에 '종결하다' 혹은 '끝장내다'라는 의미도 가진다.[7] 실제로 '쁠레로오' 동사가 "시간을 나타내는 명사를 주어로 하여 사용될 때, 그 시간이 가리키는 기간이 다 채워져서 끝나게 됨을 뜻한다는 것을 보여"주는 여러 유대 문헌(토비트 8:20; 10:1; 마카비1서 3:49; 바룩2서 70:2)과 성경(칠십인경 레위기 25:30; 렘 36:10[개역개정은 29:10]; 행 7:23, 30)으로부터 온 용례들이 있다(신현우, 2014: 388-89). 둘째, 이런 해석은 문맥상 자연스럽다. 직전 본문에서 마가는 예수님이 사탄의 시험을 이김으로 그를 패퇴하게 하셨다는 의미(13절 주해를 보라)를 주고 있음을 고려할 때, 예수님의 첫 선포에 사탄과 가진 대결의 결과, 곧 악의 시대가 끝장난 후 하나님의 종말론적인 통치가 시작되었다는 내용이 담겨 있다는 해석은 문맥상 무리가 없다. 셋째, 악의 시대를 끝내신 하나님의 주권적인 행위는 문법적으로 지지되는데, '까이로스'를 문법

5. 아이작(E. Isaac)에 따르면 선과 악, 그리고 현시대와 다가오는 시대의 이분법(dualism)은 묵시 문학(열두 족장의 유언; 모세의 유언; 아브라함의 유언; 아브라함의 묵시; 바룩2서; 에스라4서)에 나타난다(Isaac [b], 9-10 in *OTP* 1).

6. 종말을 가져온 자로서의 예수님의 자기 이해는 Schweitzer; Allison, 2010 참고.

7. BDAG, πληρόω §3, 5, 6.

적 주어로 가진 수동태 '뻬쁠레로따이'(πεπλήρωται)의 의미상 주어는 시간을 창조하신 하나님이기 때문이다(Park, 132). 따라서 '악의 시대'와 하나님의 나라를 문법적 주어로 가진 예수님의 선포는 하나님께서 그의 존재와 사역을 통해 악의 시대를 종결하고 그의 통치를 드러내기 시작하셨다는 선언으로 보는 것이 옳다.

예수님은 또한 "하나님의 나라가 가까이 왔습니다"라고 선포하셨다. 악의 시대가 종결되고 하나님 나라가 시작된다는 예수님의 선언은 기록 연대가 예수님의 동시대(주후 70년 이전)로 알려진(Priest, 920-21) 모세의 유언 10:1과 유사한 표현이다:

> 그때 그의 나라가 그의 모든 세상 전역에 나타날 것이다.
>
> 그때 마귀는 종말을 고할 것이다(번역은 Priest의 영역에 따른 저자의 것).[8]

악의 멸망과 하나님 나라의 도래는 주후 70년 이전 종말론적 사고를 하던 유대인들에게 아주 자연스러운 기대였다는 것을 보여준다. 물론 예수님의 선언과 모세의 유언의 차이는, 예수님은 그 실현이 그의 사역을 통해 이뤄질 것이라 선포했다는 점이다. '엥기껜'(ἤγγικεν, '가까이 왔다')을 '이미 도래했다'(Dodd, 44-45)거나 아니면 '아직 도래하지 않았다'(Marxen, 89)로 해석하지 않도록 조심해야 한다. 완료 시제로 발화되어 상태상의 의미를 가진 '엥기껜'에 대한 가장 적합한 해석은 하나님 나라가 이미 근처에 가까이 도달 완료한 상태를 가리킨다고 보는 것이다. '엥기껜'은 마가복음에서 이곳 외에 두 번 더 사용되는데, 모두 어떤 대상

---

8. 프리스트의 번역에 따르면 10:1-2은 다음과 같다: "Then his kingdom will appear throughout his whole creation. Then the devil will have an end"(그때 그의 나라가 그의 모든 피조물 전역에 나타날 것이다. 그때 악은 끝장날 것이다).

이 공간적으로 근접하여 시야에 들어올 만큼 되었다는 의미에서 사용된다(11:1, "예루살렘에 가까이 왔을[ἐγγίζουσιν] 때"; 14:42, "나를 넘기는 자가 가까이 왔소[ἤγγικεν]").[9] 공간적으로 본다면 하나님의 다스림이 '엥기껜'했다는 말은 하나님의 다스림이 근처에 도착하여 사람들 가운데 실현을 앞두고 있다는 말이다. 예수님이 하나님 나라의 담지자(bearer)라는 사실은 부인될 수 없기에 하나님 나라가 가까이 와 있다는 말은 이중적 의미를 가진다. 세례 요한의 세례를 받으심으로 예수님은 메시아적 활동을 이미 시작하셨기 때문에 하나님 나라는 지금 여기에 도래한 현실이다. 하지만 그 실현은 그의 치유, 선포, 축귀, 그리고 죽음과 부활을 통해 본격적으로 시작될 것이기에 여전히 미래적이다. 이런 점에서 1:15의 "하나님 나라가 가까이 왔다"는 말은 선포자의 전망에서 본다면 현재적인 동시에 미래적이라는 지적은 옳다(Gnilka, 1권 80; Flusser, 110-11). 그럼에도 예수님이 그의 사역을 시작할 때 하나님 나라의 도래를 선포하신 것은 시간적이든 공간적이든 그것의 위치 혹은 도래 정도를 설명하기 위해서가 아니라, 사람들로 하여금 자신을 통해 도래하고 있는 하나님의 다스림에 참여하도록 도전하려는 데 있었다는 것을 기억해야 한다(14절 후반부를 보라). 이는 예레미아스(Joachim Jeremias)가 지적한 것처럼 예수님이 "하나님의 나라가 가까이 왔습니다"라는 선포를 하셨을 때 백성들이 듣게 될 것은 "하나님께서 오실 것이다. 그는 문 앞에 서 계신다. 실로 그는 도착하셨다. … 그는 이미 거기 계신다"(Jeremias, 2009: 159)와 같이 긴박성을 띤 메시지이기 때문이다. 하나님 나라의 담지자인 예수님의 등장과 선포에 의해 그의 동시대 유대인들은 이제 바로 그들 앞에 도래해 있는 현실인 하나님 나라와 마주하게 된 만큼(Edwards [b], 47), 그것이 앞으로 드러

9. Dormeyer, "ἐγγίζω", *EDNT* 1.

날 때마다 거기에 들어갈 것인지 아닌지를 결단해야 할 중대한 갈림길에 서게 된 것이다(참고. 1:16-20; 2:14; 4:1-9, 13-20; 10:17-31, 46-52).

근처에 도착하여 사람들의 결단을 촉구하고 있는 '바실레이아'(βασιλεία, '다스림')의 사전적 의미는 '왕적 다스림' 혹은 '통치'를 지시한다(시 145:1, 14; 솔로몬의 시편 17:4, 21).[10] "하나님의 나라"(βασιλεία τοῦ θεοῦ)에서 소유격 '뚜 테우'(τοῦ θεου)는 주격 소유격 역할을 하는 것이 분명하기 때문에 "하나님의 나라"는 '하나님께서 왕으로 다스리신다'는 메시지라고 보아야 한다. 하나님께서 창조 이래로 그의 세상과 백성을 다스리지 않으신 적이 없으셨던 것이 사실이지만, 특별히 예수님이 "하나님의 나라가 가까이 왔습니다"라고 선포하셨을 때 그는 하나님께서 그의 종말론적인 다스림을 시작하시어 세상에서 악을 제거하시고 이방인들을 그의 통치 안으로 인도하실 "사건"(event)이 일어날 것이라 선포하셨다고 이해할 수 있다(Luz, 202). 그러면 예수님은 구체적으로 어떤 사건을 염두에 두셨을까? 이 질문에 대한 답은 14절에서 언급한 것처럼 예수님의 하나님 나라와 복음 개념의 직접적인 배경이 되었을 것이 틀림없는 이사야 40:9와 52:7을 다시 주목해야 한다(1, 14절 주해를 보라). "네 하나님이 통치하실 것이다"(βασιλεύσει σου ὁ θέος, 52:7)는 이사야의 선포는 구체적인 역사적 맥락을 가진다. 하나님의 언약 백성이 우상 숭배의 결과로 바벨론에 붙잡혀 갔다가 돌아오게 될 것이고, 그렇게 돌아온(새 출애굽 한) 백성 위에 하나님이 다시 왕 노릇 하실 것이라는 것이 이사야의 선포 배경이었다. 따라서 예수님은 '하나님의 다스림이 가까웠다'는 선포를 통해 드디어 하나님이 죄에 종노릇하던 그의 백성을 용서하시고 그들 위에 왕 노릇 하심으로, 그들을 통해 하시고자 하셨던 소명을 이루기 시작하셨다는 사실

10. Luz, "βασιλεία", *EDNT* 1.

을 확정해 줄 사건들이 이제 곧 일어나게 될 것이라는 메시지를 전하고 있는 것이다.

인간의 반응을 요청하는 15절 후반부, "회개하십시오. 그리고 복음을 믿으십시오"는 명령법으로 표현되었다. 명령법은 이사야의 글("그대는 주의 길을 준비하십시오. 지체 없이 그의 길을 곧게 하십시오.", 3절) 이후 두 번째 등장하는 표현법으로서 어떤 사람의 행동을 이끌어 내고자 사용된 법(mood)이다(Porter, 1994: 53). 3절에서 이사야의 명령 형태의 예언이 4절에서 세례 요한의 구체적인 행동을 이끌어 낸 것처럼 예수님의 명령 역시 사람들의 행동을 이끌어 낼 것이라는 기대를 준다. 하나님 나라의 도래에 먼저 회개로 반응해야 한다. '메따노에오'(μετανοέω, '회개하다')는 소극적으로는 죄로부터 돌이키는 것이며 적극적으로 하나님을 향하는 것을 의미한다(4절 주해를 보라). 현 맥락에서 예수님은 소극적 의미로 '메따노에이떼'(μετανοεῖτε)를 사용하여 그의 동시대 사람들에게 죄악의 통치로부터 돌이키라는 메시지를 주고 있음이 분명하다(참조. 롬 8:2, "죄와 사망의 통치[νόμου]에서 너를 해방").[11] 접속사 '까이'(καί)로 이어진 '까이 삐스뜌에떼 엔 또 유앙겔리오'(καὶ πιστεύετε ἐν τῷ εὐαγγελιῷ, '그리고 복음을 믿으십시오')는 악으로부터 돌이킨 후(καί)에[12] 취해야 할 적극적인 일이 무엇인지 말하고 있기 때문이다. 악에서 돌이킨 자들이 해야 할 일은 복음을 믿는 것이었다. '삐스뜌에인'(πιστεύειν)은 구약성경에서 하나님의 언약 백성이 언약 체결 당사자인 하나님을 향해 가져야 할 신뢰의 태도를 가리킨다(창 15:6; 사 7:9; 28:16; 30:15; 학 2:4; 렘 40:62; 단의 유언 5:13; 6:4; 아셀의 유언 7:6-7; Wright, 1996: 260-62). 이런 해석은

---

11. νόμος에 '통치'라는 뜻이 있다는 점에 대해선 BDAG, νόμος §1을 보라.

12. καί의 논리적 결과를 연결하는 기능('그런 후')에 대해서는 BDAG, καί §1ζ를 보라.

제2성전 시기에서도 발견된다. 종말론적인 참 언약의 공동체라 믿은 쿰란 공동체는 스스로를 하나님의 언약을 믿는 사람들이라 선언하였을 뿐 아니라, “의인은 그의 믿음으로 살리라”라는 하박국 2:4의 말을 주석하면서 “의의 교사를 향한 그들의 믿음 때문에” 하나님은 그들을 심판에서 건져 주실 것이라 기록한다(1QpHab 7:17-8:3).[13] 이는 하나님의 새 언약의 공동체의 조건을 하나님 혹은 그의 대리자에 대한 믿음으로 보았다는 증거로 사용될 수 있다. 따라서 예수님 역시 그가 전하고 있는 복음에 대한 ‘믿음’을 종노릇에서 해방된 새 언약의 공동체의 조건으로 제시하신다는 해석이 가능하다.

믿어야 할 ‘유앙겔리온’은 14절에서 밝힌 것처럼 ‘하나님이 다스린다’는 내용이다. 문제는 하나님이 누구 혹은 무엇을 통해 다스리고 있느냐이다. 당시 유대인들은 하나님은 성전에서 그의 다스림을 펼치신다고 믿었다. 하지만 예수님은 자신이 하나님 나라와 복음의 실현자라고 믿었다. 지난 세기 복음 전파자와 복음을 분리하려는 경향이 있었는데[14] 이는 그릇된 이분법이다. 이미 지적한 것처럼 마가는 예수님이 “하나님의 복음”을 전파하였다(1:14)고 할 뿐 아니라 예수님과 복음을 동격으로 여기고 있기 때문이다(8:35; 10:29). 또한 마가는 믿음의 대상을 예수님이라 말하는 일

13. 베르메쉬(Geza Vermes, 1987: 287)는 1QpHab 8:3을 다음과 같이 번역한다. “[But the righteous shall live by his faith](2:4). Interpreted, this concern all those who observe the Law in the House of judah, whom God will deliver from the House of Judgement because of ... their faith in the Teacher of Righteousness”(그러나 의인은 그의 믿음으로 살 것이다(2:4). <해석> 이것은 유대의 집에서 율법을 준수하는 모든 자들과 관련 있다. 그들은 하나님께서 의의 교사를 향한 그들의 믿음 때문에 심판의 집으로부터 구원하실 것이다)”(번역은 저자의 것).

14. 예컨대, 슈바이처는 역사적 예수가 미래에 임할 하나님의 나라가 도래하기를 선포했지만 끝내 그것의 도래를 보지 못하고 십자가 처형을 당하였다고 주장한다 (Schweitzer, 384-90).

관성을 가지고 있다(5:36; 9:23, 24, 42; 15:32). 이는 예수님이 "복음을 믿으십시오"라고 했을 때 믿어야 할 "복음"을, 그의 존재와 메시지로 의도한 것이다. 그러므로 예수님에 따르면 사람들이 믿어야 할 복음은 하나님이 예수님을 통해 종말론적인 다스림을 실현하고 계신다는 소식과 다른 것이 아니었다. 로마인들에게 복음은 가이사가 다스린다는 것이었고, 당시 성전 권력자를 중심으로 형성된 유대 지도자들에게는 하나님이 성전을 통해 다스린다는 것이 복음이었다. 하지만 마가복음에 따르면 예수님의 복음은 하나님의 종말론적인 다스림이 갈릴리에서 그의 선포와 사역, 그리고 예루살렘에서 그가 당할 모든 일을 통해 이스라엘 백성과 이 세상 한복판으로 들어오기 시작했다는 것이다(Wright, 1996: 263-64). 따라서 사람들이 취해야 할 일은 악의 통치로부터 돌이켜 하나님의 종말론적인 회복과 다스림을 실현할 예수님을 믿는 것이었고, 또 이것이 새 언약의 백성이 되는 길이었다.

요약과 해설

마가는 예수님이 하나님 나라 선포 사역을 요한이 잡힌 이후에 시작하셨다고 서술한다. 예수님은 세례 요한이 예비한 길을 걷는 자였기 때문이다. 요한은 이스라엘의 종말론적인 새 출애굽 운동을 준비하는 길을 갔고, 그 길 끝에는 잡혀 넘겨짐 곧 단두대가 기다리고 있었다(6:27-29). 예수님은 요한이 간 그 끝점을 보고 하나님 나라 선포 사역을 시작한다. 이는 하나님 나라의 도래를 선포하는 예수님이 가시는 길의 끝이 어떠할지를 미리 보여준다. 예수님의 선포의 핵심은 악의 다스림은 완료된 반면, 하나님의 다스림은 '바로 근처에 도착하기 시작했다'는 것이었다. 이러한 하나님 나라의 도래에 따른 사람들이 보여야 할 반응은 명령 형태로 주어져 급박한 행동의 변화를 요청한다. 곧 악의 통치로부터 돌이켜 복음, 곧 하나님의 다스림을 가져오는 예수님 자신을 신뢰하고 따르라는 결단이었다. 복음은 그것을 듣는 자에게 중립 지대를 허락하지 않는다. 예수님은 동시대 유대인들에게 악의 통치에 머물 것인지 아니면 하나님의 다스림을 받을 것인지 선택하라 하신 것이다.

제6장
하나님 나라의 백성을 부르심
마가복음 1:16-20

본 단락의 중요성은 하나님 나라를 그의 사역의 핵심으로 삼으신 예수님이 행하신 첫 사역이 무엇인지 보여준다는 데에 있다. 예수님은 다른 그 어떤 일보다 사람을 먼저 부르신다. 그의 관심은 사람이었다. 현 단락은 반복되는 이야기 구조를 가진 두 개의 에피소드(16-18절; 19-20절)로 구성되어 있다. 두 단화를 하나로 묶는 이야기 구조는 예수님의 응시(16, 19절), 예수님의 부름(17, 20절), 사람들의 따름(18, 20절)이다. 반복된 구조와 그에 상응한 동일 언어의 사용은 '예수님의 제자 부름'이라는 주제를 형성하기에 충분하다. 이러한 구조는 레위를 부르는 사건(2:13-14)과 열둘을 세울 때(3:13-14)도 동일하게 반복된다.

	1:16-18	1:19-20	2:13-14	3:13-14
예수님의 관찰	시몬과… 안드레를 보셨다(εἶδεν) (16절)	야고보와… 요한을 보셨다(εἶδεν) (19절)	레위… 를 보셨다(εἶδεν) (14절 전반부)	함축됨
예수님의 부름	예수님이 말씀하셨다. "내 뒤에 오시오" (δεῦτε ὀπίσω μου) (17절)	그가 그들을 부르셨다 (ἐκάλεσεν αὐτούς) (20절 전반부)	그가 그에게 말씀하셨다. "나를 따르시오" (ἀκολούθει μοι) (14절 후반부)	예수님이 그가 원하는 자들을 불렀다 (προσκαλεῖται) (13절 전반부)
제자의 따름	그들이 그를 따랐다 (ἠκολούθησαν αὐτῷ) (18절)	그들이 그의 뒤를 따랐다 (ἀπῆλθον ὀπίσω αὐτοῦ) (20절 후반부)	그가 … 그를 따랐다 (ἠκολούθησεν αὐτῷ) (14절 후반부)	그들이 그에게 왔다 (ἀπῆλθον πρὸς αὐτόν) (13절 후반부)

마가복음에 나오는 예수님의 제자 부름[1]

16 그런 후 그가 갈릴리 바닷가를 지나가시다가 시몬과 시몬의 형제
안드레가 바다에서 그물 던지는 것을 보셨다. 이는 그들이 어부들이었기
때문이다. **17** 그리고 예수님이 그들에게 말씀하셨다. "내 뒤에 오시오. 그러
면 내가 그대들을 사람들의 어부가 되도록 만들어 주겠소." **18** 그러자 곧
그들이 그물들을 버려둔 채 그를 따랐다. **19** 그리고 조금 더 나아가신 후에
세베대의 아들 야고보와 그의 형제 요한이 배 안에서 그물을 손질하고 있
는 것을 보셨다. **20** 그리고 곧 그가 그들을 부르셨다. 그러자 그들의 아버
지 세베대를 품꾼들과 함께 배에 버려 두고 그의 뒤를 따라갔다.

주해

예수님의 관찰(16, 19절) 예수님은 제자를 부르시기 전 먼저 보시는데 (εἶδεν), "바닷가를 지나가시다"[παράγων παρὰ τὴν θάλασσαν]가 응시가

1. 아래의 표는 박윤만, 2013b: 145-46에서 인용했다.

이뤄진 것으로 발화된다. '빠라곤'('지나가시다')은 예수님이 제자를 부르신 사건이 바닷가를 지나가시다가 우연히 일어난 일인 것처럼 보이게 한다. 그러나 "지나가시다가"와 "보셨다"의 연어(collocation)가 레위를 부를 때도 동일하게 나타난다(2:14, "지나가시다가[παράγων] …레위를 보셨다[εἶδεν]")는 사실은, 마가가 제자를 부르시는 예수님의 두 행동("지나가시다", "보다")을 반복적으로 보여 준 의도가 있음을 알게 한다. 특히 "바닷가"(παρὰ την θάλασσαν)의 장소 전치사 "가"(παρά)가 예수님의 공간적 위치를 구체적으로 알리고 있기에 "지나가시다가"(παράγων)는 중복적 의미(παράγων παρά, "…가를 지나가시다가"; 참고. Guelich, 2001: 126)를 형성한다. 그럼에도 마가는 그 동사를 선택했다. 구약성경에서 하나님이 시내산에서 모세(출 33:18-23)에게, 호렙산에서 엘리야(왕상 19:11)에게 나타나실 때도 '지나가시다'(παρέρχομαι)라는 동사가 사용되었다는 사실은, 이 동사의 중요성을 드러낸다(Marcus, 2000: 179). 칠십인경에는 비록 '빠레르코마이'가 사용되었지만 의미는 '빠라곤'과 동일하게 '지나가다'이다. 그러므로 갈릴리 해변에서 제자들을 부르시기 위해 등장하신 예수님의 모습은 구약의 신 현현의 장면을 떠올리게 한다(참고. 6:48; Marcus, 2000: 179). 그리고 제자들을 보시고(ἔιδεν, 16, 19절) 부르신(ἐκάλεσεν, 20절; ἀκολούθει, 2:14) 일을 "지나가시다"로 표현한 것은, 이것이 우연한 사건이 아니라 신적 계획 가운데 진행된 일이라는 의미를 만든다.[2]

'보시는' 예수님의 모습은 특별한 주목을 받아야 한다. 3:13-14를 제외한 다른 제자 부름 에피소드는 모두 예수님의 응시(ἔιδεν)로 시작된다(1:16, 19; 2:14). 마가복음에서 가르침을 주시거나 혹은 의미 있는 어떤 행

---

2. 제자들을 부르실 때 '지나가시는 중'이었다는 표현(16절; 2:14)은 예수님을 여행 중에 있는 분으로, 그리고 부름을 입은 제자들도 여행하는 일에 초대받았다는 인상을 만든다고 볼 수 있다(Robbins, 1992: 28).

동을 하시기 전 그는 종종 사람을 보신다(2:5; 3:34; 6:34, 38; 8:33; 10:21). 마찬가지로 내부인과 달리 외부인은 예수님의 말과 사역을 보고도 알 수 없는 자(4:12)로 평가된다. 내러티브가 진행될 수록 제자들은 "눈이 있어도 보지 못한다"(8:18)는 엄중한 책망을 듣는다. 반면, 맹인 바디매오가 '보게 되었을 때' 그는 "길에서 예수님을 따른다"(10:52). 마가복음 전체에서 강조된 '보는' 것의 중요성을 고려할 때 예수님이 제자들을 부르시기 전에 먼저 보신 것은 자신과 함께 길을 걸어갈 사람의 내면과 성품을 적극적으로 꿰뚫어 보신 행위로 이해할 수 있다(참고. 3:16-17).

선생의 부름(17, 20절 전반부) 장래 제자들을 그렇게 보신 후 예수님은 그들을 부른 자신을 따르도록 지시한다(1:17, 20; 2:14; 3:13). 첫 두 제자(시몬과 안드레)에게 따르라는 요청(δεῦτε ὀπίσω μου)은 예수님의 육성으로 발화되고, 이어진 다른 두 제자(야고보와 요한)를 향한 부름은 마가가 직접 서술(ἐκάλεσεν, '그가 불렀다', 20절)한다. 야고보와 요한의 따름은 '그들이 그의 뒤를 따랐다'(ἀπῆλθον ὀπίσω αὐτου)로 발화된다. 예수님의 첫 제자 부름에서 두드러진 것은 제자의 위치가 예수님의 '뒤'(ὀπίσω)라는 점이다. 제자들이 예수님과의 관계에서 가지는 이러한 공간적 관계는 1:7에서 언급한 것처럼 세례 요한과 예수님의 관계를 위해서도 이미 사용되었던 것이다. 세례 요한은 자신보다 강한 자가 "내 뒤에"(ὀπίσω μου, 7절) 올 것이라 예언했고, 실제로 예수님은 세례 요한이 그의 길 그 끝점에 도달했을 때("요한이 넘겨진 후", 14절) 여정을 시작하셨다고 마가는 알려준다(14절). 그 후 예수님은 갈릴리 해변으로 가시어 네 명의 제자들에게 "내 뒤에 오시오"라고 부르신다. 마가에 따르면 예수님은 세례 요한의 길을 걷고, 제자들은 예수님의 길을 따라 걷는다. 예수님은 제자들을 부를 때 그들이 걷는 그 길 끝에 무엇이 기다리고 있는지 말씀하신 것이 아니라 "내 뒤에" 오라 하신 것이다. 그러므로 제자들은 예수님이 걷는 그 길 끝을 보고 걷는 것이 아니라 그 길을 걷는 예수님을 보고 따라 걷도록 부름을 입었다. 8:31에서 처음으로 예수님이 걷는 길에 무엇이 기다리고 있는지 말할 때까지 그들은 선생만을 바라보며 걷는 여행은 지속된다.

예수님의 제자 부름은 몇 가지 점에서 독특하다. 당시 랍비와 제자 모델에서는 제자가 자신이 가르침을 받고 싶은 랍비를 직접 선택했다(Hengel, 1968: 51). 그러나 예수님과 제자들의 경우 예수님이 그들의 삶의 현장에 먼저 찾아 가셨고, 보셨고, 그리고 부르신다. 주도권은 예수님이 가지고 계셨다. 무엇보다 랍비와 제자 모델에서는 가르침이 관계를 이끄는 주된 내용이었지만, 예수님은 제자들이 "사람들의 어부가 되도록 만들어 주겠다"는 약속을 하신다는 점이 가장 독특하다(Hengel, 1968: 51; Guelich, 2001: 128). 헹엘(Martin Hengel)이 지적하였듯이 예수님이 제자를 부르시는 모습은 랍비 모델이 아니라 카리스마적 지도자의 모습에서 선례를 찾을 수 있다(Hengel, 1968: 16-18, 71-72). 구약성경으로부터 온 예는 엘리야가 엘리사를 찾아가 부르는 모습인데 마르쿠스는 두 이야기 사이에 있는 언어적 유사성을[3] 근거로 마가의 단화는 열왕기상 19:11-21을 기초로 기록되었다고 주장한다(Marcus, 2000: 183). 그럼에도 예수님의 경우는 메시아가 제자를 부르는 모델이라는 점에서 선지자가 제자(선지자)를 부르는 엘리야와 엘리사의 경우와 뚜렷한 차이점을 가진 것이 사실이다. 보다 더 적실한 유비는 예수님 시대 자칭 메시아들의 추종자 모집에서 발견된다. 요세푸스는 사도행전 5:36-37에 등장하는 인물과 동일인으로 추정되는 드다(Theudas)를 소개하면서 그가 많은 무리를 선동하여

3. 예컨대, 열왕기상의 "지나가다"(ἐπῆλθεν ἐπ' αὐτὸν, 19절)와 마가복음의 "지나가시다"(παράγων, 16절), 엘리사가 엘리야에게 한 "내가 당신을 따르리이다"(ἀκολουθήσω ὀπίσω σου, 20절)와 "그들이 그를 따랐다"(ἠκολούθησαν αὐτῷ, 18절) 혹은 "그들이 그의 뒤를 따라갔다"(ἀπῆλθον ὀπίσω αὐτοῦ, 20절).

자신을 "따르게"(ἕπεσθαι) 했다고 말한다(Josephus, *Jewish Antiquities* 20.5.1 §§97-99). 또 다른 예는 예수님 시대보다 이른 시기에 기록된 마카비서에서 발견된다:

> 그리고 마타티아스가 큰 소리로 도시 전역을 돌아다니며 말했다. '누구든지 율법에 열심이 있고 언약을 지키는 자는 내 뒤에 오시오[ἐξελθέτω ὀπίσω μου]. 그런 후 그의 아들들은 산으로 도망했고 도시에서 그들을 소유하고 있던 모든 것들을 버렸다(마카비1서 7:27-28).

저자는 시리아의 폭정에 항거하여 일어난 마카비 전투는 마타티아스(Matthathias)가 율법과 언약에 열심이 있다고 스스로 생각한 동료 유대인들을 향해 "내 뒤에 오시오"(ἐξελθέτω ὀπίσω μου)라고 말하며 사람들을 불러 모으면서 시작됐다고 알려준다.[4] 이 운동에 참여한 사람들이 그들 자신의 소유를 포기했다는 것 역시 마가복음의 제자들의 모습과 유비를 이룬다(Theissen, 1993: 76-83; Marcus, 2000: 184; 또한 1:18, 20절 주해를 보라). 마르쿠스가 지적한 것처럼 요세푸스가 언급한 드다의 경우 마가복음과 동일 단어가 사용되지 않은 것(Marcus, 2000: 184)은 사실이지만, 랍비 모델과는 달리 지도자들이 먼저 추종자를 불러 모았다는 점에서 드다와 마타티아스의 예는 예수님의 제자 삼는 방식과 유사하다고 할 수 있다. 이처럼 예수님의 제자 삼는 사역의 모델은 당시 "이스라엘 재건"을 꿈꾸던 저항 운동의 리더들의 모습에 비견될 수 있는 것처럼 보인다

---

4. 2차 유대 전쟁을 이끌었던 시므온 바르 코시바(Simon Bar Koshiba)가 다른 동료 유대인들에게 보낸 파피루스 편지가 유대 고고학자들에 의해 발견되었는데, 그 편지들 가운데는 전쟁 도중에 지도자 바르 코시바가 다른 유대인들에게 즉각적으로 자신을 따라 전투에 참여하도록 명령하는 증거들이 있다(Yadin, 124-39).

(Wright, 1996: 169; 또한 3:14-16 주해를 보라). 그럼에도 예수님의 공동체와 동시대 자칭 메시아의 공동체 사이에는 중요한 차이점이 있다. 먼저, 예수님은 단순 이스라엘 회복이 아니라 인종을 초월한 새 이스라엘을 불러 모으는 일에 관심이 있었다(10:45 주해를 보라). 또한 자칭 메시아에 의해 시작된 무리들은 로마와 유대 내에 있던 그 추종 세력을 몰아내고자 폭력적 저항 운동을 벌이지만 예수님의 공동체는 섬김의 길과 폭력에 희생되는 길을 간다(Sanders, 1985: 231-33; 참고. 8:34; 10:35-45; 13:11-13).[5]

제자의 따름(18, 20절 후반부) 회복된 이스라엘의 대표자로 세워질(막 3:14,16) 제자들은 따름(ἀκολουθέω, 18, 20; 2:14; 3:13; 참조. 사 45:14, "그들이 네 뒤를 따를 것이요", ὀπίσω σου ἀκολουθήσουσιν)으로 예수님의 요청에 반응한다. 제자들의 따름은 일정한 방식으로 묘사되었는데 그들은 그물과 아버지와 세관을 버리며 따른다. 이러한 버림 행위는 모두 분사로 문법화되어 주동사인 '따르다'를 부연 설명한다.

절	분사	주동사
1:18	ἀφέντες τὰ δίκτυα 그물을 버리고	ἠκολούθησαν 그들이 따랐다.
1:20	ἀφέντες τὸν πατέρα ... μετὰ τῶν μισθωτῶν 아버지를 … 품군들과 함께 버리고	ἀπῆλθον ὀπίσω αὐτοῦ 그들이 그의 뒤를 따랐다.
2:14	καθήμενον ἐπὶ τὸ τελώνιον ... ἀναστὰς 세관에 앉았다가 … 일어나	ἠκολούθησεν 그가 따랐다.

헬라어 분사는 주동사의 개념에 종속적인 개념인 것을 고려할 때 이런 문법화는, 현재 삶의 자리를 떠나는 것은 적어도 예수님을 '따르는' 제자가 되는데 필수적인 요소로 이해되고 있음을 보여준다(참고. 10:21, 28). 이런 점에서 '버리고 따르는' 제자들의 모습은 스스로를 "가난한 자들"(4QpPs37 2:9-11)이라 부르며 공동체 입회자들에게 개인 소유를 허락

5. 예수님이 제자 특히 열두 제자를 세우신 이유는 3:14, 16 주해를 보라.

하지 않고 모든 재산을 공동체 이름으로 관리하던 쿰란 공동체의 입회 관습(1QS 6:17; 7:6)과 유사하다(Theissen, 1993: 72-73).[6] 하지만 마가가 '부름을 입은 자'들이 쿰란 공동체처럼 재산과 가족, 그리고 직업을 문자적으로 버려야 한다는 말을 하는 것이 아님은 분명하다(대조. Theissen, 1993: 62-64). 베드로는 제자로 부름을 입은 후에도 가정생활(1:29-31)과 어부 노릇(참고. 눅 5:1-11; 요 21:1-14)을 계속 유지한 것으로 말하고 있기 때문이다(1:29-31). '버리고 따른다'는 말은 예수님에게 보여야 할 충성에 대한 우회적 표현으로 보아야 한다(이 주제는 10:17-31 주해에서 다시 다뤄질 것이다).

마가복음에 따르면 현재 예수님과 제자들의 만남은 초면이다. 낯선 사람이었을 예수님의 "따르라"는 부름에 그들이 어떻게 그렇게 즉각적인 순종을 할 수 있었는지에 대한 의문을 품는 것은 당연하다. 요한복음은 이런 의문을 해결하는데 도움을 줄 수 있을 것이다. 요한은 마가복음 1:14이 말하는 것과 같은 세례 요한의 투옥 후 진행된 예수님의 본격적인 갈릴리 사역은 4:43이후에 진행된 것으로 암시하고 있는데, 이는 예수님이 제자들과 함께 유대 땅에서 활동했던 시점(1:19-4:43)이 "요한이 아직 옥에 갇히지 아니하였[던]"(3:24) 때라고 밝히고 있기 때문이다(Bauchkam, 1998: 154). 요한복음에 따르면 초기 네 명의 제자들(베드로, 안드레, 빌립과 나다나엘)과의 만남은 갈릴리 사역 전 유대에 있을 때 이미 있었다고 기록하고(요 1:35-51), 그 만남의 성격 역시 예수님이 그들을 제자로 부르셨기 때문이 아니라 그들이 먼저 그에게 찾아왔기 때문에 이뤄진 것(1:37,

---

6. 쿰란 공동체의 입회자는 일 년간 개인의 소유물을 소지할 수 없었고(1QS 6:17), 이 년 째 되는 해에는 그의 소유물을 관리자에게 헌납했고(6:19), 삼년 째가 될 때에야 공동체 재산을 관리하는 권한을 얻을 수 있었다(6:22). Kutsch,"הון" *TDOT* 3 (1975): 368을 보라.

42, 47)으로 밝히고 있어서 마가복음의 제자 부름 사건과 뚜렷한 차이를 보인다. 따라서 요한복음과의 비교는 마가복음이 보여 주는 갈릴리 해변에서 예수님과 제자들과의 만남은 구면이라는 해석이 가능하다(Morris, 136).

그럼에도 그 같은 선행 만남에 대한 언급이 없는 까닭에 마가의 제자 부름 단화는 급작스럽고 심지어 당혹스러운 느낌마저 드는 것이 사실이다. 마가의 관심은 예수님의 주도권과 권위를 부각하는 데 맞추어져 있는 것이 발견된다. 이는 설명된 것처럼 초면의 사람에게 주어진 따르라는 명령이 아무런 저항 없이 그대로 순종되었다는 서술에서 나타났고, 더 나아가 따르는 제자들을 향해 소명을 주는 정보를 통해서도 확인된다. 예수님은 그들에게 "내가 그대들을 사람들의 어부가 되도록 만들어 주겠소"(ποιήσω ... ἁλιεῖς ἀνθρώπων)라고 하셨다. "만들어 주겠소"(ποιήσω)는 언어 사용자의 강한 기대와 의지를 드러내는 미래 시제로 표현되어 제자들을 향한 예수님의 비전과 제자들의 소명을 동시에 함의하고 있다.[7] 소유격 명사인 "사람들의"(ἀνθρώπων)는 목적격 소유격의 기능을 하여 '사람들을 낚는 어부'로 번역이 가능하다. 예수님의 비전은 그를 따르는 자들을 '사람을 낚는 어부'로 만드는 것이었다.

'사람을 낚는 어부'는 개념적 혼돈을 가져올 수 있는데, 어부는 사람이 아니라 물고기를 낚는 이들이기 때문이다. 따라서 은유적 해석은 필연적이고 구약은 이에 도움을 준다. 많이 거론된 본문은 하박국 1:14과 예레미야 16:16이다. 먼저, 칠십인경 하박국 1:14은 말한다:

> 주께서 어찌하여 사람을 바다의 고기 같게 하시며 …

7. 언어 사용자의 기대와 의지를 드러내는 미래 시제의 용법은 Porter, 1994: 44-45 참고.

> 그가 낚시로 모두 낚으며 그물로 잡으며 투망으로 모으고,
> 그리고는 기뻐하고 즐거워하여

14절에서 "사람을 바다의 고기 같게" 하시는 분은 하나님이지만 15절이 묘사하고 있는 것처럼 그들을 낚시와 그물로 잡는 주체는 바벨론(1:6)이다. 따라서 하박국 본문은 제자들이 '사람을 낚는 어부'로 나오는 마가복음의 맥락과는 연관성이 먼 것이 사실이다. 현 본문의 이해를 위해 보다 더 적절한 본문은 예레미야 16:16이다:

> 주께서 말씀하시느니라 '보라 내가 많은 어부를 보내어 그들을 낚게 하며'
> ἰδοὺ ἐγὼ ἀποστέλλω τοὺς ἁλεεῖς τοὺς πολλούς λέγει κύριος καὶ ἁλιεύσουσιν αὐτούς

본문이 직접적으로 말하듯 많은 어부를 보내어 사람을 낚게 하는 일에 하나님이 직접 개입하신다. 중요한 것은 예레미야가 예언하고 있는 "어부"(ἁλεεῖς)의 역할로서 그것은 맥락에 따라 다르게 해석될 수 있다. 앞선 본문(16:14-15절)의 빛 아래서 본다면 "어부"는 우상 숭배의 죄로 이방에 종노릇하던 사람을 구원하는 자를 가리키지만, 뒤따르는 본문(17-18절)에 따르면 죄를 범한 이들을 심판하는 사람을 가리킨다. 예수님이 제자들을 '사람들을 낚는 어부'로 만드시겠다고 하셨을 때 구원을 전하는 자의 역할을 염두에 두셨을까 아니면 심판자의 역할을 고려하고 있었을까? 마가복음의 제자들은 구원을 수행하는 인물로 묘사된다는 양용의의 주장(양용의, 53)을 따라 신현우 역시 제자들의 역할에서 심판의 선포자 역할을 배제한 채 구원을 전하는 임무만을 본다(신현우, 2014b: 613). 그런 주장의 근거로 그는 예수님이 제자들에게 복음 선포, 축귀, 치유의 임

무를 주신 구절(3:14-15-6:12-13, 30)을 제시한다(신현우, 2014b: 614). 그러나 "어부"의 역할이 구원자인지 아니면 심판자인지 양자택일할 필요가 있을까? 예수님이 사용하고 있는 "사람들의 어부"의 출처인 것처 럼 보이는 예레미야 16:16은 구원(14-15절)과 심판(17-18절)의 메시지의 분수령에 위치해 있다. 그러한 분기점에 자리잡은 "사람들의 어부"가 감당할 사역은 구원과 심판 모두를 포함한다는 추론은 전혀 무리가 없다.

마찬가지로 예수님이 그의 제자들을 사람을 낚는 어부로 만드시겠다고 하셨을 때 그들이 구원과 심판을 동시에 수행하는 인물로 양육하겠다는 비전을 드러내셨다고 봐야 한다(최규명, 223-257). 마가복음도 이런 입장을 지지하는데 예수님이 열두 제자들을 세우신 후 그들에게 축귀와 선포의 임무를 주셨고(3:14-15), 이후 둘씩 파송하시며 다시 그들에게 축귀의 능력을 주시면서 다음의 말씀을 하신다:

> 그리고 그대들을 환영하지 않고 또 그대들의 말을 듣지 않는 장소는 어느 곳이든지 그곳을 떠날 때 그들을 향한 증거로 그대들의 발 아래의 먼지를 털어 버리시오(6:11).

특히 "발 아래의 먼지를 털어 버리시오"는 제자들의 하나님의 나라 선포를 받아들이지 않는 자가 종말의 완성 때에 받아야 할 심판이 있음을 상징적으로 드러내 보이는 행위이다(6:11 주해를 보라). 제자들에게 주신 예수님의 이런 가르침은 분명 제자들은 구원의 선포자일 뿐 아니라 심판의 선포자의 역할을 동시에 감당해야 한다는 것을 알려준다.

끝으로 주목해야 하는 것은 초기 네 명의 제자들이 예수님을 따를 때 그들이 버린 것들이 있다는 것 역시 일관되게 서술되고 있다는 사실이다. 그것들은 물건("그물", 18절; "배", 20절)과 사람("아버지", "품꾼들", 20

절)인데, 예수님이 제자들을 은유적으로 묘사("사람들의 어부")한 것처럼 그것들 역시 동일한 해석이 가능하다. 그들이 고기를 잡는 도구를 버렸다는 것은 사람을 '낚는' 새로운 도구, 곧 예수님의 복음을 가졌다는 것이며, 가족들을 버렸다는 것은 하나님의 새로운 가족(3:31-35)을 얻을 것을 내다보게 한다.

요약과 해설

예수님이 그의 사역 중 제자들을 불러 모으신 일은 역사적으로 의심되지 않는다(Josephus, *Jewish Antiquities* 18.3.3 §64[8]; Sanders, 1985: 326; Wright, 1996: 169). 마가는 예수님의 제자 부름 사역을 갈릴리에서 하나님 나라 선포 이후 하신 첫 번째 일로 서술한다. 메시아 예수님의 하나님 나라 운동은 "더불어 숲"을[9] 이루는 공동체 사역이라는 것을 천명하신 것이다. 예수님이 제자를 삼는 모습은 당시 여러 유대 그룹들과 여러 지점에서 뚜렷이 대비된다. 첫째, 제자를 직접 찾아가 불렀다는 점에서 제자가 선생을 선택하는 랍비 모델보다 추종자를 직접 불러 모았던 자칭 메시아들의 모습을 닮았다. 마찬가지로 랍비와 제자의 관계는 가르침과 배움이 주목적이었지만 예수님은 제자들을 '사람을 낚는 어부', 곧 예레미야가 말한 것처럼 죄와 우상에 종노릇하는 사람을 새 출애굽시키는 하나님 나라의 '운동원'으로 만드는 것을 소명으로 여기셨다. 둘째, 예수님의 제자 삼는 사역은 랍비와 제자 모델보다 자칭 메시아들의 추종자 모집에 비견될

8. 요세푸스에 따르면 "그[예수]는 유대인들과 헬라 출신의 많은 사람들 가운데서 그를 따르는 사람을 얻었다."
9. "더불어 숲"은 신영복의 책 『더불어 숲』의 용어를 차용했다.

수 있지만 후자와도 중요한 차이를 가진다. 당시 자칭 메시아들은 인종적 이스라엘 재건을 위해 추종자를 불러 모았지만 앞으로 주석이 보여줄 것처럼 예수님 주위에 형성된 공동체는 인종적 이스라엘을 뛰어넘어 이방인이 포함된 새 이스라엘이라는 성격을 가진다. 무엇보다 예수님이 택하신 하나님 나라의 운동 방식은 폭력에 의존하기보다 도리어 죽음과 희생의 길을 가시는 것이었다(8:34; 10:45).

제자 삼는 사역은 선행 단락의 빛 아래에서 중요한 의미를 가진다. 마가는 예수님의 첫 하나님 나라 선포를 육성으로 발화된 "복음을 믿으십시오"(15절)로 결론을 맺었다. 이러한 결론 후 곧바로 "내 뒤에 오시오"(17절)라는 또 다른 육성을 들려준다. 이리하여 '복음을 믿으라'와 '나를 따르라'라는 병행적 선언을 이루게 되었다. 이런 병행은 '하나님이 왕 노릇 하신다'는 소식인 복음을 믿는 것은, 예수님을 따르는 것과 다른 것이 아님을 예증적으로 보여준다.

제7장 귀신 축출 마가복음 1:21-28

현 단락을 포함하여 이어지는 세 단락(29-31절, 32-34절, 35-39절)은 안식일에서 시작하여 그 다음 날 새벽과 낮 시간까지, 하루 동안 제자들과 함께 한 예수님과의 행적을 시간대별로 담아내고 있다(Taylor, 1966: 170-71). 첫 행적(21-28절)은 안식일에 가버나움 회당에서의 가르침(21-22절)과 축귀(23-28절)이며, 이어지는 사건은 회당에서 나온 후에 이뤄진 베드로 장모 치유(29-31절)이다. 이후 단락(32-34절)은 안식일 저녁 때 일어난 일들로서 예수님의 사역의 주된 영역이 치유와 축귀였다고 보도한다. 마지막 단락(35-39절)은 다음날 새벽에 벌어진 광야에서의 기도(35절)와 선포를 주제로 한 제자들과의 담화(38절)가 서술된 후, 예수님의 갈릴리 사역 전체를 선포와 축귀로 다시 요약하면서 대단락이 끝난다(39절). 예수님의 '하룻길' 사역은 갈릴리 사역의 축소판으로서 그 내용은 가르침과 축귀, 치유와 기도, 그리고 선포였고, 사역 장소 역시 회당, 집, 광야, 그리고 온 갈릴리 마을이었음을 보여준다. 결론적으로, 대단락 21-39절은 14-15절에서 하나님 나라 선포 이후 사탄의 나라가 예수님을 통해 어떻게 와해되기 시작하고 있는지, 또 하나님 나라가 어떻게 구체적인 삶의 현장에 파고 들어가고 있는지를 생생하게 묘사해 준다.

현 단락은 그 대단락의 첫 소단락으로 축귀를 그 주제로 한다. 축귀의 대상인 귀신 혹은 더러운 영은 예수님에 따르면 사탄의 하수인이다(3:23-27). 그러므로 축귀 이야기는 그들의 우두머리인 사탄을 광야에서 격퇴하신 후 그것의 하수인을 하나씩 격퇴해 나가심으로, 사탄에 의해 사로잡혔던 사람을 하나님의 다스림 안으로 인도해 나가시는 과정, 곧 하나님 나라의 확장 과정을 보여준다. 본 에피소드는 배경(21-22절), 더러운 영의 선제공격(23-24절), 예수님의 축귀(25절), 결과(26-28절)로 구성되어 있다.

21 그리고 그들이 가버나움에 들어간다. 그리고 곧 그는 안식일에 회당
에 들어간 후 가르치셨다. **22** 그러자 사람들이 그의 가르침에 놀랐다. 왜냐
하면 그가 권위를 가진 자처럼 그들을 가르치고 서기관들과는 같지 않기
때문이었다. **23** 그리고 곧 그들의 회당에 더러운 영에 붙들린 한 사람이 있
었다. 그리고 그가 큰 소리를 질러 **24** 말하였다. "나사렛 예수여! 우리와 당
신이 무슨 상관입니까? 당신은 우리를 망하게 하려고 왔습니까? 나는 당신
이 누군지 압니다. 하나님의 거룩한 분!" **25** 그때에 예수님이 그에게 "입 다
물어라. 그리고 그에게서 나와라"고[1] 말씀하시며 꾸짖으셨다. **26** 그러자 그
더러운 영이 그를 심하게 흔들고 큰 소리를 낸 후 그로부터 나갔다. **27** 그
러자 모든 사람들이 놀라서 서로에게 물으며 말하게 되었다. "이것이 무엇
입니까? 권위에 기초한 새로운 가르침. 그리고 그가 저 더러운 영들에게 명
령합니다. 그리고 그들은 순종합니다." **28** 그리고 그의 소문이 곧 갈릴리
근처의 모든 마을 어디로나 퍼져 나갔다.

---

1. 과거 수동태 명령법으로 발화된 '피모테띠'(φιμώθητι)를 문자적으로 번역하면 "재갈 물려라"이다.

주해

배경(21-22절) 사건의 배경이 된 가버나움은 최근 조사에 따르면 인구 천 명 정도 규모의 소규모 마을이었다고 한다(Laughlin, 54-63).[2] 21절의 복수 3인칭 동사(εἰσπορεύονται, '그들이 들어간다')를 통해 알 수 있는 것처럼 예수님과 제자들은 그 가버나움에 함께 들어간다. 더불어 '에이스뽀류온따이'(εἰσπορεύονται)는 역사적 현재 시제(미완료 상) 형태로 표현되어 가버나움에 들어가는 그들의 움직임은 문법적으로도 전방에 부각되도록 의도되었다.[3] 이후 예수님은 다시 제자들과 함께 회당에서 나와서 함께 베드로 장모의 집에 들어간다(ἐξελθόντες ἦλθον, '나온 후 그들이 간다', 29절). 공동체적 활동은 뒤따르는 사건에서 계속 이어진다(30, 36, 38절). 이는 마가복음에서 첫 공적 활동이었던 가버나움에서 하루 동안(21-39절; "안식일에 …"[21절], "저물어 해 질 때에"[32절], "새벽 아직도 밝기 전에"[35절]) 진행된 사역의 성격이 공동체적이었음을 보여준다.

평일에도 방문이 없었던 것은 아니지만 안식일은 유대인들의 주된 방문 날(Schürer, 2권 420, 424-27, 439)로서 주로 기도, 토라 교육과 낭독 및 강론 등이 이뤄졌다(6:2; 눅 4:16-21; Schürer, 2권 336, 426, 424-27, 448, 453, 464). 최근 고고학적 발굴에 의해 유대 지역만이 아니라 갈릴리와 가버나움 지역에서도 주후 70년 이전의 것으로 추정되는 회당이 존재했었다는 사실이 증명되었다(Charlesworth, 108-112). 갈릴리 사역 중 자

---

2. 라인하르트(Wolfgang Reinhardt)는 1차 유대 전쟁 전 예루살렘 인구에 대한 다양한 학자들의 연구를 면밀히 검토한 후 당시 인구를 대략 130,000명 정도로 결론 내린다(Reinhardt, 257).
3. 역사적 현재 시제와 동사 상의 관련에 관해서는 Porter, 1994: 30-31과 또한 50쪽의 각주 26를 보라.

주 안식일에 회당에 들어가셨고 때론 가르침을 주셨다는 마가의 에피소드들(1:21; 3:1; 6:2)이 역사적 사실에 기초한다는 주장의 근거를 가지게 된 셈이다.

현 단락은 대중들에 의해 인지된 예수님의 첫 활동으로서 그들에게 미친 '첫 인상'은 가르치는 선생이었다는 것을 알려준다. 그러나 가르침과 관련된 낱말(διδάσκω [2x], 21, 22절; διδαχή, 27절)이 세 번 반복되면서 강조된 선생으로서의 예수님의 모습은, 당시 유대인들에게 익숙한 서기관의 모습이 아니었던 까닭에 그의 가르침은 놀라움을 준다(22절). 당시 서기관들(οἱ γραμματεῖς)은 다양한 계층과 직업으로부터 왔는데(Jeremias, 1962: 301-4), 다수는 레위인과 제사장이었으며 그들의 임무는 율법 해석과 가르침이었다(Sanders, 1992: 170-82; Marcus, 2000: 523-24; Park, 175).[4] 서기관의 토라 해석은 주로 그들의 스승의 가르침과 장로들의 전통을 따라 이뤄졌다(Moore, 1권 33-34). 서기관의 그와 같은 가르침에 비교된 예수님의 가르침은 사람들에게 놀라움을 주는데, 이는 그의 가르침에는 '엑수시아'(ἐξουσία, '권위', 22, 27절)가 있었기 때문이다. 예수님이 '엑수시아'가 있는 자처럼 가르쳤다는 말을 통해 마가가 의도했던 바는 무엇이었을까? 예수님의 '엑수시아'가 장로들의 전통에 의존하여 가르친 서기관의 권위와 대조되기 때문에 그의 '엑수시아'는 하나님으로부터 직접 계시를 받아 가르쳤던 모세나 예언자의 권위와 비교될 수 있을 것이다(Cranfield, 74).

그렇지만 보다 더 적절한 해석은 문맥에 기초해야 한다. 예수님의 권

---

4. 미쉬나 아보트 1:1-18는 주후 70년 이전의 두 명의 유명한 서기관으로 힐렐과 샴마이를 언급한다. 그리고 예루살렘 멸망 후에 알려진 저명한 서기관은 요한난 벤 자카이(Johanan ben Zakkai)가 있으며 신약성경에 알려진 이로는 가말리엘(Gamaliel)이 있다(행 5:34-39; 22:3).

위에 대한 언급은 회당에서 "가르쳤다"는 동사 직후(22절)와 곧이어 벌어진 축귀 사역 후 결론적으로 다시 등장한다(27절). 이는 예수님의 가르침의 '엑수시아'가 어떤 종류의 것인지 축귀 사역을 통해 증명된다는 점을 부각시켜 준다. 고대 그리스-로마 사회와 유대 사회에서도 여러 축귀들이 행해졌던 것은 사실이지만[5] 예수님의 축귀는 그들의 축귀와 다른 중요한 차이점이 있다. 전자의 경우 축귀자는 일반적으로 주문이나 의식과 같은 보조 수단을 사용한 반면,[6] 예수님은 그 어떤 외부 수단에 의존하지 않고 오직 "그 사람에게서 나오라"(25절)고 명령만 하신다. 예수님은 자신 외에 그 어떤 권위에도 의존할 필요가 없었기 때문이다. 이는 예수님의 가르침에도 동일하게 적용된다. 전통에 의존한 가르침을 주었던 서기관과는 달리 예수님은 (하나님의 말씀에 대한) 가르침을 주기 위해 자신 외에는 그 어떤 권위에 의존하지 않으셨다(참조. 9:38).[7] 이것이 그의 가르침이 "'엑수시아'를 가진 자"와 같고 또 '엑수시아에 기초한 새로운 가르침'을 준다고 알려진 이유이다. 이런 점에서 "예수님의 권위는 하나님으로부터 왔다"는 후커의 지적은 타당하다(Hooker, 1991: 63).

더러운 영의 선제공격(23-24절) 사건의 흐름은 갑작스럽게(εὐθὺς) "더러운 영에 붙들린 한 사람[ἄνθρωπος]"의 출현으로 옮겨간다. 결과적으로 주제는 가르침에서 축귀로 바뀐다. 선생이 축귀자의 역할을 수행하는 것은, 많은 경우 선생을 지식 전수자로 한정하는 경향이 있는 현대인에게는

---

5. 고대 사회 축귀에 관한 많은 자료들은 베츠(H. D. Betz (a), 1992)에 의해 잘 조사되었다(또한 Twelftree, 50-100 보라). 특히 유대 사회로부터 온 증거를 위해서는 삼상 16:14-16, 23; Josephus, *Jewish Antiquities* 8.2.5 §§45-49; 쿰란 문서 4Q560 2:5-6 참고. 또한 그리스-로마 사회로 부터 온 증거를 위해서는 Philostratus, *Life* 4.20; Lucian, *Philopseudes* [*The Lover of Lies*], 11, 16 참고.
6. 토비트 6:13-17; 8:1-3; 에녹1서 7:1; 8:3-5; 10:4-8; 희년서 10:10-14.
7. 예수님의 가르침의 특징은 2:1-3:6 주해를 보라.

낯선 틀(frame)일 수 있다. 하지만 선생이 지식 전달자이자 의사이며(2:13-17) 또한 영혼의 인도자라는 개념은 고대 지중해 문화권에서는 자연스러웠고(Pilch, 71-72; Park, 259), 또 당시 유대 랍비가 축귀자의 역할을 감당하기도 했다는 여러 증거들이 있다(또한 2:1-5 주해를 보라).[8]

축귀의 대상은 "더러운 영에 붙들린 사람"(ἄνθρωπος ἐν πνεύματι ἀκαθάρτῳ)으로 묘사된다. '엔 쁘뉴마띠 아까타르뜨'(문자적 번역: '더러운 영 안에')에서 전치사 '엔'('안에')은 용기(container)의 은유이다.[9] 컨테이너 안에 있는 어떤 것은 그 컨네이너의 제한을 받고 그것의 영향권하에 머문다는 은유적 처리가 가능해진다(Lakoff & Johnson, 31-36, 128-29). 그 사람이 더러운 영 "안에" 있다는 은유는 그가 귀신의 영향과 통제를 받고 있어 삶의 주도권을 귀신에게 내준 존재라는 이해를 하게 한다. 따라서 하나님 나라 선포자에 의한 더러운 영에 붙들린 사람에 대한 축귀는, 소극적으로는 한 사람을 귀신의 통치에서 벗어나게 하는 것이지만 적극적으로는 하나님의 통치로 들어오게 하는 일이었다.

일반적으로 귀신으로 알려진 존재를 "더러운 영"(πνεῦμα ἀκάθαρτος)으로 범주화한 것은 주목할 만하다. 마가는 '쁘뉴마 아까타르또스'(πνεῦμα ἀκάθαρτος, '더러운'; 문자적 번역, '깨끗하지 못한 영')를 '다이모니온'(δαιμόνιον, '귀신')과 동격으로 사용하고 있다(3:20-30; 6:7-13; 7:25-26; 9:25). 그럼에도 마가복음에서 11회 나오는 '쁘뉴마 아까타르또스'(1:23, 26, 27; 3:11, 30; 5:2, 8, 13; 6:7; 7:25; 9:25)가 현 단락에서는 '다이모니온'으로 대체됨 없이 일관되게 사용한다(23, 26, 27절). 이런 일관된 용어 사용은 귀신의 악행 중 특히 사람(ἄνθρωπος)을 '더럽히는' 면을 부각

8. Vermes, 1973: 64-65가 제시하고 있는 랍비이자 축귀자의 예를 보라.
9. 전치사 '안'(in)을 포함하여 다양한 전치사의 은유적 역할은 Lakoff & Johnson, 참조.

시켜, 예수님의 사역이 사람과 세상을 오염시키는 근본 원인(참고. 7:14-23)을 제거하는 차원에서 진행된다는 사실을 보여준다. "더러운 영"을 몰아내는 사역은 새 출애굽 운동의 관점에서도 중요한 의미를 가진다. 에스겔 36:24-29에 따르면 하나님께서 그의 백성을 종노릇에서 새롭게 탈출시킬 때 그들을 "모든 더러운 것들"(τῶν ἀκαθαρσιῶν, 25, 29절)에서 구원할 것을 약속하셨다. 그러므로 예수님의 사역의 시작 부분이 "더러운 영"으로부터 한 사람을 구원하는 것에 맞추어진 것은 우연이 아니다. 그의 하나님 나라 운동은 에스겔이 예언한 것처럼 하나님의 백성들이 모든 더러운 것에서 벗어나 하나님의 다스림 안에 머무르게 하는 새 출애굽 운동을 성취하는 차원에서 진행되고 있음을 보여준다.

더러운 영은 "큰 소리를 질러"(23절) 예수님에게 선제공격을 한다.[10] 이는 한편으로는 예수님의 등장과 가르침으로 자기의 존재와 영역이 위협받고 있음을 방증한다. 다른 한편으로는 자기가 사로잡고 있는 사람을 그의 통치하에 머물러 있게 하려는 시도이다.[11] 그러나 역설적이게도 더러운 영의 선제공격이 그의 패퇴의 계기가 된다. 그가 낸 큰 소리는 무리 가운데서 그의 신분을 노출시킨 계기가 되어 결국 예수님의 축귀로 이어졌기 때문이다.

더러운 영의 큰 소리는 예수님을 "나사렛 예수"와 "하나님의 거룩한 분"(24절)으로 부르는 소리였다. 예수님을 향한 귀신의 그 같은 호칭은 두

10. 트웰프트리(Graham H. Twelftree)는 귀신의 이 같은 말들을 "귀신 축출자인 예수에 대항하는 방어기제"라고 주장한다(Twelftree, 2013: 120). 하지만 본 주석이 주장하고 있는 것처럼 귀신의 말들은 예수님을 폄훼하고 또 거짓된 정보를 주는 등 그 성격이 매우 공격적이다. 따라서 단순히 자신을 방어하려는 시도를 넘어서 예수님과의 영적 싸움에서 기선을 제압하려는 시도 역시 있다고 봐야 한다.

11. 사로잡고 있는 사람에 대한 사탄의 주도권은 제자들을 부르실 때 예수님이 가지신 주도권과 대조된다.

수사적 질문을 두르고 있다:

> 나사렛 예수여 — 호칭
>
> 우리와 당신이 무슨 상관입니까? — 수사적 질문
>
> 당신이 우리를 망하게 하려고 왔습니까? — 수사적 질문
>
> 나는 당신이 누군지 압니다. 하나님의 거룩한 분. — 호칭

그는 결국 예수님의 정체를 드러내기 위해 소리를 질렀던 것이다. 물론 후에 베드로도 예수님의 신분을 드러낸다(8:29). 그러나 베드로는 신앙 고백 차원이었지만 귀신 들린 사람에게는 그런 동기가 있었다고 볼 수 없다. 고대 시대에는 한 사람의 이름을 아는 이가 다른 사람을 마술적으로 이용하면서 그를 조종할 수 있다는 사상이 있었다(참고. 5:8-9; Robinson, 36-37을 보라). 더러운 영도 그런 의도가 있었다고 봐야 한다(France, 2002: 104). 먼저, "나사렛 예수"는 마가복음에서 예수님이 나오신 지역에 따른 호칭이다. 구약과 유대 문헌을 통해 메시아는 정치, 종교, 그리고 경제가 집중된 유대 지역에서 나올 것이라 기대된 상황에서 갈릴리 나사렛으로부터 오는 메시아는 기대되지 못한 메시아라는 뜻을 전한다는 것이 본 주석의 입장이다(9절 주해를 보라). 따라서 더러운 영이 첫 대면에서 예수님을 "나사렛 예수"로 부른 것은 그의 메시아적 권위를 출신지역과 관련해서 폄하하려는 시도로 보아야 한다.

두 질문 후에 마지막으로 귀신은 다시 예수님을 "하나님의 거룩한 자"로 부른다. "하나님의 거룩한 분"이란 호칭 자체는 존중의 뜻이 담긴 것처럼 보일 수 있다. 그러나 더러운 영의 입에서 나올 때 그 외침은 성령을 주시는(1:8; 3:29) 메시아에 의해 자신의 존재가 위협받고 있음을 감지하고 선제공격으로 그를 물리치려는 의도에서 비롯된 것이 분명하다. 그렇다

면 왜 예수님을 "하나님의 거룩한 분"으로 불렀을까? '하기오스'(ἅγιος, '거룩한')는 유대 사회에서 일반적으로 부정한 것으로부터 분리되어 있는 인물과 물건을 가리킬 때 사용된다(레 20:24-26).[12] 거룩한 것은 감염 위험이 있는 부정한 것과 함께 할 수 없다는 것이 유대인의 태도(학 2:11-13; 막 7:1-5)였다. 따라서 더러운 영이 예수님을 "하나님의 거룩한 분"으로 부른 것은 이미 '더러워진' 그 사람을 건드리지 말고 내버려두라는 뜻이 있었을 것이다. 더러운 영의 그러한 의도는 구약성경에서 서로 공존할 수 없는 적대자들이 내뱉는 말이었던(수 22:24; 삿 11:12; 삼하 16:10; 19:22) (Marcus, 2000: 188) "우리와 당신이 무슨 상관입니까?"를 예수님에게도 한 데에서 드러난다. 귀신의 질문은 답을 몰라서 하는 진짜 질문(a real question)이 아니라, 이미 알고 있는 지식을 공유하기 위해 내뱉는 수사적 질문(a rhetorical question)이다(Park, 127-29). 귀신은 '우리가 당신과 상관없다는 것을 당신도 잘 알지 않습니까'라는 뜻을 질문에 담은 것이다. 하지만 이는 속임이다. 이 세상에 하나님의 다스림이 미치지 않는 시간과 공간은 없다. 예수님이 오신 이유 역시 그 같은 하나님의 통치를 이 땅에 임하게 하려는 것이었다. 하지만 귀신은 이미 더러워진 사람과 세상이 마치 창조주 하나님과 아무런 상관이 없는 것처럼 수사적 질문을 하면서 예수님을 그 사람에게서 물러서게 하려고 했다. 귀신은 "우리와 당신이 무슨 상관입니까"라고 질문했지만 사실은 그의 목적은 '더러움'에 이미 감염된 사람에 대한 통제권을 그가 계속 유지하는 것이었다.

귀신의 수사적 질문은 계속된다. "당신이 우리를 망하게 하려고 왔습니까?"(ἦλθες ἀπολέσαι ἡμᾶς). 마찬가지로 귀신이 몰라서 하는 질문이 아니다. 질문의 어조에는 '당신이 우리를 망하게 하고 있다'는 비난이 함의

12. 또한 쿰란 문서 1QS 9:5-9 참고.

되었다.[13] 사람을 살리려고 온 메시아가 망하게 하는 일을 한는 거짓 정보를 주고 있는 것이다. 특히 공적인 회당에서 외친 이런 말은 분명 상대방을 위축시킬 수 있는 힘이 있다. 비록 예수님을 뒤로 물러서게 하려는 의도로 한 말이긴 하지만 귀신의 그와 같은 수사적 질문에는 예수님이 이 땅에 오신 소명에 관한 중요한 진실을 담고 있다. 이 소명을 알기 위해선 동사, "당신이 … 왔습니까"(ἦλθες)에 주목할 필요가 있다. 오다 동사(ἦλθες)는 예수님의 어떤 이동을 지시할까? '엘테스'의 의미에 대한 두 해석이 있는데, 예수님의 회당 방문과 하늘로부터 이 땅으로의 강림을 가리킨다는 입장이다. 만일 "우리"(ἡμᾶς)가 회당에 있는 사람들을 가리키고 귀신이 그들을 대변한다고 본다면 예수님이 회당과 그곳 사람들을 멸하고자 왔다는 해석이 가능하다(Lane, 73). 하지만 귀신이 회당 사람을 같은 편으로 삼아 자신을 그들의 대변자로 생각한다고 보기 어려운 이유가 있다. 회당 사람들이 예수님의 축귀를 보며 그의 권위와 가르침에 감탄으로 반응(27절)한다는 것은 그들이 예수님과 적대적이라기보다는 우호적 관계에 있다는 것을 말해주기 때문이다(Collins [a], 174; 아래 주해를 보라). 이런 점에서 귀신이 사용한 복수 대명사 "우리를"에 의해 대변되는 존재를 귀신 집단(참고. 5:9)으로 봐야 한다는 후커의 주장은 정당하다(Hooker, 1991: 64; 또한 Gundry, 76). "왔습니까"가 예수님이 귀신 들린 자가 있던 가버나움 회당에 오신 것을 가리키는 것이 아니라면 무엇을 지시하는 것일까?

---

13. 신현우(2015: 377)는 본 절을 평서문으로 보면서 '당신은 우리를 멸하러 온 것입니다!'로 번역한 후, 당시 메시아 시대에 악이 멸망하게 될 것이라는 문헌(에녹1서 69:27-29; 모세의 유언 10:1-2)에 따라 귀신이 예수님을 메시아로 간주한다고 보는 것이 옳다고 말한다. 하지만 귀신은 거짓말쟁이며 악한 자라는 보편적 이해를 고려할 때 귀신의 말은 진실한 고백으로만 볼 수 없고 오히려 그의 고백에는 위협과 비난이 함의되어 있다고 봐야 한다.

현 맥락에서 "당신이 … 왔습니까"(ἦλθες)가 예수님의 하늘로부터 강림을 가리킨다고 보아야 할 이유가 있다. 첫째, "멸하러 왔습니까"(ἦλθες ἀπολέσαι)는 제2성전 시기 유대 문헌과 후기 랍비 문헌에 서 발견되는 '에르코마이'(ἔρχομαι) + 목적 어구 용례에[14] 일치하는데, 그 구문은 지상에 내려온 천상의 존재의 임무를 가리킬 때 사용된다(단 9:22, 23; 10:12, 14, 20; 11:2; 아브라함의 유언 16:15; 바벨론 탈무드 메길라 3a; Gathercole, 119-47, 150). 둘째, 귀신이 예수님의 하늘로부터 이 땅으로의 강림을 알고 현 표현을 사용했다고 봐야 할 또 다른 이유는 그가 사용한 "하나님의 거룩한 자"(ὁ ἅγιος τοῦ θεοῦ)라는 칭호에서 발견된다. "하나님의 거룩한 자"는 구약에서 천상적 존재를 위한 호칭(신 33:2; 시 89:5, 7; 단 4:13, 17, 23; 8:13; 슥 14:5)으로 사용된다(Gathercole, 152; Gundry, 76). 회당에 있던 더러운 영은 나사렛 예수님을 맞닥뜨린 후 그가 모든 귀신들("우리를")을 멸하기 위해 이 땅에 온 "하나님의 거룩한 자"인 것을 인지하였던 것이다. 물론 더러운 영의 이런 지식 노출은 이미 설명한 것처럼 예수님의 행동을 제지하기 위한 전략적 차원에서 이뤄진 것이다(위를 보라).

예수님의 축귀(25절) 하나님 나라 선포자로서 예수님은 하나님의 통치를 이 땅에 가져오는 분이셨다. 선포 후 첫 사역이 사람을 부르는 것이었다는 것과 부름받은 어부를 "사람들의 어부"(17절)로 만드시겠다는 비전 제시에서 확인할 수 있는 것처럼 그의 하나님 나라에는 사람이 배제되지 않았다. 악(한 영)에 종노릇하던 사람을 하나님의 다스림 안으로 들어오도록 하는 것이 예수님의 하나님 나라 선포의 목적이었던 것이다. 축귀는 소극적으로 보면 사람으로부터 귀신을 몰아내는 일이었고, 적극적으로는 그 사람을 사탄의 통치에서 하나님의 통치로 옮기는 작업이었다. 이를 위

14. 1:9 주해를 보라.

해 예수님은 더러운 영을 꾸짖고, 입에 '재갈을 물리고'(φιμώθητι, 위의 번역을 보라) 그리고 '나오라' 명하신다. 마가는 더러운 영을 향해 명령하는 주체를 '이에수스'(Ἰησοῦς)라고 밝힌다(25절). 예수라는 이름이 주어로 등장한 경우는 첫 제자를 향해 "내 뒤에 오시오"라는 말로 부른 17절 이후 처음이다. 두 예 모두에서 '이에수스'는 명령하고, 대상은 즉각적인 순종을 한다. '이에수스'가 등장하는 명령-순종 맥락은 그 이름에 권위가 있음을 보여 주고 있는 것이다.

예수님은 귀신을 축출하기 전 먼저 그를 "꾸짖고"(ἐπετίμησεν) '침묵케' 한다(26절). 마가는 감정적으로 강한 어조를 가진 '에삐띠마오'(ἐπιτιμάω)를 총 아홉 번 사용하는데(1:25; 3:12; 4:39; 8:30, 33; 9:25; 10:13, 48) 그 중 네 번은 현 단락에서와 같이 예수님의 신분("하나님의 거룩한 자"[1:24-25], "하나님의 아들"[3:11-12], "그리스도"[8:30], "다윗의 자손"[10:47-48])을 말하지 말도록 대상에게 명령하는 맥락에서 사용된다.[15] '에삐띠마오'의 사용을 통해 예수님은 그의 신분이 대중들에게 노출되는 것을 매우 꺼려하셨다는 것을 알 수 있다. 이런 주제는 브레데(W. Wrede)가 '메시아 비밀'(the Messianic Secret)이란 이름을 붙인 후 학자들의 끊임없는 토론의 중심이 되어 왔다. 마가복음에서 관찰되는 예수님의 침묵 명령은 세 부류에게 집중되는데, 귀신(1:25, 34; 3:12), 병 나은 사람(1:43-44; 5:43; 7:36; 8:26), 제자들(8:30; 9:9)이 그들이다. 예수님의 침묵 명령에 대한 논의는 1:43-44에서 좀 더 집중적으로 다뤄질 것이다. 현 단락과 1:34과 3:12에서와 같이 귀신들에게 행해진 침묵 명령은 다른 비밀 주제와 구분될 필요가 있다. 귀신은 예수님의 적대자이고 그들과의 조우 순간은 일종의 영적 전쟁의 상황이라는 것을 감안할 때, 그의 신분을 드러내

15. 꾸짖고 침묵케 하는 주체가 "많은 사람들"인 바디매오의 경우는 예외이다(10:48).

는 귀신들의 입을 막으신 것은 적대자를 제압하는 조치로 보는 것이 타당하다(Hagedorn and Neyrey, 52 각주 114). 더불어, 하나님 나라 선포자 예수님에게 사탄과 그 하수인인 귀신들은 분명 격퇴의 대상이었기 때문에 그들에 의해 그의 신분이 부문별하게 외쳐지는 것은 그의 사역에 결단코 도움이 되지 않는다고 판단하셨을 것이다.

결과(26-28절) "나오라"는 명령은 즉각적으로 응답된다. 25절의 이런 문맥은 26절 머리에 나오는 접속사 '까이'(καί)를 결과를 이끄는 접속어 '그러자'로 번역하도록 한다. 더러운 영이 나오는 장면은 마가에 의해 아주 생생하게 표현되었다. 마가는 시각적으로 더러운 영이 나갈 때 "그를 심하게 흔들었다"고 표현하고, 청각적으로는 "큰 소리를 내었다"고 하기 때문이다. 마가복음의 의사소통 방식이 구술-청각적이었다는 것을 고려할 때(서론을 보라) 시각·청각적으로 생생한 표현은 발화된 정보를 청자의 기억에 선명하게 각인하는 좋은 효과가 있다. 결국 예수님의 명령에 따라 그 사람에게서 즉각 나오는 더러운 영의 마지막 모습은 청자들의 기억에 생생하게 새겨져 '이에수스'의 권위에 대한 분명한 인상을 만들고 있다.

귀신 축출은 두 가지 결과를 가져온 것으로 설명된다. 첫째, 회당에 모인 사람들은 귀신 축출 후 "놀라"(ἐθαμβήθησαν, 27절) 탄성을 지른다. '탐베오'(θαμβέω, '놀라다')는 '에끄쁠렛소'(ἐκπλήσσω, '놀라다', 22절) 동사와 함께 역 예상 표지(contra-expectation marker) 역할을 하는데, 회당에 있던 사람들이 기대 밖의 일을 예수님을 통해 경험했음을 나타낸다(박윤만, 2008: 660-62). 이런 역 예상 표지는 언급한 것처럼 당시 다른 축귀자들과 달리 예수님은 어떤 주문이나 외적인 도구, 그리고 권위에 의존하지 않은 채 단지 명령만으로 귀신을 쫓아내셨기 때문일 것이다. 사람들의 놀람은 술어가 없는 탄성문의 형식으로 다시 외쳐진다. "권위에 기초한 새로운 가르침"(διδαχὴ καινὴ κατ' ἐξουσίαν). 그의 가르침이 "새롭다"(καινή)는 말은 그의 가르침이 서기관의 가르침과 '다르다'는 의미로만 해석해서는 안 된다. 지금까지의 축귀 과정이 보여 준 바처럼 예수님은 모든 귀신들이 순응할 수밖에 없는 말씀의 권위를 가진 분이시기에 "새로운 가르침"은 분명 종말론적인 의미를 함축할 수밖에 없다(Guelich, 2001: 140; 신현우 2015: 387).

사실 구약 예언자들이 기대한 '새로움'은 새 출애굽이었다. 에스겔은 하나님께서 그의 백성을 "더러운 데서" 구원하실 때(36:29) 그들에 게 "새로운[καινὴ] 영"과 "새[καινὴ] 마음"을 주어 그들이 그의 가르침을 지켜 행하도록 하겠다고 하셨다(36:26-27). 이사야 역시 하나님이 "기뻐하는" 종이 주의 영을 받아(42:1) 할 일을 이렇게 말한다(칠십인경 사 42:7-10):

> 네가 눈먼 자들의 눈을 밝히며 갇힌 자를 감옥에서 이끌어 내며 흑암에 앉은 자를 감방에서 나오게 하리라. … 내가 새[καινὰ] 일을 알리노라. 그 일이 시작되기 전에라도 너희에게 이르노라. … 사람들아 여호와께 새[καινόν] 노래로 노래하며 땅 끝에서부터 찬송하라.

세례 때 하늘로부터 "내가 너를 기뻐하노라"라는 소리를 들은 예수님이 한 사람을 "더러운" 영으로부터 벗어나게 하시는 것을 본 모든 사람들은 "새로운 가르침"을 보았다고 외친다. 이런 점에서 "새로운 가르침"은 하나님께서 이사야와 에스겔에 의해 하나님이 종말에 하실 것으로 기대된 바로 그 새 일이 예수님을 통해 실현되고 있다는 마가의 표현이다. 이와 함께 예수님의 더러운 영(πνεῦμα ἀκάθαρτος) 축출 사건의 의미는 스가랴 13:2를 통해서도 밝혀질 수 있다. 스가랴 13:2는 "여호와가 그 날에 …

거짓 선지자와 더러운 영[τὸ πνεῦμα τὸ ἀκάθαρτον]을 이 땅에서 떠나게 할 것이라"고 한다. 신현우(2015: 389)가 적절하게 지적한 것처럼 구약에서 "더러운 영"(τὸ πνεῦμα τὸ ἀκάθαρτον)이 나오는 곳은 스가랴 13:2뿐이기에 가버나움 회당에서 귀신 축출 사건은 스가랴 본문의 반향이라 볼 수 있다. 스가랴에게 "더러운 영"이 쫓겨 나가는 "그 날"은 이방인의 손에서 예루살렘을 구속하는 날(12:7-8)이자 "여호와께서 천하의 왕이 되시는" 날(14:9)이다. 이런 맥락에서 본다면 한 사람에게서 "더러운 영"을 쫓아내는 일이 하나님 나라를 선포하신 예수님의 첫 공적 사역으로 소개된 것은 하나님이 왕이 되시는 종말론적인 나라가 예수님을 통해 사람 가운데 실현되고 있음을 보여주기 위함이라 볼 수 있다.

무엇보다, 그 날이 안식일(21절)이었다는 점을 간과해서는 안 된다. 비록 안식일 법과 관련된 논쟁은 2:23 이후로 미뤄졌지만 마가복음이 알려주는 예수님의 첫 축귀와 치유(29-31절)가 모두 안식일을 배경으로 이뤄지고 있다는 점은 시사하는 바가 크다(또한 2:24, 27-28; 16:2 주해를 보라). 안식일은 하나님께서 창조를 완성하고 가지신 쉼을 기념하는 날이자(창 2:1-3), 그의 백성 이스라엘을 바로의 종노릇에서 구속하신 것을 기념하는 날이기도 하다(출 20:8-11; 31:12-17; 신 5:12-15). 특히 유대인들은 한 주(a week)가 우주적 주(a cosmic week)를 상징하는 것으로 이해하면서 인류 역사가 종말론적 안식에 들어갈 날을 기다렸다(16:2 주해를 보라). 새 창조와 새 출애굽을 이루고자 오신 예수님이 안식일에 더러운 영에게 고통을 당하던 사람을 자유롭게 하고 또 열병으로 누워 있던 여인을 치료한 것은 자기를 통해 안식일의 창조적·구속적 목적이 성취되는 종말론적 안식이 주어지고 있음을 보여 주시려는 의도의 결과이다(Risenfeld, 118; 참고. 2:28; 3:4; 눅 4:16-31; 대조. Carson, 59).

축귀가 가져온 두 번째 결과는 축귀를 통해 "그의 소문"이 갈릴리 "모든" 마을에 퍼지게 되었다는 것이다. "모든 마을 어디로나 퍼져 나갔다"는 말은 물론 예수님과 그의 사역이 가져온 파격적 결과를 드러내기 위한 강조적 표현이다. 이러한 명성은 현 사건이 첫 사역이라는 점에서 더욱 더 놀랍다. 사실 예수님은 9절에서 무명의 인물로 요단 강에서 세례를 받은 후, 14-15절이 말하고 있는 갈릴리 전체 사역에 대한 요약적 진술을 제외한다면, 그의 공적 사역은 네 명의 제자들을 부른 것이 전부였을 정도로 대중들에게 알려지지 않은 채 있었다. 하지만 가버나움 회당에서 가진 단 한 번의 축귀 사역으로 예수님의 명성은 급속도로 온 갈릴리로 퍼진다. 그런데 퍼지게 된 "그의 소문"은 근접 문맥에 따르면, 예수님은 "권위에 기초한 새로운 가르침"을 전하는 자라는 내용이다. 사람들은 이제 예수님을 통해 '더러운 것'(귀신, 죄)에서 해방받는 종말론적 새 출애굽이 일어나고 있다는 소식을 소문으로 먼저 듣게 되었다. 예수님에 관한 "소문"(ἀκοή)을 사람들이 듣게 되었다는 정보를 부정적으로 볼 필요는 없다. 십이 년 동안 혈루증을 앓던 여인이 일면식이 없던 예수님에게 찾아와 "구원"을 받게 된(5:34) 것이나 심지어 헬라인이었던 시리아-페니키아 여인이 예수님께 나아온 이면에는 모두 예수님에 대한 '들음'(ἀκούσασα περὶ τοῦ Ἰησοῦ, 5:27; ἀκούσασα γυνὴ περὶ τοῦ αὐτοῦ, 7:25)이 있었다고 마가는 말해주고 있기 때문이다. 이런 점에서 예수님에 대한 소문은 후에 하나님 나라 비유에서 소개된 "씨"(4:1-9, 13-20)가 땅에 뿌려지고 있는 것처럼 사람들의 마음에 뿌려지고 있었다(참조. 롬 10:17). 혈루증 앓던 여인이 "예수님에 관해 들은 후"(ἀκούσασα περὶ τοῦ Ἰησοῦ, 27절)였다고 마가는 말해준다. 온 지역으로 퍼져나가는 이 소문을 들은 사람들은 혈루증 앓은 여인이나 시리아-페니키아 여인(7:25)이 했던 것처럼 소문의 근원지인 예수님에게 직접 나아올지 아니면 그 들은 바를 망각하고 말 것인지는 스스로 결정해야 한다.

요약과 해설

갈릴리 해변에서 “내 뒤에 오라”는 말로 제자 삼은 이들과 함께 예수님은 하나님 나라가 실현되는 현장으로 들어가신다. 그 첫 장소는 회당이었고 내용은 가르침이었다. 그러나 이내 그곳에서 하나님 나라 선포자는 저항에 직면한다. 회당에서 더러운 영에 붙들린 사람을 직면한 것이다. 그럼에도 예수님은 더러운 영의 선제공격을 그를 패퇴시키는 계기로 역전시킨다. 회당에 들어간 이들은 제자들과 예수님이었지만 축귀 사역 내내 주도권은 예수님에게 있었다. 그를 직면한 분도 그를 몰아낸 분도 예수님이라고 이야기한다. 귀신 들린 사람을 직면했을 때 마가는 예수님이 그를 치료했다고 말하지 않고 그에게서 더러운 영을 몰아내었다(ἔξελθε, ‘나가라’, 25절)고 말한다. 더러운 영은 치료되어야 할 것이 아니라 나가야 하는 존재였다. 이런 축귀의 의미는 이중적이다. 한편으로는 사람과 세상을 더럽히는 근본 원인인 악한 영의 권세가 무너지기 시작했음을 보여 주며, 다른 한편으로는 예수님이 한 사람을 귀신의 권세에서 하나님의 다스림으로 옮기고 있음을 보여준다. 결국 예수님의 권위 있는 말씀은 이전 단락에서는 사람들을 따르게 만들었고, 현 단락에서는 귀신을 순종케 하여 회당에 있던 사람들과 “모든” 갈릴리 지역 사람들이 예수님의 “권위 있는 새로운 가르침”(28절)을 받고 듣도록 만들었다.

축귀는 당시 유대 사회에서도 없진 않았다. 그럼에도 예수님의 축귀가 갖는 놀라운 점은 그 어떤 외부 권위에 의존함 없이 단지 그의 명령만으로 더러운 영을 몰아냄으로 사람들을 더러움으로부터 구원한다는 것이다. 결과적으로 예수님의 축귀는 하나님의 새로운 시대가 이미 사람들과 온 마을에 파고 들어오기 시작했다는 것을 보여준다.

제8장
베드로 장모 치유
마가복음 1:29-31

가버나움에서 예수님의 하루 일과 중 일어난 두 번째 사건은 베드로 장모 치유이다. 현 에피소드는 선행 이야기와 비교하며 읽도록 의도된 여러 장치들이 있다. 먼저, 현 단락의 시작에서 마가는 예수님과 그의 제자들이 "회당에서 나왔다"는 정보를 알려줌으로 두 사건이 바로 이어진 사건임을 기억하도록 한다. 또한 두 단락은 모두 '까이 유튀스'(καὶ ἐυθὺς, '그리고 즉시', 21, 29절)로 시작한다. 둘 다 예수님의 '기적' 사건을 다루는데, 전자가 공적인 장소에서 일어난 남성의 축귀를 다뤘다면 현 단락은 사적인 공간에서 일어난 여성의 병 치유를 다루고 있다. 이런 점에서 예수님의 최초의 두 기적은 성별 균형을 이룬다(Witherington, 1997: 66). 더 나아가 하나님 나라의 능력이 가르침(21-22절)과 축귀(22-27절), 그리고 병 치유(29-31절)라는 다양한 방식을 통해 공적인 영역과 사적인 영역 모두에 파고 들어오기 시작하고 있음을 보여준다.

현 에피소드는 마가복음 결론부와도 연결되어 있는데, 현 단락의 종결부에 언급된 여인의 섬김(διηκόνει, 31절)은, 내러티브 종결부에 등장하는 갈릴리에서 십자가까지 "섬기며"(διηκόνουν) 따라온 여인들(15:41)과 수미상관을 이룬다(Iersel, 1998: 138 각주 33). 현 단락은 배경(29-30절)과 병 치유와 결과(31절)로 진행된다.

> **29** 그리고 곧 회당에서 나온 후 그들은 야고보와 요한과 함께 시몬과 안드레의 집에 들어갔다. **30** 그런데[1] 시몬의 장모는 열병으로 누워 있었다. 그래서 그들이 그녀에 관해 곧바로 그에게 말씀드렸다. **31** 그러자[2] 그는 다가가 손을 잡은 후 그녀를 일으켰다. 이에 그 열병이 그녀를 떠났다. 그리고 그녀는 그들을 섬겼다.

주해

배경(29-30절) 사건의 배경은 갈릴리 해변에서 부름을 받은 시몬과 안드레의 집이다(29절). 이는 예수님을 '따른다'(18, 20절)는 것이 곧 집이나 가정을 돌보는 책임을 면제하는 것이 아님을 보여준다(10:28-29 주해를 보라). 예수님은 다시 네 명의 제자들과 함께 공동체적으로 움직이신다는 것을 마가는 복수 3인칭 동사(ἦλθον)를 통해 명시한다(ἦλθον εἰς τὴν οἰκίαν, '그들이 그 집에 들어갔다', 29절). 사실 그들은 이전 에피소드

1. 헬라어 접속사 '데'(δέ)는 현 맥락에서 사건의 진행에서 기대치 못한 일의 발생을 이끄는 접속사 역할을 하는 것으로 보인다. 베드로는 손님을 초대한 집 주인이다. 그렇다면 식사 제공은 예상된 섬김이다. 그러나 마가는 그 일을 할 베드로 장모가 열병으로 누워 있다는 정보를 준다. 그런 점에서 열병으로 누워 있는 베드로 장모의 등장 정보는 반의적인 뜻을 가진 접속사로 번역이 가능하다.
2. 제자들의 보고와 예수님의 행동 사이에는 인과적 관계가 있기에 접속사 '까이'를 인과적 의미를 가진 '그러자'로 번역하였다. 접속사 '까이'의 그러한 뜻을 위해서는 BDAG, καί §1bζ를 보라.

의 장소인 가버나움 회당에도 함께 들어갔지만(21절) 이야기 내내 그들의 존재는 드러나지 않았다. 그러나 현 단락에서 상황은 달라졌다. 그들의 이름이 거론되었고(29절), 예수님에게 장모의 병든 상태를 적극적으로 아뢰는 간청자의 역할을 담당한다(30절 후반부). 특히 현 사건의 장소적 배경이 베드로의 집이었고 아픈 사람 역시 그의 장모였다는 것을 고려한다면 베드로가 간청자 역할을 할 것이라 기대되었음에도 마가는 "그들이 말씀드린다"(λέγουσιν)로 말하는데, 동사의 시제는 정보를 전방에 부각시키는 현재이며, 인칭은 3인칭 복수이다. 따라서 "그들이 말씀드린다"라는 동사는 한 명의 치유에 제자 공동체 전체가 참여하고 있다는 점을 강조하는 데에 기여한다.

'공동체'의 간청을 들은 예수님은 그녀에게 다가가 아무런 말씀 없이 손을 잡고(κρατήσας τῆς χειρός) 일으킨다(31절 전반부). 이러한 예수님의 치유 방법은 두 가지 특징을 포함한다. 첫째, 마가복음에서 축귀는 명령법으로 발화된 말(1:25; 5:8; 7:29; 9:25)로 하시지만, 치유는 손 접촉이 동반된다는 것이다(1:41; 3:10; 5:23, 27, 28, 30, 31, 41; 6:56; 7:33-34; 8:23, 25; 9:27; 비교. 10:52). 치유의 말씀을 하시기 전에 손을 먼저 대시기도(1:41; 5:41; 8:23) 하며, 또 지금처럼 아무런 말씀 없이 손만 대시기도 한다. 예수님은 몸으로 치유하시는 분이며 그의 신체적 활동 역시 하나님 나라 선포의 도구가 되고 있음을 알려준다.[3] 둘째, 예수님의 치유 방식은 당시 유대 사회의 카리스마적 지도자의 치유 방식과 차이를 보여준다. 예수님과 동시대 유대인 하니나(Hanina ben Dosa)는 여러 병자들을 치유했다는 기록이 있는데, 대부분의 경우 그는 치유를 위해 무릎을 꿇고 하나

3. 누가는 예수님이 단지 열병을 "꾸짖으셨다"(눅 4:39)고만 서술한다. 예수님은 그의 말씀으로 귀신을 쫓아내시는 분으로 묘사하려는 누가의 관심에 따른 표현이다(참고. 눅 4:35; 5:5).

님께 기도했다고 알려져 있다(바벨론 탈무드 베라코트 34b; Vermes, 1973: 74-75). 한 번은 열병으로 거의 죽음에 이르게 된 아들의 치유를 위해 유명한 랍비 가말리엘이 하니나에게 사람을 보냈을 때 하니나는 다락방에서 기도한 후 그에게 "집으로 가시오. 열병이 그에게서 떠났소"라는 말을 전했다는 기록이 있다(바벨론 탈무드 베라코트 34b; Vermes, 1973: 75). 기도를 통한 치유는 구약의 인물 엘리야(왕상 17:17-20)와 엘리사(왕하 4:33-35; 비교. 왕하 5장)에게도 나온다. 사도행전 28:7-10이 증언하듯 바울 역시 열병에 걸린 자를 위해 기도하고 그에게 안수할 때 치유가 일어났다. 그러나 예수님은 어떤 간구와 말이 없이 병든 자와의 신체적 접촉만으로도 열병을 떠나보낸다(Gnilka, 1:104). 축귀 때와 마찬가지로 예수님은 외부의 힘에 의존할 필요가 없는 절대적 권위를 가지신 분이라는 것을 보여준다.

병 치유와 결과(31절) 예수님이 그녀를 잡고 일으키자 그녀를 누워 있게 만들었던 열병이 "떠난다"(ἀφῆκεν). 마가가 모든 질병의 원인을 악한 영과 연결하지는 않지만(비교. 9:21-22, 25), "떠난다"라는 동사는 열병이 더러운 영에 의해 유발되었음을 암시한다(Marcus, 2000: 199; Collins [a], 174; Boring, 2006: 66)고 볼 수 있다. 그렇지만 귀신 혹은 더러운 영을 언급하지 않을 뿐 아니라 치유 역시 예수님이 "손을 잡아 일으키심"으로 이뤄졌다고 밝히고 있기 때문에 베드로 장모의 열병이 귀신에 의해 유발된 것이라는 주장을 하는 데까지는 나아갈 필요는 없다(France, 2002: 108; Stein, 94 각주 3; Edwards [b], 60). 그럼에도 마가가 중의성을 가진 '아페겐'이라는 단어를 선택한 이유가 없는 것은 아니다. '들어온' 열병이 예수님의 치유 사역으로 "떠난다"는 표현은 이전 단락에서 예수님이 행하신 축귀(1:25-26, "그에서 나와라 … 그 더러운 영이 … 나갔다)와 비교하도록 한다. 이런 비교는 축귀와 열병 치유를 한 쌍으로 이해하도록 이끌어 예수님의 치유의 다차원적 측면 곧, 말로 귀신을 몰아내어 한 남자의 존재를 새롭게 하고, 손으로 열병을 고쳐 한 여인의 삶을 재캐시킨다는 사실을 종합적으로 고려하도록 해준다.

여인은 회복된 몸으로 "그들을 섬겼다"(διηκόνει αὐτοῖς). 예수님의 몸으로 행한 치유는, 치유받은 사람의 몸이 섬김의 몸이 되게 한다. '디아꼬네오'는 이미 13절에서 지적한 것처럼 종종 '식탁에서 섬김의 행위'를 지시한다. 여인이 치유된 후 했던 '디에꼬네이'는 고대 사회에서 통상 여인의 일로 여겨진 식탁 섬김을 그녀가 재개했다는 말로 해석될 수 있다(Corley, 24-79, 87). 그런 점에서 '섬김'은 그녀가 온전히 치유함을 받았음을 드러내는 행위이다(Taylor, 1966: 180). 치유가 가져온 최종적 모습으로서 섬김은 한 여인 개인에게뿐 아니라 마가복음 전체에서도 중요한 의미를 가진다. 마가복음에서 '디아꼬네오'는 예수님의 삶의 방식이었고("인자가 온 것은 … 섬기려 하고[διακονῆσαι]", 10:45) 또한 제자들의 삶의 방식이 되어야 했다("너희 중에는 그렇지 않을지니 너희 중에 … 섬기는 자가 되고[διάκονος]", 43절). 이런 점에서 하나님의 나라 담지자(bearer)에 의해 치유받은 여인이 섬김으로 그녀의 '건강'을 증명했다는 것은 앞으로 하나님 나라에 참여한 자들이 취해야 할 삶의 방식이 무엇인지 예증하고 있는 것이다.

'디에꼬네이'의 대상이 복수 여격인 '아우또이스'라는 것은 몸 치유를 받아 일으켜진 베드로 장모의 섬김의 대상이 치유자 예수만 아니라 그 치유에 참여한 모든 제자들을 포함한다는 점을 분명히 한다. 섬김을 받던 제자들에게 베드로 장모의 '디에꼬네이'가 의미하는 바가 있다. 제자들은 마가복음이 진행됨에 따라 섬김을 받으려고만 하다가 서로 싸우고(9:33-34; 10:35-41) 결국 예수님까지 버리게 된다(14:50). 이런 맥락에서 본다면 치유받은 후 일어나 섬기는 여인은 제자들의 몸과 마음이 '치유'받았을 때 어떤 삶을 살아야 할지 미리 알려 주는 모델이다. 마가가 제자들의 실명까지 거론하면서 그들을 사건 참여자로 서술한 것은 결코 우연이 아니다.

끝으로 베드로 장모의 '섬김'은 1:13에서 사탄의 시험을 이긴 후 예수님이 광야에서 가지신 식탁을 떠올리게 한다(1:13 주해를 보라). 사탄에 대한 승리는 광야에서 첫 식탁으로 이어졌고, 베드로 장모의 열병을 '떠나게 한 후' 다시 집에서 식탁을 가진다. 이로 보아 1:13과 31절의 식탁은 메시아의 승리의 잔치의 성격을 함의한다.

요약과 해설

베드로 장모 치유 사건에서 제자들은 처음부터 중추적 역할을 감당한다. 함께 집에 들어갔으며 그 여인에 대해 예수님께 보고한 사람들도 제자들이었다. 제자들의 보고를 들은 예수님은 다가가 손으로 그녀를 일으키고 그녀를 누워 있게 만들었던 열병을 '떠나보낸다.' 일으킴을 받은 여인은 섬김의 역할을 감당한다. 이 사건은 한편으로는 하나님의 다스림의 체현자인 예수님이 회당에 이어 가정에서 어떻게 하나님의 통치를 실현시켜 나가고 있는지를 보여준다. 귀신 들린 자는 말로 해방시켜 주심으로 열병으로 누워 있는 여인은 손을 잡아 일으키심으로, 그의 말과 손 등 신체적 활동 자체가 하나님의 통치의 매체가 되고 있다는 사실을 알려준다. 여인은 일어나 예수님과 그 제자들을 "섬긴다"(31절). 결론적으로 여인의 섬김은 하나님 나라에 참여한 사람의 몸의 삶이 어떠해야 할지를 제자들에게 체험케 하는 행위였다.

제9장
해진 후 대중 사역
마가복음 1:32-34

33절의 "그 문"(τὴν θύραν)은 현 에피소드가 이전 단락에 이어 베드로의 집을 배경으로 한다는 것을 말한다. 그러나 단락 서두에 명시된 시간적 배경인 "저물어 해질 때"(32절)는 현 단락이 독립적인 이야기라는 것을 강하게 암시해준다. 이전 두 단락들(21-28절, 29-31절)은 21절이 말해주듯 안식일에 일어난 사건들이었지만, 당시 유대 시간법은 하루를 해질 때부터 다음 날 해질 때까지로 보고 있었기 때문에 "저물어 해질 때"라는 시간 지시어는 현 에피소드가 안식일이 끝난 시점에 일어난 사건을 다룬다는 것을 암시한다. 하루 동안의 사역 중 처음 두 이야기와 현 이야기는 공통점과 차이점을 동시에 가진다. 공통점은 세 단락 모두에서 치유와 축귀는 다른 사람들(더러운 영, 23절; 제자들, 30절; 사람들, 32절)의 주도적인 행동에 대한 예수님의 반응으로 일어난다는 것이다. 차이는 이전 두 단락에서 일어난 축귀와 치유는 예수님이 회당과 베드로의 집에 방문했을 때 부가적으로 발생한 일이었지만, 현 단락에서는 사람들이 치유를 목적으로 예수님이 계신 집으로 먼저 찾아온 결과로 일어난다는 점이다. 또한 앞선 두 단락에서 개별적으로 일어난 축귀와 치유가 현 단락에서는 집단적 차원으로 확장되고 있음을 보여준다. 어쨌든 현 단락은 사역을 시작한 지 하루 만에 "온 도시"가 그 문 앞에 모일 정도로 예수님이 큰 명성을 얻게 되었음을 보여준다.

현 단락은 배경(32절)과 치유(33-34절)로 진행된다.

> **32** 저녁이 되어 그 해가 지자 사람들이 모든 아픈 자들과 귀신 들린 자들을 그에게로 데려오고 있었다. **33** 그러자 온 도시가 그 문 앞에 모이게 되었다. **34** 그리고 그는 갖가지 병으로 아픈 많은 사람들을 고치셨다. 그리고 많은 귀신들을 내쫓으셨다. 그리고 그는 귀신들이 말하는 것을 허락하지 않으셨다. 이는 그들이 그를 알고 있었기 때문이다.

주해

배경(32-33절) 예수님의 개별적인 치료 행위가 대중적인 사역으로 이전된 시점을 마가는 이중적 시간 표현인 "저녁이 되어 그 해가[ὁ ἥλιος] 졌을 때"를 사용하여 밝힌다. 한 시점에 대한 반복적인 표현은 네어르잉크(F. Neirynck)의 주장처럼 마가가 선호하는 이중적 표현의 하나로 보는 것이 가능하다(45-53, 94-96).[1] 그러나 이중적 표현은 단순 반복만이 아니라 해당 정보를 다른 범주에서 환기시켜 주는 역할을 한다는 점을 간과하지 말아야 한다. 헬라어 관사를 가진 "그 해"(ὁ ἥλιος)는 관사의 지시적 기능을 고려할 때 어떤 구체적인 날에 떠올랐던 해를 가리킨다고 봐야 한다. 마가는 21-39절의 시간적 배경을 21절에서 안식일로 이미 알려주었기

1. 마가의 이중적 표현이 나오는 대표적인 본문은 1:35; 2:20; 4:35; 10:30; 13:24; 14:12, 43; 15:42; 16:2와 같다.

때문에 "그 해"는 안식일에 떠올라 있던 해를 가리킨다(Park, 126 각주 136; 박윤만, 2019: 54-55). 사람들은 회당에서 일어났던 가르침과 축귀를 통해 예수님에 관한 소문을 듣고 있다가(28절) 안식일 해가 지자마자 그에게 몰려온 것이다. 아무런 거침이 없이 안식일에도 이전 두 치료 행위(가버나움에서 축귀와 베드로 장모 치유)를 하신 예수님과 여전히 안식일 규례에 매여 있는 사람들 사이에 대조가 있다(양용의, 58)는 해석이 가능한 것처럼 보인다. 하지만 그런 의도가 마가 의도라고 추론하기는 불가능한데 이는 안식일 논쟁은 2:23-28과 3:1-6에서 본격적으로 시작되기 때문이다(Stein, 95).

사람들이 앞에 모여든 "그 문"(τὴν θύραν, 33절)에서 관사("그")는 예수님이 계신 시몬의 집(29절)을 가리킨다. 이는 예수님이 회당에서 나온 후 제자들과 함께 들어갔던 시몬의 집에 저녁 해질 때까지 머무셨다는 것을 가정한다. 사람들이 예수님이 그곳에 계신다는 사실을 어떻게 알았는지 본문은 말해주지 않지만 가버나움 회당에서 행하신 축귀에 대한 사람들의 놀라운 반응(27절)을 고려하면, 회당에서 나온 후 예수님의 이동 행적 역시 그들의 관심의 대상이 되었다고 추론할 수 있다. 어쨌든 현 단락은 갈릴리 지방에서 예수님의 명성이 급격하게 올라갔다는 것을 보여준다. 이는 "온[ὅλη] 도시가 그 문 앞에 모이게 되었다"는 33절의 정보를 통해서도 확인되는데(2:2), 이 문장은 "온 도시"가 가진 큰 이미지와 "문"이 가지는 작은 이미지의 조합으로 '해학적'인 느낌마저 준다. 이 같은 생생한 그림 언어는 청자로 하여금 갈릴리 사람들의 예수님을 향한 압도적 관심을 뚜렷이 기억하도록 하는 효과를 만들어 낸다. 이와 더불어, 갈릴리 사람들 사이에서 예수님의 명성은 강조적 부사("다[ἅπαντες] 놀라", 27절; "온 [ὅλην] 갈릴리 사방에 퍼지더라", 28절; "모든[πάντας] 병자", 32절; "온[ὅλη] 도시가", 33절)를 통해 확인할 수 있다. 사실 세례 때 무명의 메시아로 출발한 예수님이 그렇게 짧은 시간에 "온" 도시 사람들의 주목을 받게 된 것은 놀랍다. 내러티브 맥락을 고려한다면 그 같은 짧은 시간에 얻게 된 예수님의 명성은 가버나움 회당에서의 축귀 사역과 그 결과로 "온 갈릴리 사방에"(28절) 퍼진 그에 관한 소문과 직접 관련이 있다.

치유(34절) 예수님은 "많은 귀신들"(δαιμόνια πολλά)을 몰아내신다. 앞선 축귀에서 단수로 묘사된 "더러운 영"이 발화한 "우리"(24절)를 통해 예수님으로 말미암아 붕괴의 위험을 감지한 귀신 집단이 있음을 확인할 수 있는데, 복수 "많은 귀신들"의 등장은 귀신들의 실체가 예수님에 의해 폭로되기 시작했고, 또 그의 축귀 사역으로 말미암아 그들이 설 땅을 잃어 가고 있음을 보여준다.

하나님의 나라를 선포하러 오신 예수님과 그들의 육체적·영적 필요를 채우고자 그에게 나오는 사람들 사이에는 어느 정도 긴장감이 형성된다. 적어도 현 단락만 본다면 사람들이 치유와 축귀 외에는 다른 어떤 것, 예컨대, 예수님의 가르침과 선포의 내용에 관심이 있었던 것처럼 보이지 않는다. 예수님에 대한 대중의 관심은 자기 필요에서 비롯되었지 예수님에게서 시작된 것은 아니었다. 그렇다고 해도 키에르케고르(Kierkegaard)의 격언 "대중은 거짓말이다"(The crowd is untruth)를 인용하며 기적을 바라고 예수님에게로 몰려든 무리("온 도시")를 진리의 잠재적 적으로 본 스타로빙스키(Jean Starobinski)의 입장(341)은 지나치다.[2] 비록 병자와 귀신 들린 자가 있는 곳에 먼저 찾아가 치유를 행하지는 않으셨지만 예수님은

2. 스타로빙스키(Starobinski, 331-56)의 연구 본문은 막 5:1-20이며 그가 언급한 무리는 거라사 지역 사람들이다. 하지만 스타로빙스키는 비단 갈릴리와 거라사 지역의 무리만 아니라 성경 전체에서 군중은 악에 이용당하는 경향이 있다고 주장한다. 이러한 주장과 그의 무리에 대한 해석을 따라가는 학자를 위해서는 지라르(René Girard, 『희생양』 [서울: 민음사, 1998], 285)를 보라.

필요 가운데 있는 대중들의 요구에 기꺼이 반응하셨기 때문이다(34절 전반부). 사람들의 필요는 하나님의 나라와 만날 수 있는 접촉점이 될 수 있었다. 더 나아가 내러티브가 진행됨에 따라 "무리"(ὄχλος, 2:4)는 가르침(2:13; 3:32; 4:1; 6:34; 7:14) 또는 가르침과 기적 둘 다에 참여(2:2; 6:34)하게 된다. 마침내 그가 인자로서의 신분과 가야할 죽음의 길을 제자들에게 드러내실 때 제자들과 함께 무리를 그의 곁에 불러 참 제자의 길을 가도록 도전하신다(8:34-38). 갈릴리 무리는 처음부터 열두 제자와 같은 지위를 부여받지는 않았다. 무리는 처음에는 단순한 치유와 축귀와 같은 기적을 바라고 예수님에게 왔고 그 역시 기꺼이 그들의 필요를 채워주신다. 그러다가 무리는 하나님 나라 가르침을 듣게 되며 결국 제자의 삶을 살도록 도전을 받은 것이다. 예수님이 경계하신 것은 하나님 나라를 기초로 하지 않는 표적(참고. 8:12)이지 치유와 축귀와 같은 표적 자체를 부정하신 것은 아니다. 마가복음은 도리어 사람들의 육체적·영적 필요가 예수님이 선포하신 하나님 나라를 그들의 삶에 파고 들어가게 하는 접촉점이 되었음을 보여준다.

예수님은 사람들의 필요는 채워주지만 귀신들의 입은 막으신다. 25절에 이어 다시 소개된 현 단락에서의 귀신들에 대한 침묵 명령에는 이유(ὅτι, '이는 … 때문이다')가 있다. "이는[ὅτι] 그들이 그를 알고 있었기 때문이다"(34절 후반부). 귀신들이 알고 있었던 예수님의 신분이 무엇인지는 말하고 있지 않지만 24절이 말하는 것처럼 그가 하늘에서 강림하신 "하나님의 거룩한 분"이라는 것과, 또 3:11과 5:7이 말하는 "하나님의 아들"과 같은 정보였을 것이다. 그러나 예수님은 귀신들에 의해 이런 정보가 드러나는 것을 원치 않으신 것이다(귀신에게 침묵을 명령하신 구체적인 이유는 1:25 주해를 보라).

요약과 해설

안식일이 끝나자 예수님의 치유 사역은 개별적인 단계를 벗어나 대중적인 차원에 접어든다. 이러한 대중적인 사역은 예수님이 의도했기 때문이라기보다 사람들의 소문을 통해 이뤄진 것이라고 마가는 말한다(28절). 내러티브 흐름으로 본다면 예수님은 그렇게 짧은 시간에 "모든 도시"(33절)의 시선을 받게 되신 것이다. 급작스러운 인기 이면에는 가버나움에서 이뤄진 축귀 사역과 그 결과로 "온 갈릴리 사방에"(28절)퍼진 소문의 영향이 적지 않다. 그가 얻게 된 명성에 대해 어떤 입장을 보이셨는지는 이어지는 에피소드(35-39절)가 보여줄 것이다. 끝으로 예수님은 이렇게 자신에게 찾아온 병자를 치료하고 귀신 들린 사람에게서 귀신을 쫓아내시지만, 귀신들이 예수가 누군지를 드러내는 것은 막으신다. 이는 적대자에 의해 자신의 신분과 사역이 드러나는 것은 분명 하나님 나라 사역에 도움이 될 수 없다는 판단에 서 비롯된 침묵 명령일 것이다.

제10장
다시 찾은 광야, 그리고 순회하는 선포자
마가복음 1:35-39

"매우 이른 아침 캄캄할 때"(35절)로 시작하는 현 단락은 21절에서 시작된 예수님의 가버나움 사역이 다음 날로 접어들었음을 알려 준다. 새벽 일찍 예수님은 온 도시 사람들에 의해 둘러싸였던 집을 뒤로 하고 광야로 나가 기도하신 후 갈릴리 다른 지역을 향해 떠나가신다. 21-39절이 보여주는 하루 동안의 사역은 가버나움 회당에서 가르침(ἐδίδασκεν, 21절)과 축귀로 시작했다가 갈릴리 여러 회당에서 선포(κηρύσσων, 39절)와 축귀로 끝을 맺는다. 에피소드는 예수님의 떠나심(35절), 제자들의 찾음(36-37절), 예수님의 소명(38-39절)으로 진행된다.

35 그리고 매우 이른 아침 캄캄할 때 그는 일어나신 후 밖으로 나가셨
다. 그리고 외진 곳으로 가셔서 그곳에서 기도하고 계셨다. **36** 그러자 시몬
과 그와 함께 있던 자들이 그를 뒤쫓아 왔다. **37** 그리고 그들이 그를 찾았
다. 그런 후 그들이 말한다. "모든 사람들이 당신을 찾고 있습니다." **38** 그
때에 그가 그들에게 말한다. "근처 다른 작은 마을들로 갑시다. 그곳에서도
내가 선포하려 하오. 왜냐하면 이것을 위해 내가 떠나왔기 때문이오." **39**

그런 후 그는 선포하시고 귀신들을 내쫓으시면서 온 갈릴리와 그들의 회당들을 다니셨다.

주해

예수님의 떠나심(35절) 마가의 이중적 시간 표현이 32절에 이어 다시 나온다. 두 번째 시간 표현("캄캄할 때")은 첫 표현("매우 이른 아침")을 더 구체화한 것이다. 이는 예수님이 기도하러 나가신 시점이 "캄캄할 때"라는 점을 강조한다. 시간의 상태에 대한 그 같은 묘사는 예수님의 '떠남'의 긴급성을 말해준다. 아직 사물이 잘 보이지도 않는 시간인데도 무엇이 그를 그렇게 서둘러 가버나움을 떠나게 했는가? 먼저, 예수님이 가신 곳은 '에레모스 또뽀스'(ἔρημος τόπος, "외진 곳")였고, 그곳에서 하신 일은 기도였다. 예수님이 가신 곳이 '에레모스'라는 마가의 언어 선택은 다분히 의도적이다. 광야에 있던 요단 강(4, 5절)에서 예수님은 하나님의 사랑하는 아들로서 자신의 소명을 확인했었다. 그후 성령에 의해 광야로 다시 이끌려 그곳에서 사탄에게 시험을 받았고 승리의 잔치를 가졌다. 그렇다면 그런 광야를 왜 다시 찾아가셔서 기도하신 것일까? 마가복음에서 예수님이 직접 기도하셨다는 정보는 세 번 나온다. 현 본문을 제외하고는 오병이어 기적 후 산에서(6:46), 대제사장에게 잡히던 날 밤 겟세마네 동산에서(14:32, 35, 39)였다. 이처럼 나머지 두 기도도 그 나름의 상황을 가지고 있는 것처럼, 예수님의 새벽 기도는 하루 동안의 사역으로 "온 도시"가 그가 계신 집의 문 앞에 찾아올(33절) 정도로 그의 명성이 급격하게 상승되던 시점에서 이뤄졌음을 알려준다. 그가 나온 집은 단순한 집이 아니라 가버나움에서 그가 얻게 된 명성을 떠올리는 상징적 장소였다. 사람들이 가져다 준 대중적 명성이 그에게 일종의 유혹으로 다가왔을 수 있다(Osborne, 157). 그러나 예수님은 사역의 결과들(사람들과 명성)이 그를 붙잡으려 할 때 그곳에 머무시기보다 자리를 뜨셨다. 여전히 "캄캄할 때"(35절) 이동한 것 역시 가버나움 사람들의 시선을 가능한 덜 받기 위한 조치로 이해할 수 있다.

그 집을 뒤로 하고 예수님이 가신 곳은 광야, 곧 사역의 '출발점'(1:9-11, 12-13)이었다. 이전에는 성령이 그를 "몰고" 갔지만(1:12절) 지금은 스스로 찾아 가셨다. 그곳에서 무슨 기도를 드렸는지 본문은 말하지 않지만 기도처가 "외진 곳"(ἔρημος τόπος)였다는 정보는 앞서 광야를 배경으로 일어났던 세례(1:4-5, 9)와 시험 사건(12, 13절)을 떠올리게 한다(Hurtado, 2020: 57). 따라서 광야를 찾아 드린 기도는 그의 명성이 올라가는 시점에서 사역의 출발점을 찾아가 세례 때 하나님께로부터 받은 소명을 다시 붙들고 또 사탄의 유혹과 물리침 등이 가진 의미를 되새기는 일을 포함하고 있었다고 봐야 한다.

제자들의 찾아옴(36-37절) "시몬과 그와 함께 있던 자들이 그를 뒤쫓아 왔다[κατεδίωξεν]." 예수님을 뒤쫓은 제자들의 행동을 이해하려면 먼저 "뒤쫓아 왔다"(κατεδίωξεν)라는 동사의 의미를 파악해야 한다. 이 동사는 신약성경에서 이곳이 유일한 사용처이지만 칠십인경은 다수의 용례를 가진다. 그 뜻은 다수의 경우 부정적인 의미로(창 14:14; 31:36; 33:13; 출 14:4, 23), 소수의 경우 긍정적인 의미로(시 22[개역개정 23]:6; 37[개역개정 38]:21) 사용된다. 현 문장에서 그것의 의미는 그들이 전달한 정보와 예수님의 반응을 고려해서 결정해야 한다. '뒤쫓아 온' 제자들이 한 말은 "모든 사람들이 당신을 찾고[ζητοῦσίν] 있습니다"(37절)였다. 동사 '찾다'(ζητέω)는 마가복음의 다른 곳에서 총 아홉 번 등장(1:32; 3:32; 8:11, 12; 11:18; 12:12; 14:1, 11; 14:55)하는데 모두 부정적인 의미로 사용된다

(Nineham, 84-850). 현 맥락에서도 긍정의 의미로 쓰인다고 볼 수 없는데, 왜냐하면 그 말을 들은 예수님이 "근처 다른 작은 도시들로 갑시다"(37절)로 반응하셨기 때문이다. 예수님의 선택은 그를 '찾는 사람들'이 아니라 "다른 작은 마을들"이었다. 제자들이 기도하러 외진 곳으로 가신 예수님을 '뒤쫓아 온' 행동 역시 긍정적인 의미를 가진다고 볼 수 없다. 이것은 단지 그들의 행동이 예수님의 기도를 방해하고 있다는 의미 때문만은 아니다. 보다 더 근본적인 이유가 있다. 뒤쫓아 온 제자들 중 시몬만 이름으로 언급된다. 예수님이 방금 나오신 곳이 시몬의 집(29, 33절)이었다는 것을 가정하면 시몬은 예수님을 그의 집으로 다시 모셔가고자 온 것이라는 추론이 가능하다. 더 나아가 집에는 예수님의 명성을 듣고 찾아온 사람들이 있기 때문에 베드로의 관심은 그의 집에 모여 있는 "모든 사람들"이다. 그를 찾고 있는 사람들이 모인 곳으로 예수님의 여행의 방향을 돌리려는 시도를 하고 있는 것이다. 뒤쫓아 온 제자들은 마치 무리들에 의해 '파송'받아 온 무리의 대변자 역할을 한다는 인상을 준다(Hooker, 1991: 76). 제자는 예수님을 따르는 자(1:17, 18, 20)이지 그가 어디로 가서 무엇을 해야 할지를 결정하는 자가 아니다(참조. 8:32-33). 이런 점에서 마가가 제자들이 예수님을 "뒤쫓아 왔다"고 하고 1:18에서처럼 "따랐다"(ἠκολούθησαν, 1:18)라고 하지 않은 것은 우연이 아니다.

예수님이 그들의 요청에 응하지 않는 이유는 분명해졌다. 그는 한 집(곳)에 머물며 그의 명성을 듣고 '찾아오는' 사람들에게만 아니라 모든 곳으로 '나아가' 하나님 나라를 전파하는 것을 그의 소명으로 여기고 있었기 때문이다(Nineham, 84; Collins [a], 177). 이는 38-39절에 나오는 예수님의 소명 선언에서 분명해진다.

예수님의 소명(38-39절) 예수님은 찾아온 제자들에게 그의 소명을 다음과 같이 밝히신다:

근처 다른 작은 도시들[κωμοπόλεις]로 갑시다.

그곳에서도 내가 선포하려 하오[ἵνα καὶ ἐκεῖ κηρύξω].

왜냐하면 이것을 위해 내가 떠나 왔기 때문이오[εἰς τοῦτο γὰρ ἐξῆλθον] (38절).

"작은 도시들"(κωμοπόλεις)은 신약성경에서 이곳에서만 사용된 낱말이다. 마가는 '꼬메'(κώμη, '동네')와 '뽈리스'(πόλις, '도시')를 구분해서 사용한다(6:56). 프란스가 잘 조사한 것처럼 마가복음에서 도시(πόλις)는 가버나움(1:33), 예루살렘(11:19)과 같은 보다 큰 지역을 가리킬 때 사용된 반면, 마을(κώμη)은 벳새다(8:23)와 예루살렘 곁에 있던 벳바게(11:1)와 같은 보다 작은 지역을 위해 사용된다(France, 2002: 112). 그러므로 마을(κώμη)과 도시(πόλις)의의 합성어인 '꼬모폴레이스'(κωμοπόλεις)는 도시와 마을 중간 규모의 지역을 가리킨다고 보는 것이 옳다(Marcus, 2000: 202; Edwards [b], 67 각주 44). '뽈리스' 격인 가버나움에서 나오신 후 "근처 다른 작은 도시들[κωμοπόλεις]"로 가자고 하신 데에는 "의도적으로 지역적 영향의 중심에서 떠나 민초 사역(grassroots ministry)으로 이동"하시려는 뜻이 있었다고 봐야 한다(France, 2000: 113). 예수님의 이러한 소명의식은 사용된 여러 낱말과 문법을 통해 강조되는데, 목적을 드러내는 '히나' 절(ἵνα ... κηρύξω, '… 내가 선포하려 하오')과 목적과 방향을 이끄는 전치사 구(εἰς τοῦτο, '이것을 위해'), 그리고 강조형 '까이'를 가진 장소부사(καὶ ἐκεῖ, '그곳에서도')와 같은 구문들이 그 예가 될 수 있다.

물론 예수님은 혼자 가시겠다는 것이 아니다. 권고의 의미를 가진 가정법 1인칭 복수 동사(ἄγωμεν, '우리들이 갑시다')를 사용하심으로 예수님은 다시 제자들과 함께 가야 할 방향을 제시하신다. 명성을 쫓기보다 소명을 따라 사는 삶은 예수님만이 아니라 '그와 함께 있도록'[1] 부름을 받은 제자들의 길이기도 하다. 무리가 있는 곳으로 그를 데리러 온 제자들을 이제 그가 원하시는 곳으로 이끌고 가신다. 예수님은 제자들이 말하는 것처럼 자신을 찾는 사람들이 있는 곳에만 머무시지 않을 것인데 그 이유는 그가 이 땅에 온 소명은 하나님 나라가 한 지역 혹은 특정 부류의 사람들만 아니라 모든 지역, 모든 사람들에게 임하도록 하는 것이기 때문이라 설명하신다.

1:14에서 첫 등장 후 가버나움 사역(21-34절)에서 나오지 않았던 '선포' 주제가 현 시점에서 다시 등장하고 있다(38, 39절). 특히 39절의 '께륏손'(κηρύσσων, '선포하는')은 '에끄발론'(ἐκβάλλων, '내쫓는')과 같은 현재 시제로 발화되어 선포와 축귀가 전방에 부각되고 있다. 예수님이 선포하시기를 원했고 또 하셨던 내용이 무엇인지는 언어화되지 않았지만 1:14("예수님이 … 하나님의 복음을 선포하셨다[κηρύσσων]")을 근거로 보면 그 내용이 문맥적으로 '종말론적인 하나님의 다스림이 그의 백성들 가운데 시작되었다'는 메시지라고 추론할 수 있다. 인간 역사 속에 파고 들어오기 시작한 하나님의 다스림에 관한 소식을 가능한 빨리(εὐθύς) 많은 지역에 선포해야 한다는 소명 의식이 예수님에게 있었고, 이런 종말론적으로 긴박한 소명의식은 예수님으로 하여금 "매우 이른 아침 캄캄할 때"에 가버나움을 떠나(ἐξῆλθεν) 온 갈릴리로 가도록 이끌었다고 봐야 한다.

38절 후반부는 접속사 "왜냐하면"(γάρ)이 말해주듯 "다른 작은 도시들로"가서 "그곳에서도 선포"해야 하는 이유를 말해주며, 그 이유를 알기 위해선 동사 "떠나 왔다"(ἐξῆλθον)의 의미를 아는 것이 중요하다. 동사 '나

1. 제자들이 예수님과 함께 있도록 부름을 받았다는 것은 "그와 함께 있던 자들이"(οἱ μετ' αὐτου, 1:36)와 "그들이 그와 함께 있도록 하고"(ἵνα ὦσιν μετ' αὐτοῦ, 3:14)를 통해서 알 수 있다.

가다'/'오다'(ἐξῆλθον/ἦλθον) + 목적어구(purpose formula)에 대한 해석은 공관복음에서 예수님의 이동과 관련하여 그것이 "지역방문"(local coming)을 뜻하는지 아니면 "지상방문"(cosmic coming)을 함의하고 있는지를 두고 논의가 진행되어 왔다.[2] 먼저, "떠나오다"(ἐξῆλθον)을 예수님이 가버나움을 떠나 왔다고 보는 해석이 있다(Taylor, 1966: 184; Guelich, 2001: 157; Gnilka, 1권 111). 그러나 이 해석의 약점은 예수님이 아침 일찍 기도하기 위해 가버나움 집에서 '나오셨다'(ἀπῆλθεν, 35절)는 정보가 현 단락 서두에 이미 주어졌다는 것이다.[3] 대안으로, "떠나오다"(ἐξῆλθον)가 예수님이 하늘에서 땅으로 떠나오셨다는 의미를 함의하고 있는 것으로 보는 것이 가능하다(Nineham, 85; France, 2002: 113; Gathercole, 155-57; 1:14 주해를 보라). 이런 해석은 병행구절인 누가복음4:43(ἐπὶ τοῦτο ἀπεστάλην, '내가 이 일을 위해 보냄을 받았소')이 말하듯 누가의 이해와도 일치한다. 다니엘서는 종말 때에 관한 하나님의 계시를 다니엘에게 주기 위한 천상적 존재의 방문을 '오다'/'나오다'(ἔρχομαι/ἐξέρχομαι) + 목적어구(밑줄)로 발화한 예를 아래와 같이 제공한다(참고. 왕상 22:22; Gathercole, 155):

> <u>ἐξῆλθον</u> <u>ὑποδεῖξαί</u> σοι διάνοιαν
>
> 내가 네게 명철을 <u>주고자</u> <u>나왔노라</u>(단 9:22).
>
> ἐγὼ <u>ἦλθον</u> <u>ὑποδεῖξαί</u> σοι

---

2. "local coming"과 "cosmic coming"이라는 용어는 게더콜의 용어이다(Gathercole, 156).

3. 후커(Morna D. Hooker)는 38절의 "떠나 왔습니다"는 가버나움에 있던 베드로의 집을 떠나 왔다는 의미가 아니라 갈릴리 전 지역에서 전파 사역을 하기 위해 그의 고향인 나사렛(1:9)을 떠나 왔다는 의미를 가진다고 주장한다(Hooker, 1991: 77).

> 내가 네게 주고자 왔노라(9:23).
>
> Ἦλθον ὑποδεῖξαί σοι τί ὑπαντήσεται τῷ λαῷ σου ἐπ' ἐσχάτου τῶν ἡμερῶν 내가 마지막 날에 네 백성에게 무슨 일이 일어날지를 네게 보여 주고자 왔노라(10:14).

예수님 역시 '나오다'(ἐξέρχομαι. + 목적어구(εἰς τοῦτο ... ἐξέρχομαι, '이 일을 위해 나왔노라')를 사용하여 자신이 하나님의 종말론적 나라를 도래케 하고자 '나왔다'고 밝히신다. 그러므로 하나님의 종말론적 계획을 알리려 천사가 하늘에서 땅으로 온 것처럼(단 10:14), 선재하셨던 예수님이 하나님의 종말론적 다스림을 전하고자 이 세상에 강림하셨다고 보는 것은 무리가 없다.

끝으로 간과하지 말아야 할 것은 소명 담론이 광야 기도 직후에 진행되고 있다는 점이다. 이런 배열은 예수님이 그의 소명을 광야 기도를 통해 재차 확인하셨다는 추론을 가능케 해준다. 사역 출발점에서 예수님은 갈릴리 나사렛에서 광야로 오셔서 그곳에서 하늘의 소리를 들으신 후 갈릴리로 돌아가 하나님의 나라 선포(1:14)를 시작하셨던 것처럼, 가버나움 사역이 무르익어 가던 시점에 다시 광야로 나가 기도하신 후 갈릴리 온 지역으로 선포(38, 39절)하러 가신다. 예수님에게 광야는 사역을 준비했던 공간이자 사역의 방향을 나사렛에서 가버나움으로, 가버나움에서 갈릴리 온 지역으로 바꾸기 전 거쳤던 곳이었다. 광야가 그런 공간이 될 수 있었던 이유는, 그곳에서 그가 하늘의 소리를 들었고 그 음성을 들려주셨던 분에게 다시 기도를 드릴 수 있었기 때문이었다.

요약과 해설

예수님은 광야로 다시 돌아가셨다. 기도하시기 위해서였다. 광야 기도 중 예수님은 '하나님께서 다스리기 시작하셨다'는 소식을 가능한 많은 지역에 알려야 하는 소명을 확인하신다. 예수님의 소명 재확인은 가버나움에서 사역의 결과인 압도적 명성과 그를 찾는 많은 사람이 생기게 된 시점에서 이뤄졌다. 제자들은 찾는 사람이 많은 곳으로 되돌아 가자는 말로 예수님의 소명에 따른 여행을 주춤하게 했지만 예수님은 "근처 다른 작은 도시들로 갑시다. … 이것을 위해 내가 떠나왔기 때문이오"(38절)라고 하시며 그의 소명을 천명하신다. 예수님은 명성이 아니라 소명에 따라 움직이신다. 또한 "내가 떠나 왔다"(ἐξῆλθον)는 동사는 가버나움 집을 떠나 온 행위보다 하늘에서 땅으로 강림이라는 신학적 함의를 가진다고 보는 것이 더 자연스럽다. 하늘의 통치를 이 땅에 편만하도록 하기 위해 하늘에서 땅으로 오신 예수님은 사람들의 요구에 따라 움직이시는 것이 아니라 하나님의 소명에 따라 움직이시는 분이심을 보여 주신 것이다. 가버나움 회당에서의 축귀 사역을 통해 소문만으로 하나님 나라를 들은 "온 갈릴리"(28, 39절)는 이제 예수님의 방문으로 그 나라를 신체적으로 경험하게 된 것이다.

제11장
한센병환자 치료와 광야로 모여든 사람들
마가복음 1:40-45

현 단락의 시작에는 이전 네 에피소드에 등장했던 장소(가버나움 [21절], 회당[21절], 집[29, 33절])와 시간적("저녁이 되어 그 해가 지자"[32절], "매우 이른 아침 캄캄한 때"[35절]) 배경이 명시되지 않는다. 그리고 1:16-20 이후 매 사건마다 예수님과 동행했던 제자들[21, 29, 36절])에 대한 언급도 없다. 현 단락과 이전 단락들의 장소, 시간, 인물상의 차이점들은, 1:21에서 시작된 하룻길 사역(21-28절 주해 서언을 보라)이 39절에서 종결되고 예수님의 사역이 새로운 국면에 들어가게 될 것을 예고한다. 그럼에도 1:40-45은 이전 단락과 앞으로 등장할 이야기의 가교 역할을 한다. 첫째, 현 에피소드가 병 치유를 다룬다는 점에서 이전 가버나움에서의 치유 사역(21-27, 29-3, 32-34, 39절)과 주제적인 연결점을 가진다. 둘째, 44절에 소개된 모세법은 2:1-3:6의 중심 주제가 될 법적 논쟁을 준비하고 있다. 셋째, 이야기 결말에 나오는 광야(ἐρήμοις, 45절)는 이전 단락에 등장했던 광야(3, 4, 12-13, 35절)와 열쇠 말(key word)로 연결되어 본 단락이 21-39절만 아니라 1장의 모든 단락들과 주제적 연관성을 갖고 있음을 보여준다.

본 에피소드의 구조는 요청(A)과 반응(B)으로 짜여 있다(Osborne, 158). 한센병환자의 요청(40절)은 예수님의 반응(41-42절)을 이끌어 내고, 다시 예수님은 병자에게 요청하시고(43-44절) 그에 대한 병자의 반응(45절)으로 진행된다. 구조는 A-B-B′-A′의 모습이다.

병자의 요청(A)

　　예수님의 반응(B)

　　예수님의 요청(B′)

병자의 반응(A′)

40 그리고 한 한센병환자가 그에게로 와 그에게 간청하며 무릎을 꿇고 그에게 말한다. "만일 당신이 원하시면 나를 깨끗하게 하실 수 있습니다." **41** 그가 불쌍히 여기시며[1] 그의 손을 뻗어 잡으셨다. 그런 후 그에게 말씀하셨다. "내가 원합니다. 깨끗하게 되시오." **42** 그러자 즉시로 그 한센병이 그로부터 떠났다. 그리고 그는 깨끗하게 되었다. **43** 그리고 그는 엄하게 그를 꾸짖으신 후 즉시 그를 내보내셨다. **44** 그리고 그에게 말하셨다. "보십시오. 아무에게도 아무것을 말하지 마시오. 그러나 그 제사장에게 가서 자신을 보이시오. 그리고 그대의 깨끗함에 관해 그들에게 증거가 되도록 모세가 명령한 것을 예물로 가져가시오." **45** 그러나 그가 나간 후에 많이 선포하고 그 말씀을 널리 퍼뜨리기 시작했다. 결국 그는 더 이상 드러나게

1. 네슬-알란트(Nestle-Aland) 28판은 서방 사본의 독법을 따라 '스쁠랑크니스테이스'(σπλαγχνισθείς, '불쌍히 여기사')를 선호한다. 하지만 베자 사본(D)을 비롯한 몇몇 사본들은 더 어려운 독법인 '오르기스테이스'(ὀργισθείς, '분노하사')를 가진다. 사본학적으로 더 어려운 독법이 원문일 수 있다는 원칙에 따라 '오르기스테이스'를 원문 독법으로 읽기도 한다(신현우, 2005: 116-34). 하지만 본 주석은 네슬-알란트 28판의 독법을 따른다.

도시에 들어갈 수 없어 다만 바깥 외진 곳에 계셨다. 그러자 사람들이 사방에서 그에게로 오고 있었다.

주해

병자의 요청(40절) 에피소드의 시작부는 지금까지 내러티브 전개 방식과는 달리 시간과 장소에 대한 어떤 소개도 주지 않는다. 다만 예수님이 계신 곳이 바깥 "외진 곳"(ἐρήμοις τόποις)이라는 45절의 정보를 통해서 이야기의 공간적 배경이 어딘지 알 수 있을 뿐이다. 혹은 35절에서 예수님이 기도하러 가신 곳도 "외진 장소"(ἔρημον τόπον)였기에 시간적으로 보았을 때 현 단락은 이전 단락의 연장선에 있다고 볼 수 있다. 아무튼 이야기 서두에 있어야 할 배경에 대한 정보의 부재는 결과적으로 예수님에게 접근하는 한센병환자의 등장 모습에만 집중케 한다. 병자의 행동은 그가 주어인 네 개의 동사로 표현되는데 그 중의 세개는 예수님을 3인칭 목적격 대명사(밑줄)의 지시체로 가진다(ἔρχεται πρὸς αὐτὸν ... παρακαλῶν αὐτὸν ... λέγων αὐτῷ, "그에게 와 … 그에게 간청하며 … 그에게 말한다"). 또한 한센병환자의 접근 모습은 모두 강조적 현재 시제로 발화되었다(ἔρχεται, '와'; παρακαλῶν, '간청하며'; λέγων, '말한다'; γονυπετῶν, '무릎을 꿇고'). 이러한 언어적, 문법적 장치는 본문의 주된 관심이 한센병환자와 예수님의 만남에 집중되어 있음을 다시 한번 보여준다. 유대 정결법에 따르면 한센병은 의식적으로 부정한 병으로 여겨져(레 13-14장) 그 병에 걸린 자와의 접촉과 접근은 원칙적으로 금지되었다(레 13:46; 민 12:12-

16; 11QTemple 45:17-19).[2] 다른 병자와는 달리 그가 예수님에게 “당신이 원하시면”이라는 조건을 단 것은 한센병환자와의 접촉을 금지하는 토라를 알고서 치료자의 입장을 고려하여 보다 신중한 치유 요청을 하는 모습으로 보면 쉽게 이해된다. 그럼에도 한센병환자의 동작 묘사를 위해 사용된 네 개의 동사를 통해 알 수 있듯이 예수님을 향한 한센병환자의 적극적인 접근 모습은 모종의 긴장을 유발할 수밖에 없는데, 치료를 요구하며 예수님께 다가온(ἔρχεται) 그의 태도는 감염의 위험을 내포하고 있기 때문이다.

예수님의 반응(41-42절) 한센병환자의 요청에 대한 예수님의 반응은 매우 조직적으로 묘사된다. 예수님의 첫 반응은 마음에서 일어났다고 발화된다. ‘스쁠랑크니스테이스’(σπλαγχνισθείς, ‘불쌍히 여기사’)가 이를 말해준다. 이어서 예수님은 “그의 손을 뻗어 [그를] 잡는다.” 특히 예수님의 손동작은 두 단계(“뻗어 잡는다”, 41절 중반부)로 세분화되어 서술된다. 그만큼 손동작에 시선을 집중하고 있는 것이다. 내적 긍휼과 외적 접촉은 치료의 언어(“내가 원합니다. 깨끗하게 되십시오”, 41절 후반부)로 이어진다. 간과하지 말아야 할 것은 치료의 말이 나온 시점이 예수님의 마음과 손이 먼저 움직인 후였다는 것이다(마음-동작-언어). 예수님의 신체적 접촉 시점이 치료 전이었다는 점은 나병 환자가 유대 정결법에 따라 접촉시 감염의 우려가 있는 ‘잠재적 위험인물’로 여겨지고 있었다는 사실을 고려할 때 매우 놀랍다. 한센병환자의 몸을 치료하시기도 전에 먼저 손을 뻗어 잡으신 것이다. 베드로 장모 치유를 통해 드러난 것처럼 손을 잡는 행위는 마가복음에서 예수님의 독특한 치료 방법이라 하더라도(1:31 주해를 보라), 한센병환자의 경우 부정의 감염이 그와의 접촉을 통해 일어날 수

2. 또한 바벨론 탈무드 닛다 64b 참고.

있기 때문에 예수님은 달리 치료하실 충분한 이유가 있었던 것이다. 그럼에도 예수님의 손은 한센병환자의 몸 상태 앞에서 움츠러들지 않는다.

접촉의 동기는 분사로 발화된 '스쁠랑크니스테이스'(σπλαγχνισθείς)에 내포되어 있다. 동사 '스쁠랑크니조마이'(σπλαγχνίζομαι)의 명사 '스쁠랑크논'(σπλάγχνον)은 BDAG에 따르면 '심장', '내장', '마음', '애정'을 뜻한다. 그러므로 동사 '스쁠랑크니조마이'는 '함께 아파하다' 혹은 '공감하다'인데, 우리말 중 '애간장이 타다'는 그 뜻에 가장 잘 어울리는 표현이다(김성희, 690). 마가복음에서 '스쁠랑크니조마이'는 이곳을 포함하여 총 네 번 등장한다. 나머지 세 곳 중 첫 번째는 오병이어 급식 기적 직전 예수님은 그를 찾아온 무리를 "목자 없는 양"처럼 "불쌍히 여기시며"(ἐσπλαγχνίσθη, 6:34) 가르치셨고 그들의 배고픔을 해결해 주신다. 동일한 동사가 사천 명 급식 기적에 다시 나온다("내가 저 무리를 불쌍히 여기고 있소[σπλαγχνίζομαι]", 8:2). 마지막 세 번째는 변화산에서 내려오셨을 때 귀신 들린 아이의 아버지가 예수님에게 하는 말("저희를 불쌍히 여겨[σπλαγχνισθεὶς] 도와주십시오", 9:22)에 등장한다. 위의 용례에서 확인할 수 있듯이 '스쁠랑크니조마이'는 예수님이 사람을 치유하고 가르칠 때 품으신 태도이다. 예수님으로 하여금 사람을 고치고 가르치고 먹이시도록 한 것은 타자의 고통과 아픔에 공감하는 마음 혹은 애간장이 타는 역지사지(易地思之)의 마음이었음을 알 수 있다. 하나님의 나라는 예수님의 역지사지의 마음을 통해 또 다른 한 사람의 삶에 임한다.

현 본문과 관련하여 주목해야 할 것은 치료가 일어난 구체적 시점이다. 나병이 사라지기 전이었음에도 예수님은 먼저 그 병자를 '불쌍히 여기셔서(σπλαγχνισθείς)로 "그의 손을 뻗어[그 병자를] 잡으셨다." 치료의 말("깨끗하게 되시오", 41절 전반부)은 잡은 상태에서 발화된다(41절). 그러자 "즉시로"(εὐθύς) 그 나병은 떠나고(ἀπῆλθεν) "그는 깨끗해졌다"(ἐκαθαρίσθη, 42절). "즉시로"는 치유가 즉각적으로 일어났다는 의미뿐 아니라 그것이 예수님의 사역의 결과였다는 의미를 만드는 역할을 한다. 결국 한센병환자의 치료는 예수님의 긍휼히 여기는 마음과 그것이 동기가 된 신체적 접촉, 그리고 치료의 언어를 통해 이뤄졌다. 의식법적 관점에서 본다면 예수님의 손 접촉은 부정의 감염이 전해지는 통로가 아니라 부정을 떠나게(ἀπῆλθεν) 하는 촉매임이 확인되었다. 예수님을 통해 감염의 역류가 일어난 것이다(Holmén, 213). 유대 정결법은 정한 것과 부정한 것이 만났을 때 감염의 경로는 부정에서 정한 것으로 흐른다는 믿음 위에 세워졌다(예. 학 2:13). 쿰란 공동체가 한센병환자는 도시에 들어올 수 없다고 단정한 이유도 부정의 감염을 막기 위해서였다(11QTemple 45:17-19). 거룩은 부정한 것과의 접촉을 멀리함으로 지킬 수 있다는 것이 정결 의식의 배후에 있는 신념이었다(레 5:2; 7:19). 하지만 본 단락은 예수님을 통해 감염의 역류가 일어났다는 것을 보여준다. 예수님과 부정이 만났을 때 감염의 힘은 부정에게서 예수님에게로 넘어갔다(2:15-16; 5:35-43; Hooker, 1991; 79; Marcus, 2000: 209; Stein, 106). 감염의 역류는 종말론적 역전이 예수님을 통해 정결법에도 일어난다는 것을 보여준다(Holmén, 219-20; 또한 5:35-43 주해를 보라).[3]

예수님의 요청(43-44절) 치유 후 예수님은 그를 "엄하게 꾸짖으신 후[ἐμβριμησάμενος] 내보내셨다[ἐξέβαλεν]"(43절). '엠브리메사메노스'(ἐμβριμησάμενος)는 고전 헬라 문학에서 분노 중에 '콧김을 내뿜다' 혹은 '헐떡이다'의 의미로 사용되었다(Aeschylus, *Septem contra Thebas* 461; Guelich, 2001: 160). 물론 분노를 드러낸다는 의미로는 14:5에서도 사용된다. 그러나 치료받은 자에게 그런 강한 감정을 드러내는 용어가 사용된

3. 종말론적인 역전에 대해서는 9:35-37 주해를 보라.

다는 것이 문제가 있다고 본 후커와 마르쿠스는 예수님의 꾸짖음이 나병을 유발한 귀신(또는 병)을 향해 있다고 해석한다(Hooker, 1991: 80-81; Marcus, 2000: 209). 하지만 42절에서 나병이 "떠났고" 그가 "깨끗해졌다"는 마가의 서술이 이미 이뤄졌다는 점을 근거로 본다면 예수님의 꾸짖음이 치유받은 병자를 향해 주어진 것이라는 크랜필드(C.E.B. Cranfiled)의 주장이 더욱 타당하다(Cranfield, 94; 또한 Edwards [b], 70). 그러면 예수님이 그를 꾸짖고 내보내시는 것은 왜일까? 꾸짖음은 이어지는 절에서 주어진 침묵 명령과 연관시켜 예수님이 그에게 하셨던 일을 말하지 말도록 엄히 꾸짖으셨다고 보는 것이 자연스럽다. "내보내셨다"(ἐξέβαλεν)는 것은 사회로부터 격리되었던 그의 주거지인 "외딴 곳"에서 도시(45절)로 보내셨다는 뜻을 함의한다. '엑세발렌'은 강제적 행동을 내포하는 단어로서 축귀('내쫓다', 1:34, 39; 3:25, 22, 23; 6:13; 7:26; 9:18, 28, 38)와 범죄한 눈의 제거("빼버리시오", ἔκβαλε, 9:47)와 같은 맥락에서 사용된다. 한센병환자를 사회로 돌려보내는 예수님의 조치에 이 단어가 사용된 것은 고립되어 살던 자를 사회에 돌려보내려는 예수님의 강한 의지와 한센병환자의 비자발성 둘 다를 내포한다.

이어진 명령, "아무에게도 아무것도[μηδενὶ μηδέν] 말하지 마십시오"(44절)는 엄중하다. "보십시오"(ὅρα)라는 말로 주의를 환기시킬 뿐만 아니라, 침묵 명령 역시 강조적 표현인 이중부정(μηδενὶ μηδέν)으로 발화되기 때문이다. 왜 예수님은 그렇게 강한 어조로 침묵을 명하시는 것일까? 사실 다른 본질적인 가르침과[4] 특히 자신이 고난받는 메시아라는 것

---

4. 예컨대, 하나님 나라의 비밀(4:10-12)을 설명해 주신 것과, 자주 제자들을 "따로"(κατ' ἰδίαν, 4:34; 7:33; 9:2, 28; 13:3) 가르치신 비유의 해석(4:34), 혹은 사람을 진짜 더럽히는 실체(7:17-23), 고난과 부활을 통해 도래하게 될 하나님 나라의 모습(9:1-8), 축귀를 가능케 하는 기도의 능력(9:28)과 종말에 있을 성전 멸망(13:3-

(8:31; 9:31; 10:33)에 대해서 예수님은 "드러내놓고"(8:31) 가르치셨다는 것은 침묵 명령의 이유에 대한 논의를 할 때 반드시 고려돼야 한다. 예수님이 그의 특정 사역과 특정 신분을 감추려 하신 것에 대한 총 네 가지 설명이 가능하다.[5] 첫째, 예수님은 그가 기적과 능력 수행자로만 사람들에게 각인되는 것을 원치 않으셨음이 분명하다(Osborne, 155-56). 기적적인 치유를 받은 사람들이 전파하는 소문(1:44; 5:43; 7:36)은 그가 기적 수행자라는 상(image)을 만들 수 있었고, 또 그렇게 만들어진 이미지는 세례 때 그의 소명으로 확증된 여호와의 종의 길과 맞지 않다는 판단을 하셨다고 봐야 한다. 침묵 명령은 그 같은 소문의 발생을 사전에 차단하려는 시도로 이뤄진 것이다.

둘째, 침묵 명령 중에는 당시 로마의 압제를 받고 있던 팔레스타인 대중들이 그를 반로마 항쟁을 이끌었던 자칭 메시아와 같은 인물로 오해할 소지가 있다고 판단하셨기 때문에 내려진 것도 있다(Edwards [b], 62; 충분한 논의를 위해선 8:30 주해를 보라). 예컨대, 그를 그리스도로 고백하는 베드로를 침묵케 한 일(8:30), 무리를 피하시려는 시도(7:24; 9:30), 광야에서 오병이어 기적을 경험한 무리를 서둘러 해산하신 경우(6:45-46)가 대표적인 예들이 될 수 있다.

셋째, 기적 수행을 통해 대중들로부터 얻게 될 수 있는 명성과 권세를 원치 않으신 예수님의 태도(10:43-45)도 마가복음의 비밀 모티프를 설명할 수 있다(Hagedorn and Neyrey, 50-53). 예수님은 정치나 종교적 권력과 명성에 기대지도 않으셨고 그것을 얻고자 대중을 이용하거나 조장하지도 않으셨다. 그가 궁극적으로 어떤 길을 가야하고 무엇을 해야 하는지는 대중들의 필요에 따라 결정되는 것이 아니라 이사야에 의해 예언되었

---

37)과 같은 주제에 관해 예수님은 거침없이 제자들에게 가르치신다.

5. 이에 대한 또 다른 설명은 4:21-22 주해를 보라.

고, 세례 때 확증되었으며, 또 세례 요한에 의해 예비된 그 길이라는 것을 아셨기 때문이다.

넷째, 1세기 지중해 문화는 사람들이 경쟁적 위치에 있는 다른 이들의 도전과 시기를 유발할 수 있는 행동을 가능한 절제하며 살아가는 것이었다(Pilch, 1994: 151-57; Hagedorn and Neyrey, 51-53). 예수님이 치료받은 한센병환자에게 기적적인 경험을 아무에게도 이야기하지 말도록 한 것은 대중들의 과도한 관심이 그에게 집중될 경우 일어날 수 있는 그에 대한 유대 지도자들의 시기(15:10)를 막기 위한 시도라고 볼 수도 있다(Hagedorn and Neyrey, 52-53). 물론 이것은 예수님이 종교 지도자들과 좋은 관계를 유지하려 했다고 주장하는 것은 아니다. 그의 의도는 때가 되기까지 방해받지 않고 하나님 나라를 선포하는 것이었다고 보면 이런 입장은 쉽게 이해될 수 있다(France, 2002: 119). 그러나 아래에서 살펴볼 것처럼 그의 명령이 지켜지지 않아 "드러나게" 도시에 들어갈 수 없게 되었다고 마가는 말한다(45절). 결국 이어지는 2:1-3:6에서 예수님은 바리새인들과 서기관들의 집중적인 비난을 받은 후 결국 살해 음모의 대상이 된다(3:6). 이런 점에서 2:1-3:6의 종교 지도자들과의 격한 논쟁은 내러티브 흐름상 한센병환자가 예수님의 명령을 준행하지 않은 결과로 일어난 일들이라는 해석이 가능하다.

물론 예수님은 치료된 한센병환자에게 하지 말아야 할 것만 지시한 것이 아니다. 그가 해야 할 추가적인 두 행동을 지시한다:

> 그 제사장에게 가서 자신을 보이시오.
> 그리고 그대의 깨끗함에 대해서는 그들에게 증거가 되도록 모세가 명령한 것을 예물로 가져 가시오(44절 중후반부).

이 지시는 레위기 13-14장에 나오는 '한센병환자에 관한 법'의 에코이다:

막 1:44	칠십인경 레 13-14장
σεαυτὸν δεῖξον τῷ ἱερεῖ 그 제사장에게 … 자신을 보이시오.	δείξει τῷ ἱερεῖ 그 제사장에게 보일 것이요(13:49).
καὶ προσένεγκε 그리고 가져가시오.	προσοίσει αὐτὰ ... πρὸς τὸν ἱερέα 그것들을 제사장에게 … 가져 갈 것이요(14:23).
περὶ τοῦ καθαρισμοῦ σου 그대의 깨끗함에 대해서는	εἰς τὸν καθαρισμὸν αὐτοῦ 그의 깨끗함을 위해서(14:32)
ἃ προσέταξεν 명령한 것을	προστάξει ὁ ἱερεύς 제사장이 명령하다(14:4, 5, 36, 40).
Μωϋσῆς 모세가	Μωϋσῆς 모세가(13:1; 14:1)

레위기 13:1-14:32이 말하는 것처럼 치유함을 받은 한센병환자는 먼저 제사장에게 데려가진다(14:2). 만일 치유가 확증되면 그는 예물을 드려야 했다(10-32절).[6] 그러나 레위기 법이 명하고 있는 한센병환자에 관한 법과의 유사성을 근거로 예수님이 모세의 법을 준행했다는 주장(Sanders, 1993: 128-29, 224; Boring, 2006: 73)을 펼치는 것은 지나친 해석이다. 마가의 강조가 예수님의 레위기 법 준수가 아니라 다른 데에 있다고 믿어야 할 이유가 있다. 첫째, 본문은 부정하다고 여겨진 한센병자의 치유가 정결법에서 금하고 있는 손 접촉을 통해 이뤄졌다고 분명히 말한다. 따라서 예수님은 정결법(토라)을 어겼다는 비난을 면하기 어렵다.

둘째, 모세의 법에 따른 예물을 제사장에게 드리라는 요청의 목적은 "그들에게 증거가 되도록"(εἰς μαρτύριον ἀυτοῖς) 하기 위해서였다. 무엇을 위한 "증거"로 예물을 드리라는 것인지는 여격 "그들에게"(αὐτοῖς)의 대상이 누군지에 따라 다르게 해석된다. 먼저, 인칭 대명사 여격인 '아우

6. 또한 미쉬나 네가임 14를 보라.

또이스'가 가리키는 대상이 예수님을 '율법 반대자'라고 보는 유대 지도자 혹은 일반 유대인이라고 본다면, 바칠 예물은 그가 율법을 준수한다는 증거가 되도록 하기 위한 것이라는 의미를 가진다(Guelich, 2001: 167). 다음으로 '아우또이스'를 일반적인 유대 지도자 혹은 유대인으로 본다면 예물 봉헌에 대한 명령은 한센병환자가 사회 복귀가 가능한 치유를 받았다는 증거를 얻도록 하기 위한 목적이 있는 것으로 해석할 수 있다(Cranfield, 95). 전자의 의미를 택하기는 어렵다. 예수님은 아직 그 누구와도 유대법과 관련된 논쟁을 한 적이 없었고, 무엇보다 이런 맥락에서 예물 봉헌의 목적이 그 자신에게 맞추어져 있었다고 상상하기는 어렵기 때문이다. 반면에 후자의 의미가 그의 의도에 더 적합 하다고 보아야 하는 이유가 있다. 예물 봉헌 명령이 지금까지 공동체와 고립된 채 살아오던(45절) 한센병환자를 다시 사회 안으로 내보내는(ἐξέβαλεν) 맥락이라는 것이 중요하다. 그렇다면 예물 역시 그의 유익을 위해 사용되도록 의도했을 것이라 추론할 수 있다. 예수님은 지금까지 그를 유대 사회와 동떨어져 살도록 만들었던 병(레 13:46)을 치료하신 후 그가 사회로 다시 복귀할 수 있는 제도적 절차를 밟도록 하시고자 예물을 제사장에게 증거로 바치도록 지시하셨다는 주장이 더욱 설득력 있다고 말할 수 있겠다(Wright, 1996: 257; 신현우, 2016b: 571).[7]

병자의 반응(45절) 그가 제사장에게 갔는지 그렇지 않은지는 명시되지 않았다. 그러나 본문이 분명히 하고 있는 것은 예수님의 침묵 요청이 그의 뜻과는 반대의 결과를 가져왔다는 점이다. 예수님의 침묵 요청은 역설적(paradoxical) 성격을 가진다. 그의 신분과 베푼 이적에 대해 침묵을 요

7. 신현우는 한센병환자를 외진 곳에서 마을로 돌려보내는 장면에서 예수님의 새 출애굽 사건이 암시되었다고 본다(신현우, 2016b: 572).

청하면 할수록 더 많은 사람이 예수님을 알고 찾아오기 때문이다.[8] 44-45절에 동일한 현상이 일어난다. 예수님은 "더 이상 드러나게 마을에 들어갈 수 없어 … 다만 그는 바깥 외진 곳[ἐρήμοις τόποις]에 계셨다." 예수님이 계셨던 곳이 '에레모스'였고 그곳으로 사람들이 "사방에서 모여들었다"는 것은 근접, 원격 문맥에서 의미하는 바가 있다. 먼저, 근접 문맥에서 본다면 앞선 단락(35-39절)에서 "외진 장소"(ἔρημον τόπον, 35절)에 기도하러 가신 예수님을 뒤쫓아 온 제자들이 "모든 사람들이[πάντες] 당신을 찾고 있습니다"(37절)라고 말했다. 하지만 예수님은 그를 찾는 무리가 있는 곳으로 가지 않으셨고 그의 소명에 따라 다른 곳으로 가셨다(38절). 그 결과 현 본문은 사람들이 "사방에서"[πάντοθεν] 그에게 나아왔다고 말한다(45절 후반부).

다음으로 원격 문맥에서 본다면 사람들이 "외진 장소"에 있는 예수님께 나아오는 모습은 4-5절과 수미상관을 이룬다. 4-5절에서 세례 요한은 '에레모스'에 있었고 사람들이 그에게로 모여들어 회개의 세례를 받으며 새 출애굽을 준비하였다. 예수님 역시 그곳으로 가셨다. 그런데 가버나움과 주변 지역에서의 얼마간의 사역 후 반대의 일이 일어났다. '에레모스'에 있는 것은 세례 요한이 아니라 예수님이었고 사람들은 예수님에게로 모여들고 있다. 세례 요한에 의해 준비된 예수님의 종말론적 새 출애굽 운동이 이제 예수님에게로 온전히 넘겨져 진행되고 있음을 보여준다. 여기에 다시 역설이 있다. '에레모스'에서 예수님이 그에게 오는 무리를 가르친 것은 한센병환자에 준 침묵 명령이 지켜지지 않은 결과였다. 하지만 이러한 불순종마저도 예수님을 통해 하나님 나라의 가르침이 전파되는 계기가 되고, 더 나아가 하나님의 종말론적인 새 출애굽 운동의 배경 장

8. 이런 역설은 부활 증언과 관련된 마가복음 종결부(16:8)에 '반전적' 성격으로 사용되기도 한다. 16:8 주해를 보라.

소를 제공하는 계기가 되고 있는 것이다.

요약과 해설

예수님은 한센병환자를 신체적 접촉과 말씀으로 치유하신다. 유대 정결법에 따르면 부정과 정함이 만날 때 감염의 경로는 부정에서 정함으로 흐르는 것이라 믿었지만 예수님의 신체적 접촉을 통해 감염의 역류가 일어났다. 부정이 예수님을 만날 때 부정이 그를 감염하는 것이 아니라 도리어 예수님이 부정을 정하게 하셨던 것이다. 감염의 힘은 부정에 있는 것이 아니라 예수님에게 있었다. 그런 후 예수님은 그를 공동체로 다시 복귀시키셨다. 베드로의 장모 치유에서도 보았던 바와 같이 예수님의 치유는 몸의 회복만이 아니라 사회적 기능을 다시 수행할 수 있도록 해주는 데에까지 이어진다. 그의 사회로의 복귀는 뜻하지 않는 결과를 낳았다("더 이상 드러나게 도시에 들어갈 수 없어 다만 바깥 외진 곳에 계셨다", 45절 중반부). 그러나 불가피하게 이뤄진 예수님의 광야 사역(45절)은 다시 뜻하지 않는 방법으로 하나님의 사역을 성취시킨다. 광야에 머물고 계시는 예수님을 향해 사람들이 온 사방으로부터 모이는 모습은, 종말론적인 새 출애굽 운동을 전개할 주님이 광야에서 오리라는 이사야의 예언이 예수님을 통해 성취됨을 증명한다.

제12장
죄 사함 논쟁
마가복음 2:1-12

2:1-3:6은 다섯 개의 단화로 구성되어 있고 그 주제는 모두 유대법과 관련된 논쟁을 다룬다. 서로 다른 사건들이 유사한 주제하에 상호 연결되어 하나의 주제적 단락(a thematic unit)을 이루는 형식은 연상적 사고를 통해 들은 정보를 보다 쉽게 기억하도록 돕는 구술-청각적 의사소통 문학의 구조 중의 하나이다(Kelber, 1983: 78; Park, 38-39). 다섯 개의 단락에 흐르는 법적 논쟁 틀은 다음과 같다.

본문	원형적 사건 순서			
	도발적 행위	비난	변호	판결
2:1-12	1-5절	6-7절	8-11절	12절
	그대의 그 죄들이 사해졌습니다.	이 사람이 왜 이렇게 말하는가. 신성 모독이로다.	인자는 죄를 사하는 권세를 가지고 있습니다.	일으킴을 받아 … 모든 사람이 … 하나님께 영광을 돌렸다.
2:13-17	15절	16절	17절	
	그가 죄인들과 세리들과 함께 먹고 있다.	당신이 왜 세리와 죄인들과 함께 먹습니까?	나는 의인을 부르러 오지 않았고 다만 죄인을 부르러 왔습니다.	(함축됨)

	18절	18절	19-22절	
2:18-22	금식하지 않음 (함축됨)	그런데 당신의 제자들은 금식하지 않습니까?	새 포도주를 새 부대에	(함축됨)
	23절	24절	28절	
2:23-28	안식일에 그들이 이삭을 잘라 길을 만들기 시작하였다.	왜 안식일에 합당치 않은 일을 하십니까?	그런즉 인자는 안식일에도 주인입니다.	(함축됨)
	1절	2절	3-5절	5-6절
3:1-6	안식일에 병 치유 (함축됨)	그를 고소하고자 그가 안식일에 그를 치유하는지 어떤지 그를 지켜보았다.	안식일에 선을 행하는 것과 악을 행하는 것, 어느 것이 옳습니까?	그의 손이 회복되었다 … 바리새인이 … 어떻게 그를 죽일 것인지 의논하였다.

2:1-3:6의 법적 논쟁들[1]

이 대단락에 있는 에피소드들은 또 다른 주제적 연상관계에 있다:

사지가 마비된 자 치유(2:1-12)

죄인과 식탁 교제(2:13-17)

금식(2:18-22)

안식일에 먹기 위한 노동(2:23-28)

손이 마비된 자 치유(3:1-6; Dewey, 1980: 109-30)

사지가 마비된 중풍병자 치유에 관한 현 단락은 마비된 손을 가진 사람 치유를 다루는 마지막 단락과 주제적 수미상관을 이룬다. 두 번째 단락(2:13-17)은 다시 마지막에서 두 번째 단락(2:23-28)과 먹는 문제를 논쟁의 주제로 삼고 있으며, 중간 단락(2:18-22)은 먹지 않는 문제, 즉 금식을 다룬다는 점에서 주제적 연상을 이어간다. 또한 첫 단락과 마지막 단락을 제외하고 나머지 세 단락은 모두 비유(의사와 병자, 17절; 결혼과 옷 조각,

1. 아래의 표는 약간의 수정 후 박윤만(2013b: 159-60)으로부터 인용한 것이다.

그리고 새 포도주, 21-22절; 다윗과 그의 동료, 25-26절)가 예수님의 논거로 등장한다.

현 단락은 가르침(1-2절)을 배경으로 죄 용서(5-10절)와 병 치유(3-4절, 11-12절)와 같은 사건이 일어난다. 본문의 이런 흐름은 예수님 시대의 세계관을 이해할 때 자연스럽다. 고대 지중해 문화에서 병(sickness)은 단순한 질병(disease)으로만 보지 않았다. 오히려 그것은 아픔(illness)으로 이해되어 몸과 영혼의 상태 및 사회 문화적 경험을 총괄하는 개념이었다(Pilch, 7-54). 이런 문화에서 가르치는 자는 몸과 영혼의 건강 및 사회적 관계에 대한 바른 길을 제시하는 자로 이해되었고, 이것이 마가복음이 가르침과 치유를 분리할 수 없는 개념으로 묘사하고 있는 이유이다(1:21, 22; 2:13; 4:1, 35; 5:35; 6:2, 6, 30; 9:17, 38).

> **1** 그리고 며칠 후 그가 다시 가버나움으로 들어가 계시니 그가 집에 계
> 신다는 소문이 들렸다. **2** 그러자 많은 사람이 함께 모여 심지어 대문 앞에
> 조차 더 이상 빈틈이 없었다. 그럼에도 여전히 그는 그들에게 말씀을 전하
> 셨다. **3** 그때에 사람들이 네 사람에 의해 들린 한 중풍병자를 그에게 데려
> 온다. **4** 그러나 그 무리 때문에 그에게로 다가갈 수 없자 그들은 그가 계신
> 곳의 지붕을 뜯어냈다. 그리고 구멍을 낸 후 그들은 중풍병자가 누워 있는
> 그 들것을 밑으로 내리고 있다. **5** 그때에 예수님이 그들의 믿음을 보시고
> 그 중풍병자에게 말씀하신다. "자녀여, 그대의 그 죄들이 사해졌소." **6** 그
> 러나 서기관들 중 몇 사람이 그곳에 앉아서 그들의 마음으로 수군거리고
> 있었다. **7** "이 사람이 왜 이렇게 말하는가? 그가 신성 모독을 하고 있다. 하
> 나님 외에는 누가 죄들을 용서할 수 있는가?" **8** 그러자 곧 예수님이 그들
> 속으로 그렇게 수군거리는 것을 그의 영으로 아시고 그들에게 말하신다.
> "그대들이 왜 그것들에 대해 마음으로 수군거리십니까? **9** '중풍병자에게

너의 죄들이 사해졌다'고 말하는 것과 '일어나서 너의 들것을 들고 걸어가라'고 말하는 것, 어느 것이 더 쉽습니까? **10** 그러나 인자가 땅에서 죄들을 사하는 권세를 가지고 있음을 그대들이 알도록 하고자", 그가 그 중풍병자에게 말한다, **11** "나는 그대에게 말합니다. 일어나서 그대의 들것을 들고 그대 집으로 가시오." **12** 그러자 그는 일으킴을 받았다. 그리고 즉시로 그는 그 들것을 들고 모든 사람 앞에서 나갔다. 모두가 놀라 "우리가 그와 같은 것을 결코 보지 못했다."라고 말하며 하나님께 영광을 돌리고 있다.

주해[2]

도발적 사건(1-5절) 새로운 사건이나 문단의 시작을 알리는 문법적 표지 노릇을 하는 현재 시제(Porter, 1994: 302)가 예수님이 가버나움에 들어가 "계신다"(ἐστίν)는 정보를 알리고자 사용된다(1절). "다시"(πάλιν) 가버나움에 들어가셨다는 말은 1:21에 언급된 가버나움 방문과 뒤따르는 사건을 상기시킨다. 예수님이 계신 집 역시 아마도 1:29에 등장하는 시몬의 집일 가능성이 높으며, 무리 역시 앞서 그에게 몰려왔었고(1:33), 또 그를 찾았던(37절) 이들과 동일 인물들로 봐도 별 무리가 없다. 그럼에도 현 단락의 사건은 이전 가버나움에서의 사역과 중요한 주제적 차이를 가진다. 예수님의 치유 사역이 일으킨 유대법과 관련된 논쟁이 그것이다. 앞서 가버나움 회당에서 축귀(1:21-28)와 베드로 장모의 치유(29-31절) 역시 안식일(21절)에 일어났음에도 당시에는 어떤 논쟁을 가져오지는 않았다. 하지만 상황이 바뀌었다. 예수님의 도발적 사역이 반복되었을 수 있고, 그것이

2. 2:1-12 주해의 상당 부분은 저자의 앞선 두 책(Park, 186-89, 257-68)과 논문(박윤만, 2013: 161-68; 2014; 348-52)으로부터 왔음을 밝혀 둔다.

종교 지도자들의 귀에 들어갔기 때문일 수 있다.

어쨌든 예수님이 머물고 계신다는 "소문"을 듣고 많은 사람들이 몰려들었다(1-2절). 이전 방문 때와 마찬가지로 가버나움에서의 예수님의 명성은 "소문"에 의해 만들어진다(1:28). 몰려든 무리들로 채워진 집에 "심지어 대문 앞에조차 더 이상 빈틈이 없었다[μηκέτι χωρεῖν μηδὲ]"는 정보는 한편으로는 강조적 이중부정어 사용에 의해 확인될 수 있는 것처럼 대중들 사이에 퍼진 예수님의 압도적 명성을, 다른 한편으로는 앞으로 일어날 중풍병자의 대안적 행동을 위한 장소적 배경을 제공한다.

그는 "소문" 듣고 몰려든 무리들에게 "말씀을[τὸν λόγον] 전하신다." 마가복음에 '로고스'(λόγος, '말씀')가 한결같은 의미를 가진 것은 아니지만(1:45; 5:36; 7:29), 1:14에서와 같이 예수님을 주어로 하고 있는 경우에는 "하나님 나라"(1:14)와 "하나님의 복음"(1:14), 그리고 "복음"(1:15; 8:35; 10:29; 14:9)과 동일한 의미를 함축한다. 예수님은 하나님의 다스림을 알리는 '로고스'를 가르치고 계셨다. 이후 일어난 죄 용서 선언, 병 치유, 논쟁과 같은 일들이 '로고스' 사역 중에 일어났다는 것 역시 예수님의 '말씀' 사역은 단지 지식을 전하는 데 그치지 않고 사람의 몸을 치료하고 영혼을 구원하며 또 논쟁을 통해 바른 지식을 세워 나가는 하나님 나라 사역이라는 것을 알려준다.

중풍병자의 등장을 묘사하는 동사와 분사(해당 동사는 밑줄이 그어져 있다. "그들이 … 들린 중풍병자를 … 데려온다", ἔρχονται φέροντες ... παραλυτικὸν αἰρόμενον)는 모두 강조적 현재 시제로 표현된다(3절). 무리 때문에 '문'으로는 예수님에게 접근할 수 없다는 것을 안 중풍병자 일행은 예수님이 계신 공간 위쪽 '지붕'을 택한다. 문이 막혔을 때 지붕을 예수님에게로 가는 '길'로 삼은 것이다(Park, 261-62). 그들이 지붕에서 한 행위는 마가복음 전체에서 가장 극적인 장면 중 하나이다. 그들은 "지붕을 뜯어내고" "구멍을 내고 … 그 들것을 밑으로 내리고 있다." 고대 유대 사회의 집 지붕의 형태는 평면이었고 재질은 주로 나무로 제작되었기 때문에(Dalman, 69), 구멍을 내기가 그렇게 어렵지 않았을 것이다. 그럼에도, 문은 한 사람이 다른 사람을 방문하는 공간적 구조물이라는 것은 인류 보편적 지식이다. 그런 배경 지식을 기반으로 본다면 지붕을 통한 방문은 문화적으로 전혀 기대되지 못한 일이었다. 기대치 못한 일의 발생은 담화에서 현저성을 가지기 때문에 중풍병자 일행의 방문 모습은 문법적 강조뿐 아니라 인지적 현저성을 만들어 낸다(Park, 261-62; 박윤만, 2013b: 125-28).

예수(ὁ Ἰησοῦς)께서 일행의 일련의 행동에서 보신 것은 "그들의 믿음"(τὴν πίστιν αὐτῶν)이었다(5절). 3인칭 복수 소유격 대명사 "그들의"(αὐτῶν)는 중풍병자도 포함한다고 보는 것이 문맥적으로 정당하다. 4절의 동사들의 문법적 주어인 복수 3인칭에는 의미적 주어로서 중풍병자와 네 명의 사람들을 함께 함의하고 있기 때문이다. 주목할 것은 예수님이 믿음을 "보셨다"(ἰδών)는 것이다. 이 말은 중풍병자 일행의 믿음이 '가시화'되었다는 것인데, 여기에서 의문이 생길 수 있다. 예수님은 무엇을 보시고 그들의 믿음을 보셨을까? 선행 맥락은 지붕을 뚫고 병자를 내리는 '행동'을 보며 그들의 '믿음'을 보셨다고 추론케 한다. 특히 현 단락에서 이름 '호 이에수스'(ὁ Ἰησοῦς)는 1:25 이후 처음 나와 믿음을 보시는 분이 "예수"라는 점이 강조되고 있다. 예수님에게로 가는 문이 막혔을 때는 기다리거나 또는 돌아가는 것이 문화적으로 예상된 행동이지만 그들은 지붕을 문으로 삼았다. 지붕을 뚫고 병자를 내린 행동에서 드러난 그들의 믿음은 문화가 지시했던 문제해결 방식을 뛰어넘게 했다고 봐야 한다.

따라서 "그들의 믿음"이 이어지는 예수님의 죄 용서와 기적의 근거가 된다는 것은 전혀 이상하지 않다. 마가는 예수님이 "그들의 믿음을 보시고[ἰδὼν]" 죄 용서 선언을 하신다고 말한다(5절 전반부). 마가복음에서 믿음이라는 주제가 언급된 기적 이야기의 경우 여자의 믿음은 기적 체험의 필수 조건으로 예수님의 입에서 직접 발화(*ipssima verba*)된다(막 4:40; 5;34, 36; 9:23-24; 10:52). 마찬가지로 분사로 표현된 '이돈'(ἰδών, '본 후')은 주절의 행동의 조건을 설명해 주는 용법으로 보는 것이 타당하다(박윤만, 2014: 347). 그러므로 예수님은 그들의 믿음을 보셨기 '때문에' 죄 용서 선언을 하신 것이라는 해석이 가능하다.

그들의 믿음은 구체적으로 누구를 향한 것일까? 중풍병자 일행은 예수님이 "복음을 믿으십시오"(1:15)라고 하신 후 실제로 믿음을 보인 첫 번째 사람들로 소개된다. 마가복음에서 "복음"은 예수님을 통해 하나님이 왕 노릇 하시기 시작하셨다는 소식이다(1:15 주해를 보라). 특히 예수님에 따르면 기적과 치유는 자기를 통해서 하나님의 통치가 지금 여기에 임하고 있음을 드러내는 상징적인 사건이었다(3:22-30, 병행. 마 12:28; 눅 11:20; 참조. 마 11:4-5, 병행. 눅 7:22). 몸의 마비 가운데 있는 중풍병자와 그 일행이 예수님에게 찾아와 믿음을 가졌다는 것은 그 지으신 세상을 치료하시는 하나님의 통치가 예수님을 통해 실현되고 있음을 받아들였다는 것을 보여준다. 따라서 그들의 믿음은 예수님 안에서, 예수님을 통해서, 그의 나라를 이뤄가시는 하나님을 향했던 것이다.[3]

예수님은 그들의 믿음을 보시고 어떤 점에서 볼 때 예상 밖의 말씀을 하신다. "자녀여, 그대의 그 죄들이 사해졌습니다[ἀφίενται]"(5절 후반부). 중풍병자에게 필요한 것은 몸의 회복이었기 때문에 죄사함에 관한 선언은 기대 밖의 말씀처럼 들릴 수 있다. 이런 이유 때문에 양식비평가들은

3. 예수님이 요구한 믿음이, 이스라엘의 하나님이 하신 약속이 자기를 통해 실현되고 있다는 것을 받아들이라는 요청이라는 주장에 관해서는 고펠트(Leonhard Goppelt, 1992: 215) 참고.

본 단락이 두 ‘양식’(form)의 이야기(치유 이야기[1-5a, 10b-12]와 용서 이야기[5b-10a])를 초기 교회가 하나로 창작한 결과라 주장한다(Bultmann, 14-15; Vincent, 1966: 191-92). 양식비평의 실수는 1세기 유대 사회에서 병과 죄의 관계에 대한 무지로부터 비롯되었다. 당시 유대인들에게 육체의 병은 흔히 영적인 병, 곧 죄가 그 원인인 것으로 종종 이해되었다(민 12:6-9; 신 28:20-28; 대하 7:13-14; 시 38:3-4; 요 5:13; 9:1-2; 토비트 3:3, 16-17; 에스라4서: 3:21-22; 집회서 38:10; 38:15; Josephus, *Jewish Antiquities*, 17.6.5 §168). 예수님의 치료는 병의 증상(symptom)부터 치료하신 것이 아니라 병을 유발하는 근본 원인인 ‘영적 병균’부터 먼저 제거하신 것이다(박윤만, 2014: 331-32). 그 사람에게 질병을 가져왔던 근본 뿌리를 고쳐 그를 누르고 있던 죄의 짐을 벗겨 주신 것이다. 그러나 한 사람에게는 자유를 준 선언이 다른 사람에게는 분노를 가져다주었다.

비난(6-7절) 그곳에 앉아 있던 서기관들이 속으로 수군거리기 시작했다. 그들의 수군거림은 두 수사적 질문과 그 사이에 있는 평가적 외침으로 구성되어 있다:

> 이 사람이 왜 이렇게 말하는가?
>
> 그가 신성 모독을 하고 있다[βλασφημεῖ].
>
> 하나님 외에는 누가 죄들을 용서할 수 있는가?(7절)

그들의 질문은 정보를 얻기 위해서가 아니라 이미 알고 있는 정보를 환기하기 위해 사용된 수사적 질문이다. 예수님이 하나님 외에는 허락되지 않은 말을 했다는 것이다. 유대법 전문가인 서기관들의[4] 신성 모독

4. Josephus, *Jewish Wars* 2.8.2-14 §§119-66; *Jewish Antiquities* 18.1.2-6 §§11-25.

(βλασφημεῖ) 선언은 예수님이 하나님을 모독하는 죄를 범하고 있다는 평가적 선언이다.[5] 그렇다면 예수님의 선언이 어떤 점에서 도발적으로 들렸을까? 유대 사회에서 죄 용서는 유일하신 하나님의 전권으로 이해되었는데(출 34:6-7, 11-15; 시 130:4; 사 43:25; 44:22; 막 11:25) 예수님은 죄 사함을 선언하심으로 하나님의 특권을 침범한 것이다. 그러나 최근에 샌더스(E.P. Sanders)는 죄 용서 선언이 수동태(ἀφίενται, '그것들이 사해졌습니다')로 발화된 것에 주목을 한 후, 예수님은 죄 용서를 하는 주체로 여전히 하나님을 함의하고 있기 때문에 그의 선언은 하나님의 전권을 침범한 것이라기보다는 당시 (대)제사장이 했듯이 하나님을 대변해서 말한 것이라 주장한다(Sanders, 1985: 273). 하지만 최근에 조안슨(Daniel Johansson)은 레위기와 제2성전 시기 유대 문헌을 조사한 후 (대)제사장이 죄 용서를 위한 속제 제사를 '집전'한 것은 사실이지만 죄 사함을 '선언'한 경우는 없었다고 결론 내렸다(354-56). 그렇다면 그들은 왜 예수님이 신성 모독을 했다고 정죄 선언을 한 것일까? 수동태로 선포했을지라도 예수님의 죄 용서 선언은 하나님의 전권을 행사한 것으로 이해될 충분한 소지가 있다. 유대 사회에서 하나님께로부터 죄 용서함을 받는 방편은 죄 고백(삼하 12:13; 솔로몬의 시편 9:6-7; 17:29), 고통과 징벌(사 40:1; 52:13; 53:12-11; 솔로몬의 시편 10:1-2; 1QpHab 8:1-3), 그리고 성전 제의(출 25-31장, 특히 28:36-38; 레 4:22-35; 10:17) 등이 있었다(박윤만, 2014: 334-41). 물론 그러한 절차를 따르는 사람들은 죄를 사하는 일을 하나님의 전권에 속한 일로 믿었다. 대표적으로 나단이 다윗에게 "여호와께서도 당신의 죄를 사하셨나니"(삼하 12:13 전반부)라는 죄 사함 선언을 하지만 나단의 죄 용서 선언은 먼저 다윗이 "내가 여호와께 죄를 범하였노라"(13절 후반부)라는

5. 레 24:16; 왕상 21:13; 1QS 4:11; CD 5:12; Josephus, *Jewish Wars* 4.3.12 §202.

고백을 했을 때에 이뤄진다.[6] 특히 죄 사함과 관련해서 성전은 팔레스타인에서 하나님의 임재와 속죄의 상징으로서 압도적 권위를 가진 제도였기 때문에 조안슨의 주장대로 비록 (대)제사장이 직접적으로 죄 사함 선언을 한 증거가 없다고 할지라도 예수님 당시 유대들이 (대)제사장의 집전에 따라 성전 제사를 드리는 것이 하나님으로부터 죄 사함을 받는 길이라는 믿음을 가졌다는 점은 의심될 수 없다.

그러나 현 본문에서 예수님이 죄 용서를 선언한 그 사람은 성전 제의를 거쳤다는 증거는 물론 어떤 회개를 했다는 아무런 증거도 없다. 예수님 역시도 그러한 죄 용서 선언 전에 중풍병자에게 회개의 요청을 하신 것도 아니었다. 그럼에도 예수님은 일방적으로 "그대의 그 죄들이 사해졌습니다"라고 선언하신다. 물론 그가 앓던 중풍병을 근거로 그가 죄 사함을 받게 하는 징계와 고난을 겪었다는 판단을 하셨다고 볼 수도 있다. 하지만 그 경우에도 하나님에게 죄 용서를 향한 회개는 필수적이다.[7] 그러므로 성전 관리인인 서기관들의 눈에는 성전이 아닌 일반 집에서 또 유대 관습과 법이 요구하는 어떤 절차를 따르는 것 없이 죄 용서를 선언하신

6. 신현우, 2016a: 470는 삼하 12:13의 다윗을 향해 나단이 한 것과 같은 죄 사함 선언이 존재했었다는 것을 근거로 서기관들이 예수님을 신성 모독이라 한 것은 신성 모독을 과대 적용한 것이라 본다.

7. 쿰란 공동체로부터 나온 조각문서인 『위-다니엘의 묵시』 또는 『나보니두스의 기도』에 따르면 바벨론의 왕 나보니두스가 중대한 병에 걸렸을 때 그가 "지극히 높으신 하나님께 기도했다. 그리고 그가 나의 죄를 용서했다. 한 축귀자가 나아와 … 말했다. [지극히 높으신] 하[나님]의 이름에 존귀와 위대함을 돌리기 위해 이것을 설명하고 기록하시오. …"(쿰란 문서 4Q242[4QNab4] 4). 죄를 용서한 "그"를 앞 문장과 연결하면 그 왕이 기도한 하나님을 지시하지만, 뒤따르는 문장과 연결하면 "축귀자" 곧 아마도 다니엘이 될 수 있다. 하지만 조안슨이 지적한 것처럼 그 축귀자 역시 왕이 죄 사함을 받은 것에 대해 하나님께 영광을 돌리라고 말하고 있기 때문에 죄 용서자는 하나님으로 보는 것이 자연스럽다(Johansson, 359). 이 경우에서 알 수 있듯이 그 왕이 죄를 용서받는 길은 하나님께 (회개)기도하는 것이었다.

예수님의 발언은 성전 제도를 무시하는 태도이자, 한 걸음 더 나아가 그것을 세우신 하나님을 모독하는 행위로 이해되었을 것이 틀림없다. 보다 더 중요한 것은 예수님의 그런 행동을 통해 도출될 수밖에 없는 추론인데, 그 내용은 오직 법과 관습에 따라 제의를 드리는 여부에 따라 죄 용서 여부를 판단할 수 있었던 사회에서 그것들과 상관없이 이뤄진 죄 용서 선언으로 예수님은 한 사람이 죄 용서를 받을 수 있는지 어떤지를 판단할 수 있는 '하나님의 전권'을 '임의로' 집행한다고 여겨졌을 것이 틀림없다는 것이다(Dunn, 1991: 46; 박윤만, 2014: 343-46). 결국 하나님의 입장에서 내려진 예수님의 '임의적인 판단'은 그가 신성 모독죄를 범했다는 판단을 내릴 근거가 된다. 사실 예수님이 하셨던 것과 같은 죄 용서 선언은 언급한 대로 (대)제사장은 물론 구약과 제2성전 시기 유대 문헌에 등장하는 천사, 선지자 또는 메시아로[8] 알려진 다른 어떤 인물들에 나타나지 않는 독특한 모습이다(Johansson, 351-74). 그렇다면 예수님은 어떤 근거에서 그러한 독특한 주장을 하실 수 있었을까?

변호(8-11절) 예수님은 자기에게 죄 용서할 수 있는 권세가 있음을 주장하고자 두 가지 논증을 하신다. 첫째, 예수님은 병 치료에 관한 '말'(εἰπεῖν)과 죄 용서를 위한 '말'(εἰπεῖν) 중 어느 것이 더 쉬운 말인지를 일반적 지식에 근거하여 답을 하도록 요구하신다(9절). 예수님의 질문 의도는 이중적인 것처럼 보인다. 먼저, 외적 증명이 필요 없는 말인 죄 용서 선언

8. 쿰란 문서 CD 14:19과 1QS 9:4 역시 메시아의 죄 용서 권한을 지지하는 본문으로 곧 잘 인용되지만(Baumgarten, 537-44), 두 본문 모두 용서의 주체가 하나님이라 보는 것이 더 자연스럽다(Johansson, 363-66; 신현우, 2016: 479). 그 외에 레위의 유언 18:9도 훗날 더 이상 범죄가 없는 날을 언급하지 메시아의 죄 용서 권한을 말하지 않으며, 탈굼 이사야 53:4, 11, 12 역시 백성들이 하나님으로부터 죄 용서함을 받도록 메시아가 중재는 하지만 죄 사함 자체를 수여하지는 않는다고 언급한다(Johansson, 364-65).

이 더 쉬운 것이지만, 더 어려운 치유의 말을 이제 곧 할 것인데 그 치유는 이미 행한 더 쉬운 죄 용서의 말을 할 권세가 자신에게 있다는 것을 확증할 것이라 주장하신 것이다(Taylor, 1966: 197; Hooker, 1991: 87). 더 어려운 일을 했으니 쉬운 일을 하는 것은 당연하다는 논리이다(Park, 204-5). 다음으로 구약과 유대교에서는 죄가 질병을 가져오기에 죄 사함은 질병의 치유로 이어진다는 믿음이 있었다. 역대하 7:13-14은 다음과 같이 말한다(양용의, 65):

> … 전염병이 내 백성 가운데에 유행하게 할 때에 내 이름으로 일컫는 내 백성이 그들의 악한 길에서 떠나 스스로 낮추고 기도하여 내 얼굴을 찾으면 내가 하늘에서 듣고 그들의 죄를 사하고 그들의 땅을 고칠지라.

또한 에녹1서 95:4도 유사한 가르침을 가진다: "치료가 너와는 상관없을 것인데 이는 네 죄 때문이니라." 그렇다면 예수님이 죄 용서 선언을 먼저 하시고 치유를 다음으로 수행하신 것은 먼저는 그가 선언한 것처럼 그 병자의 죄가 사해졌음을 '확증'해주기 위해서이고, 다음으로는 그가 선언한 것처럼(10절) 그가 죄를 사하는 권세가 있음을 '확증'하려는 시도라고 봐야 한다.

둘째, 예수님은 자신이 "인자"(ὁ υἱὸς τοῦ ἀνθρώπου)이기 때문에 죄를 용서할 수 있는 권한이 있다고 주장하신다. 예수님의 주장은 죄 용서를 하나님의 전권으로 돌리는 5절과 충돌을 일으키는 것처럼 보인다. 이런 이유 때문에 양식비평 계열의 학자들은 10절을 초기 교회의 창작(Hultgren, 108)으로 돌리지만, 인자라는 호칭 사용은 도리어 10절이 '역사의 예수'로부터 온 것임을 증명한다. 초기 교회가 죄를 용서할 수 있는 이를 지시하고자 사용한 인물 이름은 인자(참조. 계 14:14)가 아니라 예수

(갈 1:1, 4; 롬 8:2-3; 행 2:38)였기 때문이다(Guelich, 2001: 190). 게다가 "그대의 그 죄들이 사함을 받았습니다"(5절)와 '인자가 죄를 사하는 권세가 있다'는 두 선언이 동일한 의미를 내포한다는 것은 인자에 대한 탐구를 통해 확인될 수 있다. 인자의 아람어적 표현(בר אנש, '바르 에나쉬')은 인간 일반을 가리키기도 한다.[9] 그러나 헬라어 본문이 보여 주고 있는 것처럼 관사를 가진 헬라어 표현(ὁ υἱὸς τοῦ ἀνρώπου)은 아람어적 표현과 같은 의미를 전달하지 않는다는 것을 알아야 한다. 인자에 대한 아람어 표현은 1인칭 단수 주격인 '나' 또는 화자 자신에 대한 완곡어법으로 사용될 수 있기 때문에(Vermes, 1973: 162-68) 다수의 학자들은 예수님이 인자를 자기 칭호로 사용하고 있는 것으로 본다(김세윤, 1992: 21-32; Hooker, 1991: 88-93).

그렇다면 예수님이 자기 칭호로 인자를 사용할 때 누구를 염두에 두었을까? 헬라어 관사의 가장 일반적인 기능 중 하나가 지시(demonstrative)라는 것을 감안할 때 예수님이 "그 사람의 그 아들"(ὁ υἱὸς τοῦ ἀνρώπου)로 자기를 칭했을 때 구체적인 대상을 고려하고 있었다는 입장은 언어학적 근거를 통해 지지를 받을 수 있다(υἱός에 선행하는 헬라 관사 ὁ와 ἀνρώπου에 선행하는 τοῦ를 기억하라). 베르메쉬(Geza Vermes)의 반대에도 불구하고(1973: 162-68) 현 본문에서 예수님은 "인자"를 다니엘(단 7:13-14)이 환상 중에 본 인물("인자 같은 이", ὡς υἱὸς ἀνθρώπου)을 염두에 둔 채 사용한다고 보아야 할 이유는, 먼저 예수님의 인자 사용과 다니엘 7:13-14에 존재하는 언어적 유사성을 통해 확인될 수 있다. 다니엘의 "인자 같은 이"는 "옛적부터 계신 이"에게서 "권세"(ἐξουσία)를 받아 "모든 백성과 나라들"(πάντα τὰ ἔθνη τῆς γῆς) 위에 통치를 행사하는 것처럼,

9. Carsten Colpe, "ὁ υἱὸς τοῦ ἀνθρώπου", *TDNT* 8 (1972): 402-4.

예수님 역시 인자로서 자신이 "땅에서"(ἐπὶ τῆς γῆς) "권세"(ἐξουσία), 즉 죄를 사할 수 있는 권세를 가진다고 주장한다(Marcus, 2000: 222-23; Park, 205). 언어적 유사성에 더하여 주제적 연관성 역시 존재한다. 지극히 높으신 이의 성도들과 네 짐승에 비유되는 네 제국 사이에 진행되는 논쟁의 맥락 속에서 다니엘의 인자는 최종적 판결자로 등장한다(단 7:3-8, 15-28). 마찬가지로 서기관들과의 논쟁 중에서 예수님은 최종적으로 인자의 권위에 호소하여 자신에게 죄 용서할 수 있는 권세가 있음을 논증하신다(Wright, 1992: 432; Park, 1992: 205).

다니엘의 인자가 가진 권세는 하나님의 전권이었다(단 7:14). 따라서 자신을 다니엘의 인자로 이해한 예수님도 자신이 하나님의 전권을 집행할 수 있다고 논증을 하신 것은 자연스럽게 이해된다. 현 맥락에서 하나님은 한 사람의 죄를 용서하실 수 있는 권세를 가진 분으로 묘사되고, 예수님 역시 하나님의 전권을 가진 인자이기에 하나님이 그 중풍병자의 죄를 용서하셨다는 판단을 내리신다.[10] 더 나아가 예수님은 "인자가 땅에서 죄들을 사하는 권세가 있다"는 능동적인 주장을 하신다. 예수님이 이런 주장을 하셨다는 것은 하나님의 권세를 집행할 수 있는 전권을 받은 다니엘의 인자로서의 자기 이해를 그가 가지고 있었다는 것을 기억할 때 전혀 놀랍지 않다. 하나님의 전권을 가진 인자가 하나님의 고유한 결정이 무엇인지 알 수 있을 뿐 아니라 자신이 직접 그 권세(죄 용서)를 능동적으로 집행할 수 있었다고 판단하는 것은 전혀 어색하지 않기 때문이다. 가장

10. 정혜진은 예수님의 죄 용서 선언이 신성모독이라는 비판을 받은 이유가 그의 선언이 하나님이 세우신 성전 제도와 대제사장의 고유한 권한을 침범했기 때문이라고 적절하게 지적한다(정혜진, 979-88). 하지만 정혜진은 예수님이 성전 제사 제도와 대제사장의 고유한 권한을 무시한 채 죄 용서 선언을 '임의로' 할 수 있었던 이유가 중풍병자와 친구들이 예수님을 향해 가졌던 "믿음" 때문이라는 점은 간과한다.

놀라운 것은 위에서 설명한 것처럼 예수님이 내리신 그 같은 판단이 그를 향한 그들의 믿음(5절)에 근거한다는 점이다. 그들이 자신에 대한 믿음을 가진 것을 보자 하나님으로부터 죄 용서함을 받을 자격을 갖춘 것으로 판단하셨다. 사실 구약과 유대 문헌에서 믿음의 대상은 하나님이었다(창 15:6; 사 7:9; 28:16; 30:15; 학 2:4; 렘 40:62; 단의 유언 5:13; 6:4; 아셀의 유언 7:6-7). 마가는 그들의 믿음이 예수님에게로 향했고, 예수님은 그것을 근거로 하나님의 죄 용서를 선언하셨다는 점은 하나님에 대한 믿음과 예수님의 믿음이 다른 것이 아님을 보여준다.

예수님의 치유 선언은 중풍병자에게 세 가지 동작을 요청하는 식으로 이뤄졌다. 먼저, “일어나 그대의 들것을 들으라”(11절)는 말은 중풍병의 육체적 증상이 손과 발의 마비라는 것을 고려할 때 그의 마비된 손과 발이 제 기능을 수행하도록 하는 치료이다. 예수님의 치유는 죄 용서라는 영적인 치료만 하는 것으로 끝나지 않았다. 내적인 것(영혼)만 중요시하는 것이 아니라 외적인 것(몸)도 무시하지 않으신다. 몸과 영혼 모두를 고쳐 나가신다(박윤만, 2016: 267). 게다가, 치유의 마지막에 예수님은 그에게 “집으로 가십시오”라고 말한다. 병은 그 사람의 몸 만이 아니라 한 가정을 마비시켰을 수 있다. 특히 예수님 시대는 현대처럼 개인주의적 사회가 아니라 공동체 중심의 사회였다는 것을 기억해야 한다. 그 병자는 아마 한 집안의 성인 가장이었던 것처럼 보이는데(네 명이 그를 들고 왔다는 사실을 기억해 보라), 그렇다면 전신이 마비된 그의 몸은 한 가정의 정상적인 기능 역시 마비시켰을 것이고, 이것은 그와 그의 가정이 사회적으로 고립된 채 살도록 했을 것이다. 이러한 측면을 고려한다면 예수님이 그 사람의 팔다리에 힘을 주신 후 집으로 돌려보내시는 것은 건강해진 몸으로 다시 가정을 세우고 사회적 활동을 할 수 있는 현장으로 보내신 것으로 보아야 한다(박윤만, 2016: 267-68). 정리하자면, 예수님의 치유는 병의 근본 뿌리로 여겨진 죄를 용서하심으로 영적인 치유를 먼저 하시고, 이어서 몸의 증상을 고치시고, 그리고 사회적 삶을 살도록 하는 데까지 이어졌다는 점에서 그 치유는 총체적이었다고 보아야 한다.

판결(12절) 예수님의 그러한 치유 선언은 병자의 실제적인 치유로 이어진다(12절). 마가는 병자의 치유 과정을 예수님이 지시하신 세 가지 동작에 따라 묘사한다("… 그는 일으킴을 받았다. … 들것을 들고 모든 사람 앞에서 나갔다"). 이러한 언어적 반복은 예수님의 명령이 그대로 실행되고 있음을 보여 주어 그의 말의 권위를 부각시켜 준다.

기억해야 할 것은 병자의 치유가 법적 논쟁의 맥락에서 이뤄지고 있다는 점이다. 병자의 치유는 예수님의 도발적인 죄 용서 선언으로 촉발된 서기관과의 논쟁에 대한 최종적인 판결의 의미를 지닌다. 판결은 두 가지 측면에서 이루어진다. 하나님의 판결과 무리의 판결이다.

본문	하나님의 옹호 판결	무리의 옹호 판결
12절	그가 일으킴을 받았다. (ἠγέρθη)	모두가 놀라 … 하나님께 영광을 돌리고 있다. (박윤만, 2013b: 167)

판결(vindication) 정보

중풍병자의 치료는 수동태 동사 '에게르테'(ἠγέρθη, '그가 일으킴을 받았다')로 발화되었다. 그 동사의 문법적 주어는 중풍병자이지만 의미상의 주어는 생략되었다. 고대 유대인에게는 하나님을 치료와 귀신 축출(exorcism)과 같은 '놀라운 일'(wondrous works)의 책임 있는 행위자로 보는 종교적 믿음이 있었기 때문에(막 3:23 30; 마 12:24 32; 눅 11:14 23) '에게르테'의 의미상 주어는 하나님으로 봐야 한다(Park, 207). 이런 주장은 무리들이 그 병자의 치료받는 과정을 보고 "하나님께 영광을 돌리고 있다"라는 사실을 통해 확증된다(Marcus, 2000: 224). 하나님께 영광을 돌리는 일은 그 치유를 통해 하나님의 역사를 보았기 때문이다. 마가는 이 치료에 이스라엘 사회의 최고의 권위를 가진 하나님이 개입하셨다는 정보를 줌으로써 예수님을 향한 최종적 입증(vindication)이 하나님에 의해 이루어졌음을 밝힌다.

최종적 판결은 무리들에 의해서도 이뤄진다. 이야기의 초반(2-4절)을 제외하고는 별 역할이 없었던 무리는 마지막 순간에 다시 등장하여 예수님의 치유 행위에 대해 "놀라고"(ἐξίστασθαι) 감탄하며("우리가 그와 같은 것을 결코 보지 못했다!"), 그리고 "하나님께 영광을 돌린다." 무리의 '놀람'과 감탄은 가버나움 회당에 있던 사람들의 '놀람'(ἐξεπλήσσοντο, 1:22; ἐθαμβήθησαν, 27절)과 유사하다. 마가가 예수님의 죄 용서와 치유를 본 사람들의 반응을 놀람 동사(ἐξίστημι)로 발화한 것은 주목받아야 한다. '엑시스테미'(ἐξίστημι)는 출애굽기 18:9에서 모세를 통해 하나님께서 행하신 일을 들은 이드로가 보인 반응을 묘사할 때 등장한다. 그뿐만 아니라 종말에 하나님께서 하실 일들 역시 인간에게 놀람(θαυμάζω, 5:20; ἐκπλήσσω, 1:22; 6:2; 7:37; 10:26)과 두려움(φοβέω, 4:41; 5:15, 33; 6:50)을 일으킬 것이라는 기록이 구약성경(칠십인경 출 18:9; 호 3:5; 미 7:15, 17)과 유대 문헌(에녹1서 1:4-5; 모세의 유언 10:4; 바룩2서 70:2)에서도 발견된다(Dwyer, 50-51). 마가가 예수님의 죄 용서 선언과 병 치유를 본 사람들의 반응을 놀람 동사로 발화한 것은 예수님을 통해 하나님의 종말론적인 새로운 일이 나타나 사람들이 지금 여기서 그것을 경험하고 있다고 말하기 위해서다(참조. 사 43:18-19).[11] 물론 본 주석은 그와 같은 낱말이 사

---

11. 요세푸스 역시 예수님을 "놀라운 일들을"(παραδόξων ἔργων) 수행한 사람으로 묘사한다(Josephus, *Jewish Antiquities* 18.3.3. §63). 이 표현은 누가가 예수님의 중풍병자 치유 장면을 묘사하고자 사용한 표현과 동일하다("놀라운 일", παράδοξος, 눅 5:26).

용된 모든 경우에 동일한 의미가 적용돼야 한다고 주장하는 것은 아니다. 마가복음에는 일반적 의미로 놀람과 두려움을 가리키는 단어가 사용된 경우(5:33, 36; 6:6, 20; 9:32; 10:32; 11:18, 32; 12:12; 15:5, 44)도 많기 때문이다. 맥락에 따라 그 동사들이 내포하는 의미가 달라질 수 있다는 현대 언어학의 상식을 반영한 해석이 요구된다.

요약과 해설

다섯 개의 유대법적 논쟁 이야기 중 그 첫 번째 사건을 다루는 본 단락에서 예수님은 중풍병자의 죄들이 용서되었다고 선언하심으로 하나님만 하실 수 있는 판단을 스스로 내리셨다. 이것은 유대법 전문가인 서기관들의 즉각적인 반발을 불러왔고 예수님은 이 반발에 대해 인자의 권위에 기초한 변호와 함께 영과 몸, 그리고 사회적 관계를 망라하는 총체적 치유를 행하심으로 그의 권위를 변호하신다. 절대적 재판장이신 하나님은 병자를 일으키심으로, 놀란 무리는 하나님께 영광을 돌림으로, 예수님께 죄를 용서할 수 있는 신적 권위가 있음을 최종적으로 확정하고 있다. 현 에피소드를 1장에서 이뤄진 여러 치유와 축귀 사역의 연장으로 볼 수도 있지만, 그것의 주제가 예수님과 유대(성전 제의)법과의 충돌을 다루고 있다는 점에서 예수님의 하나님 나라 선포 사역이 새로운 국면에 들어서기 시작했음을 보여준다.

제13장
식탁 논쟁
마가복음 2:13-17

본 단락은 두 번째 논쟁 이야기로서 앞 단락과 구분되는 배경(갈릴리 해변)과 인물의 변화(알패오의 아들 레위의 등장)는 새로운 이야기가 시작되고 있음을 알려 준다. 현 단락은 내러티브 흐름상 앞 단락과는 '죄' 문제("죄들", 5, 7, 9, 10절; "죄인", 15, 16, 17절)로 연결되었고, 뒤따르는 금식 논쟁 단락(2:18-22)과는 '먹는' 문제("금식", 18, 19, 20절)로 연결된다. 현 단락에서 벌어지는 논쟁은 죄인들과의 식탁 교제(15-17절)를 배경으로 진행된다.

13 그리고 그가 다시 그 바닷가에 나가셨다. 그리고 온 무리가 그에게
로 왔다. 그리고 그는 그들을 가르치셨다. **14** 그리고 지나가시다가 알패오
의 아들 레위가 세관에 앉아 있는 것을 보셨다. 그때에 그가 그에게 말하신
다. "나를 따르시오." 그러자 그는 일어난 후 그를 따랐다. **15** 그리고 그가
그의 집에서 식사 자리에 앉는 일이 있었다. 그때에 많은 세리와 죄인들이
예수님과 그의 제자들과 함께 식탁에 앉아 있었다. 이는 그들이 많았고 또
예수님을 따랐기 때문이었다. **16** 그리고 바리새인들 중 서기관들이 그가

죄인들과 세리들과 함께 먹고 있는 것을 본 후 그의 제자들에게 말하고 있었다. "왜 세리들과 죄인들과 함께 그가 먹고 있소?" **17** 들으신 후 예수님이 그들에게 말하신다. "강건한 사람은 의사를 필요로 하지 않소. 그러나 아픈 사람들은 필요하오. 나는 의인들을 부르러 오지 않고 도리어 죄인들을 [부르러 왔소]."

주해[1]

도발적 사건(13-15절) 현 단락의 서두는 선행 사건을 떠올리도록 하는 두 언어적 항목을 가지고 있는데 '빨린'(πάλιν, '다시')과 '뗀 탈랏산'(τὴν θάλασσαν, '그 바다')이 그것이다. "그가 다시[πάλιν] 그 바닷가[τὴν θάλασσαν]에 나가셨다"(13절). 부사 "다시"와 지시적 기능의 헬라어 관사를 가진 명사구 "그 바다"는 예수님의 바닷가 방문을 이전 방문(1:16-20)의 빛 아래에서 이해하도록 한다. 첫 번째 갈릴리 해변 방문 때와 마찬가지로 해변은 다시 제자를 부르는 배경 장소가 된다. 또한 제자 부르는 순서 역시 유사한데 이것에 관해서는 1:16-20 주해 서언에서 제시된 표를 참조하라. 물론 두 사건 사이에는 차이도 있다. 먼저, 현 단락의 제자 부름은 그 자체가 목적이 아니다. 이어지는 법적 논쟁의 배경이 된다. 다음으로, 1:16-20의 경우 동일한 두 제자 부름 사건이 병렬적으로 서술되고 있어 베드로와 안드레를 부른 후 "조금 더 나아가신 후에"(19절) 야고보와 요한을 "보시고"(εἶδεν) 그들을 부르신다. 반면, 현 단락에서는 "무리"(ὁ ὄχλος)를 가르치신 후(13절) "지나가시다가" 레위를 "보시고"(εἶδεν) 그를 부

1. 2:13-17 주해의 상당 부분은 저자의 책(Park, 189-094; 208-14; 268-75)로부터 왔음을 밝혀 둔다.

르신다(14절). 예수님은 무리를 대상으로 하실 때는 가르침(ἐδίδασκεν, '가르치셨다', 13절)을 주시지만(1:21, 22: 4:1, 2; 6:2, 6, 34) 한 사람을 제자로 삼을 때는 "보시고"(1:16, 19; 10:21) '부르시는'(1:17, 20; 3:13; 10:21) 등 그 행동이 세분화된다. 이런 세부적 행동 묘사는 제자 삼는 일에 반영된 예수님의 특별한 신중함과 선택적 부름을 보여준다.

레위가 세관(τελώνιον)에 앉아 있었다는 정보는 그의 직업이 세리라는 것을 암시한다(15, 16절). 가버나움은 갈릴리 지역의 경계에 인접해 있었기 때문에 레위가 앉아 있던 세관은 갈릴리 지역으로 들어오는 행인들과 상인들에게 관세를 부과하는 곳이 었다(Schürer, 1권 374). 당시 로마는 팔레스타인에서 세금 징수권을 행사하면서 인두세(head tax)와 토지세는 직접 부과하였지만, 관세(custom tax)는 지역 관리들에게 위탁했다(Schmidt, 804-5). 특히 사람들의 원성이 자자했던 세금은 관세였는데, 이는 로마가 지역민이 낼 관세를 징수맡은 이들에게 미리 받아 갔으므로 세리들은 자신들의 이윤을 챙기기 위해 과도한 세금을 사람들에게 부과했기 때문이다(Schmidt, 805). 이것이 당시 세리가 부정직하다는 악명을 얻게 된 이유이다(참고. 눅 19:8). 총독을 통해 직접 관할했던 유대 지역에서는 로마가 직접 세금을 징수해 갔고(12:14-17), 갈릴리에서는 지역 통치권자인 헤롯 안티파스에게 그것이 일임되었다(Schürer, 1권 374). 따라서 세리 레위는 헤롯을 위해 일하고 있었던 이들 중 하나였다. 그럼에도 거두어들인 세금은 결국 로마의 수중에 들어간다는 것을 알았기 때문에 세리는 부정직함뿐 아니라 로마와 결탁자라는 비난을 면하기 어려웠다.

예수님은 부정직과 결탁자로 악명이 높은 세리를 제자로 부르셨다.[2]

---

2. '예수 세미나'(Jesus Seminar)의 입장을 따르는 워커(W.O. Walker)는 예수님이 세리를 친구로 삼으셨다는 공관복음서의 기록은 역사적으로 신뢰할 수 없는 기록이라 본다(Walker [b], 221-38). 워커는 예수님을 유대 정치적 혁명가로 본 브래돈

어부였던 사람들을 부른 후 예수님은 그들에게 선생으로서의 소명(1:17, "사람들의 어부가 되도록 만들어 주겠습니다")을 주셨고, 세관에 앉은 레위를 부르신 후에는 그와 식탁 교제(table fellowship)를 가지신다. 식탁 교제는 "그의 집"(τῇ οἰκίᾳ)에서 이뤄진다. 3인칭 대명사가 예수님을 가리키는지 아니면 레위를 지시하는지 현 단락에서는 모호해 보인다. 하지만 식사 장소가 레위의 집이라는 것은 이전 단락에서 시므온과 안드레를 부르셨을 때 부름을 받은 자가 초대자(a host)가 되어 예수님에게 식탁을 제공했다는 정보(1:29-31)를 통해 확인될 수 있다(Gundry, 127). 식탁 교제는 예수님의 사역을 특징 짓는 중요한 행위였다(1:31: 6:35-44, 52; 8:1-10; 10:35-45; 14:17-25; 마 11:19). 이런 특징은 15절이 말하는 바이기도 하다. "이는[γάρ] 그들이 많았고 또 예수님을 따랐기 때문이었다." 예수님과 제자들이 식사자리에 앉았다는 14절의 정보는 그를 따르는 자들이 많았다는 15절과 '가르'(γάρ)로 연결되어 있다. '가르'는 논리적 연결을 이끌 필요는 없다. 포터가 지적한 것처럼 접속사 '가르'의 또 다른 역할은 추론적 설명이다(Porter, 1994: 207). 많은 사람들이 그를 "따르고 있었기[ἠκολ-ούθουν] 때문에" 식탁 교제가 벌어지고 있다는 15절의 설명은 예수님은 그를 따르는 자들과 식탁 교제를 가지는 관행(practice)이 있었다는 지식을 추론할 수 있을 때 이해 가능하 다(Park, 272). 그리고 '가르'는 그런 정

(S. G. F. Brandon, *Jesus and the Zealots: A Study of the Political Factors in Primitive Christianity*. Manchester: Manchester University, 1976)의 입장을 따르는데, 그에 따르면 열심당 계열에 있던 가룟유다와 시몬과 같은 사람을 불렀던 예수님이 그나 그의 제자들과 정치적으로 반대의 입장에 있던 세리들을 부르거나 그들과 가까이 지낼 수 있다고 생각하기란 불가능하다는 것이다(Walker [b], 221-39). 하지만 그의 이런 주장은 예수님이 세리와 죄인들과 친구였고 무엇보다 그들을 제자로 불렀다는 것은 부인될 수 없는 역사적 사실이라는 최근의 제3역사적 예수 탐구가들의 연구 결과의 무게를 견딜 수 없다. 이런 입장에 있는 제3탐구가들에 대해선 Sanders (1985: 200-11); Wright (1996: 266-68, 272, 298), Dunn (2012: 72-82), 보라.

보를 추론하도록 유도한다. 더불어, 마가복음 전체에서 "제자들"(μαθηταῖς) 이라는 낱말이 처음으로 이곳에서 사용된다. 식탁 교제의 맥락에서 제자라는 용어가 등장한다는 것은 제자는 예수님을 따르고 그와 함께 식탁 교제를 하는 존재들이라는 함의를 가진다(Dewey, 1980: 84).

세리와 죄인들과의 식탁 교제는 다각도로 강조되고 있다. 식사행위 (ἐσθίει, '그가 먹다') 자체는 강조적 현재 시제로 두 번 반복되고 있으며 (16절), 직업과 종교적 범주로 명시된 예수님의 식탁 일행의 신분("세리들과 죄인들")은 저자의 설명(15절)과 바리새인의 시각과 발화(2×)를 통해 (16절) 총 세 번 반복된다. 특히 바리새인들의 관점과 발화에 등장한 예수님의 먹는 행위(ἐσθίει)와 그의 식탁 친구인 "죄인들과 세리들"(τῶν ἁμαρτωλῶν καὶ τελωνῶν)은 듀이(Joanna Dewey)가 잘 관찰한 바대로 교차배열 구조로 구성되어 있다(Dewey, 1980: 83-84):

ἐσθίει 그가 먹는다

μετὰ τῶν ἁμαρτωλῶν 죄인들과

καὶ τελωνῶν ... 세리들과 함께 …

μετὰ τῶν τελωνῶν 세리들과

καὶ ἁμαρωτωλῶν 죄인들과 함께

ἐσθίει 그가 먹는다

이런 교차배열로 구성된 식사행위와 식탁 친구들의 신분은 청자의 정보 처리와 저장, 그리고 회상에 도움을 준다. 그뿐만 아니라 일정한 운율(밑줄) 역시 존재한다:

에스티에이

메타 똔 하마르똘론

까이 똔 뗄로논 …

메타 똔 뗄로논

까이 하마르똘론

에스티에이

동일 낱말 사용이 주는 같은 소리의 반복과 낱말 끝소리가 '에이'(-ει), '아'(-ὰ), '아이'(-αὶ)와 '온'(-ῶν) 운율로 흐르고 있어 현 정보의 현저성은 예수님이 죄인들과 세리들과 식사를 하고 있다는 사실에 주어진다는 것을 보여준다.

그렇다면 세리들과 죄인들은 누구일까? 그들은 동일 인물일까 아니면 다른 인물일까? 역사적 지식과 문법적 지식은 그들을 동일 인물로 보도록 한다. 먼저, 예수님 시대 유대 사회에서 "죄인"은 드러내 놓고 모세의 법을 어긴 사람들을 일컫는 표현이었는데, 세리는 부당한 세금 징수로 로마에 공조하는 등 직업적으로 토라를 범하고 있는 죄인으로 취급받았다(Sanders, 1985: 174-211, 특히 178). 따라서 현 맥락에서 그 둘은 동일 부류의 사람을 일컫는 다른 표현으로 봐야 한다. 다른 표현이라 함은 죄인은 전체(whole)를, 세리는 부분(part)을 범주화하는 호칭이라는 말이다. 물론 '하마르똘론'(ἁμαρτωλῶν)과 '텔로논'(τελωνῶν)이 접속사 '까이'에 의해 연결된 것이 사실이지만 그 연결은 단순한 병렬이 아니다. '까이'는 동일한 범주에 속한 사람 혹은 사물을 부분 + 전체 혹은 전체 + 부분으로 연동하는 용례를 가진다.[3] 그러므로 '세리와(καί) 죄인'은 전체적 개념을 부분적 개념으로 다시 범주화하고, '죄인과(καί) 세리'는 부분적 개념을 전

3. BDAG, καί §1g.

체적 개념으로 범주화하는 구문으로 이해해야 한다. 두 낱말이 동일 부류의 사람을 가리킨다는 것은 밑줄 그어진 헬라어 관사(τῶν ἁμαρτωλῶν καὶ τελωνῶν)의 용례를 통해 추가로 증명될 수 있다. 카슨(D.A. Carson)이 지적한 것처럼 '똔 하마르똘론 까이 뗄로논'(τῶν ἁμαρτωλῶν καὶ τελωνῶν, '그 세리들과 죄인들')과 같이 하나의 관사(τῶν)가 접속사 '까이'로 연결된 두 대상을 가질 때 두 대상은 하나의 존재를 가리킨다(Carson, 1984: 84-85). "죄인"은 "세리"의 전체(일반화)이고 "세리"는 "죄인"의 부분(특성화)이라는 말은 옳다. 사실 예수님 역시 "나는 죄인들을 부르러 왔습니다" 하셨을 때는(17절) 두 대상이 "죄인"이라는 이름으로 요약된 것이다.

그렇다면 동일 부류의 사람을 부분 + 전체 혹은 전체 + 부분 구문으로 재차 설명하고 있는 이유가 무엇일까? 일상 대화에서는 부분적 개념을 언어로 표현하여 소통하는 것이 일반적이지만(Park, 101-2) 개념의 범주를 부분에서 전체로 옮길 때는 특별히 전체의 개념을 부각하기 위해서이다. 그러므로 이런 반복은 레위가 죄인이라는 점을 드러내는 구문이다. 따라서 예수님이 이처럼 동시대 유대인들에게 '범법자'로 평가된 사람들을 식탁 친구로 받아들이고 있는 것이 강조되며 집중된다(참고. 마 11:19). 법적 논란은 바로 이 점에서 시작된다.

비난(16절) 이전에는 문제가 되지 않던 식탁 교제(1:29-31)가 이번에는 법적 논쟁을 불러일으킨다. 예수님의 식탁 친구 때문이다. 이상하게도 "바리새파에 속한 서기관"(οἱ γραμματεῖς τῶν Φαρισαίων)이라 소개된 대적자들은 제자들에게 문제를 제기한다(16절). "바리새파에 속한 서기관"이라는 표현은 당시 대부분의 서기관은 바리새파에 속해 있었던 상황을 반영한다(Schürer, 2권 329). 요세푸스(Josephus, *Jewish Antiquities* 13.5.9 §171; 18.1.3 §§12-17; *Jewish Wars* 2.8.2, 14 §§119-121, 162-166)는 주전 145년에 있었던 여러 사건들을 언급하면서 팔레스타인에 있었던 세

개의 "철학 단체"로[4] 바리새파와 사두개파, 엣세네파를 지목하는데, 세 단체 중 바리새파가 대중들에게 가장 영향력 있었던 것으로 언급한다.[5] 바리새인(Φαρισαῖος)은 직업 명칭이 아니라 그 단체에 가입한 이에게 붙여진 이름이었다. 따라서 당시에 바리새인들 역시 팔레스타인에 있던 모든 직업에 종사하고 있었다. 요세푸스는 주전 70년 이전 팔레스타인에 약 육천 명의 바리새인이 있었던 것으로 증언한다(Josephus, *Jewish Antiquities* 17.2.4 §240). 바리새파의 주요 임무는 엄격한 토라 해석(빌 3;5; Josephus, *Jewish Wars* 2.8.2-14 §§119-66; *Jewish Antiquities* 18.1.2-6 §§11-25)과 장로들의 유전 전수(막 7:3; *Jewish Antiquities* 13.10.6 §297; 13.16.2 §408; 17.2.4 §41)를 맡은 것으로 알려졌다(Park, 174).[6] 특히 그들은 성전에서 제사장들에게만 적용되었던 정결법을 스스로 지키고자 노력하였다(Schürer, 2권 396-400).[7] 그들은 사람을 "땅의 사람"과 "신뢰할 만한 사람"으로 나누고, 그들이 설정해 놓은 정결법을 따르지 않는 사람은 "땅의 사람"으로, 정결법을 준수하는 사람은 "신뢰할 만한 사람"으로 구분하였다(Schürer, 2권 386-87, 396-400). 결국 의식적 정결에 대한 관심은 그들

4. 요세푸스는 그의 헬라 및 로마 청자를 의식해 "철학"(philosophy)이라는 용어로 단체를 표현한다.

5. 대중들에게 미친 바리새파의 지대한 영향력에 대해선 Saldarini, 157, 211 참고.

6. 바리새파를 종교 단체로만 제한하지 않도록 주의해야 한다. 1세기 유대 사회에서 정치와 종교는 구분이 되지 않았기 때문이다. 이 점에 대해선 Wright, 1992: 181-203를 보라. 요세푸스는 대로마 항쟁에 참여했던 많은 이들과 지도자들이 바리새인들이었던 것으로 암시한다(Josephus, *Jewish Antiquities* 18.1.1 §4; Life 5 §21; 38 § 191; 39 §197).

7. 이러한 태도는 그 당시 성전을 중심으로 한 집권세력과의 모종의 갈등을 유발할 수 있는 원인이 되었을 수 있다. 뉴스너(Jacob Neusner)에 따르면 주후 70년 이전의 바리새인들이 지켰던 전통들은 총 371개에 달했는데, 법적 조항들 중 67%가 음식법(바리새인들에게 합당한 음식을 만들기 위한 농사법과 식사 동안의 의식법)에 관한 것이다(Neusner, 1971: 303-4).

로 그들만의 식탁 교제를 가지도록 이끌었고(Lohse, 67), 식탁 친구는 "신뢰할 만한 사람"에 한정시켰다.

뜻밖에도 그들은 질문 상대자를 제자로 삼는다. 그 이유는 선생과 제자가 서로의 행동에 대해 상호 책임 의식을 가졌던 1세기 유대 사회 환경을 고려하면 이해될 수 있다(Daube, 1972: 11-12; Marcus, 2000: 230). 바리새인들은 왜 예수님의 식탁 교제를 문제 삼았을까? 두 입장이 있다. 그들이 문제 삼은 것이 죄인들과의 식탁 교제는 정결법 위반(Neusner, 1982: 525-38)이었기 때문이라는 입장과,[8] 토라에 따른 회개 절차를 거치지 않은 죄인들과의 교제(Sanders, 1985: 200-11) 때문이라는 입장이 그것이다. 하지만 두 입장 중 하나를 택할 필요는 없다. 정결법과 회개 규정 위반이라는 두 이슈 모두가 예수님의 식탁 교제에 개입되었다고 볼 이유가 있기 때문이다.

먼저 정결법 이슈와 관련해서 본다면, 샌더스의 반대 주장(Sanders, 1985: 187)에도 불구하고 뉴스너(Jacob Neusner)는 예수님 시대 바리새인은 어떤 단체보다 의식적 정결에 대한 관심을 가졌다(막 7:1-4)는 것을 설득력 있게 논증했다(Neusner, 1973: 83-86). 그렇다면 바리새인들은 어떤 점에서 예수님의 식탁 교제가 정결법 위반이라 보았을까? 식탁 교제 장소는 15절 주해에서 밝힌 것처럼 세리 레위의 집이었다. 죄인이라 불린 사실에서 알 수 있듯이 레위와 그의 친구들은 평소에 토라를 준수하는 일에 거의 관심이 없었기 때문에 음식 또한 정결법에 따라 준비했을 가능성이 거의 없었을 것이다. 상황이 이러한데도 예수님은 아무런 거리낌이 없이 레위의 집에 들어가 다른 죄인들과 식탁을 공유하신다. 따라서 부정한 사람들에 의해 둘러싸여 부정한 음식을 먹고 있던 예수님은 정결법을 위반

8. 미쉬나 토호로트 7:6에 따르면 "세리가 집에 들어오면 그 집은 부정해진다."

한 자라는 비난을 면키 어려웠을 것이다. 스스로 메시아 의식을 가진 예수님이 그와 같은 식사 관습을 가지셨다는 것은 당시 유대적 상황을 고려할 때 매우 놀랍다. 스스로를 종말론적 새 언약의 공동체라 믿었던 쿰란 공동체가 가졌던 공동 식사에는 오직 일정한 입회기간을 거쳐 의식적 정결 상태에 들어가게 된 회원들만이 참여할 수 있었다(1QS 6:3-5, 13-23). 이는 미래 메시아가 왔을 때 가지게 될 공동 식사에서도 변함이 없었다(1QSa 2:11-22). 그런데도 메시아 예수님은 정결법에 대한 개념이 없는 것 같은 식탁 교제를 벌이고 있었던 것이다.

다음으로 죄인들과의 식탁 교제가 당시 유대 사회의 회개 규정을 위반한 행위였다고 볼 이유 역시 있다. 당시 식탁 교제는 오직 동일한 계층의 사람들의 교제와 연합의 장이었다(Douglas, 1975: 249-75; Smith [c], 634-35). 드러내 놓고 토라를 어긴 까닭에 죄인이라 낙인찍혀 변방에 밀려난 사람들이 다시 유대 사회에 들어와 식탁 교제에 참여할 수 있는 조건은 회개였고, 대표적인 회개 방식은 토라가 규정하는 성전 제의였다(Sanders, 1985: 206). 그러나 레위와 그의 동료들이 토라가 규정하고 있는 회개의 절차를 따랐다는 어떤 징후도 없었는데 예수님은 그들을 식탁 친구로 받아들이셨다. 특히 예수님은 갈릴리와 가버나움 지역에서는 이미 하나님 나라 선포자로서 큰 명성을 얻어(참고. 1:28, 32-33, 39) 종교 지도자의 신분을 얻은 상태였기에(2:18 주해를 보라) 그의 식탁 친구가 누군지는 다른 종교 지도자들에게 관심의 대상이 될 수밖에 없었다. 이처럼 신분과 사역이 그러한데도 그가 모세법을 어기고도 토라 규정에 따른 회개 절차를 밟지 않은 죄인들과 식탁 교제를 하자, 바리새인들은 예수님이 토라가 규정하고 있는 회개 절차까지 무시한다고 판단했을 것이다(Sanders, 1985: 208-210).

게다가 예수님의 식탁 습관은 종교를 뛰어넘어 사회적 금기를 건드린 행위였다. 고대 식사는 사회적 위계질서가 가장 극명하게 드러난 장소였다(Goody, 140).[9] 쿰란 공동체의 식사자리는 위계질서에 따라 정해져 있었는데 제사장들이 제일 앞자리를 차지하였고, 그 다음 장로가 앉았고, 그리고 나머지 모든 사람들도 자기의 서열에 따라 앉아야 했다(1QS 6:3-8). 위계질서에 따른 식탁 자리 배열은 메시아가 왔을 때 열리게 될 공동 식사에서도 바뀌지 않는다(1QSa 2:11-22). 바리새인들 역시 예외가 아니었는데, 그들은 정결법(7:2-4)을 엄격하게 준수하는 사람들과만 식탁 교제를 가짐으로 그들의 사회적·종교적 정체성을 지켜갔다(Kuhn [b], 68). 누구와 어떻게 무엇을 먹느냐를 통해 계급 구조적 질서를 유지해 나갔던 사회에서 예수님이 죄인들과 가진 식탁 교제는 의식적 정결과 성전 제의를 무시하는 행위이자 신분에 기초한 사회 질서를 무너뜨리는 것으로 이해될 수밖에 없었다(박노식, 2018: 603). 이런 면을 고려한다면 종교 지도자들은 예수님이 유대의 사회적·종교적 전통을 위험에 빠뜨릴 수 있는 인물이라는 판단을 할 충분한 이유가 있었다(Neyrey, 1991: 378). 그의 식탁 습관에 대한 문제 제기는 이런 다차원적인 판단을 근거로 한다.

변호(17절) 예수님의 변호는 두 가지 방식으로 이뤄진다. 첫째, 죄인과의 식탁 교제를 변호하고자 의사-환자 비유를 사용하신다. 치유는 구약의 엘리야(왕상 17;17-24)와 엘리사(왕하 4:32-37; 5:1-14) 같은 선지자들과 당시 랍비들에 의해서도[10] 행해졌다는 증거들이 있고 또 당시 사람들의 눈에 선생(1:21-28), 선지자(8:28) 혹은 메시아(3:11; 6:7; 8:29)로 알려졌던 예수님의 주된 사역 중의 하나가 치료였기 때문에 의사-환자 비유는 그와 그의 청자들에게 낯설지 않았을 것이다. 둘째, 자신을 의사에 빗댄 예수님

9. 타우직(Hal Taussig)이 잘 관찰한 것처럼 그리스-로마의 사회적 가치는 식사를 통해서 표현되고 공고화되었으며 확증되었다(Taussig, 71-84).

10. 바벨론 탈무드 베라코트 34b; 예루살렘 탈무드 베라코트 9d.

이 "나는 … 죄인들을 부르러[καλέσαι] 왔소"라고 하시며 자신을 변호하신다. 예수님의 의도는 무엇일까? 샌더스는 예수님이 죄인들을 부른 것은 그들이 당시 "일반적으로 생각했던 보상 혹은 희생 제사를 통한 회개를 촉구하기 위해서가 아니라 그의 하나님 나라 메시지를 받아들이도록 하기 위해서"라고 주장한다(Sanders, 1985: 210). 그의 주장은 일리가 있다. 위에서 주지된 것처럼 예수님은 그가 불렀던 죄인들에게 성전 제사를 통한 회개 절차의 의무를 부과하지 않았던 것이 분명하고 바리새인들의 문제 제기는 그의 그 같은 '종교적 태만'과 무관하지 않기 때문이다.

그러나 샌더스가 지적한 것처럼 일단 예수님의 회개의 정의가 동시대 유대인들의 그것과 분명한 차이가 있다는 점을 받아들인다면, 예수님의 메시지를 받아들이는 것과 회개를 상반된 의미로 볼 필요는 없다. 1:14-15에서 요약된 것처럼 예수님의 하나님 나라 선포의 핵심은 회개하고 복음을 받아들이는 것이었기 때문이다. 곧 예수님에게 하나님의 종말론적 다스림 안으로 들어가는 회개는 바로 '자신을 따르는 것'이었다.[11] 죄인들을 부른 목적에 새로운 차원의 회개가 포함된다는 점은 비유 자체에도 함축된다. 비유에서 "의사"는 예수님, "아픈 사람들"은 "죄인들", 그리고 병균은 죄라는 은유적 처리가 자연스럽다(Park, 274-75). 따라서 아픈 사람을 부른 의사는 당연히 치료가 그 목적인 것처럼, 예수님이 죄인을 부르신 것은 그들의 죄의 문제를 해결하기 위해서라는 추론은 타당하다.

죄인들과의 식탁 교제가 위법이라는 바리새인들의 비난에 응수하시

11. 1:14-15 주해를 보라. 이와 함께 죄인을 '부르는 것'은 죄인을 '제자로 삼겠다'는 의도가 표출된 것이기도 하다. 앞서 야고보와 요한을 제자로 삼으실 때 동일한 동사를 사용하여 그들을 "불렀고(ἐκάλεσεν, 20절), 또 비록 같은 동사가 사용된 것은 아니지만 레위를 향해서도 "나를 따르시오"(ἀκολούθει μοι, 14절)라는 말로 그를 제자 삼았기 때문이다.

기 위해 예수님이 사용하신 논거는 그의 소명이다. 소명은 “나는 의인들을 부르러 오지 않고 도리어 죄인들을 [부르러 왔습니다]”를 통해 확인된다. 문자적으로 본다면 예수님은 의인들은 배제하고 죄인들만 부르기 위해 오셨다는 선언을 하시는 것처럼 들린다. 하지만 그것이 사용되고 있는 문맥은 제쳐두고라도 문자적인 뜻을 예수님의 의도로 보기엔 상당한 어려움이 있다. 예수님이 바리새파에 속한 서기관들이 배제시킨 죄인들을 그의 식탁 교제에 환영한 것은 그들을 하나님 나라에 초대한 상징적 행위이다. 그런데 예수님이 어떻게 그의 대적자들과 똑같은 방식으로 배제를 전제로 특정 대상만을 하나님 나라에 초대한다고 볼 수 있을까? 그래서 프란스는 호세아 6:6(“나는 인애를 원하고 제사를 원하지 아니하며 번제보다 하나님을 아는 것을 원하노라”)을 예로 들어 현 문장 역시 사역의 우선순위를 말하는 것이지 의인들의 배제를 말하지 않는다고 주장한다(France, 2002: 135). 그러나 배제나 우선순위보다 다른 해결책이 가능하다. 먼저, 그 선언이 “바리새파에 속한 서기관들”과의 논쟁이라는 문맥에서 나왔다는 것을 기억해야 한다. 현 문단에서 “의인들”(δικαίους)은 스스로를 의롭다 여기며 세리와 같은 이들을 죄인들로 명명하며 그들과 분리된 삶을 살던 자들의 자기 이해를 반영하는 예수님의 용어로 보는 것이 가장 자연스럽다. 따라서 그들을 “의인들”이라 칭하며 그들을 부르러 오지 않았다 하신 것은 예수님의 선택이 아니라 그들의 선택에 따른 결과이다. 마가복음에서 예수님은 모든 사람들에게 하나님 나라를 선포하러 오셨지만(1:14-15) 바리새인들과 서기관들과 같은 종교 지도자들은 그의 복음을 받아들이기는커녕 적대자로 등장한다. 그러므로 예수님의 선언은 그와 같은 배척에 대한 엄중한 심판 선언이다(비교. 롬 3:19-23). 물론 이 선언을 단정적으로 볼 필요는 없는데, 십자가에서 죽은 예수님을 장사 지낸 사람이 산헤드린 공회 회원 중 하나인 아리마대 요셉이라는 정보

(15:42-46)는 그의 사역이 여전히 "의인들"을 향해서도 열려 있었다고 보게 하기 때문이다.

예수님의 마지막 선언은 부정문(οὐκ) 후에 긍정문(ἀλλά)이 이어진다:

> 나는 … 부르러 오지 않고 도리어 죄인들을 [부르러 왔습니다]
>
> οὐκ ἦλθον καλέσαι ... ἀλλὰ ἁμαρτωλούς

예수님은 자신이 '온'(ἦλθον) 목적이 죄인을 부르기 위해서라고 밝힌 것이다. 따라서 현 문장에서 그의 궁극적 의도는 누구를 배제한다는데 있었던 것이 아니라 그의 부름의 대상이 죄인들이라는 것을 밝히는 데 있다. 죄인들을 불러 식탁 교제를 가지는 일은 그의 소명과 직결된 사안이었다. 주목해야 할 낱말은 동사 "왔다"이다. 크랜필드는 2:17의 "왔다"(ἦλθον) 동사에 주목하며 다음과 같이 말한다:

> 동사 ἔρχεσθαι는 예수님에게 사용되고, 특별히 그 자신이 직접 사용하면서 자신의 사역(mission)에 대한 그의 의식을 드러낸다. 예수님의 그 동사 사용은 아마도 선재에 대한 그의 의식을 가리키는 표지이다(Cranfield, 106).

그러나 크랜필드는 그의 주장의 근거를 제시하지 않는다. "왔다"가 1:24과 38의 경우처럼 지역적 출처에 대한 다른 언급 없이 절대적 용법으로 사용된다는 것은 주목할 만하다. 하지만 절대적 용법 하나만으로 그것이 선재에 대한 예수님의 의식을 내포한다는 주장은 별로 설득력이 없는데, 이는 세례 요한을 두고도 동일한 동사가 절대적으로 사용(9:12-13; 마

21:32)되기 때문이다(Gathercole, 110; Lee, 186-87).[12] "왔다" 동사가 예수님의 선재의식의 표지라는 주장이 설득력을 얻으려면 문법적, 문맥적 증거가 필요하다. 현 문장에서와 마찬가지로 공관복음(예. 막 2:17, 병행. 마 9:13; 눅 5:32; 막 5:17; 눅 12:49; 마 10:35; 막 10:45, 병행. 마 20:28; 눅 19:10)의 예는 '오다'(ἦλθον) + 목적어구 형태로 등장한다는 사실에 주목할 필요가 있다. 1:24, 38-39 주해에서 부분적으로 밝힌 것처럼 '오다'(ἦλθον) + 목적어구는 구약(단 9:22-23; 10:14; 11:2)과 제2성전 시기 유대 문헌, 탈굼, 그리고 랍비 문헌에서[13] 선지자와 메시아의 소명 묘사를 위해선 결코 사용되지 않은 반면, 천상적 존재가 특별 소명을 가지고 지상에 온 경우를 위해서는 빈번히 사용된다(Gathercole, 113-47). 그럼에도 유대 문헌과의 이런 언어적 유사성은 "나는 … 부르러 왔습니다"(ἦλθον καλέσαι)가 예수님의 선재적 존재와 지상 사명을 담는다는 주장의 보충은 될 수 있을지언정 직접적인 근거가 될 수는 없다. 이런 점에서 공관복음의 '오다'(ἦλθον) + 목적어구 사용에 담긴 예수님의 신적 소명을 주장하려면 그가 신적 자의식을 가지셨다는 증거를 제시하는 것이 필연적이라는 Lee의 논지는 정당하다(Lee, 199-201).[14] 이미 앞서 논증되었고 또 앞으로 논증될 것이지만 예수님은 하나님의 독특한 아들이라는 자의식이 있었고 (1:11; 9:7; 12:6; 13:32; 14:62), 따라서 하나님의 권위에 버금가는 주장과

---

12. 제2성전 시기 문헌에도 ἦλθον이 절대적 용법으로 활용되는데 메시아(CD-B 19:10-11; 1QS 9:11; 1QSa 2:14)와 예언자들(1QS 9:11)의 활동 묘사에 사용된다(Gathercole, 110).

13. 토비트 5:5; 모세의 묵시록 16:2(3); 에스라4서 6:30; 7:2; 바룩2서 71:3(2); 이삭의 유언 2; 아브라함의 유언 16:15; 탈굼/불가타 민수기 22.32; 탈굼 여호수아 5:14; 출애굽기 6장에 대한 미드라쉬 탄후마; 신명기 11:10에 대한 미드라쉬 랍바; 미드라쉬 잠언 9; 미쉬나 에두요트 8.7 등.

14. 하지만 Lee는 마가복음 2:15의 "죄인을 부르러 왔다"는 예수님의 선언은 그의 선지자적 소명을 밝히는 것이라 단정한다(Lee, 189).

행동을 하신다(2:5-10; 3:35; 6:48, 50; 11:15-19, 20-25; 12:35-37; 특히 14:36 주해를 보라). 그러므로 그와 같은 자기 이해를 가진 예수님에게 이 땅에 온 천상적 존재가 그의 지상 소명을 밝힐 때 사용한 구문이 마가복음에서 일관성 있게 사용된다는 것을 종합한다면 "나는 죄인들을 부르러 왔습니다"는 어록이 예수님이 이 땅에 강림하여 이루려고 한 신적 임무를 밝히는 선언이라는 주장은 설득력을 가진다.

바리새인들은 예수님의 행동에서 (정결)법적 위법성을 지적했고 예수님은 자신의 소명으로 비판에 응답하신다. 변호의 성격은 논증이라기보다 권위적인 선언에 가깝다(Gundry, 126). 모세법에 의해 '낙인' 찍혀 유대 종교와 사회 변방으로 밀려난 자들을 그 곁에 불러 모으는 일을 하는 것이 바로 그가 하늘에서 땅으로 내려온 이유라고 밝히신 것이다. 종교 지도자들은 죄인을 배제했지만 하나님은 그들을 받으신 것이다. 이런 방식의 변호가 토라에 근거해 예수님에게 의혹의 눈초리를 보내던 종교 지도자들에게 얼마나 설득력이 있었는지는 의문으로 남지만, 마가의 역사적 청자들에게는[15] 그들이 믿고 있는 바를 더욱 확증해 주는 역할을 했다. 내러티브가 진행될수록 토라에 대한 예수님의 입장은 더욱 분명해진다. 특히 영생을 얻는 길로서 토라의 한계는 지적되고, 대신 예수님에 대한 충성이 대안으로 제시되는 데까지 나아간다(10:17-22 주해를 보라).

더불어, 변호 과정은 정결에 대한 예수님의 입장이 바리새인들의 입장과 달랐음을 보여준다. 스스로 '의인'이라 믿은 바리새인들은 정결 상태를 지키고자 감염의 위험을 가진 '죄인'과의 교제를 멀리하였다. 반면, 예수님은 죄인을 피하기보다 그들과의 교제에 적극적이시다. 두 대조적인 태도는 정결에 대한 입장 차이에서 비롯된다. 바리새인들은 분리에 의한

15. 마가복음의 역사적 청자의 신분에 관해서는 본 주석의 서론을 보라.

거룩 상태 유지에 관심이 있었지만 예수님은 참여에 의한 거룩 감염을 그 목적으로 하셨던 것이다.

요약과 해설

예수님은 세관에 앉은 레위를 불러 그를 따르도록 하신다. 이에 레위는 예수님을 "그의 집에"(15절) 초대하여 식탁 교제를 가진다. 그러자 레위의 동료였을 것이 분명한 다른 "세리와 죄인들"(15절)도 그 식탁에 참여하여 순식간에 레위 집은 잔치집이 된다. 레위가 예수님의 제자가 되자 그의 친구들 역시 예수님의 식탁 친구가 된 것이다. 예수님은 그들이 그의 식탁에 앉는 것을 막지 않은 것이다. 당시 식사 교제는 같은 신분과 계급에 속한 이들이 가지는 사회적 결속의 의미를 가지고 있었다는 것을 고려하면, 예수님의 죄인들과의 식탁 교제는 그가 벌이고 있는 하나님 나라 운동이 종교 사회적으로 상당히 개방적이었음을 알려준다. 이에 바리새파에 속한 서기관들(16절)이 예수님의 개방적인 식탁 습관에 문제를 제기한다. 당시 유대 사회에서 세리는 로마와 결탁하여 부정직한 세금 징수자라는 악명과 함께 죄인, 곧 드러내 놓고 모세법을 어기는 사람이라는 오명을 얻고 있었기 때문에 그들과의 식탁 교제는 죄인에게 요구된 성전 제의를 통한 회개와 정결법을 그가 무시했다는 비난을 불러올 수밖에 없었다.

예수님은 의사-환자 비유를 사용하여 그의 행동을 변호하신다. 먼저, 병자가 치료를 받아야 하는 것이 당연지사이듯 죄인은 용서받아야 한다는 가르침을 비유에 기초해서 주신다. 그 후 신적 소명이 함축된 '내가 왔다' 어구를 사용하여 그는 죄인을 용서하려는 소명을 갖고 천상으로부터 이 땅에 왔다는 선언을 하신다. 당시 유대의 종교적 전통에 따르면 죄인의 회개는 성전 제도를 중심으로 진행되었던 반면, 예수님에 따르면 하나님께 돌아가는 회개는 성전 제의에 참여하는 것이 아니라 바로 자신을 따르는 것이다. 이것이 죄인으로 알려진 세리 레위를 부르신 후 "나를 따르시오"(14절)라고 하신 이유이기도 하다. 또한 원격 문맥에서도 이런 흐름은 관찰되는데 1:15에서 "회개하십시오, 그리고 복음을 믿으십시오"라는 선포 후 예수님은 곧바로 갈릴리 해변으로 가셔서 네 명의 제자들을 불러 그를 따라 걷도록 하신다. 이런 사건의 배열은 회개하고 하나님 나라에 참여하는 길은 바로 자신을 따르는 것임을 보여준다.

더불어 그에 의해 시작된 하나님 나라에는 더 이상 정결법의 그 효력이 지속될 수 없었는데, 이는 부정의 힘이 무력해졌기 때문이었다. 세리와 죄인들은 토라를 준수하지 않았고 따라서 정결법에 관심이 없었던 까닭에 바리새인들은 그들과 그들이 만든 음식에는 항상 의식적 부정의 감염 위험이 있는 것으로 믿었다. 그러나 예수님은 그 자신을 통해 하나님 나라가 도래함으로 악의 통치가 끝장나기 시작하고 있듯이(1:14-15), 그의 식탁 교제는 부정의 감염이 아니라 거룩의 감염이 하나님 나라의 담지자인 그 자신을 통해 죄인들에게 발생하는 사건이 될 것이라 믿으셨다. 예수님에 의해 종말론적으로 드러난 하나님은 당시 종교 지도자들이 보여준 하나님과는 달랐다. 당시 유대 종교 지도자들은 죄인을 사회적 변방으로 몰아내었지만 예수님은 죄인의 사회에 참여하는 하나님을 드러내 보여 주셨다. 하나님의 나라는 이런 식으로 예수님을 통해 사회와 세상으로 들어오기 시작했다.

제14장
금식 논쟁
마가복음 2:18-22

현 단락은 2:1-3:6을 구성하고 있는 다섯 개의 법적 논쟁 이야기의 중심을 차지한다. 선, 후 단락과 식사 모티프로 상호 연결되어 있다:

죄인들과 식탁 교제(13-17절)

　　금식하지 않음(18-22절)

안식일에 이삭을 잘라 먹음(암시, 23-28절)

같은 식사 모티프이지만 각 에피소드의 주된 이슈는 식탁 친구, 금식 관례 미준수, 안식일법 위반으로 변한다. 사건과 논쟁의 참여자 역시 차이를 보인다. 앞선 단락에서 예수님의 식사 습관에 대해 제자들에게 질문이 주어졌지만, 현 단락은 제자들이 금식하지 않는 것에 대해 예수님에게 질문이 주어진다. 이런 방식은 이어지는 단락에서도 계속되며 제자들이 안식일에 이삭을 자른 행위에 대해 예수님에게 해명을 요구한다:

구절	논쟁적 사건	질문받는 자
13-17절	예수님의 죄인들과의 식탁 교제	제자들
18-22절	제자들의 금식하지 않음	예수님
23-28절	제자들의 이삭 자른 행위	예수님

현 단락은 2:1-3:6의 다른 네 이야기와는 달리 공간적, 시간적 배경에 대한 언급이 없다. 어떤 학자는 전승 과정에서 그러한 상세 정보가 유실되어 마가에게 전달되지 않았다고 설명하고(Cranfield, 107), 다른 학자는 마가의 편집이 현 단락의 구조 형성에 책임이 있다고 말한다(Gnilka, 1권 141; Marcus, 2000: 235). 본 주석의 관심은 전승 혹은 편집 과정을 밝히는 것보다 시간과 공간적 배경 정보의 생략이 가지는 내러티브 전략이다. 그 같은 배경 정보의 생략은 상대적으로 금식 주제에 대한 집중도를 높여주는 효과를 가져온다. 사실 현 단락이 사건보다 담화 자체에 집중한다는 점은 현 에피소드가 사람들의 질문(18절)과 그에 대한 예수님의 답변(19-22절)으로 이뤄졌다는 사실과, 심지어 담화의 주제인 제자들이 금식하지 않는 행동 역시 질문자들의 언설 속에서만 거론된다는 것(18절)에 의해 확증된다. 사건 묘사는 요한의 제자들과 바리새인들이 금식하고 있다는 18절 전반부의 정보로 최소화한다. 현 에피소드는 도발적 행위 및 도전(18절)과 변호(19-22절)로 구성된다.

18 그리고 요한의 제자들과 바리새인들이 금식하고 있다. 그리고 사람들이 그에게 와서 질문한다. "요한의 제자들과 바리새인의 제자들은 금식하는데 왜 당신에게 있는 제자들은 금식하지 않습니까?" **19** 그러자 예수님이 그들에게 말씀하셨다. "신랑이 그들과 함께 있는 동안에 혼인집 손님들이 금식할 수 있습니까? 그들이 신랑과 함께 있는 기간 동안은 금식할 수

없습니다. **20** 그러나 그 신랑이 그들로부터 데려감을 당할 날들이 올 것입니다. 그리고 그때, 그 날들에는 그들이 금식할 것입니다. **21** 아무도 새 옷 조각을 낡은 옷 위에 대고 깁지 않습니다. 만일 그렇게 하면, 온전함이 그것을 당기고, 새 것이 헌 것을 [당깁니다]. 결국 찢어짐이 더 심해지게 됩니다. **22** 그리고 아무도 새 포도주를 낡은 가죽부대에 담지 않습니다. 만일 그렇게 하면, 그 포도주는 그 가죽부대를 터뜨릴 것입니다. 결국 그 포도주와 그 가죽부대 둘 다 잃게 됩니다. 차라리 새 포도주는 새 부대에."

주해[1]

도발적 행위 및 도전(18절) 현 에피소드는 요한의 제자들과 바리새인들이 "금식하고 있다"(νηστεύοντες)라는 정보로 시작된다. 요한에게 제자들이 있었다는 것은 마가복음에서 처음 나오는 정보로서(비교. 마 11:2; 눅 7:19; 요 1:35; 3:25) 마가는 독자들이 그 지식을 공유한다는 전제로 현 문장을 서술한다. 바리새인들은 예수님의 식탁 교제 습관에 문제를 제기하고자 "바리새파에 속한 서기관"(16절)이라는 이름으로 등장한 후 두 번째 출현이지만, 현 단락에서는 금식을 행하는 부류에 속한 것으로 언급되기는 하지만 논쟁에 직접 가담하지 않는다.

당시 유대인들은 모세법이 규정하는 것처럼 속죄일을 금식일로 지키고 있었다(레 16:1-34; 23:26-32; 참조. 25:9; 미쉬나 요마 8:1-2). 또한 개인적 상황과 나라의 어려움과 재앙(예. 기근)의 해결을 위해 자발적인 금식이 한 주의 둘째 날과 다섯째 날에 행해졌고, 바리새인들은 이런 금식에 특히

1. 2:18-22 주해의 상당 부분이 저자의 책(Park, 194; 214-20; 276-81)에서 왔음을 밝혀둔다.

열심이었다(마 6:16; 눅 18:12; 바벨론 탈무드 타아니트 12a; Schürer, 2권 483). 이외에도 당시 유대인들은 종말론적인 구원을 바라보며 금식을 했다(Wright, 1992: 234-35). 포로 후기에 유대 백성은 성전이 멸망했던 날이 다가오면 그것이 파괴되는 과정을 기념하며 금식하고 있었다(김창대, 357). 이런 가운데 포로 귀환 후 새로운 성전이 건축되는 것을 본 백성들은 제사장들과 스가랴에게 그들이 금식을 계속해야 할 것인지 물었다(슥 7:3). 이에 스가랴는 유대 백성이 다시 이방의 침략을 받아 흩어지게 되겠지만 하나님께서 그들을 종노릇에서 구원하여 주시어 그들과 새 언약을 체결할 것인데(8:7-8), 그때 종말론적인 새 성전이 건축되고 "금식이 변하여 기쁨과 즐거움과 희락의 절기들이" 될 것이라 말해준다(8:19).

그렇다면 현 단락에서 이슈가 되고 있는 금식은 어떤 배경에서 이뤄진 것일까? 그 같은 금식은 새 시대가 도래하기 전까지만 행해질 수 있는 종교적 관습이라는 예수님의 변호는, 현재 이슈가 된 금식이 개인적 혹은 국가의 재앙의 해결을 위한 것이라기보다는 이스라엘의 종말론적 구원을 기다리며 행해졌던 것이라 보게 한다. 세례 요한은 이스라엘의 종말론적 갱신을 꿈꾼 인물(1:4-8 주해를 보라)이었고, 헹엘(Martin Hengel)이 지적한 것처럼 바리새인 역시 종말론적인 성격이 강했던 그룹이었다(Hengel, 1974: 253). 따라서 이스라엘의 종말론적 회복과 구원을 바라보며 행해졌던 금식에 그들이 참여하고 있었다는 것은 자연스럽다(Lane, 109).

금식 중에 있는 이들의 신원과는 달리 예수님께 금식 관련 질문을 한 사람들의 신원은 명시되지 않는다. "사람들이 그에게 와서 질문한다"(ἔρχονται καὶ λέγουσιν αὐτῷ)에서 두 부정동사(indefinite verbs)의 주어는 3인칭 복수로만 등장할 뿐이다. 그럼에도 그들이 바리새인들이 보낸 사람 혹은 종교적 열심이 있는 일반 유대인이라는 해석은 가능하다. 하지만 18절 후반부의 강조는 질문자의 신원이 아니라 그들의 등장과 질문 자체에 있는데, 이것은 두 동사 모두 강조적 현재 시제로 발화되는 사실을 통해 확인된다. 질문은 비록 예수님을 향했지만 그 내용은 요한과 바리새인의 제자들과는 달리 예수님의 제자들의 금식하지 않는 문제와 관련되어 있다. 제자들의 금식이 현 에피소드의 주제라는 점은 "요한의 제자들[οἱ μαθηταὶ] … 요한의 제자들[οἱ μαθηταὶ]과 바리새인의 제자들[οἱ μαθηταὶ]"(18절)에서와 같이 "제자들"이 세 번 반복되고 있고, 역시 세 번 반복되고 있는 '금식하다'(νηστεύω)의 시제가 모두 내러티브 정보를 전방에 부각하는 역할을 하는 현재 시제로 발화된다는 사실을 통해 증명된다. 금식준수 여부 논쟁에 제자들이 주제적 인물이 된 것은 현 단락이 초기 교회가 금식을 포함하여 유대적 관습을 지킬 것인지 말 것인지와 관련하여 분명한 길을 제공해 주는 역할을 했을 것이라고 추측할 수 있게 한다.

흥미로운 것은 이전 단락에서는 예수님의 식탁 교제 참여자들 때문에 제자들이 질문을 받았는데, 현 단락에서는 제자들이 금식하지 않는 일에 대해 예수님에게 질문이 가해지고 있다는 것이다. 제자의 행동을 스승이 책임져야 했던 고대 유대 사회의 문화(16절과 24절 주해를 보라)를 고려한다면 제자들의 금식 불참은 그들의 스승인 예수님의 가르침 때문이라는 이해가 질문자에게 있었을 것이고, 그래서 그들이 예수님에게 질문하러 온 것이다. 더불어 예수님의 일행이 금식하지 않는 일이 논쟁의 주제가 된다는 것은 그 즈음에 이미 예수님은 세례 요한과 바리새인들과 같은 '유대 지도자' 수준에서 평가되기 시작했다는 점을 함의한다.

변호(19-22절) 답변은 세 가지 비유를 사용하여 진행된다. 첫째, 예수님은 제자들이 자기와 함께 있는 기간에는 금식할 수 없다는 주장을 위해 결혼식 비유를 사용한다. 이 비유에서 예수님은 자기를 신랑에, 제자들을 혼인 집 손님에 빗대신 후 그가 제자들과 함께 있는 시간은 결혼식과 같은 것이므로 제자들이 금식할 수 없다고 하신다. 자신의 사역을 혼인 잔치 기간으로 빗대신 예수님의 결혼식 비유는 어떤 근거에서 정당화될 수 있을까? 하나님과 이스라엘의 관계는 혼인관계에 종종 비유되기는 했지만(호 2:14-20; 렘 2:2; 사 54:5) 메시아를 신랑에 비유한 유대 문헌은 없다(Jeremias, 1974: 52). 그럼에도 스가랴 8:19과 호세아 2장은 예수님의 비유를 이해하도록 돕는다. 첫째, 종말론적인 잔치와 금식의 관계를 설명하는 스가랴를 보자. 앞서 말한 것처럼 스가랴는 종말에 이스라엘 백성들이 포로에서 돌아오고 새로운 성전이 건축될 때 "금식이 변하여 기쁨과 즐거움과 희락의 절기들이" 될 것이라 예언했다(8:19). 그렇다면 다른 종교 지도자들이 행하고 있던 종말론적인 도래를 내다보는 금식에 동참하지 않고 대신 주위에 제자들과 죄인들을 불러 모아 잔치를 벌인 예수님의 행동은, 스가랴가 기대했던 새 출애굽의 시작과 금식이 변하여 기쁨의 잔치가 되는 종말의 때가 그를 통해 도래했다는 것을 알려주는 상징적인 행위이다(Park, 218).

둘째, 호세아 선지자는 하나님께서 그의 백성을 "애굽 땅에서 올라 오던 날과 같이"(2:15) 다시 이스라엘을 돌아오게 하실 때(2:23) 하나님과 그의 백성 사이에는 혼인 예식이 있을 것이라 예언하는데, 그 혼인 예식은 18절이 말해주듯 새 언약 체결을 가리키는 은유이다. 그렇다면 예수님이 벌이셨던 잔치를 결혼 잔치에 비유하고 자기를 신랑에 비유한 것은 호세아의 예언이 자신을 통해 성취된다는 믿음 때문이었던 것이 분명해 보인다(참고. 마 22:1-14; 25:1-3; 엡 5:23-33; 계 19:7-9; 21:2, 9). 이는 예수님은 자신을 통해 하나님이 다시 그의 백성을 다스리시고 그들과 새 언약을 체결하실 것을 믿고 있었기 때문이다(14:24; Taylor, 1966: 211).

예수님은 금식 자체를 부정하지 않으셨다는 말은 옳다. 그의 요지는 금식해야 하는 새로운 이유와 때를 제공해 주시는 것이었다. 이런 요지는 여러 낱말들에서 확인된다. 20절에서 반복되고 있는 때와 시간을 알리는 단어들(ἡμέραι, "날들"; ὅταν, "때"; τότε, "그때"; ἐν ἐκείνῃ τῇ ἡμέρᾳ, "그 날들에")은 모두 금식해야 하는 때를 현저하게 부각하는 표지들이다. 예수님은 "그 신랑이 그들로부터 데려감을 당할 날들"에는 제자들이 금식해야 한다고 말씀하신다(20절). 수동태 동사 '아빠르테'(ἀπαρθῇ, '데려감을 당하다')는 신랑이 혼인 집 손님들 곁을 떠나게 된 것이 강제적 힘에 의한 것임을 암시해 준다. 문자적으로는 신랑이 데려감을 당할 날은 예식장에서 신랑이 떠나는 날을 가리킨다. 유대 예식 관습에서 예식장을 떠나는 사람은 신랑이 아니라 손님들이었다. 문화적 관점에서 '아빠르테' 사건에는 예기치 못한 놀람과 역설이 담겨 있다. 뜻하지 않은 일이 예수님에게 닥칠 것을 암시한다. 예수님은 무엇을 염두에 두고 '아빠르테'를 언급하셨는지 근접 문맥에서 나오지 않지만 원거리 문맥(1:14; 3:6; 14:53; 15:21)을 고려할 때 그 사건은 자기에게 닥칠 폭력과 죽음을 지시한다는 것이 분명하다(Taylor, 1966: 211; Cranfield, 119; Guelich, 2001: 217). 특히 세례 요한 '뒤에 오는 자'로서 예수님은 세례 요한이 "잡힌 후"에 그의 길을 걷기 시작하셨기 때문에(1:14) 그에게 닥칠 운명이 어떠한지를 예상하셨을 것이다. 이런 점에서 20절의 예수님의 '데려감을 당함'(ἀπαρθῇ)은 칠십인경 이사야 53:8에 나오는 여호와의 종의 운명을 상기시킨다("그는 … 심문을 당하고 끌려갔으나[ἤρθη] … 그가 … 땅에서 끊어짐은[αἴρεται] …"). '에르테'(ἤρθη, '끌려가다')와 '아이레따이'(αἴρεται,'끊어지다')의 원형인 '하이레오'(αἱρέω,'치우다')는 '아빠르테'(ἀπαρθῇ, '데려감을 당하다')의 원형인 '아빠이로'(ἀπαίρω, '데려가다'; ἀπο + αἴρω)와 동일 동사 어근(αἴρω, '치우다')에 속한다. 동일동사는 예수님의 죽음과 여호와의 종의 죽음 사이의 연관성을 강화한다. 어쨌든 유대인들 이 종말을 기다리며 금식했다면, 이제 제자들의 금식은 종말을 가져온 예수님의 비극적 죽음을 기념하며 이뤄져야 할 것이라고 예수님은 밝히신다.

이어지는 비유는 옷 수선과 포도주 보존법과 관련되어 있다. 이 주제들은 혼인 잔치에 입을 옷과 음식을 가리키는 것처럼 보이지만 본문 상의 증거는 없다. 예수님의 일차적 관심은 제자들이 유대 금식 관습을 지킬 이유가 없다는 것을 옷 수선과 포도주 보존에 관한 일반적인 지식에 근거하여 설명하는 것이다. 새 옷조각을 헌 옷에 깁지 않고 새 포도주를 낡은 가죽부대에 담지 않는다. 새 옷조각과 새 포도주는 예수님을 통해 도래하게 된 하나님 나라와 그 안에서의 삶을 가리키고, 헌 옷과 낡은 가죽부대는 종말을 기다리며 지켜온 유대 전통을 가리킨다고 보는 것은 앞선 혼인 비유의 문맥에 일치한 해석이다(Park, 219). 또한 예수님의 비유에서 반복적으로 등장하고 있는 "새[ἀγνάφου]옷조각", "새[τὸ καινὸν]것", "새[νέος] 포도주"(2×)와 명사를 수식하는 형용사 "새"(new)가 담고 있는 의미는 가버나움 회당에서 예수님을 향해 외쳐진 "새로운[καινή] 가르침"(1:27)과 가버나움 집에서 들려온 "우리가 그와 같은 것을 결코 보지 못했다."(2:12)라는 탄성 속에 담긴 것과 같은 맥락에서 이해해야 한다.

따라서 비유의 핵심은 분명해 보인다. 두 비유는 예수님을 통해 도래하게 된 새 시대의 현실을 담고 있다. 특히 종말론적인 메시지를 일상의 문제에 빗댄 방식은 예수님의 특유의 화법으로 하나님 나라의 일상성을 드러내는 효과가 있다(충분한 토의를 위해서는 아래 4장 주해를 보라). 예수님에 따르면 그의 사역을 통해 하나님의 나라가 도래하기 시작했고 제자들은 그를 믿고(참고. 1:15) 따름으로(1:18, 20) 하나님의 다스림 가운데 들어오게 되었다. 그런데 하나님 나라의 현실이 이러함에도 그의 제자들이 만일 종말을 기다리며 행해온 유대 금식 관습을 계속해서 지킨다면, 그것은 마치 하나님 나라가 아직 오지 않은 시대로 되돌아가려는 '터무니없는' 행동일 수밖에 없다는 것이다. 예수님의 강한 어조는 두 비유 모두 그 시작을 부정문인 "아무도 … 않는다"(οὐδείς)로 시작한다는 것을 통해 알 수 있다. 예수님의 최종적인 입장은 마지막 선언(22절 후반부)에 담겨 있다. "새 포도주는 새 부대에"(οἶνον νέον εἰς ἀσκοὺς καινούς)는 운율을 갖춘 무동사(without verb) 구문으로서 선언문의 풍미가 느껴진다. 위 문장의 헬라어 낱말들 중 앞의 두 낱말의 끝소리가 '-온 -온'이며 나머지 세 낱말들은 '-이스 -우스 -우스'로 이어진다(밑줄 참고). 이런 운율적 리듬(각운)은 청각적 미를 더해주어 예수님의 마지막 선언에 대한 집중도를 높이는 효과를 만든다.

요약과 해설

유대 사회에서 여러 이유들로 인해 금식이 행해지고 있었지만 현 본문에서 이슈가 되고 있는 종류는 종말을 고대하는 금식 관습이다. 예수님은 제자들이 그런 종류의 금식에 참여하도록 가르치지 않았던 것이 분명하다. 이에 사람들이 찾아와 논쟁적 질문을 제기한다. 예수님의 변호는 그의 사역을 통해 하나님 나라가 이 땅에 파고 들어오기 시작했기 때문에 종말의 도래를 기다리는 유대 금식은 더 이상 필요 없다고 말씀하신다. 이러한 예수님의 설명은 세 가지 비유로 이뤄진다. 혼인 예식, 옷 수선, 그리고 포도주 보관에 관한 비유였다. 세 비유를 통한 예수님의 변호는 일반적 지식에 근거한 호소처럼 보이지만, 그 저변에는 자신을 통해 시작된 종말을 살아가는 사람에게는 옛 시대의 관습이 맞지 않으며, 만약 어떤 의식이 필요하다면 하나님 나라를 도래케 한 그의 사역을 기초로 제정되어야 한다는 주장이다.

제15장
안식일 논쟁: 안식일과 일
마가복음 2:23-28

현 사건의 시간적 배경은 "안식일", 공간적 배경은 "밀밭"이라는 정보가 도입부(23절)에 제공돼 있기에 주제적 사건은 안식일에 밀밭에서 일어나는 일과 관련될 것이라는 기대를 가지도록 돕는다. 앞서 일어났던 치유(1:21-28, 29-31) 역시 안식일(21절)을 그 배경으로 하고 있지만 그때는 안식일 법이 주된 이슈로 등장하지 않았다. 예수님의 사역이 여전히 초기였을 뿐만 아니라 축귀(21-28절)가 말로만 진행되었고, 베드로 장모 치유(29-31절)는 사적인 공간에서 발생했기 때문일 수 있다. 하지만 현 단락과 뒤따르는 단락에서는 안식일이 단순히 시간적 배경 역할만 하지 않는다. 안식일이 가진 당시 종교적 사회적 함의, 곧 안식일 법이 에피소드 전면에 등장하여 주된 주제를 형성해 간다. 특히 제2성전 시기 안식일법이 유대 사회에서 가졌던 중대성(아래를 보라)을 고려할 때 예수님이 그의 적대자들과 벌일 안식일 논쟁은 앞선 그 어떤 사건보다 높은 긴장감과 위기감을 가진다. 예수님의 적대자로는 두 번째 논쟁 이야기(2:13-17) 이후 사라졌던 바리새인이 재등장한다(24절). 현 에피소드는 전후 단락과 주제적 연결점을 가지고 있는데, 앞선 단락(2:18-22)과는 음식 문제("금식", 18, 19

절; "이삭"과 "진설병", 23, 26절)로, 뒤따르는 단락(3:1-6)과는 안식일 법 준수(24, 27, 28절; 3:1, 4) 이슈로 연결되어 있다. 본 단락 역시 논쟁 사건의 전형적 순서인 도발적인 사건(23절), 도전(24절), 그리고 변호(25-28절)로 진행된다.

> **23** 그가 안식일에 밀밭 사이로 지나가는 일이 있었다. 그때에 그의 제자들이 이삭을 잘라 길을 만들기 시작했다. **24** 그러자 그 바리새인들이 그에게 말하고 있었다. "보십시오 그들이 왜 안식일에 허락되지 않은 일을 합니까?" **25** 그리고 그가 그들에게 말한다. "다윗과 그와 함께 한 이들이 궁핍하고 배가 고팠을 때 무엇을 했는지 한 번도 읽어 보지 못했습니까? **26** 아비아달이 대제사장일 때 하나님의 집 안으로 어떻게 들어가 제사장들 외에는 먹는 것이 허락되지 않은 진설병을 어떻게 먹었고 또 그와 함께 한 이들에게도 그가 주었다[는 것을 읽어 보지 못했습니까?]" **27** 이어서 그들에게 말하고 있었다. "안식일이 사람을 위하여 생겼지 사람이 안식일을 위하여 [생긴 것이] 아닙니다. **28** 그러므로 인자는 안식일에도 주인입니다."

주해[1]

도발적 사건(23절) 현 단락은 생생하고 구체적인 상황 묘사로 시작한다. 예수님은 밀밭 사이로 "지나가고"(παραπορεύεσθαι, 23절 전반부), 제자들은 "이삭을 잘라 길을 만들기 시작했다"(ἤρξαντο ὁδὸν ποιεῖν τίλλοντες τοὺς στάχυας, 23절 후반부). 23절은 예수님이 공간적으로 앞서 걸

---

1. 2:23-28 주해의 상당 부분이 저자의 책(Park, 194-97; 220-26; 281-89)과 논문(박윤만, 2015: 89-94)에서 왔음을 밝혀둔다.

으시고 제자들은 뒤따른다고 말하지 않는다. '빠라뽀류에스타이'(παραπορεύεσθαι) 동사가 말하듯 걷고 있는 이는 예수님이고 제자들은 길을 만들고 있다. 두 사건의 병행은 제자들이 만드는 길을 예수님이 걸으시는 것으로 추론하는 게 가장 자연스럽다. 제자들의 이삭을 자르는 행위 역시 길을 만드는 데 맞추어져 있다. 이는 길을 만든 행위는 주절(ἤρξαντο ὁδὸν ποιεῖν)로, 이삭을 자르는 행위는 주절에 종속된 분사절(τίλλοντες τοὺς στάχυας)로 발화되고 있는 것을 통해 확인할 수 있다. 분사(τίλλοντες, '잘라')로 발화된 이삭을 자르는 행위는 주동사구(ἤρξαντο ὁδὸν ποιεῖν, '길을 만들기 시작했다')의 동작이 이루어지는 '수단'을 설명한다.[2] 제자들은 말 그대로 이삭을 잘라 길을 만들고 있었는데, 그 길은 예수님이 걷도록 하기 위해서였다. 따라서 23절은 제자들이 예수님보다 앞서 가며 그가 걸어가실 수 있도록 길을 만들고 있는 그림이 그려진다. 특히 예수님이 길을 걸으시는 것(παραπορεύεσθαι)과 제자들이 이삭을 잘라(τίλλοντες) 길을 내는(ὁδὸν ποιεῖν) 행동은 모두 진행의 의미를 가진 현재 시제로 발화되어 인물들의 동작에 대한 강조가 문법적으로도 이뤄져 있다.[3]

예수님의 길을 만드는 제자들은 이사야의 예언을 따라 "주의 길"을 준비하는 "전령"의 등장을 예고한 1:2-3의 성취이다(Marcus, 2000: 239). 1:2-3의 근접 문맥에서 본다면 "전령"의 길 예비 사역은 회개의 세례를 전파하는 세례 요한(1:4-9)과 광야에 계신 예수님을 식탁으로 섬겼던 천사(1:13)에 의해 이미 성취되었다. 그러나 전령의 그 같은 사역 예언이 내러티브의 서론에 위치한 것은 내러티브 전체를 통해 또 다른 전령의 등장이 계속될 것을 예고한다. 예루살렘 입성 시 보내진 두 제자가 예수님의 지

---

2. 분사의 다양한 화용적 용법에 대해선 Burton, 230-37과 박윤만, 2021: 39-75(특히 수단 분사에 대해선 61-63)과 특히 '수단 부사분사'에 대해서는 232-3를 보라.
3. 내러티브에서 현재 시제의 강조적 용법은 Porter, 1994: 22-23 참고.

시대로 나귀 새끼를 몰고 와 그 위에 겉옷을 얹어 예수님이 타고 들어가게 하신 것이나(11:6-7), 무리들이 자기들의 "겉옷을 길 위에 펼쳐" 그 위를 걸어가게 하신 것(8절) 역시 같은 맥락에서 이해될 수 있다. 마지막으로 부활한 예수님과 갈릴리에서의 재회 소식을 제자들에게 전달하도록 보내진 여인들과, 그 소식을 여인들에게 전달하도록 무덤에서 기다리던 "한 청년" 역시 1:2-3에서 예언된 "전령"의 사역의 연장선으로 볼 수 있다 (16:6-7).

물론 현 본문의 주된 관심은 제자들의 길을 예비하는 사역이 불러일으킨 논쟁에 있다. 도입부에 소개된 안식일이라는 시간적 배경(23절 전반부)은 그 같은 행동이 가져올 논쟁적 성격을 암시하고 있는데, 안식일은 정결법 및 할례와 더불어, 제2성전 시기 유대인들이 가장 엄격하게 준수했던 법들 중 하나였기 때문이다(느 10:31; 13:15-22; Harrington, 16).[4] 특히 제2성전 시기에 유대는 안식일 법 준수와 관련하여 뼈아픈 역사를 가지고 있었다. 주전 168년에 시리아를 대항해 일어난 마카비 혁명이 대표적인 예로서, 그 전쟁은 시리아 왕 안티오쿠스 4세인 에피파네스(Antiochus IV Epiphanes)가 주전 167년 12월 25일에 유대인들에게 내린 할례와 안식일 준수 금지령에 대한 저항으로 시작되었다. 더불어 주후 70년부터 170년의 기간 동안에 유대 사회에 있었던 서기관과 랍비와 바리새인들 사이의 유대법 논쟁과 가르침을 담고 있는 미쉬나는 그들이 토론했던 가장 중요한 법 중의 하나가 안식일 법이었음을 알려준다(Schürer, 2권 467-75).[5] 이런 역사적 배경을 고려한다면 안식일에 길을 만들고자 이삭을 자

4. 또한 마카비1서 2:29-41; 희년서 50:6-13; 쿰란 문서 CD 10:14-11:18. 참고.
5. 쉬러(Emil Schürer)는 미쉬나의 법 논쟁이 비록 주후 70년 이후의 시기를 다루고 있지만 그 이전의 팔레스타인의 상황과 본질적으로 다르지 않았다는 것을 말해준다(Schürer, 2권 467 각주 21).

른 제자들의 행위는, 일을 금지한 안식일 법(출 20:10; 32:13-17)의 위반인지 아닌지를 두고 일어날 논쟁을 예비한다.

도전(24절) 바리새인들은 비판적 질문자로 다시 등장한다(참고. 16절). 안식일에 밀밭에 바리새인과 같은 종교 지도자가 나타난 것은 분명 일반적인 광경은 아니다. 그럼에도 본 단락의 서술이 역사적 사실이 아니라는 샌더스의 주장(Sanders, 1985: 265)을 우리가 따라야 할 이유는 없다. 예수님은 평범한 유대인이 아니었기 때문이다. 그는 하나님 나라의 도래(1:14-15)에 바탕을 둔 치유와 축귀로 갈릴리 전역에서 큰 명성을 이미 얻고 있었다(1:28, 39). 무엇보다 앞선 세 사건(2:1-12, 13-17, 18-22)에서 보듯이 그의 말과 행동은 당시 유대 사회의 종교적 법적 전통에 위협적인 요소를 가지고 있었으며, 비록 논쟁을 일으키지는 않았지만 아무런 거리낌 없이 안식일에 가버나움 회당에서 귀신 들린 자를 치유한 전력이 있었다(1:21-28). 이런 정황을 고려한다면 유대법 전문가들에게 예수님은 이미 요주의 인물로 감시의 대상이 되고 있었을 것이기에 안식일에 그를 뒤쫓는 그들의 행위가 이상하다고 볼 필요는 없다(Park, 283-84). 마가 역시 예수님의 적대자로서 바리새인들의 등장이 예상된 것임을 암시하고 있는데, 헬라어 바리새인들(οἱ Φαρισαῖοι) 앞에 관사(οἱ)를 붙여 그들이 "그 바리새인들"이라 알려준다. 공동 본문(co-text; 또는 근접 본문)에서 본다면 "그 바리새인들"은 16절에서 죄인들과의 식탁 교제를 가지는 예수님과 논쟁을 벌였던 이들을 지시하기에, 안식일에 밀밭에서 예수님에게 질문한 이들은 이미 예수님과 논쟁을 벌이는 등 그를 감시해 오던 이들이었다는 것이 "바리새인들"에 관사를 붙인(οἱ Φαρισαῖοι) 마가의 의도이다.

바리새인들은 수사적 질문으로 제자들의 행동이 안식일 법에 저촉된다는 비난을 한다. 안식일에 할 수 없는 일로 서른아홉 가지의 목록을 나열하지만[6] 도구 없이 손만으로 곡식을 자르는 일은 허용되었다(신 23:25). 본문에는 제자들이 도구를 사용했다는 증거가 없기 때문에 엄격한 의미에서는 그들이 안식일 법에 저촉되는 행동을 했다고 볼 수 없다. 다만 곡식을 거두어(reaping) 타작(threshing)하는 것은 금지되었기 때문에[7] 바리새인들은 길을 만들고자 곡식을 자른 제자들의 행동을 '타작'에 준하는 행위라 해석했을 수 있다(Moore, 2권 28-29). 그렇다고 하더라도 신명기 23:25을 근거로 볼 때 바리새인들의 입장이 매우 취약하다.

변호(25-28절) 예수님의 변호는 크게 두 종류로 나뉜다. 다윗의 예를 통한 논증(25-26절)과 창조질서에 근거한 안식일 준수 논증(27절)이 그것들인데, 두 논증 모두 구약을 바탕으로 한다. 예수님은 성경을 기초로 한 두 논증 후 인자의 권위에 기초한 결론을 내리신다(28절).

먼저, 예수님은 수사적 질문("… 한 번도 읽어 보지 못했습니까?", "어떻게 … 않았습니까?")으로 그들 역시 인정하고 있는 성경의 권위를 바리새인들에게 상기시킨다. 놀랍게도 안식일 규정에 관한 법적 근거를 제공하는 모세오경(출 20:10; 32:13-17; 신 5:12-15)을 인용하지 않으시고 그들에게는 뜻밖일 수 있는 다윗이 율법을 어긴 사건(삼상 21:1-6)을 인용한다.[8] 인용의 요지는 다윗은 물론이고 "그와 함께 한 이들"(οἱ μετ' ἀυτοῦ)

---

6. 미쉬나 샤바트 7:2. 또한 마카비1서 2:29-41에는 "안식일에 우리를 공격해오는 적들과 싸우자. [안식일을 지키고자] 은신처에서 죽은 우리 친족들처럼 죽지 말자."고 말한다(번역은 *The Septuagint with Apocrypha: Greek and English* 역본에 따라 저자가 번역한 것). 쿰란 문서 4Q265 7 i 9-9 안식일에 물에 빠진 사람을 구하기 위해 옷을 던질 수는 있을지언정 도구를 사용할 수는 없다고 밝힌다. 안식일에 도구 사용을 금지를 위한 조항은 CD 11:16-17에서도 발견된다(신현우, 2018: 286, 297).
7. 미쉬나 샤바트 7:2.
8. 사실 삼상 21:1-6의 시대 대제사장은 아히멜렉이었다(1, 2, 8절). 인용에서는 대제사장을 아비아달로 말한다. 이것은 다윗 치세 때 활동한 대제사장은 아히멜렉의 아버지인 아비아달이었고(22:20) 그가 아버지보다 비교적 더 잘 알려져 있었기 때

조차 그들에게 "허락되지 않은"(οὐκ ἔξεστιν)진설병을 먹었다는 것이었다(25-26절). 예수님이 다윗의 예를 인용하신 이유가 무엇일까? "궁핍" 가운데 있는 사람은 법을 어길 수 있다고 말씀하시기 위해서(Schweizer, 72)일까? 아니면 구약성경은 법을 어긴 다윗을 비난하지 않고 있기 때문에 제자들의 행동에 대한 바리새인들의 비난 역시 성경적이지 않다고 주장하시기 위해서(Cranfield, 115)인가? 예수님과 바리새인들 사이의 논쟁이 제자들의 행동에 의해 촉발되었다는 것을 고려한다면, 그가 다윗의 예를 사용하신 것은 다윗 일행의 비합법적인 행동이 어떻게 정당화될 수 있는지를 보여 주어 제자들이 한 행동의 정당성을 설명하기 위해서라는 것을 알 수 있다. 다윗이 진설병을 먹을 수 있었던 이유는 하나님에 의해 기름 부음을 받은 자로서 그가 가진 권위 때문이었고(양용의, 74), 자격 없던 그의 일행이 진설병을 먹을 수 있었던 이유는 그런 권위를 가진 다윗이 그들과 '함께 있으면서'(25, 26절) 그 자신이 그들에게 그 빵을 "주었기"(ἔδωκεν) 때문이라는 것이 예수님의 주장이다. 즉 다윗의 권리가 그와 함께 있는 사람들에게 옮겨졌다는 것이다(Robbins, 1989: 126). 그렇다면 다윗의 예를 인용하신 예수님의 입장은 분명하다. 다윗의 권위 때문에 그와 함께한 자들이 "허락되지 않은" 빵들을 먹은 것이 정당화될 수 있는 것처럼 제자들이 안식일 법에 위배되는 행동을 했을지라도 예수님이 그들과 함께 그곳에 계셨기 때문에 그들에게 문제가 될 수 없다는 것이다(Robbins, 1989: 125-27; Marcus, 2000: 245). 예수님의 권리가 그의 제자들에게도

문에 인용된 것으로 볼 수 있다(Guelich 2001: 232). 아니면 막 2:26은 아비아달이 아히멜렉의 아버지라는 삼하 8:17이나 대상 24:6의 증언을 바탕으로 한다고 볼 수도 있다(Hurtado, 2020: 85). 이런 뒤바뀐 인용은 다른 구약성경에도 나타난다(삼하 8:17; 대상 18:16). 그 외에 삼상 21:1-6의 본문과 예수님의 인용의 차이와 그에 대한 설명을 위해서는 Park, 286를 보라.

적용될 수 있다는 것이다.

예수님의 다윗의 예 인용은 두 가지 전제를 배경으로 진행된다. 첫째, 예수님과 다윗은 '위법적인' 행동을 하더라도 문제가 되지 않는 권위를 가진다는 전제이다. 다윗은 하나님에 의해 기름 부음 받은 자라는 신분이 가져다주는 권위를 가졌고, 아래서 살펴볼 것처럼 예수님은 자신이 하나님으로부터 전권을 위임 받은 인자의 권위를 가졌다는 믿음 위에서 다윗의 예를 인용하신 것이다(Park, 286-87). 둘째, 제자들이 예수님과 함께 있었고 또 안식일에 그들의 행동이 자신을 위한 것이었기에 정당하다는 예수님의 변호는, 제자는 스승의 권위하에 들어간다는 고대 유대 사회의 스승과 제자 관계에 대한 지식을 배경으로 진행된 것이다(Daube, 1972: 1-4). 이런 두 전제를 받아 들이지 않는다면 다윗의 예를 인용하신 이유를 이해할 수 없게 된다.

다윗의 예를 들어 예수님이 말씀하신 요지는 자신의 권위에 의거하여 제자들의 행동을 변호하시는 것이었기 때문에 제자들의 행동이 어떤 점에서 안식일에 허용될 수 있는 일인지는 아직 논증되지 않았다. 창조 때의 안식일 정신을 다루는 27절은 이 문제를 본격적으로 다룬다. "안식일이 사람을[τὸν ἄνθρωπον] 위하여 생겼지[ἐγένετο] 사람이[ὁ ἄνθρωπος] 안식일을 위하여 [생긴 것이] 아닙니다"라는 예수님의 언설은 창조 때의 안식일(1:1-2:3)을 염두에 두신 말씀이다. "사람"은 아담을(칠십인경 창 1:26-27), "생겼다"는 창조 자체(ἐγένετο, 칠십인경 창 1:3, 5, 6, 7, 9, 11, 13, 15, 19, 20, 23, 24, 30, 31)를 상기시킨다(Gnilka, 1 권 156 각주 27; Marcus, 2000: 243). 사실 이와 유사한 격언을 주후 2세기 말에 살았던 랍비 시메온 벤 메나시아(Simeon ben Menasiah)가 한 것으로 전해지는데, 그는 "너희들이 안식일에 맡겨진 게 아니라 안식일이 너희들에게 맡겨졌다"라고 했다(미드라쉬 멜키타 출애굽기 31:13-14; Vermes, 1973: 180-81). 예수님이 말씀하신 "안식일이 사람을 위하여[διὰ] 생겼다"는 표현은 '안식일이 사람의 유익을 위해(for the benefit of humans) 만들어졌다'로 이해될 수 있다(Louw & Nida, 90.38; Park, 225). 물론 창조 때 안식일은 하나님이 쉬시는 날이었지(2:1-3) 인간의 유익을 위해 주어졌다는 말이 없는 것이 사실이다. 하지만 모든 창조가 인간이 그 가운데 살 수 있도록 만들어진 것이라는 사실로부터 일곱째 날의 안식일 역시 인간의 유익을 위해 만들어졌다는 추론이 가능하다. 그렇다면 일곱째 날에 하나님의 쉼은 인간의 쉼의 근거인 셈이다.

이런 논지는 출애굽기 20:8-11에서도 확인되는데, 하나님은 그의 백성이 안식일에 쉬어야 하는 근거로 그가 일곱째 날에 쉬었다는 사실을 제시하신다(11절). 그러므로 예수님이 그의 논거를 창조질서에 두신 것은 안식일을 인간에게 주신 하나님의 '본래적'(original) 뜻이 인간의 유익, 곧 쉼과 자유를 주려는 것이었다는 점을 분명하게 하려는 것이다. 사실 창조 때 안식일의 정신은 하나님께서 출애굽 한 이스라엘에게 안식일 준수 규례를 주실 때도 동일하게 표현된다(신현우, 2011: 59-60). 출애굽기 23:12과 신명기 5:14-15에 따르면 하나님께서 이스라엘을 바로의 압제에서 해방시켜 주셨다는 토대 위에서 그들 자신을 포함하여 모든 종들과 가축까지도 안식일에 쉼을 가지도록 하고 있기 때문이다. 중요한 것은 예수님의 창조질서에 근거한 안식일 정신 주장이 제자들의 이삭을 자른 행위에 어떻게 적용될 수 있느냐이다. 예수님의 의도는 분명해 보인다. 안식일이 "사람"(τὸν ἄνθρωπον)의 유익을 위해 창조되었기 때문에 안식일에 "인자"(ὁ υἱὸς τοῦ ἀνθρώπου, 28절)의[9] 길을 만들기 위해 제자들이 이삭을 자

9. 듀이가 관찰한 것처럼 27절의 "사람"(ὁ ἄνθρωπος)과 28절의 "인자"(ὁ υἱὸς τοῦ ἀνθρώπου)는 언어유희(word play)이다(Dewey, 1980: 100).

른 행위는 안식일을 주신 하나님의 원래 뜻에 위배되지 않으며, 도리어 그 뜻에 충실한 행위라는 주장이다.

이제 남은 것은 예수님이 안식일을 향한 창조주 하나님의 뜻이 무엇인지를 결정할 권한을 가질 수 있느냐의 문제이다. 권한의 문제는 28절이 답을 준다:

> 그러므로 인자는 안식일에도 주인입니다.
>
> ὥστε κύριός ἐστιν ὁ υἱὸς τοῦ ἀνθρώπου καὶ τοῦ σαββάτου

예수님의 권위 문제는 비단 앞선 논증(27절)뿐 아니라 다윗의 예(25-26절)의 타당성을 위해서도 핵심적이기에 28절을 이끄는 결과적 접속사 "그러므로"(ὥστε)를 바로 앞 27절보다 이야기 전체(23-27절)의 결론으로 이해해야 한다(Lane, 120; Park, 287). 이는 제자들의 위법적 행동이 예수님이 그들과 함께 있었다는 사실에 근거하여 용인될 수 있다는 권위적인 주장은 그가 누구이며 또 그 권위가 어떠한 것인지에 대한 설명을 요구하기 때문이다. 먼저 결론적 문장 자체를 보자. 그 같은 결론적 선언은 일정한 운율 안에서 발화되었다. "인자는 안식일에도 주인입니다." '-오스 … -오스 … -우 -우 … -우 -우' 와 같은 운율은 문장을 용이하게 기억하도록 도울 뿐 아니라 예전적 느낌마저 준다.

다음으로 예수님은 그의 권위를 주장하기 위해 자기를 "인자"로 소개한다("인자"에 대해선 2:10 주해를 보라). 예수님의 "인자" 용어 사용에 대한 학자들의 여러 논쟁이 있다. 베르메쉬는 "인자"의 아람어적 용례를 기초로 2:28의 "인자"가 화자(speaker)를 가리키는 우회적 표현일 뿐이라고 단언한다(Vermes, 1973: 180-81). 베르메쉬가 간과하고 있는 것은 현 단락에서 제자들의 행동 변호를 위한 예수님의 주된 논거가 자신이 가진

'권위'에 기초해 있다는 점이다. 예수님이 "인자"를 어떤 권위를 가진 인물이라는 뜻으로 사용하지 않고 단지 화자를 우회적으로 표현하는 용례로 사용했다면 "인자가 안식일에도 주인"이라는 결론은 무의미할 수밖에 없다. 그럴 경우 어떤 근거에서 그가 제자들에게 위법적인 행동을 할 수 있는 권한이 있다고 말할 수 있는지, 또 어떤 근거에서 안식일을 향한 하나님의 원래 뜻이 무엇인지 자신이 안다는 주장을 할 수 있는지를 설명하지 않고 논쟁이 끝나 버리는 모양새가 되기 때문이다. 마찬가지로 듀이는 다니엘의 인자가 "안식일에 대한 권세"를 가졌다는 암시가 없기 때문에 다니엘 7:13-14을 28절의 배경으로 보는 것을 주저한다(Dewey, 1980: 101). 현 단락에서 예수님의 요지는 자신만 아니라 자신과 함께 있는 제자들 역시 안식일 법에 위배되는 행동을 할 수 있는 권세를 가지고 있을 뿐 아니라, 무엇이 안식일을 향한 창조주 하나님의 원래 뜻인지 판단할 권세를 가졌다는 주장을 하는 것이다. 예수님에게는 2:10에서와 마찬가지로 하나님의 "권세"(ἐξουσίαν, 14절)를 행사하는 다니엘의 "인자 같은 이"로 자신을 선언할 충분한 이유가 있었던 것이다. 그러므로 예수님은 다니엘의 "인자 같은 이"가 하나님으로부터 "권세"를 받은 것처럼 자기 역시 "안식일의 주인[κύριος]"으로서의 권한을 하나님께 받았다는 주장을 하신다고 보는 것이 옳다. 더군다나 '주'(κύριος)는 '통치자' '소유주'의 뜻을 가지고 있기 때문에(Louw & Nida, 12.9; 57.12; 37.51) "안식일의 주인"은 안식일 법에 관한 결정권자 혹은 판단자라는 함의를 가진다(Park, 288). 하나님의 전권을 받은 "인자"로서 예수님은 안식일에 관한 하나님의 원래 뜻을 판단할 권한을 가지고 있으며, 더 나아가 자기를 위해 행해진 제자들의 행동이 하나님의 뜻에 일치한다고 선언할 권한이 있음을 알리고 계신 것이다.

요약과 해설

안식일에 예수님이 밀밭 사이로 지나가실 때 앞서 간 제자들이 그의 길을 만들고자 이삭을 잘랐다. 이것을 본 바리새인들에 의해 안식일 법 논쟁이 시작되었다. 예수님은 제자들의 행동의 정당성을 주장하시고자 다윗의 예를 인용하셨다. 그 인용을 통해 예수님은 하나님께 기름 부음을 받은 다윗의 권위 때문에 그의 일행의 위법이 문제가 되지 않았던 것처럼, 제자들의 행동 역시 자신이 그들과 함께 있었고 또 그것들이 자기를 위해 취해진 행동이었기 때문에 정당화될 수 있다고 주장하셨다. 이어서 그는 안식일이 인간에게 유익을 주도록 한 하나님의 원래 뜻에 근거하여, 안식일에 그의 갈 길을 만드는 제자들의 '일'이 하나님의 원래 뜻에 위배되지 않는다고 주장하신다. 이 모든 주장의 결론으로 예수님은 하나님으로부터 권세를 부여받은 "인자"로 자신을 소개한다. 그러면서 예수님은 인자의 권세로 안식일의 참된 의미를 해석하고 성취해 나가는 분이라 선언하셨다. 특히 창조질서에 근거한 논증(27-28절)은 세례 때 확증된 것과 같이 새 창조의 대리자로서의 자기 이해와 밀접하게 연결되어 있다. 마가복음에 따르면 예수님의 첫 축귀와 병 치유 사역은 안식일에 이뤄졌고 (1:21-28, 29-31), 2:1-3:6의 다섯 개의 논쟁 이야기(2:23-28; 3:1-6)의 마지막 두 에피소드 역시 안식일 법과 관련되어 있다. 이는 하나님께서 처음 안식일을 제정하시며 인간에게 주시려 했던 쉼과 자유를 종말론적인 사역을 통해 주시는 예수가 곧 새 창조주임을 드러내신 사건이다.

제16장
안식일 논쟁: 안식일 치유
마가복음 3:1-6

현 단화는 두 번째 안식일 논쟁으로 병 치유가 주된 이슈이다. 안식일을 배경으로 한 논쟁 주제가 일에서 사람으로 옮겨 간 것이다. 2:1-3:6을 구성하고 있는 다섯 개의 논쟁 이야기 중 처음 두 이야기가 죄와 죄인이라는 주제로 서로 연결되어 있었다면, 마지막 두 단락은 안식일 준수라는 주제로 연결되어 있다(Dewey, 1980: 109). 논쟁의 발단과 관련해서 본다면 2:1-3:6은 몸 전체가 마비된 중풍병자 치유(2:1-12)로 시작했다가 손이 마비된 사람 치유(3:1-6)로 마무리된다. 이런 점에서 대단락 2:1-3:6은 몸 치유로 수미상관을 이룬다(Witherington, 110). 이 대단락에는 사람에 대한 관심을 가진 예수님과 법에만 관심을 가진 종교 지도자 사이의 대조가 뚜렷하다. 첫 단락과 마지막 단락은 적대자의 태도 또한 유사한 점을 가지고 있는데 두 단락 모두 적대자는 말없이 마음속(2:6-7)과 눈으로(3:2) 문제 제기를 한다(Dewey, 1980: 111). 본 단락의 결론이자 다섯 번에 걸친 논쟁의 결론인 3:6은 예수님과 종교 지도자들 사이의 논쟁이 비극으로 끝날 것이라 말한다. 중풍병자의 영과 몸을 치료(2:5, 11-12)함으로 시작된 이야기는 치료자의 생명을 제거하려는 암시(3:6)로 끝나고 있기 때문이다. 종교 지도자들의 살해 음모는 첫 논쟁에서 무리들의 반응과 대조를 이룬다. 무리는 예수님을 통해 도래하고 있는 하나님의 다스림을 보고 그에게 영광을 돌리지만(2:12), 하나님의 길을 가르치는 종교 지도자들은 정치인의 힘을 빌려 하나님의 나라 선포자를 살해하려는 음모를 꾸미고 있는 것이다(Dewey, 1980: 112; Marcus, 2000: 214).

2:1-3:6은 예수님과 종교 지도자들 사이의 갈등의 정도가 점차 심화되고 있음을 보여준다. 첫 논쟁에서 서기관은 "마음으로 수군거리"(6절)기만 하지만, 둘째 논쟁에서 "바리새파 중의 서기관"은 입을 열어 제자들에게 질문을 한다(16절). 이어서 세 번째 논쟁의 질문자로 등장한 "사람들"은 예수님에게 직접 문제 제기를 한다(18절 후반부). 그리고 네 번째 논쟁에서 등장한 바리새인은 제자들의 위법적 행동의 책임이 예수님에게 있다는 비난성 질문을 하고(24절), 마지막 논쟁에서 바리새인들은 결국 그를 살해할 음모를 꾸미게 된다(3:6). 현 단락은 도발적 사건 및 질문(1-2절), 변호(3-5절), 그리고 판결(6절)로 진행된다.

1 그리고 그가 다시 그 회당에 들어가셨다. 그리고 말라버린 손을 가진 한 사람이 그곳에 있었다. **2** 그리고 사람들은 고소하기 위해 그가 안식일에 그 사람을 고쳐주시는지 그를 지켜보고 있었다. **3** 그러자 그가 말라버린 손을 가진 사람에게 말한다. "중앙에 일어나시오." **4** 그리고 그가 그들에게 말한다. "안식일에 선을 행하는 것과 악을 행하는 것, 생명을 살리는 것과 죽이는 것, 어느 것이 옳습니까?" 그러나 그들은 침묵하고 있었다. **5** 그러자 그가 분을 내시며 그들을 둘러보신 후 그들의 마음의 완고함을 애통해 하며 그 사람에게 그가 말한다. "그 손을 펴시오." 그러자 그가 폈고 그 손이 회복되었다. **6** 그때에 그 바리새인들이 즉시 나가 헤롯 당원들과 함께 어떻게 그를 죽일 것인지를 두고 그를 대항하는 의논을 시작했다.

주해[1]

도발적 사건 및 도전(1-2절) 예수님이 "다시" 들어가신 "그 회당"(τὴν συναγωγήν)은 귀신 들린 자를 내쫓았던 가버나움 회당으로 보인다(1:21). 이런 지시적 정보("다시", πάλιν; "그", τήν)는 동일한 장소에서 일어난 다른 두 사건을 비교하도록 해준다. 가버나움 회당에서 일어난 첫 사건은 한 사람을 "더러운 영"으로부터 해방되게 한 것으로 회당 사람들은 놀람으로 예수님의 "권위"를 인정했다. 같은 장소에 들어간 예수님은 전혀 다른 반응을 맞이하게 되는데, "사람들"은 그를 고소하기 위해 감시하고 있으며(1절), 손에 마비를 가져온 질병으로부터 한 사람을 자유롭게 한 결과 돌아온 것은 살해 음모였다. 같은 장소에서 예수님은 다른 두 극단적 반응을 경험하고 계신 것이다.

마가는 1절에서 두 인물에 시선을 고정하도록 유도하는데 한편으로 회당에 들어가시는 예수님을, 다른 한편으로 "말라버린 손을 가진 한 사람"을 차례로 보여준다. 특히 문법적 초점(focus)은 병자에게 보다 더 있다. 이는 회당에 들어가시는 예수님의 동작(εἰσῆλθεν, '들어가셨다')은 과거 시제로 표현된 반면, "말라버린 손을 가진"(ἐξηραμμένην ἔχων τὴν χεῖ-ρα) 사람의 병 상태에 대한 묘사는 강조적 현재 시제(ἔχων, "가진")와 최상의 강조를 만드는 완료 시제(ἐξηραμμένην ... τὴν χεῖρα, '말라버린 손')로 발화된 것을 통해 확인할 수 있다. 이처럼 두 인물의 조우는 치유가 있을 것이란 기대를 가져온다. 하지만 분위기는 급변하고 치유 기대는 논쟁 기대로 바뀐다. 예수님과 손 마른 사람의 조우 순간 마가는 예수님을 지

1. 3:1-6 주해의 상당 부분이 저자의 책(Park, 197-99; 226-31; 288-95)에서 왔음을 밝혀둔다.

켜보는 제삼자의 존재를 소개하고 있기 때문이다: "사람들은 고소하기 위해 그가 안식일에 그 사람을 고쳐주시는지 그를 지켜 보고 있었다"(2절). 사람들의 이런 기대는 예수님이 앞서 많은 병 치유를 해오셨고 심지어 안식일에도 치료 행위를 멈추지 않았다는 사실을 일찌감치 소문으로 들었거나 혹은 직접 경험한 데서 비롯되었다고 보는 것이 자연스럽다.

그렇다면 감시자는 누구일까? 마가는 "사람들은 … 지켜보고 있었다"(παρετήρουν)라고만 하기 때문에 그들의 정체는 애매한 것이 사실이다. 하지만 단락 말미(6절)에 그들의 정체는 분명하게 드러난다: "그 바리새인들이 … 나가." 등장인물은 보통 담화 도입부에 소개되고 나머지는 대명사로 지시되는 것(전반조응)이 일반적인 담화 규칙(박윤만, 2013b:67-68)이지만 현 단락에서 적대자의 정체는 담화 초반에 동사(παρετήρουν, "사람들은 … 지켜보고 있었다")의 주어로만 애매하게 등장한 후 에피소드 말미에 가서야 구체적으로 바리새인이라고 지시된다. 이런 후방조응은 특정 사람의 정체를 늦게 알려주기 때문에 청자의 호기심을 증가시키는 효과가 있다. 특히 현 단락에서 논쟁 종결부에는 적대자들의 살해 음모가 더불어 밝혀지고 있어서, 그런 맥락에서 밝혀진 적대자의 정체인 바리새인들은 단순한 비판자를 넘어서 살해 음모자라는 강한 수사적 의미를 함축하게 된다.

변호(3-5절) 예수님은 손 마른 사람에게 "중앙에 일어나시오"라고 "말한다"(λέγει, 3절). 병자에게 먼저 어떤 행동을 요청하신 모습은 이전 치료 사건과 비교했을 때 이례적인데, 지금까지 치료는 병자 혹은 그들을 돕던 이들이 먼저 간구함으로 이뤄졌기 때문이다. 더불어 모든 사람들이 볼 수 있는 회당 중앙에 병자를 세우신 것 역시 지금까지의 은둔적인 모습(1:25, 34, 43)과도 분명 차이가 있다는 점에서 놀라움을 주기에 충분하다. 병자를 일으켜 세운 예수님은 뜻밖에도 그를 지켜보고 있던 사람들에게 시선을 돌려 "그들에게" 질문하신다(λέγει, 4절). '말하다'(λέγει) 동사는 두 번 모두 진행의 의미를 가진 현재 시제로 발화되고 있는데, 이것은 병자와 감시자 둘 모두를 향한 예수님의 주도적인 행동에 현저성을 부여하는 문법적 장치이다. 예수님의 적극적인 질문 제기가 내러티브 흐름상으로도 초점이 될 수밖에 없는 이유는, 지금까지 논쟁 이야기에서 질문은 그의 적대자들이 먼저 해왔기 때문이다. 병자와 감시자들을 향한 적극적인 행동을 하신 예수님의 의도는 분명해 보인다. 감시자들이 비록 말없이 "지켜보고"만 있었지만 그는 그들의 시선의 의미를 파악하고 있었던 것이다. 그리고 손 마른 사람을 회당 중앙에 일어나도록 하실 때는 그를 고소하려는 사람들의 압박을 가하는 눈빛에 굴복하시기보다 그들의 암묵적 문제 제기에 대해 정면으로 돌파하시기로 작정하셨다는 것을 보여준다. 이 모든 것은 예수님은 안식일 치료와 그것을 위한 적극적 변호를 의도적으로 선택하셨다는 것을 보여 주는데, 이런 선택은 안식일이 사람들에게 하나님의 종말론적인 안식을 주려는 그의 소명을 보다 더 적극적으로 드러낼 수 있고 또 실현할 수 있는 상징성을 가진 날이라는 판단에서 비롯되었다고 보는 것이 옳다(김세윤, 1992: 163-64).

예수님의 질문 내용(4절)은 바리새인들도 별 무리 없이 동의할 수 있는 내용으로 보이는데, 안식일에 선을 행하고 생명을 살리는 일은 당시 유대인들에 의해 보편적으로 가르쳐온 원리였기 때문이다.[2] "선을 행하는

---

2. 미쉬나 요마 8:6에 따르면 "생명이 위협받는 경우에는 안식일 법을 어길 수 있다." 또한 미쉬나 산헤드린 4:5에 따르면 "… 만일 어떤 사람이 한 영혼이 망하도록 내버려 둔다면 그는 온 세상이 망하도록 내버려 두는 것이라고 …, 만일 어떤 사람이 한 영혼을 구원한다면 그는 온 세상을 구원했다고 성경은 그에게 책임지울 것이다." 또한 미쉬나보다 늦게 기록되었지만 2세기 초에 활동한 랍비 아키바가 안식일에 목숨을 구하는 것이 가능하다는 주장을 토세프타 샤바트 15:11은 소개한다(또한 바벨론 탈무드 요마 85a-b 보라).

것"은 병행구로 나온 "생명을 살리는 것"을 가리키며, "악을 행하는 것"은 "사람을 죽이는 것"을 뜻한다(Guelich, 2001: 249-50). 평행구에서 앞선 것은 일반적인 것이고 뒤따르는 것은 구체적인 것을 가리키기 때문이다. 예수님의 질문에 그들은 침묵한다(5절). 그들의 판단으로는 손 마른 사람이 생명의 위협을 받는 상태에 있다고 볼 수 없으므로 그를 치료하는 것이 선을 행하거나 생명을 살리는 일과 아무런 관계가 없다고 판단했을 것이다.[3] 그러니 최선책은 내일까지 기다렸다 치료하는 것이라 생각했을 수 있다. 사실 "말라버린"(ἐξηραμμένην) 손의 모습이 상태 상(Stative Aspect)인 완료 시제로 표현되었다는 것은 병이 진행 중이 아니라 '마름'이 하나의 상태로 고착되었음을 알려 준다. 그 사람은 생명의 위협과는 무관한 병을 가지고 있었던 것이다.

겉으로 보면 "생명을 살리는 것 … 생명을 죽이는 것"에 관련된 예수님의 질문은 현 맥락에서 과도한 질문 내용으로 보일 수도 있는데 그 사람의 병 상태는 죽을 병이 아니었기 때문이다. 이런 판단 때문에 어떤 학자는 그 질문이 병자를 두고 한 것이라기보다는 예수님 자신을 두고 벌어

3. 미쉬나 샤바트 22:6에 따르면 "[안식일에] 뒤틀린 몸이나 부러진 수족을 바로 펴는 일은 허락되지 않는다." 하지만 콜린스(N. L. Collins [c])는 2-4세기 여러 랍비 문헌을 증거로 삼아 랍비들은 모든 질병은 죽음으로 이어지기에 안식일에 질병을 치료하는 일은 안식일 법에 저촉되지 않는다는 판단을 했다면서, 예수님의 치료 행위는 당시 유대인들과 어떤 갈등도 일으킬 수 없었다고 주장한다(Collins [c], 4). 이어서 콜린스는 막 3:1-6이 말하는 것과 같은 예수님과 바리새인 사이의 갈등은 역사적 사실이 아니라 마가가 후대에 창작한 것이라 주장한다(Collins [c],151-158). 하지만 이런 입장에 대해 신현우(2018, 283-329[인용은 298])는 콜린스의 주장은 "예수님 당시의 바리새인들이 가졌을 견해와는 거리가 멀다"고 주장하면서 "예수님 당시나 이전의 랍비 가운데 모든 질병이 목숨의 위험을 내포하므로 안식일에도 치유가 가능하다고 주장한 랍비는 없다"고 적절하게 결론 짓는다. 신현우가 재해석하면서 제시한 증거 본문은 눅 13:14; 미쉬나 샤바트 14:4; 토세프타 샤바트 2:5; 12:14; 14:3; 16:22; 22:6이다.

질 살해 음모(6절)를 염두에 둔 표현이라고 본다(Edwards [b], 100). 아래서 살펴볼 것처럼 그런 뜻이 분명히 있긴 하지만, 근접 문맥은 손 마른 사람을 두고 벌어진 논쟁이기에 그것이 예수님의 일차적 관심이었다는 것은 부정할 수 없다. 그런 질문을 하신 의도는 분명해 보이는데, 그는 서기관들이 설정해 놓은 안식일에 가능한 '일'이 무엇인지를 두고 논쟁하시겠다거나 혹은 허락될 수 있는 일의 범주에서 치유를 하시겠다는 것이 아니라(France, 2002: 150), 오히려 안식일에 해야 할 생명 살리는 일이 무엇인지를 새롭게 정의하시고 있는 것이다. 이런 질문은 예수님에게 이미 말라버린 손을 가진 사람을 치료하는 것 역시 생명을 살리는 일과 같은 것이며, 반대로 안식일이라고 생명의 위협 가운데 있지 않은 병자를 보고도 그냥 두는 것은 죽음에 버려두는 것과 같음을 보여준다(Guelich, 2001: 251-52; Marcus, 2000: 252; Park, 229; 양용의, 78; 신현우, 2011: 63). 앞선 안식일 논쟁에서 드러났듯이 예수님은 안식일이 사람들의 유익을 위해 존재하는 것이라고 믿으셨기 때문에(2:27) 안식일에 손 마른 사람을 고치는 것 역시 안식일 정신에 합당한 판단이 현 질문 이면에 있었다고 추론하는 것은 정당하다(Hooker, 1991: 107).

더 나아가 예수님이 '선을 행하고 생명을 살리는 일'이라는 말씀을 통해 의도하신 것이 무엇인지는 예수님의 하나님 나라 선포(1:14-15)의 전망에서 이해돼야 한다는 귤리히의 주장 역시 타당하다(Guelich, 2001: 251). 예수님의 하나님 나라 사역은 바로 사람을 살리는 사역이었다. 귀신에 붙들려 고통 가운데 있는 자에게 축귀를 하고, 부정한 한센병환자를 치료 전에 먼저 만지심으로 깨끗하게 하시고, 변방에 내몰린 세리들과 죄인들을 식탁 교제로 불러 모으는 일, 이 모두가 선을 행하고 생명을 살리는 예수님의 하나님 나라 사역이었다. 하루를 더 기다리지 않으시고 굳이 안식일에 이 일을 하신 이유 역시 그와 같은 사람을 치료하는 자신의 사역이 바로 해방과 쉼이라는 안식일의 정신에 일치하는 것임을 공개적으로 드러내 보이시기 위함이었다. 예수님은 안식일의 주인이라 하셨다. 안식일의 참된 의미를 세워 나가시는 분이자 그것을 성취하는 분이시기에 안식일 치유는 예수님의 소명에 따라 이뤄진 의도적 선택이었다.

물론 안식일에도 문제가 되지 않는 생명을 살리는 일이 안식일 정신에 부합된다는 그와 같은 급진적인 재정의를 내릴 수 있는 권한이 예수님에게 있는가에 대한 질문이 나올 수 있다. 앞선 단락에서 예수님은 이미 인자의 권위를 가진 “안식일의 주”(2:28)로서 안식일을 향한 하나님의 원래 뜻이 무엇인지 밝히셨다는 것을 고려한다면, 안식일에 이뤄진 예수님의 그와 같은 급진적이고 담대한 행동은 서기관의 권위(1:22)가 아니라 안식일의 주로서의 권위를 실천하시고 있는 것으로 봐야 한다.

예수님의 질문에 바리새인들은 침묵한다(4절 후반부). 예수님은 그들의 침묵 안에서 “마음의 완고함”(τῇ πωρώσει τῆς καρδίας)을 보신다(5절). 이후 한 번 더 예수님은 바리새인들을 두고 “완고한 마음을”(τὴν σκληροκαρδίαν) 가진 이들이라 지적하셨다(10:5). 구약 선지자는 종종 포로생활을 할 수밖에 없는 이스라엘 백성들의 마음 상태를 ‘완고함’으로 표현한다(신 10:16; 렘 4:4; 겔 36:26; 10:5 주해를 보라). 그의 백성을 출애굽시켜 안식을 주려는 하나님의 계획을 지속적으로 거부한 바로는 강퍅한 마음의 소유자로 반복 묘사된다(출 4:21; 7:13, 14, 22; 8:15, 19, 32; 9:7, 12, 34, 35; 10:1, 20, 27; 11:10; 14:4, 8, 17; Marcus, 2000: 253; Hurtado, 2020: 87). 이스라엘이 약속의 땅에 들어가는 것을 막은 시혼과 가나안 왕들의 마음 역시 강퍅했다(신 2:30; 수 11:20). 제2성전 시기에 이르러서는 마음의 완고함을 옛 시대에 속한 사람의 특징으로 보기 시작한다(쿰란 문서 CD[A] 3:8-9; 참고. 집회서 16:15-16). 이런 점에서 에스겔 선지자가 종말론적인 새 출애굽이 일어날 때 유대 백성들의 “굳은 마음”(τὴν καρδίαν τὴν λιθίνην)이 제거될 것이라 본 것은 우연이 아니다(겔 36:26; 참고. 신 30:3, 6).[4]

완고한 마음을 가진 바리새인들은 옛 시대에 속한 사람의 전형적인 특징을 드러낸다. 옛 출애굽 때 강퍅한 바로가 이스라엘 백성들을 종으로 잡아 두려 했던 것처럼 완고한 마음의 소유자인 바리새인들 역시 예수님을 감시하여 사람들을 고통과 눌림으로부터 자유롭게 하는 그의 새 출애굽의 사역을 방해한다(Marcus, 2000: 253). 그렇기 때문에 예수님이 침묵하는 바리새인들을 둘러보고 드러내신 격정적인 감정("분을 내시며", "애통해하며")은 그의 질문에 답을 하지 않는 이들을 향해 가진 개인적인 감정으로 보지 말아야 한다. 오히려 옛날 바로가 권력 유지를 위해 그러했던 것처럼 새 시대가 시작되었음에도 불구하고 옛 시대의 가치에 따라 만든 그들의 법 해석 원리에 여전히 갇혀 자기들도 종말론적인 안식에 들어오지 않을 뿐 아니라 남이 들어가는 것도 방해하는 완고한 마음을 가진 자들을 향한 예수님의 종말론적인 분노라고 봐야 한다.

이윽고 예수님은 회당 "중앙에 일어나시오"라고 하신 후 감시자들과의 논쟁 때문에 지금까지 미뤄 오셨던 치료의 말을 하신다. "그 손을 펴시오"(5절). 이 말은 지금까지 진행되어온 논쟁의 맥락을 고려할 때 치료 그 이상의 의미를 전달한다. 예수님은 자기가 종말론적인 안식을 주는 자임을 회당 안 모든 자들에게 '공개적'으로 증명해 보이시고 있는 것이다. 흥미로운 점은, 예수님의 치료가 만지심(1:31, 41; 5:41; 7:33; 8:23, 25)이 없이 말로만(λέγει) 진행됐다는 것이다('말하다 동사'가 다시 강조적 현재 시제로 발화되고 있는 것에 주목하라). 말을 통한 치료는 안식일에 금지

---

4. 물론 제자들도 "강퍅한 마음"을 가졌다는 책망이 나오는데, 이 경우에는 그들이 불신앙의 늪에 빠지지 않도록 경고하는 차원에서 사용된다(ἡ καρδία πεπωρωμένη, 6:52; πεπωρωμένην ... τὴν καρδίαν, 8:17; 해당 본문 주해를 보라).

된 일이 아니었기 때문에(Flusser, 63; Vermes, 1973: 25; Meier, 1994: 683) 예수님의 마지막 치료 방법은 논쟁의 문맥에서 볼 때 더욱 더 놀랍다.[5] 서기관들이 정해 놓은 안식일 법을 위반하지 않고 치료를 진행하신 것이다.

판결(6절) 대단락 2:1-3:6에 있는 다섯 개의 논쟁 사건에서 판결이 명시된 곳은 첫 에피소드(2:12)와 지금 이곳이다. 첫 사건에서의 판결은 앞으로 이어질 논쟁에서의 판결을 암시해 주며 마지막 논쟁 사건에서의 판결은 논쟁 사건 전체를 결론짓는 판결이다.

5절에는 두 종류의 판결이 나온다. 손을 펴라는 예수님의 명령이 주어진 후 본문은 "그의 그 손이 회복되었다"(ἀπεκατεστάθη ἡ χεὶρ αὐτοῦ)고 말한다. 수동태로 묘사된 '회복'은 유대 사회에서 병 치유는 하나님의 일로 이해되고 있었다는 것을 고려할 때(2:12 주해를 보라) 예수님의 치료에 하나님이 개입하셔서 그가 옳다고 판결하셨다는 의미를 함축한다(Park, 230). 또 하나의 판결은 바리새인들에 의해 이뤄진다. 예수님의 치료를 본 후 그들은 곧장 회당 밖으로 나가 헤롯 당원들과 함께 예수님을 죽일 "의논을 시작했다"(συμβούλιον ἐδίδουν). 그들의 '모의'가 진행의 의미를 가진 미완료 시제(ἐδίδουν)로 표현되었다는 것은 그들의 살해 음모가 현 논쟁을 시발점으로 계속 진행됨을 알려준다. 바리새인들은 예수님의 안식일 법과 관련된 그의 일련의 행동이 사형 판결에 이를 만한 위반으로 판단한 것이다.

마가는 하나님의 긍정적 판결과 바리새인들의 부정적 판결을 대조하고 있으며 이런 대조에는 반어법(irony)이 흐르고 있다. 하나님의 말씀을

---

5. 하지만 콜린스(Collins [c], 4)와 신현우(2018: 300)는 치유를 위한 말도 일로 보는 입장이 당시 있었을 가능성을 창세기 랍바 1:7을 근거로 제시한다. 미드라쉬 라바는 창세기 1:7을 주해하면서 하나님의 창조적인 '말'을 '일'로 본다.

지키려던 종교 지도자들은 하나님의 뜻에 역행하는 판결을 내리고 있는 반면에, 그들이 하나님의 뜻에 어긋난 행동을 한다고 판단한 예수님은 하나님에 의해 옳다고 인정받는다. 게다가, 마가는 예수님이 말로 치료하심으로 안식일 법을 어기지도 않았음을 보여 주었다. 그러면서 안식일에 한 생명을 고통에서 자유롭게 하는 예수님을 죽이려는 음모를 꾸밈으로 하나님의 법을 어기고 있는 상대는 바로 종교 지도자들이었음을 마가는 분명히 한다. 따라서 그들의 판결과 후속 조치는 하나님의 판단과 심지어 그들이 세운 법 해석 원칙에도 어긋나는 명백한 살해 음모라는 것을 밝혀준다.

플루서(David Flusser)는 예수님의 치유가 안식일에 허용되었던 말로 이뤄졌다는 점을 들어 "바리새인들이 그같이 살해 모의를 했다는 것은 전혀 불가능하다"고 주장한다(Flusser, 63). 위에서 지적한 것처럼 안식일에 말에 의한 치유는 허용되었다는 점에서 예수님의 치료 방법이 안식일 법의 위반이 아니라는 지적은 옳다. 하지만 플루서가 간과한 것은 바리새인들의 살해 모의가 법적 논쟁을 다루고 있는 2:1-3:6의 결론으로 등장한다는 점이다. 따라서 살해 모의는 단순히 안식일에 손 마른 사람을 치유한 행위에 대한 반응이 아니라 앞선 논쟁 동안 그가 보인 신성 모독적 언행(2:7), 회개하지 않는 죄인들과의 식탁 교제(16절), 유대 금식법 불이행(18절), 그리고 제자들의 안식일 법 위반과 "안식일의 주인"이라는 선언(24-28절)과 같은 그의 도발적 태도 전반을 두고 바리새인들이 내린 최종적 판결로 보는 것이 옳다. 물론 역사적 설명도 가능하다. 마가는 예수님이 갈릴리 사역 동안 유대법을 두고 바리새인 및 서기관들과 같은 종교 지도자들과 벌이신 논쟁 사건들을, 베드로를 비롯한 신뢰할 만한 목격자들로부터 들은 후 논쟁이라는 주제하에 한 덩어리(a chunk)로 만들어 2:1-3:6에 배열하고 있기 때문에, 3:6과 같은 살해 음모 역시 그런 논쟁을 거치면서 바리새인들이 내린 최종적 입장이라고 보는 것은 역사적으로 불가능하지 않다.

바리새인들이 "헤롯 당원들"(τῶν Ἡρῳδιανῶν)과 음모를 꾸몄다는 서술 역시 주목할 만하다. 당시 갈릴리와 페레아(Perea) 지역을 관할하고 있던 사람은 분봉왕 헤롯 안티파스였고 그를 비롯한 헤롯 왕조를 정치적으로 지지하고 있던 사람들이 '똔 헤로디아논'으로 일컬어지고 있었다(Meier, 2000: 740-46). 당시 헤롯 안티파스는 사형을 집행할 수 있는 권한이 있었기 때문에(Meier, 2000: 743) 바리새인들이 헤롯 왕을 지지하는 정치 세력을 찾아간 이유는 쉽게 이해될 수 있다. 그럼에도 바리새인들과 로마의 적대적 관계(Wright, 1992: 181-203)를 고려하면 로마를 등에 업고 일하는 헤롯 왕조와 그를 지지하는 세력들과의 협력은 매우 이례적이다. 마가는 예수님의 정치적, 종교적 영향력이 유대 사회의 두 앙숙 당(Theissen, 1993:77-79)이 적과 협력할 정도로 점점 커지고 있음을 보여주려 했을 수 있다.[6] 평소에는 서로 다른 입장에 있던 이들이 예수님을 희생시키는 데 있어서 합의를 이루어 나가는 일은 앞으로 다시 등장하며(12:23) 참여자의 범위 역시 확대된다(15:11).

요약과 해설

다섯 개의 논쟁 이야기로 구성된 대단락 2:1-3:6은 안식일에 손 마른 사람을 치료하는 사건으로 마무리된다. 예수님은 심각한 논쟁과 반대가 일어날 것을 알면서도 의도적으로 안식일에 손 마른 사람을 치료하셨다.

6. 또한 12:13-17 주해를 보라.

이러한 치료를 통해 예수님은 그가 종말론적인 안식을 가져오는 자라는 점을 분명히 하셨다. 그러나 예상된 것처럼 생명을 살리는 그의 길은 옛 시대에 속한 종교 지도자들로부터 강한 저항에 부딪힌다. 마치 출애굽 사건 때 자기의 권력유지를 위해 하나님의 백성이 종노릇에서 벗어나 안식으로 들어가는 일을 방해했던 바로처럼, 바리새인들은 자기들의 법 해석 원리를 지키고자 종말론적인 안식을 가져다주는 자의 사역을 방해할 뿐 아니라 그의 생명을 없애려는 음모를 꾸민다(Marcus, 2000: 253). 그러한 음모는 비단 안식일 논쟁에만 국한된 것이 아니라 앞선 네 개의 법적 논쟁 동안 보인 예수님의 도발적 언행을 두고 종교 지도자들이 내린 최종적인 입장이었다. 바리새인들의 그 같은 판단은 15:1에 대한 암시일 뿐만 아니라 종교적, 정치적 적대 세력 앞에서 하나님 나라가 어떻게 실현될 것인지에 대한 긴장과 기대를 동시에 가지게 한다.

제17장
더 넓게 퍼져 가는 예수님의 영향력
마가복음 3:7-12

본 단락(7-12절)이 속해 있는 3:7-3:35은 1:16-3:6까지 있었던 이야기의 주제를 세 등분하여 반복한다. 1:32-33, 45과 2:2-12, 13에 언급된 큰 무리의 모임과 치유는 7-12절에, 1:16-20에 언급된 제자 세움은 13-19절 전반부에, 그리고 2:1-3:6에 있었던 논쟁 사건은 19절 후반부-35절에 재등장한다. 마가의 요약(summary)으로 알려져 온(Taylor, 1966: 225) 현 단락은 선행 단락들과 후행 단락들의 주된 주제를 연결하는 가교 역할을 한다. 치유와 축귀와 함께 점점 더 커져가는 예수님의 명성(7-8, 10절)은 1:21-28, 32-33, 40-45; 2:1-2을 뒤돌아보게 하고, 밀려드는 무리를 피해 제자들에게 배를 준비케 하는 지시(9절)는 앞으로 전개될 하나님 나라 비유(4:1)와 제자들과의 배 여행(4:1-8:26, 특히 4:35-5:1, 18, 21; 6:45-54; 8:10-22)을 내다보게 한다. 더불어, 이즈음에 모여든 군중들은 더 이상 갈릴리 지역 사람들에 국한되지 않고 예루살렘과 이두매, 요단 강 건너편과 두로와 시돈 등 팔레스타인 둘레의 모든 지역으로부터 온 이들이라 알려주는데(8절), 이런 정보는 앞으로 예수님이 하실 두로와 시돈 지역(7:24-31) 및 데가볼리 근교(8:1-10)에서의 사역과 더 나아가 예루살렘 방문 및 사역

(11:1-16:8)을 내다보게 한다.

현 단락은 몰려드는 무리(7-8절), 배 준비(9-10절), 축귀와 침묵 명령(11-12절)의 흐름으로 진행된다.

> **7** 그리고 예수님이 그의 제자들과 함께 바닷가로 물러가셨다. 그리고
> 많은 군중이 갈릴리와 유대로부터 따라왔다. **8** 그리고 예루살렘과 이두매
> 와 요단 강 건너편과 두로와 시돈 근처로부터 많은 군중이 그가 행한 모든
> 것을 듣고 그에게로 왔다. **9** 그리고 그는 무리 때문에 작은 배 하나가 그에
> 게 대기하도록 제자들에게 말씀하여 그들이 그를 둘러싸 밀지 못하게 하셨
> 다. **10** 이는 그가 많은 사람들을 고치셨으므로 질병을 가진 자는 누구든지
> 그 앞에 엎드려 그를 만지고자 하였기 때문이었다. **11** 그리고 더러운 영들
> 이 그를 볼 때는 그 앞에 바싹 엎드렸다. 그리고 "당신은 하나님의 아들이
> 십니다"라고 말하며 소리질렀다. **12** 그러나 그는 그들을 엄하게 많이 꾸짖
> 어 자기를 드러내지 말도록 하셨다.

주해

몰려드는 무리(7-8절) 종교 지도자들과 격정적인 논쟁 후 예수님은 제자들과 함께 "바닷가로 물러가셨다"(ἀνεχώρησεν πρὸς τὴν θάλασσαν, 7절). 이런 물러감은 무리를 가르치기 위한 일상적인 이동(2:13; 4:1; Guelich, 2001: 265)으로 볼 수도 있고, 혹은 안식일 논쟁 후 종교 지도자들이 그를 살해하려는 모의를 시작했다는 6절의 정보를 고려하면 그들의 위협을 피하시려는 시도처럼 보일 수도 있다(마 12:15; Marcus, 2000: 257; Edwards [b], 103). 예수님의 바닷가로의 물러감을 단순한 일상적 이

동으로 보는 입장은 앞선 단락에서 진행된 논쟁의 흐름을 고려하지 않는 해석이고, 적대자들의 위협으로부터 피신이라 보는 입장 역시 앞 단락에서 예수님이 그를 고소하려는 적대자들과 공개적이고도 적극적인 대면을 시도하셨던 담대한 태도와 조화되기 어렵다. 더욱이 물러가신 바닷가에서도 은둔생활보다는 다양한 무리와의 만남과 축귀를 하는 등 공개적인 사역을 멈추지 않으셨다는 것을 감안한다면 그의 의도가 당국자들을 피하기 위해서였다고 보기 어렵다. 로즈(David Rhoads et al)가 관찰한 바에 따르면 예수님의 사역 방식은 공적 영역과 사적 영역을 번갈아 오가는 일정한 리듬 안에서 진행된다(Rhoads et al., 70-71). 현 단락은 2:1-3:6의 논쟁 단락이 끝나고 다시 대중들을 가르치고 치유하는 사역의 시작을 알려준다는 점에서 그 같은 사역 방식의 일환이라고 볼 수 있다. 그리고 이런 흐름의 시작 부분에서 예수님이 바닷가로 물러가신(ἀνεχώρησεν) 것은 일반 대중들을 가르치고 치료하는 사역에 집중하고자 지금까지 해오던 유대 지도자들과의 법적 논쟁을 잠정 중단하려는 동기에서 비롯되었다고 보는 것이 훨씬 더 자연스럽다. 실제로 마가복음에서는 이곳에서 단 한 번 나오는 동사 "물러가셨다"(ἀνεχώρησεν)는 신약성경의 다른 용례에서는 한 장소에서 이뤄지던 참여와 행동을 중단하고 다른 장소로 이동한다는 의미를 보여준다(마 9:24; 27:5; 행 23:19; 26:31).

바닷가에서 조우한 무리들의 성격은 예수님의 사역에 어떤 변화가 시작된 것을 보여준다. 그들은 갈릴리(<u>ἀπὸ</u> τῆς Γαλιλαίας), 유대(<u>ἀπὸ</u> τῆς Ἰουδαίας), 그리고 예루살렘(<u>ἀπὸ</u> Ἱεροσολύμων)을 넘어 아마도 베뢰아를 지칭하는 요단 강 건너편(πέραν τοῦ Ἰορδάνου)과 이두매(<u>ἀπὸ</u> τῆς Ἰδουμαίας)와 두로와 시돈 근처에서(<u>περὶ</u> Τύρον καὶ Σιδῶνα)부터 온 사람들이었다(전치사는 밑줄 그어져 있다). 특히 마가는 무리가 온 모든 지역 앞에 전치사를 각각 붙여 무리의 출신 지역 하나하나에 현저성을 부여하고 있다. 첫 번째 언급된 갈릴리는 예수님의 현 위치가 갈릴리라는 점을 고려하면 중복된 표현으로 들릴 수 있지만 현 단락에서 마가의 관심이 예수님을 따르는(ἠκολούθησεν, 7절) 무리들이 팔레스타인 모든 지역에서 왔다는 점을 부각하는 것이었다고 본다면 쉽게 이해될 수 있다. 무리들은 또 당시 유대 사회의 종교와 정치의 중심지였던 예루살렘과 유대로부터도 왔는데, 그들은 아마도 세례 요한으로부터 예수님에 관해 들었을 수 있다(1:5, 7-8). 요단 강 건너편 지역은 갈릴리와 함께 헤롯 안티파스(Herod Antipas)가 관할하고 있었던 페레아(Perea) 지역으로 당시 대부분의 인구는 유대인으로 구성되었다(Schürer, 2권 12, 13). 이두매는 예루살렘 남쪽에 위치한 지역으로 전통적으로 에돔으로 알려졌다. 비록 1차 유대 전쟁 시기 열심당에게 충성을 맹세하기도 했지만(Schürer, 1권 497-98), 헤롯 대왕이 이스라엘의 왕이 된 후 이두매인이라는 사실로 왕적 정통성의 문제가 제기 될 것을 두려워했던 사실에서 알 수 있듯이 예수님 시대 이두매인은 유대인에게 "반쪽 유대인"(semi-Judaism)으로 여겨졌다(Schürer, 1권 27). 두로와 시돈은 북서쪽 해안 도시로서 행정구역 상 시리아-페니키아(Syro-Phoenicia)에 속해 있었는데 제2성전 시기 그 지역에 유대인 정착민이 있었다는 증거는 매우 희박하다(Schürer, 3권 14, 15).

마가의 지역 나열은 먼저 예수님이 현재 머물고 있었던 갈릴리로부터 시작하여 남쪽 유대와 예루살렘을 언급한 후 다시 요단 강 건너편 베뢰아 지역과 갈릴리 북서쪽 해안 도시인 두로와 시돈에서 마친다. 이는 예수님을 따르는 무리들이 갈릴리 남쪽과 동쪽, 그리고 북쪽 등 온 사방을 아우르는 지역으로부터 왔다는 것을 말해주는 것이다. 특히 유대와 예루살렘을 제외하고는 무리들이 예수님을 어떻게 들어서 알게 되었는지에 대해서 마가는 구체적으로 언급한 바가 없지만, 온 갈릴리로 퍼져 나간 그에 관한 소문(1:28, 39, 45)이 자연스럽게 지역 경계를 넘어갔다고 볼 수 있을 것이다. 심지어 유대인 지역만이 아니라 "반쪽 유대인"이 사는 이두매인, 그리고 이방 지역이었던 두로와 시돈으로부터 무리가 와서 예수님을 따른다는 서술은 시사하는 바가 크다. 첫째, 예수님이 선포하신 하나님 나라(1:14-15)는 당시 종교 정치 권력자에게는 위협(6절)이 되었던 반면, 민초(grassroots)들에게는 '복음'이 되고 있음을 보여준다. 둘째, 예수님이 선포해 오신 하나님 나라는 비록 암시적이기는 하지만 지역적 인종적 경계에 갇힐 수 없는 성격을 지녔다는 것을 알려준다. 셋째, 요단 강 건너편과 두로와 시돈으로부터 온 무리의 방문은 후에 그들을 찾아갈 예수님의 응답적 방문(10:1; 7:24-31)의 단초가 된다.

배 준비(9-10절) 모여든 무리들이 그를 "둘러싸 밀지"(θλίβωσιν) 못하도록 예수님은 배를 "그에게 대기하도록"(προσκαρτερῇ αὐτῷ) 하신다. 배를 준비시키는 장면은 마가가 즐겨 사용하는 생생한 문체와 현재 시제로 표현되었는데 이런 표현은 구술-청각 의사소통 문화에서 청자의 기억을 돕는 장치이다(비교. Taylor, 1966: 227). 준비된 배에 타고 말씀을 전하시는 일은 뒤로 미뤄졌고(4:1-2) 현 단락은 '준비'에 초점이 맞추어져 있는데, 이런 준비는 현 맥락에서 시사하는 바가 있다. 일반 집에서 가르치시는 동안 몰려든 큰 무리 때문에(2:1-2) 예수님은 바닷가라는 보다 넓은 공간으로 이동하시고(13절), 그곳에서 다시 더 큰 무리들이 몰려들자(3:7-8) 불가피하게 이번엔 바다로 옮겨가실 준비를 한다. 이는 그가 사람들 가운데서 명성을 점점 더 얻어가고 있다는 사실만을 말하는 것이 아니다. 1:2-3에서 그는 하나님의 길을 걷는 분으로 소개되었기 때문에 그의 이동은 곧 하나님의 길이 어디로 어떻게 나는지를 보여준다. 그는 회당에서 종교 지도자들과의 갈등 후 바다로 사역지를 잠시 옮기셨다. 다시 바닷가에서 팔레스타인 사방으로부터 몰려온 큰 무리가 그를 '둘러싸 밀자'(θλίβωσιν) 어쩔 수 없이 배를 준비시켜 바다로 떠나실 채비를 한다.

여기서 사용된 동사(θλίβωσιν)는 신약성경 다른 곳에서 육체적, 정신적 압박(고후 1:6; 4:8; 7:5) 혹은 박해(살전 3:4; 히 11:37)를 가리키는 용어로 사용된다. "갈릴리에서 예수님이 걸으시는 하나님의 길은 순탄 대로의 여정이 아니었다"(Rhoads et al., 67). 그가 걷는 하나님의 길에는 갈등, 살해 음모, 그리고 무리들의 물리적 압박이 있어 걷는 동안 예정된 길에서 이탈하기 일쑤였다. 그럼에도 예수님은 무리들이 에워싸 미는 혼돈스러운 상황에서 배를 대기하도록 하여 하나님 나라 선포와 제자 훈련을 위한 또 다른 바닷길을 준비하신다.[1]

혼돈을 질서로 만들어 가시는 예수님의 모습은 10절에 다시 나온다: "이는[γὰρ] 그가 많은 사람들을 고치셨으므로[ὥστε] 질병을 가진 자는 누구든지 그 앞에 엎드려 그를 만지고자 하였기 때문이었다." 마가는 그렇게 많은 무리들이 모인 이유에 대해 그가 많은 사람을 고치셨기 때문이라 말한다.

축귀와 침묵 명령(11-12절) 그 결과(ὥστε) 일어난 일은 생생한 문체와 미완료 상으로 표현된 두 동사가 말하는데, 병든 자들은 예수님께 "엎드렸고"(ἐπιπίπτειν, 10절) 더러운 영들 역시 "그 앞에 엎드렸다"(προσέπιπτον, 11절). 큰 무리들이 둘러싸 밀고 있는 가운데서 병자들과 더러운 영들이 예수님 앞에 엎드리는 모습은 사람들의 몸에 찾아온 고통과 영적인 혼돈을 바로 잡아가시는 그의 능력을 극적으로 드러내 줄 뿐만 아니라 그에 대한 경배를 동시에 내포한다(Marcus, 2000: 259; Donahue and Harrington, 120, 121).

예수님은 더러운 영들이 자기를 "하나님의 아들"로 말하자 다시 그 말

1. 마가복음에서 배 여행(boat trip) 모티프의 역할에 대해선 4:1-9 서언을 보라.

하는 것을 막으신다(참고. 1:25).[2] 마가복음에서 예수님의 하나님의 아들로서의 신분이 항상 숨겨진 것은 아니다. 예수님의 신분은 처음으로 1:1에서 마가에 의해 소개된 후 세례 때는 하늘로부터 예수님에게 들려온 소리에 의해 확증(1:11)되었다. 그 후 변화산에서 다시 한번 더 하늘로부터 제자들에게 들렸고(9:7), 최종적으로 십자가 아래 있던 로마 백부장의 입으로 예수님은 하나님의 아들로 고백된다(15:39). 이처럼 하나님의 아들로서의 신분이 마가복음에서 결코 부정적으로만 서술된 것이 아님에도 불구하고 예수님이 더러운 영의 입을 막으신 것은 그의 신분에 대한 고백의 가치는 고백 자체가 아니라 누가 왜 어떤 상황에서 고백하는지에 달려있음을 알려준다.[3] 더러운 영은 예수님의 정체를 알지라도 그 고백이 오해와 남용을 불러일으킬 수 있으므로 제지된 것이다(1:25, 34 주해를 보라). 예수님은 혼돈스러운 상황(9절)과 몸(10절)에 이어 그의 신분에 관한 소문 역시 통제하고 계시는 분으로 묘사된다.

요약과 해설

종교 지도자들과의 논쟁 후 예수님은 해변가로 물러가신다. 그곳에서 예수님은 "그가 행한 모든 것을 듣고"(8절) 몰려온 무리를 만나시는데 그들은 이방 지역을 포함하여 팔레스타인 사방으로부터 온 사람들이었다. 예수님이 선포한 하나님 나라는 갈릴리라는 지역적 특수성에 갇히지 않고 사방으로 퍼져나간 것이다. 3:6이 보여준 것처럼 종교 지도자와 정치

2. "하나님의 아들" 칭호에 대해서는 1절, "더러운 영"이라는 표현의 쓰임에 대해선 1:23 주해를 보라.
3. 1:25 주해를 보라.

인은 예수님의 하나님 나라 선포에 위협을 느끼고 그를 제거할 음모를 꾸미지만, 일반 대중은 하나님의 나라를 기쁜 소식으로 받아들였다는 방증이다. 그뿐만 아니라 찾아온 무리가 수적으로는 '많았다'는 말이 두 번 반복(πολύ, 7,8절)된 것과 그들이 치유를 바라며 그를 "둘러싸 밀었다"(9절)는 것은 바닷가 역시 비좁은 공간이 되어 이제 또 다른 길이 개척되어야 할 필요가 있음을 알려준다. 그래서 예수님은 제자들에게 배를 대기하도록 하여 하나님 나라 사역을 바닷길을 통해 새롭게 시작하고자 준비하신다. 한편 무리들이 에워싸 미는 가운데 병자들과 더러운 영들은 예수님께 와서 "엎드린다"(11절). 그 앞에 엎드리는 모습은 병과 영적 혼돈을 통제하고 계시는 예수님의 권능과 능력을 부각하는 그림 언어이다(참조. 빌 2:10-11). 아울러 더러운 영들이 자기를 "하나님의 아들"로 고백(11절)하자 자기의 신분이 더러운 영들에 의해 남용되는 것을 막고자 그들에게 침묵 명령을 다시 하신다. 예수님은 많은 무리가 에워싸 미는 것과 같은 물리적 압박과 질병 및 영적인 혼돈만이 아니라 그의 신분이 남용되는 것 역시 통제하시는 분으로 묘사된다.

제18장
열두 제자를 세우심
마가복음 3:13-19

본 단락은 예수님이 열두 명의 사람을 세우신 사건에 관한 것이다. 사람을 부르고 세운다는 점에서는 제자 부름 주제(1:16-20; 2:14)의 반복처럼 보인다. 그럼에도 예수님이 열둘이라는 특정 숫자에 따라 사람을 세우신다는 점에서 상징적이며, 그렇게 세워진 열둘이 수행해야 할 직책까지 주어진다는 점에서 공적인 임명식에 가깝다. 세워진 열둘은 또한 주어진 임무를 수행하도록 파송받는다(6:7-13, 30-31). 열둘에게는 부름 받아 수행해야 할 임무뿐 아니라 그들이 살아야 할 독특한 공동체적 삶의 원리(10:41-44)와 마지막 만찬에 참여하는 특권(14:17-26)까지 주어진다. 그들은 부름 받고, 임명되며, 그리고 파송 받는다. 그리고 당시 주류 사회와는 다른 삶의 원리를 배우고 예수님을 통해 수립되는 언약의 몸과 피를 먹고 마시게 된다. 이런 점에서 마가복음 전체에서 열둘의 위치는 독특하다. 현 단락은 열둘의 임명식에 관한 이야기이다. 에피소드의 흐름은 앞선 제자 부름 이야기(1:16-20; 2:13-14)의 기본 뼈대인 제자 부름과 열둘 임명(13-14절 전반부), 열둘에게 주어진 임무(14절 후반부-15절), 그리고 명단 공개(16-19절)가 추가된다.

13 그때에 그가 산에 올라가신다. 그리고 그 자신이 원하신 자들을 가까이 부르신다. 그러자 그들이 그에게로 나아왔다. **14** 그리고 그가 열둘을 세우셨다 [그가 그들을 또한 사도라 칭하셨다][1] 이는 그들이 그와 함께 있도록 하고 또 그가 그들을 보내어 선포하고 **15** 또 귀신들을 쫓아내는 권세를 가지도록 하시기 위함이었다. **16** [그리고 열둘을 세우셨다][2] 그리고 그는 시몬에게는 베드로[돌]라는[3] 이름을 덧붙여 주셨다. **17** 그리고 세베대의 아들 야고보와 야고보의 형제 요한에게는 보아너게라는 이름을 더하셨는데 그 뜻은 천둥의 아들들이다. **18** 그리고 안드레와 빌립과 바돌로매와 마태와 도마와 알패오의 아들 야고보와 다대오와 가나안 사람 시몬과 **19** 가룟 유다로서, 그는 그를 넘겨 주기까지 한 자였다.

주해

제자 부름과 열둘 임명(13-14절 전반부) 이전 단락이 보여 준 것처럼 예

---

1. 거의 모든 중요한 헬라어 사본들(알렉산드리아[A], 레기우스[L], 베자[D] 등)과 초기 번역본(라틴어역과 시리아역)들은 "그들을 사도로 칭하셨다"라는 구절이 생략되어 있다. 몇몇 초기 사본들(시내산[א], 바티칸[B] 등)에 이 구절이 포함된 이유는 병행 본문인 눅 6:13의 영향 때문일 수 있다. 따라서 본 구절은 원문이 아닐 가능성이 높다.
2. 이 구절 역시 알렉산드리아 사본(A)과 레기우스 사본(L) 및 베자 사본(D) 등과 같은 중요한 초기 사본들이 생략하고 있는데, 이는 통상 3:14의 반복이라는 판단 때문이라 여겨진다. 반면, 시내 사본, 바티칸 사본 등에는 나타나 있다. 반복은 구술-청각 의사소통 문화의 중요한 특징이기 때문에 본 구절은 원문의 일부분이라 믿어야 한다.
3. "베드로"는 헬라어로 '뻬뜨로스'(πέτρος)로서 '돌' 혹은 '바위'의 뜻을 가진다. 3:16 주해를 보라.

수님의 영향력은 이제 갈릴리 지역을 넘어서 이방 지역에까지 뻗어 가기 시작했다. 방대한 지역에서 압도적으로 많은 무리들이 예수님에게 모여 들어 하실 일 역시 많아질 수밖에 없었다. 이는 '뽈뤼'(πολύ, '많은', 7, 8절, 2x), '뽈루스'(πολλούς, '많은 사람을', 10절), '뽈라'(πολλά, '많이', 12절)와 같은 유의 낱말의 반복적 사용을 통해 드러난다. 열둘을 세우신 시점은 바로 이 때였다. 그들을 세워 그를 돕도록 하시려는 뜻이 부분적으로 작용했다고 볼 수 있다.

현 단락의 도입부의 문장 구조는 분사절 없이 '까이'로 연결된 네 개의 주동사로만 구성되어 있다:

> … 올라가신다 … 그리고 가까이 부르신다 … 그러자 그들이 나아왔다. … 그리고 열둘을 세우셨다.
>
> ἀναβαίνει ... καὶ προσκαλεῖται ... καὶ ἀπῆθον ... καὶ ἐποίησεν δώδεκα (13-14절 전반부).

이런 문장 구조는 "일종의 끝없는 체인처럼 행동이 또 다른 행동을 이어가는" 전형적인 구술-청각 내러티브의 서술 방식이다(Havelock, 180; Park, 79-80). 특히 처음 두 동사("올라가신다"[ἀναβαίνει]와 "가까이 부르신다"[προσκαλεῖται])는 현재 시제로 발화되어 예수님의 주도적 행위에 주의를 집중케 하며, 과거 시제로 발화된 '에뽀이에센'(ἐποίησεν) 동사는 열둘을 세우는 행위가 반복될 수 없는 단회적이자 결정적인 사건임을 드러낸다. 예수님에 대한 초점은 강조적 인칭 대명사 주격 '아우토스'(αὐ-τός)에 의해서도 만들어진다: "그 자신이(αὐτός) 원하시는 자들을 가까이 부르신다"(13절 후반부). 산에 '올라' 특정한 제자들을 '부르신' 것은 예수님 "자신이" 원했던 바라는 점을 강조한다. 13-14절 전반부에 이어지고 있는 일련의 행동은 "열둘[δώδεκα]을 세우셨다"로 끝맺는데, 이런 끝맺음은 현 본문의 궁극적 관심이 열둘의 임명에 있었다는 것을 말해준다. 본문의 이런 관심은 그들이 임명된 이유를 설명(14절 중반부-15절)한 후 16절에서 다시 한 번 더 언급("그리고 열둘을 세우셨다")된다는 사실을 통해서도 확인된다.

예수님은 제자들의 숫자를 왜 하필 열둘로 정하셨으며, 그것도 산에 오르신 후 그들을 임명하신 의도가 무엇일까?[4] 사실 산은 지리적으로 갈릴리에 있는 어느 지형이고 열둘은 숫자에 불과하지만 예수님과 제자들 모두에게 종교적 뿌리를 제공했던 구약성경에서 산과 열둘은 역사적이면서도 신학적인 의미가 내포된 지형이고 숫자이다.

이스라엘이 이집트를 벗어난 후 그들이 "모든 민족 중에서" 하나님의 "소유"로 뽑혀 "제사장 나라"의 역할을 감당하라는 소명을 받은 곳은 시내산이었다(출 19:1-6). 이스라엘이 "열두 지파"로 범주화되어 하나님과 첫 언약 체결을 맺은 곳 역시 시내산이었다(출 24:4-8). 이후 시내 광야에서는 열두 지파의 "지휘관"이자 "우두머리"로 열두 명이 따로 세워졌다(민 1:1-4, 16). 이스라엘 민족은 주전 734년에 있었던 앗시리아 침공과 537년의 바벨론 포로생활로 흩어진 상태였기에 열두 지파라는 정체성은 유명무실한 상태였다. 이런 역사적 상황에서 이스라엘의 메시아(막 8:29; 14:61-62)로 오신 예수님이 그를 따르는 자들을 "열둘"이라는 숫자로 범주화하여 임명한 것은 구약적 배경으로 보았을 때 분명한 상징적인 의미가 있다. 모세가 했던 것처럼 예수님 역시 산에 올라 그가 원하는 자들을 불러 열둘로 세우셨는데, 이는 그가 하고 있는 하나님 나라 사역이 종말

---

4. 특정 제자들을 가리키는 숫자 "열둘"(δώδεκα)은 마가복음에 등장하는 숫자 중 가장 많이 등장하며, 그 횟수는 총 15회이다(3:14, 16; 4:10; 5:25, 42; 6:7, 43; 8:19; 9:35; 10:32; 11:11; 14:10, 17, 20, 43).

론적인 새 이스라엘을 불러 모으는 새 출애굽 운동이라는 것을 보여 주려는 의도가 있었다는 것을 말해준다(Cranfield, 127; Hengel, 1981: 60). 사실 흩어진 이스라엘 부족의 회복은 이사야 49:5-6이 말하는 것처럼 여호와의 종에게 기대된 일이었다:

> 이제 여호와께서 말씀하시나니 그는 태에서부터 나를 그의 종으로 지으신 이시오 야곱을 그에게로 돌아오게 하시는 이시니 이스라엘이 그에게로 모이는도다. … 그가 이르시되 네가 나의 종이 되어 야곱의 지파들을 일으키며 이스라엘 중에 보전된 자를 돌아오게 할 것은 매우 쉬운 일이라 내가 또 너를 이방의 빛으로 삼아 나의 구원을 베풀어서 땅 끝까지 이르게 하리라(개역개정 사 49:5-6).

열둘이 세워진 내러티브 흐름 역시 고려될 필요가 있다. 예수님은 지금까지 이스라엘 가운데 들어가셔서 사람들이 죄와 질병, 그리고 악의 다스림에서 벗어나 하나님의 다스림을 받는 백성으로 살아가도록 하셨다. 그 결과 앞 단락이 보여 주듯이 팔레스타인 사방으로부터 감당하기 어려울 만큼의 많은 무리들이 모여들기 시작했고 그들 중에는 이방 지역으로부터 온 사람들도 있었다(3:7-9). 이런 와중에 예수님은 산에 오르셔서 이스라엘의 열두 지파와 그들을 대표하는 열두 우두머리를 생각나게 하는 열두 제자를 세우신 것이다. 옛 이스라엘의 열두 우두머리가 이스라엘 전체를 대표하면서 그들을 위해 일한 것처럼, 예수님 역시 자기를 따르고 있는 무리들을 대표하고 또 그들을 위해 사역할 우두머리로 열둘을 세우셨다. 그러므로 예수님이 "산"에 오르신 것이나 택한 사람의 숫자를 "열둘"로 정하신 것은 이스라엘의 메시아로서 자기 이해와 새로운 이스라엘을 세워 나가고자 한 소명에 따른 선택이 분명하다(Gnilka, 1권 178-79;

Meier, 2001: 128-47; Bauckham, 2006: 95; Hurtado, 2020: 92).

열둘에게 주어진 임무(14절 후반부-15절) 열두 제자가 세워진 이유는 두 '히나'(ἵνα) 목적절에 명시된다:

그들이 그와 함께 있도록 하고

그가 그들을 보내어

ἵνα ὦσιν μετ' αὐτοῦ

ἵνα ἀποστέλλῃ.

첫째, 열두 제자가 세워진 첫 번째 목적은 뜻밖에도 사역이 아니라 머묾이었다. 그들은 새 이스라엘의 대표자로 세움을 입었기 때문에 그들의 삶의 방식은 그들이 대표하는 하나님의 새로운 백성 전체의 삶의 방식이 어떠해야 하는지를 보여준다. 새 이스라엘은 "무엇"을 하느냐보다 "누구"와 함께 있느냐로 결정된다(Edwards [b], 113). 그곳이 가르침이 주어지는 곳이든지 아니면 치유와 기적이 일어나는 곳이든지 간에 적어도 수난 이전 예수님이 있는 현장 대부분에는 제자들 역시 있다(예외. 7:24-37). 그들은 예수님 곁에서 "하나님의 뜻"을 배우는 자들 중에 있었으며(3:34-35), 그의 "길" 여행의 동행자였다(8:27; 9:33; 10:32, 46). 가장 힘든 시간을 앞두고는 예수님은 겟세마네에서 제자들에게 "여기 머무시오. 그리고 깨어 있으시오"라고 요청한다(14:34). 마가에 따르면 제자들의 실패는 예수님과 함께 언제나 머물도록 부름을 받았음에도 위기의 순간에 그를 "버리고 도망"간 것이다(14:50). 부활한 예수님의 첫 사역은 도망간 제자들을 갈릴리로 다시 불러 모아 그곳에서 그들을 다시 보는 것이었다(16:7). 마가복음의 제자도의 완성은 제자들이 예수님을 온전히 따르게 되었다는 것보다 예수님이 다시 그들을 그와 동행하는 제자로 부르고 받아 주었다는 점을 강조하는 데 있다고 할 수 있겠다.

둘째, 열두 제자는 '보내지기 위해'(ἵνα ἀποστέλλῃ) 세움을 받았는데, 보내진 목적은 뒤따르는 두 목적 부정사가 말하듯 "선포하고 [κηρύσσειν] 또 귀신을 쫓아낼 권세를 가지도록 하기 위함이었다[ἔχειν]"(14절 후반부-15절). 선포의 내용은 언어적으로 명시되지 않았지만 1:14-15을 근거로 할 때 예수님이 선포하신(κηρύσσω) "하나님의 복음" 혹은 "하나님 나라"와 다른 내용일 수 없다. 마가는 실제로 제자들에 의해 "전파되어야"(κηρυχθῆναι) 할 것이 "복음"이라 말한다(13:10). 복음과 하나님 나라 혹은 하나님의 다스림은 거의 동격으로 이해될 수 있다(1:1, 14-15 주해를 보라). 이런 점에서 열두 제자는 예수님의 사역에 동참하고 그것을 이어가도록 세움을 입었는데, 제자는 선생의 삶과 가르침을 따르는 자로 선생과 제자의 삶이 다를 수 없기 때문이다. 사실 쿰란 공동체는 종말에 이스라엘의 왕이 세워지면 그 왕은 이스라엘의 부족의 "열두 우두머리"를 "그 옆에 세워 심판을 행하도록" 할 것이라 말한다(11QT 57:11-14 ; Collins [a], 216). 예수님이 열두 제자를 세워 그들로 하나님 나라를 선포하고 귀신을 쫓아낼 수 있는 권세를 주신 것 역시 이스라엘의 메시아의 사역에 그들을 동참시키는 차원에서 이해해야 한다.

그럼에도 예수님의 축귀와 제자의 축귀에는 중요한 차이가 있다. 첫째, 3:25-27에서 예수님이 논증하신 것처럼 그의 축귀는 귀신의 우두머리인 사탄을 이미 패퇴시킨 까닭에 가능했다. 제자들의 축귀는 이런 점에서 그 승리가 가져온 열매를 거두어들이는 성격을 가진다.

둘째, 예수님은 그 어떤 권세에 의존함이 없이 "나와라"(1:25)라고만 하셨다. 그의 말의 권세에 의존하여 귀신을 쫓아내신 것이다. 하지만 제자들이 가진 권세는 자신들의 것이 아닌 '예수님의 권세'였다. 그들은 예수님의 이름으로 귀신을 쫓아내도록 권세를 받은 것이다(참고. 눅 10:17). 이 일에 제자들은 성공(6:13)과 실패(9:28) 모두를 경험한다. 제자들이 가진 이 양 극단적 경험은 진정한 권세는 하나님과 예수님에게 속해 있으므로 오직 기도를 통해서 새롭게, 그리고 반복적으로 받아야 하는 종류의 것이라는 교훈을 얻는 계기가 된다(9:29 주해를 보라).

"열둘"의 명단(16-19절) 열두 제자의 명단 공개는 옛 이스라엘의 열두 우두머리를 세운 후에 그들의 이름이 공개된 것과 유사하다(민 1:4-15). 열두 제자 중 처음 세 명은 시몬과 야고보, 그리고 요한인데, 마가는 몇몇 단락에서 그들은 예수님이 자신과 좀 더 가까이 있게 한 인물들이라 알려준다(5:37; 9:2; 14:33). 흥미로운 것은 예수님의 '내부 그룹'으로 알려진 세 명 모두에게 추가적인 이름이 덧붙여졌다는 점이다. 구약에서도 하나님은 그들을 향한 새로운 계획(아브람이 아브라함으로, 창 17:5; 사래를 사라로, 17:15)이나 그들의 태도(야곱을 이스라엘로, 창 32:28)에 근거하여 이름을 종종 바꾼 경우가 있다(Marcus, 2000: 268; Stein, 171). 먼저, 열둘 중 가장 먼저 언급되어 그들을 대표하는 듯한 인상을 주는(비교. Bauckham, 2006: 125, 180) 시몬에게는 '뻬뜨로스'(πέτρος, '돌')라는 별명이 주어지고, 그 후 그는 일관되게(예외. 14:37) 그 이름으로 불린다. 헬라어 '뻬뜨로스'(πέτρος)에 대한 아람어 상응어는 '케파'(**כיפא**, 요 1:42; 고전 1:12; 3:22; 갈 1:18; 2:9, 11, 14)로서 동일하게 '돌'이란 뜻을 가진다. 주전 5세기 문헌에 아람어 '케파'가 이름으로 등장하는 경우가 있고(Guelich, 2001: 288) 또 주전 330-주후 200년 시기에 헬라어 '뻬뜨로스'라는 이름이 사용된 예는 신약성경을 제외하고 쿰란 문서에서 단 한 번 등장한 것이 전부이다(Bauckham, 2006: 88). 따라서 예수님이 시몬을 '뻬뜨로스'로 부른 것은 매우 독특하며 그것이 가진 '돌'이란 의미가 두드러질 수밖에 없다. 어떤 학자는 시몬이 후기 교회에서 차지한 지도자적 역할을 고려하여 예수님이 시몬을 '반석'으로 세워 "하나님의 백성의 모체"로 세우려는 뜻으로 새 이름을 주었다고 보려 한다(신현우, 2011: 69; Schweizer, 82). 그러나 마가복음에서 베드로는 '반석'으로 묘사되지 않는다. 그는 예수님을 그리스도로 고백하지만 곧바로 침묵 명령을 받고 심지어 "사탄아 내 뒤로 물러나라"라는 엄중한 견책까지 듣는다(8:33). 또 겟세마네 기도 시간에는 잠을 자다가(14:37), 결국 예수님을 부인하게 된다(30, 68, 70, 71절). 이런 증거를 고려할 때 예수님이 그에게 '뻬뜨로스'란 별명을 주실 때 긍정적인 의미만을 담았다고 보기 어렵다. 시몬에게 별명을 주신 예수님의 의도를 알기 위해서는 그 별명이 주어진 직후에 주신 네 종류의 땅에 관한 비유 중 돌밭에 관한 비유(4:5-6)를 봐야 한다. 예수님은 그곳에서 즉시 씨를 받지만 깊은 뿌리를 내지 못하는 '뻬뜨로데스'(πετρώδης, '돌밭')를 언급하신다. 말씀이 깊이 뿌리 내리지 못하고 환난 때 넘어지는 돌밭 같은 마음의 특징(4:5-6, 16-17 주해를 보라)은 마가복음에서 베드로와 다른 제자들이 보여 주는 특징과 크게 다르지 않다(6:52; 8:17). 그렇다면 예수님이 열둘 중 첫 번째로 언급된 시몬에게 '뻬뜨로스'란 이름을 덧붙여 주신 것은 제자의 길을 가는 그와 다른 제자들이 "돌" 혹은 "돌밭"과 같은 상태에서 출발하고 있음을 알려주려는 뜻이 있었을 것이다(Tolbert, 146). 예수님이 베드로를 제자로 불러 열둘 중 하나로 임명하시고 그와 함께 길을 걷게 하신 것은 돌을 반석으로, 돌밭을 옥토로 바꾸시겠다는 뜻이 반영된 것이다.

이어서 세베대의 아들 야고보와 요한에게는 "보아너게" 곧 "천둥의 아들들"이라는 이름이 더해진다(17절). 어떤 학자는 "천둥"이 묵시 문학에 등장하는 하나님의 진노의 천둥을 가리키는 것으로 보면서 별명은 그 형제의 선포 방식에서 비롯되었다(Schweizer, 82 ; Edwards [b], 115)고 보지만, 그들의 선포가 어떠했는지 확인할 길은 없다는 것이 이 입장의 약점이다. 마가복음 자체는 "천둥의 아들들"이라는 별명의 뜻에 대한 암시를 주는데 9:38에서 요한은 어떤 사람이 예수님의 이름으로 축귀를 하는 것을 보고 그가 "우리를 따르지 않았기 때문"에 막으려 했다고 말한다.[5] 3:15이 말하듯 축귀는 열두 제자에게 주어진 권세였다는 것을 고려할 때 그 축귀자가 "우리를 따르지 않았기 때문"에 막으려 했다는 것은 곧 그가 열둘을 따르지 않았기 때문에 제지하려 했다는 것을 암시한다. 결국 예수님에 의해 거부된(9:39) 요한의 제안은 그가 열두 제자를 대표하는 입장에서 예수님의 이름보다 제자 그룹의 특권(축귀) 고수를 더 생각하던 사람이었음을 보여준다. 더불어, 10:35-39이 보여 주는 바대로 그들은 제자들 중에서 으뜸되기를 좋아하는 이들이었다. 이런 점에서 "천둥의 아들들"은 그들의 급하고(눅 9:54; Edwards [b], 116; Stein, 172) 나서기 좋아하는 성격을 드러내는 별명이라 할 수 있다.

보다 친밀한 내적 그룹에 속해 나머지 제자들을 대표한다고 볼 수 있는 세 명의 제자들에게 주어진 별명은 그들이 주어진 소명(선포와 축귀)을 잘 감당할 수 없게 하는 약점을 지닌 이들임을 말해준다. 하지만 이런 '들추어 냄'은 되레 그들 자신의 모습을 보게 만든다는 점에서 교훈적 경고의 성격을 지닌다. 사실 예수님은 특별히 그 세 명을 나머지 제자들과 달리 더 가까이 데리고 다니시며 더 많은 것을 보여주셨다(5:37; 9:2; 14:33). 그들의 약점을 고려할 때 예수님의 그러한 태도의 이유가 그들에 대한 편애 때문이라기보다는 그들에게 현장 경험을 더 많이 주어 변화시키고 양육하려는 의도 때문이라는 해석이 더 자연스럽다. 별명을 주신 이유도 별반 다르지 않다. 한편으로 그 이름으로 불리는 동안 그들의 상태가 어떠한지 스스로 성찰하도록 하고자 하셨고, 다른 한편으로 돌밭을 반석으로 개간하듯이 약점을 장점으로 변화시켜 소명(1:17; 3:14-15)을 잘 감

5. 9:38 주해를 보라.

당하도록 연단시키겠다는 예수님의 의지가 표현된 것이다.

계속해서 마가는 나머지 제자 아홉 명의 이름을 열거한다. 특히 주목할 필요가 있는 사람은 이름에 덧붙여진 설명을 가진 가나안(Καναναῖον) 사람 시몬과 가룟('Ισκαριώθ) 유다이다. 시몬을 가리키는 '까나나이온'(Καναναῖον)은 아람어 '까네아나'(קנאנא)의 음역인데 '까네아나'(קנאנא)는 '열심이 있는 사람' 혹은 '열심당'을 가리킨다.[6] 이것은 시몬이 열심 있는 사람 혹은 열심당원이었음을 암시한다(Cullmann, 18).[7] 누가는 시몬을 '까나나이온'(Καναναῖον) 대신 '열심당원'(ζηλωτής)로 설명하는데 (눅 6:15) 이는 그가 '까나나이온'(Καναναῖον)의 아람어의 뜻을 알고 있었다는 것을 말해 준다. 비록 예수님 시대에는 열심당이 구체적으로 조직되지 않았다고 하더라도 마가가 그를 "가나안 사람"으로 설명할 때 시몬이 후기에 조직될 열심당적 경향을 보이고 있었던 사람으로 소개하려 했다고 보는 것은 무리가 없다(Hengel, 1989: 69-70; 대조. Richardson [a], 41-44). 사실 마가복음이 기록될 시기에는 이미 유대 전쟁이 발발했고 따라서 열심당이 활발히 활동하고 있었던 상태였기 때문에[8] 마가복음의 청자는 시몬을 열심당적 경향을 가진 사람으로 보았을 것이다.

마지막으로 가룟 유다('Ιούδαν 'Ισκαριώθ)가 언급된다. 유다에 덧붙여진 '이스까리오트'('Ισκαριώθ)에 대한 세 가지 설명이 있다. 첫째, '이스까

---

6. Abbott-Smith, Καναναῖος.

7. 열심당 운동의 기원이 언제인지에 대한 학자들의 논의가 계속 진행 중인데, 스미스(Morton Smith)는 1차 유대 전쟁이 발발(주후 67-68)하기 전까지 팔레스타인에는 조직적인 열심당 운동이 없었고 대신 '시카리'(Sicarii)로 불린 단체가 있었다고 주장(Smith [b], 1-19)하는 반면 헹엘(Martin Hengel)은 1차 유대 전쟁 때 활동한 열심당이 주후 6년도에 활동한 갈릴리 사람 유다에서부터 시작되었다고 주장한다(Hengel, 1971: 10-14, 특히 11 n.39; 또한 1989 참고).

8. Hengel, 1989 참고.

리오트'는 '이스'와 '까리오트'의 결합으로 히브리어 '이스'는 '사람'을 뜻하고 '까리오트'는 여호수아 15:25에서 언급된 유대 지파가 살았던 지역 중의 하나인 '케리오트'(개역개정 "그리욧")를 가리켜 '이스까리오트'는 유다가 '케리오트 사람'임을 가리킨다고 보는 입장이 있다(Guelich, 2001: 292; Collins [a], 223). 둘째, 코덱스 베자(D) 사본은 첫 문자 이오타(I)가 생략된 '스카리오트'(Σκαριώθ) 독법을 가진다.[9] 이것에 착안하여 '스카리오트'(Σκαριώθ)는 '거짓말쟁이' 혹은 '사기꾼'이라는 뜻을 가진 아람어 '사카르'(סכר)의 음역으로 '스까리오트'는 유다를 사기꾼으로 소개하는 뜻이 있다고 본다(Gnilka, 1권 181).[10] 셋째, 이오타(I)가 생략된 '스카리오트'(Σκαριώθ)나 '이스카리오트'(Ισκαριώθ)는 라틴어 '시카리우스'(sicarius)에서 파생된 헬라어 '시까리오스'(σικάριος)와 유사하다. '시카리우스'는 로마 제국 초창기에서는 '살인자' 혹은 '폭력범'의 의미로 사용되다가 (Hengel, 1989: 46) 1세기 중반 이후 팔레스타인 상황에서는 로마를 대항해 무력 항쟁을 이끌었던 유대 저항자를 지시하는 용어로 사용된다(Josephus, *Jewish Wars* 2.13.3 §254; *Jewish Antiquities* 20.8.5 §§162-65). 라틴어 '시카리우스'와 유사한 '(이)스까리오트'로 유다를 부른 것은 그가 이런 유의 폭력적 혁명 운동을 지지했던 사람이라는 뜻을 전하고자 했기 때문이라는 입장이 있다(Marcus, 2000: 264-65). 마가가 어떤 뜻을 의도했는지 분별하기 힘든 것이 사실이지만, 이어지는 19절 후반부는 유다가 예수님을 "넘겨주기까지 한 자였다"(19절 후반부)고 소개한다는 것을 고려할 때 '이스까리오트'가 '암살자'의 뜻을 가진다는 세 번째 해석이 선호된

9. 베자 사본은 14:10에서도 동일하게 Σκαριώτης 독법을 가지며, 어거스틴 역시 14:10에서 Σκαριώθ로 읽으며, 이탈리아 사본들(Italian MSS) 또한 이오타 없는 독법을 가진다(Evans, 2001: 364).

10. Limbeck, "Ισκαριώθ", *EDNT* 2.

다. 물론 이 입장을 선호한다고 해서 가룟 유다가 요세푸스가 말하는 '시카리'(sicarii) 단체에 가입했다는 주장을 하는 것은 아니다. 사실 '시카리'는 1세기 중반 이후에야 조직적 활동을 한 것이기 때문에 예수님 시대에 그 조직이 존재했는지는 확인할 길이 없다. 하지만 그를 '시카리' 단체를 떠올려 주는 '(이)스까리오트'로 부른 것은 1차 유대 전쟁 시기를 겪고 있던 마가복음 청자에게 폭력적 저항 운동을 이끌던 '시카리' 단체와 다를 바 없는 암살범이라는 의미를 주기에 충분했을 것이다.

가룟 유다는 예수님을 "넘겨주는"(παρέδωκεν) 자로 소개된다. '빠레도껜'(παρέδωκεν)은 1:14에서 세례 요한의 마지막 운명("넘겨진", παραδοθῆναι)을 묘사할 때 사용된 단어와 동일하다. 동일 동사의 사용은 예수님 역시 헤롯 왕에 의해 참수형을 당한 세례 요한의 길을 갈 것과 이 일에 그가 세운 열두 제자 중의 하나가 개입될 것을 알려준다. 3:6은 예수님을 살해하려는 음모가 종교 지도자 바리새인과 정치 지도자 헤롯당의 연합으로 진행되고 있음을 알려주는데, 19절 후반부는 그를 그들에게 넘겨주는 '세작(informant)'이 바로 예수님이 특별히 세운 열두 제자 중 하나일 것이라는 암시를 준다. 하나님 나라 선포 공동체 가운데 '이스까리오트' 유다의 존재는 일종의 역설이다. 예수님이 하나님 나라 사역을 이어가도록 세운 자가 그 선포자를 죽음에 넘김으로 하나님 나라 자체를 좌초시킬 가능성을 열어 놓고 있기 때문이다(비교. 3:23-26). 하나님 나라는 내부 배반자에 의해 후퇴할 것인가 아니면 예수님이 의도하신 것처럼 이 땅에서 계속 진행될 것인가? 마가는 이 질문에 대한 대답을 그의 책 마지막장까지 미뤄 놓는다.[11]

11. 16:1-8 주해 참고.

요약과 해설

예수님은 산에 올라 열두 명으로 구성된 제자 공동체를 만드신다. 열둘은 열두 지파와 그를 대표하는 열두 우두머리로 구성된 옛 이스라엘을 떠올리게 하는데, 예수님의 열두 제자 삼으심은 죄와 악으로부터 새 이스라엘을 불러 모아 하나님의 다스림하에 살게 하려는 종말론적인 새 출애굽 운동의 연장선에서 이해돼야 한다. 직업상으로 초기 네 제자(베드로, 안드레, 야고보, 요한)는 어부였으며, 시몬과 가룟유다는 반로마 항거에 있어서 열심당적 경향을 보인 '혁명가'였다. 또한 비록 열둘에는 포함되지는 않았지만 앞서 부름을 받은 레위(2:13-17)는 친로마 입장에 있었던 세리였다. 특히 레위와 시몬 및 가룟유다는 정치적 입장에 있어서 서로 대척점에 있던 사람들이었다. 그럼에도 예수님은 새로운 하나님의 나라 운동을 위해 그들을 한 공동체로 불러 모으신 것이다. 열둘이 세워진 목적은 예수님과 함께 '머물고' 또 선포와 축귀 사역을 위해 '보냄을 받기' 위해서다. 선포와 축귀는 예수님의 주된 사역이라는 점에서 그들은 예수님이 시작한 하나님 나라 운동을 이어가도록 세워진 것이다. 열둘의 명단이 공개되는데 이는 옛 이스라엘의 열두 우두머리들의 명단이 공개된 것과 유사하다(민 1:2-16). 이런 실명 공개는 열둘이 가진 특별한 위치를 말해 주기도 하지만 첫 세 명에게 주어진 별명에 담긴 의미도 주목해야 한다. 시몬에게 주어진 '뻬뜨로스'('돌')는 네 종류의 땅에 떨어진 씨 비유에 등장하는 흙이 부족하여 뿌리를 깊게 내리지 못해 곧 말라 버리는 "돌밭"('뻬뜨로데스')을 떠올리게 한다(4:5-6). 또 요한과 야고보에게는 '보아너게'('천둥의 아들들')라는 이름이 주어지는데 마가복음 9:38(눅 9:54)과 10:35-39이 보여 주는 것처럼 그 이름은 급하고 으뜸되기를 좋아하는 그들의 인물됨을 드러내는 것으로 보인다. 이런 '들추어 냄'은 그들로 자기의 모습을 성찰케 하며, 앞으로 전개될 예수님의 변혁의 제자도에 자신들을 내어 맡기도록 하려는 도전적 성격 또한 가진다. 열둘 중 마지막은 유다로서, '암살자'를 뜻하는 라틴어 '시카리우스'와 유사한 '(이)스까리오트'로 그를 밝힌 것은, 그가 예수님을 배반할 인물이었기 때문이다.

현 단락은 예수님이 옛 이스라엘의 열두 지파의 우두머리에 비견되는 새 이스라엘의 열두 대표자를 세웠다는 점에서 그가 시작한 하나님 나라가 점점 더 조직화되어 가고 있다는 점을 말해준다. 하지만 그 중 하나가 그를 배반할 것이라는 정보를 끝으로 제시하고 있기 때문에 그가 가져오려는 하나님 나라가 세워질 수 있을지에 대한 의문을 동시에 일으킨다. 이런 점에서 '세움'과 '파괴'라는 두 대조적 주제의 공존은 예수님이 선포한 하나님 나라는 선포자의 죽음을 통해 도래하는 역설적 나라라는 마가복음의 중요한 주제와 맞물려 극적인 긴장을 더해준다.

제19장
하나님의 새로운 가족
마가복음 3:20-35

20-35절은 세 가지 다른 사건들이 갈등이라는 주제로 연결되어 하나의 대단락을 형성한다. 갈등은 모두 예수님과 당시 유대 사회의 전통적 조직에 속한 이들 사이에서 발생하는데 먼저는 예수님이 "그의 곁에 있는 자들"(οἱ παρ' ἀυτοῦ, 20-21절)과, 다음으로 예루살렘에서 온 서기관들(22-30절)과, 그리고 다시 그의 가족들(31-35절)과 대립을 겪으신다. 물론 각 사건에 다른 인물들이 등장하고 있고 갈등이 유발된 세부적인 이유도 차이가 있다. 그러나 세 사건은 모두 동일한 공간("집", 20, 31절; 참조. 25절)과 시간("그때에", 31절)을 배경으로 한다는 직·간접적인 언급이 있고, 무엇보다 큰 틀에서 보면 세 에피소드 모두 예수님의 사역과 신분에 대한 오해에서 비롯된 갈등이라는 점에서 주제적 일관성이 있으므로 20-35절을 하나의 단락으로 보는 것이 타당하다. 그러므로 '갈등'이라는 주제로 본다면 본 단락의 구조는 A-A′-A″로 진행된다.[1]:

1. 에드워즈(James R. Edwards)는 20-35절을 '샌드위치 구조'로 되어 있다고 보기도 한다(Edwards [b], 117). 이 구조에 따르면 본 단락은 A(20-21절), B(22-30절), A′(31-35절)의 형식을 가진다. 그러나 이러한 구조는 A(20-21절)와 A′(31-35절)의 등

배경(20절)

A "곁에 있는 자들"과의 갈등(21절)

A′ 종교지도자들과의갈등(22-30절)

A″ 가족과의 갈등(31-32절)

결론: 하나님의 새 가족의 탄생 선언(33-35절)

20 그리고 그가 집에 들어오신다. 그러자 그 무리가 다시 모여들어 그들
이 음식조차 먹을 수 없다. **21** 그리고 그의 곁에 있는 자들이 듣고 그를 붙잡
으러 나섰다. 이는 "그가 미쳤다"고 사람들이 말하고 있었기 때문이었다.

22 그리고 예루살렘으로부터 내려온 서기관들이 "그가 바알세불이 들
렸고 귀신들의 우두머리의 힘으로 그 귀신들을 쫓아내고 있다" 말하고 있
었다. **23** 그러자 그가 그들을 가까이 부르신 후 비유로 그들에게 말하고 있
었다. "어떻게 사탄이 사탄을 몰아낼 수 있겠소? **24** 그리고 만일 나라가 스
스로를 대항하여 나눠지면 그 나라는 세워질 수 없소. **25** 그리고 만일 집이
스스로를 대항하여 나눠지면 그 집은 세워질 수 없을 것이오. **26** 그리고 만
일 그 사탄이 스스로를 대항하여 일어나 나눠지면 그것은 설 수 없고 도리
어 끝장이오. **27** 참으로 그 누구도 결코 그 강한 자의 집으로 들어가 그의
살림살이를 약탈할 수 없소. 만일 그 강한 자를 먼저 묶어놓지 않는다면. 그
러고 나서 그때 그의 집을 약탈하오. **28** 진정으로 내가 그대들에게 말하겠
소. 사람들이 모독하는 것이 무엇이든지 간에 사람의 아들들에게 향한 그
모든 모독들과 죄들은 용서되어질 것이오. **29** 그러나 성령을 향해 모독하
는 자는 누구든지 영원히 용서받지 못하고, 오히려 영원토록 지속되는 죄가

장인물이 같은 경우에 해당되는데, 아래 주석에서 볼 것처럼 각각 A의 등장인물은 "그 곁에 있는 자들"(21절)이고 A′는 예수님의 "어머니와 동생들"(31절)이라는 점에서 분명한 차이가 있다.

되오." **30** 이는 "그는 더러운 영이 들렸다"고 그들이 말하였기 때문이다.

31 그때에 그의 어머니와 그의 형제들이 온다. 그리고 밖에 서서 그에게 [사람을][2] 보내어 그를 부르고 있었다. **32** 그때 무리가 그 주위에 앉아 있었다. 그리고 그들이 그에게 말하였다. "보십시오 당신의 어머니와 당신의 형제들, 그리고 당신의 자매들이 밖에서 당신을 찾고 있습니다." **33** 그러자 그가 대답하시고자 말씀하셨다. "누가 나의 어머니이고 나의 형제들이오?" **34** 그리고 그 주위에 둘러 앉은 자들을 둘러보신 후 말하신다. "나의 어머니와 나의 형제들을 보십시오. **35** 하나님의 뜻을 행하는 자들은 누구든지 나의 형제들이고 나의 자매들이며 나의 어머니입니다."

주해

배경(20절) 20절의 세 동사들은 새로운 단락의 시작에 주의를 집중시키고자 종종 현재 시제를 사용하는 마가의 어법에[3] 일치하여 모두 현재 시제(ἔρχεται, '들어가다'; συνέρχεται, '모여들다'; φαγεῖν, '먹다')로 언급된다. 현 대단락의 에피소드들은 집을 배경으로 사건이 벌어지는데, 예수님이 가버나움 사역의 거점으로 삼으셨던 집(2:1; 3:20; 마 8:14-16)은 베드로의 집(1:29)일 가능성이 있다. 최근 고고학자들은 성베드로교회 터 아래쪽에서 1세기로 추정되는 집터를 발견했는데 찰스워트(James H.

2. 원문에는 목적격 "사람을"이 없이 동사 "보냈다"(ἀπέστειλαν)만 있다.
3. 막 1:9, 16, 21, 39, 40; 2:1, 13, 15, 18, 23; 3:1, 13, 20, 31; 4:13, 21, 24, 26, 30, 35; 5:1, 21, 24; 6:1, 14, 21, 30; 7:1, 14; 8:11, 14, 22, 27, 31, 34; 9:1, 9, 14, 33; 10:2, 13, 17, 23, 35, 41, 46; 11:11, 15, 20, 27; 12:1, 13, 18, 28, 35, 41; 13:1, 3; 14:3, 22, 26, 27, 32, 53, 65, 66; 15:21, 33; 16:1. 위의 목록은 Porter, 1994: 302에서 참고하였다.

Charlesworth)는 그곳이 베드로의 집일 가능성이 크다고 본다 (Charlesworth, 109, 111-12). 예수님이 들어가신 "집"(οἶκον)은 다시 무리들의 집결지가 되어 결국(ὥστε) "그들은"(αὐτούς) 식사할 여유조차 가질 수 없게 되었다. "그들은" 근접 문맥(13-19절)이 지지하듯 예수님과 열두 제자를 지시하는 것으로 보는 것이 옳다. 집 곧 '오이꼬스'에 있지만 예수님과 열두 제자들이 식사할 수 없었다는 정보는 사실 "그들은" 이미 '가족 공동체'가 되었음을 전제한다. 현대 도시 중심의 핵 가족 사회의 집과는 달리 공동체 중심의 1세기 지중해 세계에서 '오이꼬스'는 삼대로 구성된 직계가족(막 10:29-30)과 친척, 그리고 종들까지 포함하는 대가족(household)이 함께 공동체적 유대를 맺으며 살아가는 공간이자 영역이었다(참고. 몬 2, 16절; Moxnes, 28, 30-32). 그런 사회에서 한 개인의 정체성은 그가 속한 '오이꼬스'에 의존되었다(Moxnes, 57). 예수님과 제자들이 '오이꼬스'에서 식사 공동체로 지내고 있었다는 서술은 그들은 이미 새로운 가족이라는 정체성을 가지기 시작했음을 시사해 준다.

"곁에 있는 자들"과의 갈등(21절)-A "그의 곁에 있는 자들"(οἱ παρ' αὐτοῦ)이 예수님을 "붙잡고자 나섰다"(21절). 마가는 그 시점을 그들이 "들은 후"(ἀκούσαντες)라고 말한다. 무엇을 들었는지는 분명치 않다. 그러나 이어지는 설명절(γάρ)은 예수님이 "미쳤다"(ἐξέστη)고 사람들이 말하고 있었다(ἔλεγον)는 정보를 주고 있으므로 그들이 들은 것은 예수님이 정신 나갔다는 사람들의 평가로 추론된다.[4] 어쨌든 비록 보호 차원인 것처럼 보이지만, 예수님이 미쳤다는 소문을 듣고 그를 잡으려 했다는 것은 그들

4. 현 이야기는 역사성은 현 단락의 내용을 통해 증명될 수 있다. 본문은 예수님이 사람들에 의해 "미쳤다"는 평가를 받았다는 기록을 가지고 있는데, 초기 교회가 예수님의 인격에 대한 그런 당혹스러운 평가를 창작할 이유는 없기 때문이다(신현우, 2020: 455-56, 61).

역시 사람들의 평가에 암묵적인 동의를 했다는 것을 말해준다. 그러면 "그의 곁에 있는 자들"은 누구인가? 개역개정은 그들을 예수님의 "친척"으로 번역한다. 그러나 마가는 예수님을 따르는 자들(4:10)을 위해서는 '호이 빠르 아우뚜'("그의 곁에 있는 자들")라는 표현을 사용하고, "친척"을 직접 언급할 경우에는 다른 용어를 사용한다(συγγενεῦσιν, 6:4). 따라서 "그의 곁에 있는 자들은"이라는 표현은 31절에 나오는 어머니와 형제자매들을 지시한다고 볼 수 있다(Hooker, 1994: 115; Donahue and Harrington, 129).[5] 그럼에도 마가가 21절에서는 왜 이런 애매한 표현을 사용하고 있는지 답해야 한다. 사실 "그의 곁에 있는 자들"은 칠십인경과 파피루스 문헌에서 '사절들', '지지자들', '친구들', 또는 '친척들'을 가리키는 용례로 사용된다(Taylor, 1966: 236).[6] 현 단락에서 그런 애매한 표현을 마가가 사용한 것은 의도적인 것처럼 보이는데, 이는 "그의 곁에 있는 자들"(οἱ παρ' αὐτοῦ)은 예수님에 의해 "그와 함께 있도록"(ἵνα ὦσιν μετ' αὐτοῦ, 3:14) 부름받은 사람들과 비교되기 때문이다. 현 대단락의 맥락을 고려할 때 전자는 전통적인 관계 범주에서 예수님과 함께 했던 가족 구성원, 친척, 그리고 심지어 마을 동료를 내포하는 반면, 후자는 하나님 나라를 중심으로 새롭게 그 주위에 모였던 자들을 가리킨다. 이런 비교는 현 단락에서도 이뤄지는데, 전통적인 관계 범주로 "그의 곁에 있는 자들"은 예수님을 붙잡고자 찾아왔다가 결국 "밖에 서"(31절)있지만, 새로운 가족이라 불린 이들은 "그 주위에 둘러 앉아 있는 자들"(τοὺς περὶ αὐτὸν κύκλῳ καθημένους, 34절)로 묘사되기 때문이다. 따라서 마가는 전통적인

5. 가족이나 가솔을 가리키고자 '호이 빠르 아우뚜'를 사용하는 문헌을 위해서 잠 31:21; Josephus, *Jewish Antiquities,* 1.10.5§193(신현우, 2020: 458-59).
6. 마카비1서(9:44, 58; 12:27)에서 '호이 빠르 아우뚜'는 군대나 부하를 가리킬 때 사용된다(신현우, 2020: 458).

관계 범주를 고집하며 예수님 역시 그들 주위에만 붙잡아 두려는 모든 이들을 포함시키고자 "그의 곁에 있는 자들"이라는 애매한 표현을 사용했다고 볼 수 있다.

종교 지도자들과의 갈등(22-30절)-A′ 문제 제기(22절) 예루살렘으로부터 온 율법학자들은 예수님이 "바알세불이 들렸다"고 폄하한다. "바알세불"(Βεελζεβούλ, '베엘제불')이라는 이름의 기원과 의미는 크게 네 가지로 정리될 수 있다. 첫째, 열왕기하 1:2, 3, 6, 16에 나오는 이스라엘이 이방 나라 에그론의 신 '바알'에게 붙인 경멸적 이름 '바알제븁'(בעל זבוב; 칠십인경; Βααλ μυῖαν, '바알 뮈이안', '파리의 주')이 그 기원일 수 있다(Taylor, 1966: 238). 둘째, '바알'(בעל, Baal 또는 Beel)은[7] 고유명사로 가나안 신(왕상 18:18-40)을 가리키지만 일반명사로 사용되어 '주'라는 의미를 내포하기도 한다(호 2:16[칠십인경 18절]). '제불'(זבוב, ζεβούλ)은 구약성경에서 '거처' 혹은 '처소' 의 뜻으로 사용된다(왕상 8:13; 대하 6:2; 시 49:14; 사 63:15; 합 3:11). 따라서 "바알세불"은 '집 주인'이란 뜻으로 사용되었을 수 있다. 마태복음 10:25에서 예수님이 "바알세불"을 "집 주인"으로 풀이하셨을 때 이런 맥락에서 이해하신 것이다. 셋째, "바알세불"은 사탄의 다른 이름으로 볼 수 있는데, 제2성전 시기로부터 온 여러 문헌에 따르면 사탄은 '아스모데우스'(Asmodeus, 토비트 3:8), '벨리알' 또는 '벨리아'(Belial/Beliar; 희년서 1:20; 1QS 3:23-24; CD 12:2; 1QM 13:2, 4, 11-12; 14:10; 고후 6:15), '마스테마'(Mastema, 희년서 10:8; 11:5; 17:16; 1QM 13:4, 11; 1QS 3:23) 등으로 각각 다르게 불렸기 때문이다(David and Allison, 2권 195-96). 넷째, 솔로몬의 유언 2:8과 3:1은 "바알세

---

7. 또 히브리어 구약성경의 또 다른 헬라어 번역본인 심마쿠스(Symmachus)는 왕하 1:2의 맛소라 텍스트의 בעל זבוב를 막 3:22과 동일하게 Βεελζεβούλ로 번역한다.

불"(Βεελζεβούλ)이 '귀신들의 우두머리'(ὁ ἄρχων τῶν δαιμονίων)라고 밝힌다.

"바알세불"이라는 용어의 정확한 기원이 무엇인지 단정하기는 어렵지만 그것의 의미와 관련하여 위에서 제시된 네 가지 제안 중 첫째를 제외한 모든 의미가 현 본문에 등장하고 있는 것이 사실이다. 두 번째 제시된 바알세불에 내포된 '집 주인'이란 뜻은 축귀가 바알세불이 들렸기 때문이 아니라 도리어 "강한 자의 집"(27절)에 들어가 먼저 강한 자를 묶었기 때문에 가능하다는 예수님의 해명에 암시되어 있는데, 이는 바알세불과 "강한 자의 집"이 비교되기 때문이다. 세 번 째로 제시된 바알세불이 사탄의 다른 이름이라는 것도 예수님의 설명에 내포되어 있다. 바알세불이 들려 축귀를 한다는 비난에 맞서 예수님이 "어떻게 사탄이 사탄을 몰아낼 수 있겠소?"(23절)라고 응답하셨을 때 그는 바알세불을 사탄으로 이해하셨다는 것을 말해주기 때문이다. 끝으로 22절에서 병행관계로 서술된 "바알세불이 들렸다"와 "귀신들의 우두머리의 힘으로"(ἐν τῷ ἄρχοντι τῶν δαιμονίων)는 당시 서기관들이 "바알세불"과 "귀신들의 우두머리"를 동격으로 보았을 가능성이 있음을 시사한다. 결론적으로, 서기관들은 예수님이 바알세불이 들렸다고 하면서 그가 귀신들의 집 주인, 곧 사탄에게 붙들려 축귀를 한다고 비난하고 있는 것이 분명해 보인다. 예수님 "곁에 있던 자들"은 예수님이 "미쳤다"는 사람들의 말에 동조하면서 그를 부여잡으려 했고, 서기관들은 한발 더 나아가 그가 '사탄에게 붙들려' 귀신을 쫓아낸다고 말했다. 이처럼 마가는 예수님을 따르는 무리가 지역적 경계를 넘어 압도적으로 많아짐(3:7-9)에 따라 그에 대한 오해와 비난 역시 확산되고 있었는데, 그런 오해와 비난은 특히 전통적 범주에서 그 "곁에 있던 자들"에서부터 유대 사회의 종교와 정치의 중심지인 예루살렘에 있던 서기관들에까지 퍼지기 시작했음을 알려준다.

특히 "곁에 있던 자들"과 서기관들의 몰지각은 그들이 여전히 옛 시대에 살고 있는 존재들임을 드러내 보여준다. 1:14에 대한 주해에서 밝힌 것처럼 제2성전 시기 유대 종말론에 따르면 현시대는 악이 다스리지만 다가오는 시대는 하나님의 통치가 도래할 것으로 믿었다. 그러므로 예수님이 "귀신들의 우두머리의 힘으로 그 귀신들을 쫓아내고 있다"(22절)는 서기관들의 판단은, 현시대는 여전히 악의 통치하에 있다는 그들의 세계관의 표현이라고 할 수 있다. 한 치도 벗어나지 못한 그들의 시대 이해를 반영하고 있다. 그들에게 예수님은 새 시대의 담지자가 아니라 옛 시대의 답습자였다.

예수님의 변호(23-30절) 예수님은 그의 축귀 사역과 그 능력의 기원을 비유로 설명하신다. 비유는 "집"(25절) 혹은 "강한 자의 집"(27절)과 관련되어 있는데, 이는 위에서 언급한 바대로 그가 서기관들로부터 바알세불, 곧 귀신들의 집 주인에게 사로잡혀 귀신을 쫓아내고 있다는 비난을 받았다는 것을 기억할 때 쉽게 이해된다. 예수님의 비유의 요지는 각각 세 번 반복된 '메리조'(μερίζω, '나뉘다')와 '이스떼미'(ἵστημι, '서다') 동사를 통해 알 수 있듯이 '분열하면 무너진다'로 압축된다:

> 그리고 만일[καὶ ἐὰν] 나라가 스스로를 대항하여 나눠지면[μερισθῇ] 그 나라는 세워질 수[σταθῆναι] 없소(24절).
> 그리고 만일[καὶ ἐὰν] 집이 스스로 대항하여 나눠지면[μερισθῇ] 그 집은 세워질 수[σταθῆναι] 없을 것이오(25절).
> 그리고 만일[καὶ εἰ] 그 사탄이 스스로를 대항하여 일어나 나눠지면[ἐμερίσθη] 그것을 설 수 없고[στῆναι] 도리어 끝장이오(26절).

만일 사탄 곧 귀신의 우두머리의 권세로(ἐν τῷ ἄρχοντι τῶν δαιμονίων) 귀신들을 쫓아내는 것이면 사탄의 나라가 분열되어 스스로 무너지는데, 예수님은 '자신이 사탄의 권세에 붙들려 있다면 자기 집(25절)과 나라(24절)를 무너뜨리는 그런 일을 왜 하겠는가'라고 반문하신 것이다. 앞선 단락(3:13-19)과 연결해서 본다면 이런 반문은 피할 수 없는 역설을 만든다. 예수님은 열두 제자를 세워 귀신을 내쫓도록 권세를 주셨다. 그런데 이렇게 세워진 열둘 중 마지막 제자인 가룟 유다는 그를 배반할 자로 소개된다(3:19). 귀신을 쫓아내어 하나님 나라를 세워가도록 임명된 열둘 중 하나가 예수님을 배반할 경우 하나님 나라는 분열되는 것인데 그렇다면 과연 그 나라는 설 수 있을까? 이 질문의 답은 예수님의 죽음과 부활을 통해 주어질 것이지만 사역 중에 있는 지금은 분명 하나님의 나라 도래에 위기를 초래할 수 있는 사안처럼 보이는 것이 사실이다.

27절에서 예수님은 그의 축귀가 어떻게 가능했는지 말씀하신다. "강한 자"는 문맥으로 보아(23, 26절) 사탄을 가리키며, "묶다"는 그것의 패퇴를, 그리고 "그의 살림살이를 약탈하는 것"(διαρπάσαι, 27절)은 귀신들을 쫓아내고 그에게 붙들린 사람을 자유케 하는 사역을 가리키는 비유이다(Cranfield, 138). 예수님의 요지는 그가 이미 "강한 자" 곧 사탄을 결박했기 때문에 그 하수인인 귀신을 쫓아낼 수 있다는 것이다. 따라서 축귀는 결박당한 사탄은 비록 완전히 패망하지는 않았지만 그 힘이 급격하게 약화되어 그 나라가 더 이상 설 수 없을 정도로 무너지기 시작했음을 말한다. 언제 예수님이 사탄을 결정적으로 결박하셨을까? 예수님의 광야 시험을 제외하고는 예수님의 승리를 추론할 수 있게 해주는 본문은 없다(1:13 주해를 보라).

마가복음 전체의 흐름을 두고 본다면 예수님의 비유에는 강한 역설이 흐르고 있다. "강한 자를 먼저 묶어 놓고[δήσῃ]" 하나님 나라를 선포하기 시작한 예수님은 결국 대제사장에 의해 묶여(δήσαντες) 빌라도에게 넘겨진다(15:1). 그렇다면 예수님에 의해 도래하게 된 하나님 나라는 이런 '묶임'에 의해서 "끝장"(τέλος, 26절)나지 않고 승리할 수 있을까? 마가는 이 질문에 대한 답을 그의 이야기 말미에서 줄 것이다(16:1-8 주해를 보라).

28절의 "진정으로 내가 그대들에게 말합니다"('Αμὴν λέγω ὑμῖν)는 준엄한 진술을 하시기 전에 사용하시는 예수님의 '전형적인' 화법이다(Jeremias, 1971: 35-36). 특히 히브리어(אמן)의 음역인 '아멘'('Αμήν, '진정으로')은 대부분 이전 진술을 확증하는 차원에서 사용된 구약의 용례(신 27:15-16; 대상 16:36)와 달리, 예수님은 진술 서두에서 '아멘' 문구를 사용하신다(8:12; 9:1, 41; 10:15, 29; 11:23; 12:43; 13:30; 14:9, 18, 25, 30). 칠톤(Bruce Chilton)은 진술 서두에 위치하여 준엄한 주장을 이끄는 탈굼 이사야 37:18; 45:14, 15로부터 온 아람어 '아멘'의 용례를 보여 주지만(Chilton, 202), 예수님의 지속적이고 일관성 있는 사용은 여전히 '아멘' 문구를 예수님만의 뚜렷한 화법으로 보게 만든다(Guelich, 2001: 177-78; Marcus, 2000: 275; Hurtado, 2020: 107). 특히 이상일이 지적한 것처럼 선지서에서는 '에 멘'(ἦ μήν)이[8] 여섯 번 나오는데, 예외 없이 하나님의 엄중한 단언을 이끄는 어법으로 사용되었다(이상일, 879). 그렇다면 "예수는 칠십인경에서 하나님이 자신의 백성들에게 말할 때 사용한 '에 멘'(ἦ μήν)을 차용하여 자신의 말이 하나님의 말씀과 같거나 하나님의 말씀을 대언"하려 했을 수 있다(이상일, 880).

마가복음에서 처음으로 사용된 '아멘' 문구의 내용은 성령을 모독하는 일은 "영원히[εἰς τὸν αἰῶνα] 용서받지 못하고" "영원토록[αἰωνίου] 지속되는 죄"라는 선언이다(29절). 위 진술의 준엄성은 '아멘' 문구뿐 아

8. 이상일은 칠십인경에서는 α와 η가 상호 교차적으로 사용되고 있음을 지적한다(이상일, 878).

니라 두 번 반복된 "영원"을 통해서도 확인된다. 마가는 용서받지 못할 죄를 저지른 사람이 서기관들임을 30절의 설명절(γάρ)을 통해 추가로 알려준다("이는[γάρ] '그는 더러운 영이 들렸다'고 그들이 말하였기 때문이다"). 예수님은 그의 축귀 사역이 성령의 능력으로 이뤄진다는 것을 전제로 이 말씀을 하신다. 유사하게 쿰란 공동체는 하나님께서 성령의 능력으로 더러운 영에 붙들린 사람을 정결케 할 것이라 기록한다:

> 하나님께서 그의 모든 진리로 모든 사람의 행위를 정화할 것이다. … 또한 모든 부적절한 행위로부터 그를 성령으로 씻어 낼 것이다. 그는 진리의 영을 정결케하는 물처럼 그 위에 뿌려 모든 가증스러운 행위와 더러운 영의 감염으로부터 [그를 정결케 할 것이다](1QS 4:21).

축귀는 하나님께서 성령을 통해 하시는 사역이라 한 후 물을 뿌려 부정한 사람을 정하게 하는 세례에 빗댄다. 그렇다면 세례 요한이 예언(1:8)한 성령으로 세례를 주시는 예수님의 사역은 축귀 사역을 통해 성취되고 있는 것으로 봐야 한다. 더불어 성령의 오심은 유대적 맥락에서 특별한 의미가 있다. 제2성전 시기 유대인들은 종말은 성령의 시대가 될 것으로 기대하고 있었다(Davies, 217). 따라서 세례 때 예수님에게로 성령이 임하셨다는 것은 그를 통해 종말론적 기대가 성취될 것임을 드러낸 것이고, 성령으로 말미암은 예수님의 축귀 사역은 하나님의 종말론적인 다스림이 실재화되고 있음을 알리는 중요한 상징적인 행위이다. 성령을 훼방하는 죄는 용서받을 수 없다는 말씀이 어떤 점에서 가혹해 보일 수 있다. 그러나 예수님이 귀신들의 왕을 힘입어 그 일을 한다는 서기관의 비난은 세례 때 확증된 예수님을 통한 하나님의 종말론적인 사역 자체를 부정하는 일이기 때문에, 그들이 종말론적 사역의 혜택인 "사죄의 은혜"를 누릴 수 없는 것은 당연하다(양용의, 95).

서기관의 말은 예수님의 종말론적인 사역 부정이라는 소극적인 차원을 넘어선다. 예수님이 성령을 힘입어 쫓아내고 있는 바로 그 "더러운 영"(πνεῦμα ἀκάθαρτον)에 그가 붙들렸다는 그들의 비난(30절)은 그를 통해 진행되고 있는 성령의 사역을 정반대로 왜곡하는 말이기에 그것은 사람들(28절)이 아니라 "성령을 향한 모독"(βλασφημήσῃ εἰς τὸ πνεῦμα τὸ ἅγιον)이다.[9] 마가는 귀신을 "더러운[ἀκάθαρτον] 영"이라 표현함으로 성령 곧 "거룩한[ἅγιον] 영"과 비교 대조하고 있다. 사실 서기관은 일전에 예수님의 죄 용서 선언을 본 후 "그가 신성 모독"(βλασφημεῖ)을 한다는 비난을 한 바 있다(2:7; 참조. 14:62). 이제 예수님은 도리어 신성 모독을 하고 있는 것은 자신이 아니라 그들이라는 준엄한 경고를 하신다.

마지막으로 주목해야 할 것은 예수님의 자기 이해이다. 예수님이 자신의 축귀가 귀신의 힘을 의지한 사역이라 주장한 그들을 향해 신성모독을 하고 있는 자는 그들이라고 응수한 것은, 그가 자기의 사역과 하나님(의 영)의 사역을 동일시하고 있었음을 말해준다. 무엇보다 앞서 살펴본 1QS 4:21이 보여 주듯 축귀는 하나님께서 성령으로 하실 사역으로 이해되었다. 또한 스가랴 13:2에 따르면 종말에 하나님이 하실 것이라 기대된 일들 중의 하나가 축귀이다: "그 날에 내가 … 더러운 귀신을 이 땅에서 떠나게 할 것이라." 그렇다면 축귀 사역과 현 논쟁에서 보여 주듯 하나님이 하실 일을 자신이 한다고 보았다는 점에서 예수님은 이스라엘의 하나

9. 1세기 유대 사회에서 '블라스페미아'(βλασφημία, '모독')가 항상 신성 모독을 뜻한 것은 아니었다. 그 대상이 누군지에 따라 일반적인 "모독"을 가리킬 수 있고, 만일 하나님을 향해 행해진 '블라스페미아'라면 그것은 신성 모독일 수 있다. 예수님 시대 사람과 하나님을 향해 사용된 '블라스페미아'의 여러 예들을 위해서는 Bock, 1994: 184-86를 보라.

님의 정체성을 가지셨다고 이해하는 것이 가능하다.

가족과의 갈등(31-32절)-A″ A″ 섹션은 "그의 어머니와 형제들"(31절)의 등장으로 시작하는데 특히 그 등장은 현재 시제(ἔρχεται, '온다')로 발화되어 그들의 등장 자체에 초점화가 이뤄졌다. A(21절)에서 예수님을 찾고자 나섰던 이들을 가리키고자 사용된 "그의 곁에 있는 자들"은 그 구성원으로 그의 가족들을 내포하고 있었기 때문에 예수님의 어머니와 형제들의 등장은 뜻밖이라 볼 수 없다. 그럼에도 직계 가족의 등장은 '하나님의 새로운 가족의 탄생'이라는 현 섹션의 주제 형성을 위한 배경 노릇을 한다. 어머니와 형제들은 예수님이 사람들과 함께 머물고 있는 집 "밖에 서서" 사람을 보내어 예수님을 부르는데, 그 이유는 A섹션에서 언급된 것처럼 그들이 집을 나섰던 이유가 그를 "붙잡기"(κρατῆσαι, 21절) 위해서라는 표현에 명시된다. 마가복음에 주로 '체포하다'라는 의미로 사용(6:17; 12:12; 14:1; 신현우, 2011: 69)된 '크라떼오'(κρατέω)의 목적 부정사 '끄라떼사이'(κρατῆσαι)는 가족들이 예수님을 붙잡으려 한 것은 전통적이고 관습적인 관계에 그를 묶어두려 했기 때문으로 봐야 한다.

그의 혈육의 공간적 위치에 대한 마가의 묘사는 주목할 만하다. 그들은 "밖에[ἔξω] 서" 있으며(31절), 또 "밖에서[ἔξω] 찾고"(32절) 있는 것으로 서술된다. 혈육의 그와 같은 위치와 자세는 예수님 "주위에[περὶ] 둘러[κύκλῳ] 앉아 있는" 무리들의 모습과 분명 비교·대조된다. 전통적 가족은 '밖'에 서 있는 반면, 또 한 무리의 사람이 집 '안'에서 예수님 곁에 앉아 있다. '안'과 '밖'은 "집"(20절)을 기준으로 한 공간적 구분이지만 현 단락에서는 공간을 넘어서 새로운 가족(household)을 설정하기 위한 은유적 개념으로 확장된다.

결론: 하나님의 새 가족 탄생(33-35절) "누가 나의 어머니이고 나의 형제들인가요?"라는 질문은 가족에 대한 전통적인 정의를 이끌어 내려는

질문이 아니라, 그 지식에 의문을 제기하게 하시려는 수사적 질문이다. 질문 후 예수님은 직접 '둘러앉은 자들을 보실' 뿐 아니라 주의 환기용 낱말인 "보라"(ἴδε, 34절)를 사용하여 자신이 보고 있는 사람들에게 주목하도록 하신다. 누가 그의 가족인지 보라는 것이다. 예수님은 "하나님의 뜻을 행하는 자들은 누구든지" "나의"(μου) 가족이 될 수 있다고 선언하신다(35절). 가족이 될 수 있는 대상을 조건적 관계절(ὃς ἄν, '누구든지')로 표현한 것은, 새로운 가족은 전통적인 가족과는 달리 개방된 공동체로서 하나님의 뜻을 행하는 자는 누구든지 예수님의 새로운 가족이 될 자격이 있다는 것을 말해준다.

1:1에서 "하나님의 아들"로 알려진 예수님은 전통적인 가족관계에 매이지 않으신다. 예수님과 그를 따르는 자들에게 전통적인 유대법과 해석을 적용할 수 없듯이(2:1-3:6), 현 사건은 전통적이고 인습적인 관계에 그를 묶어 둘 수 없다고 말한다. 하나님의 새로운 가족은 혈육이 아니라 "하나님의 뜻의" 준행 여부에 기초해 있다. 보다 중요한 것은 하나님의 뜻이 무엇인지 어떻게 알며 또 어떻게 준행할 수 있는가의 문제이다. 하나님의 뜻은 전통적인 율법 학자들에 의해 해석되고 결정되는 것이 아니라 예수님에 의해 드러나고 결정되는 것임을 이전 논쟁 담화(2:1-3:6)는 보여 주었다. 마가에 따르면 예수님은 성전 제도와는 상관없이 누가 죄 용서를 하나님께 받을 수 있는지 스스로 판단하셨고(2:5, 10), 안식일의 주인이라 주장하시며 안식일에 관한 하나님의 원래 뜻을 알려 주는 분으로 소개되었다(2:28). 근접 문맥은 "하나님의 뜻을 행하는 자들"이란, 하나님의 다스림을 선포하시며 새 시대를 가져오신 예수님의 가르침을 따르는 자들이라는 추론을 가능케 한다.[10] 누구든지 하나님의 뜻을 행하는 자가 하나

10. 하나님의 종말론적인 뜻을 계시하는 자로서 예수님의 자기 이해에 대한 자세한 논의는 10:21 주해를 보라.

님의 새로운 가족이 될 수 있다는 예수님의 선언은, 그러므로 자신을 따르는 것이 곧 하나님의 뜻을 행하는 길임을 말씀하시는 것이다. "바깥에" 서 있는 전통적인 가족 역시 새로운 가족의 일원으로 들어올 수 있지만 그 조건은 자신을 '붙잡기'보다 '따라야' 한다. 이런 가능성은 전통적인 가족뿐 아니라 "그의 곁에 있는 자들"에 함축된 친구, 친족 및 지지자들 모두에게 열려 있다.

"하나님의 뜻을 행하는 자들은 누구든지 나의 형제들[ἀδελφός μου]이고 나의 자매들[ἀδελφὴ]이며 나의 어머니입니다"(35절)라는[11] 선포는 새로운 가족이 지니는 몇까지 중요한 특징을 알려준다. 첫째, "나의"(μου) 형제와 자매 및 어머니로 부른 것은 예수님이 자신을 다른 구성원과 형제 관계에 두셨음을 말해준다. 새로운 가족에서 하나님은 아버지이며 예수님과 다른 제자들은 모두 형제와 자매 관계에 있다는 것이다. 특이한 점은 아버지가 예수님의 언설에 빠져 있다는 것이다. 당시 가족은 가부장적 구조를 바탕으로 유지되고 있었다는 사실을 고려한다면 아버지 없는 새로운 가족은 그 관계가 수평적이었다고 보게 할 수도 있다. 하지만 예수님이 아버지를 따로 언급하지 않은 이유는 하나님을 자신의 아버지(8:38; 13:32; 14:36)와 제자들의 아버지(11:25)로 보고 있었기 때문이라 보는 것이 적절하다(Stein, 188; Donahue & Harrington, 133). 그럼에도 예수님 자신 역시 그들 가운데 형제로 있는 새로운 가족은 가부장적인 수직적 권위를 기초로 하고 있지 않다는 것만은 확실하다(Moxnes, 101). 새로운 가족의 이러한 성격은 예수님이 형제자매 혹은 어머니로 부른 이들이 "그의 주위에[περὶ αὐτὸν] 둘러[κύκλῳ]" 앉아 있고 또 그들을 "둘러 보셨

11. 현 본문에서는 예수님 주위에 앉아 있던 이들 중에 여성들이 있었는지는 밝히지 않고 있지만 15:40-41은 갈릴리에서부터 여성 제자들이 예수님과 동행했었을 것이라는 점을 분명히 하고 있다.

다"(περιβλεψάμενος, 34절)라는 표현들에도 암시된다. '뻬리 아우똔 뀌끌로'(περὶ αὐτὸν κύκλῳ)와 '뻬리블렙사메노스'(περιβλεψάμενος)는 모두 가족의 앉은 모양을 묘사하는 낱말들로 그 가족이 서열에 따르기보다 수평적 관계를 기초로 한다는 것을 보여준다(비교. 10:35-41).[12]

둘째, 35절의 선포는 새로운 가족뿐만 아니라 새로운 이스라엘이 누군지에 대한 재정의 역시 함의한다. 여기서 사용된 "형제"(ἀδελφός)는 혈육으로 맺어진 동기(sibling)를 위한 호칭으로 제한할 수 없다. 구약성경(레 25:35, 36,39; 신 15:7, 11; 17:18; 22:1-4; 느 5:1, 5, 8 등)과 제2성전 시기 유대 문헌(마카비1서 2:40; 마카비2서 1:1; 토비트 1:10), 그리고 신약성경(행 2:29; 3:17; 7:2; 13:15, 26, 38; 22:1; 23:1, 5, 6; 28:17; 롬 9:3)은 유대인이 동료 유대인을 형제로 부르는 많은 예를 보여준다. 이런 호칭 사용은 이스라엘이 모두 아브라함의 자손이자 야곱의 열두 자녀의 후손들로 구성되어 있다는 믿음과 무관하지 않다.[13] 그렇다면 하나님의 뜻을 행하고 실천하는 사람이 그의 형제요 자매라는 예수님의 말은, 그를 통해 드러나게 된 하나님의 뜻을 실천하는 사람이 새로운 이스라엘이라는 함의 역시 가진다. 이런 주장은 당시 스스로를 종말론적 새 언약의 공동체(CD 14:4, 6; 15:5-12, 15-17; 4Q266 8 i 6-9; Collins [b], 2010: 51-52)라고 믿었던 쿰란 공동체가 그들의 지도자를 "아버지"와 "어머니"(4Q270 7 i 13-14)로, 남성 회원을 "형제"(4Q502 7-10:13, 4Q378 6 i 5, 7; 4Q551 1:5)로, 여성 회원을 "자매"(4Q502 96)로 부르고 있었다는 증거를 고려할 때 더욱 힘

---

12. 가족 문제를 두고 예수님과 바리새인들이 벌인 논쟁에 대해선 10:1-12 주해를 보라.
13. 이스라엘의 가족으로서 자기 이해의 중심에 아브라함과 이삭과 야곱의 자손이라는 의식이 있었다는 점에 관해서는 Wright, 1996: 399, 400 각주 101 참고.

을 얻을 수 있다(Collins [a], 236).[14]

요약과 해설

본 단락은 예수님이 두 집단과 가진 갈등을 소개한다. 하나는 가족(31절)이 포함된 "그의 곁에 있는 자들"(οἱ παρ' αὐτοῦ, 21절)이며, 다른 하나는 이스라엘의 종교적 중심지인 예루살렘을 대표하는 서기관이다. 전자는 예수님을 "미쳤다"고 하는 사람들의 말에 동조하여 그를 가족 안에 "붙잡아"(21절) 두려고 하고, 후자는 그가 귀신에게 붙들렸다고 판단한다. "그의 곁에 있는 자들"은 가족과 친척, 그리고 마을과 같은 전통적인 관계의 범주로만 예수님을 이해하려는 이들이며, 서기관은 현시대가 악의 시대의 계속이라는 세계관에 속한 이들을 대표한다. 결국 두 집단 모두 예수님과 그를 통해 새 시대가 실현되고 있다는 현실 파악을 하는 데에 실패한다. "그와 함께 있도록"(ἵνα ὦσιν μετ' αὐτοῦ, 3:14) 부름을 받아 그를 따르던 이들은 하나님의 새로운 가족이라 불리면서 그 곁에 앉아 있지만, 가족을 비롯하여 "그의 곁에 있는 자들"(οἱ παρ' αὐτοῦ, 21절)은 "밖에서"(31절) 있을 수밖에 없었다. 마찬가지로 예수님을 통해 시작된 새 시대, 곧 성령의 오심을 받아들이지 않은 서기관은 하나님을 모독하는 죄를 범하고 있다는 판단을 받는다.

14. 쿰란 공동체에 결혼한 사람들이 함께 살고 있었다는 증거를 위해서는 CD 7:6-7 참고. 이에 대한 추가적인 논의를 위해서는 Collins (b), 2010: 50, 52 참고. 또한 그리스-로마의 다른 종교에서 드물지만 서로를 형제 자매라 부르는 일이 있었다는 증거를 위해서는 Philip A Harland, "Familial Dimensions of Group Identity: 'Brothers'(ἀδελφοί) in Associations of the Greek East," *JBL* 124 (2005), 491-513 보라.

하나님의 새로운 가족의 탄생과 그 가족의 구성원에 포함될 수 있는 유일한 기준은 하나님의 뜻을 준행하는 것이다. 중요한 것은 무엇이 하나님의 뜻인지를 어떻게 아느냐 하는 것인데, 마가복음은 하나님의 종말론적인 뜻이 하나님 나라의 선포자 예수님을 통해 드러난다는 점을 말하는 것에 어떤 주저함도 없다(9:37과 10:21 주해를 보라). 이뿐 아니라 예수님 역시 아들로서 친히 아버지의 뜻에 순종하시며 제자들에게 하나님의 뜻을 어떻게 행할 것인지 본을 보여주신다(14:36; Donahue & Harrington, 135). 따라서 전통적인 범주 안에 예수님을 '붙잡아'(21절) 두려는 시도는 "새 포도주를 헌 부대에 넣는"(2:22) 것만큼 어리석은 것이다. 도래하고 있는 하나님 나라에서 전통적 법과 해석, 그리고 가족관계는 이차적인 것인데, 이는 하나님의 종말론적인 가족의 자격은 하나님 나라 선포자인 예수님을 따르고 또 그에 의해 드러난 하나님의 뜻을 행하는 것 하나로 족하기 때문이다. 구약과 제2성전 시기 유대인들은 스스로를 하나님의 가족이라 이해하고 있었기에(롬 9:1-5; 참고. Wright, 1996: 278; 2013: 94) 하나님의 새로운 가족이 탄생되었다는 예수님의 선포는 사실상 종말론적 이스라엘이 탄생되었다는 선언이다. 이런 점에서 스스로를 하나님의 가족이라 믿었던 초기 교회의 자기 이해(살전 1:4; 2:1; 4:6, 9; 몬 16; 히 2:11, 17; 3:6)는 사실상 그 기원이 교회의 창시자 예수님에게까지 올라간다.[15]

15. 최근에 신현우는 바울이 갈라디아서에서 말하는 것처럼 할례 없는 이방인(갈 5:6; 6:15) 역시 "하나님의 이스라엘(6:16)이라는 선언의 기원은 사실 예수님에게까지 거슬러 올라간다고 적절하게 주장했다"(신현우, 2020: 456-57, 481-83).

제20장
네 종류의 땅에 떨어진 씨 비유
마가복음 4:1-9

마가의 내러티브 흐름에서 4:1-8:26은 유사한 주제를 가진 사건들이 반복되고 있는 응집성 강한 대단락인데, 세 차례의 배 여행, 세 차례의 치료, 그리고 두 번의 급식 기적이 그 예이다(Peterson [b], 1980 [b]: 194-96):

배에 오르심	첫 번째 배 여행	치료 사건	오천 명 먹이심	두 번째 배 여행	치료 사건	사천 명 먹이심	세 번째 배 여행	치료 사건
4:1-2	4:35-41	5:1-43	6:30-44	6:45-52	6:53-56 7:24-37	8:1-10	8:14-21	8:22-26

대단락의 주된 뼈대는 세 번 반복되고 있는 배 여행 이야기(김선욱, 2019: 35-78)로 그 여행 전후에 일련의 유사한 사건이 반복되고 있는 형식이다. 위 구조에서 예외 사항은 예수님과 바리새인들 사이에 벌어진 두 번의 논쟁 단락의 위치이다. 첫 논쟁(7:1-13)은 두 번째 배 여행에 이어진 두 치료 사건 사이(6:53-56, 7:24-37)에 나오고, 두 번째 논쟁(8:11-12)은 사천 명 먹이신 기적(8:1-10)과 세 번째 배 여행 사이(8:14-21)에 위치해 있기 때문이다. 대단락을 이끌고 있는 주제는 기독론과 제자도, 그리고 이방 사역의 가능성에 맞추어져 있다(심상법, 2008: 610-18). 대단락의 시작

은 현 단락으로 봐야 하는데, 4:1은 예수님이 처음으로 배에 오르셨음을 알려주기 때문이다.[1] 물론 현 단락과 이어지는 세 번의 배 여행 단락 사이엔 차이가 있는데 모두 배를 주된 배경으로 예수님의 가르침이 주어지고 있지만 현 단락은 무리를 대상(1-2절)으로 가르침을 주는 반면, 이어지는 세 단락은 모두 제자들을 그 대상으로 한다는 것이다(4:35-36; 6:45-46; 8:10, 13). 또한 주제 역시 차이를 가지는데 현 단락에서는 무리를 대상으로 하나님 나라를 비유적으로 가르쳐준 반면, 이어지는 세 단락에서는 예수님의 신분(4:41; 6:48-50; 8:19-20)과 제자도(4:40; 6:52; 8:21) 주제가 제자들을 대상으로 본격적으로 다뤄지고 있다. 사실 예수님의 관심이 무리에게서 제자들로 바뀌는 것은 4:1-34의 비유 자체에서도 나타난다. 첫째 비유(3-9절)는 무리를 대상으로 주어진 반면, 비유 설명(10-12절)을 시작으로 이어지는 비유들의 청자는 제자로 명시(10, 13, 21, 34절) 혹은 암시(26, 33절)되기 때문이다.

대단락(4:35-8:26)의 도입부가 하나님 나라의 비유들(4:1-34)로 구성되어 있다는 것은 이 비유들이 이어지는 에피소드들의 해석학적 열쇠 노릇을 할 것을 암시해 준다. 사실 마가는 복음서 시작부에서 예수님의 갈릴리 사역 전체를 하나님 나라로 요약한 바 있다(1:14-15). 이제 복음서 중반으로 이어지는 시점에서 다시 그는 하나님 나라라는 열쇠 말(1:11, 26, 30)을 비유적 언어로 상기시켜 주어 지금까지의 내러티브를 그 전망에서 돌아보게 할 뿐만 아니라 앞으로 이어지는 이야기를 그 전망에서 보도록 이끌어 준다. 대단락의 도입부를 구성하는 네 비유는 네 종류의 땅에 떨어진 씨 비유(4:3-9)로 시작된다. 이 비유는 4장에 주어진 네 개의 하나님

1. 그러나 켈버(Werner Kelber)는 실질적인 배 여행이 4:35에서 시작된다는 점을 근거로 4:35이 대단락의 시작이라 주장한다(1987: 37). 그러나 4:1-2이 예수님이 배에 오르셨다는 정보를 준다는 사실을 간과해서는 안 된다.

나라 비유 중 가장 길고 또 이차적인 해석(4:10-20)까지 덧붙여졌다. 그 길이와 이중적 언급은 비단 그 비유 자체의 중요성만 아니라 그것이 나머지 세 비유의 이해의 근간임을 말해준다(13절). 비유의 진행은 배경(1-2절), 씨 뿌리는 자(3절), 네 종류의 땅과 씨(4-8절), 그리고 결론(9절)으로 이어진다.

1 그리고 그는 다시 바닷가에서 가르치기 시작하셨다. 그리고 극도로
많은 무리가 모여들자 그는 배에 올라 바다에 앉으셨다. 그리고 그 모든 무
리는 땅 위에서 바다를 향해 있었다. **2** 그리고 그는 비유로 많은 것들을 그
들에게 가르치고 있었다. 그리고 그의 가르치심 중에 그들에게 말씀하셨
다. **3** "들으십시오. 보십시오. 씨를 뿌리는 사람이 씨를 뿌리러 나갔습니다.
4 그리고 이는 씨를 뿌리는 동안 일어난 일입니다. 어떤 것은 길가에 떨어
졌습니다. 그러자 새들이 와서 그것을 먹어버렸습니다. **5** 그리고 다른 것은
흙이 많지 않은 돌밭 위에 떨어졌습니다. 그러자 흙의 깊이가 없어 곧 싹이
났습니다. **6** 그러나 태양이 떠오르자 그것은 타버렸습니다. 다시 말하자면
뿌리가 없어 말라 버린 것입니다. **7** 그리고 다른 것은 가시덤불 속으로 떨
어졌습니다. 그러나 그 가시덤불이 자라 옥죄어 버려 결국 열매를 맺지 못
했습니다. **8** 그리고 다른 것은 좋은 땅으로 떨어졌습니다. 그러자 싹이 나
자라며 열매를 맺고 있었습니다. 어떤 것은 삼십 배로 어떤 것은 육십 배로
어떤 것은 백 배로 맺고 있었습니다." **9** 그런 후 그가 말씀하셨다. "귀를 가
지고 있는 자는 들으십시오."

주해

배경(1-2절) 예수님이 여느 때처럼(2:13; 3:7) 바닷가에 나가서 가르치시자 무리가 그를 따른다. 마가는 최상급을 사용하여 무리의 수가 "극도로"(πλεῖστος) 많았다고 말해준다. 현 맥락에서 "극도로 많은 무리"에 대한 정보는 절정에 달한 그의 명성보다 왜 그가 배에 올라 가르치려 하셨는지를 설명해 준다. 지금까지 예수님은 제자들을 부르시고자(1:16) 혹은 무리를 가르치시고자(2:13; 3:7) 해변에 가시기는 했지만 배를 타신 적은 없었다. 그러던 중 그 주위에 밀려드는 무리들이 점점 더 많아지는 것을 보신 후 무리들이 "둘러싸 밀지 못하게" 하시고자 제자들에게 배를 준비토록 했고(3:9) 현 단락에서처럼 "극도로 많은 무리가" 밀려드는 것을 보신 후에 드디어 승선하신다. 상황적으로 어느 정도 불가피한 측면이 없지 않지만 승선은 예수님의 준비와 선택에 따라 이뤄진 것이다. 결국 생생한(vivid) 이미지가 만들어졌다:

> 그는 배에 올라 바다에 앉으셨다[καθῆσθαι ἐν τῇ θαλάσσῃ].
> 그리고 그 모든 무리는 땅 위에서[ἐπὶ τῆς γῆς] 바다를 향해 있었다(1절).

상황적으로 훨씬 더 자연스러운 '배 위에 앉으신'이란 표현보다, "바다에 앉으신"(강조적 현재 시제로 묘사된 καθῆσθαι에 주목하라)이라는 시적인 표현을 마가는 선택했다. 예수님에 의해 의도되었고 마가에 의해 표현된 "바다에 앉아" 무리에게 하나님 나라의 도래를 가르치시는 모습은 시사하는 바가 있다. 먼저 고대 사회의 배움의 현장에서 선생은 앉고 학생은 선다(마 5:1; 참조. 눅 22:27; Carrington, 98-99). 1-2절은 예수님은 "앉으셨다"고 말한 반면 무리는 "땅 위에서 바다를 향해 있었다"고 표현한 것은 예수님에게 모종의 권위를 부여하기 위한 표현이다. 둘째, "바다에 앉[으신]" 예수님의 모습이 떠올려주는 칠십인경 시편 28:3, 10(Marcus, 2000: 291; Edwards [b], 130; 김선욱, 2019: 61 각주 55)은 예수님의 권위가 어떤 종류의 것인지 말해준다:

> 여호와의 소리가 물 위에 있도다[φωνὴ κυρίου ἐπὶ ὑδάτων].
> 여호와는 많은 물 위에 계시도다[κύριος ἐπὶ ὑδάτων πολλῶν](3절).
> 여호와께서 홍수 때에 좌정하셨음이여.
> 여호와께서 영원하도록 왕으로 좌정하시도다[καθιεῖται](10절).

구약(창 1:2; 시 77:16-17; 단 7:3; 계 13:1)에서 바다 혹은 깊은 물은 혼돈(chaos)을 상징하기에 하나님께서 바다 혹은 홍수 위에 앉으셨다는 시적 이미지는 그가 모든 혼돈을 다스리고 계시는 왕이라는 점을 드러낸다. 이런 구약의 이미지를 기억한다면 예수님이 하나님 나라의 도래를 가르치시고자 "바다에 앉으셨다"는 마가의 시적 표현은 물 위에 앉으시어 왕적 통치를 펼치시는 하나님을 환기하려는 의도에서 비롯되었다는 주장이 근거 없는 것이 아님을 보여준다. 이런 점에서 '"바다에 앉아" 가르치시는 예수님의 모습'은 바다의 거센 풍랑을 잠잠케 하시는 권위적 모습(4:39-41)을 예시한다(Donahue and Harrington, 137).

예수님은 그의 전형적인 화법인 비유(παραβολή; 참고. 1:17; 2:17, 19-22; 3:23-27)로 하나님 나라를 청자에게 생생하게 '보여'주신다(2절). 비유(παραβολή)는 히브리어 '마샬'(משל)의 번역어로 '비교', '수수께끼', '잠언', 혹은 '비유'의 뜻을 가지는데[2] 4장이 전하는 예수님의 비유는 히브리

2. BDB משל.

어 구약성경의 '마샬'의 다양한 사용과는 달리 짧은 이야기 형식이 주를 이룬다는 점에서 독특하다(Scott, 8, 13; 예외. 4:12; 아래 주석을 보라).[3] 예수님의 비유는 비록 연대기적으로는 약간 후대이지만 랍비들의 비유와도 차이가 있다. 랍비들의 비유에서 하나님은 거의 대부분 왕으로 등장하시지만(Evans, 2001: 67), 예수님의 비유에서 하나님은 주로 농부(4:3, 26)와 지주(12:1-12; 참조. 눅 15, '목자', '여인', '아버지')로 묘사되고 하나님의 다스림은 씨와 등불, 그리고 겨자씨 한 알 또는 나무와 같은 지극히 일상적인 것들에 빗대어진다(Bauckham, 2011: 58-59). 예수님이 일상적인 소재를 예로 들어 하나님 나라를 전하신 의도는 하나님의 다스림이 청자에게 친숙한 일상 한복판에서 이미 시작되었고 또 그곳이 하나님의 다스림을 경험하고 체험해 나가는 영역임을 알려주시기 위함이었다.

씨 뿌리는 자(3절) 첫 비유는 "씨를 뿌리러 나간 자"에 관한 것인데, 예수님이 이 비유를 "바다에 앉아" "땅 위에" 있는 무리들에게 준다(1절)는 점에서 현실의 배경은 비유의 내용을 보여 주는 일종의 "모형" 역할을 하고 있다(Tolbert, 149).

비유는 청자의 청각적 시각적 참여(involvement)를 독려하는 "들으십시오"('Ακούετε)와 "보십시오"(ἰδού)라는 요청으로 시작하고, 특히 '아꾸에떼'('Ακούετε)는 첫 비유의 끝(ἀκουέτω, 9절)에서 수미상관을 이루고 있다. "들으십시오"는 이스라엘이 매일 반복해서 외우던 쉐마(shema)의 첫 문장(칠십인경 신 6:4, "들으라['Ἄκουε], 이스라엘아 …")을 떠올려주는 엄

3. 나단 선지자가 밧세바를 범한 다윗을 책망할 때 사용한 비유(삼하 12:1-4)와 에스겔 선지자의 독수리 비유(17:2-10)는 예수님의 짧은 이야기 형식의 비유와 유사한 특징을 가진다. 에반스(Craig A. Evans)는 구약성경에는 예수님에 의해 말해진 비유와 느슨하게 연결된 비유가 열 개 정도 나오는 것으로 파악한다(Evans, 2000: 54-61)

숙한 선언이다(Gerhardsson, 1968: 165-66). 현 맥락에서 들어야 할 것은 예수님의 비유의 말씀이며 보아야 할 것은 비유가 만들어 주는 머릿속 장면이다. 이런 선언은 예수님의 비유의 말씀에 권위를 더해주는 표현이다. 더불어 '아꾸에떼'('Ακούετε)는 청자들이 그 말씀을 받아들이는 수동적 수용을 넘어서 자신의 상태를 말씀으로 '성찰하라'는 능동적 들음에 대한 요청 역시 포함한다(4:12, 24). 사실 1:14-15에서 하나님 나라를 선포하시기 시작한 이후 예수님은 끊임없이 움직이시고 선포하시며, 치유와 축귀를 행하셨다. 그런 예수님이 처음으로 "앉으셨다"(1절). 그리고 주신 비유는 "씨를 뿌리러 나간 자"가 씨를 네 종류의 다른 땅에 뿌렸다는 내용이었다. 무엇보다 아래에서 볼 것처럼 비유의 주된 묘사는 씨 뿌리는 자(Lane, 146-52)가 아닌 네 종류의 땅의 각기 다른 상태와 반응에 집중되어 있다(Withertington, 165). 이 모든 것은 앉으신 예수님이 비유를 통해 드러내 보여 주고자 하신 것이 하나님 나라의 선포를 듣는 자들의 자기 상태라는 것을 암시해 준다. 그리고 '아꾸에떼'('Ακούετε)와 '이두'(ἰδού)는 자기 성찰을 동반하는 능동적 청자됨으로 초청하는 화법이다(10-20절 주해를 보라).

"씨를 뿌리는 사람이 씨를 뿌리러 나갔다[ἐξῆλθεν]"고 말씀하셨을 때 예수님은 자신을 염두에 두셨다고 보아야 할 이유가 있다. 이어지는 비유 설명에서 씨는 "말씀"(λόγος, '로고스')으로 해석되는데(4:14), 마가복음에서 '로고스'는 예수님(1:45) 혹은 많은 경우에 그의 말(8:38; 10:24; 12:13; 13:31; 14:39)에 대한 지시어로 사용된다. 그리고 실제로 예수님은 나오셔서(ἐξῆλθεν, 1:38) '로고스'를 전파하신다(2:2). 이러므로 씨 뿌리는 자는 예수님에 상응하고, 씨 뿌리는 행위는 예수님의 전 사역을 암시한다고 볼 수 있다(Marcus, 1987: 37-39; Tolbert, 127-75).

네 종류의 땅과 씨(4-8절) 첫 비유는 "씨를 뿌리는 사람이 씨를 뿌리러

나갔다"(3절)로 시작하지만 이어지는 내용은 농부 혹은 씨에 대한 관심보다 씨가 맞이하게 된 네 종류의 땅의 상태에 더 많은 관심이 집중되고 있다. 옥토는 논외로 하더라도 씨가 길가와 돌밭과 가시덤불에 떨어졌다는 것은 현대 농경 문화의 전망에서는 농부의 부주의함을 연상케 한다. 이 까닭에 예레미아스(Joachim Jeremias)는 경작되지 않은 땅에 씨를 먼저 뿌린 후 그 다음에 땅을 갈아엎는 팔레스타인의 농경 문화를 들어 이 문제를 해결하려 했다(1972: 11-12; 또한 Hurtado, 2020: 110 보라). 땅위에 씨를 뿌린 것은 후에 그 땅을 경작하겠다는 의도이며 돌밭에 씨를 뿌린 것은 그 돌밭 역시 경작하여 밭으로 만들겠다는 농부의 의지 표현이라는 것이다(Jeremias, 1972: 11-12). 가능한 역사적 설명이지만 새들이 날아와 씨를 먹어 버리고 또 가시덤불이 자라 씨의 성장을 방해할 정도의 오랜 시간 동안 땅이 경작되지 않았다는 사실을 비유가 전제하고 있기 때문에 예레미아스의 설명은 또 다른 약점이 있다. 농부가 씨를 길가와 돌밭, 그리고 가시덤불과 같은 곳에 뿌리고 있다는 이야기를 이해하기 위해선 비유의 문학적 기능을 기억해야 한다. 비유는 과학적인 지식이 아니라 화자의 메시지를 전달하는 데 그 목적이 있고, 많은 경우 비유의 화자는 일상과 비교했을 때 과장되며 또 예기치 않은 언어와 설명을 통해 그의 의도를 전달하려 하기 때문이다(Boomershine, 1995: 25; Bauckham, 2011: 60).[4]

예수님은 먼저 "길가에"(παρὰ τὴν ὁδόν) 떨어진 씨를 말씀하신다. 농부가 일하는 밭을 준거점으로 본다면 길은 밭 가장 자리에 위치해 있기 때문에 씨가 길 '위'(ἐπί)가 아니라 길 '가'(παρά)에 떨어졌다는 표현은 이해 가능하다. 밭과 비교했을 때 길가가 함축하는 은유적 의미는 '딱딱함'

4. 비유가 가진 과장과 예기치 않은 행동은 포도원 농부 비유(12:1-12)의 특징이기도 하다.

혹은 '완고함'이기에 씨가 뿌려졌지만 새의 먹잇감이 될 수밖에 없었던 것은 씨를 받아들이지 않는 길의 '완고함' 때문이라는 추론은 타당해 보인다. 다른 씨는 "돌밭 위에"(ἐπὶ τὸ πετρῶδες) 떨어졌는데, 돌밭은 사실 네 종류의 밭 중 가장 긴 설명을 가진다. 돌밭의 상태에 대한 예수님의 평가는 흙의 결핍에 맞춰져 있다. 이것은 "흙이 많지 않은"(5절 전반부), "흙의 깊이가 없어"(5절 후반부), 그리고 "뿌리가 없어"(6절 후반부)라는 표현에서 확연히 드러난다. 길가와 달리 돌밭은 씨는 받아들인다. 그런데 돌밭의 문제는 흙의 결핍이다. 씨를 받아들이지만 흙의 결핍 때문에 깊이가 없다. 따라서 돌밭의 은유적 의미는 '얕음'과 '피상성'이다. 태양은 모든 식물에게 성장의 필수요소이지만 돌밭은 흙이 얕았던 까닭에 태양은 그것에게 성장의 자양분이 아니라 죽음의 원인이 되어 버렸다.

이어지는 비유는 "가시덤불 속으로"(εἰς τὰς ἀκάνθας) 떨어진 씨에 관한 것으로(7절) 처음으로 "열매"(7절)라는 표현이 나온다. 열매에 대한 언급은 그곳에 떨어진 씨가 길가나 돌밭처럼 내부적인 문제는 없어 어느 정도의 성장은 가능했음을 말해 준다. 게다가, 전치사 사용을 통해 묘사된 각 땅에 떨어지는 씨의 방향성과 관련해서 본다면 가시덤불 "속으로"(εἰς) 떨어진 씨는 길 '가'(παρά)나 돌밭 '위'(ἐπί)에 떨어진 씨보다 한층 더 깊이 땅 속으로 들어가 보다 단단한 성장의 가능성을 갖추게 된 것을 보여준다. 그럼에도 열매를 맺는 데까지 나가지는 못한다(7절 후반부). 문제는 그 곁에서 자라나(ἀνέβησαν) 숨통을 막아 버린 가시덤불 때문이었다. '가시덤불'의 은유적 의미는 '질식'으로 처리될 수 있다.

네 번째는 "좋은 땅으로" 떨어진 씨이다. "좋은 땅"에 대한 초점화는 다양하게 진행된다. 첫째, "좋은 땅"의 헬라어 명사구 '뗀 겐 뗀 깔렌'(τὴ<u>ν</u> γῆ<u>ν</u> τὴ<u>ν</u> καλὴ<u>ν</u>)은 '-엔' 운율(밑줄)로 이어지고 있어 청각적 주의를 집중시키기에 충분하다. 둘째, 그 땅에 떨어진 씨의 열매 맺는 과정은 현재 시제(ἀναβαίνοντα καὶ αὐξανόμενα, "싹이 나 자라며")와 미완료 시제(ἐδίδου καρπὸν, "열매를 맺고 있었습니다"; ἔφερεν, "맺고 있었습니다")로 문법화되었는데, 이것은 성장과 열매 맺음에 실패한 다른 나머지 세 땅의 상황을 묘사하기 위해 사용된 부정과거 시제와[5] 비교된다(Hoppe, 160; 양용의, 101). 현재와 미완료 시제는 내러티브에서 강조적 시제일 뿐 아니라 어떤 사건이 '진행' 중이라는 미완료 상의 의미를 전하고 있기 때문에, 좋은 땅에 떨어진 씨의 성장과 자라남은 계속 진행 중이라는 의미를 강조적으로 전한다.[6] 셋째, 앞선 세 비유에서 씨의 운명을 결정하는 주체는 새들(4절), 태양(6절), 가시덤불(7절)이었지만 마지막 비유에서는 씨가 "능동적 주체"로 등장한다(Hoppe, 160). 넷째, 좋은 땅에 대한 강조는 결실의 양을 위해 사용된 삼십 배, 육십 배, 백 배로의 증가라는 '놀라운' 수치에 의해 더욱 강화된다. 어떤 결실이 "백 배"가 되었다는 표현은 구약에 나오는데(창 26:12), 결실의 풍성함을 드러내는 상징적 숫자로 보는 것이 적절하다.[7] 무엇보다 두 번의 배수에 의한 점층적 증가 후 결실이 구십 배가 아니라 백 배가 되었다는 언설은 당연히 예상 밖 표현이다. 이런 '뜻밖'의 표현은 좋은 땅에 떨어진 씨가 가진 '예상 밖'의 생명력을 보여 주기 위해 사용된 수사적 표현이다. 그러므로 좋은 땅의 은유적 의미는 '수용'과 '생명' 그리고 '성장'이다.

결론(9절) "들으십시오"(3절)로 시작한 비유는 "들으십시오"(9절)로 끝난다. 특히 마지막에는 "들을 귀가 있는 자"가 언급된다. 물론 귀를 가

---

5. 4절("떨어졌습니다", ἔπεσεν; "먹어버렸습니다", κατέφαγεν), 6절("떨어졌습니다", ἔπεσεν; "타버렸습니다", ἐκαυματίσθη), 7절("떨어졌습니다", ἔπεσεν; "자라", ἀνέβησαν; "옥죄어 버려", συνέπνιξαν).

6. 헬라어 각 시제가 가지는 현저성 정도에 대해선 Porter, 1994: 21-24; 박윤만, 2010: 324-27를 보라.

7. Weder, "ἑκατόν", *EDNT* 1.

지고 있는 모든 사람이 다 예수님의 말을 들을 수 있다는 뜻은 아니다 (8:18; 참고. 7:33). 첫 비유 후 다시 '들으라'는 요청을 한 것은 비유에 담긴 더 깊은 의미를 이해하고 분별하라는 요청일 것이다.

요약과 해설

예수님은 네 개의 각기 다른 땅에 떨어진 씨의 운명에 관한 비유를 말씀하신다. 이 비유 속에 등장하고 있는 네 땅은 길가와 돌밭, 그리고 가시덤불과 좋은 땅으로, 땅의 상태에 따라 씨의 운명이 달라질 수 있음을 말씀하신다. 길가는 딱딱함, 돌밭은 얕음, 가시덤불로 덮인 땅은 '질식'이라는 은유적 의미를 전달한다. 배열된 네 종류의 땅의 상태에는 점차적인 변화가 있음이 감지된다. 길가는 씨가 전혀 땅에 들어갈 수 없는 상태였지만 돌밭은 어느 정도의 흙으로 인해 씨가 땅에 들어가기까지는 했다는 것을 보여준다. 그럼에도 돌밭의 얕은 흙은 여전히 문제가 되어 생명의 성장을 방해한다. 가시덤불 땅은 "열매를 맺을 수 있는 가능성을 가진 것처럼" 말하고 있기 때문에, "싹" 단계에서 말라버린 돌밭의 약점은 극복된 것으로 보인다. 하지만 옥토 바로 직전 단계의 땅의 문제는 위로 자란 가시덤불이 자라도록 그냥 방치한 것인데, 그 가시가 열매를 맺지 못하도록 숨통을 옥죄기 때문이다. 이후 묘사된 좋은 땅은 어떤 조건을 두고 하는 말인지는 분명치 않다. 하지만 앞선 세 종류의 땅 상태를 고려할 때 좋은 땅이란 길가와 같은 단단한 지면이 개간되어 씨를 수용할 수 있고, 또 돌은 파헤쳐져 깊은 흙이 형성되었으며, 가시덤불 역시 뽑혀져 씨의 생명력이 자유롭게 펼쳐지는 곳이라는 함축적 의미를 지닌다고 추론할 수 있다. 따라서 옥토는 씨를 품기에 적합한 수용성과 깊이는 물론, 가시덤불과 같은 장애에 저항력을 갖춘 땅이다.

제21장
하나님 나라의 비밀
마가복음 4:10-12

앞선 단락이 무리를 대상으로 한 공개적 가르침이었다면 현 단락은 그 무리가 배제된 채 예수님이 내적 그룹과만 가진 사적 대화이다. 무리 혹은 외부인들과의 공개적 활동(가르침과 논쟁 또는 기적) 후 제자들과 따로 더 깊은 대화를 가지시는 것은 마가복음에서 종종 발견된다. 예컨대, 가버나움 회당에서 축귀와 가르침(1:21-28) 후 네 명의 제자들과 함께 시몬 집에 들어가셔서 행한 베드로 장모 치유(29-31절), 그 날 저녁 축귀와 병 치유(32-34절) 후 새벽에 광야에서 제자들과의 대화(35-39절), 해변가에서 무리를 대상으로 한 가르침과 축귀, 그리고 병 치유(3:7-12) 후 열두 제자를 따로 세우심(13-19절), 오병이어 기적(6:32-44) 후 제자들과 가지신 두 번째 배 여행과 교훈(45-52절), 바리새인과 논쟁(7:1-13) 후 무리에게 가르침을 주시고(14-16절), 또 그 무리 없이 제자들에게 가르침을 주심(17-23절), 사천 명 급식 기적(8:1-10)과 바리새인들과의 논쟁(11-13절) 후 제자들과 가지신 세 번째 배 여행과 교훈(14-21절), 벳새다 맹인 치유(22-26절) 후 빌립보 가이사랴에서 제자들에게 주신 가르침(27-38절) 등이 있다. 이런 방식의 내러티브 흐름은 예수님이 무리에게 맞춰진 공적 사역과, 제자를 대상으로 한 내적이고 사적인 사역의 균형을 지속시켰음을 보여준다.

현 단락은 네 종류의 땅에 떨어진 씨 비유(1-9절)와 그것의 해석(13-20절) 사이에 위치하여 "하나님 나라의 비밀"(11절 전반부)이 주어진 내적 그룹과, 예수님이 가르치신 모든 것이 비유 곧 수수께끼(아래 주해를 보라)로 다가오는 외부인이 그 주위에 있다는 것을 설명해 주신다. 단락의 진행은 질문과 응답(10-11절), 그리고 이사야의 인용(12절)으로 이어진다.

10 그리고 그가 홀로 계실 때 그 주위에 있는 자들이 그 열둘과 함께 그 비유에 관해 그에게 질문했다. **11** 그러자 그가 그들에게 말씀하셨다. "그대들에게는 하나님 나라의 비밀이 주어졌습니다. 그러나 바깥에 있는 그들에게는 모든 것들이 비유로 다가갈 뿐입니다."

12 '그리하여 그들이 보기는 보아도 보지 못하고 그리고 듣기는 들어도 깨닫지 못합니다. 그들이 돌아와 용서를 받지 않는다면 말입니다.'

주해

질문과 응답(10-11절) 현 단락은 예수님과 제자들 사이에 이뤄진 담화인데 도입부는 먼저 담화가 어떤 상황에서 진행됐는지 알려준다: "그가 홀로 계실 때"(ὅτε ἐγένετο κατὰ μόνας). 이 배경 정보는 말 그대로 예수님 홀로 계셨다는 의미는 아니다. 이는 곧이어 제자들이 질문을 하고 있기 때문이다. 대신에 그 시간 표지는 앞서 그가 가르쳤던 '무리가 없을 때'라는 함의를 가진다. 즉 이 담화는 예수님과 열둘 및 "그 주위에 있는 자들"(οἱ περὶ ἀυτὸν) 사이에서 오고 간 대화라는 것이다.

담화는 질문으로 시작하는데 그 주도권은 "그 주위에 있는 자들"이 잡고 있었던 것이 분명하다. 이는 "그 주위에 있는 자들이" 주어의 자리에 있고 열두 제자들은 여격(σὺν τοῖς δώδεκα)의 위치에 있기 때문이다.[1] "그 주위에 있는 자들"(οἱ περὶ ἀυτὸν)은 누구일까? 많은 무리가 물러가는 중에도 그들은 여전히 예수님 곁에 머물러 있었던 자들이었다는 점에서 그들은 예수님과 좀 더 친밀한 내적 그룹에 속한 사람이다. 근접 문맥을 고려한다면 "그 주위에 있는 자들"(οἱ περὶ αὐτὸν)은 3:31-35에서 하나님의 새로운 가족으로 지시되었던 사람을 가리킬 가능성이 높다. 이는 집 바깥에 서 있던 그의 혈육과는 대조적으로 집 안에서 예수님과 함께 앉아 있던 사람들을 가리킬 때도 "그 주위에"(περὶ αὐτὸν)가 사용되었기 때문이다(해당 어구는 밑줄 그어져 있다):

ἐκάθητο <u>περὶ ἀυτὸν</u> ὄχλος	τοὺς <u>περὶ ἀυτὸν</u> κύκλῳ καθημένους
무리가 <u>그 주위에</u> 앉아 있었다(32절).	<u>그 주위에</u> 둘러앉은 자들(34절).

특별히 임명받은 제자 열둘(3:13-19)은 여격의 위치에 있는 반면, "그 주위에 있는 자들"이 '에로똔'(ἠρώτων, '그들이 질문하다')의 주어가 된 것은 새롭게 하나님의 가족이 된 그들에게 초점을 맞추려는 의도에서 비롯되었다. 특히 정체가 뚜렷이 밝혀지지도 않는 그들이 열둘과 함께 하나님의 계시를 받은 자가 되었다(11절)고 명시된 것은, 하나님 나라의 비밀은 드러난 열두 제자만 아니라 그 주위에 있던 많은 무명의 사람들 가운데서도 알려지고 있었다는 점을 분명히 한다. 이런 점에서 예수님을 통해 주어진 하나님의 계시는 '그 곁에' 찾아오는 사람이면 누구에게든지 주어

1. 헬라어 격의 의미적 중요성은 주격 > 목적격 > 소유격 > 여격 순이다. Porter, 1994: 82-83 참고.

지는 '개방성'을 가지고 있었다고 볼 수 있다(Moule, 1969: 98).

그들의 질문은 비유(τὰς παραβολάς)에 관한 것이지만 구체적으로 질문 내용이 무엇인지는 명시되지 않았다. "그 비유들"(τὰς παραβολάς)이라는 열쇠 말을 근거로 본다면 앞서 주신 네 종류의 땅에 떨어진 씨 비유(1-9절)에 관한 질문이라 볼 수 있고, 또는 그의 가르침 방식으로 채택된 비유(4:2) 전반에 관한 질문을 했다고도 볼 수 있다. 물론 이 두 입장 중에서 양자택일할 필요는 없다. 이어지는 대답에서 예수님은 그의 가르침이 어떤 사람에게는 비유로 다가가는 이유(11-12절)와 함께 네 종류의 땅에 떨어진 씨에 대한 해석(13-20절)을 차례로 주기 때문이다.

예수님의 응답은 다음과 같다:

> 그대들에게는 하나님 나라의 비밀이 주어졌습니다(11절 전반부). 그러나 바깥에 있는 그들[ἐκείνοις ... τοῖς ἔξω]에게는 모든 것들이 비유로 다가갈 뿐입니다(11절 후반부).

제자들의 질문에 대한 응답으로 주어진 예수님의 어록에는 두 부류의 사람("그대들"과 "바깥에 있는 그 사람들")이 등장하며 또 그들이 누군지에 따라 가르침의 내용이 다르다는 점(한 부류에게는 "하나님의 비밀"이 다른 부류에게는 "비유")이 명시되고 있다. 먼저, 11절 전반부의 내용에 대한 이해는 네 가지 주된 내용에 대한 지식을 포함한다. 첫째, "그들에게" 주어진 "하나님 나라의 비밀[μυστήριον]"의 내용에 대한 이해이다. '뮈스떼리온'(μυστήριον)은 신약성경에서 "한 때는 숨겨 졌으나 지금은 제한된 사람에게 드러난 비밀"이라는 의미를 가진다(예. 마 13:11).[2] 구약성경의

2. Louw & Nida, 28.77 μυστήριον.

유사한 용례는 다니엘서에 등장한다(τὸ μυστήριον τοῦ βασιλέως, '왕의 비밀', 2:19[μυστηρίου, 18절]; μυστήριον, 27절; μυστήρια, 47절). 다니엘서에서 바벨론의 술사들은 제국들의 흥망성쇠에 관한 느부갓네살 왕의 꿈을 알 수도 또 해석할 수도 없었던 반면 다니엘은 꿈을 알고 해석하는데, 이는 그것이 하나님에 의해 그에게 "나타나 보였기"(ἐξεφάνθη, 단 2:19) 때문이다(France, 2002: 196). 현 맥락에서 "하나님 나라의 비밀"은 온 세상에 구축하시려는 하나님 나라가 예수님 안에서 시작되었다는 비밀을 가리킨다(Cranfield, 153; Caird & Hurst, 47; Gnilka, 1권, 211).[3]

둘째, 예수님은 그 비밀을 주신 분으로 누구를 염두에 두셨을까? '데도따이'(δέδοται)의 문법적 주어는 "하나님 나라의 비밀"이지만, 의미상 주어 곧 '주는' 행위의 주체는 하나님이다. 하나님이 그의 나라의 비밀을 주신다는 추론은 자연스럽기 때문이다. 하지만 마가복음에서 예수님은 하나님 나라의 담지자이며 체현자이고 무엇보다 종말론적인 하나님의 계시자이다. 그렇기 때문에 '데도따이'(δέδοται)의 의미상 주어가 하나님인지 아니면 예수님인지 구분하는 것은 의미 없다고 할 수 있다.

셋째, "그대들"의 지시체는 예수님에게 질문한 열두 제자와 "그 주위에 있는 자들"이다. 특히 주목할 것은 열두 제자와 함께 하나님의 계시적 비밀을 받은 이에 "그 주위에 있는 자들"이 포함된다는 것이다. 그들은 주지된 것처럼 하나님의 새로운 가족으로 일전에 예수님 "주위에 빙 둘러앉아 있었던 자들"(3:34)이었다. 예수님에 따르면 하나님의 종말론적인 비

---

3. 헤이스는 다른 공관복음 병행절(마 13:11; 눅 8:10)과 달리 마가복음에서 '뮈스떼리온'(μυστήριον)이 단수 명사로 등장한다는 점에 주목하면서 "내러티브 안에서, 그리고 내러티브를 통하여 밝혀진 단수 미스테리는 십자가에 못 박힌 메시아이자 이스라엘의 하나님의 역설적 체현자이신 예수님의 정체를 지시한다"고 주장한다(Hays, 2014: 31).

밀은 그 안에, 그리고 그를 통해 계시되기 때문에 그를 믿고 따르는 자들에게만 그것이 주어지는 것은 당연했다.

마지막으로 주목해야 할 것은 그들이 하나님 나라의 비밀을 가지게 된 방식이다. 하나님 나라의 비밀은 그들에게 '주어진'(δέδοται) 것으로 발화되는데 '데도따이'(δέδοται)의 태는 수동태이며 시제는 내러티브에서 정보를 최전방에 부각하는 완료이다. 결국 하나님 나라의 비밀을 아는 데 있어서 수용자의 수동성이 강조된 것이다.

11절 후반부는 하나님 나라의 비밀이 주어진 "그대들"과 대조적인 인물인 "바깥에 있는 그들"이 등장하는데 그들에게는 "모든 것이 비유로 다가간다." "바깥에 있는 그들"(ἐκείνοις ... τοῖς ἔξω)은 누구일까? '바깥에 있는 자들'(τοῖς ἔξω)을 공간적으로 본다면 예수님이 머물고 있는 공간 밖에 있는 자들이라 볼 수 있다. 4:1의 비유가 예수님이 배 안에서 주셨기 때문에 만일 현 단락이 앞 단락과 동일한 공간적 배경으로 한다면 '바깥에 있는 자들'(τοῖς ἔξω)은 배 밖에 있던 무리로 볼 수 있다. 하지만 10절이 암시한 것처럼 현 단락은 앞 단락과 공간적, 시간적 배경을 달리하고 있음이 분명하기 때문에 그러한 설명은 가능하지 않다. 보다 더 타당한 배경은 다시 근접 문맥 3:31-35이다. 그 단화에서 "그 주위"(περὶ αὐτὸν)는 집 안에서 예수님 곁에 머물고 있던 하나님의 새로운 가족의 공간적 위치를 가리킨 반면, "바깥"(ἔξω)은 그를 붙잡아 집으로 데리고 가고자 찾아온 혈연 중심의 가족이 서 있었던 공간을 말할 때 사용된다(Goulder, 292). 이런 비교는 '바깥에 있는 자들'(τοῖς ἔξω)은 예수님을 따르지 않던 사람들을 지칭하는 표현이라는 이해를 가능케 한다. 특히 신약성경 헬라어에서 원거리 지시 대명사(ἐκείνοις)는 언어 사용자와 심리적으로 멀리 떨어진 대상을 가리킬 때 사용되는 용례를 가진다(박윤만, 2013a: 77-79). 이처럼 앞선 단락에서 '엑소'(ἔξω)의 사용과 '에께이노이스'(ἐκείνοις)의 문법적 용례를 고려할 때 "바깥에 있는 그들"(ἐκείνοις ... τοῖς ἔξω)은 그를 집에 붙잡아 두려 했던 예수님의 혈육(3:21, 31) 혹은 그와 대적 관계에 있던 종교 지도자들(2:6-10, 16, 24; 3:6)과 같은 이들을 지시한다고 봐도 무방하다.

중요한 것은 외인에게는 예수님이 가르치신 "모든 것"이 "비유로[ἐν παραβολαῖς] 다가갈 뿐이다"는 절의 의미이다. 비유('빠라볼레')는 여러 뜻을 가지고 있고 그 쓰임은 문맥에 따라 결정돼야 함을 앞서 지적했다(1:3 주해를 보라). 본 절에서 '빠라볼레'가 '수수께끼'(puzzle)라는 의미로 사용된다고 보는 것이 맥락상 자연스럽다(Jeremias, 1972; 14; 양용의, 104). 예수님 따르기를 거부하고 완고한 마음(3:5) 가운데 머물러 있던 서기관, 바리새인 및 혈육에게는 예수님이 가르치신 짧은 이야기 형식의 비유를 포함하여 다른 "모든 것"이 '수수께끼'처럼 들려질 수밖에 없는데, 이는 예수님은 그를 믿고 따르는 자에게만 계시되는 하나님의 종말론적 통치를 전하고 있었던 까닭에 그를 배척하는 자에게 그의 가르침은 이해할 수 없는 미스터리와 같을 수밖에 없기 때문이다. 따라서 예수님이 가르치신 모든 것이 어떤 사람에게 수수께끼로 남는다는 선언의 주제는 "그들의 영적이고 정신적인 조건이지 비유로 말씀하신 예수님의 의도가 아니다"(Carrington, 104-105).

인용된 이사야(12절) 본 구절에서 예수님은 11절 후반부에 언급된 외인들에 대한 이야기를 이어가시는데 특별히 이사야의 예언(6:9-10)을 인용하여 그 주장을 뒷받침하신다:

> 그리하여[ἵνα] 그들이 보기는 보아도 보지 못하고
>
> 그리고 듣기는 들어도 깨닫지 못합니다.
>
> 그렇지 않다면[μήποτε] 그들이 돌아와 용서를 받을 것입니다.

인용된 이사야의 예언이 11절 후반부에서 만드신 예수님의 요지를 어떻게 지지하고 있는지는 인용절의 서두에 있는 '히나'(ἵνα)절이 가진 '결과'와 '목적'이라는 두 의미 중 어느 것을 택하느냐에 따라 다르게 이해될 수 있다. '히나'절을 목적절로 볼 경우 11절 후반부의 비유(παραβολή)는 짧은 이야기 형식을 뜻하는 것으로 보는 것이 자연스럽고, 따라서 12절은 예수님이 비유로 가르치신 목적을 설명하는 정보를 담게 된다. 곧 비유로 가르치신 목적은 "바깥에 있는 그들"이 '보기는 보아도 듣지 못하고 듣기는 들어도 깨닫지 못하도록 하기 위해서'라는 의미를 갖게 된다(Gundry, 202; Marcus, 2000: 301-7). 반면, 12절의 '히나'를 11절 후반부의 결론을 이끄는 접사로 본다면 11절 후반부의 비유(παραβολή)는 '수수께끼'라는 의미로 해석하는 것이 자연스럽다. 곧 예수님의 적대자들이 예수님의 가르침을 수용하고 따르기를 거부한 탓에 그가 가르친 모든 것이 그들에게 '수수께끼'가 되어, 결과적으로 '보기는 보아도 보지 못하고 듣기는 들어도 깨닫지 못하는' 상태가 되었다는 되었다는 의미가 된다(Moule, 1969: 100; 1971: 143; Zerwick, 140-41; Porter, 1994: 234, 36). 요약하면 12절을 목적절로 보면 예수님이 비유로 가르치신 목적이 그의 가르침을 외인들이 이해하지 못하도록 하기 위해서라는 의미를 가지게 되며, 만일 12절을 결과절로 본다면 외인들의 몰이해는 그들이 예수님을 따르지 않았기 때문에 그의 가르침은 수수께끼가 되었고 결국 그의 가르침을 이해할 수 없게 되었다는 의미를 가진다. 하지만 모울(C. F. Moule)이 지적한 것처럼 아람어와 같은 셈어를 사용하는 사람은 목적과 결과를 엄격하게 나누지 않는다(Moule, 1971: 142-43)는 점을 고려할 때 12절의 의미는 '히나'절의 기능에만 의존할 수 없고 전후 문맥과 마가복음 전체를 고려한 후 결정되어야 한다.

결론적으로 말한다면 문맥은 12절을 결과절의 의미로 해석하도록 이끄는데, 그 근거는 다음과 같다. 첫째, '복음을 믿으라'는 선포(1:15) 후 예수님은 지금까지 사람들을 하나님 나라에 초청하고자 비유와 가르침, 그리고 사역을 해오셨다. 어떤 사람들을 돌이켜 회개하지 못하도록 하고자 모든 것을 비유로 말씀하셨다는 해석은 지금까지 복음을 믿게 하는 사역을 해 오신 예수님의 사역과 조화되기 어렵다. 둘째, 좀 더 근접해 있는 본문인 4:22은 하나님 나라의 비밀이 숨겨지는 이유는 '반드시'(οὐ ... μή) 드러내기 위해서라고 밝힌다(강한 강조를 드러내는 이중부정이 사용되었다). 그렇다면 외인들이 이해하지 못하도록 하기 위해 하나님 나라를 선포했다는 해석은 위 해석과 모순된다. 셋째, 좀 더 중요하게 4:33은 예수님이 사람들이 알아들을 수 있도록 "많은 비유들로" 가르쳤다고 알려준다. 33절은 비유 담화의 결론부이고, 거기에서 비유의 역할이 청자의 이해력에 상응하는 방식이라는 진술은 '히나' 절을 목적절보다 결과적으로 보도록 한다(Moule, 1969: 98). 넷째, 예수님이 인용하신 이사야 6:9-10의 맥락("다시 돌아와 고침을 받을까 하노라", 개역개정 10절)은 하나님의 심판이 궁극적 목적이 아니라 심판 선언을 통해 그의 백성을 돌아서게 하려는 뜻이 있음을 말한다. 그리고 그러한 돌이킴은 백성들이 이방 나라의 포로에서 돌아올 때에 이뤄질 것이라고 이사야는 예언한다(11-12절). 이러한 관측을 근거로 할 때 11절은 예수님이 가르치고 비유로 말씀하셨지만 그들의 '완고함'(3:5)이 그가 가르친 "모든 것"(11절 후반부)을 비유, 곧 수수께끼가 되도록 만들었다는 의미를 가지며, 12절은 그 결과 그들이 직면하게 된 상황을 전해주는 것으로 해석하는 것이 타당하다고 할 수 있다. 결론적으로, 예수님이 이사야의 예언을 인용하신 이유는 하나님 나라가 선포되어도 그것을 거부하고 믿지 않는 자들이 있는 것은 뜻밖이 아니라 도리어 하나님께서 선지자 이사야를 통해 예언하신 말씀이 성취되고 있는 것이라 말씀하시기 위해서이다(Cranfield, 156).

그러나 아무리 불신앙이 예언의 성취라고 하더라도 그 자체가 예수님의 선포의 목적일 수는 없다. 이사야 6:9의 공동 문맥인 11-12절이 말해주듯이 이사야의 예언은 하나님의 백성들이 이방 나라의 종노릇에서 돌이켜 고침을 받도록 하는 것이기에 예수님도 자신의 가르침을 통해 종말론적인 새 출애굽에 "바깥에 있는 그들"을 동참시키려는 의도로 이사야를 인용하셨다고 판단하는 것이 옳다. 예수님의 그러한 의도는 12절 후반부에 함축되어 있다: "그들이 돌아와 용서를 받지 않는다면[μήποτε][4] 말입니다." 이 진술에는 만일 그들이 듣고 돌이킨다면 여전히 용서받을 수 있다는 가능성을 내포한다(Jeremias, 1972: 17-18). 예수님이 비유 중간 중간에 "들을 귀 있는 자는 들으십시오"를 반복하시고 있는 이유 또한 이러한 맥락에서 이해될 수 있다(4:9, 23).

요약과 해설

비유 후 예수님은 하나님 나라의 비밀이 가지는 이중성을 설명하신다. 예수님을 통해 시작된 하나님의 종말론적인 다스림은 제자 열둘과 "그 주위에 있는 자들"(11절 전반부; 참고. 3:32, 34)에게는 밝히 계시되지만 "바깥에 있는 그들"(11절 후반부; 참고. 3:31)에게는 수수께끼로 남아

4. '메포떼'(μήποτε)는 세 가지 의미로 사용된다. 첫째, 가정법과 함께 사용될 때는 '… 하지 않도록'(... lest)의 의미를 가진다. 둘째, BDAG, μήποτε §3b가 보여 주는 것처럼 '메포떼'가 가정법과 결합되어 보다 더 긍정적으로 '혹'(perhaps)의 의미를 가지기도 한다(예. 딤후 2:25). 셋째, 본 주석이 따르고 있는 번역인 '그렇지 않으면'(unless)은 탈굼 이사야 6:10에서 사용된 아람어(*dilᵉma*)가 가진 의미로서 예레미아스(Jeremias, 1972: 17)에 따르면 막 4:12의 '메포떼' 역시 이 의미로 사용된다.

있을 수밖에 없다. 이 땅에 시작된 하나님의 종말론적인 통치, 곧 새 출애굽은 예수님을 통해 선포되는 복음을 믿고 그를 '따르고' '그 곁에' 머물러 있는 사람에게만 계시되는 "비밀"(11절 전반부)이었기 때문에 그를 적대하는 이들에게 예수님과 그의 가르침은 들으면 들을수록, 보면 볼수록 더 이해하기 어려운 하나의 수수께끼가 될 수밖에 없다. 하지만 예수님은 이사야 선지자의 예언을 인용하시며 이런 일이 예상치 못한 일이 아니라 하나님의 종말론적인 새 출애굽 계획 속에 있는 것임을 말씀하신다. 그리고 이사야의 글이 그러하듯이 예수님 또한 그의 동시대 사람들이 보인 지금까지의 배척에도 불구하고 돌아와 용서받을 수 있는 가능성이 그들에게도 열려있음을 암시하셨다.

제22장
네 종류의 땅에 떨어진 씨 비유: 해석
마가복음 4:13-20

본 단락은 3-9절에서 주어진 비유에 대한 해석이다. 내러티브 흐름으로 본다면 앞서 있었던 예수님과 내적 그룹과의 대화로 인해 비유 해석이 어느 정도 지연된 것은 사실이다. 그러나 10-12절은 단순한 비유 해석뿐 아니라 새로운 의미를 부여하는 역할을 한다. 직전 단락에서 예수님은 비유를 포함하여 그의 모든 가르침이 대상(내부인인지 아니면 외부인인지)에 따라 다른 결과를 낳을 수밖에 없는 현상을 설명해 주셨다. 그런데 "그대들은 이 비유를 알아듣지 못하시오?"(13절)로 시작하는 현 단락은 앞선 단락에서 내부인으로 여겨진 질문자들(열두 제자와 "그 주위에 있던 자들", 10절) 역시 예수님의 가르침이 수수께끼(ἐν παραβολαῖς, 11절 후반부)처럼 들렸던 "저 바깥에 있는 자들"(11절 후반부)과 유사한 위치에 있다는 긴장을 유발시킨다. 따라서 현 단락의 비유 해석은 알아듣지 못하고 있는 내부인을 가르쳐 깨우치시는 예수님의 주도권이라는 주제로 시작한다. 내러티브 흐름은 배경(13절)과 비유 설명(14-20절)으로 진행된다.

13 그런 후 그들에게 말씀하신다. "그대들은 이 비유를 알아듣지 못하

시오? 그러면서 어떻게 그 모든 비유를 알 수 있겠소? **14** 씨를 뿌리는 그
사람은 말씀을 뿌리는 것입니다. **15** 말씀이 뿌려지는 그 길가에 있는 자들
은 참으로 이런 사람들입니다. 곧 그들이 들을 때 즉시 사탄이 와서 그들에
게 뿌려진 그 말씀을 빼앗아 갑니다. **16** 그리고 돌밭 위에 씨가 뿌려진 사
람들은 이런 사람들입니다. 그들은 말씀을 들을 때 즉시 기쁨으로 그것을
받습니다. **17** 그러나 그 안에 뿌리가 없어서 잠시 유지되다가 그 말씀으로
인해 환난이나 핍박이 일어날 때 즉시 걸려 넘어집니다. **18** 그리고 다른 사
람들은 가시덤불 속에 뿌려진 자들입니다. 이런 사람들은 말씀을 듣는 자
들이지만 **19** 그러나 이 시대의 걱정과 재물의 속임, 그리고 나머지 다른 것
들에 관한 욕심이 들어와 그 말씀을 옥죄어 아무런 열매가 없게 됩니다. **20**
그리고 좋은 땅 위에 뿌려진 자들은 이런 사람들입니다. 그들은 말씀을 듣
고 받아들여 어떤 것은 삼십 배 어떤 것은 육십 배 어떤 것은 백 배로 열매
를 맺습니다."

주해

배경(13절) 헬라어 문장의 일정한 어순(word order)을 정하는 것은 쉽지 않지만 문장 서두는 의미적 무게가 가장 무거운 정보를 위한 자리라는 점은 대체로 인정된다(BDF, §472(2); Porter, 1994: 296). "그대들은 이 비유를 알아듣지 못 하시오?"(οὐκ οἴδατε τὴν παραβολὴν ταύτην, 13절의 중반부)에서 알 수 있듯이 '그대들이 알아듣지 못한다'(οὐκ οἴδατε)가 절 서두에 온 것은 제자들과 "그 주위에 있는 자들"의 무지가 강조된 것이다. 직전 단락에서 그들은 외부인들과는 달리 "하나님 나라의 비밀"에 접근이 허용된 자로 내부인의 범주에 들었지만 지금은 비유를 깨닫지 못하는

자로 언설된다. 마가복음에서는 내부인과 외부인의 경계선이 그리 높지 않다는 것을 보여준다(Moule, 1969: 98). 물론 다른 해석도 가능하다. 하나님 나라의 비밀은 스스로 깨우치는 것이라기보다는 주어져야(δέδοται, 11절 전반부) 하는 것처럼 예수님은 다시 그의 내적 그룹에게 비밀의 심층적 뜻을 알려주신다. 하나님 나라에서 예수님의 주도권이 강조된 것이다.

이어지는 담화("그러면서 어떻게 … 알겠소?", 13절 후반부)는 네 종류의 땅에 뿌려진 씨 비유의 중요성을 알려주는데 첫 비유는 나머지 모든 비유 이해의 근간이 된다. 그러면 첫 비유의 강조와 요지는 어디에 있을까? 씨 뿌리는 자(Marcus, 2000: 292, 294) 또는 씨(Guelich, 2001: 338) 혹은 네 종류의 땅(Cranfield, 151; Tolbert, 149) 등이 비유의 중심이라 보는 다양한 입장이 있다. 특히 '로고스'(λόγος, '말씀'; 14, 15[2x], 16, 17, 18, 19, 20)가 여덟 번 반복된다는 것과 비유의 결론이 다양한 땅의 상태에도 불구하고 결국 놀라운 결실을 맺는다는 데 있다(9, 20절)는 점을 고려하면 비유의 중심이 씨에 빗대어진 말씀의 생명력에 있다는 주장은 매우 타당하다. 하지만 말씀의 수용자를 상징하는 "땅"(γῆ, 1, 5[2x], 8, 20절)이 다섯 번, 수용자의 자세를 나타내는 '아꾸에인'(ἀκούειν, 3, 9[2x], 12[2x], 15, 16, 18, 20, 23[2x], 24, 33절)이 현 단락에서 세 번, 전체 비유에서 열세 번 반복된다는 사실은 비유의 관심이 말씀을 듣는 청자에게 맞추어져 있다는 것을 분명히 한다. 사실, 갈릴리에 오셔서 하나님 나라를 사역의 핵심으로 선포하신 후 예수님은 부사 '유튀스'(εὐθύς, '즉시')의 반복된 사용이[1] 암시하듯 쉼 없이 이동하시며 사역해 오셨다. 그런 예수님이 처음으로 '앉으셔서'(καθῆσθαι, 1절) 무리들에게는 네 종류의 땅에 뿌려진 씨 비유를 들려주셨고, 이제 내적 그룹에게는 해석까지 덧붙여 그 비유를 한번 더

1. 1:10, 12, 18, 20, 21, 23, 28, 29, 30, 42, 43; 2:8, 12; 3:6.

말씀 하신다. 이런 점에서 현 단락의 기능은 열두 제자를 비롯한 내적 그룹에게 씨/말씀을 대하는 그들의 다양한 자세를 들 추어내는 데 있다고 할 수 있겠다. 이런 드러냄은 제자들로 하여금 자신들이 지금 어떤 상태의 땅과 같은지를 깨닫게 하여 옥토와 같은 인물이 되도록 도전하게 하는 데 그 목적이 있다(Gnilka, 1권 226). 그러므로 비유의 요지는 씨에 비유된 말씀의 능력과 청자의 태도 둘 다에 있다고 보는 것은 옳다. 비유의 이러한 이중적 강조는 예수님의 말씀처럼 다른 모든 비유를 이해하는 열쇠가 될 것이다(France, 1998: 54).

비유 설명(14-20절) 원접, 근접 문맥은 예수님을 분명하게 '로고스'를 전하는 자라고 언급하고 있기 때문에(2:2; 4:33) 씨 뿌리는 자에 비유된 말씀 전파자는 예수님 자신을 지시한다고 보는 것이 옳다. 그리고 '로고스'는 하나님 나라의 도래를 알리는 예수님의 여러 사역과 가르침에 대한 언표이다(2:1-5 주해를 보라). 톨벗(Mary Ann Tolbert)이 지적한 것처럼 마가복음의 대표적인 두 비유는 "말씀을 뿌리는 자"와 "포도원 상속자"인데, "말씀을 뿌리는 자" 비유는 예수님의 사역을 드러내고 "포도원 상속자" 비유는 예수님의 정체성을 드러낸다(Tolbert, 122). 따라서 현 비유 해석은 자신의 사역과 가르침에 대한 사람들의 다양한 반응이 일어나는 이유에 대한 해설이다.

먼저, "길가에 있는 자들"은 말씀을 듣지만 "즉시" 사탄에게 그 말씀을 빼앗기는 사람들이라는 해석이 주어진다(15절). '즉각적' 손실이 일어나는 이유에 대해선 추가적 설명이 없지만 추론은 가능하다. "길가"가 주는 은유적 의미는 '딱딱함'과 '완고함'이기에 떨어지는 씨가 그곳에 안착하기란 원천적으로 불가능하다. "길가에 있는 자들"이 말씀을 듣는 이유는 수용이 아니라 저항하기 위해서이다. 이런 자세는 결과적으로 사탄의 침입만 불러올 뿐이다(참고. 3:27; 8:33; 요 13:2). 예수님의 가르침에 대적한 인물들인 서기관(2:6-7), 바리새인(2:16, 24; 3:5-6), 헤롯당(3:6)과 예루살렘으로부터 온 서기관(3:22) 등이 해당자일 것이다(Tolbert, 154). 특히 바리새인들은 "마음의 완고함"을 가진 자(3:5) 혹은 "완고한 마음"(10:5)을 가진 자들로 소개되는데, 예수님에 따르면 그들의 적대적 태도는 사탄의 방문과 무관한 것이 아니었다. 그들은 예수님이 사탄에 붙들려 있다고 했지만(3:22) 현 본문은 그 반대가 진실이라는 것을 암시해 준다. 이런 점에서 그들은 옛 시대의 특징인 악의 다스림 가운데 여전히 머물고 있는 인물들이다(1:15 주해를 보라).

"돌밭"과 같은 사람들은 일단은 말씀을 긍정적으로 수용하는 사람들이다(16절). 특히 말씀을 "즉시" 수용했다는 점에서, 말씀을 받지만 사탄이 "즉시" 빼앗아 버리는 길가와 같은 사람이 가진 문제를 극복했다. 그러나 돌밭의 문제는 다른 데에 있는데, 뿌리가 없다는 것이다. 뿌리를 땅에 내리지 못한 이유에 대해선 다시 추론이 필요하다. "돌밭"은 돌로 된 밭이기에 뿌리를 내리려는 씨가 마주한 장애물은 돌이라는 사실은 쉽게 유추된다. 결과적으로 그들의 말씀 수용은 "잠시"이고 환난이나 핍박이라는 '걸림돌'에 걸려 "즉시 넘어진다"(σκανδαλίζονται, 17절 후반부). 앞선 주해에서 언급한 것처럼 돌밭 비유는 네 비유 중 가장 많은 설명절을 가진다. 관심이 이렇게 집중된 돌밭은 제자 그룹에게 특별한 적실성을 가진다는 것을 암시한다. 시몬과 안드레는 예수님의 따르라는 부름에 "즉시" 반응했고("그러자 곧", 1:18) 야고보와 요한은 배와 아버지를 버리고 따르기까지 했다. 특히 예수님이 시몬에게 '뻬뜨로스'(3:16 주해를 보라)라는 별명을 덧붙여 주셨고 이어서 긴 설명을 할애하여 '뻬뜨로데스'(πετρώδης, '돌밭')에 대한 설명을 하신다. 이런 본문 흐름과 돌밭에 대한 긴 설명은 예수님이 이 비유를 듣는 동안 제자들이 자기 성찰을 하도록 기회를 주시는 것이다. 예루살렘에 올라가신 후 예수님이 열두 제자들에게 "그대들 모두가 걸려 넘어질 것입니다"(σκανδαλισθήσεσθε, 14:27)라고 경고했을 때 베드로는 자기는 "걸려 넘어지지 않겠다"(σκανδαλισθήσονται ... οὐκ, 29절)고 장담한다. 그렇다면 돌밭에 있는 자들이 환난으로 인해 "걸려 넘어진다"고 했을 때, 그들이 넘어지지 않도록 사역 초기부터 교훈적 경고를 간접적으로 하신 것으로 봐야 한다(Tolbert, 154).

가시덤불과 같은 청자 역시 "말씀을 듣는" 자들이다(18절). 더군다나 열매라는 단어가 처음으로 등장하고 있는 것으로 보아 하나님 나라의 "열매"가 그들에게 맺힐 가능성이 그 어떤 밭보다 많이 있었을 것이다. 그러나 그들의 문제는 "이 시대의 걱정"과 "재물의 속임", 그리고 "욕심이 들어와[εἰσπορευόμεναι]" 자라도록 문을 열어준 것이다(19절). 결국 걱정과 욕심에 의해 숨통이 막혀 마지막 결실에까지 가지 못한다. 문제 중 하나로 묘사된 "이 시대의[τοῦ αἰῶνος] 걱정"은 주목할 만하다. '아이온'(αἰών)은 시간적 의미('시대')와 공간적 의미('세상') 둘 다를 내포하고 있는 용어로서[2] 유대 묵시 문학에서는 주로 현시대(세상)와 다가오는 시대(세상)를 구분할 때 등장한다(10:30; 고전 1:20; 에녹1서 48:7; 71:15; 에스라4서 8:46).[3] "이 시대의 걱정"은 하나님의 종말론적 통치하에 들어 오지 않는 세상이 만들어 내는 걱정이며, 가시덤불과 같이 말씀을 대하는 사람은 예수님에 의해 새로운 시대가 도래하기 시작했음에도 불구하고 여전히 옛 시대의 원리에 붙들려 있는 자들이라는 것을 암시해 준다(Marcus, 2000: 309). 그들에게 전해진 하나님 나라의 말씀은 현시대의 지배 원리인 걱정과 속임, 그리고 욕심에 의해 결국 '질식'된다. 예수님은 가시덤불과 같은 사람을 "다른 사람들"(ἄλλοι)이라 하시는데, 이것은 길가와 돌밭

---

2. BDAG, αἰών §2, 3.
3. 1:15; 10:30 주해를 보라.

과 같은 사람을 "이런 사람들"(οὗτοι, 15, 16절)로 지시한 것과 비교된다. '후또이'(οὗτοι)는 근거리 지시 대명사로 주위에 있거나 심리적으로 가까운 사람을 가리킬 때 사용되지만(박윤만, 2013a: 77-78)[4] '알로이'(ἄλλοι)는 해당 맥락에서 발견할 수 없는 대상과 사물을 가리킬 때 종종 사용된다(Louw & Nida, 58.37). 따라서 가시덤불에 비유된 인물을 '알로이'(ἄλλοι)로 발화한 것은 해당자가 지금까지 내러티브에 등장하지 않았지만 앞으로 등장할 인물임을 암시한다(Tolbert, 156). 예로는 예수님에게 영생에 관한 질문을 한 '부자'를 들 수 있다(10:17-31). 그는 '재물이 많아' 예수님을 따르기를 주저하다 돌아간다(22절). 또 한 사람의 후보는 헤롯인데 그는 제자들이 전한 하나님 나라 소식을 "들은" 인물이었다(6:14). 그는 세례 요한을 의로운 사람으로 알아 살려두려 했지만(6:19-20), 그의 아내 헤로디아의 딸에게 세례 요한에 대한 처형 요구를 받고는 "심히 근심"한다(26절). 그럼에도 자기가 한 약속과 주위 사람들의 시선 때문에 결국 세례 요한의 참수를 허락한다(26-27절). 위 두 사람은 현시대의 가치관인 재물과 명예라는 두 "가시"에 찔려 예수님의 말씀을 듣고도 따르지 못하는 전형적 인물이다.

좋은 땅은 말씀을 "듣고 받아들여 … 열매 맺는다." 접속사 '까이'(καί)에 의해 세 동사가 병렬 관계로 나열되었고, 열매의 양 역시 세 배("삼십 배, 육십 배, 백 배")로 묘사된다(20절). 특히 말씀을 들은 후 열매 맺기 전의 중간 단계를 묘사하는 동사인 "받아들여"(παραδέχονται)는 '환영하다'는 뜻의 동사(δέχομαι)에 강조형 접두어(παρα-)를 가진 채 적극적인 환영의 의미를 만든다. 들은 자가 열매로 나아가는 과정에는 말씀을 적극적으로 환영하고 '품는' 행위가 있었다는 것을 말해준다. 예수님은 좋은 땅에

4. 2:10-11 주해를 보라.

속한 이들을 지시하고자 원거리 지시 대명사인 '에께이노이'(ἐκεῖνοι, '그 사람들')를 사용한다. 주지된 것처럼 신약성경의 헬라어 지시 대명사는 객관적인 거리가 아닌 언어 사용자의 심리적 거리를 알려주는 용법으로 쓰인다. 그렇다면 예수님이 '에께이노이'(ἐκεῖνοι)로 적극적인 말씀 수용자를 지시하신 것은 그런 인물이 주위에 아직 나타나지 않았다는 판단 때문이거나 또는 그런 인물은 미래에 나타날 것이라 보셨기 때문일 수 있다. 좋은 땅에 빗댈 유력한 후보는 갈릴리에서부터 십자가 앞까지 예수님을 "섬기며" "따라간" 여인들과(15:40-41) 갈릴리에서 부활한 예수님과 재회하도록 초청받은 미래의 제자들을 가리킬 수 있다(14:28; 16:7). 혹은 마가복음의 역사적 청자와 같은 미래의 제자들을 염두에 둔 '에께이노이'라고 볼 수도 있다.[5] 어쨌든 예수님의 가르침을 '듣고 받아들이는 자들'은 누구든지 '에께이노이'에 포함될 수 있다는 것은 분명하다.

예수님의 말씀을 '듣고 받아들여 풍성한 열매를 맺는' 좋은 땅의 모습은 그의 백성을 구속하여 새로운 땅에 심어 "곡식이 풍성하게 하여 … 나무의 열매와 밭의 소산을 풍성하게" 하시겠다는 하나님의 말씀을 전하는 에스겔의 예언을 떠올려 준다(겔 36:29-30). 예수님의 주된 사역이 하나님의 종말론적인 통치를 그의 백성 위에 가져오는 일이었다는 것을 기억한다면, 좋은 땅이 맺은 풍성한 결실에 대한 묘사와 에스겔의 예언이 가지는 주제적 유사성은, 에스겔의 예언이 예수님의 종말론적인 하나님 나라 사역을 통해 성취되고 있음을 보여준다고 할 수 있다.

더불어 네 종류의 땅에 떨어진 씨 비유는 그 비유를 가르치신 예수님 자신의 이야기이자 그가 가져오는 하나님 나라의 실현 과정에 대한 이야

5. 마가복음에서 제자들에게 주어진 교훈이 역사적 예수 곁에 있던 열두 제자 그 이상 곧 초기 교회의 제자들까지도 염두에 두고 있음을 보여주는 뚜렷한 증거는 13:5-37에서 확인된다(Hurtado, 2017: 430-32).

기라고 보는 것은 역사적으로 타당한 해석이다(Hoppe, 161-63). 길가와 돌밭 그리고 가시덤불에 뿌려져 죽던 씨가 좋은 땅에서 백배의 결실로 이어진다는 이야기가 암시하듯이, 반복되는 씨의 죽음 후 놀라운 생명력으로 자라나는 씨 이야기를 통해 예수님은 자신이 통과해야 하는 고난과 죽음 그리고 부활을 비유적으로 보여주시려 했다고 볼 수 있다(참고. 8:31: 9:31: 10:32; Hoppe, 162-63). 실제로 마가복음 내러티브가 진행됨에 따라 보여주듯이 예수님의 '선하고 생명을 살리는' 사역(3:4-5)은 살해 음모로 되돌아 왔고(6절) 믿음 없는 자 앞에서 그의 능력과 가르침은 열매를 맺을 수 없었다(6:4-6; Jeremias, 1972: 153). 결국 그는 죽어 무덤에 들어갔지만 결국 그 무덤은 새 생명이 잉태되는 새 창조의 모태가 된다(16:1-8).

요약과 해설

예수님은 네 종류의 땅에 뿌려진 씨 비유를 말씀하신 후 제자 그룹에게 추가적인 설명을 하신다. 비유와 마찬가지로 설명 중에서도 긍정보다 부정적 반응을 보인 청자들의 다양한 상태에 대한 설명의 분량이 더 많다. 이러한 편중된 묘사는 제자 그룹을 위한 경고이자 도전이다. 경고인 이유는 예수님이 선포하신 하나님 나라의 가르침을 받아들여 이미 따르고 있더라도 돌밭과 가시덤불 속에 뿌려진 씨처럼 그 생명이 꺼질 수도 있음을 비유가 말하고 있기 때문이다. 또 도전이 될 수 있는 이유는 그것을 적극적으로 수용하는 좋은 땅만 말씀이 열매 맺는다는 비유의 결론이, 길가와 같은 자는 그들의 딱딱한 땅을 뒤엎고, 돌밭과 같은 자는 돌을 캐내어 깊은 흙을 만들고, 가시덤불과 같은 자는 가시를 제거하는 '개간' 작업을 하라는 요청을 동시에 함축하고 있기 때문이다. 예수님의 이 같은

비유는 칠십인경 예레미야 4:3-4을 떠올려 준다:

> 그때 주께서 유다 사람과 예루살렘 주민들에게 이르시되 '… 너희들은 묵은 땅을 개간하고 가시덤불 위에 씨를 뿌리지 말라[μὴ σπέιρητε ἐπ᾽ ἀκάνθαις]. 너희 하나님께 할례받으며 너희 완고한 마음[τὴν σκληροκαρδίαν]에 할례를 하라.'[6]

예레미야는 포로 전 이스라엘 백성들의 마음을 "묵은 땅"에 빗대고 "완고한 마음"[τὴν σκληροκαρδίαν]의[7] 갱신을 마음에 할례를 행하는 것에 비유한다. 또한 하나님께서 그의 백성을 포로에서 돌이키실 때 그의 법을 백성들의 마음에 두는 "새 언약"을 그들과 맺으실 것이라 약속하셨다고 전해준다(렘 31:31-34). 그의 법을 그들의 마음에 두시겠다는 것은 포로 생활을 유발했던 죄를 짓던 굳은 마음을 제거하여 그들로 언약에 신실한 백성으로 만드시겠다는 말씀이다. 그렇다면 마가복음이 보여주는 것처럼 새 이스라엘을 불러 모으고(3:13-19) 그들과 새 언약을 체결하신(14:22-25) 예수님이 길가와 같은 밭, 돌밭, 그리고 가시밭을 지나 결국 옥토에 씨가 뿌려져 삼십 배, 육십 배, 백 배의 결실을 맺는 비유를 하신 것은 결코 우연이 아니다. 굳은 마음이 제거되고 새 마음이 만들어져 하나님과의 언약에 충실한 새로운 이스라엘이 만들어질 새 시대가 그를 통해 도래하고 있음을 그의 비유를 통해 나타내 보여준다. 다양한 종류의 땅에 빗대어진 사람들의 입장에서 본다면 이 비유는 예수님을 따라 걸으며 굳은 마음을 개간하라는 영적 여정에로의 초대장과 같은 것이다.

하지만 비유 속에 담긴 예수님의 도전은 마가복음이 진행됨에 따라

---

6. "완고한 마음"에 대해서는 또한 신 10:16; 겔 36:26 참고.
7. 10:5에 따르면 바리새인들은 "완고한 마음"[τὴν σκληροκαρδίαν]을 가진 자이다.

좌절되는 것처럼 보인다. 사역 후반부에 주신 포도원 농부 비유(12:1-12)는 이것을 분명하게 보여 주는데 비유 속에서 이스라엘 지도자들(소작 농부들)은 예수님을 수용하기보다 거부하고 끝내 그를 죽음으로 몰아가기 때문이다. 그럼에도 불구하고 씨의 썩어짐이 멸망이 아니듯 하나님 나라 선포자의 죽음 역시 그 나라의 패망이 아니라 오히려 건설로 이어지게 될 것이라는 암시로 비유는 끝난다(12:1-12 주해를 보라). 이런 점에서 사역 전반부에 주신 네 종류의 땅 비유와 사역 후반부에 주신 포도원 농부 비유는 예수님의 사역 전체를 요약해 주는 성격을 가진다고 할 수 있겠다(Hooker, 1991: 122; Witherington, 2001: 160).

제23장
'듣고 주의하라'
마가복음 4:21-25

현 단락은 두 개의 비유가 구조적, 언어적 유사성을 지닌 채 다음과 같이 구성되어 있다(Jeremias, 1972: 91):

비유 A

  등불 비유(21절)

  설명(22절: γάρ)

    들으라(23절)

비유 B

    듣고 있는 것에 주목하라(24절 전반부)

  측정 비유(24절 후반부)

  설명(25절: γάρ)

비유 A가 등불 비유(21절)로 시작하고 접속사 '가르'(γάρ)를 가진 설명절(22절)이 뒤따르고 있듯이, 비유 B 역시 측정 비유(24절)로 시작하여 '가르'(γάρ) 설명절(25절)로 이어진다. 비유 A는 "들으라"(23절)로 끝나고 둘째 비유는 "주목하라"(24절 전반부)로 시작한다. 비유의 소재(등불과 측정기)는 다르지만 둘 다 드러난 진리에 주의 깊은 반응(23절, 24절 전반부)을 청자에게 요구한다는 점에서 주제적 연관성이 있다.

> **21** 그리고 그가 그들에게 말씀하셨다. "그 등불이 와서 통 아래나 침상 아래에 놓이지 않지 않습니까? 등잔대 위에 놓이지 않습니까? **22** 드러나게 될 것을 제외하고는 은밀한 것은 없으며 명백해지게 될 것을 제외하고는[1] 비밀스러운 것은 없습니다. **23** 들을 귀 있는 자는 누구든지 들으십시오."
>
> **24** 그리고 그가 그들에게 말씀하셨다. "그대들이 듣고 있는 바에 주목하십시오. 그대들이 측정하는 측정으로 그대들이 측정될 것입니다. 그리고 그대들에게는 더 보태어질 것입니다. **25** 가진 자, 그에게는 주어질 것이고, 가지지 못한 자는 그가 가진 것조차 자기에게서 빼앗기게 될 것이기 때문입니다."

주해

등불 비유(21-23절) "등불"(ὁ λύχνος)과 관련된 구약의 이미지는 다양한 지시체를 가지는데, 하나님의 말씀(시 119:105), 하나님 자신(삼하 22:29), 그리고 다윗 메시아(왕하 8:19; 칠십인경 시 131:17[개역개정 132:17])등이 대표적이다(Guelich, 2001: 385-86; Edwards [b], 139). 현 맥락에서 그것의 쓰임이 반드시 세 가지 용례 중 하나를 따른다고 볼 필요는 없다. 보다 더 많은 비중을 두고 고려해야 할 것은 해당 단어가 사용된

---

1. '그러나'의 뜻을 가진 '알라'(ἀλλά)가 '제외하고'(ἐὰν μή)의 용례 역시 가진다는 것에 대해선 BDF §448 (80) 참고.

비유 담화의 맥락이다. 앞선 단락에서 씨가 말씀으로 해석된 점에 착안하여 마르쿠스는 "등불"(λύχνος)이 "말씀"(λόγος, '로고스')을 위한 은유라고 주장하고자 시편 119:105("주의 말씀은 내 발의 등이요")를 근거로 제시한다(Marcus, 2000: 318). 하지만 선행 단락과 현 단락 및 4장의 전체 비유들의 주된 주제가 하나님 나라(11, 26, 30절)라는 것은 자명하기 때문에, 등불은 하나님 나라를 가리킨다고 보는 것이 자연스럽다. 이런 해석은 등불의 의인화적 표현에 대한 논의를 통해 추가로 지지받을 수 있다. "그 등불이 와서"(ἔρχεται ὁ λύχνος, 21절)와 유사한 표현이 하나님 나라와 관련해서도 사용되었는데, "하나님 나라가 가까이 왔습니다[ἤγγικεν]"(1:15)가 그것이다. 하지만 하나님 나라와 등불이 '왔다'는 표현이 단순한 문학적 의인화이기만 한 것일까? 예수님은 하나님 나라와 등불의 '옴'을 발화하시며 자신을 염두에 두었을 가능성이 매우 높다(대조. Donahue and Harrington, 149). 이는 마가복음에서 하나님 나라(혹은 복음)와 그 전파자인 예수님은 동일시되고 있고,[2] 또 그의 소명과 사역은 '엘톤'(ἦλθον, '내가 왔다') + 부정어구 형태로 소개되기 때문이다(1:24, 38; 2:17; 10:45). 따라서 하나님 나라와 등불의 옴(coming)은 예수님의 세상 방문을 위한 비유로 봐야 한다(Cranfield, 164; Hooker, 2000: 95; Lane, 165-66; Gathercole, 171-72; Hays, 2014: 30).[3]

이어지는 21절 후반부에는 두 질문이 뒤따르는데, 모두 일상적 지식을 떠올려 주려는 수사적 질문이다. 환기하도록 의도된 지식은 등불의 위치이다. 두 질문 모두 등불은 모든 이들이 볼 수 있는 곳에 놓인다는 점을 말

---

2. 1:1, 14-15; 10:29 주해를 보라.
3. 하나님 나라와 등불의 옴이 예수님의 '옴'(coming)에 바탕을 둔 비유라고 보는 것은 알레고리에 지나지 않는다는 귤리히의 주장(Guelich, 2001: 384)은 하나님 나라와 예수가 동일시된다는 사실을 간과하고 있다.

하려 한다는 점에서 같은 요지를 만들지만, 하나는 통상 그것이 놓이지 않는 곳("통 아래나 침상 아래")을, 다른 하나는 그것이 놓이는 곳("등잔대 위")을 말한다는 점에서 차이를 가진다. 이런 차이는 같은 요지의 단순한 반복이 아니라, 이어지는 22절도 암시하고 있듯이, 등불이 지시하는 예수님의 독특한 사역을 떠올려 준다. 마가복음의 예수님은 자신의 정체를 숨기신다. 이미 언급한 것처럼 브레데는 이런 모티프를 메시아 은닉 사상이라 했다.[4] 하나님 나라를 선포하러 오신 예수님은 사람들이 자신을 밝히 아는 것을 왜 꺼리시는 걸까? 21절 후반부와 22절은 이런 질문에 답을 제시한다. 우선 21절 후반부를 보자. 등불의 최종적 목적지는 "통 아래나 침상 아래"가 아니라 "등잔대 위"이듯이, 예수님 역시 비록 침묵 강요를 이어 가시지만 결국 자기를 밝히 계시하는 데 그 목적이 있다는 점을 비유적으로 말씀하신다(Hays, 2014: 29-31).[5] 이런 요지는 22절에서 더욱 명확해진다:

> 드러나게 될 것을 제외하고는 은밀한 것은 없으며
>
> 명백해지게 될 것을 제외하고는 비밀스러운 것은 없습니다.
>
> οὐ γάρ ἐστιν κρυπτὸν ἐὰν μὴ ἵνα φανερωθῇ
>
> οὐδὲ ἐγένετο ἀπόκρυφον ἀλλ' ἵνα ἔλθῃ εἰς φανερόν

특히 목적절을 이끄는 '히나'(ἵνα)가 두 절 모두에 사용되었다. 곧 숨

---

4. 1:25 주해를 보라.
5. 에드워즈는 21절의 "통이나 침상"을 2:21-22의 비유와 같이 유대적 관습으로 해석하면서 하나님 나라는 유대적 관습에 종속될 수 없다는 사실을 지적하는 데 있다고 주장한다(Edwards [b], 139-40). 그러나 이런 해석은 현 문맥에서 지지 받을 수 없는데, 현 비유의 관심은 예수님을 통해 도래하게 된 하나님 나라와 유대적 관습의 대조라는 어떤 암시도 없기 때문이다.

겨지는 것은 '드러나려는 목적'(ἵνα φανερωθῇ)을, 비밀은 '명백해지려는 목적'(ἵνα ἔλθῃ εἰς φανερόν)이 있다는 역설을 만든다(Marcus, 2000: 318). 두 절 모두에서 강한 긍정의 뜻을 가진 채 사용된 이중부정(ὀυ ... ἐὰν μὴ; ὀυδὲ)은 비밀스러운 것은 '반드시' 드러나게 마련이라는 역설을 강화시켜 주는 역할을 한다. 물론 드러날 주체는 명시되지 않았다. 그러나 직전 문장에서 등불(ὁ λύχνος)이 주어로 등장했고 또 현 문장에서도 모든 동사(φανερωθῃ, ἔλθῃ, ἐστιν, ἐγένετο)가 3인칭 단수로 사용된다는 점을 고려할 때, 은밀하지만 결국 명확히 드러날 주체는 등불이며, 그 등불은 하나님 나라와 그것의 선포자이자 담지자인 예수님을 가리키는 것이 확실하다. 이는 등불의 역설이 곧 예수님의 역설이라는 것을 말한다. 21절에서 말한 것처럼 예수님은 자신을 드러내지 않고 숨기신다. 반복된 침묵강요가 이러한 은둔자 예수님을 만드는 대표적인 주제이다. 하나님 나라를 선포하러 오신 분이 자신을 드러내기를 꺼려하신다는 것은 당혹스럽게 들린다. 하지만 예수님은 자신과 자신의 사역을 숨기시려는 참뜻을 등불 비유로 해석해 주신 것이다(Hays, 2014: 30-33). 비유에 따르면 하나님 나라와 그것의 선포자의 은닉성은 하나님의 종국적 뜻이 아니다. 두 '히나'(ἵνα) 절이 말하는 것처럼 하나님의 최종적인 의도는 예수님의 사역과 가르침을 통해 하나님 나라의 비밀이 명백히 드러나게 하는 것이다. 하나님은 심지어 예수님과 하나님 나라의 은닉성 혹은 오해마저도 그것을 명백하게 하시는 데에 사용하신다고 말해 준다(Cranfield, 165; Hooker, 2000: 95).

사실 현 비유 단락들에 따르면 "하나님 나라의 비밀[μυστήριον]"은 외부인이 배제된 채 "그대들[제자들]에게만 주어졌다"(4:10). 적어도 마가복음 초반에서는 하나님 나라는 외부인들에게 비밀이다. 상황은 복음서의 종결부에서 바뀐다. 하나님 나라 선포자 예수님이 십자가에 '죽었을 때' 그 아래 있던 백부장이 그를 향해 "참으로 이 사람은 하나님의 아들이었도다"(15:39)라고 고백한다. 이 마지막 장면은 하나님 나라의 계시의 역설을 보여 주는데, 한편으로 제자들은 다 도망간 상황에서 오직 외부인이었던 이방 백부장의 입에서 하나님 나라 선포자의 참 신분이 드러나고 있고, 다른 한편으로 예수님의 신분(하나님의 아들)이 그의 죽음(은닉성)의 순간에 드러나고 있기 때문이다. 예수님은 죽음으로 하나님의 계시를 드러내고 있는 것이다.

등불 비유는 "들으십시오"라는 요청(23절)으로 결론난다. 청취에 대한 요청은 주의 깊게 들으라는 요구 그 이상의 의미를 지닌다. 숨김과 은닉의 결국은 드러남이라는 메시지를 잘 들어야 한다는 것은, 보이지 않는다고 보기를 그만두지 말고 끝까지 인내하며 구하고 찾으라는 요청을 내포한다. 더 나아가 등불 비유의 결론으로서 주의 깊은 청취에 대한 요구는 앞선 비유와도 연관성을 가진다. 사실 네 종류의 땅에 떨어진 씨 비유는 듣는 자의 태도에 따라 씨 자체가 죽어 버린다는 좌절스러운 내용을 포함하고 있었다. 길가와 같은 사람에게 떨어진 말씀은 사탄의 밥이 되었으며, 깊은 뿌리가 없는 돌밭에 떨어진 말씀은 환난이나 핍박이라는 태양빛에 타버리고, 가시덤불과 같은 사람에게 떨어진 말씀은 염려에 의해 질식되어 더 이상 열매 맺지 못하게 된다. 따라서 그 비유를 바로 잇는 등불 비유의 결론인 "들으십시오" 는 청자의 상태에 따라 사라져 버린 하나님 나라의 씨에 관한 말씀을 듣고 좌절해 있던 사람의 영혼을 일깨우는 소리처럼 들린다. 예수님을 통해 드러나기 시작한 하나님 나라는 어떤 점에서는 사라지는 것 같지만, 종국적으로 명백하게 드러날 뿐 아니라 심지어 그 은닉성마저도 드러냄의 도구가 되는 역설적 나라라는 점을 기억하라는 함의를 가진다.

측정 비유(24-25절) 두 번째 비유는 측정 비유이다. 등불 비유가 하나님 나라의 은닉성과 계시성을 보여준다면, 측정 비유는 하나님 나라를 대하는 청자의 능동성과 하나님의 능동성을 동시에 강조한다. 비유의 시작은 "듣고 있는 바에 주목하십시오"이다(24절 전반부). 사실 4:3에서 비슷한 명령이 주어졌는데 4:3에서 '듣고 보라'의 목적어는 비유 자체이다. 하지만 현 단락에서 "주목"해야 할 것은 "듣고 있는 바"이다. "듣고 있는 바"가 무엇일까? 그것은 지금까지 예수님이 말씀하신 모든 것으로 보아야 한다. 따라서 예수님은 자신의 말에 주목하도록 명령하는 것이다. 이런 해석은 뒤따르는 측정 비유의 의미를 이해하도록 돕는다:

> 듣고 있는 바에 주목하십시오(24절 전반부).
>
> 그대들이 측정하는 측량으로 그대들이 측정될 것입니다
>
> [μέτρῳ μετρεῖτε μετρηθήσεται](24절 중반부).

측량하다(μετρέω)는 문자적으로 양과 수를 측량하는 행위를 가리킨다.[6] 하지만 선행 정보인 "듣고 있는 바에 주목하십시오"가 전제하듯 24절의 동사들('듣다', '주목하다', '측량하다')의 목적어는 예수님이 주시는 하나님 나라의 비밀인 것이 분명하기 때문에 현 문맥에서 '메뜨레오'(μετρέω)는 예수님의 가르침을 '듣고 이해하는 인지 과정'을 함축한다(Cranfield, 166; Hooker, 2000: 95; Marcus, 2000: 320).[7] 또한 수동태 동사 "측정될 것입니다"(μετρηθήσεται, 24절 중반부)의 문법상 주어는 듣고 있는 제자들이지만, 의미상 주어 곧 측정하는 주체는 하나님이다(Edwards [b], 141). 그러므로 예수님이 의도하신 의미는 '그대들이 듣고 이해

6. BDAG, μετρέω §1.
7. 측정 비유는 마 7:2과 눅 6:37-38에서 다른 문맥을 가지고 있기에 다른 의미를 가진다.

하는(측정하는) 양(측량)만큼 깨달음이 하나님에 의해 주어지게 될 것입니다(측정될 것이다)'가 된다. 이런 점에서 측정 비유는 네 종류의 땅에 떨어진 씨 비유처럼 청자의 능동성을 강조한다. 하지만 이것이 이 비유의 전부는 아니다. "측정될 것입니다"(μετρηθήσεται)와 마찬가지로 또 다른 신적 수동태 동사인 "더 보태어질 것입니다"(προστεθήσεται, 24절 후반부)가 사용된 것에 주목해야 한다.[8] 두 신적 수동태 동사는 '깨달음을 주시고 더 보태실' 분은 하나님이라는 점을 강조하고 있다. 예수님은 주의력

8. 신현우(2004: 87-106)는 24절 후반부("그리고 그대들에게는 더 보태어질 것입니다", καὶ προστεθήσεται ὑμῖν)를 원문에는 없는 후기 서기관의 첨가로 본다. 신현우가 논거로 제시하는 것은 사본상의 증거, 문법적인 증거와 함께 문맥의 흐름이다. 앞선 두 논증은 논외로 하더라도 문맥의 흐름을 근거로 한 신현우의 주장은 설득력이 떨어진다. 그는 24-25절 문맥의 흐름은 대조인데, 24절은 긍정(측정함)과 부정(측정됨)의 대조, 25절은 줌(가진자에게 줌)과 빼앗음(없는 자는 빼앗김)의 대조가 나온다고 본다(신현우, 2004: 99-101). 이런 흐름에서 24b의 줌에 대한 강조는 앞뒤에 등장하는 일관된 대조 맥락의 이탈이자 25절에 나오는 줌의 "불필요한 반복"처럼 보이기에 원독법이 아닐 가능성이 있다고 지적한다(신현우, 2004: 100). 하지만 다른 문맥적 읽기도 가능하다. 본 주석이 번역한 것처럼 24절 동사('듣다', '주목하다', '측량하다')의 목적어가 예수님이 주시는 하나님 나라의 비밀로 본다면 24절은 '그 비밀을 듣고 이해하는 양만큼 깨달음이 주어질 것이다'로 번역되어 인간의 책임과 하나님의 주권의 균형이 그 요지라고 볼 수 있다. 하지만 이런 흐름은 24b에서 깨지는데, 깨닫는 자에게 하나님이 주시는 양은 인간이 깨달은 양 그 이상이라는 점을 말하면서 인간의 깨달음이 사실은 하나님의 과분한 은혜라고 강조하고 있기 때문이다. 이런 '놀라운' 은혜에 대한 강조는 25절에서도 이어진다. (하나님 나라의 비밀을) "가진 자"(듣고 품는 자)에게는 하나님께서 24a와 24b의 은혜 모두가 주어질 것이고 그 비밀을 "가지지 못한 자"(들었지만 품지도 않는 자)는 길가에 뿌려진 씨처럼 그 들은 것도 빼앗기게 될 것이라는 내용이다. 이런 흐름으로 읽는다면 24b의 '하나님의 주심'이 25절에서의 하나님의 주심을 "불필요한 반복"으로 만든다기보다는 오히려 하나님 나라 비밀이 주어질 때 그것을 거부하지 말고 듣고 품으라는 25절의 권면을 준비시킨다고 볼 수 있다. 사실 하나님의 주권과 은혜에 언급은 첫 비유(2:3-9, 14-20)에서도 나왔는데, 좋은 땅에 떨어진 씨의 결실은 예상(삼십 배, 육십 배, 구십 배)과는 달리 삼십 배, 육십 배, 백 배의 열매로 이어진다고 말하고 있기 때문이다.

깊은 청자들(예. 좋은 땅, 8절, 20절; Carrington, 110)이 깨달아 얻은 것이 그들의 노력에 대한 응당한 결과가 아니라 하나님이 주시는 '선물'임을 부각시킨다. 특히 "더 보태어질 것입니다"라는 동사는 주어진 것(하나님 나라의 비밀에 대한 깨달음)이 예상했던 양보다 더 많을 것임을 지시하고 있기 때문에, 청자가 받을 것은 수고한 것에 대한 정당한 대가가 아니라 은혜라는 것을 강조적으로 말해준다. 이 점에서 측정 비유에는 청자의 책임과 하나님의 주권이 동시에 부각된 후 하나님의 능동성에 대한 추가적 강조로 결론이 난다.

측정 비유의 요지는 설명절을 이끄는 '가르'(γάρ)로 시작하는 25절로 다시 압축된다: "가진 자, 그에게는 주어질 것이고, 가지지 못한 자는 그가 가진 것조차 자기에게서 빼앗기게 될 것이기 때문입니다." 앞선 24절에 대한 해석을 근거로 "가진 자"는 하나님 나라의 비밀을 이해하는 자로, "가지지 못한 자"는 그것을 수용하거나 받아들이지 않는 자를 지시하는 것으로 이해할 수 있다. 그렇다면 25절은 하나님 나라의 비밀을 들어 깨닫는 자에게는 하나님께서 더 풍성하게 비밀을 열어 보이실 것이지만, 그것을 수용하지 않는 자는 길가에 뿌려진 씨 비유에서처럼 들은 바 하나님 나라의 가르침조차도 잃어버리게 될 것임을 경고하고 있다.

요약과 해설

네 종류의 땅에 뿌려진 씨 비유 전체를 결론 짓는 부분인 현 단락에서 예수님은 하나님 나라의 비밀의 은둔성과 공개성에 대해 말씀하신다. 지금까지 비유와 설명에서 하나님 나라의 진리는 수용보다 거부, 공적인 드러남보다 제한적 이해가 더 부각된 것이 사실이다. 현 본문에서 예수님은 그러한 제한과 은둔은 잠시적인 현상이고 하나님의 궁극적인 뜻은 예수님 자신을 통해 그의 비밀이 온전히 드러나는 것임을 알려주신다. 하나님의 주권 속에서는 그 나라의 은둔성과 제한성이 도리어 그 비밀을 드러내는 데에 기여한다는 역설 역시 존재한다. 그럼에도 그 나라의 비밀스러운 진리는 주의 깊은 청자에게 하나님께서 주시는 선물이라 하신다. 따라서 듣고 수용하지 않는 자는 그가 들은 것까지도 잃어버리게 될 것이지만 듣고 수용하는 청자에게는 그 비밀에 대한 깨달음이 더욱 더 풍성해질 것이다. 이런 점에서 하나님 나라 비유에는 도전과 심판이 동시에 내포되어 있다.

제24장
씨 비유들과 결론
마가복음 4:26-34

현 단락에 등장하는 두 종류의 씨 비유(26-29, 30-32절)는 4장의 다섯 비유의 마지막으로서 결론적 성격을 가진다. 또한 두 비유 후 주신 33-34절은 4:1-34 전체의 결론적 말씀으로 예수님의 가르침이 비유로 주어졌다는 사실을 강조하는데, 이런 결론은 4:1-2과 주제적으로 수미상관을 이룬다:

> … 그는 비유로 많은 것들을 그들에게 가르치고 있었다. …(1-2절).
>
> … 그는 이처럼 많은 비유들로 그들이 들을 수 있는 만큼 그들에게 말씀을 하셨다. 그는 비유 말고는 말씀하지 않으셨다(33-34절).

마지막 두 비유는 저절로 자라는 씨 비유(26-29절)와 겨자씨 비유(30-32절)로 그 둘 사이에는 몇몇 유사성이 있다. 먼저, 두 비유 모두 주제가 "하나님 나라"(26, 30절)임을 언어적으로 명시하고 있으며, 내용적으로도 파종(26, 31절)과 성장(28절, 32절 전반부), 그리고 결실(29절, 32절 후반부)로 이어지는 이야기 방식(plot)을 취한다. 또한 구약으로부터 인용된 말씀(29, 32절)으로 각 비유가 끝을 맺는다는 점에서도 유사성을 보인다.

끝으로 두 비유 모두 씨가 만들어 낸 최종적 모습과 이전 단계의 모습이 대조되는 형식을 취한다. 첫째 비유가 그리는 풍성한 추수는 그 출발점에서 농부의 무지와 대조를 이루며, 둘째 비유에서는 시작할 때 씨의 가장 작은 크기는 다른 어떤 것보다 더 큰 결실 때의 모습과 비교된다.

26 그리고 그가 말씀하셨다. "하나님의 나라는 이와 같은 것입니다. 어
떤 사람이 땅에 씨를 뿌립니다. 그리고 밤낮 자고 일어납니다. **27** 그러는
동안 그 씨가 싹이 터서 자라는데, 그 사람 자신은 과정을 알지 못합니다.
28 저절로 땅이 열매를 맺되 처음에는 싹이요 다음에는 이삭이요 다음에
는 이삭에 풍성한 곡식 알갱이입니다. **29** 그리고 열매가 익으면 그는 곧 낫
을 보냅니다. 추수 때가 되었기 때문입니다."

30 그리고 그가 말씀하셨다. "우리가 하나님 나라를 무엇과 비기며 어
떤 비유로 그것을 묘사할까요? **31** 그것은 겨자씨와 같아서 땅 위에 뿌려질
땐 땅 위의 모든 씨들보다 가장 작습니다. **32** 그러나 뿌려지면 그것은 싹이
나서 모든 식물보다 더 크게 되고 또 큰 가지를 만들어 공중의 새들이 그
그늘 아래에 깃들일 수 있게 됩니다."

33 그리고 그는 이처럼 많은 비유들로 그들이 들을 수 있을만큼 그들
에게 말씀을 하셨다. **34** 그는 비유 말고는 말씀하지 않으셨다. 그리고 자기
의 제자들에게는 따로 모든 것을 풀어 주셨다.

주해

저절로 자라는 씨 비유(26-29절)[1] 현 비유는 하나님 나라가 어떠한지를

1. 26-29절에 대한 주해의 상당 부분은 저자의 논문(박윤만, 2015: 97-100)에서 온 것

보여 주는 데에 그 목적이 있음을 밝힘으로 시작한다(26절). 씨가 파종과 성장을 거친 후 마지막 추수로 들어가는 것처럼 하나님 나라도 그 유사한 과정을 겪는다. 앞선 네 종류의 땅에 떨어진 씨 비유에서처럼 씨가 말씀이라는 단순 비유는 현 비유에서는 더 이상 나타나지 않는다. 오히려 씨의 전 성장 과정을 통해 하나님 나라의 진행 과정이 어떠한지를 보여준다. 이런 요지는 농부의 무지(27절)와 씨의 자생력(28절)이라는 두 대조적 모습을 통해 강화된다. 씨를 품은 땅이 열매를 맺어 가는 모습은 신약성경 중 이곳에서 단 한 차례만 나오는 단어(αὐτομάτη, "저절로")로 서술된다. '아우또마떼'는 씨를 품은 땅이 가진 자생력을 부각하는 것이 분명하다. 특히 주어가 땅이라는 점("저절로 땅이 열매를 맺되 …", 28절 전반부)은 씨가 땅의 생명력으로 저절로 자란다는 것을 강조하는 것이다. 중요한 것은 땅이 자생력 있다는 것이 무엇을 지시하는가이다. 어떤 학자는 그것이 3-9절의 비유처럼 말씀을 듣고 열매를 맺지만 어떻게 그것이 이뤄지는지 모르는 청자를 가리킨다고 본다(Tolbert, 162). 그러나 현 비유의 요지가 '땅의 조건'에 따라 씨의 성장이 결정된다는 것은 아니다(아래를 보라). 또 다른 학자는 현 비유에서 자생력을 가진 땅은 실제 농사에서와 같이 씨를 내고 열매를 맺는 땅의 역할을 있는 그대로 보여줄 뿐이라 말하면서 다만 '아우또마떼'는 "사람의 노력 없이"를 뜻한다고 보기도 한다(Guelich, 2001: 403). 하지만 비유 서론에서 예수님이 이 비유의 의도를 하나님 나라를 보여 주기 위한 것이라 밝힌 이상, 씨의 성장 과정에서 하나님의 주도권이라는 주제에 대한 추론은 피할 수 없다. 따라서 '아우또마떼'를 통해 강조된 땅의 자생력은 하나님 나라가 하나님의 주권적 이끄심으로 그 완성을 향해 나아간다는 것을 보여 주는 은유인 것이 분명하다

임을 밝혀둔다.

(Jeremias, 1972: 149, 154-56; Cranfield, 167; Hooker, 2000: 97; Marcus, 2000: 328).

현 비유의 신적 주도권에 대한 강조는 하나님 나라를 위해 일하는 사람에 빗댈 수밖에 없는 농부의 기본적 행동을 의도적으로 축소한 서술을 통해 확인된다. 씨가 어떻게 성장해 가는지 농부는 모른다는 지적뿐 아니라 그가 '자고 일어나는' 것 외에는 아무것도 한 것이 없다는 설명은 일반 지식을 근거로 볼 때 과장된 것이다. 이런 과장은 예수님의 비유의 특징으로서(4:4-9 주해를 보라) 땅의 자생력(αὐτομάτη)을 상대적으로 더욱 현저하게 만드는 수사적 효과를 가져온다. 그러므로 이 비유는 하나님 나라의 완성(추수)은 하나님의 주도로 진행되는 것이기에 인간이 자의적으로 앞당길 수 있는 것이 아님을 드러낸다.

비유의 이런 요지는 '역사의 예수'의 전망에서 분명한 의미를 가진다. 예수님이 탄생한 후 얼마 되지 않아 주후 4세기 헤롯 대왕이 죽고 난 후 팔레스타인에서는 로마와 헤롯 왕가에 대한 여러 폭력적 저항 운동이 있었고, 비록 주후 66년에 시작된 유대 전쟁이 발발하기 30년 전이었지만 예수님의 공생애 전후에도 폭력적 저항을 통해 종말(곧 이스라엘 역사의 절정)을 앞당기려는 정서가 무르익고 있었다(참고. 행 5:36).[2] 하지만 예수님은 폭력을 분명히 반대하셨기 때문에(참조. 마 5:39, 44; 26:52; 눅 13:1-3; 19:41-44) 현 비유는 인간의 자의적인 노력으로 하나님 나라의 완성을 앞당기려는 메시아들의 운동 방식을 그의 제자들이 따라가지 말도록 경고하는 의미 역시 있다(참고. Hooker, 2000: 97).

추수 때에 "그가 낫을 보냅니다"(ἀποστέλλει τὸ δρέπανον, 29절)라는 말은 낫이 추수꾼에 대한 환유이기에 '추수꾼을 보낸다'로 재번역될 수

2. 1:1-3; 13:21-23 주해를 보라.

있다. 현 맥락에서 낫(추수꾼)은 제자들이라 해석하는 것이 불가능하지는 않다. 하지만 낫(추수꾼)을 보내는 주체는 누구일까? 동사 '아포스뗄레이'(ἀποστέλλει)의 주어가 누군지는 명시되지 않았지만, 비유가 하나님 나라(주권)에 관한 것임을 고려(26절)할 때 추수꾼을 보내는 주체는 하나님이라는 것을 어렵지 않게 추론할 수 있다. 제자들의 추수 참여는 하나님의 주권적인 사역의 결과라는 사실을 다시 한번 더 강조한다:

> 그가 낫을 보냅니다. 이는 추수 때가 되었기 때문입니다.
>
> ἀποστέλλει τὸ δρέπανον, ὅτι παρέστηκεν ὁ θερισμός (29절)

위 구절은 칠십인경 요엘 3:13을 연상시킨다:

> 너희는 낫을 보내라. 이는 추수 때가 되었기 때문이다.
>
> ἐξαποστείλατε δρέπανα ὅτι παρέστηκεν τρύγητος

"추수 때"(τρύγητος)를 제외하고는 요엘 3:13은 예수님의 언설과 문자적 일치를 이룬다. 이런 일치는 예수님이 본 비유의 결론을 위해 요엘 본문을 인용하고 계심을 보여 주는 증거이다. 그렇다면 예수님은 어떤 의도로 요엘을 인용하신 것일까? 요엘 3:13의 맥락을 보자:

> 민족들은 일어나서 여호사밧 골짜기로 올라올지어다 내가 거기에 앉아서 사면의 민족들을 다 심판하리로다 너희는 낫을 쓰라[ἐξαποστείλατε δρέπανα] 곡식이 익었도다 와서 밟을지어다 포도주틀이 가득히 차고 포도주 독이 넘치니 그들의 악이 큼이로다(개역개정 욜 3:12-13).

요엘은 하나님께서 그의 백성을 포로에서 돌이키실 때(3:1) 예루살렘을 압박하는 열방을 심판하실 것을 예언하는 맥락에서 낫(추수) 은유를 사용한다. 반면, 예수님의 비유에서 추수는 하나님의 주권적인 사역의 열매를 드러내는 은유이다. 하나님 나라가 성장했을 때 사람들은 아무런 수고 없이 단지 하나님의 사역의 수혜자로만 추수에 참여할 뿐이라는 것이다. 결과적으로 요엘서의 열방을 향한 하나님의 심판을 드러내는 추수가, 예수님에 의해서는 하나님 나라의 열매 수확에서 하나님의 은혜를 드러내는 추수로 전환된다. 이런 점에서 예수님의 요엘의 비유 사용은 전복적(subversive)이다(박윤만, 2015: 97-101).[3]

겨자씨 비유(30-32절) 두 번째 비유의 소재는 겨자씨로, 첫 번째 비유에서와 마찬가지로 하나님 나라의 현실을 보여 주려는 목적을 가지고 있다고 밝힌다(30절). 겨자씨는 작음의 '대명사'로서(마 17:20; 눅 17:6) 그것의 크기를 말하고자 비교급 중 최상급인 "가장 작았다"(μικρότερον)가 사용된 것은 그러한 의미를 지지한다.[4] 그러나 겨자씨 비유의 요지는 뿌려졌을 때의 "모든 씨들보다 가장 작은" 모습과 마지막 결실 때의 "모든 식물보다 더 큰" 모습 사이의 대조에 있다(Hoppe, 164). 현 비유가 하나님 나라의 비유라는 예수님의 서론적 진술을 근거로 할 때 이런 대조는 하나님의 다스림은 인간의 관점에서 '기대 밖'(unexpected)의 모습으로 진행된다는 것을 말해준다. '시작될 때'의 모습으로는 하나님 나라가 어떤 결과를 가져올지 아무도 예상할 수 없는데, 하나님의 다스림은 인간의 예상

3. 칠톤(Bruce Chilton)은 예수님은 하나님께서 자신의 존재와 사역 안에 현존하고 계신다는 믿음이 있었기 때문에 구약성경을 자신의 사역의 경험을 근거로 '변혁적'으로 사용하실 수 있었다고 주장한다(Chilton, 185).

4. 헬라어 비교급이 최상급의 의미로 사용되는 용례를 위해서는 Porter, 1994: 122-23 참고.

안에 갇힌 것이 아니라 그것을 뛰어넘거나 그것을 전복하는 성격을 가지고 있기 때문이다.

비유의 놀라움은 겨자씨의 최종적 성장 모습을 그리는 32절에서 절정에 달한다. "공중의 새들"(τὰ πετεινὰ τοῦ οὐρανοῦ)이 "큰 가지"(κλάδους μεγάλους)의 "그 그늘 아래"(ὑπὸ τὴν σκιὰν αὐτοῦ)에서 쉼을 누리는 이미지는 구약성경 여러 곳에서 등장하지만(겔 17: 23; 31:3-9; 시 104:12), 다니엘 4:12의 언어가 에코된 것이 분명해 보인다:

> 그 가지는[οἱ κλάδοι αὐτοῦ] … 들짐승이 그 그늘에 있으며[ὑποκάτω αὐτοῦ ἐσκίαζον] 공중의 새들은[τᾶ πετεινὰ τοῦ οὐρανοῦ] 그 가지에 깃들이고(칠십인경 단 4:12).

위에서 관측할 수 있듯이 32절과 다니엘서는 이미지 사이의 언어적 병렬과 더불어, 하나님 나라(권세)와 같은 주제적 유사성이 있으며(아래를 보라), 무엇보다 예수님이 다니엘의 인물(7:13, "인자 같은 이")을 자기 칭호로 사용하실 정도로 다니엘서를 잘 알고 계셨다는 사실은 다니엘서의 이미지가 현 본문의 배경이 된다는 주장을 뒷받침한다.

바벨론 제국의 왕 느부갓네살이 꿈에서 본 환상인 큰 나무는 왕 혹은 왕이 다스리는 나라를 가리킨다(22, 26절). 그 나무의 열매를 먹고자 찾아온 들짐승과 공중의 새는 바벨론 제국의 혜택을 받고 있는 열국을 가리킨다(12절). 이후 그 나무는 베임을 당하여(14절) "지극히 높으신 이가 사람의 나라를 다스리시며 자기의 뜻대로 그것을 누구에게든지 주시는 줄을" 바벨론 왕으로 깨닫게 한다(25, 26, 32절). 놀라운 것은 예수님이 이방 왕을 상징하는 다니엘의 비유를 자신을 가리키고자 사용한다는 것이다. 다니엘에 따르면 느부갓네살 왕을 상징하는 "큰 나무"(4:11)의 "그늘"에 유대인들 역시 '혜택'을 받고 있었지만 이스라엘의 메시아인 예수님은 역으로 자기를 통해 세워질 하나님 나라의 "그늘"에 많은 민족들(단 4:12; 겔 31:6)이 쉼과 혜택을 누리게 될 것을 알려주신다. 하나님 나라의 그러한 결실은 예수님의 이전 사역을 통해 부분적으로 성취되었고(3:7-8; 4:1) 또 앞으로의 사역을 통해서도 성취될 것이지만(6:35-44; 8:1-10; 10:45), 이는 무엇보다 교회의 시대 혹은 마지막 날에 이뤄질 최종적인 모습을 내다본 비유라 할 수 있다.

비유적 가르침의 결론(33-34절) 본 단락은 4:1에서 시작된 비유 담화 전체의 결론으로 보는 것이 자연스럽다. 결론에서 마가는 예수님의 두 청자를 언급하고 있는데 33절과 34절 전반부의 청자는 3인칭 대명사인 "그들에게"(ἀυτοῖς)로 문법화된 반면, 34절 후반부에 서는 "제자들"(μαθηταῖς)로 명시된다. "그들"은 제자들과 구분된 인물로 4장 첫 비유의 청자로 참여했던 무리로 보는 것이 자연스럽다(Jeremias, 1972: 41). 그들에게는 비유만을 주셨으나 제자들에게는 비유 해석까지 덧붙여 주셨다는 결론은, 무리들에게는 네 종류의 땅에 떨어진 씨 비유(3-9절)를 제자들에게는 그 비유의 해석(13-20절)을 주신 앞 단락과 잘 조화된다.

예수님은 첫 비유와 그 해석에 나온 씨를 환기하는 '로고스'(33절)를 무리들에게 비유로 가르치신다. 무엇보다 예수님은 그들이 "들을 수 있을 만큼"(καθὼς ἠδύναντο ἀκούειν) 가르치셨다. 이는 예수님은 비유적 가르침을 그들의 이해력에 준해서 주셨고, 그들이 받아들일 수 없는 '로고스'는 차후로 미루어 놓으셨다는 의미를 함축한다(Calvin, 공관복음 2권 525-26; Cranfield, 171). 이런 점에서 무리를 향한 예수님의 비유적 가르침은 그들이 그의 '로고스'를 듣고 더 깊은 단계의 깨달음을 얻도록 나오게 하는 일종의 도전적 방식이었다.

무리 혹은 외부인에게는 "비유 말고는 말씀하지 않으셨다"(34절 전반부)는 것은 상당한 당혹감을 일으킨다. 무리와 외부인과의 대화에서 비유적 가르침이 자주 등장하는 것이 사실이지만(2:17, 19-22, 25-26; 4:3-9; 3:23-27; 7:15-16; 12:1-11) 비유 외에 다른 가르침 또한 주셨다는 것은 자명하기 때문이다(2:8-10, 27-28; 3:4, 28-29; 7:8-13 등). 세 가지 해결 방안이 있다. 첫째, 그 말을 4:1-32의 맥락에 한정하는 것이다. 예수님은 무리에게는 비유로만 가르치셨고(3-9절) 제자들과 "그 주위에 있는 자들"에게는 해석을 더불어 주셨기 때문이다(13-19절; Gnilka, 1권 244). 둘째, 그것을 마가가 자주 사용한 과장법(1:5, 45; 9:12)으로 보는 것이다. 과장된 어조는 무리와 외부인을 가르칠 때 비유를 사용하셨다는 점을 부각시키는 효과를 만드는 데에 있다. 셋째, 두 번째 설명과 관련 있다. '빠라볼레'(παραβολή)는 '수수께끼'라는 의미 역시 있다는 것을 기억할 때[5] 무리에게는 비유로만 말씀하셨다는 말은 그들에게는 제자들에게 준 해석적 가르침은 없이 다만 이해와 오해의 가능성이 공존하는 수수께끼와 같은 이야기'로만 가르치셨다는 말로 이해할 수 있다(Cranfield, 172). 첫째 해결 방안이 맥락상 가장 자연스러운 것처럼 보인다.

외부인에게와는 달리 "자기의"(ἰδίοις) 제자들에게는 "따로[κατ' ἰδίαν] 모든 것을 풀어 주셨다"(34절 후반부). 제자들을 수식하는 "자신의"와 해석을 주시는 행위의 성격을 서술하는 "따로"는 제자들에게 준 해석적 가르침이 예수님과의 친밀하고 인격적인 관계에 기초해서 이뤄진 것임을 알려주는 언어적 표지들이다. 무리와 다른 종류의 가르침을 그의 제자들에게 준 것은 편애가 아니다. 제자들이 예수님을 몸으로 따르고(1:20) 또 함께 머무는(3:14) 이들이었다는 것을 고려하면 예수님이 제자들에게 심층적 가르침을 준 것은 그가 가르친 제자도는 현대인들에게 익숙한 '지적

---

5. 4:2 주해를 보라.

인 동의 후 삶의 자리의 변화'라기보다는 '삶의 자리의 변화 후 지적인 깨달음'이었다는 것을 알려준다. 결론적으로 말한다면, 예수님 그 자신이 하나님 나라의 체현자이기에 그를 따르는 자들에게 주어지는 하나님 나라에 대한 깨달음 역시 예수님 곁에 머무르는 삶의 자리 이동(3:14)의 결과라는 것이다.

요약과 해설

현 단락은 하나님 나라의 현실을 보다 더 직접적으로 설명해 주는 한 쌍의 비유(26-29절, 30-32절)와 4장의 비유적 가르침에 대한 결론(33-34절)으로 구성되어 있다. 저절로 자라는 씨 비유의 주된 관심은 하나님의 주권이며, 겨자씨 비유는 인간의 예상을 뛰어넘어 성장하는 하나님 나라의 능력을 드러낸다. 하나님의 주권과 능력에 대한 강조는 각 비유의 마지막에 직간접적으로 인용된 구약 본문 사용에서 그 절정에 달한다. 저절로 자라는 씨 비유에서 예수님은 하나님의 심판을 알리는 요엘서 본문(3:12-13)을 가져와 하나님의 주권적인 은혜를 드러내신다. 겨자씨 비유에서 예수님이 사용하고 있는 다니엘서 본문(단 4:11-12, 22)의 '큰 나무'는 유대 민족을 포로로 잡아 그 수중에 넣은 바벨론 제국의 왕 느부갓네살을 가리키는 상징이다. 하지만 예수님은 이방 왕과 그 제국을 가리키는 상징을 통해 이스라엘의 메시아인 자기를 통해 세워질 하나님 나라와 그 "그늘"(32절)에 많은 민족들이 쉼과 혜택을 누리게 될 것을 말씀하신다.

4장에 등장하고 있는 다섯 개 비유의 주제적 흐름은 주목할 만하다. 앞서 등장한 네 종류의 땅에 뿌려진 씨 비유는 청자의 다양한 반응과 생명력 있는 말씀에 초점을 맞추었고, 등불과 측정 비유는 하나님의 드러내심과 그에 따른 인간의 주의 깊은 반응을 요구하였다. 그리고 마지막 두 비유는 하나님의 주권과 능력에 강조를 두고 있다. 마지막 두 비유의 하나님의 주권적 능력에 대한 강조는 앞선 비유들이 말하는 바와 같이 인간의 반응에 따라 하나님 나라 말씀이 시들어 버릴 수도 있다는 불안을 분명하게 씻어 주는 역할을 한다. 하나님 나라는 인간의 자의적인 노력이 아닌, 그리고 인간의 예상과는 달리 신적인 주권 가운데 진행되는 것임을 보여 주기 때문이다.

제25장
첫 번째 배 여행: 풍랑 속의 예수님과 제자
마가복음 4:35-41

본 단락은 4:1-8:26 사이에 등장하는 세 개의 배 여행 중 첫 번째 여행에 관한 이야기다. 각 여행 단락이 다 다른 맥락을 가지고 있고 첫 번째 여행은 하나님 나라의 비유를 마친 직후에 이뤄진다. 현 단락을 앞선 하나님 나라의 비유의 전망에서 이해하도록 했다는 마가의 의도를 보여 주는 언어적 표지가 있는데, "그 날"(35절)은 현 사건이 비유가 주어진 그 날에 일어났음을 말하고, "바다"(1, 41절)와 "배"(1, 36절)는 비유 담화와 동일한 공간적 배경으로 첫 번째 배 여행이 진행되고 있음을 알려준다. 비유에 등장했던 "무리"가 현 단락에서 다시 언급(1, 36절)된다는 것 또한 현 단락이 이전 단락의 연속선상에서 진행된다는 주장에 힘을 실어 준다.

첫 번째 배 여행에는 여러 시편의 언어와 주제(시 65:7; 89:9; 104:7; 107:25-29)가 에코되고 있다(아래를 보라). 양식비평적 전통에 서 있는 나인헴(D. E. Nineham)은 이런 유사성을 근거로 현 이야기는 초기 교회가 시편을 기초로 창작한 양식이라고 주장한다(Nineham, 146; 참조. Collins [a], 258). 반면, 크랜필드는 파도를 잔잔케 하시는 예수님에 대한 서술은 시편에 따라 만들어진 것이 아니라 베드로의 기억으로부터 나온 것이라 주장한다(Cranfield, 172). 베드로를 비롯한 열두 제자가 그 현장에 있었다는 것이 의심될 이유가 없고 사건 자체도 제자들의 시각에서 서술되기 때문에(Bauckham, 2006: 164) 크랜필드의 주장은[1] 분명 근거가 있다. 그러나 시편의 영향과 목격자의 진술을 양자택일로 보는 그의 입장을 따를 필요는 없다. 예수님이 폭풍우를 잠잠케 하는 사건은 역사적 사실이지만 그 사건의 의미 이해는 시편의 신 현현 본문의 언어적 도움으로 이뤄졌다고 볼 수 있기 때문이다(Bauckham, 2006: 503). 특히 마가가 베드로를 비롯한 다른 제자들의 목격자적 진술을 들었을 때 그 사건이 함의하고 있는 바를 구약의 신 현현 시편들의 언어를 통해 전하려 했다는 주장은 초기 교회의 해석학(행 1:17-20; 2:15-21; 4:23-28; 고전 1:18-19; 2:8-9 등)과 조화될 수 있다.[2]

한편, 현 단락에 등장하고 있는 생생한 표현("파도가 배를 덮쳐 … 배에 가득차 오르고", 37절; "고물에서 베개를 베고 주무시고", 38절)과 격정적인 언어("죽게 된 것을 돌보지 않으십니까", 38절 후반부; "잠잠하고 입 다물어라", 39절)는 현 이야기가 사건 현장에서 죽음의 두려움을 체험한 목격자의 경험으로부터 온 것임을 증명한다는 지적은 옳다(Taylor, 1966: 272; Cranfield, 172).[3] 그럼에도 마가의 문체적 특징에 대한 논의를 사건의 역사적 신뢰성을 증명하는 차원에만 제한시킬 필요는 없는데, 그

1. 마가복음의 역사적 신뢰성은 본 주석의 서론을 보라.
2. 반대의 인지도 가능하다. 대부분 유대인이었던 제자들과 목격자들이 예수님의 부활 전이나 후에 '역사의 예수'의 행적을 이해할 수 있었던 것은 유대적 세계관과 구약이라는 빛의 도움 때문이었다. 물론 구약을 잘 알고 있었던 모든 사람이 예수님의 신분과 그의 행적을 바르게 이해했던 것은 아니라는 점은 이런 주장의 약점이기도 하다.
3. 물론 이 말이 생생한 표현이 없는 기록은 목격자 증언이 아니라는 뜻은 아니다. 자연 기적이라는 현 사건의 특성상 생생한 표현이 목격자의 기억에 더욱 뚜렷하게 남아 현 본문에 표현되었다고 보아야 한다.

러한 생생한 표현 방식은 구술-청각적 문화에서 청자를 이야기에 적극적으로 참여시키는 의사소통 방식의 하나이기 때문이다(Park, 78-79; Ong, 43-45, Havelock, 180-89). 문체에 대한 이런 다른 두 접근은 조화가 불가능한 것이 아니다. 마가는 현장에 있었던 목격자의 증언을 현 본문에 담아 복음서를 듣는 청자 역시 이 사건에 적극적으로 참여토록 한다고 볼 수 있기 때문이다(Bauckham, 2006: 504).

본 사건은 배경(35-36절)과 사건(37-39절), 그리고 평가(40-41절)로 진행된다.

> **35** 그리고 그 날 저녁이 되자 그가 그들에게 말씀하셨다. “맞은편으로
> 건너갑시다.” **36** 그러자 그들이 그 무리를 남겨둔 채 그 배에 계신 그대로
> 그를 모시고 갔다. 그리고 다른 배들이 그와 함께 있었다. **37** 그때 큰 돌풍
> 이 일어났다. 그리고 파도가 배를 덮쳐 이미 배에 가득 차오르고 있다. **38**
> 그러나 그 자신은 고물에서 베개를 베고 주무시고 계신다. 그러자 그들이
> 그를 일으킨다. 그리고 그에게 말한다. “선생님. 우리가 죽게 된 것을 돌보
> 지 않으십니까?” **39** 그러자 그가 일어난 후 바람을 꾸짖으셨다. 그리고 바
> 다에게 말씀하셨다. “잠잠하고 입 다물어라.” 그러자 바람이 잔잔해지고 큰
> 고요가 찾아왔다. **40** 그런 후 그가 그들에게 말씀하셨다. “왜 두려워하시
> 오? 아직도 믿음이 없소?” **41** 그러나 그들은 큰 두려움으로 두려워했다. 그
> 리고 서로에게 말했다. “도대체 이 사람은 누구이기에 바람과 바다조차도
> 그에게 순종하고 있는가?”

주해

배경(35-36절) 단수로 발화된 “그 날[ἐν ἐκείνῃ τῇ ἡμέρᾳ] 저녁”은, 본 사건의 시간적 배경이 비유 담화가 주어진 날과 같음을 알려준다. 배 여행은 “맞은편으로 건너”가자는 예수님의 제안으로 시작된다. 도착 지역은 애매하게 “맞은편”(τὸ πέραν)으로 지시되었고 이동 동사는 문자적으로 ‘통과하다’의 뜻을 가진 ‘디에르코마이’(διέρχομαι)가 사용되었다. 이는 예수님이 뚜렷한 목적지를 염두에 두셨다기보다는 바다 여행 과정 자체에 더 많은 관심이 있었다는 것을 알려준다. 예수님의 배 여행 제안을 듣고 제자들은 무리를 보낸 후 “배에 계신 그대로” 예수님을 모시고 배 여행을 시작한다(36절). 배 여행에 무리를 배제시킴(“그들이 그 무리를 남겨 둔 채”, 35절)으로 마련된 사적 공간과 시간은 이전 담화에서 예수님이 제자들에게 하나님 나라의 비밀(10절, “홀로 계실 때”)과 비유의 더 깊은 뜻(34절, “따로”)을 알려주셨던 것과 같은 내밀한 시간이다. 특히 특정 목적지도 없는 배 여행을 “저녁” 때에 제안하신 것은 매우 이례적이다. 이런 종류의 배 여행은 풍랑 이는 바다 한복판에서 제자들이 이전에 귀로만 들었던 하나님 나라의 비밀을 ‘온 몸으로’ 경험하고 깨닫도록 하기 위한 예수님의 계획이었다는 설명을 통해서만 이해 가능하다.

제자들이 예수님을 “배에 계신 그대로 … 모시고 갔다[παραλαμβάνουσιν]”는 표현은 앞서 주어진 네 종류의 땅에 떨어진 씨 비유를 기억할 때 ‘씨앗을 품은 땅’ 혹은 ‘말씀을 품은(λαμβάνουσιν, 4:16) 사람’을 상징한다. 이런 상징적 해석의 정당성은 서언에서 설명한 것처럼 현 단락을 비유 담화와 연결하여 이해하도록 이끄는 언어적 표지를 통해 확인된다.

사건(37-39절)[4] 예수님의 일행이 탄 배는 밤중에 바다 한복판에서 큰 광풍을 만난다. 구약성경에서 큰물은 생명의 원천(창 49:25; 신 8:7)으로 여겨지기도 하지만 많은 경우 흑암과 함께 혼돈을 상징한다(참고. 시 77:16-18; 139:11).[5] 배는 실제로 또 상징적으로 혼돈 한복판에서 조난을 당한 것이다. 그 배는 앞선 비유 담화에서 땅에 뿌려지던 씨 곧 '로고스'(4:1, 14)가 선포되던 원천이었고, 무엇보다 하나님 나라 선포자 예수님이 계신 곳이다. 그런데도 그 배는 한밤중에 폭풍 이는 바다에서 폭풍을 만난다. 이 광경은 앞선 비유에서 씨가 만난 여러 척박한 땅과 그로 인해 일어난 위기를 떠올리게 한다. 위기에 노출된 씨를 떠올리게 하는 배의 운명은 어떻게 될까? 그것의 운명은 예수님에게 달려 있다. 배에는 광풍과 물결이 밀어 닥치고(37절) 있었지만 하나님 나라 선포자 예수님은 예상 밖의 행동을 하고 계신다. "그 자신은[αὐτὸς] 고물에서 베개를 베고 주무시고 계신다"(38절 전반부). 강조형 인칭대명사 '아우또스'(αὐτὸς, '그 자신')는 주무시고 계시는 예수님을 강조한다(αὐτὸς ἦν ... καθεύδων, '그 자신이 주무시고 계신다').[6] 흔들리는 배와 주무시는 예수님이라는 두 대조적인 묘사는 혼돈스러운 땅에서 '씨' 곧 하나님 나라가 가진 생명력과 안정감을 청자의 기억에 각인시킨다.

요동치는 배에서 제자들은 "그를 일으킨다. 그리고 그에게 말한다"

---

4. 저자는 막 5:35-41에 나오는 신적 기독론에 대해 논문(박윤만, 2017: 45-47)으로 다룬바 있다. 위 내용은 저자의 논문과 상당 부분 일치함을 밝힌다.
5. 또한 4:1 주해를 보라.
6. 이 장면은 요나서 1장과 흥미로운 비교점을 가진다. 요나서에서는 요나가 폭풍우 가운데 배 밑층에 내려가 잠을 잤지만(욘 1:4-5) 마가복음에서는 예수님이 주무신다(38절 전반부). 요나의 이야기에서 깨우는 사람은 이방 선원들이었지만(욘 1:6) 마가복음에서는 제자들이 깨운다(38절). 요나의 이야기에서 폭풍은 요나가 바다에 던져졌을 때 잠잠해졌지만(욘 1:15) 마가복음에서는 예수님의 명령으로 폭풍이 가라앉는다(39절).

(ἐγείρουσιν αὐτὸν καὶ λέγουσιν αὐτῷ, 38절 중반부). "일으킨다"(ἐγεί-ρουσιν)가 분사가 아닌 동사로 발화되어 "말한다" 동사(λέγουσιν)와 병렬 관계에 있다. 신약성경 헬라어에서 한 에피소드의 핵심 사건은 주동사로 발화되는 경향이 있기 때문에(Hoyle, 98-99) 동사 + 동사 구문은 한 사건에서 행하고 있는 동작 하나 하나의 의미에 강조를 두려는 구문이다.[7] 마가는 제자들이 예수님을 '일으키는' 행위와 그에게 '말하는' 행위를 구분해서 발화하고 있는 것이다. 두 동사 모두가 목적어(αὐτὸν, "그를"; αὐτῷ, "그에게")를 따로 가진다는 것 역시 제자들의 각 행동이 예수님을 향해 이뤄졌다는 것을 부각시킨다. 제자들은 주무시는 예수님을 먼저 "일으켰고", 그 후 그에게 "말했다." 이처럼 마가는 위기 가운데 처한 제자들이 보인 반응 하나 하나에 현저성을 부여한다.

제자들의 행동과 말은 칠십인경 시편 43:24(개역개정 44:23)을 떠올려 준다:

> 주여 깨소서[ἐξεγέρθητι]
> 어찌하여 주무시나이까.
> 일어나시고 우리를 영원히 버리지 마소서.
> 어찌하여 주의 얼굴을 가리시고
> 우리의 고난과 우리의 압제를 잊으시나이까

시편 43편에서 백성들은 하나님을 잠에서 깨우며(ἐξεγέρθητι) 고난과 압제로부터의 구원을 위해 탄원한다. 마가복음에서 제자들은 주무시는 예수님을 깨우며(ἐγείρουσιν) "선생님, 우리가 죽게 된 것을 돌보지 않으

---

7. 신약성경 헬라어 분사 + 주동사 구문에서 분사는 주동사에 개념적으로 의존적인 동작이나 사건을 발화할 때 사용된다(Park, 233-34).

십니까?"(38절)라고 외친다. 이런 단어적 유사성에도 불구하고 제자들의 어조가 구원을 위한 탄원의 어조를 가진 시편 43:24과는 달리 주무시는 예수님을 향한 불평과 나무람을 드러낸다고 봐야하는데, 이는 제자들의 질문이 그가 무엇인가를 '하시지 않고 있다'(οὐ μέλει σοι, '당신은 우리를 돌보지 않는다')는 부정적인 측면을 드러내고 있기 때문이다. 제자들의 반응은 흔들리는 배의 모습을 닮았다.

일어나신 예수님은 바람을 "꾸짖고"(ἐπετίμησεν) 바다를 향해 "잠잠하고 입 다물어라[πεφίμωσο]" 하신다(39절). 사나워진 자연을 향한 예수님의 태도는 가버나움 회당에 있던 더러운 영에게 보인 반응("'입 다물어라'[φιμώθητι] 하고 말씀하시며 꾸짖으셨다[ἐπετίμησεν]", 1:25)과 동일하다(Stein, 243; Gnilka, 1권 250). 한 사람을 고통과 왜곡으로 이끄는 악한 존재를 꾸짖고 몰아내시어 그로부터 한 사람을 자유케 하셨던 예수님은 지금은 제자들의 생명을 위협하는 거센 돌풍과 파도를 꾸짖어 잠잠케 하심으로 생명을 구원하신다. 자연을 향한 의인화된 표현은 예수님이 돌풍이나 파도 역시 악한 영으로 이해하셨다(김선욱, 2014: 384-88; Gnilka, 1권 250)는 의미보다 자연 역시 '순종'할 수밖에 없는 예수님의 권위(41절 후반부)를 드러내고자 한 표현으로 보는 것이 자연스럽다.

사실 자연 기적은 1세기 말 혹은 2세기 초에 살았던 유대 랍비들에 의해서도 행해졌다는 기록이 있다. 가뭄 때에 비가 오도록 기도하여 기갈을 해결한 엘리에젤(Eliezer)과 아킵바(Aqiba)와 같은 랍비들이 대표적이다.[8] 하지만 예수님은 당시 랍비들과는 달리 어떠한 기도도 없이 자연에게 직접 명령("바다에게 말씀하셨다 '잠잠하고 입 다물어라'", 39절)하셨다. 바

8. 바벨론 탈무드 타안 24a-25b. 유사한 자료들과 1-2세기 유대 사회에 있었던 기적에 대해서는 Evans, 2001: 241-43 참고.

다와 바람을 향해 명령할 수 있는 권위는 어떤 종류의 권위인가? 칠십인경 시편 103:7(개역개정 104:7)은 태초에 물이 땅을 덮고 있을 때 하나님께서 물을 꾸짖어(ἐπιτιμήσεώς σου, '당신의 꾸지람으로') 그것이 땅에서 물러가게 하셨다고 말하며, 시편 105:9(개역개정 106:9)은 하나님은 홍해를 "꾸짖어"(ἐπετίμησεν) 물이 마르게 하셨다고 기록한다. 하나님은 바다에게 명령하실 수 있는 분일 뿐만 아니라 풍랑을 잠잠케 하는 분으로 묘사된다. 개역개정 시편 65:7은 하나님을 "바다의 설렘과 물결의 흔들림"을 진정시키는 분으로, 개역개정 시편 89:9은 "바다의 파도를 다스리시며 파도가 일어날 때에 잔잔하게" 하실 수 있는 분으로 노래한다. 이런 주제는 개역개정 시편 107:23-30에 역시 나온다:

> 배들을 바다에 띄우며 큰물에서 일을 하는 자는 여호와께서 행하신 일들과 그의 기이한 일들을 깊은 바다에서 보나니 여호와께서 명령 하신즉 광풍이 일어나 바다 물결을 일으키는도다 그들이 하늘로 솟구쳤다가 깊은 곳으로 내려가나니 그 위험 때문에 그들의 영혼이 녹는도다 그들이 이리저리 구르며 취한 자같이 비틀거리니 그들의 모든 지각이 혼돈 속에 빠지는도다 이에 그들이 **그들의 고통 때문에 여호와께 부르짖으며** 그가 그들의 고통에서 그들을 인도하여 내시고 **광풍을 고요하게 하사 물결도 잔잔하게 하시는도다** 그들이 평온함으로 말미암아 기뻐하는 중에 여호와께서 그들이 바라는 항구로 인도하시는도다[고딕체는 저자의 것].

하나님을 하늘과 땅, 그리고 바다를 창조하신 분으로 믿고 있었던 유대 일신론적 세계관을 배경으로 본다면 바다를 꾸짖어 잠잠케 하시는 예수님의 권위는 창조주 하나님의 권위라고 말할 수밖에 없다(Hays, 2016: 66-69). 이런 점에서 현 에피소드의 주제가 "신 현현"이라는 디벨리우스

(Martin Dibelius)의 관찰(94)은 본문의 함의를 적절히 이해한 결과로 볼 수 있겠다.[9]

이와 함께 마가복음 전체에 흐르고 있는 새 출애굽 주제 역시 현 사건에 암시된다. 앞서 언급된 것처럼 풍랑과 거센 바람으로 배를 위협하는 바다를 의인화한 예수님의 꾸지람("잠잠하고 입 다물어라", 39절 전반부)과 이에 잠잠해진 바다의 순종적 반응("그러자 바람이 잔잔해지고 큰 고요가 찾아왔다", 39절 후반부)은 출애굽 당시 있었던 홍해 사건을 떠올려 주는 시편 77:16-20을 암시한다: "물들이 주를 보았나이다 물들이 주를 보고 두려워하며 깊음도 진동하였고 … 주의 길이 바다에 있었고 … 주의 백성을 양떼 같이 모세와 아론의 손으로 인도 하셨나이다"(참고. "바다가 보고 도망하며 요단은 물러갔으니", 시 124:3; 김선욱, 2014: 372-74). 이사야는 새 출애굽을 일으킬 하나님을 첫 출애굽 때 바다를 꾸짖고(사 50:2) 그 가운데 길을 내신(사 43:16-17; 51:9-10) 분으로 기억한다.[10]

그렇다면 예수님의 반응은 세 가지 의미를 가진다. 첫째, 앞서 악한 영의 괴롭힘과 질병에서 사람을 자유롭게 하신(1:23-29, 29-31, 33-34, 39, 40-45; 2:1-12; 3:1-6, 10) 예수님이 이제는 신적 권위로 그의 제자들을 자연의 위협으로부터 건져 주신다. 둘째, 예수님은 혼돈 가운데 있는 자연을 종말론적으로 회복하는 새 창조주로[11] 그려진다. 셋째, 바다를 꾸짖고 잠

9. 그러나 디벨리우스는 막 4:35-41이 초기 교회의 교사들에 의해 창작되었다는 주장(Dibelius, 71-72)을 하는데, 양식비평가들의 이런 주장에 대한 비판을 위해서는 Bauckham, 2006: 239-57 참고.

10. 막 4:45-52가 시편 77:19; 사 43:16; 51:9-10과 연관성을 가진다는 주장의 약점은 마가복음의 이야기에는 예수님과 제자들이 배를 타고 바다를 건너는 반면 구약 본문에서 하나님은 그의 백성을 마른 땅을 걸어가게 하셨다는 점이다(Hays, 2016: 71). 그럼에도 마가복음과 구약 본문의 주제적 유사성은 혼돈의 바다에도 불구하고 '길'을 찾아 통과한다는 점이다.

11. 1:12-13 주해를 보라.

잠케 하신 예수님은 첫 출애굽 때 바다를 꾸짖고 그 가운데 길을 내신 하나님을 떠올려 준다는 점에서 그가 바로 새 출애굽을 이끄시는 하나님이심을 암시하고 있다(김선욱, 2014: 389).

평가(40-41절) 바다를 꾸짖고 잠잠케 하신 후 예수님은 제자들에게 두 수사적 질문을 하신다. "왜 두려워하시오? 아직도 믿음이 없소?"(40절). 병렬 관계에 있는 '두려움'과 '믿음 없음'은 제자들의 두려움이 믿음 없음에서 비롯되었다는 예수님의 판단을 보여준다. 사실 믿음은 마가복음 전체에서 예수님을 따르는 자에게 요구된 원형적 태도(참고. 1:15, 17, 20; 3:14; 9:23; 11:23)였다. 예수님이 이런 태도를 제자들에게 요구한다는 것은 이미 알고 있는 지식을 환기하는 수사적 질문을[12] 한 사실을 통해서도 확인된다. 혼돈 한복판에서 예수님이 제자들에게 요구한 것은 '두려움이 없는 믿음'이었고, 구체적으로 그 믿음은 예수님이 하나님의 권위로 혼돈을 질서로, 돌풍을 잠잠함으로 바꾸실 수 있는 분임을 받아들이는 것이다. 예수님이 일찌감치 제자들에게 그러한 믿음을 기대하고 계셨다는 것은 "아직도 … 없소"(οὔπω)라는 문구를 통해서도 확인된다. 현 사건은 믿음만이 두려움을 몰아낼 수 있다(Tolbert, 166)는 것을 말한다. 앞선 비유의 메시지와 연결해 본다면, "좋은 땅"과 같은 사람은 믿음으로 두려움을 몰아내고, 예수님을 "모시고(36절) 혼돈 한복판을 '통과'하는 자이다.

창조주 하나님의 능력이 예수님을 통해 실현되고 있는 것을 드러내신 후 "왜 두려워하시오? 아직도 믿음이 없소?"라고 도전하셨지만 제자들은 되레 더 큰 두려움을 가진다:

> 큰 두려움으로 두려워했다.

---

12. 수사적 질문의 기능에 대해서는 1:23-24 주해를 보라.

ἐφοβήθησαν φόβον μέγαν (41절 전반부).

위의 밑줄 친 세 낱말의 끝 문자는 '안'과 '온' 소리로 이어져 일정한 운율을 만든다('-산', '-본', '-간'). 이런 운율은 들려오는 정보에 대한 청자의 기억을 돕는 역할을 한다. 같은 유의 두 동사 '포베오'(φοβέω, '두려워하다')와 '포보스'(φόβος, '두려움')의 반복과 두려움을 수식하는 "큰"(μέγαν)은 제자들의 두려움이 이전 폭풍 때보다 더 커졌다는 것을 말해 준다. 이 시점에서 제자들의 두려움의 대상은 더 이상 폭풍이 아니다. 이미 폭풍은 잠잠해졌고 죽음의 위기는 지나갔기 때문이다. 그들이 가졌던 두려움은 이제 예수님을 향하고 있다. 예수님을 향해 가진 그들의 두려움은 어떤 종류의 것이었을까? '두려움'(φοβέω, ἐξίστημι)은 하나님의 임재와 하나님이 가져온 '놀라운 일'(wonderous works)에 대한 인간의 반응이라는 것은 구약과 유대 문헌에 자주 등장한다(칠십인경 출 18:9; 호 3:5; 미 7:15, 17; 슥 14:13; 에녹1서 1:4-5; 모세의 유언 10:4; 바룩2서 70:2; Dwyer, 49-59).[13] 따라서 현 단락에서 제자들이 보인 그러한 반응은 예수님이 신적 권위로 폭풍을 잠잠케 하셨을 때 일어난 것이기에 "큰 두려움"은 예수 안에서 드러난 신 현현에 따른 그들의 응답이라 볼 수 있다(Gnilka, 1권 252). 하지만 현 문맥에서 제자들의 반응이 그렇게 긍정적인 것은 아니다. 이어지는 질문("이 사람이 누구이기에 …", 41절 후반부)이 보여주는 것처럼 그들은 여전히 예수님이 누구신지 이해하지 못하고 있고, 예수님 역시 그들이 믿음이 없어 두려움에 붙들려 있다고 지적하셨기 때문이다. 이런 맥락을 고려한다면 제자들의 "큰 두려움"은 예수님을 통해 하나님의 종말론적 통치가 실현되고 있음에도 불구하고 제자들은 그것을

13. 2:12 주해를 보라.

온전히 깨닫지 못한다는 것을 드러내는 반응이라 할 수 있다(Witherington, 177; 대조. Guelich, 2001: 443; Stein, 245). 첫 번째 배 여행은 예수님에게는 그의 신분이 계시되는 시간이었지만, 제자들에게는 그들의 몰이해와 믿음의 결핍이 확인되는 시간이었다.

현 단락이 보여 주는 것처럼 구체적인 현장에서 드러난 제자들의 몰이해는 내러티브 흐름상 시사하는 바가 크다. 열두 제자 중 첫째로 거론된 베드로에게 '돌' 곧 '뻬뜨로스'(πέτρος, 3:16)라는 이름을 주셨는데 이런 이름은 단순한 별명 혹은 개명 그 이상의 의미를 가진다. 네 종류의 땅에 떨어진 씨 비유와 그 해석에서 돌밭 곧 '뻬뜨로데스'(πετρώδης, 4:5, 16)의 문제점은 다른 어떤 밭보다 더 상세히 나열된다. 이는 '뻬뜨로스', 베드로를 비롯한 모든 제자들에게 자기 성찰의 기회를 주기 위함이다(비유 해석의 청자가 제자들이라는 점에 주목하라 [4:10, 13]). 이런 점에서 바다 여행은 그들의 실제 상태를 비유가 아닌 현실에서 직면하게 한 시간이었다.[14] 그들은 혼돈의 바다 한복판에서 그들의 두려움과 믿음 없음, 그리고 예수님의 정 체성에 대한 몰이해를 드러내 보였다. 결국 제자들은 '환난과 박해' 앞에서 넘어진 돌밭(4:17)과 염려 앞에서 질식하는 가시밭(19절)에 비유된 인물이라는 것이 증명된 것이다. 그럼에도 제자들의 몰이해를 너무 비관적으로 볼 필요는 없는데, 배 여행은 예수님의 주도("맞은편으로 건너갑시다", 35절)로 시작되었다는 점에서 혼돈의 바다 한복판은 제자들이 예수님을 실제 삶에서 알아가도록 의도된 현장으로 봐야 하기 때문이다. 또한 "도대체 이 사람은 누구이기에 바람과 바다조차도 그에게 순종하고 있는가?"(41절)라는 질문은 예수님이 누군지를 알아가는 첫 여정이 시작되었음을 알려주는 신호이다. 사실 예수님이 그들을(특히 초기 다섯

14. '뻬뜨로데스'와 '뻬뜨로스'라는 헬라어 사용에 관해서는 3:16; 4:5, 16 주해를 보라.

제자) 부르실 때 그들은 그가 어떤 분이신지를 알았기에 따랐다고 추론할 어떤 증거는 없다(1:16-20; 2:13-14). 그들이 처음으로 그가 누군지를 질문했다는 것은 예수님을 알아가는 일은 길 위에 설 때 시작된다는 것을 보여주는 것이다. 이런 여정의 끝이 어두워 보이지 않는 이유는 예수님이 그들을 제자로 부르실 때 그들을 "사람들의 어부"(1:17)로 만드시겠다는 약속이 있기 때문이다.

요약과 해설

비유를 가르치신 날 저녁이 되자 예수님은 "따로 모든 것을 풀어주셨던"(4:34) 제자들을 데리고 배 여행을 시작하신다. 뚜렷한 목적지 없이 "맞은편으로"(35절) 가자는 제안에 따른 배 여행이었기 때문에, 예수님의 관심은 구체적인 목적지에 도달하는 것이라기보다 여행하는 동안 제자들이 가지게 될 경험과 받을 가르침에 있었다. 이후 제자들만 깨어 있었던 배는 돌풍과 파도를 만나 큰 혼돈에 휩싸인다. 제자들은 예수님과 달리 찾아온 돌풍으로 인한 두려움에 붙들려 주무시는 예수님을 깨운다. 일어나신 예수님은 혼돈을 질서로, 폭풍을 고요한 바다로 만드시는 기적을 베푸시는데, 구약성경에서 이런 기적은 창조주이자 구속자인 하나님이 하시는 일로 이해되었다. 따라서 이런 기적은 예수님이 구약에서 여호와로 알려진 하나님의 권위를 가진 분임을 함의한다. 바다를 고요케 한 후 예수님은 그의 제자들에게 수사적 질문을 하시는데, 주어진 두 질문("왜 두려워하시오? 아직도 믿음이 없소?", 40절)은 예수님에 대해 가져야 할 제자들의 원형적 태도, 곧 믿음을 환기하는 데 있다. 두려움 때문에 예수님이 누구신지 잃어버리고 그 결과 믿음을 잃어버린 상황에서 도리어 믿음으로 두려움을 몰아내도록 요청하신 것이다. 풍랑 이는 바다 한복판을 통과하는 배 여행을 통해 예수님은 한편으로 제자들에게 자기가 하나님의 권위로 바다를 잠잠케 할 수 있는 존재임을 알려 주셨고, 다른 한편으로는 그들이 여전히 환난 속에서 예수님에 대한 믿음을 잃어버릴 수 있는 돌밭과 같은 존재임을 깨닫게 해주심으로 "좋은 땅"으로 그들을 개간해 나가는 여정을 이어가신다.

제26장
거라사 광인 치유
마가복음 5:1-20

현 단락은 첫 번째 배 여행과 두 번째 배 여행 사이에 위치한 세 개의 치유 단락(거라사 광인 치유[1-20절], 야이로의 딸 치유[21-24절, 35-43절], 혈루증 앓는 여인 치유[25-34절]) 중 첫 번째이다. 배 여행 직후에 일어난 거라사 광인 치유 이야기는 이스라엘이 출애굽 시 겪었던 사건과 주제적 유사성을 가진다. 이집트를 벗어난 이스라엘은 홍해를 건넜고 그들을 뒤쫓던 이집트 군인들은 바다에 몰살한 것처럼(출 14-15장), 새 출애굽을 실현하고 계신 메시아 예수님과 새 이스라엘을 대표하는 제자들은 풍랑 이는 바다를 무사히 건넜고 스스로 "군대"라 밝힌 귀신은 돼지 떼와 같이 바다에서 몰살한다(Wefald, 15). 주제적 유사성은 예수님이 새 출애굽을 이끄는 분임을 말해준다. 거라사 지역은 열 개의 헬라 도시로 구성된 데가볼리에 속한 도시이다. 마가복음에서 예수님의 첫 이방 지역 방문 이야기인데 그곳이 이방 지역이라는 것은 유대인들이 부정하다고 믿었던 돼지 떼(레 11:7; 신 14:8)가 그곳에 있었다는 사실에 의해 확인된다. 그 첫 사역은 축귀로 시작한다. 이방 지역에서 첫 사역이 축귀라는 점은 유대 지역에서 행하신 첫 공적 사역이 축귀(1:21-28)였다는 점과 상응을 이룬다

(Kelber, 1987: 41; 박노식, 2017: 437-38).

그뿐만 아니라 웨폴더(Eric K. Wefald)가 지적한 것처럼 이방 사역의 첫 출발로서 현 사건은 유대 지역에서 그가 행한 사역과 여러 유사성을 가진다(Wefald, 10-14): 첫째, 마가복음에 총 여섯 번의 축귀(1:21-28; 1:32-34, 39; 3:11-12; 5:1-20; 7:24-30; 9:14-29)가 나오는데, 처음 세 번(1:21-28; 1:32-34, 39; 3:11-12)은 유대 지역에서 나머지 세 번(5:1-20; 7:24-30; 9:14-29)은 이방 지역에서 이뤄지고 현 사건은 이방에서의 첫 번째 축귀이다; 둘째, 이미 언급한 것처럼 유대 지역의 첫 축귀로 예수님이 명성을 얻으신 것(1:28)처럼 이방 지역에서도 첫 축귀로 명성을 얻으신다(5:20); 셋째, 유대 지역에서 예수님은 열두 제자를 세우신 후 축귀의 권세를 주시고(3:15), 이방 지역에서는 축귀를 행하신 후 거라사인을 데가볼리로 '파송'하신다(5:20); 넷째, 제자를 부르는 지역도 유사하다. 유대 지역에서 초기에 다섯 제자를 바다에서 부르신 것처럼(1:16-20; 2:13-14) 그 거라사인을 바닷가에서 파송하신다(5:18-20); 다섯째, 유대 지역에서는 오병이어 급식(6:35-44), 이방 지역에서는 사천 명 급식 기적을 베푸신다(8:1-10, 13-14).

현 단락의 흐름은 조우(1-7절), 축귀(8-13절), 반응(14-20절)으로 전개된다.

> **1** 그리고 그들은 바다 맞은편 거라사인들의 지역에 가셨다. **2** 그리고 그가 배에서 나오시자 곧 더러운 영에 붙들린 한 사람이 무덤에서[1] 나와 그를 대면했다. **3** 그는 무덤[2] 안을 그의 거처로 삼고 있었다. 그리고 그 누구도 어떤 쇠사슬로도 더 이상 그를 결박할 수 없었다. **4** 여러 번 그는 족쇄와

1. 원어는 복수 "무덤들"(τῶν μνημείων)이다.
2. 원어는 복수 "무덤들"(τοῖς μνήμασιν)이다.

쇠사슬로 묶여 있었으나 쇠사슬과 족쇄가 그에 의해 풀려 부셔졌기 때문이
다. 그러므로 아무도 그를 제압할 수 있을 만큼 강하지 못했다. **5** 그리고 밤
낮 계속해서 무덤들과 산에서 소리지 르고 돌로 제 몸에 상처를 내고 있었
다. **6** 그리고 그가 멀리서 예수님을 보자 달려와 그 앞에 엎드렸다. **7** 그리
고 큰 소리를 지르며 말했다. "지극히 높으신 하나님의 아들 예수여 나와
당신이 무슨 상관이 있습 니까? 내가 하나님을 두고 당신께 간청합니다. 나
를 괴롭히지 말아주십시오."

8 이는 그가 그에게 "더러운 영아 그 사람에게서 나가라"고 말씀하셨
기 때문이다. **9** 그리고 그에게 물었다. "네 이름이 무엇이냐?" 그러자 그가
그에게 대답했다. "나의 이름은 군대입니다. 왜냐하면 우리가 많기 때문입
니다." **10** 그리고 그가 자기를 그 마을 밖으로 보내지 말도록 그에게 많이
간청했다. **11** 마침 그곳 산 근처에서 큰 돼지 떼가 풀을 뜯고 있었다. **12** 그
러자 그들이 "우리가 그들에게 들어갈 수 있도록 우리를 그 돼지 떼에 보내
들어가게 해 주십시오"라고 말하며 간청했다. **13** 그러자 그가 그들에게 허
락했다. 그리고 더러운 영이 나간 후 그 돼지들에게 들어갔다. 그러자 한 이
천 마리쯤 되는 그 떼가 비탈 아래쪽 바다로 달려갔다. 그리고 바다에서 질
식하여 죽었다.

14 그러자 그들을 먹이던 사람들이 도시와 촌락에 알렸다. 그리고 사람
들이 무슨 일이 일어났는지를 보고자 온다. **15** 그리고 그들이 예수님께 와
서 귀신 들렸던 자 곧 군대 귀신에 들렸던 자가 옷을 입고 제정신으로 앉아
있는 것을 보며 두려워 했다. **16** 그리고 본 사람들이 그 일이 어떻게 귀신
들렸던 자에게 일어났는지와 돼지들에 관해 그들에게 자세히 설명했다. **17**
그러자 그들은 그가 그들의 지역에서 떠나시도록 간청하기 시작하였다. **18**
그 후 그가 배에 오르셨을 때 귀신 들렸던 자는 그와 함께 있게 해주시도록
그에게 간청했다. **19** 그러나 그는 허락하지 않고 도리어 그에게 말했다.

"그대의 집과 그대의 지역 사람 들에게로 가서 주께서 그대에게 행하셨고 자비를 베푼 일을 전하십시오." **20** 그때 그가 떠나 예수님이 그에게 행하신 일들을 데가볼리에서 선포하기 시작하였다. 그러자 사람들이 모두 놀랐다.

주해

조우(1-7절) 폭풍을 뚫고 예수님의 일행이 도착한 곳은 "거라사인들의 지역"(τὴν χώραν τῶν Γερασηνῶν, 2절)이었다. 거라사(Γέρασα, '게라사')는[3] 갈릴리 바다로부터 대략 48km 떨어진 곳에 위치하여 행정적으로 열 개의 헬라 도시로 구성된 데가볼리에 속해 있었다(20절).[4] 문제는 마가복음이 그곳을 해변 도시로 서술한다는 것이다(1, 13절). 이 문제에 대한 여러 해결책이 제시되었지만(Guelich, 2001: 451-53) 가장 가능한 것은 마가가 "거라사인들의 지역"을 데가볼리 지역 전체를 일컫는 지시어로 사용한다고 보는 것이다(France, 2002: 227). 이런 해석은 두 가지 점에서 타당하다. 첫째, 거라사 지역은 당시 열 개의 헬라 도시 중 가장 중요한 도시였기에[5] 대표적인 도시의 이름으로 지역 전체를 일컫는 용례 사용이 가능하다. 둘째, 20절에서 치유받은 자는 데가볼리에서 전파하기 시작했다고 말한다. 이는 마가가 "거라사인들의 지역"을 데가볼리와 교차적으로 사용한

3. 현대 이스라엘에서 에라쉬(Jerash) 지역이 거라사 지역이었던 것으로 알려진다.
4. 데가볼리를 구성하는 10개의 도시는 다메섹(Damascus), 라파나(Raphana), 디온(Dion), 가나타(Canatha), 스키토폴리스(Scythopolis), 가다라(Gadara), 히포(Hippos), 펠라(Pella), 거라사(Gerasa)와 필라델피아(Philadelphia)이다.
5. Schille, "Γερασηνός, Γεδαρηνός, Γεργεσηνός", *EDNT* 1.

다는 증거이다. 현 사건이 일어난 구체적인 지역은 어디일까? 오리겐(Origen)은 예수님 당시 행정구역으로 히포(Hippo)에 속했던 갈릴리 바다 북동쪽의 '게르게사'(Γέργεσα) 지역을 방문하여 그곳 해변에 가파른 절벽이 있는 것을 발견했으며, 바로 그곳이 돼지 떼들이 떨어진 곳이라는 말을 지역 사람들로부터 들었다고 전해준다(*Commentary on John* 6:24; 참고, Collins [a], 264).[6] 또한 에드워즈는 1970년에 길이 2km 높이 44m의 절벽을 가진 갈릴리 해변 북동쪽의 도시 쿠르시(Kursi) 지역 근교에서 있었던 고고학적 발굴을 근거로 제시하는데, 한 불도저가 땅을 파헤쳐 '게르사'(Gersa) 또는 '구르사'(Gursa)로 알려진 고대 도시를 발견했다(Edwards [b], 154).[7] 에드워즈는 '게르사' 혹은 '구르사'와 오리겐이 방문했던 '게르게사'의 명칭이 유사하다는 것과, 그곳이 절벽이 있는 유일한 갈릴리 해변 동쪽 도시라는 점을 근거로 그 지역이 바로 현 사건의 배경 장소라고 주장한다(Edwards [b], 154). 요약하자면, 마가가 말한 "거라사인들의 지역"은 데가볼리의 대표적인 지역이었던 거라사를 빌려 데가볼리 지역을 일컫는 말이며, 예수님이 도착한 구체적 지역은 현대에 쿠르시로 알려진 고대 도시 '게르게사'로 보는 것이 가능하다(France, 2002: 227). 이처럼 예수님은 처음으로 이방 지역을 방문하신 것이다. 이런 점에서 이방 지역에 도착하시기 전 예수님과 제자들이 배로 횡단해 온 갈릴리 바다는 마가복음에서 유대와 이방 지역을 구분하는 경계선의 역할을 하는 것처럼 보인다(참조. Kelber, 1987: 39). 따라서 예수님이 갈릴리 바다를 건너되 그곳에 일어난 폭풍을 "꾸짖어" 잠잠하게(4:39) 하시며 건너신 일은, 문학과 신학적 전망에서 본다면, 유대-이방의 경계를 허무는 상징적인 사건이다

---

6. '게르게사' 지역은 현대에는 엘 쿠르시(El Kursi)로 명명된다.
7. 에드워즈가 의존하는 고고학적 발굴은 Tzaferis, 45-51에 나온다.

(Kelber, 1987: 39; 김선욱, 2019: 64-65).

배에서 내리시자 한 사람이 그에게 달려오는데 그는 "더러운 영에 붙들린 사람"(ἄνθρωπος ἐν πνεύματι ἀκαθάρτῳ)이었다. "더러운 영에 붙들린 사람"의 헬라어 어구에 대한 문자적 번역은 '더러운 영 안에(ἐν) 있는 한 사람'이다(1:23). 전치사 '안에'(ἐν)는 '용기'(container) 은유를 이끄는 전치사로서 어떤 용기 안에 있으면 그것의 통제와 영향을 받듯이 더러운 영 안에 있는 사람은 그 영의 통제를 받는 사람이라는 의미를 전해준다.[8] 예수님이 "배에서 나오시자"(ἐκ τοῦ πλοίου) 그 역시 "무덤에서 나온다"(ἐκ τῶν μνημείων, 2절). 이후 무덤은 다시 한번 더 그의 거처(τὴν κατοίκησιν)로 소개된다(3절). 유대인에게 이방 지역은 감염의 위험이 있는 불결한 공간으로 이해되었고(Wright, 1992: 188), 무덤 역시 부정한 곳으로 여겨지고 있었기 때문에(사 65:4), 이방 지역의 무덤을 배경으로 한 예수님과 그의 만남은 정결법의 전망에서 본다면 상당한 긴장을 유발하는 만남이다. 불결한 지역에 들어가신 예수님이 더러운 영에 붙들린 사람을 부정한 장소에서 만나고 있는 것이다. 게다가, 무덤이 그의 거처라는 정보는 가정과 사회와 고립된 채 죽음을 안식처로 삼고 살아가는 그의 비참한 삶을 상징적으로 보여준다. 그 사람을 그렇게 몰고 간 실체는 "더러운 영"이었다.

그렇다면 그가 예수님에게 먼저 접근한 이유가 무엇일까? 그의 접근이 '대면하다'(ὑπήντησεν) 동사로 발설된 것에서 어떤 힌트를 얻을 수 있다. 신약성경에서 '휘빤따오'(ὑπαντάω)는 우호적인 만남(마 28:9; 눅 17:12; 요 4:51; 11:4; 행 16:16)과 적대적인 조우(눅 14:31)의 용례를 동시

8. 또한 1:23 주해를 보라.

에 가지고 있지만[9] 현 맥락에선 예수님과 적대적 관계에 있는 더러운 영의 접근 행위를 묘사하고 있기에 '대적하다'라는 뜻을 내포하는 것으로 보는 것이 옳다. 악한 영이 예수님을 향해 먼저 공격적 자세를 취한 것이다.

예수님과 그 사람과의 조우는 두 번 언급(2, 6절)되며 그 언급 사이에는 더러운 영에 대한 소개가 자리 잡고 있다:

A 그가 배로부터 나오시자 곧 더러운 영에 붙들린 한 사람이 무덤들 사이에서 나와 그를 대면했다(2절).

B 더러운 영 소개(3-5절): 무덤이 집(3절)
누구도 제압할 수 없다(4절)
자기 파괴적 존재(5절)

A′ 그가 멀리서 예수님을 보자 달려와 그 앞에 엎드렸다(6절).

첫 조우(A)가 만들어 내고 있는 긴장은 두 번째 조우(A′) 때 더욱 고조될 수밖에 없는데, 이는 그가 폭력적이며(4절) 자기 파괴적인(5절) 존재라는 묘사(B)가 덧붙여진 후이기 때문이다. 귀신 들린 사람에 대한 인물 묘사는 상세하고도 생생하다. 특히 세 개의 부정문이 사용되어 그가 통제 불능 상태("누구도[οὐδεὶς] 어떤[οὐδὲ] 쇠사슬로 더 이상[οὐκέτι] … 결박할 수 없었다", 3절)에 있으며 자기 파괴적 태도("돌로 제 몸에 상처를 내고", 5절)가 습관화되어 있다는 사실을 묘사한다. 4절 전반부 역시 주목할 만하다. "그는 묶여 있었으나[δεδέσθαι, '데데스타이'] 쇠사슬과 족쇄가 그에 의해 풀려 [διεσπάσθαι, '디에스빠스타이'] 부숴졌기[συντετρῖφθαι, '쉰

9. BDAG, ὑπαντάω. 그러나 BDAG는 5:2의 ὑπαντάω를 우호적인 의미로 본다.

떼뜨리프타이'] 때문이다"(끝자리 운율은 밑줄 그어져 있다). 쇠사슬과 족쇄의 소용없음을 말하는 동사는 가장 강조적인 완료 시제 형태로 표현되었을 뿐 아니라, 각 동사는 청각적인 효과를 전달하기 위해 동일한 운율('-타이'[-θαι])로 표현된다. 이러한 강조적 표현은 4절 후반부에서 결론적으로 재확인된다: "그러므로 아무도[οὐδεὶς] 그를 제압할 수 있을 만큼[δαμάσαι, '다마사이'] 강하지 못했다"(다시 사용된 부정문과 '사이'[σαι] 운율을 주목하라).

6절은 3-5절의 인물 묘사에 의해 중단된 예수님과 귀신 들린 사람과의 대면을 재개한다. 마가는 귀신 들린 사람이 본 대상이 '똔 이에순'(τὸν Ἰησοῦν, '그 예수님을')이었다고 밝히는데 예수라는 이름의 사용은 3:7 이후 이곳이 처음이다. 아무도(οὐδείς) 제압할 수 없었던 그였지만(3-5절) "그 예수"(τὸν Ἰησοῦν)를 보자 즉각적으로 "그 앞에 엎드렸다"(προσεκύνησεν). 그의 엎어짐은 예수님에 대한 귀신의 복종을 뜻한다. 하지만 이어지는 정보는 그의 복종은 진실된 것이라기보다는 또 하나의 속임수라는 것을 보여준다. 엎드린 후 그가 외친 내용은 예수님이 "지극히 높으신 하나님의 아들"이라는 신분이다. 고대 근동 아시아 문화권의 전쟁 중에서 상대방이 누군지를 밝히는 행위는 적의 기선을 제압해 그를 자기 뜻대로 조종하려는 시도이다(Twelftree, 2013: 153).[10] 동일한 의도가 "당신이 나와 무슨 상관이 있습니까?"라는 말에도 내포되어 있다.[11] 계속해서 더러운 영은 예수님이 자기를 "괴롭히지" 말도록 하나님(τὸν θεόν)의 이름을 이용하여 교묘하게 간청한다(7절). 사람을 살리는 일이 도리어 타인을 괴롭히는 일이라고 속이고 있는 것이다. 사실 괴롭히는 일("돌로 제 몸에 상처를

10. 1:23-24 주해를 보라.

11. 1:23-24 주해를 보라.

내고 있었다", 5절)은 악한 영 자신이 하고 있는 일인데도 말이다. 귀신은 자기 행동을 다른 사람에게 투영하고 있는 것이다. 이런 점에서 더러운 영은 예수님을 희생양 삼아 자기 죄를 숨기려 한다고 본 지라르의 해석은 옳다(Girard, 278-80).

축귀(8-13절) 마가는 이어서 귀신의 괴로움이 뭔지를 '가르'(γάρ) 절로 설명한다: "이는[γάρ] 그가 그에게 '더러운 영아 그 사람에게서 나가라' 고 말씀하셨기 때문이다." 한 사람을 괴롭히지 못하고 나가게 된 상황이 그의 괴로움의 이유였던 것이다. 사실 자신을 괴롭히지 말라는 간청은 그 사람의 입에서 나온 말이었기에, 그것이 귀신의 의도인지 아니면 그 사람의 뜻인지는 분별이 필요했다. 예수님은 그것을 귀신의 속임이라 변별하셨고 말씀으로 귀신을 사람에게서 쫓아내신다.[12] 무엇이 사람을 위하는 일인지 아셨던 것이다. 한 사람을 악한 영의 괴롭힘에서 벗어나게 하여 하나님의 다스림 안에 머물도록 하는 그의 소명에 따른 실천이었다.

귀신이 예수님을 보았을 때 다가와 그의 신분을 드러낸 것처럼 예수님 역시 축귀 전 그의 이름을 물으신다. 예수님과 귀신은 서로의 이름을 드러내려 하고 있다. 특이한 것은 귀신은 물음 없이 예수님의 정체를 일방적으로 폭로한 것에 반해 예수님은 그의 이름을 스스로 말하도록 하셨다는 점이다. 예수님이 그의 이름을 몰라서 물으신 것은 단연코 아니다. 오히려 그 귀신을 '복종'시키는 차원에서 그의 정체를 스스로 자백하게 한다(Cranfield, 178; 참고. 1:23-24 주해). 귀신은 자신이 '레기온'(λεγιών, '군대')이라 밝힌다. 라틴어(*Legio*)로부터 차용된 낱말인 '레기온'은 그 수가 6천 명의 보병으로 구성된 로마 군대 조직으로(Watson, 13참조. Camp-

12. 주술이나 마술적 언어 없이 오직 "나가라"는 명령으로 귀신을 내쫓으시는 예수님의 축귀의 특징에 대해선 1:25를 보라.

bell [b], 839-42) 오직 로마 시민만이 입대할 수 있었다(Parker, 9-46). 당시 팔레스타인을 비롯하여 지중해 지역 전역을 장악한 로마는 그 지역에 평화(*Pax Romana*)를[13] 가져왔다고 선전했지만, 사실 그런 평화는 군사력을 바탕으로 한 정복자의 평화였기에 피정복 나라 입장에선 무덤 속의 고요와 같은 평화에 지나지 않았다. 유대인은 이런 로마를 국가적 원수로 보았다(Hengel, 1989: 56, 74, 108-109; 참조. 마 5:44; 눅 19:43). 귀신 스스로 자기 이름이 '레기온'이라 자백하게 함으로, 예수님이 드러내신 것은 로마와 더러운 영의 상관관계이다. 폭력으로 지중해 지역의 나라를 억압하는 로마 뒤에는 더 근본적인 원수인 더러운 영이 있다는 것을 보여 주신 것이다(Wright, 2004: 55-56; 대조. Twelftree, 2013: 155). 당시 유대 열심당은 로마를 원수로 정의한 후 로마와의 싸움에 집중했지만 예수님은 더 근본적인 원수는 로마 뒤에 있는 사탄과 그 하수인인 악한 영이라고 보셨고 그들과 싸움을 하셨다. 이것이 이스라엘과 온 세상을 죄와 부패, 그리고 죽음으로부터 해방시키기 위해 오신 이스라엘의 메시아의 싸움의 성격이었다.

더러운 영은 자신을 '레기온'으로 밝힌 후 다시 "이는 우리들이 많기 때문입니다"라는 설명을 덧붙인다. 추가적 설명은 그가 많다는 점에 집중된다. 귀신의 정체는 다수이다. 한 사람에게 들어온 귀신이 다수라는 말은 한 사람을 억압하고 희생시킨 실체가 다수라는 뜻이 함의되어 있다. 지라르는 이 대목에서 인류 역사 속에 흐르고 있는 "희생양" 이론을 발견한다(Girard, 271-300). 한 사회가 그들의 죄를 무마하고자 한 명의 희생양을

13. *Pax Romana*는 라틴어로 '로마의 평화'를 뜻하는 것으로 보통 로마 제국의 초대 황제인 아우구스투스(Augustus)가 즉위한 주전 27년부터 황제 마르쿠스 아우렐리우스(Marcus Aurelius)가 죽던 해인 주후 180년까지 로마가 정치, 문화, 군사적 번영을 누린 시기를 일컫는다(Bowley, 771-75).

만들어 모든 죄를 그에게 뒤집어 씌우고 대신 사회 전체는 그들의 죄 없음을 만끽해 왔는데, 예수님은 그런 사탄의 전략을 폭로하고 있는 것이다(Girard, 297-300). 그러나 예수님은 죄에 대한 폭로뿐 아니라, 그 전략을 뒤집어 엎으시며 귀신을 붕괴시킨다. 귀신이 돼지 떼라는 집단으로 형상화되자 그 집단을 물에 빠뜨리심으로 한 사람을 구원한다. 한 사람은 구원하고 그 한 사람을 집단의 이름으로 억압하던 더러운 영을 폭로시킨 후 멸하신 것이다.

이런 역전은 예수님의 "나가라"는 명령(8절)으로 시작한다. 그러나 명령을 받은 군대 귀신의 마지막 저항 역시 이어진다. 그는 그 사람에게서는 나가지만 거라사 지역에는 남아 있게 해달라는 '협상'조의 간청(παρεκάλει, 10절; παρεκάλεσαν, 12절)을 하되 반복적으로 한다(πολλά, '많이', 10절). 간청이 반복됐다는 것은 예수님이 그 요구를 들어 주시지 않으셨다는 것을 뜻한다. 허락을 받아낼 수 없다는 것을 알아챈 귀신들은 주위에 돼지 떼가 있는 것을 보고 그들에게 들어가도록 요청하고(11-12절) 이번엔 허락(ἐπέτρεψεν)을 받는다(13절). 하지만 더러운 영들이 들어간 돼지 떼는 바다에 빠져 "질식한다"(ἐπνίγοντο, 13절). 군대 귀신들이 돼지 떼에게 들어간 일이 요청과 허락이라는 구도로 진행되기 때문에 축귀의 결말이 누구의 승리인 지에 대한 논쟁이 있을 수 있다(Marcus, 2000: 345). 예수님이 귀신의 제안을 받아들인 것은 사실이지만 허락 후 그들이 거라사 지역에 남아 있게 되기는커녕 혼돈을 상징하는 바다에 빠져 질식했다는 정보는 둘 사이의 조우가 귀신의 격퇴로 끝났음을 분명히 하는 대목이다. 예수님은 귀신의 전략에 속은 것이 아니라 더러운 영의 전략을 패퇴의 계기로 바꾸신 것이다.

이러한 결말이 함의하는 바가 있다. 첫째, 현 사건은 헬라 도시인 거라사 지역 곧 데가볼리(1, 20절)에서 일어났다. 예수님은 갈릴리에서 첫 사역으로 가버나움 회당에 있던 더러운 영에 붙들린 사람을 자유케 하셨던 것처럼(1:23-28) 처음으로 이방 지역에 도착한 후 첫 사역으로 한 사람을 더러운 영에서 해방하는 사역을 하셨다(Wefald, 13). 예수님의 하나님 나라 운동은 유대에서와 마찬가지로 이방 지역에서도 하나님의 세상을 더럽히는 악한 영을 먼저 몰아내는 것으로 시작하셨음을 알 수 있다(Kelber, 1987: 39-40). 둘째, 군대 귀신은 문자적으로 로마 군대 조직을 가리킨 용어였다. 더러운 영으로 하여금 스스로 그의 이름을 드러내도록 하신 것은 로마의 평화 체제는 사탄적인 힘을 바탕으로 하고 있음을 들추어내신 것이다. 그리고 돼지 떼와 함께 수장된 군대 귀신은 지중해 지역을 폭력과 전쟁으로 괴롭히던 로마의 거짓된 평화 전략이 예수님에 의해 해체되기 시작했다는 것을 의미한다(Myers, 190-94; 박노식, 2017: 438-39; 비교. Witherington, 2001: 183).[14] 셋째, 바다에 빠져 멸망하는 군대 귀신들은 분명 출애굽의 재현이다(Wefald, 15). 모세의 인도하에 이집트를 탈출한 이스라엘 백성이 갈라진 홍해를 무사히 건넜지만 뒤따르던 이집트 군인들은 수장되었다(출 14-15:4). 마찬가지로 예수님은 돌풍이 부는 바다를 잠재우시며 열두 제자와 함께 안전하게 육지에 도착하신 후 군대 귀신들을 바다에 빠뜨려 파멸을 맞이하게 하셨다. 이런 유사성은 예수님의 축귀 사역이 새 출애굽의 일환으로 진행된 것임을 보여준다(Swartley, 262). 물론 차이는 있다. 첫 출애굽의 압제자는 이집트(바로)였고 해방은 바로의 통치로부터였고, 예수님의 새 출애굽은 한 사람을 악한 영의 억압과 그가 사용하는 집단성으로부터 해방케 하여 하나님의 다스림을 받도록 하는 것이었다.

---

14. 당시 팔레스타인에 주둔하고 있던 로마 10여단(the Tenth Legion)은 야생 돼지가 새겨진 휘장을 가지고 있었다(Boring, 2006: 151).

반응(14-20절) 마가는 예수님의 축귀가 가져온 두 대조적 반응인 마을 사람들의 반응(14-17절)과 치유받은 사람의 반응(18-20절)을 소개한다. 먼저, 지역 사람들은 역설적이게도 군대 귀신을 그 사람에게서 쫓아내신(ἔξελθε, 8절) 예수님을 마을에서 쫓아내려 한다(ἀπελθεῖν, 17절). 거라사 지역 사람들의 이런 반응은 두 단계로 진행된다. 첫째, 돼지 치던 자들의 이야기를 듣고 몰려든 사람들은 "귀신 들렸던 자가 … 옷을 입고 제 정신으로 앉아 있는[τὸν δαιμονιζόμενον καθήμενον ἱματισμένον καὶ σωφρονοῦντα]" 모습을 먼저 본다(-'메논' 운율은 밑줄 그어져 있다, 15절). 그들의 시야에 들어온 그 사람의 건강한 모습은 운율을 가진 강조적 현재 시제로 표현되어 그의 회복된 건강이 초점화된다(참조. Taylor, 1966: 283). 그러나 건강해진 그를 본 지역 사람들의 반응은 '두려움'(ἐφοβήθησαν, 15절)이었다. 한 사람이 제정신을 차린 것을 본 집단은 두려움에 사로잡힌다. '포베오'(φοβέω, '두려워하다')가 마가복음에서 늘 부정적인 뜻으로 사용되는 것은 아니지만(5:33; 6:20; 9:32) 현 맥락에선 그 뜻이 긍정적으로 사용된다고 볼 수 없는데, 이는 그들에게 두려움을 주었던 사건인 광인의 회복을 가능케 한 예수님을 영접하기보다 쫓아내려 하고 있기 때문이다(16-17절; 대조. Collins [a], 273). 지역 사람들은 한 사람에게서 귀신이 쫓겨나간 일을 기뻐하기보다 두려워한다.

둘째, 정신 차린 그 사람을 본 지역 사람들은 곧이어 사건 전말에 대해 현장에 있던 돼지 떼를 몰던 자들로부터 듣는다(16절). 16절은 그들이 들었던 정보가 "그 일이 어떻게 귀신들렸던 자에게 일어났는지와 돼지들에 관해서"라고 말하고 있지만 그 모든 일의 배후에는 예수님이 있었다는 것 또한 함께 들었던 것이 분명하다. 들은 직후 그들은 예수님을 그 지역에서 떠나라고 요청하고 있기 때문이다(17절). 예수님이 그 광인을 치료하셨다는 것을 듣게 된 지역 사람들의 최초 반응은 한 사람에게서 귀신을 몰아내신 분을 그 지역에서 몰아내는 것이었다. 돼지 떼라는 집단이 물에 빠져 죽자 거라사 사람들이 또 다른 집단으로 등장한 후 축귀자 예수님을 그 지역에서 몰아내려 한다는 점에서, 귀신과 거라사 지역의 사람들이 현 맥락에서 동일시된다고 추론할 수 있다(Girard, 271-300).

그렇다면 무엇이 그들로 하여금 예수님을 떠나시게 했을까? 그들이 돼지 치던 자들에게서 들은 것이 "그 일이 어떻게 귀신 들렸던 자에게 일어났는지"와 "돼지들에 관해서"(16절)였다는 사실은 이 질문에 답을 하는 데에 도움을 준다. 먼저, 그들이 "돼지들에 관해서" 들었다는 것은 어떤 경제적인 문제가 원인이 있었음을 시사한다(Cranfield, 181; Gnilka, 1권 263; Hurtado, 2020: 126). 물론 그들이 돼지의 몰살이 가져온 경제적 손실의 직접적인 피해자로 보기는 힘든데, 이는 모여든 사람들의 정체가 돼지 치던 자들이 "도시와 촌락"(14절)에 들어가 일어난 일을 말했을 때 여러 지역에서 무작위로 모여든 이들로 보이기 때문이다(Stein, 259). 그럼에도 돼지가 바다에 몰살된 일을 들었을 때 예수님이 만일 계속 그 지역에 머문다면 앞으로 그들에게 어떤 경제적인 손해가 발생할지 모른다는 막연한 두려움이 일어났고, 그 두려움이 결국 그를 배척하게 했다는 추론은 가능하다. 다음으로, 그들이 광인에게 일어난 일을 들은 후 예수님을 떠나도록 했다는 것은 사람들의 배척 이면에 영적인 이유가 있었을 것으로 추론케 한다(Marcus, 2000: 346, 353; 대조. Stein, 259). 하나님을 알지 못하던 이방인인 그들에게 아무도 제어할 수 없었던 강한 자를 제어한 예수님은 더 강한 귀신에 붙들린 사람으로 보였을 수 있고, 만일 그런 사람이 그 마을에 남아있는다면 마을 전체가 혼란에 빠질 수밖에 없다고 생각했을 것이다. 결국 치유자를 그곳에서 몰아낸 것이다.

거라사 지역 사람들의 반응은 귀신의 왕을 힘입어 귀신을 쫓아낸다며 예수님을 배척한 예루살렘으로부터 온 서기관의 태도와 상응을 이룬다

(Marcus, 2000: 346). 예수님의 축귀 사역은 유대와 이방 지역 모두에서 긍정적인 결과만 가져온 것이 아니었다. 어떤 사람들은 그 사역으로 해방을 맛보았지만, 다른 사람에게는 그것이 오해와 배척의 이유가 되었음을 보여준다. 그들이 예수님을 도시 안으로 영접하기보다는 그가 내렸던 해변에서(2, 18절) 다시 떠나도록 했다는 점에서 거라사 지역 사람들은 서기관들과 마찬가지로 네 종류의 땅에 떨어진 씨 중 길가와 같은 인물에 비교된다.

예수님은 반대에 직면했을 때 주저함 없이 그 지역을 떠나신다(18-20절). 배에 오르실 때 귀신에게서 해방받은 그 사람이 거라사 지역 사람들과 대조적인 반응을 보이며 "그와 함께 있게 해주시도록"(ἵνα μετ' ἀυτοῦ ᾖ) 요청한다(18절). 하지만 요청은 수락되지 않는다(19절 전반부). 대신 그는 돌아가서 그의 집과 지역 사람 들에게 "전파"(19절 후반부)하라는 명을 받는다. 거라사 지역 사람들의 반응이 유대 지역의 서기관들의 반응과 비교되고 있듯이 예수님과 치유받은 자의 대화는 그의 열두 제자와의 대화에 비교된다(Tolbert, 168):

열두 제자 (3:14-15)	거라사 귀신들렸던 자 (5:18-20)
예수님과 "함께 있고" (ἵνα ὦσιν μετ' ἀυτοῦ) "전파하고" (κηρύσσειν) "귀신을 쫓아내는 권세"(ἐκβάλλειν τὰ δαιμόνια)를 받음	귀신으로부터 해방 받음(8, 13절) 함께 머무르는 것(ἵνα μετ' ἀυτοῦ ᾖ)이 허락되지 않음(18절) 나가서 전파함 (ἀπάγγειλον, 19절; κηρύσσειν, 20절)

두 대화 사이에는 차이가 있다. 먼저, 열두 제자는 제자로 부름받는 과정에서 마지막으로 귀신을 쫓아내는 권세를 받았지만 거라사인은 귀신으로부터 해방을 먼저 받는다. 다음으로 열두 제자는 함께 머물도록 초대되었지만 거라사인은 그것이 허락되지 않는다. 어쨌든 이런 유사한 어휘가

사용된 것은 그 사람이 이스라엘 땅에서 임명된 열두 제자에 버금가는 이방 땅에서 임명된 첫 제자라는 암시를 준다. 그가 함께 머무는 것이 허락되지 않은 것은 왜일까? 이스라엘의 회복을 가리키는 열둘이 이미 형성되었기에 그가 들어올 자리가 없었기 때문일 수도 있다(Collins [b], 273). 하지만 예수님이 그에게 그가 속한 지역에서 해야 할 복음 전파의 소명을 주신다는 사실에서 알 수 있는 것처럼 데가볼리 지역에서 그가 감당해야 할 소명 때문에 그가 열두 제자 그룹에 합류하는 것이 허락되지 않았다고 보는 것이 문맥상 자연스럽다. 이와 함께 4장에서 제시된 네 종류의 땅 비유의 전망에서 그 이유를 볼 필요가 있다. 예수님이 그로 자신의 고향에 머물게 한 것은 그가 그 지역에서 스스로 자랄 수 있다는 판단을 하셨기 때문이었을 것이고, 제자들이 함께 머물러 있도록 허락된 것은 그들은 돌밭과 같은 상태에 있기에(3:16 주해를 보라) 함께 머물며 계속적인 연단과 가르침을 필요로 했기 때문이었다(Tolbert, 168). 물론 이제 막 하나님 나라의 능력을 맛본 그가 남겨졌을 때 홀로 선포 사역을 어떻게 감당할 수 있을 것이라 생각하실 수 있었는지 의문이 들 수 있다. 그러나 예수님이 이미 "아무도"(οὐδεὶς) 통제할 수 없었던 "강한 자"(3:27)를 그 지역에서 패퇴시켜 놓은 상황이었다는 것을 감안한다면 홀로 남겨졌지만 그럼에도 그는 예수님이 닦아 놓으신 견고한 터 위에 서 있다는 것은 분명하다. 이런 점에서 그는 하나님 나라 선포자인 예수님에 의해 이방 지역에 처음으로 뿌려진 하나님 나라의 '겨자씨'였다(참고. 4:30-32). 더불어 예수님은 유대로 떠난 후 그가 홀로 그 지역에 남아 전파하도록 세워졌다는 점에서 그의 존재는 저절로 자라는 씨(4:26-29)를 동시에 떠올리게 한다(Tolbert, 168).

마지막으로 주목해야 할 것은 그에게 주신 예수님의 마지막 권면 이다(19절). 지금까지 자신과 관련된 일에 대해서 일절 말하지 말 것을 종용해 오셨던 것(1:43-44; 참고. 5:43; 8:30)과는 달리 그 사람에게는 돌아가 적극적으로 선포하도록 명하셨다(19절). 권면의 차이는 치료받은 자의 지역적 특성에 따른 것으로 보인다. 유대 지역 사람들은 메시아에 대한 선이해와 그에 따른 잠재적 오해의 가능성이 상존했기 때문에 침묵을 명하셨고[15] 데가볼리의 헬라 주민들은 유대인들의 그 같은 선이해와 오해의 가능성이 없었기 때문에 적극적인 선포를 요구하실 수 있었다.

예수님은 그가 가서 전파해야 할 내용을 구체적으로 지시하신다: "주께서[ὁ κύριος] 그대에게 행하셨고 자비를 베푼 일"(19절). 예수님이 '주'(ὁ κύριος)를 사용하셨을 때 누구를 염두에 두셨을까?[16] 내러티브가 말하는 것처럼 치유자는 예수님이었기에 '주'(ὁ κύριος)는 그 자신을 가리킨다. 더불어 '주'(ὁ κύριος)는 하나님을 지시한다고도 볼 수 있는데(Cranfield, 181), 이는 전통적으로 "자비"(ἔλεος)의 원천은 하나님이라는 믿음이 유대인에게 있었기 때문이다(창 19:19; 24:12, 14, 44, 49; 시 84[칠십인경 83]:12; France, 2002: 230). 그러나 양자택일할 필요는 없다. 마가는 여호와 하나님을 가리키는 '주'(κύριος)를 예수님을 가리키고자 이미 사용했고(1:3), 현 단락에서도 "주께서" 하신 일을 전하는 명을 받고 나간 그가 전한 것은 "예수님이[ὁ Ἰησοῦς] 그에게 행하신 일들"이라고 말하고 있어 마가가 '주'(ὁ κύριος)와 '예수'(ὁ Ἰησοῦς)를 상호 교차적으로 사용하고 있음을 분명히 보여 주기 때문이다. 물론 '주의 일'과 '예수님의 일'의 동일시가 곧바로 주가 예수님이라는 논리로 이어지는 것은 무리가 있어 보일 수 있다. 그러나 하나님 나라의 도래를 선포하시고 "복음을 믿으라"(1:14) 하신 예수님이 곧바로 제자를 불러 "나를 따르라"(17절)하신 것은 마가에

15. 1:43-44 주해를 보라.

16. 저자는 막 5:19-20에 나오는 신적 기독론에 대해 논문(박윤만, 2017: 41-42)으로 다룬바 있다. 위 내용은 저자의 논문과 상당 부분 일치함을 밝혀 둔다.

게 예수님이 하신 사역과 종말론적인 하나님의 사역은 구분할 수 있는 것이 아니라고 이해했음을 알려 준다(Marcus, 2000: 354; France, 2002: 232; 대조. Gathercole, 244). 따라서 예수님이 하시는 사역이 바로 하나님께서 주로서 하신 사역 그 자체라는 주장은 타당하다. 한편 앞 담화를 통해 하나님께서 예수님을 통해 그 사람에게 하신 일, 곧 그가 데가볼리에서 전파할 내용을 추론하자면, 그가 귀신에게 붙들려 가정과 사회로부터 고립되어 자기를 파괴하던 삶을 살고 있을 때 예수님이 자신에게 자유를 주어 가정으로 돌아올 수 있게 되었다는 내용이었을 것이다.

요약과 해설

거라사 광인에게서 귀신을 몰아내신 사건은 예수님의 이방 지역에서의 첫 사역이었다. 갈릴리에서 첫 사역을 귀신을 몰아내심으로 시작하신 것처럼(1:23-28) 이방 지역에서도 예수님은 귀신을 몰아내심으로 하나님 나라의 도래를 알리신다. 한 사람을 더러운 영으로부터 자유케 하시는 예수님의 사역은 여러 의미를 갖는다. 유대 종교적인 관점에서 보았을 때, 이방 지역에서 한 사람을 사로잡아 부정한 장소인 무덤들 가운데 살아가게 하던 귀신들이 예수님에 의해 내쫓김을 당한 후 부정한 동물인 돼지 떼에 들어가 바다에 몰살됐다는 것은, 부정한 이방 땅 역시 예수님을 통한 하나님의 종말론적인 구원에 동참하기 시작했다는 의미를 띤다. 사회, 정치적으로 보았을 때, 예수님이 '레기온' 귀신을 몰아내신 것은 군사력에 의존한 거짓된 평화를 퍼뜨리던 로마 뒤에 있던 영적 정체를 드러낸 사건이다. 로마를 폭력적인 국가로 이끌고 있는 것은 바로 사탄과 그의 졸개들인 귀신들이라는 것이다. 이러한 폭로 후 예수님은 혼돈을 상징하는 바다에서 군대 귀신을 몰살케 하심으로써 그가 하고 있는 싸움은 하나님의 세상을 부패케 하는 가장 근본적인 세력인 악한 영들을 패퇴시키고 그로부터 사람을 구원하는 것임을 보여 주셨다.

예수님의 종말론적인 새 출애굽의 사역은 한편으로 거라사 지역 사람들로부터 배척을, 다른 한편으로 이방 지역에서의 첫 제자를 탄생시켰다. 이런 대조적인 모습은 앞선 비유들이 이미 내다 본 것이다(4:3-9, 13-20). 그리고 이런 역설적인 상황이 바로 하나님 나라의 결실을 가져오는 환경이라는 점 역시 스스로 자라는 씨(4:26-29)와 겨자씨 비유(4:30-32)에서 예견되었다. 따라서 예수님의 일행이 떠난 후(4:21) 이방 지역에 홀로 남게 된 그 사람을 통해 이방 지역에 자랄 하나님 나라의 나무를 기대할 수 있게 되었다.

제27장
야이로의 딸과 혈루증 앓는 여인 치유
마가복음 5:21-43

5:1-43에는 세 가지 치유 이야기(거라사 광인 치유[1-20절], 야이로의 딸 치유[21-24, 35-43절], 혈루증 앓는 여인 치유[25-34절])가 나열되어 있는데, 모두 예수님이 하나님 나라 비유를 주시던 날 저녁에 떠나셨던 첫 번째 여행(4:35-41)의 이동 지역에서 일어난 일이라는 공통점을 가진다("배에서 나오시자", 1절; "배를 타시고 다시 맞은편으로 건너가셨을 때", 21절). 이런 공통점은 하나님 나라 비유가 여전히 세 가지 치유 이야기의 근접 문맥으로 자리 잡고 있다는 인상을 주기에 충분하다. 거라사 지역에서 배로 돌아오신 후 큰 무리와 함께 해변에 계셨다는 정보(21절)로 시작하는 현 단락은 사건이 시간적 순서에 따라 교차된 두 치유 이야기로 구성된다. 먼저 시작된 야이로의 딸 치유(21-24절) 도중에 혈루증 앓는 여인 치유 사건이(25-34절) 발생했고, 그 치유가 종결될 즈음에 야이로의 딸 치유 이야기가(35-43절) 재개되는 식이어서 서술 구조는 A B A′형식을 갖추고 있다. 그러나 마가가 이 두 사건을 따로 떼어 놓기보다 '샌드위치' 형식으로 서술한 것은 사건을 시간 순으로 배열하려는 의도 때문만은 아니다. 사실 두 사건은 여러 유사성(아래를 보라)을 가지고 있는데 마가는 그

런 유사한 사건의 병행적 서술이 예수님의 사역과 소명을 드러내는 데 중요하리라 판단했음이 틀림없다. 두 이야기를 연결시켜 주는 유사성은 아래와 같다. 두 사건의 피치유자는 모두 십이 년째 해에 치유를 받는데(25, 42절) 혈루증 여인에게 그 기간은 고통의 시간이었고 야이로의 딸에게는 사랑과 보호를 받은 기간이었다. 두 치유 사건 모두 '손을 대는 일'을 통해 일어나는데(ἐπιθῇς τὰς χεῖρας, '손을 얹어', 23절; ἅψωμαι, '만졌다', 28절; ἥψατο, '만졌다', 27, 30, 31절; κρατήσας τῆς χειρὸς, '손을 잡은 후', 41절), 두 사건 모두에서 피치유자는 유대 정결법과 관련하여 부정한 몸 상태에 있었다(25, 35절). 마지막으로 두 피치유자를 부르는 호칭이 "딸"(θυγάτριον, 23절; θυγάτηρ, 34절)이라는 것과 그들의 치유를 "구원"(σωθῇ, 23절; σέσωκεν, 34절)으로 본다는 점도 두 사건을 연결시킬 수 있는 언어적 표지이다. 비록 함축되기는 했지만 두 피치유자 모두 여인이라는 점에서 예수님의 치유는 그들이 또 다른 생명을 낳을 수 있는 '어머니'가 될 수 있는 가능성을 열어 놓았다(Boring, 2006: 158).

> **21** 그리고 예수님이 배를 타시고 다시 맞은편으로 건너가셨을 때 큰
> 무리가 그에게로 모여들었다. 그리고 그는 바닷가에 계셨다. **22** 그리고 회
> 당장들 중 하나인 야이로라는 이가 그에게 온다. 그리고 그를 본 후 그의
> 발 앞에 엎드린다. **23** 그리고 "나의 어린 딸이 죽어 가고 있습니다. 오셔서
> 그 아이에게 손을 얹어 주십시오. 그래서 그 아이가 구원받아 살게 해주십
> 시오"라고 많이 간청한다. **24** 그러자 그가 그와 함께 나서셨다. 그리고 많
> 은 무리가 그를 따르며 그를 에워싸 밀치고 있었다.
>
> **25** 그리고 한 여인이 십이 년 동안 피 흘림 가운데 있으면서 **26** 많은
> 의사들로부터 많은 괴로움을 받았고 또 자기에게 있던 모든 것들을 다 썼
> 지만 아무런 효험을 얻지 못하고 도리어 더 나빠지고 있던 중에 **27** 예수님

에 관해 들은 후 무리 가운데 들어와서 뒤에서 그의 옷을 만졌다. **28** 왜냐
하면 그 여인이 "내가 만일 그의 옷을 만지기만 해도 구원을 받을 수 있을
것이다"라고 말했기 때문이다. **29** 그러자 즉시 그녀의 피의 근원이 말랐다.
그리고 그 여인은 자기가 병 치유를 받은 것을 몸으로 알게 되었다.**30** 그런
데 그 즉시 예수님이 그의 능력이 그로부터 나간 것을 스스로 아신 후 무리
가운데서 돌이켜 말씀하셨다. "누가 내 옷을 만진 것이오?" **31** 그러나 그의
제자들이 그에게 말했다. "당신을 밀고 있는 무리를 보십시오. 그런데도
'누가 나의 옷을 만졌냐'고 물으십니까?" **32** 그럼에도 그는 이것을 행한 그
여인을 보시려고 스스로 둘러보시고 계셨다. **33** 그러자 그 여인은 두려워
떨며 자기에게 일어난 일을 알고서 그에게 와서 엎드렸다. 그리고 그에게
모든 진실을 말했다. **34** 그러나 그가 그녀에게 말했다. "딸이여, 그대의 믿
음이 그대를 구원하였소. 평안히 가시오. 그리고 그대의 그 병으로부터 벗
어나 건강하시오."

35 그가 여전히 말씀하고 계실 때에 회당장의 집에서 사람들이 와서
말했다. "당신의 딸이 죽었습니다. 이제 그 선생님을 수고스럽게 할 이유가
있겠습니까?" **36** 그러나 예수님이 주고받는 말을 곁에서 들으신 후 회당
장에게 말씀하셨다. "두려워 말고 믿기만 하십시오." **37** 그리고 베드로와
야고보, 그리고 야고보의 형제 요한 외에는 아무도 그와 동행하는 것을 허
락지 않으셨다. **38** 그리고 그들이 회당장의 집에 들어간다. 그리고 그가 소
동과 울음, 그리고 많은 통곡을 보신다. **39** 그리고 들어가신 후 그들에게
말씀하신다. "무엇 때문에 소동하고 우시오? 그 아이는 죽은 것이 아니라
도리어 자고 있는 것이오." **40** 그러자 그들이 그를 비웃었다. 그러나 그는
스스로 모든 사람들을 내쫓으신 후 그 아이의 아버지와 어머니, 그리고 그
와 함께 있는 자들을 데리고 그 아이가 있는 곳으로 들어갔다. **41** 그리고
그 아이의 손을 잡은 후 그 아이에게 말한다. "딸리타 꿈." 그것을 번역하

면, “소녀야, 내가 너에게 말한다. 일어나라”라는 뜻이다. **42** 그러자 즉시 소녀는 일어나 걸어 다닌다. 이는 그 아이가 열두 살이기 때문이었다. 그리고 곧 그들이 크게 놀라 넋이 나갔다. **43** 그리고 아무도 이것을 알지 못하도록 그가 그들에게 많이 당부하셨다. 그리고 그 아이에게 먹을 것을 주라고 말씀하셨다.

주해

야이로의 간구(21-24절) 예수님은 거라사 지역으로부터 유대로 다시 돌아오셨다. 앞 단락에 등장한 무덤과 돼지들이 그곳이 이방 지역이었음을 가리킨다면, 회당장의 등장(22절)과 예수님의 아람어(41절) 사용은 현 사건이 유대적 배경하에서 이뤄지고 있음을 알려준다(Boring, 2006: 158). 사건은 회당장 중의 하나인 야이로의 등장으로 발단된다. 당시 회당장은 지역 공동체를 이끄는 ‘유지’ 역할을 감당한 이였다(Schürer, 2권 434). 그런 위치에 있던 야이로가 고통받고 있는 딸을 위해 예수님에게 찾아와 그 앞에 엎드리는 모습은(22절) 치료자에 대한 그의 믿음과 신뢰를 드러내는 몸 행위로 봐야 한다(Hooker, 1991: 150; Stein, 273). 특히 그의 행동 각각은 현재 시제로 발화되어 현저성을 가진다(“온다”[ἔρχεται], “엎드린다”[πίπτει], “간청한다”[παρακαλεῖ]). 게다가, 그의 치유 요청은 총 네 개의 동사를 통해 구체적이고도 길게 서술된다(동사는 밑줄 그어져 있다). “오셔서 그 아이에게 손을 얹어 주십시오. 그래서 그 아이가 구원받아[1] 살게 해주십시오”(23절). 그의 간청에 담긴 예수님의 치료 행위(“오셔

1. 마가복음에서 구원(σῴζω)은 병 치유(3:4; 5:28, 34; 6:56; 10:52; 13:20)와 죽음에서 벗어남(15:30, 31), 그리고 영생을 얻는 것(8:35; 10:26; 13:13)과 관련된 용어로

서 … 손을 얹어")와 아이의 치료 결과("구원받아 살게")에 대한 구체적 묘사는 예수님의 능력에 대한 야이로의 믿음을 드러내 준다. 특히 야이로는 마가복음에 나오는 많은 치유 기사 중 베드로의 장모와 디매오의 아들 바디매오(10:46)와 함께 이름이 언급된 몇 안 되는 피치유자(의 가족)이다. 야이로의 이름이 명시된 것은 그가 현 사건의 목격자적 증언을 제공한 인물이기 때문이라는 보캄의 지적은 옳다(Bauckham, 2006: 148). 이에 더하여 마가가 예수님의 부활 이후 거의 사십 년이 지났음에도 그의 이름을 기억할 정도로 그는 초기 교회에 믿음과 관련하여 큰 영향을 미쳤던 혹은 미치고 있었던 인물이었을 것으로 추측케 한다.

마가는 예수님이 야이로의 요청에 대해 아무런 언어적 반응 없이 다만 "그와 함께 나서셨다"(24절)고 알려준다. 야이로의 믿음에 예수님이 행동으로 반응하신 것이다. 무리들 역시 예수님을 뒤따르는데 마가는 무리가 따르며 한 행동을 구체적으로 언급한다: "많은 무리가 그를 따르며 그를 에워싸 밀치고 있었다[συνέθλιβον]"(24절). 특히 '쉬네틀리본'(συνέθλιβον)은 미완료 시제로 발화되어 그들의 밀치는 행동이 반복적으로 계속되었음을 시사한다. 무리의 이런 행동은 아픈 딸에게 "손을 얹어" 낫게 해달라는 앞선 야이로의 간청(23절)과 곧 등장할 혈루증 여인이 예수님의 옷을 '만지는'(ἥψατο, 27절) 신체 행동과 뚜렷이 비교된다. 야이로에 의해 요청된 접촉과 혈루증 앓는 여인의 만짐은 치유를 위한 것이었지만 무리들의 '밀침'은 목적 없는 혹은 단순 호기심에 따른 행동이었기에 예수님의 능력의 전달 통로가 되지 않는다.

혈루증 앓는 여인 치유(25-34절) 야이로의 딸에게 가는 도중 예수님과 열두 해 동안 혈루증을 앓아온 한 여인의 만남이 이뤄지는데 이 만남에서

사용된다.

능동적인 사람은 여인이었다(분사는 밑줄, 주동사는 짙은 글씨):

> 한 여인이 십이 년 동안 피 흘림 가운데 있으면서[οὖσα]
>
> 많은 의사들로부터 많은 괴로움을 받았고[παθοῦσα]
>
> 또 자기에게 있던 모든 것들을 다 썼지만[δαπανήσασα]
>
> 아무런 효험을 얻지 못하고[ὠφεληθεῖσα]
>
> 도리어 더 나빠지고 있던 중에[ἐλθοῦσα]
>
> 예수님에 관해 들은 후[ἀκούσασα]
>
> 무리 가운데 들어와서[ἐλθοῦσα]
>
> 뒤에서 그의 **옷을 만졌다**[ἥψατο](25-27절).

마가의 일반적 문장 구조는 접속사(καί)로 연결된 동사 + 동사, 분사 + 동사, 동사 + 분사[2] 등이 일반적이다(Taylor, 1966: 48-49). 따라서 주동사 하나를 두고 그렇게 많은 분사가 연속적으로 나열된 문장은 마가에게 매우 이례이다. 이런 예외적인 문장 구조의 효과는 무엇일까? 점층된 분사는 결국 의미의 점층적 효과로 귀결되는데, 분사의 주된 기능이 주절 정보의 보조적 설명이라는 것을 고려하면(Park, 232-37) 점층된 분사 정보는 주동사("그의 옷을 만졌다[ἥψατο]", 27절)의 의미를 극대화한다. 다섯 개의 분사는 여인이 가진 과거의 고통을, 두 개의 분사는 현재의 희망("들은 후", "들어와서", 27절)을 담아내고 있어, 여인의 손을 대는 행동(ἥψατο) 하나에는 여인의 그러한 과거 고통과 현재의 믿음이 모두 함축되어 있다. 이런 점에서 여인의 만지는 손은 무리들의 에워싸 밀치는 손과 전

2. 하나의 주동사를 두고 최대 두 개의 분사가 사용된 경우를 위해서는 1:21, 41; 14:3, 67; 15:43 참고.

혀 다른 의미를 가지고 있음을 인정하지 않을 수 없게 된다. 그 여인의 과거의 고통과 삶의 무게가 그녀의 내민 손에 담겨 있음을 알기 때문이다. 아울러, 치료해야 할 의사가 도리어 아픔만 더 가중시켜 결국 그녀의 상황은 해결은커녕 점차 더 악화되어 갔다는 정보(26절)는, 그녀에 대한 청자의 '파토스'(pathos)를 절정에 달하게 하여 그녀에게 대안적 치료가 절실하다는 사실에 공감하게 한다.

마가는 한 번도 예수님을 만난 적이 없었던 여인이 보인 자발적이고도 적극적인 행동이 그녀가 "예수님에 관해 들은 후"(ἀκούσασα περὶ τοῦ Ἰησοῦ)에 이뤄졌다고 말한다(27절). '이에수'(Ἰησοῦ)에 관한 '들음'이 여인에게서 믿음의 행동을 촉발시킨 것이다. 예수님이 야이로의 딸이 병중에 있다는 이야기를 '듣고' 움직이셨던 것처럼 여인 역시 예수님에 관해 '듣고' 그에게 찾아온 것이다. 여인을 예수님에게 이끈 동력이 무리의 호기심 그 이상이라는 점은 예수님에게 오기 전 그녀가 품었던 생각을 알려주는 28절을 통해 분명해진다: "왜냐하면[γὰρ] … 내가 만일 그의 옷을 만지기만 해도 구원을 받을 수 있을 것이다." 예수님에 관한 '들음'이 그 여인 안에 믿음을 형성하게 했고, 믿음은 여인의 행동을 이끌었고 결국 치유에 이르게 하였다. 듣고 움직여 결실을 얻은 여인은 앞선 비유의 "말씀을 듣고 받아들여" 결실에 이른 좋은 땅(4:20)을 생각나게 한다.

게다가 그 여인의 현재 병 상태를 고려한다면 예수님을 향한 그녀의 적극적인 행동은 유대 정결법에 의해 원칙적으로 금지된 것이었다. 유대 정결법에 따르면 여인은 유출이 있는 동안은 부정한 사람으로 취급되어 격리돼야 했는데(레 15:19-28),[3] 의식적이든 무의식적이든 다른 사람과의 접촉은 부정이 감염되는 통로가 될 수 있기 때문이었다(레 15:19-24). 그

3. 예수 시대 이런 법이 사용되고 있었다는 증거를 위해서는 쿰란 문서 11QTemple 45:7-17; 46:16-18; 48:14-17; Josephus, *Jewish Antiquities* 3.11.3 §261 참고.

녀의 첫 등장과 함께 본문은 그 여인이 십이 년 동안 혈루증을 앓아 왔다고 밝히고 있어(25절), 그녀가 "무리 가운데"(ἐν τῷ ὄχλῳ) 들어온 것이나 예수님의 옷에 손을 댄(27절) 것은 모두 유대 정결법이 허락하는 범위를 벗어난 행위라는 의미를 내포한다(Marcus, 2000: 357-58; 대조. Cohen, 278-79). 그 여인 역시 이것을 인지하고 있었다는 것은 그녀가 예수님의 옷을 "뒤에서"(ὄπισθεν) 만졌다는 정보를 통해 확인된다(27절). 이런 점에서, 현 사건에서 네 번 반복된 '하쁘또'(ἅπτω, '만지다')는 주목받아야 한다. '하쁘또'(ἅπτω)는 분사 일곱 개의 주동사("그의 옷을 만졌다[ἥψατο]", 27절 후반부)이다. 이후 그녀의 독백("내가 그의 옷을 만지기만 해도[ἅψωμαι]", 28절)과 예수님의 육성("누가 내 옷을 만진 것이오[ἥψατο]", 30절), 그리고 제자들의 질문("누가 나의 옷을 만졌나고[ἥψατο] 물으십니까", 31절)을 끝으로 네 번 반복된다. 같은 동사가 마가를 비롯하여 모든 인물들의 입에서 다 한 번씩 언급되고 있는 것이다. 하지만 동사 '만지다'의 중요성은 그것의 반복만이 아니라 그 여인의 병의 종류와 관련하여 환기된 정결법을 고려할 때에야 무게 있게 다가온다(박윤만, 2010: 331—32). 혈루증을 가진 사람의 '접촉' 행위는 정결법에 금지된 것임에도 예수님에 관해 들은 후 그 여인 안에 생긴 믿음은 그녀로 하여금 그 법의 제한을 뛰어넘는 행동(반복된 동사를 통해 강조된 것처럼)을 하게 했고 결국 그 여인은 "구원", 곧 병 고침을 받았다(28, 34절).[4] 그녀의 접촉은 의식법을 뛰어넘는 믿음이 있었음을 보여 주는 행동이었다(34절).

지금까지의 내러티브에서 믿음을 가진 이들이라 알려진 인물은 중풍병자와 그 일행들, 그리고 혈루증 앓은 여인이 전부이다. 중풍병자와 그 일행은 몰려든 사람들로 인해 예수님에게로 갈 수 있는 문이 막혔을 때

4. "구원"과 병 고침을 동격으로 보는 마가의 시각은 5:23 주해를 보라.

지붕을 뚫고 병자를 그에게 내리는 행동으로 믿음을 '보였고'("그들의 믿음을 보시고", 2:5), 혈루증 여인은 정결법을 뛰어넘어 예수님에게 다가갔을 때 "네 믿음이 너를 구원하였다"(34절)는 말을 들을 수 있었다. 두 사건 사이의 공통점은 그들의 믿음은 '장벽'을 뛰어넘는 행동으로 드러났다는 것이다.

흥미로운 것은 예수님이 무리 가운데서 누가 그의 옷을 만졌는지를 물으셨을 때 여인을 제외하고는 아무도 응답이 없었다는 것이다. 마가는 예수님이 야이로의 집으로 가시는 동안 무리들이 "그를 에워싸 밀었다"(συνέθλιβον αὐτόν, 24절)고 밝혔다. 사실 당시에 그 여인만이 아니라 모든 무리들이 다 예수님에게 손을 대고 있었다. 이는 제자들의 응답을 통해서도 확인된다: "그러나 그의 제자들이 그에게 말했다. '당신을 밀고 있는 무리를 보십시오. 그런데도 누가 나의 옷을 만졌냐고 물으십니까?'"(31절). 그럼에도 예수님이 누가 자신을 만졌는지 물으신 후(30절) 주위를 둘러보셨을 때(32절) 그 앞에 나온 사람은 여인뿐이었다. 무리 역시 예수님과의 접촉이 있었지만 그들은 나오지 않았다. 무리의 무응답은 그들의 접촉이 무의미했음을 말해준다. 의미있는 '접촉'은 몸의 고통과 사회적 고립을 겪고 있던 여인만 할 수 있었다. 그리고 그녀가 시도한 의미있는 접촉의 출발은 '예수님에 관한 들음'이었고, 듣고 믿음으로 만졌을 때 "몸으로"(τῷ σώματι) 구원을 경험할 수 있었다(29절).

예수님은 '개인적인 치유'를 받은 후 조용히 그 자리를 떠날 수 있었던 그 여인을 무리 가운데서 찾으신다. 예수님의 의도는 그가 "그 여인을 보시려고" 주위를 둘러 보셨다는 정보(32절)를 통해 확인된다. 이에 그 여인은 예수님에게 나오는데, 그 과정은 세 개의 분사(밑줄)와 두 개의 주동사(이탤릭)로 서술된다:

그러자 그 여인은 두려워 떨며[φοβηθεῖσα καὶ τρέμουσα]
자기에게 일어난 일을 알고서[εἰδυῖα]
그에게 *와서 엎드렸다*[*ἦλθεν καὶ προσέπεσεν*].

주동사로 발화된 '와서 엎드린' 행위의 의미는 앞서 서술된 세 개의 분사적 정보를 통해 알 수 있다. 그의 두려움의 이유는 본문이 명시하지 않고 있어 몇 가지 추론이 필요하다. 먼저, 그녀의 두려움과 떨림의 이유는 하나님의 능력을 경험한 자의 반응으로 볼 수 있는데(Dwyer, 53), 그녀는 이미 예수님이 어떤 분인지를 듣고 왔기(27절) 때문에 이런 해석은 충분히 설득력 있다. 마찬가지로 "자기에게 일어난 일을 알고서[εἰδυῖα]"는 소문으로만 들었던 예수님이 실제로 하나님의 능력의 수행자라는 사실을 "몸으로 알게 되었다"(29절)라고 해석해야 자연스럽다(Stein, 270). 이와 함께 그녀의 두려움과 떨림의 이유는 치유 과정에서 자신이 정결법을 어겼다는 생각 때문으로 보는 것도 가능하다(비교. Hooker, 1991: 149). 더군다나 그 여인은 무리 가운데 들어왔기 때문에 자기의 행동이 집단적 감염을 일으킬 수 있었다는 것을 알았을 것이다. 따라서 그녀의 두려움과 떨림은 한편으로 예수님이 하나님 나라의 능력의 집행자라는 사실을 경험한 후에 일어난 반응이며, 다른 한편으로 정결법 위반 사실 때문에 일어난 반응이다. 중요한 것은 그녀가 예수님에게 "와서 엎드렸다"는 사실이다. 이 행위는 병 치유를 통해 확인하게 된 예수님 안에 역사하고 있는 하나님을 높이려는 뜻과 동시에 본인의 정결법 위반 사실을 인정하겠다는 의도가 동시에 내포된 시도이다.

나아온 여인은 "모든 진실"(πᾶσαν τὴν ἀλήθειαν)을 예수님에게 말한다(33절). "모든 진실"의 내용은 본문에 명시되지 않고 있지만 문맥을 근거로 했을 때 그 여인이 정결법을 어기고 무리 가운데 들어왔고, 더욱이 예수님의 옷을 만지는 '위법적' 행동을 통해서 몸이 치유되었다는 사실이었을 것으로 보인다(대조. Stein 270). 그녀의 고백은 단순히 치유가 일어났다는 긍정적인 것만 있었던 것이 아니라 자신의 위법적 행동까지 포함하고 있었기에 마가는 그녀가 고백한 내용을 "진실"이라 말했을 것이다. 이처럼 "모든 진실"이 고백되었을 때 예수님은 그 여인을 "딸"(θυγάτηρ)로 부르시며 치유를 확증해 주신다(34절). 사실 그 여인은 아버지가 간청한 야이로의 "딸"(θυγάτηρ, 23, 35절)과는 달리 어떤 대리적 간청자 없이 직접 예수님께 왔다. 그리고 치료받은 후 무리 가운데 묻혀 있었을 수 있었지만 예수님은 그녀를 무리 가운데에 세우시고는 "딸"이라 불러 주신 것이다. 지금까지 가족 없이(26절) 고립된 삶을 살던 여인을 향해 예수님이 '부성적' 사랑을 표현하신 것이다.

이어서 "그대의 믿음이 그대를 구원하였소. 평안히 가시오. 그리고 그대의 그 병으로부터 벗어나 건강하시오"고 선언하신다(34절). 물론 본문이 벌써 그녀가 치유를 받았다고 알려주었기 때문에(30절) 그러한 말은 불필요한 것처럼 보일 수 있다. 하지만 예수님의 치유는 총체적 치유라는 것을 기억해야 한다(2:1-5, 11-12 주해를 보라). 자신에게 일어난 몸 치유에 만족하고 조용히 떠날 수 있었던 그녀를 예수님은 무리 가운데 세워 다시 공동체로 보내는 '사회적 치유'를 하신 것이다. 공동체 접근 금지법을 어겼기 때문에 '두려워 떨던'(33절) 그 여인에게 "평안히 가라" 하신 말씀은 그녀에게 내적인 평안뿐 아니라 공동체 안에서 더불어 살아갈 수 있는 사회적 관계로 들여보내시는 지시적 의미를 가진다고 봐야 한다(신현우, 2011: 96).

야이로의 딸 치유(35-43절) 혈루증 앓던 여인의 치유 이야기가 마무리될 즈음에 그 이야기로 중단(25절)되었던 야이로의 딸 치유 이야기가 재개된다. 두 이야기의 교차는 "그가 여전히 말씀하고 계실 때에 회당장의 집에서 사람들이"(35절) 오면서 이뤄진다. 34절을 고려할 때 야이로의 집에서 사람이 왔을 때 여전히 예수님과 말하고 있었던 사람은 혈루증 여인으로 보는 것이 자연스럽다(Marcus, 2000: 370). 도착한 사람들이 들려준 소식은 "당신의 딸이 죽었습니다"(35절)였다. 십이 년 동안 고통받던 한 여인이 치유받았다는 선언이 이뤄지는 그 순간(34절) 열두 살된 아이는 죽음 가운데 들어갔다는 소식이 도착한 것이다(35절). 삶과 죽음의 소식이 교차하고 있다. 하지만 예수님은 죽음의 소식을 다시 생명의 소식으로 바꾸신다. 두려워 떨던(φοβηθεῖσα καὶ τρέμουσα, 33절) 그 여인에게 "네 믿음[ἡ πίστις]이 너를 구원하였다. 그러니 평안히 가라"(34절) 하신 예수님이 이번엔 딸의 죽음의 소식을 들은 야이로에게 "두려워 말고 믿기만 하십시오"(μὴ φοβοῦ, μόνον πίστευε, 36절 후반부)라고 하신다. 한 치유 사건의 종결적 선언이 다른 치유 사건의 시작을 알리는 선언이 되고 있다. 야이로는 지금까지 그와 함께 있었기(24절) 때문에 혈루증 앓던 여인의 믿음이 치유를 가져왔다는 말씀(34절)을 들었다고 봐야 한다. 그렇다면 그에게 말해진 "믿기만 하십시오"라는 말씀(36절)은 야이로에게 이미 검증된 로고스로 들렸을 것이다.

이 말씀 후 예수님은 오직 베드로와 야고보, 그리고 요한만 동행을 허락하신 후 야이로의 집으로 향하신다(37절). 동행이 허락된 세 제자는 예수님이 열두 제자를 임명하실 때 추가적 이름을 받은 이들이었다(3:16-17). 그들 세 명은 여러 면에서 다른 제자들보다 예수님과 좀 더 친밀한 관계를 누렸던 것이 사실이다. 그들은 변화산에서 예수님의 변화를 보도록 허락되었고(9:2), 또 겟세마네 동산에서 예수님 곁에서 기도하도록 요청받은 인물들이기도 하다(14:33). 이런 동행은 예수님이 그들에게 특별대우를 하셨다는 것을 의미하기도 하지만, 사실 그들의 무지와 몰지각을 깨

우치기 위한 특별 배려이다.[5]

집에 도착하신 후 예수님은 죽은 아이를 둘러싼 소동을 보시고 "그 아이는 죽은 것이 아니라 도리어 자고 있는 것이오"(οὐκ ἀπέθανεν ἀλλὰ καθεύδει)라고 하셨다(39절). 예수님은 어떤 의도로 그 말씀을 말씀하셨을까? 이 표현을 문자적으로 이해한다면 예수님은 그 아이가 죽은 것이 아니라 실제로 잠을 자든지 아니면 기절한 상태에 있다는 진단을 내리신 것으로 볼 수 있다. 이 말을 듣고 비웃은(40절) 사람들은 적어도 예수님의 말을 그런 식으로 이해했다고 볼 수 있지만(대조. Cranfield, 189), 예수님의 의도는 문자적 의미 그 이상에서 찾아야 한다. 유대인들은 종종 죽은 자들을 잠자는 자들에 비유하곤 했듯이(에녹1서 91:10; 92:3; 바룩2서 30:2) 그 역시 그 아이가 죽어 있다는 점을 드러낸다고 말할 수 있다. 하지만 이런 해석은 "그 아이는 죽은 것이 아니라"는 문장에 대한 설명을 필요로 한다. 구약성경(사 26:19; 단 12:2)과 제2성전 시기 유대 문헌(에녹1서 91:10; 92:3; 바룩2서 30:2; Pseudo-Philo, 성경고대사 3:10; 19:12, 13; 살전 4:13-18)에서 죽은 자들을 잠자는 자들에 비유하는 맥락은 부활이라는 점을 기억할 필요가 있다. 따라서 "그 아이가 죽은 것이 아니라 잠잔다"고 하셨을 때 예수님은 그 아이의 상태를 죽음 자체에서가 아니라 부활의 범주에서 묘사하신 것이라 봐야 한다. 영원히 죽음의 상태에 있을 것이 아니라 부활을 기다리고 있다는 점을 전달할 의도로 그런 표현을 하셨다고 보는 것이 옳다. 물론 이 말이 예수님이 아이를 살리신 것이 부활이었다고 주장하는 것은 아니다(아래를 보라).

예수님은 "모든 사람들을 내쫓으신 후"(ἐκβαλὼν πάντας) 세 제자들과 아이의 부모와만 아이가 있는 방으로 들어가신다(40절). "모든 사람

5. 3:12과 9:9-10 주해를 보라.

들"(πάντας)에는 그를 비웃는 사람들(40절 전반부), 우는 사람들(38절), 그리고 처음부터 따르던 큰 무리(24, 31절)가 포함된다. '내쫓다'(ἐκβαλών)라는 낱말의 사용은 주목할 만한데, 마가복음에서 그것의 주 용례가 귀신을 내쫓는 것임을 고려할 때[6] 아이를 소생시키는 일이 은밀한 가운데서 진행되기를 원하신 예수님의 강한 의도가 반영된 것이다. 마가복음에서 예수님과 그의 사역의 은닉성은 그가 의도한 것임을 기억할 필요가 있다(1:43-44; 7:36; 8:26, 30; 9:9). 그의 사역과 신분이 공개되었을 경우 더 많은 사람이, 또 효과적으로 하나님 나라의 능력을 경험하리라는 판단이 자연스럽게 생긴다. 하지만 예수님은 은닉을 선택하신다. 이런 사역 방식은 마가복음이 말하고 있는 하나님 나라의 도래 방식으로서 예수님을 통해 도래하게 된 하나님 나라는 제한된 사람에게만 계시되고(4:10-12), 숨겨짐으로 드러나고(21-22절), 보이지 않을 만큼 작은 씨에서 시작하지만 어느 순간 웅장한 나무로 성장(30-32절)하는 "비밀"(μυστήριον, 11절)이다.

예수님은 죽은 아이 앞에 서신 후 먼저 "그 아이의 손을 잡으신[다]"(κρατήσας τῆς χειρὸς τοῦ παιδίου, 41절). 죽은 아이의 신체에 접촉하는 예수님의 행위는 유대 정결법의 위반이라는 지식을 떠올릴 수밖에 없다. 죽은 사람의 몸은 부정한 것으로 여겨졌기 때문이다(레 11:11; "시체를 만져서 부정하여진 자", 학 2:13). 그럼에도 예수님은 죽은 아이의 손을 잡으신다. 예수님은 "손을 얹어"(23절) 자기 딸을 고쳐 달라는 야이로의 요청에 응하여 출발하셨고, 도착했을 때는 이미 죽어 부정해진 상태임을 아셨음에도 불구하고 그 아이를 실제로 잡으신 것이다. 예수님은 야이로의 딸을 살리기 위해 의식적 부정을 감내하신 것일까? 예수님은 하나님 나라의

6. 1:12 주해를 보라.

선포자였고, 무엇보다 그를 통해 하나님의 종말론적인 통치가 역사 속에 들어오기 시작하면서 악의 세력이 무너지고 있음을 직접 경험하고 계셨기에 예수님에게는 다른 이해가 있었다고 보는 것이 옳다. 하나님의 통치가 역사 속에 임하자 악의 세력이 무너지고 귀신이 쫓겨나기 시작한 것처럼, 하나님 나라 선포자인 그가 정결법상 부정한 이와 접촉하더라도 부정(uncleaness)은 그 '힘'을 발휘하지 못할 것이라는 믿음이 그에게 있었다고 봐야 한다(비교. Witherington, 2001: 190). 그러므로 예수님은 정결법을 어기면서 야이로의 딸을 살렸다기보다는 정결법에 따른 부정을 무력화하시며 죽은 야이로의 딸을 잡아 일으키신 것이다. 그 결과 혈루증 여인의 경우와 같이 정결법에 따른 부정한 대상 사이에 이뤄진 예수님의 접촉은 '부정의 감염'이 아니라 '정함과 생명의 감염'이 일어나는 통로가 되었다.[7] 죽은 아이의 손을 잡으신 후 예수님이 말씀하신다: "딸리타 꿈"(ταλιθα κουμ, '어린 양이여, 일어나라'[문자적 번역], 41절 전반부).[8] 이어서 마가는 그 아람어를 다시 헬라어로 번역한다: "소녀야, 내가 너에게 말한다. 일어나라"(41절 후반부). 헬라어 번역은 물론 아람어를 모르는 청자를 위한 선택이다. 하지만 예수님의 일차 언어가 아람어였다는 것을 고려하면 마가는 예수님의 다른 아람어 어록은 헬라어로 번역하면서도 "딸리타 꿈"이라는 아람어 음역은 그대로 남겨둔다. 마가의 의도는 무엇일까?[9] 나인헴(Nineham, 162)이 밝힌 것처럼 당시 그리스-로마 사회에서 치유가들은 낯선 언어로 된 마법과 주문 공식을 사용하기도 했다(예. Philostratus, *Life of Apollonius* 4.45). 하지만 마가가 예수님의 치유에 어떤 "신비로운" 인

7. 1:42 주해를 보라.
8. "어린 양"이 어린 아이를 위한 애칭으로 사용된 예를 위해선 삼하 12:1-6를 보라.
9. 마가복음에 나오는 다른 아람어 음역에 대해서는 3:17; 7:11, 34; 11:9-10; 14:36; 15:22, 34를 보라.

상을 주기 위해 아람어를 그대로 남겨 두었다(Collins [a], 286)고 생각할 수는 없는데, 이는 마가가 청자들이 알아 들을 수 있도록 헬라어로 그것을 번역하고 있기 때문이다(Boring, 2006: 162; Hurtado, 2020: 130-31). 가장 자연스러운 해석은 야이로의 딸을 살리는 데 사용된 이 치유 언어가 초기 교회에서 아람어로 기억 및 암송되고 있었고 마가는 그 전승을 그대로 그의 복음서에 가져왔다는 설명이다(박윤만, 2013b: 24 각주 15). 아울러, 의사소통적 이유도 생각해 볼 수 있는데, 아람어로 된 예수님의 치유 언어를 헬라어권 청자에게 그대로 사용한 것은 치유 자체에 역사적 현장감과 생동감을 주려는 마가의 수사적 전략이다(마가복음에 남아 있는 아람어와 그 번역이 가지는 사회 언어학적 의미에 대해선 본 단락의 〈요약과 해설〉부분을 참고하라).

기적은 즉각(εὐθύς) 일어났다. 예수님의 말씀이 그 아이에게 가져온 변화는 두 동사로 표현된다: "일어나[ἀνέστη] 걸어 다닌다[περιεπάτει]" (42절 전반부). 먼저, '아네스떼'(ἀνέστη)는 아이의 부활이 아닌 회생을 가리킨다. 부활은 마지막 날 하나님께서 그의 창조 세계에서 죄와 악을 다 멸하신 후 믿는 자에게 주시는 미래의 몸인 반면, 회생은 과거의 몸으로 되돌아가는 것이다(Wright, 2003: 20-31, 404-5). 야이로의 딸은 언젠가 다시 죽게 될 생명을 되돌려 받게 되었다는 의미에서 회생이다. 신학적으로 본다면, 예수님이 베푼 소생의 기적은 그의 죽음과 부활을 통해 시작될 새 창조의 시작을 그 아이가 미리 맛보도록 한 선취적 사건이다. 이런 사역은 예수님이 세례 시 받은 새 창조주로서 그의 소명의 성취이기도 하다.[10] 마지막 침묵 명령(43절 전반부) 역시 영원히 침묵하라는 뜻으로 볼 수는 없다(참조. 16:8). 오히려 회생 기적은 예수님의 부활의 빛으로만 제

10. 1:10-11 주해를 보라.

대로 조명될 수 있었기에[11] 비록 언어적으로 명시되지는 않았지만 새 창조의 시작을 알리는 자신의 죽음과 부활 때까지 기적 사건을 말하지 말도록 하신 것이라는 추론이 마가복음 전체 흐름에서 자연스러운 해석이다(참고. 9:9; Boring, 2006: 163).

다음으로, 아이에게 일어난 치유의 다른 의미는 동사 "걸어 다닌다"와 설명을 이끄는 연결사 '가르'(γάρ)절에서 드러난다: "걸어 다닌다[περιεπάτει]. 이는 [γὰρ] 그 아이가 열두 살이기 때문이었다." "걸어 다닌다"는 정보 후 이유를 설명하는 '가르'절이 뒤따르는 것은 그 아이가 일으킴을 받은 후 스스로 걸어 다닐 만큼 자란 소녀였다는 사실을 설명하기 위한 것이라 볼 수 있다. 하지만 걸어 다니는 소녀의 모습은, 그 아이에게 "먹을 것을 주라"(43절 후반부)는 말과 더불어, 예수님의 치유가 가진 더 깊은 차원을 말한다. 걷고 먹을 수 있는 것은 생명력 넘치는 성장기 소녀의 전형적인 모습이다. 무엇보다, 여성성이 발달하기 시작하는 열두 살 나이의 소녀는 고대 지중해 세계에서 결혼이 가능해진 때로 이해되었다.[12] 그 아이가 소생함을 받았을 때 열두 살이었다는 것과 먹을 것을 주도록 한 본

---

11. 1:33-34 주해를 보라.

12. 킹 & 스테이저(Philip J. King and Lawrence E. Stager)는 고대 이스라엘 사회가 여성의 결혼 적령기를 언제로 보았는지에 대한 통계를 내기 어렵지만, 여러 단편적인 글들과 후기(탈무드 시기) 자료를 근거로 대체로 젊은 나이 혹은 십대 초로 보았다는 데에는 이견이 있을 수 없다고 주장한다(King and Stager, 37). 고대 로마에서는 여자 나이 12살을 결혼 적령기로 보았다(Veyne, 20). 또한 Plutarch, *Lycurgus and Numa* 4.5에 따르면 "로마인들은 … 그들의 딸들이 어린 12살이 되거나 혹은 그보다 더 어린 경우에도 결혼시켰다"(The Romans ... gave their daughters in marriage as early as twelve years old, or even under). 또한 플리니 역시 결혼 준비 중에 갑작스럽게 죽은 13세의 소녀에 대한 이야기를 들려준다(Pliny the Yonger, *Epistles* 5.16.1-7). 반면 에픽테토스는 당시 로마에서는 열네 살이 되면 숙녀로 불렸다고 증언한다(Epictetus, *Enchiridion* 40). 그럼에도 로마법으로 허용된 결혼의 연령은 여자는 12살, 남자는 14살이었다(Balsdon, 87).

문 정보는 예수님의 치유는 그 아이가 여성으로서 살아갈 수 있는 길을 열어 주시는 것을 포함한다.

이런 점은 그 아이에 대한 칭호의 변화를 통해서도 어느 정도 확인된다. 이야기가 시작된 후 야이로와 그의 집에서 온 사람들은 그 아이를 "딸"(23, 35절)로 부른다. 반면, 예수님은 집에 도착한 후 야이로의 딸을 "아이"(παιδίον, 39절)로 부르신 후 살리는 순간에 "소녀"(τό κοράσιον)라 부른 것으로 번역된다:[13] "그것을 번역하면, '소녀야, 내가 너에게 말한다. 일어나라'라는 뜻이다"(41절). 끝으로 마가는 직접 "소녀는 일어나 걸어 다닌다"(42절)라고 표현한다. 소생함을 받아 스스로 일어나 걷는 순간 야이로의 딸은 "소녀"로 불리고 있는 것이다. 가족의 틀(frame) 안에서 부모와의 관계에 따라 범주화된 명칭인 "야이로의 딸"과 "아이"와는 달리, "소녀"는 젠더(gender)에 기반하여 보다 더 사회적으로 독립된 존재라는 개념을 함의한다.[14] 따라서 마가에 따르면 예수님은 소녀를 소생시킴으로 그 아이가 앞으로 여성으로서 독립된 삶을 살아갈 수 있는 길을 열어 주신 것이다. 흥미로운 것은 앞선 치료에서 예수님은 혈루증 여인에게 마지막으로 "딸"(34절)이라 불러 주시고, 야이로의 딸에겐 "소녀"로 불러 주셨다는 점이다. 각 에피소드의 종결부에 드러난 이런 칭호의 차이는 그들의 다른 필요에 따른 다른 반응의 결과로 볼 수 있는데, 혈루증 여인에게 필요한 것은 가족이었고, 살아난 아이에게 필요한 것은 소녀로서의 삶이었기 때문이다.

---

13. 아람어 음역인 ταλιθα의 해당 아람어는 טליתא('탈레이타') 또는 טלתא('텔리타')로서 '소녀'와 '소년' 혹은 '젊은이'를 가리킬 때 사용된다(BDB, טלה).

14. 칠십인경에서 소녀(κοράσιον)는 독립된 활동을 할 수 있는 여성(삼상 9:11, 12), 결혼 적령기에 있는 처녀(삼상 25:42), 심지어 결혼한 여인(삼상 20:30)을 가리키기 위해서도 사용된다.

요약과 해설

21-43절에는 여러 면에서 공통점을 가진 두 기적 이야기를 담고 있다. 두 사건의 피치유자들은 모두 여성으로서 한 명은 십이 년 동안 피 흘림 가운데 있었고, 다른 이는 십이 년간의 삶이 꺼져가고 있었다. 예수님은 혈루증 앓은 여인의 피를 멈추게 하심으로 그녀가 여성으로서의 정상적인 삶을 다시 시작할 수 있도록 해주셨고, 열두 살 소녀에게는 꺼졌던 생명을 소생시켜 주심으로 동일하게 여성으로서의 삶을 본격적으로 시작케 하셨다. 예수님의 입장에서 본다면 이런 치유와 소생에는 위험이 따른다. 유출병과 시체를 부정한 것으로 보는 유대 정결법에 따르면 두 대상자 모두 부정했고, 접촉 시 부정을 감염시킬 우려가 있는 상태였기 때문이다. 그럼에도 그들의 치유와 소생은 모두 '접촉'을 통해서 이뤄졌다(27, 41절). 예수님과 그들 사이의 접촉은 모두 부정이 감염이 아니라 능력의 전달 통로가 되었다. 두 사건 모두에서 믿음은 치유의 중요한 조건이 되었고(34, 36절), 치료의 결과는 사회와 가정으로 되돌아가는 것이었다(34, 42-43절).

두 기적 사건을 통해 예수님은 세례 때 확인받은 새 창조주로서의 소명을 이루셨을 뿐 아니라 특히 야이로의 딸을 살리심으로 앞으로 다가올 예수님의 죽음과 부활을 통한 죽음의 정복을 예시하셨다.

끝으로 예수님이 야이로의 딸을 살리실 때 하신 아람어("딸리타 꿈")를 마가가 그대로 남겨두었다는 점이 시사하는 바가 크다. 사실 마가복음에는 이것과 더불어 문장 형태로 남겨진 아람어가 있는데, "에파타"(7:34), "고르반", "호산나"(11:9, 10), 골고타(15:22), "엘로이 엘로이 레마 사박타니"(15:34) 등이 있다. 특히 치유 때 예수님이 하신 아람어는 "딸리타 꿈"과 "에파타"인데, 그것이 뜻하는 바는 보다 상세한 설명이 필요하다. 먼저 질문이 생긴다. 번역해 줄 것 같으면 다른 예수님의 말을 번역할 때처럼 아람어를 없애버리지 무엇 때문에 마가는 청자들이 알아 듣지도 못하는 아람어를 그대로 남겨 두었을까? 사회 언어학에서는 담화 중 갑자기 "에파타"나 "딸리타 꿈"과 같은 외래어가 나오는 것을 부호 체계 전환(code-switching, '말하는 도중에 언어나 말투를 바꾸는 것')이라 부른다.

부호 체계 전환의 이유는 다양한데, 대표적인 이유는 다음과 같이 정의된다(한경임, 78-79): 1) 특별한 주제를 말하기 위해, 2) 다른 사람의 말을 인용하기 위해, 3) 강조할 때, 4) 말 끼어들기를 위해, 5) 말의 명료성을 위한 반복적 용례, 6) 집단 동질감의 표현, 7) 말 내용의 명료화를 위해, 8) 어조의 강약을 위해, 9) 번역상의 어려움을 해결하기 위해, 10) 특정 청중에게만 소통하기 위해. 이런 일반적 의미를 고려하며 신약성경에서 그것의 쓰임을 고찰해보자. 우선 신약성경에서의 부호 체계 전환에 대한 이해를 위해 두 가지 언어 지식이 필요하다. 첫째, 로마인은 그리스어를 사용했다. 자기 나라 언어인 라틴어가 있었지만 그건 행정 문서에서만 사용하고 일상 대화에서는 그리스어로 대화했다. 당시에는 그리스어를 사용하지 않는 사람은 야만인이라고 여겼다. 둘째, 예수님의 이야기를 담은 최초의 복음서인 마가복음은 로마에 있는 기독교인들에게 보내졌고 그리스어로 기록되었다. 예수님은 적어도 야만인은 아니라고 생각을 했을 수 있다.

하지만 마가복음 안에서 지금까지 그리스어로 가르치고 말씀하시던 예수님이 갑자기 알아듣지 못하는 말씀으로 "딸리타 꿈" 하시고 또 "에파타" 하신다. 그리스어로 말씀하시던 예수님이 난데없이 야만인의 언어로 말씀하신 것이다. 그리고 이어서 마가는 그 말뜻이 무엇인지 그리스어로 번역해준다. 이후 그 야만인의 말을 들은 죽은 소녀가 살아나고 듣지 못하던 사람의 귀가 열리고 말을 잘못하던 사람의 혀가 열린다.

이처럼 그리스어를 사용하던 로마 그리스도인들이 처음에는 예수님의 아람어 말을 알아 듣지 못한다. '야만인'의 언어로 예수님이 말씀하셨기 때문이다. 그런데 조금 후에는 알아 듣는다. 마가가 그 말을 번역해 주었기 때문이다. 처음에 예수님의 아람어 말을 알아 듣지 못했던 사람은 로마 그리스도인만 아니었다. 12살 난 소녀 역시 예수님이 "딸리타 꿈"이라는 말을 하셨지만 그것을 들을 수 없었는데, 그 딸은 죽어 누워 있었기 때문이다. 갈릴리 호수에서 만난 그 사람 역시 "에파타"라는 말을 전혀 알아 들을 수 없었는데, 그는 귀가 먹고 말이 어눌한 사람이었기 때문이다. 예수님은 들을 수 없는 사람들에게 아람어 말씀을 외치신 것이다. 그런데 예수님이 들을 수 없던 사람에게 "딸리타 꿈"이라 외치자 소녀가 죽음에서 일어난다. 또 알아 들을 수 없던 사람에게 "에파타"라고 외치자 그 말이 귀를 열어 알아 듣는 사람으로 만든다.

이 두 경우가 보여 주는 아람어 예수님의 '말 사역'은 말뜻을 알아듣는 사람에게 이해시키는 것이 아니라 알아들을 능력이 없는 사람을 그의 말을 알아듣는 사람으로 변화시키는 것이었다. 사람을 바꾸어 놓은 일이 아람어 예수님의 말씀 사역이었다. 마가의 그리스어 번역이 로마의 교회로 하여금 아람어 예수님의 말을 이해하도록 해준 것처럼, 예수님의 아람어 말씀은 죽어 누워 있던 12살 난 소녀를 일으켰고, 못 듣고 말 못하던 그 사람을 듣고 말하는 사람으로 변화시켰다. 예수님의 아람어 말씀은 우리에게 말한다. 예수님의 말씀 사역은 존재에 변화를 가져오고, 지적 이해력만 아닌 몸에 변화를 가져오는 일이라고 말이다(참고. Gómez, 407-408). 그리스인들이 생각한 것처럼 무슨 언어를 쓰느냐가 그 사람 '됨됨이'(personality)를 결정하는 게 아니고, 예수님의 됨됨이가 언어의 힘을 결정한다. 예수님의 이야기는 '야만어'도 누구 입에서 나오느냐에 따라 다른 결과를 가져온다는 것을 보여준다.

제28장
고향 사람들의 거부
마가복음 6:1-6

현 단락은 앞선 단락과 구분된 시간("안식일에", 2절), 공간("고향", 1절; "회당", 2절)과 인물(고향 사람들, 2절)을 가지고 있어 독립된 에피소드인 것을 알 수 있다. 그럼에도 '믿음'은 현 단락과 앞선 단락을 연결하는 열쇠 말이다("네 믿음이 너를 구원하였다", 5:34; "두려워 말고 믿기만 하십시오", 36; "그들의 불신앙 때문에 놀라셨다", 6:6). 현 단락의 주제는 예수님이 고향에서 직면한 배척과 관련되어 있는데 앞선 몇 사건들과 연관해서 보더라도 이런 주제적 흐름은 분명해진다. 예수님은 유대 갈릴리에서 헬라 도시인 데가볼리로 가셨다가(5:1-20) 다시 유대 갈릴리로 돌아오셨다(21-43절). 그리고 이제 유대 지역 중에서도 그의 고향인 나사렛(1:9)을 방문하신다(6:1). 방문과 배척의 주제를 연관시켜 본다면, 예수님은 거라사 지역 사람들에 의해서는 배척을 받으시고(5:17), 돌아온 갈릴리에서는 무리들에 의해 큰 환영을 받으신다(5:21, 42). 그러나 이내 고향에서 다시 배척을 받으신(6:3-4) 후에는 주변 마을로 돌아다니시며 가르치신다(6절 후반부). 예수님이 이처럼 배척과 환영이라는 극단적 경험을 제자들과 함께 거친 후에 제자들을 파송(6:7-13)하신다. 보다 큰 맥락에서 본다면 이전 단락과 현 단락들은 파송받은 제자들에게 일어날 일(10-11절)을 사전에 경험케 했다는 의미가 있다(해당 본문을 보라). 현 단락의 사건은 방문(1절), 고향 사람들의 배척(2-3절), 그리고 반응(4-6절)으로 이뤄져 있다.

1 그리고 그는 그곳에서 나와 그의 고향으로 가신다. 그러자 그의 제자
들이 그를 따른다. **2** 그리고 안식일이 되었을 때 그가 회당에서 가르치기
시작하셨다. 그러자 많은 사람들이 듣고 놀라서 말한다. “어디서 이런 것들
이 이 사람에게 [주어졌는가]? 이 사람에게 주어진 그 지혜는 또 무엇인가?
게다가 이런 종류의 능력이 이 사람의 손을 통해서 일어난단 말인가? **3** 이
사람은 그 목수이자, 마리아의 아들이며 야고보와 요셉, 그리고 유다와 시
므온의 형제가 아닌가? 그리고 그의 누이들이 여기 우리와 함께 있지 않은
가?” 결국 그들은 그로 인해 걸려 넘어졌다. **4** 그때 예수님이 그들에게 말
씀하셨다. “선지자가 그의 고향과 그의 친척, 그리고 그의 집에서 말고는
존경받지 못함이 없습니다.” **5** 그리고 그곳에서 아무런 능력을 행하실 수
없으셨다. 다만 소수의 병자들에게 손을 얹어 치료하실 뿐이었다. **6** 그리고
그는 그들의 불신앙 때문에 놀라셨다. 그리고 그는 마을들을 둘러 돌아다
니며 가르치신다.

주해

방문(1절) 예수님은 “그곳에서 나와”(ἐκεῖθεν) 고향으로 “가신다.” ‘그곳’은 야이로의 집이다(5:38-39). 이야기 서두에 놓인 이런 정보는 고향에서 일어난 사건을 앞 사건과 연결하여 이해토록 하는 장치다. 마가는 예

수님이 나사렛 출신이라는 것을 알면서도(1:9) '나자레뜨'(Ναζαρέτ, '나사렛') 대신 '빠뜨리스'(πατρίς, '고향')에 가셨다고 한 것은 '고향'이라는 장소가 내포하고 있는 특별한 개념을 환기시켜 뒤따르는 사건의 이해를 준비시키기 위한 것으로 보인다. 스미스(J. Z. Smith)에 따르면 고대 사회에서 장소는 "사회적 위치, 혈통, 친족, 권위, 우열의 의미를 내포한다"(Smith [a], 46). 이런 사회에서 한 사람에 대한 이해는 자연스럽게 그가 속한 장소에 따라 이뤄진다. 그렇다면 고향으로 가신다는 정보는, 단순히 지리적 이동에 대한 정보만 아니라, 예수님의 정체성과 관련하여 그곳 사람들이 가진 전통적인 입장과 예수님의 입장 사이에 일어날 모종의 긴장을 준비한다고 봐야 한다. 마가는 예수님이 고향에 가실(ἔρχεται) 때 제자들 역시 그를 따랐다(ἀκολουθοῦσιν)고 언급하고, 시제는 두 동사 모두 강조적 현재로 발화된다. 이는 나사렛 방문 에피소드의 주된 참여자로 예수님과 제자 모두를 강조하려는 시도로, 고향에서 예수님에게 일어난 일이 그를 따르는 제자들에게도 동일하게 적용될 수 있다는 것을 함의한다(참고. 6:11).

고향 사람들의 배척(2-3절) 안식일에 예수님은 다시 회당에 들어가서 가르치신다(참고. 1:21). 이어지는 본문은 가르침의 내용이 무엇인지보다 사람들이 어떤 반응을 보였는지를 알려주는 것에 그 목적이 있다. 고향 사람들은 예수님의 가르침을 "듣고"(ἀκούοντες) 놀라고(2절), 결국 그를 배척한다(3절). 무엇이 그들로 하여금 예수님을 냉대하게 했을까? 유대 사회에서 성인 남성은 회당에서 히브리 성경을 읽고 강론할 수 있는 권리를 가지고 있었기 때문에(Moore, 1권 289-91) 예수님의 가르치는 행위(διδάσκειν) 자체는 놀라운 것이 아니었을 것이다(눅 4:16, 20). 또 본문은 예수님이 무엇을 가르치셨는지를 말하지 않고 있기 때문에 그들이 가르침의 내용 자체를 문제 삼았다고 볼 수도 없다. 사실 앞선 사역에서 드러난 것처럼 그의 가르침은 "권위"(ἐξουσία)와 "능력"(δύναμις)이 동반된 (1:22, 27; 5:30) 채 갈릴리에서 큰 반향을 불러 왔다(1:28, 45; 2:1, 13; 3:7-8, 20; 4:1; 5:21). 따라서 예수님에 대한 고향 사람들의 경멸은 다른 데에 그 이유가 있었다. 그들이 예수님을 지시하고자 사용한 지시 대명사(οὗτος)는 세 번 반복되고 있다("… 이 사람에게[τούτῳ]", "이 사람에게[τούτῳ] 주어진", 2절; "이 사람은[οὗτος]", 3절). 헬라어 지시 대명사는 이미 알려진 대상을 가리킬 때 사용하는 용법임을 기억할 때 마을 사람들은 회당에서 능력과 지혜로 가르치는 예수님을 고향에서 알아온 '익숙한 예수'의 틀(아래를 보라)로 이해하려 하고 있음을 알려준다. '능력과 지혜의 예수'와 '익숙한 예수', 이 '두 예수'가 서로 조화되지 않자 고향 사람들은 '지혜와 능력의 예수'를 배척한 것이다. 어쨌든 이런 냉소적 반응은 네 종류의 땅에 떨어진 씨 비유에서 말씀을 듣지만 '품지'는 않는 "길가"와 같은 사람들을 연상시킨다(4:15).

고향 사람들이 예수님을 이해하는 범주는 직업과 가족이다. 이는 3절에서 확인된다. 먼저, 그들은 그가 "그 목수"(ὁ τέκτων)라는 사실을 떠올린다. 일반적으로 서술 명사는 무관사가 원칙이지만 지시체가 잘 알려진 경우에는 관사를 동반한다.[1] 그렇다면 '떼끄똔'(τέκτων)이 가진 헬라어 관사(ὁ, '그')는 고향 사람들에 의해 예수님은 이미 "목수"로 잘 알려져 왔다는 것을 말한다(Stein, 282). 그들의 그런 지식은 예수님이 공생애 시작 전에 아마도 요셉의 뒤를 이어(마 13:55) 오랫동안 목수로 활동했기 때문이라 짐작할 수 있다. 그들이 예수님을 그 목수라고 떠올린 것은, 그의 가르침이 목수에게서 나올 수 없는 종류라 판단했기 때문이다.[2] 고향 사람들

1. BDF §273(1).
2. 주후 2세기 로마 철학자인 켈수스는 그리스도교를 조롱하면서 그리스도인들의 선생은 "십자가에 못 박힌 목수"라고 말한다(Origen, *Contra Celsum* 6. 34.36;

이 한 사람의 가치와 그의 가르침을 평가하는 기준은 직업이었다. 직업적 범주 그 이상으로 예수님을 인지하지 못하고 결국 그를 받아들이지 못한다. 유사하게 주전 2세기의 작품으로 알려진 집회서는 목수가 토라/지혜를 가르치는 선생으로서 합당치 않다고 보았는데, 이는 토라 선생은 많은 묵상과 연구를 거쳐야 하는데 목수는 그럴 수 없기 때문이라 보았다(집회서 38:24-27; 39:1-3). 물론 목수에 대한 이런 평가를 일반화하기는 어렵다. 주전 1세기에서 주후 1세기에 활동했던 율법 선생 샴마이(Shammai)는 건축업자(바벨론 탈무드 샤바트 31a)로, 힐렐(Hillel)은 날품팔이꾼으로 일하며 토라를 가르쳤던 것으로 전해진다(Jeremias, 1988: 155, 302). 따라서 집회서와 나사렛 사람들이 목수가 가르치는 선생의 자격이 있는지를 두고 보인 비아냥거림은 개인적 편견에 따른 것으로 보는 것이 더 낫다. 고향 사람들은 예수님을 너무 잘 안다는 생각 때문에 그를 더 깊이 더 넓게 알아가는 일에 실패한다. 참 앎에 도달하는 데에 있어서 가장 큰 방해는 문화적으로 형성된 그들의 익숙한 지식이었던 것이다.

고향 사람들은 다시 예수님의 신분과 그의 가르침을 전통적인 가족 프레임 안에서 이해하려고 한다("이 사람은 마리아의 아들이며 … 형제가 아닌가 … 그의 누이들이 여기 우리와 함께 있지 않은가?", 3절 전반부). 특히 "그의 누이들이 여기[ὧδε] 우리와 함께 있지 않은가"라는 외침은 예수님은 고향에서 가족과 함께 머물지 않고 있다는 사실을 드러낸다. 가족과 마을 중심으로 생활 환경이 펼쳐졌던 고대 사회에서 그곳을 등진 사람은 정체성이 불분명한 사람으로 여겨질 수밖에 없었다. 그런 점에서 가족과 고향을 떠나 살던 예수님은 고향 사람들에게 이해 불능, 곧 혼동을 주시고 있다. 그러나 사실 문제는 그들이 예수님을 '고향'에서의 일상적 삶

Witherington, 2001: 193).

을 통해 알아온 범주로 이해하려 했다는 데에 있는 것이 아니라, 그 범주 이상으로는 그를 이해하려 하지 않는다는 데에 있다.

어머니와의 관계에서 예수님을 범주화한 "마리아의 아들"(비교. 마 13:55, "그 목수의 아들", "그 어머니는 마리아"; 눅 4:22; 요 1:45; 6:42, "요셉의 아들")이라는 호칭은 특별한 주목이 필요하다. 마가복음 자체가 보여주듯이 당시 자녀를 부를 때는 아버지의 이름으로 부르는 경우가 일반적이었다(1:19; 10:35, "세베대의 아들 야고보와 요한"; 10:46, "디매오의 아들 … 바디매오"). 그럼에도 "마리아의 아들" 호칭을 사용한 동네 사람들의 의도에 대해서는 크게 두 가지 설명이 있다. 첫째, 고향 사람들은 예수님의 동정녀 탄생을 알고 있었고 그것을 '비합법적'인 것이라 조롱하고 있다는 것이다(Gnilka, 1권 296; 비교. Collins [a], 290-91; Boring, 2006: 165; Marcus, 2000: 375).[3] 둘째, 가부장적 사회에서 자녀는 아버지와의 관계하에서 불리는 것이 언어적 관습이라는 것(예. 1:19)을 감안하면, 이 표현은 예수님의 아버지(요셉)의 때 이른 죽음 때문일 수도 있다는 것이다(양용의, 139; Gundry, 291; Stein, 283). 이집트 옥시링쿠스 지역에서 발견된 파피루스 문서(P. Oxyrhynchus 1.104.10, 대략 주후 96년)에는 아버지 없는 아들이 실제로 '어머니의 아들'로 불린 예가 나온다(Malouta, 133). 두 번째 설명이 타당해 보인다. 하지만 그렇다고 하더라도 그 호칭이 가치 평가에서 자유로운(value-free) 것은 아니다. 이는 한 사람을 어머니의 아들로서 부르는 것은 그의 아버지가 누군지 모른다는 모욕을 함의하고 있기 때문이다(Rawlinson, 74). 게다가 가부장적 사회에서 한 사람

3. 사복음서가 기록될 당시 유대인들이 예수님의 동정녀 탄생을 비합법적인 출생이라고 비난(참고. Origen, *Contra Celsus* 1. 28-32, 39, 69; 비교. 바벨론 탈무드 산헤드린 67a)하고 있었지만 마태(1:20-25)와 누가(2:1-7)는 예수님의 동정녀 탄생이 성령으로 인한 출생이라는 진실을 밝힌다.

(자녀)을 남편(아버지)을 사별한 아내(어머니)의 이름으로 부르는 행위는, 어머니와 아들 모두에 대한 폄하를 내포할 수 있기 때문이다(예. 에녹1서 62:5).[4] 더욱이 예수님의 형제들의 이름은 언급하고 있는 반면, 그의 자매들은 별다른 이름 언급 없이 "우리와 함께 있지 않은가"라는 말로 함께 묶여 서술된다는 것 역시 나사렛 사람들의 여성에 대한 폄훼를 반영한다. 동정녀 탄생을 조롱하고자 했든지 아니면 사별로 인한 불가피한 호칭이었든지 간에 사람들이 사용한 "마리아의 아들"은 한 사람의 명예와 권위가 그가 속한 가계도(genealogy)와 구분되지 않던 사회(Malina, 32)에서 경멸의 어조를 띌 수밖에 없다는 것은 부인될 수 없다.[5]

"결국 그들은 그로 인해 걸려 넘어졌다"(καὶ ἐσκανδαλίζοντο ἐν αὐτῷ, 3절 후반부). '스깐달리조'(σκανδαλίζω, '비틀거리게 하다')는 신약성경에서 비유적인 의미로 사용되어 '죄 짓게 하다' 혹은 '그릇된 길로 이끈다'의

---

4. 에녹1서 62:7는 "인자는 "태초부터 숨겨져 있었는[데]" "하나님이 그를 선택된 자들 앞에 세우고" "모든 열왕들과 통치자들과 관리들"이 그를 경배하도록 하실 것이라 한다. 아이작(E. Isaac)은 에티오피아어로 남은 에녹1서 62:7의 "인자"를 문자적으로 번역할 경우 "산자들의 어머니의 자손"이라 번역될 수 있다고 한다(62:7에 대해 아이작이 추가한 각주를 보라). "인자"에 대한 이런 문자적인 번역("어머니의 자손")은 후에는 열왕의 통치자로 등극할 존재임에도 처음에는 보이지도 않았다는 말에 암시된 것처럼 그를 미미한 존재로 표현하려는 시도로 볼 수 있다.

5. 도나후와 해링톤(John R. Donahue and Daniel J. Harrington)은 Josephus, *Jewish War* 4.3.5 §145에도 어머니의 이름으로 불리는 사람("도르가의 아들")이 있었다는 점을 들어 예수님을 "마리아의 아들"로 부르는 것이 반드시 경멸적인 표현인 것은 아니라고 주장한다(Donahue and Harrington, 184). 대신 예수님이 "마리아의 아들"로 불린 전승이 여기에 있는 것은 현실적 예수 그의 동시대 사람들과 같이 그의 손으로 일하는 있는 그대로의 예수님을 소개하려는 뜻이 있다고 주장한다(Donahue and Harrington, 188). 하지만 이런 주장은 본문에서 예수님의 고향 사람들이 예수님을 조롱하고 있는 맥락에서 그 명칭들이 사용된다는 점을 간과하고 있는 것이다.

뜻을 가진다.[6] 그렇다면 본 절은 '사람들이 예수님 때문에(ἐν αὐτῷ) 그릇된 길로 가게 되었다'는 의미를 전달한다고 말할 수 있을까? 앞선 2-3절 전반부는 "그"(αὐτῷ)가 가리키는 것이 지금까지 마가가 말해 온 예수님이 아니라 그들이 만든 '익숙한 예수'라는 추론은 자연스럽다. 따라서 그들로 예수님을 믿지 못하게 한 것은 바로 그들 자신의 선입관이었다(Moxnes, 52)고 보는 것이 옳다. 고향 사람들은 자기들이 예수님과 관련하여 이미 알고 있는 지식과 익숙함 안에 머물며 그를 그 안에 제한시키려하다가 결국 예수님을 배척하게 된 것이다. 거라사 지역 사람들에게는 오해가(5:17 주해를 보라), 고향 사람들에게는 익숙함이 예수님을 믿는 일에 걸림돌이었다.

고향 사람들과의 갈등은 당시 사회의 문화를 고려할 때 훨씬 더 중대한 의미를 가진다. 고대 사회에서 한 사람의 정체성의 뿌리는 그가 무엇을 이루었느냐가 아니라 그가 어디에 속해 있느냐에 따라 결정된다(3:20 주해를 보라). 이런 까닭에 가족과 마을 공동체와의 연대는 한 개인의 존재와 의미 형성의 본질이다(Moxnes, 31, 50; Malina, 58-80). 하지만 예수님에게서 장소(place)와 정체성(identity)의 견고한 연대는 와해된다. 3:20-21, 31-35은 예수님과 그의 가족 사이에 이미 불협화음이 생겼고, 이제 이런 종류의 갈등이 그의 고향 사람들과의 관계에서도 일어난다. 예수님의 가족 및 지역적 탈구(dislocation)는 그의 정체성(눅 9:58)이 전통적인 가치보다는 하나님과의 관계(1:1, 11; 3:35)에서 형성되었음을 말한다. 이런 점에서 예수님의 가족과 고향 없는 삶의 방식은 새로운 민족을 이루고자 "본토[γῆν]와 친척[συγγενείας]과 아버지의 집을[οἴκου τοῦ πατρός]" 떠난 아브라함의 삶과 유사하다(칠십인경 창 12:1; Moxnes, 31). 예수님의 이런

6. BDAG, σκανδαλίζω.

삶의 방식은 그를 따르는 자에게 역시 요구되며, 그를 통해 도래하게 된 하나님 나라의 삶의 방식이기도 하다(참고. 1:18, 20; 10:29).

반응(4-6절) 고향 사람들의 배척 후 예수님의 평가(4절)와 저자의 요약(5-6절)이 이어진다. 본 단락에서는 '이에수스'('Ιησοῦς)라는 이름이 처음으로 이곳에서 등장하여 그의 대응의 권위를 더 높인다. "선지자가 그의 고향과 그의 친척, 그리고 그의 집에서 말고는 존경받지 않음이 없습니다"(4절)라는 답변은 당시 헬라 세계에서 사용되던 '격언'과 유사하다.[7] 그러나 그의 유대적 배경을 고려할 때 예수님의 언설은 동시대인들로부터 거절된 이전 유대 선지자들의 운명(대하 24:19; 36:15-16; 느 9:26)에 자신을 빗대신 것으로 이해함이 옳다. 그는 선생으로서는 권위를 얻으셨지만(1:22, 27) 선지자로서는 거부를 겪는다(참조. 눅 11:49-51; 13:33-34; Theissen: 2009, 99). 선지자 전승 인용은 예수님이 선지자로서 자기 이해를 가지셨다는 주장을 가능케 할 수도 있지만, 마가복음이 서술하고 있는 것처럼(2:10, 28; 6:15-16; 8:28-29; 14:61-62) 그는 선지자 그 이상의 인물이라는 점을 잊지 말아야 한다. 사실 현 본문의 강조는 예수님의 신분이 아니라 그가 걸어가야 하는 길이 무엇인지를 말해주는 데에 있다. 권위와 "능력"(*charisma*)으로 가르친 선지자들이 결국 배척이라는 "상처"(*stigma*)를 가질 수밖에 없었던 것처럼 그 역시 그 같은 길을 갈 것이라 내다보게 한다(Theissen, 2009: 99).

마가는 두 개의 부정어를 사용하면서까지 예수님이 나사렛에서는 "아무런 능력을[οὐδεμίαν δύναμιν] 행하실 수 없었다[οὐκ ἐδύνατο]"고 한다(5절 전반부). 그러나 이런 부정은 이어지는 절에 의해 어느 정도 해소된다.

---

7. 예컨대, "가장 지각 있고 현명한 사람들은 그들의 고향에서는 거의 주목을 받지 못한다는 것을 그대들이 알게 될 것이오"(Plutarch, *De Exilio* 604D; Marcus, 2000: 376에서 재인용).

"다만 적은 수의 무리들에게 손을 얹어 치료하실 뿐이었다"(5절 후반부). 충돌이 되는 것처럼 보이는 두 정보를 준 후 마가는 불신앙이 예수님의 능력 체험을 제한시켰다는 놀라운 말을 한다("불신앙", 6절). 불신앙이 예수님의 능력을 제한시킬 수 있다는 의미를 어떻게 이해할 수 있을까? 예수님은 이미 네 종류의 땅에 떨어진 씨 비유에 대한 해석(4:13-20)에서 생명의 말씀이 전해질 때 듣는 사람들의 상태에 따라 다른 결과로 이어질 수 있음을 예고하셨다. 현 구절은 생명의 말씀이 열매 맺는 일에 있어서 말씀을 받아들이는 사람의 태도의 중요성을 다시 한번 확인해 주고 있는 것이다. 더불어 현 사건은 씨를 잘 받아들이는 좋은 땅이란 다름 아닌 믿음을 가진 사람이라는 것을 방증한다. 혈루증 앓은 여인은 "예수에 관해 듣고" 믿음으로 예수님의 옷을 만진 후 치료함을 받았다(5:27). 야이로는 딸이 죽었다는 이야기를 들었음에도 불구하고 예수님으로부터 "두려워 말고 믿기만 하십시오"라는 말을 듣고(5:36) 끝까지 그를 모시고 죽은 그의 딸이 있는 곳까지 동행하였고, 결국 그 아이의 생명을 돌려받았다(5:41-43). 하지만 나사렛 사람들은 "듣고"(6:2) 믿지 않아 예수님을 배척한다. 그 결과 그곳에서는 아무런 하나님 나라의 결실이 없었던 것이다.

예수님은 나사렛 사람들의 "불신앙 때문에 놀라셨다"(6절). 특히 "놀라셨다"(ἐθαύμαζεν)는 말은 그들의 불신앙이 예상 밖의 반응이었음을 말해준다(박윤만, 2008: 660-62). 여기에 흥미로운 대비가 있다. 나사렛 사람들은 예수님의 가르침과 지혜가 동료 "고향"(1절) 사람에게 기대할 수 있는 '예상'을 벗어났기에 그를 고향 밖으로 배척했고, 예수님은 그의 고향 사람들이 자기에 대해 가지리라 기대한 예상에 벗어난 반응을 보이자 놀라신다. 예수님과 고향 사람들은 서로 놀라지만 둘 사이에는 중요한 차이가 있다. 고향 사람들은 같은 마을 사람으로서 예수님에 대해 가진 그들의 선입관이 위배되었기에 놀랐지만, 예수님은 그들이 고향 사람이지만 그의 가르침이 담고 있는 "지혜"와 "능력"(2절)을 보고 "존경"(4절)할 것이라는 그의 기대가 어긋났기 때문에 놀라신다. 예수님의 고향방문 그 자체와 그들의 불신앙에 대한 놀람은 고향 사람들에 대해 그가 가진 기대가 있었기 때문에 일어난 것이다. 예수님은 갈릴리에서 하나님 나라 선포 사역을 시작하신 후 하나님이 그를 통해 종말론적인 통치를 시작하셨다는 복음을 받아들일 것이라 기대하셨고(1:15; 2:5; 5:34, 36), 고향 사람들 역시 예외로 두지 않으셨음을 보여준다. 다수의 불신앙에도 불구하고 소수(ὀλίγοις)의 남은 자는 있었는데 그들은 병자였다(5절 후반부). 예수님의 능력은 그들에게 나타났다. 다수가 예수님을 배척하는 상황에서 오직 소수에게만 그의 능력이 나타났다는 사실이 낙담을 일으킬 수 는 없다. 4:30-32의 비유가 말하듯 하나님의 나라는 "땅 위의 모든 씨들보다 가장 작[게]"(31절) 시작된다는 것을 알기 때문이다.

이후 예수님은 그곳을 떠나 마을들을 "둘러[κύκλῳ] 돌아다니시며[περιῆγεν] 가르치신다"(6절 후반부). 예수님의 여행 경로를 묘사하는 부사 "둘러"(κύκλῳ)는 주동사인 "돌아다니시며"(περιῆγεν)와 의미적으로 중복된다고 볼 수 있는데, 이는 "돌아다니시며"에는 이미 '주변에'(περί)라는 의미가 포함되어 있기 때문이다. "돌아다니시며"와 "둘러"에 의해 강조된 뜻은 예수님의 여행이 한곳에 머물지 않고 여러 곳을 돌아다니시는 방식을 취하셨다는 점이다. 이러한 여행 방식은 나사렛 사람들이 고향이라는 특정 지역의 범주 안에서 예수님이 누군지를 규정하려는 시도와 뚜렷한 대조를 이룬다. 그는 지역에 한정될 수 있는 분이 아니다. 한 사람을 이해하려는 전통적인 기준인 가족, 지역, 혈통, 사회적 우열은 더 이상 예수님을 알아가는 방식이 아니며, 또 그의 하나님 나라 복음을 담아내는 그릇이 될 수도 없었다. 그는 고향 없이 "둘러 돌아다니며" 모든 지역의 사람들에게 하나님 나라를 고향으로 삼도록 도전하는 메시아였다.

요약과 해설

제자들과 함께 고향에 가신 예수님은 사람들로부터 뜻밖의 반응에 직면하셨다. 그들은 예수님의 가르침에 지혜와 능력이 있음을 알고도 예수님이 동료 마을 사람이었다는 선입관에 가로막혀 예수님을 영접하지 못하고, 결국 하나님 나라의 능력을 체험할 수 없게 되었다(5절). 예수님은 이런 배척 가운데서 거부와 박해의 길을 간 선지자들의 운명이 자신에게 재현되고 있음을 아셨고, 자기가 가는 길 역시 선지자들이 걸어간 길과 다르지 않을 것이라 보셨다(4절). 지금까지 예수님을 통해 이 땅에 침투해 들어오기 시작한 하나님 나라는 문화적 경계를 뛰어넘고('지붕도 문이 될 수 있다', 2:4-5), 새로운 가족 관계를 설정했으며("하나님의 뜻을 행하는 자는 … 나의 형제들이며 나의 자매들이며 나의 어머니입니다", 3:35), 또한 정결법의 제한을 초월하여('부정한 자와의 접촉을 통한 치유', 5:27, 41) 진행되는 것임이 분명해졌다. 현 본문은 예수님 안에서 역사하고 있는 하나님 나라의 능력은 고향이 가져다주는 일상적 익숙함에 갇힐 수 없음을 다시 보여준다. 그를 그 범주 안에 제한하려 하는 순간 그들은 예수님을 잃어버릴 수밖에 없다는 것이 확인되었다(4-5절).

제29장
열두 제자의 사역과 세례 요한의 죽음
마가복음 6:7-30

현 단락은 앞선 단락과 주제적 연관성을 가지는데, 예수님이 고향에서 거부를 당하신 후 주변 마을들로 “빙 둘러” 돌아다니신(6절) 것처럼 그의 제자들 또한 여러 지역으로 보냄을 받았고 또 냉대 역시 받을 것(11절)이 예고되기 때문이다. 본 단락의 구조는 열두 제자 파송(7-13절)으로 시작했다가 귀환 보고(30절)로 끝나지만 헤롯의 반응(14-16절)과 세례 요한의 죽음(17-29절) 이야기가 파송과 복귀 사이에 자리 잡고 있다. 제자들의 파송은 헤롯의 반응을 이끌어 내고, 헤롯의 반응은 이미 과거가 된 세례 요한의 죽음 이야기를 다시 소개하는 도입부의 역할을 한다. 이야기는 또 다른 이야기를 낳고 그 이야기는 다시 다른 이야기를 낳다가 다시 처음 이야기로 되돌아오는 구조로 현 단락이 구성되어 있다:

열두 제자 파송(7-13절)

  헤롯의 반응(14-16절)

    세례 요한의 죽음(17-29절)

열두 제자의 복귀(30절)

열두 제자 파송과 복귀 에피소드에 의해 둘러싸인 세례 요한의 처형 이야기는 파송자 예수님과 파송받은 제자들에게 닥칠 운명이 어떠할지를 내다보게 한다. 이는 예수님은 세례 요한을 뒤따르는 자였고(1:7), 제자들은 세례 요한을 따르는 예수님을 뒤따르는 자들이기 때문이다(1:17, 20).

7 그리고 그 열둘을 가까이 부르시고 그들을 둘씩 둘씩 보내기 시작하
셨다. 그리고 그들에게 더러운 영들을 제압하는 권세를 주셨다. **8** 그리고
길을 위해서 지팡이 하나를 제외하고는 빵이나 여행 보따리 혹은 허리띠
주머니에 돈과 같은 그 어떤 것도 가지지 말도록 그들에게 명령하셨다. **9**
[또 말씀하셨다.] "다만 신발은 신고 두벌 옷은 입지 마시오." **10** 그리고 그
들에게 말씀하셨다. "만일 어떤 집에 들어가면 그곳을 떠날 때까지 그곳에
머무시오. **11** 그리고 그대들을 환영하지 않고 또 그대들의 말을 듣지 않는
장소는 어느 곳이든지 그곳을 떠날 때 그들을 향한 증거로 그대들의 발 아
래의 먼지를 털어 버리시오." **12** 그리고 그들이 나간 후 사람들이 회개하도
록 선포하였다. **13** 그리고 많은 귀신들을 쫓아내고 있었다. 그리고 기름을
발라 많은 병자들을 고치고 있었다.

14 그러자 헤롯 왕이 듣게 되었다. 이는 그의 이름이 알려졌기 때문이
다. 그때 사람들이 말하고 있었다. "세례 요한이 죽은 자들로부터 일으킴을
받았다. 이 때문에 능력이 그 안에서 활동하고 있다." **15** 그러나 다른 사람
들은 말하고 있었다. "그는 엘리야다." 그리고 다른 사람들은 말하고 있었
다. "[그는] 선지자들 중의 하나와 같은 선지자[이다]." **16** 그러나 헤롯은 듣
고 말했다. "내 자신이 목 벤 요한, 이 사람이 일으킴을 받았다."

17 이는 그의 형제인 빌립의 아내, 곧 그가 혼인한 헤로디아 때문에 헤
롯 자신이 [사람을] 보내어 요한을 붙잡아 그를 감옥에 묶어 두었다. **18** 이

는 요한이 헤롯에게 "당신이 당신 형제의 아내를 취하는 것이 옳지 않습니다"라고 말하고 있었기 때문이었다. **19** 그러자 헤로디아가 그에게 앙심을 품고 그를 죽이기를 원했다. 그러나 그는 할 수 없었다. **20** 이는 헤롯이 그를 의롭고 거룩한 사람으로 여기며 요한을 두려워하고 있었기 때문이었다. 그리고 그를 보호하려 했다. 그리고 그의 말을 듣고는 매우 당황했지만 기꺼이 그의 말을 들었다.

21 그런데 시의적절한 날이 왔다. 헤롯이 그의 생일에 그의 고관들과 무관들, 그리고 갈릴리의 지도자들에게 잔치를 베풀었다. **22** 그때 그의 딸 헤로디아가 들어와 춤을 추어 헤롯과 함께 식사하고자 앉은 자들을 기쁘게 했다. 그 왕이 그 작은 소녀에게 "네가 원하는 것은 무엇이든지 청하여라 그러면 내가 너에게 들어 줄 것이다"라고 말했다. **23** 그런 후 굳게 그 아이에게 맹세했다. "네가 나에게 청하는 것은 무엇이든지간에 내 나라의 절반까지라도 너에게 주겠노라." **24** 그러자 그 아이가 나간 후 그의 어머니에게 "내가 무엇을 구하여야 할까요?"라고 말했다. 그리고 그 어머니가 "세례 요한의 머리를"이라고 말했다. **25** 그리고 곧 급히 왕에게 들어간 후 "세례 요한의 머리를 쟁반 위에 [올려] 즉시 저에게 주시기를 원하나이다"라고 말하며 간청했다. **26** 그러자 왕이 매우 근심했음에도 그 맹세와 식사자리에 앉은 자들로 인하여 그 아이를 무시하려 하지 않았다. **27** 마침내 왕이 즉시 시위병을 보내어 그의 머리를 가져오도록 명령했다. 그러자 그가 나가 감옥에서 그를 참수하였다. **28** 그리고 그의 머리를 쟁반 위에 가져와 그것을 그 아이에게 주었다. 그러자 그 아이는 그것을 그녀의 어머니에게 주었다. **29** 그때 그의 제자들이 들은 후 와서 그의 주검을 거두어 무덤에 그것을 안장했다.

30 그때 사도들이 예수님에게 모여들었다. 그들이 행한 모든 것과 가르쳤던 모든 것을 그에게 보고했다.

주해

열두 제자의 파송(7-13절) 예수님은 "그 열둘을 가까이 부르시고"(προσκαλεῖται) 보내신다(ἀποστέλλειν). "그 열둘"(τοὺς δώδεκα)은 이미 그를 따르는 많은 자들 중에서 따로 임명된 그룹이며(ἐποίησεν δώδεκα, '열둘을 임명하셨고', 3:14 전반부), 또 "하나님 나라의 비밀"(4:10-11)을 받은 자들에 포함되었으므로 그들의 특별한 위치는 의심될 수 없다. 그리고 그들은 첫 임명 이후 줄곧 예수님 "주위에 … 앉아있는 자들"(3:34) 혹은 "제자들"(4:38; 5:31; 6:1)에 포함된 채 그의 가르침을 듣고(4:33-34), 그에 의해 주도된 여러 사건들에 참여(5:37)만 해왔던 것도 사실이다. 그러나 이제 예수님은 그들을 "가까이 부르시고"(προσκαλεῖται) 임명 시 주어진 임무(3:14-15)를 수행하도록 파송하신다(7, 12-13절). 지금까지의 '견습' 과정 후 '실전'이 시작되었음을 말해준다. 그러나 한편 파송이 나사렛에서 배척받은 직후에 이뤄진다는 점에서 내러티브 흐름이 가져다 준 역설적 의미를 피할 수 없다. 배척이 확증된 후 파송이 이뤄지고 있기 때문이다. 예수님이 선지자의 운명을 비켜갈 수 없었던 것처럼(6:4) 제자들 역시 장단기적으로 그들을 파송한 자가 직면한 현실을 비켜갈 수 없으리라는 점을 분명히 한다.

예수님은 보내실 때 그들에게 "더러운 영"(τῶν πνευμάτων τῶν ἀκαθάρτων)을 몰아낼 수 있는 권세를 주시는데(7절), 축귀의 대상이 "더러운 영"이라는 점에서 임명식 때 사용된 "귀신"(τὰ δαιμόνια, 3:14)과 차이가 있다. 마가복음에서 "귀신"과 "더러운 영"은 상호 교환 가능한 용어인데,[1] 이것은 뒤따르는 13절에서 제자들이 쫓아낸 것이 "귀신"이었다는

1. 1:23-24 주해를 보라.

언급을 통해 현 단락에서 증명될 수 있다. 그럼에도 이 시점에서 제자들이 받은 권세를 굳이 "더러운 영을 제압하는" 것이었다고 표현한 내러티브 흐름상의 이유가 있다. 선행 단락들은 예수님이 거라사 지역에서 "더러운 영"(5:2, 8)을 수장시켜 한 사람과 한 지역(무덤과 거라사)을 '정화'하셨고(3-20절), 정결법 상 부정한 혈루증 여인과의 접촉이 도리어 치료의 통로가 된다는 사실 역시 보여 주셨다(5:27-30). 마찬가지로 그가 죽어 부정케 된 주검을 잡으실 때도 부정의 감염이 아니라 생명의 수여가 일어났다. 열두 제자는 그 모든 사건의 현장에 직간접적으로 참여하여 예수님이 어떻게 부정한 것들을 정화시켜 나갔는지 보고 들었다. 특히 혈루증 여인을 치유하는 과정에서 그들은 '누가 예수님을 만졌는지'에 관해 예수님과 논쟁에 가까운 대화를 주고받기까지 했다(5:30-31). 이런 논쟁에 참여한 열두 제자에게는 파송 직전에 이미 예수님에게는 부정한 것을 거룩케 하는 능력이 있다는 생생한 기억이 형성되었을 것이 틀림없다. 그렇다면 파송 시 "더러운 영을 제압하는 권세"를 받았다는 표현은 제자들이 가진 권세는 다름 아닌 예수님의 권세였고, 그들 역시 그 권세를 수행하도록 파송된다는 사실을 일깨워준다. 더불어 "더러운 영을 제압하는 권세"를 받은 그들이 해야할 선포(ἐκήρυξαν, 12절)는, 지금까지 예수님이 해 오셨던 것처럼, 더러운 영에게 '명령'하여 쫓아내고 또 부정한 자들의 손을 잡을 뿐 아니라 그들에 의해 잡히기도 하는 치료 사역(ἐθεράπευον, 13절 후반부)이라는 것을 말한다. 무엇보다 이 모든 일이 예수님을 통해 시작된다는 사실을 선포하여, 그를 통해 치료받은 이들이 그에게 돌이키도록(ἵνα μετανοῶσιν, 12절) 보냄을 받은 것이다.

예수님은 그들을 "둘씩 둘씩"(δύο δύο, 7절) 짝을 이루어 보내신다. 짝을 지어주신 이유는 그들의 선포를 듣게 될 청자들이 유대인이었다는 점을 고려할 때 이해될 수 있다. 유대법은 어떤 증언이 신빙성을 얻으려면

한 사람 이상의 지지자가 있어야 한다고 가르친다(신 17:6). 제자들의 가르침은 사적인 것이 아니라 구약성경 전체가 말하는 하나님의 종말론적 구원이 예수님을 통해 시작되었다는 공적 증언이었다. 따라서 증언의 신빙성을 위해서 동행자는 필수적이었을 것이다.[2] 이것이 예수님이 제자들을 둘씩 짝지어 보내신 이유이다.

제자들의 파송은 예수님에 의해 "길"을 나서는(ϵἰς ὁδόν, 8절) 것으로 표현된다. 사실 예수님이 걸어온 "길"은 세례 요한이 예비했었고,[3] 제자들 역시 그가 걸어갈 물리적 "길"을 만들기도 한다(3:1).[4] 반대로 이제 예수님은 그를 따라왔던 이들을 길 떠나 보내신다. 제자들이 떠나는 "길"은 그가 걸어온 길과 다르지 않을 것이다. 파송은 그가 해 오셨던 하나님 나라 사역을 열두 제자 역시 수행하도록 하는 것이자, 그가 걷던 길을 걷게 하는 의미가 있다. 그 길을 떠난 열둘에게 무슨 일이 기다리고 있는 것일까? 현 단락은 제자들의 파송 이야기(7-13절)에서 출발하여 세례 요한의 최후에 관한 이야기(14-29절)를 통과하여 다시 그들의 복귀(30절)로 끝난다. 이런 내러티브 구조는 예수님과 제자들이 걷는 길의 미래를 길 예비자(1:2-4)의 최후에서 보도록 해준다.

길을 나서는 제자들에게 주신 지침(8-11절) 역시 주목할 만하다. 예수님은 제자들에게 신발 한 켤레와 옷 한 벌, 그리고 "지팡이 하나를 제외하고는 빵이나 여행 보따리 혹은 허리띠 주머니에 돈과 같은 그 어떤 것도 가지지 말도록" 명하셨다(8-9절). 이렇게 갖추어진 제자들의 모습은 자연

---

2. 짝을 지어 순회 사역하는 관습은 초기 교회에 그대로 이어진다. 베드로와 요한(행 3:1-11; 8:14-25), 바울과 바나바(행 13:42-15:12), 바울과 실라(15:40-17:15), 디도와 그 형제(고후 12:18) 등이 그 예이다.

3. 1:3, 7, 14 주해를 보라.

4. '길' 모티프는 마가복음 중반부(8:27; 9:33; 10:17, 32, 46, 52; 11:8; 12:14)부터 전면에 등장한다.

적인 삶을 추구하며 맨발에 지팡이 하나를 지닌 채 구걸하며 돌아다녔던 헬라 견유학파(Cynics)의 모습과 유사해 보일 수 있다(Collins [a], 301). 더 나아가 이런 유사성을 근거로 크로산(John Dominic Crossan)은 예수님과 그의 제자들이 견유학파의 영향을 받았다는 주장을 하는 데까지 나아간다(Crossan, 1991: 421). 그러나 예수님 시대 갈릴리에 견유학파의 존재가 증명되지 않고 있기 때문에 이런 주장은 근거가 없다(Edwards [b], 179). 또 제자들의 그 같은 모습은 지팡이와 샌들만 몸에 지닌 채 낯선 집이 제공하는 지원에 의존하며 유랑했었던 엣센 공동체로부터 파송받은 자들의 모습(Josephus, *Jewish Wars* 2.8.4 §§124-27)과 유사하다고 보는 것이 불가능하지는 않다. 하지만 예수님은 엣센(쿰란) 공동체와는 다른 삶을 사셨던 것이 분명하기 때문에[5] 제자들이 엣센파의 삶의 방식을 따르도록 가르치셨다고 보아야 할 이유 역시 없다. 보다 더 가능성 있는 배경은 하나님께서 출애굽 하던 날 저녁 곧 유월절을 맞이할 때 갖추도록 명령하신 이스라엘 백성의 채비 모습이다:

> 너희는 이렇게 먹을지니 허리에 띠를 띠고 발에 신을 신고 손에 지팡이를 잡고 급히 먹으라(출 12:11).

예수님이 제자들에게 갖추도록 명하신 지팡이와 신, 그리고 허리띠와 옷 한 벌이 출애굽을 앞둔 이스라엘의 채비에 동일하게 나온다(Marcus, 2000: 380; Edwards [b], 180; 대조. Stein, 292). 따라서 길을 떠나는 제자들의 모습은 이집트를 벗어나 새로운 시작을 향해 나아가는 옛 이스라엘의 긴박한 탈출 모습을 떠올려 준다(Marcus, 2000: 389). 그렇다면 예수

---

5. 1:40; 2:16 주해를 보라.

님은 왜 옛 출애굽을 떠올려 주는 채비를 제자들에게 요청하셨을까? 3:13-14에서 주장한 것처럼 열두 제자는 이스라엘 열두 지파를 상징하는 숫자였다. 그리고 1:2-3이 말하듯이 예수님의 사역은 새 출애굽, 곧 종말론적 새 출애굽 차원에서 진행되고 있었다. 예수님은 제자들이 말로만 아니라 그의 옷차림과 행동 양식을 통해서도 그를 통해 시작된 종말론적 새 출애굽, 곧 하나님 나라의 도래를 유대 세계에 전하도록 하셨다. 즉, 그들이 하는 축귀(7절 후반부)와 치료(13절 후반부)만이 아니라 행동 양식과 옷차림 역시 메시지가 되도록 하신 것이다.

그러한 차림에 대한 좀 더 현실적인 설명 역시 가능하다. 가장 기본적인 필수품인 빵과 돈과 가방을 소유하지 말도록 한 것이나 당시 부유한 자들의 옷차림이었던 두 벌 옷을 걸쳐 입는 것을 금지하신 것(참조. 눅 3:11)(Collins [a], 299)은,[6] 그들이 만나는 사람들로 '현 세대'의 삶에 만족하던 삶을 회개하고 하나님의 통치에 대한 온전한 신뢰와 의존을 촉구하는 상징적인 생활 방식이었다(Stein, 293). 또 한 집에만 유하라는 말씀(10절)은 제자들이 더 나은 혹은 더 많은 필요를 채우고자 여러 집을 돌아다니는 걸인으로 비춰지지 않도록 하려는 의도로 보인다.

들어가는 곳에 환영하지 않는 사람이 있을 경우 그곳을 떠나라 하셨다("떠날 때", 11절). 예수님 역시 데가볼리 사람들(5:17-19)과 그의 고향 사람들(6:4, 6절 후반부)이 그를 거절할 때 그곳에 더 이상 머무르지 않으시고 떠나 다른 지역으로 가셨다. 제자들은 하나님 나라를 선포하는 자였

6. 허타도는 팔레스타인의 기본 복장은 "속에 있는 옷과 망토 같은 겉옷"이라 지적한 후 예수님의 명령은 추위와 습기 혹은 밤에 잘 때 침낭 역할을 한 망토를 소지하지 말라는 말로 이해한다(Hurtado, 2020: 145). 하지만 "두 벌 옷[χιτῶνας]"에 사용된 헬라어는 "망토"(ἱμάτιον, 막 10:50 참조)가 아니라 기본적 옷(혹은 속옷)을 가리키는 '키또나스'이다.

지 강요하는 자들이 아니었다. "떠날 때" 해야 할 구체적인 행동("그대들의 발 아래의 먼지를 털어 버리시오")이 덧붙여진다. 신발의 먼지를 떨쳐 버리는 행위(11절)는 책임을 떨쳐 버리거나 저주를 선언하는 행위라고 볼 필요는 없다(Luz, 81). 미쉬나에 따르면 이방 지역으로부터 온 흙은 무덤에 비유될 정도로 정결법상 부정하다고 믿었기 때문에(미쉬나 오홀로트 2:3; 미쉬나 토호로트 4:5) 이방 지역을 방문하고 돌아온 유대인들은 종종 발에서 먼지를 떨어냈다(Gnilka, 1권 307; Hooker, 1991: 157). 물론 발에서 먼지를 떨어내는 행위는 정결법과는 상관없는 심판 선언의 맥락에서 행해지기도 했다. 구약에서 느헤미야는 이스라엘 회중 앞에서 그의 옷을 터는 행위를 펼쳐 보이며 가난한 자들을 구조적으로 착취하는 관행을 개혁하려는 그의 법을 따르지 않는 자는 하나님이 이같이 털어 버리실 것이라고 선언한다(느 5:13). 파송받은 자들이 가야할 곳이 이방 지역이라는 언급이 없는 현 맥락에서 예수님의 그 같은 지시는 제자들의 가르침에 따라 그의 복음을 받아들이는 자가 참 이스라엘이며 그것을 거부하는 자는 이방인의 운명에 들어가게 될 것이라는 심판 선언을 상징적 행위로 드러내 보이라는 지시이다(Hooker, 1991: 157; Edwards [b], 181; Luz, 81).

한편, 발에서 먼지를 떨어 버리는 행위는 제자들과 그들의 말을 배척하는 "그들을 향한 증거"(ϵἰς μαρτύριον αὐτοῖς) 차원에서 행하도록 권면된다(11절). 법정 용어인 "증거"(μαρτύριον)는, 예수님의 선포가 종말론적인 하나님 나라의 성격을 가지고 있었기 때문에, 종말의 완성 때에 있을 심판을 그 맥락으로 하고 있음이 분명하다(마 10:15; Gnilka, 1권 307; Guelich, 2001: 519). 이 까닭에 환영받지 못한 채 떠나는 제자들이 그들의 발에서 먼지를 떨어 버리는 행위는 복음을 거부한 자가 마지막 때에 받아야 할 하나님의 심판을 "증거"하는 상징적 행위라는 해석은 타당하다(참조. 행 18:6).

이어서 제자들은 나가서 회개하라고 전파한다(12절). 회개는 예수님의 하나님 나라 선포의 핵심 내용이었다(1:15). 1:15에서 주해한 것처럼 유대적 맥락에서 회개는 하나님께로 돌이킨다는 뜻이 있지만 예수님과 제자들의 회개 선포는 하나님이 예수님 안에서, 예수님을 통해서 일하고 계신다는 것을 믿어 예수님을 따르라는 메시지와 다른 것이 아니다. 또한 제자들은 예수님이 명하신 것처럼 축귀를 행하고, 더불어 기름을 바르며 병 치유까지 행한다(13절). 기름을 발라 병 치유를 한 것은 마가복음에서 예수님의 치유가 손을 대며 진행된 것을 고려할 때 매우 이례적이다(참고. 8:23). 사실 유대 사회에서 기름을 바르는 일은 치유의 한 과정이었다(사 1:6; 눅 10:34; 약 5:14-15; Josephus, *Jewish Wars* 1.33.5 §657). 그렇다고 하더라도 마가의 의도가 제자들의 치유가 기름에 의존해서 이뤄졌음을 말하는 것이라고 볼 수는 없다. 오히려 기름을 바르는 일은 예수님에 의해 파송받은 자들을 통해 하나님께서 치유를 베푸신다는 사실을 드러내는 상징적 행위로 봐야 한다(Guelich, 2001: 520; Marcus, 2000: 384; France, 2002: 250-51; Stein, 295-96).

헤롯의 반응(14-16절) 헤롯이 예수님을 '들어'(ἤκουσεν, 14절) 알게 되었다는 정보는 제자들의 파송 에피소드(7-13절)와 돌아온 정보(30절) 그 중간 지점에 위치해 있다. 이런 배열은 헤롯이 파송받은 제자들의 선포에 의해 생겨난 소문으로 예수님을 알게 되었다는 것을 말해준다. 이는 이어지는 설명절("이는 그의 이름이 알려졌기 때문이었다")을 통해서 확인된다. 예수님에 관한 소문이 헤롯에게 들어갔다는 것은 당시 예수님과 제자들의 영향이 결코 가볍지 않았다는 것을 방증한다. 헤롯은 헤롯 대왕의 아들 중 하나로 갈릴리를 다스리고 있던 헤롯 안티파스(Herod Antipas)를 가리킨다. 로마 황제 아우구스투스(Augustus)는 당시 팔레스타인을 세 등분한 후 헤롯 안티파스를 갈릴리와 페레아(Perea)를 다스리는 '분봉왕'(ὁ τετραάρχης, 마 14:1; 눅 9:7)으로[7] 세웠다(주전 4세기). 어떤 학자는 분봉왕이었던 헤롯을 "왕"(ὁ βασιλεύς)으로 소개한 것(14, 22, 25, 26, 27절)은 마가의 실수라고 말한다(Boring, 2006: 177). 하지만 마가는 당시 정치 구조에 따른 호칭보다 대중들의 통속적인 호칭(참조. 마 14:1, 19)에 따라 그렇게 불렀을 가능성이 높다(양용의, 147).

무엇보다, "헤롯 왕"이라는 표현은 내러티브 흐름상의 이유로 마가의 의도적 선택이었다고 판단할 수 있다. 예수님에 관한 소문이 제자들의 사역을 통해 퍼지기 시작했다. 이런 소문이 헤롯에게 분명 위협적으로 들렸을 수 있는데, 이는 예수님은 필연적으로 사회 정치적인 의미를 함축할 수밖에 없었던 하나님의 왕적 통치가 자신을 통해 도래한다고 전파했던 인물로 소문났을 것이 분명하기 때문이다(1:14-15; 3:23-29). 사실 헤롯 안티파스는 스스로 '왕'으로 불리기를 몹시 원했던 인물이라는 것은 역사를 통해 확인할 수 있다. 주후 39년에 그는 왕이 되려는 시도를 하다가 로마 황제 칼리굴라(Caligula, 주후 37년-41년)에 의해 고올(Gaul) 지방으로 유배를 갔다. 따라서 왕이 되려는 그의 허영을 고려한다면 헤롯이 예수님에 관한 소문을 들었던 바로 그 시점에 표현된 "헤롯 왕"이라는 정보는 헤롯이 예수님을 '경쟁자'로 여기며 어떤 해를 그에게 가할 수 있을 것이라는 긴장을 불가피하게 유발시킨다.[8] 이런 긴장은 예수님을 두고 헤롯이 강조적 1인칭 대명사로 자기를 부각시켜 말한 정보에서 절정에 달한다. "내 자신이[ἐγὼ] 목 벤 세례 요한, 이 사람이 일으킴을 받았다"(16절). 마가는 이

7. 분봉왕은 문자적으로는 한 나라를 네 등분한 후 하나를 통치하는 왕을 가리킨다. 하지만 로마는 1세기 팔레스타인을 세 등분한 후 각 부분에 왕을 세웠고 헤롯 안티파스는 그 중의 하나였다.

8. 예수님과 헤롯 사이의 대조는 이어지는 헤롯의 잔치(17-29절)와 예수님의 오병이어 기적(6:35-44)을 통해서 다시 만들어진다(아래 주해를 보라).

미 예수님을 세례 요한의 '뒤를 따르는 자'(1:7; 참고. 9:11-13; 11:27-33) 라고 소개했다. 때문에 헤롯의 오해는 예수님에게 닥칠 일(참고. 3:6; 8:15; 12:13)에 관한 진실을 담은 반어법적인 오해이다. 더불어 세례 요한이 되살아났다는 헤롯의 오해는 그가 요한을 엘리야로 이해했다는 점을 암시하는데, 이는 엘리야는 죽지 않고 하늘에 올라간 후 "주의 날이 이르기 전"에 다시 올 것이라는 기대가 있었기 때문이다(말 4:5-6; 4Q521 2:3 [fr. 2 iii]).[9]

세례 요한의 죽음(17-29절) 마가는 헤롯이 예수님을 오해한 시점에서 세례 요한의 죽음에 관한 또 하나의 에피소드를 삽입구 형식으로 소개한다(17-29절). 이야기는 "헤롯 자신이"(Αὐτὸς ... ὁ Ἡρῴδης) 사람을 보내어 요한을 감옥에 가두었다는 내용으로 시작한다. 강조형 '아우또스'(αὐτός)의 사용이 말하듯 감옥에 세례 요한을 가둔 이는 헤롯이라는 점이 부각되는 듯하지만, 이어지는 "헤로디아 때문에"(διὰ Ἡρῳδιάδα)는 "왕" 뒤에 헤로디아(Herodias)가 있었음을 말한다. 헤로디아를 설명하는 긴 수식어구("그의 형제 빌립의 아내 곧 그가 결혼한", 17절)는 세례 요한을 향한 그녀의 행동의 이유를 말해주는 배경지식이 된다. 헤롯 안티파스는 이미 나바티아 왕(Nabatean King) 아레스타아스 4세(Aristeas IV)의 딸과 결혼했지만 그의 이복형제인 빌립(Phillip)의 아내 헤로디아와 다시 혼인을 하였다(Josephus, *Jewish Antiquities* 18.5.1 §§109-13).[10] 세례 요한은 헤롯의 이런

9. 마가복음에서 엘리야에 관한 유사한 담론에 대해서는 9:4, 11-13 참고.

10. 더불어 요세푸스는 헤롯 안티파스의 이복형제이자 헤로디아의 전 남편을 헤롯이라 부른다(Josephus, *Jewish Antiquities* 18.5.4 §§136-37). 하지만 마가는 요세푸스가 헤롯이라 부르는 헤로디아의 전 남편을 빌립이라 부른다. 요세푸스에 따르면 헤롯 빌립(Herod Phillip)은 이두매와 드라고닛 지방의 분봉왕의 이름(눅 3:1)이었고, 그는 살로메(Salome)와 결혼했다(Josephus, *Jewish Antiquities* 18.5.4 §§136-37). 이런 차이를 근거로 마르쿠스는 마가가 헤롯을 빌립이라 부른 것은 실수라고 한다

혼인의 부당성(οὐκ ἔξεστίν, '합당치 않다', 18절)을 "말하고 있었다"(ἔλεγεν, 18절).[11] 진행의 의미를 지닌 미완료 시제로 표현된 '엘레겐'(ἔλεγεν)은 그의 지적이 반복적이었음을 말해준다. 레위기 법(18:16; 20:21)은 형제의 아내와 결혼을 금지한다. 게다가 비록 시대적으로는 후기의 문헌들이지만 랍비들 역시 이복동생과의 결혼 또한 금지하고 있었다.[12] 헤롯을 향한 세례 요한의 직언은 당시 권력의 중심을 향한 예언자적

(Marcus, 2000: 394). 하지만 프란스가 적절하게 지적한 것처럼 헤롯이라는 이름은 헤롯 대왕의 아들들을 부르는 통상적인 호칭이었기 때문에 요세푸스가 빌립이라는 이름을 놔두고 헤롯으로 불렀을 가능성 역시 있기에 마가의 호칭 사용을 실수로 볼 필요는 없다(France, 2002: 256).

헤롯 대왕(주전 37-주후 4년)의 가계(Marcus, 2000: 394)
(아래 표에서 =는 결혼을 의미)

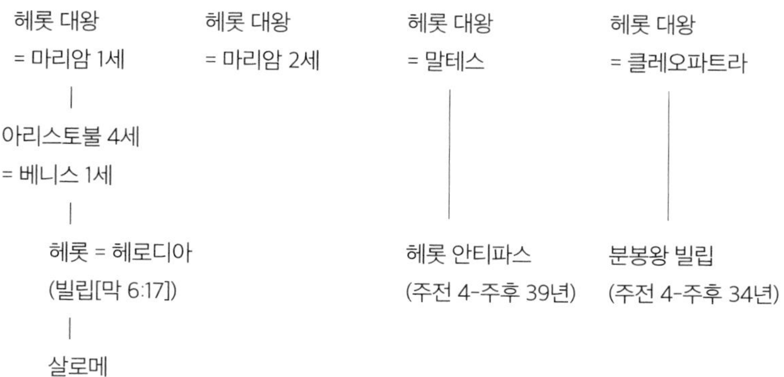

11. 요세푸스는 헤롯이 세례 요한이 대중들에게 큰 영향력을 가지고 있어 혹시 그가 반란을 선동할 수 있다는 두려움 때문에 세례 요한을 죽였다고 말한다(Josephus, *Jewish Antiquities* 18.5.2 §§116-119). 요세푸스는 세례 요한을 살해한 헤롯의 정치적 동기에 집중한 반면 마가는 헤롯의 개인적인 동기를 드러낸다. 하지만 정치적인 동기와 개인적인 동기는 분리할 수 없는데, 왕에 대한 비난은 곧 정치적인 위험을 가져오는 일이었기 때문이다(Hurtado, 2020: 145).
12. 바벨론 탈무드 예밤 55a.

외침이었던 것이다.

세례 요한의 선지자적 외침에 대한 반작용은 헤로디아에게서 나왔다. 마가는 이 일로 그녀가 요한을 향해 “앙심을 품고 죽이기를 원했다”(18절)는 정보를 주면서 헤로디아를 세례 요한의 죽음에 관여할 핵심 인물로 부상시킨다. 그럼에도 헤롯의 위치가 전적으로 무시되고 있는 것은 아니다. 헤롯은 세례 요한의 말을 듣고 비록 “당황은 했지만 기꺼이 그의 말을 들었다”(20절). 심지어 “그를 의롭고 거룩한 사람으로 여기며 요한을 두려워[하면서] … 그를 보호하려 했다.” 이 순간 내러티브는 긴장 가운데 들어간다. 세례 요한을 두고 펼쳐지고 있는 헤로디아의 살해 의도와 헤롯의 보호가 어떻게 해소될까?

“시의 적절한 날[ἡμέρας εὐκαίρου]이 왔다”(21절)는 헤로디아의 살해 의도를 염두에 둔 표현이 분명하다(Hooker, 1991: 161; Marcus, 2000: 395). 그렇지만 헤로디아는 이야기의 중심에 등장하지 않으면서 사건을 주도한다. 세례 요한을 감옥에 가둘 때 배후에서 헤롯을 움직였듯이 그를 죽음으로 몰아간 순간 다시 또 다른 인물, 곧 그녀의 딸을 커튼 뒤에서 조종한다. 비극은 헤롯의 ‘생일’에 일어난다. “왕”의 생일에 선지자는 죽음을 맞이하게 된다. “고관들과 무관들, 그리고 갈릴리의 지도자들”이 초대된 생일잔치에 “그의 딸 헤로디아”가 들어와 춤을 춘다(22절). “헤로디아”는 딸의 어머니의 이름이다(17절). 귤리히는 마가가 어머니의 이름과 딸을 이름을 혼동했다고 본다(Guelich, 2001: 534). 하지만 당시 아버지의 이름을 따라 아들이 불리는 경우가 많았듯이(헤롯 대왕의 아들들이 헤롯으로 불렸던 경우를 생각해보라) 딸 역시 어머니의 이름을 따라 불리는 경우가 있었을 것이라는 추측이 근거 없다고 말할 수 없다. 그러므로 들어와 춤을 춘 “헤로디아”는 어머니 헤로디아의 이름을 따라 붙여진 헤롯의 의붓딸(그러므로 “그의 딸”)이자 헤로디아의 친딸(마 14:6)로 봐야 한다. “딸”

이 들어와 춤을 춘 것은 어머니 헤로디아가 지시했기 때문인 것으로 볼 수 있는데, 이는 그녀가 헤롯의 말을 들었을 때(23절) 곧바로 그녀의 어머니에게 가서 자신이 왕에게 무엇을 요청할 것인지를 묻고 있기 때문이다(24절). 이런 흐름은 헤로디아가 그녀의 딸에게 헤롯을 만족시켜 그의 호의를 얻어 오도록 요청했다고 볼 때 자연스럽게 이해된다.

이 춤을 본 헤롯이 보인 반응은 그가 나라를 다스릴 자격이 없는 "왕"임을 다시 보여준다. 그 아이가 구하는 것이면 "내 나라의 절반까지라도" 주겠다고 맹세(23절)하고 있기 때문이다. 이에 그 아이는 어머니 헤로디아의 지시에 따라 세례 요한의 머리를 요청한다(25절). 헤롯은 "심히 근심"하지만 자신의 맹세와 식탁자리에 앉은 사람들 앞에서 자기 체면을 지키고자 세례 요한의 참수를 허락한다(26절). 헤롯을 움직인 이는 그의 의붓딸이지만 그녀를 움직인 이는 헤로디아였다. 이런 점에서 헤로디아는 구약 이스라엘의 왕 아합의 부인 이세벨을 떠올려 준다(Gnilka, 1권 318). 이세벨은 이스라엘의 많은 선지자들을 처형한 인물이자(왕상 18:13), 아합 왕을 충동하여 하나님의 길에서 떠나게 하였고(21:25), 무엇보다 선지자 엘리야를 핍박한 장본인이었다(19:1-2). 마가복음에서 세례 요한은 엘리야에 비교되고 있다는 사실(9:11-12)을[13] 고려할 때 이세벨과 헤로디아의 비교는 설득력을 얻는다(Marcus, 2000: 400). 내러티브에서 그와 같은 헤로디아의 역할이 무시될 수 없음에도 불구하고 마가의 관심은 헤로디아의 사악함보다 헤롯의 무능을 드러내는 데에 있었다.

그러므로 세례 요한의 최후 이야기는 중요한 두 가지 의미를 전해 준다. 첫째, 헤롯 개인적 차원에서 본다면 그는 세례 요한의 말을 달게 듣는 사람이었다. 하지만 그의 행동을 결정하는 요인은 헤로디아에 대한 애정,

13. 또한 1:3 주해를 보라.

그의 헛된 맹세, 그리고 고관들 앞에서의 자기 체면이었다고 말한다. 무엇보다, "왕"이었지만 그의 결정은 사악한 헤로디아에 의해 조종된 무능한 왕이었다. 마가복음에서 세례 요한은 단순한 예언자가 아니라 이 땅에 임할 하나님 나라를 준비한 자였다. 따라서 세례 요한을 죽였다는 것은 헤롯이 도래하는 하나님 나라에 참여할 준비가 되지 않는 인물이라는 점을 말해준다. 이런 점에서 헤롯이 하나님 나라의 선포자 예수님에 대해 '들었을 때'(ἤκουσεν, 6:14) 그를 오해했다(16절)는 것은 결코 우연이 아니다. 하나님 나라의 도래를 준비하는 자를 처형한 사람이 하나님 나라의 담지자를 이해하리라는 것은 불가능하기 때문이다. 이런 점에서 헤롯은 4:7, 18-19에 등장하는 가시덤불로 가득 찬 땅을 생각나게 한다. 그는 "이 시대의 걱정"과 "나머지 다른 것들에 관한 욕심"(4:19)에 붙들린 까닭에 말씀은 듣지만 열매는 맺을 수 없는 가시덤불과 같이 잘못된 애정과 헛된 맹세, 그리고 체면과 같은 현시대의 가치관에 붙들려 예수님을 깨닫지 못하고 있기 때문이다.

둘째, 현 단락에서 세례 요한은 헤롯의 비합법적 혼인을 책망하는 일만 한 것이 아니다. 그는 헤롯이 언약 백성의 "왕"으로서 자격 미달이라는 통렬한 비판을 한 것이었다. 세례 요한의 최후 사역은 이스라엘은 이제 하나님의 왕적 통치를 대변할 수 있는 새로운 왕을 기다려야 함을 보여준다. 그들이 기다려야할 왕은 누구인가? 무력한 왕 헤롯과 하나님의 왕적 통치의 대변자 예수님은 현 단락에서 비교되었다. 헤롯은 사람을 "보내어"(ἀποστείλας, 17, 27절) 세례 요한을 잡아 옥에 가두고 결국 자기 체면 유지를 위해 참수케 했지만, 참된 왕 예수님은 제자들을 "보내어"(ἀποστέλλειν, 7절) 귀신을 쫓아내고, 병든 사람을 치료하고, 하나님의 다스림을 선포케 하였기 때문이다. 따라서 헤롯의 무력한 "왕" 노릇을 드러낸 세례 요한은 그의 죽음으로 참된 왕 예수님의 길을 예비했다(1:14 주해를 보라).

열두 제자의 복귀(30절) 세례 요한의 주검을 그의 제자들이 회수하여 무덤에 안장했을 때(29절) 파송받은 예수님의 제자들이 예수님에게 돌아온다(30절). 요한의 제자들은 스승의 죽음을 듣고 그의 주검을 찾아왔지만 예수님의 제자들은 성공적인 사역의 소식을 듣고 그에게 돌아왔다. 1:14에서 세례 요한이 "잡힌 후"(μετὰ τὸ παραδοθῆναι) 예수님의 본격적인 사역이 시작된 것처럼, 다시 세례 요한이 죽었을 때 제자들의 사역의 성공이 전해진다.

제자들의 큰 성과를 이뤄낸 사역 보고는 6:1-6에서 보고된 예수님이 받으신 배척과도 대조를 이룬다. 아마도 현 단락의 제자들의 사역은 예수님의 부활 이후의 열두 사도를 중심으로 한 초기 교회의 왕성한 사역과 열매에 대한 선취로 보인다.

요약과 해설

예수님은 지금까지 그의 곁에서 동행자 역할만 해온 제자들을 '실전'에 파송하신다. 그들의 임무는 귀신을 쫓아내고(7절), 회개를 촉구하며(12절), 병든 자를 치료하며(13절), 그리고 하나님 나라를 선포하는 것(12절)이었다. 제자들의 여행은 "길"로 표현되었고(8절), 제자들의 길 여행은 세례 요한의 최후 이야기를 중심으로 앞뒤에 배열돼 있다. 세례 요한은 예수님과 제자들이 걷고 있던 길을 예비했던 자인 것을 고려할 때 이런 배열은 그의 최후를 통해 그 길을 따르는 자들의 미래를 내다보게 한다. 제자들의 지참물 및 여행 방식과 관련된 예수님의 지시사항(8-11절)은 그들이 나가서 무엇을 해야 할지를 상징적으로 보여준다. 곧 예수님이 시작한 종말론적인 새 출애굽과 하나님 나라의 긴박한 도래를, 언어로만 아니라 전파자의 차림새와 행동 양식을 통해서도 보여 주도록 하신 것이다. 마치 예레미야가 유다에 임박한 바벨론 침공과 그것에 대한 하나님의 뜻을 목에 멍에를 멘 예언자적 상징 행위를 통해 드러낸 것(렘 27장)과 같이, 제자들 역시 지팡이와 신발만 신은 채 사람들의 회개와 도래하는 하나님 나라의 수용을 촉구하도록 보냄을 받았다.

세례 요한은 헤롯의 불법적인 결혼 생활에 대한 준엄한 꾸지람을 한 탓에 감옥에 갇힌다. 하지만 그의 죽음은 헤롯이 무력한 왕으로서 잘못된 애정과 헛된 맹세, 그리고 체면 유지와 같은 옛 시대의 가치에 붙들려 사는 인물임을 드러내어, 이스라엘로 하나님의 왕적 통치를 대변할 참된 왕의 오심을 기다리도록 한다. 이런 점에서 세례 요한은 그의 선포만 아니라 죽음을 통해서도 메시아 예수님이 실현할 왕적 통치를 준비하였던 것이다.

第30장
오천 명을 먹이심
마가복음 6:31-44

현 단락은 선행 단락(21-28절)과 "잔치"(δεῖπνον, 21절; συμπόσιον, 39절)라는 열쇠 말로 연결되어 그에 따른 주제 및 언어적 유사성이 두 단락 사이에 발견된다. 헤롯의 잔치에 세 부류의 손님("고관들과 무관들, 그리고 갈릴리의 지도자들", 21절)이 있었던 것처럼 예수님의 잔치에도 손님("무리", 39절)이 있었다. 두 잔치의 손님들은 모두 당시 식사 관습에 따라 비스듬히 앉아 식사한다(τοῖς συνανακειμένοις, 22절; τοὺς ἀνακειμένους, 26절; ἀνακλῖναι, 39절; ἀνέπεσαν, 40절). 두 식사 자리 모두에는 조력자가 있는데, 헤롯의 잔치에서는 "시위병"(27절)이 세례 요한을 참수하여 쟁반에 그의 머리를 가져오고, 예수님의 잔치에서는 제자들이 빵을 나눠주고 바구니에 그 조각을 담아 온다(41, 43절). 이러한 유사성에도 불구하고 그 성격은 뚜렷한 대조를 이룬다. 헤롯의 잔치는 사람을 죽이는 곳이 되지만 예수님의 잔치는 사람을 '먹여 살리는' 곳이 된다(Fowler, 85-86, 119-27; Klosinski, 119). 또한 헤롯의 손님들은 당시 권력층으로 구성되었지만, 예수님의 손님은 일반 무리들로 구성된다.

현 급식 사건은 마가복음에 등장하고 있는 세 번의 유사한 식사 에피

소드(8:1-10; 14:22-26) 중 그 첫 번째이다(Stein, 370; 또한 아래를 보라):

오천 명 급식 (6:31-44)	빵 다섯 개를 들고(λαβὼν) … 축복하시고(εὐλόγησεν) 그 빵들을 쪼개어 (κατέκλασεν) 그의 제자들에게 주셨다(ἐδίδου)(41절).
사천 명 급식 (8:1-10)	빵 일곱 개를 들고(λαβὼν) 감사를 드린 후(εὐχαριστήσας) 떼어(ἔκλασεν) 그의 제자들에게 주셨다(ἐδίδου)(6절).
마지막 만찬 (14:22-26)	빵을 들고(λαβὼν) 축복하시고(εὐλογήσας) 떼어(ἔκλασεν) 그들에게 주셨다 (ἔδωκεν)(22절).

현 단락의 구조는 배경(31-34절), 준비(35-37절), 급식(38-41절), 절정(42-44절)의 흐름으로 진행된다.

31 그리고 그가 그들에게 말씀하셨다. "그대들만 따로 한적한 곳에 가
서 잠깐 쉬시오." 이는 오고 가는 사람이 많았고 먹을 시간조차 가질 수 없
었기 때문이었다. **32** 그리고 그들은 따로 배를 타고 한적한 곳으로 떠났다.
33 그러나 떠날 때 사람들이 그들을 보고 알았다. 그래서 모든 도시로부터
도보로 그곳에 함께 달려가 그들 앞서 도착했다. **34** 내리신 후 그는 큰 무
리를 보시고 그들을 불쌍히 여기셨다. 이는 그들이 목자 없는 양 같았기 때
문이었다. 그리고 그는 많은 것들로 그들을 가르치기 시작하셨다.

35 그리고 이미 시간이 많이 되었을 때 그의 제자들이 다가와 그에게
말했다. **36** "이 장소는 외진 곳이고 시간이 이미 늦었습니다. 그들을 흩어
지게 하시어 주변 시장이나 마을로 가서 먹을 것을 스스로 사게 하십시오."
37 그러나 그가 대답하셨다. "그대들이 직접 먹을 것을 그들에게 주시오."
그러나 그들이 그에게 말한다. "우리가 가서 이백 데나리온의 빵을 사다가
그들이 먹도록 주란 말입니까?" **38** 그러나 그가 그들에게 말씀하셨다. "그
대들이 빵을 몇 개 가지고 있소? 가서 보시오." 그러자 그들이 알아본 후 말
했다. "다섯 개와 물고기 두 마리입니다."

39 그러자 그가 그들에게 명령하여 모두 잔치 무리의 형태로 푸른 풀
밭 위에 기대어 있도록 했다. **40** 그러자 그들이 백 명씩 혹은 오십 명씩 떼
를 지어 비스듬히 누웠다. **41** 그때 그가 빵 다섯 개와 물고기 두 마리를 들
고 하늘을 우러러 보신 후 축복하셨다. 그리고 그 빵들을 쪼개어 그의 제자
들에게 주시며 그들 앞에 갖다 놓게 하셨다. 그리고 물고기 두 마리를 모든
사람에게 나눠 주셨다. **42** 그러자 모든 사람이 먹고 흡족하게 되었다. **43**
그리고 그들이 빵과 물고기 조각들을 거두어 열두 바구니 가득 채웠다. **44**
그리고 빵을 먹은 사람들이 남자들만 오천 명이었다.

주해

배경(31-34절)[1] 본 단락은 예수님이 많은 사람들로 인해 음식 먹을 시간도 갖지 못한 제자들에게 "한적한 곳"(ἔρημον τόπον)으로 가서 쉬도록 하신 말씀으로 시작한다(31절). 2인칭 대명사 주격(ὑμεῖς)과 강조적 '아우또스'(αὐτός)에 의해 이중으로 강조된 "그대들만"(ὑμεῖς αὐτοί)은 한적한 곳으로의 이동이 제자들의 필요를 채우는 데에 그 목적이 있다는 점을 시사한다. 허기진 예수님과 제자들은 한편으로 앞서 언급된 풍족한 헤롯과 대조가 되고, 다른 한편으로 뒤따르는 급식 기적의 주제적 배경이 된다. 광야 여행은 그들의 쉼과 식사를 위한 목적으로 출발하지만 도착지에선 다시 무리를 가르치고 먹이는 일로 마무리된다.

무리들은 예수님 일행이 배로 떠나는 것을 본 직후 육로로 "그들 앞서 함께 달려가 도착했다"(33절). 무리들이 예수님의 일행의 목적지를 어떻

---

1. 저자는 막 6:31-44에 나오는 신적 기독론에 대해 논문(박윤만, 2017: 50-51)으로 다룬바 있다. 위 내용은 저자의 논문과 상당 부분 일치함을 밝혀 둔다.

게 알았는지 의문이 들 수 있다. 하지만 본문의 관심은 다른 데에 있다. 목적지를 정확히 알지도 못하면서 무리들은 예수님이 가실 곳을 추정하고 달려갈 정도로 어떤 필요로 인해 그들이 '무모한' 시도를 한다는 점을 드러내는 듯하다. 더불어 사용된 "앞서 도착했다"(προῆλθον)와 "함께 달려가"(συνέδραμον)라는 낱말은 모두 무리들이 어떤 급박한 상황에 처해 있었고 그 필요를 채우고자 긴급한 움직임 가운데 있다는 점을 드러낸다. 배 여행은 예수님과 제자들이 함께 시작했다고 밝히고 있지만("그들은 … 떠났다", 32절) 막상 도착한 후에는 오직 예수님 한 개인의 시선과 감정적 반응("그는 큰 무리를 보시고 불쌍히 여기셨다", 34절)에만 집중한다(34절). 이어지는 '호띠' 절(ὅτι, '왜냐하면')은 다시 무리를 불쌍히 여긴 감정적 반응을 설명하는 데에 집중되는데, 마가는 그 이유가 예수님의 시야에 "그들이 목자 없는 양 같았기 때문이었다"(34절)고 말한다. "목자 없는 양"(πρόβατα μὴ ἔχοντα ποιμένα)은 구약성경에 자주 등장하는 이미지다(민 27:17; 왕상 22:17; 겔 34:5; 슥 10:2; Rawlinson, 86). 특히 현 본문에서 그 이미지 사용은 칠십인경 에스겔 34장을 환기시켜 준다(Hays, 2014: 23):

> 목자가 없으므로[μὴ εἶναι ποιμένα] … 내 양[πρόβατα] 떼가 유리되었고 … 내 목자들이 내 양을 찾지 아니하고 자기만 먹이고 내 양 떼를 먹이지 아니하였도다(겔 34:5-8).

에스겔에 따르면 이스라엘 통치자들은 "자기만 먹이고 양 떼를 먹이지" 않는 목자(겔 34:8)로, 백성들은 그 결과로 "이방에 노략거리가" 된 양으로(겔 34:28) 각각 비유된다. 이에 에스겔은 하나님께서 대안적으로 "한 목자를 그들 위에 세워 먹이게" 할 것인데, "그는 내 종 다윗이라"(겔

34:23)고 결론 내린다. 유사하게 마가는 헤롯 "왕"은 권력자들과 잔치를 즐기면서 선지자를 죽음으로 몰고 갔다고 밝혔다(6:21-29). 이런 점에서 그는 에스겔이 말한 "자기만 먹이는" 타락한 목자(왕)의 대표라는 것이 마가의 논점이다(Hurtado, 2020: 144, 149). 그의 통치하에 있던 백성들은 그들을 '먹여주는' 새로운 목자의 절대적 필요 가운데 처해 있었다. 사실 백성들의 이런 필요는 예수님과 제자들이 배를 타고 한적한 곳으로 갈 때 "도보로 그곳에 함께 달려와 … 먼저 도착했다"는 정보(32-33절)를 통해 확인된다. 그들로 '무모하게' 달려가게 만들었던 필요는 바로 목자의 필요이다. 따라서 무리를 "목자 없는 양과 같이" 보시는 예수님은 그가 새로운 목자 곧 다윗이라는 기대를 하게 만든다(34절).

"목자 없는 양"을 돌보고 '먹이시는' 예수님의 첫째 방식은 '가르침'(διδάσκειν, '가르치기')을 주시는 것이었다(34절 후반부). 선생의 역할은 종말론적인 목자에게 기대된 일이었는데(Boring, 2006: 183), 구약(시 119:176)과 제2성전 시기 유대 문헌(Philo, *On Posterity and Exile of Cain* 67-69; 바룩2서 76:13-14)에는 종종 목자 없는 상황에 대한 해결책으로 토라 교육이 등장한다(Marcus, 2000: 406). 마가는 예수님을 가르치는 자로 소개하고 있기 때문에(1:21, 22; 2:13; 4:1; 6:2, 6; 7:7 등) 가르치는 예수님은 종말론적인 목자로서의 이미지와 잘 조화된다. 그러나 마가는 종말론적인 목자로서의 예수님의 사역을 가르치는 일에만 한정하지 않는다. 이어지는 이야기는 그를 실제로 먹이시는 일을 하는 분으로 소개(35-44절)하면서 목자의 이미지를 극대화한다.

준비(35-37절) "이미 시간이 많이 되었을 때"(35절)라는 말은 예수님의 가르침이 계속되는 동안 어느덧 저녁이 되었다는 문자적 의미를 가진다. 더불어 역사적 시간에서 헤롯은 세례 요한을 참수하는 등 그 억압의 정도를 높여가고 있었고, 내러티브 시간에서 무리는 새로운 목자를 찾아

필사적으로 달리고 있었던 때를 고려한다면, 그와 같은 시간 표현이 심층적 의미를 내포한다는 것을 알 수 있다. 곧 "이미 시간이 많이 되었을 때"는 필요 가운데 있는 사람들을 향한 목자의 긴급한 개입과 돌보심에 대한 기대를 이끌어 낸다(Marcus, 2000: 406, 417-18).[2]

이런 상황에 대해 제자들이 먼저 반응한다(35-36절). 형식적인 측면에서 본다면 예수님의 급식은 제자들의 요청에 따른 반응이지만, 급식에 이르는 과정에서 벌어진 예수님과 제자들 사이의 대화는 그 주도권이 예수님에게 있음을 보여준다. 찾아온 제자들이 예수님에게 요청한 내용은 무리들을 흩어 보내어 무리 "스스로"(ἑαυτοῖς) 그들의 필요를 해결하도록 하자는 것이다(36절). 34절과 연결해서 이해하면 제자들의 제안은 "목자 없는 양" 같은 무리를 그대로 방치하게 되는 결과로 이어질 수 있다. 이 제안에 대해 예수님은 강조적 2인칭 대명사 주격을 사용하여 "그대들이 직접[ὑμεῖς] 먹을 것을 그들에게 주시오"(37절)라고 말씀하셨다. 무리들 "스스로" 해결하도록 하자는 제자들과 "그대들이 직접" 해결하라는 예수님의 말은 대조를 이룬다. 예수님의 요지는 목자 없는 양이 "스스로" 그들의 문제를 해결하도록 내버려 두지 말고 제자들이 그들의 문제 해결에 "직접" 참여하라는 것이다. 그러나 예수님은 어떻게 그의 제자들이 오천 명을 먹일 수 있는 음식을 구할 수 있으리라 생각하셨을까? 어쩌면 예수님의 요청에 대해 37절 후반부("우리가 가서 … 빵을 사다가 그들이 먹도록 주라는 말입니까?")와 같은 반응을 제자들이 보인 것은 당연해 보일 수 있다. 그러나 예수님은 어떤 답을 제시하도록 요청한 것같아 보이지는 않는다. 오히려 제자들을 부를 때 사용된 강조적 2인칭 대명사(ὑμεῖς, 37절)가 암시하듯 예수님은 제자들로 "목자 없는 양" 같은 무리에 대해 적극적

2. 유사한 시간 표현과 함축적 의미의 예를 위해서는 14:17; 15:33, 42; 16:2 참고.

인 "책임 의식"을 가지도록 요청하고 있는 것(France, 2002: 266)처럼 보인다. 그리고 제자들이 책임 의식을 실천하는 방식은, 그들이 그의 제자라는 사실을 잊지 않고 있다면, 선생된 예수님의 적극적인 개입을 요청하는 식이 되어야 한다는 기대가 예수님에게 있었을 것이다(Stein 314). 예수님은 이전에 제자들을 부르시고(3:14-15) 파송하실 때(6:7) 귀신을 쫓아내고 병자를 고치며 복음을 선포하는 소명을 그들에게 주셨다. 이제 다시 "목자 없는 양" 같은 무리를 먹이는 일은 제자들의 특별한 책임이라 말씀하신다. 제자들의 '섬김'에 대한 강조는 10:43-44에서 다시 강조된다. 예수님의 부활 후 교회의 성찬과 일반 식사 때[3] 열두 제자가 "섬김"을 수행하고 있는 모습을 발견하는데(διακονία, [식탁에서] '섬김', 행 1:17, 25; 6:1, 2), 이런 섬김은 예수님의 가르침을 충실히 따른 결과로 봐야 한다.

"그대들이 직접 먹을 것을 그들에게 주시오"(37절 전반부)라는 요청에 제자들의 반응은 지극히 부정적이다. "우리가 가서 이백 데나리온의 빵을 사다가 그들이 먹도록 주란 말입니까?"(37절 후반부). 그들의 부정적 답변은 그들 자신의 무능에 집중돼 있다. 마가는 지금까지 무리를 "목자 없는 양"으로, 예수님을 참 목자로 암시해왔지만, 제자들은 목자로서 예수님의 책임과 능력에 대한 기대를 갖지 못했다.

급식 기적(38-41절) 이윽고 예수님은 구체적인 행동에 나서시지만, 다시 제자들에게 상황 파악을 하도록 요청하신다("그대들이 빵을 몇 개 가지고 있소? 가서 보시오", 38절). 이어지는 기적이 그들이 가져 온 오병이어를 기초로 진행된다는 것을 고려한다면 그들의 부정적인 응답에도 불구하고 예수님은 그들을 기적의 조력자로 세워주고 계신 것이다. 이런 예수님의 의도는 제자들에게 내린 명령(ἐπέταξεν, 39절)에서도 계속된다. 제

3. 초기 교회 성찬은 일반 식사와 함께 진행되었다(고전 11:20-21, 25; 참고. 행 2:42, 46).

자들은 예수님의 명령에 따라 무리들을 "잔치 무리의 형태로[συμπόσια συμπόσια] 푸른 풀밭 위에 기대어 있도록[ἀνακλῖναι]" 해야 했다(39절). 그 명령을 수행하는 동안 제자들은 도대체 어떤 일이 일어날 것인지에 대한 기대와 두려움이 교차했을 것이다. 제자들이 만들어야 했던 무리의 모양은 '쉼뽀시아'(συμπόσια)와 '아나끌리나이'(ἀνακλῖναι, '기대다'), 그리고 '아네뻬산'(ἀνέπεσαν, '비스듬히 눕다', 40절)을 통해 암시되는데, 이 낱말들은 모두 잔치의 식사 이미지를 강하게 떠올려주는 언어들이다(또한 2:15; 8:5-7; 14:17-21 주해를 보라; Taussig, 64-70, 114-18). 적어도 만들어진 무리의 형태는 잔치가 벌어질 기대를 만들어 주고 있다.

더불어 예수님에 의해 명령되고 제자들이 실행한 결과로 형성된 "푸른 풀밭 위"(ἐπὶ τῷ χλωρῷ)에 비스듬히 "기대어 있는" 무리의 모습(39절)은 여호와의 인도함을 받아 "푸른 풀밭에[ἐις τόπον χλόης]에 누[운]" 시편 23:1[칠십인경 22:2]의 양 이미지를 떠올려 준다. 하지만 보다 더 적절한 배경은 종말론적인 암시를 가진 에스겔 34장이다. 우리는 이미 에스겔이 부패한 목자를 대신할 새로운 목자 곧 다윗과 같은 목자가 등장하여 그의 백성을 돌볼 것을 예언했다는 점을 살펴보았다. 그러나 현 본문에서 마가의 의도는 예수님이 양을 불쌍히 여기는 참 목자/왕이라는 가르침을 주는 것 그 이상이다. 에스겔은 하나님께서 그의 백성에게 종말론적인 새 출애굽을 가져오실 때 그가 친히 목자가 되어 하실 일을 다음과 같이 말한다:

> … 나 곧 내가 내 양을 찾고 찾되 … 내 양을 찾아서 흐리고 캄캄한 날에 그 흩어진 모든 곳에서 그것들을 건져낼지라 내가 그것들을 만민 가운데에서 끌어내며 여러 백성 가운데에서 모아 그 본토로 데리고 가서 이스라엘 산 위에와 시냇가에와 그 땅 모든 거주지에서 먹이되 좋은 꼴을 먹이고 … 좋

> 은 우리에 누워 있으며 이스라엘 산에서 살진 꼴을 먹으리라 내가 친히 내 양의 목자가 되어 그것들을 누워 있게 할지라 주 여호와의 말씀이니라(겔 34:11-15).

종말론적인 참 목자가 되어 그의 백성을 구속하여 이스라엘 땅으로 데리고 가서 "산 위에"와 "시냇가에서" "좋은 꼴을 먹이고" "그들을 누워 있게" 할 분은 바로 하나님 자신으로 소개된다(13-15절). 그렇다면 광야에서 마주친 백성들을 "목자 없는 양"으로 보신 후 그들을 "푸른 풀밭 위에 기대[고]"(39절) 또 "떼를 지어 비스듬히 누워"(40절) 있게 하신 후 그들을 먹이시는 예수님은 하나님이 하실 것으로 기대된 종말론적인 새 출애굽과 급식을 직접 수행하는 인물이라는 함의를 강하게 가진다. 이런 점에서 마가가 현 단락에서 예수님을 하나님과 동일시한다는 헤이스의 주장은 옳다(Hays, 2014: 23; 2016: 70).

현 사건의 배경이 "한적한 곳"(ἔρημον τόπον, 31절)이라는 점 역시 시사하는 바가 있다. 먼저, 제자들의 인도에 따라 무리들은 이제 "오십 명씩 백 명씩 떼를 지어 비스듬히 눕는다"(40절). 외진 곳(ἔρημος τόπος)에서(35절) 오십 명과 백 명씩 떼를 지어 있는 모습은 이스라엘 백성이 출애굽하여 광야(ἔρημος) 여행 동안에 갖춘 대열을 떠올려 준다(πέμπτη γενεὰ, '오십 배열', 칠십인경 출 13:18; "천부장과 백부장과 오십부장과 십부장", 출 18:21, 25; 신 1:15; Hurtado, 2020: 149, 156). 스스로를 종말론적인 공동체라 믿으며[4] 예루살렘 공동체로부터 '탈출'하여 유대 광야에 거주하였던 쿰란 공동체는 출애굽 때 이스라엘이 갖추었던 것과 같은 대열에 따라 공동체를 조직하였다("천 명, 백 명, 오십 명, 열 명", CD 13:1; 1QS 2:21;

---

4. 쿰란 공동체의 자기 정체성에 대한 이해는 3:33-34 주해를 보라.

1QSa 1:14-15; Gnilka, 1권 332; Donahue and Harrington, 206; Stein, 315). 예수님이 광야에서 그와 유사한 배열에 따라 무리를 앉게 한 것은 그를 통해 구속받은 새 이스라엘이 탄생하고 있다는 점을 보여 주려는 상징적 시도이다. 다음으로, 구약 그 어떤 선지자보다 새 출애굽의 주제를 많이 다루고 있는 이사야 40-55장(참고. Watts, 2001)은 광야의 변화가 종말론적인 새 출애굽의 표징이 될 것이라 말했다("광야와 메마른 땅이 기뻐하며 사막[ἔρημος]이 백합화 같이 피어 즐거워하며", 35:1; "나 여호와가 … 광야[τὰ ἔρημα]를 여호와의 동산 같게 하였나니", 51:3). 현 단락의 배경이 '메마름' 혹은 '버려짐'을 원형적 지식으로 가지고 있는 광야(31절)였지만 급식 기적이 "푸른 풀밭" 위에서 일어났다고 서술한다. 이것은 이사야가 말한 것처럼 하나님이 가져오실 종말론적인 새 출애굽이 예수님의 사역으로 실현되고 있음을 상징적으로 보여 주는 것이다(Hays, 2016: 50).

예수님은 빵을 "들고"(λαβών) "축복하셨고"(εὐλόγησεν), 그것들을 "쪼개어"(κατέκλασεν) 제자들에게 "주시며"(ἐδίδου) 무리들 앞에 갖다 놓게 하셨다(41절). 예수님은 에스겔이 "주 여호와"(겔 34:11)께서 하실 것이라 기대된 일, 곧 양떼들을 모아(13절) 먹이는(13, 23절) 일을 실행하신다.[5] 예수님의 급식은 과거 에스겔의 예언을 떠올려 줄 뿐만 아니라 앞으로 일어날 또 다른 급식 이야기를 떠올려 주는 역할을 한다. 앞서 언급된 것처럼 급식에 관련된 주요 용어들이 사천 명을 먹이시는 사건(8:6)과 성찬 제정 식사인 마지막 만찬(14:22)에도 동일하게 나오고 있기 때문이다. 먼저, 현 오병이어 급식 기적은 다가오는 사천 명 급식 기적을 기대케 하는데,[6] 두 사건은 주제와 사건 및 언어가 밀접하게 연결되어 있기 때문에 두 사건의

5. 급식 기적은 유대인들이 기대한 종말론적 메시아 잔치(사 25:6-9)가 예수님을 통해 실현되고 있다는 이미지 역시 가진다.
6. 오병이어 급식 기적과 사천 명 급식 기적의 연관성은 8:1-10 주해를 보라.

비교 연구는 8:1-10에서 충분히 다뤄질 것이다. 또한 오병이어 급식 기적은 마지막 만찬의 선취적(foretasting) 성격을 가진다(Hooker, 1991: 167; Park, 103). 현 본문과 마지막 만찬에 등장하고 있는 동사들("들고", "축복하셨고", "쪼개어", "주셨다" 41절; 14:21)이 유대인의 일상 식사 때 일어나는 순서 묘사일 뿐이라는 콜린스의 주장은 문화적으로는 타당한 주장이지만(Collins [a], 325), 내러티브에서 그 같은 동사들이 서로 다른 에피소드에서 반복될 경우 그 에피소드들은 해석을 서로 돕는다(Rhoads et al., 47-49)는 점은 간과되지 말아야 한다. 마지막 만찬에서 빵은 "많은 사람을 대신해서"(14:24; 10:45) 희생하는 예수님의 "몸"(14:22)을 가리킨다. 오병이어 급식은 그러한 "몸" 주심에 대한 선취이다. 그리고 마지막 만찬에서는 열두 제자만 빵, 곧 예수님의 "몸"(14:22)에 참여하지만, 오병이어 급식에서는 무리가 그 참여자라는 점에서 훗날 그 "몸"에 참여하게 될 큰 수의 사람들이 있을 것을 내다보게 한다. 따라서 마지막 만찬이 하나님 나라에서 열릴 마지막 잔치에 대한 선취인 것처럼(14:25), 오병이어 급식은 마지막 만찬과 더 나아가 초기 교회의 성찬과 식탁 교제의 선취이다.

끝으로 간과되지 말아야 할 것은 오천 명을 먹이시는 기적에서 예수님의 주된 관심 중의 하나는 제자들을 이 기적의 조력자로 세우고 있다는 점이다. 이런 관심은 예수님이 빵을 떼어 무리들에게 직접 주시지 않고 제자들에게 주어 그들이 무리들에게 나눠 주도록 하신 방식에 다시 반영된다(41절 후반부). 앞서 제자들은 예수님께 배고픈 무리들을 마을로 돌려보내도록 요청했고 더군다나 믿음의 반응이 기대된 질문에도 냉소적인 답변만 할 뿐이었다(37절). 하지만 예수님은 오병이어를 가져오도록 지시하시며 그들로 기적이 어떤 상황(즉 오병이어만 있는 가운데)에서 일어났는지 직접 보도록 하신다(38절). 그 후 떼신 빵과 생선을 그들에게 "주시며"(ἐδίδου) 무리들에게 나눠 주도록 참여시키셨다(41절). 이런 참여 기회

제공은 두 가지의 중요한 의미를 가진다. 첫째, 예수님은 그가 종말론적인 목자임을 열두 제자가 보고 경험하도록 기회를 제공하신 것이다. 둘째, 예수님은 훗날 새롭게 모아진 하나님의 새로운 백성 가운데서 열두 제자들이 담당해야 하는 섬김의 역할(10:43-44)을 미리 가르치셨다. 이런 가르침의 의도는 사천 명 급식 기적에서 더욱 명확해진다(8:1-10 주해를 보라).

절정(42-44절) 기적의 결과는 두 가지로 표현된다. 첫째, 다른 기적 단락들에선 참여한 사람들의 찬사 혹은 놀람으로 이야기가 마무리되고 있지만(1:27; 2:12; 5:15, 42), 현 단락은 급식 기적을 경험한 무리들로부터 어떤 놀람이나 찬사가 없이 다만 "모든 사람이 먹고 흡족하게 되었다[ἐχορτάσθησαν]"로 끝맺는다(42절). 이런 표현은 물론 모든 사람의 물리적인 배고픔이 해결되었다는 의미를 가지지만, 현 급식 기적이 가진 종말론적인 차원이 간과되어서는 안 된다. 종말론적인 잔치는 풍족하고 또 모든 사람이 흡족하게 될 것이라는 이사야의 예언(사 25:6-9)이 성취되었다는 점을 부각시키려는 뜻이 있다(Cranfield, 223; Marcus, 2000: 420). 더불어, 지금까지 내러티브가 떠올려 준 에스겔 34장의 이미지를 고려할 때 '그들이 흡족하게 되었다'(ἐχορτάσθησαν)는 종말론적인 목자로 오신 하나님의 급식이 제공하는 풍성함(비교. 시 78:29)을 역시 함의한다(Stein, 317). 기적의 두 번째 결과는 남은 "조각들이[κλάσματα] 열두 바구니 가득"(43절)했다는 말로 표현된다. 만일 "조각들"을 먹다 남은 '부스러기'를 가리키는 것으로 본다면 "열두 바구니 가득"은 단순한 음식물 뒷정리 의미 그 이상을 뜻하지 않는다. 하지만 보링이 적절하게 본 것처럼 현 에피소드에서 남은 "조각들"(κλάσματα)은 급식 기적으로 주어진 음식이 너무 많아 먹을 수 없어 남은 조각들을 가리키는 것으로 보는 것이 옳다(Boring, 2006: 187; 참조. 마 15:37; 요 6:12). 그렇다면 이는 예수님이 가져오신 그리고 가져오실 종말론적인 축복의 풍성함을 드러내는 또 다른 상징적인 표현이다(Jeremias, 2009: 251; Marcus, 2000: 414).[7] 또한 남은 조각이 열두 바구니였다는 정보 역시 주목할 필요가 있는데, 일차적으로 그 숫자는 그것을 거둔 이들이 열두 제자였다는 것을 말해준다. 나아가 열두 제자는 새로운 이스라엘의 대표자로 세워진 상징적인 숫자라는 것을 고려할 때(3:14 주해 참고; 또한 Hurtado, 2020: 151를 보라), 현 기적은 새로운 이스라엘 백성이 가지는 메시아적인 잔치라는 의미를 더불어 내포한다(Donahue and Harrington, 207; 대조. Gnilka, 1권 333).

요약과 해설

하나님 나라 선포 사역에서 돌아온 제자들과 함께 예수님은 쉼을 얻고자 한적한 곳으로 가셨다. 그러나 무리는 그들보다 더 일찍 예수님의 일행이 갈 곳에 '달려가' 배에서 나오시는 예수님을 맞이한다. 무리의 적극적인 모습은 그들의 다급한 상황을 암시하는데 예수님이 그들을 "목자 없는 양"(34절)같이 보셨다는 이어지는 정보는 상황에 대한 이런 해석을 확증해 준다. 이후 예수님은 목자 없는 양에게 가르침과 더불어 음식을 베푸시며, '영적'인 양식과 '육적'인 양식 모두를 제공하는 목자로 묘사된다. 이런 모습은 내러티브에서 '자기만 먹는' 헤롯 왕(6:21)과 대조된다. 예수님의 참 목자로서의 모습은 종말론적인 모습을 띠고 있는데, 하나님은 자기만 먹는 이스라엘의 목자(왕과 관리)들을 대신하여 직접 그의 백성들을 먹이시고 돌보시고자 개입할 것이라는 에스겔의 예언(34:11-16)이

7. 종말론적인 풍성한 결실에 관해서는 바룩2서 29:5를 보라.

무리를 “목자 없는 양”처럼 보신 후 그들을 가르치고 오병이어 급식을 베풀시는 예수님을 통해 성취되고 있음을 마가는 말해준다.

제자들은 처음부터 현 기적에 적극적으로 개입했다. 그들은 예수님에게 무리들의 필요를 말했고(35절), 예수님은 그들을 이어지는 기적의 모든 과정에 조력자로 섬길 수 있는 기회를 제공해 주셨다. 이런 기회 제공은 제자들에게 그가 종말론적인 잔치를 베푸시는 참된 목자임을 가르치시려는 의도이자, 그들은 새로운 하나님의 백성을 섬기는 일에 부름을 입었다는 사실을 알려 주시려는 뜻 역시 있다(참고. 10:43-44).

제31장
두 번째 배 여행
마가복음 6:45-52

현 단락은 두 번째 배 여행에 얽힌 사건으로, 이야기의 의미는 맥락 의존적이다. 첫 여행(4:35-41)이 하나님 나라의 비유 담화(4:1-34)와 연결고리("그 날 저녁이 되자", 4:35)를 가진 것처럼, 두 번째 여행 역시 직전의 오천 명 급식 사건과 연관(linkage)을 가진다("그들이 빵들에[τοῖς ἄρτοις] 관한 깨달음이 없었고", 52절). 마찬가지로 첫 여행 직후 치유(5:1-20)가 뒤따른 것처럼 두 번째 여행도 치유를 후행 사건(53-56절)으로 가진다:

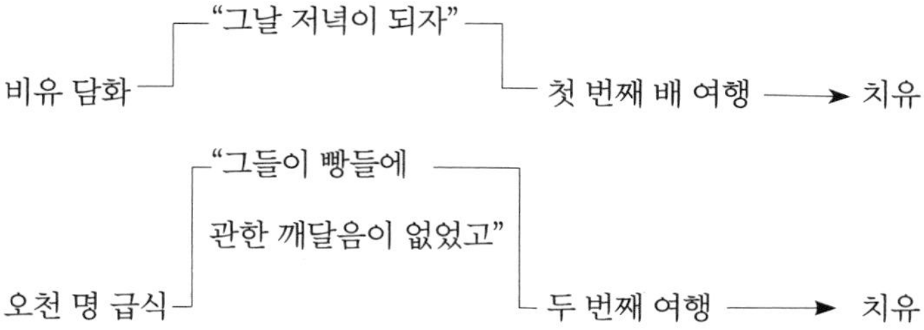

두 번의 배 여행의 시점이 모두 무리를 떠난 후(4:36; 6:46)로 명시된 것은 바다 여행의 주된 관심이 예수님과 제자들의 관계 혹은 제자들을 향

한 예수님의 가르침에 있음을 알려준다. 또한 두 번의 배 여행이 모두 예수님의 주도로 시작되었다("맞은편으로 건너갑시다", 4:35; "제자들을 재촉하여 배를 타고 … 먼저 가게 하셨다", 45절)는 점에서 공통점이 있다. 하지만 두 번의 여행 동안 기적이 일어나는 과정에는 약간의 차이가 있다. 첫 여행에서는 주무시는 예수님을 깨우는 제자들의 주도적인 행동으로 기적이 일어나게 되었지만, 두 번째 여행에서는 예수님의 주도성이 두드러진다("보신 후 … 그들에게 오신다", 48절). 이런 점에서 현 단락에서는 기적을 통해 드러나는 예수님의 자기 계시를 뚜렷하게 관찰할 수 있다.

현 사건은 배경(45-46절), 예수님의 나타나심(47-50절), 자연과 제자들의 반응(51-52절)으로 진행된다.

45 그리고 즉시 그는 그의 제자들을 재촉하여 배를 타고 맞은편쪽 벳
새다로 먼저 가게 하셨다. 그 동안에 그가 직접 그 무리를 흩으신다. **46** 그
들과 작별하신 후 기도하시고자 그는 산으로 떠나가셨다. **47** 그 후 저녁이
되었을 때 그 배는 바다 한가운데 있었고 그는 홀로 육지에 계셨다. **48** 그
후 그들이 노를 젓느라 힘겨워 하는 것을 보시고-이는 바람이 그들을 거스
르고 있었기 때문이었다-대략 밤 사경에 바다 위를 걸어서 그들에게로 오
신다. 그리고 그들을 지나가려 하셨다. **49** 그러나 그가 바다 위를 걸으시는
것을 그들이 보고서 그가 유령인 줄로 생각하고 비명을 질렀다. **50** 그들 모
두가 그를 보고 겁에 질렸기 때문이다. 그러나 그는 곧 그들과 대화하셨다.
그때 그들에게 말씀하신다. "용기를 가지시오. 나입니다. 두려워 마시오."
51 그리고 그들이 있는 배에 오르시자 바람이 조용해졌다. 그러자 그들이
속으로 극도로 많이 놀랐다. **52** 그들이 빵에 관한 깨달음이 없었고, 도리어
그들의 마음이 완고해졌기 때문이었다.

주해

배경(45-46절) "즉시 그는 재촉하사[ἠνάγκασεν] … 먼저 가게 하시고"(45절)에서 볼 수 있듯이 제자들을 대하시는 예수님의 태도에 서두르시는 모습이 역력하다. 무엇이 예수님을 재촉하게 했을까? 제자들이 가야 했던 벳새다가 헬라화된 지역이라는 것을 근거로 예수님의 재촉은 초기 교회의 이방 선교를 향한 열심이 투영된 것이라는 해석이 있다(Boring, 2006: 188-89). 하지만 주목해야 할 것은 배 여행을 제자들만 떠나도록 재촉하셨다는 점이다. 만일 예수님이 현 본문에서 이방 선교를 촉구하려 했다면 그 역시 함께 배를 타고 벳새다로 가시는 것이 훨씬 더 효과적인 '선교 전략'이 아니었을까? 제자들을 서둘러 바다로 보내신 후 홀로 남겨진 예수님이 하신 일 역시 무리를 해산하는(ἀπολύει) 것이었다. 따라서 그의 재촉은 이방 지역 방문 촉구라기보다는 제자들과 무리들을 분리하려는 의도로 진행되었다고 보는 것이 더 자연스럽다. 그가 무리 해산을 직접 하셨다는 점은 "흩으신다"(ἀπολύει)의 주어('그가')를 강조하는 인칭대명사 주격(αὐτός) 사용을 통해 확인된다("그가 직접[αὐτός] 그 무리를 흩으신다", 45절 후반부). 더불어 예수님은 산에 기도하러 가시기 직전 "그들과 작별"(ἀποταξάμενος ἀυτοῖς, 46절) 하시는데, 작별의 대상을 가리키는 "그들"(αὐτοῖς)을 제자들이 아닌 무리로 봐야 하는 것은 그가 무리를 해산하는 동안 제자들을 먼저 벳새다로 가도록 하셨기 때문이다(45절). 제자들은 심지어 무리를 해산하는 일에 참여하는 것도 허락되지 않았고, 예수님마저도 무리와 "작별"을 고한 후 산으로 기도하러 가신 것이다.

예수님과 제자들 모두가 무리와 그렇게 서둘러 헤어진 구체적인 동기는 본문에 명시되지 않았다. 하지만 예수님은 '빵 먹은' 오천 명이 자신에 대해 가질 수 있는 오해(아마 유대 대중을 선동하여 폭력적 저항 운동을 일으키려는 유대 지도자)에 자신과 제자들이 연루되기를 원치 않으신 것으로 보인다. 특별히 광야에서 떡을 먹은 무리들이 오십 명 혹은 백 명씩 떼를 지어 앉은 모습은 군대 조직을 연상케 하기에 충분하였으므로 무리들 가운데 예수님에 대한 오해가 일어날 가능성이 매우 높았을 것이다(비교. 요 6:14-15). 하지만 예수님은 가버나움에서 그의 명성이 절정에 달했을 때도 새벽에 기도하러 광야로 가셨고(1:35), 치료함을 받은 자나 귀신들린 자가 그의 신분을 노출하려 할 때도 역시 침묵을 명령하셨다(1:25, 34, 44; 3:12). 그 같은 신중한 처신에서 대중들의 필요에는 반응하시지만 그들이 만들어 낸 메시아상과는 거리를 두시려는 의도를 발견할 수 있다. 산에서 드린 기도의 내용에 대한 언급은 없지만(비교. 14:32-42) 아마도 세례 때 하늘의 소리에 의해 확증된 소명(1:11-12)을 재차 확인하는 기도를 드렸을 수 있다(참고. 9:7). 예수님은 백성의 소리보다 하늘의 소리에 귀를 기울이셨다.

예수님의 나타나심(47-50절)[1] 얼마간의 시간이 경과된 후 마가는 특정 시간에 서로 다른 공간에 머물고 있는 예수님과 제자들의 모습을 각각 조명해준다: "그 후 저녁이 되었을 때 그 배는 바다 한가운데 있었고 그는 홀로 육지에 계셨다"(47절). 하지만 이내 내러티브의 관점은 예수님에게로 옮겨가고, 특히 그가 무엇을 보고 있는지를 보여준다: "그들이 노를 젓느라 힘겨워 하는 것을 보시고[ἰδὼν, '보시고']"(48절 전반부). 때는 밤 사경(오전 3시에서 6시 사이)이었다.[2] 새벽이 오기 전 어둠이 가장 깊은 때

1. 저자는 막 6:45-52에 나오는 신적 기독론에 대해 논문(박윤만, 2017: 47-50)으로 다룬바 있다. 위 내용은 저자의 논문과 상당 부분 일치함을 밝혀 둔다.
2. 출 14:24에 따르면 이스라엘 백성들이 홍해를 건넜던 시간이 "새벽"(ἐν τῇ φυλακῇ τῇ ἑωθινῇ)임을 밝힌다. 또한 밤을 네 구획으로 나누는 시간 구분법에 대해서는 13:35 주해를 보라.

역풍이 부는 바다 한가운데서 더 이상 앞으로 가지 못한 채 힘겨워 하고 있는 제자들을 보신 것이다. 그들이 배 여행을 시작한 때는 저녁이 오기 전(참고. 35, 47절)이었고 현 시각은 새벽이었다는 것을 고려하면, 제자들은 밤새도록 바다 한가운데에 떠돌고 있었던 것이다. 예수님은 제자들을 보신다. 육지에 계신 예수님과 바다 한복판에 있던 제자들 사이에 존재하는 거리와 어둠이 장애가 되고 있다는 어떠한 암시도 없이 마가는 예수님의 목격을 서술한다. 예수님의 신적 능력을 전제로 한 마가의 서술이라는 해석(Marcus, 2000: 423)과 함께, 그의 제자들을 돌아보시려는 선생의 주시에는 거리와 어둠이 문제가 되지 않는다는 이해 또한 가능하다.[3]

역풍을 만나 "노를 젓느라 힘겨워" 하는 제자들을 보신 후 예수님은 "바다 위를 걸어서"(περιπατῶν ἐπὶ τῆς θαλάσσης) 그들이 있는 쪽으로 "가신다"(ἔρχεται, 48절 후반부). "걸어서"(περιπατῶν)와 "가신다"(ἔρχεται) 두 동사 모두 진행의 의미를 가진 현재 시제로 발화된 것은 바다 위를 걸어가시는 동작에 문법적 현저성을 부여하려는 시도이다. 그렇다면 바다 위를 걸어가시는 예수님의 의도는 무엇인가? 물론 역풍으로 힘겨워 하고 있는 제자들을 돌보기 위해서였다는 해석은 맥락상 자연스럽다. 그가 "배에 오르시자 바람이 조용해졌다"(51절)는 말은 이런 해석을 지지하지만 이런 해석이 예수님의 모든 행동을 설명할 수 있는 것은 아니다. 사실 그의 제자 방문 시점은 이상해 보인다. 무리를 보낸 후 기도하러 산에 가셨다가 '저녁이 될 때까지' 뭍에 머무시지만(47절) 그 밤 사경이 될 때까지 제자들에게 가지 않으셨기 때문이다. 밤 사경까지 제자들에게 가시

3. 프란스는 예수님이 제자들을 볼 수 있었던 것은 동 터오기 전의 희미한 빛이 있었기 때문이라는 현실적 이유를 제시한다(France, 2002: 271). 하지만 마가가 말하는 밤 사경이라는 시간적 배경은 육지에 계신 예수님이 먼 바다에서 일어나는 일을 보았다는 것을 일반적으로만 생각할 수 없게 한다.

지 않고 그는 뭍에서 무엇을 하셨을까? 물론 그는 산에 기도하러 가셨다는 정보가 이미 주어져 있기 때문에(46절) 예수님은 그 시간까지 기도하셨다는 추론이 가능하다. 그러나 47절은 저물었을 때 제자들이 바다 가운데 있는 동안 예수님은 "홀로 뭍에 있었다"(αὐτὸς μόνος ἐπὶ τῆς γῆς)는 정보만 줄 뿐이다. 정황을 고려할 때 그는 "뭍에서" 제자들을 방문해야 할 적절한 때를 기도 중에 기다리셨다는 판단이 가능하다. 육지에서 제자들의 배 여행을 지켜보시던(48절 전반부) 예수님은 제자들이 탄 배가 역풍에 힘겨워 하자 그때서야 기다렸다는 듯이 바다 위로 걸어서 가신다. 그러므로 바다 한복판에서 제자들이 목격한 예수님의 이미지, 곧 어둠이 가장 짙은 밤 사경에 그것도 거센 맞바람이 부는 순간 "바다 위를 걸어오시는"(περιπατῶν ἐπὶ τῆς θαλάσσης) 모습은 예수님에 의해 의도된 이미지였다. 이 사건은 제자들에게 그들이 예수님을 만난 시점은 역풍이 불어대는 가장 어두운 밤, 혼돈의 장소인 바다 한복판이었다는 생생한 기억을 남겼을 것이다.

그럼에도 예수님의 의도가 제자들에게 그 같은 믿음의 기억을 새겨 주시려는 의도만 있었다고 볼 수 없다. 역풍이 불어대는 '바다 위의 예수' 이미지는 첫 번째 배 여행에서 이미 나타났었는데(4:39),[4] 현 단락의 초점도 그때와 같이 자연에 대한 그의 신적 권위를 보여 준다. 중력에 영향을 받지 않은 채 바다 위를 걸으시는 모습은 칠십인경 욥기 9:8이 말하는 하나님을 떠올리게 한다(Lane, 236; Hays, 2016: 71-72):

> 홀로 하늘을 펴시고 바다 위를 마른 땅처럼 걸으신 이
>
> ὁ τανύσας τὸν οὐρανὸν μόνος καὶ περιπατῶν ὡς ἐπ᾽ ἐδάφους ἐπὶ θα-

4. 4:1("바다에 앉아 계신"[καθῆσθαι ἐν τῇ θαλάσσῃ]) 주해를 보라.

λάσσης

밤새도록 뭍에 계시다가 역풍이 불어 바다와 제자들 모두 혼돈에 빠지자 그제야 바다 위를 걸어 그들에게 가시는 예수님은, 그가 바로 천지를 지으셨고 또 다스리고 계시는 하나님의 권위를 가지고 있는 존재임을 제자들에게 상기시켜 주려 하셨음이 틀림없다. 이런 의도는 이어지는 48절 후반부, "그들을 지나가려 하셨다"(ἤθελεν παρελθεῖν αὐτούς)에서 확인된다. '지나가시다'(παρελθεῖν)는 하나님께서 모세(출 33:19, 22; 34:6)와 엘리야(왕상 19:11)에게 신 현현하시는 모습에서 사용된 동사로, 그의 영광을 사람들에게 간접적으로 드러내 보이시려는 의도가 반영된 단어다(Gnilka, 1권 342; Grassmick, 111; Marcus, 2000: 426). 예수님은 제자들의 배를 스쳐 지나가기를 원하신 것이 아니라 자기가 하나님의 종말론적인 계시자임을 그들에게 드러내 보이기를 원하셨다고 봐야 한다.

제자들에게는 외인과는 달리 이미 하나님의 나라 비밀이 계시되었고(4:11), 비록 간접적이지만 현 본문에서 다시 한번 더 예수님의 신적 신분이 그들에게 계시된다. 그러나 모든 제자들은 예수님을 "유령"(φάντασμα)으로 오해(49절)하며 "비명"을 지르고(49절) "겁에 질린다"(50절 전반부). 물론 이런 오해는 가장 어둔 밤이었고 이전에는 경험해보지 못했던 종류의 조우에서 비롯된 것이라는 점에서 이해가 가는 측면도 있다. 그렇기 때문에 제자들의 몰이해를 너무 부정적으로만 볼 필요는 없다(비교. France, 2002: 274). 예수님의 신 현현과 제자들의 몰이해의 구약적 배경을 제공해 주는 칠십인경 욥기 9:11에도 욥의 몰이해가 언급되는데, 그는 하나님이 자기가 이해할 수 있는 범위를 넘어서는 존재임을 말하고자 "그가 내 앞으로 지나시나[παρέλθῃ με] 내가 보지 못하며 그가 내 앞에서 움직이시나 내가 깨닫지 못하느니라"고 고백한다. "이 은유는 마가복음이 강조하는 것처럼 예수님 안에 임재해 계신 하나님의 모호함(elusiveness)과 깊게 조화된다"(Hays, 2014: 25; 2016: 73). 예수님 안에 드러난 하나님의 모호함은 마가복음 전체에서 드러나고 있는 예수님의 비밀 모티프에 상응한다(4:21-22 주해를 보라).

두려움과 몰이해 가운데 있는 그들에게 오신 예수님은 "용기를 가지시오. 나입니다. 두려워 마시오[ἐγώ εἰμι· μὴ φοβεῖσθε]"(50절 후반부)라 하시며 안심시킨다. '에고 에이미'(ἐγώ εἰμι)는 구약에 등장하는 하나님의 자기 계시(출 3:13-15; 사 41:10; 43:10-13; 45:6, 18, 11; 48:12)의 표현이지만 동시에 일상어로도 사용된 평범한 말이기에 이 표현 자체만으로는 예수님이 하나님의 자기 계시의 의도를 담아낸다고 판단하기 힘들다(France, 2002: 272-73). 하지만 앞서 표현된 것처럼 예수님은 밤 사경에 바다 가운데 있는 제자들을 "보셨고"(48절), 또한 바다 위로 걸어오셨으며(48절), 마가 역시 예수님의 방문을 '신 현현'(48절 후반부)의 전망(ἤθελεν παρελθεῖν ἀυτούς)에서 말했다. 이런 증거들을 진지하게 고려한다면 예수님이 "겁에 질려 있는"(50절)제자들을 안심시키기 위해 '에고 에이미'(ἐγὼ εἰμι)로 자신을 표현한 것은 선생 혹은 선지자적 가르침을 뛰어넘어 '신적인' 위로를 주기 위한 의도가 있었다고 이해해야 한다(Collins [a], 334-35; Boring, 2006: 190-91; Hurtado, 2020: 153). 여기서 칠십인경 이사야 41:10을 주목할 필요가 있다:

> 두려워 말라[μὴ φοβοῦ] 이는 내가 너와 함께 함이라 놀라지 말라 이는 내가 너의 하나님이라[ἐγὼ γάρ εἰμι ὁ θεός σου].

이사야는 마가복음과 마찬가지로 '에고 에이미'(ἐγὼ εἰμι)와 '메 포부'(μὴ φοβοῦ)가 결합되어 나온다. 이것은 예수님의 등장은 곧 하나님의 자기 계시의 일환이라는 위의 주장을 더욱 설득력 있게 만든다.

제자들의 반응(51-52절) 예수님의 신 현현 장면에 대한 두 반응이 대조적으로 그려진다. 예수님의 등장으로 바람은 잠잠해졌지만 제자들은 "극도로 많이 놀랐다"(51절). 마가는 제자들의 놀람이 "빵에 관한 깨달음"의 부족과 마음의 완고함(ἡ καρδία πεπωρωμένη) 때문이라 한다(52절). 먼저, 마가에 따르면 "빵에 관한 깨달음"은 '풍랑이 거센 바다 위에 계신 예수'를 이해하는 열쇠이다. 그들에게 기대된 빵에 관한 깨달음은 무엇이었을까? 에스겔은 하나님께서 친히 "내 양의 목자가 되어" 흩어진 양들을 모으시고 먹이고 돌보시겠다는 말을 전해준다(34:12-15). 마가는 예수님이 그 주위에 모인 백성을 가르치고 먹이시는 사건을 말하기 전 그들을 "목자 없는 양같이" 보셨다고 말하고 있기 때문에, 예수님의 가르침과 급식 기적은 에스겔을 통한 하나님의 종말론적인 약속의 성취를 보여주는 것이다. 그렇다면 제자들이 가져야 할 "빵에 관한 깨달음"은 예수님의 무리를 먹이신 기적이 길 잃은 양을 찾아 먹이고 돌보는 하나님의 종말론적 돌보심이라는 이해였다. 하지만 마가에 따르면 제자들은 오병이어 기적의 의미를 이해하지 못했고 그 결과 그의 백성을 향한 하나님의 돌보심에 대한 믿음을 가지지 못했다. 깨닫지 못함이 바다 위를 걸어오시는 예수님을 "유령"(49절)으로 보는 오해로 이어지게 한 것이다.

마찬가지로 마가는 제자들의 마음이 "완고해졌다[πεπωρωμένη]"(52절 후반부)고 한다. 마음의 완고함은 옛 시대에 속한 사람의 마음 상태였다(3:5 주해를 보라). 그러나 이것을 제자들이 여전히 옛 시대에 속했음을 말하는 것이라 볼 필요는 없다. 이미 예수님을 따르고 있었던 제자들의 마음의 상태를 위해 그 표현을 사용할 때는 그들이 옛 시대의 마음으로 다시 되돌아가지 않도록 하려는 교훈적 경고 차원이 더 있기 때문이다.[5] 지금은 제자들의 완고한 마음 상태가 마가의 평가적 서술로 지적되고 있지만, 예수님 역시 곧 그들의 그러한 마음 상태에 대한 경고를 주실 것이다(8:17). 마가복음 초반부에서는 바리새인의 마음 상태라 지적된(3:5) 완고한 마음은 내러티브 중반에 도달하자 이제 제자들의 마음 상태를 위한 평가 언어가 되고 있다. 제자들의 마음을 완고하게 만든 것은 무엇일까? 부정 명령법에 등장하는 예수님의 지적("두려워 말라", 50절 후반부)이 말해주는 것처럼 두려움이 그 원인이다. 두려움은 오해와 완고한 마음을 낳았다(Tolbert, 166; 또한 4:40-41 주해를 보라). 이런 점에서 제자들은 돌밭과 같은 인물상(참고. 3:16; 4:16)만이 아니라 "이 시대의 걱정"(4:19)에 질식하여 말씀이 열매를 맺지 못하는 가시덤불과 같은 마음 상태를 보여 주는 예가 되고 있다.

요약과 해설

오천 명을 먹이시는 기적 후 제자들을 벳새다로 먼저 보내신 예수님은 무리를 흩으신 후 산으로 기도하러 가셨다(46절). 그리고 어두워졌을 때 뭍에 계셨던 예수님은 바다 한복판에서 역풍과 씨름하고 있는 제자들의 배를 어둠을 뚫고 보셨다(48절 전반부). 이후 예수님은 물 위를 걸으시

5. 이석호(2008; 517-40)가 적절하게 지적했듯이 제2성전 시기 유대인들은 한편으로는 '완고한 마음'을 종말론적인 심판을 직면할 수밖에 없는 언약공동체의 대적자들의 마음 상태를 묘사하기 위해 사용했으며(쿰란 문서 CD[A] 3:8-9; 참고. 집회서 16:15-16), 다른 한편으로 언약의 공동체 구성원들을 향해서 사용할 때는 그들이 불신앙에 빠지지 않도록 하고자 "교훈적 경고"의 의미를 담는다(1QIsaiaha 6:9-10; 1QS 5:4-5; 참고. CD[B] 2:9-10).

며 제자들의 배로 가셨다(48절 후반부). 구약성경에서 하나님에게 돌려진 모습을 예수님이 취하신 것이다. 더 나아가 마가는 예수님의 의도를 구약성경에 언급된 신 현현 장면을 떠올려 주는 표현으로 설명한다: "그들을 지나가려[παρελθεῖν] 하셨다"(48절 후반부). 하지만 제자들은 "겁에 질려"(50절 전반부) 예수님을 "유령"으로 오해한다(49절). 이에 예수님은 다시 하나님의 자기 계시적 용어인 '에고 에이미'(ἐγὼ εἰμι)를 사용하여 제자들을 안심시킨다(50절 후반부).

예수님이 배에 오르시자 바람은 잠잠해졌지만, 제자들은 "극도로 많이 놀란다"(51절). 마가는 제자들이 놀란 이유를 오천 명을 먹이신 예수님의 기적에 대한 그들의 이해의 부족 때문이라 말한다(52절). 예수님은 오병이어 기적을 통해 하나님께서 종말에 임하시어 친히 목자가 되어 그의 양들을 먹이시고 돌보신다는 약속이 성취되고 있음을 보여 주시려 했지만, 제자들은 그와 같은 "빵에 관한 깨달음"이 없었던 것이다(52절 전반부). 더불어 제자들의 마음은 "완고해졌다"(52절 후반부). 이는 두려움 때문이었다. 완고한 마음은 옛 시대의 증표(3:5; 10:5)이기 때문에 마가는 비록 제자들이 예수님을 따르기 시작했지만, 그들 역시 옛 시대의 마음에 다시 빠져들 수 있는 존재들임을 보여 주고 있다.

제32장
게네사렛에서 치유
마가복음 6:53-56

본 단락은 예수님의 치유를 요약적 진술(summary statement) 형식으로 서술한다. 사실 마가는 내러티브 중간 중간에 이런 요약적 진술로 예수님의 특정 사역을 집중 소개해 왔는데, 대표적 요약은 1:14-15과 3:7-12을 들 수 있다. 시험 후 갈릴리에 오셔서 제자들을 부르시며 그의 사역을 본격적으로 시작했다는 서술 전에 마가는 1:14-15에서 예수님의 갈릴리 사역 전체가 하나님 나라 선포였다고 요약한다. 그 후 좀 더 세부적 요약이 주어지는데 3:7-12에서는 축귀의 전망에서 이뤄지며, 게네사렛 지역 방문을 다루고 있는 현 문단에서는 가르침이나 축귀 없이 오직 병 고침의 전망에서만 그의 사역이 요약된다. 첫 요약은 하나님 나라 선포, 둘째는 축귀, 그리고 셋째는 병 고침에 중점을 둔다.

무엇보다 현 단락에서는 치유 과정에서 드러난 게네사렛 사람들의 적극적 태도를 간과할 수 없다("즉시 알아본 후", 54절; "두루 뛰어다니며 … 아픈 자들을 운반하기 시작했다", 55절; "… 옷자락 술만이라도 만질 수 있도록 간청을 드렸다", 56절). 사람들의 적극성에 대한 강조는 그 결과까지 덧붙여 설명되고 있는 마지막 문장("그를 만지는 자는 누구든지 구원함을 받았다", 56절 후반부)에서 절정에 달한다. 앞선 사건에서 치유와 믿음의 연관성이 이미 강조된 것이 사실이지만(5:34; 6:5-6), 게네사렛 지역 사람들의 적극적인 자세와 그 결과로 일어난 예외 없는 치유("만지는 자는 누구든지 구원함을 받았다")는 그 지역 사람들의 예수님을 향한 믿음과 개방성을 보여준다.

현 단락은 예수님과 그 일행의 도착(53절)과 몰려오는 무리와 치유(54-56절)로 진행된다.

> **53** 그리고 그들이 [바다를] 건너 게네사렛 땅에 이르러 [배를] 정박했다. **54** 그리고 그들이 배에서 나왔을 때 즉시로 사람들이 그를 알아본 후 **55** 그 온 마을을 두루 뛰어다니며 그가 계신다고 그들이 들어 왔던 곳으로 들것을 이용하여 아픈 자들을 운반하기 시작했다. **56** 그래서 마을이든 도시든 촌락이든 그가 들어가는 곳은 어디든지 아픈 자들을 장터에 두고 그의 옷자락 술만이라도 만질 수 있도록 허락해 주시도록 그에게 간청을 드렸다. 그때 그를 만지는 자는 누구든지 구원함을 받았다.

주해

도착(53절) 배 여행의 도착지가 게네사렛 땅(갈릴리 바다 북서쪽)이었다는 것은 목적지를 벳새다(갈릴리 바다 북동쪽)로 삼았다는 45절의 정보와 충돌이 일어난다. 그래서 콜린스(Adela Yarbro Collins)는 예수님의 생애에서 두 번째 배 여행 직후 벌어진 실제 사건은 '벳새다에 도착'으로 시작하는 맹인 치유 이야기(8:22-26)로 보면서, 두 번째 배 여행-게네사렛 치유와 같은 현재 구조는 마가의 재배열 때문이라 한다(Collins [a], 333).

하지만 바다 여행 중 만난 역풍(48절)이 그들을 원래 목적지(벳새다)에서 벗어나 지금과 같이 게네사렛에 도착하게 했다고 보는 것이 문맥상 더 자연스럽다(Cranfield, 229; Hurtado, 2020: 158). "이르러[ἦλθον]"와 "[배를] 정박했다[προσωρμίσθησαν]"로 두 번 언급된 도착 정보는 뜻하지 않은 지역에 도착한 후 원래 가려했던 벳새다로 뱃머리를 돌리지 않고 그곳에 배를 정박시켰다는 뜻으로 이해할 수 있다.

몰려오는 사람들과 치유(54-56절) 그 지역 사람들은 예수님과 제자들이 배에서 내리는 순간 "즉시 그를 알아보았다"(εὐθὺς ἐπιγνόντες αὐτόν). 배에서 내리는 사람은 복수 동사(ἐξελθόντων αὐτῶν, '그들이 나왔다')로 발화되지만, 게네사렛 지역 사람이 알아본 대상은 "알아보았다"의 목적어로 단수 3인칭 대명사 "그를"(αὐτόν)이 쓰였다는 것에서 알 수 있듯이 예수님 한 분이었다. 마가복음에서 게네사렛 지역 방문은 이번이 처음이었고 더군다나 그곳은 뜻밖의 도착지였다는 점에서 예수님에 대한 지역 사람들의 즉각적(εὐθύς) 인지는 놀랍다. 게네사렛 사람들의 인지 자체(ἐπιγνόντες, '그들이 알아보았다')도 진행의 의미를 지닌 미완료 시제로 발화되어 그들의 인지가 계속 진행되고 있었다는 점을 알려준다. 예수님에 대한 게네사렛 사람들의 즉각적이고도 계속된 인지는 선행 단락에서 제자들이 보인 예수님에 대한 몰이해와 비교된다. 제자들은 배로 다가오시는 예수님을 "유령"으로 오해했지만 게네사렛 사람들은 제자들과 함께 배에서 내리는 사람들 중에서 누가 예수님인지 "즉각" 알아본다. 또한 원거리 문맥에서 게네사렛 사람들의 즉각적 인지와 간절함은 고향 사람이라는 범주 그 이상으로는 예수님을 이해하지 못한 나사렛 사람들과도 대비가 된다(6:2-3). 두 지역에서 보인 태도의 차이는 결과에 대한 묘사에서도 드러난다. 나사렛에서 예수님은 소수의 사람들에게만 치유를 행하셨는데(5절) 그들이 "믿지" 않았기 때문이었다(6절). 하지만 게네사렛에서는 "그를 만지는 자는 누구든지 다 구원을 받았다"(56절 후반부).

게네사렛 사람들에게 일어난 치유 뒤에는 예수님에 대한 그들의 믿음이 있었다(참조. 6:6)는 것이 분명하다.[1] 그들의 적극성과 열렬한 믿음은 크게 두 가지 방식으로 강조된다. 첫째, 그 지역에 도착하고 배에서 내린 장면(53-54절 전반부)을 제외하고 모든 주동사의 주어는 그 지역 사람들이다(ἐπιγνόντες, 54절 후반부; περιέδραμον, '뛰어다녔다', 55절 전반부; ἤρξαντο, '시작했다', 55절 후반부; ἐτίθεσαν, '두었다', 56절 전반부; παρεκάλουν, '간청을 드렸다', 56절 중반부; ἐσῴζοντο, '구원을 받았다', 56절 후반부). 둘째, 그곳 사람들의 행동은 구체적인 장소와 사물에 대한 언급과 함께 생생하게 서술되고 있음("그 온 마을을 두루 뛰어다니며", 55절 전반부; "장터들에 두고 … 그의 옷자락 술만이라도 만질 수 있도록", 56절 중반부)을 통해 시각적으로도 강조된다. 물론 지역 사람들의 행동이 예수님을 중심으로 이뤄진다는 점은 간과될 수 없는데, 그의 이동과 그에 따른 사람들의 반응을 묘사하기 위해 두 번 사용된 조건적 "관계절"(밑줄이 쳐져 있다)은 주목할 만하다:

> 그가 들어가는 곳은 <u>어디든지</u>
>
> <u>ὅπου</u> <u>ἂν</u> εἰσεπορεύετο (56절 전반부).
>
> 만지는 자는 <u>누구든지</u>
>
> <u>ὅσοι</u> <u>ἂν</u> ἥψαντο (56절 후반부).

두 조건적 관계절이 함의하는 바가 "예수님의 역동적 현존성과 보편적 영향"이라는 마르쿠스의 관측은 정당하다(Marcus, 2000: 437-38). 결

1. 병 고침과 "구원"의 관계는 5:23, 28, 34 주해를 보라.

론적으로 예수님과 그의 제자들이 게네사렛 지역에서 맞이하게 된 열렬한 반응은 준비된 사람들이 '예상치 못한 곳'에 있을 수 있음을 말해준다.

요약과 해설

예수님과 제자들은 정해진 목적지 벳새다를 벗어나 게네사렛에 도착하였다. 바다 여행 중 만난 역풍 때문이었다. 배 여행 시작 때에 가진 계획에 차질이 생길 수 있는 상황이었다. 하지만 그들은 뜻밖의 장소에서 '예상치 못한' 반응을 맞이한다. 앞선 내러티브에서 예수님이 그 지역을 방문하셨다는 어떤 증거도 없지만 게네사렛 사람들은 배에서 내린 여러 사람들 중 예수님을 "즉각 알아본다"(54절). 그리고 병자들을 데리고 예수님이 "들어가는 곳은 어디든지"(56절 전반부) 따라가며 그의 옷에 손을 대 치료받기를 간청한다. 그 결과 "만지는 자는 누구든지"(56절 후반부) 구원을 받는다. 게네사렛 지역 사람들의 믿음에 기초한 적극적인 반응은 많은 치유가 예수님을 통해 일어나도록 하는 계기가 된다. 게네사렛 사람들의 적극적 자세는 앞선 사건들과 대비를 이루고 있다. 먼저, 그들의 적극성은 예수님의 고향 사람들의 냉소적인 태도와 뚜렷한 대조를 보이며(2-3절), 배에서 내리는 사람들 중 누가 예수님인지에 대한 즉각적 인지는 직전 단락에서 배로 다가오시는 예수님을 "유령"(49절)으로 본 제자들의 오해와 대조를 이룬다. 종교 지도자들의 배척과 고향 사람들 및 제자들의 오해에도 불구하고 예수님을 "들은"(ἤκουον, 55절 후반부) 사람들 가운데서 하나님 나라는 은밀히 확장되고 있음을 보여준다. 이런 점에서 게네사렛 사람들은 "들으십시오"('Ακούετε, 4:3)로 시작되는 네 종류의 땅에 떨어진 씨 비유에서 씨를 받아 삼십 배, 육십 배, 그리고 백 배의 결실을 맺는 옥토에 비교될 수 있다.

제33장
정결법 논쟁
마가복음 7:1-23

현 단락은 그것이 다루고 있는 사건이 언제 어디서 일어났는지에 대한 배경 정보를 제공하지 않는다. 2:1-3:6의 유사한 논쟁 단화들과 비교했을 때도 그 같은 배경 정보의 부재는 분명 이례적이다(비교. 2:18-22). 그러나 장소와 시간 정보의 생략은 모든 관심을 사건의 주제에 집중시킬 수 있도록 하는 효과를 준다. 사건의 주제는 예수님과 바리새인들 사이에 벌어진 정결법 논쟁이다. 현 논쟁 단화는 크게 세 부분으로 나눠져 있다. 예수님과 바리새인 사이의 논쟁(1-13절)과 무리에게 주어진 해석(14-16절), 그리고 제자들에게 주어진 해석(17-23절)이다. 예수님과 바리새인 사이의 논쟁은 세부적으로 도발적 사건(1-2절), 도전(3-5절), 변호(6-13절)로 진행된다.

논쟁의 요지는 사람을 참으로 더럽게 하는 것이 무엇인지에 대한 재정의인데, 더러운 것은 '밖에서 안으로 들어가는 것'이 아니라 '안에서 밖으로 나오는 것'(16, 20, 23절)이라는 것이 예수님의 입장이다. 현 단락의 이런 결론은 앞서 발생된 사건들을 정리해 주고 또 뒤따를 사건들을 준비시킨다. 먼저, 정결에 대한 예수님의 그 같은 입장은 의식적으로 부정함에도 불구하고 그와의 '접촉'을 통해 고침을 받은 유대 지역에서의 치유 사건들(한센병환자[1:41], 피 흘림 가운데 있는 여인[5:27], 야이로의 딸[5:41])이 가져다 준 긴장을 '신학적'으로 해결해 준다. 다음으로, 예수님의 정결에 대한 재정의는 현 단락 이후 진행되는 그의 이방 지역 방문과 사역(두로 지역의 귀신 들린 이방 소녀 치유[24-30절], 데가볼리 지방 여행과 귀 먹고 말 더듬는 이방 남자 치유[31-37절], 이방 지역에서 베풀어진 사천 명을 먹이시는 기적[8:1-10])이 본격적으로 시작될 수 있는 배경 역할을 한다.

1 그리고 바리새인들과 서기관들 중 어떤 이들이 예루살렘으로부터 와
서 그 앞에 함께 모인다. **2** 그리고 그의 제자들 중 어떤 이들이 더러운 손,
곧 씻지 않은 손으로 빵들을 먹고 있는 것을 보았다. **3** 바리새인들과 모든
유대인들은 장로들의 전통을 지키면서 만일 손목까지 그들의 손을 씻지 않
으면 먹지 않았다. **4** 또한 시장으로부터 [돌아온 후] 만일 목욕하지 않으면
먹지 않는다. 그리고 그들이 전해 받아 지키고 있는 다른 많은 것들이 있는
데, 잔과 단지와 놋그릇과 침상을 씻는 일들이다. **5** 그러자 바리새인들과
서기관들이 그에게 질문했다. "무엇 때문에 당신의 제자들은 장로들의 전
통에 따라 걷지 않고 도리어 더러운 손으로 빵을 먹는 것이오?" **6** 그리고
그가 그들에게 대답하셨다. "이사야가 위선자들인 당신들에 대해 잘 예언
하였소. 기록된 것처럼 '이 백성이 입술로는 나를 존경한다. 그러나 그들의
마음은 나로부터 멀리 떠나있다. **7** 그들이 나를 헛되이 예배하며 사람들의
계명을 [하나님의] 교훈으로 가르치고 있다.' **8** 그대들은 하나님의 계명을
버리고 사람들의 전통을 붙들고 있는 것이오." **9** 그리고 그들에게 말씀하
셨다. "그대들은 그대들의 전통을 고수하고자 하나님의 계명을 쉽게 저버
리고 있소. **10** 모세는 '네 아버지와 네 어머니를 공경하라, 그리고 아버지

와 어머니에게 욕하는 자는 사형에 처하라' 말했소. **11** 그러나 '만일 사람이 아버지나 어머니에게 "당신이 제게서 받을 유익이 무엇이든지 간에 [그것은] 고르반 곧 [하나님께 바친] 예물[입니다]"이라고 말하면 **12** 그는 더 이상 아버지와 어머니에게 다른 어떤 것도 행하지 않아도 된다'라고 그대들은 말하고 있소 **13** 그대들이 전해 온 그대들의 전통으로 하나님의 말씀을 폐지하고 있으며 또한 이와 유사한 것들을 많이 행하고 있소."

14 그 후 무리를 다시 그에게 가까이 부르신 후 그들에게 말씀하셨다. "그대들 모두는 듣고 깨달으시오 **15** 사람 밖으로부터 그에게 들어가 그를 더럽힐 수 있는 것은 아무것도 없습니다. **16** 그러나 사람으로부터 나오는 것들이 사람을 더럽히는 것들입니다."[1]

17 그리고 무리를 떠나 집에 들어가셨을 때 그의 제자들이 그 비유에 대해 그에게 물었다. **18** 그러자 그가 그들에게 대답하셨다. "그대들도 이렇게 못 깨닫는단 말이오? 밖으로부터 사람에게 들어가는 어떤 것도 그를 더럽힐 수 없는데 **19** 이는 그것이 그의 마음에 들어가는 것이 아니라 배에 들어가 뒷간으로 배설되기 때문이라는 것을 그대들이 알지 못한단 말이오? 모든 음식이 깨끗하오." **20** 그리고 말씀하셨다. "사람으로부터 나가는 것, 그것이 사람을 더럽힙니다. **21** 속에서부터, 곧 사람들의 마음에서부터 악한 생각들이 나옵니다—음행, 도둑질, 살인, **22** 간음, 탐심, 악독, 속임, 방탕, 악한 눈, 모독, 교만, 어리석음, **23** 이 모든 악들이 속에서부터 나와 사람을 더럽힙니다."

1. 알렉산드리아 계열의 주된 사본(ℵ B L Δ)에는 16절이 없다.

주해

예수님과 바리새인 사이의 논쟁: 도발적 사건(1-2절) 서기관(2:4; 3:22)과 바리새인(2:24; 3:6)은 앞서 있었던 논쟁(2:1-3:6, 22-30)에서 예수님의 대적자로 각각 등장한 바 있다(비교. 2:16, "바리새인들 중에 서기관들"). 그들은 이제 "함께 모여"(συνάγονται) 예수님을 대항하며, 그들의 모임은 현재 시제로 발화되어 현저성을 가진다. 바리새인은 헤롯당과 함께 예수님을 살해할 음모를 꾸미고 있는 상황이었고(3:6), 서기관 역시 이미 예루살렘으로부터 갈릴리에 와 그와 논쟁(3:22)을 한 바 있기에 유대 사회의 두 지도자 그룹의 연합은 공적인 '조사위원회'의 성격을 띤 것으로 봐야 한다(Meier, 2001: 554). 이렇듯 예수님과 유대 종교 지도자들 사이의 갈등의 골은 점점 더 깊어지고 있었다.

문제의 발단은 예수님의 "제자들 중 어떤 이들이" 손을 씻지 않고 음식을 먹는 모습을 그들이 보면서 시작된다. 제자들의 행동이 '도발적'일 수밖에 없는 이유는 씻지 않은 손은 의식적(ritual)으로 "더러운"(κοιναῖς) 상태에 있다고 보는 장로들의 유전 때문이다.[2] 예수님 시대 "장로"(τῶν πρεσβυτέρων)는 산헤드린 회원을 일컫는 용어로도 쓰였지만(14:43; 15:1; 눅 22:66; 마 26:3; 27:1; 28:11-12; 행 22:5), "장로들의 전통"이라는 구문에서는 '서기관'을 뜻한다(Marcus, 2000: 442). 당시 유대인들은 모세가 시내산에서 기록된 토라와 함께 구전 토라 또한 받았는데, 기록된 토라는 모세오경으로 전해져 왔고 구전 토라는 장로(서기관)들의 구술 가르침을

2. 미쉬나 야다임 1:1-4:8 참고. 사실 '꼬이나이스'(κοιναῖς)의 문자적인 뜻은 '평범한' 혹은 '일상적'이다. 당시 강경한 바리새인들은 이스라엘 땅이 이방(로마)의 침략으로 땅 전체가 부정의 위험에 항상 노출되어 있다고 보았기 때문에 '일상'과 '부정'을 거의 동의어로 이해하고 있었다(Wright, 1992: 182-84).

통해 전해져 왔다고 가르쳤다.[3] 미쉬나 하기가 2:5은 장로들의 가르침에 따라 식사 전 손을 씻도록 규정하고 있고, 마찬가지로 미쉬나 에두요트 5:6은 그 전통에 따라 손을 씻지 않는 행위는 유대 공동체로부터 배척까지 받을 수 있는 위법임을 시사한다.[4] 물론 미쉬나는 예수님 시대보다 훨씬 후기의 기록물이지만 주전 1세기 이전 유대 사회에서도 이미 손 씻는 행위가 지켜지고 있었다는 증거가 있다(*Letter of Aristeas* 305-6; 시빌라의 신탁 3:591-4; 유딧 12:5-8; 참고. Neusner, 1976: 494-96).[5]

"제자들 중 어떤 이들"이라는 말은 예수님을 따르는 모든 제자들이 정결법과 관련하여 느슨한 태도를 가진 것은 아니라는 말일 수 있다(비교. 행 10:14). 다른 각도에서 본다면 같은 제자들인데도 어떤 이는 정결법을 지키고 다른 이는 지키지 않는 일이 가능했다는 것은 정결법에 대한 예수님의 태도가 그렇게 엄격하지 않으셨다는 것을 뜻한다. 사실 예수님은 이미 토라에 관심 없던 이들이 만든 음식을 자유롭게 먹음으로 "바리새인들 중의 서기관"의 비난을 받은 바 있었고(2:16), 이제 제자들마저 정결법에 느슨한 태도를 보이자 그 책임이 선생인 예수님에게 있다고 그들은 판단했을 것이다.

도전(3-5절) 마가는 비유대권 청자를 위해 "바리새인들과 모든 유대인들"이 지키고 있었던 장로들의 전통을 상세히 설명해 준다(3-4절).[6] 그와

---

3. 미쉬나 아보트 1:1에 따르면 "모세가 시내산에서 [구전]율법을 받아 여호수아에게 그것을 전수했고 여호수아는 장로들에게, 장로는 선지자들에게, 선지자들은 공의회 회원에게 전수했다"(또한 Josephus, *Jewish Antiquities* 13.10.6 §297 참고).
4. 미쉬나 에두요트 5:6은 손 씻는 정결법의 타당성을 의심한 대가로 추방당한 엘리제 벤 에녹(Eleazar b. Enoch)이 나온다.
5. 미쉬나 야다임 2:3은 손을 씻을 때는 손목까지 씻도록 규정한다.
6. 이와 같은 마가의 주석은 마가의 청자들이 장로들의 전통을 지키지 않고 있었을 뿐 아니라 모르고 있었다는 것을 말해준다.

같은 장로들의 전통을 "바리새인들과 모든 유대인들"이 지켰다는 표현은 마가의 문체적 특징인 과장법에 따른 것이다(참고. "온 유대 마을과 예루살렘 사람 모두가", 1:5; "온 도시가 그 문 앞에 모이게 되었다", 1:32). 사실 사두개인들과 "땅의 사람"으로 알려진 이들은 정결법을 준수하지 않았다(Schürer, 2권 386-87, 496-500). 하지만 예수님 시대에 손 씻는 행위를 정결법으로 지키고 있었던 유대인은 소수의 바리새인들뿐이었고 그들의 영향은 미미했다는 샌더스의 주장은 따를 이유가 없다(Sanders, 1985: 185-86). 예수님 시대의 바리새인들의 정치적·종교적 영향력은 샌더스에 의해 과소평가되었으며 그 반대의 증거들이 훨씬 더 많기 때문이다(Dunn, 2010: 374-75).[7]

3-4절에 묘사된 것과 같은 세심하고 꼼꼼한 정결 의식은, 신학적으로 본다면 강경파 바리새인들이 성전에서 제사장들에게 요구된 정결 예식을 성전 밖에서 지키려는 시도였다. 하지만 이런 신학은 당시 유대 사회가 직면한 사회 정치적 상황과 무관한 것이 아니었다. 만일 팔레스타인 땅에 경건한 유대인들로만 채워져 있다고 판단했으면 그들에게는 그와 같은 정결법 준수는 불필요했을 것이다. 그러나 강경파 바리새인들의 눈에 비친 당시 팔레스타인 땅은 헬라 문화와 로마의 군홧발에 의해 오염되고 있는 상황이었다. 따라서 그들은 더 엄격한 정결법 준수로 바깥 사회와의 접촉으로 인한 부정의 감염으로부터 스스로를 지켜나가고자 했다(Wright, 1992: 182-84). 이런 상황을 고려한다면, 마가복음이 지금까지 보여준 것처럼 갈릴리에서 대중적인 영향력을 행사하고 있었던 예수님과 그의 제자들이 정결법에 대해 보인 해이한 태도는, 그들로 예수님과 그의 하나님 나라 운동 전체에 대해 심각한 의혹을 가지도록 했을 것이다. 그

7. 바리새인의 중대한 영향력에 관해서는 Josephus, *Jewish Antiquities* 13.10.6 §297 참조.

러던 중 그들이 실제로 손 씻지 않고 음식을 먹는 제자들을 보았을 땐 예수님과 그의 가르침이 유대 사회 전체의 근간을 흔드는 위험한 요소라 판단하고 본문과 같은 도전적인 질문(5절)을 한 것이다.

변호(6-13절) 도전자들에 대한 예수님의 답변은 단순한 변호가 아니라 역 도전(counter-challenge)의 성격을 띤다. 예수님은 장로들의 전통을 지키려는 바리새인들과 서기관들을 "위선자"(τῶν ὑποκριτῶν)라 부르셨다(6절). "위선자"(ὑποκριτής)는 역사적으로는 고대 그리스의 연극배우를 가리키지만 은유적으로는 '실제와 달리 가장하는 사람'(a pretender)을 가리킨다.[8] 현 맥락에서는 은유적 의미로 사용되고 있는 것이 분명하다. 예수님이 그들을 "위선자"로 판단하신 이유는 인용된 칠십인경 이사야 29:13을 통해 확인할 수 있다. 먼저, "이사야가 너희 위선자들에 대해 잘 예언하였다[ἐπροφήτευσεν]"(6절 전반부)고 하신 것은 이사야의 말이 시대를 초월한 예언이라 믿으셨음을 보여준다. 인용된 이사야의 본문은 두 부분으로 나뉜다. 첫 부분은 하나님을 입술로만 존중하고 마음은 떠나 있는 백성에 관한 것이고(6절 후반부), 두 번째 부분은 "사람들의 계명을 [하나님의] 교훈으로 가르치는" 문제를 지적한 것이다(7절). 첫째 부분은 마음에 없는 것을 언어로 표현한다는 점에서 위선이며, 둘째는 현실에서 하나님의 말씀이라 가르치지만 실제 그것은 사람들의 가르침에 불과하기에 위선적이다. 예수님이 장로들의 전통을 지키는 바리새인과 서기관을 "위선자"라고 판단한 이유도 그들이 현실에서 "하나님의 계명"이라 말하며 지키고 있는 그것이 실제로는 "사람의 전통"에 불과할 뿐임을 보셨기 때문이다.

예수님은 인용된 이사야 본문을 바탕으로 "장로들의 전통"을 "사람들

8. BDAG, ὑποκριτής.

의 전통"(8절)과 "너희들의 전통"(9, 13절)으로 바꾸신 후 다시 그것을 "하나님 계명"("말씀")과 대조시킨다. 대조의 요지는 "장로들의[τῶν πρεσβυτέρων]의 전통"은 "사람의[τῶν ἀνθρώπων] 전통"이지 "하나님의[τοῦ θεοῦ] 계명"이 아니라는 점을 지적하시는 데에 있다(France, 2002: 285; Marcus, 2000: 451). 따라서 제자들이 장로들의 전통을 준수하지 않는다고 해서 그것이 곧 하나님의 말씀을 순종하지 않는 것이라고 말할 수 없다는 것이 예수님의 논지이다. 적어도 위 본문을 근거로 본다면 예수님은 전통적인 인물은 아니다.

중요한 것은 예수님이 그들이 버린 하나님의 계명을 무엇이라고 보셨는가이다. 하나님의 계명을 좁게는 모세오경(10절) 넓게는 구약성경 전체라고 보는 것이 가능하다. 장로들의 유전은 그 성경을 해석하고 적용한 가르침이었기에 그 유전과 하나님의 계명을 대조적인 것으로 보신 것은, 결국 그들의 성경해석과 적용은 하나님의 뜻에 맞지 않다는 점을 예수님이 지적하신 것이다. 그렇다면 예수님은 하나님의 뜻을 어떻게 알고 순종할 수 있다고 믿었을까? 그의 제자들은 그의 가르침을 근거로 장로들의 전통을 따르지 않기 시작했음이 틀림없기 때문에 예수님은 그의 구약 해석과 적용이 장로들의 전통을 능가하는 권위가 있다고 믿으셨고 또 그렇게 가르치신 것이 분명하다. 누가 이런 주장을 할 수 있었을까? 그것은 오직 자신이 하나님의 뜻을 온전히 알고 있는 종말론적 계시자라는 자기 이해를 가진 자만이 할 수 있는 주장이다.

이어지는 10-13절은 장로들의 전통이 어떻게 하나님의 계명을 지키는 데에 방해가 되고 있는지를 보여준다:

10절: 모세의 가르침-부모를 공경하라.

11-12절: 장로들의 전통-고르반

13절: 예수님의 결론-전통으로 하나님의 말씀을 폐하고 있다.

먼저, 예수님은 십계명 중 제5계명("네 아버지와 네 어머니를 공경하라", 출 20:12; 신 5:16)과 레위기 20:9("아버지와 어머니에게 욕하는 자는 사형에 처하라", 출 21:17; 레 20:9)을 '이는 모세가 말했소'(Μωϋσῆς γὰρ εἶπεν)라는 첫말로 인용하신다. 흐름상 '모세가 한 말'은 "하나님의 계명"(9절)과 동일시된 반면, 바리새인들과 서기관들의 말(11절)과 "전통"(13절)과는 대조를 이룬다. 특히 2인칭 대명사 주격으로 강조된 바리새인들과 서기관들의 말(ὑμεῖς δὲ λέγετε, '그러나 그대들은 말하고 있소')은 결과적으로 모세의 말과 상반된 위치에 놓인다. 이러한 대조는 질문자들의 가르침은 그것이 대변한다고 주장한 모세의 계명에 사실 어긋나는 것임을 말해준다.

이를 보여 주고자 제시된 예는 서기관들의 "고르반"(κορβᾶν, '꼬르반') 관습과 관련 있다. "고르반"은 "[하나님께 바친] 예물"(δῶρον, 11절)이 되었다는 문자적인 뜻을 가지며, 제2성전 시기에는 하나님께 바쳐질 희생제물을 인간의 유익을 위해 사사로이 사용하는 것을 차단하려는 금지적 맹세어로 사용되었다(Josephus, *Jewish Antiquities* 4.4.4 §73; Stein, 342; Edwards [b], 210).[9] 예수님 시대 고르반 관습이 실제로 행해졌다는 것은 주전 1세기로 추정되는 유골함 비문(ossuary inscription)이 팔레스타인의 예벨 헬렛 엣 투리(Jebel Hellet et-Turi)에서 발견됨에 따라 드러났는데, 그

9. 요세푸스 역시 거룩한 맹세를 동반한 하나님을 향한 봉헌의 예로 나실인과 고르반(κορβᾶν)을 소개하면서 고르반을 취소하려면 남자는 오십 세겔 여자는 삼십 세겔을 제사장에게 내야 한다는 사실을 알려준다(Josephus, *Jewish Antiquities* 4.4.4. §§72-73). 그 같은 취소 규정의 존재는 하나님께 바친 고르반을 일상적으로 사용할 수 없었다는 것을 간접적으로 증명한다.

비문은 다음과 같은 글을 가진다: “이 유골함에 있는 모든 귀중한 것은 그 안에 있는 사람에 의해 하나님께 바친 것[קרבן, ‘코르반’]이다”(Fitzmyer, 1979: 11). “하나님께 바친 것”(קרבן)의 헬라어 음역인 ‘고르반’은 그 유물이 고인이 생전에 하나님께 바친 것을 가리킨다. 예수님이 고르반 관습을 예로 든 이유는 당시 서기관들이 부모를 공경해야 할 재물에 대해서조차도 “고르반”이라 맹세해 버림으로 곧 부모를 공경하라는 하나님의 말씀을 “폐지하고 있다”(13절)는 것을 보여 주시기 위해서이다.[10] 따라서 예수님에 의해 “전통”으로 명명된(13절) 서기관들의 고르반 관습은 하나님을 위한다는 명분으로 부모 공경하라는 하나님의 말씀(출 20:12; 레 20:9; 신 5:16)을 지키지 않는 또 하나의 위선적 관행을 만들고 있다는 것이다.

“그대들의 전통으로 하나님의 말씀을 폐지하고 있다”는 예수님의 결론적 진술(13절)은 단연코 서기관들의 전통적 해석에 대한 비판이다. 더 작은 규정(고르반)을 지키고자 더 큰 법(부모 공경)을 저버리는 폐단은 무엇이 더 큰 법인지를 구분하는 기준의 부재 탓일 가능성이 높기에 예수님의 비판은 그들의 문자주의적 법적용에 대한 것이라 볼 수 있다(Nineham, 196). 하지만 현 단락에서 강조되고 있는 것처럼 예수님은 하나님의 계명을 준수하고자 만든 장로들의 전통과 하나님의 계명 그 자체를 상반된 위치에 놓고 있는 것이 분명하기 때문에 13절의 결론은 하나님의 말씀에 대한 순종이 그들의 전통 준수 여부에 의해 판결될 수 없다는 권위적 선언이다(비교. 2:28). 따라서 장로들의 전통 지킴이로 알려진 바리새인들과 서기관들의 입장에서 본다면 이 같은 선언은 예수님이 유대 사회의 근간을 흔드는 위험한 인물이라는 판단을 하도록 이끌었을 것이 분명하다.

10. 그러나 미쉬나 네다림 9:1은 유대 랍비들 가운데 고르반 맹세로 인해 부모 공경의 의무를 다하지 못하는 문제를 해결하려는 논의가 있었다는 것을 말해준다. 이는 예수님 시대에 고르반과 관련된 엄격한 적용이 실재했을 가능성을 높여 준다.

무리에게 주어진 해석(14-16절) 바리새인들과 서기관들은 예수님의 마지막 진술 이후 내러티브에서 사라지고 대신 무리(τὸν ὄχλον)가 그의 청자로 초대된다("가까이 부르신 후", 14절). 그들에게 지금까지 미뤄 오셨던 주제인 무엇이 사람을 더럽히는지에 대한 설명을 주신다(14절). 가르침을 주시기 전의 "듣고 이해하십시오"(ἀκούσατέ ... σύνετε, 14절)라는 초대말은 "무리"(ὄχλος, 4:1)에게 하나님 나라 비유를 주실 때 하신 초대말인 "듣고 보십시오"(ἀκούετε ἰδού, 3절)를 떠올려 준다. 그럼에도 차이는 있다. 하나님 나라 비유에서 무리는 "듣기는 들어도 깨닫지 못하는"(μὴ συνιῶσιν) 사람들에 포함된 채 비유의 심층적인 뜻은 오직 열두 제자와 "그 주위에 있는 자들"(4:10)에게만 주어졌다. 하지만 현 단락에서 예수님은 무리에게도 "듣고 이해하십시오"(σύνετε)로 권면하신 후 사람을 참으로 더럽히는 것은 "사람으로부터 나오는 것들"이라는 가르침을 추가로 주신다(15-16절). 바리새인들과 서기관들과의 논쟁에서는 장로들의 전통에 따른 정결법 준수의 부정성만을 강조하신 것과 달리 무리에게는 무엇이 진정 사람을 더럽히는 것인지를 말씀하셨다는 점에서 무리는 종교 지도자들과 구별된 청자로 다뤄지기 시작한다. 더불어 예수님이 제자들을 부르실 때 사용된 단어 '가까이 부르시다'(προσκαλέω)가 무리에게 처음으로 사용된다. 지금까지 예수님 주위에 모였다 흩어졌다를 반복한 무리들이 내러티브 중반에 들어가면서부터는 제자 공동체에 들어올 가능성을 가진 '열린 집단'으로 묘사되기 시작한다(Malbon, 1986: 124-26).[11]

예수님에 따르면 사람을 "더럽힐 수 있는 것"(δύναται κοινῶσαι)은 밖에서 사람 안으로 "들어가는 것"(εἰσπορευόμενον)이 아니라 사람 안에서 밖으로 "나오는 것"(τὰ ἐκ πορευόμενα)이다(15절). 사람을 더럽히는 것은

11. 8:34 주해를 보라.

외부에 있는 것이 아니라 "사람"(τοῦ ἀνθρώπου [2x], 15절 전반부; τὸν ἄνθρωπον, 15절 후반부) 안에 있다고 선언하신 것이다. 문맥을 고려한다면 밖에서 안으로 들어가는 것은 손을 씻지 않은 채 먹는 음식을 지시하고 안에서 밖으로 나오는 것은 도덕적 부정(moral impurity)을 가리킨다(7:17; 참고. Holmén, 213). 그와 같은 선언에 담긴 예수님의 의도는 크게 두 가지로 이해되어 왔다. 첫째, 15-16절을 문자적으로 이해하여 예수님은 장로들의 정결법과 레위기(7:26-27; 11:1-47; 19:26)의 음식 규례를 폐지한다고 보는 입장이다(Cranfield, 239-40; Marcus, 2000: 454-55; Wright, 2004: 92-94; 양용의, 169). 이런 입장은 정결법을 여전히 지키고 있었던 초기 교회의 상황(행 10:14; 15:29)을 설명해야 하는 부담을 가진다.[12] 이런 어려움은 여러 학자들로 두 번째 제안을 하도록 했다.

둘째, 하나님은 "인애를 원하고 제사를 원하지 아니한다"는 호세아 6:6 역시 제사를 폐지하라는 말이 아니라 인애에 더 우선적인 가치를 두라는 말로 이해할 수 있듯이, 예수님은 의식적 정결(ritual purity)보다 내적(윤리적) 정결(moral purity)이 더 중요하다는 우선순위에 대해 가르친다고 보는 입장이 있다(Hooker, 1991: 179; Klawans, 147; Dunn, 2012: 130-33; 신현우, 2011: 134).[13] 하지만 이런 입장은 마가의 요약인 "모든 음식은 깨끗하다"(καθαρίζων πάντα τὰ βρώματα, 19절 후반부)와 충돌된다. 모든 음식이 깨끗하다면 레위기의 음식법과 그것과 관련된 장로들의 전통은 무효화될 수밖에 없기 때문이다. 무엇보다 두 번째 제안은 예수님이

12. 초기 교회가 지상명령(마 28:19-20)을 받았음에도 불구하고 이방 선교의 당위성을 서서히 깨달았던 것처럼 정결법의 폐지 역시 점진적인 깨달음의 결과로 보는 것이 가능하다.

13. 이런 입장 위에서 클로완스(Jonathan Klawans)는 도덕적 정결에 대한 강조는 제2성전 시기 유대인에게 결코 특별한 것이 아니었기 때문에 예수님의 선언은 유대 사회에 그렇게 많은 도전을 주지 않았을 것이라 주장한다(Klawans, 147-49).

의식적 부정에 대해 보인 태도를 진지하게 고려하지 못하고 있다. 하나님의 다스림을 선포(1:14-15)하신 이후 예수님은 "더러운 영"(πνεῦμα ἀκάθαρτος; 문자적 뜻. '깨끗지 못한 영')을 몰아내셨고(1:23, 26, 27; 3:11, 30; 5:2, 8, 13; 6:7; 7:25; 9:25) 죄인이자 부정한 이들로 알려진 이들과 식탁 교제를 나누셨다(2:13-17). 또 때로는 의식적으로 부정한 이들과 신체적 '접촉'을 통해 그들을 치료하는 일들을 지금까지 해오셨다(1:39-41; 5:25-34, 35-43). 이처럼 의식적으로 부정한 자로 알려진 이들의 치료 과정은 정함과 부정의 감염 경로에 역류가 일어나고 있음을 보여준다(Holmén, 213). 예수님이 부정한 사람을 접촉할 때 부정이 그를 감염하기보다 부정한 사람이 정결(치유와 소생)을 얻는 일이 일어났다. 일련의 치유 사건은 그에게는 거룩의 감염 능력이 있었던 것을 보여준다. 그 같은 사역은 하나님의 다스림을 가져오는 자가 정결과 의를 가져와 모든 사람과 땅이 정하게 될 것이라는 유대 종말론적 기대에 일치하는 사건이다(사 42:1-7; 렘 23:5-6; 겔 37:22-28; 슥 13:2; Holmén. 218-19).

그렇기에 15-16절에서 예수님이 음식과 관련된 정함과 부정의 규정은 그대로 둔 채 단지 도덕적 정결에 대해 더 많이 강조한다고 보기는 매우 힘들다. 오히려 그의 종말론적 사역을 통해 음식을 부정하게 하는 힘은 무력하게 되었기 때문에 이제 집중해야 하는 것은 모든 것을 참으로 부정하게 하는 사람의 악("사람으로부터 나오는 것들", 15절)이라는 점을 일깨우고 있다.[14]

제자들에게 주어진 해석(17-23절) 무리에 이어 제자들의 질문이 이어지고 그 내용은 비유의 의미에 관한 것이다. 예수님의 대화 상대자가 바리

---

14. 미쉬나 켈림 2:1-7에 따르면 후기 랍비들은, 예수님과 같이 사람의 내부에 있는 것이 부정하다는 점을 언급하지는 않지만, 부정한 것은 표면이 아니라 내부에 있는 것이라고 가르쳤다.

새인과 서기관에서 무리로, 그리고 다시 무리에서 제자들로 이어지고 있는 것이다. 대상만 아니라 가르침의 내용에도 차이가 있어 왔다. 바리새인과 서기관들에게는 그들의 정결법 준수가 사실은 하나님의 계명을 저버리는 결과를 초래하고 있다는 비난을 하셨고, 무리에게는 참으로 더러운 것이 어디에 있는지, 그러므로 무엇을 정결하게 해야 하는지를 알려주셨다. 그리고 이제 제자들에게는 사람 안에 있는 부정이 무엇인지를 구체적으로 설명하시고 있는 것이다. 이로 보아 정결과 관련하여 예수님의 가르침은 점점 더 깊은 차원으로 이어져 왔음을 보여준다. 음식의 부정에서 사람의 내면의 부정, 그리고 내면에 있는 부정의 정체를 점차적으로 설명해 오신 것이다.

주목할 만한 것은 비유의 심층적 의미에 대해 예수님과 제자들 사이에 오고 간 시점이 구체적으로 서술된 점이다: "무리를 떠나 집에[εἰς οἶκον] 들어가셨을 때 그의 제자들이 그 비유[τὴν παραβολήν]에 대해 그에게 물었다." 무리가 없는 '집 안'에서 비유의 의미가 제자들에게 풀어지고 있다는 서술은 시사하는 바가 있다. 예수님은 앞서 사람을 더럽히는 것은 바깥에서 안으로 "들어가는 것"이 아니라 사람으로부터 "나오는 것"(15절)이라는 가르침을 무리들에게 주실 때 들어가고 나오는 것이 무엇인지는 설명하지 않으셨다. 이런 점에서 무리에게 그의 가르침은 비유 혹은 수수께끼로[15] 남아 있을 수밖에 없었다. 하지만 제자들에게는 비유의 심층적 의미를 풀어 주시되(4:10-12) 집 안에서 풀어 주신다. 마가복음에서 비밀은 사적인 공간에서 제자들에게 은밀히 주어졌다는 것(4:10, 34; 참고. 3:31-35; 4:35-41; 9:30-31, 33)을 고려하면 이런 공간적 배경은 자연스럽다. 이처럼 집 밖은 무리들과 외부인들을 가르치기에 적합한 공간

15. παραβολή의 여러 가지 뜻에 대해선 4:2 주해를 보라.

이지만(1:21-28, 45; 2:13; 3:7) 집 안은 제자들을 위한 교육 공간이듯이, 비유는 대적자(2:16-17, 18-22; 3:23-27)와 무리(4:2-9)에게도 주어지지만 비유의 심층적 내용은 제자와 같은 내부인만 알도록 허용된다. 14-15절이 보여주었듯이 무리들이 제자 공동체에 들어올 가능성이 있는 집단으로 그려지고 있지만 제자들과 비교했을 때 그들에게 주어진 하나님 나라의 비밀은 제한적이다. 이런 점에서 제자들에게 주어진 특권은 여전히 유효한 것으로 보인다. 하지만 이런 구분은 8:34에서는 사라진다(해당 본문 주해를 보라).

그럼에도 무리에게와는 달리 제자들에게는 책망의 어조를 가진 수사적 질문으로 가르침을 시작하신다(밑줄 그어진 강조적 2인칭 대명사와 강조적 부사로 사용된 '까이'[καί]에 주목하라):

> 그대들도 이렇게 못 깨닫는단 말이오? …
> 그대들이 알지 못한단 말이오?"
> οὕτως καὶ ὑμεῖς ἀσύνετοι ἐστε;
> οὐ νοεῖτε ...; (18절)

수사적 질문을 사용하신 것은 제자들이라면 비유만 아니라 비유가 가리키는 바를 듣고 볼 줄 알아야 한다는 예수님의 기대를 방증한다. 그를 따르는 자들이라면 그가 말하고 있는 바(what he is saying)를 통해 말하려고 한 바(what he intends to say)도 깨달아야 한다는 것이다. 앞서 무리에게는 그들이 '깨닫도록' 가르치셨지만(14절) 제자들은 깨닫지 못한다고 책망을 듣는다. 사실 '깨닫지 못함'은 "바깥에 있는 그들"의 인지 상태였다(4:12). 그러나 이제 제자들에게 적용된다. 예수님과 함께 머묾을 통해 그를 잘 알 것이라 기대된 제자들이 보인 무지는, 그를 잘 안다고 생각했지만 사실은 혈육에 따른 앎 그 이상을 넘지 못하여 결국 그를 배척한 고향 사람들의 몰이해(6:1-6)를 닮았다. 이런 예수님의 수사적 질문은 제자들로 더 깊은 차원의 앎으로 나가도록 하려는 도전적 책망을 함의한다(비교. 6:52; 8:17-21).

제자들에게 준 예수님의 가르침 중 마음의 역할에 대한 강조(19, 21절)는 주목할 필요가 있다. 먼저, 밖에서 사람에게 들어가는 음식이 그를 더럽힐 수 없는데 이는 그것이 "마음"(τὴν καρδίαν)에 들어갈 수 없기 때문이라 언급하신다(19절). 이 말은 사람을 더럽히고 깨끗게 하는 일은 마음에 달려 있다는 뜻을 가진다. 만일 부정하다고 알려진 음식이 마음에 들어갈 수 있다면 사람의 마음은 부정해질 것이다. 그러므로 사람 자체가 부정해질 수 있다는 추론이 가능하다. 하지만 예수님은 그런 일은 일어날 수 없다고 밝히신 후, 마음의 역할을 새롭게 정의하신다. "마음"(21절)은 부정한 것이 들어가는 곳이 아니라 사람을 더럽히는 것이 나오는 곳이라 밝히신 것이다. "마음"에 대한 예수님의 평가는 매우 부정적이다. 신약성경은 '까르디아'(καρδία)를 인간 내면의 가장 깊은 영역으로 이해하면서 주로 용기와 판단, 그리고 계획과 의지 및 영적이고 도덕적 행동이 뿌리내리고 있는 곳으로 묘사한다.[16] 이것은 마가복음에서도 마찬가지이다(2:6, 8; 3:5; 6:52; 7:6; 8:17; 11:23; 12:30, 33).[17] 사람을 더럽히는 악이 바로 "마음"에서 나온다는 말은 모든 "사람"의 가장 깊숙한 중심이 악에 감염되어 있다는 예수님의 이해를 반영한다. 특히 "사람"(ἄνθρωπος)의 더러움(20, 23절)과 악(21절)이 반복 언급된 것은 주목할 만하다. 앞서 예수님은 바리새인과 서기관들이 정결을 유지하고자 지키고 있던 장로들의 전

16. BDAG, καρδία.

17. Baumgärtel, "καρδία. A" *TDNT* 3 (1965): 606-7; Behm, "καρδία. D" *TDNT* 3 (1965): 611-13.

통을 "사람의[ἀνθρώπου] 전통"이라 단언하셨다(8절)는 것을 기억할 때 부패는 "사람"의 마음에 있다는 지적은 정결한 음식을 먹음으로 자신을 깨끗한 상태에 있다고 믿고 있는 바리새인들과 서기관들도 예외 없이 악에 감염된 "사람"임을 알려주신다.

그렇다면 그는 사람이 변화되는 길이 어디에 있다고 보셨을까? 분명한 것은 사람을 정하게 하거나 부정하게 하는 것이 외부(음식)에 있다고 보게 만드는 서기관의 전통은 인간의 문제를 잘못 진단하고 있는 것이며 바른 치료의 길이 될 수 없다는 것이 예수님의 주장이라는 점이다. 치료에 대한 그의 입장은 현 본문에서는 명시되지 않았지만, 사람의 변화는 '마음의 변화'를 통해 이뤄져야 한다는 입장을 견지하셨을 것이라는 추론은 무리가 없다. 지금까지 예수님은 "더러운 영"을 많이 쫓아내셨지만 (1:25, 34, 39; 5:8, 13; 6:13; 9:25) 인간 마음의 부패를 더러운 영 탓으로 돌리지는 않으신다. 반면, 쿰란 공동체는 인간의 악에 대한 다른 평가를 내린다. 1QS 4:9-11에는 예수님이 제시한 것과 매우 유사한 여러 악덕("탐욕 … 속임, 교만, 마음의 거만함, 부정직 … 잔인함, 불성실함, 인내하지 못함 … 신성 모독 하는 혀, 눈이 어두움, 듣는 데에 둔함, 목이 곧음, 마음의 완고함, 악한 꾀")이 나열되는데, 쿰란 공동체는 그것들을 옛 시대의 증표들이자(13절) "속임의 영"(the spirit of deceit)에 속해 있다는 표지로 본다(9절). 한 사람의 악행을 그 사람이 옛 시대에 속해 있다는 표지로 본다는 점에서 예수님의 악행 이해는[18] 쿰란 공동체의 그것과 공통분모를 가진다(Marcus, 2000: 459; Stein, 346). 하지만 예수님은 인간의 악의 출처가 "속임의 영"이라 본 쿰란 공동체와는 달리 모든 악은 인간 마음에서 기원한다고 보셨다. 열두 개의 악덕을 열거하신 이유도 이런 맥락에서 이

18. 옛 시대에 속한 인간의 표지(예. 마음의 완악함, 근심, 걱정 등)에 대한 예수님의 이해는 3:5; 4:19; 6:26; 10:5 주해를 보라.

해돼야 한다. 마음이 악의 출처라는 점은 마음을 출발점으로 삼은 채 두 번 반복 사용되고 있는 '나오다'(ἐκπορεύομαι) 동사의 쓰임을 통해 확인된다: "… 사람들의 마음에서부터 악한 생각들이 나옵니다[ἐκπορεύονται] … 모든 악들이 속에서부터 나와[ἐκπορεύεται] 사람을 더럽힙니다"(21-23절). "악한 생각들"(21절)과 "악들"(23절)에 의해 둘러싸여 나열된 열두 악행들("음행, 도둑질, 살인, 간음, 탐심, 악독, 속임, 방탕, 악한 눈, 모독, 교만, 어리석음")은 모두 인간 마음을 그 기원으로 삼는다(21-22절). 그의 하나님 나라 선포 사역을 고려한다면 열두 개의 악덕 열거는 무엇이 사람을 더럽히는지를 보여 주는 단순 서술(description)이 아니라, 악의 시대를 종결하고 이 땅에 종말론적인 정함을 가져오는 복음을 믿어(1:15) 마음의 부패로부터 구원을 받으라는 처방(prescription)이다.[19]

요약과 해설

예수님의 제자들 중 어떤 이들이 손을 씻지 않고 음식을 먹는 것을 본 서기관들과 바리새인들이 장로들의 전통에 근거하여 예수님께 문제를 제기했다. 당시 유대인들은 장로들의 전통이 기록된 토라를 이해하고 해석하는 구전 토라라고 믿고 가르쳤다. 반면, 예수님은 이사야 29:13을 인용하시며 그들이 지키고 있는 장로들의 전통은 하나님의 계명이 아니라 사람의 전통에 불과하기에(6-8절), 사람의 계명을 하나님의 말씀으로 가르치며 지키는 그들은 "위선자"(6절)에 불과하다고 단정하신다. 더 나아가 그들이 지키는 장로들의 전통이 하나님과 무관한 것임을 강조하고자 그

19. 1:15; 10:6-9 주해를 보라.

것을 "사람의 계명"(7절), "사람의 전통"(8절), "그대들의 계명"(9절)으로 바꾸어 표현하신다. 예수님은 자신의 논거를 뒷받침하시고자 당시 서기관들이 금지적 맹세어로 사용한 "고르반"의 예를 드신다. 십계명이 분명히 부모를 공경하라고 명(출 20:12; 레 20:9; 신 5:16)하고 있음에도 불구하고 그들은 장로들의 가르침에 따라 부모에게 드려야 할 어떤 품목에 대해서도 "고르반" 곧 '그것이 하나님께 드린 선물이다'하고 선언해 버림으로 하나님의 이름으로 하나님의 계명을 어기고 있다는 통렬한 비판을 하셨다. 예수님의 요지는 장로들의 전통에 따른 구약 해석과 실천이 하나님의 말씀을 지키는 길이 아님을 주장하시는 데 있다. 사두개인의 예외가 있지만 이스라엘 사회의 다수에 의해 지지를 받고 있었던 장로들의 전통의 권위를 이처럼 상대화시킬 수 있었던 예수님의 태도 뒤에는 자신은 하나님의 말씀을 바르게 이해하고 해석할 수 있는 종말론적인 하나님의 계시자라는 믿음이 있었던 것이 분명하다.

이어서 예수님은 무리들을 따로 불러 더 깊은 깨달음을 얻도록 도전하신 후 사람을 더럽히는 것은 사람에게 들어가는 음식이 아니라 사람에게서 나오는 것이라 선언하신다. 이런 선언은 정결법을 여전히 유효한 것으로 인정하면서 우선순위를 사람의 내부에 있는 부정에 집중하는 데에 두라는 말씀이 아니다. 이런 가르침은 앞서 있었던 장로들의 전통과 하나님의 말씀 사이의 대조가 암시하듯, 정함과 부정함의 기준을 외부 음식에 두었던 장로들의 전통과 심지어 음식과 관련된 레위기의 정결 규례는, 예수님에 의해 시작된 하나님 나라의 원리와 더 이상 공존할 수 없다는 의미를 함축한다.

무리가 떠나자 제자들이 나아와 "그 비유"(17절)에 대해 질문을 하자 예수님은 수사적 질문으로 답변하시며 깨달음이 없는 그들을 향해 경고를 하신다. 무리에게 주신 비유의 심층적 의미를 제자들이 깨달아 알기를 기대하셨던 것이다. 예수님은 깨닫지 못한 제자들에게 친히 비유의 심층적 의미를 풀어 주신다. 특별히 예수님은 모든 악한 일들이 "마음"으로부터 나와 사람을 더럽힌다는 구체적인 설명을 하셨다(19, 21절). 따라서 사람을 정하게 하는 길은 장로들의 전통을 지키는 길이 아니라 마음을 변화시키는 것에 있다는 암시를 준다. 그리고 마음의 변화는 예수님이 해 오신 사역 전체를 고려한다면 악의 시대를 종결하고 하나님의 다스림을 이 땅에 가져오신 그와 그의 복음을 믿고(1:15) 따를 때 주어질 것이라고 보셨다는 이해가 가능하다("마음"의 변화에 관한 예수님의 입장에 대해서는 10:5-12 주해를 보라).

제34장
시리아-페니키아 여인의 딸 축귀
마가복음 7:24-30

현 단락은 더러운 영에 들린 이방 소녀의 치유 단화이다. 하지만 단락의 초점은 축귀 자체보다 그것에 이르는 과정에 맞추어져 있다. 마가복음의 축귀는 대부분이 귀신 들린 자와 예수님과의 대면 중에 일어나는(1:23-25, 34, 39; 3:11-12; 5:1-20; 9:14-27) 반면, 현 단락은 간청자가 예수님과 대화하는 동안 '무대 밖'에서 일어난다(30절). 이는 이야기의 주된 관심이 예수님과 이방 여인 사이에 오고 간 대화에 있음을 알려준다.

현 단락은 몇 가지 점에서 선행 단락(1-23절)과 유사점(또는 공통점)을 가진다. 앞 단락과 마찬가지로 현 단락도 '더러움'에 관한 주제로 시작한다("더러운 손", 2절; "더러운 영", 25절). 앞 단락의 주된 주제가 식사 관습을 두고 유대 종교 지도자와 벌인 논쟁이듯이 현 단화 역시 식사 관습을 두고 이방 여인과 가진 논쟁이 오고 간다. 앞 단락에도 비유가 등장했고(17절) 현 단락에서도 예수님과 여인 사이에 비유가 오고 간다(27-28절). 두 이야기 사이에는 차이점도 있는데 앞 단락에서 제자들은 비유의 심층적 뜻을 이해하지 못한 까닭으로 책망을 듣지만(17-18절), 이방 여인은 예수님의 비유를 정확히 이해했을 뿐만 아니라 재치 있는 비유로 응답까지 한 결과 딸 치유의 응답을 받게 된다(29절). 본 사건은 배경(24-26절)과 대화(27-28절), 그리고 치유 선언과 확증(29-30절)으로 진행된다.

24 그리고 그가 그곳에서 일어나 두로 지역으로 떠나셨다. 그리고 한
집에 들어가신 후 누군가가 알기를 원치 않으셨음에도 숨어 지내시는 것은
불가능했다. **25** 도리어 곧 자기 딸이 더러운 영에 들린 한 여인이 그에 관
해 듣고 와서 그의 발 앞에 엎드렸다. **26** 그런데 그 여인은 헬라인이고 인
종으로는 시리아-페니키아 사람이었다. 그럼에도 그녀는 그가 자기의 딸에
게서 귀신을 쫓아내 주시도록 그에게 간청했다. **27** 그러나 그가 그 여인에
게 말했다. "자녀들이 먼저 배불러야 하오. 자녀들의 빵을 취하여 개들에게
던지는 것이 옳지 않기 때문이오." **28** 그러자 그 여인이 응답하며 말했다.
"주여, 상 아래 개들도 아이들의 부스러기들은 먹습니다." **29** 그러자 그가
그 여인에게 말했다. "이 말을 하였으니 가시오. 그대의 딸에게서 귀신이
나갔소." **30** 그러자 그 여인이 자기의 집으로 돌아간 후 그 아이가 침상 위
에 누웠고 귀신이 쫓겨나간 것을 발견했다.

주해

배경(24-26절) 두로 지역은 갈릴리 바다를 기준으로 약 50km 북서쪽에 위치한 해안 도시로 행정 구역상 시리아-페니키아에 속했다. 지금까지 예수님의 사역은 갈릴리 지역을 중심으로 진행되었고 처음 방문한 이방 지역 역시 갈릴리 해변에 인접한 곳이었다(5:1-20). 그런데 갈릴리 지역을 완전히 벗어나 북서쪽으로 50km까지 올라가신 것은 지난날의 여행 경로로 봤을 때 분명 이례적이다. 놀라운 것은 그렇게 먼 거리 여행을 하신 후

막상 두로 지역에 도착하셨을 때에는 한 집에 들어가 숨어 지내려 하셨다는 것이다(24절). 결과적으로 이후 일어난 여인과의 대화도 그가 머물고 있는 집에서(24-25절) 일어났고 축귀 역시 그 여인의 딸이 집에 있는 동안(30절) 일어났기에 현 단락은 전체적으로 예수님의 은닉성이 그대로 유지되고 있다. 외딴 곳에서의 예수님의 은닉적 태도는 쉼을 얻기 위한 의도에서 비롯되었다고 볼 수 있다. 무엇보다 동행한 제자들이 있었다는 정보조차 주고 있지 않기 때문에 예수님은 자신만 홀로 있는 시간을 가지기를 원하셨던 것이 분명해 보인다. 그럼에도 왜 하필 이방 지역 그것도 유대인의 입장에서 부정에 감염될 위험이 많은 이방 지역으로 오셔서 쉼을 얻으시려 한 것일까. 이는 그의 의도가 단순한 쉼만은 아니었을 것으로 추정하게 한다. 마태복음에 따르면 예수님은 자신의 주된 사역 대상을 이스라엘의 "잃어버린 양"으로 보셨다(마 10:5-6). 이스라엘의 회복이 우선적으로 일어나야 한다는 유대 종말론(제2성전 시기 유대 종말론과 이방인의 돌아옴에 대해서는 토비트 13:11; 막 1:4-5; 11:15-19 주해를 보라)을 예수님 역시 공유하셨다고 보는 것은 큰 무리가 아니다. 따라서 하나님의 종말론적인 나라의 도래를 선포해오신 예수님이 지금과 같이 이방 지역을 방문하신 것은 그의 사역을 통해 이스라엘이 회복되었을 때 시작될 이방 선교를 선취하신 성격이 있다고 보는 것은 유대 종말론의 지지를 받을 수 있는 해석이다(Freyne, 206; 비교. Sanders, 1982: 219-21; Richardson [b], 219-21).[1] 하지만 그런 시도는 성공할 수 없었다: "숨어 지내시는

1. 리처드슨(Richardson [b], 223)은 예수님의 두로와 시돈 방문은 헤롯 안티파스의 위협을 피하려는 의도에서 이뤄졌다고 보면서, 후에 예수님이 갈릴리로 돌아가실 때 은밀히 가신 것도 같은 맥락에서 이해해야 한다고 주장한다. 하지만 이런 주장은 마가복음의 이야기의 지지를 받을 수 없는데, 마가복음에서 예수님에 대한 헤롯 안티파스의 적의가 직접적으로 표출된 적은 없고(비교 6:14, 16) 무엇보다 9:31은 예수님이 은밀히 갈릴리에 들어가신 것은 제자 교육 때문이라 밝히고 있기 때문이

것이 불가능했다"(24절 후반부). 그 이유는 아마 3:8이 암시하듯이 예수님의 명성이 이미 그 지역에 광범위하게 퍼져 있었기 때문이었을 것이다. 어쨌든 예수님에 관한 소식이 전파되는 역설적 현상은 유대 지역과[2] 이방 지역 모두에서 동일하게 일어나고 있다. 문자적으로 본다면 소문 전파는 그의 의도에 위배되지만 신비롭게도 숨기면 숨길수록 알려지는 역설은 그를 통해 시작된 하나님 나라가 이 세상이 퍼져가는 방식이기도 하다(4:22).

"도리어 곧[ἀλλ' εὐθὺς] 그에 관해 듣고" 한 이름 없는[3] 여인이 예수님에게 온다(25절). 예수님은 숨어 지내셨고 또 구체적으로 누구의 집("한 집에", 24절)에 계셨는지에 대한 본문 정보가 없음에도 여인은 예수님이 계신 곳에 왔다. 본문이 말하는 유일한 정보는 여인을 예수님에 이끈 것은 그녀의 '들음'(25절)이라는 것이다. 유대 지역에서는 십이 년간 혈루증으로 고생하던 여인이 "예수님에 관해 듣고"(ἀκούσασα περὶ τοῦ Ἰησοῦ, 5:27) 와서 치유함을 받았는데 이방 지역에서도 역시 한 여인이 "그에 관해 듣고"(ἀκούσασα ... περὶ αὐτοῦ) 딸 치유를 위해 그에게 나아온다. 예수님에 대한 들음의 중요성은 이처럼 마가복음에서 반복되고 있는 것이다. 특히 찾아온 여인이 시리아-페니키아 사람이었다는 정보는 그를 통해 일하고 계신 하나님의 구원의 능력은 이미 이방 지역에서 자발적 회심자를 불러 모으는 일을 하고 계셨음을 보여준다. 그러므로 현 기사는 초기 교회가 예수님의 부활 후 이방 선교를 시작할 때 동기 부여를 제공하는 역

다(해당 본문 주석을 보라).

2. 1:25, 34, 44 주해를 보라.

3. 훗날 교회는 어머니의 이름을 유스타(Justa)로 딸을 베르니케(Bernice)라고 밝힌다. 초기 교회 문헌 *Pseudo-Clementine Homilies* 2:19; 3:73은 Boring, 2006: 210에서 재인용.

할을 했을 것이다(Boring, 2006: 210).

여인의 등장과 함께 서술된 그가 더러운 영에 붙들린 딸을 가졌다는 언급(25절)은 방문 목적이 딸 치유에 있었다는 점을 시사한다. 하지만 본문은 그 여인이 예수님에게 딸의 치유를 위해 간청을 드렸다는 정보(26절 후반부)를 주기 전에 그녀의 종교적, 인종적 정보를 먼저 말한다(아래를 보라):

> 자기 딸이 더러운 영에 들린 한 여인이 … 와서 그의 발 앞에 엎드렸다(25절).
> 그런데 그 여인은 헬라인이고 인종으로는 시리아-페니키아 사람이었다(26절 전반부).
> 그럼에도 그녀는 그가 자기의 딸에게서 귀신을 쫓아내 주시도록 그에게 간청했다(26절 후반부).

그 여인이 다신교를 믿는 헬라 사람, 곧 이방 여인이라는 신상 정보는 그녀의 두 적극적인 태도(25절, 26절 후반부) 사이에 위치해 있다.[4] 결국 이런 신상 정보는 그녀의 접근과 간청에 긴장을 주고 있는데 이는 당시 사회적 고정 관념은 유대 남자와 이방 여인 사이의 진지한 사회적 교류가 원칙적으로 허용되지 않았기 때문이다(참고. 요 4:9; 행 10:28; 갈 2:11-15; 3:28; 박윤만, 2008: 668). 이 모든 상황에도 불구하고 그녀는 예수님에게 왔다. 이런 접근은 그 여인이 당시의 그와 같은 사회적 관습에 매이지 않는 인물임을 분명하게 보여준다(6:1-6의 예수님의 고향 사람들의 태도와 비교해 보라). 물론 이방인이 유대인에게 가지는 장벽 의식은 유대인이

4. 초기 교회에서 "헬라인"은 인종적 의미보다 종교적 의미로 '이방인'을 가리키는 용어로 사용되고 있었다(롬 1:16; 2:9, 10; 3:9; 10:12; 고전 1:24; 10:32; 골 3:28; 갈 3:11; Nineham, 200).

이방인에게 가지는 만큼 높지 않았다고 볼 수 있다. 하지만 이어지는 본문에서 예수님이 그녀에게 보인 유대적 편견은 그 여인 역시 유대인들이 이방인에게 가지는 장벽을 잘 알고 있었다는 전제로 할 때에야 이해가 될 수 있기에, 여인 역시 예수님에게 오기 전에 모종의 인종적, 종교적 장벽을 가지고 있었다고 보는 것이 옳다.

대화(27-28절) 예수님은 "자녀들의 빵을 개들에게 던지는 것이 옳지 않다"하시며 여인의 요청을 거절하신다(27절). 건드리(Robert Gundry)는 현 맥락에서 "자녀들"은 제자들을, "개"는 그 여인의 딸을, 그리고 "빵"은 그의 가르침을 지시하는 것으로 이해하면서 예수님은 우선적으로 제자들을 가르친 후 이방 여인의 딸의 필요를 채우시겠다는 뜻으로 그 비유를 말씀하셨다고 본다(Gundry, 373-74). 그러나 현 단락에서 그 여인이 대화의 주된 상대자로 등장하고 있기에 "개" 비유는 그 여인을 향했다고 보는 것이 맥락상 자연스럽다. 그리고 고대 유대 사회에서 '자녀'(참고. 출 4:22-23; 사 63:8)는 유대인을 가리키는 반면, 개는 남창(신 23:18)이나 이방인(삼상 17:43) 혹은 일반 사람을 비하하고자 사용된 많은 예(시 22:12-13, 16, 20; 사 56:10-11; 에녹1서 89:42-49; 90:4)가[5] 있기 때문에 현 맥락에서도 "개"(κυναρίοις)와 "자녀들"의 지시체로 그 이방 여인과 유대인을 각각 가진다고 볼 수 있다(대조. Hurtado, 2020: 173).

헬라 여인은 당시 사회적 관습을 뛰어넘는 태도로 다가온 반면(25-26절), 예수님은 당시 정통 유대인이 가졌을 법한 매몰차고 '모욕적인' 자세로 그녀를 내치신다. 분명 당혹스러울 수밖에 없는 예수님의 태도를 어떻게 이해해야 할까? 구약성경에서 두로는 유대인을 압박한 전형적인 원수나라로 기술되는데 선지자들은 그 나라를 향해 심판이 있을 것이라 예언

5. 에녹은 가나안 족속과 같은 이방인을 모욕하고자 개, 독수리, 솔개에 빗댄다.

하기도 했다(사 23장; 겔 26-28장; 욜 3:4-8; 암 1:9-10; 슥 9:2-4). 특히 당시 두로는 상대적으로 부유한 경제적 힘을 이용하여 갈릴리 북쪽의 경제권을 장악하고 있었고, 갈릴리 사람들은 자신들의 노동의 대가로 두로 사람들의 식탁이 풍성해진다고 믿으며 그들을 향해 악감정을 쌓아가고 있었다(Theissen, 1991: 71-80; 심상법, 2012: 41, 49).[6] 그러면 예수님 역시 이런 악감정을 그 여인에게 표출하신 것일까? 그럴 가능성은 없어 보인다. 직전 단락에서 예수님은 바리새인들과 서기관들과의 논쟁을 통해 정함과 부정이 외부 조건에 있지 않다고 선언하셨다(7:1-23). 또한 데가볼리 지방에 가셔서 귀신 들린 이방 사람을 이미 아무런 망설임 없이 이미 고쳐 주셨다(5:1-20). 이런 까닭에 예수님의 비유적 말을 액면 그대로 받기보다는 그녀를 '시험'하여 신앙을 불러일으키려는 의도가 그 말에 있었다고 보는 것이 옳다(Hooker, 1991: 183; Camery-Hoggatt, 150).

예수님이 "먼저"(πρῶτον) 자녀들(유대인)이 "배불러야 한다"(χορτασθῆναι)고 하신 것은 구원사적으로 보았을 때 "개들"(이방인) 역시 차후에 "빵"(ἄρτος)이 상징하는 '메시아적 잔치'에 참여할 수 있다는 가능성을 내비치신 것이다. 비록 함축되었지만 예수님의 이런 이해(이스라엘의 선 구원과 이방인의 후 구원)는 구약 선지자들(혹은 제2성전 시기 유대 신학)이 내다본 이스라엘의 회복과 그에 따른 이방인의 회복 신학을 반영한다(Jeremias, 1958: 55-72; 보다 상세한 논의는 2장 각주 12를 보라). 내러티브 문맥을 고려한다면 예수님의 비유는 메시아적 잔치만을 떠올려 주었던 오천 명 급식 기적을 통해 이미 많은 유대인들이 "흡족하게 된"(ἐχορτάσθησαν, 6:42) 사건과 이후 이방 지역에서 사천 명 먹이시는 기적을 통

6. Josephus, *Against Apion* 1.13 §70에서 두로를 "가장 고약한 우리의 원수"라고 표현한다.

해 사람들이 '흡족하게 될'(ἐχορτάσθησαν, 8:8) 때를 염두에 두신 발화로 이해해야 한다. 하지만 여인은 훗날 베풀 잔치를 기다리지 않는다. 표면상으로 봤을 때 '모욕적'이면서도 단정적("옳지 않기 때문이오", 27절 후반부)이기까지 한 예수님의 비유적 말씀을 여인은 재치있고 지혜롭게 응수하면서 식탁에 지금 참여할 수 있도록 간청한다. "주여, 상 아래 개들도 아이들의 부스러기들은 먹습니다"(28절). 자녀들의 식탁에 참여할 기회를 달라는 여인의 지혜로운 응답의 기초는 물론 예수님에 의해 제공되었다. 예수님은 자녀들이 "먼저" 먹어야 한다는 말씀을 하심으로 이방인들 역시 참여할 수 있다는 가능성을 내비치셨기 때문이다(Hurtado, 2020: 173). 이런 점에서 여인은 예수님의 비유를 적절하게 '이해'한 것이다.

여인의 '비유' 이해는, 앞선 단락에서 밖에서 사람의 몸에 들어가는 음식이 아니라 사람에게서 나오는 "악들이 사람을 더럽힌다"(7:23)는 "비유"(7:17)에 대한 몰이해로 예수님께 책망을 들은 제자들과 대조된다. 더군다나 여인은 "더러운 영"(25절) 곧 "귀신"(26절)이 자신의 딸에게 있는 것을 알고 예수님께 그것을 내쫓아 주시도록 간청하기까지 했다는 점에서 사람 안에 있는 악들이 사람을 더럽힌다는 예수님의 말에 준하는 관점을 가진 인물로 제시된다. 이런 점에서 시리아-페니키아 여인은 초기 교회가 펼치게 될 이방 선교의 원형을 제공하는 인물로 묘사된다는 주장(심상법, 2012: 51)은 설득력 있다.

확증(29-30절) 여인의 응답이 끝나자 예수님은 "이 말을 하였으니 가시오. 그대의 딸에게서 귀신이 나갔소[ἐξελήλυθεν]"라며 딸의 치유를 선언하신다. 이에 여인은 집으로 돌아간 후 딸이 "누웠고[βεβλημένον] 귀신은 쫓겨나간 것[ἐξεληλυθος]을" 확인한다. 귀신의 '나감'을 표현하고자 사용된 두 동사(ἐξελήλυθεν, ἐξεληλυθός)와 축귀 후 딸의 상태(βεβλημένον)를 위해 사용된 동사는 모두 헬라어 시제 중 가장 많은 현저성을 가진 완료

(상태 상)로 발화되었다. 현 구절들의 초점은 예수님의 치유의 말과 그 말이 여인에 의해 확증되는 장면에 맞추어져 있다는 것을 문법적으로 보여준다.

예수님은 여인을 보내시기 전 “이 말을 하였으니(διὰ τοῦτον τὸν λόγον) 가시오”라는 말을 하시는데, 그녀를 집으로 보내시는 이유(διά)를 그녀가 “이 말”을 했기 때문이라고 설명한다. “이 말”은 매몰찬 비유에 담긴 예수님의 의도를 이해한 후 지혜롭게 받아 응수한 말이다. 지시 대명사구(τοῦτον τὸν λόγον)는 치유 선언의 순간에 다시 한 번 여인의 말을 상기시켜 주는 역할을 한다. 특히 헬라어 지시 대명사(τοῦτον)는 언어 사용자가 지시 대상에 대해 가지는 심리적 거리를 드러내는 역할 또한 하기 때문에[7] 여인의 말을 지시하고자 근거리 지시 대명사(τοῦτον)로 발화한 것은 예수님 역시 여인의 말을 긍정적으로 받으셨음을 알려 준다.

요약과 해설

예수님은 장로들의 전통을 두고 바리새인들과 서기관들과 벌인 논쟁에서 더러운 것은 외부에 있는 것이 아니라 내부에 있다고 선언하신 후 두로 지역으로 가시어 쉼을 가지고자 하셨다. 하지만 그의 은닉 의도는 실현되지 않고 도리어 그의 소문은 이방 지역에서도 퍼져 나갔다. 곧이어 예수에 관한 소문을 들은 시리아-페니키아 여인이 예수님이 머무시고 있는 집에 방문하는데 그 여인은 이방인이면서도 사회적 통념을 초월하여 유대 남자에게 접근하여 자기 딸에게서 더러운 영을 내쫓아 달라고 간구

7. 2:10-11; 4:20 주해를 보라.

한다. 반면에 여인과의 대화에서 예수님은 놀랍게도 여인을 "개"(27절 후반부)에 빗대심으로 이전 단락의 결론을 스스로 부정하는 것같은 언행을 보인다. 그러나 지금까지 예수님이 정결법과 이방인을 향해 보이신 태도는 그녀의 믿음을 견고케 하시려는 일종의 시험으로 예수님의 비유를 보도록 한다. 이에 여인은 그 비유에 담긴 시험 의도를 정확히 파악한 후 그 비유를 재치있게 재사용하여 메시아적 잔치에 이스라엘의 우선적 참여권을 인정하면서도 이방인의 참여권 역시 주장한다. 예수님은 그녀의 말을 긍정적으로 받으신 후 그녀의 딸에게서 더러운 귀신을 내쫓아 주신다. 이방인 역시 하나님의 백성의 잔치에 참여할 수 있다는 대화(비유)의 주제는 현 단락에서 이방 소녀의 축귀를 통해 일차적으로 증명되었다. 그러나 이것은 끝이 아니라 시작이었다. 예수님과 이방 여인과의 '식탁 대화'는 내러티브 흐름에 따라 이방 지역에서 곧 펼쳐질 또 하나의 메시아적 잔치(8:1-9)와 더 나아가 초기 교회의 이방 선교를 통해 유대인과 이방인이 함께 앉아 식탁을 나누는 메시아적 공동체가 시작될 전주곡이었다(갈 2:12; 행 11:13; 15:1-21).

제35장
귀 먹고 어눌한 이방 남자 치유
마가복음 7:31-37

현 단락은 선행하는 시리아-페니키아 여인 담화와 '이방 지역에서 치유'라는 주제로 연결되어 있다(24, 31절). 앞선 사건에서 치유의 대상은 여성(소녀)이었으며 현 단락은 남성이다(32절). 선행하는 기적은 더러운 영을 몰아내는 것이었고(25, 26절), 현 단락은 못 듣고 말 못하는 문제를 해결하는 것이다(32절). 두 사건 모두 매개자의 개입으로 치유가 시작된다(25-26, 32절). 두 단락의 사건 배경이 모두 이방 지역인 것을 고려한다면 위와 같은 특징들은 훗날 교회에 의해 이방 지역에 전파될 하나님 나라가 성별(gender)과 연령을 망라한 총체적 치유로 다가가서 그 지역 사람들의 긍정적이고 적극적인 환영을 받게 될 상황을 내다보게 해준다. 마찬가지로 현 단락은 뒤따르는 근거리 문맥에서 일어난 벳새다의 눈먼 자 치유(8:22-26)와 구조(매개자의 인도[32절, 8:22]; 사적 공간에서 치유[33절, 8:23]; 침묵 명령[36절, 8:26]), 그리고 언어적 유사성("사람들이 데리고 와서", 32절, 8:22; "손을 그에게 얹어 주시기를", 32절, 8:22; "침을 뱉으시고", 33절, 8:23)으로 평행을 이룬다(Marcus, 2000: 476; Boring, 2006: 215). 두 단락의 유사성은 두 기적 전후와 그 사이에서 뚜렷이 드러난 제자도 주제와 관련하여 상징적 의미를 준다. 예수님은 그의 제자들이 보지 못하고 듣지 못하고 이해하지 못한다며 책망하시고(8:17-18) 또한 여러 사건들을 통해 그들을 깨우치려 하신다(7:17-18; 8:1-9, 14-21, 27-38). 말과 귀, 그리고 시야의 장애를 가진 자들에 대한 예수님의 치유는 영적으로 동일한 상태에 있는 제자들을 향해 베풀 그의 가르침과 치유를 상징적으로 드러내는 사건이다. 현 사건은 배경(31-32절), 치유(33-34절), 결과(35-37절)로 진행된다.

31 그리고 다시 두로 지역에서 나오시어 시돈을 통과하여 데가볼리 지역을 가로질러 갈릴리 바다로 가셨다. **32** 그리고 사람들이 귀 먹고 말이 어눌한 사람 하나를 그에게 데리고 와 손을 그에게 얹어 주시기를 그에게 간청을 드린다. **33** 그러자 그가 무리로부터 그를 따로 떼어 데리고 간 후 그의 손가락을 그의 양 귀에 넣으셨다. 그리고 침을 뱉으신 후 그의 혀를 만지셨다. **34** 그런 후 하늘을 우러러 보신 후 탄식하시며 그에게 말씀하셨다. "에파타." 번역하면 "열려라"라는 뜻이다. **35** 그러자 즉시 그의 양 귀가 열리고 굳은 혀가 풀려서 분명하게 말을 하게 되었다. **36** 그 후 그는 아무에게도 말하지 말도록 그들에게 명령하셨다. 그러나 그가 그들에게 명령하시면 하실수록 그들은 더욱 더 많이 전파하였다. **37** 그리고 그들은 극도로 놀라 말한다. "그는 모든 일을 훌륭하게 하셨다. 듣지 못하는 자들을 듣게 하고 말하지 못하는 자들을 말하게 하신다."

주해

배경(31-32절) 두로를 떠나신 예수님은 여러 이방 지역을 추가로 순회하신다. 먼저, 두로에서 더 북쪽으로 올라가 약 32km 지점에 위치한 "시돈을 통과하여"(διὰ Σιδῶνος) 남쪽으로 내려오시되 이번에는 갈릴리 동편에 있던 "데가볼리 지역을 가로질러"(μέσον τῶν ὁρίων Δεκαπόλεως) 갈릴리 해변에 도착하셨다. 마가는 예수님이 두로에서 시리아-페니키아 여인의 딸을 치유하신 것을 제외하고는 방문 지역에서 어떤 사역을 했는지 명시하지 않는다. 그러므로 예수님이 단지 그 지역들을 거쳐 이동만 하신 것인지, 아니면 모종의 사역을 하셨지만 마가가 언급하지 않는 것인지 알 길이 없다. 그러나 예수님이 그 같은 이방 지역을 방문하신 의도가 무엇인지에 대한 추론은 가능하다. 두로와 시돈은 예수님이 갈릴리 사역을 하실 때 이미 많은 무리가 왔던 지역이었고(3:8), 데가볼리 역시 이미 방문했었고 심지어 귀신에게 해방받은 거라사 광인에게는 그곳에 남아 하나님 나라를 전파하도록 명령했다(5:1, 19-20). 따라서 그의 방문은 이미 뿌려진 씨앗들을 돌보고 더 나아가 하나님 나라의 영역 확장 의도로 이뤄졌다고 보는 것이 가능하다. 이런 입장의 약점은 두로 지역에 방문하셨을 때 자신을 숨기려 하셨고(24절) 또 현 단락에서도 일어난 기적을 본 사람들에게 침묵 명령을 하셨다는 점인데(36절), 이런 은닉적 사역은 갈릴리에서도 보이셨던 예수님의 사역 방식(1:25, 34, 44)으로 보면 쉽게 이해될 수 있다(비교. 5:19). 물론 예수님이 시돈과 데가볼리에서 하신 일이 언급되지 않고 있기에 이런 추론은 한계가 있는 것이 사실이다. 그럼에도 분명한 것은 이방 지역 방문 혹은 이동 기사는 예수님의 길(1:2-3)이 갈릴리와 바다에만 난 것이 아니라 이제 이방 지역들에까지 두루 만들어졌다는 것을 보여준다. 이런 길은 초기 교회에도 의미를 주었을 것인데, 예수님을 따라 하나님 나라를 전파해야 할 제자들이 걸어야 할 길은 이방 지역을 우회하기보다, 전치사 '디아'(διά, '통하여')와 '메손'(μέσον, '가로질러')이 암시하듯, '관통'해야 할 것임을 예수님이 앞서 보여 주신 것이다.

머물고 계신 갈릴리 해변의 지역명이 특별히 언급되지는 않았지만 도착한 곳이 갈릴리 동편에 위치한 데가볼리 지역이라는 것을 고려하면 그곳이 이방인 지역인 것만은 분명하다. 사람들이 듣고 말하는 것에 어려움을 겪고 있던 한 남자를 "데리고 와[φέρουσιν] 손을 그에게 얹어 주시기를 그에게 간청을 드린다[παρακαλοῦσιν]"(32절). 현재 시제로 발화된 두 동사(φέρουσιν, παρακαλοῦσιν)는 그들의 등장에 초점이 맞춰져 있다. 먼저, 병자는 "귀 먹고 말이 어눌 한 사람"(32절)이었는데 듣지 못하는 문제는 마가복음에서 육체적 질병을 넘어 상징적이고도 신학적 의미를 가진 장애였다. 예수님은 사람들에게 주의 깊은 청자가 되도록 반복적으로 권면해 오셨다("들으십시오", 4:3, 9, 20, 23, 24; 6:11; 7:14). 어떤 사람은 들어도 깨닫지 못했고(4:10-12; 6:16; 8:18), 또 다른 사람들은 예수님에 대해 '듣고' 치유함을 받았다(3:8; 5:27; 6:56; 7:25). 그러나 그는 듣고 말하는 데에 어려움을 가졌기 때문에 그에게는 하나님 나라의 복음에 반응할 기회조차 주어질 수 없었다. 따라서 그의 치료는 병자 개인에게는 하나님 나라 복음을 들을 수 있는 기회를 주는 것이며, 듣고도 깨닫지 못했던 사람들에게는 예수님이 앞으로 그들의 '영적인' 장애를 고쳐주시리라는 상징적 의미를 제공하는 것이다(France, 2002: 302).

현재 시제(φέρουσιν, παρακαλοῦσιν)로 발화된 동사들은 그것들의 주어인 병자를 데려온 사람들에게도 주목하게 한다. 그들의 정체는 3인칭 복수("그들이 …")로만 밝혀지고 있어 정확한 신원은 추론해야 한다. 아마도 가족 혹은 친구가 가능한 후보가 될 수 있지만, 예수님이 치료를 위해 그를 다른 곳으로 데리고 가실 때 "무리"를 떠났다(33절 전반부)고 밝히고 있기 때문에 그들은 마을 사람들일 가능성이 높다. 한 사람의 회복을 위해 공동체가 나서고 있는 것이다(참고. 1:30; 2:3). 특히 위에서 설명한 것처럼 그들은 이방인이다. 이방 사람들로서 그들이 보인 예수님과 그의 능력에 대한 개방적인 자세는 놀랍다. 그들의 믿음은 어디서 시작된 것일까? 마가복음 자체에서 본다면 거라사의 귀신 들린 사람이 그의 말씀(5:19)에 따라 데가볼리 지역에 홀로 남겨져 "예수님이 그에게 행하신 일들을"(20절) 전파한 결과로 볼 수밖에 없다(5:19-20 주해를 보라).

치유(33-34절) 예수님은 그 사람을 무리와 분리시켜 "따로" 데리고 가셔서 치료하신다. 그와 같은 행동 이면에는 이제 곧 드러날 하나님의 능력을 대중들이 직접 목격하는 것은 바람직하지 않다는 예수님의 판단이 있었다(Collins [a], 370)거나 혹은 "흥분한 군중을 몹시도 싫어하[신]" 예수님의 경계심이 있었다는 해석(Hurtado, 2020: 174)보다는, 은닉적 사역을 향한 뜻(4:22 주해를 보라)이 있었다고 보는 것이 더 자연스럽다.[1] 더불어 "따로"(κατ' ἰδίαν) 데리고 가셔서 그의 "귀 먹고 말이 어눌한" 병을 치료하신 것은, 무리와 구별하여 그의 제자들을 "따로"(κατ' ἰδίαν) 데리고 가셔서 가르치시는 모습을 떠올리게 한다(4:33; 6:31; 9:2, 28; 13:3). 이런 유사한 행동은 결국 듣기는 하지만 이해하지 못하는 제자들의 무능(6:52; 7:18; 8:17-18) 역시 변화시켜 주실 것이라는 함축적 의미를 가지고 있음을 보여준다(Hooker, 1991:186).

사람들은 그에게 "손을 얹어 주시도록" 간청했지만 예수님은 손가락을 그의 양 귀에 넣고 (아마도 그의 손에) 침을 뱉으신 후 그의 손을 병자의 혀에 대셨다(33절). 의사소통의 전망에서 본다면 손가락과 양 귀, 그리고 침과 손바닥 등과 같이 구체적이고 생생한 묘사는, 구술-청각 소통 문화에서 청자에게 그 장면을 구체적으로 상상하게 하고 그렇게 함으로써 청자의 기억에 오래 남게 해주는 효과가 있다. 또한 역사적으로 본다면 그가 듣고 말하는 데에 장애가 있었기 때문에(32절) 예수님은 그 사람이

1. 또한 1:24 주해를 보라.

겪고 있는 고통의 구체적인 '진원지'에 손을 대신 것이다. 이러한 "손가락"(δακτύλους)을 사용한 치유 행위는 하나님께서 그의 백성을 해방하고자 모세를 통해 베푸신 기적을 묘사할 때 사용된 표현인 "하나님의 손가락"(δάκτυλος θεοῦ, 칠십인경 출 8:15[개역개정 8:19])을 환기시켜 준다(비교. 마12:28; 눅 11:20; Boring, 2006: 217). 손을 그의 혀에 대시기 전에 침을 (아마도 그의 손에) 뱉으신 것은 또 어떻게 이해할 수 있을까? 콜린스는 침은 치료의 힘이 있다고 믿은 그리스-로마의 침 치료 관습을[2] 예수님이 따른다고 본다(Collins [a], 370-71). 이런 해석은 마가복음에서 예수님이 자연을 대상으로 한 이적, 치유, 그리고 축귀를 하실 때 외부적인 매개(주문이나 향 등)에 일체 의존하지 않으셨다는 사실과 충돌이 일어난다. 물론 현 지역이 이방 지역이기에 헬라인들에게 익숙한 치유 방법을 사용하셨다는 설명이 가능하지만(참고. Hurtado, 2020: 172, 174-75), 예수님이 지역에 따라 다른 치유 방법을 사용하신 까닭이 무엇이었는지 설명하기 어렵다. 다만 그를 통해 하나님 나라가 도래하고 있다는 표지였던 치유가 그들이 이해할 수 있는 방법으로 주어져야 할 특별한 이유는 없다.

예수님이 침을 사용하신 이유에 대한 보다 나은 해석이 있다. 레위기 15:8이 말하듯이 유대인들은 침에는 감염력이 있다고 믿었다(미쉬나 자빔 5:7). 그러나 예수님은 7:15-23에서 사람을 부정하게 하는 것은 외부에 있지 않다고 선언하셨고, 더 나아가 의식적으로 부정한 이들과 신체 접촉을 통해 치유(1:41; 5:27; 5:41)를 하셨다. 이런 치유 방식은 감염의 힘이 부정에 있지 않고 그(의 거룩함)에 있음을 드러내 보여 준 행위였다. 따라서 예수님이 사람들이 부정하다고 믿는 침을 손에 뱉으시고 그 사람의 혀에 대신 것은 의도적이다. 곧 부정한 침이 그에 의해 사용될 때 감염의 통로

---

2. Pliny, *Natural History* 28.4.7; Tacitus, *Histories* 4.8; Galen, *On Natural Faculties* 3.7.

가 되기보다 치료의 매체가 된다는 것을 상징적으로 드러내 보이신 것이다. 그의 손이 치유의 도구가 되듯이 그의 침 역시 거룩의 능력의 매개가 될 수 있다는 점을 보여 주신 것이다. 물론 귀가 어둡고 말이 어눌한 그 사람에게 침이 특별히 사용돼야 하는 이유가 있다. 예수님 당시 그런 종류의 병자는 정결법상 부정한 자로 여겨졌는데, 쿰란 공동체는 말 못하는 자와 귀 먹은 자와 같이 육체의 흠이 있는 자는 정결법상 부정한 자이므로 종말론적 회중에 들어올 자격이 없다고 기록하고 있기 때문이다(1QSa 2:3-10). 그러나 종말론적인 하나님의 통치를 실현하러 오신 예수님은 도리어 부정하다고 믿는 침을 사용하여 정결치 못하다고 알려진 병자의 굳어진 혀에 대시며 그의 말을 치료하신다. 이런 치유 방식은 하나님의 종말론적인 치유의 능력이 침을 포함한 그의 신체를 통해 전달되고 있음을 이방 지역에서 행동으로 확증하시는 것이다(Boring, 2006: 217). 쿰란 공동체는 배제를 종말론적인 공동체의 원리로 삼았지만 예수님은 포용을 택하셨다.

치료는 두 단계로 진행되는데 먼저 행동(33절)하시고 후에 말(34절 후반부)을 하신다. 먼저, 치료의 말 전에 "하늘을 우러러 보신 후 탄식 하신다"(ἀναβλέψας εἰς τὸν οὐρανὸν ἐστέναξεν, 34절 전반부). 그 행위를 "초인적인 힘을 이끌어 오는 것을 나타내는 양식상의 표현"으로 보는 그닐카(Gnilka, 1권 377)의 입장을 받아들일 필요는 없다. 다른 어떤 기적에서도 예수님은 없던 능력을 가져와 행하신 적이 없으시기 때문이다. 오히려 유대인들에게 하늘은 하나님의 영역으로 이해되고 있었던 것을 고려할 때 하늘을 우러러 보시는 행위는 하나님께 기도하는 것으로 이해돼야 한다(9:29; Taylor, 1966: 355; Meier, 1994: 713). 기도 내용은 주동사(ἐστέναξ-εν)가 암시해 주듯이 "탄식"이다. 탄식은 병자의 고통에 대한 긍휼과 공감의 외적 표현으로 볼 수 있기 때문에(참고. 1:41; "성령이 말할 수 없는 탄식으로[στεναγμοῖς] 우리를 위하여 친히 간구", 롬 8:26) 예수님은 치료 전 병자의 고통에 들어가 그의 입장에서 하나님께 기도를 드린다는 해석이 타당하다. 유사하게 오병이어 급식 기도 전 예수님은 "하늘을 우러러 보신 후 축복하셨다"(ἀναβλέψας εἰς τὸν οὐρανὸν εὐλόγησεν, 6:41). 그때의 기도 내용은 감사였지만 지금은 탄식이다. 상황이 다르기 때문이다. 빵을 두고는 감사기도를, 병자 앞에서는 탄식기도를 드렸다. 물론 예수님의 기도는 탄식기도로 끝나지 않고 치료로 이어진다. 이런 점에서 치료 전 드리는 기도는 자신에게 있는 치유의 능력이 바로 하늘의 하나님의 능력인 것을 인정하는 의미를 동시에 함의한다(Boring, 2006: 217).

치료는 "에파타"(εφφαθα)의 외침과 함께 이뤄진다(34절 후반부). 침과 접촉, 그리고 탄식이 언급되고 있지만 궁극적 치유는 단연코 예수님의 말씀을 통해 이뤄졌다. "에파타"(εφφαθα)는 아람어(אתפתח, '에트페타흐')의 헬라어 음역인데 마가는 아람어를 모르는 청자를 위해 헬라어 번역을 곁들여 준다(διανοίχθητι, '열려라'). 비록 번역이 뒤따름에도 마가는 아람어를 그대로 남겨 놓음으로 예수님의 말씀의 능력을 생동감 있게 청자들에게 전달한다.[3]

결과(35-37절) 치유는 예수님의 다른 추가적인 말씀(sayings) 없이 즉각적(εὐθέως)으로 진행되었다. 치유의 의미는 다중적이다. 첫째, 주후 1세기와 같은 구술-청각 의사소통 문화(서론을 보라)에서 듣고 말하는 데 장애를 가진 사람은 사회적으로 고립된 삶을 살 수밖에 없었을 것인데, 그에게 일어난 치유는 그가 사회로 다시 들어가 사람들과 소통하며 살 수 있도록 했을 것이다.

3. 마가복음에 사용된 아람어 음역이 가지는 의미에 대해서는 5:41 주해와 제27장의 〈요약과 해설〉을 보라.

둘째, 치유의 의미 이해를 위해선 치유의 결과가 상세하게 묘사된 점 역시 주목해야 한다: "그의 양 귀가 열리고[ἠνοίγησαν] 굳은 혀가 풀려서 분명하게 말을 하게 되었다"(35절). 현 사건은 지금까지 그 어떤 치유 기적들(비교. 2:1-12; 3:1-6; 5:1-20, 25-34)보다 병자의 구체적인 상태와 치유에 따른 구체적인 변화 묘사에 더 집중한다(Theissen, 1983: 113). 이런 점에서 현 사건은 이사야가 말한 "여호와의 속량"(35:10)을 받은 백성에게 일어날 기적을 환기시킨다(Rawlinson, 101):

> 그때에 맹인의 눈이 밝을 것이며 못 듣는 사람의 귀가 열릴 것이며[ἀκούσονται] … 말 못하는 자의 혀[γλῶσσα μογιλάλων]는 노래하리니 … (칠십인경 사 35:5-6).

32절의 "말이 어눌한"(μογιλάλον)이라는 표현은 이사야의 "말 못하는 자의 혀"(γλῶσσα μογιλάλων)와 상응을 이룬다(Hays, 2016: 74). 앞서 본 것처럼 예수님이 그를 치유하실 때 그의 "혀"(γλώσσης)에 손을 대시는 구체적 표현 역시 이사야의 문구에 등장하는 "혀"(γλῶσσα)를 떠올려 준다. 이런 언어적 유사성은 귀 먹고 말이 어눌한 병자를 고치신 예수님의 치유 사건이 이사야가 예언한 하나님의 속량의 때가 그를 통해 시작된 것을 보여 주는 표지라는 의미를 강화시킨다(Cranfield, 253; Gnilka, 1권 378; Hays, 2016: 74-75).

셋째, 귀 먹고 어눌한 사람의 치유는 마가복음의 제자도를 위해서도 의미를 가진다. 고대 유대인들은 이사야 35장이 말하는 것과 같은 속량받은 백성을 듣게 하는 육체적 치유를 선지자의 말을 듣게 하려는 영적 치유로 해석하였는데[4] 마가복음에서 본 치유 사건이 제자들의 몰이해를 깨우치시려는 예수님의 가르침 섹션들(7:18; 8:14-20, 27-38) 안에 위치한 것은 우연이 아니다(33-35절 주해를 보라). 듣기는 들어도 깨닫지 못하는 제자들의 영적인 무지를 깨우치려는 예수님의 의도를 마가가 현 치유 사건에 함축적으로 반영한다는 해석은 앞뒤 내러티브 맥락상 지지받을 수 있다.

치유 받은 자와 현장 근처에 있었던 무리들(33절 전반부)에게 예수님은 유대 지역 사람들에게와 마찬가지로 침묵 명령을 하신다(36절). 수차례 언급된 것처럼(3:12; 5:43; 7:24) 예수님이 가져오신 하나님 나라는 대중적이라기보다 은밀하게 각 사람의 삶의 영역에 파고 들어오는 것임을 예수님은 아셨기 때문이다(비교. 5:19). 하지만 예수님의 지시는 지켜지지 않는다: "그가 그들에게 명령하시면 할수록 그들은 더욱 더 많이 전파하였다"(36절). 그러나 이것이 곧 그들이 불순종했다거나 예수님의 무능을 뜻하는 것으로 해석하지 말아야 한다. 오히려 예수님을 통해 동터오기 시작한 하나님 나라의 능력은 침묵 명령 너머로 점점 더 많은 지역으로 비춰가고 있는 역설을 보여 주는 것이라고 보아야 한다.

단화는 무리의 두 찬사로 마감되는데(37절), 첫 번째 찬사는 육일 동안의 창조에 대한 최종 평가를 내리고 있는 칠십인경 창세기 1:31을 뚜렷이 떠올려 준다(Cranfield, 253; Guelich, 2001: 629; Boring, 2006: 219; Marcus, 2000: 480-81). (마가복음과 창세기 사이의 동일한 언어는 밑줄 그어져 있다):

그는 <u>모든 일을 훌륭하게 하셨다</u>.

---

4. 탈굼 이사야 35:5-6: Marcus, 2000: 475에서 재인용.

καλῶς πάντα πεποίηκεν (37절 전반부).

하나님이 지으신 그 모든 것을 보시니 보시기에 심히 좋았더라.

εἶδεν ὁ θεὸς τὰ πάντα ὅσα ἐποίησεν καὶ ἰδοὺ καλὰ λίαν

(칠십인경 창 1:31).

사실 새 창조와 예수님의 소명의 연관성은 세례 때 재 창조의 영이신 성령께서 그 위에 임하셨을 때 이미 예견되었다. 따라서 이런 언어적 유사성은 예수님이 이와 같은 치유를 통해 종말론적인 새 창조를 행하는 분임을 믿게 한다. 이런 점은 이사야와의 비교를 통해서도 분명해진다. 두 번째 찬사, "그는 … 듣지 못하는 자들을 듣게 하고[τοὺς κωφοὺς ἀκούειν] 말하지 못하는 자들을 말하게 하신다"(37절 후반부)는 다시 한번 이사야 35:5-6을 떠올려 준다: "그때에 … 못 듣는 사람의 귀가 열릴 것이며[ὦτα κωφῶν ἀκούσονται] … 말 못하는 자의 혀는 분명해질 것이다." 이사야는 이런 일이 "그때"에 일어날 것이라 하는데 문맥상 "그때"는 4절 후반부가 말하는 "우리의 하나님 … 그가 와서 우리를 구원하[실 때]"를 가리키는 것이 확실하다. 그러므로 마가는 이사야가 말한 새 출애굽(35:10) 시 하나님이 하실 일을 예수님이 행하신다는 것을 무리의 찬양을 통해 들려주고 있다(Hays, 2016: 74).

요약과 해설

예수님은 두로를 떠나 곧바로 남쪽 갈릴리로 내려오지 않으시고 도리어 더 북쪽으로 올라가 시돈을 방문한 후 남동쪽 지역에 있는 이방 지역 데가볼리를 통과해서 내려오신다. 예수님이 걸으시는 '길'이 이방 지역으로 확장되었음을 뚜렷이 보여 주는 여행 경로이다. 이는 훗날 예수님 '뒤에서' 그를 따르는 제자들(1:17-20)이 걸어야 할 길이 어떠할지를 미리 보여준다. 이후 이방 지역에 계실 때 그곳 사람들이 귀 먹고 말이 어눌한 사람을 데려왔다. 한 명의 치유를 위해 공동체가 참여하고 있는 것이다. 예수님은 어떠한 추가적인 말씀 없이 따로 그를 데리고 가셔서 "에파타"를 외치며 그의 귀와 혀를 '풀어 주신다'(34절). 이에 그의 막혔던 언어가 나오고 귀가 열렸다. 이런 사건은 한편으로 이사야 35:5-6이 말하는 하나님이 그의 백성들 가운에 오셔서 구속을 베풀 때 일어날 일로, 예수님을 통해 하나님의 구속이 실현되고 있음을 보여준다. 다른 한편으로 이 사건은 마가 내러티브상에서 제자들이 그들의 몰이해로 책망과 가르침을 예수님에게 받고 있는 큰 문맥 가운데 위치해 있기에 귀가 있어도 듣지 못하여(8:18) 영적으로 귀 먹은 제자들을 그가 고쳐 주실 것을 미리 보여 주신 함축적인 사건이다.

제36장
사천 명을 먹이심
마가복음 8:1-9

이 단락은 예수님의 두 번째 급식 기적을 다룬다. 첫 번째 급식 기적과 마찬가지로 현 기적도 종말론적인 잔치의 연속이라는 점이 문맥을 통해 확인된다. 현 기적이 귀 먹고 말이 어눌한 사람의 치유 사건(7:31-37) 후 광야(ἐρημίας, 4절)에서 베풀어지는 잔치라는 점에서 이사야 35:5-10을 다시 떠올리게 한다. 이사야는 앞 단락에서 본 것처럼 여호와의 종말론적인 속량이 주어질 때 맹인의 눈이 뜨여질 것과 못 듣는 사람의 귀가 열릴 것을 말한 후 광야(ἐρήμῳ, 6절)가 기쁨의 원천이 될 것이라 말하고 있기 때문이다(6-7절). 이사야 본문과의 연관성은 현 급식 기적이 가진 종말론적인 의미를 간과하지 않도록 한다.

사실 유사한 급식이 두 번 반복되고 있는 것에 대해 오천 명 급식과 사천 명 급식 기적이 동일한 사건에 대한 다른 설명이라는 주장이 있지만(Nineham, 205-6; Fowler, 43-90; Boring, 2006: 219; Taussig, 366-67) 우리가 그것을 받아들일 이유는 없다. 급식 인원("오천 명", 6:44; "사천 명", 8:9)과 기적에 사용된 빵의 개수("다섯 개", 6:38; "일곱 개", 8:5)에 분명한 차이 가 있으며 무엇보다 예수님 역시 이 두 사건을 별개의 사건으로 언급(8:19-20)하신 것은 두 기적이 다른 역사적인 사건이라는 주장을 지지한다(Edwards [b], 228; Witherington, 2001: 235). 더불어 두 급식 기적의 유사성은 구전 단계에서 발생할 수 있는 현상으로도 볼 수 있다(France, 2002: 307). 물론 아래서 볼 것처럼 사천 명 급식 기적에서 제자들은 앞서 일어난 오천 명 급식 사건을 경험하지 못한 자처럼 행동하고 말하는 것이 사실이다. 그러나 제자들의 몰이해가 곧 두 사건 중 하나는 비역사적 사건이라는 주장의 근거가 될 수는 없다.

크랜필드가 지적한 것처럼 일상에서 "심지어 성숙한 그리스도인(본문의 제자들은 그러한 단계에 도달하지도 않았다)도 하나님의 능력에 대한 뚜렷한 경험을 가진 후에도 자주 의심에 빠지기도 하는 것이 사실이다"(Cranfield, 205). 사실 앞서 체험한 하나님의 능력을 쉽게 망각하는 모습은 광야 이스라엘의 모습(출 14:1-15:27; 16:1-3)이자 선지자 엘리야가 보인 반응이기도 하다(왕상 17:1-18:46; 19:1-3; Stein, 365). 제자들의 둔한 반응 때문에 두 번째 급식 기적이 역사적 사실이 아니라고 추론하는 것은 두 급식 기적을 반복해서 읽어 이미 통전적 시각을 가진 현대 독자의 선입관이다. 목격자로부터 두 급식 기적 전승을 받은 마가가 사천 명 급식 기적을 현재의 위치에 기록한 이유가 있다.[1] 마가의 제자도 주제는 망각이었는데(4:13; 8:17-18 주해를 보라), 이런 주제에 두 급식 기적 전승이 담고 있는 내용이 일치했기 때문일 것이다(아래 주석을 보라).

현 사건이 일어난 장소는 현 단락에서 명시되지 않는다. 다만 앞선 치유 사건(7:31-37)이 갈릴리 바다 동편, 곧 데가볼리 지역에서 일어났고, 이후 예수님의 지역 이동에 대한 어떤 언급도 없는 가운데 사천 명 급식 기적이 일어났고, 이 사건 후에야 달마누다 지방으로 옮기신다(8:10). 따라

---

1. 역사적 전기로서 마가복음의 장르와 마가의 기록 목적에 대해서는 제1부 개관의 '자료'와 '기록 목적'을 보라.

서 현 사건의 배경은 이방 지역이라는 추론이 가능하다(Cranfield, 255; Guelich, 2001: 638; 비교. Hooker, 1991: 188). 현 사건은 배고픈 무리와 예수님의 반응(1-3절), 제자들의 반응(4절), 급식 기적(5-7절), 절정과 떠남(8-9절)으로 진행된다.

1 그 무렵에 다시 많은 무리가 있어 먹을 것이 없을 때 그가 제자들을
가까이 부르신 후 그들에게 말씀하셨다. **2** "내가 저 무리를 불쌍히 여기고
있소. 이는 벌써 사흘 동안이나 그들이 나와 함께 머물러 있어서 그들에게
먹을 것이 없기 때문이오. **3** 그리고 만일 내가 그들을 굶겨 그들의 집으로
돌려보내면 길에서 쓰러질 것이요. 그리고 그들 중 어떤 이들은 멀리서 왔
지 않소." **4** 그러나 그의 제자들이 그에게 대답했다. "여기 광야에서 그 누
가 어디서 이 사람들을 빵으로 배부르게 할 수 있겠습니까?" **5** 그러자 그가
그들에게 물으셨다. "그대들에게 빵 몇 개가 있소?" 그리고 그들이 대답했
다. "일곱[개 있습니다]" **6** 그때 그가 무리에게 명령하여 땅 위에 비스듬히
앉게 했다. 그리고 빵 일곱 개를 취하신 후 감사를 드린 후 떼어 그의 제자
들에게 주시며 그들이 [무리] 앞에 갖다 놓게 하셨다. 그러자 그들이 무리
앞에 갖다 놓았다. **7** 그리고 그가 작은 물고기 몇 마리를 가지시고 그것들
을 축복하신 후 이것들 역시 [무리] 앞에 갖다 놓도록 말씀하셨다. **8** 그리
고 그들이 먹고 흡족하게 되었다. 그리고 남은 조각들을 일곱 광주리에 모
았다. **9** 그리고 그들은 약 사천 명이었다. 그 후 그는 그들을 흩으셨다.

주해

배고픈 무리와 예수님의 반응(1-3절) 급식 기적의 장소에 대한 언급은

없지만 시간과 사건의 배경은 명시된다. 먼저, 시간적 배경은 "그 무렵"(Ἐν ἐκείναις ταῖς ἡμέραις, 1절)으로 명시된다. "그 무렵"은 칠십인경 구약성경에서 선지자들이 하나님이 그의 백성에게 구원을 베푸시고자 일어나실 종말의 때를 가리키고자 사용한 시간 어구(렘 31:31; 욜 3:2; 슥 8:23)이기에(Marcus, 2000: 487)[2] 마가 역시 에피소드 초반부에 해당 어구를 위치시켜, 일어날 사건이 하나님의 종말론적 구원 사건이 될 것을 의도했다고 보는 것이 가능하다. 이것과 함께 그 시간 어구가 내러티브 흐름상 가리키는 바 또한 무시할 수 없다. "그 무렵"은 근접 문맥을 두고 본다면 직전 치유 사건(7:31-37)이 일어났던 때를 가리킨다(Cranfield, 255; Hooker, 1991: 188). 하지만 7:31-37(귀 먹고 말이 어눌한 사람 치유)은 바리새인과 서기관들과의 정결법 논쟁(7:1-23) 후 시작된 이방 지역 방문 중에 일어났기 때문에 "그 무렵"은 급식 기적을 시간적 배경으로 본다면 두로와 시돈, 그리고 데가볼리와 같은 이방 지역 방문 및 그곳에서의 사역의 연장선에서 일어난 일이라는 의미를 내포한다.

다음으로 사건의 배경 역시 언급된다. 부사 "다시"(πάλιν)는 뒤따르는 사건이 앞선 사건의 반복임을 말해주는데 좁게는 그것이 속해 있는 분사절 정보인 "많은 무리가 있어 먹을 것이 없을 때"(1절)를, 넓게는 급식 기적 전체가 오천 명 급식 사건의 되풀이라는 것을 알려준다. 따라서 현 사건의 시간적 배경은 예수님이 데가볼리 지역 여행 시기이며, 사건 배경은 앞서 일어난 오천 명 급식 사건임을 서론에서 밝힌다.

지금까지의 내러티브에서 무리의 등장 후에는 예수님의 가르침이 이어지는 것이 대부분이었다(2:1, 4, 13; 3:9, 20, 32; 4:1; 6:34; 7:14). 하지만 현 단락에서는 뜻밖에도 "많은 무리가 있어 먹을 것이 없을 때" 예수님의

2. 또한 1:9 주해를 보라.

시선은 제자들에게로 향한다. 이런 점에서 1절은 구조적 변이다. 배고픈 무리를 두고서 예수님의 관심은 제자들에게 계속 이어진다: "그가 제자들을 가까이 부르신 후 그들에게 말씀하셨다"(1절 후반부). 마가복음에서 예수님은 어떤 대상(제자, 무리, 질문자)을 '프로스깔레오'(προσκαλέω, '가까이 부르다')하신 후에는 거의 항상 가르침을 주시고 있기 때문에(3:13, 23; 6:7; 7:14; 8:34; 10:42; 12:43) 그들을 부르신 예수님의 관심은 배고픈 무리를 두고 그들에게 어떤 가르침을 주시려 하셨다고 보는 것이 옳다. 현 단락에서 예수님의 주도권은 오천 명 급식 기적과 비교했을 때도 두드러지는데, 오병이어 급식 기적 때에는 제자들이 무리의 배고픔을 해결하기 위해 예수님께 먼저 요청했다(6:35). 무리의 상태와 예수님의 주도권은 문법적으로도 현저성을 갖는다. 무리의 등장(ὄντος, '있어'), 굶주린 상태(μὴ ἐχόντων τί φάγωσιν, '먹을 것이 없어'), 그리고 제자들에게 하신 예수님의 말씀(λέγει, '말씀하신다')은 모두 강조적 현재 시제로 발화되기 때문이다. 그렇다면 예수님의 주도권에 담긴 의도는 무엇일까? 제자들에게 무엇을 가르쳐 주기 위한 의도를 가졌을까? 이런 질문에 대한 답은 이어지는 2-3절의 담화를 살펴본 후에 할 수 있다.

굶주린 무리를 둔 채 이어진 예수님의 긴 담화(2-3절)는 두 주제로 나눌 수 있는데, 2절은 굶주린 무리에 대한 그의 입장이며 3절은 굶주림의 문제를 해결하기 위한 대안이 될 수 없는 일을 설명한다. 먼저 예수님은 그들을 향한 자기의 감정("불쌍히 여기고 있소 [σπλαγχνίζομαι]", 2절)을 사실 진술에 적합한 직설법으로 밝힌다. 오병이어 기적 때도 예수님은 무리를 "불쌍히 여기셨다"(ἐσπλαγχνίσθη). 그러나 두 기적 사이에는 약간의 차이가 있는데 오천 명 급식 때 예수님의 불쌍히 여기심은 무리의 "목자 없는 양 같은"(6:34) 상태에 맞춰진 반면, 현 기적에서는 보다 더 직접적으로 무리의 굶주림 상태에 맞춰져 있다: "내가 저 무리를 불쌍히 여기고 있소[σπλαγχνίζομαι]. 이는[ὅτι] 벌써 사흘 동안이나 그들이 나와 함께 머물러 있어서 그들에게 먹을 것이 없기 때문이오"(2절). 이유를 이끄는 접속사 "이는"(ὅτι)은 "불쌍히 여기고 있소"(σπλαγχνίζομαι)와 무리가 먹을 것이 없는 상태의 인과 관계를 만든다. 특히 무리가 자기와 함께 사흘을 머물러 있었다는 발화는 무리의 결핍 상태의 위급성은 물론이고 그에 대한 책임감 역시 예수님이 가지신다는 점을 제자들에게 알려 주시는 대목이다.[3]

굶주린 무리에 대한 그의 감정이 어떠하다는 것을 제자들에게 알리신 후에도 예수님의 담화는 계속된다. 그런데 이번에는 이상하게도 문제 해결법이 아니라 해결에 도움이 되지 않는 방법이 무엇인지를 가정법으로 설명하신다: "만일[ἐὰν] 내가 그들을 굶겨 그들의 집으로 돌려보내면 길에서 쓰러질 것이요"(3절 전반부). 가정법은 주장(assertion)이 아닌 추정(projection)의 의미를 지닌 법(mood)으로, 비록 일어난 사실(fact)은 아니지만 일어날 수도 있는 일을 언어 사용자가 "시험적"으로 발화할 때 사용되는 문법이다(Porter, 1994: 57). 가정법을 선택하신 것은 제자들을 '시험'하시려는 의도의 반영이다. 가정법 정보는 첫 번째 급식 기적에서 제자들이 예수님에게 제안한 것("주변 시장이나 마을로 가서 먹을 것을 스스로 사게 하십시오", 6:36)과 유사하다. 예수님은 오병이어 기적 때와 같이 제자들이 제안할 만한 해법을 먼저 말씀하시며 그런 해결책은 불가능하다고 말씀하신 것이다. 그런 해법이 전혀 도움이 되지 않는다는 점을 말

3. 구약성경에서 '사흘째 되는 날' 혹은 '사흘 후'는 하나님의 구원을 체험하는 날로 이해되었다(호 6:2; 수 1:11; Gnilka, 1권 383). 따라서 그들이 사흘 동안 그와 함께 있으면서 먹을 것이 떨어졌다는 예수님의 언급은 하나님의 능력이 나타날 강한 기대를 갖게 한다는 해석이 가능하지만, 맥락상 보다 더 자연스러운 해석은 그들의 음식 결핍 상황으로 빚어진 위급함을 강조한다는 것이다.

씀하시고자 예수님은 "그들 중에는 멀리서 온 자들도 있다"고 말씀하신다. "멀리서 온 자들"은 아마도 갈릴리 지역에서 온 사람들이거나(Hooker, 1991: 188) 이전에 방문하셨던 두로와 시돈 지역, 그리고 데가볼리 외곽 지역 사람들일 수 있다(Hurtado, 2020: 178; Witherington, 2001: 234).[4] 어쨌든 예수님의 의도는 무리가 배고픔의 문제를 해결하도록 내버려 두는 것은 그가 원하는 바가 아니라는 점을 밝히는 데에만 있지는 않았을 것이다. 궁극적 관심은 제자들을 '시험'하여 그들이 무리의 굶주린 상태를 해결하기 위해 그들 스스로 적극적인 어떤 행동을 취하도록 '다른 제안'을 하게 하시려는 데 있었다고 봐야 한다. 이런 시험은 시리아-페니키아 여인과의 대화에서 예수님이 이미 사용하셨던 '수사'(rhetoric)였다. 제자들 입장에서 제시될 수 있는 '다른 제안'은 이전 급식 사건을 기억한다면 별 어려움 없이 추론될 수 있었을 것이다.

제자들의 반응(4절) 제자들이 예수님에게 "대답했다"(ἀπεκριθήσαν)는 말은 2-3절의 예수님의 말씀이 독백이 아니라 제자들로부터 어떤 반응을 기대한 채 주어진 대화요, 가르침이었다는 것을 말해준다. 제자들의 반응은 놀랍다:

> "여기[ὧδε] 광야에서[ἐρημίας] 그 누가[τις] 어디서[πόθεν] 이 사람들을 빵으로 배부르게 할 수 있겠습니까[δυνήσεταί ... χορτάσαι]?"

무엇보다 광야에서는 그 누구든지 무능해질 수밖에 없다는 점이 부정

---

4. 구약성경에서 "멀리서 온 자"는 일반적으로 이방인을 지시하고자 사용되기도 한다(신 28:49; 29:22; 수 9:6, 9; 왕상 8:4). 그러나 현 단락은 이방 지역이기 때문에 그 용어가 이방인을 가리킨다고 보기는 어렵다(대조. Guelich, 2001: 639; Marcus, 2000: 487).

대명사(τις)와 동사 "할 수 있겠습니까"(δυνήσεται)를 통해 강조된다. 광야에서는 아무도 그 많은 무리를 배부르게 할 수 없다는 제자들의 회의에 찬 반문은 매우 놀라운 반응으로 들릴 수밖에 없는데, 이는 앞서 예수님이 "광야"(ἔρημος, 6:35)에서 오병이어 급식 기적을 일으켜 오천 명 모두가 '흡족하게 되었던'(ἐχορτάσθησαν, 42절) 일이 이미 있었기 때문이다. 특히 제자들은 그들이 있는 곳이 광야라는 점을 강조("여기"[ὧδε], "어디서"[πόθεν])하면서, 그곳에서는 아무도 무리를 배부르게 할 수 없다고 말하고 있는 대목에서 제자들의 '기억 못함'(참고. 8:18)의 문제가 절정에 달한다. 이는 오병이어 사건 때 그들이 있는 곳이 "광야"(6:34)였다는 말이 제자들의 입에서 나왔기 때문이다. 그들은 이미 광야에서도 먹을 수 있었다. 그뿐만 아니라 제자들은 예수님의 요청에 따라 오천 명 급식 기적에 적극적으로 참여했었다. "그대들이 직접 먹을 것을 그들에게 주시오"(6:37 전반부)라는 예수님의 제안에 그들이 할 수 없다는 반응(37절 후반부)을 보인 후에 기적은 이뤄졌고, 기적의 재료를 준비하는 일(38절), 사람들을 앉히는 일(39절), 떡과 물고기를 나누어 주는 일(41절), 그리고 거두어들이는 일(43절) 등 제자들은 예수님의 지시에 따라 모든 순서에 개입했었다. 그럼에도 제자들은 첫 번째 기적을 경험하지 못한 것처럼, 마치 한 번도 어떤 기적을 경험해 보지 못한 것처럼 반응한다. 그리고 부정대명사(τις)의 사용을 통해 드러난 것처럼 그들은 예수님이 지금까지 무슨 일을 하셨고 또 하실 수 있는 분인지 전혀 모르는 사람처럼 행동한다.

내러티브 흐름으로 본다면 제자들의 몰이해는 이미 꾸준히 지적되어 온 문제(6:52; 7:17-18)이기에 이상하게 보이지 않을 수 있다. 하지만 현실적으로 보았을 때 분명 많은 의문을 일으키는 것이 사실이다. 그들이 그렇게 적극적으로 참여했던 오병이어 급식 기적을 어떻게 그토록 쉽게 잊어버릴 수 있을까? 그곳이 이방 지역이라는 사실을 고려한다면 제자들은 예수님이 어쩌면 이방인들을 대상으로는 급식 기적을 베풀지 않으실 것이라 판단했을 수 있다(양용의, 182). 물론 이방인이었지만 시리아-페니키아 여인의 딸을 치료하셨고(7:24-30) 귀 먹고 말 어눌한 사람 역시 고치셨다(31-37절)는 사실이 이런 추론의 약점이 될 수 있지만, 마가는 그 두 사건이 일어날 때 제자들이 예수님과 함께 있었다는 정보를 주지 않았다는 점을 고려해야 한다. 사실 이방인 지역에서 있었던 예수님의 사역에 제자들이 재등장한 시점은 현 단락의 초반부("그가 제자들을 가까이 부르신 후", 1절)이다. 하지만 이런 해석이 필요한 이유는 제자들의 기억하지 못함이 예외적인 것이라 생각하기 때문이다. 사실 제자들의 무지는 초기 교회 그리스도인, 더 나아가 인간의 본성에서 크게 벗어난 모습이 아니다(Cranfield, 205). 지난 날 위기의 순간을 하나님의 도움으로 극복했으면서도 다시 유사한 어려움에 직면하면 우리는 한 번도 그런 일을 겪지 못한 사람처럼 당황하고, 한 번도 하나님의 도움을 받지 못한 사람처럼 불안해 한다. 문제 앞에서 하나님을 잊어버린다. 제자들이 보인 반응은 예외적인 인물들만 보일 수 있는 태도가 아니라 초기 교회는 차치하고 바로 우리들의 자화상이다.

어쨌든 유사한 상황의 재현은 덮여져 있던 제자들의 몰이해와 몰지각 상태가 드러나는 계기가 된다(대조. Stein, 369). 물론 예수님의 의도는 과거 사건을 떠올리며 현재의 문제를 그가 해결할 것이라는 믿음을 불러일으키는 것이었다. 그러나 그런 기대는 빗나간다. 음식과 관련하여 제자들이 광야(ἔρημος)에서 보여 준 몰지각에 기초한 불평은 옛 이스라엘이 광야에서 음식과 물이 없는 것에 대해 불평한 장면을 떠올려 준다(Hooker, 1991: 189; Marcus, 2000: 483-88, 495; Watts, 178; 대조. Stein, 369). "… 이 광야[ἔρημον]로 우리를 인도해 내어 이 온 회중이 주려 죽게 하는도다"(출 16:3). 옛 이스라엘의 불평이 새 이스라엘로 부름받은 제자들(3:14,

16)에게도 여전히 반복되고 있다. 또한 두 사건 사이의 유사성은 불평이 일어난 시점인데, 옛 이스라엘이 홍해를 마른 땅으로 건넌 기적 체험(출 14-15장) 직후에 원망했듯이 새 이스라엘 공동체의 불신앙 역시 역풍이 부는 바다를 예수님으로 말미암아 무사히 건넌(6:45-52) 후에 부각된다(Marcus, 2000: 495).

급식 기적(5-7절) 그들의 무지와 불신앙에 어떤 반응도 없이 예수님은 곧바로 급식 기적을 베풀 준비에 들어가신다. 준비는 첫 급식 기적 때(6:38)와 같이 제자들이 가진 빵의 개수를 확인하시는 질문으로 시작된다(5절 전반부). 이에 일곱 개의 빵이 준비된다(5절 후반부). 기적의 기초를 마련하는 데 있어서 제자들의 참여를 다시 이끌어 내신 것이다. 그들의 무지와 몰이해에 대한 예수님의 응답은 반복된 현장 경험 유도였다. 그의 제자 교육은 반복을 그 특징으로 하고 있음을 알 수 있다. 이후 일어나는 기적 자체는 두 단계로 이뤄진다. 먼저 빵 기적을 베푸신 후(5절) 물고기를 나누어 주신다(7절). 오병이어 급식 기적 때에는 빵과 물고기를 동시에 축복하시고 나누어 주신(6:41) 것을 기억하면 이런 분리는 흥미롭다. 빵을 두고 한 감사와 나눔(6절)이 물고기를 두고도 유사하게 일어나고 있다(7절)는 점에서 물고기 기적에 어떤 강조가 주어졌다고 보는 것이 가능하다. 하지만 다른 해석도 가능하다. 물고기 기적에 관한 서술은 몇 가지 점에서 빵과 비교했을 때 상대적으로 축소되었음을 보여준다. 첫째, 빵과 관련해서 예수님의 행동이 네 개의 동사("취하신 후 감사를 드린 후[εὐχαριστήσας] 떼어 그의 제자들에게 주시며")로 서술된 반면, 물고기를 두고는 오직 동사 두개("물고기 몇 마리를 가지시고 … 축복하신 후[εὐλογήσας, '축복하다']")만 사용된 사실이 이것을 보여준다.[5] 둘째, 첫 급식 기적

5. 빵을 두고 드린 축복에는 εὐχαριστήσας가, 물고기를 두고는 εὐλογήσας가 사용되었다. 바울 서신에는 성찬 예식 용어로 εὐχαριστήσας가 등장한다(고전 11:24; 참고. 눅

때는 기적의 기초로서 제자들이 가져온 것에는 물고기 두 마리가 포함되었지만 현 단락에서는 오직 빵 일곱 개만 보고된다. 셋째, 첫 기적 때는 물고기의 개수가 구체적으로 두 개로 밝혀졌지만(6:38, 41) 현 사건에서는 "작은 물고기 몇 마리"(ἰχθύδια ὀλίγα, 7절)로만 서술될 뿐이다. 물고기 기적에 대한 축소는 자연스럽게 그것과 독립적으로 일어난 빵 기적에 집중토록 해준다(Hooker, 1991: 190). 빵 기적에 현저성을 부여하고 있는 마가의 의도는 무엇일까? 마가의 의도는 현 기적에서 마지막 만찬을 내다보게 하려는 데 있다고 볼 수 있는데(대조. Stein, 370), 마지막 만찬의 빵 나눔 어록이 여기 빵 기적의 순서("취하신 후 감사를 드린 후 떼어 그의 제자들에게 주시며")와 같이 "취하신 후 축복하시고 떼어 그들에게 주셨다"(14:22)로 진행된다는 사실은 이 입장을 지지해 준다.[6] 따라서 사천 명 급식 기적은 오병이어 기적과 마찬가지로 신학적으로는 종말론적인 메시아적 잔치를 암시하고, 내러티브상에서는 마지막 만찬을 내다보게 한다(6:35-44의 서언을 보라). 비록 사천 명 급식 기적 자체가 성찬 제정의 성격을 갖고 있지 않은 것은 맞지만 빵 기적의 순서와 성찬 제정 시 주어진 빵 제정 어록의 유사성은 "제자들에게 자기의 몸과 피를 주었던 분이 민중의 굶주림을 충족시켰음을 기억하게 한다"(Gnilka, 1권 385).

제자들이 하도록 지시하신 첫 급식 기적과는 달리 예수님은 무리들이 식사 자세(ἀναπεσεῖν, '비스듬히 앉게')로 땅 위에 앉도록 직접 명령하신다. 이방인들에게 베풀 잔치를 위한 예수님의 주도권은 굶주린 무리를 향

22:19). 하지만 유대인들의 헬라어 사용에서 두 동사는 상호 교차적으로 등장하고 (France, 2002: 308) 무엇보다 성찬 예식의 기원을 알려주는 마가복음의 마지막 만찬에는 떡과 관련해서는 εὐλογήσας가(14:22)가, 잔과 관련해서는 εὐχαριστήσας(23절)가 사용된다.

6. 6:31-44의 단락 주해 서언을 보라.

한 공감과 함께 상황 파악을 직접 하실 때(2-3절)부터 이미 나타났고 지금 역시 암시된다. 이후 예수님은 제자들이 빵을 무리들에게 나누어 주도록 빵을 떼어 제자들에게 주심으로 이전 급식에서와 같이 그들을 섬김의 자리에 두신다. 주목할 것은 '빠라띠테미'(παρατίθημι, '앞에 두다')의 쓰임이다. "[그가] 그들이 [무리] 앞에 갖다 놓게[παρατιθῶσιν] 하셨다. 그러자 그들이 무리 앞에 갖다 놓았다[παρέθηκαν]"(6절). 마가는 예수님이 제자들에게 빵을 무리들에게 '빠라띠토신'하도록 명령하시자, 제자들이 '빠레테깐'했다고 알려준다. 동일한 동사를 통해 식탁에서 섬기라는 명령이 제자들에 의해 순종되었음을 말해준다. 특히 예수님의 명령은 현재 시제로 강조된 반면, 제자들의 순종은 배경 시제인 과거로 묘사된다는 것 또한 주목할 만하다(식탁에서 섬김의 주제는 10:35-45에서 다시 등장한다).[7]

절정(8-9절) 마가는 급식 기적이 가져온 결과가 어떠했는지를 접속사 "까이"로 연결된 세 동사로 묘사한다: "그들이 먹고 흡족하게 되었다. 그리고 … 모았다"(ἔφαγον καὶ ἐχορτάσθησαν καὶ ἦραν). 특히 "흡족하게 되었다"(ἐχορτάσθησαν)는 동사는 먹고 배불렀다는 의미 그 이상을 내포하고 있는 것으로, 수동태로 문법화된 것을 통해 알 수 있듯이 예수님에 의해 베풀어진 종말론적인 메시아적 잔치가 참여한 이방인들 모두에게 '넘치는 만족'을 가져다주었다는 의미를 함축한다(6:42-43 주해를 보라). 오병이어 때와 마찬가지로 제자들은 먹고 "남은 조각들"을 바구니에 담는다. "남은 조각들"(περισσεύματα κλασμάτων)은 먹다 남은 조각(혹은 부스러기)이(가) 아니라 너무 많아 먹을 수 없어 남은 조각이다(6:43 주해를 보라). 이는 마가가 소유격 '끌라스마똔'(κλασμάτων)을 그것이 수식하는

---

7. 행 1:17, 25은 사도들의 직무를 섬김(διακονία)으로 묘사한다. 또한 행 6:1-2의 διακονία 용례 참고.

명사 '뻬리스슈마따'(περισσεύματα)와 결합하여 의도한 의미이다. 소유격은 종종 수식하는 명사를 추가적으로 설명하고자 동격의 의미로 사용되는 용례를 가지기 때문에(Porter, 1994: 94-95) "조각들"은 '풍성함'(περισσεύματα)을 구체적으로 상세하게 설명하는 내용으로 해석될 수 있다.

제자들은 그 조각들을 일곱 바구니에 담는다(8절). 숫자 일곱은, 오병이어 기적 때 남은 조각이 이스라엘 열두 부족을 지시하는 열두 바구니(6:42)에 담겼던 것과 비교된다. 일곱이라는 숫자는, 그 기원이 세상 창조가 일곱 째 날에 완성되었다는 사실(창 2:1-3)에서 기원했을 것이 틀림없는(Marcus, 2000: 489),[8] '완전 수' 개념을 갖고 있다(대조. Edwards [b], 231). 따라서 이방 지역에서 '일곱' 개의 빵으로 '일곱' 바구니의 조각이 남는 급식 기적이 베풀어졌다는 정보는 종말론적인 메시아적 잔치가 유대인과 이방인 모두에게 '온전히' 실현되었다는 사실을 숫자적 상징을 통해 드러내고 있는 것이다.[9]

끝으로 예수님은 빵 먹은 무리들을 "흩으셨다"(ἀπέλυσεν). (급식 기적의 결론이 무리 해산으로 맺어진 이유는 6:45의 "흩으신다"[ἀπολύει] 동사에 대한 주해에서 밝히 것처럼 급식 기적을 경험한 무리들이 오해에 기반한 어떤 집단적 행동을 미연에 방지하기 위함이라 볼 수 있다[참고. 요 6:15]).

---

8. Philo, *The Special Laws* 2:57에 따르면 "일곱은 지각이 가능한 세상 사물에서 발견될 수 있는 가장 뚜렷한 모든 현상들에 공통적인 요소이자 해(year)와 반복되는 계절의 변화를 적절한 순서로 완성하는 역할을 한다." 필로의 숫자 칠과 관련된 이런 이해는 하나님의 세상 창조가 칠 일간 이뤄졌고 그 결과 세상이 이 사이클로 돌아간다는 믿음을 기초로 한다.

9. 귤리히는 오병이어 기적 때 남은 열두 바구니와 마찬가지로 일곱 바구니가 아무런 상징적 의미가 없다고 본다(Guelich, 2001: 644). 그러나 "남은 조각들"이 종말론적 축복의 '풍성함'을 상징하듯이 이방 지역에서 일어난 급식 기적에서 남은 "조각들"이 일곱 바구니였다는 발화가 상징적 의미를 준다고 보는 것이 훨씬 더 합리적이다.

요약과 해설

예수님이 여전히 데가볼리 지역에 머물고 계실 때 두 번째 급식 기적이 일어난다. 첫 기적이 유대인들을 대상으로 베풀어진 반면, 두 번째 기적은 이방인을 주 대상으로 베풀어졌다(Rawlinson, 86). 또한 급식 기적은 내러티브상에서는 마지막 만찬을 내다보는 잔치이며 신학적으로는 하나님의 종말론적인 구속이 베풀어질 때 그의 백성이 누리게 될 축복을 말한다. 현 급식 기적은 유대인뿐 아니라 이방인 역시 그리스도께서 제정하신 성찬과 예수님을 통해 실현되고 있는 종말론적인 잔치의 참여자가 될 수 있음을 함의한다.

현 단락은 마가복음의 주된 신학적 주제인 제자도와 관련해서 시사하는 바가 있다. 첫 급식 기적 때와는 달리 두 번째 급식에서는 주도권을 예수님이 잡으신다. 예수님은 제자들을 "가까이 부르신 후"(1절) 굶주린 무리를 향한 자기의 감정("긍휼")을 드러내셨고, 또 가정법을 사용하여 무리를 집으로 돌려보내셨을 때 일어날 일을 '추정'하여 제자들에게 설명하신다. 예수님의 이런 설명은 제자들로부터 무리의 굶주림 앞에서 첫 급식 기적을 떠올려 그가 백성을 먹이실 수 있는 분이라는 믿음을 가지도록 하시기 위함이었다. 하지만 제자들은 '마치 아무런 기적을 경험하지 못한 자처럼' 또 '예수님이 누구신지 모르는 자처럼' 반응한다(4절). 반복된 사건은 제자들의 문제가 무엇인지 들추어내는 역할을 한다. 예수님이 과거에 하신 일을 기억하지 못하자 현재 그들 앞에 놓인 문제를 해결할 어떤 돌파구를 찾을 수 없게 된 것이다. 결국 마가복음의 제자들은 깨닫지 못하고 기억하지 못하는 인물들(8:17-20)이라는 것이 다시 드러난다. 그럼에도 예수님이 첫 급식 기적 때와 마찬가지로 제자들에게 식탁에서 섬기도록 명령하셨을 때 제자들이 즉각 순종했다는 마가의 언급은(6절) 훗날 제자들의 변화와 그에 따라 이방 교회에서 감당할 섬김을 내다보게 한다.

제37장
바리새인과 논쟁
마가복음 8:10-13

원거리 문맥으로 본다면 배 여행-바리새인과의 논쟁 구조는 6:45-52(배 여행)과 7:1-13(바리새인과의 논쟁)에 이어 다시 반복된다. 근거리 문맥으로 본다면 사천 명 급식 기적 직후 마가는 그 단락과 느슨하게 연결된 두 갈등 담화를 소개하는데, 하나는 기적/표적이라는 주제로 연결된 예수님과 바리새인 사이에 있었던 표적 논쟁(10-13절)이고 다른 하나는 "빵"과 관련된 제자 훈육(14-21절)이다. 두 단락 모두 배 여행을 배경으로 하고 있는데 전자는 배 여행 후(10절)에 일어난 이야기이며 후자는 배 여행 중(14절)에 일어났다. 첫 번째 담화에 해당하는 현 논쟁은 앞 단락과는 '기적' 또는 "표적"이라는 주제로, 또 뒤따르는 단락(14-21절)과는 바리새인이라는 인물로 연결돼 있다("바리새인의 누룩", 15절).

현 에피소드의 '배 여행-사건(논쟁)-되돌아감'과 같은 내러티브 구조는 앞서 등장한 바 있는데, 예수님은 하나님 나라 비유(4:1-34) 후 제자들과 함께 배로 거라사 지역으로 건너가(4:35-41) 해변에서 축귀(5:1-20)를 하시고 곧바로 되돌아오셨다(5:18, 21). 도착지에서 일어난 일은 두 경우 모두 단일 사건으로서 주제적으로는 배 여행 직전의 사건들과 연결돼 있다. 거라사 축귀는 하나님 나라의 씨가 이방 지역에 뿌려지는 이야기(5:14-20 주해를 보라)의 예로 제시되었으며, 현 사건은 예수님이 사천 명을 먹이시는 능력(δύναμις, 6:2, 5, 14)은 베푸시지만 "이 세대가" 요구한 "표적"(σημεῖον)은 거부하시는 대조를 보여준다. 현 단락은 이동(10절), 질문(11절), 응답 및 이동(12-13절)으로 진행된다.

> **10** 그리고 곧 그의 제자들과 함께 배에 오르시어 달마누다 지역으로 가셨다. **11** 그때 바리새인들이 나와서 하늘로부터 온 표적을 그에게 요구하면서 또 그를 시험하고자 논쟁하기 시작했다. **12** 그러나 그는 자기 영으로 깊이 탄식하시며 말씀하셨다. "이 세대가 어찌하여 표적을 요구하고 있단 말인가? 진정으로 내가 그대들에게 말합니다. 이 세대에게 표적이 결코 주어지지 않을 것이요."[1] **13** 그리고 그들을 떠나 다시 [배에] 올라 건너편으로 가셨다.

주해[2]

이동(10절) 사천 명 급식 사건 후 예수님과 그 일행은 배로 달마누다 지방으로 건너간다. "달마누다"(Δαλμανουθά, 또는 '달마누타')는 이곳을 제외하고는 신약성경과 다른 고대 유대 문서에서 언급된 적이 없는 장소

---

1. 12절 후반부의 헬라어 문장 '에이'(εἰ)로 시작한다. 가정법을 이끄는 접사 εἰ는 현 절에서 '만일 …'가 아니라 '결코 아니다'와 같은 의미를 만드는 돈절법(aposiopesis)으로 사용된다(Moule, 179). 돈절법은 강한 부정적인 말을 생략하여 청자가 스스로 생각하도록 하는 히브리 수사법이다(히 3:11; 칠십인경 시 94:11).
2. 8:10-13의 주해는 저자의 논문(박윤만, 2016: 261-90)에서 다룬 내용임을 밝혀둔다.

이다. 마태는 사천 명 급식 기적 후 예수님이 가신 곳이 "마가단"(Μαγεδάν, '마게단', 15:39; '마게단'의 다른 이름은 Μαγδαλά, '막달라')이라 말하는데 이런 변경은 마가의 지명이 그에게 알려지지 않았거나 아니면 달마누다의 다른 이름이 "마가단"이기 때문이었을 수 있다(France, 2002: 305). "마가단"은 갈릴리 북서쪽에 위치한 가버나움과 디베랴(Tiberias) 사이에 놓인 지역이다. 달마누다 지역으로 이동하신 것은 이방 지역에서 다시 유대 땅으로 가셨다는 의미인데 이는 7:31 이후 예수님은 줄곧 갈릴리 동편 데가볼리 지역에 머물러 계셨기 때문에 가능한 추론이다.

지금까지의 배 여행 때처럼(4:35; 6:45; 8:13) 달마누다 지역으로 이동하신 목적은 구체적으로 명시되지 않는다. 무엇을 할 것인지 계획하거나 혹은 무엇이 기다리고 있는지 예상하고 바다 건너편으로 이동하신 것은 아니었다. 예수님의 사역 내용은 도착지의 상황이 결정했다(5:1-2; 6:53-56; 8:22). 물론 이 말은 그가 도착지의 상황에 끌려다니셨음을 뜻하는 것은 아니다. 그는 하나님 나라 선포와 도래라는 분명한 소명을 가지고 계셨기에 하나님 나라가 어떤 모습으로 어떻게 전해질 것인지는 만나는 사람이 처한 현장의 환경에 따라 조정되었다는 의미를 가진다.

질문(11절) 예수님이 달마누다 지역에 도착하자 바리새인들이 나온다(ἐξῆλθον). 그들이 어디서 언제 나왔는지에 대한 언급이 없다는 것은 오직 본문이 그들의 질문에만 집중한다는 증거이다. 그들이 나아와 예수님께 "하늘로부터 온 표적"을 요구한다. 유대 지역에 도착하자마자 오래된 그의 적대자로부터 다시 논쟁에 초대된 것이다. 종교 지도자들이 보인 논쟁적이고 불온한 태도는 이곳에 오기 전 이방 지역에서 베푸신 사천 명 급식 기적으로 말미암아 "먹고 흡족하게 [된]"(8절) 이방인들의 모습과 선명한 대조를 이룬다. 이방 지역에는 만족이, 유대 지역에는 갈등이 증폭되고 있다.

"하늘로부터"(ἀπὸ τοῦ οὐρανοῦ)는 '하나님이 주시는'이란 뜻을 가진 것으로 이해할 수 있다. 마가는 '하늘'과 '하나님'을 동격으로 사용하고 있으며(1:11; 11:30, 31), 또 하나님은 하늘에 계신 분으로 보고 있기 때문이다(6:41; 7:34; 11:25). "표적"(σημεῖον)의 어휘적 의미는 '나타나지 않은 어떤 것을 알려주고 보여 주는 다른 어떤 매체 혹은 표지'로 정의할 수 있다.[3] "하늘로부터 온 표적"은 문자적으로는 '하나님이 그 기원임을 증명할 수 있는 일'을 뜻한다. 구약성경에서 이런 뜻으로 사용된 대표적인 표적은 출애굽 시 모세를 통해 바로 앞에서(출 4:8)와 광야에서(신 7:19) 베풀어진 하나님의 능력이다. 구약성경을 근거로 본다면 표적을 구하는 것 자체가 금지되었다고는 볼 수 없다(삿 6:36-40; 왕하 20:8-11; Boring, 2006: 223). 때로는 오히려 하나님께서 유다 왕 아하스에게 표적을 구하도록 요구하기도 하셨다(사 7:10-12). 예수님은 하나님의 다스림의 도래를 선포해 오셨기 때문에 그들이 요구한 "하늘로부터 온 표적"은 하나님의 통치가 그를 통해 현실화되고 있는 증거로 볼 수 있다. 또는 그가 이미 하나님의 전권으로 죄 용서를 임의적으로 선포한 결과 신성 모독한다는 비난을 받은 상태이기에(2:1-7), 그들이 예수님에게 요구한 "하늘로부터 온 표적"은 그가 신적 권위를 가진 존재라는 것을 증명해 보라는 요구일 수도 있다(Cranfield, 257; Edwards [b], 235).

그러나 마가는 그 요구가 가치 중립적이지 않다는 사실을 질문자의 동기("시험하고자"[πειράζοντες], 11절 후반부)를 밝힘으로 분명히 한다. 현 맥락을 고려할 때 현재 분사인 '뻬이라존떼스'("시험하고자")는 분사의 화용적 용법 중 행동의 '목적'을 설명해 준다고 보는 것이 옳다. 그들의 질문은 그를 시험하기 위한 목적으로 이뤄진 것이다. 구약성경 전체에서

3. BDAG, σημεῖον.

시험은 긍정적으로 부정적으로 모두 사용된다. 긍정적인 사용은 하나님께서 언약 백성의 믿음과 신실함(πίστις)을 강화하시고자 시험하는 경우(창 22:1, 12, 18; 출 16:4; 20:20; 신 8:2; 13:2; 삿 2:22; 3:4-5)이고, 부정적인 사용은 사람이 하나님의 신실함을 시험하는 경우(출 17:7; 민 14:22; 시 95:6; 78:17-19; 106:6)인데 이는 불신앙으로 치부된다(Gerhardsson, 1966: 27-31). 마가복음에서 "시험"은 광야에서 사탄이 예수님에게 한 일을 설명하고자 처음으로 사용(1:13)된 후 부정적인 어조로 사용되지 않은 경우는 없으며(10:2; 12:15; 14:38), 시험자 역시 주로 사탄(1:13)과 바리새인(10:2; 12:15)으로만 서술된다. 그들은 믿기 위해서가 아니라 그들의 불신앙을 강화하기 위해 표적을 구한 것이다(참고. 3:1, 6; 아래를 보라).

응답 및 이동(12-13절) 예수님은 바리새인들의 표적 요구를 거부하시는데 먼저 그의 내적인 반응이 서술된다: "자기 영으로 깊이 탄식하시며 [ἀναστενάξας τῷ πνεύματι]"(12절 후반부). '아나스떼낙사스'(ἀναστενάξας)는 신약성경에 단 한 번 이곳에 나오는 단어이지만 유사한 단어(ἐστέναξεν, '탄식한다')는 이미 귀 먹고 말이 어눌한 사람을 치료하기 전 기도하시는 예수님의 모습을 묘사할 때에 사용되었다(7:34). 위 두 예는 비정상적인 몸(병자)과 사람의 태도(시험하는 종교 지도자)가 예수님에게 가져온 감정적인 동요가 어떠했는지 보여준다. 바꾸어 말하면 예수님은 사람이 겪는 육체적 고통뿐만 아니라 사람의 어그러지고 어두운 내면도 내적으로 깊이 느끼신다. 물론 단순한 체감만이 아니라 '아나스떼낙사스'(ἀναστενάξας)는 비통함 혹은 절망까지 내포한다.[4] 이런 점에서 그의 반응은 출애굽기 33장에 등장하는 "완고한 백성"(λαὸς σκληροτράχηλος, 5절)인 이스라엘을 향한 하나님의 진노를 떠올려 준다(Edwards [b], 236). 이와 더

---

4. Louw & Nida 25.143, στενάζω; 25.144 ἀναστενάζω.

불어, 한 인물의 감정적 반응에 대한 구체적 서술이 내러티브상에서 가지는 수사적 효과 역시 있는데, 해당 인물의 분노와 슬픔 혹은 애통의 감정 표출은 청자에게 진행되는 내러티브의 몰입도와 그 인물과의 일체감을 높인다(참고. Ong, 43-45; Park, 137). 따라서 7:34에 이어 다시 예수님의 탄식을 들을 때 청자들은 그의 내면을 보다 더 잘 알 수 있었을 뿐아니라 그의 감정에 동참하는 기회를 가질 수 있었을 것이다.

바리새인들의 표적 요구를 거부하고자 사용하신 언어 또한 단호한데, 주로 엄중한 진술 전 사용된 어법인 "진정으로 내가 그대들에게 말합니다"(ἀμὴν λέγω ὑμῖν)가[5] 다시 사용되었다(12절 후반부). 이어서 말씀하신다: "이 세대[τῇ γενεᾷ ταύτῃ]에게 표적이 결코 주어지지 않을 것이요"(12절 후반부). "이 세대"의 등장은 12절의 중반부("이 세대[ἡ γενεὰ αὕτη]가 어찌하여 표적을 구하는가")에 이어 두 번째다. '게네아'(γενεά)는 '시대'(age) 혹은 '세대'(generation)라는 문자적 뜻을 가진 채 칠십인경 구약성경에서는 주로 족보(창 6:9), 가족(창 31:3), 자손(출 12:14) 등을 가리킨다.[6] 신약성경 전체에서 총 43회 사용된 "(이) 세대"는 공관복음서에만 33회 나오며, 33회 중 25회는 당시 유대인을 가리킬 때 사용된다.[7] 현 문맥에서 "이 세대"는 좁게는 질문자인 바리새인을, 넓게는 바리새인을 대표로 하는 특정 유대인을 가리킨다고 보는 것이 옳다(참고. 8:38; 13:30; Rawlinson, 105). 기억해야 할 것은 그 같은 용어가 왜 이 시점에서 사용되고 있느냐 하는 것이다. 제2성전 시기 "(이) 세대"는 종말, 곧 하나님 나라가 오기 전의 시대를 살고 있는 사람들에 대한 지시어로 사용되었다(에녹1서

5. ἀμὴν λέγω ὑμῖν에 대해선 3:28 주해를 보라.
6. Lust et al., γενεά.
7. Hasler, "γενεά", *EDNT* 1. 칠십인경 구약에서 "세대"가 유대 회중을 가리킬 때 사용된 예는 렘 8:3 참고.

93:9; 1QpHab 2:6-7; 희년서 23:16-18). 마찬가지로 바리새인들은 “마음의 완악함”(τῇ πωρώσει τῆς καρδίας, 3:5) 또는 “완고한 마음”(τὴν σκληροκαρδίαν, 10:5)을 가진 인물로 반복 서술된다. “완고한 마음”은 이미 살펴본 것처럼(3:5) 죄로 이방의 포로가 될 수밖에 없는 옛 이스라엘의 마음 상태였다(τὴν σκληροκαρδίαν, 신 10:16; τὴν σκληροκαρδίαν, 렘 4:4; τὴν καρδίαν τὴν λιθίνην, ‘굳은 마음’[문자적 의미. ‘돌 마음’], 겔 36:26). 이런 사실을 고려하면 바리새인들을 “이 세대”라 지시하신 것은 그들이 여전히 옛 시대에 살면서 그 시대의 가치관에 따라 판단하고 행동하고 있는 자들임을 드러내기 위해서라고 봐야 한다. 예수님에 따르면 옛 시대에 속한 사람들에게는 표적을 줄 수 없다는 것이다(그 이유는 아래를 보라). 부정적인 평가는 “이 세대”만 아니라 “표적”이라는 용어 사용에도 나타나 있다. 기적을 “표적”(σημεῖα)과 동의어로 사용하는 요한복음(2:11, 23; 3:2; 4:48, 54)과는 달리 마가는 “능력”(δύναμις)이라는 용어를 사용하여 기적을 묘사하면서(5:30; 6:2, 5, 14; 9:1, 39; 12:24)[8] “표적”은 거짓 메시아가 보여 주는 것(13:22)이라고까지 말한다.

예수님은 왜 “하늘로부터 온 표적”을 주시길 거부하셨을까? 네 가지 이유가 제시될 수 있다. 첫째, 신명기에 따르면 예언자의 말의 진실됨은 표적에 달린 것이 아니라(13:1-3) 그 말의 성취에 따라 결정된다(18:21-22; 행 5:38-39). 따라서 예수님은 그의 사역의 진실됨을 표적을 통해 증명하시기를 거부하셨다(Hooker, 191).

둘째, 예수님이 표적 요청을 거부하신 이유는 그들의 동기가 그를 “시험”(πειράζοντες)하려는 것이었기 때문이다. 위에서 설명한 것처럼 구약

---

8. 요한복음에서 예수님의 기적은 표적(σημεῖα)으로 명해진다(2:11; 4:54; 6:2, 14, 26; 9:16; 12:18).

에서 시험이 불신(unbelief)에 의한 것일 때 단죄된다. 마찬가지로 바리새인이 시험하고자 표적을 요구한 행위는 불신의 증표였기 때문에 거부된 것이라 봐야 한다. 표적과 시험의 부정적 관계는 이스라엘 백성들이 광야 여행 중 르비딤에서 마실 물이 없어 모세를 원망하는 사건에서 발견된다(출 17:1-7; Nineham, 212: Marcus, 2000: 503). 출애굽기 16장은 먹을 음식이 없어 원망하는 백성에게 하나님께서 만나를 내려주신 사건을 기록한다. 이어서 17장은 마실 물이 없자 물을 달라고 요청하는 백성을 향해 모세가 "어찌하여 여호와를 시험하느냐[πειράζετε]"(2절)라는 책망을 담고 있다. 백성의 물 요청에 대한 결론은 다시 이렇게 끝난다: "그들이 여호와를 시험하여[πειράζειν] 이르기를 여호와께서 우리 중에 계신가 안 계신가 하였음이더라"(출 17:7). 칠십인경은 반석에서 물이 나온 기적의 발생지인 므리바를 '시험'을 뜻하는 '뻬이라스모스'(Πειρασμός)로 명한다(17:7). 므리바 기적은 후에도 이스라엘이 하나님을 시험한 부정적 예로 반복 등장한다(신 6:16; 9:22; 33:8; 시 95:7-11; 참고. Marcus, 2000: 500). 사실 출애굽기 내러티브와 마가복음 8장의 내러티브 흐름은 매우 유사한데 출애굽기에서 하늘로부터 내려온 만나 기적을 체험(16장)한 후 다시 광야에서 물 기적을 베풀어 달라고 하나님을 시험한(πειράζετε, πειράζειν) 이야기(17:1-7)가 이어지고 있는 것처럼 마가복음에서도 광야에서 사천 명 급식 기적 사건(1-10절) 후 곧바로 바리새인들은 예수님을 "시험하고자"(πειράζοντες) "하늘로부터 온 표적"을 보여달라고 요구한다(11절; 참고. Marcus, 2000: 503-504; 비교. Stein, 376 각주 6). 바리새인은 광야 세대의 이스라엘을 대변하는 인물 노릇을 한다고 할 수 있겠다(Collins [a], 384; Edwards [b], 236). 그러므로 바리새인들이 예수님을 통해 하나님의 다스림이 실현되고 있다는 여러 증거들을 앞서 듣고 보았음에도 불구하고 그를 받아들이기보다는 불신에 이끌려 시험하려고(참고. 3:1, 6)

표적을 요구하자 예수님은 이를 거부하신 것이다. 믿지 않겠다고 결심한 이들에게 표적은 설득이 아니라 오용의 대상이 될 수밖에 없다.

셋째 이유는 네 번째 주장과 연결되어 있다. 앞서 설명한 것처럼 구약은 사람에 대한 하나님의 시험은 긍정적으로 서술하는 반면, 하나님에 대한 사람의 시험은 단죄한다. 그렇다면 시험하려는 의도로 진행된 표적 요청을 단호히 거부하신 이유는 그를 시험하는 것이 바로 하나님을 시험하는 것과 같은 불신앙이라 판단하신 것이라 미루어 짐작할 수 있다. 이런 추론이 근거 없는 것은 아니다. 위에서 살펴본 것처럼 현 단락을 서술하고자 사용된 출애굽기 16:1-17:7에서 이스라엘 백성들이 시험한 대상은 모세가 아니라 "여호와"(κύριον, 칠십인경 출 17:2, 7)였고 현 본문에서 바리새인들이 시험한 대상은 예수님이었다. 따라서 마가가 이스라엘 백성들이 하나님을 시험한 출애굽기 본문과 바리새인이 예수님을 시험한 이야기를 비교한 것은 예수님의 정체성을 하나님과 연결하려는 시도였기 때문이라는 해석은 근거 없지 않다.

넷째, 예수님은 바리새인들과 표적에 대한 이해가 달랐기 때문에 그들의 요구에 응하지 않았다는 논증 역시 가능하다. 이 논증은 1세기 팔레스타인에서 표적에 대한 역사적 이해를 바탕으로 한다. 요세푸스에 따르면 당시 로마와 항쟁을 벌이고 있었던 강경파 바리새인들과[9] '열심당' 계열의 자칭 메시아들(royal pretenders)과 선지자들은 "자유의 표적"(σημεῖα τῆς ἐλευθερίας) 또는 "표적"(σημεῖα)을 보여 주겠다고 호언장담하며 무리를 선동했다(Josephus, *Jewish Wars* 2.13.4 §259; 7.11.1 §438). 요세푸스는 자칭 메시아들이 하나님께서 광야에서 보여줄 것이라 한 "자유의 표적"

9. 라이트(Wright, 1992: 184-203)에 따르면 당시 강경파 바리새인의 다수가 열심당 계열과 동일한 폭력적 저항 운동에 동참하고 있었고, 이것이 헤롯당과 앙숙 관계를 맺고 있었던 이유였다고 설명한다.

이 무엇을 가리키는지 구체적인 설명을 하지 않는다. 하지만 이스라엘 백성들이 이집트의 종노릇에서 벗어나는 과정에서 하나님께서 모세와 여호수아를 통해 보여 주셨던 기적들을 요세푸스가 염두에 두었을 것이라는 짐작을 할 수 있다. 예컨대, 주전 45-46년에 유대 예언자로 불린 드다(Theudas)는 요단 강을 명령하여 갈라 길을 만들겠다며 많은 무리를 설득하여 광야로 데리고 갔다(Josephus, *Jewish Antiquities* 20.5.1 §§97-99). 자칭 메시아들은 로마처럼 칼을 들고 대 로마 투쟁에 나섰고, 표적은 이런 항쟁을 이끌던 그들이 하나님의 구원과 해방의 도구라는 증거로 제시하려던 것이었을 수 있다(Evans, 2001: 221). 이는 13:22에서 예수님이 "표적(σημεῖα)과 기사"는 거짓 그리스도와 거짓 선지자들의 행동의 특징이라 주장한 사실을 통해서도 확증될 수 있다. 예루살렘이 멸망할 당시 활동한 거짓 선지자들은 성전이 불타는 가운데서도 백성들에게 하나님이 베풀 "구원의 표적"(τὰ σημεῖα τῆς σωτηρίας)을 기다리도록 선동했다는 요세푸스의 기록(*Jewish Wars* 6.5.2 §285) 역시 이런 입장을 지지한다.

그렇다면 예수님이 표적을 드러내기를 거부하신 이유는 표적 혹은 기적 자체에 대한 부정이라기보다 자신이 행한 이적이 '가리키는 바'가 거짓 메시아들의 그것과 달랐기 때문으로 보아야 한다. 그들은 폭력적 저항 운동을 통해 민족 해방 운동을 하고 있었지만 예수님의 표적이 가리키는 바는 하나님 나라, 곧 죄가 용서되고(2:5, 10; 10:45; 14:22-24), 악한 영이 축출되고(1:25-26, 34; 3:11; 5:1-20; 9:14-29 등), 사람의 몸이 제 기능을 수행하게 되고(3:5; 5:25-34, 35-43), 사회적 관계가 회복되며(1:31; 2:11; 5:34, 43), 자연과 인간이 공존의 관계로 들어가는 총체적 회복(4:35, 41; 6:45-52, 특히 51절)이었다.[10]

---

10. 박윤만, 2016: 261-90 참고. 베르메쉬(Vermes, 1973: 65-82)는 1세기 랍비들 혹은

아마도 위와 같은 이유들 때문에 예수님은 바리새인들의 표적 요청을 단호히 거부하신 후 "그들을 떠나 … 가셨다"(ἀφεὶς αὐτοὺς ... ἀπῆλθεν). 이전 안식일 논쟁에서는 현장을 떠난 자는 바리새인이었다(ἐξελθόντες, '나가', 3:6). 이제는 예수님이 그들을 떠나신다. 그의 행동을 '떠남'이라는 언표로 발화한 함의가 있다. 이전 논쟁에서 예수님은 다양한 논거를 통해 자기 입장을 그들에게 전달하셨다(2:16-17; 3:1-6; 7:1-13). 그러나 더는 하시지 않는다. 오히려 그들을 떠나신다. 이런 행동은 적어도 갈릴리에서는 바리새인들과의 대화를 더 이상 하지 않겠다는 의지를 드러낸다(France, 2002: 310-12).

요약과 해설

표적을 구하는 바리새인들의 요구를 예수님은 단호히 거부하신다. 표적과 기적은 의미적으로 아주 밀착되어 있다. A(기적 혹은 지시어)를 통해 B(의미, 지시물)를 말하는 것이다. 예수님은 지금까지 많은 이적들을 베풀어 오셨다. 그럼에도 바리새인들의 요구를 거절하신 이유는 선지자의 진실됨은 표적이 아니라 말의 성취에 따라 결정된다는 신명기의 가르

"거룩한 사람들"(예. 호니[Honi] 또는 하니나 벤 도사[Hanina ben Dosa])라 불린 이들 역시 기적을 행한 것을 근거로 예수님을 거룩한 사람의 범주에 넣는다. 그러나 에반스(Evans, 2001: 215)가 지적한 것처럼 예수님의 치유와 "거룩한 사람"의 치유에는 많은 차이가 있다: 첫째, 예수님은 호니 또는 하니나 벤 도사와는 달리 기적을 베풀어 달라는 기도를 하나님께 드리지 않는다. 예수님의 치유는 직접 치유를 위한 말을 할 때 즉각 이뤄진다. 둘째, 예수님은 치유의 순간에 자신의 이름으로 행하고 말한다. 셋째, 예수님은 치유 요청이 있을 때 '하나님이 원하신다'는 말 대신 '내가 원한다'고 하셨다. 넷째, 호니 또는 하니나 벤 도사는, 예수님과는 달리, 그 누구에 의해서도 메시아 또는 이스라엘 회복 운동의 지도자로 여겨지지 않았다.

침을 따르기를 원했기 때문일 수 있다. 또는 그들의 표적 요청이 그를 믿고자 함이 아니라 믿지 않으려는 동기에서 비롯되었기 때문일 수 있다. 역사적인 설명 역시 가능한데 그들이 요구하는 표적이 요세푸스가 지적하듯이 로마와 헤롯 정부를 향해 폭력적 저항 운동을 벌이던 자칭 메시아들이 보여 주겠다 장담했던 표적 개념에 일치했기 때문에 그들의 요구를 거부하셨을 수 있다. 예수님의 사역이 가리키는 하나님 나라는 폭력이 아니라 희생과 섬김이며, 단순한 민족 해방만이 아니라 온 인류를 죄와 죽음, 그리고 질병에서 해방하는 총체적 구원이었기 때문에, 바리새인들과 그 시대가 요구한 표적이 지시하는 것과는 근본적인 차이가 있었다.

제38장
세 번째 배 여행
마가복음 8:14-21

현 단락은 예수님이 제자들과 가지신 세 번의 여행 내러티브(4:35-41; 6:45-52) 중 마지막 이야기다. 현 사건을 끝으로 배 여행은 더 이상 진행되지 않으며, 배(πλοῖον, 14절) 자체도 내러티브에서 사라진다. 현 단락은 앞선 배 여행을 통해 발전되어 온 제자도 주제의 결론부이며(Myers, 109-10), 무엇보다 제자들의 몰이해와 믿음의 결핍이라는 주제(4:13, 40; 6:49, 52; 7:18; 8:4)가 현 단락에서 절정에 달한다(Kingsbury, 101-2). 현 에피소드에는 앞선 여러 본문들의 인물("바리새인", 11, 15절)과 주제("빵"[ἄρτος], 6:38, 39, 41, 43; 8:4, 5, 6, 14, 19)가 반복되고 있는데, 이런 낱말들은 열쇠 말로 모두 현 단락의 제자도 주제의 진행을 위한 소재가 된다. 마찬가지로 현 내러티브는 앞으로 펼쳐질 이야기와도 연결점을 가지는데 "눈이 있어도 보지 못하는" 제자들에 대한 책망(18절)은 맹인의 눈을 뜨게 하시는 사건(22-26절)과 주제적으로 연결되어 맹인의 눈을 뜨게 하셨듯이 제자들의 영적인 맹인 상태를 고쳐 주실 것을 예상케 한다.

또한 마가복음 전반부(1:14-8:26)를[1] 결론 짓는 제자들을 향한 엄중한 책망은 후반부(8:27-16:8)를 여는 또 다른 대단락(8:27-10:45)에서 재개되는 제자도 교훈의 발판이 된다.

현 사건은 발단(14-16절)과 예수님의 가르침(17-21절)으로 나뉜다.

> **14** 그리고 그들이 여러 개의 빵을 가져오는 것을 잊어버렸다. 따라서 배 안에는 빵 하나 외에는 그들이 가진 것이 없었다. **15** 그때 그가 그들에게 경고하시며 말씀하신다. "보시오, 바리새인들의 누룩과 헤롯의 누룩을 조심하시오." **16** 그러자 그들이 자기들이 여러 개의 빵을 가지고 있지 않기 때문이라며 서로 수군거렸다. **17** 그리고 그가 아신 후 그들에게 말씀하신다. "왜 여러 빵이 없다고 수군거리시오? 아직 이해하지 못하고, 아직 깨닫지도 못했단 말이오? 그대들의 마음이 완고해졌단 말이오? **18** 눈을 가지고 있지만 보지 못하고 귀를 가지고서도 듣지 못하시오? 또 기억 못하시오? **19** 내가 빵 다섯 개를 오천 명을 위해 쪼갰을 때 몇 바구니의 조각을 가득 거두었소?" 그들이 그에게 대답했다. "열둘[입니다]." **20** "일곱을 사천 명을 위해 [쪼갰을 때는] 조각을 몇 광주리에 가득 거두었소?" 그러자 그들이 그에게 대답했다. "일곱[입니다]." **21** 그러자 그가 그들에게 말씀하셨다. "아직도 깨달음이 없소?"

주해

발단(14-16절) 현 단락의 장소적 배경은 "배 안"이다(ἐν τῷ πλοίῳ, 14

1. 1:14-15 주해 서언을 보라.

절 후반부). 배가 단순히 이동 수단으로만 언급된 경우(5:21; 8:10)와는 달리 "배 안"이라는 정보는 현 내러티브가 여행 도중 배에서 일어난 일에 관심을 갖게 한다. 초점은 '배 안에 빵 하나'만 가진 현실에 맞춰져 있다(이중부정은 밑줄 그어져 있다): "배 안에는 빵 하나 외에는 … 가진 것이 없[는]"(εἰ μὴ ἕνα ἄρτον ... οὐκ εἶχον ... ἐν τῷ πλοίῳ, 14절 후반부). 배에 빵 하나밖에 없다는 사실은 이중부정으로 강조되었다. 이런 상황은 제자들의 망각 때문에 일어났다: "여러 개의 빵[ἄρτους]을 가져오기를 잊어버렸다[ἐπελάθοντο]"(14절 전반부). 아이러니하게도 제자들이 책망받는 기억력은 미래를 위해 빵을 충분히 준비하지 못한 계산력(counting) 때문이 아니라 빵과 관련하여 과거에 그가 무슨 일을 하셨는지를 떠올리지 못하는 회상력(remembering) 때문이었다.

'빵'이라는 마가의 주제 설정(14절)에 이어 예수님 역시 누룩 비유를 사용하여 제자들에게 바리새인과 헤롯을 조심하라 경고하신다(15절): "보시오, 바리새인들의 누룩과 헤롯의 누룩을 조심하시오"(ὁρᾶτε βλέπετε ἀπὸ τῆς ζύμης τῶν Φαρισαίων καὶ τῆς ζύμης Ἡρῴδου). 과거 명령법으로 된 "보시오"(ὁρατέ)와 현재 명령법으로 된 "조심하시오"(βλέπετε)는 뒤따르는 정보 전체에 집중토록 하는 어휘적 강조이며, 내용 자체와 관련해서는 두 인물 각각에 사용된 "누룩"(ζύμης [2x])이 현저성을 가진 주제적 어휘이다. 예수님은 조심해야 할 "바리새인들의 누룩과 헤롯의 누룩"이 무엇이라 보셨을까? 누룩은 빵을 부풀리기 위해 넣는 발효제였지만 그것의 발효 기능은 누룩의 종교적, 은유적 의미 확장을 가져왔다. 레위기 법은 누룩을 하나님께 드리는 제물에서 배제해야 할 해로운 재료 중 하나로 보았는데(레 2:11), 이는 아마도 그것의 발효 작용이 부패라는 상징적 의미를 전달하고 있기 때문일 것이다. 소제물에 소금을 곁들여야 한다는 명령이 뒤따라 주어진 것(13절)은 이를 뒷받침한다. 바울 역시 누룩을 부패와 감염의 동의어로 사용한다(고전 5:6-7). 바리새인과 헤롯의 누룩은 그들이 가진 '영향력', 곧 다른 사람을 부패시킬 수 있는 '힘'을 함의한다는 해석은 무리가 없다(Donahue and Harrington, 252). 좀 더 세부적으로 본다면 예수님이 조심하라고 하신 것은 종교 지도자였던 바리새인들의 종교적 악영향과 정치인이었던 헤롯의 정치적 악영향이었다. 종교인 바리새인과 정치인 헤롯(당)은 각각 다른 세력으로 팔레스타인에서 활동하고 있었지만 예수님과 그의 하나님 나라를 억압하는 데 신속하게 결집된다(3:6; 12:13).

마가복음에는 마태복음과 누가복음과는 달리[2] 누룩에 대한 추가적인 설명이 없다. 하지만 선행 본문은 예수님이 그러한 의미로 "누룩"을 사용하셨다는 것을 증명해 준다. 먼저, 바리새인들은 직전 단락(11-13절)에서 예수님이 '하나님이 주시는' 표적을 행하도록 요구했다. 그들의 요구 배경에는 하나님 나라의 담지자(bearer) 예수님에 대한 불신이 있었고 그 불신의 배경에는 그의 하나님 나라 메시지가 장로들의 유전에 기반을 둔 종교관(7:1-13)과 맞지 않았기 때문이었을 것이다. 헤롯 또한 제자들의 하나님 나라 선포와 그것의 도래를 알리는 증거와 증언(축귀와 병 치유, 그리고 회개)을 통해 '예수님의 이름'을 듣게 되지만 그의 반응은 이해가 아닌 오해였다(6:12-16). 오해는 하나님의 나라가 아닌 자기 왕국("내 나라", 23절)과 체면("왕이 매우 근심했음에도 그 맹세와 식사자리에 앉은 자들로 인하여 그 아이를 무시하려 하지 않았다", 25절) 유지에 대한 더 높은 관심에서 비롯되었다. 이처럼 앞선 문맥을 고려한다면 예수님이 바리새인과 헤롯의 누룩을 조심하라(βλέπετε)고 하셨을 때 의도하신 것은 분명해

2. 마태는 바리새인과 사두개인의 누룩을 그들의 "가르침"으로 설명하고(16:12) 누가는 바리새인의 누룩을 "외식"이라 덧붙여 준다(12:1). 그러나 마가는 예수님 말의 '은닉성'을 그대로 남겨둔다(참고. 4:22).

진다. 그들만의 율법 해석과 준수에 집착하여 종말론적인 하나님의 계시를 배척한 바리새인들의 영향과, 자기 왕국 유지만을 생각하며 종말론적인 하나님 다스림에는 무심했던 헤롯의 영향을 받지 않도록 조심하라는 말이다(Wright, 2004:104; Collins [a], 386).

예수님의 누룩 비유를 듣고 제자들은 "수군거렸다"(διελογίζοντο, 16절). 제자들의 수군거림은 중풍병자를 향한 예수님의 죄 용서 선언을 들은 서기관들의 수군거림(διαλογιζόμενοι, 2:6; διαλογίζεσθε, 8절)을 떠올려 준다. 물론 차이는 있다. 서기관들의 경우 하나님의 전권을 침범했다는 비난이 그 의도였지만 제자들은 오해가 그 원인이었다: "그들이 자기들이 여러 개의 빵[ἄρτους]을 가지고 있지 않기 때문이[ὅτι]라며 서로 수군거렸다." 아이러니하게도 그들의 종교적 정치적 틀을 깨지 못해 예수님을 오해한 바리새인들과 헤롯을 조심하라는 말을 제자들이 오해한다. 제자 공동체 안에도 외부인의 그림자가 드리우고 있는 것이다. 제자들의 오해는 어디서 비롯되었을까? 이를 알기 위해선 14-16절의 내러티브 흐름을 읽어야 한다:

A 빵 가져오기를 잊어버린 제자들(14절)
　B 예수님의 누룩 비유(15절)
A′ 빵 결핍에 관한 제자들의 수군거림(16절)

A는 마가의 배경 설정이며 B는 예수님의 담화이고 A′는 예수님의 누룩 비유 담화에 대한 제자들의 반응이다. 예수님의 비유적 가르침(B, 15절)이 제자들의 망각(A, 14절)과 수군거림(A′, 16절)에 의해 둘러싸여 있는 구조이다. 이런 구조는 제자들의 오해가 예수님이 비유로 말씀하신 누룩을 문자적으로 이해하는 데서 비롯되었음을 말해준다. 현실적 정보를

서술하는 A가 B를 통과하자 A′에서 제자들의 오해의 주제가 형성된 것이다. 제자들은 예수님의 말이 가진 문자적 의미 그 이상의 심층적 의미를 파악하는 것에 실패한 것이다(참고. 4:10-12). 제자들을 그런 오해로 이끈 것은 14절(A)에 있다. 14절의 "그들이 가지고 있지 않다"(οὐκ εἶχον)는 강조적 현재 시제로 발화되어 제자들의 빵 없는 상황을 문법적으로 부각한다. 따라서 빵 결핍이라는 현재적 문제는 예수님의 누룩 비유를 물리적 빵에 대한 언급으로 오해하게 만든다. 그런 점에서 아래서 지적될 것처럼 제자들의 문제는 바로 현재의 상황에 함몰된 기억, 그래서 과거와 현재를 또 예수님과 현재를 이을 수 없는 무력한 기억(memory)의 문제였다.

예수님의 가르침(17-21절) 이 순간 제자들은 예수님의 엄중한 책망에 직면한다(17절; '우 … 에(이)떼'[οὐ ... ε[ἰ]τε] 운율은 밑줄 그어져 있다):

> 왜 여러 빵이 없다고 수군거리시오? 아직 이해하지 못하고, 아직 깨닫지도 못했단 말이오? 그대들의 마음이 완고해졌단 말이오? … 보지 못하고 … 듣지 못하시오? 또 기억 못하시오?
>
> τί διαλογίζεσθε ὅτι ἄρτους οὐκ ἔχετε οὔπω νοεῖτε οὐδὲ συνίετε;
>
> πεπωρωμένην ἔχετε τὴν καρδίαν ὑμῶν; ... οὐ βλέπετε;
>
> ... οὐκ ἀκούετε οὐ μνημονεύετε;

17-18절에서 연속으로 여섯 번 반복되고 있는 '우 … 에(이)떼'(οὐ ... ε[ἰ]τε) 운율은 제자들의 무지를 질타하는 책망의 소리에 현저성을 부여한다. 또 무접속사(asyndeton)로 병렬된 네 개의 주동사들(διαλογίζεσθε, νοεῖτε, συνίετε, ἔχετε)은 짧아진 문장 길이 탓에 그것들의 의미에만 집중토록 되었다. 또한 사용된 세 개의 부정어(οὐκ, οὔπω, οὐδέ) 모두 제자들의 부정성을 집중 조명한다.

"아직 깨닫지[συνίετε] 못했단 말이오"(17절 후반부)의 '쉬니에떼'(συνίετε)는 두 번째 배 여행 단락(6:45-52)에서 등장하여 제자들이 가진 폭풍에 대한 두려움은 "빵에 관한 깨달음이 [없기]"(οὐ ... συνῆκαν) 때문이라(6:52)고 설명된다. 이어지는 단락(7:1-23)에서 다시 제자들은 깨닫지 못한 사람들로 서술되었는데, 여기에서는 사람을 더럽히는 것은 사람 안에 있다는 비유적 가르침을 '깨닫지 못한'(ἀσύνετοι) 이들로 책망 듣는다(18절). 사실 마가복음에서 깨닫지 못함은 '바깥에 있는 사람'의 특징인데(4:12) 내러티브 중반에 이르자 내부인으로 분류된(3:31-35; 4:10-11) 제자들에게도 동일하게 나타나고 있음이 드러난다. 외부인으로 분류된 무리들은 "듣고 깨달으시오[σύνετε]"라는 요청(7:14)을 받지만 제자들은 "아직도 깨닫지도 못했단 말이오"라는 책망을 듣고 있어 외부인에게는 내부인을 위한 가르침이 주어지고, 내부인에게는 외부인에게 주어진 책망이 주어진다는 점에서 현 단락은 내러티브상의 아이러니를 만들어 준다(Kelber, 1987: 53-54).

교훈적 질책은 계속 이어진다: "그대들의 마음이 완고해졌단[πεπωρωμένην] 말이오?"(17절 후반부). 이해하지 못함과 깨닫지 못함에 대한 지적 후 마음의 상태에 대한 지적을 이어가신 것이다. 고대인들이 마음을 생각, 의지, 판단의 저장소로 여겼다는 것을 감안하면[3] 이런 지적은 몰이해와 깨닫지 못함은 완고한 마음에서 기인했다는 판단이 있었음을 말해 준다. 제자들의 마음 상태는 완고함으로 서술되는데 '완고한 마음'은 옛 시대에 속한 사람의 마음의 특징이다.[4] 마가복음에서는 바리새인들의 마음을 묘사하고자 사용되지만(3:5; 10:5), 6:52에서는 제자들도 그런 마음

3. 7:19, 21 주해를 보라.
4. 3:5 주해를 보라.

상태를 보이고 있다는 꾸중을 들었다. 그때 이후 제자들의 마음 상태는 나아지지 않은 것이다. 특히 '완고해졌다'(πεπωρωμένην)는 어떤 동작이나 사건의 '고착된 상태'를 묘사하기에 적합한 완료 시제(상)로 발화되었는데(Porter, 1994: 21-22), 이것은 제자들이 몸은 예수님과 함께 머물렀지만 마음은 점점 더 완고해져 지금은 하나의 고착된 상태가 되었음을 말해준다.

이어진 책망에는 구약 본문이 인용된다. 18절의 "눈을 가지고 있지만 보지 못하고 귀를 가지고서도 듣지 못하시오?"는 반역하는 이스라엘 백성을 향한 예레미야("눈이 있어도 보지 못하며 귀가 있어도 듣지 못하는 백성이여", 5:21)와 에스겔의 책망("네가 반역하는 족속 중에 거주하는도다 그들은 볼 눈이 있어도 보지 아니하고 들을 귀가 있어도 듣지 아니하나니 그들은 반역하는 족속임이라", 12:2)에 등장하는 언어와 유사하다(참조. 사 6:9, "듣기는 들어도 깨닫지 못할 것이요 보기는 보아도 알지 못하리라"; Gnilka 1권, 395).[5] 예레미야와 에스겔의 본문은 모두 하나님께 신실하도록 부름을 입었지만, 여전히 언약에 성실하지 못한, 반역하는 언약 백성들을 향한 책망의 어조를 가진다. 그런 점에서 두 선지자의 본문을 사용하여 제자들을 책망하신 것은 제자들 역시 옛 언약 백성의 전형적인 특징을 보이고 있지만 하나님께서 선지자들을 통해 반역하는 이스라엘 백성을 새롭게 하시려 했던 것처럼, 예수님 역시 새 이스라엘로 임명된(3:13-19) 그들을 엄중한 책망과 가르침으로 언약에 신실한 자들로 다시 세워 나가시겠다는 뜻의 발현이다.

엄한 꾸지람 한복판에서 예수님은 제자들의 기억의 문제를 건드리신다: "또 기억 못하시오?"(οὐ μνημονεύετε, 18절 후반부). 여섯 개의 '우 …

5. 눈과 귀의 순서로 된 예레미야와 에스겔의 본문이 귀와 눈 순서로 된 이사야 본문보다 현 본문의 언어에 더 가깝다.

에(이)때' 운율의 마지막이다. 예수님은 수사적 질문으로 이전에 일어났던 두 급식 사건을 제자들에게 직접 떠올려 주신다. 의도된 기억 내용은 두 급식 기적 후 남은 조각 바구니의 개수였다. 개수(πόσους, '얼마만큼을', 19절; πόσων, '얼마만큼의', 20절)에 대한 초점은 "빵 하나"(ἕνα ἄρτον, 14절)만 배에 있다는 마가의 서술과 "여러 개의 빵"(ἄρτους, 16절)이 없다는 제자들의 수군거림을 염두에 둔 것이다. 남은 조각 바구니 개수에 대한 질문에 그들은 오천 명 급식 후에는 열두 바구니, 사천 명 급식 후에는 일곱 광주리가 남았다고 답한다(20절). 이에 예수님은 "아직도 깨달음이 없소?"라고 마지막 도전을 하신다. 예수님은 그의 제자들이 남은 빵 조각 바구니 개수를 기억함으로 무엇을 깨닫기를 원하셨을까? 제자들이 깨달아야 했던 것은 하나의 빵이 "유대인들과 이방인들이 하나임을 상징"한다는 가르침이었다는 켈버의 주장(Kelber, 1987: 52-53)은 문맥의 지지를 받을 수 없다. 오히려 빵은 하나밖에 없었지만 그 빵으로 그만큼의 남은 개수를 가능케 하신 예수님이 그 배에 함께 있다는 점이 현 단락에서 제자들이 깨달아야 했던 것이라는 추론이 훨씬 더 문맥상 자연스럽다. 배에 남은 빵 하나를 '보면서도 보지(깨닫지) 못한 것'이 있다.[6] 내러티브 흐름상 남아 있는 빵 하나는 오병이어와 사천 명 급식 기적으로부터 남은 조각이다. 즉 그 빵은 그냥 음식이 아니라 무리의 필요를 채우신 예수님의 돌봄의 결과였다. 마지막 만찬의 전망(14:22)에서 본다면 어쩌면 그 빵 하나는 배 안에 계신 예수님을 가리키는 상징적 의미를 가진다고 볼 수도 있다(Gnilka, 1권 396; Marcus, 2000: 509-10). 게다가 두 급식 기사에서 남은 빵 조각들은 모두 종말론적인 잔치의 풍성함을 드러내는 상징적인

6. 더 깊은 차원에서 본다면, 배에 남은 빵 하나는 배에 계신 예수님을 가리키는 상징적인 의미를 함축한다고 보아야 한다. 이러한 함의는 마지막 만찬에서 예수님이 직접 빵 하나를 들고서 그것을 자신의 몸이라 하실 때 확증된다(14:22).

의미를 가지고 있었다(6:42-43; 8:8 주해를 보라). 그럼에도 제자들은 다섯 개로 오천 명, 일곱 개로 사천 명의 필요를 채웠던 예수님이 그 하나로 그들의 필요 역시 언제든지 채울 수 있는 분이라는 믿음을 가지지 못했다. 이런 점에서 그들은 빵과 관련된 기억만이 아니라, 바로 예수님이 누구시며 어떤 분이신지도 기억하지 못한 것이다(Gnilka, 1권 395-96).

제자들의 기억 못함은 현실적인 문제에서 비롯되었다. 빵 하나밖에 없는 현실이 그들의 기억과 이해를 무력화시켰다. 결국 빵 결핍의 문제로 예수님을 잊어버린 제자들은, 자신들만의 하나님 나라 비전에 갇혀 예수님이 누군지를 못 본 바리새인들과 자기 왕국 번창에만 함몰되어 예수님을 오해한 헤롯과 별 차이가 없게 되었다(Hooker, 1991: 196). 따라서 외부인을 향했던 비난(4:12)이 현 시점에서 제자들을 향하고 있는 것은 우연이 아니다.

그렇다면 이 모든 책망들은 켈버가 주장한 것처럼(Kelber, 1987: 53-54) 제자들 역시 외부인과 동일한 사람이 되었다는 것을 말하는 것일까? 18절에서 잠시 논증한 것처럼 그의 질책이 여전히 '내부인'을 위한 교훈적 책망의 성격을 가진다고 믿어야 할 이유들이 있다. 첫째, 반복적으로 사용된 '우뽀'(οὔπω, '아직 아니') 또는 '우데'(οὐδέ, '아직도 아니')는 예수님이 제자들의 마땅한 자세가 어떠해야 하는지 기대를 품어 오셨고 그 즈음에서는 그러한 기대에 그들이 부흥하리라 예상하셨음을 말해준다. 따라서 "아직 … 못하고 아직 … 못했단 말이오?"라는 말은 제자도에 대한 예수님의 기대를 바탕으로 제자들이 스스로를 돌아보도록 하기에 충분한 의미를 가진 표현이다. 둘째, 제자들의 마음 상태를 표현한 '완고함'(πεπωρωμένην)은 당시 유대 사회에서 '내부인'에게 '외부인'의 길로 걷지 말도록 교훈하는 맥락에서 사용되었다는 증거가 있다(6:52 주해를 보라). 셋째, 예수님의 책망을 통한 가르침은 대부분이 수사적 질문 형식으로 되어 있다. 수사적 질문은 새로운 정보를 알려주기 위함이 아니라 이미 알고 있는 정보를 상대방에게 '떠올려' 주기 위해 사용한다(박윤만, 2013b: 90-91).[7] 그렇다면 예수님이 수사적 질문으로 제자들을 책망하신 것은 그들이 이미 받은 교훈을 기억하여 계속적으로 제자의 길을 걷도록 하는 데 그 목적이 있었다고 보아야 한다.

요약과 해설

사천 명 급식과 바리새인들과의 표적 논쟁 후 예수님은 제자들과 마지막 배 여행을 시작하신다. 본문은 제자들이 "여러 개의 빵들을"(16절)가져오는 것을 잊어 빵 하나만을 가진 채 배 여행이 이뤄지고 있다는 정보를 현 단락의 배경으로 제공한다. 배 여행 중 예수님은 제자들에게 바리새인들과 헤롯의 누룩을 조심하라는 비유적 가르침을 주신다. 아마도 가르침 전 제자들이 바리새인과 헤롯의 "누룩"(15절)에 이미 '감염'되어 있는 것을 보셨기 때문일 수 있다. 그러나 제자들은 예수님의 "누룩" 언설을 문자적으로 받아들인다. 그들은 빵 결핍이라는 현실적 문제에 매여 가르침을 오해한 것이다. 이런 오해는 제자들도 자신들만의 율법 해석에 갇혀 예수님의 하나님 나라 선포를 받아들이지 않은 바리새인들과 자기 왕국 유지에만 혈안이 되어 그를 오해한 헤롯[당]과 동일선상에 놓이게 되었음을 시사해 준다. 이에 예수님은 여덟 개의 수사적 질문으로 제자들이 가져야 할 마땅한 태도(수군거리기보다 이해와 깨달음, 보이고 들리는 것 이상을 보고 들을 수 있는 능력, 기억함 등)를 전제로 책망하신다. 특히 마

7. 1:24 주해를 보라.

지막으로 그들의 회상 불능을 지적하며 과거 두 급식 기적에서 남은 빵 조각 바구니의 개수를 직접 떠올려 주신다. 남은 빵 조각을 담은 바구니 개수에 대한 상세한 언급은 배 안에 빵 하나밖에 없는 현실에만 붙들려 있는 그 빵이 종말론적인 풍성함의 열매라는 사실을 일깨워 주시려는 시도였다. 따라서 제자들이 깨달아야 하는 것은 빵이 하나밖에 없다는 현실이 아니라 오히려 그것을 '통해' 과거를 보고 기억하며, 무엇보다 그 빵을 있게 한 분이 누구이며 지금 어디에 있는지였다. 신적인 능력으로 급식 기적을 베푸신 분이 그들과 함께 배 안에 있다는 사실 바로 그것이 제자들이 보아야 할 현실이었다.

제39장
벳새다의 맹인 치유
마가복음 8:22-26

현 단락은 마가복음 전반부(1:14-8:26)의 결론이자 세 번의 배 여행을 기본 뼈대로 하여 기독론과 제자도의 주제가 응집성 있게 진행되는 대단락 4:1-8:26의 마지막 에피소드이다.[1] 중심 사건은 맹인 치료이지만 그것이 함의하는 것은 전반부 전체에서 발전돼 온 기독론과 제자도 주제의 갈무리 성격이 강하다. 마가 내러티브의 전반부 결론으로 맹인 치유 사건의 등장은 내러티브 후반부를 여는 대단락(8:27-10:52)의 종결부를 구성하는 또 다른 맹인 치유 이야기(10:46-52)의 등장을 예고한다(Myers, 110; Iersel, 1998: 270-71)).

본 단락은 맹인의 접근(22절), 두 단계 치유(23-25절), 마지막 명령(26절)으로 진행된다.

22 그리고 그들이 벳새다에 도착한다. 그리고 사람들이 그에게 맹인을
데려와 그를 만져 주시도록 그에게 간청을 드린다. **23** 그러자 그는 맹인의

1. 대단락 4:1-8:26의 구조와 주제에 대해선 4:1-9 주해 서언을 보라.

손을 붙잡고 마을 밖으로 데리고 나가셨다. 그리고 그의 두 눈에 침을 뱉으
시고 그에게 손을 얹으신 후 물으셨다. "무엇이 보이시오?" **24** 그때 그가
위를 보며 말했다. "사람들을 봅니다. 왜냐하면 나무 같은 [사람들이] 걸어
다니는 것을 제가 보고 있습니다." **25** 그때 다시 그가 두 손을 그의 두 눈
위에 대셨다. 그러자 그는 분명하게 보았고 회복되어 모든 것에 분명하게
주목했다. **26** 그리고 그가 그의 집으로 그를 보내며 말씀하셨다. "마을로는
들어가지 마시오."

주해

맹인의 접근(22절) 예수님과 그 일행이 도착한 벳새다는 갈릴리 바다 북쪽에 위치한 마을(도시)로 헤롯의 아들 중 하나인 빌립의 관할 지역이었고[2] 주민 대부분이 이방인으로 구성되어 있었다.[3] 사실 벳새다는 두 번째 배 여행의 목적지였었지만(6:45) 바다에서 만난 역풍으로 인해 배를 게네사렛에 정박한 전력이 있었기에 현 방문은 두 번째 배 여행의 "의도를 완성하는" 차원이 있다(Myers, 110, 240; 대조. Guelich, 2001: 678). 벳새다 방문의 목적은 본문이 명시하지는 않지만 뒤따르는 에피소드(8:27-

2. 헤롯의 아들 빌립에 대해선 6:17 주해를 보라. 헤롯 빌립은 대략 주전 4년 즈음에 벳새다를 재건축하면서 아우구스투스의 딸의 이름을 따라 '쥴리아스'(Julias)로 바꾸었다. Josephus, *Jewish Antiquities* 18.2.1 §28; *Jewish Wars* 2.9.1 §168 참고. 하지만 쥴리아스는 주전 2년에 아우구스티누스에 의해 외딴 섬으로 유배되었는데, 유배 이후 그 도시는 더 이상 쥴리아스로 불려지지 않았을 것이기에 벳새다는 그 이후에 부여된 이름으로 보는 것이 옳다(Schürer, 2권 172).
3. 슈러는 벳새다를 예수님 당시 팔레스타인에 있던 31개 헬라 도시들 중의 하나로 분류한다(Schürer, 2권 171-72).

38)의 장소적 배경이 갈릴리에서 북쪽으로 50km 지점 곧 시리아 국경 지역에 위치한 가이사랴 빌립보 지역인 것으로 보아(8:27), 북쪽 해변 도시인 벳새다를 그곳으로 올라가는 육로 여행의 발판으로 삼으려 했던 것이 분명해 보인다.

예수님이 도착하시자 벳새다 사람들이 한 맹인을 그에게 데려온다. 그곳 주민의 대부분이 이방인들로 구성되어 있었다는 것을 감안하면 그를 데려온 사람들 역시 이방인이었을 가능성이 높다. 예수님의 능력에 대한 이방인들의 적극적 반응은 데가볼리 지역의 귀 먹고 말이 어눌한 사람 치유 때(7:32)에도 확인되었는데 이런 능동적 호응은 아마도 그에 관한 소문(3:8), 거라사 광인의 전파(5:20), 그리고 갈릴리 바다 동쪽 지역에서 행해진 여러 사역(7:31-37; 8:1-10)의 영향이 클 것이다.[4] 사람들은 치유를 위해 맹인에게 그의 손을 대시기를 요청한다.[5] 병자와 손을 통한 접촉은 마가복음에서 반복 소개된 예수님의 치유 방식이다(1:41; 5:23, 27, 41; 7:32). 이는 말씀(1:25; 2:11; 3:5; 4:39; 5:8; 9:25)만 아니라 그의 신체(적 활동) 역시 하나님의 능력의 통로였다는 것을 말해준다(박윤만, 2013b: 11-12). 사람들의 그 같은 요청은 그가 선포한 하나님 나라는 그의 몸(body)을 통해 다른 사람의 몸에 실현된다는 소문이 갈릴리뿐 아니라 이방 지역에까지 광범위하게 알려졌음을 의미한다.

두 단계 치유(23-25절) 예수님이 치유를 위해 독특한 행동을 하신다:

> 그는 맹인의 손을 붙잡고[ἐπιλαβόμενος τῆς χειρὸς τοῦ τυφλοῦ] 마을 밖으로 데리고 나가셨다[ἐξήνεγκεν](23절).

4. 또한 7:32 주해를 보라.
5. 예수님의 치유 방식으로서 손을 대심에 관해서는 1:41; 5:23, 27, 41; 7:32 주해를 보라.

맹인의 손을 붙잡으시고(ἐπιλαβόμενος τῆς χειρός) 마을 밖으로 나가시는(ἐξήνεγκεν) 행위는 마가복음에 반복되고 있는 '메시아 은닉'의 주제 곧, 은밀히 기적을 베푸시기 위한 시도(Guelich, 2001: 679; 양용의, 191)로 볼 필요는 없다. 이번에는 주위에 무리가 모였다는 정보가 없기 때문이다(비교 7:33). 외적 조건 때문이 아니라면 대안은 예수님의 행위에 담긴 상징적 의미를 살펴보는 것이다. 예레미야는 하나님께서 후에 그의 백성과 맺으실 새 언약을 옛 언약과 비교하며 새 언약은 "내가 그들의 손을 잡고[ἐπιλαβόμενου τῆς χειρὸς αὐτῶν] 이집트에서 그들을 데리고 나오던[ἐξαγαγεῖν] 날"(칠십인경 38:32; 개역개정 31:32)과 같지 않을 것이라 한다(Boring, 2006: 233; Marcus, 2009: 598). 첫 출애굽 사건을 하나님께서 이스라엘의 손을 잡고 이집트 밖으로 데리고 나가는 그림 언어로 말씀하신 것이다. 이런 그림 언어는 이사야 선지자에게 이어지는데, 이사야는 종말론적인 새 출애굽(칠십인경 42:9)이 일어날 때 하나님께서 다시 이스라엘(1절)의 "손을 잡아"(κρατήσω τῆς χειρός) 보호하고(6절), 또 그들로 "이방의 빛으로 삼아 맹인들의 눈을 열고 갇힌 자들을 감옥에서 데리고 나오게" 할(7절) 것이라 예언한다(Boring, 2006: 233; Marcus, 2009: 598). 16절에서 도 이사야는 하나님께서 직접 "맹인들을 그들이 알지 못하는 길로 인도할 것이라"고 말한다. 마가의 언어는 예레미야의 언어와 유사하다. 또한 이사야와는 비록 언어적 유사성은 부재하지만 첫 출애굽 때처럼 새 출애굽 때도 하나님은 그의 백성의 손을 잡고 이끌어 내실 것이라는 점에서 주제의 일치가 있다. 물론 첫 출애굽은 나와야 할 곳이 이집트였지만, 종말론적 새 출애굽 때는 감옥 혹은 눈먼 상태라는 은유적 표현이 사용된다. 그러므로 예수님이 손을 잡고 맹인을 마을 밖으로 이끌어 나가신 것은 맹인 치유가 종말론적 새 출애굽의 차원에서 진행되는 사역임을 보여 주기 위해서라고 볼 수 있다(Boring, 2006: 233; Marcus, 2009: 598 ; Hays, 2016: 32). 하나님께서 선지자들을 통해 약속한 종말론적 새 출애굽이 그를 통해 실현된다는 것을 드러내신 것이다.[6]

치유의 방법과 과정 역시 특이하다. 먼저, 두 눈을 향해 침을 뱉으신다(πτύσας εἰς τὰ ὄμματα, 23절 후반부). 7:33이 보여 주듯 말이 어눌한 사람을 치료하기 위해서는 혀에 침이 사용되고 맹인에게는 눈에 사용된다.[7] 물론 침 뱉으심이 치료의 모든 것은 아니었다. 사람들이 요청한 것처럼 또 지금까지 그의 치료가 그러했던 것처럼(위를 보라) 예수님은 곧바로 그의 손을 그 눈에 대신다. 그 후 무엇이 보이는지 "물으셨다"(ἐπηρώτα, 23절 후반부). 23절 후반부에서 침 뱉음(πτύσας)과 안수(ἐπιθείς) 행위는 모두 분사로 발화되었고 질문(ἐπηρώτα)은 주동사로 문법화되었다. 신약성경 헬라어에서 내러티브를 이끌어 가는 핵심 사건은 주동사로 발화되는 반면, 개념적으로 주동사에 종속된 사건들은 분사로 표현된다(Park, 233-34). 따라서 23절 후반부의 핵심은 치료 확인차("무엇이 보이시오") 제기된 질문(ἐπηρώτα)에 있다. 사실 치료하신 후 그 결과를 확인하려는 듯한 의도가 분명한 질문은 다른 치유 기사에서 볼 수 없는 장면이다. 그렇다면 왜 확인 질문을 하신 것일까? 예수님이 그의 치료의 능력을 스스로 확신할 수 없었던 탓이라고는 상상할 수 없다. 보다 가능한 설명은 그는 첫 안수를 통해서 그 맹인의 시력이 온전히 회복되지 않을 것을 아셨고 그런 예상을 확인하시고자 질문하신 것이다. 달리 말하면 예수님은 처음부터 그를 두 단계로 치료하고자 의도하셨다(양용의, 191; 신현우, 2011: 166). "나무 같은 [사람들이] 걸어 다니는 것"(24절)을 본다는 맹인의 대답에서

6. 오성종(2018: 151-58)은 마가복음에 나오는 치유 전체를 "제2 출애굽"의 전망에서 이해해야 한다고 주장한다.

7. 치료의 과정에서 침 사용에 대해서는 7:33 주해를 보라.

알 수 있듯이 첫 안수는 그 사람의 시력을 단지 '반쯤' 회복하는 차원에서 진행되고, 곧바로 진행된 두 번째 안수를 통해서야 그가 "모든 것에 분명하게 주목했다"(25절).

그의 치료 사역에서 전례 없는 두 단계 치유는 예수님의 '능력의 제한' 탓은 아니다. 오히려, "그들이 벳새다에 도착한다"(ἔρχονται)의 복수 주어가 말하듯이, 단락 서두에서부터 이 사건의 참여자로 명시된 제자들을 위한 교육적 차원에서 의도된 것이다.[8] 예수님이 맹인의 시력을 두 단계로 치유하심을 통해 점점 더 분명하게 볼 수 있도록 치료하시듯, '눈을 가지고서도 보지 못하는'(8:18) 제자들의 영적인 시야를 열어 주시되 그 시도가 반복될 것을 간접적으로 보여 주신 것이다(Marcus, 2009: 599; 신현우, 2011: 166).[9] 사실 현 단락 전후 맥락은 예수님의 제자 양육의 특징이 반복임을 보여준다(France, 2002: 322-34; Hurtado, 2020: 192-94). 제자들은 마가복음 내러티브 중반에 이르는 내내 예수님 곁에 머물러 왔지만 그의 정체와 사역의 의미를 깨닫는 데 실패했다(8:17-21). 직전 단락의 결론으로 제시된 수사적 질문, "아직도 깨달음이 없소?"(8:21)에는 그러한 제자들을 향한 그의 안타까움과 기대가 동시에 서려 있다. 그러던 중 현 단락 직후 베드로가 예수님을 "그리스도"로 고백했을 때(8:29)는 이런 분위기는 급반전되는 것처럼 보인다. 그럼에도 예수님이 인자로서 그가 가야할 길이 있음을 가르치시자(31절) 베드로는 극렬하게 그의 길을 막아선다(32절). 이런 베드로의 행동은 그가 예수님을 그리스도로 알지만 온전

8. 쿰란 문서 CD 1:9은 제2성전 시기 이스라엘 백성을 맹인에, 16:2-6는 종말이 오기 전 시기를 "눈먼 시기"로 비유한다.

9. 하나님의 종말론적인 백성이라는 자기 이해를 가진 쿰란 공동체 역시, 하나님의 뜻을 이해하는 데 있어 둔한 공동체의 영적인 어둠을 두 단계로 치료해 나가실 것을 말한다. 쿰란 문서 CD 1:5-12 참고.

히 알고 있지 못하고 있음을 드러내 보인 것이다. 그러자 예수님의 제자 교육은 다시 시작된다(33-38절). 그리고 이후 제자들의 유사한 오해와 예수님의 유사한 재교육은 두 번 더 반복된다(9:31; 10:33-34).

내러티브 전체에서도 제자들을 향한 두 단계 부르심이 진행된다. 예수님은 갈릴리에서 열두 제자를 부르시고 자기가 걷는 그 길을 따라 걷도록 세우신다(1:16-20; 2:13-14; 3:13-19). 하지만 그들이 예수님이 걷는 그 길 끝에 죽음이 있다는 것을 안 후 모두 그 길에서 벗어난다(14:50). 그럼에도 부활한 예수님은 그를 따르는 길에서 벗어난 제자들을 다시 갈릴리로 불러 모아 그들이 다시 '그 길' 걷도록 가르치실 것이 내러티브 결론부에 암시된다(14:28; 16:7). 이처럼 예수님의 제자 양육은 두 단계였다. 한 번의 실패로 끝나는 것이 아니라 실패한 그 자리에서 다시 시작함으로 그들의 시야가 '회복'되어 온전히 그를 보고 따를 때까지 가르치시는 분이 예수님이라 서술된다. 이런 점에서 두 단계 맹인 치료는 그의 양육 방식을 제자들에게 알리는 교육적 의미를 가진다고 보아야 한다.

두드러진 것은 치유의 결과가 맹인이 볼 수 있게 되었다는 사실을 뛰어넘어 구체적으로 어떻게 볼 수 있는지를 서술하는 데에 맞추어져 있다는 점이다. 그의 "회복"(ἀπεκατέστη)은 단순히 다시 보는(ἀναβλέψας, 24절) 차원에 머물지 않고 "분명하게 보고"(διέβλεψεν) 또 "모든 것에 분명하게 주목"(ἐνέβλεπεν τηλαυγῶς ἅπαντα, 25절)할 수 있게 되었다고 말한다. 특히 흥미로운 것은 "주목했다"(ἐνέβλεπεν)는 마가복음에서 외부 사물을 분명하게 구분하면서 보는 경우(14:67)와 함께 상대방의 내적 상태까지 꿰뚫어 볼 수 있는 경우(10:21, 27)에도 사용된다.[10] 더불어, "분명하게 보고"(διέβλεψεν)는 단회적인 의미를 가진 부정과거로 "주목했다"(ἐνέβ-

10. 마 6:26은 "공중에 나는 새를 보시오[ἐμβλέψατε]"의 예를 보여 주는데, 이 맥락에서 ἐμβλέψατε는 보고 추론하는 능력까지 포함한다.

λεπεν)는 진행의 의미를 가진 미완료 시제로 발화되었는데, 이런 시제의 변화는 그 사람이 '분명하게 볼 수 있는 시력'(διέβλεψεν)을 단번에 획득했고 그러한 치료의 결과로 '모든 것에 주목하면서 분별할 수 있는 능력'(ἐνέβλεπεν)이 계속 진행되었다는 의미를 전해준다(Cranfield, 265). 맹인의 회복된 상태로서 '봄'에 대한 강조는, 그 사람이 간접적으로 지시하고 있는 제자들이 제자도의 길에 제대로 들어섰을 때 가지게 될 영적인 혜안이 어떠할지를 기대하게 만든다.

예수님의 맹인 치유가 가지는 기독론적 의미 역시 주목할 필요가 있다. 앞서 언급된 이사야 42:6-7에 따르면 맹인의 눈을 뜨게 하는 일은 "이방의 빛"(6절)으로 세워진 여호와의 종(1절)의 사역이었다. 현 사건의 장소적 배경이 헬라화된 벳새다라는 사실을 기억하면 맹인의 눈을 뜨게 하신 사건은 세례 때 여호와의 종의 길을 걷는 메시아로 확증받은[11] 예수님이 "이방의 빛" 역할을 수행하고 계심을 드러내는 상징적 사건이다. 더 나아가 이사야에 따르면 맹인들에게 광명을 주는 일은 종말에 하나님께서 하실 "새 일"(9절) 중의 하나이기도 하다(16절). 쿰란 공동체의 메시아의 묵시(4Q521 2 ii 1-14)로 알려진 파편에도 유사한 내용이 나온다:

> [이는 하]늘과 땅은 그의 메시아의 말을 들을 것이다(1절). ….
>
> 이는 주님[אדני]은 경건한 자들을 지켜 보시며
>
> 의로운 자들의 이름을 부르시며
>
> 가난한 자들 위에 그의 영을 두실 것이고
>
> 신실한 자들을 그의 힘으로 새롭게 하실 것이다(5-6절).
>
> 그가 … 갇힌 자들을 자유케 하며

11. 1:11 주해를 보라.

맹인들을 보게 하고 뒤틀린 자들을 곱게 펴실 것이다(7-8절).[12]

7-8절의 놀라운 일들은, 1절에 암시된 것처럼, 메시아 시대에 일어날 현상들이지만(Middleton, 390 각주 31) 동사들의 주어는 하나님으로 보는 것이 적절하다(Collins [b], 1995: 117-18; 참고. 시 146:7-8; 사 35:4-5; 대조. Marcus, 2009: 599).[13] 쿰란 문서는 제2성전 시기에 맹인의 눈을 뜨게 하는 일이 종말에 일어날 하나님의 일로 이해되고 있었다는 증거를 보여준다. 그렇다면 예수님이 맹인의 눈을 뜨게 하신 것은, 위에서 본 것처럼 그의 손을 잡고 마을 밖으로 나간 행위와 함께 하나님께서 하시리라 기대된 종말론적인 일을 그가 행하신다는 함의가 있다는 해석이 가능하다. 이 점에서 예수님은 이스라엘의 "하나님의 체현"(em-bodiment)이다(Hays, 2016: 363).

마지막 명령(26절) 치료된 사람은 마을로 가지 말라는 명령과 함께 집으로 보내졌다. 지금까지 마가복음에 등장한 침묵 명령에 준하는 본문이다. 이에 더하여 예수님의 마지막 지시는 현 단락의 의미와 결합해서 이해할 필요가 있다. 첫째, 예수님에게 올 때 맹인은 사람들에 의해 인도되어 왔지만("사람들이 그에게 맹인을 데려와", 22절) 돌아갈 때는 예수님이 치료받은 자에게 그를 집으로 보내며 그에게 직접 말씀하신다("그가 그의

---

12. 4Q521 2 ii 전문은 구약의 여러 본문(시 146:7-8; 사 61:1; 42:1-17)의 종합일 가능성이 높다(참조. Collins [b], 1995: 117-19). 콜린스가 사 42장을 언급하지는 않지만 메시아의 묵시에 나오는 주된 용어들이 이사야 여러 본문에서 암시된다. "그가 그의 영을 … 주신다"(6절)는 사 42:1에, "갇힌 자들을 자유케 …"(8절)는 42:7에, "맹인에게 시력 회복을"(8절)은 42:7, 16, "뒤틀린 자들을 곱게 펴신다"(8절)는 42:16에 "심하게 상한 자들을 치료"(12절)는 43:2에 각각 직간접적으로 암시된다.

13. 여러 놀라운 일을 묘사하는 동사들의 주어는 "주님"(אדני, '아도나이')으로 나오는데(5, 11절), "주님"은 칠십인경에서 여호와(יהוה, '야훼')의 대용어로 사용되고 있기 때문에 하나님을 지시하는 것으로 보는 것이 자연스럽다.

집으로 그를 보내며 말씀하셨다", 26절). 올 때 모습과 갈 때 모습의 차이는 그가 치료받았다는 사실의 분명한 확증이다. 둘째, 치료 후 첫 목적지가 집이 되어야 한다는 것은 1세기 지중해 사회의 공동체 중심 문화를 고려할 때 예수님의 치료가 개인의 몸 회복으로 끝나는 것이 아니라 되찾은 시력으로 가정에서 정상적인 역할을 감당하도록 하는 사회적 치유 차원 역시 함축하고 있음을 보여준다. 셋째, 마을로 가지 말라는 지시는 대중들에게 예수님 자신을 알리는 일을 금지시킨 것인데, 이런 금지는 비록 그의 사역의 의미가 치유와 회복이라는 긍정적인 차원을 가졌다 하더라도 치유자의 죽음과 부활이라는 '관점'을 가질 때에야 제대로 그 의미를 이해할 수 있을 것이라 판단하셨기 때문이었을 것이다(9:9).

요약과 해설

예수님은 배에서 제자들에게 "아직도 깨달음이 없소?"(8:21)라는 말로 끝나는 준엄한 책망을 하신 후 벳새다에 도착하셨다. 아마 집중된 제자 교육을 위해 가이사랴 빌립보로 올라가시려는 도보 여행(8:27)을 시작하시기 위함이었을 것이다. 출발에 앞서 예수님은 한 맹인을 치유하시는데, 이는 그가 누구인지 또 깨달음이 없는 제자들에게 그가 무엇을 할 것인지를 간접적으로 알려주시기 위함이었다.

그 사건의 기독론적 의미를 먼저 보자. 사람들이 예수님께 맹인을 데려왔을 때 그는 그의 손을 잡고 마을 밖으로 나가시는데 이런 행위는 칠십인경 예레미야 38:32(개역개정 31:32)과 이사야 42:6에서 서술된 것과 같이 그의 백성의 손을 잡아 구속하는 하나님의 모습을 떠올려 준다. 이후 예수님은 두 단계 치유를 행하신다. 첫 번째 치유 후 맹인의 시력은 회복되었지만 분명하게 볼 수 없는 상태에 머물러 있는 것을 아신 후 다시 그에게 안수하시며 치료하신다. 그러자 그 맹인은 시력이 회복되어 분명하게 볼 수 있었고 "모든 것에 주목"(25절)할 수 있게 되었다. 맹인 치유의 의미는 이중적이다. 먼저 이사야 선지자가 예언한 것처럼 종말론적인 새 출애굽이 일어날 때 하나님은 그의 종을 "이방의 빛"(사 42:6)으로 삼아 맹인의 눈을 뜨게 하실 것이라 하셨는데, 예수님의 맹인 시력 회복 기적은 그가 여호와의 종으로 이방 지역 벳새다에서 "이방의 빛"된 사역을 하고 있음을 드러낸다. 다음으로 이사야 42:16에는 하나님이 직접 맹인된 그의 백성의 눈을 뜨게 하실 것이라 예언하고 있기 때문에 예수님의 맹인 치유 사건은 그가 바로 이스라엘의 하나님의 체현자이심을 더불어 암시한다. 물론 이런 이중적 의미가 한 행동에 동시에 내포돼 있다고 보기 어렵다는 주장을 할 수 있다. 하지만 마가복음의 내러티브 서술 방식은 은닉성 혹은 비밀스러움을 그 바탕으로 한다(4:10-12, 22; Hays, 2016: 15-103)는 점을 기억한다면 한 사건이 가진 이중적 의미가 마가의 의도에 준하는 것이라는 주장은 타당하다.

치유를 위해 예수님이 두 단계를 의도적으로 거치신 데는 깨달음이 없는 제자들을 양육하는 과정이 어떠할지를 알려주려는 교육적 의도 역시 있다. 그는 앞선 단락에서 많은 기적과 담화를 들었음에도 여전히 그의 가르침을 이해하지 못하고 또 그의 급식 기적들이 가리키는 바에 주목하지 못하는 제자들을 책망하신 바 있다. 이런 맥락을 고려하면 예수님과 늘 함께 있음에도 그가 누군지를 깨닫지 못하는 제자들은 첫 안수를 통해 볼 수 있게 되었지만 분명히 보지 못하는 맹인과 닮은 것이다. 따라서 두 번째 안수를 통해 그 맹인을 온전히 볼 수 있도록 하신 것은 눈을 가지고서도 제대로 보지 못하는 제자들의 영적인 맹인 상태를 치유하시되 반복적으로 그렇게 하실 것이라는 함의가 있다.

제40장
첫 번째 수난 예고와 제자도
마가복음 8:27-9:1

현 단락을 시작으로 예수님의 사역은 몇 가지 점에서 뚜렷한 전환을 맞이한다. 첫째, 그의 이동 수단의 변화이다. 해변 지역을 뱃길로 오가며 진행된 사역(4:1-8:26)은 이전 단락을 끝으로 내러티브에서 사라지고 대신 도보 여행이 시작된다. 도보 여행에 대한 초점은 "길에서"(ἐν τῇ ὁδῷ, 8:27; 9:33; 10:32, 52), "길을 나섰을 때"(ἐκπορευομένου ... εἰς ὁδὸν, 10:17), "길가에"(παρὰ τὴν ὁδόν, 10:46)와 같이 "길"의 반복을 통해 확인된다. 여정 모티프로서 "길"은 예수님이 예루살렘 입성하실 때 다시 한번 더 언급된(εἰς τήν ὁδόν, 11:8) 후 더 이상 언급되지 않는다(비교. "하나님의 길[τὴν ὁδὸν θεοῦ]", 12:14). 이런 점에서 현 단락이 속한 8:27-10:52은 하나의 대단락으로, '길 위의 예수'를 일관성있게 묘사한다(Iersel, 1989: 20, 23). 길은 목적지가 있기 마련이고 예수님이 걷던 "그 길"은 예루살렘으로 향하고 있었다(10:32). 유대 지역은 당시 정치, 사회, 종교의 중심지였지만 마가복음에 따르면 예수님은 요한에게 세례받을 때(1:4-5, 9)를 제외하고는 그 지역을 방문하시지 않으셨다. 1:14-8:26까지 그의 사역 무대는 갈릴리와 해변, 그리고 갈릴리 북쪽과 동쪽이었지 남쪽으로 내려오신

적이 없으셨다. 하지만 현 단락에서처럼 갈릴리 북쪽 가이사랴 빌립보를 방문하신 후 예수님은 "갈릴리를 거쳐 지나가"(παρεπορεύοντο διὰ τῆς Γαλιλαίας, 9:30) 서서히 유대 지역으로(10:1) 내려오신다. 결과적으로 배 여행 역시 자연스럽게 중단된 것이다.

둘째, 현 단락을 마가복음 흐름의 분기점으로 봐야 하는 이유는 그의 신분 공개와 관련된 예수님의 태도의 변화 때문이다. 지금까지 그는, 그것이 무엇이든지 간에 자신의 신분과 사역(특히 축귀)을 숨겨오셨지만(1:34, 43; 3:12; 5:43; 7:36), 지금은 제자들이 그의 신분을 밝히 말하도록 유도하고 있기 때문이다(29절). 게다가, 그가 걷는 길 그 마지막에 무엇이 기다리고 있는지도 "드러내놓고"(32절) 말씀하신다. 사실 초기 네 명의 제자들을 부를 때 하신 말처럼 예수님은 제자들에게 "내 뒤에 오시오"(δεῦτε ὀπίσω μου, 1:17)라고만 하셨지 그들에게 그가 앞서 걷고 그들이 따르는 그 길이 어디로 향하고 있는지는 언급하신 적이 없으셨다. 이제 예수님은 그 길 끝에는 고난과 죽음이 기다리고 있음을 제자들에게 알려주신다. 내러티브 초반부가 바리새인과 헤롯당이 예수님을 살해할 음모를 꾸민다는 정보(3:6)를 이미 주었지만 예수님 스스로 그런 고난과 죽음을 자신의 길로 예고한 것은 마가복음을 통틀어 현 단락이 처음이다. 현 단락 이후 그의 앞길에 드리워진 고난과 죽음에 대한 예고는 그의 입을 통해(12:7-8; 14:22-24, 27, 또한 아래를 보라) 또 마가의 서술(11:18; 14:1)을 통해 거침없이 반복된다.

셋째, 8:27까지에서 제자들은 예수님의 가르침을 오해하거나 이해하지 못하는 정도였지만, 현 단락에서부터는 오해와 무지를 뛰어넘어 그의 가르침에 반하기까지 한다는 점(Edwards [b], 245)에서 현 단락은 제자도와 관련하여 어떤 전환점을 가진다. 이 점은 현 단락을 필두로 그것이 속한 대단락(8:27-10:52) 전체에서 반복된 내러티브 구조를 통해 확인할 수 있는데, 현 단락에서 고난받는 인자에 대한 예고는 일정한 방식으로 제자들의 반대(적인 논쟁) 또는 영광을 추구하는 제자들에 관한 이야기(9:32-37; 10:35-41)를 후속 담화로 가진다(Robbins, 1992: 23-25):

본문	수난 예고	제자들의 반응	예수님의 가르침
8:27-38	예고 1(31절)	오해와 반대(32절)	죽음-생명-따름
9:30-50	예고 2(31절)	몰이해와 누가 크냐 논쟁(32-37절)	죽음-생명-따름
10:32-45	예고 3(33절)	높은 자리 논쟁(35-41)	죽음-생명-따름

고난과 죽음의 길을 가는 인자에 관한 계시 이외에도 8:27-10:52에는 예수님의 신분이 그 어느 때보다 집중적으로 드러난다(9:2-9, 37; 10:5-10, 21, 45).[1] 또 바리새인들과의 이혼 논쟁(10:1-12) 하나를 제외하고 모든 단락들이 제자 교훈과 관련돼 있다. 그러나 역설적이게도 예수님의 자기 계시가 분명해지면 질수록, 또 제자도에 관한 가르침이 집중되면 될수록 제자들의 오해도 더 심화되어 간다는 1것이다(Iersel, 1998: 274-77). 하지만 절망적이기만 한 것은 아니다. 대단락의 마지막 에피소드(10:46-52)가 보여 주듯 맹인 바디매오가 눈 뜨고 "길에서"(52절) 예수님을 따르는 이야기는, 그가 상징하는 제자들의 영적인 눈 뜸과 '예수 따름'이 실패로 끝나지 않을 것을 예고하고 있기 때문이다. 예수님의 고난과 죽음, 그리고 부활에 관한 예언이 담긴 세 어록(8:31; 9:31; 10:32-34)과 뒤따르는 제자들의 몰이해(8:32-33; 9:32; 10:35-44) 단락이 초기 교회의 창작이라는 과격한 주장이 있어 왔지만(아래를 보라) 단연코 예수님의 육성을 담고 있는 내용이라 믿어야 할 이유가 있다. 먼저, 베드로를 사탄으로 칭하는 내용(8:33)과 예수님의 사역의 후반기에 이르렀지만 여전히 그의 말을 이해하지 못하고 있는 제자들의 모습을 교회가 창작했으리라고 상상할 수 없

1. 예수님의 신분에 관해서는 해당 본문들의 주해를 보라.

다(Porter, 2016: 89). 다음으로, 예수님을 그리스도로 믿고 고백한 초기 교회가 그를 그리스도로 고백하는 베드로의 고백에 대해 아무런 칭찬과 긍정적 평가를 하지 않고 다만 침묵만 명령하는 예수님의 어록(8:29-30)을 창조해야 할 이유는 없다. 무엇보다 죽음과 부활 예고가 교회 창작이 아니라 예수님의 어록이라 믿어야 할 보다 더 적극적인 이유가 있다. 예수님은 갈릴리 사역에서부터 그의 앞에 드리워진 죽음을 예감하셨는데, 서기관들로부터는 신성 모독자(2:7), 바리새인으로부터는 안식일 법 위반자(2:23-3:7)라는 비난을 받아왔다. 무엇보다 그는 당시 종교 권력의 핵심인 예루살렘으로부터 온 서기관들에게 귀신의 힘으로 축귀를 행하는 사람(3:22)이자, 장로들의 전통을 지키지 않을 뿐 아니라 그것을 정면으로 반대하는 인물(7:1-13)로 이미 '낙인'찍혀 있는 가운데 있었다. 따라서 그가 예루살렘에 올라갈 때 자신에게 닥칠 일이 고난과 죽음이 될 것이라고 예상하는 것은 오히려 자연스럽다(Porter, 2016: 94).

현 단락은 드러난 신분(27-30절), 교정된 기독론과 제자도(31-33절), 고난받는 제자도(34절-9:1)로 진행된다.

27 그리고 예수님과 그의 제자들이 가리사랴 빌립보 지방을 향해 떠났다. 그리고 그 길에서 그의 제자들에게 "사람들이 나를 누구라고 말했소?"라고 말씀하시며 물으셨다. **28** 그리고 그들이 그에게 대답하며 말했다. "[어떤 사람들은] 세례 요한, 다른 사람은 엘리야, 또 다른 사람은 선지자들 중 하나[라고 말했습니다]." **29** 그러자 바로 그가 그들에게 물으셨다. "그대들, 그대들은 나를 누구로 말하시오?" 베드로가 그에게 대답하여 말한다. "당신이야말로 그리스도이십니다." **30** 그러자 그는 그들이 자기에 관해 아무에게도 말하지 말도록 그들에게 경고하셨다.

31 그런 후 인자가 고난을 겪고 장로들과 대제사장들과 서기관들에 의

해 버림받아 죽임을 당하고 삼일 후에 부활하는 것이 필연임을 그들에게 가르치기 시작하셨다. **32** 그리고 드러내놓고 그 말씀을 하셨다. 그때 베드로가 그를 한쪽으로 데리고 간 후 그를 꾸짖기 시작했다. **33** 그러나 그가 돌이켜 그의 제자들을 보신 후 베드로를 꾸짖고 말씀하셨다. "사탄아 내 뒤로 물렀거라. 이는 그대가 하나님의 일들을 생각지 않고 도리어 사람의 일들을 [생각하기] 때문이오."

34 그리고 그의 제자들과 함께 무리를 가까이 부르신 후 그들에게 말씀하셨다. "만일 누구든지 내 뒤에 따라오기를 원한다면 자기를 부인하시오. 그리고 자기의 십자가를 지시오. 그리고 나를 따르시오. **35** 이는[2] 누구든지 자기 목숨을 구하고자 하는 자는 그것을 잃을 것이고 누구든지 나 곧[3] 복음을 위하여 자기 목숨을 잃는 자는 그것을 구할 것이기 때문이오. **36** 이는 사람이 온 세상을 얻고 자기 목숨을 빼앗겨 버리는 것이 무슨 유익이 있겠소? **37** 이는 사람이 자기 목숨을 무엇과 맞바꿀수 있겠소? **38** 이는 누구든지 음란하고 죄악된 이 세대에서 나와 나의 말을 부끄러워하면 인자도 그의 아버지의 영광 중에 거룩한 천사들과 함께 올 때에 그를 부끄러워할 것이기 때문이오."

9:1 그리고 그들에게 말씀하셨다. "진정으로 내가 그대들에게 말합니다. 여기 서 있는 사람들 중에 어떤 이들은 하나님의 나라가 능력 가운데 임하는 것을 볼 때까지 죽음을 맛보지 않을 것이오."

---

2. 35-38절의 각 절은 모두 γάρ로 시작한다. 한국어 번역상 어색한 부분이 없지 않지만 원어의 의미를 살리고자 이 절에서 γάρ는 '이는'으로 번역한다. 아래 주해를 보라.
3. "곧"은 καί의 뜻으로 번역된 것이다. καί의 여러 뜻 중 '곧', '다시 말하면'의 뜻으로 번역했다. BDAG, καί §1c 참고.

주해

드러난 신분(27-30절) "예수님과 그의 제자들이 가이사랴 빌립보 지방을 향해 떠나셨다"(ἐξῆλθεν ὁ Ἰησοῦς καὶ οἱ μαθηταὶ αὐτοῦ εἰς τὰς κώμας Καισαρείας τῆς Φιλίππου). 위 문장에서 첫 말이 "떠나셨다"(ἐξῆλθεν)라는 점에 주목할 필요가 있다. 신약성경 헬라어의 문장 구조에서 선두는 의미적 무게가 가장 많은 자리이고(Porter, 1994: 296), 독립된 주어는 통상 선두에 나오는 것이 일반적(unmarked) 어순이다(Reed, 88). 그러나 독립된 주어가 있음에도 문장 선두를 다른 문법적 항목이 차지하면 그 항목이 문법적 현저성을 가진다.[4] 27절은 "예수님"(ὁ Ἰησοῦς)과 "그의 제자들"(οἱ μαθηταὶ αὐτοῦ)이 독립된 주어이지만 절 선두에는 "떠나셨다"(ἐξῆλθεν)가 나온다. 이것은 문법적 현저성이 "떠나셨다"에 주어져 예수님과 제자들이 가이사랴 빌립보로 '떠난' 행동에 초점을 맞추도록 하고 있다. 이 말은 주어가 강조되지 않는다는 말이 아니라 동사가 상대적으로 더 높은 현저성을 가진다는 뜻이다. 사실 동사의 주어로 예수님과 제자들이 나란히 등장한다는 점(Ἰησοῦς καὶ οἱ μαθηταὶ αὐτοῦ) 역시 주목할 필요가 있다. 보통 그들의 이동은 복수 동사(1:21; 6:32, 53, 54; 8:22)로 발화되고, 동사의 주어가 예수님으로 등장할 때 제자들은 그를 '따르거나'(6:1), "그와 함께"(3:7; 8:10; 참고. 1:29) 가기도 하고 또 그가 제자들을 데리고(9:2) 가신 것으로 발화된다. 반면, 그들이 각각 고유명사로[5] 언급된 채 한 동사의 주어로 병렬된 것은 이곳 27절과 10:46뿐이다. 예수님과 제자들이 대단락 시작(27-38절)과 마지막 이야기(10:46-52)의 주어로 나

4. 헬라어 어순에 대해선 12:10 주해를 보라.

5. 예수님의 이름(Ἰησοῦς)은 6:30 이후 첫 등장이어서 그만큼 Ἰησοῦς에 주의가 집중된다.

란히 서술된 것이다. 이 단락 서언에서 밝힌 것처럼 대단락의 중심 모티프가 "길"이라는 것을 고려할 때 "떠나셨다"의 주어로 예수님과 제자들이 나란히 병렬된 것은 그들은 같은 "길"(ἐν τῇ ὁδῷ, 27절)을 걷는 동행자라는 사실을 문법적으로 확인해 준다. 그 같은 주어의 병렬은 현 단락에도 시사하는 바가 있다. 그들은 가이사랴 빌립보로 함께 갈 뿐 아니라 그곳에서 가진 담화 역시 제3자 없이 오직 그들 사이에서만 진행된다. 이처럼 예수님과 제자들에게만 집중토록 하는 현 단락의 문법적 주어 형식 또한 전체 관심에 일조한다.

예수님이 '택하신' 담화 장소는 시리아의 국경에 근접해 있는 이스라엘 최북단 가이사랴 빌립보이다. 이 마을은 알렉산더의 정복 이후 헬라의 신 판(Pan)을 위한 신전이 그곳에 세워지면서 지명이 판네아스(Paneas)로 불리게 된다(Schürer, 2권 169). 로마 점령 후에는 헤롯 대왕이 로마 황제 아우구스투스로부터 이 지역을 주전 20년에 하사받고 아우구스투스를 위한 신전을 그곳에 건축하였다(Schürer, 2권 169). 이후 헤롯 빌립이 판네아스를 다시 로마 황제로부터 하사받자 아우구스투스를 기념하고자 그곳 지명을 가이사랴(Καισάρεια)로 변경하였다.[6] 이곳이 외지임에도 예수님이 그의 제자들에게 그의 신분을 드러내시고 자기와 그들이 가야할 '고난과 죽음'의 길을 알려주시고자 이방 신전과 로마 황제를 기념하는 역사가 깊게 배인 이 지역을 택하신 것은 함의하는 바가 크다(아래를 보라).[7]

그의 신분에 대한 예수님의 질문과 제자들의 응답은 "길에서"(ἐν τῇ

6. Josephus, *Jewish Antiquities* 18.2.1 §28.
7. 베스파시안(Vespasian)은 전쟁 중 거둔 여러 승리에 대해 감사 제사를 그곳에서 드렸고(Josephus, *Jewish Wars* 3.9.7 §§ 443-44), 후에 로마 장군 티투스(Titus)가 주후 70년에 예루살렘을 함락한 후 승리의 잔치(검투사 게임과 포로 살해)를 빌립보에서 열었다(Josephus, *Jewish Wars* 7.2.1 §23).

ὁδῷ) 이뤄졌다. “길”은 마가복음 처음부터 단순한 지형적 정보를 넘어 중요한 신학적 의미를 가진 낱말이다(Watts, 124-34; 김선욱, 2019: 35-78). 마가복음 서론에 예수님은 “주의 길”을 걷는 분으로 암시된다(1:3). 이어 세례 요한이 등장하고 예수님은 요한 “뒤에서”(ἔρχεται ὁ ἰσχυρότερός μου ὀπίσω μου, ‘나보다 더 강한 분이 내 뒤에 오십니다’, 1:7) 그를 따라 걷는 이로 다시 서술된다.[8] 사역 시작과 동시에 예수님은 갈릴리로 나아가 제자들을 부르시며 “내 뒤에 오시오”(δεῦτε ὀπίσω μου, 1:17)라고 하셨고 후에 제자들의 파송 역시 “길”을 떠나는 것이라 하셨다(“길을 위하여 [εἰς ὁδόν]”, 6:8). 그럼에도 예수님은 제자들에게 그와 그들이 걷는 길 끝에 무엇이 기다리고 있는지는 말하지 않으셨다. 하지만 침묵은 깨지고(31절) 이후 제자도와 기독론에 대한 가르침은 그 길을 배경으로 진행된다(9:33, 34; 10:17, 32, 46, 52). 이로 보아 사람들이 자신을 누구로 이해하고 있는지를 “길에서” 제자들에게 물으신 것(27-28절)은 하나님 나라를 이 땅에 도래케 하고자 지금까지 그가 걸어오신 ‘길’(the way)에 대한 사람들의 평가를 듣기 원하신 것으로 보인다. 또 제자들은 그를 누구로 고백하는지도 “길에서” 물으신 것(29절)은 예수님을 아는 일과 그를 따르는 일은 분리될 수 없음을 암시한다. 그를 누구로 혹은 어떤 메시아로 아는지에 따라 걷는 길이 달라질 것이기 때문이다.

예수님은 “사람들”(ἄνθρωποι)과 제자들의 자기에 대한 이해가 어떠한지를 각각 물으신다(27-28절). 사실 마가복음에서 예수님은 다른 사람들의 마음을 아시는 분으로 소개되었다(2:8; 14:27, 30). 따라서 자기에 대한 “사람들”의 이해와 후에 제자들의 생각까지 물으신 것은 그들의 의견이 궁금했거나 또는 어떤 필요한 정보를 얻기 위해서라고 생각하기 어렵다.

---

8. 1:7, 14 주해를 보라.

오히려 아래 대화가 보여 주듯 그들의 생각을 들추어내어 수정하시고 결국 새로운 방향을 제시하기 위해서라 보는 것이 옳다. 그의 길은 "사람들"의 기대에 따른 것이 아니라 '하나님'의 뜻에 기초해 있음을 가르치시기 위함이다. 이런 의도는 인자의 길을 막는 베드로를 향해 그가 "하나님의 일들을 생각지 않고 도리어 사람의[τῶν ἀνθρώπων] 일들을" 생각한다(33절)고 책망하실 때 확인되기도 한다.

제자들은 "사람들"이 그를 "세례 요한", "엘리야", 그리고 "선지자들 중 하나"로 본다고 전해준다(27절). 그를 세례 요한으로 이해한 것은 헤롯 안티파스의 예수 이해와 같고(6:14), 엘리야와 선지자들 중 하나로 보는 견해는 파송받은 제자들이 나가서 전파하자 갈릴리 지역에 나돌게 된 예수 이해와 동일하다(15절). "사람들"의 이해에서 공통점은 그들이 기대한 이들이 모두 선지자들이라는 점이다. 구약과 다른 유대 문헌에 따르면 당시 유대인들은 마지막 날에 선지자들(엘리야, 말 4:5; 이사야와 예레미야, 에스라4서 2:18)이 돌아올 것이라 믿고 있었다(막 9:4, 11-13). 따라서 예수님을 엘리야로 본 것은 말라기의 예언에 따른 기대로 볼 수 있다. 그를 "선지자 중 하나"로 본 것은 종말에 오기로 기대된 선지자(이사야와 예레미야)로 그를 이해한 것일 수 있고(Hooker, 1991, 202: Marcus, 2009: 611; 대조. Gnilka, 2권 24), 아니면 사람들이 그를 단순히 하나의 선지자로 이해했다는 의미일 수도 있다. 어느 입장인지 결정하기는 어렵지만 분명한 것은 사람들의 견해는 일정하지 않다는 것이다. 사람이 다름에 따라 서로 다른 예수 이해가 당시 갈릴리에 퍼지고 있었다.

다음으로, 제자들이 자신을 어떻게 생각하는지 물으신다(29절). 타자의 평가라는 점에서 사람들과 제자들의 평가는 공통점을 갖지만, 제자들의 평가가 예수님에게 더 큰 관심 사항이었다는 것은 문법적으로 확인된다. 제자들의 의견을 물을 땐 강조적 2인칭 복수 대명사 주격이 사용된다:

"그대들[ὑμεῖς], 그대들은 나를 누구라 하시오." 그러자 베드로 역시 강조적 2인칭 단수 대명사 주격을 사용하여 답한다: "당신이야말로[σὺ εἶ] 그리스도이십니다." 예수님은 제자들이(ὑμεῖς) 자신을 어떻게 평가하느냐를 중요하게 생각했고, 제자들 역시 그리스도로서 예수님만이(σύ) 가진 어떤 특별성이 있다고 인정했음을 보여준다.

보다 중요한 것은 고백의 내용이다. 마가가 1:1에서 예수님을 그리스도로 선언한 이후 내러티브의 인물로서는 처음으로 베드로가 그를 메시아(ὁ Χριστός)로 고백한다.[9] 또한 이런 고백으로 예수님의 신분에 대한 제자들의 의문(4:41)이 해소된 것처럼 보인다. 하지만 베드로의 '고백'을 들은 예수님은 그것을 거부하지도, 그렇다고 인정하지도 않으신 채 다만 아무에게도 말하지 말도록 "경고하셨다"(ἐπετίμησεν, 30절; 비교. 1:24; 3:12). 보링의 주장처럼 베드로의 고백이 초기 교회의 신앙 고백의 투영일 뿐(Boring, 2006: 238)이라면 예수님은 왜 그 고백을 전하지 말도록 강요했겠는가? 오히려 제2성전 시기로부터 온 유대 문헌들은 베드로가 어떤 의미에서 예수님을 메시아로 고백했으며 또 예수님이 침묵 명령을 내리신 이유가 무엇인지 알려준다.[10] 당시 유대인들이 통일되고 일관된 메시

---

9. 슈바이처는 "가이사랴 빌립보에서 베드는 어떻게 그의 선생의 비밀을 알았을까"라는 중요한 질문을 한다. 이후 슈바이처는 베드로의 고백은 점진적인 깨달음의 결과가 아니라 하나님의 계시로 주어진 것이라고 보면서, 그 계시는 베드로가 야고보와 요한과 함께 변화산에 올라갔을 때 하늘로부터 들었던 소리("이는 내 사랑하는 아들이다", 9:7)라고 주장한다(Schweitzer, 380-81). 슈바이처의 주장은 '역사의 예수'의 생애에서 변화산 사건은 가이사랴 빌립보에서 베드로의 고백보다 먼저 일어난 일이라는 전제를 바탕으로 이뤄졌다(Schweitzer, 380-81). 베드로의 고백이 점진적인 깨달음이 아니라 계시에 입각한 신앙이라는 주장은 타당하지만, 그의 주장의 약점은 마가복음에서는 변화산 경험이 가이사랴 빌립보 사건 이후("엿새 후에", 9:2)에 일어난 일로 서술되고 있다는 것이다.

10. 마샬(Marshall [b], 1999: 125-26[인용은 125])은 예수님이 그리스도라는 칭호에 미온적인 태도를 취하신 이유는 당시 유대 사회의 메시아에 대한 논의가 자신의 소

아를 기다렸다는 것은 분명 과장된 주장이지만(Green, 1-13), 메시아 혹은 그리스도를 로마의 압제로부터 유대 민족을 해방시켜 줄 '전투적' 인물로 이해하고 있었다는 것은 분명하다.[11] 솔로몬의 시편 17:21-22, 32과[12] 주후 132-135년에 일어난 2차 유대 전쟁을 이끈 바르 코시바(Schürer, 1권 544, 552, 606; 2권 377-78)와 요세푸스가 말한 자칭 메시아들의 활동이[13] 말해 주듯이, 당시 대중적 메시아들은 "이방의 빛"이 되라는 이스라엘의 소명(예. 사 42:6; 참조. 창 12:3; 22:18; 슥 8:21-23)보다 이방을 향한 폭력적 저항의식을 기본 모토로 삼았다.[14] 그렇다면 메시아로서 자기 이해를 가졌음에도 불구하고(14:41; 참고. 1:1) 예수님이 그들에게 "자기에 관해"(30절) 침묵을 명하신 것은 베드로로 대표된 제자들이 동시대 유대인들이 가진 것과 같은 메시아상과 그 역할을 그에게 기대했기 때문이라 보는 것이 가

명과는 일치하지 않아 "메시아직의 범주를 재해석"하기 위함이었다고 적절하게 주장한다.

11. 쿰란 문서 CD 19:10-13, 특히 10-11에 따르면 "그러나 남아 있는 자들은 아론과 이스라엘의 메시아가 왔을 때 칼에 넘겨지리라. …"(Florentino García Martínez, *The Dead Sea Scrolls Translated The Qumran Texts in English* [Leiden: Brill, 1992], 45의 영문 번역에 따른 저자의 번역). 또한 요세푸스로부터 온 예를 위해서는 1:1 주해를 보라.
12. 솔로몬의 시편 17:21-22, 32에 따르면 "그리스도"(Χριστός)는 "예루살렘을 이방인들로부터 정화"할 것이라 말한다.
13. Josephus, *Jewish Antiquities* 17.10.5-8 §§271-85; 17.13.2 §§342-44; 18.1.1 1-10; 18.1.6 §§23-25; Jewish Wars 2.17.8 §§433-40; 2.22.2 §§652-54; 2.4.2 §§57-59; 4.9.3 §§ 503-508. 또한 1:1 주해를 보라.
14. 요세푸스는 예수님 시대(주후 10-35)에 있었던 유대 메시아 혹은 저항 운동에 대해서는 침묵한다. 더불어 타키투스(Tacitus) 역시 "티베리우스 황제[주후 14-37] 치하에서는 유대 지역이 평온했다"("sub Tiberio quies")고 말한다(Tacitus, *Historiae* 5.9). 바네트(P. W. Barnett)는 타키투스의 이런 평가를 기초로 예수님은 당시 많은 혁명가들 중의 하나가 아니었다고 주장하며(Barnett, 564-71), 타이센(Gerd Theissen)은 심지어 "그 시기에 예수 운동이 성장하게 된 것은 단순한 우연이 아니다"고 지적한다(Theissen 1993: 79).

능하다(참고. 14:47; Evans, 2001: 15-16).[15] 그들은 앞선 벳새다 맹인(8:22-26)처럼 영적인 눈이 뜨이기 시작했지만 여전히 '희미하게' 볼 뿐이었다. 벳새다 맹인이 온전히 보기까지 반복 치유가 필요했던 것처럼 제자들도 예수님이 누구시며 그렇기에 어떤 제자의 길을 가야할지에 대한 올바른 깨달음을 얻기까지 반복 가르침이 필요했다. 예수님의 반복 가르침은 31-33절에서 이어진다.

교정된 기독론과 제자도(31-33절) 그를 "그리스도"로 고백한 베드로에게 침묵을 명하신 후 예수님은 곧바로 제자들을 "가르치기 시작하셨[고]" 내용은 인자의 고난과 죽음과 부활에 관한 것이었다(31절). 먼저 주목해야 할 것은 베드로는 그를 그리스도로 고백했지만, 예수님은 자신을 "인자"(τὸν υἱὸν τοῦ ἀνθρώπου)라 말하며 제자들을 가르치셨다는 점이다. 2:10, 28에서 이미 등장한 바 있는 "인자"는 다니엘이 환상 중에 본 "인자 같은 이"를 지시하는 예수님의 자기 칭호였다(해당 본문의 주해를 보라). 제자들은 그리스도로서 예수님이 적을 물리쳐 물리적 승리를 가져오시리라 기대했지만, 예수님은 인자로서 고난과 죽음을 겪고 마침내 부활할 것이라 예고하신다. 현 단락 서언에서 밝힌 것처럼 종교 지도자들의 살해 위협(3:6)과 점점 더 가속화된 대립(3:22; 7:1-13; 8:11-12)을 고려하면 종교와 정치 권력자들의 중심지인 예루살렘 입성(10:32; 11:1-11)을 앞둔 현 시점에서 인자의 고난과 죽음을 예상하신 것은 놀라운 일이 아니다. 놀라운 것은 그 길이 "필연"(δεῖ, 31절)이라 말씀하신 것이다. 동시대 사람들과 심지어 제자들의 '그리스도 틀(개념)'에도 없었던 고난받고 죽어 부활하는 인자의 필연성을 예수님은 어디서 찾으셨을까? 인자의 길이 "사람의 일"과는 대조되는 "하나님의 일"이라는 주장이 말해주듯 그 같은 당위는

15. 또한 1:44 주해를 보라.

하나님 아버지의 뜻(참고. 14:36)과 이스라엘의 성경(14:27, 49), 그리고 그 두 근거에 바탕을 둔 그의 소명에서 찾으셨음이 분명하다(아래 31절 주해를 보라).

특별한 주목이 필요한 것은 예수님이 그것을 인자가 가야하는 필연적 길이라 믿고 있었다는 점이다. 마가복음에서 사용된 '인자' 칭호는 주로 세 가지 범주와 관련되어 사용되는데 그것은 영광 중에 돌아옴(8:38; 13:26; 14:62), 죄 용서와 안식일 법을 위반할 수 있는 권위(2:10, 28), 그리고 고난과 죽음, 그리고 부활(9:9, 12, 31; 10:33, 45; 14:21, 41)이다(Porter, 2016: 59-61). 이 중 세 번째 범주는 빈도수에 있어서 단연코 으뜸이다. 따라서 여기에서 제기되어야 할 질문은 바로 인자로서의 자기 이해와 고난과 죽음, 그리고 부활이 어떤 필연적인 관계가 있는가이다.

두 가지 가능한 설명이 있다. 첫째, 예수님의 인자 용어 사용의 유래가 되었을 다니엘 7장 자체를 통한 설명이다. 다니엘 7장의 인자는 한편으로 하나님의 전권을 위임받아 짐승에 빗대어진 네 제국을 심판하고(12-14절), 다른 한편으로 그 짐승에 의해 고난받는 하나님의 "성도들"을 신원하는(18-22절) 천상적 존재였다. 심판자 인자의 역할을 고난받는 인자로 이해하신 예수님의 배경에는 네 짐승에 의해 고난받는 "성도"들의 운명을 자신의 운명과 동일시하심이 있었다고 보아야 한다(10:45; 참고. 박윤만, 2020: 94-95). 다니엘의 맥락에서도 "네 짐승은 네 왕국의 상징인 동시에 대표자인 것처럼 [인자] 역시 '지극히 높으신 자의 성도들'인 동시에 대표자(혹은 머리)"(김세윤, 1992: 39; Hays, 2016: 34)로 이해된다는 것은 이런 해석을 더욱 가능하게 한다. 물론 다니엘의 인자는 직접 고난받는 인물로 등장하지는 않는다. 하지만 예수님이 그의 백성을 신원해야 하는 인자의 역할을 수행하기 위해 고난과 죽음을 택한 데는 그의 또 다른 신분인 고난받는 종의 소명이 모종의 역할을 했을 것이란 추측이 가능하다.

이것이 둘째 이유를 살펴야 하는 이유이다. 예수님은 비록 직접적으로 자신이 고난받는 종이라는 말씀을 하시지는 않았지만 세례 때 이사야 42:1의 말씀에 따라 "내 기뻐하는 자"라는 하늘의 소리를 들으신 후 반복적으로 그의 길이 고난의 길이 될 것을 말씀하시고자 사용한 용어(9:12; 10:45; 14:24-25)는 이사야의 고난받는 종에게 사용된 낱말들과 매우 유사하다(해당 본문 주해를 보라). 사실 다니엘서의 직접적인 영향을 받고 또 연대기적으로도 예수님보다 빠른 에녹1서의[16] "인자" 사용(46:1-2, 4-5; 48:2, 3, 6, 10; 49:2; 51:3; 52:6, 8-9; 53:6; 55:4; 61:8; 62:1, 11; 69:27-29; 71:17)에는 고난과 죽음이 결코 등장하지 않는다. 이런 점에서 인자로서 예수님이 고난과 죽음을 그의 길로 여기신 것은 독특한데, 이런 소명은 고난과 핍박 가운데 있는 그의 백성을 신원하시려는 인자의 역할을 수행하시고자 이사야가 말한 고난받는 여호와의 종의 길을 선택하셨기 때문에 가능한 삶의 방식이라 보는 것은 정당하다(박윤만, 2020: 101).

가르침의 구체적 내용은 "인자가 고난을 겪고[παθεῖν] 장로들과 대제사장들과 서기관들에 의해 버림받아[ἀποδοκιμασθῆναι] 죽임을 당하고[ἀποκτανθῆναι] 삼일 후에 부활하는[ἀναστῆναι] 것이 필연[δεῖ]"이라는 것이었다(31절):

> 고난을 겪고(능동태)
>
> 버림받아(수동태)
>
> 죽임을 당하고(수동태) 부활하는(능동태).

"고난"(παθεῖν)과 "부활"(ἀναστῆναι)은 능동태로, "버림받아"(ἀποδο-

16. 에녹의 비유로 알려진 에녹1서 37-71의 연대는 대략 주전 1세기로 본다(Suter, 23-32).

κιμασθῆναι)와 "죽임당함"(ἀποκτανθῆναι)은 수동태로 발화되었다. 능동태 '빠테인'(παθεῖν)으로 발화된 고난은 인자가 환경 때문에 혹은 포악한 종교 권력자들 때문에 어쩔 수 없이 받기보다는 그가 능동적으로 선택한 것이라는 함의를 전해준다. 능동태로 표현된 "부활"(ἀναστῆναι) 역시 대제사장들과 장로들에 의해 수동적으로 버림받아 죽임을 당할 것이지만 그것이 끝이 아니라 그가 스스로 되살아날 것임을 선언한 것이다. 이처럼 능동태 동사 두 개가 두 수동태 동사 앞뒤에서 둘러싸고 있는 것은 인자의 길은 남이 부과한 대로 걸어가는 것 같지만 사실 그 길은 그가 스스로 택한 것이라는 의미를 전해 준다.

"버림받아"(ἀποδοκιμασθῆναι)의 문자적인 뜻은 '검증 후 쓸모없는 것으로 내버리다'이다.[17] 예수님은 산헤드린을 구성하는 장로, 대제사장 및 서기관에 의해 언약의 공동체에서 '쓸모없는' 존재로 판명받을 것을 내다보신 것이다(14:53-65). 악한 포도원 농부 비유(12:1-12)에서 동일한 동사가 사용되는데(ἀπεδοκίμασαν, '그들이 버린', 10절), 내러티브 흐름으로 보았을 때 동사 '그들이 버린'(ἀπεδοκίμασαν)의 주어 역시 대제사장들과 서기관들, 그리고 장로들임이 암시된다(11:27; 12:12). 현 단락과 악한 포도원 농부 비유 모두에서 사용된 동사는 아마도 예수님이 시편 118:22에서 인용하신 것으로 보이는데, 이 점은 비유 주해에서 다룰 것이다. 어쨌든 현재 중요한 것은 예수님이 인자로 자기를 칭하신 후 그 인자가 언약 공동체의 지도자들에게 쓸모없는 존재로 버림받을 것이라 예고한다는 점이다. 흥미로운 것은 다니엘 7장에서 인자의 대적자는 이방 제국이었던 반면에 예수님의 대적자는 유대 권력자들이었다.

---

17. BDAG, ἀποδοκιμάζω. 이 용어의 시 118:22과의 연관성에 대해서는 12:11 주해를 보라.

하지만 인자는 "삼일 후에 부활"할 것이라 예언한다. 현재 그대로의 부활 예언은 예수님의 부활을 경험한 교회의 반영물(Bultmann, 152; Collins [a], 4-3; 비교. Hooker, 1991: 205) 혹은 마가의 편집(Boring, 2006: 240)의 결과물이라는 주장이 있어 왔다. 하지만 다수의 유력한 신약학자들은 본 예언이 역사적 예수님에게 거슬러 올라간다고 설득력 있게 주장한다(Evans, 2001: 10-12; Wright, 2003: 408-410; Porter, 2016: 88-90). 제2성전 시기 유대인들에게 부활이 하나님의 종말론적인 선물로 그의 백성들에게 주어질 것이라는 믿음은 광범위하게 자리 잡고 있었다.[18] 첫째, 시리아 왕 안티오쿠스 4세의 박해 중 사로잡혀 고문을 겪던 유대인들이 부활을 내다보며 순교를 당한다는 기록은 예수님 시대보다 약 160여년 전에 이미 의로운 유대인이 죽음의 순간에 부활을 기대할 수 있었다는 증거이다.[19] 이것은 제2성전 시기 유대인들에게 부활 신앙이 존재했었다는 증거(또한 바룩2서 30:2; 에스라4서 7:29-31; 집회서 48:11)가 될 수 있고, 그러므로 예수님 역시 그 신앙을 표명할 수 있었다는 주장이 충분한 근거가 있음을 보여준다.

둘째, 마카비서와 예수님의 부활 신앙의 기원은 구약성경인 것이 틀림없는데 이는 다니엘 12:2에는 종말에 순교당한 하나님의 백성들("성도", 7:18, 21; 12:7)에게 육체적 부활이 있을 것을 분명하게 밝히고 있기 때문이다. 물론 다니엘서에서 부활은 순교한 성도들에 일어날 것이라 말하고 예수님은 메시아 개인에게 일어날 것으로 본다는 점에서 분명한 차이가 있다. 하지만 조화는 가능하다. 위에서 본 것처럼 다니엘의 인자는 "성도"의 대표자로 묘사되기에(또한 14:62 주해를 보라) 성도들의 고난을 자신이 담당하겠다고 결심한 예수님이 성도들의 부활이 그들을 대표하는

18. Josephus, *Jewish Wars* 3.8.5 §374; 2.8.14 §163.

19. 마카비2서 7:9, 14, 21-23; 12:43-45; 14:45-46.

자신에게 일어날 것이라 믿었다고 보는 것은 충분한 근거를 가진다. 마찬가지로 다니엘서에서 성도들의 부활이 종말에 순교한 모든 사람들에게 일어날 일로 보고 있기 때문에, 그들을 대표하는 자신이 먼저 부활할 것이라는 예고는 그가 그들의 대표 메시아라는 믿음뿐만 아니라 자신을 통해 종말이 시작될 것이라는 확신을 동시에 가지고 있었음을 보여준다.

셋째, "삼일 후"(μετὰ τρεῖς ἡμέρας)라는 구체적인 날짜를 언급하시며 부활을 예언하신다. 구약성경에서 삼이라는 숫자는 종종 하나님의 현현과 구원이 나타나는 날로 이해되었는데, 시내산에서 하나님은 삼일째 되던 날 현현하셨고(출 19:11, 16), 요나 역시 물고기 배 속에서 삼일 있은 후 토해내진다(1:17; 2:10). 특히 예수님의 어록은 호세아 6:2("셋째 날에 우리를 일으키시리니", ἐν τῇ ἡμέρᾳ τρίτῃ ἀναστησόμεθα)로 부터 온 인용인 것처럼 보인다(Evans, 2001: 17-18).[20] 비록 신약성경보다 후기에 기록된 유대 문헌이지만 탈굼 호세아에서는 6:2을 종말론적인 부활에 대한 기대로 이해하기도 했다. 그러므로 예수님 역시 이런 구약 본문을 근거로 그가 대표하는 백성의 운명을 짊어지고 고난과 죽음을 겪지만 삼일 후 하나님으로부터 신원(vindication)을 받을 것이라 믿으셨다고 봐야 한다.[21]

물론 현 문장에서 부활(ἀναστῆναι)은, 앞에서 본 것처럼 인자가 주어인 능동태 부정사로 발화되었다. 예수님의 부활이 수동태로 표현된 경우에는 일으키는 주체인 하나님의 능동성이 문법적으로 암시된다('일으킴을 받다', ἐγείρονται, 12:26; ἐγερθῆναι, 14:28; ἠγέρθη, 16:6; 참고. 고전 15:4; 비교. 2:24, 32). 하지만 현 본문에서와 같은 능동태("인자가 … 부활하는 것")에서 부활은 사망을 죽이고 새 생명을 가지는 인자의 권위를 증

20. 호 6:1-3은 호세아의 말이 아니라 백성들의 습관적인 말을 선지자가 인용하고 있는 것이다(김창대, 97).

21. 3이라는 숫자에 대해선 14:32-42 주해의 서언을 보라.

명하는 사건이라는 함축적 의미를 가진다.

베드로가 예수님에게 보인 반응(32절)은 매우 놀랍다. 그의 반응은 행동과 말로 표현되는데, 예수님이 그가 가는 그길에 무엇이 기다리고 있는지 "드러내놓고" 말씀하시자 베드로는 예수님을 "한 쪽으로 데리고 간 후"(προσλαβόμενος) "꾸짖었다"(ἐπιτιμᾶν, 32절). 예수님을 한쪽으로 데리고 간 행동(προσλαβόμενος)은 상징적 의미를 가진다. 예수님이 말씀하신 인자의 길은 베드로가 생각하고 있던 그리스도의 길이 아니었다. 베드로는 그리스도라면 가야할 다른 길이 있다고 생각했을 것이고 그것을 행동으로 옮겼다는 추측은 충분히 가능하다. 이 순간 베드로는 제자가 아니라 스승처럼 행동한다. 예수님을 꾸짖는(ἐπιτιμᾶν) 그의 언어적 행위도 마찬가지의 의미를 가진다. 사실 '꾸짖다'(ἐπιτιμάω)는 직전 문맥에서 예수님이 "그에 관해"(30절) 아무에게도 말하지 말도록 베드로에게 명령하실 때의 태도를 설명하는 언어였다. 원접 문맥을 고려해 보면 '꾸짖다'(ἐπιτιμάω)는 예수님이 귀신을 사람에게서 나가게 하고(1:25; 3:12; 9:25), 또 풍랑 이는 바다를 잠잠케 할 때(4:39)와 어른이 아이의 행동을 제지할 때(10:13), 또 무리가 바디매오의 소리치는 행동을 중단하는 언어행위(10:48)였다. 이로 보아 '꾸짖다'(ἐπιτιμάω)는 주로 권위를 가진 자가 그렇지 않은 자의 행동을 바꾸려는 맥락에서 사용된 언어이다. 베드로가 예수님을 꾸짖었다는 것은 그가 스승의 입장에서 가르치려 들었다는 것을 의미한다. 방금 전 예수님을 그리스도로 고백한 그였음에도 그 이후 그가 그런 태도를 보인 것은 예수께서 말씀하시고 직접 가시겠다는 인자의 길이 그가 생각한 그리스도의 길이 아니었기 때문이다. 어떤 의미에서 본다면 그런 차이는 예상된 것인데, 이전에 예수님은 한 번도 그의 길을 드러내놓고 말하신 적이 없기 때문이다. 그렇기 때문에 지금까지 그가 가시는 길의 끝에 무엇이 기다리고 있는지 모른 채 예수님만 보고 그 뒤를 따라

온 그들이었다. 베드로가 책망받은 이유는 더 이상 무지 때문이 아니라(비교. 8:17-18) 그리스도의 길에 대한 그의 기대가 빗나갔을 때 인자의 길에 따라 그의 기대를 조정하기보다 인자가 가는 길 자체를 바꾸려 했기 때문이다(아래를 보라). 물론 베드로의 행동은 베드로 자신만의 생각에서 비롯되었다고 볼 필요는 없다. 이어지는 담화(34절)가 보여주듯 예수님의 제자도 교육은 "무리와 제자들" 모두를 향하고 있기 때문이다. 이런 점에서 "베드로의 꾸짖음은 예수님을 설득하여 그의 목표를 제자 집단의 관심에 맞추도록 하려는 시도"(Malina, 209)로 보는 것이 더 정확하다.

예수님은 베드로를 "꾸짖으신다"(ἐπετίμησεν, 33절 전반부). 베드로가 예수님을 꾸짖자(32절) 예수님 역시 그를 꾸짖으신 것이다. 그런데 "돌이켜 그의 제자들을 보신 후"(33절 전반부) 베드로를 꾸짖으셨기에 그 의도는 모든 제자들을 교훈하려는 것이었음을 암시한다. 이어서 말씀하신다(καὶ λέγει): "사탄아 내 뒤로 물럿거라"[ὕπαγε ὀπίσω μου](33절 후반부). 이 정보는 꾸짖음의 구체적인 내용으로 봐야 한다. 제자가 있을 곳은 선생 '앞'이 아니라 '뒤'였다. 뒤에서 선생의 길을 따르는 자가 제자이고, 이것이 예수님이 갈릴리 해변에서 제자들을 "내 뒤에 오시오"(δεῦτε ὀπίσω μου)라는 요청으로 부르신 이유이기도 하다(1:17). 하지만 그는 예수님 앞에서 그가 가야 할 길을 지시하려 했다. 그러자 되돌아온 것은 가장 혹독한 책망이었다. 고난과 죽음의 길에서 벗어난 메시아의 길을 이야기하는 자는 사탄이란 비판을 면치 못한다. 사역 시작 무렵 광야에서 예수님을 시험하고자 다가왔다가 패한 사탄은[22] 다만 물러가 있었지 완전히 사라진 것은 아니었다. 한 번 패한 후에는 그때와는 달리 예수님의 가장 가까운 제자를 통해 다가와 그로 고난받는 메시아의 길에서 벗어나도록 시험한

22. 1:13 주해를 보라.

것이다(Garrett, 69-70, 80). 예수님이 자신의 제자를 "사탄"이라 부른 것이 너무 가혹한 평가라고 말할 수 있을지 모르겠다. 하지만 예수님의 거친 언어는 베드로의 시도가 그 만큼 강력하게 거부해야 할 "진짜 유혹"이었음을 방증하는 것일 수도 있다(Hurtado, 2020: 204).

'왜냐하면'(ὅτι)으로 이어진 이유 설명절은 베드로가 사탄 역할을 한다는 비판을 받은 이유를 말해준다. 그는 "하나님의 일"(τὰ τοῦ θεοῦ)을 생각하지 않고 "사람의 일"(τὰ τῶν ἀνθρώπων)을 생각했기 때문이었다. "하나님의 일"은 현 맥락에서 고난과 죽음을 통해 이뤄지는 하나님의 다스림이라는 의미를 가리키고,[23] "사람의 일"은 고난없이 영광만 얻으려는 시도로 이해해야 한다. 사탄이 열두 제자 중, 그것도 세 명의 내적 그룹의 일원인 베드로와 동일시된다는 것은 분명 놀라움을 준다. 하지만 이러한 동일시가 제자도와 관련하여 마가복음의 원 청자에게 시사하는 바는 분명 있었을 것이다. 예수님을 뒤에서 따르기("하나님의 일", 33절 후반부)보다 앞서 가려한("사람의 일") 베드로가 사탄적 존재라는 책망은, 로마의 핍박에 직면한 로마 교회(마가의 청중의 역사적 상황에 대한 서론을 보라)에게 그들이 직면한 고난의 순간을 피하기보다 통과하는 것이 "하나님의 일"이라는 분명한 메시지를 주었을 것이다.

고난받는 제자도(34절-9:1) 예수님은 베드로를 향해 "내 뒤에 물럿거라"(ὕπαγε ὀπίσω μου, 33절 후반부)하신 후 곧바로 "만일 누구든지 내 뒤에 따라 오기를 원한다면[εἴ τις θέλει ὀπίσω μου ἀκολουθεῖν]"(34절의 중반부)으로 시작된 참 제자도에 대한 가르침을 주신다. '내 뒤에'(ὀπίσω μου) 구문의 반복적 쓰임은 참 제자가 서 있는 위치는 선생 앞이 아니라 뒤라는 점을 다시 한번 확인시켜 준다.

23. 마가복음에서 "하나님" 혹은 '하나님의 일'에 대한 논의는 1:11 주해를 보라.

자신을 '따르라'는 예수님의 언설은 가정법("만일 누구든지[εἴ τις]")으로 표현되고, "제자들과 무리들"은 그 언설의 청자이다(34절 전반부). 가정법은 사실에 대한 진술이 아니라 추정할 때 사용되는 문장 형태라는 것을 고려하면(8:3 주해를 보라) 현 맥락에서 제자들의 따름은 사실이 아닌 가정적 정보로 처리되고 있는 것이다. '가정된' 따름은 제자와 무리에게 각각 다른 의미를 준다.

먼저, 제자에게 주는 의미를 보자. 갈릴리에서 예수님은 명령법을 사용하여 그의 제자들에게 자신을 따르도록 하셨다(δεῦτε ὀπίσω μου, '내 뒤에 오시오', 1:17; ἀκολούθει μοι, '나를 따르시오', 2:14 후반부). 그 명령을 따라 그들은 지금까지 그를 따라왔다. 하지만 예수님은 지금 제자들의 '따름'을 가정법으로 바꾸어 여전히 실현되기를 기다리고 있는 '가정적인 사실'로 이야기하신다. 제자들은 갈릴리에서부터 지금까지 그를 따라왔다고 반론을 제기할 수도 있을 것이다. 하지만 예수님이 자기를 고난받는 인자로 계시한 시점에 가정법 형태의 교훈을 사용하신 의도는 명백해 보인다. 제자들이 비록 지금까지 그를 따라 걸어왔더라도 그가 고난받는 인자로 계시된 이상 그를 따라 고난받는 제자의 길을 계속 걸어갈 것인지 심사숙고한 후 재결단하라는 요청의 의미를 가진다. 특히 현재상 곧 진행의 의미를 가진 현재 시제로 발화된 "따르기를 원하면"(θέλει ... ἀκολουθεῖν)은 인자가 고난의 길을 간다는 말을 듣고도 따르기를 '계속'할 것인지를 묻는 의미를 가진다.

한편 동일한 언설이지만 "무리"(τὸν ὄχλον)에게는 다른 의미를 가진다. 마가복음에서 무리는 다양한 낱말(ὄχλος, πᾶς, πολλοί, πλῆθος)로 지시되고 있는데 그의 갈릴리와 근교 사역 동안에는 주로 치료와 가르침을 위해 모여든 집단이다(1:32; 2:2, 13; 3:8, 32; 4:1; 5:21; 9:15, 17, 25).[24] 그들은 모였다가 간혹 따르기도 하고(2:15; 3:7; 5:24) 또 내부인으로 묘사되기도(3:32) 하지만 이내 흩어진다(6:45; 8:9). 이런 점에서 무리는 예수님과 함께 가고 함께 머문 제자들(3:14)과는 분명한 차이를 가진다(Malbon, 1986: 112-13). 그들은 그들의 필요에 따라 가르침과 치유를 위해 모여들었다가 또 흩어질 수 있었다는 점에서 '열린 공동체'(open community)였다. 그러나 7:14-17이 보여 주듯이 사역 중반에 이르자, 비록 그때도 여전히 제자들과 구분된 가르침이 주어지기는 했지만, 예수님은 그들을 좀 더 가까이 불러 심층적 가르침을 주기 시작하셨다(7:14-16 주해를 보라). 그리고 현 단락에 도착하자 무리는 제자들과 동일선상에 놓여 참 제자의 길에 대한 가르침을 받는다("그의 제자들과 함께 무리를 가까이 부르신 후[προσκαλεσάμενος]", 34절). 그리고 무리들에게 "만일 누구든지 내 뒤에 따라 오려거든 …"으로 주신 말씀은 지금까지 필요에 따라 모였다가 다시 흩어지는 삶의 방식에서 벗어나 헌신된 제자 그룹에 들어오라는 도전으로 들렸을 것이다. 그러므로 예수님의 가정법 말씀은 지금까지 그를 따르던 제자들에게는 그들의 동기와 목적과 태도를 성찰하도록 했으며, 반면 배움의 공동체로만 존재해 왔던 무리들에게는 헌신된 따름의 길로 초대하는 말씀이 되었다.

참 제자의 길이 무엇과 같은지는 병렬 접속사 '그리고'(καί)에 의해 점층법적으로 소개된다: "자기를 부인하시오[ἀπαρνησάσθω]. 그리고[καὶ] 자기 십자가를 지시오[ἀράτω]. 그리고[καὶ] 나를 따르시오[ἀκολου-

24. 수난 기사에 등장하는 무리는 초기 갈릴리 사역의 무리와 전혀 다른 성격을 띠는데, 갈릴리 무리들은 예수님의 능력과 가르침을 추구하지만 예루살렘에서 만난 무리들은 예수님의 능력을 제한하고(14:43) 심지어 죽이는 데 가담한다(15:11-15; Malbon, 1986: 110-11).

θεíτω]”(34절). 점층법의 절정은 마지막 동사(“나를 따르시오”)에 있다. 이것은 문법적으로도 확인되는데, 앞의 두 동사는 내러티브의 배경 시제인 부정과거로 발화된 반면, 마지막 “따르시오”는 정보를 전방에 부각하는 현재 시제(박윤만, 2011a: 943-44)로 표현되기 때문이다. 더불어 “자기를 부인하시오”와 “자기 십자가를 지시오”가 완료의 의미를 지닌 과거 시제로 발화된 것은 자기부인과 십자가를 짊어지는 일은 제자로 첫 걸음을 내디딜 때 내려야 할 단회적 결단이라는 뜻을 내포하고, “나를 따르시오”가 현재 시제 로 발화된 것은 ‘예수 따름’은 계속 진행될 삶의 양식임을 강조하기 위해서다(Marcus, 2009: 617).

첫 동사 “부인하시오”(ἀπαρνησάσθω, 34절)는 마가복음 전체에서 이곳과 베드로의 부인 장면을 서술하기 위해서만 사용된 낱말이다(14:30, 31, 72). 예수님은 “자기를”(ἑαυτόν) 부인하라(ἀπαρνησάσθω) 했지만, 베드로는 예수님을 부인하고 만다(ἀπαρνήσῃ, 14:72). 부인해야 할 “자신”(ἑαυτόν)은 무엇이었을까? “우상화된 자기중심성”(Cranfield, 281), “자신의 희망과 계획”(Gnilka, 2권 35) 또는 “자기 유익과 개인적 욕망”(Hooker, 1991: 208)으로 볼 수 있지만 근접 문맥(“누구든지 자기 목숨을 구하고자 하는 자는 그것을 잃을 것이고 누구든지 나[를] 위하여 자기 목숨을 잃은 자는 …”, 35절)을 고려하면 예수님이 “자기”를 사용하실 때 “자기 목숨”을 염두에 두셨던 것이 분명해 보인다. 적어도 마가복음 맥락에서 자기를 부인한다는 것은 마치 베드로가 예수님을 부인할 때 예수님과의 어떤 관계를 부정한 것처럼 자기 목숨을 자기 것이라 주장하지 않는 것을 뜻한다. 더불어 베드로가 부인해야 할 “자기”는 예수님의 길을 막아서게 만들었던 ‘그 자신의 메시아관’도 포함된다. 다음으로 “자기의 십자가를 지시오”라는 명령도 단순히 “죽을 각오를 하라”(Gnilka, 2권 36)는 존재론적 의미로만 환원하지 말아야 할 역사적인 배경이 있다. 예수님 시대 훨씬 이전부터 십자가 처형은 가이사의 통치에 반역하는 자들이나 가장 흉악한 범죄자들에게 주어진 로마 형벌이었고(Hengel, 1986: 114-24, 126) 요세푸스에 따르면 주후 1세기 중엽 무렵 팔레스타인 지역에서는 십자가 처형의 흔적을 발견하는 일이 일상이 될 정도로 많은 처형이 실제로 일어나고 있었다.[25] 따라서 예수님의 말은, 메시아로 믿고 따르는 일이 그 시대의 정치, 종교 권력자들에 의해 반역자로 낙인찍힐 각오를 해야 하는 일이라는 의미를 전한다.

35-38절의 각 절은 설명을 이끄는 '가르'(γάρ [4x], '이는')로 시작하는데 처음(35절)과 끝(38절)은 조건적 관계절(ὃς ... ἐὰν, '누구든지')로 중간 두 절(36-37절)은 의문절로 문법화되었다:

> ὃς γὰρ ... ("이는 누구든지 자기 목숨을 구하고자 하는 자는 그것을 잃을 것이고 …", 35절)
>
> τί γὰρ ... ("이는 사람이 온 세상을 얻고 자기의 목숨을 빼앗겨 버리는 것이 무슨 유익이 있겠소 …?", 36절)
>
> τί γὰρ ... ("이는 사람이 자기의 목숨을 무엇과 맞바꿀 수 있겠소?", 37절)
>
> ὃς γὰρ ... ("이는 누구든지 음란하고 죄악된 이 세대에서 나와 나의 말을 부끄러워하면 …", 38절).

예수님을 따르는 길은 자기를 부인하고 반역자로 죽을 각오를 해야 하는 것임을 말하는 34절 이후 이어진 네 개의 절(35-38절)이 모두 '이는'(γάρ)으로 시작한 것은 그 절들이 34절을 부가적으로 설명하는 성격을 가지고 있음을 말한다(Edwards [b], 257). 조건적 관계절로 시작하는 35,

25. Josephus, *Jewish Wars* 2.12.6 §§241, 306; 5.111.1 §§449-51.

38절은 제자라면 '모두'가 기억해야 할 삶의 원칙을 알려주는데, 생명의 역설(35절), 그리고 예수님과 그의 말에 대한 부끄러움 없는 삶의 태도(38절)가 그것이다. 그리고 수사적 질문 형태로 서술된 36-37절은 모두가 공감하는 목숨의 중요성을 스스로 되새기게 하여 (새) 생명을 보장하는 제자의 길을 택하도록 도전한다.

35-37절의 내용을 이해하는 열쇠 말은 각 절마다(35절[2x]) 언급된 "목숨"(ψυχή; 히. נפש, '네페쉬')이다. 유대인들에게 "목숨"은 영과 몸을 포함하는 전체로서 인간을 가리키는 용어이고[26] 예수님이 의도하신 개념 역시 이것과 다르지 않을 것이다(참고. 3:4; 10:45; 비교. 12:30; 14:34). 그렇다면 34절과 연결해서 본다면 예수님의 요지는 무엇과도 바꿀 수 없는 값진 인간의 목숨(37절)을 지키기 위해서 자기를 부인하고 또 자기 십자가를 지고 그를 따르라는 데에 있다. 여기에 역설이 있다. 그는 이미 자신이 가는 길에 죽음이 기다리고 있고(31절) 제자들 역시 동일한 길을 가야 한다(34절)고 하셨는데, 지금은 그 길이 목숨을 살리는 길(35절)이라 말씀하고 계시기 때문이다. 이런 긴장의 해결은 35절이 말하는 바, 곧 구하고자 하는 자는 잃게 되고 잃어버리는 자는 구하게 될 "목숨"이 함의하는 바가 무엇인지를 밝히는 데에 있다. 만일 그 "목숨"을 단순히 현재 삶으로 본다면 그러한 긴장의 해결은 불가능하다. 현재적 삶을 잃어버리면 말 그대로 그것을 잃어버리는 것이 되기 때문이다. 그러나 예수님이 부활 생명을 염두에 두고 그 용어를 사용하셨다고 본다면 현 맥락은 자연스럽게 이해된다. 그는 죽음 후에 부활이 자신을 기다린다고 믿으신 것처럼(31절 후반부) 자기와 하나님의 나라 복음을 위해 목숨을 잃는 자 역시 그 나라가 완성될 때에 새로운 삶, 곧 부활의 몸을 얻게 될 것임을 제자들이 믿도

26. BDB, נפש 1, 2.

록 도전하고 계신 것이다(Wright, 2003: 405-406). 반면, 현 세대에서 목숨을 지키고자 예수님과 복음을 부인하면 종말의 완성 때 심판을 받게 된다(38절)는 것이다. 그러므로 예수님이 말씀하신 그를 따를 때 구원얻게 될 '프쉬케'는 바로 부활의 삶이다.

간과하지 말아야 할 것은 예수님의 선포가 지닌 권위적 성격이다. 예수님에 따르면 새 생명 수혜의 기준은 "나와 복음을 위하여 자기 목숨을 잃는 [것]"(35절)이다. 마가복음에서 예수님은 복음 선포자로 소개되고 있기 때문에(1:14) "나와 복음"(ἐμοῦ καὶ τοῦ εὐαγγελίου)에서 "복음"은 그가 선포한 메시지를 가리킨다고 보는 것이 자연스럽다(10:29).[27] 더불어 예수님과 복음이 나란히 병렬된 것은 복음 선포자(messenger)와 그의 선포 내용(message)이 분리될 수 있는 것으로 보지 않는 마가복음의 특징을 드러낸다(1:1, 14; 2:5 주해를 보라). 그러므로 예수님은 자신과 그가 한 말에 대한 충성이 곧 새 생명을 돌려받을 수 있는 기준이라 제시하고 있는 것이다(Cranfield, 282). 사실 유대 사회에서 생명을 창조하고 또 부활 생명을 주실 수 있는 분은 오직 한 분, 곧 이스라엘의 하나님 여호와로 이해되 었다(마카비2서 7:9, 14, 21-23; 12:43-45; 14:45-46). 비록 35절에선 그를 생명의 수여자의 위치에 두려는 언어가 사용되지는 않았지만 자신에 대한 충성이 새 생명 수혜자의 자격 조건이라 밝히신 것은, 바로 자신이 생명 수여자이신 하나님에 버금가는 권위를 가졌다고 믿으셨기에 가능했다고 볼 수밖에 없다. "복음"을 위해 목숨을 잃는 자는 새 생명을 받을 것

27. 물론 1:15이 말하는 것처럼 예수님의 선포의 핵심은 하나님 나라(ἡ βασιλεία τοῦ θεοῦ)이다. 그러나 하나님 나라가 하나님의 종말론적인 다스림이라는 의미를 바탕으로 한다는 점에서 그것은 '하나님이 다스리신다'는 함의를 가진 복음(εὐαγγέλιον, 사 40:9-10; 52:7)과 동일한 표층적 개념을 가진다. 보다 더 자세한 논의는 1:14-15 주해를 보라.

이라는 말은 마카비2서와 흥미로운 비교점을 가져다 준다:

> 우리가 그의 율법을 위해 죽는다면
>
> 세상의 왕께서는 우리를 영생의 부활로 일으키실 것이다(마카비2서 7:9).

마카비서에 등장하는 순교자들은 하나님의 말씀에 대한 충성이 부활로 이어질 것이라 믿었지만, 예수님은 자신과 자신이 선포한 복음에 대한 충성이("나와 복음을 위하여[ἕνεκεν]") 그러한 결과를 가져오리라 믿고 가르치셨다. 이는 예수님이 자신과 그가 전한 복음은 전통적으로 유대인들이 하나님과 그의 말씀에 돌렸던 권위를 가지고 있는 것으로 믿으셨음을 알려준다.

38절은 제자들이 고난 중에도 잡고 있어야 할 궁극적 소망이 무엇인지 말해준다:

> 인자도 그의 아버지의 영광 중에 … 올 때
>
> ὁ υἱὸς τοῦ ἀνθρώπου ἔλθῃ ἐν τῇ δοξῇ

제자들이 붙들어야 할 소망은 인자의 옴이다. 인자의 옴과 관련된 위 서술은[28] 칠십인경 다니엘 7:13-14을 떠올려 준다:

> 인자 같은 이[ὡς υἱὸς ἀνθρώπου]가 하늘 구름을 타고 와서[ἤρχετο] … 그에게 권세와 … 영광[δόξα]을 주고 …

28. 마가복음에서 인자의 종말론적 귀환을 말하는 다른 본문은 13:26과 14:62이 있다.

"인자"(ὁ υἱὸς τοῦ ἀνθρώπου, 38절; υἱὸς ἀνθρώπου, 단 7:13)와 동사 '오다'(ἔλθῃ, 38절; ἤρχετο, 단 7:13)와 "영광"(δόξῃ, 38절; δόξα, 단 7:14)은 마가복음과 다니엘에서 동일하게 나타난다. 이런 언어적 유사성은 다니엘이 현 본문의 배경이 되고 있음을 말해준다. 다니엘의 인자가 네 짐승으로 대변되는 네 제국에 의해 핍박받는 하나님의 백성을 신원해 주시고자 온 것처럼(7:1-8, 9-14), 예수님 역시 고난과 죽음을 겪은 새 이스라엘(3:13-19)을 신원하시기 위해 인자로 오실 것을 말씀하신 것이다. 인자의 옴에 관한 예수님의 담화는 '목숨'을 살리려는 그의 사역이 고난과 죽음으로 끝나지 않으며, 오히려 다니엘의 인자가 열방의 통치자로 인정되듯이 인자 예수님 역시 세상의 주로 인정되는 날이 있을 것(France, 2002: 342-43; 비교. Hurtado, 2020: 205)을 알려주어 제자들이 죽음으로 새 생명을 낳는 그의 역설적 구원의 수혜자가 되기까지 인내하도록 하는 데 있다.

한편, 예수님의 다니엘의 인자 용어 사용에는 혁신이 있는데, 인자는 이스라엘의 하나님을 "그의 아버지"(τοῦ πατρὸς αὐτοῦ)로 모신 존재임을 알려준다. 인자가 하나님의 아들이라는 예수님의 이해는 13:29-32과 14:61-62에도 등장한다. 의심할 바 없이 인자는 자신을 가리키는 용어로 사용하고 있기 때문에 예수님은 하나님을 자기의 아버지로 믿고 소개하고 있는 것이다. 다니엘서에는 "인자 같은 이"가 하나님의 아들이라는 본문상의 증거를 가지고 있지 않으므로 '인자=하나님의 아들'이라는 개념 자체는 다니엘서에서 유래했다고 볼 수 없다(대조. Beasley-Murray, 33). 가장 개연성 있는 설명은 자신을 인자로 부른 예수님이 하나님의 아들로서의 자기 이해(1:11; 9:7; 12:6; 13:32; 14:61-62)를 가지고 계셨기에 인자와 하나님의 아들을 연결시켰다는 것이다(김세윤, 1992: 11-14).[29] 사실 쿰란 공동체에서는 이미 다니엘의 "인자 같은 이"를 "하나님의 아들" 혹은 "지극히 높으신 이의 아들"로 재해석하는 시도가 있었다(4Q246; 참고. Kuhn [a], 32-42). 특히 주목할 것은 (비록 간접적이긴 하지만) 인자로 자기 이해를 가지신 예수님이 자신이 곧 하나님의 아들이기도 하다는 주장을 하실 때 어떤 아들로 자기를 이해하고 계셨는지 알려주는 정보가 있다는 것이다. 그는 "그의 아버지의 영광[δόξα] 중에" 올 것이라 말하는데, "영광"은 하나님의 "영광"(δόξῃ)을 받은 다니엘의 인자(14절)가 암시하듯 구약에서 하나님의 속성이었다(출 33:18; 왕상 8:11; 사 6:3; 겔 10:4; 43:2-5; 시 97:6; 145:10-13; 합 2:14). 예수님이 하신 인자가 하나님의 영광 중에 온다고 하신다는 것은 그가 하나님의 속성을 공유하는/공유할 존재라는 점을 분명히 한다(참조. 고후 4:6).[30] 이런 점에서 예수님이 가지신 하나님의 아들로서의 자의식은 메시아적 아들(messianic sonship)을 뛰어넘어 신적 아들(divine sonship)을 바탕으로 한다고 봐야 한다(1:11; 12:35-37; 14:61-62 주해를 보라). 물론 이 말은 예수님이 하나님과 동등하

29. 김세윤(Se-Yoon Kim)은 4QPsDAN Aa (=4Q246) Col. I.7-9와 Col. II.1-4에 등장하는 "하나님의 아들" 혹은 "지극히 높으신 이의 아들"이 단 7:13의 "인자 같은 이"를 지시한다고 주장한다(김세윤, 1992: 42-44). 또한 쿤(Karl A. Kuhn)역시 4Q246에 등장하는 "하나님의 아들"의 "나라가 영원한 왕국이 될 것이"(단 7:27; 4Q246 2:4-6)며 "모든 변방이 그를 경배할 것이다"(단 7:27; 4Q246 2:7)와 같은 승귀의 표현은 "초월적이며 독특한" 다니엘의 인자와 그의 역할을 재해석했기에 가능한 것이라 주장한다(Kuhn [a], 31-33). 무엇보다 쿤은 4Q246의 다윗의 아들을 위한 칭호(삼하 7:14; 시 3:7-8; 89:26-27)인 "하나님의 아들"이 다니엘의 "인자 같은 이"와 마찬가지로 하나님이 받으시는 예배를 받고 하나님의 영원한 왕국을 부여받은 존재로 묘사된다는 점에서 4Q246은 초기 기독교(눅 1:32-35) 혹은 예수님이 다니엘의 "인자 같은 이"를 배경으로 한 채 "하나님의 아들"을 신적 존재로 이해하는 것이 불가능한 일이 아님을 보여주는 증거라고 주장한다(Kuhn [a], 32-42).

30. 또한 13:26 주해를 보라.

다는 주장을 하는 것은 아니다. 왜냐하면 마가복음은 예수님이 하나님과 구분된 존재라는 암시를 반복적으로 주기 때문이다(12:6; 13:32; 14:36; 15:34). 예수님은 이스라엘의 하나님의 "영광과 권위를 공유하지만, 위격과 역할은 구분된다"는 것이 마가복음에서 확인된다(Hays, 2016: 77).[31]

38절의 어조는 부정적인데 외부 환경, 그것에 대한 제자들 의 반응, 그리고 그에 대한 예수님의 반응 묘사 모두에서 그러하다: "누구든지 음란하고 죄악된 이 세대에서 나와 나의 말을 부끄러워하면[ἐπαισχυνθῇ], 인자도 그의 아버지의 영광 중에 거룩한 천사들과 함께 올 때에 그를 부끄러워할 것이기[ἐπαισχυνθήσεται] 때문이오." "음란하고 죄악된 이 세대"가 동시대 유대인을 통칭하는 용어(Edwards [b], 258-59)로 사용된다고 볼 수 없다. 8:12에서 설명한 것처럼 "세대"(γενεᾷ)는 시간 영역에서 단순히 '시대'(age)라는 문자적 뜻을 가지지만 제2성전 시기 문헌에서는 신학적 의미가 더해져 '종말이 오기 전 시대' 혹은 '그때를 살고 있는 사람'이라는 함의를 가진 채 사용되었다(Cranfield, 284). 또한 "음란한"(μοιχαλίδι)은 하나님과 이스라엘의 언약 관계를 결혼 관계에 빗댄 것에서 유래한 이미지로 구약 선지자들이 우상 숭배하는 백성을 일컬을 때 종종 등장한다(사 57:3; 겔 16:32-41; 호 2:2-6). 따라서 하나님 나라의 담지자이신 예수님은 "음란하고 죄악된 이 세대"라는 명사구를 "그의 메시지(message)와 존재(person)를 거부하는 동시대 사람들"(Collins [a], 411)을 염두에 둔 채 사용하신다고 보는 것이 옳다. 어쨌든 그 표현을 사용한 의도는 분명하다. 예수님이 그를 거부하는 동시대인들로부터 고난과 죽음을 겪을 것이 예상된 것처럼, 그를 메시아로 믿고 따르는 제자들에게도

---

31. 저자는 막 8:38에 나오는 신적 기독론에 대해 논문(박윤만, 2017: 52-53)으로 다룬 바 있다. 위 내용은 저자의 논문과 상당 부분 일치함을 밝혀 둔다.

동일한 일이 기다리고 있음을 말씀해 주시기 위함이다. 중요한 것은 그런 시대에 제자들이 지녀야 할 자세이고 이어지는 정보는 이 주제를 정면으로 다룬다.

"음란하고 죄악된" 세대에서 제자들이 혹여나 빠지지 않을까 스스로 조심해야 할 것은 "나와 나의 말을 부끄러워하는" 태도이다. 가정법(ἐὰν ἐπαισχυνθῇ) 정보가 말해주듯 비록 '부끄러워함'이 제자들의 작금의 현실이 아닌 단순 가정에 지나지 않지만, 제자도에 관한 가르침이 이런 부정적 어조의 경고로 결론이 난다는 것이 다소 당혹스럽게 들릴 수 있다. 그러나 그만큼 수치심이 참 제자의 길에 방해가 될 수 있음을 방증한다. 사실인즉 1세기 지중해 사회는 명예와 수치의 문화였기에 사람들은 수치가 될 만한 일은 공적 영역에서 결코 행하려 하지 않았다(Malina, 48-53). 고난과 멸시, 그리고 죽음의 길을 간 예수님을 메시아로 믿고 따르는 것은 당시 (유대와 이방) 사회에서 웃음거리가 되기에 충분했고 또 "자기를 부인하고 자기 십자가를 지고 나를 따르라"(34절)는 그의 말 또한 불명예스러운 삶을 선택하라는 터무니없는 가르침으로 들릴 수 있었다. 따라서 당시 사회 문화는 예수님과 그의 "말"(곧 "복음", 35절)을 자랑거리라기보다는 수치스러운 것으로 여기게 만들었던 것이 당연했다. 그러나 예수님은 적어도 그의 제자들이 따라야 할 행동 기준은 당시 사회의 명예와 수치 문화가 아니라 하나님 앞에서 명예와 수치가 되어야 한다고 말씀하신다. 곧 마지막 날 하나님 앞에서 명예를 얻는 길은 현 세상에서 예수님을 따라 고난과 수치를 겪는 것이다. "나와 나의 말"을 부끄러워한 자를 예수님 자신도 부끄러워할 것이라는 비관적 결론은 그 시대의 가치에 저항하며 제자의 길을 가라는 강력한 도전을 반어적으로 하신 것이다.

예수님의 고유한 화법(ἀμὴν λέγω ὑμῖν, 3:28; 8:12 주해를 보라)으로 시작하는 9:1은 생명의 역설을 믿으며 걷는 제자도가 헛된 일이 아님을 엄중한 어조로 재차 확신시켜 주시는 데에 그 목적이 있다. 본 절의 시간적 전망의 변동은 두드러진다. 예수님은 인자가 돌아올 때, 곧 미래를 내다보며 현재 어떤 제자의 길을 갈 것인지 선택하도록 도전(38절)하신 후, 놀랍게도 어떤 제자들에게는 하나님 나라가 특정 시점에서 경험될 수 있는 현재적 사건이 될 것이라 알려주신다: "여기 서 있는 사람들 중에 어떤 이들은 하나님의 나라가 능력 가운데 임하는 것을 볼 때까지 죽음을 맛보지 않을 것입니다." 어떤 제자들이 죽지 않고 보게 될 "하나님의 나라가 능력 가운데 임하는 것"이 인자의 재림과 함께 완성될 하나님 나라로 보는 입장이 있다(Bultmann, 121). 하지만 그런 입장은 역사적으로 봤을 때 모든 제자들이 인자의 파루시아를 보지 않고 죽었기 때문에 예수님의 예언이 성취되지 않은 것으로 결론 내도록 하기에(Nineham, 231-232) 우리가 채택할 수 없다. 이런 어려움을 해결하고자 보링은 현 어록이 초기 교회 예언자가 파루시아의 지연에 놀란 교회를 위로하기 위해 창작한 것이라 본다(Boring, 2006: 248; 또한 Collins [a], 413). 하지만 이 해석 역시 우리가 받아들일 이유는 없다. 대신 현 어록이 '역사의 예수'에게서 왔다는 입장에서 제시된 여러 대안적 해석들을 고려해 볼 필요가 있다. 첫째, 예수님이 9:2부터 이어지는 변화산 체험을 염두에 두고서 하나님 나라의 도래를 말씀하셨다고 보는 해석이 있다(신현우, 2011: 177-78). 둘째, 하나님 나라의 도래란 예수님의 죽음, 부활, 승천, 오순절 성령 강림과 성전 파괴 등과 다름 아니라는 입장이 있다(양용의, 203). 셋째, "능력 가운데 임하는" 하나님 나라란 죄의 용서와 악의 패퇴를 가져온 죽음과 부활을 지시한다고 보는 견해가 있다(Wright, 2004: 112; Hurtado, 2020: 201-202). 첫째 입장은 근접 문맥의 지지를 받을 수 있지만 일시적 신상 변모 사건을 "능력 가운데 임하는" 하나님 나라로 보기는 힘들다(Boring, 2006: 247). 둘째 입장은 신약성경 전체와 조화를 이룬다는 장점이 있지만 마가복음의 맥락을 벗어난 해석이라는 약점이 있다. 그러므로 마가복음의 전체 내러티브 흐름을 염두에 둔다면 세 번째 입장이 타당하다. 예수님은 하나님 나라의 도래를 선포해 오셨고 그러한 도래의 결정적인 증거는 하나님의 세상과 사람을 부패케 하던 죄와 죽음의 세력을 멸한 그의 죽음과 부활이기 때문이다. 더불어 선행 본문(31절)에서 예수님이 이미 그의 부활을 예언하셨다는 사실은 "능력 가운데 임하는" 하나님 나라를 부활 사건으로 보도록 지지해 준다. 물론 여전히 제자들 중 어떤 이들만 부활을 목격하리라는 말씀이 이런 해석에 어려움이 될 수 있다. 그러나 예수님의 말씀을 듣던 제자들과 무리들(34절) '모두'가 그의 죽음과 부활을 하나님 나라의 도래로 받아들일 만한 믿음이 있다고 보시지 않으셨기(참고. 3:10; 10:17-22) 때문에 "여기 서 있는 어떤 이들"만 볼 것이라 말했다는 해석도 충분히 가능하다.

요약과 해설

"길"에서 예수님은 제자들에게 "사람들"과 그들이 자신을 어떻게 이해하고 있는지 물으신다. 세례 요한, 엘리야, 혹은 선지자들 중 하나라고 말하는 "사람들"(27절)과는 달리 베드로는 예수님을 "그리스도"로 고백한다(29절). 하지만 예수님은 "그에 관해" 사람들에게 말하지 말도록 침묵 명령을 하신다(30절). 베드로의 "그리스도" 이해에는 당시 폭력적·군사적 방법을 통해 이스라엘을 압제로부터 해방시켜 줄 메시아 개념이 있었기 때문이었다. 이후 예수님은 전투적 메시아가 아닌 고난과 죽음, 그리고 부활을 맞이하는 인자로서 자기의 소명을 말씀하신다(31절). 이에 베드로는 선생의 위치에서 예수님을 훈계하며 그의 길을 막아선다(32절).

그러나 예수님은 그를 사탄으로 규정하시면서 “내 뒤로 물렀거라”고 명하신다. 또한 한편으로 사람들과 제자들의 기대에 굴복하지 않으시며 고난받는 인자의 길을 가실 것을 재천명하시고, 다른 한편으로 제자들은 선생의 뒤에서 그의 길을 뒤따르는 자임을 환기시킨다. 고난과 죽음을 통해 부활에 이르는 인자의 길이 “하나님의 일”을 이루는 것이라 믿으셨기 때문이다(33절). 이후 제자들과 무리들 모두에게 참 제자도는 자기부인과 자기 십자가를 지고 반역자로 죽을 각오를 하고 그를 따르는 것이라 말한다(34절). 제자가 기억해야 할 것은 ‘생명을 구원하고자 하면 잃고, 잃으면 구원을 받는다’는 생명의 역설이라 가르치신다. 또한 예수님은 그가 걷는 그 길 끝에 부활이 기다리고 있는 것처럼 그를 따르는 자들의 마지막도 인자에 의해 신원을 받아 새로운 부활의 몸을 얻게 될 것이라 함축적으로 말씀하신다(35-38절). 끝으로 예수님은 고난과 죽음의 길을 따르려는 제자들에게 그 길이 헛되지 않음을 알리시고자 그들 중의 어떤 이들은 “하나님 나라가 능력 가운데 임하는 것”을 보게 될 것이라 말씀하셨다(9:1). 이는 반역자가 되거나 생명을 잃을 각오를 한 채 제자의 길을 끝까지는 걷는 자는, 예수님이 선포해 온 하나님 나라가 권능 가운데 실현되는 결정적인 증거인 그의 부활을 목도하게 될 것을 함의하는 말이다.

제41장
변화산 체험
마가복음 9:2-13

현 단락은 예수님의 변모(transformation)를 그 중심 사건으로 한다. 신비로운 변모 사건을 이해하려는 여러 해석들이 있어 왔다. 첫째, 예수님의 변모를 재림의 선취로 보는 입장인데, 재림 때 일어날 예수님의 변화가 비록 일시적이지만 현재 선취되고 있다는 것이다(Perrin, 148). 둘째, 시내산에 오른 모세가 하나님을 대면했을 때 얼굴에 광채가 났던 사건(출 34:29-34)을 그 선례로 보면서 마가는 모세의 영광을 염두에 두고 본 단락을 기록했다는 것이다(Marcus, 2009: 1117-18). 이런 입장은 예수님을 모세와 같은 역할을 하는 인물로 보면서, 모세를 통해서는 출애굽이 일어났고 예수님을 통해서는 새 출애굽이 일어나고 있다는 함의를 가진다. 셋째, 예수님이 세 제자에게 그의 변모를 보여 주신 것은 장차 그의 부활을 미리 체험케 하신 사건으로 보는 입장이다(Cranfield, 295; 참조. Schweitzer, 364).[1] 부활 때 일어날 새 창조의 몸을 변화산에서 제자들에게 맛

1. 슈바이처는 부활과 변모와 인자의 파루시아는 모두 "동시에 일어나고 하나의 동일 사건"이라고 본다(Schweitzer, 364).

보여 준다는 것이다. 물론 세 가지 제안 중 하나만을 택할 필요는 없다. 그리고 두 번째 제안이 보여주는 것처럼 분명 현 단락은 출애굽기 본문을 그 배경으로 이해하도록 의도된 것이 틀림없다. 그럼에도 세 번째 제안이 내러티브 흐름에 보다 더 부합한데, 이는 산에서 내려오실 때 예수님이 제자들에게 그들이 본 것을 인자의 부활 때까지 말하지 말도록 하신 것(9절)은, 현 사건의 진정한 의미는 변모의 성취로써 미래의 부활을 경험한 후에야 이해될 수 있다고 판단하셨던 까닭이라 볼 수 있기 때문이다. 그렇다면 예수님의 몸의 영광스러운 변화를 암시하는 현 단락은 제자들 중 어떤 이들은 하나님 나라가 능력 가운데 임하는 것, 곧 그의 부활을 보게 될 것이라는 9:1에서 하신 예언의 '부분적' 성취이기도 하다(Cranfield, 288).

현 단락은 사건의 배경(2절 전반부), 변모 사건(2절 후반부-4절), 베드로의 반응(5-6절), 하늘의 소리(7-8절), 부활 예고와 제자들의 무지(9-10절), 엘리야와 인자의 역할에 관한 대화(11-13절)로 진행된다.

2 그리고 엿새 후에 예수님이 베드로와 야고보, 그리고 요한을 데리고
따로 높은 산에 올라가신다. 그러고는 그가 그들 앞에서 모습이 변화되셨
다. **3** 그리고 그의 옷이 땅 위의 빨래하는 사람이 그처럼 희게 할 수 없을
만큼 매우 희게 빛났다. **4** 그리고 엘리야와 모세가 그들 앞에 나타나 예수
님과 이야기를 나누고 있었다. **5** 그러자 베드로가 응답하며 예수님에게 말
했다. "랍비여, 우리가 여기 있는 것이 좋사오니 초막 셋을 지읍시다. 하나
는 당신을 위해, 하나는 모세를 위해, 하나는 엘리야를 위해." **6** 이는 그가
무엇을 대답해야 할지를 몰랐는데, 이는 그가 두려웠기 때문이었다. **7** 그리
고 구름이 일어나 그들을 뒤덮는다. 그리고 구름으로부터 소리가 있었다.
"이는 내 사랑하는 아들이다. 너희는 그의 말을 들으라." **8** 그때 문득 그들

이 주위를 살펴보았지만 더 이상 아무도 볼 수 없었고 다만 그들과 함께 계신 예수님만[보았다]. **9** 그 후 산에서 내려올 때 그들이 본 것을 인자가 죽은 자들로부터 살아날 때까지 아무에게도 이야기하지 말도록 그가 그들에게 명령하셨다. **10** 그러자 그들은 죽은 자들로부터 살아난다는 것이 무슨 뜻인지 서로에게 물었지만 그 말씀은 지켰다. **11** 그리고 그들이 그에게 질문하고자 말했다. "왜 서기관들이 '엘리야가 먼저 와야 한다'고 말합니까?"
12 그리고 그가 그들에게 대답했다. "엘리야가 먼저 와서 모든 것을 회복하고 있소?[2] 그렇다면 어찌하여 인자에 관해서는 그가 많은 고난과 멸시를 받아야 할 것이라 기록되었겠소? **13** 그러나 내가 그대들에게 말하겠소. 엘리야가 참으로 왔소. 그러나 그에 관해 기록된 것처럼 사람들이 마음대로 그에게 행했소."

주해

배경(2절 전반부) 현 단락은 사건이 일어난 구체적인 시간 정보("엿새 후")를 제공함으로 시작한다. 지금까지 마가의 시간적 배경과 관련된 표현은 다소 애매했다("며칠 후", 2:1; "그 무렵에", 1:9; 8:1; "저물어 해 질 때", 1:32; "그 날 저녁", 4:35). 하지만 수난 기사에 이르면 시간의 흐름은 숫자에 의한 정확한 표현으로 바뀐다(14:1, 12, 30, 72; 15:25, 33, 42; 16:1). 수난 기사 전에 이런 정확한 시간 표현이 나온 것은 1:13("광야에서 사십

2. 12절 전반부는, 평서문으로 보는 입장(Cranfield, 298; Edwards [b], 274)과 12절 후반부와 마찬가지로 의문문으로 보는 입장(Gnilka, 2권 59-60; Marcus, 2009: 644-45)으로 나뉜다. 뒤따르는 12절 후반부는 전반부를 의문문으로 읽을 때 더 자연스럽게 해석된다. 아래 주석을 보라.

일") 이후 마가복음을 통틀어 이곳이 두 번째이다. 그만큼 현 단락의 시간적 정보는 현저성을 가진다. "엿새 후"의 시간적 준거점은 내러티브 흐름상 베드로의 고백 또는 인자의 고난과 죽음, 그리고 부활에 관한 예언이 주어진 '날'이 분명하다. 구체적 시간 언급은 현 단락과 앞 단락을 주제적 연관성 가운데서 이해하라는 언어적 표지이다.

그러나 "엿새 후"가 떠올려 주는 구약 본문 역시 간과되지 말아야 한다. 사십 일의 광야 생활이 구약을 배경으로 이해되도록 의도된 것처럼 "엿새 후" 역시 출애굽기 24:16을 떠올려 준다(Hurtado, 2020: 207; 대조. Stein, 415-16): "구름이 엿새 동안 산을 가리더니 일곱째 날에 여호와께서 구름 가운데서 모세를 부르시니라." 마찬가지로 예수님도 그의 세 명의 제자들과 함께 "엿새 후에" 산에 올라 "구름"(7절) 속에서 들려오는 하나님의 말씀을 듣고 모세를 만난다(4, 7절). 그러므로 두 본문 사이의 유사성은 첫째, "'엿새 후'(9:2; 출 24:16), 둘째, 산을 덮은 구름(9:7; 출 24:16), 셋째, 구름 속에서 들려온 하나님의 소리(9:7; 출 24:16), 넷째, 세 명의 동행자(9:2; 출 24:1, 9), 다섯째, 외모의 변화(9:3; 출 34:30), 여섯째, 반응으로서의 두려움(9:6; 출 34:30)" 등에 의해 확인된다(Evans, 2003, 104-5;[3] 또한 Bowman, 190). 이런 유사성은 인자의 고난과 죽음, 그리고 부활은 종말론적인 새 출애굽의 과정이며, 무엇보다 이 변모가 예시하는 부활은(아래를 보라) 새 출애굽의 절정이 될 것을 암시한다.

예수님은 세 명의 측근 제자들을 데리고 산에 오르시고[4] 이어진 변화는 "그들[제자들] 앞에서"(2절) 이뤄진 사건으로 서술된다. "그들 앞에서"

3. 에반스는 이 외에도 두 가지 정보(모세와 엘리야의 등장과 모세와 동행한 여호수아[예수])를 더 추가하지만 마가복음과 출애굽기 본문 사이의 직접적인 연관성이 없어 현 주석에서는 생략했다.

4. 세 명의 제자에 관해서는 3:16-17과 5:37 주해를 보라.

라는 명사구는 예수님의 변모 사건이 제자 교육 혹은 '유익'을 위한 것임을 말해준다("그가 그들 앞에서 변화되셨다", 2절 후반부). 그뿐만 아니라 그들의 현장 참여는 "여기 서 있는 사람들 중 어떤 이들"이 그들 생전에 하나님 나라의 도래를 목격할 것이라는 9:1의 예언에 대한 부분적 성취이기도 하다. 이는 9:1 주해에서 밝힌 것처럼 어떤 제자들은 보리라 예견된 하나님 나라의 도래는 부활이고 현 변모 사건은 부활의 '예시'이기에, 변화산 현장에 참여한 세 명의 제자들은 부활로서 하나님의 나라의 도래를 미리 맛본 것이다. 이런 점에서 현 단락은 9:1의 부분적 성취이다. 부활의 몸을 미리 제자들 "앞에서" 보여 주신 것은 앞 단락에서 언급된 고난과 죽음을 향해 걷는 인자의 길이 새 창조(부활)의 길이자 생명을 구하는 길(8:35)임을 그들에게 확증적으로 교훈하기 위함이었을 것이다.

"높은 산"은 가이사랴 빌립보 근처에 있는 헬몬(Hermon) 산이나 갈릴리에 있는 타볼(Tabor) 산으로 추정할 수 있지만 마가의 관심은 지형에 있기보다, 모세의 경우와 같이, 하나님의 계시가 주어진 장소로서 산이 가진 상징적인 의미에 있다(Stein, 416).

변모 사건(2절 후반부-4절) 예수님의 변모 사건은 변화시키는 주체가 하나님임을 전제로 한 신적 수동태("그가 … 변화되셨다"[μετεμορφώθη])로 발화되었다(2절 후반부). 하나님이 예수님에게 가져온 변화는 몸에 일어났다. 물론 '몸'이 언어적으로 명시되지 않은 것은 사실이지만 '그가 변화되셨다'가 가리키는 변화의 내용은 외모 외에는 달리 생각할 조건이 없다. '그가 변화되셨다'와 평행된 정보(3절)는 변화된 옷의 모습에 대한 구체적 서술인데, 옷의 변화는 몸이 지시하는 존재의 변화의 외적 표현으로 보는 것이 적절하다. 이는 고대 사회에서 옷은 한 사람의 신분, 성, 인종을 드러내는 외적 수단이었기 때문이다(참조. 갈 3:27-28). 예수님의 변모의 지향점은 변화된 옷 상태를 통해 감지할 수 있다: "… 그처럼 희게 할 수 없을 만큼 매우 희게 빛났다[στίλβοντα λευκὰ λίαν ... οὐ δύναται οὕτως λευκᾶναι].” 옷 변화는 ‘희게’(λευκὰ ... λευκᾶναι)되어 빛나는(στίλβοντα) 상태 묘사에 초점이 맞추어져 있고 그런 변화는 “땅 위의 빨래하는 사람이” 만들 수 있는 것이 아니라는 사실을 강조한다. 이런 강조는 그의 변모에 신적 개입이 이뤄졌음을 암시해 준다. 더불어 희게 빛나는 옷은 다니엘 7장에 등장하는 인자 같은 이에게 권세를 준 하나님께서 “왕좌”에 앉아 있을 때의 옷 모습(“그의 옷은 희기가[λευκόν] 눈 같고”, 단 7:9)을 환기시켜 준다(참조. 에녹1서 46:1).

현 단락과 다니엘 7장과의 연관성은 산에서 내려오실 때 가진 제자들과의 대화에서 예수님이 자신을 인자로 소개한다는 사실을 고려할 때 그 가능성이 높아진다(9, 12절). 그가 입으신 옷의 희게 빛나는 상태로의 변화는 고난과 죽음, 그리고 부활 후 인자가 다니엘이 말하는 흰 옷을 입은 하나님의 영광의 보좌를 공유할 신분을 얻게 될 것을 암시한다(14:62; 행 2:24-36; 빌 2:11).

변모 후 모세 및 엘리야의 등장이 이어진다(4절). 마가의 관심은 그들이 예수님과 나눈 대화 내용보다는 그들의 등장과 대화를 가진 사실 자체에 있다: “그들 앞에 나타나 예수님과 이야기를 나눈다”(ὤφθη αὐτοῖς ... καὶ ἦσαν συλλαλοῦντες τῷ Ἰησοῦ). 두 동사(ὤφθη, ‘그가 나타나다’; ἦσαν, ‘그들이 … 이다’)의 주어가 모세와 엘리야인 것은 사건의 전개를 그들의 관점에서 보도록 한다. 하지만 제2성전 시기 유대 문헌 그 어디에도 종말론적 귀환자로 모세와 엘리야가 동시에 등장하리라 예언하는 본문은 없다(비교. 말 4:4-6). 이런 점에서 현 본문의 두 인물의 등장과 예수님의 대화의 이유는 추론이 필요한 독특한 사건이다. 네 가지 정도로 요점을 추론해 볼 수 있다. 첫째, 통상 유대인들은 모세는 율법의 수여자로(Josephus, *Jewish Antiquities* 4.8.48 §322), 엘리야는 선지자의 대표로 이해했다.[5] 따라서 그들의 등장과 대화는 예수님이 토라와 선지자들이 가리켜 왔던 인물임을 제자들에게 알리는 의도를 가진다(참조. 눅 24:27).

둘째, 엘리야는 죽음을 보지 않고 하늘에 올린 존재(왕하 2:11)이며 모세 역시 신비롭게 사라진 인물로 주후 1세기 유대인들이 이해하고 있었기에(Philo, *Life of Moses* 1.57, 2.280; Josephus, *Jewish Antiquities* 4.8.48 § 323; 비교. 신 34:5-6) 그들과 대화를 가진 예수님 역시 8:31에서 예언한 것처럼 죽음을 이기시고 영광의 상태에 들어가게 될 것을 제자들에게 알려 주려는 뜻이 있었을 것이다.

셋째, 엘리야는 종말에 오리라 기대된 선지자였고(말 4:5-6; 참조. 미쉬나 에두요트 8:7) 모세는 비록 본인은 아니지만 종말에 올 다른 선지자들의 원형("나와 같은 선지자 하나를 일으키리니", 신 18:15, 18; 1QS 9:11; 4QTest; 요 1:21; 6:14; 7:40; 행 3:22; 7:37)이 되었다(Edwards [b], 265). 따라서 둘의 등장과 대화는 예수님을 통한 종말의 시작을 상징적으로 보여 준다는 추론이 가능하다. 무엇보다 신명기 18:15의 말("그의 말을 들으라")이 이곳에서 인용되고 있는 것이나(Hurtado, 2020: 208), 종말론적인 인물의 상징인 엘리야가 모세보다 먼저 언급("엘리야와 모세")된 것(Gnilka, 2권 50; France, 2002: 351)은 종말을 가져오는 자로서 예수님의 역할을 부각하려는 뜻의 일환이라는 입장을 지지해준다.

넷째, 두 인물은 구약에서 신 현현을 경험한 대표적인 인물인데(Hooker, 1991: 216) 엘리야는 호렙에서(왕상 19:9-13) 모세는 호렙 산(출 3:1-6)과 시내산(출 24:9-11; 33:17-34:9)에서 각각 하나님을 뵈었다. 또 하나님은 두 인물 모두에게 자신을 드러내시고자 '지나가신다'(παρέρχομαι,

---

5. 이것은 제2성전 시기 유대 문헌에 엘리야가 반복적으로 거론된 사실을 통해서도 확인된다. 유대 문헌에서 엘리야의 등장에 대해서는 Schürer, 2권 515-16, 604; 3권 799-803를 보라.

출 33:19, 22; 34:6; 왕상 19:11).[6] 그렇다면 옷이 하나님의 옷처럼 희게 변화되고 하나님의 임재를 상징하는 구름이 예수님을 덮었을 때[7] 구약에서 하나님을 뵌 두 인물이 등장하여 예수님과 이야기를 나눈 것은 생전에 살았을 때처럼 그들은 지금 다시 하나님(의 아들)을 뵙고 있다는 암시를 준다.

어쨌든 그들의 등장이 가져온 이 모든 함의는, "그들 앞에서"(2절) 진행된 예수님의 변형 때처럼 제자들이 이해하도록 의도된 것이 틀림 없는데, 이는 모세와 엘리야가 제자들에게 나타났다(ὤφθη αὐτοῖς)고 서술하고 있기 때문이다. 물론 제자들이 이해해야 할 핵심은 모세와 엘리야가 아니라 그들이 대화하고 있는 예수님이 어떤 분이신지이다. 후에 하나님 역시 제자들에게 예수님이 그의 아들임을 확증하지만 현 단계에서는 예수님의 신분에 대한 입증은 구약의 두 인물을 통해 이뤄진다.

베드로의 반응(5-6절) 베드로는 예수님을 "랍비"로 부른다. 랍비(ῥαββι)의 문자적 뜻은 '나의 주' 혹은 '나의 선생'이고 주로 지혜와 학식을 갖춘 사람에 대한 일반적인 경칭어로 쓰이다가 주후 70년 이후에는 율법을 가르치는 전문 학자에 대한 칭호로 사용된다(Schürer, 2권 325-27 각주 11; Vermes, 1973: 115). 그는 방금 전 예수님을 메시아로 고백한 장본인임을 기억할 때 베드로의 이러한 고백은 놀랍게 들릴 수 있다(Hooker, 1991: 217). 물론 제자들이 언제나 신앙 고백적인 칭호로 예수님을 불러야 한다는 것은 지나친 기대이고 또 예수님 역시 베드로에게 그리스도로 자기를 부르는 것을 조심시킨 상황이었기 때문에 베드로의 랍비 호칭 사용에는

---

6. 예수님 역시 역풍이 일고 있는 바다 한복판에 좌초된 제자들에게 다가가 "지나가시려"(παρελθεῖν, 6:48 후반부) 한다.
7. 물론 구름은 제자들도 덮었다. 그러나 제자들은 목격자로 그 현장에 참여하고 있다는 점은 분명하다.

별 특이한 점이 없다고 할 수 있다. 하지만 그가 방금 전에 목격한 예수님의 영광스러운 변모, 모세와 엘리야의 출현, 그리고 그들이 예수님과 가진 대화는 분명 그의 신분에 대한 새로운 이해에 도달하도록 의도된 것이 분명하다. 따라서 그 같은 광경을 경험했음에도 예수님을 남성에 대한 일반적인 존칭어로 사용된 랍비로 부른 것은 '눈이 있어도 보지 못한다'는 예수님의 책망(8:18) 이후 어떤 변화도 일어나지 않았다는 인상을 남긴다 (Hooker, 1991: 217; France, 2002: 353; 비교. Donahue and Harrington, 270).

예수님과 모세와 엘리야를 위해 초막 셋을 짓자는 그의 제안 역시 6절에서 평가 절하된다. 베드로의 "초막"(σκηνάς) 설치 제안은 이스라엘 백성들이 출애굽 후 광야 생활 동안 초막에서 지낸 시기를 기념하고자 칠일간 광야의 초막에서 지내는 초막절(레 23:34, 42-43; 신 16:13)의 한 장면을 떠올려 준다(Hooker, 1991: 217; Witherington, 2001: 264). 아마도 그는, 예수님을 통해 새 출애굽이 진행되고 있고 또 모세와 엘리야와의 만남은 예수님의 새 출애굽 운동을 확증해 주는 사건으로 이해했던 것처럼 보인다. 그럼에도 불구하고 그의 반응이 긍정적으로 평가되지 못한 이유는 초막을 위한 대상 묘사에서 예수님을 모세와 엘리야와 동등한 입장에서 이해하고 있기 때문이다("하나는 당신을 위해, 하나는 모세를 위해, 하나는 엘리야를 위해", 5절 후반부). 또한 두려움 때문에 "그가 무엇을 대답해야 할지를 몰랐[다]"(6절)에서와 같이 베드로의 반응의 진정성은 평가 절하된다. 그 이유는 어렵지 않게 추론할 수 있는데, 제자도에 대한 가르침을 담고 있는 직전 문맥(8:34-38)을 고려할 때 베드로의 응답("우리가 여기 있는 것이 좋사오니", 5절 전반부)은 자기를 부인하고 십자가를 지고 인자를 따르라는 예수님의 가르침에 부합하지 않기 때문이다. 베드로는 자기가 본 '따른 후에 주어질' 영광스러운 장면에 압도되어 '따르기'를 망각하고 '머무르기'를 선택한 것이다.

하늘의 소리(7-8절) "구름이 일어나 그들을 뒤덮는다. 그리고 구름으로부터 소리[φωνὴ ἐκ τῆς νεφέλης]가 있었다"(7절). 위 묘사가 보여 주듯 소리는 하나님이 발하시지만 진원지는 "구름으로부터"였다. '산 위의 구름'은 구약성경에서 신 현현의 상징적인 이미지이며(출 19:16; 24:15-16) 구름 가운데서 들리는 소리는 하나님의 소리로 이해된다(출 19:9; 24:16; 24:18-25:1; 34:5). 제자들이 "구름으로부터 소리"를 들었다는 사실의 의미 이해는 출애굽기 19:9의 도움을 받을 때 분명해진다(France, 2002: 355). 하나님은 모세에게 "빽빽한 구름 가운데서" 말씀하신 이유를 "내가 너와 말하는 것을 백성들이 듣게 하며 또한 너를 영영히 믿게 하려 함이니라"(19:9)라고 말씀하셨듯이 현 단락에서도 하나님은 구름 가운데서 나타나 신적 권위로 제자들에게 "그의 말을 들으라"(7절 후반부)고 하신다. 구름으로부터 들려온 소리는 그 소리가 하나님의 소리임을 제자들에게 확증시켜 주었을 것이다.

들려온 소리의 내용은 아래와 같다:

> 이는 내 사랑하는 아들이니
>
> οὗτός ἐστιν ὁ υἱός μου ὁ ἀγαπητός (7절).

사실 소리의 앞 부분은 2인칭 대명사 '쉬'(σύ)가 원거리 지시대명사 '후토스'(οὗτος)로 바뀐 것을 제외하고는 세례 때 예수님이 들으셨던 말과 일치한다:

> 너는 내 사랑하는 아들이요
>
> σὺ εἶ ὁ υἱός μου ὁ ἀγαπητός.

세례 때 예수님에게만(σύ) 들려주셨던 소리를 이제 제자들에게(οὗτός)도 들려주신다. 예수님이 하나님의 사랑하는 아들 되심이(또한 참고, 12:6) 하나님에 의해 제자들에게 확증된 것이다. 특히 하나님의 소리가 베드로에게 의미했던 바는 특별했을 것인데, 베드로는 예수님을 랍비라 부르며 모세와 엘리야와 동등한 입장에서 초막 셋을 짓자고 했는데 반해 하나님은 모세와 엘리야는 무시한 채 예수님을 향해 "내 사랑하는 아들"이라 부르고 있기 때문이다(Bauckham, 2020: 100-101). 사실 직전 단락에서 예수님은 자신을 인자로 불렀다. 그리고 현 단락에서 하나님은 그를 아들로 부르신다. 인자로 소개된 예수님이 하나님의 아들이라는 말은, 그러므로 인자가 바로 하나님의 사랑하는 아들이라는 등식을 가능케 한다("인자가 … 그의 아버지 …", 8:38). 또한 1:11에서 지적한 것처럼 "하나님의 아들"은 시편 2:7로부터 온 용어로 다윗 계열의 왕을 위한 칭호였다. 다윗 계열의 왕을 위해 "하나님의 아들"이라는 칭호가 사용된 것은 사무엘하 7:12-14의 영향인데, 그곳에서 하나님은 나단 선지자에게 다윗의 아들이 성전을 건축할 것이고 "나는 그에게 아버지가 되고 그는 나에게 아들이 되리니"라고 선언한다. 쿰란 공동체에서는 사무엘하 7:12-14에 등장하는 다윗의 아들이자 하나님의 아들을 종말론적인 메시아로 해석한다(4Q174 1:10-13). 따라서 하나님께서 제자들에게 예수님을 "내 아들"이라 한 것은 그에게 메시아적 아들 됨(messianic sonship)을 선언한 것이다.

그러나 1:11에서도 살펴본 것처럼 "사랑하는"(ὁ ἀγαπητός)이라는 단어는 시편 2:7이나 사무엘하 7:12-14에 등장하지 않는다. 가장 유사한 예는 하나님께서 아브라함에게 그의 아들 이삭을 제물로 바치라 하셨을 때 하신 말씀이다: "네 사랑하는 아들, 곧 네가 사랑하는 이삭을 데리고 …"(λαβὲ τὸν υἱόν σου τὸν ἀγαπητόν ὅν ἠγάπησας τὸν Ισαακ ..., 칠십인경 창 22:2). 유사한 표현이 12, 16절에도 반복된다: "네 사랑하는 아들"(τοῦ υἱοῦ σου τοῦ ἀγαπητοῦ, 개역개정 "네 아들 네 독자"). 아브라함에게 이삭이 "사랑하는 아들"(τὸν υἱόν ... τὸν ἀγαπητόν)이라는 말은 이삭이 그에게 태생적 자녀라는 뜻을 함의한다. 이러므로 마가복음 9:7의 "이는 내 사랑하는 아들[ὁ υἱός μου ὁ ἀγαπητός]"은 예수님이 기능적으로 메시아라는 주장을 초월하여 존재론적으로 하나님의 자녀, 그러므로 신적 아들임(divine sonship)을 확증하는 선언이다.[8] 따라서 9:7에서 "하나님의 아들"은 예수님의 메시아적 신분과 신적 신분, 둘 다를 포함하는 중의적 의미를 가진다고 말할 수 있다. 그럼에도 앞선 문맥(옷의 변화와 모세와 엘리야의 등장과 대화)이 암시했듯이 하나님의 선언은 예수님이 그의 신적 아들이란 사실을 보증하는 차원에서 이뤄졌다는 추론은 정당하다(Marshall [b],1990a: 143; Lee, 174).[9]

단수 지시 대명사("이는", οὗτός)가 가리키듯 현 기독론적 선언은 제자들을 그 청자로 삼고 있다는 점을 간과하지 말아야 한다. 제자도에 대한 초점은 무접속사(asyndeton)로 병렬되어 선언된다: "이는 내 사랑하는 아들이니 너희는 그의 말을 들으라"(οὗτός ἐστιν ὁ υἱός μου ὁ ἀγαπητός ἀκούετε αὐτοῦ). 요지는 제자들이 예수님의 말을 '하나님의 아들'의 말로 들어야 한다는 것이다. "들으라"(ἀκούετε)는 마가복음 전체에서 강조된 언설이다(4:3, 9, 12 주해를 보라). 그들이 들어야 할 예수님의 말이 무엇일까? 원접 문맥은 마가복음 전체에서 주어진 예수님의 가르침이지만 근접 문맥(8:31; 9:12, 31)을 근거로 볼 때는 고난을 겪고 죽음의 길을 가야 한다는 인자의 말일 것이다. 하나님의 소리는 한편으로는 인자의 말에 신적 권위

8. 하나님과 예수님의 메시아적 아들관계(messianic sonship)와 신적 아들관계(divine sonship)에 대한 추가적인 논의를 위해서는 1:11; 8:38 주해를 보라.

9. 1:11 주해를 보라.

를 부여한다. 인자는 제자들이 알아듣기 힘든 애매모호한 표현이기 때문에 하나님은 예수님을 하나님의 아들로 소개하여 권위를 부여해 주신 것이다. 또 한편으로는 예수님의 변화된 모습을 본 제자들이 다시 그를 오해하지 않도록 하고자 하늘의 소리를 들려주신다. 곧 영광스럽게 변모된 모습을 보고 그곳에 초막을 짓고 '머물러' 있기를 원하는 그들에게 고난과 죽음의 길을 가라는 예수님의 말씀을 듣고 순종하라 명령하신 것이다(비교. Tolbert, 207).

제자들은 "문득 주위를 살펴보았지만 더 이상 아무도[οὐκέτι οὐδένα] 볼 수 없었고 다만 그들과 함께 계신 예수님만[τὸν Ἰησοῦν μόνον] 보았다"(8절). 이중부정(οὐκέτι οὐδένα)은 모세와 엘리야의 사라짐을, 부사(μόνον, '오직')는 예수님의 남음을 부각하는 문법적 항목이다. 율법을 준 모세와 선지자 엘리야는 사라지고 오직 예수님만 남은 것은 하나님께서 당신을 계시하시는 종말론적 통로가 예수님이라는 점을 확증해 준다. 무엇보다 제자들이 모세와 엘리야가 사라진 가운데 홀로 남은 예수님을 본(εἶδον) 시점이 하나님께서 "너희는 그의 말을 들으라"고 명하신 직후였다는 것은 하나님의 말씀대로 그들이 듣고 순종해야 할 분은 율법과 선지자가 '말했(왔)던' 하나님의 아들 예수님이라는 사실을 확인하도록 이끌어 준다(Hooker, 1991: 218).

부활 예고와 제자들의 무지(9-10절) 제자들은 그들이 본 변모 광경을 "인자가 죽은 자로부터 살아날 때까지"(9절) 말하지 말도록 명령받는다. 그들이 본 장면이 무엇을 의미하는지는 변화가 지시하는 궁극적 실체인 부활의 빛 아래서만 제대로 이해될 수 있었기 때문에 이런 금지 명령이 주어졌을 것이다. 제자들의 반응은 한편으로는 몰이해를, 다른 한편으로는 순종적 태도를 포함한다: "그들은 죽은 자들로부터 살아난다는 것이 무슨 뜻인지 서로에게 물었지만 그 말씀은 지켰다[τὸν λόγον ἐκράτησαν]"(10절). '에끄라떼산'(ἐκράτησαν)은 문자적으로 '붙잡다'의 뜻을 가지는데 현 맥락에서는 중립적 의미의 '붙잡다'(Hooker, 1991: 218)와 부정적 의미의 '파기하다'(Edwards [b], 273)보다는 긍정적 의미의 '지키다'(Boring, 2006: 259)로 번역하는 것이 문맥상 훨씬 자연스럽다. 이는 마가복음에서 '끄라떼오'(κρατέω)가 문자적 의미로 사용된 용례(1:31; 3:21; 5:41; 6:17; 9:27; 12:12; 14:1, 44, 46, 51)를 제외하고 비유적 쓰임의 경우(7:3, 5, 8)에는 모두 '전통을 지키다'의 뜻으로 사용되기 때문이다. 제자들이 '지킨' 것은 변모 광경을 말하지 말라는 말이었고, 이해하지 못해 '서로에게 물은'(πρὸς ἑαυτοὺς συζητοῦντες) 것은 인자가 "죽은 자들로부터 살아난다는 것"(τὸ ἐκ νεκρῶν ἀναστῆναι)의 의미였다. 사실 제자들을 포함하여 당시 유대인들에게 부활의 개념이 없었다고 믿기는 힘들다. 부활은 다니엘 12:2에 명시되었고 또 당시 가장 영향력 있는 유대 분파인 바리새인들이 믿고 가르쳤던 내용이었기 때문이다(행 23:8). 하지만 유대인들에게 부활 이해는 마지막 날 모든 사람이 일으킴을 받는 일반적 부활이 전부였다(참조. 요 11:24; 고전 15:51-52). 그러므로 제자들이 이해하지 못한 것은 일반적 부활에 관한 것이나 혹은 야이로의 딸에게 일어난 것과 같은 '회생'(5:37-42)이 아니라 인자만 홀로 부활을 체험하게 될 것이라는 예언이었을 것이 분명하다(Wright, 2002: 116). 구약이나 제2성전 시기 유대 문헌에는 순교자들이 마지막 날에 함께 일으킴을 받을 것이라 가르치고 있기에 제자들이 인자 홀로 부활할 것이라는 말을 이해할 수 없었던 것은 어쩌면 당연했다. 제자들에게 메시아의 비극적 죽음은 받아들일 수 없는 현실이었고 메시아의 부활은 이해할 수 없는 개념이었다.

엘리야와 인자의 역할에 관한 대화(11-13절)[10] 예수님의 부활 언급으로

---

10. 저자는 최근 논문(2020: 82-88)에서 9:12와 14:21을 상세하게 다룬 바 있다.

당혹스러워진 제자들이 서기관들이 말한 바, 엘리야의 옴에 관해 질문을 한 것은 논리적으로 타당한 순서이다(대조. Hooker, 1991: 219; Edwards [b], 274). 부활은 종말의 도래를 알리는 신호였고(단 12:1-2) 엘리야는 주의 날, 곧 종말 전에[11] 오리라 기대된 인물이었기 때문이다(말 4:5-6; 집회서 48:10; 에스라4서 6:23-26, 특히 26; Schürer, 2권 515-16).[12] 제자들은 인자가 부활할 것이라는 말을 이어받아 그 같은 종말론적 사건이 일어나려면 종말이 오기 전에 있으리라 기대된 엘리야의 방문이 성취되었는지 확인하고자 했던 것이다. 이에 예수님은 말라기 4:5-6의 말을 변형하여 역질문을 하신다:[13]

> 엘리야[가] … 아버지의 마음을 자녀에게로 … 자녀들의 마음을 … 아버지에게 회복시키고[ἀποκαταστήσει](칠십인경 말 3:23). 엘리야가 먼저 와서 모든 것을 회복하고 있소[ἀποκαθιστάνει](막 9:12)?

예수님이 질문하신 의도가 종말 전에 엘리야가 오리라는 서기관의 가르침을 반박하시기 위해서라고는 볼 수 없는데, 이는 13절에서 그 역시 "엘리야가 참으로 왔소"라고 인정하기 때문이다. 예수님의 수사적 질문의 의도는 다른 데 있으며 또 이중적이다. 첫째, 말라기에서는 가족(이스라엘) 구성원의 화해가 엘리야의 회복적 사역이라고 하지만, 예수님은 엘리야의 회복 영역을 "모든 것"이라 표현하신다. 이런 말라기 본문의 변화는

---

11. 제2성전 시기 "여호와의 날"을 종말로 이해한 증거를 위해서는 행 2:17, 20; Cathcart, 1992: 84-85를 보라
12. 또한 6:15 주해를 보라.
13. 12절 전반부를 의문문으로 해석하는 입장에서 대해선 위 번역을 보라.

예수님이 엘리야, 곧 세례 요한의[14] 회복적 사역의 '불완전성'을 지적하신 것이다. 이 점은 12절 후반부와 관련해서 더욱 명확해지는데, 예수님이 "그렇다면 어찌하여[καὶ πῶς] 인자에 관해서는 그가 많은 고난과 멸시를 받아야 할 것이라 기록되었겠소?"라고 말하신 의도는 만일 엘리야로서 세례 요한의 사역이 성공했다면 말라기 선지자가 말한 대로 이스라엘 가족과 사회 구성원 사이에 평화가 있었을 것이고 그 결과 인자의 고난과 멸시도 없었을 것이라 주장하시는 것에 있다(Gnilka, 2권 60). 인자의 고난과 멸시는 세례 요한의 선구자로서의 준비 사역의 불완전성에 기인한다는 것이다(Marcus, 2009: 645, 649). 물론 예수님은 인자의 고난이 세례 요한의 불완전한 사역에 따른 불가피한 운명으로만 보시지는 않는다. 이는 마가복음에서 세례 요한의 참수형이 보여 주는 것처럼 엘리야의 사역의 '실패'와 뒤따르는 인자의 고난과 죽음이 성경에 "기록"(γέγραπται) 되었다고 말씀하시고 있기 때문이다(가장 많은 현저성을 가진 완료 시제의 사용에 주목하라). 인자의 고난과 멸시가 신적 필연성 가운데서 진행되는 일이라는 것이 예수님의 근본적 믿음이었다(Edwards [b], 274).

둘째, 예수님이 12절에서 엘리야의 사역의 불완전성을 지적함과 동시에 인자의 고난과 멸시를 언급하신 데는, 세례 요한에 의해 시작됐지만 완성에는 도달치 못한 종말론적 회복이 인자의 사역을 통해서 그 절정에 도달할 것임을 주장하시려는 의도가 있었을 것이다. 만일 이런 의도를 추론하지 않으면 세례 요한의 사역이 미완으로 끝났다는 것과 인자가 고난과 멸시를 받는 것이 신적 필연성 가운데 있다는 두 정보의 병렬을 어떻게 이해할 수 있겠는가? 예수님이 인자가 고난받는 것은 요한이 그의 사역을 온전히 이루지 못했기 때문이라는 주장만을 하기 원하셨다고 보는

14. 종말에 오리라 기대된 엘리야가 세례 요한이라는 마가복음의 입장에 대해선 1:2 주해를 보라.

것은 너무 단편적인 해석이다. 오히려 종말론적 운동을 시작했지만 완성을 하지 못한 세례 요한의 사역은 오직 인자의 고난으로만 완성될 수 있을 것이라 예수님이 판단하셨다고 보는 것이 훨씬 더 타당한 해석이다. 인자의 고난과 멸시가 성경에 기록되어 있다는 주장은, 그러므로 종말론적 회복이 완성되는 길로서 인자의 고난과 멸시가 가진 신적 당위성을 주장하기 위함이다. 문제는 '인자의 고난'을 직접 언급하는 구약성경 본문이 없다는 것이다. 그럼에도 마르쿠스가 적절하게 지적한 것처럼 유대인과 초기 교회의 성경 인용 방식은 여러 본문을 합쳐서 '기록된 것처럼'과 같은 인용 공식을 사용하는 전통이 있었다(4Q266 11:3-5; 4Q270 7 1:17-18; 막 1:2; 갈 4:22; 요 7:38; Marcus, 2009: 645). 그렇다면 예수님이 "인자에 관해서 … 기록되지 않았소?"를 말씀하셨을 때 염두에 두신 성경은 아마도 다니엘 7:13과 이사야 53:3의 혼합 본문일 가능성이 크다(Cranfield, 277, 298; France, 2002: 360). 예수님의 자기 칭호로서 인자는 다니엘 7:13을 배경으로 하고(비교. Evans, 2001: 43-44)[15] 그가 받아야 하는 "고난과 멸시"는 이사야 52:13-53:12(특히 3절)의 여호와의 종의 운명을 떠올려 준다: "그가 멸시를 받아[נבזה, '니브제'] 사람들에게 버림받았으며"(맛소라 사 53:3). 사실인즉 3절의 '그가 멸시를 받아'(נבזה)는 칠십인경에서는 '불명예'(ἄτιμον)로 번역되어 현 본문에서 사용된 '엑수데네테'(ἐξουδενηθῇ, '멸시')와는 다른 것이 사실이다. 하지만 히브리어 성경을 헬라어로 번역한 당시 유대인들 번역가들(아퀼라[Aquila], 심마쿠스[Symmachus], 그리고 데오도톤[Theodoton])은 이사야 53:3의 히브리어 '바자'(בזה, '멸시하다')를 '엑수데노메노스'(ἐξουδενωμένος, '멸시받음')로 번

15. 예수님의 인자 용어 사용에 관한 논의를 위해선 2:10, 28; 8:31 주해를 보라.

역한다(France, 2002: 360). 이와 같은 용어의 유사성은[16] 차치하고라도 이사야 53장의 고난받는 여호와의 종과 고난받는 인자 사이의 주제적 유사성은 예수님이 염두에 두신 본문이 이사야 53:3이었을 개연성을 높여준다(대조. Hays, 2016: 86-87). 인자되신 예수님은 이사야가 말한 여호와의 종의 길을 친히 가심으로 세례 요한에 의해 긍정적으로 또 부정적으로 준비된 종말을 도래케 하려 하신 것이다. 달리 말하면, 세례 요한이 "모든 것을" 회복하지 못하여 사람들의 마음은 여전히 완고해져 있어 그 뒤에 온 인자가 사람들로부터 고난을 받아 죽음을 겪을 수밖에 없었지만, 인자는 오히려 그 고난과 죽음의 길 곧 이사야가 말한 종의 길을 자신의 소명으로 여기며 그 길을 가심으로 종말을 가져오신 것이다.

현 단락의 끝인 13절은 역접 접속사 '알라'(ἀλλά, '그러나')로 시작한다. 이런 역접 접속사의 사용은 12절의 정보가 일으킬 수 있는 기대에 반하는 주장을 하시기 위함이다. 12절의 "엘리야가 먼저 와서 모든 것을 회복하고 있소? 그렇다면 어찌하여? …"로 이어지는 정보는 마치 엘리야가 오지 않았다는 오해를 불러일으킬 수 있다. 더군다나 제자들은 11절에서 인자의 부활이 있을 것이라는 예수님의 가르침을 이해하지 못한 채 종말이 오기 전에 먼저 엘리야가 와야 하지 않느냐는 질문을 했다. 제자들의 질문은 엘리야가 오지 않았기에 아직 종말이 시작되지 않았고, 그 결과 부활은 현시대에서 일어날 수 없는 일이라는 논리를 바탕으로 하고 있었다. 하지만 예수님은 제자들의 무지와 잠재적 오해와는 달리(ἀλλά) "엘리야 역시 왔소"(καὶ ἐλήλυθεν)라고 선언하신다. '엘렐뤼텐'(ἐλήλυθεν)은 12절(γέγραπται)에 이어 가장 많은 현저성을 가진 완료 시제로 발화되었고

---

16. 히브리어 בזה가 헬라어 ἐξουδενέω와 동의어라고 보는 입장에 대해서는 Abbott-Smith, ἐξουδενέω를 보라.

강조형 부사 '까이'(καί, '역시')가 더해진다(13절). 결과적으로 두 강조형은 모두 엘리야의 옴, 곧 준비된 종말을 부각하는 것에 맞추어져 있다.

온 엘리야에게 일어난 일은 고난이었다: "사람들이 마음대로 그에게 행했소"(13절 후반부). 앞서 엘리야가 와서 "모든 것을 회복시키고" 있다는 사실에 의문을 제기하신 후 이제 엘리야에게 일어난 일은 인자와 마찬가지로 고난받는 일이었다고 말씀하신다. 그리고 엘리야의 고난 역시 인자와 마찬가지로 성경에 기록되었다고 밝히신다("그에 관해 기록된 것처럼", 13절 후반부). 종말을 준비하는 자로서 엘리야가 받은 고난은 그 종말을 완성하는 인자의 고난을 예비한 것이었음을 함의한다(Collins [a], 432). 엘리야의 고난이 성경에 기록되었다는 주장은 특정 본문(예. 왕상 19:2, 10; Cranfield, 299; Hooker, 1991: 221)을 근거로 삼기 어렵다. 이는 주의 날 전에 엘리야가 와서 고난받을 것이라는 본문(비교. 말 4:4-6; 에스라4서 6:28)이 없기 때문이다. 오히려 인자의 고난의 경우와 마찬가지로 특정 본문 하나보다는 여러 성경을 종합적으로 가리킨다고 보는 것이 옳다(Collins [a], 432; Marcus, 2009: 646). 구약성경은 선지자들이 고난받고 또 때로는 죽임까지 당하는 기록을 반복적으로 남겨둔다(렘 11:19, 21; 20:1-2; 대하 16:10; 24:20-22; 왕상 19:2, 10, 14; 22:19-29). 따라서 엘리야에 빗대어진 세례 요한 역시 선지자로서 구약 선지자들의 운명을 피할 수 없을 것이라는 예언으로 보는 게 낫다.

물론 현 맥락에서 엘리야의 고난에 대해서 언급하는 것은 그의 길을 따르는 인자의 길에 대한 예시를 보여줄 수 있기 때문이다. 엘리야에게 "사람들이 마음대로"(13절 후반부) 행했다면 엘리야의 뒤를 잇는 인자를 향한 그들의 태도 역시 별반 다르지 않을 것임을 함축적으로 말한다. 그의 운명에서 예수님은 자신의 길을 본 것이다. 이런 함축적 의미는 예수님이 그가 세례 요한과 같은 운명을 결국 겪게 될 것을 사역 시작부터 알고 계셨다(1:14; 참조. 6:14-16)는 사실을 통해 지지받을 수 있다. 예수님은 세례 요한이 겪은 것과 같이 인자 역시 고난을 통과하는 것이 불가피하다고 보신 신학적인 이유는 위에서 살펴본 것과 같이 이사야의 종의 길을 그가 택하셨기 때문이라 보더라도 현실적인 이유 또한 생각해 보지 않을 수 없다. 이는 예수님과 세례 요한은 1세기 사회·정치적 현실에 발을 딛고 살았기 때문이다. 아마도 회개와 믿음을 통해 하나님과의 언약 갱신(새 언약)을 이루는 새 출애굽의 메신저는(1:14-15 주해를 보라), 첫 출애굽 때처럼 당시 부패한 정치와 종교 권력자들과의 충돌이 불가피할 것이라 판단하셨기 때문일 것이다(Porter, 2016: 94).

예수님의 고난 예고는 단연코 그 자체가 목적이 아니다. 12절에서 살펴본 것처럼, 엘리야에 빗대어진 세례 요한의(이스라엘 가족 구성원 사이에 평화를 가져오려는 종말론적) 미완성 사역으로 인자의 고난이 기다리고 있지만, 예수님은 오히려 그런 미완성이 고난받는 인자를 통한 하나님의 종말론적 구원 사역을 예비하게 되었다는 역설적 주장을 하시려고 의도했음이 틀림없어 보인다.

요약과 해설

베드로의 신앙고백이 있은지 "엿새 후"에 예수님은 세 명의 측근 제자들과 함께 높은 산에 오르신다(9:2). 그곳에서 제자들은 예수님의 몸의 변화, 희게 빛나는 옷의 광채와 모세와 엘리야의 등장과 대화 장면을 목격하고 또 구름 속에서 들려오는 하나님의 소리를 듣는다. 그들이 목격한 장면과 들은 소리는 모두 예수님의 신적 신분을 암시하는 내용들이다. 제자들이 그 같은 체험을 한 것은 고난과 멸시를 받아 죽게 될 예수님이 영광스러운 부활을 통해 새 창조를 가져오실 분임을 그들에게 예시해 주시기 위함이다. 하지만 베드로는 초막 셋을 짓고 산 위에 머물자는 제안을 한다. 베드로의 제안에 대한 응답은 구름 속에서 들려오는 하나님의 말씀으로 대체된다. 이 소리는 세례 때 예수님이 들으셨던 소리와 유사하지만 차이는 있다. 세례 때는 예수님에게 주어졌지만 변화산에선 제자들에게 주어진다는 것과, 무엇보다 "너희는 그의 말을 들어라"(7절)는 내용이 더해진다는 것이다. 제자들이 들어야 할 예수님의 말씀은 그가 고난을 겪고 죽음의 길을 가는 인자이며 그의 제자들 역시 "자기를 부인하고 자기 십자가를 지고" 그를 따라야 한다는 직전 단화에서 주어진 가르침(8:31, 34)이었다. 산에서 내려오시는 동안 예수님은 제자들에게 인자의 부활 때까지 그들이 본 것을 말하지 말도록 당부하신다. 부활의 몸의 예시 차원에서 일어난 변모는 그것이 가리키는 바에 도달한 후에야 제대로 이해될 수 있기 때문이었다.

하지만 제자들은 부활이 무엇인지 이해하지 못하는데, 맥락상 그들이 이해하지 못한 부분은 일반 부활 전에 인자가 개별적으로 먼저 부활할 것이라는 말이었을 것이다. 이는 제자들과 유대인들에게 부활은 마지막 날 모든 사람에게 일어날 일반 부활에 대한 지식이 전부였기 때문이었다. 이어서 제자들은 종말 전에 오리라 기대된 엘리야의 '옴'에 관한 질문을 한다. 이런 질문은 현 맥락에서 자연스러운데, 부활은 종말 때에 일어날 것으로 믿었음을 감안한다면, 예수님이 부활이 일어날 것이라 말하자 종말의 도래를 확인하는 차원에서 엘리야의 옴에 관한 질문을 한 것으로 볼 수 있기 때문이다. 예수님은 엘리야(세례 요한)가 왔다는 사실을 인정하면서도 그가 "모든 것을 회복"(12절) 시켰다는 것에는 의문을 제기하신다. 엘리야의 사역은 어떤 의미에서 미완성으로 끝났고 오직 인자의 고난과 멸시 받음을 통해서 종말론적 회복이 완성될 것이라 주장하신다. 더불어

“엘리야 역시 왔소. 그러나 사람들이 마음대로 그에게 했소”(13절)라는 말씀에는 세례 요한의 갑작스러운 죽음으로 끝난 미완의 사역이 오히려 역설적으로 “고난과 멸시”를 통해 종말을 가져올 인자의 완전한 사역을 바라보게 하는 것이라는 뜻이 담겨 있다.

제42장
귀신 들린 아이 치유
마가복음 9:14-29

현 사건과 더불어 앞으로 하나의 치유 단화(소경 바디매오 치유[10:46-52])가 한번 더 소개된 후 마가복음 전체에서 치유 이야기는 사라진다. 여리고에서 일어난 소경 바디매오의 시력 회복은 전 내러티브에서 마지막 치유 기적이며 현 축귀는 갈릴리에서 행하신 마지막 치유 기적이다. 갈릴리에서 대중을 대상으로 한 예수님의 공적 사역의 처음(1:21-28)과 끝(9:14-29)에는 모두 축귀가 자리 잡고 있다(Boring, 2006: 272). 첫 축귀는 대중들의 찬사와 함께 그의 소문 확장으로 결론나지만 현 축귀는 제자들의 무능과 그에 따른 제자 교육으로 귀결된다(18-19, 28-29절). 동일한 축귀 사역이지만 맥락의 차이로 강조점 역시 달라진다. 현 사건에서 제자도의 주제는 두드러지는데, 산 위에서 세 제자들은 영광스러운 체험을 하지만 산 아래의 제자들은 그들에게 주어진 임무(3:15; 6:7, 13)를 수행하는 데에 있어서 실패한다. 따라서 예수님의 가르침은 제자들이 산 아래의 길을 걷는 데 있어서 필요한 '능력'(δύναται [4x], 22-23, 28-29절)이 무엇이며 어떻게 그것을 얻을 수 있는지에 맞춰진다. 제자도의 두 축은 믿음과 기도임을 알려주신 것이다(19, 29절). 현 단락은 배경(14-15절), 제자들의 무능(16-18절), 예수님의 책망(19절), 병자의 등장과 간구(20-22절), 축귀(23-27절), 제자 교육(28-29절)으로 진행된다.

14 그리고 그들이 그 제자들에게 왔을 때 그들을 둘러싼 많은 무리와
그들과 논쟁 중인 서기관들을 보았다. **15** 그리고 즉시 온 무리가 그를 보고
놀랐으며 또 달려와 그를 기쁘게 맞이했다. **16** 그리고 그가 그들에게 물었
다. "무슨 일로 그들과 논쟁을 하는 것이오?" **17** 그러자 무리 중 한 사람이
그에게 대답했다. "선생님, 말 못하는 영에 붙들린 제 아들을 당신께 데려
왔습니다. **18** 어디서건 그것이 그를 붙잡으면 그를 거꾸러뜨립니다. 그러
면 그는 거품을 흘리며 이를 갈고 [몸이] 뻣뻣해집니다. 그래서 제가 당신
의 제자들에게 그것을 내쫓아 달라고 말했습니다. 그러나 그들은 할 수 없
었습니다." **19** 그러자 그가 그들에게 대답하며 말씀하셨다. "오, 믿음 없는
세대여, 언제까지 내가 그대들과 함께 있어야 하겠소, 언제까지 그대들을
참아야 하겠소?" **20** 그리고 그들이 그를 그에게 데려왔다. 그리고 그 영이
그를 보자 곧 그 [아이]를 뒤흔들었다. 그가 땅 위에 넘어져 뒹굴며 거품을
흘렸다. **21** 그리고 그가 그의 아버지에게 물으셨다. "이와 같은 일이 얼마
나 오래 그에게 있어 왔소?" 그리고 그가 대답했다. "어릴 때부터[입니다]
22 그것이 그 [아이]를 죽이고자 자주 불과 물 속으로도 그를 던졌습니다.
그러나 만일 당신이 무엇을 할 수 있으시다면 저희를 불쌍히 여겨 도와주
십시오." **23** 그러나 예수님이 그에게 말씀하셨다. "'당신이 할 수 있거든'이
라고 했소? 믿는 자에게는 모든 것이 가능하오." **24** 즉시로 그 아이의 아버
지가 외치며 말하였다. "내가 믿습니다. 나의 믿음 없음을 도와주십시오."
25 그리고 예수님이 무리가 함께 달려오는 것을 보시자 그 더러운 영을 꾸
짖으며 말씀하셨다. "말 못하고 귀 먹은 영아, 내가 너에게 명령한다. 그로
부터 떠나라. 그리고 다시는 그에게 들어가지 마라." **26** 그러자 많은 소리

를 지른 후 그것이 나갔다. 그리고 그는 죽은 것 같이 되었다. 그러자 많은 사람들이 그가 죽었다고 말했다. **27** 그러나 예수님이 그의 손을 잡으신 후 그를 일으키셨다. 그러자 그가 일어났다. **28** 그 후에 그가 한 집에 들어가셨을 때 그의 제자들이 그에게 따로 물었다. "어찌하여 우리들은 그것을 내쫓을 수 없었습니까?" **29** 그러자 그가 그들에게 말씀하셨다. "이런 종류의 것은 기도 외에는 어떤 방법으로도 나가게 할 수 없소."

주해

배경(14-15절) 예수님과 세 명의 제자들이 산에서 내려와 다른 제자들에게 왔을 때 그들의 시야에 직접 들어온 것은 제자들보다는 "그들을 둘러싼 많은 무리[ὄχλον πολύν]와 그들과 논쟁 중인 서기관들[γραμματεῖς]"이었다(14절). "많은 무리"와 "서기관"이 '에이돈'[εἶδον, '그들이 보았다'] 의 목적격으로 문법화된 것에 주목하라(14절). 산 위에서 영광스러운 변모가 있는 동안 산 아래에 있던 제자들은 무리의 압박(περὶ αὐτοὺς, '그들을 둘러싼')과 서기관들의 질문으로 곤궁에 빠졌던 것이다. 산에서 내려온 예수님을 먼저 목격(ἰδόντες)한 이들도 무리였다(15절). 그들은 예수님을 보고 "놀라서"(ἐξεθαμβήθησαν) 달려온다. 산 아래로 내려온 예수님을 본 무리의 감정적 반응이 '놀람'이었다는 것은 모세가 산에서 내려올 때 사람들이 그의 얼굴의 광채를 보고 놀란(ἐφοβήθησαν, 출 34:30) 장면을 떠올려 준다(Hooker, 1991: 223; Marcus, 2009: 651). 하지만 현 본문의 흐름상 더 자연스러운 해석은 제자들의 축귀 실패 이후 기다리던 '축귀자' 예수님의 등장에 따른 놀람으로 보는 것이다. 이런 해석은 산에서 내려온 예수님을 본 무리의 반응이 세 개의 동사("놀랐으며/ 또 달려와/ 그를 기뻐게 맞이했다")를 통해 세밀하게 서술된다는 것을 통해 확인할 수 있는데, 세 동사 모두 예수님에 대한 그들의 기다림이 간절했다는 것을 시사해 준다. 흥미롭게도 갈릴리에서 첫 축귀 사역 때도 무리들은 예수님의 축귀에 놀람(ἐθαμβήθησαν)으로 반응했다. 아래서 살펴볼 것처럼 현 단락에서는 제자들의 실패와 무리의 적극적 역할이 대조된다.

제자들의 무능(16-18절) 예수님은 "무슨 일로 그들과 논쟁을 하는 것이오?"라고 "그들에게" 질문하신다. 질문을 받은 사람은 서기관들(Hooker, 1991: 223; Edwards [b], 277) 혹은 서기관들과 제자들 둘 다(Collins [a], 437)일 수 있다. 하지만 예수님의 질문은 무리가 그에게 달려온 후에 이뤄지고 있기 때문에, 질문은 무리에게 주어졌다고 보는 것이 옳다. 그러나 대답은 "무리 중 한 사람"이 하는데, 그는 후에 아이의 아버지로 밝혀진다("내 아들을", 17절). '아이의 아버지'라는 보다 더 직접적인 표현이 있었음에도 그를 "무리 중 한 사람"이라 표현한 것은 15절에 이어서 무리를 다시 조명하기 위함이다. 무리는 예수님을 환영하고 또 문제 해결의 중재자가 나온 그룹으로 묘사된다. 8:34에서 무리와 제자들이 동등한 입장에서 예수님을 따르도록 요청된 후 제자들은 뒤로 물러나고 무리가 전면에 부각되고 있는 듯한 인상을 준다.

아이 아버지는 축귀를 요청하는 맥락에서 예수님을 "선생"(διδάσκαλε)이라 부른다. 가버나움 회당에서의 첫 축귀 역시 가르침(διδαχῇ, διδάσκων, 22절; διδαχὴ, 27절)의 맥락에서 일어났다. 1:23-24 주해에서 밝힌 것처럼 고대 유대 사회에서 선생은 지식 전달자 그 이상의 역할(치유, 가르침, 축귀 등)을 할 것으로 기대된 인물이었다. 이어서 아이 아버지는 그의 아이가 "말 못하는 영"(πνεῦμα ἄλαλον)에 붙들려 있음을 상세한 증상 묘사와 함께 설명한다(18절). 후에 예수님은 그 아이를 붙들고 있는 귀신을 "말 못하고 귀 먹은 영"(τὸ ἄλαλον καὶ κωφὸν πνεῦμα)이라 덧붙여 설명하신다(25절). 귀신에 대한 이런 묘사는 귀신이 말을 못하거나 귀가 먹었기 때문에 붙여졌을 가능성은 낮다. 귀신의 정체를 논하는 문맥이 아니기 때문이다. 대신 아이 아버지에 의해 설명된 것처럼(18절) 귀신이 아이에게 가져온 증상, 곧 발작을 하게 하는 동안 아이로 듣거나 말하지 못하게 하는 현상에 기초한 귀신 묘사로 보는 것이 타당하다(Collins [a], 439; Marcus, 2009: 652).

귀신 들린 아이에 대한 아버지의 증상 설명(18절)을 근거로 많은 주석가들은 그 아이가 간질병(마 17:15)을 앓고 있는 것으로 본다(Hooker, 1991: 223; Marcus, 2009: 653; Collins [a], 437). 그러나 적어도 마가복음에 따르면 상세한 증상 설명을 하는 아버지의 의도는 예수님이 정확한 병명을 진단토록 하기 위함이 아니라 그 아이가 귀신의 폭력적 힘 앞에서 아무런 대응도 할 수 없는 무력한 존재임을 역설하는 것에 있다. 아버지의 설명은 제자들조차 귀신 앞에서 무력했었다("그러나 그들은 할 수 없었습니다[καὶ οὐκ ἴσχυσαν]")는 좌절감 섞인 어조로 결론난다(18절 후반부).

예수님의 책망(19절) 아이 아버지의 말을 들은 예수님의 반응은 매우 격정적인데 그 시작은 "오, 믿음 없는 세대"(ὦ γενεὰ ἄπιστος)라는 탄식이다. "믿음 없는 세대"는 칠십인경 신명기 32:20을 떠올려 준다: "이는 어그러진 세대요 믿음 없는 자녀다"(ὅτι γενεὰ ἐξεστραμμένη ἐστίν υἱοί οἷς οὐκ ἔστιν πίστις ἐν αὐτοῖς). 신명기에서 이런 책망은 이집트의 종노릇에서 해방케 하신 하나님을 떠나 "새로운 신들"(17절)을 따르는 이스라엘 자손을 향한다. 유사하게 마가복음에서 "이 세대"(τῇ γενεᾷ ταύτῃ) 혹은 "세대"(γενεά)는 통상 예수님에 의해 시작된 하나님 나라에 참여하기를 거부한 바리새인들(8:11-12)과 종말의 도래를 기다리는 미완성의 시대(에 살고 있는 사람들; 참고. 13:30)를 가리키는 부정적 의미를 내포한 언표이다.[1] 그러므로 "이 세대"는 "음란하고 죄악된" 것으로 규정된다(8:38).

이렇게 부정적 어조를 내포한 "믿음 없는 세대"가 현 맥락에서 누구를 향하고 있는지 애매하다. 어떤 학자는 제자들을 제외한 모든 사람들(Hooker, 1991: 223; Gundry, 489; Edwards [b], 278) 혹은 다른 학자는 제자들을 포함한 무리와 서기관 모두를 가리킨다고 본다(France, 2002: 365). 하지만 예수님의 그 같은 말씀이 제자들도 "할 수 없었습니다"라는 아버지의 결론적 진술(18절) 직후에 나왔기 때문에 그의 책망은 그의 제자들에게 맞춰져 있다고 보는 것이 문맥적으로 바르다. 물론 위에서 살펴본 것처럼 마가복음에서 "세대"가 주로 하나님 나라와 무관한 사람들에 대한 지시어로 사용된 것은 이런 해석에 장애가 될 수 있다. 하지만 종말이 도래하기 전 시대에 속한 사람들의 마음 상태를 묘사하는 '완고함'(3:5) 역시 제자들의 마음 상태를 묘사하기 위해 사용된다(6:52; 8:17)는 것은, "믿음 없는 세대" 역시 제자들에게 사용될 수 있다는 것을 보여준다. 6:52에서 지적한 것처럼 외부인을 규정하는 용어가 내부인에게 사용된 것은 내부인이 외부인과 별 차별이 없기 때문이 아니라 교훈적 경고를 하기 위함이다(아래를 보라).

어쨌든 예수님의 평가는 축귀 실패가 그들의 '믿음 없음'(ἄπιστος)과 무관하지 않았음을 암시해준다. 축귀에서 믿음의 역할은 아이를 치유하는 순간(23-24절)에 다시 한번 더 언급될 정도로 축귀의 요건으로서의 믿음의 위치는 현 단락에서 뚜렷하다. 사실 마가복음의 여러 치유 단화에서 피치유자의 믿음은 하나님의 능력의 가시화를 가져온 매체로 반복 언급되고 있는데, 중풍병자의 치유("그들의 믿음을 보시고", 2:5), 열두 해를

1. 마가복음에서 사용된 "세대"에 대한 논의를 위해선 8:12 주해를 보라.

혈루증으로 앓은 여인의 고침("네 믿음이 너를 구원하였다", 5:34), 야이로의 딸의 소생("두려워 말고 믿기만 하십시오", 5:36) 등에서 확인된다(참조. 7:29). 이처럼 마가복음에서 등장한 '조연들'(minor characters)은 믿음으로 하나님의 능력을 경험했지만, 지금까지 예수님과 함께 있었던 제자들은 놀랍게도 "믿음 없는[ἄπιστος] 세대"로 불려진다. 그러면 그들에게 요구된 믿음이 무엇일까? '피스토스'(πιστός)는 형용사로서 '믿음직한'(trustworthy) 혹은 '충성스러운' 혹은 '신실한'(faithful)의 뜻을 가진다.[2] 구약에서 그것은 언약적 용어로써 하나님을 주로 '믿고' 그에 따라 '충성스러운' 존재로 남아 있을 때 '믿음 있는' 백성이라 불려진다(사 7:9; 28:16; 30:15; 학 2:4; 렘 40:6; Wright, 1996: 25-60).[3] 따라서 예수님이 산에 계시는 동안 제자들이 붙들어야 했던 믿음은 하나님께서 예수님을 통해 종말론적 통치를 실현하심으로 그의 언약을 지킨다는 사실이었을 것이다. 그러나 제자들은 예수님의 부재 동안 그에 대한 믿음이 사라졌고, 그 결과 "믿음 없는 세대"라는 책망을 듣는다.[4]

곧이어 두 수사적 질문이 반복된다:

> 언제까지[ἕως πότε] 내가 그대들과 함께 있어야 하겠소?
>
> 언제까지[ἕως πότε] 그대들을 참아야 하겠소?(19절)

---

2. BDAG, πιστός.
3. 예수님의 하나님 나라 선포와 믿음의 주제에 대해선 또한 1:14-15 주해를 보라.
4. 신 32:20에서 옛 이스라엘이 믿음을 잃어버린 이유는 "새로운 신들"(신 30:17)을 좇아갔기 때문이었듯이 제자들이 예수님에 대한 믿음에서 멀어진 이유 역시 있었을 것이다. 비록 이것이 현 본문에서는 명시되지 않았지만 내러티브가 진행될수록 제자들의 문제가 무엇인지 분명해지는데, 문제의 핵심에는 '높아지려는 마음'(막 9:33-37; 10:35-44)이 자리 잡고 있었다. 제자들의 문제는 예수님에 대한 믿음의 자리에 높아진 자아가 들어온 것에서 비롯되었다.

"언제까지"의 반복은 예수님의 감정이 고조되었음을 말해준다. 특히 '함께 있음'은 축귀 및 선포사역과 함께 예수님이 제자들을 부르신 이유 중의 하나이기도 하다("그와 함께 있도록 하고", 3:14). 두 수사적 질문은 예수님의 동행이 목적 없는 것이 아니었음을 말한다. 마가복음에 따르면 거의 모든 사건과 기적, 그리고 선포의 현장에 예수님은 제자들과 함께 움직이셨다(1:21-22 주해를 보라). 무엇보다 그들을 제자로 불러 축귀 능력을 주셨고(3:15; 6:7) 또 그 능력이 그들을 통해 나가기도 했다(6:13). 하지만 어느 순간 제자들은 귀신 앞에서 무력한 존재로 전락했다. 예수님에 따르면 그런 무력함은 "믿음 없는 세대"의 특징이었고 두 수사적 질문은 그런 특징이 그와 그렇게 오랫동안 머물렀던 이들에게 나타난 것에 대한 안타까움이 동반된 책망이다. 이런 종류의 책망은 제자들이 아직 하나님 나라에 들어오지 못했다는 것이 아니라 오히려 '이미와 아직'의 긴장 가운데 있음을 보여준다. 종말론적인 하나님의 통치 안으로 부름을 입었지만 여전히 그들이 살고 있는 '현 세대'의 모습(믿음 없음)을 보이고 있었기에 제자들은 벳새다 맹인 치유(8:22-26)처럼 반복적 교육과 훈련이 필요한 사람들임을 다시 한번 알려준다. "믿음 없는 세대"라는 책망은 '이미 섰다'고 생각한 이들을 향한 일종의 엄중한 경고이다.[5]

병자의 등장과 간구(20-22절) 아이가 예수님에게 오자 귀신은 즉각적으로(εὐθύς) 아이에게 심한 경련을 일으킨다(20절). 대면의 순간에 보인 돌발적 경련은 일종의 저항인데, 다른 축귀 때의 언어적 저항(1:23-24; 5:5-7)과는 달리 이번에는 아이의 몸에 폭력을 가한다. 그 귀신은 "말 못하는 영"이었기 때문이다(17절). 예수님은 아이 아버지에게 그런 일이 "얼마

5. 제자들에게 주어진 교훈적 경고에 대해선 6:51-52를 보라.

나 오래" 그에게 있어 왔는지 물으셨다. 이런 질문은 그의 제자들에게 하신 "언제까지 내가 그대들과 함께 있어야 하겠소"(19절) 라는 말을 떠올려 준다. 예수님을 통해 시작된 하나님의 다스림은 한 사람을 귀신의 붙들림에서 벗어나 예수님과 함께 머무는 새로운 영역으로 옮기는 과정임을 암시해 준다. 아이 아버지는 어린 시절부터 그래 왔다는 말을 한다. 이후 그 아버지에 의해 설명된 귀신이 아이에게 한 일(불과 물에 그 아이를 던져 넣었다)은 분명 악한 영의 자기 파괴적인 성향을 그대로 드러내 준다.

이후 아이 아버지는 내러티브에서 배경 시제로 사용되는 과거 시제 "만일 당신이 무엇을 할 수 있으시다면 저희를 불쌍히 여겨[σπλαγχνισθείς] 도와주십시오[βοήθησον]"라며 조건적인 간청을 한다(22절). 조건문("만일 당신이 무엇을 할 수 있으시다면")은 제자들의 축귀 실패로 간청자의 약해진 믿음(비교. 1:40)을 대변한다.

예수님의 축귀(23-27절) 예수님이 "'할 수 있거든'이라 했소?"라며 그의 말을 되받아 물으신 것에는 아이 아버지의 약한 믿음을 재초점화시키시려는 의도가 있다. 이어서 강조적 현재 시제로 "믿는 자에게[τῷ πιστεύοντι]는 모든 것이 가능"하다는 답변을 하신다(23절). 명사구 "믿는 자"가 누구를 가리키는 것이냐에 대한 의견은 분분한데 간청자(Edwards [b], 280), 예수님(Boring, 2006: 274) 혹은 둘 다(Marshall [a], 120)를 가리킬 수도 있는 애매한 표현이다(비교. 빌 4:13). 하지만 예수님의 담화는 아이 아버지의 의심("당신이 무엇을 할 수 있으시다면", 22절)에 대한 답변으로 그가 축귀를 능히 이룰 수 있는 자임을 증명하는 문맥에서 발화되었다는 사실이 고려돼야 한다. 또한 마가복음에서 모든 것이 가능하고 모든 것을 할 수 있는 분은 오직 하나님 한 분으로 소개된다(10:27; 14:36; Marcus, 2009: 661). 위 두 사실은 모든 것을 할 수 있는 인물로 서술된 "믿는 자"는 다름 아닌 예수님 자신이라 보도록 하는데, 이는 마가복음에서 그는 하나님과 동일한 분이자 하나님만 하실 수 있는 일을 하는 분으로 소개되어 왔기 때문이다(2:5, 10, 28; 4:39; 6:34-44, 48-50; 8:1-10 등; Marcus, 2009: 661). 아이 아버지가 이 말을 들은 후 곧바로 "내가 믿습니다" 라고 고백한 것은 "믿는 자"를 자신에게 적용한 것이라 해석할 수 있다. 하지만 그가 그렇게 해석했다고 해서 예수님도 그 간청자를 염두에 두고 "믿는 자"를 사용하셨다고 볼 필요는 없다. 아이 아버지가 그 말을 자신에게 적용한 것은 예수님의 의도와는 상관없이 간청자의 판단에서 비롯된 것으로 보는 게 가능하기 때문이다. 사실 간청자 역시 "나의 믿음 없음을 도와주십시오" 라는 말에서 알 수 있듯이 그의 믿음의 기원이 예수님에게 있다는 것을 고백한다(아래를 보라). 어쨌든 믿음이 없었던 제자들("믿음 없는 세대") 은 실패했지만, 하나님의 계시자이자 하나님의 능력을 온전히 믿는 자에게 모든 것이 가능하다는 것이 예수님의 의도임은 분명하다.

예수님의 말씀 이후 간청자는 "내가 믿습니다. 나의 믿음 없음을 도와주십시오"(πιστεύω· βοήθει μου τῇ ἀπιστίᾳ)라고 외친다(비교. 1:40). 믿음 없는 사람(μου τῇ ἀπιστίᾳ)이라는 간청자의 고백은 자신이 바로 앞서 언급된 바로 그 "믿음 없는 세대"(γενεὰ ἄπιστος)라는 고백이며 그의 나아옴은 "이 세대"의 변화 가능성을 암시한다(Marshall [a], 119). 주목할 것은 그의 발화에서 "내가 믿습니다"(πιστεύω)와 "도와주소서"(βοήθει)가 현재 시제로 발화되었다는 점이다. 특히 앞선 언설에서 "도와주소서"(βοήθησον)가 과거 시제로 발화되었다는 것을 감안하면 현재 시제로의 변화는 예수님의 말씀이 그에게 가져온 태도의 변화, 곧 예수님과 그의 능력에 대한 믿음이 현재 그 안에 진행되고 있음을 알려준다(Marshall [a], 121). 그는 제자들의 실패 후 그에게 심겨진 의심으로 인해 가정적 질문("만일 당신이 무엇을 할 수 있으시다면")과 배경 시제인 부정과거로 도움을 요청(βοήθησον) 했지만, 예수님과의 만남을 통해 '믿음 없음'에서 '믿음 있음'으로 '변화되어 가는 인물'이 된다. 그의 변화는 역설적으로 표현된다. 그는 먼저 "내가 믿습니다"라고 한 다음 "나의 믿음 없음을 도와주십시오"라고 서로 모순되는 것처럼 보이는 두 언설로 표현한다. 여기에는 두 가지 함의가 있다. 첫째, 믿음을 가질 때에야 자신이 믿음이 없는 존재임을 보기 시작한다는 것이다. 둘째, 전자에는 그가 믿음을 가졌음, 후자에는 그 믿음의 기원에 대한 고백이 담겼다. 즉 그가 가지기 시작한 그 믿음의 기원이 예수님이심을 고백한 것이다(Gnilka, 2권 68). 그가 가진 믿음은 자기 확신에서 비롯된 것이 아니라 예수님으로부터 주어진 것(23절)이었다.

이처럼 이 짧은 대화의 논점은 돌연히 축귀에서 믿음으로 옮겨가고, 그리고 다시 축귀로 되돌아간다(아래를 보라). 예수님은 악의 통치를 끝내고(1:15 전반부) 하나님의 통치, 곧 복음을 이 땅에 가져온 당사자이기에(1:15 주해를 보라) 축귀에 있어서 그에 대한 믿음이 강조되고 있는 것은 자연스럽다. 더불어, 예수님의 축귀는 종말에 오시기로 약속된 성령을 힘입은 사역이기에(3:22-30, 특히 29; 1QS 4:21) 축귀자 예수님을 향한 믿음은 곧 하나님의 종말론적 영의 수혜자가 되는 길이기도 하다.[6]

예수님은 귀신을 "꾸짖으시며"(ἐπετίμησεν) 또 "떠나라" 하신다(25절). 이는 앞 단락에서 베드로를 "꾸짖고"(ἐπετίμησεν), "사탄아 내 뒤로 가거라." 하신 말씀(8:33)을 기억나게 한다. 마가는 귀신이 떠난 후 아이가 "죽은 것 같이 되었다"(26절 전반부)고 말한다. 아이의 그와 같은 상태는 주위 사람들의 반응("그가 죽었다"[26절 후반부])에 의해 한 번 더 강조된다. '죽은 것 같은' 상태에 대한 강조는 뒤따르는 예수님의 치유가 '살리는

6. 축귀가 종말에 오시기로 기대된 성령의 사역이라는 점에 대해서는 3:23-30 주해를 보라.

일과 같음'을 알려준다. 귀신이 떠났음에도 여전히 "죽은 것 같이"(ὡσεὶ νεκρός) 되었던 아이의 치유가 확증된 시점은 예수님이 그의 손을 잡으신 후 그를 '일으키실' 때였다: "예수님이 그의 손을 잡으신 후 그를 일으켰다. 그러자 그가 일어났다[ἤγειρεν αὐτόν, καὶ ἀνέστη]"(27절 후반부). "일으켰다. 그러자 일어났다" 정보에서 확인할 수 있는 것처럼 축귀 이후 조치는 예수님의 일으키심과 그 후 아이가 스스로 설 수 있게 되었다는 사실을 초점화한다. 예수님의 일으키심은 내러티브 흐름상 가지는 의미가 있다. "어디서건 그것이 그를 붙잡으면" 거꾸러뜨리고(18절), 엎드러뜨려 구르게 하고(20절) 또 불과 물에 던진다(22절)는 서술에서 확인할 수 있듯이 귀신은 사람을 넘어뜨리지만 예수님은 일으키실 뿐만 아니라 스스로 일어설 수 있도록 하시는 분임을 대조적으로 나타내 보인다. 더불어 "그가 일어났다"(ἀνέστη)는 예수님의 부활(ἀναστῆναι, 8:31) 예언을 떠올려 준다. 동일한 언어의 사용은 그 아이의 일으킴이 예수님의 부활을 예시하는 사건(Edwards [b], 280)이라는 주장이 가능하지만, 복음을 믿는 사람들이 결국 얻게 될 부활에 대한 예시로 이해하는 것이 보다 더 타당하다(5:41-42). 하나님 나라 선포자 예수님에 의한 축귀는 아이의 삶을 귀신의 통제에서 벗어나 하나님의 다스림으로 옮기는 사역이기에 새 생명의 수여 사건인 부활의 부분적 선취라고 할 수 있겠다.[7]

제자 교육(28-29절) 현 섹션은 아이 아버지의 등장과 축귀 사건으로 인해 잠시 중단되었던 제자 교육(19절)의 재개이다. 이런 점에서 축귀(20-27절)를 둘러싼 제자 교육(19, 28-29절)은 축귀의 의도된 목적이 제자 교육에 있다는 추론을 가능케 한다. 제자도의 주제는 제자들의 질문으로 시작된다(28절): "어찌하여 우리들은[ἡμεῖς] 그것을 내쫓을 수[ἠδυνήθημεν]

7. 또한 5:41-42 주해를 보라.

없었습니까?" 질문의 요지는 2인칭 주격 대명사의 쓰임이 말하듯 예수님은 가능했던 축귀를 그들 자신들은 왜 할 수 없었는지에 있다. 물론 축귀가 예수님의 명령에 따라 진행된 것을 보았기 때문일 것이다. 예수님은 "이런 종류의 것은 기도 외에는[εἰ μὴ ἐν προσευχῇ] 어떤 방법으로도 나가게 할 수 없소[ἐν οὐδενὶ δύναται]"라고 가르치신다(이중부정은 밑줄 그어져 있다). 중성 지시 대명사구인 "이런 종류의 것"(τοῦτο τὸ γένος)은 돌발적이며 자기 파괴적 능력을 가진 "말 못하고 귀 먹은 영"(25절)을 가리킨다. 예수님의 판단은 '이런 종류의 귀신'을 쫓아내는 일의 실패는 기도 실패 때문이라는 것이다.[8] 이중부정으로 된 현 문장은 기도의 능력을 부각시킨다.

예수님과 제자들의 대화의 주제가 갑작스럽게 기도로 바뀐 것처럼 보일 수 있다(Stein, 435; Hooker, 1991: 225). 그러나 이를 전혀 예상할 수 없었던 것은 아닌데, "기도와 믿음은 동전의 양면"(Boring, 2006: 275)이자 기도는 믿음의 발현이기 때문이다(11:23-25). 또한 믿음이 하나님에 대한 신뢰이듯 기도 역시 하나님에 대한 의존이라는 점에서 두 주제는 일맥상통하기 때문이다. 아이 아버지는 믿음에 기초한 그의 간청(기도)이 수락되어 축귀를 경험했고, 예수님의 축귀는 하나님의 능력에 대한 그의 온전한 믿음(23절)에서 나왔다. 반면, 그 권세를 부여받았고(3:15; 6:7) 또 실행까지 했던(6:13) 제자들이 이번에 실패한 것은 이미 축귀의 능력의 기원이 되신 분에 대한 의존, 곧 기도의 부재 때문이었다. 제자들의 권세는 그들의 '소유물'이 아니라 '주어진 것'이기에 기도를 통해 그것을 주신 분의

8. 마가는 지금까지 기도하는 예수님의 모습을 보여 왔다(1:35; 6:45-46; 14:33-36, 39). 하지만 제자들은 예수님이 따로 기도하는 동안 바다에서 어려움에 직면했고(6:48), 때로는 기도하는 예수님에게 모종의 압박을 가하기도 했다(1:36). 그들은 기도하라는 예수님의 요청과는 반대로 잠을 자기도 했다(14:37-38, 40-41).

권세를 인정할 때에야 그 권세가 그들을 통해 수행된다(Schweizer, 189-90; Boring, 2006: 276). 이것이 바로 그들이 그 아이의 아버지의 고백인 “내가 믿습니다. 나의 믿음 없음을 도와주소서”(24절)를 기억해야 하는 이유이다(Boring, 2006: 276). 그것을 내 것이라고 주장하고 소유하려는 순간 그것은 사라지고, 그것을 내게 주신 분을 의존하며 돌려드리는 순간 그것이 내 안에서 역사한다. 이런 점에서 기도는 믿음이 있는 자만 드릴 수 있고 또 믿음의 능력이 발휘되는 통로이다.[9]

요약과 해설

세 명의 제자들과 함께 산에서 내려와 나머지 제자들에게 오신 예수님은 그들이 산에 있는 동안 산 아래 남아 있던 제자들이 축귀에 실패했던 이야기를 아이 아버지에게서 듣는다. 이에 제자들을 “믿음 없는 세대”(19절)라 책망하신 후 “말 못하고 귀 먹은 영”(25절)을 내쫓으신다. 축귀는 말로 진행되지만 마가는 축귀 후에도 여전히 죽은 것 같은 아이를 예수님이 직접 손으로 잡아 일으키시는 묘사를 덧붙인다. 예수님이 잡아 일으키시자 그 아이는 일어선다. 축귀 후 일어선 아이에 대한 초점은 한 존재를 넘어뜨리고 붕괴시키는 귀신의 일과는 대조적으로 예수님은 사람을 (은유적으로 또 문자적으로) 세워주시는 일을 하시는 분이라는 것을

9. 제자들에게 주신 예수님의 기도 교훈이 마가 공동체에게 함의하는 바에 대해선 안경순, 251-55를 보라. 안경순은 마가공동체는 그리스-로마와 유대 공동체라는 권력의 중심으로부터 떨어져 살던 미약한 사람들이었는데, 그런 그들에게 이 본문은 기도를 통해 전능하신 하나님과 소통하고 귀신을 축출하는 능력을 소유할 수 있다는 가르침을 준다고 주장한다(안경순, 255).

말해준다.

축귀 과정에서 아이 아버지는 불신에서 믿음의 사람으로 변화된다. 역설적이게도 그가 믿음을 가진 후, 첫 마디는 "나의 믿음 없음을 도와 주십시오"(24절)였다. 이런 고백은 믿음을 가질 때에야 자신이 믿음이 없는 존재임을 보기 시작한다는 것과, 사람의 믿음의 기원은 예수님이라는 사실을 부각시켜 준다. 이후 제자들이 그들이 귀신을 쫓을 수 없었던 이유를 "따로"(28절) 묻자 "기도 외에는", "이런 종류의 것"을 나가게 할 수 없다는 교훈을 듣는다(29절). 제자들은 비록 귀신을 쫓아낼 수 있는 권세를 이미 부여받았지만(3:15; 6:7), 그 능력의 실현은 자기에게 달린 것이 아니라 예수님과 하나님께 드리는 믿음에 기초한 기도에 의존되어 있음을 말해준다. 이것이 산에서 "그의 말을 들으라"(9:7)라는 하나님의 음성을 들은 세 제자들을 비롯하여 다른 제자들이 예수님으로부터 듣고 순종해야 했던 말씀 중의 하나이다.

제43장
두 번째 수난 예고와 제자도
마가복음 9:30-37

9:30-37은 8:27-38과 동일한 주제로 응집돼 있다. 8:31 이후 수난이 두 번째 예고(9:30-31)된다. 그리고 첫 번째 예고 때처럼(8:31-38) 이번에도 예고 후 제자들의 몰이해(32-34절)와 그에 따른 제자도 교훈(35-37절)이 이어진다. 공간적 배경 역시 첫째(8:27)와 셋째 수난 예고(10:32)에서와 동일한 "길"이다(9:33). 근접 문맥에서 본다면 현 단락은 앞(14-29절) 뒤(38-50절) 단락과 제자양육이라는 주제로 연결되어 있다. 현 단락은 수난 예고(30-31절), 제자들의 몰이해(32-34절), 제자도 교훈(35-37절)로 진행된다.

30 그들이 그곳에서 나와 갈릴리를 거쳐 지나가고 있었다. 그리고 그는 아무도 알기를 원치 않으셨다. **31** 이는 그가 그의 제자들을 가르치셨기 때문이었다. 그때 그들에게 말씀하셨다. "인자가 사람들의 손에 넘겨지고 그들이 그를 죽일 것이오. 그러나 죽임을 당한 지 삼 일 후 그는 살아날 것이오." **32** 그러나 그들은 그 말씀을 알지 못했고 그에게 묻기를 두려워했다.

33 그리고 가버나움에 가셨다. 그리고 집에 계셨을 때 그가 그들에게
물으셨다. "길에서 그대들이 무엇을 논쟁했소?" **34** 그러나 그들은 말이 없
었다. 이는 그들이 길에서 누가 더 큰 자인지 논쟁을 하였기 때문이었다.
35 그러자 앉으신 후 열둘을 불러 그들에게 말씀하셨다. "누구든지 첫째가
되기를 원하면 모든 사람의 마지막이 되고 모든 사람의 섬김이가 돼야 하
오." **36** 그리고 한 아이를 데려다가 그들 가운데에 세우셨다. 그리고 그를
품에 안으신 후 그들에게 말씀하셨다. **37** "누구든지 이런 어린아이들 중 하
나를 내 이름으로 받아들이면 나를 받아들이는 것이오. 또 누구든지 나를
받아들이는 자는 나를 받아 들이는 것이 아니라 나를 보내신 분을 [받아들
이는 것이오]."

주해

수난 예고(30-31절) "그곳에서 나와"는 근접 문맥에서는 그들이 머물렀던 집(28절)에서 나왔다는 뜻이고 원접 문맥에서 본다면 앞 세 단락의 배경 지역이었던 가이사랴 빌립보(8:27)와 아마도 그 주변(9:2, 9, 14) 지역에서 나오셨다는 말일 것이다. 그들이 나온 지역이 갈릴리는 아닌 것이 분명한데, 이는 그들이 지나가려한 지역이 갈릴리로 명시되었기 때문이다(30절). 하지만 본문은 그들의 목적지가 갈릴리 또한 아니었음을 암시한다: "갈릴리를 거쳐 지나가고 있었다[παρεπορεύοντο διά]. …" 이어 "그리고 그는 아무도 알기를 원치 않으셨다"는 갈릴리 방문이 대중적 사역과는 무관했음을 알려준다. 이어지는 단락들이 보여 주듯 갈릴리에 머무시는 동안 그 어떤 치유나 가르침을 무리에게 주시지 않으신다. 무리의 재등장은 예수님이 유대 지역에 가신 후(10:1), 그리고 치유는 여리고에 가

신 후(46-52) 이뤄진다. 갈릴리를 거쳐 지나가시는 동안 예수님의 관심은 무리가 아니라 31절이 말해주듯 자신과 제자들에게 있었다. 곧 예루살렘에서 그에게 닥칠 수난과 그 일을 제자들에게 가르치는 일이 당면 관심사였던 것이다.

두 번째 수난 예고와 제자 교육이 주어진 장소적 배경은 명시되지 않았지만, 미완료 시제로 발화된 "지나가고 있었다"(παρεπορεύοντο, 30절)라는 동사는 그 같은 가르침이 여행 중에 주어졌음을 암시한다. 곧이어 예수님이 하신 "길에서 그대들이 무엇을 논쟁했소?"(33절)라는 질문이 이를 확증해 준다. 8:27에서 밝힌 것처럼 첫째(8:27), 둘째(9:33), 그리고 셋째(10:32) 수난 예고와 제자도 가르침의 장소적 배경이 되고 있는 '길'은, 예수님을 안다는 것은 그가 어떤 길을 가는 메시아인지를 아는 것이며 참 제자는 메시아를 따라 그 길을 함께 걷는 사람들임을 알려주는 문학적(상징적) 역할을 동시에 한다.

가르침의 내용은 다음과 같다: "인자가 사람들의 손[ὁ υἱὸς τοῦ ἀνθρώπου παραδίδοται εἰς χεῖρας ἀνθρώπων]에 넘겨지고 그들이 그를 죽일 것이다. 그러나 죽임을 당한 지 삼 일 후 그는 살아날 것이다"(31절). 첫 번째 수난 예고와 큰 차이가 없지만 주목할 만한 두 가지가 있다. 첫째, 첫 번째 예고 때는 인자가 "장로들과 대제사장들과 서기관들에 의해 버림받아 죽임을 당[할 것]"(8:31)이라 했지만 이제 예수님은 인자가 "사람들의 손에 넘겨[질]"(31절) 것이라고 하신다. 특정 인물이 "사람들"로 일반화된 것이다. 결과적으로, "인자"의 문자적 번역('그 사람의 그 아들')에 착안한다면 '그 사람의 그 아들이 사람들의 손에'로 번역되어 일종의 언어유희가 작동한다(France, 2002: 372). 하지만 언어유희 그 이상의 함의가 현 본문에 있다. 다니엘 7:14의 인자는 모든 사람들 위에 통치권을 행사하도록 세워진 인물이었고 마가복음에서도 인자는 하나님의 전권을 대행하는 인물(2:10), 안식일의 주(8:28), 하나님의 "권능과 영광"(13:26)과 보좌(14:62)를 공유하시는 등 신적 권위를 가진 분으로 소개되었다. 이런 점에서 "인자가 사람들의 손에 넘겨[질]"(31절) 것이란 서술은, 그가 통치해야 할 사람들의 손에 인자가 통제될 것이라는 지독한 역설이 만들어지고 있다. 하지만 역설에 담긴 또 하나의 역설이 있는데, 이를 발견하기 위해서는 "넘겨지고"(παραδίδοται)에 주목해야 한다.

둘째, 고난과 죽음이 신적 필연성 가운에 있음을 암시하던 '데이' 구문(δεῖ ... παθεῖν καὶ ἀποδοκιμασθῆναι ...', 8:31)대신 수동태 동사 "넘겨지고"(παραδίδοται)가 사용되었다. 문법적 주어는 인자이지만 의미상 주어는 생략된 경우이다. 생략된 의미상의 주어는 하나님(그러므로 신적 수동태)으로 볼 수 있는데, 이는 예수님의 예고의 구약적 배경 중 하나인 칠십인경 이사야 53:6, 12은 하나님이 넘겨주는 주체라고 소개하고 있기 때문이다(Beasley-Murray, 30; Evans, 2001: 57; Edwards [b], 284):

> 주께서 우리의 죄악들 때문에 그를 넘겨주셨다. [κύριος παρέδωκεν αὐτὸν ταῖς ἁμαρτίαις ἡμῶν](칠십인경 사 53:6)
> 그의 영혼이 죽음에 넘겨졌느니라[παρεδόθη]. … 그들의 죄악 때문에 그는 넘겨졌느니라[παρεδόθη](칠십인경 사 53:12, 번역은 저자의 것).

6절의 "넘겨주셨다"(παρέδωκεν)의 주어는 하나님(κύριος)으로 나오지만, 12절의 "넘겨졌느니라"(παρεδόθη)는 수동태로 되어 있다. 이사야의 문맥은 12절의 주어 역시 하나님으로 보게 한다. 이사야의 본문을 마가의 본문의 배경으로 보더라도 내러티브에서 예수님을 '넘겨주는' 자는 가룟 유다(3:19, 14;10, 11, 18, 21, 41, 42, 44), 대제사장을 비롯한 산헤드린(15:1, 10), 그리고 빌라도(15:15)로 서술된다는 점은 인자를 사람들 손에 '넘기는' 주체를 하나님으로 보기 어렵게 만들 수 있다. 그러나 인자를 넘기는 주체를 하나님과 사람들 중에서 양자택일할 필요는 없다. 하나님의 주권적인 구원 역사는 사람들의 배반에도 불구하고 혹은 그것을 '통해서'도 진행되는 것임을 예수님의 수난 기사 전체가 보여 주기 때문이다(또한 14:21 주해를 보라). 사실 사람들의 배역과 악행을 하나님의 승리로 바꾸시는 반전은 현 본문의 "인자"와 그의 '넘겨짐'이란 주제의 배경 본문으로 보이는 다니엘 7장에 명시된다(Evans, 2001: 57):

> 왕국의 열 뿔은 일어날 열 왕이고 이들과 함께 다른 한 왕이 일어날 것이고 … 그가 지극히 높으신 이의 성도들을 괴롭게 할 것이며 … 한 때 두 때 반 때 동안 모든 것들이 그의 손에 넘겨질 것이다[παραδοθησέται πάντα εἰς τὰς χεῖρας αὐτοῦ]. 그러나 심판이 시작될 것이고 그들[지극히 높으신 이의 성도들]이 그 권세를 멸할 것이다. …(단 7:24-26, 번역은 저자의 것).

"성도들이" 짐승으로 비유된 열 왕 중 하나인 "그의 손에 넘겨질 것"(παραδοθήσεται πάντα εἰς τὰς χεῖρας αὐτοῦ)이지만 심판 때 그의 권세는 무너질 것(단 7:24-26)이라고 다니엘이 예언한 것처럼, "인자가 사람들의 손에 넘겨[질]"(ὁ υἱὸς τοῦ ἀνθρώπου παραδίδοται εἰς χεῖρας ἀνθρώπων) 것이지만 "죽임을 당한 지 삼 일 후 그는 살아날 것"(막 9:31)이라고 예수님도 예언하신다(Evans, 2001: 57). 다니엘과 예수님 모두 하나님의 승리는 그의 택한 자의 고난과 핍박, 그리고 심지어 죽음 그 한복판에서 시작된다는 역설적 진리를 믿으셨다.

이처럼 중요한 '빠라디도미'(παραδίδομι, '넘겨주다') 동사가 마가복음에서 처음으로 등장한 때는 예수님이 사역의 첫 출발을 할 즈음에 일어난 그의 '선구자' 세례 요한의 최후를 묘사할 때였다("세례 요한이 넘겨진 후

[παραδοθῆναι]", 1:14). 이제 갈릴리 사역을 종결하시고 예루살렘을 향한 여행을 내다보시는 시점에 도달하자 그 용어는 예수님의 미래 운명을 위해 사용되어 그 역시 세례 요한이 만들어 놓은 '길'을 걷게 될 것을 예고하고 있다. 그뿐만 아니라 내러티브 종결부에 도달하면 제자들의 미래를 예고하기 위해 동일한 동사가 사용된다(παραδιδόντες, 13:11; παραδώσει, 13:12). 세례 요한과 예수님, 그리고 제자들은 모두 '넘겨지는' 운명으로 하나님의 승리를 드러내는 역설의 길을 가는 인물들이었다.

제자들의 몰이해(32-34절) 하지만 제자들은 "그 말씀을 알지 못했[다]." 제자들의 몰이해는 마가복음 전체에서 반복되는 주제이긴 하지만 (6:52; 7:18; 8:17) 이전의 경우 제자들은 예수님의 사역과 비유를 깨닫지 못하는 경우가 대부분이었다. 그러나 첫 번째 수난 예고 때(8:32-33)와 마찬가지로 현 맥락에서 제자들의 몰이해는 예수님이 드러내 놓고 말씀하신 인자의 운명과 관련되어 있다. 이런 점에서 제자들의 몰이해는 그만큼 더 심각해졌다고 말할 수 있다. 제자들의 문제는 예수님이 말씀하신 것과 같은 메시아관 혹은 '인자론'이 없었기 때문이다. 하지만 그와 같은 이유는 첫 번째 수난 예고 때 제자들이 보인 몰이해를 설명할 수 있지만, 두 번째 예고의 경우에는 적용될 수 없다. 이미 첫 번째 수난 예고 때 인자의 길에 대해 예수님이 가르치셨기 때문이었다. 더군다나 두 번째 수난 예고가 예수님의 '가르치심'(ἐδίδασκεν, 31절)으로 시작한 것은 그의 제자 교육은 반복을 그 특징으로 한다는 것을 말한다. 이 반복적 가르침 앞에서 드러난 제자들의 몰이해의 근본 문제는 그들의 낮은 이해력이 아니라 의도적 회피에 있다. 사실 그들은 인자의 길을 몰랐던 것이 아니라 알았지만 그것을 '받아들이지' 않았다. 이것은 이어지는 정보를 통해 확인되는데 이는 그들이 "묻기를 두려워했다"고 말하고 있기 때문이다. 묻지 않은 내용은 인자의 길이고 묻지 않은 이유는 두려움 때문이었다. 그들이 가진 두려움은 첫 번째 수난 예고 때 예수님이 가르치신 것처럼, 제자들도 인자와 동일한 길을 걸어야 한다(8:34)는 사실이 주는 공포심이었다. 몰라서 묻지 않은 것이 아니라 알면서도 두려워 묻지 않았던 것이다. 예수님을 알아가는 일은 그를 따르는 것과 별개의 것이 아니었음을 그들은 알았던 것이다.

제자도 교훈(35-37절) 길에서 집으로 공간이 바뀌자 주제 역시 기독론에서 제자도로 옮겨진다. 그들이 도착한 곳은 가버나움 집(아마도 베드로의 집, 1:29)이었는데 집은 마가복음에서 제자 교육을 위한 사적 공간으로 곧잘 서술되었다(7:17; 9:28; 10:10). 흥미롭게도 사적 공간(집)에서의 교훈은 공적 영역(길)에서 제자들이 나눈 담론이 그 주제가 된다. 예수님이 먼저 질문하신다. 물론 제자들이 길에서 나눈 대화의 내용이 무엇인지 몰라서 질문하셨다고 볼 수는 없다. 침묵하는 제자들을 대신하여 마가가 그의 청자에게 알려주는 내용(34절)을 예수님이 가르침의 주제(35-37절)로 삼으신 것은 제자들의 토의 내용을 (아마도 길에서) 이미 들어 알고 계셨다는 것을 말해준다. 그럼에도 질문으로 가르침을 시작하신 데는 제자들 스스로 그들의 대화를 돌아보게 하시려는 뜻이 있었을 것이다. 그러나 제자들은 질문에 침묵한다(비교. 3:4절 후반부). 제자들의 침묵은 토의 주제가 예수님의 가르침에 어긋난 내용이었음을 스스로 알고 있었다는 증거이다. 이것이 마가가 침묵 이유(γάρ)를 설명하는 맥락에서 제자들의 침묵 사실을 서술하고 있는 이유이기도 하다: “이는[γὰρ] 그들이 길에서 누가 더 큰 자인지 논쟁을 하였기 때문이었다”(34절).

현 시점에서 제자들 사이에서 더 큰 자가 누구인지에 관한 논쟁이 시작된 특별한 이유가 있을까? 아마도 예수님이 넘겨지고 죽임을 당할 것이라는 말을 들었을 때 그렇다면 차기 지도자가 누가 되어야 할 것인지를 두고 논의했다는 추론이 가능하다(France, 2002: 373). 그러나 보다 더 가능한 유추는 그들이 예수님의 인자론을 받아들이기를 거부(혹은 오해)하고 여전히 자신들의 메시아관(적들과의 싸움에서 군사적 승리를 가져다주고 유대의 실질적 왕의 자리에 오를 메시아)을 기반으로 하여 예수님이 승리하셨을 때 그들 중 누가 더 많은 권력을 얻을 수 있을 것인지 서열을 정하는 맥락에서 이뤄진 논쟁이라 보는 것이다(Edwards [b], 286). 사실 계급 구조적 서열은 그리스-로마는 물론 유대 사회 심지어 종말론적 공동체로 알려진 쿰란 공동체(1QS 2:19-23)[1] 내에서도 엄연히 존재했던 고대 사회 질서의 본바탕이었다. 제자들 사이에 있었던 서열 갈등의 공간이 "길"(33, 34절)이었다는 반복이 내러티브상에서 일으키는 아이러니가 있다. 그들은 "예루살렘으로 올라가는 길"(10:32) 곧 배척과 죽음이 기다리는 길 위에 있었고, 그 길을 걷는 자세는 '자기부인'(8:34-35)이라 들었음에도 불구하고 그들의 자세는 '자기주장' 그 이상도 그 이하도 아님을 보여주고 있기 때문이다. 그들이 믿고 따르던 메시아는 예수님이 계시하신 인자가 아니라 그 시대가 만들어 놓은, 계급 구조에 따라 권력을 행사하는 인물이었다. 제자들이 침묵하자 예수님은 "앉으신 후[καθίσας] 열둘을 불러[ἐφώνησεν] 그들에게 말하셨다"(35절). 앉아 가르침을 주는 자세는 고대 랍비의 전형적인 자세였다(참고. 4:1; 12:41; 13:3; 마 5:1; 26:55; 눅 4:20-21; 5:3; 요 8:2; Marcus, 2009: 674). 더불어 제자들이 이미 그의 곁에 있었음에도 예수님이 앉으셔서 다시 그들을 부르신 것은, 선생의 위치에서 다시 한번 열두 제자에게 참 제자도에 관한 교훈을 주시려는 의도가

---

1. 쿰란 문서 1QS 2:19-23에 따르면 "그들의 영[의 온전함]에 따라 서열이 매겨진 제사장들이 가장 먼저 규칙[언약 공동체?]에 들어갈 것이다. 그리고 레위인들은 그들 후에 들어갈 것이다. 세 번째로 모든 사람들이 차례대로 그 규칙에 … 들어갈 것이다. 이리하여 이스라엘 자손들은 하나님의 영원한 계획에 따라 공동체에서 그들의 위치를 알게 될 것이다. 그리고 누구도 그의 서열에서 내려오거나 그의 몫에서 올라가지 않을 것이다"(베르메쉬의 영역에 대한 저자의 번역).

있었음을 알려준다(Boring, 2006: 280). 교훈은 이것이다:

> 누구든지 첫째가 되기를 원하면
>
> 모든 사람의 마지막이 되고 모든 사람의 섬김이가 되어야 하오(35절).
>
> εἴ τις θέλει πρῶτος
>
> εἶναι ἔσται πάντων ἔσχατος καὶ πάντων διάκονος

이 문장은 다음과 같은 끝 낱말 운율을 일정하게 가진다: '-오스, -아이, -아이, -온, -오스, -아이, -온, -오스.' 이 어록을 제자의 겸손에 대한 가르침으로 단순화시킬 수 없는 이유가 있다. 유대 사회에서 "첫째"(πρῶτος)는 보통 종교, 정치, 학문적 지배층에 있는 (대)제사장, 왕과 서기관을(Evans, 2001: 61), "마지막"(ἔσχατος)은 사회적으로 어떤 권리를 행사할 수 없는 신분에 속한 사람을 가리켰다. 또한 "섬김이"(διάκονος)는 식탁에서 식사하는 사람의 필요를 채우는 종 혹은 여성에게 부여된 신분이었다(Corley, 141). 제자의 삶의 자리는 "첫째"가 아니라 "마지막"과 "섬김이"의 자리가 되어야 한다는 말은 당시 계급 구조적 사회 체제를 고려하면 가히 혁명적 가르침이다. 이것은 "자기 십자가"(8:34)를 지는 일처럼 예수님을 메시아로 믿고 따르는 길은 그 시대의 문화적 가치에 역행하는 삶을 사는 것임을 함축한다.

위 가르침이 내포하고 있는 종말론적 함의 역시 간과되지 말아야 한다. 유대 세계관에 따르면 종말은 현 세대의 가치와 질서가 역전되는 때였다(Holmén, 219-20; 막 10:31, 43-45; 마 8:11-12; 10:39; 요 9:39; 바룩서 4:30-5:9). 예수님의 인자론에 따르면 하나님 나라는 정복이 아니라 패배를 통해 도래한다. 제자들 또한 종말을 살아가는 사람들이기에 그들의 삶은 종말론적이어야 한다. 시대가 오르려 할 때 내려가고, 시대가 "첫째"

가 되고자 할 때 "마지막"과 "섬김이"로 살아야 한다. 예수님이 고난받고 죽어 패배를 당한 것 같지만 부활로 승리할 것을 믿었던 것처럼 제자들 역시 "모든 사람의 마지막"이 되고 "모든 사람의 섬김이" 노릇함으로 하나님 나라의 수혜자이자 전파자로 살아가도록 가르치신 것이다(비교. Marcus, 2009: 674). 이런 점에서 예수님이 선포하신 하나님 나라의 가치관은 전복적(subversive)이었다.

이어서 예수님은 계속 말씀을 이어가기 전 어린아이 하나를 "그들 가운데" 세우시고 "그를 품에 안으신[다]"(36절). 이 같은 상징적 행동은 그 자체로 하나의 비유이다(Achtemeier, 1976: 182). 특히 어린아이를 "그들 가운데"(ἐν μέσῳ αὐτῶν) 세우신 것은 아이가 주는 상징적인 의미를 제자들의 공동체의 '중심'으로 삼도록 하기 위함이었다. 먼저 알아야 할 것은 "어린아이"의 의미이다. "첫째"와 "마지막" 혹은 "섬김이"와 같은 낱말에 의해 환기된 것처럼 현 담화의 주제는 사회적 위치에 관한 것이었음을 고려할 때 예수님은 어린아이의 사회적 위치를 염두에 두셨던 것으로 보인다. 당시 유대 사회에서 어린아이는 현대인이 생각하는 것처럼 '순진한' 자가 아니라 아직 사회적 신분을 획득하지 못해 어떠한 권리도 행사할 수 없었던 미천한 자라는 함의를 가지고 있었다(Malina, 52-56). 예수님이 이런 어린아이를 "품에 안으신 후" 말씀하신 것은 그런 사회적 신분을 가진 자와 자기를 동일시하려는 상징적인 시도이다. 이어지는 말은 이것을 확인해준다. "누구든지 이런 어린아이들 중 하나를 내 이름으로 받아들이면 나를 받아들이는 것이오"(37절 전반부). 고대 유대 사회에서 이름은 한 존재 자체를 대변하는 역할을 하는 것으로 이해되었다(출 23:21; 시 8:1; 23:3; 에녹1서 45:1; 48:2, 3, 7; 61:9; 막 13:6, 13; 마 28:19; 빌 2:10). 예수님은 사회적으로 아무런 권리를 갖지 못한 아이를 자기를 대변하는 존재로 내세우시며 제자 공동체에서 아이를 대해야 할 수준(level)을 정해 주셨다. 사실 '공식적'으로 예수님을 대변할 사람은 그에 의해 파송된 열두 제자였다(3:14; 6:7). 하지만 누가 가장 큰 존재인가를 두고 논쟁하는 열두 제자를 향해 예수님은 그들이 무시한 비천한 존재를 품에 안으신 후 그 어린아이가 자신을 대변한다고 말씀하신다(Boring, 2006: 281). "첫째"가 되고자 논쟁한 제자들에게 제자 공동체의 "첫째"이신 예수님이 '무가치한' 아이와 동일시하시며 자기를 영접하듯 그를 받아들이라는 교훈은 새 시대의 공동체가 따라야 할 종말론적인 삶의 방식을 가르치신 것이다.

예수님은 한발 더 나가 자신을 "받아들이는"(δέχομαι) 것이 "나를 보내신 분을[τὸν ἀποστείλαντά]" 받아들이는 것이라 가르치신다(37절 후반부). 보냄을 받은 자는 보낸 자와 동일하다는 유대 사회의 이해(미쉬나 베라코트 5:5;[2] 바벨론 탈무드 킷두쉰 41b; Gnilka, 2권 80; Marcus, 2009; 681)를 고려한다면 예수님은 자신을 보낸 하나님의 권위를 주장하고 있는 것이 분명하다. 예수님의 그 같은 권위 주장은 문맥적 의미를 가진다. 제자들이 미천한 어린아이 하나를 친구로 환영하는 '사소한' 행위는 바로 예수님과 하나님을 영접하는 '영적인' 행위가 될 수 있음을 알려주신 것이다.

최근 학자들 사이에서 "나를 보내신 분"(τὸν ἀποστείλαντά με)을 두고 많은 논의가 진행되고 있다(아래를 보라). 하나님에 의해 보냄을 받은 자라는 예수님의 자기 이해(참고. 12:6; 참조. 눅 9:48; 마 10:40; 눅 10:16)를 반영하는 이 명사구는 선지자의 신적 사명 사상(Dunn, 1989: 39-40; Lee, 198-99)을 함의하는가 아니면 하늘로부터 보냄을 받았다는 예수님

2. "if he was the agent of the congregation it is a bad omen for them that appointed him, because a man's agent is like to himself"(만일 그가 회중의 대리자이면 그를 임명한 그들에게는 나쁜 징조이다. 왜냐하면 한 사람의 대리자는 그 자신과 같기 때문이다).

의 선재사상(Gathercole, 177-89)을 드러내고 있는 것인가? 사실인즉 프란스가 지적한 것처럼 '보내다' 동사(ἀποστείλαντά) 자체가 예수님의 신성을 보증해주는 것은 아니다(France, 2000: 375). 마가복음에서 예수님이 제자들을 파송하실 때(3:14; 6:7)와 구약성경에서 하나님이 선지자들을 파송할 때(칠십인경 대하 36:15; 렘 14:14-15; 겔 13:6; 토비트 14:4)도 '보내다'(ἀποστέλλω) 동사를 사용하고 있기 때문이다. 이런 용례를 근거로 던은 9:37의 동사 사용 안에서 예수님의 선지자 의식을 발견할 뿐이라 주장한다(Dunn, 1989: 39-40). 하지만 게더콜은 현 본문에서 예수님의 선재사상을 발견하는데, 그의 논거는 다음과 같다.

첫째, '내가 왔다' + 목적 어구 어록이 예수님의 선재를 내포한다(Gathercole, 178; 이것에 대한 추가적인 논의는 1:24, 38; 2:17; 10:45 주해 참고).

둘째, 마가복음에서 '내가 왔다'와 '내가 보냄을 받았다'는 상응을 이루고 있는데, 대표적인 본문은 현 본문과 주제적 일치를 보이는 10:45이다. 그곳에서 예수님은 "인자가 온[ἦλθεν] 것은 … 섬기려 하고 많은 사람을 대신하는 속량물로 주기 위함"이라 하시고, 유사하게 현 단락에서도 자신을 어린아이와 또 아마도 "모든 이의 마지막"과 "모든 이의 섬김이"와 동일시하신 후 그런 자신을 보내신 분이 하나님이라 주장하신다(Gathercole, 182-83).

셋째, 따라서 만일 '내가 왔다' + 목적 어구가 선재를 드러낸다면 그와 상응을 이루는 '내가 보냄을 받았다' 어구 역시 그가 하늘로부터 보냄을 받은 자라는 예수님의 자기 이해를 함축한다는 주장이 가능하다(Gathercole, 183).

넷째, 게더콜은 실제로 구약과 제2성전 시기 문헌에서 '내가 왔다'와 '내가 보냄을 받았다'가 천상적 존재의 방문을 묘사하기 위해 상응을 이루며 사용된 예를 제공한다. 먼저, 다니엘 10:11-12에도 천상적 존재가 다니엘에게 "내가 왔다"(ἐγὼ εἰσῆλθον)와 "내가 너에게 보냄을 받았다"(ἀπεστάλην ἐπὶ σέ) 동사로 그의 소명을 설명한다는 것을 증거로 제시한다(Gathercole, 179). 두 동사의 상응은 주후 1세기 문서인 에스라4서 7:2에서도 발견된다(해당 어구는 밑줄 그어져 있다):

> 내가 이 말을 하기를 마쳤을 때 전날에 내게 보냄을 받은 천사가 다시 내게 보내졌다. 그리고 그가 나에게 말했다. '일어나라 에스라야. 그리고 내가 너에게 말하고자 온 그 말을 들으라'(Gathercole, 179).[3]

여러 반대가 있음에도 불구하고 현 본문에 선재 사상이 내포되어 있다고 봐야 하는 이유는 구약과 제2성전 시기 문헌에 '내가 왔다'와 '내가 보냄을 받았다' 어구가 상응을 이루어 천상적 존재의 지상 방문을 설명하기 위해 사용된 증거가 있기 때문이다.[4] 하늘로부터 보냄을 받았다는 자기 이해를 가진 예수님의 가르침이 현 단락에 의미하는 바는 분명하다. 어린아이에게 친절하라는 도덕적 교훈이 현 가르침의 요지는 물론 아니다. 예수님은 하나님 나라를 선포하도록 이 땅으로 보냄을 받았는데, 그가 담지한 그 나라에 사람들이 참여하려면 그를 믿고 따라야 했다(1:15, 20 주해를 보라). 이제 예수님은 그를 따르는 제자들을 하나님과의 바른 관계 안으로 이끄는 일을 뛰어넘어 하나님의 다스림에 들어온 공동체 상호 간의 바른 관계를 말하고 있는 것이다. 그들 가운데 있는 작은 아이를 자신과 하나님을 모시듯 환영하는 공동체를 만드는 것이 바로 하늘에서 이

3. 주후 1세기 문서인 에스라4서의 헬라어 본문은 유실되었고 현재 남아있는 본문은 라틴어 본문이다.
4. 유사한 논의를 위해서는 12:6 주해를 보라.

땅으로 보냄을 받은 그가 이뤄야 할 소명이라 말씀하고 있는 것이다. 제자 공동체는 높은 곳을 향해 올라가는 자들이 아니라 예수님이 그러하셨듯이 높은 곳에서 낮은 곳으로 내려와 사회적으로 미천한 자 안에서 예수님을 발견하고 예수님 안에서 하나님을 발견하는 곳이어야 한다. 제자 공동체 가운데 하나님의 통치가 실현되고 있는지는 그 구성원의 상호 태도를 통해 증명돼야 한다는 것이다.

요약과 해설

예수님은 인자가 통과해야 하는 수난을 두 번째로 예고하신다. 특히 사람들의 손에 "넘겨지고"(31절) 죽임을 당할 것이지만 이사야 53:6, 12과 다니엘 7:24-27이 말하듯이 배척과 배반은 하나님의 주도권 가운데서 진행될 것이고 결국 역전이 일어날 것을 확신하셨다. 제자들은 예수님의 수난 예고의 의미를 깨닫지 못한다. 이번이 두 번째 예고라는 것을 고려한다면 제자들은 예수님이 가시는 길이 무엇인지 몰라서 깨닫지 못한 것이 아니라, 알고 있었지만 더 이상 알기를 회피했기 때문에 무지 가운데 머물러 있었던 것이다. 이런 사실은 그들은 묻기조차 두려워했다는 본문 설명을 통해 확인된다. 그들은 인자의 길이 곧 제자의 길이 되어야 함을 익히 들었기(8:34-38) 때문에 두려웠던 것이고 두려웠기에 더 깊이 알기를 그만두었던 것이다.

제자들의 몰이해는 "누가 가장 큰 자"(33절)인지에 대한 논쟁으로 이어진다. 이 논쟁이 "길에서"(33, 34절) 벌어졌다는 것은 예수님과 함께 길을 걷고 있었지만 그들이 추구하던 삶의 '길'은 스승이 가시던 '길'과 달랐음을 보여준다. 이에 예수님은 종말론적 역전에 관한 가르침을 주시고자

"첫째"가 되기를 원하는 사람은 "마지막"과 "섬김이"가 되어야 함을 가르치신다(35절). 사회적으로 미천한 존재인 어린아이를 품에 안으신 후 누구보다 '으뜸'된 존재로 하나님과 함께 하늘에 머물다가 이 땅에 보냄을 받은 자신과 그 아이를 동일시하신다. 그렇게 하시며 어린아이와 자신, 그리고 그를 "보내신 분"을 동일하게 받아들이는 것이 모두가 큰 자가 되려는 세상에서 종말론적으로 하나님의 다스림을 받으며 살아가는 공동체의 생명력을 드러내는 길임을 가르쳐 주셨다.

제44장
이어진 제자도 교훈
마가복음 9:38-50

갈릴리에서 주신 마지막 가르침(참고. 10:1)을 담고 있는 현 단락은 제자의 질문(38절)과 그에 대한 예수님의 답변(39-50절)이 일련의 어록(sayings)으로 제시된다. 주제는 직전 단락에 이어 제자도가 계속된다. 앞 단락과의 주제적 연결은 유사한 또는 동일한 단어의 반복을 통해 확인되는데, "어린아이"(36, 37절)를 떠올려 주는 "이 작은 자들"(τῶν μικρῶν τούτων, 42절)과 "내 이름에 의탁하여"(ἐπὶ τῷ ὀνόματί μου, 37절)에 이어 "당신의 이름으로"(ἐν τῷ ὀνόματί σου, 38절), "내 이름으로"(ἐπὶ τῷ ὀνόματί μου, 39절 후반부)와 "그리스도의 사람이라는 이유로"(ἐν ονόματι ὅτι Χριστοῦ, 41절)의[1] 반복적 등장이 그 예가 될 수 있겠다. 하지만 세부 내용에 있어서는 차이를 보이는데 전 단락이 제자 공동체 내부의 생활 원리를 다루었다면, 현 단락은 다른 제자 공동체와의 관계에 집중한다. 본 단락은 크게 두 부분으로 나눠진다. 배제와 포용의 새로운 기준(38-41절),

1. BDF §397 (3)은 ἐν ὀνόματι ὅτι를 '주장으로'(on the claim) 또는 '기초로'(on the basis that)로 번역한다. 또한 그것을 '근거로'(on the grounds that)로 보는 입장은 Moule, 79 참고.

종말론적 심판을 염두에 둔 삶(42-50절).

38 요한이 그에게 말했다. "선생님, 우리가 어떤 사람이 당신의 이름으
로 귀신들을 쫓아내는 것을 보고 그를 막으려 했습니다. 왜냐하면 그가 우
리를 따르지 않았기 때문이었습니다." **39** 그러자 예수님이 말씀하셨다.
"그를 막지 마시오. 이는 내 이름을 의탁하여 능력을 행하면서 즉시로 나에
대해 나쁘게 말할 수 있는 사람은 아무도 없기 때문이오. **40** 이는 우리를
대적하지 않는 사람은 우리를 위하는 사람이기 때문이오. **41** 이는 그대들
이 그리스도의 사람이라는 근거로 그대들에게 마실 물 한잔을 주는 자는
누구든지, 진정으로 내가 말합니다. 결단코 그의 상을 잃지 않을 것이오.

42 그리고 나를 믿는 이 작은 자들 중 하나를 걸려 넘어지게 하는 자는
누구든지 그의 목에 연자 맷돌을 두르고 바다에 던져지는 것이 그에게 도
리어 낫소. **43** 그리고 만일 그대의 손이 그대를 걸려 넘어지게 하거든 그것
을 잘라 버리시오. 그대가 두 손을 가지고 지옥[2] 곧 꺼지지 않는 그 불에 들
어가는 것보다 장애인으로 생명에 들어가는 것이 낫소. **45** 그리고 만일 그
대의 발이 그대를 걸려 넘어지게 하거든 그것을 잘라 버리시오. 그대가 두
발을 가지고 지옥에 던져지는 것보다 절름발이로 생명에 들어가는 것이 낫
소. **47** 그리고 그대의 눈이 그대를 걸려 넘어지게 하거든 그것을 빼버리시
오. 두 눈을 가지고 지옥에 던져지는 것보다 한쪽 눈으로 하나님 나라에 들
어가는 것이 낫소. **48** 그곳에는 그들의 구더기도 죽지 않고 불도 꺼지지 않
는 곳이요. **49** 이는 모든 사람이 불에 절여질 것이요. **50** 소금이 좋은 것이
지만 만일 그 짠맛을 잃으면 무엇으로 그 맛을 내겠소? 그대들 가운데 소
금을 두어서 서로 평화를 이루시오."

---

2. "지옥"은 헬라어로 '게엔나'(γέεννα)이다.

주해

배제와 포용의 새로운 기준(38-41절) 보고자로서 요한의 등장은 그가 베드로와 야고보와 함께 세 명의 내부 그룹에 속해 있었던 인물임을 고려할 때 전체 제자의 입장을 대변하는 역할을 하고 있는 것으로 보인다(비교. 8:29, 32). 더불어 요한이 급한 성품을 함축하는 보아너게("천둥의 아들")라는 별명을 예수님에게 받은 인물(3:17 주해를 보라)임을 기억할 때, 보고 내용의 성격상 그가 먼저 나선 것은 쉽게 이해된다. 보고의 내용은 "당신의[σου] 이름으로"(38절 중반부) 축귀를 행하는 자를 금지시키고자 했는데 그 이유는 "그가 우리를[ἡμῖν] 따르지 않았기 때문"(38절 후반부)이라는 것이었다. 현 단락에서 '예수님의 이름'의 사용은 "당신 이름으로"(ἐν τῷ ὀνόματι, 38절)와 "내 이름에 의탁하여"(ἐπὶ τῷ ὀνόματί μου, 39절 후반부)로 직접 표현되었고 또한 "그리스도의 사람이라는 이유[이름으]로"(ἐν ὀνόματι ὅτι Χριστοῦ, 41절)로 간접적으로 사용된다. 유대인은 이름을 권위(칠십인경 삼상 25:9), 명성(칠십인경 창 11:4; 21:23; 신 22:14), 존재(칠십인경 사 33:21; 겔 43:7) 등과 동일시한다(11:9; 13:13; 행 4:7; 빌 2:9-10; 히 1:4).[3] 따라서 제자들의 질문에 등장하는 "어떤 사람이 당신의 이름으로 귀신들을 쫓아내는 것"(38절 중반부)은 '어떤 사람이 당신의 권위로 귀신들을 쫓아내는 것'이라는 함의를 가진다. 주목할 것은 요한의 보고에서 그 사람의 축귀 행위를 제자들이 금지시키려 한 이유는 그가 "우리를" 따르지 않았기 때문이라고 말한 점이다. 요한의 요지는 비록 예수님의 이름으로 축귀를 행하지만 그가 '제자 집단'(아마도 열두 제자)에 소속되어 있지 않기 때문에 그의 행위는 금지돼야 한다는 것이다. 콜

3. Lust et al., ὄνομα.

린스는 이 구절이 예수님의 부활 이후의 교회 상황을 반영한다고 주장하지만(Collins [a], 448) 우리가 그의 견해를 따를 필요는 없다. 예수님의 사역 기간 동안 제자 공동체 밖에도 예수님의 이름으로 귀신을 쫓아내는 자가 있었을 가능성은 충분히 있기 때문이다(참고. 5:1-20, 특히 19-20; 마 12:27, 43-45; Cranfield, 310). 제자들은 그 축귀자에 대해 비관용적인 태도를 보인다. 마가 내러티브는 축귀 권세와 제자들의 상관관계를 일관성 있게 묘사해왔다. 초기 네 제자들이 부름받은 후의 첫 공적 경험은 가버나움 회당에서 축귀(1:21-28)였고 그곳에서 그들은 목격자로만 존재했었다(1:21, 29). 이후 그들 역시 축귀를 행할 수 있는 권세를 부여받고(3:14; 6:12-13) 또 성공적으로 이행하기도 한다(6:30). 하지만 그 권세가 변함없이 그들에게 소유된 것이 아님을 얼마 지나지 않아 경험한다. 귀신 들린 아이를 치료하는 데 제자들이 실패한 것이다(9:18, 28). 그때 주어진 "기도 외에는 어떤 방법으로도"(29절) 축귀가 일어나지 않는다는 가르침은 축귀가 그들의 전유물이 아니라 위로부터 주어진 것이기에 끊임없이 기도로 간구해야 하는 것임을 알려주시려는 교훈이었지만, 제자들은 여전히 그것을 자신만의 특권으로 여기며 독점하려고 한다(Boring, 2006: 282).

요한의 파벌적인 태도와는 달리 예수님은 무명의 축귀자에게 관용적인 태도를 보인다. 본문은 세 번의 '가르'(γάρ, 39, 40, 41절) 사용을 통해 그(누)가 왜 포용돼야 하는지를 추가적으로[4] 설명하신다:

> 이는[γὰρ] 내 이름을 의탁하여 능력을 행하면 …(39절)
>
> 이는[γὰρ] 우리를 대적하지 않는 사람은 …(40절)
>
> 이는[γὰρ] 그대들이 그리스도의 사람이라는 근거로 …(41절).

---

4. γάρ가 이끄는 설명은 흔히 문맥에 전개된 논리에 덧붙여진 내용이기도 하다 (Robertson, 1190).

첫째, 예수님은 그가 "내 이름을 의탁하여 능력"(δύναμιν ἐπὶ τῷ ὀνόματί μου)을 행한 사실 하나만으로 그는 바른 궤도에 있다고 판단하신다(39절). 그가 행한 축귀를 표현하고자 사용된 "능력"(δύναμιν)은 일반적으로 예수님의 '초자연적' 사역을 가리킬 때 사용된 용어였다(5:30; 6:2, 5)(France, 2002: 376). 그렇다면 비록 본문이 적극적으로 그가 예수님에 대한 '신앙'을 가진 자인지는 알려주지 않지만, 적어도 그가 예수님의 이름을 "의탁"(ἐπί)하여 "능력"을 행했다는 말을 근거로 할 때 그 역시 하나님 나라에 참여하고 있는 사람으로 이해돼야 한다고 판단하셨을 것이다(비교. Marcus, 2009: 684, 686).

둘째, 예수님은 "우리를 대적하지 않는[οὐκ ἔστιν καθ᾽ ἡμῶν] 사람은" "우리를 위하는[ὑπὲρ ἡμῶν] 사람"이라 하시며 그를 포용하라고 지시하신다. 그 같은 기준은 자기들을 '따르는'(ἠκολούθει) 자이어야 자기들을 위하는 자라 여긴 제자들의 포용 기준보다 그 폭이 훨씬 넓다. 예수님의 태도는 민수기 11:26-30에 나오는 모세의 태도를 암시한다.[5] 모세가 택한 칠십 인 장로들에게 하나님의 영이 임하여 예언을 하는 동안 그중에 들지 못한 엘닷과 메닷도 예언을 하자 여호수아가 모세에게 그들의 예언을 중단시키도록 간청을 한다. 하지만 모세는 "여호와께서 그의 영을 그의 모든 백성에게 주사 다 선지자가 되게 하시기를 원하노라"(민 11:29) 하며 그들이 예언을 계속하도록 허락한다. 예수님이 그 사람의 축귀 행위에 관용적인 태도를 보인 이유 역시, 하나님의 다스림을 선포하며 귀신 축출을 행해온 자신처럼, 자기의 이름을 의존한 그 사람을 통해 하나님께서 능력을 드러내고 있는 것으로 판단했기 때문이라 보는 것이 가능하다. 이처럼

5. 이런 관측은 Hooker, 1991: 229; Marcus, 2009: 684에 의해서도 이뤄졌다.

엘리트 의식에 젖은 제자들의 파벌주의적 태도와 하나님의 다스림의 전망에서 '외부인'을 바라 보는 예수님의 포용적인 태도 사이에는 뚜렷한 대조가 역력하다.

누구를 '내부인'으로 여기며 포용해야 할지는 예수님이 주신 세 번째 '가르'(γάρ, '이는')절에 내포되어 있다: "그대들이 그리스도의 사람이라는 이유로[ἐν ὀνόματι ὅτι Χριστοῦ ἐστε][6] 그대들에게 마실 물 한 잔을 주는 자는 누구든지 … 결단코 그의 상을 잃지 않을 것이오"(41절). 제자들의 정체성을 설명하는 "그대들이 그리스도의 사람"(Χριστοῦ ἐστε)과 결합된 다소 어색한 어구 '엔 오노마띠 호띠'(ἐν ὀνόματι ὅτι, "이유로"; 문자적 번역. '라는 이름으로')는 한 사람이 '예수님의 이름으로'(ἐν τῷ ὀνόματί σου, 38절; ἐπὶ τῷ ὀνόματί μου, 39절 후반부) 축귀를 행했다는 정보를 염두에 둔 표현이다(France, 2002: 378). 예수님의 이름으로 귀신을 쫓아내는 자와 그리스도의 이름 때문에 한 잔의 물을 주는 사람이 동등한 입장에서 다뤄지고 있음을 암시해 준다. 요지는 하나님의 종말론적인 상에 참여할 자격이 마실 물 한 잔의 호의를 베푸는 사람에게 주어진다는 것이 아니다. 제자들이 "그리스도의 사람"이라는 "이유로"(ἐν ὀνόματι ὅτι) 그러한 호의를 베푸는 사람 역시 종말론적인 상을 받을 하나님의 백성이며 바로 그들이 포용해야 할 내부인이다. "그리스도의 사람"이라는 제자들의 정체성을 알아보고 그들에게 한 잔의 물을 줄 수 있다는 것은 그들 역시 예수님을 그리스도로 고백하는 자라는 것을 간접적으로 증명하기 때문이다. 따라서 그들 역시 함께 하나님 나라 운동을 펼쳐가야 할 사람이라는 것이다.

종말론적 심판을 염두에 둔 삶(42-50절) 현 섹션은 여러 어록의 모음으

---

6. ἐν ὀνόματι ὅτι를 '이유로'로 번역하는 것에 대해선 위 번역을 보라.

로 대부분이 제자 공동체에서 어떻게 살아야 할 것인지를 종말론적 심판의 빛 아래에서 제시한다. 먼저, "이 작은 자들 중 하나"(ἕνα τῶν μικρῶν τούτων, 42절 전반부)는 36과 37절의 "어린아이"(ἕν τῶν τοιούτων παιδίων)를 연상시킨다. 실족케 하지 말아야 할 대상인 "나를 믿는 이 작은 자들"은 누구를 가리킬까? 그들은 "어린아이"(Collins [a], 450) 혹은 "섬김이"가 되도록 요청받은 제자들을 지시한다는 견해(Hooker, 1991: 231; France, 2002: 378)가 있다. 하지만 근거리 지시 대명사 "이"(τούτων)에 따라 직전 문맥(38-41절)을 고려하면 "나를 믿는[τῶν πιστευόντων] 이 작은 자들 중 하나"(42절 전반부)는 기독교 공동체에 소속되어 있지만 주류 제자 그룹에 들지 못한 사람(38절), 혹은 마실 물 한 잔을 건네는 것과 같은 아주 작은 일을 감당하는 사람(41절)을 지시하는 것으로 봐야 한다(밑줄 친 강조적 현재 시제에 주목하라). 예수님은 그런 "작은 자들 중 하나"를 걸려 넘어지게 하면 "그의 목에 연자 맷돌을 두르고 바다에 던져지는 것이 그에게 도리어 낫소"(42절)라고 말씀하신다. 특히 헬라어 지시 대명사는 객관적 거리만이 아니라 언어 사용자와의 심리적 거리를 드러내는 문법적 항목(박윤만, 2013b: 192-95)이기에 근거리 지시 대명사 "이"(τούτων)는 "작은 자들"을 향해 예수님이 가지신 마음의 친밀성을 드러낸다. 또한 '걸려 넘어지게 하는 것'(σκανδαλίσῃ)은 현 문맥("나를 믿는")에서 신앙을 잃게 하는 것으로 이해돼야 한다. "작은 자"의 믿음을 잃게 하는 행동의 심각성은 그렇게 하는 자는 연자 맷돌을 메고 바다에 매장돼야 한다는 놀라운 말씀을 통해 강조된다. 수장은 로마인들이 행한 극형의 하나로[7] 현 맥락에서는 과장법의 소재가 되고 있다. 예수님이 자신과

7. Josephus, *Jewish Antiquities* 14.15.10 § 450에 따르면 "갈릴리인들이 … 혁명을 일으킨 후 헤롯당 사람들을 잡아 호수에 수장시켰다."

동일시하신(37절) "작은 자들"을 제자 공동체가 귀히 여기도록 수사적 화법이 사용된 것이다. 이런 해석의 정당성은 내러티브 흐름을 고려하면 더욱 더 확보된다. 마가는 앞선 단락에서 제자들이 "누가 더 큰 자"(34절)인지 논쟁하고 있었고 또 뒤따르는 단락에서도 그들의 높아지고자 하는 마음은 변하지 않고 있음을 유사한 논쟁 이야기(10:35-41)를 소개함으로써 알려준다. 예수님은 제자들의 그 같은 경향에 대해 경고 차원과 함께 '작은 자'의 가치를 아는 참 제자도를 가르치고자 수장이라는 극단적 형벌의 소재를 사용하시고 있는 것이다.

43-48절 42절은 다른 사람을 걸려 넘어지지(σκανδαλίσῃ) 않도록 하기 위한 가르침이라면, 43-48절은 자신을 걸려 넘어지게(σκανδαλίζῃ) 하지 않도록 권면을 주신다(Cranfield, 313-14; Edwards [b], 293). "생명에 들어가는 것"(εἰσελθεῖν εἰς τὴν ζωήν, 43절)은 근접 문맥에 등장하는 "하나님 나라에 들어가는 것"(εἰσελθεῖν εἰς τὴν βασιλείαν τοῦ θεοῦ, 47절)과 동일시된다. 이는 제2성전 시기 유대인들이 "생명"을 다가오는 시대인 하나님 나라에서의 삶으로 이해한 것과 잘 조화된다(참고. 10:17, 23, 25, 30).[8] "지옥"(γέενναν, 43, 45, 47절)은 "꺼지지 않는 불"(43절) 혹은 "구더기도 죽지 않는 곳"(48절)으로 부연 설명된다. '게엔나'(γέεννα, 지옥)는 예루살렘 남서쪽에 위치한 힌놈의 골짜기를 가리키는 아람어(גהנם, '게힌놈')의 헬라어 음역으로, 한때 그곳은 가나안 신 몰렉에게 사람을 희생제물로 드리던 장소이기도 했다(왕하 23:10; Reicke, 1993: 243). 예레미야는 힌놈의 아들 골짜기에서 자행되던 몰렉 우상 숭배를 향한 하나님의 심판을 선언했다(렘 7:31-34; 19:5-6; 32:35). 이후 그곳은 예루살렘 쓰레기를

8. 탈무드 베라코트 28b; 창세기 랍바 9:8.

태우는 곳으로 사용되면서 유대 문헌과[9] 신약성경(마 5:22; 10:28; 23:15, 33; 약 3:6)에서 죽음과 심판, 그리고 불이 결합된 영원한 심판을 가리키는 개념으로 사용되었다(Hooker, 1991: 231; Reicke, 243). 이와 더불어 마지막 심판 장소에 대한 "벌레가 죽지 않고", "꺼지지 않는 불"에 대한 이미지 형성에 이사야 66:24 역시 일조했을 수 있는데, 이사야는 새 하늘과 새 땅이 임할 때(사 66:22) 그 곳에 참여하지 못한 자들의 마지막 현실은 "벌레가 죽지 아니하며 그 불이 꺼지지 아니"(사 66:24)한 곳이 될 것이라 말하고 있기 때문이다(Cranfield, 314). 아래서 살펴볼 것처럼 손과 발, 그리고 눈이 범죄하면 그것을 제거하라는 말은 과장법에 따른 표현이고, "꺼지지 않는 불" 역시 자신을 걸려 넘어지게 하는 자에게 돌이킬 수 없는 영원한 형벌이 엄연히 기다리고 있음을 알려주는 "그림 언어"(picture-language)로 보는 것이 타당하다(Cranfield, 314).

43-48절은 동일한 문장 형태로 되어 있다: "만일 그대의 손 [발] [눈]이 그대를 걸려 넘어지게 하거든 그것을 잘라 버리시오 [빼버리시오]"(43, 45, 47절) 예수님은 죄를 범케 하는 몸의 지체를 가지고 지옥에 가는 것보다 그것 없이 장애의 몸으로 "생명" 혹은 "하나님 나라에 들어가는 것"이 더 낫다고 말한다. 예수님은 손과 발, 그리고 눈의 범죄를 말씀하시며 무엇을 염두에 두셨을까? 현 맥락에서 손과 발, 그리고 눈이 특별히 성적 범죄의 도구로서 그것들의 역할을 상징한다(Collins [a], 450-51)고 보기보다는, 일반적 범죄에 있어서 그것들이 수행하는 역할을 고려한 표현으로 보는 것이 더 자연스럽다(비교. 롬 6:12-13; 참고. Marcus, 2009: 697). 왜냐하면 성적인 범죄가 현 맥락에서 이유가 되어야 할 근거가 없기 때문이다. 손은 범죄를 수행하는 '도구'이며, 발은 범죄의 현장으로 이

9. 에녹1서 26:4; 27:2-3; 90:26-27; 에스라4서 7:36.

동하는 수단이며, 눈은 범죄로 이끄는 유혹이 시작되는 곳이다. 몸의 각 지체가 가진 잠재적 범죄 위험을 예수님이 구체적이고 상세하게 열거하신 이유는 한 제자를 넘어지게 하는 각 형태의 범죄에 경각심을 불러일으키기 위함이다.

예수님의 이러한 의도는 범죄한 손과 발을 "잘라 버리라"(43, 45절)와 범죄한 눈을 "빼버리라"(47절)와 같은 어법에도 나타난다. 이 명령은 대부분의 학자들이 인정하는 것처럼 문자적으로 이해하기보다는 과장법으로 봐야 한다(Hooker, 1991: 232; Collins [a], 453; Edwards [b], 294; 양용의, 224; 신현우, 2011: 193). 과장법은 구술-청각 의사소통 문학의 중요한 특징으로, 들려오는 정보를 효과적으로 기억하도록 돕는다. 이러한 과장법은 현 맥락에서 범죄와 관련하여 제자들이 수행해야 하는 엄격한 자기 훈련을 그들의 기억에 뚜렷이 새기는 인지적 효과를 만든다. 비록 과장법이지만 예수님이 범죄한 몸에 대해 그러한 가혹한 태도를 취하라는 말씀은 "생명" 혹은 하나님 나라에서의 삶이 전제하고 있는 부활(8:31; 12:24-27)의 빛 아래 어느 정도 이해될 수 있다. 부활은 죄와 악으로부터 자유로운 온전한 몸을 입는 것이다(8:31 주해를 보라).[10] 따라서 부활의 때 얻을 새롭고 변형된 몸을 기다리며 현시대를 살아가는 제자들은, 자신의 몸 안에 있는 "악한 것"(7:23)이 손, 발, 눈을 통해 자신을 걸려 넘어지게 하지 않도록 몸 훈련이 절대적으로 필요하다.

49절 "모든 사람이 불에 절여질 것이요[πυρὶ ἁλισθήσεται]"에서 "불"(πυρί)은 48절의 "꺼지지 않는 불[πῦρ]"과, "절여질 것이요"(ἁλισθήσεται; 문자적 뜻 '소금에 절여지다')는 50절의 "소금"(ἅλας)라는 열쇠말로 상호 연결되어 있다. "모든 사람이 불에 절여질 것이요"는 그것이 속

10. 부활 때 불구의 몸이 온전한 몸으로 회복될 것이라는 기대에 대해서는 미드라쉬 창세기 랍바 95.1을 보라.

한 맥락에 따라 다양한 의미를 가질 수 있다. 현 맥락에서 그것의 의미를 알려면 먼저, 그 정보의 뜻을 파악한 후 문맥에서 그 의미를 고려해 보아야 한다. 유대 기독교 전통은 불을 정화(고전 3:13-15)와 심판(43, 48절)의 기능을 수행하는 것으로 이해했고(Marcus, 2009: 698), 세례 요한 역시 예수님을 불로 세례를 줄 분으로 소개했다(마 3:11, 병행. 눅 3:16). 그런데 "절여질 것이요"(ἁλισθήσεται)의 원형(ἁλίζω)은 '소금에 절이다'의 뜻을 가진다. 구약에서 소금은 절이는 역할 때문에 하나님께 바쳐진 제물에(보존용으로) 포함되어 상함 없이 그것이 하나님께 받으실 만한 제물이 되게 하라고 가르친다(ἁλισθήσεται, 레 2:13; 민 18:19; Carrington, 208; Evans, 2001: 73).

물론 현 본문에서는 소금이 아니라 "불에 절여질 것이요"라 했다. 48절에서 가진 불의 부정적 의미와 50절에서의 소금의 긍정적 의미가 49절의 "불에 절여질 것이요"에 내포되어 있다. 달리 말하면 불의 심판적 기능과 또 다른 한편으로는 소금의 정화의 기능이 언급되고 있는 것이다(Hooker, 1991: 233). 그렇다면 "모든 사람"을 불에 절이는 역할을 수행하는 주체는 누구 혹은 무엇일까? "절여질 것이요"는 미래 수동태로 되어 있기에 모든 사람을 '절이는'의 의미상의 주어는 추론해야 한다. 예수님의 하나님 나라 선포가 그런(불에 절이는) 역할에 빗대어진다고 보는 것이 제일 무난하다(Donahue and Harrington, 288). 예수님의 선포는 거부하는 사람에게는 심판의 메시지가 되고, 받아들이는 사람에게는 정화의 역할을 수행하게 될 것이므로, "모든 사람"은 예수님에 의해 선포된 하나님의 나라 앞에서 하나님의 현실을 받아들일 것인지 아니면 그들 자신의 현실을 끝까지 밀고 가다 결국 파국을 맞이할 것인지 결단해야 한다. 환언하면, 만일 그 선포를 받아들이면 예수님의 가르침은 정화하는 소금이 되어 현시대의 악으로부터 그 사람을 구원하여 종말론적인 하나님의 다스림으로 이끌 것이지만, 거부하면 심판의 불이 될 것이라는 이중적인 함의를 전해주고 있는 것이다.

50절 49절 주해를 근거로 본다면 제자들은 예수님의 하나님 나라 선포를 받아들여 그를 따른다는 점에서 "소금에 절여진" 사람이다(France, 2002: 384; 양용의, 224). 소금이 짠맛을 잃는다는 것은 제자들이 지금까지 예수님을 따르며 배웠던 하나님 나라의 가치를 잃는 것을 말한다. 사실 제자들은 33절이 말하듯이 "누가 가장 큰 사람인지"를 두고 논쟁을 벌이며 갈등 관계에 들어갔었다. 이런 논쟁은 그들이 짠맛을 잃어버렸다는 증거이다. 이제 예수님은 마지막으로 제자들이 "소금", 곧 하나님 나라의 가치를 제자 공동체의 삶의 중심에 두어 하나님께서 이스라엘과 "소금 언약"(레 2:13)으로 화목을 이루신 것처럼 그들도 더 큰 자가 되려는 갈등을 멈추고 공동체적 평화를 만들어야 한다고 가르치신다(Witherington, 2001: 274). 이것이 "그대들 가운데 소금을 두어서 서로 평화를 이루시오"의 의미이다.

요약과 해설

본 단락은 지금까지 주 사역 무대였던 갈릴리를 떠나 유다로 가시기 전 마지막으로 주신 가르침이다. 가르침은 요한의 보고로 시작된다. 그 내용은 축귀하는 어떤 사람이 "우리들을 따르지 않았기 때문에"(38절) 제자들이 막았다는 내용이었다. 이에 요한과 그 뒤에 있던 제자들은("우리들"에 주목하라) 예수님으로부터 책망을 듣는다. 축귀의 능력을 그들 자신만의 특권으로 여겼기 때문이었다. 반면, 예수님은 그가 예수님의 "이름에 의탁하여 능력"을 행하였다(39절)는 긍정적인 자세를 보인다. 그들을 따르지 않으면 외부인이라는 제자들의 엘리트주의와 폐쇄적인 자세와는 달리, 예수님은 “우리를 대적하지 않는 사람은 우리를 위하는 사람”(40절)이라는 매우 포용적인 원칙을 제시하셨다. 더불어 제자들을 “그리스도의 사람”(41절)이라는 것을 알아보고 사소한 물 한 잔의 호의를 베푼 사람까지도 하나님 나라에서 상을 받을 내부인이 될 것임을 알려주셨다. 또한 기독 공동체에서는 제자 집단에 소속되지 않은 축귀자와 물 한 잔의 작은 호의를 베푸는 ‘사소한’ 사람과 같은 “작은 자들 중 하나”(42절)라도 걸려 넘어지는 일이 없도록 존중되어야 함을 말씀하신다.

제자들은 다른 사람이 신앙의 공동체에서 걸려 넘어지지 않도록 경계해야 할 뿐 아니라 스스로를 걸려 넘어지게 하지 않도록 조심해야 했다. 손과 발과 눈이 범죄하면 그것을 제거하고 “생명”(43, 45절) 혹은 “하나님 나라”(47절)에 들어가는 것이 낫다는 과장법에 따른 표현은, 자기훈련이 제자도의 기초가 돼야 함을 알려준다. 마지막으로 모든 사람이 예수님에 의해 선포된 하나님 나라 메시지 앞에서 정화와 심판의 갈림길에 서게 되었고, 그를 따르는 제자들은 그들이 받아들인 하나님 나라의 가치를 공동체 삶의 중심에 두어 “더 큰 자”가 되려는 갈등(9:33-34)에서 벗어나 화평을 이루라는 권고를 하신다. 무엇보다 현 가르침이 갈릴리에서 주신 마지막 교훈이자 새로운 국면이 기다리고 있는 유대로 향하기 직전(10:1)에 주어졌다는 점에서 비장함이 서려 있다고 할 수 있겠다.

제45장
이혼 논쟁과 제자도
마가복음 10:1-12

현 단락은 종교지도자들과 벌인 이혼 논쟁을 중심 내용으로 한다. 얼핏 보면 이런 주제는 8:27부터 계속되어 온 제자도 모티프의 이탈처럼 보일 수 있지만 단락의 결론부(10-12절)는 논쟁의 궁극적 관심이 제자 교육에 있었음을 알려준다. 이처럼 다양한 이슈로 시작하지만 결론은 제자 교육으로 이어지는 방식은 어린아이와의 관계(13-16절), 부에 대한 태도(17-27절), 그리고 기독 공동체의 지도자상(32-45절) 등의 주제가 다뤄질 때 동일하게 나타난다. 현 단락은 배경(1절), 바리새인의 질문(2절), 예수님의 역질문(3절), 바리새인의 응답(4절), 예수님의 응답(5-9절), 제자 교육(10-12절)으로 구성되어 있다.

1 그리고 그가 그곳에서 일어나 유대 지방과 요단 강 맞은편으로 가셨
다. 그러자 다시 큰 무리가 함께 그에게 갔다. 늘 하시던 대로 다시 그들을
가르치셨다. **2** 그때 바리새인들이 다가와 그를 시험하려고 물었다. "남편
이 아내를 버리는 것이 합법적입니까?" **3** 그러자 그가 그들에게 대답하고
자 말씀하셨다. "모세는 그대들에게 무엇이라 명령하였소?" **4** 그리고 그들

이 대답했다. "모세는 이혼증서를 써 주고 보내는 것을 허락하였습니다." **5**
그리고 예수님이 그들에게 말씀하셨다. "그대들의 완고한 마음을 고려하여
이 계명을 그대들에게 기록한 것이오. **6** 그러나 창조의 시작부터 '남자와
여자로 그들을 만드셨고 **7** 이런 이유로 사람이 그의 부모를 떠나 그의 아
내에게 연합되어 **8** 그둘이 한 몸이 될 것이다.' 그러므로 그들은 더 이상 둘
이 아니요 한 몸이 되었소. **9** 그런즉 하나님께서 맺어 주신 것[한 몸]을 사
람이 나눌 수 없소." **10** 그리고 집에 [있을 때] 제자들이 이 일에 관해 그에
게 물었다. **11** 그러자 그가 그들에게 말씀하셨다. "누구든지 그의 아내를 버
리고 다른 여인과 결혼하면 그는 그 아내에게 음행을 행하는 것이오. **12** 그
리고 만일 아내도 그녀의 남편을 버리고 다른 남자와 결혼하면 간음하는
것이오."

주해

배경(1절) 예수님이 가버나움 집(9:33, 35)을 떠나 유대를 향해(εἰς) 가신다. 유대는 당시 이스라엘의 정치, 경제, 문화, 그리고 종교의 중심지로, 예수님의 유대 방문은 세례 요한의 세례를 받기 위해 방문(1:9)한 이후 처음이다. 유대 방문의 목적은 14:1이 암시하듯이 유월절을 지키기 위함이었을 것이다. 본문은 예수님이 "유대 지역과 요단 강 맞은편[πέραν τοῦ Ἰορδάνου]"으로 가셨다고 말한다. '뻬란 뚜 이오르다누'(πέραν τοῦ Ἰορδάνου)는 전통적으로 요단 강 동쪽 지역을 일컫는 용어로 쓰였는데(민 34:15; 수 1:14; 사 9:1) 현 본문에서도 예루살렘을 중심으로 하는 유대를 준거점으로 삼아 "저편"을 동쪽을 가리키고자 사용했다.

"유대 지역과 요단 강 맞은편"은 예수님이 먼저 유대 지역에 오셨다가

후에 다시 요단 강 동쪽 건너편(베뢰아 지역)으로 가셨음을 알리는 표현이 아니다. 현재로선 요단 강 동쪽을 '최종 목적지로' 택해야 할 별다른 이유가 있었다고 보기 어렵기 때문이다. 오히려 내러티브 흐름상 유다가 최종 목적지이고 요단 강 건너편은 경유지로 보는 것이 훨씬 더 자연스럽다. 최종 목적지가 먼저 언급되고 경유지가 후에 나오는 예는 11:1에도 나온다(Collins [a], 457). 유대와 예루살렘(10:32)으로 가는 길에 경유지로 요단 강 건너편을 택했다는 본문 정보는 예수님이 취한 여행 경로가 갈릴리에서 곧바로 남쪽으로 내려오기보다는 먼저 요단 동쪽 지역 길을 택하여 내려오신 후 마지막으로 유대와 예루살렘이 있는 서쪽 방향으로 이동하실 계획이었던 것이 틀림없다(비교. Hooker, 1991: 233). 이러한 여행 경로는 갈릴리와 유대 지역 사이에 있는 사마리아를 피하기 위한 시도였다고 보는 학자들도 있다(France, 2002: 383; Hooker, 1991: 235; Stein, 454). 그러나 예수님이 이미 두로와 시돈과 같은 이방 지역을 거리낌 없이 방문하셨다는 것을 고려하면 그러한 해석은 설득력이 없다. 앞서 갈릴리 사역을 하실 때 요단 강 동편에서도 사람들이 모여들었다는 것(3:8)을 고려하면 그 무리를 만나기 위한 조처로 이해할 수도 있다. 모여든 무리는 갈릴리에서부터 유월절을 지키고자 예루살렘으로 올라가던 무리와 함께 그때그 무리로 형성된 집단이었을 것이다. 그 같은 여행 경로 설정에는 이러한 실제적인 이유와 함께 신학적 이유 역시 있다. 예수님은 그의 소명이 하나님의 새로운 백성을 모아 종말론적인 새 출애굽을 이끄는 것이라 믿었기 때문에 옛 이스라엘이 출애굽 시에 거쳤던 탈출 경로를 따라가신 것으로 보아야 한다. 그러시면서 새 출애굽이 그를 통해 진행되고 있음을 상징적 여행 경로를 통해 드러내시려 한 것으로 보는 것이 옳다. 특히 이 여행 중 모여든 무리와 예수님의 가르침은 출애굽 때의 무리와 그들을 가르친 모세를 떠올려 준다.

바리새인의 질문(2절) 바리새인들은 이혼의 합법성 여부를 묻는다: "남편[ἀνδρὶ]이 아내를 버리는 것이 합법적입니까?" 이혼의 주체가 "남편"으로 발설된 것은 예수님 당시 유대 사회에서 이혼의 권리는 남자에게만 있었기 때문이다(Josephus, *Jewish Antiquities* 15.7.10 §259; 미쉬나 예바모트 14:1).[1] 바리새인들의 질문 의도는 무엇일까? 당시 유대 사회의 이혼 논쟁의 대부분은 이혼이 합법적인 것인가 그렇지 않은 것인가에 대한 것보다 남성이 어떤 근거에서 이혼권을 행사할 수 있는지에 집중된 증거들이 존재한다.[2] 이것은 후에 바리새인들이 인용하는 것처럼 모세법 중 이혼 자체를 주제로 삼는 유일한 본문인 신명기 24:1-4(비교. 말 2:13-16)이 이혼에 대해 관용적이었던 것과 무관하지 않을 것이다. 이 상황에서 바리새인들이 이혼 가능 여부 자체를 두고 '학문적' 토론을 제안하려 했다고 보기는 어렵다(비교. Gnilka, 2권 98). 마가가 말하고 있는 것처럼 그들의 질문은 다른 뜻을 가지고 있었다: "그를 시험하려고[πειράζοντες] 물었다." '뻬이라조'(πειράζω, '시험하다')는 '점검'(probation)이라는 사전적 의미를 가지고 있는데[3] 그 자체로는 부정적이지도 긍정적이지도 않다. 하지만 질문자 바리새인들이 지금까지 예수님의 적대자로 반복적으로 등장했다는 것(2:16, 24; 3:6; 7:1-5; 8:11)을 고려하면 그들의 시험 의도는 결코 중립적이지 않다는 것을 알 수 있다.

그들이 시험하려한 것은 무엇이었을까? 추론 가능한 두 가지 의도가

---

1. 로마 사회에서는 여성이 이혼을 요구할 수 있는 권리가 있었다(Nasmith, 26-27). 마찬가지로 유대 왕족 사이에서도 여성들이 먼저 이혼을 요구하는 일이 있기도 했다(Stagg, 134; 또한 6:17-18 주석을 보라). 그럼에도 요세푸스는 살로메(헤롯 대왕의 누이)가 남편에게 이혼을 요구한 것은 유대법에 어긋나는 것이라 밝힌다.
2. 집회서 25:26; Josephus, *Jewish Antiquities* 4.8.23 §253; 미쉬나 깃틴 9:10; 미쉬나 케투보트 7:6
3. Moulton and Milligan, πειράζω. 또한 1:13 주해를 보라.

있다. 먼저, 그들은 예수님의 가족관을 시험하려 했을 것이다. 전통적인 가족 제도에 대한 부정적인 자세를 가진다는 의심을 살 만한 언설을 때때로 하셨기 때문이다. 3:31-35에서는 그의 가족을 문 밖에 세워두고는 그의 주위에 둘러앉아 있는 사람을 보며 그들이 하나님의 새로운 가족이라 선언하셨다. 그 주위에 모여든 제자들은 예수님과 "복음 때문에 집, 형제들과 자매들, 아버지와 어머니, 그리고 자녀들과 밭들을 버린 사람"이라고 말씀하셨다(10:29). 전통적 가치관에서 본다면 예수님은 결코 '가정적'인 인물은 아니었다. 그의 초가정적(beyond family)인[4] 태도는 가족 중심의 지중해 세계의 문화에서 매우 이질적으로 보였을 것이다(Malina & Rohrbaugh, 78). 그뿐만 아니라 사프레이(Shmuel Safrai)가 지적한 것처럼 제2성전 시기 유대인들은 가족을 "하나님의 계명이 성취되는 곳이자 사회 생활의 기초"로 보았다(Safrai, 748). 그렇다면 자신도 가족을 떠나 살 뿐만 아니라(3:20-21, 31) 제자들 역시 그렇게 살도록 가르친 예수님은 유대 지도층 인사들의 눈에는 사회의 근간을 흔드는 인물로 비쳐질 수밖에 없었을 것이고, 이에 유대 사회의 전통적 가치관 지킴이 노릇을 해오던 바리새인들이 그의 가족관을 시험하려는 의도로 이혼 문제를 질문했을 것이다.

그러나 보다 더 개연성이 높은 추정은 예수님을 정치적으로 책잡으려는 의도가 있었다고 보는 것이다(Stein, 455; Hurtado, 229). 당시 갈릴리를 관할하고 있던 헤롯 안티파스는 그가 의붓형제 빌립의 아내 헤로디아와 재혼한 것이 합당하지 않다는 직언을 한 세례 요한을 참수한 상황이었다(6:17-18, 27-29). 더욱이 그는 예수님의 이름과 대중적 명성에 대해서도 들어 알고 있었을 것이 분명하다(6:14). 이런 상황에서 이혼에 대해 어떤

4. 비록 탈 혹은 반가정적인 것은 아니더라도 말이다.

입장을 밝히는 것은 정치적인 위험이 뒤따르는 일일 수밖에 없다. 또한 바리새인들은 이미 헤롯당과 함께 예수님을 살해할 모의를 하고 있었던 터였기에(3:6) 그들의 질문에는 예수님에게 정치적인 해를 가하기 위한 빌미를 찾으려는 의도가 있었다고 볼 수밖에 없다.

예수님의 역질문(3절) 질문을 들은 예수님은 이혼의 가부를 말하시기보다 그것에 대한 모세의 입장이 무엇인지 역질문 하신다: "모세는 그대들에게 무엇이라 명령하였소?" '하나님의 말씀'이라는 용어보다 "모세"라 하신 이유는 모세의 입장과 다른 하나님의 입장을 대조하시기 위함(Gnilka, 2권 98; Collins [a], 466-67)이 아니다. 모든 유대인들은 모세오경이 하나님의 말씀인 것을 믿었고, 특히 7:8-13에서 예수님은 모세의 기록과 하나님의 말씀을 상호 교차적으로 사용하시고 있기 때문이다(Marcus, 2009: 701). 예수님의 논지는 다른 데에 있다(아래를 보라).

바리새인의 응답(4절) 바리새인들은 신명기 24:1-4을 근거로 이혼증서를 써준 후에는 이혼이 "허락"될 수 있다는 입장을 밝힌다. 바리새인들은 당시 통상 받아들여졌던 남성의 이혼 권리 주장의 근거로 신명기 본문을 인용한 것이다. 사실 신명기 24:1-4은 이혼한 아내의 새로운 결혼 생활을 보장해 주라는 의도로 이혼증서를 써주라는 것이 주된 내용 중 하나이다: "이혼증서를 써서 그의 손에 주고 그를 자기 집으로 내보낼 것이요, 그 여자는 그의 집에서 나가서 다른 사람의 아내가 되려니와." 하지만 바리새인들은 남성 중심으로 이혼 문제를 바라보고 있는데, 이 점은 처음부터 남자의 입장에서 이혼 가능 여부를 물은 것("남편이 아내를 버리는 것이 합법적입니까?"), 신명기 본문을 인용하면서 여자의 입장을 말해주는 내용을 모두 생략하며 인용한 것("모세는 이혼증서를 써 주고 보내는 것을 허락하였습니다")을 통해 확인할 수 있다(Gundry, 530). 물론 앞서 지적한 것처럼 바리새인들이 조건부 이혼이 허용된다는 본문을 인용하며 답한 것은 단순히 성경적 입장을 객관적으로 소개하려는 의도는 아닐 것이다. 예수님을 시험하려는 의도를 그들이 가지고 있었기 때문이다. 세례 요한을 뒤따르는 자로서 그 역시 이혼에 대해 세례 요한과 동일한 강경 입장(이혼 불가)을 견지했을 것이라 판단했을 수 있기 때문에 그들이 예수님과 반대 입장을 먼저 취한 것이라 볼 수 있다.

예수님의 응답(5-9절) 예수님은 이혼은 허용될 수 없다고 주장하신다. 이런 입장은 이혼에 대해 당시 유대 사람(남성)들이 가졌던 관용적인 태도(집회서 25:26; Josephus, *Jewish Antiquities* 4.8.23 §253; 미쉬나 깃틴 9:10; 미쉬나 케투보트 7:6)를 고려할 때 매우 놀라운 주장이다.[5] 주목해야 할 점은 예수님의 논거이다. 바리새인들의 주장의 근거 본문이었던 신명기 본문의 배경 설명이 먼저 이뤄진다. 이혼증서 발급 조건으로 허락된 이혼 "계명"은 "그대들의 완고한 마음을 고려하여"(πρὸς τὴν σκληρο-

5. 신현우는 "구약 시대나 중간기 시대에 이혼이 허용되었으며 명확하게 이혼을 금하는 가르침을 찾아볼 수 없다는 데" 착안하여 예수님의 이혼에 관한 가르침은 "보수적이기 보다는 혁명적"이었다고 주장한다(신현우, 2011: 203). 그러나 신현우는 말 2:16이 직접적으로 이혼을 금하는 표현을 사용하지 않는다는 점을 예로 들어 그 본문이 이혼 금지를 규정하는 본문이 아니라고 주장한다. 하지만 이혼이 언급되는 말 2:10-16의 맥락은 말라기 선지자의 이혼에 대한 책망이 얼마나 심각한지를 말해준다. 선지자는 이스라엘 백성들이 이방 여인들과 결혼하기 위해 "어려서 맞이한 아내"(말 2:14-15)와 이혼하는 행위를 하나님께서 "미워한다"(말 2:16)고 밝힌다. 이 맥락에서 이혼은 배교에 비교된다. 특히 김창대는 16절을 히브리어 구문론적 특성을 고려하여 다음과 같이 번역할 수 있다고 주장한다: "하나님은 이혼하는 것을 싫어하신다. 이혼은 학대를 옷으로 숨기는 것이기 때문이다"(김창대, 396-97). 이런 의미를 고려할 때 비록 이혼 금지라는 발설은 없지만 그에 못지않은 이혼 금지를 말라기가 전한다고 보아도 전혀 무리가 없다. 물론 말라기는 이런 유대 사회의 배교 행위가 종말에 정화될 것이라 예언하고 있다(말 3장). 이에 더하여 쿰란 문서 11QTemple [11Q19] 57:17-19 역시 이혼을 금지하는 규정을 둔다. 또한 집회서 7:26도 "마음을 거스르는 아내가 있으냐? 그를 버리지 마라"고 권면한다. 따라서 예수님의 이혼 금지 명령이 혁명적인 것이냐 그렇지 않은 것이냐를 두고 논쟁하기보다는 어떤 근거에서 그 같은 주장을 하는지를 아는 것이 더 중요하다.

καρδίαν ὑμῶν) 제정된 것이라 말씀하신다. 3:5과 8:12에서 밝힌 것처럼 "완고한 마음"은 이방의 포로생활을 유발한 죄 가운데 살고 있던 옛 이스라엘의 마음 상태였다(τὴν σκληροκαρδίαν, 신 10:16; τὴν σκληροκαρδίαν, 렘 4:4; τὴν καρδίαν τὴν λιθίνην, 겔 36:26). 따라서 완고한 마음 때문에 이혼을 허락하는 것은 마음의 변화를 경험하지 못한 옛 세대의 논리라는 것이 예수님의 입장이다. 특히 사용된 2인칭 대명사 "그대들"은 완고한 마음이 모세 때부터 예수님의 동시대 유대인에게까지 계속 이어지고 있는 것으로 이해하셨음을 증명한다. 이어서 예수님은 이혼에 대한 그의 입장을 밝히시는데, 놀랍게도 모세오경의 첫 책인 창세기 1:27과 2:24을 그의 논거로 삼으신다.

그렇다면 바리새인들이 인용한 신명기 24:1-4을 근거로 논지를 전개하시기보다 창세기 1:27과 2:24을 인용하시며 이혼 불가 입장을 밝히신 의도가 무엇일까? 창세기의 두 본문은 모두 창조 때의 말씀으로 인간의 타락(창 3장)으로 완고한 마음이 들어오기 전에 주어진 말씀이다. 예수님이 착안하신 것은 한 남자와 한 여자의 결혼 생활에 대한 명령이 타락 전의 말씀이라는 점이 분명해 보인다. 이혼에 관한 신명기 말씀은 타락 이후의 인간의 조건을 고려한 말씀이고 창세기 말씀은 타락 이전의 인간의 결혼 생활을 향한 신적 의지의 발현이다. 하나님께서 사람을 짝지어 주시고 사람이 나눌 수 없다는 창조 때의 말씀을 근거로 예수님이 이혼 불가 입장을 밝히신 것이다. 누가 이런 입장을 가질 수 있을까? 이런 주장은 이혼을 허용할 수밖에 없었던 인간의 완고한 마음 곧 타락이 해결되고 새 창조가 시작되었다는 것을 믿는 사람만 할 수 있는 것이다(Hooker, 1991: 236; Wright, 1996: 284; Donahue and Harrington, 294, 298).[6] 사실 종말

6. 쿰란문서CD 4:20 역시 창1:27을 인용하며 말한다: "… 창조원리는 '그가 그들을 남자와 여자로 창조하셨다'임에도 불구하고, 첫 번째 아내가 여전히 살아있는 동

론적 회복이 일어날 때 인간의 마음의 완고함이 극복될 것이라는 예언은 이미 구약에 나온다. 신명기 30장은 이스라엘 백성에게 새 출애굽이 일어날 때(3절) 하나님께서 그들에게 "마음에 할례"를 베풀어 그들이 "마음을 다하며 뜻을 다하여 네 하나님 여호와를 사랑하게" 될 것이라 예언한다(6절). 마찬가지로 바벨론의 종노릇에서 벗어날 즈음에 에스겔은 하나님께서 그의 백성에게 "새 영"과 "새 마음"을 주어 하나님의 말씀을 온전히 지키게 될 것이라 예언하였다(36:26-27).

그렇다면 예수님이 타락 전에 주어진 결혼 규례를 지켜야 한다고 주장하실 수 있었던 것은 모세와 에스겔이 예언한 종말론적인 새 출애굽이 시작되었고, 결국 완고한 마음을 대체하는 새 영과 새 마음이 '구속받은' 백성에게 주어지기 시작했음을 믿고 계셨기 때문이다(Wright, 1996: 286).[7] 예수님의 주장과 확신의 근거는 자기(의 하나님 나라 선포)를 통해 시작된 종말의 도래였다는 것이 자명하다. 사실 이혼과 재혼을 금지하지 않은 요세푸스나 필로와는 달리, 종말을 살아가는 새 언약의 공동체라는 정체성을 가진 쿰란 공동체(CD 15:5-12; Collins [b], 2010: 51-91)는 이혼

안 두 번째 아내를 취하여 두 번 간음죄를 범하는 것"(베르메쉬의 영역에 대한 저자의 번역). 쿰란 공동체는 1:27을 창조 원리로 삼아 (이혼과) 재혼을 금하고 있는 반면, 예수님은 죄로 인해 시작된 인간의 완고함이 극복된 새 창조가 시작되었기에 이혼이 금지돼야 한다는 입장이다. 물론 쿰란 공동체가 창조 원리에 호소함으로 결혼생활이 어떠해야 하는지를 가르친 이유는 그들이 종말론적 회복 가운데 있는 공동체라는 믿음 때문이라는 해석 역시 가능하다.

7. 고린도전서 7:10-16에서 바울은 믿지 않는 아내나 남편이 믿는 남편과 아내에게 신앙의 차이를 근거로 이혼을 요구할 경우 허락될 수 있다고 말한다. 하지만 바울은 신자인 남편 혹은 아내가 먼저 이혼을 요구하라는 말은 하지 않는다는 점을 간과하지 말아야 한다. 이것은 예수님의 이혼 불가 가르침이 초기 교회의 맥락에서 비신자에게는 그대로 적용되지는 않았지만(Hooker, 1991: 237; 대조. Donahue and Harrington, 297-98) 적어도 새 영 새 마음을 받은 신앙인 가정에서는 여전히 지켜졌다는 추론을 가능하게 한다.

과 재혼을 허락하지 않았다(쿰란 문서 11QTemple [11Q19] 57:17-19; CD 4:20-5:2; Evans, 2001: 81). 이런 점에서 쿰란 공동체와 마찬가지로 예수님 역시 이혼과 재혼 불가는 새 언약 공동체의 삶의 방식이라고 믿고 있었던 것이 분명하다.

8절 후반부와 9절은 창세기 본문을 근거로 한 예수님의 결론이다. 특히 "하나님[ὁ θεὸς]께서 맺어 주신 것[한 몸]을 사람이[ἄνθρωπος] 나눌 수 없다"(9절)는 결론적 진술은 '하나님'의 주권적 작정과 '사람'의 임의적인 선택을 대조하여 인간에 의한 신적 불가침성을 강조한다. 당시 유대적 맥락에서 본다면 하나님의 주권적 작정하심에 순응해야 할 "사람"(ἄνθρωπος)은 일차적으로 남자를 함의한다고 봐야 하는데, 당시 이혼 권한은 남자만 가지고 있었기 때문이다(2절 주해를 보라). 헤롯 안티파스의 이혼 경력을 감안한다면 예수님의 그와 같은 입장은 바리새인들에게 예수님을 대항하는 헤롯당과의 음모를 더욱 가속화시킬 수 있는 계기를 마련하게 했을 것이다.

제자 교육(10-12절) 사적인 공간인 집에서 예수님은 제자들에게 남녀를 불문하고 이혼은 불가하다는 원칙을 다시 천명하신다. 청자가 오직 제자들로 구성되었다는 사실은 이혼 불가는 기독교 공동체의 결혼생활의 기본이 돼야 함을 암시한다. 제자 공동체는 새 마음을 받은 메시아의 백성들이 되었기 때문이다. 예수님의 가르침에는 몇 가지 주목할 게 있다. 첫째, 예수님은 원칙적으로 이혼 불가 입장이셨기 때문에 만일 한 남편이 이혼 후 재혼하면 그는 이전 부인에게 간음을 행하는 것이라 주장하셨다. 결국 재혼은 십계명이 금지한 간음(출 20:14)을 범하는 것이었다(참고. CD 4:20). 둘째, 남자의 이혼 후 재혼이 그의 이전 부인에게 간음이 된다는 예수님의 말씀은 당시 결혼 생활에서 여성의 권리가 남성에 의해 침해되지 말아야 한다는 가르침을 내포한다. 이는 당시 유대 사회에서 남성의 권리를 보호하기 위해 간음죄를 여성에게만 적용하고 있었던 일반적 경향을 고려할 때 매우 놀라운 주장이다(요 8:1-11; 참고. Hooker, 1991: 236). 헤이스는 이 점을 명료하게 진술한다:

> 이 선언은 간음을 근본적으로 재정의한다. 유대의 율법과 전통에서 간음은 재산권 침해로, 남의 아내를 '취함'으로써 그의 재산을 훔치는 형식이다. 따라서 간음은 정의상으로는 오직 남자에게만 행해질 수 있다. 남편은 호혜적인 의미에서 아내의 성적 재산으로 취급되지 않았기 때문이다. 그러나 예수님의 가르침은 대담한 움직임으로 게임의 법칙을 바꾸어 놓는다 (Hays, 1996: 536).

셋째, 남성만 아니라 여성의 재혼 역시 이전 남편에게 간음이 된다는 말씀은 이혼 권리가 남성에게 있었던 당시 유대 사회에[8] 맞지 않는 말씀으로 보일 수 있다. 하지만 유대 사회에서 법적인 권리도 없었고, 또 일반적이지는 않았지만 여성 역시 이혼을 요구하기도 했었다.[9] 혹은 로마 사회를 염두에 둔 표현이라 볼 수도 있는데, 이는 그리스-로마 문화권에서는 여성 역시 이혼할 수 있는 권리가 주어졌기 때문이다(고전 7:10-16; Schweizer, 204; Donahue and Harrington, 297).[10] 하지만 예수님의 상황에서 로마 여성의 권리를 언급해야 할 직접적인 이유가 없었다는 것이 두 번째 제안의 약점이다. 현 어록의 보다 더 가능성 있는 배경은 아마도 헤롯 왕실에서 일어난 여성 이혼의 경우들인데 이미 언급한 안티파스와 결

8. Josephus, *Jewish Antiquities* 15.7.10 §259; 18.9.6; 미쉬나 예바모트 14:1.
9. 미쉬나 케투보트 7:10.
10. 예컨대, Cicero, *Letters to His Friends* 8.7.2; Gaius, *Institutes* 7.137a; Justinian, *Digest* 23.2.45.5; 24.2.4.8; Marcus, 2009: 706에서 재인용.

혼하고자 헤롯 빌립과 이혼한 헤로디아의 이혼 경우 외에도 다른 많은 여성의 이혼이 헤롯 집안에서 종종 일어났다고 요세푸스는 증언한다.[11] 넷째, 앞서 살펴본 것처럼 예수님은 가족을 '외부인'으로 여기며 그 주위에 있던 제자들을 중심으로 새로운 하나님의 가족의 탄생을 선언하신 까닭에 전통적인 가족 제도를 부정하는 듯한 인상을 그의 동시대인들에게 주었을 수 있다. 하지만 예수님 역시 그의 제자들과 함께 여전히 집을 기반으로 한 생활(1:29-31; 2:1; 3:20; 7:17; 9:28, 33)을 하면서 부모공경(7:10-13)과 이혼 금지에 대한 가르침을 가르치셨다. 이런 점을 고려한다면 예수님이 만드시고자 한 하나님의 새로운 가족(3:31-35)이 전통적인 가족을 해체할 수 있다는 것은 오해에 불과하다.

요약과 해설

예수님은 출애굽 경로를 따라 갈릴리에서 요단 강 건너편으로 가신 후 유대 지방에 들어가시려는 여행 경로를 설정하시고 먼저 요단 강 건너편으로 이동하신다. 이런 여행 경로는 그가 이끌고 있는 사역이 새 출애굽이라는 점을 상징적으로 드러내는 것이다. 요단 강 건너편에 도착하자 그를 시험하고자 바리새인들이 이혼의 가능 여부에 대한 질문을 한다. 당시 갈릴리 지역의 정치적 실세였던 헤롯 안티파스가 그의 동생 빌립의 아

11. 헤롯 대왕의 누이 살로메는 그의 남편 코스토바루스(Costobarus)와 이혼하고 이혼 증서를 보냈다(Josephus, *Jewish Antiquities* 15.7.10 §§259-260). 그 외 헤롯 왕실에서 일어난 여성 이혼의 예(드루실라[Drusilla], 베르니케[Berenice]와 마리암[Mariamne])를 위해선 Josephus, *Jewish Antiquities* 18.5.3 §136; 20.7.2 §§143-44; 20.7.3 §147을 보라.

내 헤로디아와 결혼하고자 이혼한 것을 감안하면 바리새인들의 "시험"은 세례 요한에게 일어난 것과 같은 일이 예수님에게도 일어나게 하려는 시도였을 것이다. 바리새인들은 당시 유대 사회의 일반적 관습에 따라 신명기 24:1-4을 인용하며 남성의 이혼권을 주장한다. 하지만 예수님은 "그대들의 완고한 마음 때문에"(5절) 모세가 이혼을 허용한 것이라 하신 후 창세기 1:27과 2:24을 근거로 창조 때 하나님께서 제정하신 결혼 규례에 따라 이혼 불가를 주장하신다. 예수님의 요지는 신명기 30:3, 6과 에스겔 36:26-27이 말하듯 종말론적 새 출애굽이 일어날 때 주어지리라 기대된 새 영과 새 마음이 그의 사역을 통해 각 사람에게 주어질 것이기 때문에, 이전에 완고한 마음이라는 이름으로 허용된 이혼은 더 이상 허락될 수 없다는 것이다. 창세기 3장의 타락 이전의 결혼 규례를 인용하신 이면에는 그(의 하나님 나라 선포)를 통해 인간의 마음을 완고하게 만든 죄악의 문제가 극복되고 종말론적인 새 출애굽이 시작되었다는 그의 믿음이 있었던 것이 틀림없다. 이후 예수님은 제자 공동체의 결혼생활의 원칙 역시 이혼 불가이어야 함을 십계명이 엄격하게 금하고 있는 간음죄와 재혼을 연결시켜 밝히셨다. 당시 유대 사회가 남성의 권리라고 말했던 이혼을 간음이라 규정하셨고, 또한 헤롯 왕실에서 쉽게 자행되던 여성 이혼 권리 주장을 고려하여 아내가 남편을 버려도 간음이라 규정하셨기 때문에 이 문제로 예수님은 동시대 유대 남성들과 헤롯당에게 미움의 대상이 되었을 가능성이 높다.

제46장
하나님 나라, 영생에 들어가는 길과 제자도
마가복음 10:13-31

본 장에서 다뤄질 세 섹션(13-16, 17-22, 23-31절)은 그 주제를 이끌어 가는 인물(어린아이[13절], 부자[17절], 베드로[28절])이 다 달라서 각각 독립된 단락으로 보는 것이 가능하다. 그럼에도 세 섹션을 한 단락으로 볼 수 있는 이유는 그것들에 공통적으로 흐르고 있는 주제가 "하나님 나라" 혹은 "영생"에 들어감이고(15, 17, 23, 24, 25, 30절), 또 모든 섹션에 제자들이 직간접적으로 개입되어 제자도 주제(13, 23-27, 28절)를 형성하고 있기 때문이다. 첫 섹션은 어린아이에 대한 축복에 관한 것(13-16절)으로 아이의 등장과 제자들의 반응(13절), 그리고 예수님의 가르침(14-16절)으로 진행된다. 둘째 섹션은 재물이 많은 사람과의 대화(17-22절)인데 질문자의 등장(17절), 예수님의 응답(18-19절), 질문자의 응답(20절), 예수님의 재응답(21절), 질문자의 최종 반응(22절)의 순서로 진행된다. 마지막 세 번째 섹션은 제자 교육(23-31절)에 관한 것으로서 그 구성은 재물이 많은 자에 대한 예수님과 제자들의 담화(23-27절), 베드로의 대답(28절), 예수님의 결론적인 가르침(29-31절)으로 이뤄졌다.

13 그리고 사람들이 한 아이를 그에게 데려와 그가 만져주시기를 바랬
다. 그러나 제자들이 그들을 꾸짖었다. **14** 그러자 예수님이 그들에게 노하
셨다. 그리고 말씀하셨다. "그 아이들이 내게 오는 것을 허락하고 그것을
금하지 마시오. 이는 하나님의 나라가 이런 자들의 것이기 때문이오. **15** 진
정으로 내가 말합니다. 누구든지 하나님의 나라를 어린아이와 같이 받아들
이지 않으면 결단코 그곳에 들어갈 수 없소." **16** 그리고 그들을 안으신 후
그들 위에 손을 얹어 축복하셨다.

17 그가 길을 나섰을 때 한 사람이 그 앞에 무릎을 꿇고 그에게 물었다.
"선한 선생님, 내가 무엇을 해야 영생을 기업으로 물려받을 수 있습니까?"
18 그리고 예수님이 그에게 말씀하셨다. "왜 나를 '선하다'고 하시오? 하나
님 한 분 외에는 아무도 선하지 않소. **19** 그대가 계명들을 알 것이오. '살인
하지 마라, 간음하지 마라, 도둑질하지 마라, 거짓 증언하지 마라, 속여 빼
앗지 마라, 너의 부모를 공경하라'" **20** 그러자 그가 그에게 말했다. "선생
님, 이 모든 것을 내가 어려서부터 지켰나이다." **21** 그러자 예수님이 그를
보시며 그를 사랑하셔서 말씀하셨다. "한 가지 부족한 것이 그대에게 있소.
가서 그대가 가진 모든 것을 파시오. 그리고 가난한 자들에게 주시오. 그 후
와서 나를 따르시오." **22** 그러나 그는 그 말씀 때문에 근심한 후 슬퍼하며
떠나갔다. 이는 그가 많은 재물을 가진 까닭이었다. **23** 그리고 예수님이 주
위를 둘러보시며 제자들에게 말씀하셨다. "재물을 가진 자들이 얼마나 어
렵게 하나님 나라에 들어가는지!" **24** 그러나 제자들이 그의 말씀에 놀랐
다. 그러나 예수님이 다시 대답하시며 그들에게 말씀하셨다. "얘들아, 하나
님 나라에 들어가기가 얼마나 어려운지, **25** 낙타가 바늘귀를 통과하는 것
이 부자가 하나님 나라에 들어가는 것보다 더 쉬울 것이오." **26** 그러나 그
들은 더욱 놀라며 서로에게 말하였다. "그러면 누가 구원을 받을 수 있는
가?" **27** 예수님이 그들을 보시며 말씀하셨다. "사람에게는 불가능하지만

하나님에게는 [불가능하지] 않소. 이는 모든 것이 하나님에게는 가능하기 때문이오."

28 베드로가 그에게 말하기 시작했다. "보십시오. 우리는 모든 것을 버리고 당신을 따라 왔습니다." **29** 예수님이 말씀하셨다. "진정으로 내가 그대들에게 말합니다. 나와 복음 때문에 집, 형제들과 자매들, 아버지와 어머니, 그리고 자녀들과 밭들을 버린 사람이 **30** 지금 이 시대에서 형제들과 자매들, 어머니들과 자녀들을 백 배나 [받되] 박해를 더불어 받게 될 것이고 다가오는 시대에서는 영생을 받지 못하는 일은 결코 없을 것이오. **31** 그러나 많은 첫째들이 말째가 될 것이고 말째들이 첫째가 [될 것이오]."

주해

어린아이 축복(13-16절) 아이의 등장과 제자들의 반응(13절) "사람들이" 어린아이를 예수님에게 "데려온다"(προσέφερον). 진행의 의미를 가진 현재시제로 발화된 동사 "데려온다"는 사람들과 아이의 등장을 전방에 부각시킨다. 아이를 데려온 목적은 '만져 주심' 곧 축복(참조. 창 9:26-27; 27:1-40; 28:1-4; 48:14)해 주시기를 바랐기 때문이었다. "아이들"(παιδία)이 영유아(infant)인지 아니면 아이(child)인지 파악할 수 없다. 신약성경에서 '빠이디온'(παιδίον)은 두 경우 모두에서 사용되기 때문이다(영유아, 마 2:8, 9, 11; 어린이, 마 11:16, 병행. 눅 7:32; 참조. 막 5:39-42). 하지만 '빠이디온'의 등장이 사람들(아마도 부모)의 '데려옴'을 통해서라는 언급이 말하듯이 본문의 강조는 어린아이의 수동성이다. 마가복음에서 지금과 같이 비인칭 주어인 일반 사람들이 예수님에게 '데려온' 대상은 중풍병자(2:3), 귀 먹고 말이 어눌한 사람(7:32), 맹인(8:22)처럼 홀로 올 능력이 없는 사람들이라는 것은 어린아이의 수동성이 본문에 내포되어 있음을 지지한다.

어린아이가 예수님과 제자들의 담론의 주제가 된 것은 이번이 처음이 아니다. 제자들은 어린아이를 영접하는 일이 곧 예수님을 영접하는 것이라는 교훈을 9:37에서 이미 받았다. 하지만 제자들은 축복을 바라고 예수님에게 온 아이를 "꾸짖는다"(ἐπετίμησαν). 13절 전반부의 주어가 사람들이라는 것을 고려할 때 제자들은 아마도 데려온 자들을 꾸짖는 것으로 봐야 한다. 꾸짖는 이유는 명확하게 나오지 않는다. 고대 사회의 공적 영역에서 어린아이들은 여성들과 마찬가지로 독립적인 지위와 사회적 권리를 누리지 못하는 미천한 존재로 여겨졌다(9:37 주해를 보라).[1] 어린아이에 대한 고대 사회의 그와 같은 평가는 현 본문에서 그들의 등장이 '사람들의 데려옴'을 통해서 이뤄졌다는 수동적 표현에도 암시된다. 따라서 아이들이 예수님에게 오는 것을 제자들이 금지한 행위는 공적 영역에서 어린아이를 무가치한 존재로 보는 고대 사회의 평가를 그대로 반영한 태도로 보인다. 더불어 어린아이들이 예수님에게 오는 것을 막았다는 것은 그들이 예수님이 하고 계신 하나님 나라 운동에 어떤 도움이나 공헌(contribution)할 조건을 갖추지 못했다는 판단에서 비롯되었을 것이다. 제자들은 당시 유대 대중들이 생각한 것처럼 예수님의 하나님 나라 사역(운동)이 힘에 기초한 세력 확장이라 판단했을 수도 있다.

예수님의 가르침(14-16절) 제자들은 어린아이를 데려오는 이들을 '꾸짖고'(ἐπετίμησαν), 예수님은 꾸짖는 제자들에게 '노하신다'(ἠγανάκτησεν). 동일한 단어가 예수님의 좌우에 앉게 해달라는 야고보와 요한에 대한 열 제자들의 반응(ἀγανακτεῖν, "노하기")에도 사용된다(41절). 예수님의 이런

1. 집회서 30:1-13; 42:9-14 참고.

감정 표현은 앞서 바리새인들에게 "분 [ὀργῆς]"(3:5)을 내실 때 사용되었고 제자들을 책망할 때는 '에삐띠마오'(ἐπιτιμάω, '꾸짖다', 8:30, 33)가 사용되었다. 직접적인 감정 표현을 위해 사용된 동사 "노하셨다"는 제자들을 향한 예수님의 격앙된 감정을 드러낸다. 물론 단어의 뜻에만 기초한 해석이 아니다. 앞서 인자의 길을 가르치셨음에도(8:31) 그를 꾸짖으며(ἐπιτιμᾶν, 8:32) 길을 막아서는 베드로를 향해 그가 "하나님의 일들을 생각지 않고 도리어 사람의 일들을"(8:33) 생각한다며 되레 꾸짖으셨다(ἐ-πετίμησεν, 8:33). 그때 베드로가 예수님의 길을 막아섰던 것처럼 이제 제자들은 어린아이가 그에게 오는 것을 막아선다. 그들이 접근 금지시킨 아이들은 내러티브 의미상으로 단순한 아이들이 아니었다. 앞서 예수님은 어린아이를 중심에 안으시고 자신과 심지어 하나님과 아이를 동일시하셨다(9:37). 그럼에도 아이를 접근 금지시킨 것은 그들이 아이들 안에서 예수님과 하나님의 일을 여전히 발견하지 못하고 있음을 증명하는 것이다. 따라서 예수님의 노하심은 마가의 그리스도인 청자들에게 "신적 진노"에 준하는 것으로 이해되었을 수 있다(Boring, 2006: 289). 어린아이에 대한 긍정은 "내게 오는 것을 허락하고 그것을 금하지 마시오"(14절)와 같은 이중적 표현에 의해서 강조된다.

이어서 예수님은 "하나님의 나라가 이런 자들의 것[τῶν τοιού των]"(15절)이라 선언하시며 하나님 나라가 누구의 것인가에 관한 주제(소유격 지시대명사의 사용에 주목하라)를 도입한다. 자신에게 찾아온 아이들을 두고 하나님 나라가 그들의 것이라 하신 것은 예수님이 자신과 하나님 나라를 동일시한다는 증거로 보는 것이 옳다. 놀라운 것은 어린아이들이 하나님 나라의 소유권을 갖고 있다는 선언이다. 당시 어린아이들은 소유권을 비롯하여 어떤 권리도 주장할 수 없어 남에게 의존된 존재로 여겨지고 있었다는 것을 가정하면 예수님의 선포는 사회 문화적 예상을 뛰어넘는 주장이다. 하나님 나라는 예수님에게 '속해지기 위해'('안겨 축복받고자', 13, 16절) 오는 이들에게 '속해있다'는 역설적 선포를 하신 것이다. 어린아이가 예수님 자신을 대변한다는 말씀(9:37) 후 이제 어린아이는 누가 하나님 나라의 시민이 될 수 있는지에 관한 가르침의 중심에 다시 서게 되었다. 그렇다고 예수님이 어린아이를 이상화한다고 주장하지는 말아야 한다(France, 2002: 397, 또한 374). 도리어, 아이들이 자기에게 오는 것을 금하지 말라는 선언에는 하나님 나라는 기존 사회가 설정해 놓은 신분과는 상관없이 당시 어린아이와 같이 아무런 권리를 주장할 수 없는 미천한 존재 역시 자기를 통해 경험되는 실체라는 함축적인 의미가 있다(France, 2002: 397).

예수님 특유의 화법("진정으로 내가 그대들에게 말합니다")으로[2] 시작되는 15절은 사람이 "어린아이와 같이" 하나님 나라를 "받아들여야" (또는 '환영해야', δέξηται) 그곳에 들어갈 수 있다고 밝히신다. "어린아이처럼"은 '어린아이가 사물을 받아들이듯이'를 함의하는 말로서(Best, 1981: 107-8), 어린아이의 일반적 특성과 당시 사회적 위치를 동시에 고려할 때 그 어구는 아무런 권리를 주장하지 못한 채 주어지는 것을 수용하는 어린아이의 태도를 가리킨다고 보는 것이 타당하다(Cranfield, 324). 또는 어린아이가 그들의 부모의 권위에 의존된 존재라는 사실을 고려하면 부모의 권위에 대한 순종하는 태도를 지시한다고 보는 것 역시 가능하다 (Evans, 2001: 94). 위 둘은 동전의 양면이기에 그 중의 하나를 택할 필요는 없다. 그렇다면 예수님의 말씀은 하나님 나라에 들어가려면 어린아이처럼 수동적인 자세를 가져야 한다는 뜻을 내포한다. 이런 주장은 현 맥락에서 비유어 "어린아이처럼"의 배경이 된 어린아이가 예수님에게 오는

2. 이런 화법에 대해선 3:28 주해를 보라.

장면("사람들이 한 아이를 그에게 데려와", 13절)을 통해 확증될 수 있다. 아이는 부모에 의해 예수님께 데려와졌고(13절) 결국 안겼다(16절). 마치 예수님이 갈릴리 해변에서 네 명의 제자들을 일방적으로 부르시자 그들은 아무런 말이나 조건 없이 모든 것을 버리고 예수님을 따라 그에게 속해진 것과 유사하다. 하나님 나라는 예수님에게 수동적으로 소유되는 사람에게 소유되는 신비로운 면을 가진다. 이 말씀 후 예수님은 지금까지의 가르침을 신체 활동을 통해 상징적으로 표현하신다(16절).

재물이 많은 사람과의 대화(17-22절)[3] 질문자의 등장(17절) "길을 나섰을 때"(εἰς ὁδόν) 한 사람을 만나신다(17절). 그 "길"은 고난과 죽음이 기다리고 있는 예루살렘으로 가는 길이기에(32절) 그가 먼저 예수님께 찾아왔고 그것도 꿇어앉았다는 것은 그가 예수님과 함께 그 길을 갈 가능성을 가진 잠재적 제자라는 기대를 하게 한다. 특히 그는 예수님 앞에 무릎을 꿇었다(17절). 마가복음에서 예수님 앞에 무릎을 꿇거나 엎드리는 사람은 주로 병자 혹은 그의 가족(5:22, 33; 7:25)과 귀신들(3:11; 5:6)이었다는 점을 감안하면 지금과 같이 질문자가 무릎을 꿇은 모습은 이례적이다. 또한 그는 예수님을 "선한 선생"(διδάσκαλε ἀγαθέ)이라 부른다. 에반스가 적절하게 밝힌 것처럼 당시 유대 문헌에는 "선한 선생"이 사람을 향해 불린 경우는 없었다(Evans, 2001: 95; 대조. Cranfield, 326). 따라서 그 사람의 태도는 당시 사람이 유대 선생 혹은 랍비들을 대할 때 보이는 일반적 태도가 아니다. 그러면 그는 예수님을 인간 그 이상의 존재로 보고 그 같이 불렀을까? 성경은 '선함'을 하나님의 속성으로 말하고 있기 때문에(시 34:8; 52:1; 119:68; 145:9; 약 1:17; 참조. 창 1:31; 롬 8:28) 그런 추정이 힘을 얻을 수 있는 것처럼 보인다. 하지만 그가 예수님을 "선생"으로 불렀다는 점

3. 17-22절 주해의 상당 부분은 저자의 논문(박윤만, 2015: 94-97)에서 왔다는 것을 밝혀둔다.

은 그가 예수님을 신적인 존재로 보았을 가능성을 배제시킨다. 오히려 그 같은 언명은 이례적인 존경, 혹은 아첨이었다고 보는 것이 낫다. 이어지는 예수님의 퉁명스러운 반문("왜 나를 '선하다'고 하시오", 18절)은 그의 발설이 진정성을 갖고 있지 않음을 알려 주기 때문이다(해당 본문 주해를 보라).

질문 내용은 "영생을 기업으로 물려받는"(ζωὴν αἰώνιον κληρονομήσω) 길에 대한 것이었다. 유대 종말론에 따르면 악이 다스리는 현시대와는 달리 다가오는 시대는 하나님이 다스리는 시대가 될 것이라 믿었다(1:15 주해를 보라).[4] 영생은 다가오는 하나님 나라에서의 삶을 말한다. 이는 현 맥락에서 영생을 얻는 것과 하나님 나라에 들어가는 것이 동의어로 사용되고 있는 것을 통해서도 지지된다(17, 23, 24, 25, 30절). 그러므로 그는 하나님 나라가 도래할 때 어떻게 해야 그곳에 참여할 수 있는지를 묻고 있는 것이다. 그의 질문은 그가 하나님 나라의 도래를 기다리고 있었던 사람이었을 뿐만 아니라 예수님의 주된 선포 내용이 하나님의 나라였음을 알고 있었다는 것을 말해준다.

예수님의 응답(18-19절)[5] 예수님은 자신이 선하다는 그 사람의 말을 수사적 질문으로 되받으신다("왜 나를 '선하다'고 하시오", 18절). 수사적 질문은 이미 알고 있는 지식을 떠올려 주는 장치이다. 예수님이 떠올려 주시는 정보는 이어지는 정보가 말하듯 선하신 분은 오직 "하나님 한 분"(18절)뿐이라는 사실이다. "왜 나를 '선하다'고 하시오"와 "하나님 한 분 외에는 아무도 선하지 않소"의 평행은 자기를 "선한 선생"이라 부르는 질문자

---

4. 제2성전 시기 유대인의 두 세대론에 관해서는 에스라4서 7:50; 바룩2서 83:8을 보라.
5. 저자는 신적 기독론과 관련하여 막 10:18의 의미에 대해 논문(박윤만, 2017: 62-63)으로 다룬바 있다. 위 내용은 저자의 논문과 상당 부분 일치함을 밝혀 둔다.

의 발설에 부정적이셨음을 말해준다. 그의 질문을 긍정적으로 받지 않으신 예수님의 태도에 대한 두 가지 설명이 가능하다. 첫째, 부자의 말이 감언이설이라 여기셨기 때문일 수 있다(Hagedorn and Neyrey, 54). 1세기 지중해 세계의 명예와 수치(honour and shame) 문화(Malina, 48-53)에서 한 사람을 '선하다'고 말하는 것은 존중과 칭찬의 표현일 수 있다. 하지만 예수님은 그의 말을 거부하신다. 고대 로마의 수필가였던 아울루스 겔리우스(Aulus Gellius, 주후 130-180년)는 아첨이 가져올 파괴적 힘에 대해 이렇게 말한다: "왜냐하면 만일 사람들이 아름다운 나무와 풍성한 곡식, 아름다운 아이들과 멋진 말들 …에게 과도한 칭찬을 한다면 … 이것만큼 이 모든 것들을 갑작스럽게 죽게 할 원인은 없다"(Aulus Gellius, *Attic Nights* 9.4.8; Malina, 125-26).[6] 과도한 칭송이 위험했던 이유는 계급 사회였던 고대 사회에서 권력층의 시기를 유발할 수 있었기 때문이었다(Malina, 126). 예수님 역시 그의 말을 헛된 아첨으로 보셨고, 또 비록 나쁜 의도는 아니라 할지라도 그런 말이 공연한 시기(15:10)를 유발할 수 있다는 것을 알고 경계하신다는 추측이 가능하다(Hagedorn and Neyrey, 53-54).

둘째, 보다 더 본문의 지지를 받을 수 있는 것은 예수님이 부자의 관심을 자신보다 하나님의 성품과 요구에게 돌리시려는 의도로 그의 평가를 거부했다고 보는 것이다(Cranfield, 328; Evans, 2001: 96). 이 해석은 이어지는 대화가 곧바로 하나님의 "계명"이 무엇인지를 질문하는 것(19절)으로 넘어가는 근접 문맥과 하나님의 나라 선포를 그의 소명(1:14-15)으로

---

6. Aulus Gellius, *Attic Nights* 9.4.8의 헬라어 원문에 대한 영어 역본(Rolfe, John C (trans). *The Attic Nights of Aulus Gellius. With An English Translation* (Cambridge, Mass.: Harvard University Press; London: William Heinemann, 1927)은 다음과 같다: "for if they should chance to have bestowed extravagant praise upon beautiful trees, plentiful crops, charming children, fine horses, flocks that are well fed and in good condition, suddenly, for no other cause than this, all these would die."

삼은 원접 문맥과도 조화를 이룬다. 예수님의 사역은 하나님의 통치를 이 땅에 가져오시려는 일이었기 때문에 사람들의 관심을 하나님에게 돌리시려는 의도는 내러티브 흐름에서도 잘 설명될 수 있다(Evans, 2001: 96). 그럼에도 또 다른 한편으로는 마가복음에서 예수님은 이스라엘의 하나님과 동일 신분으로 종종 묘사되어 왔기 때문에[7] 그가 하나님과 자신을 뚜렷이 구분 짓는 "왜 나를(με)[8] '선하다'고 하시오? 하나님 한 분 외에는 아무도 선하지 않소"와 같이 말씀하신 것은 마가의 원청자 입장에서 당혹스러울 수 있다.[9] 하지만 이런 긴장은 예수님이 영생을 얻는 길이 '자기를 따르는 것'(21절 후반부)이라는 말씀을 통해 다시 해소된다(아래를 보라).

어떻게 해야 영생이라는 기업을 물려받을 수 있는지에 대한 예수님의 응답은 두 단계로 진행된다. 먼저, 질문자에게 예수님은 "그대가 계명들[ἐντολάς]을 알 것이오"로 답하신다(19절). 예수님은 영생을 얻는 길로써 계명을 제시하고 있는 것이다(참조. 눅 10:25-37, 특히 37절, "가서 너도 이와 같이 하라"). 이어서 질문자가 자신은 그 계명들을 어려서부터 다 지켰다는 말을 하자(20절) 예수님은 그에게 "아직도 한 가지 부족한 것"이 있음을 지적하신 후 두 번째 제안을 하신다. "가서 그대가 가진 모든 것을 파시오. … 그 후 와서 나를 따르시오"(21절). 현 본문에서 예수님은 한편으로는 토라가 영생의 길이라는 것을 인정하며 다른 한편으로는 그것의

---

7. 15:33-37 주해를 보라.
8. 스타인(Robert Stein)은 με를 "강조적 위치"에 있는 것으로 보고 있지만(Stein, 468) 그러한 관측이 가능한 이유는 제시하지 않는다. 헬라어 문장 구조의 어순에 대해서는 본 주석 4:13; 8:27-28 주해를 참조.
9. 바빙크(Herman Bavinck)는 예수님이 자신을 선하다고 하지 않는 것은 인성에 근거한 설명이라 해석하며 다음과 같이 말한다: "예수는 선함 그 자체이신 하나님 외에는 선한 이가 없다고 말씀하셨다(마 19:16-17; 막 10:17-18; 눅 18:18-19). 인성에 따른 그리스도의 선함 또는 거룩함은 신적이고 본래적인 선함이 아니라 수여되고 주입된 것"이다(Bavinck, 723).

한계를 지적하고 계신다. 영생의 길로서 이해된 계명에 대한 예수님의 세 가지 해석 방식이 여기서 관찰된다.

첫째, 예수님이 "계명"이라는 낱말을 통해 지시하신 것은, 이어진 목록 내용을 고려한다면, 십계명이라 봄이 옳다(출 20:2-17; 신 5:6-21). 특이한 것은 예수님이 단지 여섯 개의 계명들만 언급하고 있으며, 그것도 다섯 번째로 언급된 것은("속여 빼앗지 말라", 19절) 십계명에 포함된 것이 아니다. 왜 예수님은 십계명 중 여섯 가지만 언급하셨는가? 십계명은 크게 두 부분으로 구성되어 있는데 하나님 사랑을 담고 있는 전반부의 네 가지 '종교적' 계명과 이웃 사랑을 담고 있는 후반부의 여섯 가지 '사회적' 계명이 그것이다. 그런데 예수님은 하나님 사랑과 관련된 계명을 생략한 채 이웃 사랑에 관한 여섯 계명만 언급하고 있는 것이다. 예수님의 선택적 언급은 어느 하나가 다른 하나보다 더 중요하다는 것을 보여 주기 위한 것이 아니라, 칼빈이 지적한 것처럼, 하나님을 사랑한다면 이웃 사랑에 관한 계명을 준수하여 그것을 증명해 보여야 한다는 예수님의 믿음의 결과이다(Calvin, 『기독교 강요』 2.8. 52-53; Cranfield, 358). 그렇다면 예수님은 토라 전체를 십계명으로 요약하였고 다시 십계명을 여섯 계명으로 요약하면서 토라 전체를 재해석하고 있는 것이다(참조. 막 12:30, 31; Bauckham, 2011: 68-75).[10]

둘째, 정확한 어구로는 십계명에 나오지 않지만 예수님이 언급하시는 "속여 빼앗지 말라"(μὴ ἀποστερήσῃς, 19절)는 구절 역시 예수님의 토라에 대한 입장을 보여준다. 십계명의 열번 째 계명은 "네 이웃의 소유를 탐내지 말라"(출 20:17)로 나온다. 하지만 예수님이 사용하신 '메 아뽀스떼레세스'("속여 빼앗지 말라", μὴ ἀποστερήσῃς)는 칠십인경 출애굽기 21:10과

10. 바울 역시 갈 5:14에서 "온 율법은 네 이웃 사랑하기를 네 자신 같이 하라 하신 한 말씀에서 이루어졌나니"라고 밝힌다.

신명기 24:14(알렉산드리아 본문)과 집회서 4:1에서는 다른 사람의 정당한 권리(임금)를 박탈하지 말하는 뜻으로 사용된다(신현우, 2011: 228). 따라서 예수님은 "속여 빼앗지 말라"는 계명으로 열 번째 계명("네 이웃의 소유를 탐내지 말라")을 재해석하시고 있다고 이해하는 것이 가능하다. 이처럼 위에서 살펴본 증거들은 예수님의 구약 인용이 문자적이라기보다는 창조적 인용이 었었음을 알려준다.

질문자의 응답과 예수님의 재응답(20-21절) 더욱 중요한 것은 마지막 세 번째이다. 예수님은 영생의 길로 계명 준수만을 제시하지 않으셨다. 그의 제안은 이중적이다. 그에게 자기 재산을 팔아 가난한 자들에게 주고 그런 다음 자신을 따르라 하셨다. 이런 요청에 담긴 의도는 무엇일까? 먼저, 소유(혹은 재물) 포기 제안을 보자. 예수님은 이 제안을 통해 전통적으로 해석되어 온 것처럼 부와 재물에 대한 탐닉을 경고하시며 제자의 조건으로 자선과 소유 포기를 요구(Theissen, 1993: 39, 64)하고 계시는가?[11] 이런 윤리적 해석은 현 본문의 주제가 17절에서 제시된 것처럼 구원론(하나님 나라 혹은 영생에 들어가는 것)이라는 것을 고려할 때 단지 이차적인 의미로 볼 수밖에 없다(23-31절). 예수님의 제안이 가진 구원론적 의미를 이해하기 위해선 부에 대한 유대인의 신학적 이해를 배경 지식으로 가지고 있어야 한다. 예수님 시대 유대인들은 부를 계명을 신실하게 지킨 사람에게 주시는 하나님의 축복으로 이해하였다(신 28:1-14; 욥 1:10; 42:10; 잠 10:22). 결과적으로 부자는 곧 온전한 율법 준수자라는 세계관이 만들어져 있었다(Evans, 2001: 101; Donahue and Harrington, 304; Park, 154). 그

---

11. 신현우는 개역개정에 "재물"로 번역된 κτήματα는 토지를 가리킨다고 지적한 후 유대 사회에서 토지를 많이 가지는 것은 율법이 금지하는 것이었기에 예수는 질문자에게 부당하게 착취한 토지를 가난한 자들에게 나눠주고 자신을 따를 것을 요청하는 것이라 주장한다(신현우, 2011: 232-33).

렇다면 예수님이 재물이 많은 그 사람에게 제안한 재물 포기는 신실한 율법 준수가 가져다 준 보장을 내려놓으라는 요청이다. 이러한 이해는 예수님과 제자들의 대화의 주제(23-31절)를 쉽게 이해하도록 도와준다(아래를 보라).

그렇다면 예수님은 누가 영생을 얻을 수 있다고 생각했을까? 예수님은 곧이어 그에게 "나를 따르시오"(21절 후반부)라고 하셨다. 하나님 나라에 들어갈 수 있는 사람은 율법 준수의 보상으로 주어졌다고 생각한 재물을 내려놓고 대신 자신을 따르는 사람이라고 말씀하신 것이다. 그렇다고 예수님의 의도가 율법을 준수하는 것과 자신을 따르는 것을 상반된 위치에 놓고 계명의 무용론을 이야기하는 것이라고는 보지 말아야 한다. 예수님은 이미 영생을 얻는 길로 계명의 역할을 인정하셨다(19절). 따라서 예수님이 부를 버리고 자신을 따르라고 하신 말씀은, 하나님의 말씀 준수 여부의 기준은 더 이상 부가 아니라 자신을 따르는 것임을 내포한다. 예수님은 어떻게 이런 담대한 선언을 하실 수 있었을까? 예수님은 자신이 하나님의 종말론적인 계시자로서 계명을 주신 자의 뜻을 온전히 알고 실천한다고 믿으셨던 것이 분명하다.[12] 그렇기에 자신을 믿고 따르는 것이 바로 하나님의 말씀을 지키는 길이고 또 하나님 나라에 들어가는 길이라 말씀하실 수 있었다. 이런 종류의 선언은 자신이 하나님의 말씀을 체현(embodiment)한다고 믿는 자만이 할 수 있는 말이기 때문이다. 이런 점에

12. 쿰란 공동체는 선지서와 묵시에 관한 책과 더불어 모든 성경은 적절한 해석을 위해서 계시가 필요하다고 믿었고, 그 계시의 근원은 "하나님의 신비"이며, 그 신비는 "의의 교사"에게 계시되었다고 믿었다(1QH 9:21; 1QS 11:3; Collins [b], 1998: 152). 쿰란이 성경의 "신비"를 해석할 수 있는 전권이 의의 교사에게 주어졌다고 믿고 그를 중심으로 공동체가 형성되었다는 점에서, 자신이 토라의 종말론적인 계시자라는 믿고 또 자신을 따르는 것이 영생의 길이라 믿은 예수님과 모종의 유사점이 있다고 말할 수 있다.

서 요한이 말한 "말씀이 육신이 되어 우리 가운데 거하시매"(요 1:14)라는 말은 예수님의 자기 이해를 정확히 반영한 말일 것이다.

질문자의 최종적 반응(22절) 그는 "많은 재물을 가진 까닭에" 예수님을 '따르기'보다는 왔던 길로 '돌아간다'. 재물에 대한 탐심이 그를 방해하여 예수님을 따르지 못하게 했다는 해석이 자연스러워 보일 수 있다(Evans, 2001: 100; Stein, 471; Hurtado, 2020: 236). 하지만 현 맥락에서 더 적합한 해석은 그가 포기할 수 없었던 것은 율법 준수와 부의 상관관계였다고 보는 것이다. 그가 되돌아간 이유는 어려서부터 계명을 지킨(20절) 결과로 그가 가지게 된 재물이 영생을 얻을 표지라는 기존의 확신을 포기할 수 없었기 때문이었다. 율법 준수에 대한 확신은 있었음에도 예수님을 따르는 것에 실패한 그는 결국 하나님 나라에 들어가기에 부적합 사람으로 판명되었다.

제자 교육(23-31절) 재물이 많은 자에 대한 예수님과 제자들의 담화(23-27절) 질문자가 떠난 후 예수님은 제자 교육을 시작하신다: "재물을 가진 자들이 얼마나 어렵게 하나님 나라에 들어가는지."(23절). 제자들은 이 가르침에 놀람(ἐθαμβοῦντο)으로 반응한다(24절). 이에 놀라는 제자들을 보시며 예수님은 부자가 하나님 나라에 들어가는 것이 단지 어렵기만 한 것이 아니라 불가능하다는 말씀을 하신다: "낙타가 바늘귀를 통과하는 것이 부자가 하나님 나라에 들어가는 것보다 더 쉬울 것이오"(25절). 그러자 이번에 제자들은 "더욱 놀라며[περισσῶς ἐξεπλήσσοντο]" 탄성조로 외친다: "그런즉 누가 구원을 얻을 수 있는가"(26절). 재물이 많은 사람이 예수님에게 제기했던 질문("무엇을 해야 영생을 기업으로 물려받을 수 있습니까", 17절)과 유사한 질문을 제자들이 한다. 제자들의 가중되는 놀람과 마지막 탄성은 부를 하나님의 축복의 표지로 보면서 부자는 하나님 나라에 들어갈 자격을 가진 자로 보는 사회 통념을 배경으로 이해해야 한다. 제자들은 예수님의 말이 그러한 통념에 반하는 말이었기에 놀란 것이다 (Park, 154; France, 2002: 405). 제자들의 수사적 질문을 평서문으로 바꾸면 다음과 같다: '하나님께 부를 받은 부자가 구원을 받지 못한다면 아무도 구원을 자신할 수 없다'. 이런 놀람은 제자들 역시 부자는 경제적인 의미를 뛰어넘어 영생을 얻을 자격을 가진 자라는 당시 사회의 이해를 공유하고 있었음을 드러내 준다. 이전 이야기에서 예수님은 제자들이 하나님 나라에 참여할 수 없다고 판단한 어린아이를 하나님 나라의 소유자로 내세운 반면, 현 본문에서는 제자들이 하나님 나라에 당연히 참여할 수 있다고 판단한 부자를 참여 불능자라고 선언하신 것이다.

하지만 예수님은 놀란 제자들에게 다음과 같이 말씀하신다:

> 사람에게는 불가능하지만[ἀδύνατον] 하나님에게는 [불가능하지] 않소[οὐ].
> 이는 모든 것이[πάντα] 하나님에게는 가능하기[δυνατά] 때문이오(27절).

하나님과 관련해서는 불가능(ἀδύνατον, "불가능하지만")을 부정(οὐ, "않소")하는 방식과 가능을 극대화(πάντα, "모든 것이")하는 모양으로 그의 '할 수 있음'을 강하게 주장한다. 문법적 주어, 곧 하나님이 할 수 있는 것이 무엇인지는 명시되지 않았다. 직전 문장이 "누가 구원을 얻을 수 있는가"(26절)를 고려하면 '사람이 구원받는 일'이 의미상 주어로 함의되었다고 볼 수 있다. 하지만 제자들의 말은 부자가 하나님 나라에 들어가는 일이 불가능하다는 예수님의 말씀에 대한 반응이기에 현 문장의 주어는 '부자가 구원받는 것'이라는 의미 역시 내포되어 있다고 보는 것이 타당하다. 어쨌든 구원은 "사람에게"(ἀνθρώποις)는 불가능하지만 "하나님에게"(θεῷ)는 가능한 일이라 단언하신다(27절). 구원 혹은 하나님 나라에 들어가는 것과 관련하여 '사람'의 무능과 '하나님'의 전능이 대조된다. 이런 선언을 통해 예수님은 부라는 표지를 버리고 자기를 따름으로 하나님 나라에 들어가는 일은 다만 하나님이 하시는 일임을 밝히신 것이다.

베드로의 대답(28절) 베드로는 다시(참고. 8:29, 32) 제자들을 대표해서 예수님에게 대답한다: "보십시오[ἰδοὺ]. 우리는[ἡμεῖς] 모든 것을 버리고 당신을 따라 왔습니다." 그의 대답은 예수님이 앞서 부자에게 요구하셨던 내용("… 버리고 나를 따르시오", 21절)을 그대로 담는다. 베드로의 대답은 뒤따르는 정보에 현저성을 부여하는 강조형 낱말 '이두'(ἰδού, '보십시오')와 강조형 주격 인칭 대명사(ἡμεῖς, "우리는")로 시작한다. 그의 말에는 '우리 제자들은' 구원을 얻을 자격 조건을 다 갖추었다는 자신감이 서려있다. 이어지는 예수님의 담화에는 한편으로는 베드로의 대답에 대한 인정(29-30절)이, 또 다른 한편으로는 그의 태도에 배어있는 특권의식에 대한 경고(31절)가 포함되어 있다.

예수님의 결론적인 가르침(29-31절) 베드로의 대답을 들으신 후 예수님은 '아멘'을 문두에 위치시켜 말씀하시는 그의 고유한 화법("진정으로 내가 그대들에게 말합니다[ἀμὴν λέγω ὑμῖν]")으로 "나와 복음 때문에" 상실의 고난을 겪은 후 그들이 받게 될 보상을 말씀해 주신다. 삶의 터전(집과 밭), 삶의 관계들(형제, 자매, 어머니와 자식)에서 겪게 될 상실의 근본 이유는 "나와[καὶ] 복음 때문에"이다. '까이'(καί)는 종종 설명적 접속사 역할을 하여 후행하는 정보를 통해 선행하는 정보를 부가적으로 설명할 경우 사용되기도 한다.[13] 복음은 예수님을 부연 설명하는 성격을 지닌다고 말할 수 있다. 크게 본다면 예수님은 자신과 복음을 동격으로 이해하고 계신다는 것이다. 1:1과 1:14-15의 주해에서 밝힌 것처럼 복음은 하나님이 예수님을 통해 왕 노릇 하신다는 메시지이다. 그러므로 "나와 복음 때문

13. BDAG, καί §1c.

에 …"는 '예수님이 온 세상의 왕이라는 사실을 믿고 고백하기 때문에' 삶의 터전을 잃어버리거나 주된 관계가 끊어지게 될 때로 바꾸어 표현할 수 있다. 그때 제자들이 받게 될 '보상'은 두 가지로 설명된다. "지금 이 시대"(νῦν ἐν τῷ καιρῷ τούτῳ)에서는 새로운 가족과 땅을 "백 배"로 받되 박해를 더불어 받게 될 것이고, "다가오는 시대"(ἐν τῷ αἰῶνι τῷ ἐρχομένῳ)에서는 영생을 '반드시'(οὐδείς ... ἐὰν μή) 받게 될 것이라 하셨다(29-30절). 시대를 현시대(세상)와 다가오는 시대(세상)로[14] 나누는 것은 제2성전 시기 유대 묵시문헌의 특징이다(에스라4서 8:46; 에녹1서 48:7; 71:15). 현 문장에서 사용된 이중부정(οὐδείς ... ἐὰν μή)은 강한 긍정의 효과를 만들어 그들이 받게 될 보상이 하나님의 '분명한' 약속임을 강조한다. 가족과 재산을 버린 대가로 현시대에서 새로운 가족과 땅을 "백 배"로 받게 될 것이라는 약속이 주어진다. "백 배"는 4:8과 4:20의 주해에서 밝힌 것처럼 풍성한 결실을 드러내는 상징적 의미를 가진다. 이런 점에서 말씀과 좋은 땅의 관계를 예수님과 제자들의 관계에 빗댈 수 있다. 좋은 땅에 떨어진 씨에 백 배의 결실이 보장되듯이 예수님을 따르는 자에게 백 배의 결실이 약속된다(Edwards [b], 317). 그런 보상이 "지금 이 시대"에 이뤄질 것이라는 놀라운 약속은 예수님을 중심으로 형성된 하나님의 새로운 가족(3:33-35)의 상황을 고려하면 쉽게 이해된다(Moxnes, 62). 더불어 후일에 초기 교회가 하나님을 아버지로 서로를 형제와 자매로 받아들이는 가족 공동체로 모일 때 제자들은 그 예언이 어떻게 성취되는지 깨달을 수 있었을 것이다. 그들이 그 보상을 "박해와 함께" 받게 될 것이라는 말씀은 마가복음의 수신자였던 로마 교회(주석 서문을 보라)가 직면한 네

---

14. αἰῶν은 시간적 의미('시대')와 공간적 의미('세상') 모두를 가진다. 4:19 주해를 보라.

로의 박해를 내다본 예언이라 보는 것이 타당하다(다가오는 시대에 받게 될 "영생"에 대해서는 17절 주해를 보라).

하나님 나라 운동에 참여한 자들이 겪는 박해와 보상에 대한 예견은 예수님 자신의 삶에서 비롯되었을 것이다. 그는 하나님 나라를 선포하다가 인자로서 고난과 박해를 받지만 결국 부활할 것이라는 믿음을 보이셨다(8:31; 9:31; 10:33-34). 선생에게 닥친 일이 그를 따르는 자에게도 일어난다는 믿음이 예수님에게 있었고, 제자들 역시 그 맥락에서 그의 예언을 이해했을 것이다. 어쨌든 자기를 따르는 이들이 받게 될 보상이 미래에 있을 것이라 하지 않으시고 현 세상에서도 주어질 것이라는 가르침은 예수님이 하나님의 종말론적인 통치와 심판이 현시대에 이미 시작되었다는 믿음을 가지고 계셨음을 보여준다. 현재에 시작된 하나님의 종말론적인 통치와 그에 따른 현세적 보상에 대한 예수님의 강조는 "이 시대"라는 명사구 앞에 시간 부사 '뉜'(νῦν, '지금')이 강조적으로 덧붙여졌다는 사실을 통해서도 확인된다.

현 단락(13-31절)의 결론(31절)은 종말론적인 역전이[15] 일어날 것을 암시하는 경고로 매듭된다: "그러나 많은 첫째들이 말째가 될 것이고 말째들이 첫째가 [될 것이오]." 예수님은 "첫째"와 "말째"로 누구를 염두에 두셨을까? 근접 문맥은 추론의 근거를 제공한다. 앞선 이야기에서 두 인물이 대조되고 있는데 재물이 많아 예수님을 따르지 못한 부자와 모든 것을 버리고 예수님을 따른다고 주장한 열두 제자가 그들이다(France, 2002: 409; 비교, Hurtado, 2020: 242).[16] 그렇다면 예수님이 돌아간 부자는 "말

15. 종말론적인 역전에 대해선 9:35-37 주해를 보라.

16. 프란스는 예수님이 첫째였다가 말째가 될 가능성이 있는 사람으로 베드로를 염두에 두고 있다고 주장한다. 하지만 첫째가 되기 위해 갈등을 일으킨 이들은 베드로만 아니라 모든 제자들이었다는 사실을 기억해야 한다.

째"로, 따르고 있는 열두 제자는 "첫째"로 보신다는 것은 무리 없는 해석이다. 사실, 제자들은 이미 누가 가장 큰 사람인지를 두고 논쟁을 벌인 바 있으며(9:33-34) 그 논쟁은 재현된다(10:35-41). 이것을 아신 예수님은 '첫째'가 되고자 계속적인 갈등을 빚고 있는 열두 제자들에게 그들 역시 "말째"가 될 수 있음을 경고하신다. 예수님이 가져오신 하나님 나라에서는 누구든지 섰다고 생각되는 자는 혹 넘어질까 늘 깨어 있어야 할 것을 가르치신 것이다. 앞서 가르치셨듯이 무엇보다 구원은 하나님에게만 가능한 일임을 기억하는 것이 넘어지지 않는 길이다.

요약과 해설

무엇을 해야 영생을 기업으로 물려받을 수 있는지 질문하는 부자에게 예수님은 십계명의 길을 제시하신다. 어려서부터 그 계명을 다 지켰다는 응답을 들으시자 예수님은 그에게 재물을 다 팔아 가난한 자들에게 주고 자신을 따르라 하셨다. 당시 부는 하나님의 계명을 지킨 자에게 주어진 하나님의 축복의 표지로 이해되고 있었고, 그런 부가 가져다주는 구원론적 안정감을 버리고 자신에 대한 충성이라는 새로운 영생의 길을 제시하신 것이다. 자기를 따르는 것이 영생의 길이라는 선언 뒤에는 토라의 권위를 능가하는 권세를 가진 자로서의 자기 이해와 자기가 하나님의 뜻을 온전히 알고 행하고 있는 종말론적 하나님의 계시자라는 믿음이 있었던 것이 분명하다. 하지만 부자는 부가 가져다준 구원론적 안정감을 버릴 수 없어 예수님을 따르지 못하고 돌아간다.

이어서 예수님은 부자가 하나님 나라에 들어가는 것이 불가능하다는 가르침을 주신다. 제자들은 그 가르침에 놀란다. 그들의 놀람은 제자들 역시 부를 구원의 표지로서 이해하고 있었다는 사실을 방증한다. 놀란 제자들에게 구원은 오직 하나님의 능력으로만 가능한 일임을 말씀하시며 자기를 따라 영생의 길에 들어가는 일은 하나님의 주권하에서 진행되는 것임을 밝히셨다. 그러자 베드로는 열두 제자를 대표해서 그들은 그 부자와 같지 않고 모든 것을 버리고 예수님을 따른다고 말한다. 이에 예수님은 그들에게 현세와 내세의 보상을 말씀하신다. 특히 현시대에 "백 배"(30절)의 보상이 있을 것이란 말씀은 예수님이 종말론적인 하나님의 통치와 심판이 지금 여기에서 이미 시작된 것으로 믿으셨음을 알려준다. 하지만 예수님은 부자와 같지 않다는 자기 만족감에 머물며 큰 자가 되고자 상호 갈등관계에 있었던 제자들에게 종말론적 역전이 그들에게도 예외가 되지 않을 수 있음을 경고하시며 그의 가르침을 끝맺으신다.

제47장
세 번째 수난 예고와 제자도
마가복음 10:32-45

현 단락은 예수님의 세 번째 수난 예고(32-34절)와 제자들의 반응(35-41절), 그리고 그에 따른 제자 교육(42-45절)으로 구성되어 있다. 이러한 구성은 첫째와 둘째 수난 예고 단락에서도 동일하게 나타난 것이었다 (8:27-9:1 서언을 보라). 삼 단계에 걸친 수난 예고와 제자도 교육의 마지막으로서 현 단락은 앞선 두 예언과 그에 따른 이야기를 되돌아보게 하고, 다른 한편으로 삼 단계 예언의 마지막 절정을 형성한다.

> **32** 그들이 예루살렘으로 올라가는 길이었다. 그때 예수님이 그들보다
> 앞서 가시고 있었다. 그러자 그들은 놀랐고 뒤따르는 자들은 두려워하고
> 있었다. 그리고 그가 다시 열둘을 데리고 자신에게 장차 닥칠 일들을 그들
> 에게 말씀하시며 가르치기 시작하셨다. **33** "보시오, 우리가 예루살렘으로
> 올라가고 있소. 그리고 인자가 대제사장과 서기관들에게 넘겨질 것이오.
> 그리고 그들은 그에게 사형 선고를 내릴 것이오. 그리고 그들이 그를 이방
> 인들에게 넘겨줄 것이오. **34** 그리고 그들은 그를 조롱하고 침 뱉고 채찍질
> 하고 죽일 것이오. 그러나 삼일 후에 그는 부활할 것이오."

35 그리고 세베대의 아들들인 야고보와 요한이 그에게 나아와 말하였다.
"선생님, 우리가 당신께 구하는 것은 무엇이든지 우리에게 이뤄주시기를
원합니다." **36** 그러자 그가 그들에게 말씀하셨다. "내가 무엇을 해주기를
그대들이 원하시오?" **37** 그들이 그에게 말하였다. "당신의 영광 중에서 우
리가 하나는 좌편에 하나는 우편에 앉도록 해 주십시오." **38** 예수님이 그
들에게 말씀하셨다. "그대들은 그대들이 무엇을 구하고 있는지 모르고 있
소. 내가 마시는 잔을 마시고 내가 받는 세례를 받을 수 있겠소?" **39** 그들
이 그에게 대답했다. "우리가 할 수 있습니다." 예수님이 그들에게 말씀하
셨다. "그대들이 내가 마시는 잔을 마시고 내가 받는 세례를 받을 것이오.
40 그러나 나의 좌우편에 앉는 것은 내가 줄 수 있는 것이 아니라 그것이
[주기로] 예비된 그 사람들에게[주어질 것이오]." **41** 그때 그 열 명이 들은
후 야고보와 요한에게 분을 내기 시작했다.

42 그러자 예수님이 그들을 가까이 부르신 후 그들에게 말씀하셨다.
"열방을 통치한다고 생각하는 사람들은 그들 위에 군림하고 그들 중 큰 사
람들은 그들에게 권력을 휘두른다는 것을 그대들은 알지 않소. **43** 그러나
그대들 가운데서는 그렇지 않소. 도리어 그대들 가운데서 누구든지 크게
되고 싶은 사람은 그대들의 섬기는 자가 되어야 하고, **44** 누구든지 첫째가
되고 싶은 사람은 모두의 종이 되어야 하오. **45** 이는 인자조차도 섬김을 받
으러 온 것이 아니라 도리어 섬기고 자기 목숨을 많은 사람을 대신하는 속
량물로 주기 위해 [왔기] 때문이오."

주해

수난 예고(32-34절) '길을 걷는 예수님과 제자들'은 마가복음 전체

(1:2-3; 2:23; 6:8; 8:27; 9:33; 10:17, 46, 52)에서 뚜렷이 강조되고 있는 주제임에도 불구하고 그들의 목적지가 구체적으로 명시된 적은 없었다. 10:1에서 예수님이 요단 강 건너편을 거쳐 유대를 향해(εἰς) 가신다는 정보로 대략 그가 어디를 향해 가고 있는지에 대한 암시는 했지만 그곳에서도 "길"의 목적지가 언급되지는 않았다. 하지만 이런 침묵은 현 본문에서 깨진다. 예수님과 제자들은 "예루살렘으로 올라가는 길에[ἐν τῇ ὁδῷ ἀναβαίνοντες εἰς Ἱεροσόλυμα]" 있었던 것이다. 본문은 예루살렘이 길의 목적지로 명시됨에 따라 예수님의 태도에도 변화가 있었음을 알려준다: "예수님이 그들보다 앞서 가시고 있었다"[προάγων αὐτοὺς](32절). 강조적 현재분사로 발화된 '쁘로아곤'(προάγων, '앞서 가심')은 "예루살렘으로 올라가는 길"에 들어서자마자 제자들과의 '동행'을 뒤로하고 '앞서' 가시기 시작한 예수님의 태도에 주목하게 한다.

옆에 있던 제자들은 "놀란다"(ἐθαμβοῦντο). '놀람' 동사(θαμβέω)는 어떤 행동이나 말이 언어 사용자의 예상이나 기대를 뛰어넘을 때 보이는 반응으로 마가복음에서 세 번 나오는데, 서기관과 다른 권위를 가진 예수님의 가르침에 대한 가버나움 회당 사람들의 반응(1:27)과 부자가 하나님 나라에 들어가기 불가능하다는 가르침에 대한 제자들(10:24)의 반응으로 사용되었다. 현 본문에서 이 동사의 사용은 예수님의 행보가 지금까지 보이신 발걸음의 이탈로 비춰졌다는 것을 말한다. 변화된 걸음새는 여행의 목적지 예루살렘을 향해 올라가시려는 그의 결심이 굳게 섰음을 보여준다. 예루살렘은 그에게 적대적인 감정을 가진 종교지도자들이 "내려"온 곳(3:22; 참조. 7:1)이었고 또 그 역시 그곳에 가면 무슨 일이 일어날지 이미 예상했던 터였기에, 단호한 걸음은 고난을 회피하기보다 정면으로 관통하시려는 그의 대담한 성품 또한 엿볼 수 있게 한다. 예수님의 "앞서 가심"(προάγων)은 제자들에게도 의미 있는 행보다. 예수님은 제자들을 불러 "내 뒤에 오시오"(1:17)라고 하신 후 줄곧 그들과 함께 동행해오시다가 현 맥락에서 처음으로 그들 '앞서' 가신다. 이것은 뒤따르는 자들이 가야 할 종착지 역시 예루살렘이 되어야 함을 앞선 행보로 보여주신 것이다.

"뒤따르는 자들"의 반응은 '두려움'(ἐφοβοῦντο)이었다. 에반스는 "놀랐다"(ἐθαμβοῦντο)와 "두려워하고 있었다"(ἐφοβοῦντο) 두 동사의 주체를 특별히 구분하지 않고 열두 제자가 포함된 동행자들로 보면서(또한 Hurtado, 2020: 251), 그 동사에 그들이 예수님에 대해 가진 신적 경외감이 내포된 것으로 본다(Evans, 2001: 108). 하지만 현 문맥은 예수님이 그들에게 두려움을 가져다줄 만한 신적 능력을 드러낸 상황이 아니라 단순히 그의 앞선 행보만 언급할 뿐이기 때문에 에반스의 주장은 설득력이 없다. 오히려 "그들이 놀랐다"(ἐθαμβοῦντο)는 제자들의 반응을, "뒤따르는 자들은 두려워하고 있었다[ἐφοβοῦντο]"는 열두 제자 외에 예수님과 함께 유대로 가던 사람들(10:1; 15:41)의 반응을, 각각 묘사한다고 보는 것이 더 자연스럽다(Cranfield, 335). 물론 유사한 동사를 사용하여 제자들과 그 외에 사람들의 반응을 구분한 이유는 지금까지 그와 함께 걷던 제자들이나 단순히 따라 걷던 무리 모두가 놀랄 만큼의 태도 변화가 예수님에게 있었다는 것을 드러내기 위해서라고 보면 된다.

이 상황에서 예수님의 관심은 특별히 열두 제자에게 집중된다: "그가 다시 열둘을 데리시고 자신에게 장차 닥칠 일들을 그들에게 말씀하시며 가르치기 시작하셨다"(32절). 가르침의 내용은 세 번째 수난 예고로써 강조형 단어 '이두'(ἰδού, '보라')로 시작한다. 앞서 베드로가 그들이 예수님을 따랐다는 것을 강조하고자 사용했는데("보십시오[ἰδοὺ]. 우리가 모든 것을 버리고 당신을 따라 왔습니다", 28절), 예수님은 동일한 '이두'를 사용하여 그들이 따르고 있는 인자가 가는 길이 무엇인지 보여 주시고 있다. 수난 예고를 반복적으로 제자들에게 하신 이유가 무엇일까? 그들에게 참 메시아 상을 심어 주시어 그들로 참 제자도 상을 가지도록 하기 위해서라는 것은 의심의 여지가 없다. 이와 함께 스승과 제자의 공동 운명이라는 전망에서도 그 이유를 고려해볼 수 있다. 예수님이 제자들을 부르신 목적 중 하나는 "그들이 그와 함께 있도록" 하기 위해서였다(3:14). 그러므로 그가 통과해야 할 수난을 앞두고 제자들에게 그 일을 반복적으로 말씀하신 데는 그들이 그의 제자들로서 자신이 그 고난을 통과하는 동안, 비록 죽음까지는 아닐지라도(비교. 요 18:8-9), 십자가 곁에 있던 여인들처럼 끝까지 함께 하도록 미리 준비시키시려는 의도가 있었다는 추론 역시 가능하다.

예수님의 세 번째 수난 예언은 앞선 두 예언(8:31; 9:31)과 비교했을 때 두드러지는 두 가지 면이 있다. 첫째, 수난 과정이 비교적 상세하게 묘사된다. 먼저, "인자가 대제사장과 서기관들에게 넘겨지고[παραδοθήσεται]", 다음으로 대제사장과 서기관들이 사형 선고를 내린 후 그를 "이방인들에게 넘겨줄 것[παραδώσουσιν]"이라는 말씀에서 확인할 수 있다. 뒤따르는 동사 "넘겨줄"(παραδώσουσιν)은 능동태인 반면, 선행하는 동사 "넘겨지고"(παραδοθήσεται)의 문법적 주어는 예수님이지만 의미상의 주어(예수님을 넘기는 주체)는 누구일까? 마가 내러티브에서 예수님을 '넘겨준'(3:19, παρέδωκεν; 14:11, παραδοῖ) 이는 가룟 유다이다. 하지만 예수님이 하나님을 의미상의 주어로 하는 신적 수동태로 '빠라도테세따이'(παραδοθήσεται)를 사용했을 수 있다(8:33; 14:36; 8:32와 9:31 주해를 보라). "넘겨지고" 동사의 의미상의 주어에 하나님이 함의되었다고 보는 입장이 주는 신학적 메시지가 있다. 예수님은 '넘겨짐'은 단순히 악에 의해 희생되는 사건이기만 한 것이 아니라 인간의 악을 선으로 바꾸시는 하나님의 섭리의 순간이기도 하다는 것이다(14:21 주해를 보라). 둘째, 사형 집행과 관련하여 이방인의 구체적인 역할이 새롭게 제시된다. "그들[이방인]이 그를 조롱하고 침 뱉고 채찍질하고 죽일 것"이다. "이방인"은 로마를 가리킨다고 보는 것이 역사적으로 자연스럽다. 그런데 당시 산헤드린은 종교적인 죄목에 대해서만 사형 선고를 내릴 수 있었던(행 7:58-60) 반면에 정치적인 죄목과 관련된 선고는 로마 총독의 권한이었다.[1] 따라서 사형 판결과 집행에 이방인이 개입될 것이라는 예언은 그가 종교적 죄목을 넘어 로마의 정치적 범죄자로 판결받게 될 것을 예고하신 것이다. 메시아로서의 자기 이해를 가진 그였기에 로마의 법에 따라 반란죄로 선고받을 것이라는 추론을 하기는 어렵지 않았을 것이다.

제자들의 반응(35-41절) 예수님은 닥쳐올 수난을 그의 제자들과 함께 공유하려 하시지만 제자들은 무반응으로 일관한다. 세 번째 수난 예고임에도 제자들이 여전히 몰이해로 일관한 것은 두 번째 예고 때 마가가 설명한 것처럼(9:32) 예수님의 말씀을 이해하지 못했기 때문이기도 하지만, 더 깊이 알려는 시도 자체를 회피한 탓도 있다. 이는 두려움 때문이었다(9:32절 후반부; 10:32절 후반부). 대신 두 번째 예고 때(9:33)에 이어 또 다시 지위 다툼을 한다(41절). 예수님의 말씀을 실상으로 받아들이기보다 그들의 허상을 좇아 다툼을 벌인 것이다. 다툼은 가속화된다. 두 번째 수난 예고 때는 이미 있었던 다툼을 되짚어 교훈하는 방식으로 서술되었지만 이번에는 직접적으로 논쟁이 내러티브에 서술된다. 세베대의 두 아들인 야고보와 요한이 전면에 나서는데, 그들의 요청 태도("우리가 당신께 구하는 것은 무엇이든지 우리에게 이뤄주시기를 원합니다", 35절)는 그들의 당연한 권리를 요구하는 듯한 인상마저 준다. 사실 야고보와 요한은 베드로와 함께 다른 제자들이 가지지 못한 기회를 누렸다. 그들은 베드로와 안드레와 함께 초기에 부름을 입은 네 명의 제자 그룹에 속했으며

1. 15:1-15 주해 서언을 보라.

(1:19), 열두 제자 임명 시 "천둥의 아들"이라는 이름이 덧붙여졌다(3:17). 또한 야이로의 딸의 소생 순간(5:37)과 예수님의 변모(9:2)와 같이 그의 정체성이 좀 더 직접적으로 드러내는 현장에 참여할 수 있도록 베드로와 함께 특별히 선택된 이들이었다. 따라서 그들의 당당한 요청은 과거에 그들에게 주어진 특별한 선택에 근거한 자신감에서 비롯되었을 수 있다. 하지만 그들의 권리를 주장하는 듯한 요청 방식은 선택을 특권으로 오해한 데서 비롯되었다. 더불어 요청 어투는 마가복음에서 헤롯이 그의 딸에게 한 "과장된 약속"("네가 원하는 것은 무엇이든지 청하여라. 그러면 내가 너에게 들어 줄 것이다", 6:22)을 닮았다(Collins [a], 495). 제자들에게는 헤롯에게 있었던 것과 같은 유사한 허영과 부풀려진 자아가 엿보인다.

내밷은 요구 내용은 그들이 예수님이 건설하시리라 기대한 메시아의 왕국이 어떤 것인지를 드러낸다: "당신의 영광 중에서 우리가 하나는 좌편에 하나는 우편에 앉도록 해주십시오"(37절). "당신의 영광 중에서[ἐν τῇ δόξῃ]"라는 말은 "인자가 그의 아버지의 영광 중에[ἐν τῇ δόξῃ]" 올 것이라는 8:38의 예수님의 말씀을 염두에 둔 표현인 것처럼 보인다. 마가복음 1:3에서 인용된 바 있는 이사야 40:1-5에 따르면 이스라엘이 노역에서 벗어나 죄 사함(곧 새 출애굽)을 받을 때 "여호와의 영광이 나타나고[ὀφθήσεται ἡ δόξα κυρίου] 모든 육체가 그것을 함께 보리라"(칠십인경 5절)고 예언한다. 또한 현 본문에 보다 더 직접적인 연관을 가진 다니엘 7:13-14에서 "인자 같은 이"는 하나님으로부터 "권세와 영광[δόξα]과 나라"를 수여받아 열방을 다스리는 위치에 오른다.[2] 하지만 인자 예수님이 하나님의 영광을 드러내는 길은 고난과 죽음을 우회하지 않는다고 밝히

2. 에녹1서 45:3에 따르면 "그날에 나의 택함 받은 자가 영광의 자리에 앉을 것이다." 48:2-6에 따르면 "나의 택함 받은 자"는 다름 아닌 인자로 소개된다. 에녹1서 36-26에 나오는 인자에 대해선 저자의 논문(박윤만, 2020: 95-101)을 보라.

신(8:38-9:1; 'no grace without disgrace') 반면, 제자들이 사용한 "당신의 영광 중에"라는 말은 고난 없는 영광이 암시된다는 점에서 같은 단어를 사용하지만 다른 뜻을 내포한다고 할 수 있겠다. 이것은 이어지는 그들의 구체적인 요구 내용과 예수님의 응답을 통해 확인된다.

그들은 예수님이 "영광 중에" 오르실 때 그 좌우편에 앉게 해달라고 요구한다. 그들이 요구한 "좌편"과 "우편"(37절)은 단순히 앉는 위치를 의미하지 않는다. 당시 헬라 문화권에 '좌편'(ἀριστερός)과 '우편'(δεξιός)은 다양한 은유적 의미로 사용되고 있었는데, 특히 구약과 유대 문헌에서 왕의 존재를 두고 우편은 가장 높은 서열의 사람(왕상 2:19; 칠십인경 시 44:10; 109[개역개정 110]:1; 시락서 12:12) 혹은 가장 친밀한 사람(에스드라1서 4:29)을 위한 자리이며, 왼편은 오른편에 앉는 사람보다는 상대적으로 낮은 신분의 사람을 위한 자리(Josephus, *Jewish Antiquities* 6.11.9 § 235)로 이해되었다(Collins [a], 496).[3] 야고보와 요한이 요구한 좌우편 자리는 메시아의 왕국에서의 통치자인 예수님의 '최측근'의 신분을 은유 혹은 환유적으로 요구한 것이다. 이런 요구는 그들이 기대한 메시아의 왕국이 계급 구조 서열에 기초할 것이고 예수님이 그 서열의 우두머리가 될 것으로 이해했기 때문에 가능했을 것이다. 메시아 왕국이 계급에 따른 조직을 가질 것이라는 사상은 스스로를 종말론적 공동체라 믿은 쿰란의 공동체 규율 문서에도 나타난다:

> 이는 많은 사람의 모임을 위한 규칙이다. 각 사람은 서열에 따라야 한다. 제사장들은 제일 먼저 앉고, 장로들은 다음, 그리고 나머지 모든 백성은 서열

3. 헬라 문화권의 예를 위해선 Liddell & Scott, δεξιός II; ἀριστερός 3.4를 보라. 그리고 유대 문화권의 다른 예를 위해선 출 15:6; 왕상 2:19; 시 45:9; 80:17; 전 10:2; 마 25:33-34 참고. 또한 막 12:36 주해를 보라.

에 따라 앉을 것이다(1QS 6:8, 베르메쉬의 영역에 대한 저자의 번역)

이런 계급에 따른 자리 배정은 그들이 기다렸던 메시아들이 왔을 때도 변함없이 유지될 것이라 믿었다:

> [이것은] [제사장적] 메시아가 그들을 불렀을 때 공동체 위원회의 모임에 [호출된] 유명한 사람들의 [집]회가 [될 것이다]. 그는 [그의] 모든 [형제들인] 아론의 [아들들]과 함께 이스라엘 모든 회중의 선두로 유명한 사람들이 회중에 올 것이다. 그리고 그들은 [각각] 그의 존엄의 순서로 [그 앞에] 앉을 것이고 그런 후 이스라엘의 [메시]아가 [올] 것이고 [이스라엘 부족]의 우두머리들은 [각각] 그의 존엄의 순서 안에서 진영과 행진 때의 [그의 서열]에 따라 그 앞에 앉을 것이다. 그리고 그들 앞에 [회]중[의 가족]의 우두머리가 앉을 것이며, 그리고 [거룩한 회중]의 지혜로운 사람들은 각각 그의 존엄의 순서 안에서(1QSa 2:11-17, 베르메쉬의 영역에 대한 저자의 번역).

계급은 당시 지중해 문화권에 속한 사회를 조직하던 근본 뼈대였기에 쿰란 공동체 역시 그 틀에서 그들의 회중 조직을 구성했고 심지어 메시아가 주관하는 집회에서도 그 틀은 변함없이 존속될 것이라 믿었을 것이다. 하지만 마가 내러티브 흐름에서 볼 때 제자들의 그 같은 요구는 사회·문화적 관습이라는 이름으로 정당화될 수 없는 이유가 있다. 앞서 예수님은 제자들의 삶의 방식은 그런 문화에 역행하는 것이 되어야 한다는 가르침을 이미 주셨다(9:33-37; 특히 35절, "누구든지 첫째가 되기를 원하면 모든 사람의 마지막이 되고 모든 사람의 섬김이가 되어야 하오"). 그리고 사회적으로 존재감이 없던 어린아이와 자신을 동일시하기도 하셨다(9:37). 무엇보다 그들의 선생된 인자 자신이 당시 유대 사회가 기대한 것처럼 첫째가 되고자 오르는 메시아가 아니라, 첫째 된 대제사장들과 장로들과 서기관들에 의해 희생되는 존재임을 재차 밝히신 터였다(10:33).

야고보와 요한의 자리 요구는 이런 점에서 매우 놀랍다. 그들은 기독론은 물론 제자도에 대한 어떤 가르침도 예수님에게서 듣지 못한 사람처럼 행동한다. "그대들은 그대들이 무엇을 구하고 있는지 모르고 있소"(38절)라는 예수님의 응답은 제자들의 이런 상태에 대한 정확한 진단이다. 제자들은 문자 그대로 자신들이 무엇을 구하는지 모르고 있었다. 내러티브가 앞으로 보여줄 것처럼 예수님이 하나님 나라를 이 땅에 도래시키고자 오르실 자리는 왕좌가 아니라 십자가이고, 그들이 앉고자 요구한 "영광"의 좌우편은 십자가의 좌우편이 될 수 있다는 것을 모르고 있었기 때문이었다. 결국 예수님이 오르실 자리가 그들이 기대한 자리가 아니라는 사실을 알게 되었을 때 그의 좌우편에는 강도만 있었다(15:27).

이어서 예수님은 강조형 1인칭 대명사를 사용하여 "내가[ἐγὼ] 마시는 잔을 마시고 내가[ἐγὼ] 받는 세례를 받을 수 있겠소?"(38절)라고 질문하신다. "잔"(ποτήριον)은 구약성경에서 때로는 진노와 심판(시 75:8-9; 사 51:17-22; 렘 25:15; 애 4:21; 겔 23:31-34)을, 때로는 축복(시 16:5; 23:5; 116:13)을 가리킨다. 하지만 예수님은 "많은 사람을 대신하여"(10:45) 받고자 한 진노와 심판의 잔으로 이해하고 계신 것이 틀림없다(14:23-24, 36 주해를 보라). 잔이 심판을 상징하는 의미는 겟세마네 동산에서 "이 잔[τὸ ποτήριον τοῦτο]을 내게서 옮겨 주옵소서"(14:36)라고 기도하실 때 등장한 "잔"에도 동일하게 내포되어 있다. 특히 14:36에서 "잔"은 근거리 지시대명사("이", τοῦτο)에 수식되고 있는데, 이는 예수님은 "잔"이 지시하는 그 무엇이 근접 범위 안에 있다고 보셨다는 것을 뜻한다. 겟세마네에서의 기도 후 예수님에게 닥친 일은 가룟 유다의 배반과 체포, 그리고 대제사장과 빌라도 앞에서의 심문과 이어진 십자가 처형이기에 "이 잔"

은 그러한 일련의 사건이 가져올 고난과 죽음에 대한 비유적 표현으로 보는 것이 맥락상 자연스럽다. "세례"(βάπτισμα)는 문자적으로 '잠수'를 뜻하는데, 구약성경은 종종 고통과 죽음을 깊고 큰 물에 잠기는 것으로 빗대기도 한다(삼하 22:5; 욥 22:11; 시 42:7; 69:1-2; 사 43:2). "내가 받는 세례"가 "내가 마시는 잔"과 병렬 관계에 있다는 것을 고려한다면 예수님이 "세례"라는 말로 의도하신 것은 "잔"과 마찬가지로 그가 겪게 될 고난과 죽음이라고 보는 것이 옳다.

제자들은 "우리가 할 수 있습니다"라고 대답하고 예수님 역시 그들의 대답을 긍정적으로 받으신다(39절 후반부). 그리고 마지막 만찬에서 예수님이 주시는 "잔"(ποτήριον)을 "그들이 다 마셨다"(14:23)는 구절은 앞선 그들의 말과 예수님의 긍정을 확증해 주는 역할을 한다. 예수님의 긍정적인 반응은 제자들이 결국 예수님의 가르침을 따라 참 제자도 혹은 순교자의 길(Eisenman, 268)을 걷게 될 것을 암시해 준다. 제자들의 변화에 대한 암시는 로마의 박해 속에서 배반과 분열로 얼룩진 로마에 살던 마가복음 청자들(서론을 보라)에게도 다시 시작할 수 있는 소망을 주는 메시지가 되었을 것이다.

이후 예수님은 다시 본래 질문으로 되돌아가 도래하는 하나님 나라에서 누가 그의 좌우편에 앉을 것인지는 자기가 결정할 수 있는 일이 아니라 "그것이 [주기로] 예비된[ἡτοίμασται] 그 사람들에게 [주어질 것이오]"라고 말씀하신다. 어떤 정보를 최전방에 부각하는 완료 시제로 표현된 '헤또이마스따이'(ἡτοίμασται)는 신적 수동태로서 예수님 좌우편에 앉을 것인지는 하나님께서 결정하시고 예비하실 것임을 강조적으로 말해준다. 자리 문제는 거래의 문제가 아니라 하나님의 주권에 속한 일임을 예수님

이 일깨우신 것이다(Boring, 2006: 301).[4]

예수님과 야고보와 요한 사이에 오고 간 대화를 들은 나머지 열 명의 제자들은 두 제자에게 그들의 감정을 직접 드러낸다: "그 열 명이 … 분을 내기[ἀγανακτεῖν] 시작했다"(41절). 나머지 제자들의 그와 같은 격한 반응은 열두 제자 공동체 내에 분열이 일어나기 시작했다는 것을 암시해 준다. 예수님의 가르침(9:35-37)에도 불구하고 그들 사이에 지속되었던 계급 구조에 기초한 서열 다툼은 공동체 구성원들이 서로에게 라이벌 의식을 가지게 했고, 결국 서로 분을 품는 지점에까지 이르렀음을 말해준다.

제자 교육(42-45절) 예수님은 열두 제자를 '가까이 부르신다'(προσκαλεσάμενος). 동사 '가까이 부르다'(προσκαλέω)는 많은 경우 예수님이 열두 제자를 불러 어떤 임무를 주시거나 제자도의 가르침을 주실 때 등장하는 동사이다(3:13; 6:7; 8:34; 12:43). 이어지는 가르침 역시 이런 맥락에서 이해돼야 한다. 예수님은 제자들이 추구하는 높은 서열과 그에 따른 권력 행사는 이방 통치자들의 지배 방식이라 지적하신다(42절). "열방을 통치한다고 생각하는 사람들은" 로마를 가리킨다. 당시 로마는 군사적 힘에 의존하여 지중해 지역 전역을 정복한 후 사회적 지위와 힘에 의존한 통치라는 지배 방식을 피지배 민족 사이에 견고히 하고 있었다. 팔레스타인도 예외가 아니었다. 제자들의 서열 다툼은 어떤 점에서 그들을 지배하고 있던 로마의 가치를 닮아간 결과로 봐야 한다. 이방 로마의 지배 방식이 어떤 루트를 통해 제자들에게 영향을 주었을까? 제자들에게 이런 서열 다툼이 갈릴리에서 예루살렘으로 올라가는 "길"에서 벌어졌다는 점은 다시 주목될 필요가 있다. 사실 당시 지중해 지역 전역을 점령하던 로마는 피

---

4. 저자는 신적 기독론과 관련하여 막 10:18이 가지는 의미에 대해 논문(박윤만, 2017: 63-65)으로 다룬바 있다. 위 내용은 저자의 논문과 상당 부분 일치함을 밝혀 둔다.

지배 민족이 반란을 일으킬 경우 진압용 군대 파송과 물건 수송을 위해 광범위하게 길을 닦았다(Isaac [a], 107-13). 로마의 정복은 군사력과 '로마의 길'을 기반으로 이루어진 것이었다. 따라서 제자들이 '길 위에서' 가진 누가 더 큰 자인지에 대한 논쟁(9:33-34)과 현 단락에서 야고보와 요한의 높은 자리 요구는 '로마의 길'이 가진 힘에 의존한 정복 철학의 영향을 받은 탓이라 볼 수도 있다. 하지만 이런 주장의 약점은 주후 1세기 팔레스타인에 만들어진 대부분의 로마의 길은 1차 유대 전쟁 후에 그 지역을 군사적으로 신속히 통제하기 위해 만들어졌고(Knowles, 202), 역사적 예수님의 활동 시기에는 로마의 길이 팔레스타인에 닦여졌다는 고고학적인 증거가 없다(Reed [b], 117)는 것이다. 그럼에도 폼페이가 주전 63년 팔레스타인을 점령한 후 로마의 정복과 힘의 가치는 직간접적으로 팔레스타인 주민들에게 영향을 주었고 제자들 역시 그것의 영향을 받았음이 틀림없다(참고. Chancey, 44-68). 어쨌든 예수님은 마침내는 로마법에 따라 반란죄로 이방인들에게 넘겨져 처형될 것(33-34절)을 내다보시며 길을 걷고 있는 반면, 같은 길 위에서 그를 따르는 제자들은 로마의 통치 방식에 따라 높은 자리를 차지하고자 갈등을 벌이는 상황은 지독한 아이러니가 아닐 수 없다.

이어서 예수님은 제자 공동체의 삶의 방식을 제시하시는데, 그 시대의 일반적 가치관과 비교하는 방식을 택하신다:

> 열방을 통치한다고 생각하는 사람들은 그들 위에 군림하고[κατεξουσιάζουσιν] 그들 중 큰 사람들은[οἱ μεγάλοι] 그들에게 권력을 휘두른다는 것을 그대들은 알지 않소. 그러나 그대들 가운데서는 그렇지 않소(42절 후반부-43절 전반부).

권력을 휘두르는 주체인 "큰 사람들"(οἱ μεγάλοι)은 지난번(9:34) 제자들의 논쟁의 주제인 "누가 더 큰 자[μείζων]인지"를 생각나게 한다. 제자들의 "더 큰 자"가 되려는 다툼은 권력을 휘두르는 위치를 향한 경쟁이었고, 그런 다툼이 있었다는 것은 이미 그 시대의 가치관이 공동체에 스며들어 있었다는 것을 말해준다. 하지만 예수님을 메시아로 믿고 따르는 자들은 "군림"과는 다른 삶의 방식을 공동체의 삶의 원리로 삼아야 한다고 말씀하신다. 그 가치관은 가히 전복적(subversive)이라 할 만하다:

> 도리어 그대들 가운데서 누구든지 크게[μέγας] 되고 싶은 사람은 그대들의 섬기는 자[διάκονος]가 되어야 하고, 누구든지 첫째[πρῶτος]가 되고 싶은 사람은 모두의 종[δοῦλος]이 되어야 하오(43-44절).

"섬기는 자"(διάκονος)와 "종"(δοῦλος) 두 명사 모두 다른 사람의 필요를 시중드는 위치에 있는 신분의 사람을 가리키고자 별 구분 없이 사용된다.[5] 계급 구조적 서열의 꼭짓점에 오른 "큰 자"와 "첫째"가 되기를 원하는 자는 그 서열의 가장 밑바닥에 있는 "섬기는 자"와 "종"이 되어야 한다는 것, 바로 그것이 예수님을 메시아로 따르는 제자 사회의 삶의 방식이다. 예수님의 혁신적 용어 사용은 마가복음 도입부와 종결부에 각각 등장하는 열병이 치유된 후 예수님과 그 일행을 '섬긴'(διηκόνει) 베드로 장모나(1:31) 갈릴리에서부터 십자가에까지 예수님을 따르며 '섬긴'(διηκόνουν) 여인들(15:41)을 새롭게 조명하도록 한다. 마가복음에서 수미상관을 이루며 섬김의 제자도의 모델로 제시되고 있는 것은 다름 아닌 여인들이었기 때문이다.

---

5. Liddel & Scott, διάκονος, δοῦλος.

대단락(8:27-10:52; 40장 서언을 보라)에서 지금까지 다뤄진 다양한 주제, 예컨대, 어린아이를 대하는 자세(9:36-37), 작은 자들과의 관계(9:42), 결혼과 이혼(10:5-12), 그리고 부(10:17-31)에 대한 태도 등은 모두 제자 공동체의 삶의 방식으로 제시된 것들이고 그 성격은 당시의 전통과 관습이 용인하는 표준을 뛰어넘는 혁신 그 자체였다. 그리고 그러한 가르침의 밑바탕에는 예수님의 존재 방식(9:36-37; 9:42)과 종말론적인 그의 사역의 결과(10:5-12, 17-31)가 자리 잡고 있었다. 이제 "그대들 가운데는 그렇지 않소" 언급 후 제자 공동체 내에서 지도자의 자세를 인자의 예를 통해 보여 주신다:

> 이는 인자조차도 섬김을 받으러 온 것이 아니라 도리어 섬기고 자기 목숨을 많은 사람을 대신하는 속량물로 주기 위해 [왔기] 때문이오.
>
> καὶ γὰρ ὁ υἱὸς τοῦ ἀνθρώπου οὐκ ἦλθεν διακονηθῆναι ἀλλὰ διακονῆσαι καὶ δοῦναι τὴν ψυχὴν αὐτοῦ λύτρον ἀντὶ πολλῶν (45절).

주목할 만한 것은 '아이'(αι)와 '온'(ον, ων) 혹은 '엔'(ην) 운율의 반복이다. 그와 같이 반복된 운율은 위 어록의 기억과 집중도를 높여 준다. 마찬가지로 강조형 부사 '까이'(καί, '조차도')가 덧붙여진 명사구 "이는 인자조차도"(καὶ γὰρ ὁ υἱὸς τοῦ ἀνθρώπου, 45절 전반부)는 시사하는 바가 크다. 다니엘 7:13-14에 따르면 인자는 하나님으로부터 이방을 다스리는 권세를 부여받은 인물이다. 특히 7:14절에 따르면 하나님은 "모든 자들이 그[인자 같은 이]를 섬기게[λατρευούσα]하였"다. 비록 예수님이 사용하신 용어(διακονῆσαι)는 칠십인경의 어휘(λατρευούσα)와 다르지만 두 단어 모두 '섬기다'의 의미를 가진다. 예수님의 의도는 분명하다. "인자조차도" 그에게 약속된 섬김을 받을 권리를 포기하며 도리어 섬기는 길을 가는데,

하물며 그를 따르는 자들은 어떠해야 할지를 스스로 판단토록 하신 것이다.

그런 후 45절 후반부는 인자의 소명을 다음과 같이 밝힌다:

> 섬김을 받으러 온 것이 아니라 도리어 섬기고 … 주기 위해 [왔기] 때문이오[γὰρ ... οὐκ ἦλθεν διακονηθῆναι ἀλλὰ διακονῆσαι καὶ δοῦναι].

세 개의 목적 부정사(밑줄 그어져 있다)와 "왔다"(ἦλθεν) 동사의 문법적 결합은 인자는 섬김을 받기보다는 섬기고 또 그의 목숨을 주기 위해 왔다는 뜻을 강하게 드러낸다. 세 개의 목적 부정사를 이끌고 있는 주동사 "왔다"(ἦλθεν)는 현 본문의 의미를 이끄는 열쇠 말이다. 인자의 옴(ἦλθεν)은 무엇을 가리킬까? "왔다"를 지역적 이동의 표지로 보는 것은 전후 문맥이 허용하지 않는다. 대신에 이형일은 현 문장에서 사용된 '엘텐'(ἦλθεν) + 부정사는 예수님의 선지자의 소명을 밝힌다고 본다(Lee, 193). 그러나 게더콜이 지적한 것처럼 "선지자는 섬김 혹은 경배받아야 한다는 기대가 사람들에게 없었기 때문에" 45절 전반부의 반제(antithesis)가 선지자의 소명 선언과 관련 있다고 보기 힘들다(Gathercole, 168). 보다 더 개연성이 높은 것은 예수님의 선재와 강림을 전제한 어구로 보는 것이다. 앞서 주해에서 밝힌 것처럼(1:24, 38; 2:17) '내가 (떠나)왔다' + 목적 어구 용례는 예수님의 소명을 발설하는 맥락에서 종종 등장했고 현 맥락도 예외가 아니기 때문에 45절 후반부는 인자가 하늘로부터 이 땅에 온 목적은 섬기고 또 자기 목숨을 주는 데에 있음을 선언한다고 보는 것이 타당하다.

예수님은 자신의 목숨을 "많은 사람을 대신하는 속량물[λύτρον]"로 내려 놓으시겠다고 말씀하신다. 먼저, 관심을 가져야 할 단어는 '뤼뜨론'(λύτρον)인데 그 낱말은 노예, 죄수, 인질, 동물 혹은 땅을 해방시키기 위해 지불하는 (몸)값을 지시하고, 동일 어원의 동사(λυτρόω)는 해방시키는 행위 자체를 가리킨다(출 13:13, 15; 21:8, 29-30; 레 19:20; 25:24-27, 51-52; 민 18:15; 35:31-34; 잠 13:8; Josephus, *Jewish Antiquities* 12.2.5 §46; 참조. Josephus, *Jewish Antiquities* 14.7.1 §107). 자기의 목숨을 "속량물"로 삼겠다는 말이 "섬기고"와 병렬되어 뒤따르고 있기 때문에 "목숨을 속량물로 주는" 것은 섬김의 구체적인 실천 행위로 이해될 수 있다. 위에서 언급된 예문에서 확인할 수 있는 것처럼 구약에서 등장하는 속량물의 종류는 돈, 물질, 동물 등이기 때문에 사람의 목숨이 속량물이 될 수 있다는 것은 뜻밖이라 여겨질 수 있다. 하지만 예수님과 같은 이해의 유비가 제2성전 시기에 없었던 것은 아니다. 마카비 2서 7:37-38은 다음과 같이 말한다:

> 그러나 나의 형제들과 같이 나는 나의 몸과 목숨을 우리 조상들의 법을 위해 내려놓는다. 그리고 하나님께 간청을 드린다. '그가 신속히 우리 민족에게 자비를 베푸시고 당신에게는 고통과 재앙으로 [벌하시어] 오직 그만이 하나님이심을 고백하게 하고, 나와 내 형제들을 통해 우리 민족 전체에게 정당하게 내려졌던 전능하신 분의 진노가 끝나기를'(번역은 저자의 것).

위 문헌은 한 의로운 사람의 순교가 죄 때문에 나라 전체에 임한 하나님의 진노를 그치게 할 수 있다는 믿음이 존재했음을 보여준다.[6] 따라서 예수님 역시 자기 목숨을 희생하여 "많은 사람"을 종노릇에서 해방시키겠다는 결단을 하셨다고 믿는 것이 역사적으로 불가능하지 않다.[7] 하지만

---

6. 또한 마카비4서 17:21 참고.

7. 불트만(Rudolf Bultmann)은 10:45은 헬라 기독교의 입장을 대변한다고 믿는다

예수님의 이런 결단은 결코 우발적이지 않고 소명에 따른 것임이 분명하기 때문에 그의 발설 배경에 그의 소명의식에 영향을 준 구약 본문이 있을 것이란 추측은 정당하다. 45절 후반부에 '뤼뜨론'과 정확히 일치하는 단어가 나오지는 않는다. 그럼에도 이사야 52:13-53:12에 등장하는 여호와의 종의 사역은 현 본문이 말하는 예수님의 소명의 배경이 되고 있음이 분명해 보이는데(Cranfield, 342; Evans, 2001: 121), 이사야 53:10-12은 그런 이해가 근거 없는 것이 아님을 보여준다:

> 만일 그가 속건제물[περὶ ἁμαρτίας]을 드린다면 … 많은 사람을[πολλοῖς] 의롭게"[하며] … 그들을 대신하여 그의 목숨을 버려 사망에 이르게 하며 [ἀνθ' ὧν παρεδόθη εἰς θάνατον ἡ ψυχὴ αὐτοῦ] … 많은 사람의[πολλῶν]죄를 담당하며 …

먼저, 이사야 53장 본문과 마가복음 10:45에 사이에는 언어적 유사성이 어느 정도 존재한다. 마가복음과 이사야 본문 모두 '헤 프쉬케'(ἡ ψυχὴ, '목숨')를 가지며, 마가복음의 "목숨을 주기[δοῦναι]"와 이사야의 "그의 목숨을 버려[παρεδόθη]"는 동일 어근에 속한다. 또한 마가복음의 "많은 사람을 대신하여[ἀντὶ πολλῶν]"는 이사야의 "그들을 대신하여[ἀνθ' ὧν]"에 상응한다(Porter, 2016: 98; 대조. Hays, 2016: 86-87). 다음으로 두 본문 사이에는 주제적 유사성 역시 있는데 여호와의 종이 많은 사람을 "대신하여 자기의 영혼을 버린다"는 개념은 인자가 자기 목숨을 "많은 사람을 대신하여 속량물"로 준다는 개념에 일치한다. 물론 이사'야 53:10 등장하는 "속건제물"(περὶ ἁμαρτίας)은 마가복음 10:45에 나오는 "속량물"(λύτρον)

---

(144).

과 다른 용어이다. 하지만 예수님(혹은 마가)은 문서로부터 구약성경을 인용하기보다 기억으로부터 인용했을 가능성이 높기 때문에 자유롭게 재번역하며 해당 본문을 사용했을 가능성 역시 인정해야 한다(Porter, 2016: 98). 게다가 다른 사람의 자유를 위한 희생물이란 점에서 속건제물과 속량물은 공통점이 있다. 일단 이것을 받아들이면 정확한 언어적 일치의 부재를 이유로 예수님의 이사야 본문 의존과 사용 자체를 반박하기는 어려워진다. 그렇다면 예수님은 세례 때 들으신 이사야에 따른 하나님의 종의 길을 자기 소명으로 여기셨고, 또 제자들에게 그것을 밝히시고 있다는 주장을 받아들이지 못할 이유가 없다.

이사야 53장에서 여호와의 종의 목숨은 다른 사람의 죄를 대속하는 속건제물이라는 점이 명시되고 있지만(10절 전반부, 12절 후반부), 인자의 속량물 됨은 "많은 사람"을 누구 혹은 무엇으로부터 해방하기 위함인지에 대한 설명이 없다. 하지만 추론은 가능하다. 이미 예수님은 중풍병자의 죄들을 용서하셨고(2:5), 또 자기의 소명을 "죄인을 부르기 위해 오셨다"(17절)고 밝히셨다. 또한 광야에서 사탄의 시험을 이기심으로 그를 일차적으로 패퇴시키신(1:13) 후, 갈릴리에서 오시어 악의 시대가 끝나고 하나님의 종말론적 다스림이 그를 통해 시작되었다고 선포하셨다(1:14-15 주해를 보라). 따라서 자기의 대속적 죽음을 통해 "많은 사람"을 죄와 사탄 혹은 악한 영에서 해방케 하셨다는 주장은 마가복음의 맥락에 근거한 입장이다. 예수님은 갈릴리 사역 동안 이사야 40-55장이 내다보고 있는 새 출애굽 운동을 펼쳐 오셨고 마지막으로는 "많은 사람"을 죄의 속박으로부터 자유롭게 하고자 여호와의 종이 간 죽음의 길을 가시겠다고 밝히시고 있는 것이다. '엘톤'(ἦλθον) 동사와 관련해서 본다면 선재하시던 여호와의 종이 간 죽음의 길을 가시려는 뜻은 예수님이 이 땅에 '오신' 목적이었다.

누구로부터의 속량인지에 이어 고려돼야 할 대목은 누구를 위한 속량인지이다. 예수님은 자신의 목숨이 "많은 사람을 대신하는"(ἀντὶ πολλῶν) 것이라 발설하신다. "많은 사람"(πολλῶν)은 누구를 가리킬까?[8] 현 담화가 제자들의 서열 경쟁에 대한 책망과 그 대안으로 인자의 섬김을 제시하는 맥락에서 진행된다는 사실은 "많은 사람"이 그의 제자들을 가리키고 있음을 믿게 한다. 물론 그렇다고 인자의 속량 사역의 대상이 그의 제자들이라는 주장은 열두 명만 그 수혜자가 된다는 것을 의미하지 않는데, 열두 제자는 예수님이 불러 모으시려 한 새 이스라엘을 상징하는 인물들이기 때문이다(3:14-15 주해를 보라). 예수님의 하나님 나라 선포는 이스라엘 전체를 대상으로 하여 그들을 회개케 하는 사역이었다(1:14-15; 6:7-11). 그러나 그의 사역이 이스라엘의 기존의 종교 시스템(성전, 토라, 회당)이 원활하게 잘 돌아가도록 하는 것에 그 목적이 있었던 것은 아니었다. 오히려 자신을 통해 하나님 나라가 도래하고 있다는 믿음을 가진 예수님은 그를 따르는 사람들을 중심으로 새 이스라엘을 조직하셨다. 이것이 이스라엘의 열두 우두머리를 상징하는 열두 제자를 따로 세우신 이유이다. 후에 그 열둘과 함께(14:17) 마지막 만찬에서 (새) 언약을 체결하신다(14:24; 눅 22:20; 고전 11:25). 예수님의 이런 사역은 그의 하나님 나라 선포 사역의 궁극적 목적에는 종말론적인 새 이스라엘을 불러 모아 그들과 새 언약을 체결하는 일이 있었음을 말해준다(Cranfield, 127). 그렇다면 예수님이 자신의 목숨을 "많은 사람을 대신하는 속량물"로 주고자 하셨을 때 "많은 사람"의 신분을 열두 제자에 의해 대표되는 새 이스라엘(참조. 막 14:24; 마 26:28; 눅 22:20; 행 6:2, 5; 15:12, 30)로 보셨다는 추론은

8. 셈어(Semitism)에서 '많은'(πολύς)은 '모두'(πᾶς)와 동의어로 사용되기도 한다(참조. 쿰란 문서 1QS 6:1, 7-25; 마카비2서 1:36). 여러 용례를 위해서는 예레미아스(Joachim Jeremias), "πολλοί" *TDNT* 6 (1968): 536-45를 보라.

마가복음 전체 흐름상으로도 지지를 받는다.[9]

이와 더불어 역사적 논증 역시 가능한데, 1세기에 "많은 사람"이란 어구가 종말론적인 새 언약의 공동체를 가리키며 사용된 증거가 쿰란 문서에서 발견된다. 예컨대, CD 14:8-21; 4Q266 18 iii-v; 1QS 6:7-8; 1QH 4:27-29에서 "많은 사람"은 신실한 자들의 공동체, 곧 쿰란 공동체를 가리킨다(Jeremias, 1968: 538; Lane, 384; Beasley, 24; Hurtado, 2020: 719). 쿰란 공동체와는 달리 열두 제자로 대표되는 새 이스라엘은 더 이상 인종과 민족에 의해 규정되지 않고(아래를 보라), 오히려 (새) 언약(14:24) 체결식이었던 마지막 만찬이 말하는 것처럼 그의 몸과 피를 먹고 마시는 사람들이다. 예수님을 메시아로 믿어 그의 대속적 죽음의 혜택을 입는 것이 새 이스라엘의 자격 조건이라는 것이다. 위 모든 논증은 예수님이 자신의 목숨을 속량물로 주어 "많은 사람", 곧 선택받은 새 이스라엘을 죄와 죽음, 그리고 악한 영의 권세로부터 탈출시키는 새 출애굽을 염두에 두셨다는 것을 알려준다.

10:45과 관련하여 끝으로 고려해야 할 주제는 "많은 사람"에서 이방인의 위치이다. 예수님이 "많은 사람"에 이방인이 포함될 것이라 믿으셨다면 어떤 근거에서 이스라엘의 메시아가 이방인을 위한 메시아가 될 수 있는지를 밝혀야 한다. 이에 대한 해결의 실마리는 언약 백성의 소명이 이방인을 창조주 하나님께로 돌이키는 일로 규정하는 구약성경 전체의 가르침이 제공한다. 이스라엘의 선조 아브라함은 하나님께서 그를 통해 세상을 복주기 위해 택해진 인물(창 12:3; 15:7; 22:18)이었다. 그리고 자신

---

9. 특별히 수를 드러내는 대명사 '뽈뤼스'(πολλύς, '많은 사람')로 새 이스라엘을 지시한 이유는 아마도 지금은 열두 제자를 중심으로 하는 소수의 사람들이 예수님을 따르고 있지만, 때가 되면 "많은 사람"이 새 언약 백성에 들어오게 될 것이라는 기대가 포함된 표현이란 해석이 가능하다. 겨자씨 한 알의 비유(4:30-32) 참조.

들을 아브라함의 후손으로 생각한 이스라엘이 출애굽 시 열방의 제사장 나라로 부름을 입은 것은 지극히 자연스럽다(출 19:6). 많은 선지자들 역시 이방이 창조주 하나님을 섬기는 날이 올 것이며, 이러한 일은 이스라엘을 통하여 하나님께서 하실 일로 보았다(사 2:2-5; 42:6; 51:4; 미 4:1-5; 겔 40:7; 47:7-12; 습 3:20; 슥 8:18-23; 14:8-19). 종종 그와 같은 이스라엘의 소명은 이스라엘의 왕의 소명으로 여겨지기도 했다(시 2:8). 따라서 이스라엘의 메시아로 자기 이해를 가지고 있던(1:11; 8:29; 14:61-62) 예수님이 그의 사역 동안 이방인에게로 나아가려는 '시도'를 하셨다는 것은 결코 우연이 아니다. 이를테면, 거라사 지역에 귀신 들린 사람 치유(5:1-20), 시리아-페니키아 여인의 딸 치유(7:24-30), 이방 지역에 살던 귀 먹고 말이 어눌한 사람 치유(7:31-37), 이방 지역에서 이뤄진 사천 명 급식 기적(8:1-10) 등은 예수님의 사역의 경계선이 이방 지역을 포함하고 있었음을 보여준다. 이런 시도는 그가 이스라엘의 소명을 체현하려 했다는 차원에서 이해돼야 한다. 이런 점을 고려할 때 사역뿐만 아니라 "그의 목숨"마저 이스라엘과 온 세상을 자유케 하는 속량물로 주고자 하셨다고 보는 것은 마가의 내러티브 흐름과 이스라엘의 메시아의 소명의 맥락에서 보더라도 합당한 주장이다. 더 나아가 예수님의 자기 죽음에 대한 입장은, 바울과 초기 교회에 그대로 전승되어 아래와 같은 주장을 하도록 이끈 원천(origin)이었음이 분명해 보인다:

> 그리스도께서 우리[바울과 이방 고린도 성도들] 죄를 위하여[ὑπὲρ τῶν ἁμαρτῶν]죽으시고(고전 15:3)

> 그가 모든 사람[ὑπὲρ πάντων]을 위하여 자기를 대속물로 주셨으니(딤전 2:6).

요약과 해설

현 단락에서 처음으로 예수님과 제자들이 걷던 그 길의 끝이 예루살렘임이 밝혀진다. 이 길에서 예수님의 걸음은 빨라지기 시작하셨고 제자들 앞서 걸어가신다. 따르는 자들이 그의 앞선 행보에 놀라는 가운데, 그는 마지막 세 번째 수난 예언을 하신다. 예언은 구체적이고 상세하다. 특히 다른 두 예언과는 달리 그의 사형 선고에 이방인이 개입될 것을 말씀하셨다. 이는 자신의 죽음이 단순히 종교적인 문제를 뛰어넘어 정치적인 문제로 처리될 것을 예언하신 것이다. 수난 예언이 끝나자마자 야고보와 요한이 예수님에게 '당돌한' 요구("우리가 당신께 구하는 것은 무엇이든지 우리에게 이뤄주시기를 원합니다", 35절)를 한다. 하지만 그들의 요구 태도는 그들의 몰이해와 무지를 드러낼 뿐이다. 같은 길 위에서 예수님은 죽음을 향해 가고 있었지만 제자들은 영광을 기대하며 걷고 있었기 때문이다. 이처럼 제자들의 무지가 절정에 달하는 시점에서 예수님은 제자들이 결국은 자기가 마시는 잔을 받고 자기가 받는 세례를 동일하게 받을 것을 말씀해 주심으로 그들 역시 선생의 길을 따르게 될 것을 암시한다.

이후 예수님은 제자 공동체의 삶의 원리를 가르치신다. 이방 로마의 가치관에 따라 계급 구조적 서열 방식이 제자 공동체의 삶의 방식이 될 수 없음을 분명히 하셨다. 대신에 그 시대의 사회적 서열 그 꼭짓점에 있었던 첫째와 큰 사람이 제자 사회에서는 가장 밑바닥에서 사람들을 섬기는 종이 되어야 할 것을 말씀하셨다. 이런 혁명적 가치관의 실천자로서 예수님은 인자에게 기대된 섬김 받기를 포기하고 섬기는 길을 갈 것이라 말씀하셨다. 이사야가 말하는 여호와의 종의 길을 택함으로 기꺼이 자신의 목숨을 이스라엘과 이방인 모두를 '속량'하는 몸값으로 내려놓겠다는 그의 소명을 제자들에게 밝히신 것이다. 이 모든 것은 바른 제자도는 바른 기독론에 기초해 있음을 보여준다.

현 단락을 끝으로 세 번에 걸쳐 진행된 수난 예고와 제자 반응, 그리고 그에 따른 제자 교육이라는 내러티브 전개 방식이 끝난다. 세 단계 진행이 가진 수사적 목적은 그것이 전개되는 동안 진행될 내러티브에 대한 예상과 진행된 내용의 회상을 유도하여 청자의 능동적 정보 처리를 이끄는 것이다(Rhoads et al., 54-55). 결과적으로 가질 수 있는 정보는 예수님의 자기 계시와 제자 교육은 단회적이라기보다 반복을 그 특징으로 한다는 것이다. 예수님의 자기노출은 점진적으로 이뤄졌다. 첫째(8:31)와 둘째(9:31) 수난 예고 후의 가르침에는 인자의 수난의 이유와 목적에 대한 언급이 부재했지만, 셋째 예고 때 비로소 그의 목숨은 "많은 사람을 대신하는 속량물"(10:45)이 될 것이라 밝히셨다. 이제 청자는 그의 수난이 가진 대속적 차원으로 첫째와 둘째 예고를 돌이켜 볼 수 있게 된다. 더불어 첫째와 둘째 예고 때에는 나오지 않았던 고난의 장소로서의 예루살렘과, 수난 과정에 일어날 세세한 일(능욕, 침 뱉음, 채찍질)이 세 번째 예고 때에는 상세하게 설명되었다(10:34).

이처럼 세 단계 진행이 예수님의 소명을 점점 더 분명하게 드러내고 또 그것을 이루는 방식으로서 고난의 내용이 점차 더 구체적으로 소개되는 것에 반해 제자들의 깨닫지 못함은 오히려 더욱 더 악화되는 아이러니가 만들어진다. 어떻게 보면 세 번의 수난 예고 내내 제자들의 몰이해는 한결같았다고 말할 수 있다. 또 실제로 그러했다. 하지만 참 메시아의 길이 반복적으로 제시되고 또 점진적으로 더 심화되고 있음에도 불구하고 제자들의 몰이해의 정도가 변하지 않았다는 것은 그만큼 더 큰 책임이 제자들에게 돌아갈 수밖에 없음을 말해준다. 실제로 제자들의 제자도에 대한 이해가 악화되고 있다는 점은 내러티브에서 확인된다. 첫 번째 수난 예고 때는 베드로가 예수님의 길을 막아섰고, 두 번째 수난 예고 때는 제자 공동체 사이에 있었던 내분, 곧 누가 더 큰 자인지에 대한 논쟁이 벌어졌다. 그리고 마지막 세 번째 예고 때는 대놓고 높은 자리를 요구하는 야고보와 요한과 그들에 대해 분노하는 나머지 제자들 사이에 첨예한 대립각이 세워졌다. 이런 흐름은 큰 자가 되려는 그들의 야망이 예수님의 자기 계시와 반비례하여 점점 더 발전되었음을 알려 준다.

수난 예고의 절정에서 만난 제자들의 모습은 절망감을 심어준다. 부자 청년이 돌아간 후 제자들이 외쳤던 "그런즉 누가 구원을 받을 수 있습니까"(26절)라는 탄성이 이제 제자들 자신들에게 향해질 수밖에 없음을 보게 된 것이다. 결과적으로 예수님이 말씀하신 것처럼 "사람에게는 불가능하지만 하나님에게는 [가능하오]. 이는 모든 것이 하나님에게는 가능하기 때문이오"(27절)라는 말씀을 붙들 수밖에 없게 되었다.

제48장
소경 바디매오 치유
마가복음 10:46-52

현 단락은 마가복음 전체 중 마지막 치유 기사이자 무엇보다 기독론과 제자도의 주제가 집중된 대단락(8:27-10:52)의 마지막 사건을 소개한다. 그러므로 대단락 내의 선행 에피소드들이 다뤄온 주제의 결론을 자연스럽게 담아낸다. 바디매오가 거지이자 소경이라는 점은 이런 결론을 추론하는 데에 있어 중요한 두 소재이다. "길에서"(52절) 예수님을 따르는 거지 바디매오는 "길에서"(10:17) 그를 따를 수 없어 근심 중에 돌아간 부자와 대조를 이룬다. 바디매오는 "길 가에"(46절) 앉았다가 예수님을 "다윗의 자손"(47절)이라 불렀고 또 눈이 뜨여진 후에는 그를 따른다. 하지만 지금까지 그의 뒤를 따라 왔던 베드로는 그를 "그리스도"(8:29)로 고백하지만 몰이해가 해소되기는커녕 그의 길을 가로막기까지 한다(8:32). 현 사건은 이전 사건을 요약할 뿐 아니라 앞으로 일어날 사건을 미리 예견하게 한다. 예루살렘으로 가시는 예수님을 뒤에서 "다윗의 자손"(10:47)이라 부른 바디매오의 외침은, 예루살렘에 들어가시는 예수님 "앞", "뒤"(11:9)에서 "우리 조상 다윗의 왕국을 가져오시는 이여"(11:10)라고 외치는 무리들의 환호를 준비한다.

현 단락은 대단락(8:27-10:52)의 마지막 에피소드이자 대단락(8:27-10:52)을 넘어서는 구조적 의미를 가진다(Bauckham, 2006: 230):

A 벳새다 맹인 치유 기적(8:22-26)

B 세 번의 수난 예고(8:31; 9:31; 10:33-34)

A′ 여리고 맹인 치유 기적(10:46-52)

눈뜸에 대한 두 이야기에 둘러싸여 있는 수난 예고는 기독론적 관점에서 본다면 눈을 뜬 이들이 바라보아야 할 참 예수님이 어떤 분인지를 보여 주고, 제자도의 전망에서는 눈뜬 이들이 어떤 길을 걸어야 할지를 보여준다. 본 단락은 배경(46절), 바디매오의 외침과 무리의 반응(47-48절), 예수님의 치유와 바디매오의 따름(49-52절)으로 진행된다.

46 그리고 그들이 여리고에 왔다. 그리고 그와 그의 제자들, 그리고 많
은 무리가 여리고를 나가려 할 때 디매오의 아들이자 눈먼 거지 바디매오
가 길 가에 앉아 있었다. **47** 그리고 그가 나사렛 사람 예수라는 말을 듣고
소리를 지르며 말하기 시작했다. "다윗의 아들 예수여 저를 불쌍히 여기소
서." **48** 그러나 많은 사람들이 조용하도록 그를 꾸짖었다. 그러나 그는 더
욱 더 많이 소리 질렀다. "다윗의 아들이여 나를 불쌍히 여기소서." **49** 그
러자 예수님이 서신 후 말씀하셨다. "그를 부르시오." 그러자 그들이 그 소
경을 부르며 말했다. "용기를 내시오. 일어 나시오. 그가 당신을 부르시오."
50 그러자 그가 그의 겉옷을 던져버린 후 기뻐 뛰며 예수님에게로 왔다. **51**
예수님이 그에게 답하시고자 말씀하셨다. "내가 그대에게 무엇을 해주기를
원하시오?" 그리고 그 소경이 그에게 말했다. "랍비님, 내가 보기를 원합니
다." **52** 그리고 예수님이 그에게 말씀하셨다. "가시오. 그대의 믿음이 그대

를 구원하였소." 그러자 즉시 그가 보게 되어 그 길에서 그를 따랐다.

주해

배경(46절) 여리고는 예루살렘에서 북동쪽으로 약 35km 떨어진 지역에 위치하여 갈릴리 사람들이 예루살렘 방문 시 거치는 마지막 도시이다. 여리고를 거치는 예수님의 태도에 대한 마가의 서술은 특이하다. "그들이 여리고에 왔다. … 여리고를 나가려 할 때"에서 볼 수 있는 것처럼 예수님과 그 일행은 그 지역을 그냥 통과하려고만 한다. 예수님의 발걸음이 급해진 느낌이 있다. 동일한 느낌이 바디매오가 예수님을 처음 불렀을 때 아무런 반응 없이 걸어가시기만 하셨다는 정보(48절)를 통해서도 확인되는데, 이는 목적지인 예루살렘(32절)이 가까워짐에 따른 태도로 보인다.

걸음이 급해지신 예수님의 여정에 소경 바디매오가 등장한다. 그의 등장과 그 과정에 대한 서술은 두 가지 점에서 두드러진다. 첫째, 그는 마가복음에서 치료받은 사람 중 이름이 밝혀진 유일한 사람이다(Tolbert, 186). 그는 먼저 "디매오의 아들"(ὁ υἱὸς Τιμαίου)로 언급된 후에 "바디매오"(Βαρτιμαῖος)로 설명된다. '바르'(βαρ)는 아람어 '바르'(בר, '아들')의 헬라어 음역이기에 '바-디매오'는 아람어로 본다면 '디매오의 아들'이란 뜻이다. 현 인물에 사용된 "바디매오"는 그 자체로 이름으로 사용되고 있고, 앞서 소개된 "디매오의 아들"은 그에 대한 부가적 소개이다(Bauckham, 2006: 79).[1] 야이로의 딸 소생(5:22-23, 35)과 시리아-페니키아 여인

1. 신약성경에 나오는 다른 유사한 이름의 예는 바라바, 바나바, 바돌로매 등이 있다. 보캄은 아버지의 이름이 아들의 이름이 되는 것은, 1세기 팔레스타인에서 이름 사용이 희귀했기 때문이라고 설명한다(Bauckham, 2006: 70).

의 딸 축귀(7:25-26)에서와 같이 병인의 명칭이 그 부모 중 한 사람과의 이름 혹은 관계로 정의되는 것으로 끝나지 않고 병인 자신의 이름까지 명시된 것은 바디매오가 마가복음의 역사적 청자들에게 잘 알려져 있었던 인물이자(Cranfield, 344; 대조. Tolbert, 189 각주 21) 현 사건의 주요 증언자였기 때문이었을 것이다. 현 단락이 보여 주는 것과 같은 생생한 사건 묘사("소리를 지르며", 47절; "그의 겉옷을 던져버린 후 기뻐 뛰며", 50절)는 이런 논증을 강화시켜 준다(Bauckham, 2006: 55). 거지이자 맹인이었던 바디매오의 이름 명시에 담긴 전승사적 의미와 더불어 사회학적 의미 역시 고려될 필요가 있다. 당시 유대 사회에서 맹인이자 거지인 사람은 사회적·종교적으로 버림받은 사람이었다. 스스로 새 언약의 공동체라 믿었던 쿰란 공동체(CD 6:19)가 육체에 결함을 가진 이들은 그들의 회중에 들지 못할 것이라 했는데, 그 중에는 "손이 마비된 자들, 지체 장애인들, 시각 장애인들, 청각 장애인들, 농아인들 또는 자신의 신체에 눈에 보일 정도의 흠을 가진 자들" 등이 포함된다(1Q28a[1QSa] 2:5-7). 부를 하나님의 축복의 상징으로 여긴 사회(10:26 주해를 보라)에서 거리에 앉아 있는 거지는 이스라엘의 언약 공동체에서 추방된 자들(outcasts)로 이해될 수밖에 없었다.[2] 상황은 그리스-로마 사회에서도 마찬가지였다. 그리스-로마 문학에서 거지가 등장인물로 나오는 것은 매우 드물며, 거지의 이름까지 언급된 경우는 거의 없다(Bauckham, 2011: 47). 고대 사회에서 기억될 만한 인물로 여겨진 사람은 권세자와 부한 자라고 믿고 있었기 때문이다.

2. 바벨론 탈무드 베라코트 28b에 따르면 "난 주님 당신에게 감사드립니다. 당신은 나의 분깃을 [토라] 연구의 집안에 앉은 이들과 나누게 하시고 거리 구석에 앉은 이들과 함께 나누지 않게 하셨습니다"("I give thanks before Thee, O Lord my God, that Thou hast set my portion with those who sit in the House of Study and not with those who sit at street-corners").

그런데 바디매오는 맹인이자 거지였다. 사회적, 종교적으로 결함을 가진 맹인이자 거지의 이름이 기록되었을 뿐 아니라 예수님을 따르는 사람이 되었다는 기록(52절)은, 예수님이 가져오려 하신 나라가 어떤 것이었으며 또 어떤 가치 위에 서 있었는지를 보여준다.

둘째, 현 단락에서 두드러진 또 다른 요소는 그가 앉은 공간에 대한 구체적인 묘사이다: "바디매오가 길 가[παρὰ τὴν ὁδόν]에 앉아 있었다." 그가 거지였다는 것을 고려하면 그가 앉은 "길 가"는 예루살렘으로 지나가는 사람들로부터 자선을 요구하기 위해 택한 자리였을 수 있다. 어쨌거나 바디매오는 예수님을 만나기 전에는 "길 가에 앉아 있었다"(ἐκάθητο παρὰ τὴν ὁδόν). 그러나 치유함을 받은 후에는 "길에서 그를 따르다"(ἠκολούθει αὐτῷ ἐν τῇ ὁδῷ). 예수님은 '길 가에 앉은 자'를 '길에서 그를 따르는 자'로 변화시켜 나가신 것이다. 이런 점에서 그는 단순히 치료받은 자로 묘사되는 것에 그치지 않고 치유함을 받은 자가 보여야 하는 반응의 바람직한 모델을 제공하는 인물로 그려진다. 4:3-8, 13-20에 소개된 네 종류의 땅에 떨어진 씨 비유와 비교해 본다면 "길 가에"(παρὰ τὴν ὁδόν) 앉은 바디매오는 "길 가"(παρὰ τὴν ὁδόν)와 같은 밭(4:4, 15)을 떠올리게 한다(대조. Tolbert, 190).[3] 비유에서는 길 가에 떨어진 씨를 새에 빗대어진 사탄이 와서 빼앗아 가버린 것으로 나오지만 바디매오의 경우는 예수님이 오셔서 그를 이끌어 가신다. 길 가와 같은 마음을 가진 사람에게도 변화의 가능성이 열려 있음을 바디매오 이야기는 보여준다.

바디매오의 외침과 무리의 반응(47-48절) 현 사건에서 두드러진 것은 바디매오의 적극성이다. 동일한 맹인이었던 8:22의 인물은 사람들에 의해 데려옴을 당한 반면, 그는 스스로 예수님에게 직접 호소를 한다: "그가 나

---

3. 톨버트는 바디매오를 좋은 땅의 본이라고 본다.

사렛 사람 예수라는 말을 듣고 소리를 지르며[κράζειν] 말하기 시작했다. '다윗의 아들 예수여 저를 불쌍히 여기소서'"(47절). 주목할 점은 그의 외침이 "나사렛 사람 예수라는 말을 듣고[ἀκούσας]" 나온 반응이었다. 앞서 치유를 받은 혈루증 앓던 여인과 시리아-페니키아 여인 역시 예수님에 관한 소문을 "듣고"(ἀκούσασα, 5:27; 7:25) 찾아와 그의 능력을 경험하게 된다. 예수님의 사역의 주변부 인물들의 듣고 와서 능력을 경험하는 단계(비교. 4:12)는, 잘 들으라는 반복적 가르침(4:3, 9, 23)에도 불구하고 결국 귀가 있어도 듣지 못한다(οὐκ ἀκούετε, 8:18)는 책망을 들은 내부 그룹인 제자들과 대조를 이룬다. 반복적으로 그의 가르침을 들어오던 제자들은 듣고도 깨달음을 얻지 못했지만, 예수님을 잘 듣지 못하던 외부인이었던 그들은 단 한 번의 들음으로 능력을 온몸으로 체험하게 된다.

또한 예수님을 "다윗의 아들"(이 호칭은 마가복음에서 오직 이곳에서만 나온다; 비교. 롬 1:1-4; 마 1:1; 12:23; 딤후 2:8; 계 3:7; 22:16)로 부르는 모습은 그를 "그리스도"로 인정한 베드로의 고백(8:29)과도 유사하다. 바디매오가 자신을 불쌍히 여겨 달라며 예수님을 부를 때 "다윗의 아들"이란 호칭을 사용한 이유가 무엇일까? 마가복음은 "다윗의 아들"이라는 호칭에 대해 의혹(12:35-37)을 가진다는 점을 들어 바디매오의 그 칭호 사용은 예수님에 대한 오해에서 비롯되었다는 주장이 있다(Boring, 2006: 305). 하지만 본문에서 무리들은 그의 외침을 잠재우려 한 반면, 예수님은 바디매오의 외침에 반응하시고자 걸음을 멈추신다(49절). 더군다나 치료하신 후에는 그를 "믿음"의 사람으로 칭찬(52절)하신 것을 고려한다면, 그의 기독론적 고백에 문제가 있다고 보는 것은 본문이 지지하지 않는다. 그렇다면 예수님이 서기관의 "다윗의 자손" 주장(12:35-37)에는 적극적으로 반대 논증을 펼치시면서, 바디매오의 호칭 사용의 경우에는 치료로 기꺼이 반응하신 이유가 있을 것이다.

사실 다윗의 아들은 나단의 신탁에서 다윗의 왕조를 이어갈 인물로 약속되었다(삼하 7:12-16). 이후 이스라엘이 이방의 압제를 받고 있을 동안에 그는 다윗의 왕조의 부활을 가져올 미래적인 인물로 예언되었다(참조. 사 9:7; 11:1; 렘 33:17; 시 89:4, 29; 132:12; 눅 1:68-69, 74). 따라서 제2성전 시기 다윗의 아들은 하나님의 아들과 그리스도라는 칭호와 마찬가지로 압제자인 이방 국가를 몰아내고 이스라엘에 국가적 부흥을 가져올 메시아를 암시하는 호칭으로 이해되고 있었다(마카비1서 2:57; 솔로몬의 시편 17:4, 21-22, 32; Collins [b], 1995: 68, 209; Bauckham, 2008: 337, 346). 하지만 바디매오가 예수님을 그 호칭으로 부를 때도 그 같은 의미를 담았고, 예수님 역시 그의 요청에 발걸음을 멈추고 그를 치료해 주신 것이 다윗의 아들이라는 칭호가 가진 호전적이며 민족주의적인 의미를 그가 받아들이셨기 때문이라는 주장은 마가복음의 전체적인 흐름에서 지지받을 수 없는 입장이다(Schweitzer, 393). 바디매오가 사용한 "다윗의 아들"은 다른 의미를 내포하고 있었던 것이 틀림없다. 채영삼은 "치유하는 다윗의 아들"에 대한 기대 뒤에는 미가 2-5장, 에스겔 34-37장, 스가랴 9-14장에 등장하는 종말론적 목자 다윗의 역할이 있다고 주장한다(채영삼, 67-68). 바디매오가 치유를 요청하는 맥락에서 사용하고 있는 "다윗의 아들" 칭호의 배경과 관련해서 특히 주목해야 할 것은 오병이어 기적 때도 암시된 에스겔 34장이다. 그 본문에 의하면 하나님이 종말에 목자 없는 양같이 병들어 버림받은(겔 34:4) 그의 백성 중에 임하여 상한 자를 싸매주고 병든 자를 치료하시고(겔 34:16) 그 후 다시 "한 목자를 그들 위에 세우실" 것인데 "그는 내 종 다윗이라"(겔 34:23)고 말씀하신다(또한 겔 37:24-25). 에스겔에 따르면 종말론적인 목자 다윗은 하나님이 하실 치유를 대행한다. 이런 전승은 채영삼이 인용하고 있는 것처럼(채영삼, 67-68) 제2성전 시기 유대 문헌에도 나오는데 주전 1세기 혹은 주후 1세기의

저작으로 알려진 에스겔 비록 단편 5에서는 에스겔 34:14-16을 다음과 같이 사용한다:

> 그러므로 그가 에스겔을 통해 말씀하셨다. … '그리고 저는 자를 내가 감싸며 곤란 중에 있는 자를 내가 치료하며 곁길로 간 자를 내가 돌아오게 하며 내 거룩한 산에서 그들을 먹이며 …' 그리고 그가 말하기를 '내가 그들의 목자가 되며 그들 피부의 겉옷같이 그들 가까이 있을 것이다.'

종말론적인 목자 다윗(의 아들)이 등장하여 사람들 가운데 치료를 행할 것이란 기대가 예수님 당시에도 있었다는 것을 위 본문이 증명해 준다. 그렇다면 소경이었던 바디매오가 예수님을 특별히 "다윗의 아들"이라 불렀던 것은 에스겔이 말한 바, 종말론적 목자 다윗이 할 것이라 말해진 치유 사역을 그가 수행하실 것이라 기대했기 때문이었을 것이다. 물론 에스겔은 다윗이라 했고 바디매오는 다윗의 아들이라 한 점에선 차이가 있지만 다윗 전통에서 다윗과 다윗의 아들의 역할은 자연스럽게 호환될 수 있었을 것이다. 따라서 예수님이 바디매오에게 긍정적인 반응을 보이신 이유는 그 고백 안에 담긴 그의 믿음, 곧 예수님이 눈멂에서 자기를 구원하실 수 있는 분이라는 믿음이 있음을 보았기 때문이다(52절). 바디매오의 믿음의 가치는 무력 항쟁의 지도자로 다윗의 아들을 이해하는 시대적 개념을 따르지 않고, 에스겔이 내다본 하나님의 치유 사역을 대행하는 종말론적 다윗(의 아들)으로 예수님을 보았다는 데 있다. 그의 고백을 긍정적으로 볼 수밖에 없는 또 다른 이유는 그의 태도의 변화이다. 출발선에서 바디매오는 예수님을 다윗의 아들로 고백하지만, 일단 만남이 이뤄진 후 그는 예수님을 치유자 그 이상으로 인정하는데, 눈을 뜬 후 바디매오는 예수님을 따르고 있기 때문이다. 마가 내러티브에 따르면 예수님이 걷고 또 그가 따르고 있는 "그 길"은 바로 고난과 죽음이 기다리고 있는 "예루살렘으로 올라가는 길"(32절)이라는 것을 고려하면, 그의 기독론은 치유자 다윗의 아들에서 고난의 길을 걷는 인자로 변화될 것을 암시하고 있다.

예수님은 바디매오의 첫 외침(47절)에는 아무런 반응을 보이시지 않는다. 사용된 다윗의 아들이라는 칭호가 오해의 소지가 있었기 때문이었을까? 이런 이유는 그가 다시 그 칭호로 불렀을 때는 멈추셨다는 사실을 설명하기 어렵다. 그러면 그의 소리를 듣지 못하셨기 때문일까? 그의 외침과 예수님의 무반응의 관계가 그의 소리의 약함 때문이라고 보는 것은 마가복음 전체에서 서술된 예수님의 모습과 맞지 않다. 예컨대, 2:8과 3:2-5이 말하는 것처럼 그는 사람의 마음의 생각도 아신다. 오히려 첫 외침에 대한 무반응은 예수님의 의도적인 선택이라고 보는 것이 훨씬 더 현실에 가까운 해석이다. 앞선 벳새다 맹인 치유(8:22-26)에서 맹인이 두 번 안수를 받고 눈이 열리게 된 것처럼 바디매오 역시 두 번의 외침 후에 눈이 열리게 된다. 첫 외침에서 예수님의 무반응은 아마도 시리아-페니키아 여인의 딸을 고쳐 주실 때처럼 상대방의 믿음을 시험(연단)하시려는 의도 때문으로 볼 수 있다. 시험의 의도가 있었다고 하더라도 예수님의 무반응은 바디매오와 유사한 고백("당신은 그리스도이십니다", 8:29)을 한 베드로에게는 '아무에게도 말하지 말라'는 말로 반응(8:30)을 보이셨다는 사실을 고려하면 놀랍다. 바디매오의 외침을 잠재우려 한 이는 오히려 무리이다(48절 전반부).[4] 예루살렘이 가까워짐에 따라 예수님은 그 전까지 그의 메시아적 신분과 관련하여 견지해 오셨던 은닉적 태도를 많이 완화하신 듯하다(참고. 11:9-10; 14:62). 뜻밖에도 침묵 명령은 무리에게서 나온

4. 무리는 예수님과 함께 갈릴리에서부터 예루살렘으로 유월절 순례 여행을 함께해 온 이들이라고 보는 것이 옳다(참고. 10:1, 32).

다. 무리의 그 같은 명령은 그 칭호에 그들이 동의하지 않았기 때문은 아닌 것으로 보인다. 그가 예루살렘에 입성할 때 무리들이 유사한 외침을 하기 때문이다(11:9-10). 무리의 동기는 명시되지는 않았지만, 아마도 메시아가 거지이자 맹인에 의해 환영받고 호명되는 것이 못마땅했을 수 있다(Boring, 2006: 305). 이런 점에서 무리의 태도는 어린아이를 예수님께 데려오는 사람을 야단친 제자들의 모습(10:13)과 유사하다(Evans, 2001: 132).

무리의 침묵 강요에도 불구하고 바디매오는 "더욱 더 많이 소리 질렀다"(48절). 바디매오의 그러한 모습은 바로의 압박을 받던 하나님의 백성의 반응을 생각나게 한다: "그러나 학대를 받을수록 더욱 번성하여 퍼져 나가니"(출 1:12). 후에 예수님이 그에게 "그대의 믿음이 그대를 구원하였소"(52절 전반부)로 응답하시는데, 본문을 기초로 해서 본다면 예수님이 바디매오의 믿음을 확인할 수 있었던 유일한 사건은 무리들의 '억압'에도 굴하지 않고 그를 향해 "더욱 더 많이 소리" 지르며 자신을 불쌍히 여겨 달라는 반복된 외침이었다. 바디매오의 두 번째 외침을 예수님의 시험적인 무반응과 연관시켜 생각해보면 또 다른 의미가 발견된다. 예수님이 그의 첫 외침에 아무런 반응을 보이지 않으신 탓에 바디매오는 재차 외쳤고 결국 그 외침 앞에 예수님은 멈추어 서신 것이다. 이런 점에서 바디매오의 소리 지름은 출애굽 시 이스라엘 백성이 여리고 성 앞에서 외쳤던 "매우 큰 소리"(수 6:20)를 생각나게 한다. 특히 여호수아는 이스라엘 백성들이 여리고 성 앞에서 해야 할 일을 이렇게 명한다: "여호수아가['Ιησοῦς] 이스라엘 자손들에게 '소리를 지르라'[κεκράξατε]고 말했다"(칠십인경 수 6:16). 그리고 하나님은 그 큰 소리를 들으시고 성을 무너뜨리신다. 유사하게도 예수님은 첫 외침에 시험적인 무응답을 보이심으로써 바디매오로 하여금 "더욱 더 많이 소리[지르게]" 하셨고 결국 그는 치유와 구원을 받을 만한 믿음(52절)이 있음을 검증받게 된다.

예수님의 치유와 바디매오의 따름(49-52절) 두 번째 부르짖음에 대한 무리의 반응(침묵 강요)과는 달리 예수님은 그를 '부르라'고 말씀하신다(49절 전반부): "그를 부르시오[φωνήσατε]." 이어서 '부르다' 동사는 마가와 무리의 육성으로 각각 다시 발설된다: "그러자 그들이 그 소경을 부르며[φωνεῖ] 말했다. "용기를 내시오. 일어나시오. 그가 당신을 부르시오[φωνοῦσιν]"(49절 중후반부). 부름은 맹인에게서 예수님과 마가, 그리고 무리 모두에게 이전된다. 맹인 바디매오는 시각이 아니라 소리를 매개체로 예수님을 만난다. 보지는 못했지만 그는 잘 듣는 사람이었다. 앞에서 본 것처럼 그가 예수님에 관한 소문을 듣고 그를 "다윗의 자손"이라 외친 것은 이런 점에서 결코 우연이 아니다.

바디매오는 "겉옷을 버리고" 예수님에게 달려온다. '겉옷을 버렸다'는 구체적인 정보에 대한 여러 해석들이 있다. 프란스는 "이야기 안에서 그것은 생생한 묘사를 만드는 것 외에 다른 목적은 없다"고 단정한다(France, 2001: 424). 그러나 프란스는 그런 생생하고 구체적인 묘사가 이 이야기의 제공자였음이 틀림없는 바디매오의 목격자적 기억 때문이라는 점을 간과한다. 테일러(Vicent Taylor)는 그 "겉옷"(ἱμάτιον)은 그가 구걸용으로 그 앞에 펼쳐 놓았던 옷으로 예수님을 만난 후 거지의 삶을 정리하고 새로운 삶을 향한 출발의 의미가 그 행위에 내포되어 있다고 본다(Taylor, 1966: 449; Gundry, 596; Evans, 2001: 133). 마르쿠스와 보링은 그 겉옷을 그가 입고 있었던 옷으로 보면서 옷을 벗고 예수님께 가는 행위는 초기 교회의 세례 전 옷 벗는 행위(갈 3:27-28; 롬 13:12; 살전 5:8; 엡 4:22; 골 3:9)를 암시하는 의미를 가진다고 본다(Marcus, 2009: 760; Boring, 2006: 306). 초기 교회의 전통을 그 교회를 창시한 예수님의 사역에서 일어난 사건에 적용하는 마르쿠스와 보링의 해석은 지나치다. 보다 자연스러운 해석은 마가 내러티브 맥락에서 그 사건을 조명하는 것이다. 예수님이 그를 '부르셨을'(φωνήσατε) 때 그가 "겉옷을 버리고"[ἀποβαλὼν], "따랐다"(ἠκολούθει)와 같은 일련의 행동 묘사는 갈릴리 해변에서 초기 제자들을 부르실 때(1:16-20; 2:14)의 장면을 떠올려 준다: "부르시니"(ἐκάλεσεν, 1:20), "[그물, 배를] 버리고"(ἀφέντες, 1:18, 20), "[예수님을] 따랐다"(ἠκολούθησαν, 1:18; ἠκολούθησεν, 2:14; 참고. Hooker, 1991: 253). 이런 유사성은 바디매오 역시 예수님의 제자가 되었음을 추론케 한다. 그럼에도 앞선 네 제자들이 버린 것은 모두 직업(배와 그물, 세관)과 가족(부모)과 관련된 것들이었지만 바디매오는 옷을 버렸다는 점에서 차이는 있다. 고대 사회에서 옷은 한 사람의 정체성(성, 인종, 사회적 신분 등)을 드러내는 매체였다(갈 3:27-28; 롬 13:12; 살전 5:8). 바디매오와 관련하여 현 단락은 처음부터 그의 신분이 거지였음을 밝혔기 때문에(46절), 그의 옷은 거지로서 그의 정체성을 드러내는 수단으로 이해하는 것이 자연스럽다. 그렇다면 그가 예수님의 부름을 듣고 겉옷을 버렸다는 것은, 바디매오에게 있어서 제자됨은 거지로서의 정체성을 버리고 새로운 정체성을 얻는 것과 같음을 상징한다고 볼 수 있다.

이어지는 예수님의 질문("내가 그대에게 무엇을 해주기를 원하시오?", 51절)은 직전 담화에서 야고보와 요한에게 하신 질문("내가 무엇을 해주기를 그대들이 원하시오?", 36절)을 생각나게 한다. 야고보와 요한은 개인적인 신분 상승과 영광을 요구한 반면, 바디매오는 "랍비님[ῥαββουνί, '랍부니'], 보기를 원하나이다[ἵνα ἀναβλέψω]"라고 고백한다(51절 후반부). '랍부니'는 '랍비'(ῥαββί)의 또 다른 아람어 음역으로[5] 예수님 시대에는 아직 전문 토라 학자를 가리키는 용어로 발전되지 않은 채 학식이

5. Schneider, "ῥαββουνί", EDNT 3.

나 지혜를 갖춘 사람에 대한 일반적인 존칭어로 사용되고 있었다.[6] 바디매오의 예수님에 관한 호칭 사용은 보다 공적인 "다윗의 아들"에서 보다 더 일반적인 "랍비님"으로 바뀌었다. 마가복음에서 예수님을 랍비로 부르는 이는 베드로와 가룟 유다, 그리고 바디매오인데 그들 사이의 공통점은 예수님과 일대일의 대화에서 그 호칭을 사용한다는 것이다. 예수님과 바디매오의 현 대화가 바디매오의 개인적인 간청을 올리는 맥락이라는 점에서 그의 "랍비님"이라는 호칭 사용은 이해될 수 있다(비교. 9:5).

이어진 그의 간구 내용은 물론 육체적으로 어두워진 그의 눈이 뜨이는 것임은 의심할 바 없다. 그러나 현 사건이 제자도 교육에 집중된 대단락(8:27-10:51)의 마지막 사건이라는 점과 예수님이 지금까지 제자들의 영적으로 어두운 눈을 열어 주시려 했다(8:18)는 점을 고려할 때, 바디매오의 "보기를 원하나이다"라는 요청은 자신만 아니라 제자들 모두에게 필요한 간청을 상징한다는 해석이 가능하다.

"보기를 원하나이다"라는 요청에 대한 응답으로 예수님은 "그대의 믿음이 그대를 구원하였소"라고 말씀하신다(52절 전반부). 예수님이 사역 초기에 갈릴리에 오셔서 "복음을 믿으십시오"(1:15)라는 선포 후 '믿는 자'는 주로 육체적으로 연약한 자들이었고 그 믿음의 결과 또한 총체적 치유로 이어졌다(2:5, 11; 5:34; 9:23). 이는 하나님 나라의 담지자 예수님에 대한 믿음은 한 개인의 몸의 삶, 곧 그의 사회적 삶에 변화를 가져온다는[7] 사실을 보여준다. 무엇보다, 바디매오의 다시 보게 됨은 "구원"(σέσωκέν)받음으로 발설되는데, 현 맥락에서 "구원"은 이어지는 정보("그러자 즉시 그가 보게 되어 그 길에서 그를 따랐다", 52절)가 암시하듯이 질병으로부

6. 9:5; 14:45 주해를 보라.

7. 고대 사회에서 한 개인의 의미는 그가 속한 사회(가족과 마을, 그리고 국가)와 분리할 수 없었다는 것을 기억할 필요가 있다.

터 놓임을[8] 넘어서 예수님을 따르는 삶을 포함한다.

보게 된 바디매오는 "길에서 그를 따른다"(52절 후반부). 예수님이 예루살렘으로 올라가는 길(32절)이었다는 이전 정보를 고려할 때 이 표현은 그 역시 고난과 죽음이 기다리고 있는 예루살렘으로 예수님과 함께 갔다는 의미를 전해준다. 이런 점에서 바디매오는 눈이 열려진 제자가 걸어야 할 영적 여정을 시작하는 참 제자의 모델로 제시된다. 쿰란 문서 CD 1:9-11에 따르면 바벨론 포로에서 돌아온 이스라엘은 마치 "맹인과 같았고 길을 찾아 더듬는 사람 같았"을 때 하나님께서 "그들을 위해 의의 교사를 일으켜 그들을 그의 마음의 길로 인도하도록 했다"고 기록한다. 또 CD 16:2은 율법으로 돌아오기 전, 곧 종말이 오기 전 시대를 사는 이스라엘을 "눈먼" 세대라고 규정한다. 이처럼 맹인 혹은 눈먼 상태를 옛 시대에 살며 하나님의 길을 걷지 못한 세대를 가리키는 비유로 사용하는 쿰란 문서도, 맹인 바디매오가 눈을 떠 예수님을 따르는 이야기는 그가 예수님에 의해 도래하게 된 새 시대에 들어가게 되었다는 함의를 가지고 있음을 보여준다.

요약과 해설

현 단락은 마가복음의 마지막 치유 기사이자 제자 교훈에 집중된 대단락(8:27-10:52)의 마지막 에피소드이다. 내용은 거지이자 맹인인 바디매오의 눈이 뜨인 후 예수님을 따르는 제자로 변화되는 과정을 다룬다. 예수님은 '길 가에 앉은 자'를 '길에서 그를 따르는 자'로 변화시켰다. 그

8. 마가복음에서 "구원"이라는 용어의 사용에 대해선 5:23, 34 주해를 보라.

변화의 과정에는 바디매오의 믿음이 있었다. 그가 가진 믿음은 바로 예수님이 종말에 와서 길 잃은 양들을 모아 그들의 연약함과 병을 치유하실 다윗의 아들이라는 믿음이었다. 예수님은 그에게 이 믿음이 있음을 보시고 그를 병에서 "구원"(52절)하여 주셨다. 그가 받은 "구원"(52절)은 병 치유와 더불어 고난과 죽음, 그리고 부활이 기다리고 있는 예루살렘으로 올라가는 예수님을 뒤따르는 삶 역시 포함한다는 사실을 드러내 보여준다. 길 잃은 양처럼 길 가에 앉아 있던(46절) 바디매오가 받은 구원은 참 목자를 만나 그와 함께 생명의 길을 걷는 것인데, 그 길은 고난과 죽음을 통과하는 길이었던 것이다.

제49장
예루살렘 입성
마가복음 11:1-11

본 단락은 마가복음 전체에서 중요한 전환을 이룬다. 지리적으로 보았을 때 예수님의 사역은 갈릴리와 그 주변(1:16-8:26), 예루살렘으로 올라가는 길(8:27-10:52), 그리고 예루살렘(11:1-16:8)을 중심으로 펼쳐지는데, 현 단락은 그 세 번째 공간, 즉 지금까지의 여행의 종착지인 예루살렘 진입 이야기이다. 입성을 계기로 사역의 방식에도 변화가 생긴다. 대중적인 가르침과 치유를 주로 한 갈릴리 사역, 제자들 교육에 집중된 예루살렘으로의 길 여행 중 사역과는 달리 예루살렘 입성 후에는 종교 지도자들과의 논쟁과 수난이 주가 된다.

전제된 시간적 배경 역시 11장 전후에는 차이가 있다. 1:9-10:52은 예수님이 갈릴리로부터 등장하신 후 약 3년간의 사건을 다룬 반면, 11장 이후의 사건은 그의 생애 말년 대략 칠일 동안에 일어난 일을 다룬다. 게다가 시간의 흐름은 수난이 가까올수록 점차 느려지고 있는데, 수난 전에는 시간의 흐름이 하루 단위로 서술되다가(11:11, 12, 19, 20; 14:1, 12) 수난이 시작되면서부터 내러티브 시간은 더욱 '느려져' 저녁(14:17), 새벽(14:72; 15:1), 삼시(15:25), 육시와 구시(33절)와 같이 시(時) 단위로 흐른다. 연

(year)에서 날(day)로, 그리고 시(hour)로 바뀌는 내러티브의 시간 흐름은 청자의 시선을 예루살렘 이후의 사건과 수난 사건에 더욱 더 집중시키려는 의도로 이해될 수 있다. 본문의 이러한 의도는 사건과 사건, 장소와 장소를 급속도록 진행시키는 부사 '유튀스'(εὐθύς, '곧', '지체 없이')의 사용 빈도에 의해서도 지지된다. 이미 살펴본 것처럼 10:52까지 쉼 없이 사용되었던 '유튀스'는 11장 이후 급격하게 줄어든다(1:1-3 주해를 보라). '유튀스' 사용의 그와 같은 불균형은 여행의 목적지에 '서둘러' 가시려는 예수님의 행보를 뚜렷이 부각시킨 후, 일단 예루살렘에 도착하시자 그에게 일어나는 사건과 가르침의 진행을 다소 느리게 하여, 그곳에서 일어나는 일거수일투족을 곱씹고 유념하며 이야기를 듣도록 하려는 의도에서 비롯된 배분으로 봐야 한다.

현 단락은 준비(1-6절)와 입성(7-11절)으로 구성되어 있다.

> **1** 그리고 그들이 예루살렘과, 감람산 근처에 있는 벳바게와 베다니에
> 가까이 왔을 때 그가 그의 제자들 중 두 명을 보내신다. **2** 그리고 그들에게
> 말씀하셨다. "그대들 맞은편 마을로 가시오. 그리고 그 안에 즉시 들어가면
> 사람들 중 누구도 아직 타보지 않은 나귀 새끼가 매여 있는 것을 발견할 것
> 이오. 그것을 풀어 몰고 오시오. **3**. 그리고 만일 누가 그대들에게 '왜 이것
> 을 행하냐'라고 물으면 '주께서 그것을 필요로 합니다. 그 후 즉시 그것을
> 다시 이곳으로 보낼 것입니다'라고 말하시오." **4** 그리고 그들이 가서 나귀
> 새끼가 거리 쪽 바깥 문 곁에 매여 있는 것을 발견하고 그것을 풀었다. **5** 그
> 때 그곳에 서 있는 사람들 중 어떤 이들이 그들에게 말했다. "그 나귀 새끼
> 를 풀어서 무엇하려고 하시오?" **6** 그리고 그들이 예수님이 말씀하신 것처
> 럼 그들에게 말했다. 그러자 그들이 그[제자]들에게 허락했다. **7** 그러자 그
> 들이 나귀 새끼를 예수님에게 몰고 와 그들의 겉옷을 그 위에 깔았다. 그런

후 그가 그 위에 앉으셨다. **8** 그리고 많은 사람들이 그들의 겉옷을 길 위에
펼쳤고 다른 사람들은 들판에서 잘라온 잎이 무성한 가지들을 그 길에 [펼
쳤다]. **9** 그리고 앞선 이들과 뒤따르는 이들이 소리 질렀다.

"호산나, 복되도다. 주의 이름으로 오시는 이여
10 복되도다. 우리 조상 다윗의 왕국을 가져오시는 이여
호산나, 가장 높은 곳에서"

11 그리고 예루살렘과 성전에 들어가신 후 모든 것을 둘러보신 후 시간이
늦었으므로 열둘과 함께 베다니로 나가셨다.

주해

준비(1-6절) 예루살렘은 이스라엘 사회의 정치, 경제, 종교와 문화의 중심지이며, 예루살렘의 중심은 성전이다. 성전은 하나님의 임재의 상징이며 언약 백성의 속죄와 화해를 위해 제사를 드리는 곳이었다. 마가복음에서 예수님의 예루살렘 방문은 단 일회에 걸쳐 진행된다. 그러므로 예수님과 그 일행이 유대 사회의 중심지인 "예루살렘에 … 가까이 오셨다[ἐγγίζουσιν εἰς Ἱεροσόλυμα]"(1절)는 정보는 감정적 고양을 가져오기에 충분하다(강조적 현재 시제의 사용에 주목하라). 그러나 그 감정은 유쾌하지만은 않은데, 이미 지적한 것처럼 예루살렘은 예수님에게 적대적이었던 사람들이 나온 곳이기도 했기 때문이다(3:22; 7:1; 또한 10:32-34 주해를 보라). 예수님이 그의 적들이 기다리고 있는 곳으로 들어가심에 따라 그들 사이의 갈등은 새로운 국면에 접어들게 될 것이라는 긴장감을 만든다. 예수님은 입성 순간에 뜻밖의 행동을 취하신다. 예루살렘에서 약 3.2km 떨어진 베다니와 벳바게 근처에 도착하시자 그의 제자 중 두 명을

맞은편 마을로 보내어 "사람들 중 누구도 아직 타보지 않은 나귀 새끼"(2절)를 몰고 오도록 하셨다. 입성 수단을 바꾸시려는 시도이다. 예수님은 북쪽 갈릴리로부터 지금까지 걸어오셨는데 예루살렘에 거의 다 온 후에는 도보 여행을 그만 두고 짐승을 타고 들어가시기로 작정하신 것이다. 그와 같은 여행 수단 변경은 이례적이다. 장거리 여행의 경우 짐승을 타고 온 후 도착지에 가까이 오면 내려서 걷는 것이 보다 더 현실적인 선택이다. 그런데 예수님은 그 반대로 하셨다. 오랜 여행으로 지치셨기 때문일까? 보다 개연성이 높은 설명은 나귀 새끼를 이용한 입성이 가지는 상징적인 의미를 친히 드러내기 위한 선택으로 보는 것이다(Schweitzer, 391). 예수님이 몰고 오라고 하신 동물은 "사람들 중 누구도 아직 타보지 않은 나귀 새끼[πῶλον]"(2절)였다. 특히 나귀 새끼에 대한 그 같은 수식 어구는 그것의 첫 사용자(rider)가 될 예수님에게 특별한 의미(명예)를 부여하기 위한 표현이다. 나귀는 종종 왕실 동물로 이해되었고(왕상 1:33, 38; 참조. 삼상 6:7; 참고. Marcus, 2009: 772), 또 왕이 사용할 것으로 예정되었을 경우 그 누구도 함부로 그것을 탈 수 없었던[1] 고대 근동 아시아의 문화적 상황을 고려한다면 이런 의미는 더욱 더 타당하다. 그렇다면 "사람들 중 누구도 아직 타보지 않은 나귀 새끼"(2절)를 타고 예루살렘에 입성하시려는 예수님의 의도는 무엇일까? 그의 정체성과 사역의 의미를 드러내고자 지금까지 자주 인용해 오셨던 구약성경은 예수님의 의도 파악에 빛을 제공한다. 나귀 새끼와 예루살렘 입성이라는 두 주제를 동시에 이야기하고 있는 선지자는 스가랴(슥 9:9)인데 그 맥락은 다음과 같다. 하나님은 스가랴 선지자에게 바벨론 포로에서 돌아온 백성들이 건축하고 있는 성전(슥 6:10-15)이 완성되었을 때 무슨 일이 일어날지 말씀하신다. 그의 메시지

1. 미쉬나 산헤드린 2:5.

의 핵심은 새롭게 건축된 이 성전에 여호와께서 돌아오시고(슥 8:3), 돌아오신 하나님을 대변해서 다스릴 왕 역시 돌아오는데, 그는 "어린 나귀"(πῶλον νέον)를 타고 들어올 것이라 말한다(슥 9:9). 자신을 통해 하나님의 백성이 죄와 질병, 그리고 귀신의 지배로부터 종말론적인 새 출애굽(참조. 슥 13:2)을 하게 될 것이라 믿고 선포해 오셨던 예수님은 하나님의 성전이 있는 예루살렘에 입성하실 즈음에 "나귀 새끼"(πῶλον)로 그 입성 수단을 바꾸신다. 이는 그가 누구인지를 드러내시려는 상징적 행위가 분명하다. 곧 그 자신이 포로생활에서 돌아온 언약 백성의 왕이자 하나님의 통치를 대행하는 자임을 나타내시려는 의도가 배후에 있었다는 추측은 충분히 타당하다(Wright, 1996: 49-93).

예수님의 의도는 이어지는 정보에서 더욱 뚜렷이 드러난다. 나귀 옆에 서 있던 사람들이 문제를 제기하면 다음과 같이 말하도록 제자들에게 알려주신다: "주께서[ὁ κύριος] 그것을 필요로 한다." '호 뀌리오스'(ὁ κύριος)는 누구를 가리키는가? 하나님(France, 2002: 428), 예수님과 함께 있는 나귀 새끼의 주인(Cranfield, 350 ; Lane, 391-92), 혹은 예수님(Gundry, 624)을 가리키는 것으로 보는 입장이 있어 왔다. 먼저, '뀌리오스'가 하나님을 가리킨다는 입장은 예수님이의 나귀 새끼를 타고 예루살렘에 들어가시는 상징적 행동으로 드러내보여 주시려 한 것이 성전으로 돌아오신 하나님(슥 8:3)이라는 가설과 조화를 이룬다. 둘째, '뀌리오스'가 예수님 곁에 있었을 나귀 주인을 가리킨다는 해석도 나귀를 지키던 자들이 "주께서 그것을 필요로 한다"(3절)는 제자들의 말에 아무런 후속 질문 없이 쉽게 그것을 내주었던 행동을 설명할 수 있는 것처럼 보인다. 셋째, 그것이 예수님을 가리킨다는 주장 역시 타당한데, 화자가 예수님 자신임을 고려할 때 "주"는 화자 자신을 일컫는 다른 표현으로 볼 수 있기 때문이다. 그러나 마가는 예수님을 '뀌리오스'로 지시하지만(1:3, 7; 12:36) 예수님 스스로는 '뀌리오스'로 자신을 지시하신 경우가 없다는 것이 이 입장의 약점이다. 그러나 예수님이 자신을 주로 칭했을 가능성을 아예 배제할 수는 없는데(참고. 2:28), 이는 그리스도라는 칭호 역시 마가(1:1), 베드로(8:29), 대제사장들(14:61; 15:32)과 서기관(12:35) 등과 같이 대부분 다른 사람들에 의해 사용되었고 또 베드로가 예수님을 그리스도로 고백할 때 그에게 침묵을 명하실 정도로 그 용어 사용을 피하신 것이 분명하지만, 9:41에서 예수님이 친히 자신을 그리스도로 칭하신 것처럼 '뀌리오스'로도 자신을 칭할 수 있었다는 추론이 가능하기 때문이다. 이처럼 위 세 입장이 다 나름의 설득력을 가진다.

하지만 본문의 흐름과 가장 조화를 이루는 입장은 마가(그리고 예수님)가 '뀌리오스'를 예수님과 하나님을 동시에 가리키는 중의적 표현으로 사용한다고 보는 입장이다(Hurtado, 2020: 265). 예수님이 염두에 두셨음이 틀림없는 스가랴 9:9에서 "어린 나귀"를 타고 예루살렘에 돌아오는 왕은 이스라엘의 왕이자 시온에 돌아오는 하나님(슥 8:3)을 대변하는 인물이다. 예수님이 나귀 새끼를 타고 예루살렘에 들어가심으로 자신이 바로 스가랴의 예언을 이루는 자임을 드러내려 하신 것이 분명해 보이기 때문에 '호 뀌리오스'(ὁ κύριος)를 사용하여 한편으로는 자신을, 또 다른 한편으로는 하나님을 함의했다고 보는 것은 현 단락의 맥락상 결코 무리가 없는 해석이다.

물론 나귀 새끼 주인의 입장에서 보면 처음 보는 사람(제자들)이 "주께서 그것을 필요로 한다"(3절)는 말만 남긴 채 그것을 몰고 가는 행위는 하나의 절도처럼 보였을 것이다. 이런 문제는 예수님이 사전에 나귀 주인과 논의를 거쳤다(Evans, 2001: 142-43; 양용의, 257-58; 대조. Gnilka, 2권 159)고 본다면 쉽게 해결된다. 물론 특정 지역에 나귀가 있을 것이라는 지식은 예언자의 예지력으로, 그 나귀 새끼를 몰고 오라는 지시는 "왕적 권위"에 따른 것으로 보는 입장이 있다(Boring, 2006: 315). 그러나 윗글에서 논증한 것처럼 의도적으로 예루살렘 입성 수단을 나귀 새끼로 변경하심으로 자신이 누구이며 어떤 일을 하는지를 나타내려 하셨다는 것을 감안한다면 소유자와 사전 협약을 통해 나귀 새끼를 미리 준비시켜 놓으셨을 것이란 추측이 훨씬 더 본문 흐름에 자연스럽다. 그렇다면 "주께서 그것을 필요로 한다"는 말은 보냄 받은 두 명의 제자들이 그 나귀를 건네받을 수 있도록 만들어 놓은 하나의 '암호'와 같았다고 봐야 한다(France, 2002: 431-32; 대조. Boring, 2006: 315). 이어지는 말은 이것을 분명히 한다. 예수님이 제자들에게 "만일 누가 그대들에게 '왜 이것을 행하냐'라고 물으면 '주인이 그것을 필요로 한다' … 라고" 말하도록(3절) 일러주셨다.[2] 현 맥락에서 "주께서 그것을 필요로 한다"라는 말은 예수님과 주인이 사전 협약이 있을 때에만 그 힘을 발휘할 수 있다(France, 2002: 432). 예수님은 나귀 주인에게 자신이 그 동물을 몇 날 몇 시에 사용할 것을 허락받았을 것이고, 그가 나귀를 필요로 하여 데리고 가는 것을 알려주는 표시로 '두 명'(δύο)의 남자(1절 후반부)가 하는 말("주께서 그것을 필요로 한다")을 알려주었을 것이다. 이런 해석은 "그 나귀 새끼를 풀어서 무엇하려고 하시오?"라는 질문을 제기하는 사람이 제자들의 그 암호를 듣고 나귀를 몰고 가도록 쉽게 허락했다는 정보(6절 후반부)를 이해 가능하게 한다.

입성(7-11절) 그것을 몰고 온 두 제자가 나귀 등에 그들의 겉옷을 펴 놓자 예수님은 "그 위에 앉으셨다[ἐκάθισεν ἐπ' αὐτόν]"(7절). 또한 곁에 있던 "많은 사람들" 역시 그들의 겉옷과 들판에서 잘라온 "잎이 무성한 가

---

2. 그닐카는 옆에 섰던 사람들의 문제 제기는 나귀 새끼를 데려오라는 예수님의 가르침이 우연히 일어났다는 증거라고 본다(Gnilka, 2권 156). 하지만 그것이 우연이라면 "주님이 그것을 필요로 합니다"라는 말에 어떻게 그리 쉽게 제자들에게 나귀를 내어놓을 수 있었을까?

지들"을 예수님이 가시는 "그 길에 펼쳐놓았다[ἔστρωσαν εἰς τὴν ὁδόν]"(8절). 그 나귀가 아직 아무도 타지 않은 상태였다는 정보가 앞서 주어졌기에 예수님이 앉으시도록 겉옷을 나귀 등 위에 펼치는 제자들의 행동에는 안장을 대신하려는 단순한 의도가 있었을 뿐이라 볼 수 있다. 하지만 얼마나 많은 사람들이 참여했고 또 얼마나 길게 했는지는 불분명하지만, 사람들 역시 "겉옷"과 "잎이 무성한 가지들"(στιβάδας)을[3] "길에"(8절[x2]) 펼쳐 놓았다는 정보를 동시에 고려하면[4] 제자들과 사람들의 행동에는 예수님에게 육체적 편의를 제공하려는 의도, 그 이상이 있었음을 알 수 있다. 로마 문화에서 어떤 사람이 가는 길 위에 옷을 펼쳐놓는 행위는 그 사람에 대한 존경을 담는 행위로 이해되었다.[5] 물론 그런 행위가 단순한 존경인지 아니면 사회·정치적 의미를 함의하고 있는지는 상황과 초점의 대상이 어떤 신분의 사람인지에 의존되어 있다. 이런 점에서 제2성전 시기 유대 문헌과 구약에서 온 예에 주목할 필요가 있다. 시리아와의 전투에서 승리한 후 성전을 정화한 유다 마카비가 예루살렘에 입성할 때도 사람들이 종려나무 가지를 흔들며 환영하며 감사의 노래를 불렀다.[6] 열왕기하 9:13에서 한 선지자가 예후를 왕으로 선포하자 사람들이 그의 가는 길에 "겉옷"(ἱμάτιον)을 깔고 그를 왕으로 선포한다. 그렇다면 예수님은 앞서 여리고의 공개적인 장소에서 "다윗의 자손"(10:47)이라 불렸고

---

3. "잎이 무성한 가지들"과 무리가 가을에 지키는 초막절에 부르는 찬양을 불렀다는 내용을 근거로 예수님은 가을에 예루살렘에 입성하여 다음 해 봄에 열리는 유월절까지 예루살렘 근교 베다니에 머물며 생활하셨다고 주장하는 학자들이 있다(Lane, 390-91; Hurtado, 2020: 266).
4. 사람들이 "그들의 겉옷"과 "잎이 무성한 가지들을" 길에 펼친 것이 예수님을 '위한' 행동이었다는 것은, 무리가 예수님을 둘러싸고 "호산나"를 외치는 정보(9절)를 통해 간접적으로 확인할 수 있다.
5. Plutarch, *Lives* 8.260-61.
6. 마카비2서 10:7; 마카비1서 13:5.

또 그가 들어가는 예루살렘은 이스라엘 사회의 정치, 경제, 종교의 중심지이기에, 제자들과 무리들의 행동은 예수님에 대한 존경을 뛰어넘어 사회·정치적 의미, 곧 이스라엘을 이방의 압박으로부터 건져줄 왕의 오심이라는 틀에서 그의 입성을 환영한다는 함의를 담기에 충분할 만큼 상징적인 행위이다(Gnilka, 2권 160; 대조. Schweitzer, 392, 394).

가지들을 길 위에 펼치고 "호산나" 찬송을 한 그 무리는 누구일까? 그들이 예루살렘 주민일 가능성은 낮아 보이는데, 마가복음에서 예수님은 예루살렘에 방문하셨다는 기록을 하지 않고 있기에 그곳 주민이 예수님을 알고 따랐다고 추론할 근거가 없기 때문이다. 보다 더 가능성 있는 추론은 지금까지 예수님과 갈릴리에서부터 함께 유월절 절기를 지키고자 여행을 해오던 무리로 보는 것이다(참고. "따르는 자들", 10:32; "많은 무리", 10:46). 이제 그들은 예수님을 '향해' 노래를 부른다(9-10절):

호산나,
복되도다 주의 이름으로 오시는 이여
복되도다 우리 조상 다윗의 왕국을 가져오는 이여
호산나, 가장 높은 곳에서.

ὡσαννά·
εὐλογημέν**ος** **ὁ** ἐρχόμεν**ος** ἐν ὀνόματι κυρίου·
εὐλογημένη ἡ ἐρχομένη βασιλεία τοῦ πατρὸς ἡμῶν Δαυίδ·
ὡσαννὰ ἐν τοῖς ὑψίστοις.

찬양의 처음과 끝은 "호산나"(ὡσαννά)로 수미상관이고, 2연의 끝은 '오(호)' 운율을, 3연의 끝은 '에(헤)' 운율('오'운율은 굵은 글씨, '에' 운율은 밑줄)을 가진다. 일정하게 반복된 운율은 찬양에 대한 기억과 집중도를 높인다.

찬양은 3연을 제외하고는 초막절과 유월절 순례 여행 동안 성전 입성 시 불렀던 할렐 시편(Hallel Psalms, 113-118; Schürer, 2권 304 각주 41)의 마지막 118:25-26에 기초하고 있고,[7] 수미상관 된 "호산나"는 25절에 나오는 히브리어(הושיעה נא, '호쉬아 나'; 칠십인경 시 117:25, σῶ σον δη)의 헬라어 음역으로서 '지금 구원하소서'라는 문자적인 뜻을 가진다. 무리의 "호산나" 외침에 내포된 구원의 주체는 누구일까? 시편 118편의 맥락에서 그 외침은 여호와의 구원을 향한 탄원("여호와여 구하옵나니 … 여호와여 우리가 구하옵나니 …", 개역개정 시 118:25)이 분명하다.[8] 마가복음에서는 시편 118:25의 인용인 2연에 덧붙여진 3연을 가지고 있기에 구원자 하나님은 1연과 4연에 나오는 "호산나"에 암시된 채 그 언어적 초점이 "호산나"에 둘러싸인 "주의 이름으로 오시는 이"와 "다윗의 왕국을 가져오는 이", 곧 예수님에게 옮겨졌다. 이리하여 노래는 하나님의 구원을 위해 다윗의 왕국을 가져오는 분으로서 예수님에 대한 기대가 담긴 탄원조의 외침이라는 성격을 띤다(참조. Gundry, 630). 후커는 "잎이 무성한 가지들"을 길에 펼쳐 놓는 무리의 행위나 외침은 예수님을 향했기보다는 초막절 절기의 '의례적' 행렬 행위라고 주장한다(Hooker, 1991: 260). 그러나 이런 주장은 가지들을 펼치는 행위나 찬양이, "[예수님을] 앞선 이들과 뒤따르는 이들이 소리 질렀다"는 9절 전반부가 명시하듯, 예수님을 중심에 둔 채 행해졌다는 본문 정보를 간과한 탓이다.

무리의 "호산나" 외침이 담고 있는 구원이 어떤 종류의 것이었는지는

---

7. 쿰란 문서 11QPSa 118:25-29의 27절에는 "순례 행렬이 나뭇가지를 들고 있다"는 문구가 삽입되어 있다.

8. 왕에게 도움을 요청할 때(삼하 14:4; 왕하 6:26)나 왕을 위한 하나님의 구원을 요청할 때(시 20:9) 역시 사용된다.

문맥을 통해 결정할 수밖에 없다. 신약성경 시대보다 후기이지만 미드라쉬 시편 118편은 24절의 "날"을 메시아가 이스라엘을 종노릇에서 해방시킬 날로 해석하고, 25-26절은 그 같은 구속에 대한 예루살렘과 유다 사람들의 화답 찬양으로 해석한다(Brunson, 73-75).[9] 무리의 외침 역시 종말론적인 구원의 어조를 띠고 있는 것이 분명해 보이는데, 시편 118:25-26에는 없지만 추가된 3연("다윗의 왕국을 가져오는 이")이 이것을 암시한다.[10] 유사하게 쿰란 공동체는 다가올 "정의의 메시아"를 "다윗의 자손"이라 부르고 있기 때문에(4Q252 5:3) 예수님 당시 메시아가 다윗 왕조를 부흥시킬 인물이라는 기대가 있었다는 것은 부인할 수 없다(또한 참고. 마카비1서 2:57; 솔로몬의 시편 17:4, 21-22, 32).[11] 더불어 마카비 혁명을 성공적으로 이끈 시므온이 예루살렘에 입성할 때 사람들은 "이방의 멍에를 이스라엘에게서 제거한" 그를 "종려 나무 가지"와 "찬양과 노래"를 부르며 환영

---

9. 미드라쉬 시편 118:24-26에 따르면 "After all the redemptions that came to Israel, enslavement followed, but from this point on no enslavement would follow, as is stated. From inside the walls, the men of Jerusalem will say, 'We beseech Thee, O Lord, save now.' And, from outside, the men of Judah will say, 'We beseech Thee, O Lord, make us now to prosper.' From inside, the men of Jerusalem will say, 'Blessed be he that cometh IN the name of the Lord.' And, from outside, the men of Judah will say, 'We bless you OUT of the house of the Lord.'"(영어 번역은 Braude, 245의 것). "이스라엘에 온 모든 구속에도 불구하고 종노릇은 계속되었다. 그러나 말해진 것처럼 이 시간 이후로 종노릇은 끝나리라. 성벽 내부에서는 예루살렘 사람들이 '오 주님 간구하오니 지금 구원하소서' 할 것이고, 성벽 외부에서는 유다 사람들이 '오 주님 간구하오니 지금 우리를 번성케 하소서' 할 것이다. 안에서는 예루살렘 사람들이 '주의 이름으로 오시는 자는 복이 있도다' 할 것이고, 바깥에서는 유다 사람들이 '주의 집으로부터 그대를 축복하노라' 할 것이다"(번역은 저자의 것).
10. Rebell, "ὡσαννά", *EDNT* 3. 탈굼 시편 118:22은 맛소라 본문의 "돌"(a stone)을 "젊은이"(a youth), 곧 이새의 아들들 중의 하나로 지칭하고 있는데, 그는 다윗을 가리키는 것이 확실하다(Evans, 2001: 238; Jeremias, 1966: 259).
11. 또한 10:47-48을 보라.

했다(마카비1서 12:41, 51; Brunson, 53-54). 이러므로 무리가 예수님을 "다윗의 왕국을 가져오는 이"로 외쳤을 때 그에게 그런 메시아적 기대를 했다고 추정하는 것은 온당하다.

10절 후반부의 "호산나 가장 높은 곳에서"는 '지금 구원하소서, 가장 높은 곳에 계신이여'로 재번역될 수 있는데 전통적으로 가장 높은 곳에 계시는 분은 하나님으로 알려졌기 때문이다(Gnilka, 2권 160). 본 구절은 무리들의 찬양이 궁극적으로 가장 높은 곳에 계신 하나님을 향해 드려진 것으로 하나님께서 지금 입성하고 있는 예수님을 통해 그의 백성을 이방의 압박에서부터 건져주시기를 간청하는 기도로 이해돼야 하는 근거를 제공한다(Evans, 2001: 145). 놀랍게도 예수님은 앞서 바디매오가 그를 "다윗의 자손"(10:47-48)이라 할 때와 마찬가지로 무리의 외침을 듣고도 그들에게 침묵을 명하지 않으셨다(비교. 12:35-37). 물론 예수님이 대중적인 메시아 기대를 받아들이셨기 때문은 아니다(8:27-30, 31-33 주해를 보라). 오히려 스가랴가 예언한 것처럼 나귀 새끼를 타고 입성하심으로써 그가 돌아온 하나님의 백성 위에 왕 노릇 하는 이스라엘의 왕이심을 드러내 보이시려 한 것과 같은 맥락에서 이해될 수 있을 것이다. 더 나아가 아래서 살펴볼 것처럼 성전에 들어가신 후에 하신 행동은 실제로 그가 어떤 메시아인지를 뜻밖의 행동으로 드러내 보이신다. 어쨌든 무리들의 외침과 그것을 적극적으로 거부하지 않는 예수님의 미온적인 태도는 당시 로마를 등에 업고 있던 헤롯 왕조와 당국자들에게 매우 위험한 정치적인 메시지를 전할 수 있었을 것이다. 후에 예수님이 십자가에 못 박히셨을 때 그의 죄명이 "유대인의 왕"(15:26)이었다는 것은 결코 우연이 아니다. 이런 점에서 입성 시 무리들의 환호는 앞으로 그에게 닥칠 먹구름을 동시에 보여준다.

예수님은 사람들의 격정적인 환영을 받으며 예루살렘에 입성하셨지만 막상 성전에 들어가신 후에는 아무것도 하지 않으시고 그곳을 둘러만 보신 후 곧장 예루살렘 밖으로 나오신다(11절). 이런 점에서 11절은 예수님의 입성이 '용두사미'(anti-climatic)의 결말로 끝나는 것처럼 보이게 한다. 이런 종류의 역 예상(counter-expectation)은 이어지는 사건인 성전 소란 행위(11:12-25)에서 더욱 두드러진다(11절 주해를 보라). 현 단락의 결론이 보여주는 것과 같은 예수님의 뜻밖의 행보와 가르침은 앞선 여러 본문을 통해 이미 반복되어온 주제이다. 예컨대, 세례 요한에 의해 "성령으로 세례를 주는 자"로 예언되었지만 예수님은 요한에게 세례를 받으셨고 성령 역시 그 위에 임하셨다(1:9-10). 베드로가 그를 그리스도로 고백했을 때 예수님은 고난받는 인자의 길을 가르치셨고(8:29-31), "누가 가장 큰 자"인지 논쟁하는 제자들에게는 당시 사회적으로 존재감이 없던 어린아이와 선생인 자신을 동일시하셨다(9:33-37). 마찬가지로 그의 좌우편에 앉는 고관들이 되기를 원하는 자와 "첫째"가 되기를 원하는 자는, "섬기는 자"와 "종"이 되어야 한다는 기존의 가치관을 뒤집는 가르침을 주셨다(10:35-45). 이런 역 예상 행동과 가르침이 말하는 바는 분명하다. 예수님이 만드셨고 가신 메시아의 길은 당시 유대인이 기대하고 있었던 것과 어떤 면에서는 일치하여 사람들이 그에게 메시아적 기대를 가지도록 만들었지만, 결정적인 부분에서 예수님은 동시대인들의 기대를 뛰어넘는 메시아의 길을 '개척'해 나가시는 분임을 보여 주신 것이다. 이런 점에서 마가복음의 예수님은 뜻밖의 메시아이다(1:9-11 주해를 보라).

예수님이 성전에서 하신 일은 "모든 것을 둘러보신" 것이었다. 예수님의 '둘러보심'의 동기가 호기심이었다고 보지 말아야 한다. 이어지는 사건이 말하듯이 예수님은 성전을 "내 아버지의 집"이라 말하셨을 뿐 아니라 그곳에 대해 어떤 "권위"(11:28-29)를 가진다고 주장하셨다. 따라서 그의 '둘러보심'은 성전에서 진행되고 있는 일들에 대한 권위적인 감찰로 봐야 한다. 더불어 이런 이해는 이어지는 성전 소란 행위가 돌발적인 행동이 아니라 사전에 심사숙고된 것으로 보게 해준다.

요약과 해설

예루살렘 입성 시 예수님은 지금까지 해오셨던 도보 여행을 중단하고 나귀 새끼를 타고 입성할 계획을 세우셨다. 두 명의 제자를 보내어 사전에 준비시켜 놓은 나귀 새끼를 몰고 오도록 하셨다. 나귀 새끼를 탄 입성은 새롭게 건축된 성전으로 하나님이 돌아오시고, 돌아온 하나님을 대행하여 왕적 통치를 실행할 왕이 “어린 나귀”(슥 9:9)를 타고 입성한다는 스가랴 선지자의 예언이 자기를 통해 실현되고 있음을 보여 주려는 상징적인 행위였다. 제자들은 예수님이 앉으실 나귀 등에 그들의 겉옷을 펼쳤고, 갈릴리에서부터 동행해온 “많은 사람들” 역시 “잎이 무성한 가지들”과 그들의 겉옷을 길에 펼쳤다. 이러한 행위는 “다윗의 왕국을 가져오는 이”로 예수님을 칭송하는 “호산나” 찬양과 더불어 예수님의 왕적 입성을 환영하는 의미를 가진다. 그러나 예수님은 열렬한 환영을 받으시며 예루살렘을 향해 가셨지만 막상 성전에 들어가신 후에는 둘러만 보시고 아무것도 하지 않은 채 그냥 나오신다. 들어갈 때 무리의 환영과 나올 때 조용한 퇴로는 분명한 대조를 이룬다. 이러한 대조는 예수님이 비록 무리들에게 다윗 왕조를 세우는 대중적 메시아로 칭송을 받았지만, 결국 예루살렘 사역 동안에 그와는 다른 길을 걸어가실 분이라는 메시지를 암시한다.

제50장
무화과나무 저주와 성전 소란 행위
마가복음 11:12-26

본 단락은 예루살렘 입성 후에 벌어진 성전 소란 사건을 다룬다. 샌더스에 따르면 성전 소란 행위는 가장 확실한 역사적 사건일 뿐만 아니라 예수님의 자기 이해와 소명을 그 어떤 것보다 분명하게 드러내는 사건이다(Sanders, 1985: 61-90, 특히 321). 예수님은 예루살렘과 성전에 오시는 동안 바디매오에 의해서는 다윗의 아들로, 무리에 의해서는 다윗 왕조를 가져오는 자로 칭송받으셨다. 그러나 이스라엘 역사에서 성전을 건축한(할) 자로 알려진 다윗의 아들(삼하 7:13-14)로 예찬되며 입성한 그가 성전 안에서 한 첫 일은, 성전 재건 선포가 아니라 집기를 뒤엎는 등 성전을 소란케 하는 행위였다. 이런 성전 소란 행위는 무화과나무 저주 사건에 의해 둘러싸여 A B A′배열(샌드위치 구조; 또한 서론과 5:21-43 서언을 보라)로 되어 있다:

A 무화과나무 저주(12-14절)

B 성전 소란 행위(15-19절)

A′ 무화과나무 저주와 가르침(20-26절)

위 배열은 사건 발생 시간에 따른 것으로 예수님이 예루살렘에 입성하신 다음 날 성전에 들어가시는 길에 무화과나무 저주 사건이 발생했으며, 성전 소란 행위 후 성전에서 나오신 다음날 아침 저주받아 말라 버린 무화과나무 이야기가 재개된다. A B A′ 배열 구조는 각 사건의 의미를 다른 사건의 도움을 받아 이해할 수 있게 하는데, 이것은 본 주석의 해석 방식이기도 하다. 이스라엘을 상징하는[1] 무화과나무가 저주받아 말라 버린 에피소드는 성전 소란 행위가 그 권력자들 위에 내려앉은 하나님의 심판을 드러내는 예언자적 상징 행위로 해석하도록 돕고, 반대로 이스라엘의 정치, 경제, 종교의 중심인 성전에서 이뤄진 소란 행위는 무화과나무 저주 사건이 가진 상징적 의미를 추론하도록 돕는다(Telford, 216-18, 231-33, 특히 238-39; Sanders, 1985: 61-90; Dowd, 39-55). 현 단락은 무화과나무 저주(12-14절), 성전 소란 행위(15-19절), 무화과나무 저주와 가르침(20-26절)으로 진행된다.

12 그리고 이튿날 그들이 베다니로부터 나왔을 때에 그가 시장하셨다.
13 그때 멀리서 잎을 가진 무화과나무를 보신 후 혹 그곳에서 무엇을 발견
할 수 있을까 하여 가셨다. 그러나 그것에 가셨을 때는 잎을 제외하고는 아
무것도 찾지 못하셨다. 이는 무화과 철이 아니기 때문이었다. **14** 그러자 그
것에 반응하시고자 말씀하셨다. "너로부터는 영원히 아무도 더 이상 열매
를 먹지 못할 것이다." 그리고 그의 제자들이 듣고 있었다.

15 그리고 그들이 예루살렘에 도착했다. 그리고 그가 성전에 들어 가셨
을 때 성전 안에서 팔고 사는 사람들을 내쫓으시기 시작하셨다. 돈 바꾸는

1. 13-14절 주석을 보라.

사람들의 상들과 비둘기 파는 사람들의 의자들을 뒤집어 엎으셨다. **16** 그
리고 누구도 성전을 통해서 물건을 운반하는 것을 허락하지 않으셨다. **17**
그리고 그들을 가르치시며 말씀하셨다. "'내 집은 모든 민족들을 위해 기도
하는 집이라 불릴 것이다'라고 기록되지 않았소? 그러나 그대들은 그것을
강도들의 소굴로 만들어 버렸소." **18** 그리고 대제사장과 서기관들이 듣고
어떻게 그를 죽일 것인지 궁리하였다. 이는 그들은 그를 두려워했고 모든
무리는 그의 가르침에 놀랐기 때문이었다. **19** 날이 저물자 그들은 도시 밖
으로 나갔다.

20 그리고 아침에 지나가다가 그들이 그 무화과나무가 뿌리째 마른 것
을 보았다. **21** 그리고 베드로가 기억나서 말하였다. "랍비여, 보소서 당신이
저주하신 그 무화과나무가 완전히 말랐나이다." **22** 그러자 예수님이 대답
하시며 그들에게 말씀하셨다. "하나님을 믿으시오. **23** 진정으로 내가 그대
에게 말합니다. 누구든지 이 산에게 '들려서 바다에 던져져라'라고 말한 후
그 마음에 의심하지 않고 그가 말한 것이 이뤄질 것을 믿으면 그것이 그에
게 이뤄질 것이오. **24** 그러므로 내가 그대들에게 말합니다. 그대들이 기도
하고 구한 모든 것을 받았다고 믿으시오. 그러면 그대들에게 이뤄질 것이
오. **25** 그리고 그대들이 기도하고자 섰을 때 누구를 탓하는 어떤 것이 있거
든 용서하시오. 그러면 하늘에 계신 그대들의 아버지 역시 그대들의 과실
을 용서하실 것이오." **26**[2]

---

2. 26절은 Nestle-Aland 28판에는 생략되어 있다. 이런 생략은 생략된 본문을 가진 알렉산드리아 사본의 전통을 따른 결과이다. 반면, 서방 사본과 비잔틴 사본은 26절을 가지고 있는데 그 본문은 "그러나 만일 그대들이 용서하지 않으면 하늘에 계신 그대들의 아버지께서도 그대들의 과실을 용서하지 않으실 것이오."와 같다.

주해[3]

무화과나무 저주(12-14절) "이튿날"(12절)이라는 시간적 표지는 현 사건의 배경을 예수님이 예루살렘에 입성하신 날에 연결하도록 한다(Hooker, 1991: 266-67). 마가는 예수님이 배고픔을 느끼셨다는 사실을 묘사하는 것에 어떤 주저함도 없지만, 특이한 점은 본문이 제자들과는 달리 예수님 홀로 배고파 하셨다는 정보를 준다는 것이다. 앞으로 논증하겠지만 무화과나무를 저주하신 행동은 상징적인 의미를 가지고 있기에 예수님의 배고프심 역시 무화과나무가 상징하는 이스라엘이 열매 맺기를 바라는 '열망'을 내포하고 있는 것으로 봄이 적절하다(미 7:1).[4]

예수님은 시장하셔서 잎이 난 무화과나무를 보시고 "혹 그곳에서 무엇을 발견할 수 있을까 하여" 다가가셨다(13절 전반부). 무화과는 잎이 먼저 열리고 과일은 후에 열린다. 팔레스타인에서 무화과나무 잎은 유월절 기간 중인 4월(닛산월)에 무성해지며 열매는 5-6월이 지나야 열리고 8-10월에 수확할 수 있다. 예수님이 방문하신 유월절 기간은 열매철이 아니다. 하지만 무화과나무에 "잎을 제외하고는 아무것도 찾지 못하[시자]"(13절의 중반부) 예수님은 그것을 향해 "저주"(14, 21절)를 하신다. 더욱 놀라운 것은 "이는 무화과의 철이 아니었기 때문이다"(13절 후반부)라는 본문의

---

3. 12-15절 주해의 상당 부분은 저자의 논문(박윤만, 2014: 352-56)의 내용을 그대로 따르고 있음을 밝혀둔다.

4. 미 7:1은 예수님의 배고픔에 대한 상징적 해석을 하는데 도움을 준다: "재앙이로다 나여 나는 여름 과일을 딴 후와 포도를 거둔 후 같아서 먹을 포도송이가 없으며 내 마음에 사모하는 처음 익은 무화과가 없도다"(밑줄은 저자의 것). 미 7:2-4이 보여주듯 "먹을 포도송이"와 "처음 익은 무화과"는 선지자(하나님)가 이스라엘에게 기대한 신실한 삶의 열매를 상징적으로 표현한 것임을 알 수 있다. 그러므로 미가 선지자가 무화과를 향해 가진 "사모"는 육체적으로는 배고픔이지만 상징적으로는 백성들에게 바라는 신실한 삶이라는 것을 쉽게 추론할 수 있다.

설명이 있다는 것이다. 제철이 아니어서 열매가 없는 무화과나무를 향해 저주를 하신 예수님의 행동을 어떻게 이해해야 할까? 열매 없는 나무를 향해 저주하시기보다 오병이어 기적이나 풍랑이 이는 파도를 잔잔케 하신 것처럼 도리어 긍정적으로 열매를 맺도록 할 수는 없으셨을까?

학자들은 이 '문제'를 해결하고자 여러 시도들을 해왔는데 가장 설득력 있어 보이는 제안은 팔레스타인 무화과나무는 잎이 나기 시작하는 유월절 전에 아주 작은 과실을 맺었기에 예수님이 기대하면서 다가가신 것은 바로 이 작은 열매라는 것이다(Gundry, 636; Evans, 2001: 154; 신현우, 2011: 276). 이런 해석에 따르면 "무화과 철"이 아니라는 정보는 '무화과의 수확 철'(8-10월)이 아니라는 의미를 가진다. 그럼에도 이 해석의 난제는 13절 후반부의 '가르'(γάρ)의 역할이다: "잎을 제외하고는 아무것도 찾지 못하셨다. 이는[γὰρ] 무화과 철이 아니었기 때문이다"(13절). 만일 위 문장에서의 '가르'(γάρ)절이 선행절을 설명한다고 본다면, 나무가 잎은 있지만 열매가 없는 것은 무화과 철이 아니었기 때문이라는 설명이 만들어진다. 그렇게 되면 예수님은 철이 아니어서 열매를 맺지 않고 있는 나무를 저주하신 것이 되고 결국 해석은 더욱 어려워진다. 따라서 해석의 열쇠는 '가르'가 설명하는 정보가 무엇인지를 결정하는 데 있다. 사실 접속사 '가르'는 직전 문장 정보를 설명하는 접속사로 사용되는 것만은 아니다. 도리어 원거리 본문 혹은 본문 외적인 정보에 근거한 언어 사용자의 추론을 유도하는 역할을 하기도 한다(Black, 260; Park, 88). 그렇다면 현 맥락에서 '가르'절은 직전 담화("그것에 가셨을 때는 잎을 제외하고는 아무것도 찾지 못하셨다")보다 그 이전 담화("[예수님이] 혹 그곳에서 무엇을 발견할 수 있을까 하여 가셨다")에 대한 설명으로 볼 수 있고, 또 그렇게 볼 때 훨씬 더 자연스러운 본문 이해가 가능해진다(Cotter, 65-66; Evans, 2001: 157). "혹 … 있을까 하여[εἰ ἄρα]"라는 문장이 말하듯이 예수님이 열매를 발견할 수 있을지를 확신할 수 없었던 것은, '가르'절이 말하듯, "무화과 철이 아니었기 때문"으로 이해할 수 있다.

그럼에도 기대한 열매가 없다고 해서 무화과나무를 저주하시는 예수님의 '과격한' 행동(14절)은 여전히 설명될 필요가 있다. 구약성경의 여러 선지자들은 종종 말과 함께 그들의 신체적 행동을 통해 하나님의 뜻을 상징적으로 드러내기도 했다(Hurtado, 2020: 258).[5] 본 주석은 예수님의 과도한 반응 또한 상징적으로 볼 때 훨씬 이해가 쉬운 해석이 가능해진다고 주장할 것이다. 무화과는 이스라엘을, 그 열매는 언약 백성에 합당한 삶을 상징한다는 지식은 구약성경(렘 8:13; 24:1-10; 호 9:10, 16-17; 미 7:1)과 제2성전 시기 유대 문헌에[6] 널리 퍼져 있다. 이런 지식을 근거로 선지자들은 언약 백성에게 합당한 열매를 맺지 못하는 이스라엘을 향한 하나님의 진노를 대언한다. 예컨대, 호세아는 말한다:

> 옛적에 내가 이스라엘을 만나기를 광야에서 포도를 만남 같이 하였으며 너희 조상들을 보기를 무화과나무에서 처음 맺힌 첫 열매를 봄 같이 하였거늘 …(개역개정 호 9:10).
>
> 에브라임은 매를 맞아 그 뿌리가 말라 열매를 맺지 못하나니 … 그들이 듣지 아니하므로 내 하나님이 그들을 버리시리니 그들이 여러 나라 가운데에 떠도는 자가 되리라(개역개정 호 9:16-17).

유사한 선례가 예레미야에게서도 발견된다:

---

5. 예. 멍에를 목에 멘 예레미야(렘 27장), 경건하지 못한 여인과 결혼한 호세아(호 1:2), 삭도로 머리털과 수염을 깎아 저울에 달아 둔 에스겔(겔 5:1) 등.
6. 해당 문헌들을 위해서는 Telford, 132-37를 보라.

> 여호와의 말씀이니라 내가 그들을 진멸하리니 … 무화과나무에 무화과가 없을 것이며 그 잎사귀가 마를 것이라 내가 그들에게 준 것이 없어지리라 하셨나니(개역개정 렘 8:13).

예레미야의 맥락에서 열매 없이 말라 버린 무화과나무는 짙게 드리워진 심판 아래에 있는 이스라엘 백성(렘 8:5, "예루살렘 백성이 항상 나를 떠나 물러감은 어찜이냐")의 운명을 상징한다. 예수님 역시 예언자들의 선례를 따라 상징적 심판 행위를 수행하는데, 심판 선언은 "너로부터는 영원히 아무도 더 이상 열매를 먹지 못할 것이다"(14절 중반부)에서 절정에 달한다. 2인칭 대명사(σοῦ)가 물리적으로 지시하는 무화과나무가 이스라엘을 상징한다면, 사람들이 그로부터 열매를 먹지 못한다는 말은 그들에게 주어진 소명이 종료되었다는 엄중한 말씀이다.

간과하지 말아야할 것은 예수님은 이스라엘의 하나님이 그의 백성을 향해 가지신 것(호 9:16-17)과 같은 기대를 드러낸다는 점이다. 이런 점에서 그런 기대를 가질 수 있는 예수님은 어떤 존재일까? 하나님을 대변하는 선지자로 볼 수도 있지만(미 7:1), 현 본문은 예수님을 선지자 그 이상의 인물로 드러낸다고 믿어야 할 이유가 있다. 예레미야 8:13에서 그의 백성을 진멸하고 무화과나무의 잎사귀를 마르게 하는 이는 "여호와"이시지만, 현 본문에서는 예수님이 무화과나무를 마르게 하셨다. 따라서 무화과나무를 뿌리째 마르게 한(20절) 권위적 선언("너로부터는 영원히 아무도 더 이상 열매를 먹지 못할 것이다." 14절)을 할 수 있었던 예수님은 이스라엘의 하나님과 동일한 분이라는 추론이 가능하다(Hays, 2016: 75-76).

이스라엘에게 기대된 "열매"(καρπόν, 14절)는 무엇이었을까? 아브라함의 자손이자 언약 백성인 이스라엘의 소명은 '세상의 빛'(사 42:6; 49:6; 마 5:14)이 되어 열방을 복주는 통로가 되는 것이었다(10:42-45 주해를 보라). 그들이 맺어야 할 열매는 바로 세상의 빛된 역할이다(참조. 마 5:14, “너희는 세상의 빛이다”). 하지만 예수님 당시 유대인은 로마의 지배 하에서 한편으로는 로마를 추종하고(헤롯과 대제사장) 다른 한편으로는 로마와 똑같은 칼을 들고 세상의 재판관 노릇을 할 준비를 하고 있었다(열심당). 이런 역사적 상황 속에서 이스라엘의 메시아인 예수님은 그를 통해 실현되는 종말론적인 하나님의 다스림을 선포해 오시며(1:14-15; 6:7-13), 그를 메시아로 믿고 따라 새 언약 백성으로서 열매 맺는 삶을 살도록 초대하셨다. 이 와중에 시위된 무화과나무 저주 행위는, 언약 백성으로 세상의 빛 되는 열매를 맺게 하고자 종말론적 구속자로 온 그를 받아들이지도, 또 따르지도 않는 이스라엘에게 결국 임하게 될 심판(심판의 내용에 대해서는 아래 주석을 보라)을 상징적으로 드러낸 사건이다(Hooker, 1991: 262).

성전 소란 행위(15-19절) 예루살렘에는, 복수 동사(ἔρχονται, ‘그들이 도착했다’, 15절; ἐξεπορεύοντο, ‘그들이 나왔다’, 19절)가 말하듯, 예수님과 제자들이 함께 들어갔고 또 함께 나온다. 하지만 성전에는, 단수 동사(εἰσελθὼν, ‘그가 들어갔다’, 15절)가 말하듯, 예수님 홀로 들어가신다(15절 전반부). 그러므로 성전 소란 행위는 예수님이 단독적으로 계획하고 실천하신 행위라는 것을 알 수 있다. 또한 모든 시선이 오직 그에게만 집중된다. 사전 계획은 그의 첫 방문 때 성전에 “들어가신 후 모든 것을 둘러”보셨을 때(11:11) 이뤄졌다고 추론할 수 있다. 예수님은 계획에 따라, 비록 성전 일부 지역에서 이뤄졌지만, “팔고 사는 사람들을 내쫓으”셨고, “돈 바꾸는 사람들의 상들과 비둘기 파는 사람들의 의자들을 뒤집어 엎으셨다”(15절). 비둘기 판매상과 마찬가지로 상인들은 먼 거리에서 온 예배자들을 위해 제사에 필요한 물건을 판매하는 사람들이었고(Safrai et al., 683), 환전상은 사람의 형상이 새겨져 성전에서 유통이 금지된 그리스-로마 화폐를 성전에서 유통될 수 있는 유대 화폐로 교환해주는 사람이었다(미쉬나 쉐칼림 1:3; Gnilka, 2권 174; Hooker, 1991: 268; Evans, 2001: 172).[7] 이 모든 물건들과 상거래는 성전 제의의 운영에 필수적인 요소들이지 그것의 남용이나 오용의 예가 아니다(Sanders, 1985: 61-76). 그럼에도 예수님이 "성전 안에서[ἐν τῷ ἱερῷ] 팔고 사는 사람들을 내쫓으시기[ἐκβάλλειν] 시작하셨다." 이 표현은 종말에는 성전 안에서 장사하는 사람들이 없을 것이라는 스가랴 14:21 후반부("그 날에는 만군의 여호와의 전에 상인이[8] 다시 있지 아니하리라", 번역은 저자의 것)를 떠올려 준다. 예수님의 성전 소란 행위에는 성전에서 장사꾼들을 몰아내어 성전을 정화하시려는 의도가 있었다는 것은 부인하기 힘들다. 더군다나 성전에서 진행된 거래를 통해 유익을 취한 이는 대제사장이었기 때문에(미드라쉬 예레미야애가 랍바 2; Safrai et al., 683) 예수님의 의도는 성전 권력자들의 부당한 이윤 추구를 심판하는 데에 있었다는 추론이 가능하다(이태호, 258-66; 안경순, 257-58; Hurtado, 2020: 260-61).

그럼에도 여러 증거들은 예수님이 이보다 더 큰 목적 또한 가지고 계셨다는 것을 보여준다. 첫째, 예수님은 "누구도 성전을 통해서 물건[σκεῦος]을 운반하는 것을 허락하지 않으셨"다(16절). '스큐오스'(σκεῦος)의 사전적인 의미는 어떤 물건을 담거나 운반할 때 사용하는 단지와 사발 혹은

7. 비록 신약성경보다 후기의 랍비 문헌이지만 미쉬나 쉐칼림 1:3에 따르면 "15일에 [환전]상이 경내에 세워졌고 25일에는 성전에 세워졌다"("On the 15th thereof the tables [of the money-changers] were set up in the provinces; and on the 25th thereof they were set up in the Temple").

8. '케나아니'(כנעני)는 개역개정에서 "가나안인"으로 번역되었지만 '상인'이라는 뜻을 역시 가진다(예. 욥 41:6; 잠 31:24; 겔 17:4; 호 12:7; 습 1:11). 이런 번역을 위해서는 Petersen (a), 1995: 160을 보라.

돈주머니와 용기(vessel)를 가리킨다.[9] 이런 해석에 기초하여 후커는 예수님이 금지하신 것은 감람산에서 예루살렘 서쪽에 이르는 지름길로 성전을 이용하면서 물건을 운반한 당시 관습이라 지적한다(미쉬나 베라코트 9:5; Hooker, 1991: 268; 또한 Gnilka, 2권 174; Hurtado, 2020: 268). 하지만 "물건" 운반 금지는 다른 성전 제의에 필요한 물건을 뒤엎으시는 맥락에서 언설된 것임을 고려할 때 그닐카 역시 인정할 수밖에 없었던 것처럼 (Gnilka, 2권 174), '스큐오스'는 '성전 제의에 필요하거나 그것을 돕는 도구들'이란 의미가[10] 내포된 것으로 보는 것이 보다 더 타당하다(이태호, 261-62). 그러므로 '스큐오스'의 운반 금지 명령은 성전 제사의 불필요성과 그것의 중단을 염두에 둔 발설로 봐야 한다.

둘째, 현 사건 앞뒤에 배치된 무화과나무 저주 사건은 성전 소란 행위의 의도를 이해하도록 돕는다. 샌드위치 구조(A B A′)하에서 A와 B, 그리고 A′는 각 사건의 해석을 위해서 서로를 필요로 하기 때문이다. 무화과나무 저주 사건은 하나님에 의해 선택받았음에도 불구하고 합당한 열매를 맺지 못하는 이스라엘을 향한 하나님의 심판을 상징적으로 보여 주기 위한 시위였다는 점을 이미 살펴보았다. 만일 무화과나무 저주 사건이 그와 같은 의미가 있다는 것이 분명하다면, 무화과나무와 마찬가지로 이스라엘의 정치, 종교, 문화의 중심이었던 성전에서의 예수님의 행위 역시 열매 없는 이스라엘 위에 임한 하나님의 심판을 상징적으로 드러내시려는 뜻으로 진행되었다는 해석 역시 가능하다(Walker [a], 4-8). 하지만 후커는

---

9. BDAG, σκεῦος §1, 2.

10. 요세푸스(Josephus, *Jewish Wars* 6.8.3 §389 ["거룩한 제사에 사용되는 다른 많은 귀한 집기들(σκευῶν)"])와 필로(Philo, *Allegorical Interpretation* 3.102) ["먼저 모세에 의해 만들어진 장막과 그것에 속한 모든 집기(σκεύη)]) 역시 σκεῦος를 성전의 그릇을 가리키고자 사용한다.

예수님의 성전 소란 행위의 의도는 성전을 정화하는 것이었지만, 마가는 무화과나무 저주 사건을 샌드위치 형식으로 배치하여 성전에서의 예수님의 행동을 메시아의 경고를 받아들이지 않는 이스라엘을 향한 심판으로 해석하도록 만들었다고 주장한다(Hooker, 1991: 265-66). 예수님의 의도와 마가의 의도를 별개로 보는 후커의 입장을 우리가 따를 이유는 없다. 본문이 말하는 것처럼 무화과나무 저주 사건은 연대기적으로 예수님이 성전 소란 행위를 가지기 직전(12, 15절)과 직후(20절)에 일어난 사건이라는 것을 믿지 못할 이유가 없기 때문이다.

셋째, 아래서 볼 것처럼, 예수님은 두 번째 무화과나무 저주 선언 이야기(A′)를 믿음에 근거한 기도와 하나님의 용서하심에 대한 가르침으로 끝맺는다(11:23-25). 성전의 주된 역할이 기도(11:17)와 용서라는 점을 감안할 때 이런 결론은 성전 멸망에 대한 상징적 행위 후에 주어질 수 있는 자연스러운 가르침이다. 넷째, 곧이어 예수님은 성전 멸망에 대한 예언을 하신다(13:1-2). 이런 종류의 예언은 성전 소란 행위의 의도를 성전 멸망을 위한 선지자의 상징적 행동이라고 볼 때 가장 잘 이해될 수 있다. 다섯째, 예수님의 성전 소란 행위를 성전 파괴에 대한 상징적인 행위로 보는 것은 초기 교회의 성전에 대한 입장과 조화를 이룰 수 있다. 초기 교회는 결코 새로운 성전을 건축하려는 시도를 하지 않았으며 사도행전 7장에서 보여주듯이 스데반은 이스라엘 백성들이 광야 생활 중 만들었던 송아지 우상을 가리킬 때 사용한 것("자기 손으로 만든 것", 7:41)과 동일한 표현인 "손으로 지은 곳"을 사용하여 성전을 묘사하면서 성전 무용론의 입장을 고수하였다. 스데반의 성전에 대한 자세는 바울이 고린도 성도들을 향하여 "그대들이 하나님의 성전인 것과 하나님의 성령이 그대들 안에 계시는 것을 알지 못하시오"(고전 3:16)라고 했을 때 가진 태도와 다른 것이 아니다. 기독교의 창시자인 예수님은 기존의 성전을 정화하여 그 기능을 유지하기를 원했음에도 그를 주로 고백하고 따르는 자들은 그들의 주와는 다른 입장, 곧 반 성전 태도를 취할 수 있었을 것이라고 상상하기는 매우 어렵다(이민규, 229-36). 위의 다섯 가지 주장은 예수님의 성전 소란 행위를 성전 멸망을 내다 본 상징적인 행동으로 이해하는 것이 가장 개연성이 높은 입장임을 말해준다.

성전 소란 행동 후 일련의 가르침(ἐδίδασκεν, 17절 전반부)을 주신다. 가르침은 "기록되지 않았소"(γέγραπται)로 시작하는데, 이것은 당시 성전의 현실에 대한 예수님의 판단의 근거가 구약이었음을 말해준다. 환언하면, 인용된 본문은 그로 성전 소란 행위를 하도록 이끈 동기가 무엇인지 알려준다. 17절의 중반부는 이사야 56:7에서, 17절 후반부는 예레미야 7:11 후반부의 일부분에서 인용되었다(마가복음에 인용된 이사야 본문은 고딕체로, 예레미야 본문은 밑줄로 표시했다):

> '내 집은 모든 민족들을 위해 기도하는 집이라 불려 질 것이다'라고 기록되지 않았소? 그러나 그대들은 그것을 강도들의 소굴[σπήλαιον λῃστῶν]로 만들어 버렸소(막 11:17).

> 나의 언약을 굳게 지키는 이방인마다 내가 곧 그들을 나의 성산으로 인도하여 기도하는 내 집에서 그들을 기쁘게 할 것이며 … 이는 내 집은 만민이 기도하는 집이라 일컬음이 될 것임이라 이스라엘의 쫓겨난 자를 모으시는 주 여호와가 말하노니 내가 이미 모은 백성 외에 또 모아 그에게 속하게 하리라 하셨느니라(사 56:6-8).

> … 내 이름으로 일컬음을 받는 이 집이 너희 눈에는 강도들의 소굴[σπήλαιον λῃστῶν]로 보이느냐(칠십인경 렘 7:11).

주목할 것은 예수님은 지금 이사야와 예레미야의 본문이 자신의 행동을 통해 성취되었다고 말씀하시지 않는다는 것이다. 만일 그런 뜻이 있었다면 마태복음이 자주 사용하는 "이 모든 일이 된 것은 주께서 선지자로 하신 말씀을 이루려 하심이니"(마 1:22; 2:15, 17-18, 23; 4:14 등)와 같은 인용구를 사용하실 수 있었을 것이다(참조. 막 7:6; 9:12; 14:27; Hays, 2014: 9). 예수님이 두 선지자의 글을 인용하신 이유는 자신의 행동과 말의 의미를 설명하시기 위해서라고 보는 것이 훨씬 더 자연스럽다(Hays, 2014: 8-9). 예수님의 의도는 인용된 본문을 통해 설명될 수 있다.[11] 첫 번째로 인용된 이사야의 본문은 하나님께서 이방 나라에 종살이하던 그의 백성을 돌이키실 때(사 56:8) 일어날 일을 말한다. 곧 포로된 이스라엘이 돌아올 때 이방인 역시 언약 백성이 될 것이고(사 56:6), 그때 성전은 이스라엘만이 아니라 "만민이 기도하는 집"이 될 것이라 말한다(사 56:7). 이방인들의 종말론적인 순례 여행에 대한 비전을 품은 선지자는 이사야만이 아니다. 스가랴 8:20-23(특히, 22-23) 역시 유사한 비전을 이야기한다:

> 많은 백성과 강대한 나라들이 예루살렘으로 와서 만군의 여호와를 찾고 여호와께 은혜를 구하리라 만군의 여호와가 이와 같이 말하노라 그 날에는 말이 다른 이방 백성 열 명이 유다 사람 하나의 옷자락을 잡을 것이라 곧

11. 허타도는 "상인들의 노점 설치는 … 이스라엘의 하나님을 뵙고 예배하려고 온 이방인들을 곤란하게 만드는 일이었다"(Hurtado, 2020: 261)고 주장하면서 성전을 정화 후 사 56:7을 인용한 것은 이방인들 역시 성전에서 마음껏 예배할 수 있도록 하려는 것이 예수님의 의도임을 마가가 보여주기 위함이라 말한다. 하지만 허타도는 성전에서의 노점 설치가 어떤 점에서 이방인이 성전 예배에 참여하는 일에 방해가 되었는지 설명하지 않는다.

> 잡고 말하기를 하나님이 너희와 함께 하심을 들었나니 우리가 너희와 함께 가려 하노라 하리라 하시니라(개역개정 슥 8:22-23).

이방인들의 종말론적 성전 순례 여행(또한 참고. 미 4:1-3; 7: 12, 17)은 이방에 종살이하던 이스라엘이 하나님의 언약 백성으로 회복된 후 그들에 의해 건축된 새 성전을 중심으로 일어나게 될 것을 내다본다. 예수님은 그를 통해 새 이스라엘이 모아지며 또 그를 중심으로 하나님의 종말론적 다스림이 시작되고 있다는 선포를 해오셨다(1:14-15; 3:13-16, 29; 6:34; 10:45). 그렇다면 예수님이 예루살렘에 입성하신 후 이방인들의 종말론적인 성지 순례와 기도가 새 성전을 중심으로 진행될 것이라는 이사야 본문을 인용하신 것은 아주 자연스러운데, 유대 종말론에 따르면 이방인의 순례 여행은 이스라엘의 회복(사 55:7; 56:8; 슥 1:3)과 하나님의 돌아오심(슥 1:16; 8:3)에 뒤따르는 일로 이해되고 있었기 때문이다(Jeremias, 1958: 59, 65-66). 성전 멸망을 상징하는 예수님의 예언자적 행동은 이방인들의 종말론적 성지 순례 여행을 준비하는 차원 역시 내포한다. 물론 유대 종말론과 예수님의 행동 사이에는 불연속성 역시 존재한다. 이사야와 스가랴는 이방인의 종말론적 순례 여행은 새로운 성전이 건축될 때 이뤄질 것으로 내다보았지만 예수님은 성전 파괴를 위한 상징적 행동을 하시며 그 말씀을 인용하시는 것이다. 이런 점에서 그가 대안적 성전을 염두에 두고 있었는지를 질문하는 것은 합당하고 잠시 후 이 주제로 돌아갈 것이다.

두 번째로 인용하신 구약 본문은 예레미야 7:11이다. 예수님이 인용하고 계신 "강도의 소굴"(σπήλαιον λῃστῶν)이 예레미야의 맥락에서 어떻게 사용되고 있는지에 먼저 주목할 필요가 있다. "강도"(λῃστῶν, 렘 7:11)는 바벨론 침공 직전의 "유다 사람들"(렘 7:2)을 가리키는데, 그들은 성전 바깥에선 약자를 억압하며 불의를 일삼으면서도 성전에 들어와서는 그들의 구원을 확인하려는 "가증한 일"(렘 7:10)을 행하고 있었다(렘 7:5-6, 8-10). 예레미야에 따르면 "여호와의 집"(렘 7:2)은 당시 유대 사람들에게 "강도의 소굴"과 다를 바가 없었고 결과적으로 그것을 기다리고 있는 것은 파괴와 심판이다(Hays, 2014: 9). 그러한 심판을 확증하고자 선지자는 예루살렘 이전 중앙 성소 역할을 했던 실로가 어떻게 파괴되었는지 예를 들어 설명한다(렘 7:12-15). 이런 선언은 앞선 주해에서 주목했던 이스라엘을 상징하는 무화과나무 비유를 통해 재차 확인된다("무화과나무에 무화과가 없을 것이며 그 잎사귀가 마를 것이라", 렘 8:13). 예수님이 성전이 "강도의 소굴"이 되었다는 예레미야의 말을 인용하신 데에는 당시 성전이 예레미야의 때와 별반 차이가 없다는 판단이 있었을 것이다. 이미 살펴본 것처럼 예수님은 성전 소란 행위 전에 상징적인 의미로 가득찬 무화과나무 저주 사건(11:12-14, 20-21)을 일으키시는데, 이 역시도 예레미야 본문에 그의 행동과 말을 의도적으로 일치시키시려는 시도의 일환이다.

예수님이 "강도"라는 말을 사용하셨을 때 누구를 염두에 두셨을까? 또는 성전 파괴의 책임이 누구에게 있다고 판단하셨을까? 두 입장이 있는데, 성전 상권을 통해 사리사욕을 챙긴 대제사장의 성전 사용을 책망(Marcus, 2009: 784)하시며 그 용어를 사용하셨다는 것과, 예레미야의 경우와 같이 불의를 행하는 일반 유대 백성을 염두에 두었다는 입장(Hooker, 1991: 264; France, 2009: 446)이 그것이다. 성전 소란 행위 이후 대제사장과 서기관들이 예수님의 적대자로 반복 등장하고 있는 것(11:27-33; 12:12, 13)은 예수님의 의도가 그들에게 맞춰졌다는 입장을 지지하는 것처럼 보일 수 있다. 하지만 예수님의 의도와는 상관없이 성전 소란 행위가 그들의 권위를 무시하는 것이라는 판단(28절) 때문에 그에게 적대적인 태도를 보였을 수도 있다. 따라서 예레미야의 맥락이 지지하고 있는 것처럼 예수님은 종교 권력자만이 아니라 이스라엘 전체의 죄 때문에 이스라엘의 심장부인 성전의 멸망을 예언했다고 보는 것이 더 자연스럽다.

지금까지 해오셨던 그 같은 선포를 고려하면 예수님은 당시 이스라엘이 성전과 관련하여 어떤 범죄 가운데 있었다고 판단하셨을까? '레스떼스'(λῃστής)는 일반적으로 '강도'와 '도둑'을 의미한다(15:27). 하지만 1세기 팔레스타인에서 '강도'는 사회·정치적 의미를 함축하고 있었다는 것을 기억해야 한다(Horsley and Hanson, 48-87). 요세푸스의 용례가 보여 주듯이 '레스떼스'는 로마와 그 하수인들에 대항하여 무장봉기한 정치적인 체제 저항자들을 가리켰다.[12] '레스떼스'의 대로마 항쟁의 주요 목적은 로마를 팔레스타인에서 몰아내고 성전을 정화하는 것이었다(Hengel, 1989: 41-46, 217-24). 성전은 그들에 의해 이스라엘의 민족적 우월성과 로마의 길인 폭력을 정당화하는 장소가 되었고, 이방의 빛이 아니라 이방을 심판하는 장소가 되어 버렸다(Wright, 2004: 152). 이러므로 예수님이 당시 하나님의 집이 "강도의 소굴"이 되었다고 하셨을 때 의도하신 뜻은 분명해 보인다. 열방을 성전으로 이끌어 하나님을 섬기도록 해야 할 소명을 받은 언약 백성이 도리어 성전 정화라는 명분하에 로마와 같이 칼을 빼들어 성전을 폭력적 저항 운동의 중심지로 삼은 것에 대한 "하나님의 심판"을 드러내신 것이다(Wright, 1996: 334, 418; Walker, 277). 언약 백성의 메시아로 온 예수님은 참 언약 백성의 길은 로마를 몰아내기 위해 로마와 같이 무기를 사용하는 것이 아니라 언약 백성의 메시아인 자신의 길과 평화에 관한 가르침을 따르는 것임을 말씀하셨다(참조. 눅 19:41-46). 그러나 그

---

12. Josephus, *Jewish Antiquities* 10.9.2-4 §§160-72; 14.9.2 §§159-60; 14.15.4 §§415-17; 20.8.5 §§160-61; Jewish Wars 2.13.3 §254; 2.13.4 §417; 2.13.6-9 §§425-431, 434, 441; 4.3.2-4 §§134-35, 138; 4.3.12 §§199, 202; 4.4.4 §§242, 244; 4.9.3 §504; 4.9.9 §555.

들이 예수님의 길을 따를 것을 거부하고 계속 무력 항쟁의 꿈을 키워나가자 그는 폭력적 국가주의의 중심이 되어 버린 성전을 정화하기보다는 그것의 멸망을 상징하는 말과 행동을 통해 예언하신 것이다. 이 예언은 주후 70년에 티투스(Titus)장군이 반란을 일으킨 이스라엘과 예루살렘을 점령하여 무참한 살육과 파괴를 자행했을 때 성취되었다.

그러면 예수님에게 성전 멸망 이후의 대안은 있었을까? 샌더스는 유대 종말론적 전망에서 예수님은 "하나님에 의해 하늘로부터 주어질 새로운 성전을 기대"했을 것이라 주장한다(Sanders, 1985: 75). 예수님이 새 성전과 관련하여 그 같은 종말론적인 기대를 가지고 계셨다는 추론이 불가능한 것은 아니지만(참조. 계 21:1-2, 10-27), 마가복음이 보여 주고 있는 증거는 이것보다 좀 더 구체적이고 실제적이다. 첫째, 중풍병자 치유 사건(2:1-12)에서 볼 수 있듯이 예수님은 성전에서 대제사장에 의해 이뤄졌던 죄 용서 선언을 "집" 안에서 자신이 직접 수행하신다. 둘째, 그의 죽음 역시 성전 제사의 기능인 대속(10:45)의 효력이 있는 것으로 보셨다. 셋째, 예수님은 의식적으로 부정한 한센병환자(1:40-42)와 혈루증 여인(5:25-34)을 신체적 접촉을 통해 치료하시고 죽은 야이로의 딸(5:35-43) 역시 동일한 접촉을 통해 살리시는데, 이런 치유 방식은 성전의 주된 기능 중의 하나인 의식적 부정을 정화하는 역할(Holmén, 222-23)과 특히 접촉하는 모든 것을 거룩하게 만드는 제단의 역할(출 29:37)을 예수님 자신이 수행하신다는 암시를 강하게 준다. 위의 증거들은 공생애 기간 동안 예수님이 성전의 기능을 부분적으로나마 이행하셨다는 사실을 확인해 준다. 그러므로 예수님에게는 성전이 멸망된 후 자신이 그 역할을 대체할 것이라는 믿음이 있었다는 추론은 근거 없는 것이 아니다. 이어지는 포도원 농부 비유(12:1-12)와 마지막 만찬 사건(14:17-26)은 예수님의 그와 같은 자기 이해를 더욱 뚜렷하게 보여준다(아래를 보라).

성전 소란 행위 소식을 들은 대제사장들과 서기관들은 "어떻게 그를 죽일 것인지[πῶς αὐτὸν ἀπολέσωσιν] 궁리한다"(18절 전반부). 살해 모의는 사실 갈릴리에서부터 있어 왔다(3:6). 그때는 바리새인이 종교적 전통과 율법 위반을 빌미로 삼아 헤롯당과 살해 계략을 꾸몄다(3:6). 그 이후 예수님을 둘러싼 음모는 점점 더 조직화되어 예루살렘으로부터 서기관들이 내려와 그의 행적을 조사하다가(3:22), 그가 예루살렘에 도착한 후에는 당시 유대 사회의 최고 권력자였던 대제사장이 전면에 등장한다. 절정은 지금까지 등장했던 인물들(대제사장, 바리새인, 그리고 헤롯당)이 모두 연합하여 예수님을 궁지에 몰아넣고자 등장하는 12:12-13에서 이뤄진다. 어쨌든 마가는 그들이 예수님을 살해하려는 이유를 18절 후반부에서 두 번 반복된 '가르'(γάρ) 절로 설명한다:

> 이는[γὰρ] 그들이 그를 두려워했고[γὰρ] 모든 무리는 그의 가르침에 놀랐기 때문이었다.

"이는[γὰρ] 그들이 그를 두려워했고 …"(18절 중반부)가 말하듯이 권력자들의 "음모의 뿌리에는 두려움이 있었다"(Edwards [b], 344). 당시에 대제사장을 모독하는 것은 하나님에 대한 불경죄에 버금가는 범죄로 여겨졌다는 요세푸스의 증언이[13] 말하듯 대제사장은 백성들 가운데서 종교 및 정치적으로 절대 권력을 누렸다. 유대의 모든 권력을 장악하고 있던 이들이 갈릴리에서 올라온 청년을 두려움의 대상으로 여긴 이유가 무엇이었을까? 예수님에 대해 그들이 가진 두려움은 아마도 경쟁자에게 느낄 수 있는 위기의식이었을 것이다(Hagedorn and Neyrey, 39 각주 85). 이어

---

13. Josephus, *Against Apion* 2.3 §23.

지는 두 번째 '가르'(γάρ) 절은 보다 구체적으로 그 까닭을 설명한다. "모든 무리"(πᾶς ... ὁ ὄχλος)가 예수님의 가르침을 듣고 놀랐다는 정보는 표면상으로 보면 그들의 살해 동기를 설명하기에는 모호한 면이 있다. 무리의 반응과 그들의 살해 음모는 필연적 인과 관계가 없기 때문이다. 그러나 원접 문맥이지만 대제사장들이 예수님을 죽이려는 이유에 대한 빌라도의 진단은 현 문맥에서 그들의 동기 이해에 도움을 준다. 마가에 따르면 예수님에 대한 그들의 적대적 태도 배후에는 "시기"(15:10)가 있었다는 것이 빌라도의 판단이었다. 따라서 대제사장과 서기관 같은 종교 지도자들이 "모든 무리"가 예수님과 그의 가르침에 압도적 칭송과 찬사를 보내는 모습(11:8-10)을 보자 그들 안에 깊은 시기심이 일어났을 것이고, 그 시기심은 경쟁자를 제거하려는 시도로 이어지게 했을 수 있다.

근접 문맥은 시기심에 더하여 이해관계 역시 대제사장들과 서기관들의 예수님을 살해하려는 동기의 배후였다는 추론을 가능하게 한다. 마가에 따르면 종교 권력자들이 예수님을 살해하려는 이유는 무리가 예수님의 "가르침에 놀랐기 때문"이다. 무리들이 놀랍게 반응한 "그의 가르침"(18절 후반부)은 성전 소란 행위 이후 준 교훈(17절)으로 보는 것이 맥락상 자연스럽다. 그렇다면 대제사장들이 그를 살해하려는 의도 뒤에는 예수님이 그들의 신분과 이해관계가 얽힌 성전을 부정하는 듯한 소란 행위를 저질렀을 뿐만 아니라, 그의 그런 행위를 성경적 기반 위에서 정당화하려는 가르침이 무리에게 큰 지지와 반향을 일으키는 것을 보자 그들에게 불안감과 두려움이 생겼을 것이라고 추론할 수 있다. 특히 살해 음모자인 서기관은 당시 백성들의 종교적 교육을 담당하고 있던 권위자였다는[14] 사실을 고려할 때 그들이 예수님의 반 성전주의적 가르침과 그에

14. 1:22 주해를 보라.

동조하는 "모든 무리들"을 보았을 때 가지게 되었을 충격과 두려움은 쉽게 짐작될 수 있다.[15]

마가복음의 전체 흐름으로 보았을 때 예수님의 가르침을 "듣고"(ἤκουσαν, 18절 전반부) 그들을 죽이려는 음모를 꾸민 대제사장들과 서기관들의 반응은 동일한 예수님의 가르침을 "듣고"(5:27, 혈루증 여인; 7:25, 시리아-페니키아 여인; 10:47, 바디매오) 구원을 받고자 그에게 나온 여러 무명의 인물들과 대조를 이루고 있다. 하나님의 가르침을 전하고 대언하던 자들은 하나님의 아들의 가르침을 듣고 그를 제거하려 하지만, 대제사장들과 서기관들이 변방에 몰아낸 자들은 예수님의 말씀을 듣고 그에게 나아온다.

무화과나무 저주와 가르침(20-26절) 아침에 제자들은 베다니 외곽 지역을 지나가다 예수님이 저주하신 무화과나무가 "뿌리째 마른 것을 보았다"(20절). "뿌리째 마른" 무화과나무의 발견으로 시작하는 현 섹션의 시간적 배경은 성전 소란 행위가 이뤄진 다음날이고 구조적으로는 A B A′ 배열의 마지막 에피소드(A′)이다. 이런 두 배경을 종합해서 고려해 본다면 말라버린 무화과나무의 발견은 멸망이 예언된 성전의 앞날에 대한 현재적 확증임을 추정해 볼 수 있다.

이어지는 베드로의 외침("랍비여, 보소서 당신이 저주하신 그 무화과나무가 완전히 말랐나이다." 21절)은 예수님의 말씀(14절)이 성취된 사실에 강조점이 있다(Hooker, 1991: 269). 이처럼 12-14절에 이어 현 섹션에서 재개되는 무화과나무 저주 에피소드에서 두드러진 것은 목격자로서 제자들의 위치이다. 저주를 들은 이들도 제자들이었고(14절 후반부) 말라

15. "[γὰρ] 모든 무리는 그의 가르침에 놀랐기 때문이었다"처럼 문장 선두에 나온 '가르'가 원거리 정보나 본문 외적인 정보를 추론하도록 이끄는 기능에 대해선 11:12-14 주해를 보라.

버린 나무를 보고 이전 저주를 떠올린 이들도 열두 제자("그들이 … 보았다", 20절) 중 하나인 베드로였다. 이는 현 사건이 열두 제자와 베드로의 생생한 증언에 의존한다는 전승사적 의미(Bauckham, 2006: 159, 180)와 함께 무화과나무 저주 사건이 가진 신학적 의미, 곧 이스라엘의 심판을 기억하고 그것을 새롭게 되새겨야 할 이가 바로 새 이스라엘로 부름을 입은 제자들이라는 점을 분명히 한다(비교. Boring, 324).

22-25절에서 담화의 주제는 저주받은 무화과나무에서 믿음과 기도, 그리고 용서로 옮겨가는데, 그 첫 담화는 믿음이다: "하나님을 믿으시오"(ἔχετε πίστιν θεοῦ, 22절). 이 문장의 문자적 뜻은 '하나님의 믿음을 가져라'이다. 소유격의 두 용법으로 목적어와 주어의 역할이 있지만 현 문장과 같이 기적에 관한 문맥에서는 본 주석의 번역이 보여주듯이 소유격 '테우'(θεοῦ)가 목적어 역할을 하는 것이라 보는 것이 옳다(Marcus, 2009: 785; Evans, 2001: 186). 마가복음에서 하나님의 능력을 경험하기를 원하는 자에게 요구된 태도(2:5; 4:40; 5:34, 36; 6:6)인 믿음은 이제 제자들이 붙잡아야 할 일로 권면된다. 현 상황에서 제자들에게 하나님에 대한 믿음이 강조된 이유는 간단하다. 앞서 비록 상징적이지만 하나님의 현존의 장소로 알려진 성전 멸망과 하나님의 언약 백성인 이스라엘을 상징하는 무화과나무의 저주가 예고되었다. 따라서 역사 속에서 하나님의 자기 계시의 두 매체의 위기는 곧 하나님 자신에 대한 신앙의 약화로 이어질 수밖에 없을 것이다. "하나님을 믿으시오"라는 예수님의 도전은 이런 맥락에서 이해돼야 한다. 그를 통해 계시된 하나님은 이스라엘이 심판받더라도 새 이스라엘을 시작하실 수 있고, 성전이 멸망되더라도 새 성전을 가져올 수 있는 분임을 신뢰하라는 말일 것이다. 물론 하나님을 믿으라는 예수님의 도전은 그 자신을 믿으라는 메시지와 무관한 것이 아니다. 무화과나무를 마르게 한 것도 성전 소란 행위를 주도한 것도 모두 그였고, 무엇보다

그는 하나님 나라의 담지자였다. 따라서 "하나님을 믿으시오"라는 발설이 하나님의 종말론적인 새로운 시작 역시 그를 통해, 또 그 안에 시작되고 있다는 믿음을 가지라는 함의 역시 있었을 것이다(또한 1:15; 2:5; 5:34, 36; 9:24 주해를 보라).

예수님 특유의 화법("진정으로 내가 그대에게 말합니다")으로 시작하는 23절은 믿음에 기초한 간구가 가져올 수 있는 능력의 예를 제시한다. 명사구 "이 산"(τῷ ὄρει τούτῳ)의 지시 대명사(τούτῳ)는 특정한 산, 곧 성전이 서 있는 시온산을 가리킨다. 물론 본문은 예수님이 현 담화를 하시는 장소가 베다니와 예루살렘 사이인 것으로 밝히고 있기 때문에(11:12, 20) "예수님 일행이 가로질러 가고 있던 감람산을 언급하는 것일 수" 있고(Hurtado, 2020: 268), 아니면 성전이 서 있던 시온산을 가리킬 수도 있다(Hooker, 1991: 270; Telford, 119; Evans, 2001: 188-89). 하지만 지금까지의 주제가 성전이었다는 것을 고려할 때 예수님은 시온산을 염두에 두고 "이 산"을 말씀하셨다고 보는 것이 훨씬 문맥에 어울리는 입장이다. 예수님의 말씀은 구약에서 묘사된 시온산에 관한 기대와 비교할 때 놀랄 만한 주장을 담고 있다. 시편 46편은 "땅이 변하든지 산이 흔들려 바다 가운데에 빠지든지" 하나님이 계시는 예루살렘은 흔들리지 않을 것이라 말한다(시 46:2, 5). 마찬가지로 이사야(사 2:2)와 미가(미 4:1) 선지자는 종말에 시온산이 모든 산 위에 높이 세워질 것을 내다보았다.[16] 시온산에 대한 그 같은 믿음은 그곳에 하나님의 성전이 서 있었기 때문에 만들어진 것이

16. 미가 선지자는 "종말에(ἐπ᾽ ἐσχάτων τῶν ἡμερῶν) 하나님의 전이 있던 시온산이 모든 산 위에 우뚝 솟을 것(칠십인경 미 4:1)이라 말하기 전 3:12에서 "시온은 갈아엎은 밭이 되고 예루살렘은 무더기가 되고 성전의 산은 수풀의 높은 곳이 되리라" 했다. 이런 점에서 시온산 위에 성전의 멸망을 상징적 행위를 통해 보여주신 후 새로운 성전이 건축될 것을 예고(12:1-12, 특히 10-11절)하신 예수님의 성전관과 미가의 성전관이 유사하다고 할 수 있다.

다. 하지만 종말을 가져오신 예수님은 믿음으로 구하고 의심하지 않으면 시온산 역시 바다에 던져질 것이라고 하신다. 그 뜻이 무엇이든지 간에 그 산의 가치를 상대화시키신 것은 부인될 수 없다(Hooker, 1991: 270; Witherington, 2001: 318).[17] 이런 언설은 두 가지로 이해될 수 있다. 첫째, 구약 여러 본문(사 40:3-5; 45:2; 49:11; 슥 14:4-5)에 종말론적 구원이 도래할 때 산의 움직임이 일어날 것이라 말하고 있기 때문에 예수님의 발설도 그를 통해 그 구원이 시작되었다는 믿음의 발현이라 볼 수 있다(Nygaard, 87). 둘째, 예수님의 그 같은 대담한 주장은 그 성전의 멸망과 함께 그가 종말론적 새 성전의 기초가 될 것이라는 믿음 때문에 가능했다고 볼 수 있다. 12:1-12의 포도원 농부 비유 주해에서 밝힐 것처럼 시온산 위의 성전을 통해 역사하셨던 하나님께서 이제 예수님을 통해 그의 종말론적인 구원을 신실하게 성취해 나가고 계신다는 믿음이 그에게 있었기 때문에 시온산의 몰락을 믿음의 기도의 예로 제시하실 수 있었을 것이다. 그러므로 옛 성전이 사라질지라도 그 자신에 대한 믿음을 가진 제자들의 간구는 여전히 하나님에 의해 신실하게 응답될 것이므로 의심 없이 간구하라는 것이 예수님의 가르침의 요지이다.

24-25절에 이어지는 기도와 용서라는 주제 역시 현 맥락에서 자연스러운 등장이다. 성전은 기도와 제사를 통한 죄 용서가 이뤄지는 곳이었다는 점을 감안한다면 옛 성전이 사라진 현실에서 기도와 용서가 어떻게 진행될 것인지에 대한 질문은 당연하기 때문이다. 아래 담화는 기도와 용서 같은 성전의 주된 역할(왕상 8:12-61)이 실현되는 곳은 이제 예수님을 따르는 제자 공동체라는 것을 전제로 진행된다(Nygaard, 86-89). 먼저, 24절

---

17. 예수님의 말씀은 마가복음 기록 즈음에 진행되고 있던 열심당의 반로마 항쟁의 목표인 "로마를 바다에 빠뜨리는 것"과 비교했을 때도 전복적인 가치를 가진다(Boring, 2006: 324).

에서 예수님이 "그대들이 기도하고 구한 것을 받았다고 믿으시오"라고 하신다. 이는 제자들이 드리는 기도의 기본 자세는 예수님을 통해 이미 시작된 하나님의 뜻의 종말론적인 성취라는 전망을 가지는 것임을 말씀하시는 것이다. 이런 종말론적인 전망은 과거 시제(완료 상)로 된 동사 "받았다"(ἐλάβετε)에 함축되어 있다. 기도의 응답은 일반적으로 미래적인 일임에도 불구하고 그 응답("받았다")을 사건의 완료를 의미하는 과거 시제로 발화하도록 한 동력은 예수님이 가져오신 종말론적 현실이 제자의 삶에서 이미 시작되었다는 믿음이다(Hooker, 1991: 270; Marcus, 2009: 787). 이미 예수님을 통해 하나님 나라의 현실이 이 땅의 현실이 되기 시작했다는 믿음은 예수님을 따르는 자들로 하여금 그들이 드리는 기도의 성취가 미래적인 일만이 아니라 지금 여기서 이미 일어나고 있는 것으로 보도록 만든다(참조. 고전 7:29-31; Marcus, 2009: 795; 비교. Gnilka, 2권 183).[18] 기도의 응답은 먼저 믿음의 현실에서 경험되며 그 다음 삶의 현실로 드러난다("그러면 그대들에게 이뤄질 것이오", 24절 후반부).

25절은 성전의 또 다른 원형적 역할인 용서의 주제를 다룬다. "그대들이 기도하고자 섰을 때"는 기립 자세에서 드리는 유대인들의 일반적인 기도 습관(왕상 8:14, 22; 시 134:1; 마 6:5; 눅 18:11, 13)을 반영하는 언급이다. 예수님에 따르면 응답되는 기도는 '하나님 앞에 서서' 드리는 것일 뿐 아니라 '옆에 있는 다른 사람과의 관계'("누구를 탓하는 어떤 것이 있거든 용서하시오", 25절)가 반영돼야 한다(참조. 마 6:12). 하나님께 용서를 청하는 기도의 응답은 다른 사람의 허물을 용서하는 여부에 달려 있다. 사실 이런 가르침은 마가복음에서 낯설다. 마가복음 전체에서 죄 용서는 예

18. 에드워즈는 "기도하고 구한 모든 것을 받았다고 믿으시오"에는 "하나님의 신실함에 근거하여 과거 시제로 미래 행위의 확실함을 말하는 셈어적 사상이 반영"되어 있다고 주장한다(Edwards [b], 347).

수님과 하나님의 주권하에 진행된다고 하지(2:7, 9, 10; 3:28-29; 4:12), 인간의 선택적인 행동에 달려 있다고 말하지 않기 때문이다(비교. 마 5:23-24). 그럼에도 남을 용서하는 것이 하나님의 용서를 받는 조건이 된다는 예수님의 말씀은 그를 따르는 이들의 특징이 상호 용서라는 것을 강조적으로 표현한 것이다. 사실 성전 제사에서 용서의 조건은 토라가 규정하는 적절한 제물과 관련 있었지만 성전이 사라진 현실에서 하나님의 용서가 주어졌는지 어떤지를 확신할 수 있는 근거는 용서 구하는 자가 다른 사람의 허물을 용서했는지에 달려 있다고 말한다. 또한 상호 용서에 대한 강조는 제자 공동체가 오직 예수님의 속죄 사역(14:22-24)으로 탄생된 것임을 잘 알고 있었던 마가복음의 원청자들에게 결코 과한 가르침으로 들리지 않았을 것이다. 게다가, 외부의 핍박과 내부의 배신으로 로마 교회는 깨어질 위기에 처해 있었기 때문에 본문과 같은 예수님의 상호 용서에 대한 가르침은 그 어느 때보다 절실했을 것이다.

요약과 해설

본 단락은 일어난 사건의 연대기적 순서에 따라 세 가지 사건이 샌드위치 구조로 구성되어 있다. 이런 구성의 중심에는 성전 소란 행위가 있으며, 그 사건 전후에 열매 없는 무화과나무 저주 사건이 자리 잡고 있다. 무화과나무 저주 사건은 그 나무가 상징하는 이스라엘이 열매 맺지 못하는 결과로 받게 될 하나님의 심판을 드러낸다. 그들에게 기대된 열매는 하나님의 언약 백성으로서 세상의 빛 된 역할을 감당하여 이방을 주께로 이끄는 일이었다. 이 소명을 이루고자 이스라엘의 메시아로 예수님이 오셨지만, 당시 이스라엘은 여러 자칭 메시아의 지도하에 로마처럼 칼을 들고 폭력적 저항 운동의 길에 점점 더 빠져들면서 예수님의 길을 따르기를 거부하였다. 결과는 하나님의 심판이었다.

이어서 예수님은 성전에 들어가셔서 성전 제사에 필수적인 것들을 판매하는 상인들을 내쫓고 그 물건들을 뒤엎는 행동을 하셨다. 이 행동은 성전 일부분에서 일어난 일이며 그 영향은 미미하였다. 하지만 예수님에게는 중요한 상징적인 의미를 가지고 있었다. 예수님의 의도는 대제사장의 이윤 추구의 발판이었던 성전 안에서 장사꾼들을 몰아내 종교 권력자의 부패로부터 정화된 성전을 만들어 그 본래적 기능이 잘 작동되도록 하려는 뜻이 있었다고 볼 수 있다. 하지만 본문은 예수님에게 더 큰 뜻이 있었음을 추론케 한다. 먼저, 소란 행위의 대상이 된 사람들과 물건이 성전 제의에 필수적인 것들이었다는 것은 예수님의 행동이 성전 정화에만 초점이 맞추어진 것이 아니라 성전 제의 자체의 중단에 대한 그의 뜻을 드러내신 것이라 보아야 한다. 특히 "누구도 성전을 통해서 물건을 운반하는 것을 허락하지 않으셨다"(16절)는 말씀은 성전 제의를 돕는 물건 운반을 더 이상 허락하지 않으셨다는 뜻을 가진다. 이어지는 예수님의 어록은 그의 의도를 보다 더 분명하게 보여준다. 이스라엘의 성전은 이방인들이 종말론적인 순례 여행을 위해 찾아와 기도하는 곳이 되도록 소명을 받았지만 현실은 "강도의 소굴"(17절 후반부)이 되어 버렸다. 요세푸스에 따르면 '레스떼스'(λῃστής)는 예수님 당시 로마와 그 하수인들에 대항하여 무력 항쟁을 벌이고 있던 '정치적 강도'를 가리키는 용어였다. 예수님은 이방의 빛이 되어야 할 성전(을 중심으로 언약 백성)이 이방 로마의 폭력의 길을 흉내내며 성전 정화라는 미명하에 이방을 심판하는 곳이 되었다는 사실을 지적하신 것이다.

샌더스는 구약성경과 제2성전 시기 유대 문헌 모두 성전 정화(겔 37:26-28; 슥 14:21; 말 3:1-4; 에녹1서 90:28-29; 솔로몬의 시편 17:30-32)

와[19] 새 성전 건축(겔 40-48장; 11QTemple 29:8-10)을 종말에 일어날 일로 내다본다는 점을 지적한 후(Sanders, 1985: 78-90) 예수님의 성전 파괴를 위한 예언자적 행위를 한 이유는 "하나님의 임박한 종말론적 행위를 상징적으로 드러내기 위함이었다"(Sanders, 1982: 76)고 밝힌다. 예수님의 행동과 어록 뒤에 있었던 종말론을 부각시켰다는 점에서 샌더스의 관측은 옳다. 하지만 예수님으로 성전에서 그와 같은 행동과 말을 하도록 이끈 현실적인 이유도 무시되지 말아야 한다. 곧 예수님의 성전 소란 행위는 이스라엘의 메시아인 예수님의 길을 따르지 않고 이방 로마의 길을 따라가는 백성과 성전이 맞이하게 될 심판인 멸망을, 옛 선지자들이 그랬던 것처럼, 미리 상징적으로 드러내 보이신 것이다. 이런 예언은 주후 70년 로마가 예루살렘을 몰락시켰을 때 성취되었다. 물론 예수님에게는 대안이 있었다. 그의 사역 중에 보이신 것처럼 예수님은 성전에서 일어날 죄 용서를 직접 선포하시고 성전의 부정을 정화하는 기능을 직접 수행해 나가셨다. 이는 성전의 속죄적, 정화적 기능을 예수님이 대신하셨다는 것을 보여준다. 포도원 농부 비유와 마지막 만찬에서 대안적 성전으로서 예수님의 역할은 더욱 분명해질 것이다.

샌드위치 구성의 마지막 부분은 무화과나무 저주 이야기를 재개한다(20-26절). 예수님이 말씀하신지 하루 만에 일어난 무화과나무가 뿌리째 마른 일은 예수님의 말씀이 성취의 능력을 가지고 있었음을 보여준다. 성전 소란과 관련해서 본다면 예수님의 소란 행위에 담긴 상징적, 예언적 뜻(곧 성전 멸망)은 반드시 성취될 것을 보여준다. 예수님은 이어서 제자들에게 하나님이 머무시는 곳으로 알려진 성전이 무너진 현실에서도 여전히 '하나님에 대한 믿음'을 갖도록 가르치신다. 하나님의 구속 사역은

19. 에녹1서 90:28-29; 솔로몬의 시편 17:30-32.

성전이 부재한 상황에서도 여전히 예수님을 통해 신실하게 진행될 것을 믿었기 때문이었다. 또한 구약성경(사 2:2; 미 4:1)은 모든 것이 흔들릴지라도 성전이 서 있는 시온산은 모든 산 위에 '굳게 서 있을' 것이라 말하지만, 예수님은 시온산이 바다에 던져질 것이라고 믿어 의심하지 않으면 그대로 될 것이라 말씀하신다. 구약 선지자들에게는 흔들리지 않을 시온산이 예수님에게는 사라질 산이 된 것이다. 이 말씀은 성전 소란 행위에 담긴 예수님의 의도를 다시 드러내신 것일 뿐 아니라, 성전의 부재 상황 속에서도 참 성전 되신 그를 통해 계속 역사하고 계시는 하나님에 대한 믿음을 잃지 않도록 하시려는 뜻으로 언설되었다고 보는 것이 옳다. 이어지는 기도와 용서에 대한 가르침 역시 성전과 무관하지 않은데, 성전의 주된 기능이 기도와 용서였기 때문이다. 제자들의 기도는 예수님을 통해 이미 현실화되기 시작한 하나님의 종말론적인 뜻의 전망에서 이뤄져야 하기에, 제자들은 기도한 것이 미래가 아니라 '이미' 성취되었음을 믿어야 했다. 하나님의 용서가 제자들의 용서 여부에 달려 있다는 가르침이나 성전의 속제가 아닌 예수님의 대속 위에 세워진 제자 공동체의 '삶의 원리'는 용서이어야 함을 강조적으로 보여 주는 말씀이다.

제51장
권위 논쟁
마가복음 11:27-33

본 단락은 "권위"를 두고 예수님과 종교지도자들(대제사장들, 서기관들, 그리고 장로들) 사이에 벌어진 논쟁을 다루는데, 이런 논쟁은 이후 계속되다가(포도원 농부 비유[12:1-12], 세금 논쟁[13-17절], 부활 논쟁[18-27절], 다윗의 아들 논쟁[35-37절]) 산헤드린 재판(14:53-65; 15:1)에서 그 정점에 도달한 갈등의 서막이다. 진행되는 일련의 논쟁들은 예수님과 성전 권력자들 사이의 불화가 점점 더 심해지고 있음을 보여준다:

· 대제사장들과 서기관들의 죽일 모의(11:18)

· 대제사장들과 서기관들의 예수님의 권위에 대한 도전적 질문 제기(11:27-33)

· 그들의 사악한 계획을 비유로 폭로하시는 예수님(12:1-12)

· 대제사장들과 서기관들과 바리새인과 헤롯당 사이의 연합(12:13)

· 사두개인들의 논쟁 참여(12:18)

· 서기관들의 외식과 불의에 대한 예수님의 비난(12:38)

· 성전 멸망 예언(13:1-2)

· 대제사장들과 서기관들의 구체적인 살해 계획(14:1-2, 10-11)

· 산헤드린(대제사장들, 장로들, 서기관들)의 개입과 사형 판결(14:53-65; 15:1).

성전 소란 행위 후 처음에는 예수님을 살해할 모의만을 가지던 대제사장들과 서기관들이 며칠 후에는 직접 예수님께 나아와 도전적인 질문을 시작한다(11:27-33). 이후 예수님은 비유로 그들의 사악한 계획을 폭로하시고(12:1-12), 그들은 바리새인과 헤롯당과 연합하여 세금 납부에 관한 입장을 밝히라며 예수님을 책잡으려 한다(12:13-17). 후에는 사두개인 역시 이 논쟁에 참여자로 등장한다(12:18-27). 예수님 역시 서기관의 외식과 불의를 정면으로 비난했을 뿐 아니라(12:35-44) 그의 적대자들의 중심 무대인 성전 자체의 멸망을 예언한다(13:1-2). 결국 예수님과 종교 권력자들과의 갈등은 당시 유대 사회의 법적 최고 기구인 산헤드린이 개입하여 예수님을 향해 사형 판결을 내리면서 파국으로 치닫는다(14:53-65).

주목해야 할 점은 일련의 논쟁이 성전을 중심으로 발전된다는 것이다. 종교 지도자들의 살해 음모는 예루살렘 입성 후의 첫 사역인 성전 소란 행위에 의해 촉발되었고 이어지는 논쟁과 갈등의 공간적 배경 역시 성전이다(11:27; 12:35; 13:1; 14:58). 갈등의 한복판에서 예수님은 성전 멸망을 직접적으로 예언하신다(13:2). 종교 권력자들의 예수님을 살해하고자 한 음모는 마침내 사형 선고라는 결론으로 끝나는데, 그 죄목들 중의 하나는 성전 멸망에 관한 예수님의 예언(14:57-58)이다. 역설적이게도 성전에 대한 그의 급진적 태도로 죽음이 초래되었음에도 그의 죽음은 새로운 성전의 기초가 될 것이 암시된다(12:10-12).

현 논쟁의 주제는 직전 단락이 보여 주었던 것과 같은 성전 소란 행위를 예수님이 수행할 수 있는 권위를 가지고 있는지에 관한 것으로 그 내용은 질문자의 등장과 질문(11:27-28), 예수님의 대항 질문(11:29-30), 질문자의 반응과 예수님의 결론(11:31-33)으로 진행된다.

27 그리고 다시 그들이 예루살렘에 갔다. 그리고 그가 성전에 거닐고
계실 때 대제사장들과 서기관들과 장로들이 그에게 다가왔다. **28** 그리고
그에게 말했다. "어떤 권위로 당신이 이 일들을 행하는 것이오? 또 누가 당
신에게 이것들을 행할 수 있는 이런 권세를 주었소?" **29** 예수님이 그들에
게 대답하셨다. "내가 그대들에게 한마디 물어보겠소. 그리고 나에게 대답
하시오 그러면 나도 어떤 권위로 내가 이 일들을 행하는지 그대들에게 말
하겠소. **30** 요한의 세례가 하늘로부터 온 것이오 아니면 사람으로부터 온
것이오? 나에게 대답하시오." **31** 그러자 그들이 "만일 우리가 '하늘로부터'
라고 말하면 그가 '그대들은 무엇 때문에 그를 믿지 않는가?'라고 말할 것
이다. **32** 그렇다고 '사람으로부터' 라고 우리가 말해야 하는가?"라고 말하
면서 서로 상의했다. 그들이 무리를 두려워하고 있었다. 이는 모든 사람들
이 요한을 진정한 선지자로 여기고 있었기 때문이다. **33** 그런 후 그들이 예
수님에게 대답하고자 말했다. "우리는 모르겠소." 그러자 예수님이 그들에
게 말씀하셨다. "나 또한 어떤 권세로 내가 이 일들을 행하는지 그대들에게
말하지 않겠소."

주해

대제사장들과 서기관들의 등장과 질문(27-28절) 예수님과 제자들은 11장 이후 세 번째로 예루살렘에 들어가(ἔρχονται) 성전에서 거닐고 있었다(περιπατοῦντος). 성전에 재등장하신 예수님의 행동은 앞선 사건을 고려할 때 긴장을 유발할 수밖에 없다. 마가가 18절에서 알려주듯이 그 사건은

대제사장들과 서기관들이 그를 죽이려는 음모를 꾸밀 정도로 도발적 행위였던 것이 틀림없었지만, 예수님은 그런 위험에도 불구하고 성전을 유유히 "거닐고"(περιπατοῦντος) 계셨다. 그러자 18절을 통해 예상된 것처럼 유대 사회의 최고 종교 권력자들인 대제사장과 서기관들과 장로들이 그에게 나아온다(ἔρχονται). 27절의 모든 동사들은 현재 시제로 발화되어 예수님과 종교 권력자들의 움직임과 만남에 초점화가 이뤄진다. 특히 대제사장과 서기관, 그리고 장로들은 유대 사회의 최고 권력기구인 산헤드린의 주된 대표로서(참고. 14:43, 53; 15:1) 이들의 회집은 예루살렘 입성 이후 예수님이 취하신 여러 행동을 그들이 심각하게 받아들였음을 방증해 준다. 그들을 자극시켰을 일들은 근거리 지시 대명사(ταῦτα [3x], 28, 29절)로 발화된다(아래를 보라). 그들과 예수님이 가리켰을 "이 일들"(ταῦ-τα)은 직전 단락에 이뤄진 예수님의 성전 소란 행위와 뒤따르는 가르침으로 보는 것이 문맥상 자연스럽다(France, 2002: 454; Stein, 525-26; 비교. Collins [a], 539; Boring, 2006: 326).

다가온 그들은 질문을 하는데, 그 질문의 의도는 그를 고소할 구체적 명분을 찾기 위함이었을 것이다. 질문은 두 가지다. "어떤 권세로[ἐν ποίᾳ ἐξουσίᾳ] 이 일들을[ταῦτα]" 행하는지와 "누가[τίς] 당신에게 이것들을 [ταύτην] 행할 수 있는 이런 권세[τὴν ἐξουσίαν ταύτην]"를 주었는지와 관련된다. 두 질문의 본질은 모두 권위의 문제로 집약된다. 즉 예수님이 성전에서 행하신 것과 같은 조치와 가르침은 어떤 권위(허가)를 필요로 하는 일인데, 그는 그것을 무시했다는 것이다. 질문자로 대제사장들과 서기관들이 등장한 것은 예수님의 물건을 뒤엎은 행위는 성전 운영권을 갖고 있던 대제사장들(Reicke, 1964: 148-49)의 권위에 대한 도전으로, 그의 가르침은 성전에서 가르칠 수 있는 권위를 가지고 있었던 예루살렘 서기관(Schmas, 150-51)의 권위에 위협이 되었음을 암시한다.

그러나 예수님이 행하신 것과 같은 성전 소란 행위는 비록 대제사장의 허락이 있었더라도 누구나 행할 수 있는 일이 아니었다는 것을 기억해야 한다. 앞서 살펴본 것처럼 그의 행동은 성전 정화가 아니라 분명 성전 제도 자체를 부정하는 듯한 행동과 가르침을 주었기 때문이다. 그러므로 예루살렘 입성 때 드러난 것처럼 다윗의 나라를 가져오는(11:10) 이스라엘의 메시아의 권위로 예수님이 그 일을 했다고 보더라도 이러한 행동은 그들에게는 이해하기 힘들었을 것이 분명하다. 이스라엘의 메시아에게 기대된 일은 성전 건축과 정화(삼하 7:13-17; 솔로몬의 시편 17:20-21)였지 성전 기능의 중지와 멸망이 아니었기 때문이었다. 성전 기능의 중지를 의도한 행동과 가르침은 오직 성전 제도를 허락하신 하나님의 권위에 준하는 권세를 가진 자만 할 수 있는 것이었다. 따라서 그들의 문제 제기는 예수님이 성전 유지자인 그들의 허락 없이 그 같은 행동을 했다는 데 맞추어져 있다기보다는(Fracne, 2002: 454) 예수님이 성전을 세우신 하나님의 권위를 가진 자처럼 행동한 데에 맞춰져 있다고 볼 때 더 잘 이해될 수 있다. 대제사장들과 서기관들이 보기에 예수님의 행동은 기대된 메시아적인 행동도 아니었고 더군다나 성전을 세우신 하나님에 준하는 권세를 가졌을리는 만무하리라 여겼기 때문에 그들의 질문은 단순한 의문 해소가 아니라 비난과 고소에 맞춰져 있었을 것이다.

예수님의 대항 질문(29-30절) 예수님은 요한의 세례의 기원이 "하늘로부터"(ἐξ οὐρανοῦ)인지 아니면 "사람으로부터"(ἐξ ἀνθρώπων)인지 먼저 답하면 자신도 어떤 권위로 "이 일"을 했는지 답하겠다며 대항 질문을 하신다. 대항 질문은 예수님의 이전 논쟁에서 자주 사용하신 어투이다(2:9-10, 19, 25, 26; 3:4, 23).

"하늘로부터"는 '하나님으로부터'를 뜻한다(1:11 주해를 보라). 권위에 대한 질문을 받은 예수님이 왜 요한의 세례의 기원에 관한 질문을 하시는 것일까? 예수님은 그의 선구자 요한의 사역과 자신의 사역이 동일하며, 그 권위 역시 동일한 기원에서 비롯되었다고 판단하셨기 때문에 요한을 현 논쟁에 끌어들인다고 보기도 한다(Hooker, 1991:271). 또는 세례 요한이 자기 뒤에 자기보다 강한 자가 올 것이라 예언했기 때문에 요한의 권위를 인정하면 그보다 강한 예수님의 권위 역시 인정해야 할 것을 알고 그와 같은 대항 질문을 하신 것으로 볼 수도 있다(France, 2002: 454).

그러나 예수님의 질문의 요지는 세례 요한이라는 인물에 대한 것이 아니라 그가 준 '세례의 기원'이라는 것을 기억해야 한다(Gnilka, 2권 188). 이는 예수님이 성전 소란 행위와 그에 수반된 가르침을 줄 수 있는 권위가 세례 요한의 세례에 그 기원을 둔다는 말씀을 하시려는 의도가 있었음을 보여준다. 예수님이 요한에게 세례를 받을 때 "하늘로부터"(ἐκ τῶν οὐρανῶν) 소리가 났고 그 소리의 내용은 "이는 내 사랑하는 아들이다"(막 1:11)이다. 이미 살펴본 것처럼(1:11 주해를 보라) 이 소리는 시편 2:7과 창세기 22:2이 어우러진 내용이다. 예수님은 요한에게 세례를 받으실 때 그가 하나님의 아들이심을 "하늘", 곧 하나님으로부터 확증받았다. 유대 사회에서 하나님의 아들은 이스라엘의 메시아를 가리키는 호칭으로 사용되었고(1:1 주해를 보라), 그의 소명 중 하나는 사무엘하 7:13에서 나단에 의해 예언된 것처럼 하나님의 성전을 건축하는 것이었다.[1] 그렇다면 성전 소란 행위를 할 수 있는 권위를 그가 가지고 있는지 질문을 받았을 때 예수님이 세례 요한의 세례의 기원의 문제를 되물은 것은 그는 세례 때 확증된 하나님의 아들의 권위에 의거하여 그 같은 행위를 하였다는 주장을 피력하려 했을 것이라 추정할 수 있다(김세윤, 1993: 140-41).

물론 예수님의 행동에 내포된 의미는 성전 재건보다는 파괴였기 때문

1. 또한 1:11; 14:55-61; 12:1-12 단락 서언을 보라.

에 성전 건축가로 알려진 메시아 그 이상의 권위, 곧 그것을 재정하신 자의 권위를 가지고 있음을 주장했다는 추정 역시 가능하다. 이런 주장의 근거 역시 세례 때 들은 음성에 내포되어 있는데, 역시 논증된 것처럼 1:11의 "사랑하는 아들"의 신분은 창세기 22:2의 빛 아래에서 본다면 메시아적 아들을 초월하여 하나님의 독특하고 인격적 아들임을 암시하고 있기 때문이다. 따라서 예수님은 세례 때 확증된 하나님의 신적 아들의 권위에 입각하여 성전 심판을 선언할 수 있음을 증명하려 하셨을 것이다(김세윤, 1993: 141).

대제사장들과 서기관들의 반응과 예수님의 결론(31-33절) 예수님의 질문은 대제사장들과 서기관들로 자기 검열을 하게 만들었다(31-32절). 그리고 마가는 그 과정(31-32절)을 청자들에게 들려주는데, 드러난 그들의 내면에는 세례 요한에 대한 불신이 자리 잡고 있으며 또한 그들의 입장 표명 역시 예수님과 무리들과의 관계에서 정치적인 이해타산만 고려하고 있음을 보여준다. 그들의 행동을 이끄는 것은 옳고 그름이 아니라 개인적인 위신과 대중들의 지지였다. 먼저, 그들은 만일 자신들이 세례 요한의 권위가 "하늘로부터"라고 말했을 경우 예수님께 받을 질책을 염려한다(31절). 그들 스스로 예상한 예수님의 책망은 요한에 대한 그들의 불신(οὐκ ἐπιστεύσατε αὐτῷ)이다. 현 맥락에서 요한을 믿는다는 것은 그의 세례의 신적 기원을 인정하고 그가 주는 회개의 세례를 받는 것을 의미하기에(Evans, 2001: 206), 결국 세례 요한으로부터 세례를 받고 그의 사역을 완성시켜 나가는 예수님의 사역 역시 인정할 수밖에 없는 딜레마에 빠질 수 있다고 판단했을 것이다.

다른 한편으로 그들은 "사람으로부터"라고 말할 경우, 세례 요한의 권위를 인정했을 뿐 아니라 그에게 세례까지 받은 무리로부터 받게 될 수도 있는 비난을 두려워했다. 차라리 무리들은 자신들에게 정직하다. 대제사장들과 서기관들이 말하듯 그들은 세례 요한을 참 선지자로 인정했고(32절) 또 그들이 옳다고 믿는 바에 따라 세례를 받고자 공개적으로 나아갔기 때문이다(1:5). 하지만 당시 종교 지도자들은 자신을 속이며 오직 이해관계만을 신속히 타진한 후 “우리는 모르겠소”라고 최종 답한다(11:33). 앞서 그들끼리만 나눈 은밀한 대화는 그들의 답변 이면에는 무지가 아니라 세례 요한에 대한 불신과 무리에 대한 두려움이 있다는 것을 들추어낸다(Schweizer, 237-38).

그들이 대답하기를 거부하자 예수님 역시 성전 소란 행위를 할 수 있는 권위의 기원에 대한 그들의 질문에 답하시기를 거부하신다(33절). 결과적으로 성전 소란 행위 이후 예수님을 살해(18절)할 명분을 얻으려는 시도는 좌절된다. 예수님이 요청된 어떤 질문에 답을 주시기를 거부하신 것은 매우 이례적인데, 이곳을 제외하고는 마가복음 전체를 통틀어 예수님은 어떤 의도로 제기되었든지 간에 대부분의 질문에 어떤 식으로든지 답을 하셨기 때문이다(2:6-12, 16-17, 18-22, 24-28; 3:2-6, 22-30; 7:5-13, 17-23, 25-30; 9:9-13, 28-29; 10:2-12, 17-22, 35-45, 46-52; 12:13-17, 18-27, 28-34; 13:1-37; 14:60-62; 15:1-5). 이런 이례적인 태도는 성전 소란 행위를 할 수 있었던 그의 권위의 실체를 밝히는 일이 그의 운명에 미칠 파급효과가 어떠할지 충분히 짐작하셨기 때문이었을 것이다. 예루살렘에 가게 되면 종교 권력자들에 의해 자신이 겪을 비극을 알고 있었고 예견까지 하셨던 것이 사실이다(8:31; 9:31; 10:33-34). 하지만 그렇다고 적대자들을 의도적으로 자극하지는 않으셨다. 그의 소명에 따라 말하고(12:1-12, 35-37) 행하는 데에(11:12-25) 있어서는 결코 주저함이 없었지만 말이다. 이런 은닉은 (유월절 시작) ‘때’가 되어 사로잡히신 후에는 완전히 사라지고 그는 자신을 명백히 드러내신 결과로 찾아온 고난을 받아들이신다(14:61-62; 15:1-2). 어쨌든 예수님의 대답 거부로 당분간 성전에서 가르침을 줄 수 있는 기회는 계속 확보할 수 있게 되었다.

요약과 해설

예수님과 세례 요한의 마지막 운명은 동일하다는 것이 마가복음의 가르침이었다(1:7, 14). 현 본문에서 예수님 역시 그것을 인정하신다는 사실이 함축되어 있다. 열매 맺기에 무능한 현 성전의 멸망과 새 성전 건축 의도가 내포된(아래 '포도원 농부 비유'[12:1-12]를 보라) 성전 소란 행위 이후 대제사장들과 서기관들, 그리고 장로들로부터 그의 권위의 기원에 관한 질문을 받았을 때 예수님이 세례 요한의 세례의 기원에 관한 내용으로 대응 질문을 하셨기 때문이다. 대제사장들과 서기관들의 질문은 그의 권위에 대한 것이었지만 예수님이 요한의 세례의 기원에 대해 역질문으로 응수하신 것은, 자기의 성전 소란 행위는 세례 요한으로부터 세례를 받을 때 하나님으로부터 확증된 하나님의 아들의 권위에 의거해서라는 주장을 하시려 했기 때문일 것으로 추정하는 것이 가장 타당해 보인다.

예수님의 성전 소란 행위 직후 대제사장들과 서기관들이 예수님을 죽일 계획을 했다는 것(11:18)을 고려한다면, 권위에 대한 그들의 질문은 예수님을 고소할 명분을 찾는 것에 그 목적이 있었다고 말할 수 있다. 아마도 그들이 듣기를 원했던 응답은 예수님이 하나님의 권위에 의거하여 성전 소란 행위를 행했다는 신성 모독적인 말일 것이다. 성전 정화와 건축은 메시아에게 기대된 일이다. 따라서 성전 관리인인 그들에게 예수님이 행하신 것과 같은 성전 멸망을 보여주는 행동과 그에 따른 가르침은, 오직 성전을 세운 하나님의 권위를 가진 자만 할 수 있는 일이었다. 하지만 적대자들은 세례 요한의 세례가 하늘로부터인지 아니면 사람으로부터인지에 대한 질문에 모른다는 답을 한다. 예수님 역시 그들의 질문에 답하지 않겠다고 응답하심으로써 곧 닥칠 수 있었던 비극은 얼마간 뒤로 미뤄지게 된다.

제52장
포도원 농부 비유와 새 성전
마가복음 12:1-12

현 비유는 앞선 권위 논쟁의 연장이다. 앞서 등장한 대제사장들과 서기관들(11:27)은 현 단락에서도 3인칭 대명사(αὐτοῖς, "그들에게")로 서두(1절)와 말미(12절)에 지시된 채 예수님의 대화 상대자 노릇을 한다. 또한 현 단락의 주제적 흐름 역시 앞선 단락과 마찬가지로 '갈등'과 '음모'(11:18, 28, 33; 12:7, 12)이다. 그리고 발전이 있다. 앞선 단락에서 예수님은 "무슨 권세"로 성전 소란 행위를 하는지에 대한 질문을 받으셨지만 답은 하지 않으셨다. 본 단락의 비유는 그 질문에 대한 응답의 성격이 짙다. 그 같은 성전 소란 행위를 할 수 있는 권위는 "사랑하는 외아들"(6절)의 신분에서 비롯되었다는 것이다. 성전 소란 행위 직후 예수님이 자신을 하나님의 아들로, 비록 간접적이지만 암시했다는 것이 분명하기 때문에(Evans, 2001: 239; Lee, 164; Hays, 2016: 42) 그의 성전 소란 행위가 메시아적 행위 또는 그 이상, 곧 신적 권위의 이행(아래를 보라)이라고 볼 근거가 마련된 것이다(김세윤, 1993: 151).

슈바이저(Eduard Schweizer)는 본 단락을 '역사의 예수'에게 거슬러 올라가기보다 교회의 창작의 결과물이라 본다(Schweizer, 239). 그 근거로 슈바이저는 크게 두 가지 이유를 제시한다. 첫째, '버려진 돌'(10-11절)에 대한 이야기는 포도밭 주인의 소작농들에 대한 보복을 다루는 앞선 9절의 문맥과 자연스럽게 연결되지 않는다(Schweizer, 239). 둘째, 예수님을 "돌"(행 4:11; 롬 9:33; 벧전 2:6-8; Barnabas 6:2-4)에 비유하는 것과 "아들"로 부르는 것은 초기 교회의 신학이 반영된 흔적이다(Schweizer, 239). 먼저, 슈바이저의 주장과 달리 '버려진 돌'에 관한 구약 인용은 현 비유의 결론으로 적절하다는 점이 지적돼야 한다. 성전 소란 행위 이후 예수님은 자신을 살해하려는 대제사장들과 서기관들의 음모를 감지하셨을 것이 틀림없고(11:18) 실제로 이어진 논쟁에서 그들 사이의 갈등은 돌이킬 수 없는 상황에 이르게 되었다(11:27-33). 이런 상황에서 예수님이 현 비유를 통해 대제사장과 서기관과 같은 성전 권력자들에 대한 하나님의 심판과 자신의 성전 소란 행위를 변호하려 하셨다고 보는 것은 무리가 없다. 따라서 하나님의 성전을 남용한 성전 권력자들에 대한 심판(9절)과 그들에 의해 희생될 아들을 통한 새로운 시작(10-11절)으로 결론이 맺어진 비유는, 성전에서 벌어진 일련의 사건과 논쟁 한복판에 계신 예수님의 상황과 잘 조화된다고 할 수 있겠다. 또한 예수님이 선포하신 종말론적인 하나님 나라의 전망에서 보더라도 하나님은 인간의 불성실과 악함에도 불구하고 그의 계획을 성취해 나가신다는 비유의 주제는 전혀 무리가 없다.

다음으로 예수님이 돌에 비유된 것이 초기 교회의 신학적 창작이라는 슈바이저의 주장은, 에반스가 제시하고 있듯이, 예수님 당시의 많은 유대 문헌들에서 이미 이사야 54:11("너 … 안위를 받지 못한 자[예루살렘]여 보라 내가 화려한 채색으로 네 돌 사이에 더하며 청옥으로 네 기초를 쌓으며")에 나오는 돌이 제사장(4QpIsad 1 i 1-7) 혹은 아들(Josephus, *Jewish Wars* 5.6.3 §272) 등을 가리키는 상징으로 사용되고 있었다는 사실을 고려한다면 그 근거가 약해질 수밖에 없다(Evans, 2001: 238). 무엇보다 쿰란에서는 이사야 54:11을 주해하며 그들 공동체를 이미 돌에 비유하고 있었다(4QpIsad 1 :2-3["이사야 54:11c는 공동체 회중의 기초를 놓은 제사장들과 백성들에 관한 것으로서, 그에 의해 선택된 회중은 돌들 가운데 있는 청옥과 같이 [빛날 것이다]"];[1] 1QS 8:8; 1QH 6:25-27; Gärtner, 133-36). 더불어 쿰란이 어떤 인물을 "하나님의 아들"과 "지극히 높으신 이의 아들"이라 부르고 있고(4Q246 2:1), 4Q174(4QFlor) 1:10-11에서는 사무엘하 7:12-14을 인용하며 하나님께서 나단을 통해 "나의 아들"이 될 것이라 한 다윗의 아들은 다름 아닌 마지막에 일어날 메시아라고 말한다. 따라서 예수님 동시대 유대인들과 쿰란이 그랬다는 것이 증명된 이상 예수님 역시 자신을 돌에 비유할 수 있었을 뿐 아니라 자신이 하나님의 아들이라 말할 수 있었다는 것을 의심해야할 이유가 없다. 끝으로 12:1-12가 예수님이 직접 하신 비유임을 믿어야할 언어학적 이유가 있다. 여러 학자들이 지적한 것처럼 본 비유에는 "아들"(בן, '벤')과 "돌"(אבן,'에벤')사이에 히브리어 언어유희(wordplay)가 있다(Snodgrass, 113-18; Carrington, 249-50, 256; 김세윤, 1993: 170). 위 두 언어의 언어유희는 구약성경(출 28:9-10; 슥 9:16; 애 4:1-2)에는 물론 세례요한 역시 사용했을 가능성(마 3:9; 눅 3:8)이 있으며, 더 나아가 아람어로 기록된 탈굼 시편 118:22("건축자들이 버린 소년[טליא]")에는 "돌"(אבן)대신에 "소년"(טליא)이 사용되었는데 이는 탈굼 시편 기록자가 그 같은 언어유희를 알고 있었다는 증거라고 에반스는 주장한다(Evans, 2001: 229). 따라서 "이런 섬세한 아람어 언어유희가 있는 비유는 칠십인경을 사용한 헬라어 교회가 창작"했다기보다는 "예수님이 당시 아람어 회당에서 자주 해석되던 어떤 성경 본문들을 통해 영감 받아 만드신 후 제자들이 전달했을 가능성이 훨씬 더 높

1. 베르메쉬의 영역에 기초한 저자의 번역.

다"(Evans, 2001: 229).[2]

본 비유를 1세기 팔레스타인의 열악한 사회·경제적 상황의 빛 아래서 이해하려는 시도들(Jeremias, 1972: 74-75; Derrett, 286-312)이 있어 왔다.[3] 1세기의 역사적 지식은 더러는 해석에 도움을 주지만, 본 비유는 예수님이 앞선 성전 소란 행위로 촉발된 종교 지도자들과의 논쟁의 맥락에서 이사야 5:1-7의 본문 비유를 확장시키신 것으로 보는 것이 옳다. 현 단락은 배경 설정(12:1), 발전(2-5절), 절정(6-9절), 결론적 성경 인용(10-12절)으로 진행된다.

1 그리고 그가 비유로 그들에게 말씀하기 시작했다. "한 사람이 포도원을 경작하여 주위에 울타리를 치고, 포도즙 짜는 웅덩이를 파고, 망대를 세웠습니다. 그리고 그것을 소작인들에게 맡기고 여행을 떠났습니다. **2** 그 후 때가 되어 포도밭 소출 중 얼마를 소작인들로부터 받고자 한 종을 그 소작인들에게 보냈습니다. **3** 그러나 그들은 그를 잡아 때리고 빈 손으로 보냈습니다. **4** 하지만 주인은 다시 또 다른 종을 그들에게 보냈습니다. 그러자 그들은 그의 머리를 때리고 능욕했습니다. **5** 그럼에도 주인이 다른 종을 보내

2. Lee는 에반스의 이런 입장을 따를 뿐 아니라 더욱 발전시켜 예수님에게 신적 자의식이 있었다는 주장의 근거로 현 비유를 삼는다(Lee, 161-65).

3. 포도원 농부 비유에 대한 사회·경제적 해석을 취하는 이들은 갈릴리의 많은 땅은 왕 혹은 부유한 외국인의 소유지로서 그들은 관리와 친구를 고용해서 그것을 관리했다고 본다. 특히 지주가 부재한 상태에서 가난한 소작농들이 땅을 맡아 경작했으며 많은 경우 그들은 착취의 대상이 되었다는 것이다. 비유에 등장하는 소작농들의 반역적인 태도는 1세기의 갈릴리 농부들의 혁명적인 분위기를 반영하는 것으로 본다. 하지만 이런 사회·역사적 지식으로 예수님의 비유를 해석하는 데 있어서 가장 큰 문제는 본 비유에서 소작농들이 지주에 의해 착취를 받았다는 증거가 없다는 것이다. 게다가 본문의 흐름상 밭은 이스라엘, 지주는 하나님, 아들은 예수님, 종들은 선지자들을 가리키는 것으로 보는 것이 훨씬 더 자연스럽다.

자 그를 죽여버렸습니다. 그리고 많은 다른 이들을 [보내자] 더러는 때리고
더러는 죽였습니다. **6** 그에게는 여전히 사랑하는 외아들이 있었습니다. '그
들이 내 아들은 존경하겠지'라고 말하며 마지막으로 그를 그들에게 보냈습
니다. **7** 그러나 그 소작인들이 서로 말했습니다. '이 사람은 상속인이다. 오
라 우리가 그를 죽이자 그러면 그 유산이 우리 차지가 될 것이다.' **8** 그리고
그를 잡아 죽였습니다. 그리고 그를 그 포도밭 밖으로 던져 버렸습니다. **9**
이제 그 포도밭 주인이 어떻게 하겠소? 와서 그 소작인들을 멸하고 다른
사람들에게 그 포도밭을 줄 것이오. **10** 그대들은 이 말씀을 읽지 않았소?

'돌, 그 건축자들이 버린 것,
이것이 머릿돌이 되었다.
11 주로 말미암아 이것이 일어났으니
우리의 눈에 놀라울 따름이다.'"

12 그때 그들이 그를 붙잡고자 했지만 무리를 두려워 했다. 이는 그가 그들
을 향해 그 비유를 말한 것임을 알았기 때문이다. 그리고 그들은 그를 떠나
가버렸다.

주해

배경(1절) 대제사장들과 서기관들의 적대적인 질문으로 시작된 논쟁은 예수님의 비유로 이어진다. 논쟁담화에서 예수님의 비유 사용은 우연이 아니다. 비유는 청자로 하여금 비유의 등장인물 혹은 사물과 자신을 동일시하도록 이끄는 힘이 있기 때문에 만일 비유의 결론이 그 인물과 사물에게 칭송 혹은 정죄가 주어지면 청자 역시 동일한 평가를 받게 될 수밖에 없다(Boomershine, 1989: 156-67; 참조. 삼하 12:1-6). 현 비유의 결론

부분에서 대제사장들과 서기관들이 예수님의 비유가 그들을 가리키는 것으로 확인한 것(12절)은 비유가 가진 그와 같은 힘의 결과이다. 그들은 예수님을 향해 품고 있었던 그들의 적대적 태도를 기초로 비유의 의미를 파악한 것이다. 따라서 예수님은 그의 적대자들의 숨은 의도를 극적으로 드러내고 또 그들이 자신을 볼 수 있도록 하시고자 비유를 사용하셨던 것이 틀림없다.

비유는 "한 사람"(ἄνθρωπος)의 포도밭 경작 과정에 대한 설명으로 시작한다. "한 사람이 포도원을 경작하여[ἐφύτευσεν] 주위에 울타리를 치고[περιέθηκεν φραγμὸν], 포도즙 짜는 웅덩이를 파고[ὤρυξεν ὑπολήνιον], 망대를 세웠습니다[ᾠκοδόμησεν πύργον]"(1절). 포도밭은 구약성경 많은 부분에서 이스라엘을 가리키는 상징으로 이해되기 때문에(시 80:8-16; 사 5:7; 렘 2:21; 겔 15장; 19:10) 예수님 역시 이스라엘을 염두에 두고 포도밭 비유를 하셨다고 보는 것이 적절하다. 이런 이해에 따르면 지주이자 농부인 "한 사람"은 하나님에 대한 지시어로 이해될 수 있다. 하나님이 대부분 왕으로 비유된 랍비 문헌과 비교했을 때 하나님을 농부로 묘사하고 있는 예수님의 비유는 독특하다(4:1-2 주해를 보라). 특별한 영역인 왕궁에 있는 왕보다 일상 영역인 포도밭에 계시는 '농부 하나님'에 대한 비유는 그의 백성을 향한 하나님의 친밀성을 더욱 부각시킨다.

포도밭 경작을 위해 사용된 언어들은 칠십인경 이사야 5:1-2을 떠올려 준다(Cranfield, 364; Gnilka, 2권 192; Hooker,1991: 275):

> 내가 사랑하는 자에게 포도원이 있음이여 … 울타리를 만들고[φραγμὸν περιέθηκα] 극상품 포도나무를 심었도다[ἐφύτευσα ἄμπελον σωρηχ]. 그 중에 망대를 세웠고[ᾠκοδόμησα πύργον] 또 그 안에 술틀을 팠도다[προλήνιον ὤρυξα].

아래서 살펴볼 것처럼 마가복음 12:1과 이사야 5:2 사이에는 언어적 유사성이 뚜렷하며 두 본문 모두에서 포도밭은 이스라엘을 가리키는 것이 분명하다. 하지만 핵심 요지에서는 차이가 있다. 이사야는 열매를 맺지 못하는 포도나무의 문제를 지적하지만, 예수님은 소작인들의 포도밭 남용에 초점을 맞추신다(Hays, 2016: 41). 예수님은 그가 잘 알고 계셨던 이사야의 포도밭 노래를 사용하시어 성전 제도를 부정하는 행동을 하실 수 있는 권위의 문제를 제기한 성전 권력자들에게 그들이 자격 없는 성전 관리자임을 지적하시고 있는 것이다.

이사야 본문과 마찬가지로 예수님은 포도원 농부의 구체적이고 상세한 행동을 묘사하시며 그의 비유를 시작한다. 이런 구체적 설명은 이스라엘을 향한 하나님의 사랑과 관심을 떠올리도록 한다(Marcus, 2009: 811). 농부는 포도밭을 소작인들에게 "맡기고"(ἐξέδετο) 떠난다. '엑세데또'(ἐξέδετο)는 상업적 계약을 맺는 행위를 가리킨다.[4] 지주 농부는 포도밭을 소작인들에게 무료로 준 것이 아니라 소출 혹은 그로 인한 수입의 얼마를 소유자에게 납부하도록 계약을 맺은 것으로 추론할 수 있다(Gnilka, 2권 195). '게오르고스'(γεωργός, '소작인')가 가난한 소작농(Lane, 416)을 뜻하는지 아니면 부한 농부(Evans, 2001: 232-33)를 뜻하는지에 대한 논란이 있지만 비유 자체는 그 어떤 입장도 지지하지 않는다. 분명한 것은 '게오르고스'가 유대 역사의 맥락에서는 유대의 정치, 종교 지도자들을(사 3:14; 렘 12:10), 마가복음의 문맥에서는 대제사장들과 서기관들을(위를 보라) 지시한다는 것이다. 따라서 농부가 소작인들에게 포도밭을 맡겼다는 것은, 풍유적으로 본다면, 하나님께서 이스라엘의 지도자들에게 하나

4. BDAG, ἐκδίδωμι.

님을 대리해서 백성들을 돌보고 보호하여 이스라엘이 '열매' 맺는 삶을 살도록 할 책임을 주셨다는 것을 뜻한다.

발전(2-5절) 주인이 "때가 되어"(τῷ καιρῷ, 2절) 포도밭 소출 중 얼마를 받고자 한 종을 소작인들에게 보낸 것은 계약 체결(ἐξέδετο, 1절)에 따른 조처이다. 비유에서 '까이로'(καιρῷ)를 추수 때를 가리키는 것으로 보는 것은 포도밭과 열매가 언급된 현 문맥에서 자연스럽다. 보내진 종은 '뜻밖에도' 구타를 당한 채 빈손으로 돌아온다(3절). 두 번째로 보내진 종은 머리에 상처(ἐκεφαλίωσαν)가[5] 난 채 능욕을 받고 돌아온다(4절). 보내진 종을 구타하거나 모욕하는 행위는 그를 보낸 주인에 대한 구타와 모욕으로 받아들여질 수 있었다. 특히 고대 근동 아시아의 문화적 맥락에서 본다면 머리에 상처를 내는 행위는 그 종의 '머리'격에 해당하는 주인에 대한 능욕이었다(Bailey, 647). 이는 바로 뒤따르는 '에띠마산'(ἠτίμασαν, '능욕하다') 동사의 추가에 의해 확증되는데, 보내진 종의 머리에 상처를 냈을 때 욕보인 대상은 종만이 아니라 그를 보낸 주인이었던 것이다. 하지만 주인은 그가 보낸 종들이 구타와 모욕을 받았다는 것이 무엇을 의미하는 바를 모르기라도 하듯이 세 번째 종을 다시 보내고, 그 종은 예상된 대로 죽임을 당한다(5절 전반부). 이후 주인은 계속 다른 종들을 다시 보냈고 그들 역시 맞거나 죽임을 당한다(5절 후반부). 소작농들의 종들에 대한 부당한 대우는 점점 더 악화되는데(Jeremias, 1972: 71), 처음에는 구타한 후 빈 손으로 보내고, 두 번째는 머리에 상처를 내서 보내고, 세 번째는 생명을 빼앗아 버렸기 때문이다. 그럼에도 주인의 태도는 한결같다. 악화되어 가는 소작농들과 한결같은 주인의 태도는 분명 대조를 이룬다.

---

5. '그들이 머리에 상처를 냈다'(ἐκεφαλίωσαν)는 참수당한(ἀπεκεφάλισα) 세례 요한(6:16)을 떠올려 준다.

보냄받아 매 맞고 죽임을 당한 종들은[6] 역사적으로 이스라엘의 선지자들의 운명을 떠올려 준다(대하 24:20-22; 참조. 막 6:4; 마 23:37, 병행. 눅 13:34). 예레미야 7:25-26은 이런 해석에 기초를 제공해 준다(Cranfield, 367; Gnilka, 2권 196):

> 너희 조상들이 애굽 땅에서 나온 날부터 오늘까지 내가 내 종[δούλους] 선지자들을 너희에게 보내되 끊임없이 보냈으나 너희가 나에게 순종하지 아니하며 귀를 기울이지 아니하고 목을 굳게 하여 너희 조상들보다 악을 더 행하였느니라(개역개정 렘 7:25-26, 헬라어는 칠십인경으로부터).

예레미야가 선지자들을 "종"(δούλος)으로 묘사하듯, 예수님 역시 주인이 많은 "종"(δοῦλον)을 보냈다고 하신다. 이런 역사적 지식을 고려하더라도 주인의 행동은 좀처럼 이해하기 힘들 수 있다. 보내진 종들을 대하는 소작농들의 태도가 점점 더 악해지고 있었다는 것을 감안한다면 주인은 세 번째 종을 보내기 전에 최악의 경우를 예상하고 다른 대안을 마련하는 것이 보다 더 현실적 선택인 것처럼 보이기 때문이다. 하지만 주인의 태도를 이해하기 위해선 이야기 장르가 비유라는 것을 숙고해야 한다. 리쾨르가 말하듯 비유의 이야기 전개는 흔히 일상에서 일어날 수 있는 일들로 시작하다가 그 절정에 이르러서는 일상에서 쉽게 상상할 수 없는 내용을 포함시키는데, 이는 청자에게 놀라움을 주어 메시지의 소통 효과를 극대화하려는 데 그 목적이 있다(Ricoeur, 1975: 115). 리쾨르는 이것을 비유의 "과도함"(extravagance)이라 불렀다(Ricoeur, 1975: 115). 현 비유는 리쾨르

6. 구약에서 선지자를 종으로 보는 예를 위해서는 렘 7:25; 25:4; 암 3:7; 슥 1:6을 보라.

가 말한 비유의 원칙에 충실하다. 처음에는 평범한 농부와 소작농의 관계로 시작하지만 곧이어 펼쳐지는 이야기는 놀라움의 연속이기 때문이다. 주인에게 반역하는 소작농의 태도나 보내진 종들에 대한 그들의 반복적 폭력과 그러한 폭력을 보았음에도 종들을 계속 보내는 주인의 태도 등이 그 예들이다. 무엇보다 이런 뜻밖의 행동과 반응은 종들의 죽음과 폭행에도 불구하고 아들을 보내려는 주인의 결정에서 그 절정에 달한다. 현실적인 것과 비현실적인 것처럼 보이는 내용이 혼합된 현 비유가 전하려 한 메시지는 분명하다. 소작농(종교 지도자)들은 불성실했지만 그들에 대한 주인(하나님)의 믿음과 인내, 그리고 성실함은 한결같다는 것이다. 이제 주인으로 대변되는 하나님의 인내와 성실함은 이어지는 아들을 보내는 사건에서 최고조에 달한다.

절정(6-9절)[7] 아들을 보내려는 주인의 독백("그들이 내 아들은 존경하겠지[ἐντραπήσονται]", 6절 후반부)은 미래형으로 발화된다. 미래형은 언어 사용자의 기대(expectation)를 문법화하는 시제 형태이다(Porter, 1994: 44). 따라서 보내진 아들은 소작농들을 향한 주인의 믿음과 기대의 절정이라는 것을 보여준다. 아들을 서술하는 표현 "사랑하는 외아들"(ἕνα ... υἱὸν ἀγαπητόν, 6절 전반부)은 주목할 만하다.[8] 아브라함의 외아들 이삭(τὸν υἱὸν τὸν ἀγαπητόν, '사랑하는 아들', 칠십인경 창 22:2, 12, 16)을 떠올려주는 이 용어는 요단 강(1:11)과 변화산(9:7)에서 하나님이 예수님을 부를 때 사용한 "내 사랑하는 아들"(ὁ υἱός μου ὁ ἀγαπητός)과 거의 유사하여 예수님을 떠올려 주기에 충분하다(France, 2002: 460; Hays, 2016: 43). 하지만 "아들"의 함축적 의미에 대한 견해는 학자들 사이에서 갈린

---

7. 저자는 막 12:1-12에 나오는 신적 기독론에 대해 논문(박윤만, 2017: 57-59)으로 다룬바 있다. 위 내용은 저자의 논문과 상당 부분 일치함을 밝혀 둔다.
8. "사랑하는"(ἀγαπητόν)의 기원이 창 22:2일 가능성에 관해서는 1:11 주해를 보라.

다. 첫째, 먼저 온 여러 종들이 선지자를 가리키는 것이 분명하기 때문에 "마지막으로" 보내진 아들 역시 선지자로 보는 입장이 있다(Best, 1965: 129; Dunn, 1989: 280 각주 106; Wright, 1996: 185).[9] 하지만 아들을 선지자 중의 하나로 보는 입장은 수정될 수밖에 없는데, 이는 그가 "유일한 [ἕνα] 아들"이라는 것과 소작인들이 "내 아들은 존경하겠지"라는 아버지의 독백을 고려한다면, 아들은 선지자들과는 다른 유형의 인물이라는 점이 분명히 드러나기 때문이다(Gathercole, 188; France, 2020: 460; Boring, 2006: 254; Hurtado, 2020: 271-72).

둘째, 유대적 배경에서 하나님의 아들은 이스라엘의 메시아를 가리키는 용어로 종종 사용되었다(1:1과 11; 9:7 주해를 보라). 따라서 "마지막으로"(ἔσχατον) 보내진 아들은 종말론적인 메시아를 가리킨다는 해석이 가능하다(Witherington, 1997: 215). 셋째, 현 비유에서 아들은 메시아적 아들(messianic sonship) 그 이상, 곧 선재한 신적 아들(preexistent-divine sonship)이라는 함의를 가진다. 아버지가 "그를 … 보냈다"(ἀπέστειλεν αὐτόν)에 내포된 아들의 출현 과정은 하나님이 "나를 보내신 분"(τὸν ἀποστείλαντά με, 9:37)이라는 언명에 내포된 예수님의 출현 과정에 대한 이해를 반영하는 것으로 봐야 한다. 9:37 주해에서 밝혔듯이 '내가 보냄을 받았다' 어구는 마가복음에 반복 등장하여 예수님의 선재를 드러낸 '내가 왔다' + 목적어구(1:24, 38; 2:17; 10:45)와 적절한 조화를 이룬다. 이런 조화는 예수님이 자신의 출현을 위해 표현된 '보내다' 어구에 그의 신적 기원을 알리려는 의도를 담았을 개연성을 높여준다. 그러나 간과될 수 없는 것은 '보내다'는 공식이 종의 경우에도 동일하게 사용된다는(2, 4, 5절) 점이다. 이

9. 던은 후에(Dunn, 1991: 179) 막 12:6에 언급된 아들은 "선지자의 범주를 초월하는 의미"를 지닌다고 말한다.

때문에 아들의 선재를 주장하려면 종의 선재 역시 주장돼야 한다는 견해가 있다(Snodgrass, 87; Dunn, 1989: 280 각주 106). 이에 대해 게더콜은 '보내다'는 공식이 아들과 종 모두에게 사용된다는 관측의 타당성은 인정하면서도 슈엔케(L. Schenke)의 입장을[10] 따라 아들과 종들 사이에는 "질적인" 차이가 있음을 지적한다(Gathercole, 187-88). 위에서 살펴본 것처럼 아들은 "외아들"이자 종들과는 달리 존경받을 인물로 아버지에 의해 기대된 존재였다는 것이다. 무엇보다 아들은 앞서 주장한 것처럼(1:11; 8:39; 9:7 주해를 보라) 아브라함의 아들, 이삭에게 사용된 "사랑하는 아들"(υἱὸν ἀγαπητόν)로 불린다는 사실 역시 고려돼야 한다. 이는 그가 종들과는 달리 아버지와의 인격적이고 독특한 관계를 가진 존재임을 명시하기 때문이다. 이 모든 증거를 종합적으로 고려할 때, 아들과 종들의 출현 모두에 '보냄 동사'가 사용되었음에도 불구하고, 아버지와의 독특하고 인격적인 관계하에 있던 아들의 보냄에는 선재한 아들의 출현이라는 신적 기원의 의미가 내포되어 있다고 말할 수밖에 없다(Gathercole, 185-89; Lee, 164-66; Hurtado, 2020: 272). 더불어 예수님은 포도밭 주인의 아들에 자기를 빗대고 있기에 아들에 대한 그 같은 신분이해는 바로 자기 이해의 반영이라는 주장 역시 타당하다. 끝으로 둘째와 셋째는 양자택일의 사안이 아니다. 1:11에서 밝혔듯이 선재한 신적 아들은 존재론적 신분이고 메시아적 아들은 역할에 따른 칭호이기 때문이다.

더불어 12:6-9에 등장하는 "아들"과 10:45의 "인자"의 비교는 흥미로운 점을 보여준다. 둘 다 죽음을 그 목적으로 하지만 그 목적에 도달하는 방식은 다르다. 인자는 자기 목숨을 많은 사람을 대신하는 속량물로 주기

10. L. Schenke, "Gibt es im Markusevangelium eine Präexistenzchristologie? *ZNW* 91 (2000), 45-71.

위해 "왔다"(ἦλθεν, 10:45). 하지만 아들은 아버지에 의해 '보내지고'(ἀπέστειλεν αὐτόν, 6절 후반부) 결국 죽임을 당한다. 인자와 아들의 죽음에 이르는 다른 두 과정은 그들이 지시하는 예수님의 사역과 죽음이 가진 다른 두 측면을 강조한다. 인자의 '옴'과 죽음은 다른 사람의 대속을 위한 예수님의 자발적인 희생을, 아들의 '보내짐'과 죽음은 그의 백성을 향한 이스라엘의 하나님의 믿음과 사랑, 그리고 백성의 반역을 선으로 바꾸시는 역전을 그 주제로 삼는다.[11]

7절은 지주 농부의 믿음에도 불구하고 소작농들이 벌이는 반역의 절정을 서술한다: "이 사람은 상속인이다. 오라 우리가 그를 죽이자[δεῦτε ἀποκτείνωμεν] 그러면 그 유산이 우리 차지가 될 것이다."[12] 소작농들은 그가 상속자, 곧 아들이라는 사실을 쉽게 알아챘다. 이런 점에서 그들의 인지는 예수님을 하나님의 아들로 깨달은 귀신들의 지각(1:24; 3:11)과 닮았다(Marcus, 2009: 813). 그들의 동기는 아들에게 돌아갈 유산을 차지하려는 것이었다. 관리하도록 맡겨진 땅을 개인적 소유물로 삼으려는 시도를 한 것이다. 그 같은 음모는 한 집안의 유산이 아들에게 상속된다는 일반적인 지식을 배경으로 한다. 하지만 아들이 죽으면 유산이 아무런 법적 상속권이 없는 그들의 것이 될 것이라는 소작농들의 추론은 어떻게 이해해야 할까? 한 집안의 재산이 소작농에게 돌아갈 그 어떤 법적 근거가 없기 때문에(참조. France, 2002: 461) 그들의 계획은 유대법에 바탕을 둔 계산이라기보다는 불법적인 약탈을 위한 음모로 보는 것이 옳다(France,

11. 종말론적인 역전의 주제에 대해선 1:41-42; 5:35-43; 9:35-37; 10:29-31 주해를 보라.

12. 소작농들의 말은 야곱의 자녀들이 요셉을 죽이려는 음모와 유사하다. "꿈꾸는 자가 오는도다 자 오라 그를 죽여[νῦν οὖν δεῦτε ἀποκτείνωμεν] 한 구덩이에 던지고 …"(칠십인경 창 37:19-20).

2002: 461).[13] 이스라엘 사회에서는 한 집안의 기업은 원칙적으로 사고파는 것이 금지되었다(왕상 21:1-3). 토지는 하나님의 것이라는 전통 때문이다(레 25:23; 신 10:14). 이런 점에서 소작농의 음모는 유대 토지법의 위반이자 하나님에 대한 범죄였다.

소작농들이 아들을 죽인 후 그의 주검을 포도밭 밖으로 던진다(8절). 정당한 장사 없이 들짐승의 밥이 되도록 한 조처였다. 이스라엘 사회에서 그 같은 주검처리는 신성 모독자를 위한 형벌의 일환이었는데(레 24:14, 23), 내러티브상에서는 예루살렘 밖으로 끌려가 십자가상에서 죽음을 맞이하게 될 예수님의 운명을 예상케 해준다(참고. 15:20, 22; 히 13:12-13; Boring, 2006: 331; Stein, 536). 이런 예상이 내러티브의 의도라는 것은 앞서 서술된 예수님에 대한 대제사장들과 서기관들의 살해 음모(11:18)를 기억한다면 쉽게 이해될 수 있다.

"포도원 주인"[ὁ κύριος]은 마침내 이 사건에 개입한다(9절): "그가 와서[ἐλεύσεται] 그 소작인들을 멸하고[ἀπολέσει], 다른 사람들에게 그 포도밭을 줄 것이오[δώσει]." 세 개의 동사가 말하듯 주인의 조처는 간결하고도 단호하다. 개인적 보복이 허락되지 않던 유대 혹은 그리스-로마법(Marcus, 2009: 805)을 고려한다면 포도밭 주인의 '보복'하는 듯한 행위는 놀라울 수 있다. 그러나 앞서 언급된 것처럼 비유는 그 특성상 놀라움과 극적인 서술 형식을 취하여 전하려 한 메시지의 효과를 극대화한다. 그렇다면 포도밭 주인의 극적인 행동이 주는 메시지가 무엇일까? 포도밭 주인은 이야기 시작점에서 "한 사람"[ἄνθρωπος]으로 표현된 후 마지막에 이르러 "주인"[κύριος]으로 범주화된다. 그의 귀환은 "주인", 곧 주되심을

13. 구약성경에 나오는 유사한 예는 나봇의 포도원을 빼앗으려는 아합 왕의 음모(왕상 21:1-16)이다.

실행한다는 메시지를 준다. 그리고 귀환 후 보인 그의 놀랍고도 극적인 행동은 자신의 밭이 유린될 때 그것을 버리기보다 끝까지 책임지고 돌보는 주인된 자의 성실함을 드러내는 데 맞춰져 있다.

소작농들의 멸망(ἀπολέσει)은 역사적 맥락에서 본다면 유대 전쟁(주후 66-70)동안 로마 군대에 의해 이뤄진 예루살렘 멸망(Stein, 537)과 유대 지도자들의 죽음에 대한 풍유로 보는 것이 가능하다. 이는 '역사의 예수'의 시점에서 닥칠 미래적 사건을 염두에 두고 선택된 미래 시제 형태의 동사들("와서", "멸하고", "줄 것이오")을 통해 드러난다(Marcus, 2009: 814). 하지만 이런 입장의 약점은 "주인"이 와서 멸망하는 대상은 오직 소작농들에게만 집중되었다는 점이다(대조. Stein, 537). 이와 더불어, 소작농들을 대신하여 포도원을 새롭게 인수받게 될 "다른 사람들"에 대한 다양한 풍유적 해석 역시 이뤄져 왔다. 첫째, 소작농들의 멸망을 예루살렘 멸망으로 보는 입장과 조화를 이루어 포도원을 새롭게 인수할 "다른 사람들"은 예루살렘을 장악한 로마를 가리키는 것으로 보려는 입장이 있다(Collins [a], 331). 하지만 이런 해석은 역사적 관점에서는 이해가 되지만, 하나님을 알지도 못하는 로마가 포도밭으로 상징된 이스라엘의 영적 상속자가 될 것으로 예수님이 기대하셨다고 믿기는 매우 어렵다. 둘째, "다른 사람들"이 이스라엘의 유산을 이어받아 새 이스라엘이라는 정체성을 가진 이방 교회(롬 2:28-29; 갈 3:16, 29; 4:26; 엡 2:11-22; 3:6; 빌 3:3; 벧전 1:1; 2:9-10; 계 7:4-8)에 대한 풍유로 보려는 입장이 있다(참조. 마 21:43; 참고. Nineham, 313; France, 2002: 462; Marcus, 2009: 805). 이런 입장 역시 초기 교회의 입장에서는 정당한 해석이 될 수 있지만, 마가복음의 해석은 '역사의 예수'의 맥락에서 우선적으로 해석되는 것이 옳다. 그러므로 셋째, 포도밭을 물려받게 될 "다른 사람들"이 열두 제자(3:13-19)를 일차적으로 가리킨다는 해석이 가능하다(Evans, 2001: 153-54; Donahue and Harrington, 342). 예수님은 이 비유를 그의 이야기로 소개하고 있고 또 당시 대제사장들과 서기관들도 자신들을 소작농으로 이해하고 있기 때문에(12절) 이스라엘의 유산을 물려받을 "다른 사람들" 역시 그가 종말론적 새 이스라엘로 불러 모은 제자들로 보는 것이 가장 무리가 없는 해석이라 할 수 있겠다.

결론적 성경 인용(10-12절) 비유의 결론은 주인의 보복이 아니라 아들의 죽음이 가져온 새로운 시작이다. 예수님은 아들의 죽음이 가져올 역설을 구약에서 발견하신다.[14] 인용된 구절은 칠십인경 시편 117:22이다:

> 돌, 그 건축자들이 버린 것
> 이것이 머릿돌이 되었다.
> λίθον ὃν ἀπεδοκίμασαν οἱ οἰκοδομοῦντες,
> οὗτος ἐγενήθη εἰς κεφαλὴν γωνίας· (막 12:10)

헬라어 문장 구조에서 주어가 발화될 경우 그것의 위치는 문장의 서두에 오는 것이 일반어순이지만, 만일 문장 서두에 주어 외에 다른 문법적 항목이 올 경우 그 항목은 현저성을 가진다(Reed [a], 88). 이는 헬라어 문장의 서두는 보다 더 의미적 무게가 많은 자리이기 때문이다(Porter, 1994: 296). 인용된 본문의 첫 문장의 서두는 목적격 "돌"(λίθον)이 차지한 반면, 주어 "그 건축자들"(οἱ οἰκοδομοῦντες)은 말미에 갔다. 이어서 둘째 문장에서 주어 "이것이"(οὗτος)는 문장 서두에 다시 나온다. "돌"이 강조된다는 것은 이와 같은 문법적 장치를 통해 확인된다.

이렇게 강조된 "돌"은 두 대조적 운명을 겪는데 먼저는 '버려지고'

---

14. '종말론적인 역전'의 주제에 대해서는 9:35-37 주해를 보라.

(ἀπεδοκίμασαν) 다음으로 "머릿돌"(κεφαλὴν γωνίας)이 되는 것이다. "버린"을 위해 사용된 동사 '아뻬도끼마산'(ἀπεδοκίμασαν)은 '검증한 후 쓸모없는 것으로 판단하다'의 뜻을 가진 동사로, 그 판단자가 "건축자들"(οἰκοδομοῦντες)이기 때문에 돌이 건축에 쓸모없는 것으로 판명되었다는 뜻이다. 놀랍게도 건축자들의 버려진 돌이 "머릿돌"(κεφαλὴν γωνίας)이 된다. '께파렌 고니아스'(κεφαλὴν γωνίας)의 문자적 의미는 '모퉁이의 머리'이다. '머리'(κεφαλήν)는 수직선의 최상단과 수평선의 그 시작점을 가리키기도 한다.[15] 그것이 '모퉁이'와 결합할 땐 "건축이 시작되는 모퉁이에 놓여 건축 방향을 결정하는 기초돌(foundation stone)"을 가리킨다.[16] 현 본문에서는 건축에 아무런 쓸모가 없다고 판명 받은 돌이 결국엔 건물의 세워짐의 기초가 된다는 뜻을 가진다. 쓸모없다고 돌을 버린 이들은 "건축자들"로 명시되었지만 그것을 "머릿돌"로 삼은 이에 대해선 침묵한다. 그러나 근접 문맥인 11절 전반부의 "주[κυρίου]로 말미암아 이것이 일어났으니"를 고려한다면 주 곧 하나님을 그 일의 책임자로 보아야 한다. 버려진 돌을 머릿돌로 삼아 성전을 새롭게 건축할 분은 하나님이라는 의미가 비유에 담긴 것이다. 돌의 역전적 사용의 주체는 하나님이시다. 물론 포도원 농부 비유에서 성전 건축이라는 주제가 나오는 것은 뜻밖이다. 하지만 인용된 시편 118:22-23 역시 "여호와의 집"(시 118:26), 곧 성전이라는 공간적 배경하에 기록되었다는 것을 기억할 필요가 있다. 또한 본 비유의 맥락 역시 "어떤 권위로" 성전 소란 행위를 했는지에 대한 대제사장들의 질문에 예수님이 답하는 과정(11:27-33)이 었다는 것을 고려한다면, 비유가 포도원 농부의 아들의 죽음에서 성전 건축이라는 주제로 그 흐름

15. Krämer, "γωνία", *EDNT* 1.

16. Krämer, "γωνία", *EDNT* 1.

이 이어진다는 것은 놀라운 일이 아니다.[17]

비유에 등장하는 각 인물이 가리키는 대상이 있고 함축하는 의미가 있다. "건축자들"(10절)은 앞선 소작농들과 마찬가지로 성전 권력가들인 대제사장들과 서기관들과 장로들로 이해된다. 종교 지도자들을 건축자로 비유하는 것은 당시 낯선 은유는 아니다(행 4:11; 고전 3:10).[18] 건축자들에 의해 '쓸모없는 것으로 버림받은 돌'은 한편으로는 포도밭 농부 비유에 등장한 살해당한 아들을 지시하며, 또 다른 한편으로는 내러티브 맥락에서 성전 소란 후 성전 권력가들인 대제사장들과 서기관들에 의한 살해 음모의 대상이 된 예수님 자신을 가리킨다. 이것은 돌의 버림받음(ἀπεδοκίμασαν)과 동일한 동사가 닥쳐올 예수님의 고난과 죽음, 그리고 부활에 대한 첫 예언에 사용되었다("인자가 … 버림받아[ἀποδοκιμασθῆναι]," 8:31)는 사실을 통해 확인될 수 있다.[19] 예수님은 시편 118:22-23의 돌의 버림받음을 자신의 버림받음, 곧 고난과 죽음의 관점에서 읽으신 것이다.

이 시점에서 해 볼 수 있는 질문은 예수님은 왜 하필 시편 118:22-23에 나오는 돌에 자신을 비유하셨는지이다. 김세윤은 인자로서 예수님의 자기 이해의 근거 본문인 다니엘 7:13에 등장하는 "한 사람의 아들 같은"이가 다니엘 2:24-35, 44-45에 나오는 돌("뜨인돌")과 부합하는 자이기 때문이라고 주장한다(김세윤, 1993: 172-73). 이런 추론이 불가능한 것은 아님에도 약점은 있다. 예수님이 다니엘 2장에 등장하는 "뜨인돌"을 메시아적으로 이해하셨다는 증거가 없다는 것이다. 다른 논증이 필요하다. 첫째는 포도원 농부 비유를 하시는 예수님의 상황과 시편 118편의 맥락 사이

17. 벧전 2:4-7 역시 시 118:22-23을 새로운 성전의 전망에서 해석한다(또한 참고. 행 4:11).

18. 쿰란 문서 CD 4:19; 8:12, 18.

19. BDAG, ἀποδοκιμάζω.

의 주제적 유사성이다. 악한 포도원 농부 비유(막 12:1-12)와 건축자의 "머릿돌"(시 118:22-23) 사이에는 성전과 고난과 위협이라는 주제적 유사성을 가진다는 것을 간과하지 말아야 한다. 성전 소란 행위(11:15-19) 후 예수님은 성전 권력자들과의 논쟁(11:27-33)을 통해 그들로부터 살해 위협(11:18)을 확인하실 수 있었을 것이다. 그러나 예수님은 자신의 여정은 무덤이 끝나지 않을 것이라 믿고 계셨던 터(8:31; 9:31; 10:34)라, 죽음의 위협(시 118:5, 13) 가운데서 결국 하나님에 의해 높이 세워진(시 118:6-7, 11-13, 15-16) 시인이 성전의 머릿돌에 빗대지고 있는 시편 118편을 사용하여 자신의 죽음 역시 오히려 새로운 성전의 기초가 될 것이라는 믿음을 드러내셨다고 볼 수 있다. 둘째는 메시아직과 관련된 논증이다. 메시아로서 자기 이해가 있었던 예수님은 다윗의 아들이자 하나님의 아들인 메시아가 성전을 건축하리라는 유대전통(삼하 7:12-16; 대상 17:13; 22:10; 시 2:6-7; 89:26-27; 솔로몬의 시편 17:32; 8:5, 7)을[20] 알고 계셨음이 분명하기에[21] 시편 118편 중 특히 성전 건축의 기초 역할을 하는 "머릿돌"과 관련된 구절을 자기 소명 성취의 근거로 삼으실 수 있었을 것이다(참고. 김세윤, 1993: 174-75).

그러므로 '버림받은 돌(λίθον ὃν ἀπεδοκίμασαν)이 머릿돌(κεφαλὴν γωνίας)이 된다'(10절)는 것은 아들의 죽음이 도리어 포도밭을 통한 주인의 원래 뜻이 성취되는 계기가 될 것이라는 의미를 가짐과 동시에, 예수님의 죽음이 곧 부활로 이어져 새 성전의 기초를 이룰 것이라는 함의 역시 가진다. "주로 말미암아 이것이 일어났으니 우리의 눈에 놀라울 따름"(11절)이라는 결론적 진술은 반역과 살해를 새로운 시작의 바탕으로 역전시킨 하나님의 일하심에 대한 반응이다. '놀람'은 구약과 유대 문헌에

20. 막 1:1과 14:55-61 주해를 보라.

21. 1:11; 9:5-6; 11:29-30 주해를 보라.

서 하나님의 일하심에 대한 자연스러운 반응으로 등장하는데,[22] 시의 맥락에선 건축자의 판단을 뛰어넘는 하나님의 판단에 대한 놀람이지만 현 단락에서는 인간의 악을 하나님의 선으로 바꾸어 나가시는 것에 대한 경외를 나타낸다.

현 비유에서 아들의 죽음이 새 성전의 기초가 되리라는 암시가 있다는 것은 피할 수 없는 결론이기에, 제기할 수 있는 질문은 '예수님은 자신이 어떤 성전의 기초가 될 것이라 생각하셨을까'이다. 이 질문은 11:15-17에서 다뤄진 것이므로 현 맥락에서는 종말론적인 메시아로서 그가 가진 새 성전에 대한 비전과 그의 사역의 관계에만 집중할 필요가 있다. 그는 에스겔(겔 40-47장)과 스가랴(슥 2-8장) 선지자들이 그러했던 것처럼 그 역시 하나님께서 종말론적인 새로운 성전을 하늘로부터 내려 주시리라는 믿음을 가졌을 수 있다(참조. 계 21:1-8; Sanders, 1985: 75). 하지만 현 본문(9-11절)이 말해주듯 혹은 암시하듯 하나님은 그의 죽음과 부활을 새 성전의 기초로 삼을 것이라는 것이 예수님의 믿음임이 분명하다. 그러므로 아들의 죽음으로 "다른 사람들"이 포도밭을 상속받게 되듯이 그의 죽음과 부활을 통해 모이게 될 하나님의 새로운 백성이 곧 새 성전이 되리라는 믿음이 그에게 있었을 개연성이 매우 높다. 유사한 믿음이 이미 쿰란 공동체에도 존재하고 있었다. 그들은 예루살렘 성전은 부패했기 때문에 하나님이 예루살렘 성전을 떠나 그들 공동체에 머물고 계신다고 믿으며, 종말론적인 전쟁을 통해 그들이 예루살렘을 재정복할 때까지 공동체는 임시적인 성전이 될 것이라 기록한다(1QM 2:1-6; 1QS 7:5; Gärtner, 95; Martínez, 277-89). 물론 둘 사이에는 엄연한 차이가 있는데, 쿰란 공동체는 사라졌지만 예수님을 통해 시작된 새 성전 신학은 그의 죽음과 부활

22. 1:12 주해를 보라.

후에도 계속 이어졌다는 것이다(고전 6:19; 엡 2:20, 22; 행 7:48).

비유를 들은 대제사장들과 서기관들의 반응으로 현 단락은 매듭된다(12절). 비유를 다 들은 그들은 예수님을 “붙잡고자”(κρατῆσαι) 했다(비교. 3:21). 12절 후반부를 이끄는 연결사 ‘가르’(γάρ)는 그들이 예수님을 잡으려 한 이유를 설명해 준다: “이는[γὰρ] 그가 그들을 향해 그 비유를 말한 것임을 알았기 때문이다.” 성전에서 하나님을 섬긴다고 알려진 종교 권력자들은 말씀에 대한 깨달음이 왔을 때 순종이 아닌 역모로 반응한다. 예수님을 향한 그들의 반역은 단순히 한 사람 예수님에 대한 것이 아니라 하나님 자신에 대한 것임을 함의하는데, 이는 예수님이 하나님에 의해 보내진 “외아들”이라는 것이 본문이 말하는 바이기 때문이다. 하지만 ‘버림받은 돌이 머릿돌’이 될 것이라는 역설을 알고 있는 청자는 실제 역사에서 진행되고 있는 종교 지도자들의 음흉한 계획이 하나님의 구원 역사의 장애가 되기는커녕 성취의 길이 될 것이라는 믿음을 가질 수 있다.

요약과 해설

성전 소란 행위 이후 “무슨 권세로”(11:28) 그 일을 행했는지를 묻는 대제사장들과 서기관들의 질문에 답변을 하지 않던 예수님은 포도원 농부 비유를 들려주심으로써 간접적으로 그들의 질문에 답을 하신다. 비유에서 예수님은 자신을 하나님에 의해 보냄을 받았지만 포도원 소작농들에 의해 살해당하는 “외아들”(6절)에 빗대신다. 근접 문맥과 연결해서 본다면 예수님은 성전을 건축하리라 기대된 다윗의 아들, 곧 하나님의 아들이자 선재하던 하나님의 아들의 권위를 가지고 성전 소란 행위를 했다는 답변을 간접적으로 하신 것이다.

비유에 등장한 소작농들은 현실에서 예수님을 살해할 음모를 꾸미던 대제사장들과 서기관들과 장로들로 풍유된다. 하지만 예수님은 아들을 통한 아버지 하나님의 종말론적 구원 계획은 실패하지 않을 것을 시편 118:22-23을 통해 비유적으로 말씀하신다. 성전 건축자들이 버린 돌이 머릿돌이 될 것이라는 말씀은 성전 권력자들에 의해 배척과 죽임을 당할 것이지만 도리어 그 배척된 자신이 "모든 민족들을 위해 기도하는 집"(11:17)인 하나님의 성전을 세우는 "머릿돌"(12:10)이 될 것임을 가르치셨다. 비유가 함의하는 바는 이중적이다. 첫째, 앞선 단락들과 관련해서 본다면 비유는 예수님이 성전 소란 행위를 할 수 있었던 하나님의 아들의 권세를 가졌다는 메시지를 준다. 둘째, 이어지는 단락들과 연결해서 본다면 성전 소란 행위에 의해 촉발된 살해 음모에 예수님이 희생되더라도 하나님은 그 희생을 새로운 성전 건축의 기초로 삼을 것이라는 메시지를 전하고 있다.

제53장
세금 논쟁
마가복음 12:13-17

현 단락에서 예수님의 적대자들은 바리새인들과 헤롯 당원들로 바뀐다. 하지만 그들 배후엔 여전히 대제사장들과 서기관들과 장로들이 있다(아래 주해를 보라). 11:18 이후 성전 권력자들의 집중 공격은 중단 없이 진행되고 있음을 보여준다(11:27-33; 12:1-12). 갈릴리에서는 주로 바리새인들과 서기관들이 그의 주된 대적자들이었지만 일단 예루살렘에 들어온 후에는 당시 최고 권력가였던 대제사장들과 서기관들 및 장로들의 압박이 집중된다. 또한 논쟁의 주제 역시 갈릴리에서는 유대 종교적 전통과 법(2:1-3:6), 축귀와 표적(3:22-30; 8:11-12), 장로들의 유전(7:1-13) 등이었지만 예루살렘 입성 후에는 권위(11:27-33)와 세금 납부와 같은 정치적 사안으로 옮겨간다. 특히 세금 납부 문제는 유대 사회의 내부적인 문제를 넘어서 주후 6년 이후 유대 지역을 통치해 온 로마와의 정치적 관계에 직접 영향을 미칠 매우 민감한 사안이었다(아래 주석을 보라). 사실 로마에 의한 인구 조사와 세금 부과와 같은 행위들이 유대인을 자극하여 크고 작은 봉기들이 있어 왔는데, 주후 4년에 헤롯이 죽은 후 로마를 대항한 저항 운동이 헤즈기아의 아들 유다(Judas son of Hezekiah)와 시몬(Simon)과 아트롱게스(Athronges) 등에 의해 일어났으며,[1] 주후 6년에는 갈릴리 유다가 당시 시리아의 특사로 임명된 퀴리니우스(Quirinius)와 첫 번째 유대 총독이 된 코포니우스(Coponius)의 인구 조사에 반발하여 봉기를 일으켰다.[2] 비록 로마에 의해 그 모든 봉기가 신속하게 진압되었지만 여전히 반 로마 정서가 유대 사회에 뿌리내리고 있던 터라 예수님이 가이사에게 납부되는 세금에 대한 입장 표명은 예수님이 반 로마 항쟁의 선동가인지 아닌지를 가늠하게 해줄 수도 있기에 '정치적 휘발성'이 높은 이슈라고 할 수 있다.

본 단락은 질문자의 등장(13절), 질문(14-15절 전반부), 예수님의 대답과 질문자의 반응(15절의 중반부-17절)으로 구성되어 있다.

13 그리고 그들이 바리새인들과 헤롯 당원들 중 어떤 이들을 그에게 보내어 그의 말을 책잡으려 했다. **14** 그들이 와서 그에게 말했다. "선생님, 당신은 참되고 결코 누구에게 얽매이지 않는 줄로 우리가 압니다. 이는 당신이 사람의 외모를 보지 않고 진리에 따라 하나님의 길을 가르치기 때문입니다. 가이사에게 세금을 바치는 것이 가합니까? 불가합니까? 우리가 바칠까요? 바치지 말까요?" **15** 그러나 그가 그들의 위선을 보신 후 그들에게 말씀하셨다. "왜 나를 시험하는 것이오? 데니리온 하나를 가져와 나에게 보이시오." **16** 그리고 그들이 가져왔다. 그러자 그가 그들에게 말씀하신다. "이 초상과 글이 누구의 것이오?" 그리고 그들이 그에게 대답했다. "가이사의 것입니다." **17** 그리고 예수님이 그들에게 말씀하셨다. "가이사의 것들은

1. Josephus, *Jewish Antiquities* 17.10.5-7 §§271-84.
2. Josephus, *Jewish Wars* 2.4.1 §56. *Jewish Wars* 1.4.3 §118에서 요세푸스는 "코포니우스가 재직할 때 유다라는 자가 '로마인들에게 세금을 바치고 하나님 외에 어떤 유한한 통치자를 인정하는 것은 범죄라고 선언함으로써' 갈릴리 주민들에게 반역을 촉구하였다"고 밝힌다.

가이사에게 돌려주고 하나님의 것들은 하나님께 [돌려드리시오]." 그러자 그들이 그를 놀랍게 여겼다.

주해

바리새인들과 헤롯 당원들의 등장(13절) 현 단락은 "그들이 바리새인들과 헤롯 당원들 중 어떤 이들을 그에게 보[냈다][ἀποστέλλουσιν]"로 시작한다. '아포스텔루신'(ἀποστέλλουσιν)의 시제가 내러티브에서 강조형으로 쓰이는 현재형으로 되었다는 것은 바리새인들과 서기관들은 하수인이고 그들 뒤에 실세가 있다는 사실을 주목케 한다. 현 문단에선 동사 '보낸'의 주어가 명시되지 않았지만 11:18에서 첫 등장 이후 줄곧 예수님의 적대자 노릇을 해온 인물이 대제사장과 서기관들, 그리고 장로들이기 때문에(12:1, 12) 바리새인들과 헤롯 당원들을 보내어 예수님을 책잡으려는 주체는 어렵지 않게 파악될 수 있다. 그들이 노리는 것은 "그의 말을 책잡으려"(ἵνα αὐτὸν ἀγρεύσωσιν λόγῳ)는 것이었다. '아그루소신'(ἀγρεύσωσιν)의 의미는 '허점을 노려 함정에 빠뜨리는 것'이다.[3] 이런 목적을 위해 그들이 정치적으로 서로 대칭점에 서 있었던 바리새인들과 서기관들을 함께 예수님에게 보낸 이유가 있다. 바리새인은 장로들의 유전과 율법 준수에 열심을 내던 사람들로서 그들 중 많은 이들이 실제로 반 로마 항쟁에 참여하였던(Wright, 1992: 189-203) 반면, 헤롯당은 로마에 의해 세워진 헤롯 왕조를 지지하면서 친 로마 입장에 있었던 이들이었다(Bauckham, 2008: 382; 또한 3:6 주해를 보라). 따라서 만일 예수님이 가이사에게 세

3. Louw & Nida, ἀγρεύω, 27.30.

를 바치는 문제에 찬성을 하는 말(λόγῳ)을 하면 바리새인들이 책잡을 것이고, 혹 세금 납부에 반대하면 헤롯당이 로마 당국에 고발할 수 있었다. 그들은 예수님이 빠져들 수 있는 그와 같은 딜레마를 염두에 두고 바리새인과 헤롯당의 연합 전선을 구축한 것이다(Evans, 2001: 245; France, 2002: 466-67; Marcus, 2009: 822; 대조. Gnilka, 2권 203).

사실 바리새인과 헤롯당의 연합은 예수님의 갈릴리 사역 중 이미 구축되었지만(3:6) 예루살렘 사역 동안에는 성전 권력자들인 대제사장들과 장로들의 합류로 그 세력이 한층 강화된 것을 보여준다. 이런 종류의 연대는 예수님의 십자가 처형을 앞두고 절정에 도달하는데, 로마 총독 빌라도와 그를 증오하던 유대 대중들까지 그를 십자가 처형을 받게 하는 일에 한 뜻이 된다. 이들 각 그룹이 평소에는 서로 의견이 맞지 않아 충돌하는 관계였다는 것을 고려하면 한 명의 희생양을 만들어 내는 데 있어서 사회 모든 이견자들이 뜻을 모으는 모습은 악이 어떻게 사회구조 속에 작용하는지를 보여준다(참고. Girard, 175-76, 또한 15:15 주해를 보라).

질문(14-15절 전반부) 찾아온 이들이 세금 납부에 관한 질문을 하기 직전에 한 예수님의 인물됨에 대한 평가("당신은 참되고 결코 누구에게 얽매이지 않[고] … 사람의 외모를 보지 않고 진리에 따라 하나님의 길을 가르[칩니다]", 14절)는 그 자체로선 옳다고 마가의 청자들은 판단할 것이다. 하지만 그 말은, 여러 학자들이 일찍이 관찰한 것처럼, 호의를 얻으려는 아첨에 불과하다(Gnilka, 2권 203; Boring, 2006: 334). 더 나아가 그 말이 이미 예수님을 죽일 음모(3:6)를 꾸미다 그를 책잡고자 온 사람들의 입에서 나왔기에 그 같은 감언이설 뒤에는 다른 사악한 의도가 있다는 짐작을 쉽게 할 수 있다. 아마도 아첨을 통해 그들은 그에게 우호적인 태도를 가진 사람으로 가장하여 이후의 질문에는 어떤 악한 의도가 없다는 인상을 주어 그로 솔직한 응답을 이끌어 내려 했을 것이다.

그들의 질문은 표면상으로 세금(κῆνσον)납부의 가부를 묻는 것이다. 헬라어 '켄소스'(κῆνσος)는 라틴어 '켄수스'(census)로부터 차용된 외래어로서 주후 6년에 로마가 유대와 이두매, 그리고 사마리아를 통치하기 시작한 후 그곳 지역민들에게 부과하기 시작한 인두세(poll-tax)를 뜻한다(Hengel, 1989: 136). 1세기 유대인에게 세금 납부는 단순한 경제적 문제가 아니었다(위 서언을 보라). 요세푸스는 다윗이 에돔을 정복한 후 그곳에 수비대를 두고 그곳 주민에게 토지세와 인두세를 부과했다고 말한다.[4] 마찬가지로 1세기 유대인들에게 '켄소스'를 로마에 납부하는 것은 가이사에 대한 정치적인 복종을 의미했음이 분명하다. 그들이 제기한 양자택일의 질문에 내포된 것은 세금 납부에 찬성함으로 "종교적 배교자"가 되든지 아니면 세금 납부를 거부함으로 "정치적 반역자"가 되는 것이었다(Collins [a], 335).

예수님의 대답과 바리새인들 및 헤롯 당원들의 반응(15절 중반부-17절) 예수님이 그들의 "위선"(ὑπόκρισιν, 15절)을[5] 보셨다는 것은 그들의 말과 마음 사이의 불일치를 간파하셨다는 뜻이다. 말로는 그를 선생(διδάσκαλε, 14절)이라 부르며 칭찬한 후 질문을 하지만, 의도는 그로부터 무엇인가를 배우기는커녕 책잡으려는 속뜻을 아셨다는 것이다. 이어서 예수님은 그들의 숨은 동기를 폭로하신다: "왜 나를 시험하는 것이오[πειράζετε]?"(15절 후반부). 마가복음에서 예수님을 시험하는 일은 사탄에 의해 처음으로 시도(1:13)된 후 바리새인이 그 역할을 이어왔다(8:11; 10:2; 참조. 8:33).[6] 예수님은 이어서 데나리온 하나를 가져와 자기에게 보이도록 요구하신다(15절 후반부).[7] 그리고 그 동전에 새겨진 초상과 글귀

4. Josephus, *Jewish Antiquities* 7.5.4 §109.
5. '위선'에 관해서는 7:6 주해를 보라.
6. 시험'에 대해서는 1:13; 8:11; 10:2 주해를 보라.
7. 당시 데나리온 동전은 재임 중이었던 황제 티베리우스(주후 14-37년)의 초상이 새

를 주목케 한 후 "가이사의 것들은 가이사에게 돌려주고 하나님의 것들은 하나님께 [돌려드리시오]"(17절)라는 결론적인 진술을 하신다. 그리고 이 진술은 '이에수스'(Ἰησοῦς)가 하신 것으로 발화된다(17절). "예수"라는 이름은 마가복음에서 번번이 사용된 이름이지만 근접 문맥에서 그것은 11:33 이후 현 단락의 결론부에서 처음으로 재언급된다는 것을 고려할 때 '이에수스'가 말한 17절의 진술은 단락 차원에서 현저성을 가진다. 17절을 문자적으로 이해한다면 예수님은 섬겨야 할 두 개의 다른 영역(국가와 하나님 나라)이 있다는 것을 인정하시는 것처럼 들릴 수 있다. 그러나 이 결론적 언급이 뜻하는 바가 무엇인지 알기 위해선 세금에 관한 질문을 받으셨을 때 그가 데나리온 동전이 가진 "초상"(ἡ εἰκὼν αὕτη)과 "그 글"(ἡ ἐπιγραφή)에 주목토록 하셨다는 점에 주목해야 한다.

먼저, 예수님이 주목시킨 "이 초상"은 데나리온 앞면에 새겨진 티베리우스의 두상이며, "글"은 두상 주위에 새겨진 라틴어, "*Ti[berivs] Caesar Divi Avg[vsti] F[ilivs] Avgvstvs*"였는데(아래 왼쪽 사진을 보라) 그 뜻은 "티베리우스 가이사 아우구스투스, 아우구스투스 신의 아들"이다. 동전 뒷면에는 티베리우스의 어머니인 리비아(Livia)가 여신(goddess)의 모습으로 앉아 있는 형상이 새겨져 있다. 뒷면 동전의 글은 *PONTIF MAXIM* 곧 '대제사장'이다(아래 오른쪽 사진을 보라).

티베리우스 황제의 초상을 가진 데나리온(좌-앞면; 우-뒷면)

겨진 동전이었을 것이 거의 확실하다.

동전에 새겨진 초상과 글은 사실상 가이사를 '신의 아들'(*Filius Divi*)로 숭배하고자 의도된 것이다. 십계명의 제2계명에 따라 그 어떤 형상을 만드는 것을 금지했던 경건한 유대인은 그와 같은 동전을 소지하는 것 자체도 계명 위반으로 보았다(Wright, 2004: 162). 예수님이 동전을 만지시기보다 그것을 "나에게 보이시오"(15절 후반부)라고만 하신 이유 역시 이런 분위기와 무관하지 않을 것이다. 그렇다면 예수님이 동전을 통해 보여주시기를 원했던 것은 단순한 돈과 세금의 문제를 뛰어넘어 로마 황제의 우상 숭배 문제였다는 것이 분명하다. 무엇보다 유대 종교, 정치 지도자들인 그들이 성전(11:27; 12:35)에서 그와 같은 동전을 소지하고 있었다는 것("그들이 가져왔다", 16절)은 참람한 우상 숭배의 죄가 유대 종교의 심장부(성전) 깊숙이 파고 들어와 있었다는 것을 상징적으로 보여 주고 있는 것이다(Wright, 1996: 506).[8] "가이사의 것들은 가이사에게 돌려주고[ἀπόδοτε]"는 문자적으로는 세금을 가이사에게 납부하라는 뜻으로 해석될 수 있다. 하지만 "가이사의 것들"(τά Καίσαρος)은 현 문맥에선 신성 모독적 가이사의 형상과 그가 신의 아들이라는 우상 숭배를 조장하는 글귀를 가리키고 있는 것이 분명하기에 예수님의 진술은 '로마가 가져온 우상 숭배 범죄가 하나님의 성전과 이스라엘에서 떠나야 한다'는 의미 역시 함축한다고 보는 것이 적법하다(Wright, 1996: 506; Hurtado, 2020: 275; 대조. Evans, 2001: 247; Stein, 545-46).[9]

"예수님이 뒤에 강조가 놓이는 대조적 병행법을 종종 사용하셨음을

8. Josephus, *Jewish Antiquities* 18.3.1 §§55-59에 따르면 본디오 빌라도(Pontius Pilate)는 유대 총독으로 부임할 때 로마 황제 흉상이 새겨진 깃발을 들고 예루살렘에 입성하였다가 유대인들에 의해 심한 저항을 받았다.

9. 교부 저스틴(Justin)은 막 12:17a의 예수님의 말씀을 인용하면서 그것이 "오직 하나님 한 분에게만 경배를 드려야 한다"는 뜻을 함의한다고 해석한다(Justin, *1 Apology* 17.2).

염두에 둔다면 예수님이 강조한 것은 '하나님의 것들을 하나님께 드려라'에 있다"(신현우, 2011: 297). 그렇다면 돌려드려야 할 "하나님의 것들"(τὰ τοῦ θεοῦ)은 무엇일까? 세 가지 가능한 설명이 있다. 첫째, 현 맥락에서 "가이사의 것들"이 가이사의 형상과 글귀를 가리키는 것처럼 "하나님의 것들"은 하나님의 형상인 인간을 가리키는 것이라 보는 것이 가능하다(Hooker, 1991: 281). 이런 해석에 따르면 가이사의 형상이 새겨진 동전이 가이사에게 속해야 하는 것처럼 하나님의 형상인 인간(가이사를 포함해서)은 하나님께 속해야 한다.[10] 가이사는 신이 아니라 하나님의 형상이므로 그 역시 참되고 살아계신 하나님께 종속된 존재라는 의미가 논리적으로 가능하다.

둘째, 유대 신앙에서 하나님은 모든 만물의 창조주다. 모든 만물이 다 하나님의 것들이다. 하나님의 것들과 독립된 가이사의 것은 존재하지 않는다. 그러므로 "하나님의 것들"을 하나님께 돌려드리라는 진술은 '가이사를 포함하여 모든 사람과 만물이 하나님의 다스림에 귀속돼야 한다'는 의미(참조. 시 96:7-10)를 가진다고 보아야 할 이유가 있는 것이다(Wright, 1996: 506). 더불어 헬라어 접속사 "까이"는 반의적인 용법 역시 가지고 있기 때문에 "가이사의 것들을 가이사에게 돌려주고[καὶ] 하나님의 것들은 하나님에게 [돌려드리시오]"라는 절의 '까이'를 '그러나'로 해

10. 터툴리안(Tertulian)은 *On Idolatry* 15.3에서 현 본문을 이렇게 설명한다: "Render to Caesar what are Caesar's, and what are God's to God;" that is, the image of Caesar, which is on the coin, to Caesar, and the image of God, which is on man, to God; so as to render to Caesar indeed money, to God yourself"(은화에 새겨진 황제의 초상은 황제에게 돌려주고, 인간에게 새겨진 하나님의 초상은 하나님께 돌려드리라는 뜻입니다. 그대도 돈은 황제에게 돌려주되, 그대 자신은 하나님께 돌려드리시오)"(Thelwall의 영역에 대한 저자의 번역). 터툴리안의 원작은 인터넷 주소(S. Thelwall(trans), http://www.earlychristianwritings.com/text/tertullian02.html) 검색 가능.

석할 수도 있다(Porter, 1994: 211). 이런 접속사 해석은 예수님이 가이사의 것과 하나님의 것이라는 두 개의 독립적 영역이 존재한다고 보시기보다 가이사 역시 하나님께 종속돼야 한다는 뜻으로 말씀하셨다는 주장(참조. Cranfield, 372)을 문법적으로 뒷받침할 수 있다.

셋째, "하나님의 것들"(τὰ τοῦ θεοῦ)을 예수님이 베드로에게 그가 "하나님의 일들"(τὰ τοῦ θεοῦ)을 생각지 않는다고 책망하시는 본문(8:33)의 빛 아래에서 이해하는 것이다(Gundry, 694). 8:33의 맥락에서 "하나님의 일들"은 예수님의 고난과 죽음을 통해 실현되는 하나님의 나라였다. 그렇다면 17절에서 "하나님의 것들"을 하나님께 돌려드려야 한다는 예수님의 말이 가진 함축적 의미는 자신을 통해 도래하고 있는 하나님의 통치를 인정하라는 것이다. 환언하자면, 세상을 다스리는 진정한 하나님의 아들은 동전이 말하는 것과 같이 가이사가 아니라 예수님 자신(참고. 1:1, 11; 9:7)이기에 그가 이스라엘과 온 땅에 가져오는 하나님의 통치를 인정하라는 말일 것이다. 마가복음의 전체적인 맥락을 고려하면 세 번째 설명이 타당한 것처럼 보이지만 첫째와 둘째 역시 배제할 수는 없다.

17절 후반부에 담긴 예수님의 의도와는 별개로 적대자들이 제기한 세금 납부에 관한 질문의 전망에서 본다면 그의 결론적 선언은 듣는 청자의 입장에 따라 중의적으로 들릴 수 있었을 것이다(Evans, 2001: 247). 한편으로 그것은 가이사에게 가야할 세금은 가이사에게, 하나님께 드릴 예물은 하나님께 드리라는 뜻으로 해석도 가능하고, 그러나 또 다른 한편으로 가이사의 우상 숭배가 성전에서 떠나고 오직 하나님에게만 합당한 영광과 경배를 돌려드려야 한다는 뜻 역시 가능하기 때문이다. 논쟁은 "그들이 놀랍게 여겼다"(ἐξεθαύμαζον)로 끝난다. '놀라다'가 긍정적 의미(5:20)로 사용되었는지 아니면 부정적 의미(6:6; 15:5)로 사용되었는지에 대한 판단은 단어 자체로 결정할 수 없고 그것의 공동 본문을 통해 결정돼야 한다(Porter, 2013: 75-79). 먼저, 놀란 주체를 결정할 필요가 있다. 그 동사의 주어가 명시되지 않았기 때문에 그들이 질문자, 무리 혹은 두 대상 모두라고 볼 수 있다. 프란스는 현 논쟁이 공개적 장소에서 이뤄진 점에 착안하여 놀란 이들이 질문자들과 함께 대중들 역시 포함됐을 것이라 본다(France, 2002: 469). 하지만 현 문단에서 대중에 대한 언급이 전혀 없기에 놀란 주체는 질문자 하나로만 보는 것이 타당하다(Gnilka, 2권 206-7; Collins [a], 557). 질문자로 등장한 바리새인들과 헤롯 당원들은 해를 가할 빌미를 얻고자 정치적으로 민감한 질문을 했음에도 그들이 들은 예수님의 답변은, 사용된 표현 자체만으로 본다면 두 진영의 입장 모두에 부합할 수도 있고 또 반대로 대치되는 것으로 해석할 수도 있는 중의적 의미를 가진다. 따라서 그 답변을 들을 때 그들이 보인 '놀랍게 여겼다'(ἐξε-θαύμαζον)는 부정적 의미 곧 '당황하다'(appalled)의 의미를 전한다고 보는 것이 타당하며, 그들의 당황은 "책잡으려"는 그들의 초기 뜻을 이룰 수 없었다는 판단에 따른 반응으로 볼 수 있다. 이렇게 격퇴된 적대자들은 산헤드린 재판 때(14:53-65)까지 그 모습을 드러내지 않는데, 이것은 직접적인 대면을 통한 공격보다 어두운 곳에서 흉계를 꾸미는 것으로(14:1-2, 10-11) 그 전략을 선회했기 때문이다.

요약과 해설

성전 소란 행위에 의해 촉발된 예수님과 종교 지도자들 사이의 갈등은 그들이 바리새인들과 헤롯 당원들을 예수님에게 보내어 로마에 세를 납부해야 하는지에 관한 질문을 제기하면서 새로운 국면에 들어간다. 예수님의 대답 유무에 따라 로마 당국이 당장 반역자라는 죄목으로 그를 체포할 수도 있기 때문이었다. 하지만 예수님은 의도적으로 중의적 대답을 하신다. 먼저, 그는 데나리온에 새겨진 형상과 글귀에 그들을 주목시킨다. 비록 본문에 명시되지는 않았지만 데나리온에는 우상 숭배적 형상과 글귀가 새겨져 있었기 때문에 예수님은 유대 사회의 중심부(성전)에까지 파고 들어온 우상 숭배를 그들이 주목하기 원하셨던 것이 분명하다. 이어서 예수님은 "가이사의 것들은 가이사에게 돌려주고 하나님의 것들은 하나님에게 [돌려드리시오]"(17절)라고 답하신다. 질문자의 입장에 따라 이 말을 가이사에 대한 세금 납부를 예수님이 찬성하시는 것으로 이해할 수도 있고 혹은 그 반대로 이해할 수 있었다. 그러나 데나리온에 새겨진 우상 숭배적 형상과 글귀의 참람한 성격을 알고 있는 사람들은 예수님의 말씀이 로마의 우상 숭배가 하나님의 성전 혹은 백성으로부터 떠나야 한다는 의미 역시 내포한다는 것을 놓칠 수 없었을 것이다. 그리고 "하나님의 것들"을 하나님께 돌려드리라는 말씀은 8:33("하나님의 일들")의 빛 하에서 본다면 하 나님의 아들은 가이사가 아니라 예수님 자신이기에, 그의 고난과 죽음을 통해 이 땅에 도래하고 있는 하나님의 나라를 인정하라는 의미 역시 함축한다.

첨언한다면, 크랜필드가 적절하게 지적한 것처럼 현 단락은 교회와 국가의 관계 정립을 위한 교리서가 될 수 없고, 그런 교리는 로마서 13:1-7, 디모데전서 2:1-6, 베드로전서 2:13-17, 그리고 요한계시록 13장을 함께 고려해서 정립되어야 할 것이다(Cranfield, 372). 하나님의 통치와 국가의 통치는 언제나 충돌되는 것은 아니지만(France, 2002: 466) 예수님이 '가이사'에 부정적 의미를 함축하여 말한 이유는, 데나리온 동전의 예가 보여주듯 로마 황제로서 그가 우상 숭배를 유발하는 역할을 하고 있기 때문이었다.

제54장
부활 논쟁
마가복음 12:18-27

성전 권력자들이 보낸 바리새인들과 헤롯 당원들과의 논쟁 후 예수님은 요세푸스가 언급한 당시 유대 사회의 대표적인 종교-정치 집단(바리새인, 사두개인, 그리고 엣센파) 중의 하나인 사두개인들과 다시 부활 논쟁을 가지신다. 이리하여 예수님은 예루살렘 성전 입성 후 유대 사회를 이끌어 가던 대부분의 핵심 세력들(대제사장들과 서기관들과 장로들, 그리고 바리새인들과 헤롯당과 사두개인들)과 충돌을 갖게 된 것이다.

현 단락은 크게 두 부분으로 나눠진다. 사두개인들의 질문(18-23절)과 예수님의 응답(24-27절)이 그것이다. 두 부분은 유사한 구조를 가진다. 먼저, 사두개인과 예수님은 열쇠 말을 사용하여 그들의 논지를 각각 수미상관(inclusio)시키고 있는데, 사두개인들은 '아나스따신'(ἀνάστασιν, '부활')을 질문의 시작과 끝에 배치시킨다(18, 23절). 예수님 역시 '뻘라나스테'(πλανᾶσθε, '오해하다') 동사로 응답을 시작하셨다가 마친다(24, 27절). 다음 유사점은, 사두개인과 예수님 모두 모세오경에 의거하여 그들의 입장을 세워 나간다는 것이다. 사두개인들은 신명기 25:5을 근거로 부활의 불가능성을 내세우고(19절), 예수님은 출애굽기 3:6을 근거로 부활의 필연성을 주장하신다(26절).

18 그리고 부활이 없다고 주장하는 사두개인들이 그에게 와서 [다음과
같이] 말하며 물었다. **19** "선생님, 모세는 '만일 어떤 형제가 죽어 아내를
뒤에 남겨 놓고 자식이 없다면 그의 형제가 그 아내를 취하여 그의 형제의
후손을 일으켜 주어야 한다'고 우리에게 기록하였습니다. **20** 일곱 형제가
있었습니다. 그리고 첫째가 아내를 취하였습니다. 그리고 죽어 후손을 남
기지 못했습니다. **21** 그리고 둘째가 그 여인을 취했습니다. 그리고 후손을
남기지 못하고 죽었습니다. 그리고 셋째도 마찬가지였습니다. **22** 그리고
그 일곱이 후손을 남기지 않았습니다. 맨 마지막에는 그 여인까지 죽었습
니다. **23** 그들이 되살아나는 부활의 날에 그 여인은 그들 중 누구의 아내가
되겠습니까? 이는 그 일곱이 그 여인을 아내로 맞이했었기 때문입니다."
24 예수님이 그들에게 대답하셨다. "당신들은 성경도 모르고 하나님의 능
력도 모르는 이것 때문에 오해하고 있는 것이 아니요? **25** 이는 죽은 자로
부터 부활할 때는 그들이 장가가지도 않고 시집오는 일도 없어 다만 그들
이 하늘에 있는 천사들과 같이 될 것이오. **26** 그리고 죽은 자들이 일으킴을
받을 것에 관해 하나님이 어떻게 그에게 말씀하셨는지 모세의 책에 있는
떨기나무에 관한 부분에서 당신들이 읽어보지 않았소? '나는 아브라함의
하나님이요 이삭의 하나님이며 야곱의 하나님이니라.' **27** 그는 죽은 자들
의 하나님이 아니라 살아 있는 자들의 [하나님]이시오. 당신들이 많이 오해
하였소."

주해

사두개인의 질문(18-23절) 강조적 현재 시제로 발화된 사두개인의 등장(ἔρχονται)은 현저성을 가진다. 게다가 "사두개인"(Σαδδουκαῖοι)은 마가복음 전체 중 이곳에서 처음으로 등장하는 담화 신정보(discourse-new information)이기 때문에 사두개인이라는 인물 정보에 대한 초점화가 자연스럽게 이뤄진다. 사두개인은 바리새인과 엣센파와 더불어 예수님 시대에 활동한 세 개의 주요 종교-정치 집단 중 하나였다.[1] 그 명칭은 그들이 솔로몬 시대 대제사장이었던 사독(왕상 1:34; 2:35; 대상 29:22)의 후손이라 주장한 데에서 기인했다는 설이 있다(Sandmel, 156; Bohak, 600). 그들은 예수님 시대 성전 권력의 실세로서 당시 상당수의 제사장과 대제사장이 사두개파에 속해 있었다(참고. 행 4:1).[2] 또한 성전과 그곳에서 드리는 제사의 중요성을 강조했는데, 성전이 그들의 권력 기반이라는 사실을 고려할 때 이런 입장에 대한 이해는 어렵지 않다(Sandmel, 157). 사두개인은 유대 사회의 신앙체계에 있어서 보수적인 입장을 견지하면서 바리새인들과는 달리 천사와 부활, 그리고 영혼의 불멸을 믿지 않았다(행 4:1-2; 23:8).[3] 또한 구전토라의 권위를 인정한 바리새인들과는 달리 오직 기록된 성경의 권위만을 인정하였고,[4] 따라서 구약성경의 다른 책보다 모세오경을 더욱 권위 있는 책으로 여겼을 가능성이 있다(Hooker, 1991: 282).

사두개인들이 "부활이 없다고 주장"한다는 관계 대명사절(οἵτινες)의 정보(18절)는, 그들과 관련된 많은 배경 지식 가운데 이어지는 논쟁에 필

1. Josephus, *Jewish Antiquities* 18.1.1-6 §§1-25.
2. Josephus, *Jewish Antiquities* 20.9.1 §199.
3. Josephus, *Jewish Antiquities* 18.1.4 §§16-17.
4. Josephus, *Jewish Antiquities* 13.10.6 §297.

요한 정보만을 초점화시킨 것이다. 그들이 부활을 불신한 여러 이유들은 당시 자료에는 명시되지 않았기 때문에 추론에 의지할 수밖에 없다. 첫째, 그들이 권위 있는 책으로 인정한 오경이 부활에 대해 분명한 가르침을 주지 않기 때문일 수 있다. 둘째, 요세푸스가 말하는 것처럼 그들은 성경이 반복적으로 가르치지 않는 법은 인정하지 않았기 때문에[5] 오직 다니엘 12:1과 이사야 26:19, 그리고 에스겔 37:1-14에만 언급되고 있는 부활 교리는 '지엽적'인 가르침이라고 여기며 거부했을 가능성이 있다(Sandmel, 157).[6] 셋째, 당시 부활 교리는 로마의 지배와 그 하수인이 된 헤롯 왕조를 대항하여 혁명적인 투쟁을 하고 있던 열심당과 바리새인들이 열렬히 따르고 있던 교리였다.[7] 그렇기 때문에 제도권에 편승해 권력 유지에 관심있었던 보수적 권력자들이었던 사두개인들은 부활 교리를 그들의 사회적 위치를 위협하는 매우 위험한 사상으로 여겼을 것이 분명한데(Wright, 2003: 137-38), 이는 부활이 다가오는 종말론적인 회복의 전망에서 현 세상의 절대화된 모든 것을 상대화시키는 교리였기 때문이다.

질문을 위해 사두개인들이 인용한 구절은 신명기 25:5-10, 특히 5절로 한 남자가 아이가 없이 죽었을 때, 그의 형제가 그 과부(형수)와 결혼하도록 하는 수혼법(참고. 창 38:8; 룻 4:5, 10)의 근거 본문이다. 수혼법은 이스라엘 사회에서 한 가문의 끊어짐을 막고 또 한 연약한 과부의 생존 권

---

5. Josephus, *Jewish Antiquities* 18.1.4 §§16-17.

6. 물론 이 말이 당시 부활 사상이 유대 사회에서 소수의견이었다는 말은 아니다. 부활신앙은 당시 바리새파, 엣센파(쿰란 공동체), 열심당의 신앙인 것은 물론 제2성전 시기의 다양한 유대 문헌에 의해서도 지지된 신앙이었다(8:31 주해를 보라). 따라서 부활을 믿지 않은 사두개파의 입장이 오히려 소수 의견이었다고 보는 것이 옳다(Bauckham, 2002 [b]: 82).

7. 시리아에 대항한 무력 항쟁인 마카비 혁명에 동참한 이들이 가진 부활 사상에 관해서는 마카비2서 7:9, 14, 21-23; 12:43-45; 14:45-46 참고. 또한 엣센파(쿰란 공동체)의 부활 신앙에 대해서는 1QH 6:34-35; 11:10-14; 4Q521 2 ii 12참조.

리를 보호하려는 취지에서 세워진 법이다(Christensen, 284). 그러한 맥락과는 관계없이 사두개인들은 부활의 부당성(absurdity)을 증명하고자 신명기 본문을 사용한다. 한 가족이었던 일곱 명의 남자가 첫째 형제의 아내를 두고 수혼법을 지켰을 경우 마지막 부활 때 그 여자는 누구의 아내가 될 것인지를 질문한다(23절). 그들의 질문 의도는 토라를 잘 지킨 사람들에게 누구의 아내가 되어야 할지 혼돈스러운 상황을 만드는 부활은, 토라 자체가 지지할 수 없는 교리라는 것을 말하고 싶었을 것이다. 모든 성경의 기초가 되는 모세오경이 제정한 수혼법과 '지엽적'인 부활사상이 충돌될 때, 폐기되어야 할 것은 후자라는 것이다(Wright, 2003: 421).

예수님의 응답(24-27절) 사두개인들의 주장에 반박하는 24절의 주어는 현 단락에서 단 한 번 등장하는 '이에수스'(Ἰησοῦς, '예수')라는 이름이 차지한다. 부활 교리에 관해 사두개인들의 주장에 반대되는 '예수'의 입장을 분명히 밝히려는 본문의 의도의 반영으로 봐야 한다(비교. 12:17). 예수님은 사두개인들의 주장이 "성경"(τὰς γραφάς)과 "하나님의 능력"(τὴν δύναμιν τοῦ θεοῦ) 둘 다에 대한 "오해"(πλανᾶσθε)에서 비롯되었다고 질책하신다. 그런 후 그들이 오해한 것을 다시 설명하시되 25절에서는 "하나님의 능력"과 관련하여, 26절에서는 성경과 관련하여 재해석하신다. 먼저, 25절을 보자. 예수님은 부활의 몸은 결혼이 필요 없는 "하늘에 있는 천사들과 같이 될" 것이라 선언하신다. 콜린스는 부활한 자들이 "하늘에 있는 천사들과 같이 될" 것이라는 말을 육체적인 부활의 몸이 아니라 보이지 않는 영적인 존재가 될 것이라는 말로 이해한다(Collins [a], 561-62). 또한 그닐카는 부활한 자들이 "저 세상 높은 곳"에 거하게 될 것이라는 의도로 예수님이 그 말씀을 하셨다고 본다(Gnilka, 2권 213). 하지만 "그들이 … 같이 될 것"(εἰσὶν ὡς)이라는 의미에 관해 콜린스와 그닐카가 오해한 것이 있다. 예수님은 지금 부활한 자들이 "존재론적"으로 천사와 같이 된다거나 혹은 그들이 거주하는 “장소”가 천사와 같은 하늘이 될 것을 말하는 것이 아니라, 천사들이 결혼하지 않는 것처럼 부활한 자들도 결혼하지 않는 몸의 “기능적” 상태에 들어가게 될 것을 말한다(Wright, 2003: 421-22).[8] 그렇다면 사두개인들이 무지했던 “하나님의 능력”은 무엇이었을까? 수혼법의 맥락에서 본다면 결혼은 한 가족의 구성원이 직면한 죽음의 문제를 해결하기 위한 제도이다. 예수님에 따르면 하나님께서는 부활의 몸에 불멸을 주실 것이기 때문에 부활의 때는 더 이상 수혼법(결혼)이 필요 없게 된다는 말씀을 하신다. 사두개인들이 몰랐던 하나님의 능력은 그가 지으신 사람이 죽을 때 그것을 버리시기보다 부활시키는 종말론적인 재창조의 능력이었다. 이런 점에서 사두개인들은 “현재 세상 위로 다가오는 하나님의 종말론적인 능력에는 무관심한 채 다만 이 세상에서 가능한 일은 무엇이고 또 불가능한 일은 무엇인지를 스스로 재단하면서 살아가는 사업”가 그 이상도 그 이하도 아니었던 것이다(Hays, 2020: 57).

26절에서 예수님은 그들이 오해한 “성경”을 재해석해 주신다. 그런데 26절은 “죽은 자들이 일으킴을 받을 것에 관해”라는 발화로 시작하는데, 이는 이어지는 성경을 해석하는 열쇠 말이 부활이 될 것을 알려준다. 사두개인들이 모세의 책을 언급했듯이 예수님 역시 “모세의 책”(출 3:6)을 인용하여 그들의 주장을 반박하신다. 특히 “모세의 책에 있는 떨기나무에

---

8. 쿰란 공동체는 정결한 삶을 사는 지도자는 천사와 같이 된다(angelomorphism)고 믿었다(1QSb 4:24-28; CD 6:6 4QpPsa 3:5; 4Q 510-511). 그들이 부활 신앙(1QH 6:34-35; 11:10-14; 4Q 521 2 ii 12을 가지고 있었다는 것을 고려하면 쿰란에서 천사처럼 되는 것이 몸을 벗고 영적인 존재가 된다는 의미라기보다 부활의 삶을 사는 것에 대한 다른 표현이라 볼 수 있다(Segal, 298-308, 특히 307; 참고. 단 12:1). 실제로 쿰란의 어떤 지도자들은 결혼을 하지 않는 등 금욕적인 삶을 사는 이들이 있었는데(CD 6:11-7:8), 시골에 따르면 이런 금욕적인 지도자들은 이미 천사와 같은 상태에 들어간 것으로 이해되었다(Segal, 307; 또한 Fletcher-Louis, 305-312).

관한 부분"이라는 표현은 당시 원본 히브리어 성경과 칠십인경 구약에는 장절이 기재되어 있지 않았다는 것을 감안한다면 본문에서 이야기된 주제로 해당 본문을 지목하신 결과이다. 인용 본문을 통해 하나님은 족장들의 하나님으로 요약된다. 예수님은 하나님께서 아브라함과 이삭과 야곱의 하나님이라는 본문을 근거로 "그는 죽은 자들의 하나님이 아니라 살아 있는 자들의 [하나님]이시오"라고 결론 내린다(26-27절). 사실 죽은 자의 부활을 위한 근거 구절로서 세 족장의 하나님이라는 주장은 매우 취약해 보인다. 그가 죽은 족장들의 하나님이라는 주장이 어떻게 그가 살아 있는 자들의 하나님이라는 주장을 만들어 낼 수 있을까? 어떤 학자는 헬라 영혼 불멸의 입장에서 아브라함과 이삭과 야곱이 예수님 당시에 이미 죽었지만 그들의 영혼은 하늘에 머물고 있다고 믿었기 때문에 하나님은 살아 있는 자들의 하나님이 될 수 있다고 예수님이 주장하신다고 말한다(Perkins, 676). 유대인들 역시 영혼불멸을 믿었기 때문에(에녹1서 71:11; Josephus, *Jewish Antiquities* 18.1.5 §18; Philo, *On the Contemplative Life* 68) 그러한 주장이 가능해 보일 수 있다. 하지만 만일 영혼불멸이 주된 논지가 되어 버리면 예수님의 주장은 되레 육체적 부활을 반대하는 사두개인들의 주장을 지지해 주는 모양새가 되어 버린다(Wright, 2003: 423). 죽은 족장들의 하나님이 산 자의 하나님이 된다는 결론은, 하나님이 마지막 날에 죽은 족장들에게 육체적 부활을 주실 것이라는 추론을 할 수 있을 때에야 이해될 수 있다. "즉 '산 자의 하나님'에 대한 결론은 죽은 자를 살릴 수 있는 하나님의 능력에 대한 신앙 …의 기초 위에서 만들어진 신앙고백이다"(박윤만, 2013b: 187).

예수님의 구약 해석은 주목할 만하다. 에반스는 부활의 당위성을 주장하기 위해 출애굽기 3:6로부터 온 본문을 사용하신다는 점에서 예수님의 성경해석을 힐렐(Hillel)의 세 번째 성경해석 원리('성경으로부터 온 인용 위에 원리를 세워라')에 일치한다고 주장한다(Evans, 2001: 257). 그럼에도 출애굽기의 원래 문맥에서 본다면 해당 본문은 부활 주제와 관련이 없기 때문에 문맥 의존적 해석에 익숙한 현대 해석가들의 눈에는 예수님의 인용이 다소 무리가 있는 것처럼 보일 수 있다.[9] 하지만 칠톤이 주장한 것처럼 예수님의 성경해석학은 "하나님에 대한 자신의 경험"을 반영한다(Chilton, 185). 예수님은 이미 하나님께서 그를 통해 죽은 야이로의 딸을 '회생'시키신 것을 경험하였고(5:35-43), 자기가 죽게 될 경우에도 '부활' 시키실 것을 믿고 있었다(8:31; 9:31; 10:34). 이러한 경험과 믿음은 예수님의 구약 본문 해석에 그대로 반영되었다고 보아야 한다. 이런 점에서 예수님의 구약 해석은 권위적 성격을 가진다(박윤만, 2015: 89-94). 예수님은 다시 한번 더 사두개인들이 "많이 오해"하였다고 지적하심으로 그의 논증을 끝내신다(27절 후반부).

요약과 해설

당시 제도권에 속해 있으며 종교 권력자들의 상당수를 배출하고 있던 사두개인들은 다가오는 종말의 전망에서 현 세상의 절대화된 권력(로마와 헤롯 정부)을 비판하던 열심당과 바리새인들이 따르고 있던 부활이 터무니없는 교리라는 것을 증명하고자 예수님에게 질문한다. 이런 종류의

9. 헤이스는 예수님이 인용하신 "성경"을 출 3:6에만 한정하지 않고 세 족장의 이야기가 펼쳐지는 창세기와 출애굽기 전체로 확장하여, 두 책에는 불임이었던 사라에게서 이삭을 출생케 하고 이집트의 "죽음의 노예 생활"로부터 그의 사랑하는 백성을 구출하는 이야기가 등장한다는 점에서 이미 부활 사상이 그 "성경"에 심겨져 있었다고 주장한다(Hays, 2020: 58-59).

질문은 부활이 예수님의 주요 가르침으로 동시대인들에게 이미 알려졌다는 것을 전제한다. 그들은 신명기에 나오는 수혼법을 들어 부활이 토라 자체로부터 지지받을 수 없는 교리라고 주장한다. 예수님은 그들의 주장이 하나님의 능력과 성경을 오해한 탓이라고 응수하신다. 먼저, 그들이 수혼법(결혼)을 들어 부활의 부당성을 입증하려 한 것은 그들이 하나님의 능력에 대해 무지했기 때문인 것으로 설명하신다. 예수님과 사두개인 모두 인정하고 있었던 것처럼 결혼과 출산은 생명을 이어가기 위한 제도였다. 하지만 하나님은 부활을 통해 죽음을 멸하실 것이기 때문에 부활의 몸에게 결혼은 불필요한 것이 된다. 그럼에도 사두개인들이 "그들이 되살아나는 부활의 날에 그 여인은 그들 중 누구의 아내가 되겠습니까?"(23절)라고 질문한 것은 하나님의 죽음을 멸하시는 능력에 대해 무지하였기 때문이라는 것이 예수님의 주장이다. 이어서 예수님은 성경의 예를 통해 부활의 당위성을 주장하신다. 이를 위해 하나님께서 세 족장의 하나님이라고 밝히시는 출애굽기 3:6을 인용하신다. 예수님의 논증은 하나님의 속성에 근거한다. 하나님은 "죽은 자들의 하나님이 아니라 살아 있는 자들의 [하나님]"(27절)이시기 때문에 지금 육체적으로 죽은 아브라함과 이삭과 야곱을 부활시키심으로써 그가 신실한 창조주이심을 증명하신다는 것이 예수님의 요지였다. 창조주로서 하나님의 능력은 그가 창조한 피조물이 부패하고 죽어갈 때 그것을 내버려 두기보다는 재 창조하실 때 증명되는 것이기 때문이다. 사두개인들에게 없었던 것은 바로 창조주 하나님이 재 창조주가 되신다는 믿음이었고, 결국 이런 믿음의 부재는 그들로 성경을 오해하게 만들었다.

第55장
제일 큰 계명
마가복음 12:28-34

현 단락의 가장 놀라운 점은 앞선 여러 논쟁에서 적대자 그룹에 속해 있었던 서기관 중의 한 명이 예수님의 동조자로 등장한다는 것이다. 그는 겨우 한 명("서기관들 중의 하나")에 불과하다고 말할 수 있지만 그 같은 동조자가 예수님이 종교 지도자들과 가지신 논쟁을 들은 후(28절)에 등장한 것은 의미심장하다. 예수님이 앞서 여러 서기관들과 가진 논쟁에 대해 최종적인 판단을 내리려는 성격을 지닌다고 볼 수 있다. 이는 그 서기관이 예수님이 예루살렘 입성 이후 가지신 종교 지도자들과의 여러 논쟁(11:18-12:27)이 끝난 시점에 등장하고 있기 때문이다. 그뿐만 아니라 현 단락의 결론으로 제시된 정보("그리고 아무도 더 이상 그에게 계명에 관해 질문하지 않았다", 34절)와 현 단락을 끝으로 종교 지도자들과의 직접적인 대면이나 논쟁이 없다는 것은, 현 단락이 앞서 있었던 공개적인 논쟁의 최종적 결론의 성격을 가진다는 점을 더욱 설득력 있게 해준다. 예수님과 서기관의 대화는 서기관의 질문으로 시작했다가 예수님의 칭찬으로 끝난다. 내용 역시 하나님 사랑과 이웃 사랑이 예수님에 의해 언급된 후 서기관은 그것을 반복한다:

A 질문(28절)

B 하나님 사랑과 이웃 사랑(29-31절)

B′ 하나님 사랑과 이웃 사랑(32-33절)

A′ 칭찬(34절, Boring, 2006: 343)

단락의 내용은 서기관의 질문(28절), 예수님의 응답(29-31절), 서기관의 응답(32-33절), 그리고 예수님의 칭찬(34절)으로 진행된다.

28 서기관들 중의 하나가 와서 그들이 토론하는 것을 듣고 있다가 그
가 그들에게 대답을 잘하는 것을 본 후 그에게 질문했다. "모든 것 중 첫째
계명이 무엇입니까?" **29** 예수님이 대답하셨다. "첫째는 이것이오, '들으라
이스라엘아 주 우리 하나님은 한 분 주님이시니, **30** 그러므로 너의 온 마음
과 너의 온 목숨과 너의 온 생각과 너의 온 힘으로 너의 주 하나님을 사랑
하라.' **31** 둘째는 이것이오, '너의 이웃을 네 자신처럼 사랑하라.' 이것들보
다 더 큰 다른 계명은 없소." **32** 그러자 그 서기관이 그에게 말했다. "맞습
니다. 선생님, 그는 한 분이시오 그 외에는 다른 이가 없다는 것을 당신이
옳게 말씀하셨습니다. **33** 그리고 온 마음과 온 깨달음과 온 힘으로 그를 사
랑하는 것과 그 자신처럼 이웃을 사랑하는 것은 모든 번제물과 희생제물보
다 더 낫습니다." **34** 그러자 예수님이 그가 지혜롭게 대답을 하는 것을 보
신 후 그에게 말씀하셨다. "그대는 하나님 나라로부터 멀지 않소." 그리고
아무도 더 이상 그에게 계명에 관해 질문하지 않았다.

주해

서기관의 질문(28절) 서기관의 등장과 질문의 시간적 ·공간적 배경은 따로 없다. 대신 마가는 앞서 예수님이 종교 지도자들과 가지신 논쟁을 그것의 배경으로 제시한다: "그가 그들에게 대답을 잘하는 것을 본 후 그에게 질문했다." 그가 지켜본 논쟁들은 직전의 사두개인들과의 논쟁(12:18-27)뿐 아니라 앞서 진행된 예수님과 대제사장들과 서기관들과 장로들(11:27-33; 12:1-12)과 바리새인들과 헤롯당(12:13-17)과의 논쟁 역시 포함한다고 보는 것이 내러티브 흐름상 자연스럽다. 이는 그 모든 논쟁이 동일한 공간, 곧 성전에서 진행되고 있었기 때문이다(11:27; 12:35). 서기관의 질문은 예수님의 답을 직접 요하는 것이었는데, 그 내용은 모든 계명 중 "첫째"되는 계명이 무엇인가와 관련되어 있다. 비록 후기 인물이지만(대략 주후 3세기 중엽) 랍비 심라이(R. Simlai)는 모세오경의 계명을 613가지로 요약하였고[1] 다른 랍비들은 계명들 중 더 중한 것과 덜 중한 것에 대한 토의를 하기도 했다(비교. 마 5:19; 23:23).[2] 따라서 여러 계명들 중 가장 우선시되어야 할 것이 무엇인지에 대한 논의가 예수님 시대에도 있었고 그런 논의가 서기관의 질문으로 이어졌다고 판단할 수 있다. 이런 토의가 '학자적'이라기보다는 실천적 관심에서 비롯되었다는 것은 분명하다. 토라가 가르치는 대로 살려면 가장 우선시되어야 할 계명에 대한 판단은 필연적이기 때문이다.

예수님의 응답(29-31절) 으뜸 되는 계명 하나를 말하도록 요청되었지만 예수님은 하나님 사랑을 첫째(πρώτη) 계명으로, 이웃 사랑을 둘째(δευτέρα) 계명으로 말씀하신다. 이런 분리는 한 분 하나님에 대한 절대적 헌

1. 바벨론 탈무드 샤바트 23b.
2. 토세프타 페아 4:19; 미쉬나 하기가 1:8.

신과 사랑이 모든 계명 중 우선권을 가져야 함을 밝힌 것이다. 하지만 결론부에서 밝힌 "이것들보다 더 큰 다른 계명은 없소"(31절 후반부)라는 말은 두 계명이 분리될 수 없는 하나의 덩어리라는 것을 알려준다(Bauckham, 2011: 69). 이웃 사랑은 하나님 사랑에 기초해 있어야 하고 하나님 사랑은 이웃 사랑을 통해 표현되어야 한다는 것을 동시에 지적하신 것이다.[3]

하나님 사랑에 관한 계명은 쉐마(신 6:4-5)로부터 나왔고, 이웃 사랑에 관한 가르침은 레위기 19:18의 인용이다. 예수님의 쉐마 인용에는 약간의 변이가 있다. 칠십인경 신명기 본문은 하나님 사랑에 동원되어야 할 자원(resources)으로 "마음"(καρδίας), "목숨"(ψυχῆς), "힘"(δυνάμεως) 이 세 가지를 언급하지만(칠십인경 신 6:5) 인용된 마가복음에는 "생각"(διανοίας)이 하나 더 추가되어 네 가지 요소가 등장하고, 또 '뒤나메오스'(δυναμεώς)가 '이스퀴오스'(ἰσχύος)로 변경되었다. '디아노이아'(διανοία)는 '생각' 혹은 '이해'를 지시하는 것으로 생각과 판단의 중심지로 이해된 "까르디아"(καρδία)의 동의어로 쓰이기도 한다(칠십인경 창 17:17). 이처럼 "마음"이 언급되었음에도 "생각"이 첨가된 것은 하나님을 사랑하는 일에 있어서 인간의 사고와 판단의 중요성을 부각시키기 위한 것이라는 해석(Evans, 2001: 264; 비교. Donahue and Harrington, 355)은 무리가 없어 보인다. 무엇보다 중요한 것은 유대인들에게 그와 같은 셋 혹은 네

---

3. 물론 이런 연결은 유대인들의 성경해석 방법, 즉 같은 단어(이 경우는 "사랑하라")를 서로 연결시켜 이해하는 방법을 따른다. 예수님은 율법과 자신의 행동이 충돌이 일어날 때는 종종 그의 율법 해석의 원리인 하나님 사랑과 이웃 사랑의 법으로 다른 법을 소급 적용하는 해석을 보이기도 했다. 이러한 예는 눅 10:25-37의 선한 사마리아인 비유(이웃 사랑을 위해 정결법을 약화시킴)와 막 3:1-6의 손 마른 사람 치유(손 마른 사람 치유를 위해 안식일 법을 약화시킴)에 나온다. 더 무거운 계명이 다른 모든 것에 우선되어야 한다는 입장이었다.

요소는 나뉠 수 없는 전체성을 지시한다는 것이다(Evans, 2001: 264; Boring, 2006: 344). 쉐마와 예수님의 가르침 둘 다에서 하나님을 사랑하는 일은 감정만이 아니라 인간의 총체적 헌신이 요구되는 일이라고 밝힌다.

물론 예수님은 어떤 새로운 계명을 창작한 것이 아닌데, 구약 본문과의 약간의 차이가 있지만 당시 모든 유대인들이 인정한 토라(쉐마)의 권위에 근거하여 가장 큰 계명을 말씀하셨기 때문이다. 그럼에도 그의 토라 해석에는 혁신적인 요소가 있다. 예수님 당시 경건한 유대인은 매일 쉐마를 반복 암송했고 이웃 사랑 역시 강조했다.[4] 심지어 하나님 사랑과 이웃 사랑이 동시에 부각되기도 했다.[5] 그럼에도 구약성경의 본문을 직접 인용하면서 그 두 계명을 가장 큰 계명이라 규정한 이는 예수님 외에는 없다(France, 2002: 478; Bauckham, 2011: 71; 비교. Evans, 2001: 264-65). 예수님의 이러한 계명 해석은 십계명을 하나님 사랑(전반부 네 계명)과 이웃 사랑(후반부 여섯 계명)이라는 두 범주로 요약한 결과로 볼 수 있다(Allison, 1994: 270-78, 또한 10:19 주해를 보라). 그럼에도 예수님에게 가장 큰 계명에 대한 요약이 단지 '해석적인 일'이었다고만 보지 말아야 한다. 하나님 사랑과 이웃 사랑은 그의 하나님 나라 선포와 치유 사역(1:41, "불쌍히 여기사") 안에서 신체적 활동으로 실현된 가치였으며, 고난과 죽음이 기다리고 있는 예루살렘으로 올라가려는 그의 결단을 이끈 동인이었다(8:33, "하나님의 일"; 10:45, "많은 사람을 대신하는 속량물로 주기 위해 [왔기] 때문이오"; 참조. 갈 2:20).

예수님은 인간이 온 "마음"(καρδίας)과 "목숨"(ψυχῆς)과 "생각"(διανοίας)과 "힘"(ἰσχύος)을 다하여 하나님을 사랑하는 일이 어떻게 가능하

4. 탈무드 샤바트 31a; 미드라쉬 시프라 레위기 19:18.

5. 잇사갈의 유언 5:2; 7:6; 단의 유언 5:3; Philo, *On the Special Laws* 2.63.

리라 생각하셨을까? 모세는 강퍅한 마음을 가진 이스라엘 백성에게는 하나님을 사랑하는 일이 불가능하고 새 마음이 주어질 때에야 "마음"과 "뜻"을 다하여 하나님을 사랑하는 일이 일어나게 될 것을 다음과 같이 예언하였다:

> 네 하나님 여호와께서 네 마음과 네 자손의 마음에 할례를 베푸사 너로 마음[καρδίας]을 다하며 뜻[ψυχῆς]을 다하여 네 하나님 여호와를 사랑하게 하사 너로 생명을 얻게 하실 것이며(칠십인경 신 30:6).

종말론적인 하나님의 다스림이 그를 통해 시작될 것이라 선포한 예수님은 그 통치를 받아들인 사람들의 마음에 갱신이 일어나기 시작했다고 보았다(10:5-9 주해를 보라). 그러므로 하나님 사랑과 이웃 사랑이 모든 계명들 중 가장 으뜸이 되는 두 계명이라 말씀하셨을 때 예수님은 그 계명들이 자신을 통해 성취될 뿐만 아니라 자기를 메시아로 믿고 따름으로 새 마음을 얻게 된 자들 역시 그것들을 지켜 행할 수 있을 것이라 믿으셨다는 것은 의심될 수 없다.

서기관의 응답(32-33절) 마가복음 전체에서 그려진 부정적인 서기관 모습(1:22; 2:6; 3:22; 7:1; 11:18, 27; 12:39; 14:1; 14:53; 15:1, 31)과는 달리 그 서기관은 예수님의 가르침에 적극적인 동조자로 묘사된다("맞습니다 선생님 … 당신이 옳게 말씀하셨습니다", 32절). 서기관의 응답의 방식은 예수님의 가르침을 먼저 반복한 후 그것을 확대해 나간다. 그가 반복한 것은 쉐마와 이웃 사랑을 연결시켜 가장 큰 계명이라 하신 예수님의 말씀이었다. 이런 반복으로 "두 계명의 동등한 가치가 보다 더 뚜렷이 표현된다"(Gnilka, 2권 222). 특이하게도 서기관은 하나님을 사랑할 때 동원해야 할 자원으로 "마음"과 "깨달음", 그리고 "힘"과 같은 세 가지 요소를 언급하면서, 예수님의 언급에 나온 "목숨"(ψυχῆς)과 "생각"(διανοίας)을 생략하고 대신 "깨달음"(συνέσεως)을 포함한다. 이는 서기관이 예수님이 말씀하신 "목숨"과 "생각"을 "깨달음"으로 이해했다는 것을 보여준다. 하나님을 모든 "깨달음"으로 사랑해야 한다는 서기관의 고백은 내러티브 흐름으로 보았을 때 우연이 아니다. 예수님에 의해 부름을 받은 제자들은 '바깥에 있는 사람들'과는 달리 하나님 나라의 비밀이 주어졌지만(4:11) 깨닫지 못하는 자들로 남아 있는다("그들이 빵에 관한 깨달음이 없고[οὐ ... συνῆκαν]", 6:52; "그대들도 이렇게 못 깨닫는단[ἀσύνετοί] 말이오", 7:18; "아직 깨닫지도 못했단[οὐδὲ συνίετε] 말이오?", 8:17). 또한 깨달음은 종교 지도자에게 당연히 기대된 것임에도 바리새인들과 서기관들은 도리어 완고하여져서 예수님과 그의 가르침을 계속 오해한다(3:5, 22; 10:5). 이에 반해 그 서기관은 예수님의 가르침을 수용하고 또 확대해 나간다. 내러티브에서 그는 자신이 고백한 바와 같이 "깨달음"으로 하나님을 사랑하는 인물로 그려진다. 서기관의 "깨달음"(συνέσεως)은 이것으로 끝나지 않는다. 예수님은 서기관의 대답을 다 들으신 후 그가 "지혜롭게"(νουνεχῶς) 대답한다는 칭찬을 하시기 때문에, 그가 추가적으로 깨달은 바가 구체적으로 무엇인지 알려면 이어지는 그의 말을 들어볼 필요가 있다.

서기관은 "온 마음과 온 깨달음과 온 힘으로" 하나님과 이웃을 사랑하는 것이 "모든 번제물과 희생제물보다 더 낫습니다"(33절)라는 말을 덧붙임으로써 예수님의 가르침을 주석한다. 대화 장소가 성전이라는 사실(11:27; 12:35)을 고려할 때 서기관의 말은 파격적이다. 성전 제의의 가치를 상대적으로 낮게 평가하며 하나님과 이웃 사랑의 가치를 높이고 있기 때문이다. 서기관이 발설한 성전 제사에 대한 이런 종류의 비판적 말이 그의 독창적 어록은 아니다. 많은 구약 선지자들이 유사한 비판을 해왔다(삼상 15:22; 사 1:12-17; 호 6:6; 미 6:6-8; 시 50:14; 51:17-19). 후기 랍비들은 하나님 사랑이 모든 번제물과 희생제물보다 더 가치가 있다는 구약 선지자들의 말이 성전 제의 자체에 대한 부정이라기보다는 동시대인들이 상대적으로 등한시 여겼던 하나님과 사람에 대한 내적인 자세(인애와 자비)를 재강조하려는 말이라 이해하였다(Sanders, 1977: 57-182). 그러나 랍비들의 중립적인 평가와는 달리 예루살렘 제의 공동체를 떠나 유대 광야에서 공동체 생활을 한 엣센파는 성전 제의에 대한 선지자들의 비판적인 말을 좀 더 급진적으로 이해하면서 기도와 경건한 행위가 번제와 희생제사를 대체할 수 있는 것으로 믿었다.[6] 이런 믿음은 성전 제의 없이 사는 공동체 현실을 정당화하려는 시도일 것이다.

서기관의 그 같은 주해가 후기 랍비들처럼 하나님 사랑과 이웃 사랑을 강조하려는 의도로 이뤄졌는지 아니면 쿰란 공동체처럼 성전 제사 자체에 대한 부정을 피력했는지는 본문 상에 명시되지 않았다.[7] 하지만 분명한 것은 그가 예수님의 입장을 지지하기 위해서 그 같은 의견을 표명했다는 것이다. 그의 우호적인 동기는 첫 등장에 암시된다. 그는 28절이 보여주는 것처럼 예수님이 앞선 여러 논쟁에서 "그들에게 대답을 잘[καλῶς]하는 것을 본 후" 그에게 다가와 질문한다. "잘"(καλῶς)은 논쟁을 다 지켜본 서기관이 예수님에 대해 내린 최종적 판단으로서 그가 예수님의 입장에 동의했음을 시사한다(Evans, 2001: 265). 게다가 이후 그의 질문에 대한 예수님의 답변을 들은 후에도 서기관은 다시 "옳습니다"(καλῶς)와 "옳게 말씀하셨습니다"(ἐπ' ἀληθείας)로 반응한다(32절). 이처럼 그는 앞선 논쟁

6. 쿰란 문서 1QS 9:3-5.

7. 에반스는 서기관의 그 같은 주장이 공동체의 거룩한 생활과 정의가 성전 제사를 대신 하는 속죄제가 되리라는 것(1QS 9:3-6)과 메시아가 오면 속죄제보다 더 효과적으로 죄를 사할 것(4QS 266 10 i 13)은 쿰란 공동체의 신학과 유사하다고 본다(Evans, 2001: 266). 하지만 에반스가 간과하고 있는 것은 서기관은 하나님과 이웃 사랑과 성전 제사의 가치를 비교한다는 점이다.

과 현 답변 모두를 두고 예수님을 '깔로스'(καλῶς)로 평가한 것이다. 그렇다면 서기관이 모든 계명 중 첫째 되는 계명에 대한 예수님의 입장을 그대로 받아 하나님 사랑과 이웃 사랑이 성전 제의보다 더 낫다는 해석을 덧붙인 데에는 이런 뜻이 있을 것이다. 그것은 예수님이 말씀하신 첫째 되는 계명에 대한 요약을 앞서 그가 행한 성전 소란 행위와 연결시키면서 그 소란 행위의 의미에 대한 신학적 평가를 하려 했다는 것이다. 서기관은 아마도 예수님의 성전 소란 행위는 당시 성전이 하나님 사랑과 이웃 사랑의 열매를 맺지 못한 것에 대한 심판 행위로 해석한 후 현재와 같이 '하나님 사랑과 이웃 사랑이 성전 제사보다 더 낫다'는 평가를 내렸다고 볼 수 있다. 이런 추정은 예수님의 행동과 말씀을 통해 증명되는데, 뒤잇는 단락(38-44절; 13:1-2)에서 예수님은 실제로 성전 제도보다 이웃 사랑의 가치가 더 소중하다는 것을 보여 주신다. 과부의 가산을 삼키는 성전 헌금 제도를 목격하시자 애통으로 반응하신 후 곧바로 성전 멸망을 예언하시는데(13:1-2), 이는 가난한 이웃인 과부를 향해 사랑을 실천하지 못하고 있는 성전(관리인들)에 대한 비판으로 성전의 멸망으로 예언하신 것이다. 서기관이 동조했던 것은 바로 예수님의 이런 태도였을 것이다.

예수님의 칭찬(34절) 본 단락은 서기관의 반응을 들은 예수님이 그를 칭찬함으로 끝난다. 유대 사회에서 다른 사람을 가르치고 그들의 지식을 평가하는 위치에 있었던 인물은 서기관이었다. 본문에서도 그 서기관은 예수님의 응답을 듣고 "맞습니다. … 당신이 옳게 말씀하셨습니다"(32절)라고 평가한다. 그러나 34절이 보여 주는 것처럼 최종적인 평가는 서기관이 아니라 예수님에 의해 내려진다. 비슷하게도, 단락의 처음은 앞에서 본 것처럼 서기관이 "그가 그들에게 대답을 잘하는 것을 본 후[ἰδὼν]"(28절) 예수님께 질문하면서 시작되지만, 단락의 마무리는 예수님이 "그가 지혜롭게 대답을 하는 것을 보신 후[ἰδὼν]" 서기관을 칭찬함으로 완료된다(34

절; 참고. Marcus, 2009: 844). 이런 역할 전환은 권위 있는 선생은 예수님이라는 점을 부각시킨다.

칭찬은 그가 "지혜롭게"(νουνεχῶς)[8] 대답하는 것을 들으신 후에 이뤄진다. 서기관의 지혜는 위에서 언급된 두 종류의 반응에 드러난다. 첫째, 그는 예수님이 말씀하신 사랑에 관한 두 계명을 그대로 반복했다. 고대 유대 사회에서 선생이 한 말을 충실하게 기억하고 그대로 반복 표현하는 것은 제자의 의무로 이해되었다(Schürer, 2권 333).[9] 서기관이 지혜롭다는 칭찬을 들은 것은 그가 예수님의 말을 충실하게 반복함으로 고대 랍비의 제자가 가져야 할 배움의 자세를 잘 보여 주었기 때문이라는 해석은 당시 문화에서 볼 때 자연스럽다. 둘째, 서기관의 지혜는 하나님과 이웃 사랑이라는 이중 사랑의 계명이 번제물과 희생제물보다 더 중요하다는 서기관의 추가적 설명에서 드러난다. 그의 해설은 성전 소란 행위와 포도원 농부 비유에 함의된 예수님의 성전 신학(성전 기능의 중단에 관한 입장)을 잘 이해하고 있었음을 보여 주기 때문이다(예수님의 성전 신학은 11:15-17과 12:10 주해를 보라).

칭찬의 내용은 부정문 형식으로 문법화 되었다: "그대는 하나님 나라로부터 멀지 않소[οὐ μακρὰν ... ἀπὸ]." '하나님 나라에 들어간다'와 같은 긍정문을 사용할 수 있었음에도(10:23, 25) 그 같은 부정문이 사용된 것은, 그에게는 회개가 더 필요했기 때문(참조. 1:14-15)이라고 볼 수도 있다(Evans, 2001: 266; Stein, 564). 그러나 예수님과 서기관 사이에 주고받은

---

8. '누네코스'(νουνεχῶς, '지혜롭게')는 칠십인경에는 등장하지 않지만 신약성경에서 단 한 번 여기에만 나온다.
9. 쉬러는 미쉬나 아보트 3:8로부터 다음의 예를 제시한다. "누구든지 그[선생]의 가르침 중 단 하나의 어휘라도 잊어버리면 그는 마치 그의 생명을 포기하는 것으로 여겨져야 한다"(Schürer, 2권 333). [쉬러의 영역에 대한 번역은 저자의 것]

호의적인 담화를 기억한다면 하나님 나라에 들어가기 위해 그에게 더 필요한 것을 지적하려는 이유에서 부정문을 사용했다고 보기는 어렵다. 문법적으로 보았을 때 부정적 표현("멀다")을 부정("않다")하는 문장 형식은 부정문이 가진 의미가 두 번 반복된 까닭에 그것이 지시하는 의미 곧 '가까이 있다'는 의미를 강조하는 것이다. 내러티브 흐름을 고려했을 때 그가 "하나님 나라로부터 멀지 않소"라는 문장은 다른 서기관들의 예수님을 향한 적대적인 태도를 염두에 둔 말씀으로서 하나님 나라로부터 멀리 있는 다른 서기관들과 달리 그는 그렇지 않다는 메시지를 전한다(참조. 15:43). 어쨌든 그는 다른 서기관들과는 달리 하나님 나라에 근접해 있음이 강조된다. '하나님 나라'는 예수님의 선포의 핵심이었다(1:14-15; 4:11, 26, 30; 9:1, 47; 10:14, 15, 23-25; 14:25). 따라서 예수님은 서기관이 그의 이중 사랑의 계명에 동의하고 또 그 계명이 성전에서 드려지는 희생 제물보다 낫다는 말을 했을 때 그가 자신의 메시아적 사역의 핵심, 곧 하나님 나라의 본질을 이해한다고 판단하신 것이다(Edwards [b], 374). 예수님이 선포하시고 또 실현해 온 하나님 나라는 모든 계명 중 으뜸이 되는 하나님 사랑과 이웃 사랑을 성취하고 성전의 목적을 이루는 길이라는 것이 본 단락의 결론적 진술이다.

끝으로 서기관과의 대화 이후 "아무도 더 이상 그에게 계명에 관해 질문하지 않았다"라는 말은, 지금까지 진행되어 온 종교 지도자들과의 논쟁의 결론과도 같은 말이다. 마가는 예수님의 가르침과 성경해석에 그 누구도 도전을 할 수 없을 만큼 그의 권위가 확립되었음을 확증해 준다.

요약과 해설

본 단락의 강조는 예수님의 독특한 토라 해석과 서기관의 이례적인 반응에 주어졌다. 먼저, 예수님은 토라의 계명들 중 가장 큰 계명으로 하나님 사랑과 이웃 사랑을 제시하신다. 당시 여러 유대인들이 하나님 사랑과 이웃 사랑의 중요성을 가르쳐 왔지만 누구도 예수님과 같이 구약성경으로부터 온 본문에 근거하여 이중 사랑의 계명을 '가장 큰 계명'으로 가르치지는 않았다는 점에서 그의 가르침은 독특하다. 하나님의 사랑은 이웃 사랑으로 증명돼야 하고 이웃 사랑은 하나님 사랑을 근거로 해야 한다는 의미가 함축되어 있다. 그 두 계명은 예수님의 갈릴리 사역을 이끌었고, 또 예루살렘에서 닥칠 일이 무엇인지 알았음에도 불구하고(3:6; 8:31; 9:31; 10:33-34) 그를 기꺼이 그곳으로 올라가게 한 동력이자, 그의 전 사역을 통해 성취될 것이라 믿었음이 분명해 보인다. 이런 추론의 타당성은 예수님이 하나님의 말씀의 종말론적인 성취자로서의 자기 이해가 있었다는 믿음에 근거한다(7:6-13과 10:21 주해를 보라).

본 단락의 또 다른 강조는 서기관에게 있다. 그 서기관에게는 마가복음에서 전례 없는 칭찬이 주어진다. 당시 랍비의 충실한 제자가 하듯이 그는 예수님의 이중 사랑의 계명을 반복한 후 그 계명을 준수하는 것이 번제물과 희생제물을 드리는 것보다 낫다고 보충 설명까지 한다. 특히 그와 같은 부연 설명은 성전 소란 행위와 포도원 농부 비유를 통해 성전 제의의 불필요성을 역설해온 예수님의 가르침에 그가 동의하였음을 보여준다. 이러한 동의는 그가 예수님의 선포의 핵심인 하나님 나라에 근접해 있다는 칭찬을 듣도록 한다.

제56장 다윗의 자손으로서 메시아 논쟁 마가복음 12:35-37

“서기관”(35절)은 현 단락을 이전 단락(28절)과 뒤따르는 단락(38절)을 연결시키는 열쇠 말이다. 물론 주제적 차이는 있다. 앞 단락은 제일 큰 계명을, 현 단락은 메시아의 신분을, 그리고 뒤따르는 단락은 서기관에 대한 준엄한 경고를 다룬다는 점에서 변화가 있다. 무엇보다 현 단락은 선행 단락과 유사한 이야기 구조를 가진다: 서기관에 대한 언급(28, 35절), 구약 인용을 통한 논증(29-31, 36절), 제3자의 결론적 반응(34절 후반부, 37절). 이런 유사성은 현 단락이 앞 단락과 마찬가지로 논쟁 이야기의 연속임을 알려준다.

현 단락은 질문(35절)으로 시작해서 질문(37절)으로 끝나지만 그 형식은 예수님이 무리들에게 질문하고 스스로 답변하신다는 점이다. 선행 단락과는 달리 서기관은 예수님의 질문 속에서 언급될 뿐이다. 이는 앞 단락의 결론이 말했듯이 예수님이 모든 대적자들을 침묵시켰다는 정보(34절)를 고려하면 쉽게 이해된다.

메시아로서 예수님의 자기 이해를 보여 주는 시편 110:1은 초기 교회에서 가장 많이 애용된 시 중의 하나이다(고전 15:25-27; 엡 1:20-22; 벧전

3:22; 히 2:8-9). 이런 까닭에 시편 110:1에 근거한 예수님의 논거는 그 기원이 '역사의 예수'라기보다는 교회의 창작이라는 주장이 있다. 예컨대, 불트만은 현 단락이 유대인과 논쟁 중에 있던 초기 교회가 예수님이 다윗의 자손보다 더 큰 메시아라는 것을 주장하고자 창작한 것이라 주장했다(Bultmann, 136-37, 407; Hooker, 1993: 291). 하지만 예수님은 시편 110:1을 자신이 아니라 마치 제3자를 가리키듯 그리스도의 신분을 논증하시고 사용하신다(Lee, 226). 초기 교회가 그의 신성을 변호하기 위해 본 단락을 창작했다면 왜 그런 간접적인 화법을 사용하는 예수님을 만들었겠는가? 무엇보다 초기 교회가 예수님을 다윗의 자손이라 변증한 것이 틀림없는데(롬 1:3; 15:12; 딤후 2:8; 행 2:30; 계 3:7; 5:5; 22:16; 참조. 마 1:1; 눅 1:69), 적대적인 서기관은 메시아를 다윗의 자손이라 주장하는데 반해, 예수님은 그 말을 반박하는 듯한 사건을 초기 교회가 창작했으리라고 상상하기는 어렵다(Evans, 2001: 270). 따라서 현 단락이 '역사의 예수'에게서 비롯되었다는 것을 의심해야 할 이유는 없다(Marcus, 2009: 848).

35 그리고 예수님이 성전에서 가르치시는 동안 대답하시고자 말씀하셨다. "서기관들이 어찌하여 그리스도는 다윗의 아들이라 말합니까? **36** 다윗 자신이 성령으로 말하였습니다.

'주께서 내 주에게 말씀하시기를
내가 너의 원수들을 네 발 아래에 둘 때까지
너는 나의 우편에 앉으라.'

37 다윗 자신이 그를 주라 말하였습니다. 그렇다면 그가 어떻게 그의 아들이 될 수 있겠습니까?" 그러자 많은 무리가 기쁘게 그[의 말]를[을] 들었다.

주해

다윗의 자손으로서 메시아 논쟁(35-37절) 본 단락은 논쟁 단화의 성격을 가지고 있지만 적대자는 예수님의 담화에서만 등장할 뿐이다(35절). 메시아가 다윗의 자손이라는 서기관의 주장(35절)을 들어 자문자답하는 형식으로 본 단락은 시작된다. 현 단락의 이같은 도입은 독특하다. 아마 메시아는 다윗의 아들이 될 것이라는 암시가 있는 구약 본문(삼하 7:12-16; 사 11:1; 렘 23:5; 겔 34:23; 37:24)과 유대 문헌을[1] 두고 서기관들 사이에 토론이 있었고 예수님 역시 그의 입장을 밝히신다는 해석이 가능하다(비교. Evans, 2001: 271). 그러나 근접 문맥은 예수님이 서기관들의 주장을 인용하신 이유가 그들이 구체적으로 자신을 두고 논쟁을 벌였기 때문으로 보게 한다(비교. Hurtado, 2020: 290). 여리고 성을 지나가실 때 바디매오가 그를 "다윗의 아들"(10:47, 48)로 불렀고 예루살렘 입성 시에도 무리들에 의해 "다윗의 왕국을 가져오는 이"(11:10)로 이미 칭송된 바가 있기에, 서기관들이 예수님에 대한 그런 평가를 두고 토론했다고 보는 것은 충분한 근거가 있다.

앞선 두 경우에서 사람들이 그의 신분을 다윗과 연결하여 이해했을 때는 어떤 반응도 없으셨던 예수님이, 서기관들의 "그리스도가[ὁ χριστὸς] 다윗의 아들"이라는 주장(35절 후반부)은 평가 절하하신다. 서기관들은 어떤 의미에서 메시아를 다윗의 아들이라 단정했으며 예수님은 왜 그들의 주장에 대해 부정적인 입장을 취하셨을까? 예수님 당시에 다윗의 아들은, 10:47-48 주해에서 이미 밝혔듯이, 로마를 대항한 무력 항쟁을 이끌고 있었던 유대 지도자에게 기대된 호칭이었다(Hengel, 1989: 298; Collins

1. 또한 솔로몬의 시편 17:21; 4Q174 1:11을 보라.

[b], 1995: 68, 209; Crossan, 2009: 118-20). 서기관들의 입장에서 본다면 예수님이 예루살렘 입성 시 사람들이 말한 것과 같이 "다윗의 왕국을 가져오는", "다윗의 아들"이라면 무력 항쟁을 이끌 만한 능력을 증명해 보여야 하는데, 그는 그러지 않았다. 무엇보다 현 단락의 공간적 배경인 성전(35절)은 다윗의 아들에게 기대된 성전 관련 예언을 고려토록 하는데 다윗의 아들은 성전을 건축하고(삼하 7:13-17; 4Q174 1:1-13), 이방인들을 그곳에서 몰아낼 것으로 기대되었다(솔로몬의 시편 17:21-46). 주전 1세기 저작인 솔로몬의 시편 17:21-22, 32은 다음과 같이 말한다:

> 보십시오. 주님 당신께 알려진 때에 당신의 종 이스라엘을 다스리시도록 그들을 위해 그들의 왕 다윗의 아들을 일으켜 주소서. 오 하나님. 능력으로 그를 지켜 불의한 통치자들을 멸하소서. 그리하여 예루살렘을 이방인들로부터 정화시켜 주소서. 그들은 그 성을 유린하였나이다(21-22절).

> 그리고 그[다윗의 아들]는 하나님의 가르침을 받는 그들의 의로운 왕이 될 것입니다. 그의 시대에는 그들 가운데 불의한 자들이 없을 것인데 이는 모두가 거룩하게 될 것이고 그들의 왕이 주 메시아[χριστὸς]가 될 것이기 때문입니다(32절, 번역은 저자의 것).

위 본문은 예수님 당시 다윗의 아들이 그리스도(χριστός)로 불렸고 그가 성전을 정화할 인물로 기대되었다는 것을 보여준다. 그러나 그리스도(χριστός, 8:29)이자 다윗의 아들로 칭송된 예수님은 성전에 들어가셨지만, 그곳에서 이방인을 몰아내기보다 도리어 성전 제의에 필수적인 물건들을 뒤엎으시며 대제사장들과 서기관들과 갈등만 불러 일으키셨다. 게다가, 성전 멸망을 암시하는 듯한 말을 스스럼없이 하신다(13:2). 이런 맥락을 기억한다면 메시아가 다윗의 아들이라는 서기관들의 주장은 다윗의 아들에게 기대된 행동을 하지 않는 예수님이 메시아일리가 없다는 뜻이 함축되었고, 예수님이 평가 절하하신 서기관들의 메시아관은 시대적으로 요구된 다윗의 아들관이라 보는 것이 옳다(Edwards [b], 375-76).

이어서 예수님은 메시아 이해의 지평을 넓히시고자 시편 110:1을 근거로 새로운 범주를 가져 오신다. 인용된 시편 110:1의 세 가지 사용에 집중할 필요가 있다. 첫째, 당시 유대인들이 믿었던 것처럼 시의 저자는 다윗으로 전제된다. 둘째, 예수님은 시편 110편은 다가오는 메시아에 대한 다윗의 예언으로 보셨다(Marshall [b], 1990(b): 205). 구약에서 성령으로 예언하는 사람은 선지자로 이해되었기 때문에(삼상 10:6, 10-12; 19:23-24; 왕하 2:9; 겔 37:1) "다윗 자신이 성령으로[ἐν τῷ πνεύματι τῷ ἁγίῳ] 말하였다"(참조. 삼하 23:2)는[2] 것은 그 역시 선지자와 같이 미래에 오실 종말론적 메시아를 보고 110편을 읊조렸다는 점을 시사한다(행 2:30-31)(Boring, 2006: 349; Gathercole, 252; 대조. Knox, 97).[3] 셋째, 인용문에서 '뀌리오스'(κύριος, '주')는 여호와를, '또 뀌리오 무'(τῷ κυρίῳ μου,'나의 주')의 1인칭 대명사(μου)는 다윗을, 그리고 그 인칭 대명사에 의해 한정되는 '뀌리오'는 메시아를 지시한다. 고대 계급 구조 사회에서 어떤 사람의 "주"는 동일한 이의 "아들"보다 높은 신분의 사람이기에 다윗이 메시아를 "나의 주"로 고백했다면, 메시아는 다윗의 아들이 아니라 다윗의 주라는 것이 예수님의 논지이다(Lee, 231).

그렇다면 다윗이 메시아를 "나의 주"로 고백했다는 주장은 메시아(혹

2. 하나님의 영이 다윗에게 임하여 예언하기 시작했다는 정보는 1세기 유대 역사학자인 요세푸스(Josephus, *Jewish Antiquities* 1.8.2 §166)에 의해서도 반복된다.

3. 녹스(John Knox)는 다윗이 메시아를 "나의 주"로 고백했다는 것을 메시아가 다윗 시대에 선재했다는 의미로 해석한다(Knox, 97).

은 그 자신)에 대한 예수님의 어떤 이해를 보여 주는가? 예수님은 메시아를 다윗 시대에도, 혹은 다윗 시대 이전에도 존재했었던 인물로 이해했을 것이라는 추론이 가능하다(Taylor, 1966: 493; Marshall, 1978: 746-49; Lee, 231). 하지만 이런 해석의 약점은 위에서 본 것처럼 시편 110:1에서 다윗이 "성령으로 말했습니다"(εἶπεν ἐν τῷ πνεύματι τῷ ἁγίῳ)라는 말이 다윗이 다가올 메시아를 두고 예언했다는 의미를 내포하는 것으로 해석 가능하다는 점이다(Gathercole, 252). 따라서 명사구 "내 주" 하나만으로 예수님이 메시아를 신적 존재로 이해하셨는지 아닌지를 결정하기는 어렵다. 이것이 인용된 시편 110:1 후반부의 내용을 봐야 하는 이유이다.

엄밀한 의미에서 본다면 서기관들의 주장을 반격하는 예수님의 논증(37절)에 필요한 것은 110:1의 전반부("주께서 내 주에게 말씀하시기를", 36절 전반부)이고 후반부("내가 너의 원수들을 네 발 아래에 둘 때까지 너는 나의 우편에 앉으라", 36절 후반부)는 불필요한 정보처럼 보일 수 있다. 그러나 비록 온전한 설명은 대제사장의 심문(14:62)까지 미뤄졌지만 인용된 시편 110:1 후반부는 예수님이 메시아 곧 자신을 어떻게 이해했는지에 대한 중요한 관측을 가능케 한다. 이는 예수님이 다윗과의 관계를 뛰어넘어 하나님과의 관계에서 메시아를 어떻게 이해하셨는지를 보여 주기 때문이다(Marcus, 2009: 850). 하나님 우편은 하나님의 보좌 우편을 말하는 것으로 성경에서 우편은 능력과 통치의 자리라는 함의를 가진 채 사용된다(출 15:6; 왕상 2:19; 시 45:9; 80:17; 마 25:33-34). 그렇다면 메시아는 다윗의 주이며 그의 자리는 하나님의 보좌 우편으로서 하나님의 통치와 능력을 공유하는 인물이라는 것이 예수님의 이해이다. 시편 110:1을 바탕으로 메시아를 하나님의 영광과 권세를 공유하는 인물로 이해한 예수님의 메시아관은 이스라엘 민족의 해방자라는 이해가 대세였던 주후 1세기 전후 유대 메시아관과 비교했을 때 매우 독창적인데, 이런 이해의 배경에는 예수님의 인자로서의 자기 이해가 있었다고 보는 것이 가장 개연성이 높다(단 7:9, 13-14; 참조. 시 80:17; Bird, 2014: 65-66; 보다 더 충분한 토의를 위해서는 14:62 주해를 보라). 그러므로 메시아가 다윗의 아들을 뛰어넘어 다윗의 주라는 언명을 통해 예수님이 반격하신 것은, 무력항쟁에 바탕을 둔 전투적 메시아 상으로 채색된 다윗의 아들의 메시아로 한정시키려는 서기관들의 메시아관이었던 것이 분명하다(Lee, 230-31). 하지만 예수님은 단지 소극적으로 서기관들의 입장을 반격하는 것에 만족하지 않으시고, 시편 110:1 인용을 통해 그의 신적 신분을 보다 더 적극적으로 드러내시는 계기로 삼으셨다(Bird, 2009: 132; Lee, 231; Hurtado, 2020: 289-90).[4]

앞선 단락과 마찬가지로 현 단락은 예수님에 대한 무리들의 긍정적인 반응("많은 무리들이 기쁘게 그를 들었다", 37절 후반부)으로 끝난다. 예수님에 대한 예루살렘 무리들의 긍정적인 반응은 예수님의 가르침뿐만 아니라 다윗의 주로서 그를 인정하기 시작했음을 암시한다. 하지만 현재는 '기쁘게 그의 말을 들은' 예루살렘 무리들은 후에 대제사장에 의해 쉽게 충동되어 예수님보다 바라바를 선택하며 그를 십자가에 못 박으라고 빌라도에게 외친다(15:11, 13-14). 무리들의 급격한 태도 변화의 이유에 대해선 후에 주해에서 밝히겠지만, 지금은 그들의 태도가 네 종류의 땅에 등장하는 돌밭을 떠올려 준다는 점을 지적하는 것으로 만족해야 할 것 같다. 돌밭과 같은 사람은 "말씀을 들을 때 즉시 기쁨으로 그것을 받[지만]

4. 보다 넓은 맥락에서 본다면 현 단락의 예수님의 신적 권위 옹호는 11:27-28에서 제기된 것과 같이 어떤 권위로 성전에서 소란 행위를 할 수 있는지에 대한 종교 지도자들의 질문에 간접적으로 답변하신 것이라 볼 수도 있다. 저자는 막 12:35-37에 나오는 신적 기독론을 논문(박윤만, 2017: 43-44)으로 다룬바 있다. 위 내용은 저자의 논문과 상당 부분 일치함을 밝혀 둔다.

… 그 안에 뿌리가 없어서 정말로 잠시 유지되다가 그 말씀 때문에 환난이나 핍박이 일어날 때는 즉시 걸려 넘어집니다"(4:16-17)라는 예수님의 비유는 예루살렘의 무리의 반응을 예견하신 듯하다.

요약과 해설

예수님은 그의 메시아 됨을 두고 벌인 서기관들의 논의의 결론, 곧 그리스도가 다윗의 아들이라는 주장을 반격하시고자 시편 110:1을 인용하신다. 바디매오가 다윗의 아들이라 외쳤을 때나 예루살렘 입성 시 무리들이 자신을 다윗의 왕국을 가져오는 이로서 칭송할 때에 부정적인 말씀을 하지 않으신 것을 통해 알 수 있듯이, 예수님은 메시아와 다윗의 아들의 관련성을 부인하시려는 것이 아니다. 오히려 시편 110:1에 근거하여 메시아가 다윗의 아들을 뛰어넘어 다윗의 주라는 발설을 통해 예수님이 반격하신 것은, 무력 항쟁에 기반한 전투적 메시아 상으로 채색된 다윗의 아들로서 메시아를 한정시키려는 서기관들의 메시아관이었다. 더 나아가 예수님에게 메시아는 다윗의 아들 됨을 뛰어넘어 신적 정체성을 가진 존재로 이해되는데, 이는 메시아가 하나님의 보좌 우편에 앉아 하나님의 능력과 통치를 공유하는 인물로 소개되고 있기 때문이다.

제57장
서기관에 대한 경고와 가난한 과부의 헌금
마가복음 12:38-44

현 단락은 크게 두 부분으로 구성되어 있다. 첫째 부분은 38-40절로 서기관의 허세를 다루고, 둘째 부분은 41-44절로 가난한 과부의 헌금 문제를 다룬다. 38-44절은 독립적인 두 개의 단락으로 보이지만, 두 부분은 "과부"(χηρῶν, 40절; χήρα, 42절)라는 열쇠 말로 연결되어 동일한 주제적 흐름을 가진다. 첫째 섹션(38-40절)에서 과부는 서기관의 탐심에 의해 희생이 된 인물로 소개된 후, 둘째 섹션(41-44절)에서는 종교의 이름으로 행해진 서기관의 강탈의 한 예를 가난한 과부의 헌금 행위를 통해 보여준다. 이에 예수님은 종교 권력자의 입장이 아니라 그에 의해 희생당한 과부의 입장에 서신다. 앞 단락(35-37절)에서는 서기관들의 신학(메시아관)을 반박하셨고 현 단락에서는 그들의 허영에 찬 삶의 태도와 성전 헌금이란 이름으로 자행된 약자 강취를 비판하신다.

38 그리고 가르치는 중에 그가 말씀하셨다. "서기관들을 경계하십시
오. 그들은 망토를 입고 걸어 다니는 것과 시장에서 문안 인사[받기]와 **39**
회당에서 높은 자리와 연회에서 특별한 자리를 좋아하는 자들입니다. **40**

과부들의 집을 집어 삼키며 허세를 부리고자 오랫동안 기도하는 자들인 이
들은 더 중한 심판을 받을 것입니다."

41 그리고 그가 헌금함 맞은편에 앉은 후 무리가 돈을 어떻게 헌금함
에 넣는지를 지켜보셨다. 그리고 많은 부자들이 많이 넣었다. **42** 그러나 한
가난한 과부가 와서 두 렙돈 곧 한 고드란트를 넣었다. **43** 그러자 그가 그
의 제자들을 부른 후 그들에게 말씀하셨다. "진정으로 내가 그대들에게 말
하오. 이 가난한 과부가 헌금함에 넣는 모든 사람들보다 더 많이 넣었소.
44 이는 모든 사람들은 그들의 풍족함 중에 넣었지만 이 여인은 자기의 결
핍 가운데서 자기가 가진 모든 것 곧 자기의 생활비 전부를 넣었기 때문이
오."

주해

서기관의 허세(38-40절) 전 단락에 이어 서기관은 담화의 주제적 인물로 다시 등장한다. 담화는 당시 유대 사회의 율법 교사로서 지도자의 위치에 있었던 서기관들을 조심하라('그들로부터 배워라'가 아니라!)는 말로 시작한다: "서기관들을 경계하십시오"(βλέπετε ἀπὸ τῶν γραμματέων). "경계하십시오"에 해당하는 헬라어 '블레뻬떼'(βλέπετε)는 '…로부터'의 뜻을 가진 전치사 '아포'(ἀπό, away from)와 결합하여 '경계하다'는 뜻을 전한다. 특정한 사물 혹은 사람'으로부터 이동'의 의미를 지닌 '아포'(ἀπό)를 고려하면 '서기관들과 거리를 두어 살펴보시오'라는 문자적 번역 역시 가능하다(또한 참고. 8:15; 13:5).[1] 율법 선생으로서 그들의 영향력을 감안

1. 전치사는 후행하는 언어의 다양한 격을 이끌며 여러 의미를 부각하는 역할을 한다. Porter, 1994: 140 참고.

한다면 그 말은 그들을 모방하거나 그들의 영향을 받지 않도록 하라는 가르침이다. 물론 경계할 대상은 모든 서기관이 아니라 특별한 경향("… 좋아하는[τῶν θελόντων]서기관들을 조심하시오", 38절)을 가진 서기관들이라 명시하고 있고, 이어지는 정보는 그 경향이 무엇인지 알려준다. 38-39절은 잘 살펴 닮지 말아야 할 서기관의 세 가지 허세를 지적하고, 40절은 사회적 착취를 일삼고 종교적 허영을 좇는 그들에게는 심판이 기다리고 있음을 밝힌다.

첫 번째 경계 영역은 서기관들의 옷차림이다: "그들은 망토를 입고[ἐν στολαῖς] 걸어 다니는 것[을 좋아합니다]"(38절 중반부). 칠십인경에서 '망토'(στολή)는 왕과 제사장이 입는 옷을 가리켰는데(출 28:2; 29:21; 31:10; 대하 18:9), 예수님 시대에도 제사장과 레위인은 성전에서 '스똘레'를 입었다는 기록이 있다(Philo, *Embasy to Gaius* 296; Josephus, *Jewish Antiquities* 3.7.1 §151; 11.4.2 §80; Marcus, 2009: 852). 위 증거를 근거로 본다면 '스똘레'를 입은 서기관은 제사장이었고 그들이 드러내기를 좋아했던 것은 제사장적 신분이었다고 추론할 수 있다(Marcus, 2009: 852, 855).[2] 하지만 제사장만이 아니라 당시 일반 유대인들 역시, 평상복인 '히마띠온'(ἱμάτιον, '겉옷')과 구분하여, 잔치(눅 15:22; Edwards [a], 236), 절기(바벨론 탈무드 베라코트 24b; 51a; 바벨론 탈무드 메길라 16a; Evans, 2001: 278) 때 '스똘레'를 입었다(참조. "흰 망토", 16:5; 계 6:11; 7:9, 13). 따라서 예수님 당시 '스똘레'는 그것을 입는 사람을 특별한 인물로 부각시키는 옷이었다는 것은 분명하다(Schmas, 156). 비록 서기관들이 언제 망토를 입었는지에 대한 정보는 없지만 그것을 "입고 걸어 다니는 것[을

2. 서기관들의 직업은 다양했는데 제사장(미쉬나 아보트 3:2), 포도주 장수와 기름 장수, 상인, 목수, 삼빗 제조자, 천막 제조자 등과 같다(Jeremias, 1988: 302).

좋아했다]"(38절)는 것은 율법 교사로서 그들이 자신들의 신분을 특별하게 생각했고, 또 그것을 대중 앞에 드러내기를 좋아했다는 점을 드러낸다.

예수님이 지적하신 두 번째 경계 영역 역시 공공장소에서 그들의 태도와 관련되어 있다: "시장에서 문안 인사[받기를 좋아한다]"(38절 후반부). "문안 인사" 역시 다른 사람들로부터 그들이 중요한 존재라는 것을 확인받는 것을 즐겨했다는 의미로 해석할 수 있다. 세 번째는 서기관들이 회당의 "높은 자리"(πρωτοκαθεδρίας)와 연회에서 "특별한 자리"(πρωτοκλσίας)에 앉기를 좋아했다는 것이다(39절). 고대 사회에서 조직과 식탁의 첫 자리는 명예(honour)를 상징했기에(Malina, 38-39), 이런 태도는 두 단어의 접두어로 사용된 '쁘로또-'(πρωτο-, '최고')가 암시하듯, 그들이 공적 영역에서 특별 대접받는 것을 즐겨했음을 시사한다. 공적 모임의 사회적 서열에 따른 자리 배열은 고대 계급 구조 사회의 전통이었다. 이런 관습은 유대 사회뿐만[3] 아니라 로마 사회와[4] 심지어 쿰란 공동체에서도[5] 지켜졌다. 하지만 예수님은 유독 서열 사회에 비판적이셨다(2:15-17; 10:13-16, 35-45). 계급 구조적 서열에 대한 예수님의 비판(참고. 10:43-45)은 유대인들이 기대한 종말론적인 역전이 예수님의 하나님 나라의 도래 선포와 함께 지금 여기서 시작됐다는 믿음이 그에게 있었다고 본다면 쉽게 이해될 수 있다(9:35-37 주해를 보라).

---

3. 바벨론 탈무드 예바모트 98a. 랍비 아키바(Akiba)는 가르치는 동안 그를 위해 예비된 특별한 자리에 앉았다고 알려준다(Davies and Allison, 268에서 재인용).
4. 로마 역사학자인 수에토니우스(Suetonius)에 따르면 로마 원로들은 공적 모임에서 제일 앞자리는 원로들이 앉도록 해야 한다는 법을 통과시켰다(Suetonius, *Augustus* 44; Davies and Allison, 274에서 재인용).
5. 1QS 6:8-9에 따르면 "이는 많은 사람의 모임을 위한 규칙이다. 각 사람은 서열에 따라야 한다. 제사장들은 제일 먼저 앉고, 장로들은 다음, 그리고 나머지 모든 백성은 서열에 따라 앉을 것이다"(베르메쉬의 영역에 대한 저자의 번역).

40절은 과부의 가산을 탐심 충족의 대상으로 여긴 자들과 종교적 위선자들이 받게 될 "더 중한 심판"(περισσότερον κρίμα, 40절 후반부)이 있음을 경고한다. 서기관을 향한 이런 심판의 보다 더 직접적인 이유는 38-39절에서 찾기보다 40절 전반부에 언급된 두 행위(과부를 향한 악행과 하나님을 향한 위선)에서 추론돼야 한다. 이는 40절 전반부는 독립 분사구문으로서 이어지는 절 후반부의 지시 대명사(οὗτοι)와 동격으로 함께 주어 역할을 하기 때문이다(지시 대명사는 밑줄 그어져 있다):

> 과부들의 집을 집어 삼키며 허세를 부리고자 오랫동안 기도하는 자들인 (40절 전반부) 이들은 더 중한 심판을 받을 것이다(40절 후반부).
>
> οἱ κατεσθίοντες τὰς οἰκίας τῶν χηρῶν καὶ προφάσει μακρὰ προσευχόμενοι· (40절 전반부) οὗτοι λήμψονται περισσότερον κρίμα (40절 후반부).

서기관들의 뽐내는 태도는 경계해야 할 요소이지만 그들이 과부의 가산을 빼앗은 것과 하나님을 향해 행한 위선은 심판의 대상이 된다. 이 두 요소는 앞 단락(28-34절)에서 다뤄졌던 모든 율법의 요약인 이웃 사랑과 하나님 사랑에 정면으로 위배된 태도라는 것을 고려하면 더 중한 심판이 기다린다는 선언은 이해될 수 있다(Edwards [b], 379).

먼저, 그들은 "과부들의 집을 집어 삼키는 자들"[οἱ κατεσθίοντες, 41절]이다. 이스라엘 사회에서 고아와 과부는 약자의 전형으로서 그들의 궁극적 보호자는 하나님으로 알려졌다(출 22:22). 그들에 대한 보호와 돌봄은 단순한 자선 행위를 뛰어넘어 하나님 경외의 표징이었다(신 10:18; 14:29; 27:19; 사 1:17; 렘 7:6; 22:3; 49:11; 겔 22:7; 슥 7:10; 말 3:5). 서기관의 착취의 죄가 중한 이유는 율법 전문가로서 하나님의 말씀을 가르치고 살아가야 함에도 불구하고 실제로 그것에 역행하는 삶을 살고 있기 때문이다. 서기관의 악행은 음식 섭취 행위("집어 삼키며")에 비유된다. 가치 중립적인 은유는 아니다. '집어 삼키다'(κατεσθίω)는 마가복음에서 두 번 나오는 동사로서 현 본문을 제외하고 길가에 떨어진 씨를 '먹어 버리는'(κατέφαγεν) 새의 행동 묘사에 사용되었다(4:4). 비유 설명(4:13-20)에서 씨를 먹은 새는 말씀(λόγον)을 빼앗아 간 사탄으로 재설명된다(15절). 마가복음에서 서기관은 과부를 돌보라는 말씀을 가르치고 지켜야 하는 자였지만 스스로 그 말씀을 지키지 않은 까닭에 유대 사회마저 하나님의 말씀을 지킬 기회를 잃어버리게 되었다. 이런 점에서 과부의 집을 삼키는 그들의 행동은 사탄적이다.

그들이 집어 삼킨 과부의 "집"(τὰς οἰκίας)을 단순히 건물 혹은 경제적 전망으로 이해해서는 안 된다. 고대 이스라엘 사회에서 '오이코스'(οἶκος)는 현대 핵가족 제도와는 달리 때로는 사업 거래자도 포함된 확대 가족이 함께 살아가는 곳이었다(3:20 주해를 보라). 더불어 유대 사회에서 땅과 집은 하나님이 주신 기업의 일부분으로 원칙적으로 사고파는 것이 금지된 영역이었다(레 25:23; 왕상 21:1-3). 만일 땅과 집이 팔렸다면 희년에는 그 주인에게 돌려줘야 했다(참고. 레 25:29-31). 그러므로 과부의 '오이코스'를 삼킨 서기관들의 행동은 과부 한 명에 대한 약탈이 아니라 그곳에 살고 있는 가족과 무엇보다 하나님께 대한 범죄를 저지른 것이다. 하나님에 대한 죄는 그들이 "허세를 위해"(προφάσει) 기도를 길게 했다(40절 후반부)는 마지막 정보를 통해 절정에 달한다. 허세를 위한 긴 기도는 그들이 하나님마저 개인의 영광과 허세의 도구로 전락시킨다는 의미를 전하고 있기 때문이다. 그들이 받게 될 "더 중한 심판"은 역사 속에서 로마에 의한 예루살렘 함락 시 성전 관리인들에게 일어난 비극을 가리키거나(Wright, 2004: 175, 176), 하나님에 의한 종말론적인 심판을 가리킬 수도 있다.

서기관들이 과부의 가산을 삼킨 방식은 현 섹션에서는 명시되지 않았지만 서기관의 주된 수입처를 통해 추론할 수 있다. 서기관들은 주로 개인적인 직업(바벨론 탈무드 샤바트 31a)과 가르침의 대가로 사람들로부터 받는 기부금(바벨론 탈무드 베라코트 34b), 그리고 성전에 바쳐진 헌금(바벨론 탈무드 요마 35b; 바벨론 탈무드 네다림 49b-50a)으로 생계를 유지했다. 특히 예루살렘에 기반을 둔 서기관들은 대제사장들 및 제사장들과 함께 성전 헌금을 주된 수입원으로 삼고 있었기 때문에(Edwards [b], 379; Twelftree, 1992: 733; Schürer, 2권 257-74) 그곳이 가난한 자를 착취하는 수단이 되었을 가능성이 높다.[6] 뒤잇는 섹션은 이것을 확증해 준다.

가난한 과부의 헌금(41-44절) 예수님은 헌금함(γαζοφυλακίου) 맞은편에 "앉으신 후"(καθίσας) 사람들의 헌금하는 행위를 "지켜보신다"(ἐθεώρει). '앉는 행위'는 구약성경 많은 곳에서 재판 행위를 함축하는 자세이다:

> [드보라가] … 종려나무 아래에 앉았고[ἐκάθητο] 이스라엘 자손은 그에게 올라가 재판을 받았다(칠십인경 삿 4:5).

> 내가 보니 왕좌가 놓이고 옛적부터 계신 이가 좌정하셨는데[ἐκάθητο] … 심판을 베푸는데 … (칠십인경 단 7:9-10).

6. Josephus, *Jewish Wars* 18.3.5 §§81-84는 어떤 범죄로 로마로 추방당한 한 유대인이 모세의 법과 지혜를 가르쳐 준다는 명분으로 귀부인 풀비아(Fulvia)를 꾀어 예루살렘 성전에 금과 돈을 보내도록 한 후 그것을 자신을 위해 갈취하려 했다가 발각된 예를 든다. 이것은 당시 율법을 가르쳤던 이들이 과부의 가산을 착취했던 한 예이다.

예수님이 가버나움 집에서 중풍병자에게 죄 용서를 선포하실 때 그곳에 "앉았던"(καθήμενοι) 서기관 역시 예수님을 유대법에 따라 판단하는 말을 한다(2:6-7). 위의 '앉다'(καθίζω, κάθημαι)의 용례를 고려할 때 예수님이 '앉아' 헌금 행위를 '지켜보신' 것은 단순한 호기심 때문이라기보다는 그것에 대해 일종의 판단을 내리시려는 의도이다.

그가 응시하신 것은 헌금함(γαζοφυλάκιον)이었는데 요세푸스는 성전 내벽을 따라 만들어져 있던 보물 창고(γαζοφυλάκια)를 가리키기 위해 사용한다.[7] 그러나 성전 내벽 안쪽은 일반인이 접근할 수 없었던 반면, 현 본문의 공간은 여인을 비롯하여 "무리"(ὄχλος)들이 쉽게 왕래가 있었던 것으로 보아 그 헌금함은 여인의 뜰에 위치해 있었던 열세 개의 헌금함 중의 하나를 지시하는 것으로 보인다(Cranfield, 386; Evans, 2001: 283; Marcus, 2009: 857-58). 그곳에 있었던 헌금함은 전부 성전 유지용으로 운영되고 있었다.[8]

예수님은 먼저 부자의 헌금 행위를 보신 후 이어서 가난한 과부가 헌금하는 모습을 순차적으로 주목하신다(41절 후반부-42절). 이후 제자들을 부르신 후 두 부류의 헌금 행위를 평가하시며 그들에게 어떤 교훈(43-44절)을 주신다. 두 렙돈[9] 곧 생활비 전부를 드리는 가난한 과부의 헌금 행위에 대한 예수님의 평가는 두 극단적 해석으로 나눠져 왔다. 먼저, 그것을 희생적 헌신으로 보시며 칭찬하신 것으로 보는 입장이 있다(Gnilka, 2권

7. Josephus, *Jewish Wars* 5.5.2 §§200-201.

8. 미쉬나 쉐칼림 6:5.

9. '렙돈'(λεπτόν)은 라틴어 *lepton*, '고드란트'(κοδράντης)는 라틴어 *quadrans*의 헬라어 음역으로서 한 고드란트는 당시 노동자의 하루 품삯인 한 데나리온의 100분의 1에 해당하는 금액이다. 또한 렙돈은 로마 화폐의 가장 작은 단위이다.

236; France, 2002: 493; Boring, 2006: 352; Marcus, 2009: 861; 양용의, 293; Edwards [b], 381-82). 반대로, 예수님의 언설은 가난한 과부의 전 생활비인 두 렙돈마저 헌금하게 만드는 성전의 헌금 제도에 대한 비탄이 내포되었다고 보는 학자들도 있다(Fitzmyer, 1320-21; Evans, 2001: 282). 학자들은 이 둘 중 하나를 양자택일로 선택해 왔지만 예수님의 가르침에는 칭찬과 비탄이 동시에 내포되어 있다. 첫째, 자기의 생활비 전부를 헌금하는 과부의 행위 자체를 두고서 예수님은 그것을 하나님에 대한 헌신과 사랑의 한 표현으로 보셨을 가능성이 높다. 칭찬의 의도는 현 단락의 본문 정보에 의해서 지지된다. 예수님의 시선에 들어온 사람은 두 부류, 곧 부자와 가난한 과부이며 그들 사이의 양(quantity)의 대조 역시 뚜렷하다. "많은"(πολλοί) 부자들의 "많은"(πολλά) 헌금(41절 후반부)과 "한"(μία) 가난한 과부의 "두"(δύο) 렙돈(42절)이 대조된 후, 예수님은 제자들에게 가르치는 중에 비교급을 사용하여 가난한 과부가 "모든 사람들보다 더 많이"(πλεῖον πάντων) 헌금했다고 말씀하신다. 물론 많이 했다는 말이 곧 칭찬이라고 볼 수는 없다. 하지만 부자들의 많은 액수의 헌금에 비해 분명히 물리적으로 적은 금액인 과부의 두 렙돈을 '더 많다'고 하신 것은 그 여인을 '위하려는' 예수님의 의도로 볼 수밖에 없다.[10] 그뿐만 아니라 과부의 경제적 형편에 대한 선지식에 근거하여 그 두 렙돈이 그녀의 생활비 전부라고 하신 말씀은 내러티브 흐름을 고려할 때 청자에게 칭찬으로 들릴 수 있고, 심지어 "많은 사람을 위해 자신의 목숨을" 내려놓으시려는 (10:45; Wright, 2004: 175) 죽음으로 새로운 성전의 기초가 되시는 예수님 (12:10-11; Marcus, 2009: 863)을 떠올려 주기까지 한다. 선행하는 본문에

10. 예수님 당시 한 노동자의 하루 품삯은 한 데나리온이었는데, 대략 백 렙돈은 한 데나리온의 가치가 있었다. 두 렙돈으로는 한 줌의 밀가루를 구입할 수 있었다.

서 예수님은 한 부자에게 "그대가 가진 모든 것을 파시오. 그리고 가난한 자들에게 주시오. 그 후 와서 나를 따르시오"(10:21)라고 말했지만 그 부자는 그럴 수 없어 집으로 돌아갔다. 그 부자와 대조적으로, 그리고 현 단락에서 그들의 "풍족함 중에" 헌금하는 부자와는 달리, 그 가난한 과부는 자기가 가진 모든 것을 하나님께 헌금한다. 이런 점에서 과부의 행위는 "모든 것을 버리고 당신을 따라 왔습니다"(10:28)라고 고백한 예수님의 제자들을 생각나게 한다(Edwards [b], 382).

둘째, 예수님의 가르침이 가난한 과부의 전 재산을 바치게 하는 당시 성전의 헌금 제도에 대한 비판을 동시에 담는다고 보아야 할 이유가 있다. 먼저, 현 단락은 과부의 가산을 삼킨 서기관에 대한 비판을 선행 본문(12:40)으로 가진다는 것을 기억해야 한다. 당시 성전과 헌금이 서기관과 대제사장에 의해 관리되고 있었기 때문에 전 재산을 헌금으로 드리는 가난한 과부의 이야기는 서기관의 착취의 한 예로 제시된다는 점은 내러티브 흐름상 피할 수 없다(이민규, 225-26).[11] 게다가 예수님은 이미 성전의 멸망을 보여 주는 상징적인 행위를 하셨고(11:15-18), 뒤따르는 13:1-2에서 다시 성전의 멸망을 예언하신다. 상황이 이러한데도 멸망을 앞둔 성전 유지를 위해 모금되고 있었던 헌금 제도에 대해 예수님이 긍정적인 평가만을 내리셨다는 점에만 집중하는 것은 문맥을 무시하는 해석이다.

요약과 해설

현 단락은 서기관과 가난한 과부의 행위에 대한 예수님의 평가로 구

11. 이민규는 가난한 과부의 헌금 사례는 "헤롯 성전을 강도의 소굴로 소개하는 마가의 관점[11:17]에 대한 실례로 볼 수 있다"고 주장한다(이민규, 226).

성되어 있다. 흥미로운 것은 각 인물에 대한 평가가 모두 당사자가 아닌 제3자에게 설명된다는 것이다. 서기관들을 조심하라는 경고는 무리들에게, 가난한 과부의 헌금 행위에 대한 평가는 제자들에게 하신다. 먼저, 무리들이 따르지 말아야 할 서기관들의 악행은 세 가지로 무리들에게 서술된다. 첫째, 유대 사회가 그들에게 허락한 높은 사회적 위치를 개인적 허영을 누리는 도구로 전락시켰다. 둘째, 사회적 약자인 과부들을 돌보고 또 백성들에게 그렇게 하도록 가르쳐야 할 위치에 있었지만 도리어 그들을 착취하였다. 셋째, 하나님께 기도하는 일마저 자신의 영광의 도구로 전락시켰다.

가난한 과부의 헌금 행위에 대한 평가는 칭찬과 비통을 동시에 포함한다. 예수님은 경제적 결핍 가운데 있었지만 전 재산을 바치는 가난한 과부가 풍족한 가운데서 드리는 그 어떤 부자보다 더 많이 헌금하였다 말씀하시며, 제자들에게 하나님에 대한 참된 헌신은 헌금의 양이 아니라 내적 태도와 삶의 헌신에 달려 있음을 가르쳐 주신다. 하지만 예수님은 헌금과 관련하여 헌금자의 개인적 자세만을 보시는 분이 아니었다. 과부의 집을 삼키는 서기관을 비난하는 선행 본문과 성전 멸망을 예언하는, 후행 본문의 흐름을 고려할 때 "이 여인은 결핍 중 자기가 가진 모든 것, 곧 자기의 생활비 전부를 넣었다"(44절)는 예수님의 언설은, 가난한 과부의 헌신이 성전 제도와 관리인에 의해 남용되고 있는 상황에 대한 비통 역시 내포한다고 보아야 한다.

제58장
성전 멸망과 종말 예언
마가복음 13:1-37

대단락(13:1-37)은 종말론적인 고난의[1] 시기에 대한 예언과 권면의 내용을 담고 있다. 본 단락과 관련된 핵심 논쟁은 고난의 '시기'와 관련되어 있다. 5-23절이 성전 멸망 전후에 있을 환난과 징조에 관한 예언이라는 데는 대체로 학자들이 일치된 견해를 보인다. 하지만 24-36절이 구체적으로 어느 시기의 어떤 일들을 염두에 둔 말씀인가에 대해선 뚜렷한 입장 차이가 확인되는데, 전통적인 주장처럼 먼 미래에 일어날 재림의 때에 일어날 일들로 보는 이들(Cranfield, 405-412; Evans, 2002: 328-30; Edwards [b], 402-404; Boring, 2006: 371-78; Marcus, 2009: 903-24)과 로마-유대 전쟁과 그에 따른 성전 파괴, 그리고 그 같은 일들이 인자로서 예수님에게 의미하는 바에 관한 예언으로 보는 이들(Wright, 2004: 176-88; France, 2002: 530-46; 양용의, 294-96, 308-11; 신현우, 2011: 308-10)로 나뉜다. 후자의 입장에 있는 학자들은 다시 24-36절 전체가 성전 멸망과

1. 종말론적인 고난은 유대 종말론의 개념으로서 하나님의 나라가 도래하기 전에 환난과 시험(πειρασμός)의 때가 닥친다는 것이다(욜 2:31; 에스라4서 7:29; 계 20:7-15; 참고. Schweitzer, 385-88).

인자의 신원(vindication)에 관한 예언이라 보는 이들(Wright, 1996: 339-68; 신현우, 2011: 310-11; Hurtado, 2020: 299, 316)과 24-31절은 성전 멸망 예언으로, 32-36절은 인자의 재림에 대한 예언으로 보는 이들(France, 2002: 541-46; 양용의, 314-16; Witherington, 2001: 349)로 나눠진다.[2] 본 주석은 5-31절까지는 성전 멸망 전후에 일어날 환난과 징조에 대한 예언과 그 멸망이 인자에게 의미하는 바에 관한 가르침으로 해석하고, 32-36절은 마지막 날에 이뤄질 인자의 재림에 관한 예언으로 보는 입장이 문맥상 지지를 받을 수 있는 입장임을 아래에서 밝힐 것이다.

하지만 그럼에도 간과하지 말아야 할 것이 있다. 5-31절까지가 예수님 동시대에 일어날 일들에 관한 예언이라 하더라도 그 의미는 모든 시대에 걸쳐 적용돼야 하는데, 이는 예언의 이중적 성격 때문이다.[3] 성경 예언은 우선적으로 당시의 역사적 상황에서 해석돼야 하며, 그 후 예언이 주어진 시대의 상황과의 유사성에 기초하여 해석학적 지평을 전 시대로 확대할 수 있다(Vangemeren, 44-46). 본 장은 크게 일곱 개의 소단락으로 나눠질 수 있다:

---

2. 에반스(Evans, 2001: 285-342, 특히 328-29, 334, 342)는 5-27절까지는 주로 예루살렘과 성전 멸망을 염두에 둔 예언이지만 그 언어는 그 이후의 상황까지를 포함하고 있으며, 28-36절도 마찬가지로 부분적으로는 1세기의 상황을 내다본 예언이지만 그것의 온전한 성취는 인자의 재림 때라고 주장하면서 중립적인 입장을 취한다.

   또한 스타인은 대안적으로 다음과 같이 주장한다(Stein, 621):

   5-23절: 성전 멸망 예언
   24-27절: 재림 예언
   28-31절: 성전 멸망 예언
   32-37절: 재림 예언

3. 최근에 김진규(1-33) 역시 이러한 점을 지적했는데, 그의 논문은 예언 혹은 "순수하게 미래를 예언하는 본문"에 대한 역사적·문법적 해석의 한계를 극복하기 위해선 "뜻"과 "지칭대상" 사이를 구분할 필요가 있다고 지적한다.

첫째, 성전의 운명(1-2절)

둘째, 성전 멸망의 징조(3-8절)

셋째, 외적 내적 압박 가운데서 인내(9-13절)

넷째, 임박한 성전 멸망의 조짐들(14-23절)

다섯째, 성전 멸망과 그 의미(24-27절)

여섯째, 무화과나무 비유와 결론(28-31절)

일곱째, 여행 떠난 사람 비유와 파루시아(32-37절)

앞으로 살펴보겠지만 비록 그때와 시기는 오직 아버지만 아신다고 하셨으나 '인자의 재림'(32-37절)에 관한 담화를 유대 전쟁과 그에 따른 성전 멸망의 문맥(1-31절)에 위치시킨다. 이런 담화 구조는 파루시아 때에 일어날 여러 환난의 모습과 징조를 주후 1세기 유대 전쟁 전후에 일어난 상황에 비교하도록 한다. 파루시아를 여전히 기다리고 있는 초기 교회에게 위 담화는 유대 전쟁 전·후의 재앙과 혼돈이 예수님의 예언에 따라 이뤄졌고 또 이뤄져 가고 있음을 알려주었을 것이기에, 그런 예언 성취를 근거로 인자의 재림 역시 성취될 것이라는 믿음을 가지도록 했을 것이다.

가. 13:1-2 (성전의 운명)

예수님은 예루살렘 입성 이후 예수님은 줄곧 그의 사역의 공간적 배경이 되었던 성전을 떠나신다(1절). 이후 다시 그곳에 들어가실 때는 성전의 수장인 대제사장들과 서기관과 장로들이 보낸 무리들에 의해 끌려 가신다(14:43-44). 따라서 예루살렘을 떠나시며 남긴 예수님의 예언은 성전과 관련된 마지막 말씀이고, 그 예언은 성전의 멸망에 대한 것이다(2절).

마지막으로 나오시며 하신 성전 멸망에 대한 예언(13:1-2)은 그곳에 처음으로 들어가신 후 행하신 성전 멸망을 예고하는 소란 행위(11:15-19)와 주제적 수미상관을 이룬다. 성전에 대한 예수님의 태도는 일관되게 부정적이셨다. 그의 이러한 태도는 후에 산헤드린 앞에서 심문받으실 때 그를 대항하는 증언의 근거가 되기도 한다(14:57-58).

> **1** 그리고 그가 성전에서 나가실 때 그의 제자들 중 하나가 그에게 말한다. "선생님, 보십시오. 얼마나 대단한 돌들이며 얼마나 대단한 건물들입니까!" **2** 하지만 예수님이 그에게 말씀하셨다. "이 거대한 건물들을 그대가 보고 있소? 돌 위에 돌 하나 남지 않고 반드시 무너질 것이오."

주해

1-2절 제자들의 시야에 들어온 것은 성전 건물의 외관이었다("대단한 돌들", "대단한 건물들", 1절). 당시의 성전은 헤롯 왕의 재임 기간(주전 37-4년) 동안 재건된 것으로서[4] 처음부터 그는 솔로몬이 지은 것보다 더 높고 더 웅장한 성전을 건축하겠다고 장담했었다.[5] 성전을 건축할 사람은 다윗 왕조를 이어받을 다윗의 아들이라는 나단의 예언(삼하 7:12-13)을 고려할 때 이전 것보다 더 웅장한 건축을 하려 한 것은 재임 기간 내내 정통성을 의심받았던 헤롯이 자기의 왕위를 견고하게 하려는 신학적 동기에서 비롯된 시도로 보는 것이 옳다. 따라서 성전의 크기와 외모에 대한 제자들의 감탄은 이상한 것이 아니다. 그러나 예수님의 반응은 제자들의 반

4. Josephus, *Jewish Antiquities* 15.11.1 §§380-88.
5. Josephus, *Jewish Antiquities* 15.11.1 §386; 15.11.3 §392.

응과 상극을 이룬다: 하지만[καὶ] 예수님이 그에게 말씀하셨다. "이 거대한 건물들[은] … 반드시 무너질 것이오." 제자들의 평가와 예수님의 반응의 대조적 성격은 2절을 이끄는 헬라어 접속사 '까이'(καί)를 반의적 의미를 가진 것으로 보게 한다. 제자들은 성전의 외모를 보며(ἴδε, '보십시오', 1절) 탄복하고 있지만, 예수님은 멸망할 성전의 앞날을 보시며(βλέπεις, '보고 있소', 2절) 비통해 하신다.

동일한 성전을 두고 예수님과 제자들의 대조적인 태도를 보여 주는 두 문장은 그곳에 흐르고 있는 운율에 의해 더욱 집중을 받는다. 제자들의 질문은 '오이'(-οί, [2x])와 '아이'(-αί, [3x])로, 예수님의 대답은 '이스'(-ις)와 '아스'(-άς, [4x])로 그 끝 낱말의 소리가 반복된다(해당 운율은 밑줄 그어져 있다):

> 얼마나 대단한 돌들이며 얼마나 대단한 건물들입니까.
>
> ποταπ<u>οὶ</u> λίθ<u>οι</u> κ<u>αὶ</u> ποταπ<u>αὶ</u> οἰκοδομ<u>αί</u>

> 이 거대한 건물들을 그대가 보고 있소?
>
> βλέπε<u>ις</u> ταύτ<u>ας</u> τ<u>ὰς</u> μεγάλ<u>ας</u> οἰκοδομ<u>άς</u>

일정한 운율의 반복은 청각적 즐거움뿐만 아니라 소리가 전달하는 정보 내용에 집중케 하는 효과가 있다. 성전의 아름다움에 대한 제자들의 감탄과 성전의 운명에 대한 예수님의 비관적인 태도는 소리의 반복 현상을 통해 청자의 기억에 뚜렷한 인상을 남긴다.

예수님의 예언의 내용이 주후 70년에 로마 장군 티투스에 의해 파괴된 성전의 모습에 상응하는지에 대한 논쟁이 있다(참고. Stein, 589).[6] 역사

---

6. 이 논쟁은 본문의 예언이 성전이 멸망하기 전 '역사의 예수'에 의해 주어진 것(그

속에서 성전이 불태워진 후 로마 황제는 모든 건물들을 평지처럼 만들어 버리도록 명령한 것으로 알려져 있다.[7] 하지만 우리는 예수님의 예언("돌 위에 돌 하나 남지 않고 반드시 무너질 것이오")의 '문자적' 성취 여부보다 그의 의도에 집중할 필요가 있다. 예언은 칠십인경 학개 2:15을 반영하는데, 학개는 바벨론 포로에서 귀환 이후 성전을 건축 중인 백성을 향해 성전에서 "돌 위에 돌 하나[λίθος ἐπὶ λίθον] 놓이지 아니하였던 때를 기억하라"고 예언한다(Evans, 2001: 299; Marcus, 2009: 868-69). 학개의 맥락에서 "돌 위에 돌 하나 놓이지 아니하였던 때"는 성전 건축이 시작되기 전 유대 백성들이 "하나님께로 돌이키지 아니하여"(학 2:17) 기근을 겪었던 때를 가리키는 것으로, 그의 궁극적 관심은 성전 건축 후에 하나님께서 그의 백성에게 허락하신 축복의 "열매"가 얼마나 풍성한지를 강조하는 것이었다(19절). 그러나 예수님은 이러한 학개의 말을 전복적으로 인용하시며(Collins [a], 602), 화려한 성전이 건축됐음에도 "열매"를 맺지 않고(11:13-14; 12:1-9) 언약 백성의 길을 저버린 이스라엘의 마지막은 돌 위에 돌 하나 남지 않는 성전 멸망임을 예언하신다. 그의 성전 멸망에 관한 예언은 제2성전 시기 유대인들의 메시아에 대한 기대, 곧 성전을 정화하거나 재건할 인물이라는 기대에 비추어 보았을 때, 그리고 학개의 예언에 비추어 보았을 때, 반전의 성격을 가진다.

2절 후반부는 미래에 대한 강한 부정을 드러내는(Robertson, 930) '우 메'(οὐ μή) + 가정법 구문(밑줄)이 두 번 반복된다: "돌 위에 돌 하나 남지 않고 반드시 무너질 것이오"(οὐ μὴ ἀφεθῇ ὧδε λίθος ἐπὶ λίθον ὃς οὐ μὴ κατα-

러므로 대략적인 기술)인지, 아니면 성전의 실제 상황을 경험한 저자에 의해 서술된 것(따라서 보다 더 정확한 기술)인지에 대한 논의와 연결되어 있다. 이런 논의를 위해선 Hengel, 1985: 14-30 참고.

7. Josephus, *Jewish Wars* 6.4.5. §250; 7.1.1 §§1-4.

λυθῇ). 두 번 반복된 부정문은 성전 파괴의 필연성이 뚜렷이 강조된 것이다. 예수님이 그와 같은 강조적 부정문을 사용하시면서까지 성전 멸망의 불가피성을 언설하신 이유는 무엇이었을까? 이 주제는 앞선 11:12-25 주해에서 충분히 다루었다. 현 본문에서는 역사적 이유가 추가될 필요가 있다. 13장에서 암시되고 있는 것처럼 성전 파괴가 로마와의 전쟁 중에 일어날 것으로 예언되고 있는데, 그 전쟁 전후 많은 거짓 메시아가 일어나 유대 백성을 선동했었다는 것은 유대 역사학자인 요세푸스(8:11-13 주해를 보라)와 예수님 두 사람 모두 증언하는 바이다(13:21-22). 헤롯 대왕이 죽었던 주전 4년과[8] 마찬가지로 다시 한번 유대는 거짓 메시아에 의해 이끌려 로마와의 무력 항쟁에 나설 것이라 보신 것이다. 그러나 예수님은 폭력적 저항이 언약 백성의 길이 아님을 알고 계셨고 대신 그들이 섬김과 평화의 길을 가도록 가르치셨다(참조. 10:42-45; 마 5:39, 43-44; 26:52; 눅 13:1-5; 13:34; 19:41-44). 하지만 유대 백성이 메시아의 길을 따르기를 거부하자, 예수님은 결국 그들이 거짓 메시아의 인도를 따라 로마의 칼을 들고 로마와 전쟁에 휘말리게 될 것과 그 마지막은 참혹한 패배와 멸망이 될 것을 내다보신 것이다(Caird, 364-65; Wright, 1996: 353-60; Stein, 589).

요약과 해설

예수님은 예루살렘 입성 이후 계속된 성전 사역을 성전 멸망에 대한 예언으로 마무리 하신다. 이와 같은 예언은 예수님의 앞길에도 역시 짙은 먹구름이 드리워져 있음을 암시한다. 지금까지 성전 권력자들은 그를 해

---

8. Josephus, *Jewish Wars* 2.1.1-3 §§1-13; *Jewish Antiquities*, 17.10.5-6 §§271-77.

할 모의를 진행했으며(11:18; 12:12-13) 예수님 역시 그것을 알고 계셨고(12:1-12), 이제 그들의 중심 기반인 성전의 멸망을 예언하심으로써 그들과 예수님과의 관계는 파국으로 갈 수밖에 없음을 말해준다.

성전 멸망 예언은 단순히 대제사장과 서기관들을 향한 심판 선언만이 아니다. 지금까지 예수님이 메시아로서 온 이스라엘을 향해 해오셨던 사역의 결론과도 같다. 성전은 이스라엘의 종교, 정치의 중심이었기 때문이다. 메시아의 회개의 요청도 받아들이지 않고 그의 길을 따르지도 않는 백성은 역사적으로는 로마에 의해, 신학적으로는 하나님에 의해 심판을 받을 수밖에 없음을 예언하신 것이다. 이런 와중에 제자들이 성전의 외모를 두고 감탄을 하고 있다는 것은 예수님의 사역과 의도에 대한 제자들의 몰이해가 조금도 변화되지 않았음을 보여준다(양용의, 297).

나. 13:3-8 (성전 멸망의 징조)

성전 멸망에 관한 예언 후 예수님과 제자들은 자리를 옮겨 성전 맞은편에 위치한 감람산에 가신 후 그곳에 앉아 대화를 이어간다(3-4절). 이어진 대화는 성전 멸망이 임박할 때의 징조를 주제로 삼는다. 징조는 미혹자의 등장(5-6절), 전쟁과 자연적인 재앙(7-8절)으로 설명된다. 끝으로 인적, 자연적 재앙은 단순히 성전 파괴의 신호만이 아니라 다가오는 종말의 시작임을 알려주신다(8절 후반부).

3 그리고 그가 성전 맞은편 감람산에 앉아 계실 때 베드로와 야고보와
요한과 안드레가 따로 그에게 물었다. **4** "우리에게 말해주십시오, 언제 이
런 일들이 일어나며 이 모든 일들이 이뤄지려 할 때의 표적이 무엇입니

까?" **5** 이에 예수님이 그들에게 말씀하시기 시작하셨다. "어떤 사람이 그 대들을 엇나가게 하지 않도록 경계하십시오. **6** '나다' 라고 말하며 많은 사람들이 내 이름으로 올 것입니다. 그래서 많은 이들을 엇나가게 할 것입니다. **7** 한편 전쟁과 전쟁에 관한 소문을 들을 때 동요하지 마십시오. 그런 일은 반드시 일어나야 합니다. 하지만 아직 끝은 아닙니다. **8** 이는 민족이 민족을 나라가 나라를 대항하여 일어날 것이고, 곳곳에 지진이 있을 것이며 기근이 들 것이기 때문입니다. 이것들은 진통의 시작입니다."

주해

배경과 제자들의 질문(3-4절) 앞 단락과 현 단락은 모두 유사한 성전 멸망 예언을 담고 있지만 그것의 공간적 배경은 달리한다. 앞선 단락(1-2절)은 "그가 성전에서 나가실 때"(1절)를, 현 단락(3-8절)은 "그가 성전 맞은편 감람산[τὸ ὄρος τῶν ἐλαιῶν κατέναντι τοῦ ἱεροῦ]에 앉아"를 그 배경으로 삼는다. 이런 공간적 변화는 1절에서 밝힌 것처럼 각 공간이 가진 상징적 의미 때문인데, 예수님과 제자들이 앉은 "성전 맞은편"이라는 현 단락의 공간은 포로 귀환 후 성전 재건 사업에 참여한 스가랴 선지자가 지시한 하나님께서 이스라엘과 열방 심판을 위해 서실 공간을 떠올려준다(비교. Hooker, 1991: 305): "그 날에 그의 발이 예루살렘 맞은편 감람산[τὸ ὄρος τῶν ἐλαιῶν τὸ κατέναντι Ἰερουσαλὴμ]에 서실 것이요"(칠십인경 슥 14:4). 스가랴는 비록 열국에 의한 예루살렘 침략이 있을 것을 예언하지만 그 주된 주제는 "메시아의 구원으로 돌아온 남은 자들이 메시아의 통치를 받으며 예루살렘에 거할 때 어떤 열국이 침략해 와도 능히 이긴다는 것을 보여"주는 것이다(김창대, 369). 이것은 "남은 백성은 성읍에서 끊어지지 아니하리라”(슥 14:2)에서 분명히 드러나 있다. 예수님 역시 전쟁과 재앙, 그리고 열방의 핍박과 내적인 분열에도 불구하고 “내 이름 때문에 … 끝까지 견디는 이들은 구원”을 받을 것이라 말해준다(막 13:13). 그러므로 마가는 예수님의 종말론적 담화의 공간적 배경을 여호와의 발이 서신 “예루살렘 맞은편 감람산”(슥 14:4)을 떠올려 주는 “성전 맞은편 감람산”이라고 구체적으로 밝힘으로써, 예수님이 하나님의 체현이라는 점과 그의 담화가 결국 스가랴가 말한 것처럼 심판 후의 구원이라는 메시지인 것을 알려준다.

종말론적인 담화는 네 명의 제자들에게 “따로”(κατ’ ἰδίαν) 주어지는데, 일반적인 가르침 후 더 깊은 내용을 알려주고자 “따로” 제자들에게 설명하는 것은 예수님의 전형적인 가르침 방식이다(4:34; 7:33; 9:2, 28). 특이한 것은 내적 그룹으로 통상 베드로와 야고보, 그리고 요한(5:37; 9:2; 14:33)이 언급되어 왔지만, 현 본문에서는 안드레가 추가된 사실이다. 이들 네 명은 예수님이 초기에 갈릴리 바다에서 부르신 네 제자였다(1:16-20)는 것을 고려하면 네 제자의 재등장은 놀라운 것이 아니다. 그러나 형제임에도 불구하고 위 목록에서 베드로를 첫째로 안드레를 마지막으로 언급한 본문 배열은 주목할 만하다. 사실 베드로와 안드레는 1:16, 29에서 형제 틀(frame) 혹은 배경 지식을 기초로 접속사 ‘까이’(καί)를 사이에 두고 연어(collocation) 관계로 등장했다(박윤만, 2013b: 152-53). 그럼에도 현 단락이 보여 주는 것과 같은 그 둘 사이의 분리는 하나님의 종말론적인 가족(3:31-35; 10:29-30)이 탄생한 후 제자 공동체에서 혈육의 관계가 상대화된 것을 보여준다(Marcus, 2009: 870).

제자들의 질문은 “이런 일들이”(ταῦτα) 일어나는 때와 “이 모든 일 이[ταῦτα ... πάντα] 이뤄지려 할 때의 표적[τὸ σημεῖον]”에 관한 것이다(4절). 사실 제2성전 시기 유대 문헌에는 제자들이 물었던 것과 같은 종말의

'때'(에스라4서 8:63-9:2; 4Q383 2:3, 9)와 동반된 '표적'(에스라4서 4:52; 바룩2서 25:2)의 주제가 종종 등장한다(Marcus, 2009: 870, 874). "표적"(τὸ σημεῖον) 또한 8:12에서 밝힌 것처럼 '나타나지 않은 어떤 것을 알려주고 보여 주는 다른 어떤 매체 혹은 표지'이기에 지금 제자들은 "이런 일들"과 "이 모든 일들"을 종말론적 표지로[9] 이해한 채 질문한다. 먼저 등장한 "이런 일들"(ταῦτα)은 선행 단락에서 언급된 성전 멸망(2절)을 가리키는 것으로 보는 데는 별 어려움이 없다(Taylor, 1966: 502; Cranfield, 393). 그러나 "모든 일"(πάντα)을 추가하여 두 번째 언급한 "이 모든 일"은 무엇을 가리킬까? 저자 마가의 입장에서 본다면 "이 모든 일들"은 성전 멸망과 함께 후행 단락들에서 언급될 인적, 자연적 재난 모두를 가리키는 것으로 의도했다고 볼 수 있다(Taylor, 1966: 502; Hooker, 1991: 305).[10] 하지만 내러티브에서 그 질문을 한 사람은 제자들이기에 질문자의 입장에 대한 고려가 우선시돼야 한다. 예수님이 앞서 성전 멸망 하나만을 언급한 상황이기에 제자들이 다시 성전 멸망을 가리키고자 "이 모든 일들"을 발설했다고 보기는 어렵다(대조. France, 2002: 507). 오히려 성전 멸망을 단일 사건으로 이해하기보다는 종말론적인 여러 일들 중의 하나로 보고 있던 제자들이 예수님으로부터 성전 멸망을 들었을 때 그것과 함께 일어날 다른 "모든 일"이 무엇인지를 물었다고 보는 것이 자연스럽다(Cranfield, 393-94). 그리고 아래에서 살펴볼 것처럼 성전 멸망을 종말론적 전망에서 바라보는 것은 예수님에 의해서도 확증된다.

---

9. 제2성전 시기 유대 종말론에 대한 정의에 대해서는 1:4-5 주해를 보라.
10. 테일러는 대명사가 선행하는 명사보다 뒤따르는 지시체를 대신해 앞서 사용되는 경우는 이상해 보인다고 말하지만(Taylor, 1966: 502), 마가는 3:1-6에서도 6절에야 등장하는 바리새인들(οἱ Φαρισαῖοι)을 위해 '그들이 지켜보고 있었다'(παρετήρουν, 2절)와 대명사(αὐτοῖς, 4절; αὐτούς, 5절)를 앞서 사용했다.

미혹자의 등장(5-6절) 바리새인들이 "표적"(σημεῖον)을 구했을 때는 거부하셨던(8:12) 예수님은, 그의 제자들에게는 앞으로 일어날 종말론적인 표적들에 대해 상세하고도 구체적인 안내를 하신다. 물론 그 같은 정보 제공의 목적은 제자들이 깨어 있도록 촉구하는 데에 있다. 이것이 예수님이 담화의 시작(5절)을 '블레뻬떼'(βλέπετε, '경계하십시오')로 시작하신 이유이다(참고. 9, 23, 33절; 비교. 35절, '깨어 있으라', γρηγορεῖτε). 제자들이 알아야 할 성전 멸망과 더불어 종말이 임박할 때 나타나는 첫 징조는 '엇나가게 하는 사람'(πλανήσῃ, 5절; πλανήσουσιν, 6절)들의 출현이다. '쁠라나오'(πλανάω)는 '곁길로 가게하다' 혹은 '속이다'의 뜻을 가진 동사이다.[11] 근접 문맥(6절)에서 '곁길로 가게 하는 사람'의 정체는 "내 이름으로 와서 나다[ἐγώ εἰμι]"라고 말하는 사람으로 밝혀진다. 그 사람들은 거짓 메시아로서 예수님을 메시아로 믿던 교회에 혼돈을 주는 사람의 출현 예언(Cranfield, 395; Gnilka, 2권 249; Hooker, 1991: 307-308; Evans, 2001: 306)이라는 해석이 가능하지만, 이런 해석의 약점은 예수님이 그들을 "내 이름으로"(6절 전반부) 오는 사람들이라 말한다는 것이다. 이런 점에서 그들은 거짓 메시아라기보다는 예수님의 이름에 의지하여 예언을 하는 사람들, 곧 교회 내의 거짓 선지자(행 19:13-17) 혹은 재림한 부활 예수(Boring, 2006: 363; Marcus, 2009: 875; Donahue and Harrington, 369)일 가능성이 높다. "내 이름으로"(ἐπὶ τῷ ὀνόματί μου) 올 것이라는 말은 '예수님의 권위에 호소하며 올 것이다' 혹은 '예수에 의해 보냄을 받았다고 주장하며 올 것이다'는 뜻으로 이해할 수 있고, 또 그들의 행동을 위해 사용된 '쁠라나오'(πλανάω, '엇나가게 하다') 동사는 구약에서는 거짓 선지자의 형태를 묘사하고자 반복 언급되기 때문이다(신 4:19;

11. BDAG, πλανάω.

13:5; 호 4:12; 미 3:5; 사 28:7).[12]

하지만 여전히 해결해야 할 것은 그들이 "나다"(ἐγώ εἰμι)라는 예언 방식을 취할 것이라는 언급이다. 권위적인 1인칭 형식은 거짓 예언자들이 부활한 예수님이 자신을 통해 직접 계시를 주고 있음을 드러내고자 사용한 화법으로 보는 것이 가능한데(Theissen, 1993: 42 각주 24; Boring, 2006: 363), 실제로 보링은 주후 2세기에 활동했던 거짓 기독교 예언자들이 1인칭 화법("나는 하나님이다", "나는 하나님의 아들이다", "나는 성령이다")으로 예언하는 목소리를 기록해 놓은 켈수스(Celsus)의 글을 오리겐의 책(Origen, *Contra Celsum* 7.9)에서 인용한다(Boring, 1991: 158-59). 예수님에 따르면 거짓 선지자들의 예언은 제자 공동체를 엇나가게 할 뿐이다. 참 선지자와 거짓 선지자를 구분하는 기준은 그들의 가르침이 예수님의 가르침(길)을 따르게 하는지 아닌지에 따라 판별될 수 있다. 앞서 지적한 것처럼 예수님은 "길 위에서" 자기가 걷던 섬김, 낮아짐, 자기 희생의 길(10:45)을 제자들 역시 걷도록 가르치셨다(8:27, 34-38; 9:33-37, 42; 10:32, 35-45). 마가복음의 이런 흐름을 고려하면 거짓 선지자들이 예수님의 이름으로 가르칠 거짓 예언은 아마도 높아지는 길, 섬김을 받는 길, 고난 없는 영광의 길이 교회의 길이라는 내용을 포함했을 것이다.

전쟁과 자연적인 재앙(7-8절) 예수님은 먼저 "전쟁과 전쟁에 관한 소문[ἀκοὰς]을 들을 때[ὅταν ... ἀκούσητε]"(7절)에 요동하지 않도록 권면한다. "전쟁에 관한 소문"이나 어느 정도 불확실성이 내포된 '호딴'(ὅταν, '때는 언제든지')[13] 가정법으로 발화된 "들을 때"(ὅταν ἀκούσητε)라는 표현은 후기 교회가 직면할 상황이 실제 전쟁이라기보다 전쟁이 일어날 수도 있다

12. 예수님의 사역 기간 중에 이미 "주의 이름으로" 활동하는 사람이 있었다(9:38).

13. Louw & Nida, ὅταν, 67.32.

는 추측과 소문이 될 것임을 암시한다. 일어난 전쟁은 재앙이지만 일어날 전쟁에 관한 소문은 사람을 두려움과 공포로 몰아간다. 소문은 전쟁이 일어나기도 전에 사람을 마비시킨다. 그러나 예수님은 이런 공포스러운 상황조차 신적 필연성(단 2:28, 29, 45) 가운데 있음을 비인칭 동사 '데이'(δεῖ)로 설명하신다("그런 일은 반드시 일어나야[δεῖ] 합니다", 7절; 참조. 8:31; 9:11; 13:10). 재앙들이 심판처럼 보일지라도 하나님의 섭리 가운데서 통제되고 있음을 알려주심으로써 전쟁의 소문을 듣더라도 믿음을 가지도록 촉구하고 계신 것이다.

현 단락의 결론은 "이것들은 진통의 시작입니다"(8절)로 매듭된다. "이것들"(ταῦτα)은 성전 멸망 직전에 일어날 여러 징조들을 언급 한 5-7절의 내용으로 보는 것이 맥락상 자연스럽다. 예수님은 전쟁과 자연적인 재앙 자체가 "끝"(τὸ τέλος, 7절)이 아니라 다만 "진통의 시작"(ἀρχὴ ὠδίνων) 일 뿐이라 하신다. 사실 제2성전 시기 유대인들은 전쟁(렘 51:46; 단 11:44; 바룩2서 27:3, 5), 나라와 나라의 격돌(사 19:2; 단 11장; 에스라4서 13:31; 시뷜라의 신탁 3:645-636), 기근(바룩2서 27:6; 렘 11:22), 지진(미 1:3-4; 합 3:6, 10; 바룩2서 27:2, 7)을 종말의 징조로 이해했다(참조. 슥 14:4-5; 계 6:8, 12; 8:5; 11:13; 18:8; Evans, 2001: 307-308; Marcus, 2009: 875-77).[14] 새로운 질서를 가져오는 종말이 다가올수록 민족과 민족, 나라와 나라, 창조된 땅(지진)과 기후(기근)를 주관하던 옛 질서에 변화가 일어날 것이라 이해한 것이다. 마찬가지로 예수님도 성전 멸망 전에 일어날 일들인 미혹케 하는 자의 등장(6절), 난리(7절), 전쟁과 기근과 지진(8절), 그리고 이후에 언급하실 성전 멸망 자체(24-27, 29절 후반부)를 종말의 시작으로 보신다. 예수님에게 종말은 이스라엘을 위시한 국가와 국가, 민족

14. 에녹1서 1:7; 에스라4서 9:3; 바룩2서 70:8.

과 민족 사이의 분쟁 등과 같은 역사적 혼돈과, 기근과 지진과 같은 자연적 혼돈이 분리될 수 있는 것이 아니었다(Caird, 365). 실제로 예수님이 예언한 일들이 일어난 여러 기록들이 있다. 로마 역사학자 타키투스(Tacitus)에 따르면 주후 68년에 네로가 죽은 후 로마에는 큰 정치적 혼돈이 있었고(*Annals* 4.32), 유대에는 전쟁이 발발했다. 자연적 재난도 일어났는데, 마르쿠스가 조사한 바에 따르면 1세기 로마의 역사학자이자 행정관이며 자연 철학자였던 젊은 플리니(Pliny the Younger)는 주후 61년에 소아시아 지역에서 하룻밤에 열두 도시가 초토화된 지진이 일어났다고 기록하고 있으며(*Natural History* 2.86), 또 로마 정치가이자 행정관이었던 세네카(Seneca) 역시 주후 63년에 로마의 이탈리아와 폼페이에 큰 피해를 가져온 지진이 일어난 것으로 기록해 놓았다(*Natural Questions* 6.1.1-3; Marcus, 2009: 877). 더불어 사도행전은 주후 46년 즈음에 유대에 닥친 기근을 소개한다(행 11:27-30). 따라서 인적 재앙과 자연적 재난으로 종말이 시작된다는 예수님의 예언은 마가복음 청자에게 매우 현실적인 것으로 들렸을 것이다.

지나치지 말아야 할 것은 그와 같은 재앙을 '고통'(βάσανος, 5:7; 6:48) 혹은 '환난'(θλῖψις, 4:17; 13:19, 24)이 아니라 '오디논'(ὠδίνων, '진통')으로 언설하셨다는 점이다(참조. 마 24:8).[15] 고통은 몸이나 마음에 찾아온 '통증 자체'를 가리키지만 '오디논'은 해산을 바로 앞둔 여인에게 찾아온 산통을 가리킨다(칠십인경 삼상 4:19; 사 26:17; 렘 4:31). 두 경우 모두 아프기는 마찬가지다. 그러나 아픈 이유와 결과는 다르다. 하나는 몸의 약함 때문에 아프고 다른 하나는 잉태된 생명 때문에 아프다. 하나는 아픔의

15. 제2성전 시기 유대 문헌에서 종말론적인 고통을 해산하는 여인의 산통 이미지에 빗댄 본문은 에스라4서 16:35-39; 에녹1서 62:1-6 참고.

결과로 쇠약함이 찾아오지만 다른 하나는 아픈 결과로 생명이 잉태된다. 예수님의 제자들에게는 종말의 징조로 일어난 재앙이 파괴를 가져오는 고통이 아니라 새로운 세계를 맞이하는 '산통'이 된다. 사실 해산 이미지는 구약에서 종종 재난이라는 의미로 사용된다(사 26:17-18; 66:8; 렘 6:24; 30:6-7; 미 4:9). 신약에 와서 그것은 대부분 종말론적인 맥락(살전 5:3)에서 사용되어(Evans, 2001: 309; Marcus, 2009: 877) 믿는 자 안에 그리스도가 잉태될 때(갈 4:19, 27) 혹은 그리스도에 대한 신앙을 품을 때 교회가 치러야 하는 산통(계 12:1-7) 으로 묘사된다(France, 2002: 512-13). 고통에 대한 이러한 이해는 예수님이 이미 가르쳐 온 것이기 때문에 제자들에게 새로운 것이 아니었다(8:34). 1세기 맥락에서 본다면 이런 재앙은 성전 멸망 직전에 일어날 일들과[16] 인류 역사의 마지막 때 일어날 징조를 가리키는 것으로 확대할 수도 있다.

요약과 해설

예수님은 스가랴 선지자에 의해 종말론적인 하나님의 심판의 장소로 예언된 예루살렘 성전 맞은편에 앉으신 후 성전 멸망과 더불어 종말이 임박할 때의 "표적"(4절)에 관한 제자들의 질문에 답하시며 종말론적 담화를 시작하신다. 첫 번째 징조는 제자들을 미혹하는 거짓 기독교 선지자들의 등장이다. 그들은 예수님의 이름에 의지하여 거짓된 가르침을 주어 초기 기독교인들로 하여금 예수님이 가르치신 길에서 벗어나도록 미혹할 것이라 말씀하셨다. 두 번째 징조는 전쟁과 전쟁에 관한 소문이 창궐할

16. 1세기 지중해 지역에 일어났던 여러 자연적인 재앙의 추가적 목록은 Gnilka, 2권 251 참고.

것을 알려 주셨다. 초기 교회가 전쟁 소문으로 두려워하지 말아야 할 것은 그것들이 하나님의 섭리("그런 일은 반드시 일어나야[δεῖ] 합니다", 7절) 가운데 있기 때문이었다. 마지막 징조는 국제 질서의 혼돈과 자연 질서의 파괴로, 새로운 시대가 다가올수록 옛 질서의 체계에 혼돈이 일어날 것을 말씀하신 것이다. 이런 혼돈에도 불구하고 예수님의 추종자들이 소망을 가질 수 있는 것은 이 모든 환난이 단순한 고통이 아니라 아이 밴 여인에게 출산 전에 찾아온 산통(ὠδίνων)과 같은 것이기 때문이라고 밝히신다. 그리스도인들에게 고난은 모든 일의 끝이 아니라 새로운 시대에 들어가기 전에 통과해야 하는 출입문일 뿐이다.

다. 13:9-13 (외적, 내적 압박 가운데서 인내)

담화는 전쟁과 자연적 재앙에서 예수님을 따르는 이들(제자들과 초기 교회)에게 닥칠 핍박으로 옮겨진다. 박해는 유대인과 이방인 모두로부터 받을 것이지만 성령의 도움으로 그것이 복음 전파의 기회가 될 것이라 말한다(9-11절). 이어서 기독교 공동체 내부에 일어날 배반과 세상으로부터 미움을 받을지라도 인내하는 자에게는 구원이 주어질 것을 예고한다(12-13절). 두 섹션은 환난(9, 12절)과 그것이 가져올 종국적 유익(10-11, 13절)이라는 내용상의 유사성을 가진다:

자기 성찰(9절 전반부)

섹션 1 9절 후반부-11절

　외적 핍박(9절 후반부)

　압박 중 성령을 힘입은 복음 전파(10-11절)

섹션 2 12-13절

내적 배반(12절)

배반과 미움을 견디는 자에게 주어질 구원(13절).

9 그러나 그대들은 그대 자신들을 돌아보아야 합니다. 그들이 그대들
을 공회에 넘기고 그대들은 회당에서 매를 맞을 것이고 나 때문에 총독들
과 왕들 앞에 증인으로 세워지게 될 것입니다. **10** 그리고 반드시 먼저 모든
민족에게 복음이 전파돼야 합니다. **11** 그러므로 그들이 그대들을 넘기고자
붙잡을 때 무슨 말을 할지 미리 걱정하지 마십시오. 그때에 무엇이 그대들
에게 주어지든지 간에 이것을 말하십시오. 이는 말하는 이들은 그대들이
아니라 성령이시기 때문입니다. **12** 그리고 형제가 형제를 죽음에 넘겨줄
것입니다. 그리고 아버지가 자식을 [죽음에 넘겨줄 것입니다]. 자식들이 부
모에 맞서 일어나 그들을 죽일 것입니다. **13** 그리고 그대들은 내 이름 때문
에 모든 이들로부터 미움을 받을 것입니다. 그러나 끝까지 견디는 자는 구
원을 받을 것입니다.

주해

외적 핍박과 복음 전파(9-11절) '블레뻬떼'(βλέπετε, '돌아보시오')는 5절에 이어 두 번째로 등장한다(9절). 5절의 '블레뻬떼'는 제자들을 그릇된 길로 이끌려는 거짓 선지자들을 경계하라는 뜻으로 사용되지만, 이곳에서는 외부의 압박에 굴복하지 않도록 스스로를 돌아보라는 의미를 가진다. '블레뻬떼'의 이중적 사용은 종말의 때에 기독교 공동체의 위기가 외부와 내부의 원인 둘 다에 의해 야기될 수 있음을 말해 준다.

기독교 공동체가 겪게 될 핍박은 ‘넘겨주다’ 동사(παραδίδωμι)로 반복 서술된다(παραδώσουσιν, 9절; παραδιδόντες, 11절; παραδώσει, 12절). 사실 동사 ‘빠라디도미’(παραδίδωμι)는 마가복음의 이야기를 이끌고 있는 중심 단어 중 하나이다. 예수님에 앞서 걸어간 세례 요한의 최후(‘빠라도테나이’[παραδοθῆναι, ‘넘겨진’])와 뒤따라 걷는 예수님에게 닥칠 일(‘빠라디도따이’[παραδίδοται, ‘넘겨지다’, 9:31], ‘빠라도테세따이’[παραδοθήσεται, ‘넘겨질 것이다’, 10:33], ‘빠라도수신’[παραδώσουσιν, ‘넘길 것이다’, 10:33])은 모두 동일한 동사로 서술된다. 그리고 실제로 예수님의 마지막 여정은 ‘넘겨짐’의 연속인데, 가룟 유다에 의해 유대 종교 지도자들에게(14:10, 11, 18, 21, 41, 42, 44), 종교 지도자들에 의해 빌라도에게(15:1, 10), 그리고 마지막으로 빌라도에 의해 군인들에게 넘겨져 십자가에 못 박히신다(15:15). 이제 세례 요한과 예수님에 이어 그를 따르는 자들의 앞일 역시 ‘빠라디도미’로 발설되는데, 이는 메시아와 그를 따르는 자들의 길이 서로 다르지 않음을 단적으로 말해준다. 물론 이런 종류의 담화는 일어나지도 않은 일을 미리 말씀하시는 것이기에 제자들과 후기 교회에 두려움을 심어 줄 수 있다. 그러나 예수님의 의도는 분명해 보이는데, 그의 제자들에게도 기대하셨듯이(8:34-38) 후기 교회 역시 그를 따르는 일이 어떤 길을 걷는 것인지 내다보게 해서 제자도를 미리 준비케 하기 위함이다. 물론 준비해야 하는 제자도는 기독론을 기초로 한다. 그렇다면 적어도 마가복음의 역사적 청자는 예수님의 ‘넘겨짐’이 부활로 가는 길이었다는 것을 이미 알고 있었고 또 마가복음을 통해 다시 듣는 상황이었기에, ‘넘겨짐’ 가운데서도 왜 인내해야하는지 그 답을 알고 있었을 것이다(13절 후반부).

핍박자들은 누구일까? 그들이 유대의 종교적 법적 최고 기관인 “공회”(συνέδρια, ‘산헤드린’)와 교육 및 기도처로 알려진 “회당”(συναγωγάς)에 넘겨지고, 로마 정치 제도인 “총독과 왕들”(ἡγεμόνων καὶ βασιλέων)

앞에 서게 될 것이라는 말(9절)은 제자들과 초기 교회는 유대인들(참고. 행 4-5장; 22-23장)과 이방인들(참고. 행 17:6; 19:35-41) 모두에 의해 핍박을 받게 될 것임을 암시한다. 예수님 역시 유대 공회인 산헤드린에게 넘겨지고(14:55; 15:1) 이방 로마 총독인 빌라도에 의해 심문받는다(15:2-15). 예수님은 그의 제자들이 가야할 길을 미리 가시며, 제자들은 선생의 길을 따라 가는 것이다. 게다가 예수님은 제자들이 유대와 이방 법정에 '죄인'으로 서게 되는 순간이 "증인"(μαρτύριον) 노릇하는 시간이 될 것이라 말씀하신다(9절 후반부). 이런 역설적인 전파 사역 역시 예수님에게 먼저 실현되었는데, 유대 지도자들과 로마 총독에 의해 십자가 처형이 집행되는 순간이 바로 이방 백부장의 신앙 고백(15:39)이 탄생된 순간이 되기 때문이다. 예수님과 그의 제자들 모두에게는 막다른 골목이 또 다른 시작이 될 것임을 말해주셨다. 이런 메시지는 창조 때 흑암(darkness)을 별이 빛나는 밤(starry night)으로 변화(창 1:2, 14-18)시키신 하나님의 창조적 사역과 별반 다른 것이 아니다.

제자들의 박해를 언급하는 9절과 11절 정보 사이에 "반드시 먼저 모든 민족에게 복음이 전파돼야"(10절) 한다는 선언이 위치해 있다:

박해(9절)

  먼저 모든 민족에게 복음이 전파돼야(δεῖ) 함(10절)

박해(11절)

복음이 "먼저"(πρῶτον) 전파돼야 한다는 10절의 정보는 '쁘로똔'(πρῶτον)을 시간 부사로 볼 경우 해석이 어렵다. 만약 '쁘로똔'을 시간 부사로 본다면 복음 전파가 박해 '전에' 일어나야 한다는 뜻이 만들어지는데, 이런 이해는 복음 증거가 박해 동안 일어날 것이라는 9절과 상충되기 때문이다. 현 문맥에서 "먼저"(πρῶτον)는 시간적으로 앞선 순서를 가리키기보다는 질적인 우위를 말하는 부사로[17] 사용된다고 보는 것이 자연스럽다. 박해의 상황이지만 모든 민족을 향한 복음 전파가 가장 우선시돼야 한다는 것이다.[18] 더불어, 우선적 복음 전파는 신적 필연성(δεῖ) 가운데 진행될 것을 말한다. 전파돼야 할 "복음"의 내용에 대해선 1:1, 15 주해를 참조하라.

11절은 박해 한복판에서 제자들의 증인 사역은 사실 성령의 사역이라는 점을 알려준다. 마가복음에서 성령은 종말론적인 영으로, 그 수여자는 예수님으로 소개된다(1:8). 성령 또한 예수님 위에서(10절), 예수님 앞에서(12절), 그리고 예수님을 통하여(3:29) 일하신다. 예수님 외에 성령의 사역에 직접 개입된 인물은 다윗(ἐν τῷ πνεύματι τῷ ἁγίῳ, '거룩한 성령으로', 12:36)과 이곳에서 언급된 제자들이 유일하다. 다윗과 제자들을 통한 성령의 사역은, 비록 다윗에게는 과거의 일이고 제자들에게는 미래의 일이지만, 메시아를 증언한다는 점에서 공통점이 있다. 예수님의 부활 후 교회의 시대에서 성령은 핍박을 복음 증언의 시간으로 바꾸시고, 또 위급한 순간에도 적절한 대답을 하도록 하시는 분이라고 알려 주신다. 그렇기 때문에 예수님은 닥칠 박해와 그 가운데서 어떻게 복음을 전할 것인지에 관해 제자들에게 미리 염려하지 말라고 하신다: "그들이 그대들을 넘기고자 붙잡을 때 무슨 말을 할지 미리 걱정하지 마십시오. … 이는 말하는 이들은 그대들이 아니라 성령이시기 때문입니다." 예수님 역시 실제로 산헤드린과 빌라도 앞에 서셨을 때, 비록 성령의 사역에 대한 언급은 없지만, 자신이

17. BDAG, πρῶτος §2b.

18. "복음 전파는 박해의 원인이라기보다는 박해의 결과다"라고 주장한 마르쿠스의 견해는 맥락에 일치한다(Marcus, 2009: 883). 반면 에반스는 "먼저"를 7절("아직 끝은 아닙니다")과 연결하여 종말이 오기 전에 "먼저" 복음 전파가 세상에 이뤄져야 한다는 의미로 이해해야 한다고 주장한다(Evans, 2001: 310). 하지만 "먼저"(10절)의 뜻은 7절 이전에 9절의 맥락에서 그 뜻이 먼저 고려돼야 한다.

누구인지를 밝히시고(14:61-62) 또 때로는 짧은 대답(15:1-2)과 침묵(14:61; 15:5)으로 일관하신다. 물론 그 대답과 침묵이 핍박을 면하게 하기보다는 도리어 죽음으로 이끌었지만, 그의 대답은 내러티브 내내 숨겨져 왔던 메시아로서의 신분(14:61-62)과 이스라엘의 왕으로서 자기 이해(15:1-2)를 결정적으로 밝히신 발설이었다. 훗날 제자들이 심문받을 때 성령이 그들을 돕기 위해 주실 언어("말하는 이[는]", 11절)는 역시 위기를 모면케 하는 말이라기보다는 복음과 진리를 드러내는 말이 될 것을 암시해준다.

내적 핍박과 인내(12-13절) 기독교 공동체의 위기는 외부로부터만 오지 않는다. 가장 친밀한 집단인 가족으로부터의 배신(12절) 또한 겪을 수 있다. 기독교 공동체가 겪는 가족 간의 배신은, 그것이 혈연 가족이든 영적 가족이든, 신뢰를 기초로 하는 집단의 존재 기반을 부정하는 것을 뜻하기에 가장 비통한 예언이지만 그렇다고 전혀 '뜻밖의 일'은 아니다. 구약 미가 선지자는 이스라엘을 향한 하나님의 심판이 이뤄질 때 일어날 일로 가족 간의 배신을 언급했다(미 7:6). 예수님 역시 혈육(3:21, 31-35)과 고향 사람들로부터 멸시를 받았으며(6:1-6), 하나님의 새로운 가족인 제자 공동체의 핵심인 열두 제자 중 하나로부터도 배신을 당했다(3:19; 14:10, 11). 상황이 이러할진대 예수님을 따르는 자들의 운명 역시 그와 비슷할 것이라는 예상은 도리어 쉽다. 이런 예언이 성취된 역사 기록이 있다. 마가복음의 원청자인 로마 그리스도인들은 대화재를 일으킨 방화범이라는 죄목으로 붙잡혀 다른 그리스도인을 밀고하도록 심한 고문을 당했고, 당국은 그들의 밀고를 바탕으로 그리스도인을 소탕했던 것으로 로마 역사학자인 타키투스는 밝힌다(본 주석 서론의 '기록 목적'을 보라).

그를 따르는 이들이 감내해야 했던 환난의 정도는 "내 이름 때문에 모든 이들로부터 미움을 받을 것입니다"(13절)라는 말에서 그 절정에 달한다. "모든 이들"이 그리스도인들의 핍박자가 될 것이라는 표현은 물론 과

장법이다. 보편적 핍박을 암시하는 과장법 표현은 사회적으로 가장 강력한 유대의 끈인 (영적인) 가족마저 해체시키는 압박이 있을 것에 대한 경고와 함께 기독교 공동체에게 앞으로의 환난을 대비하여 자기의 현재 신앙의 상태를 재점검하도록 하는 효과가 있다. 이런 환난의 시대를 살아가는 제자의 태도는 '견딤'이라 말한다. 구원은 "끝까지 견디는 자"(ὁ ... ὑπομείνας)의 것이 될 것이다. '견디는 것'(ὑπομένω)은 '가해오는 압박을 수동적으로 참는 행위'일 뿐만 아니라 '압박에 굴하지 않기 위해 본질을 능동적으로 단단히 붙잡는 행위' 역시 포함한다.[19] 초기 교회가 핍박의 때에 붙잡고 견뎌야 하는 것은 복음이다(10절). 복음은 제자들이 전해야 하는 것(10절)일 뿐만 아니라 핍박의 때에 그들이 "끝까지"(εἰς τέλος) 붙잡아야 할 본질이기도 하다. 전파받는 자만이 아니라 전파하는 자 또한 살리는 것이 복음이기 때문이다.

요약과 해설

예수님은 제자들에게 그들이 통과해야 할 핍박이 유대인과 이방인, 그리고 가족 구성원으로부터 오게 될 것이라 말씀해 주신다. 하지만 이런 핍박은 그들의 주이신 예수님이 이미 경험했던 종류였기에 제자들 혹은 초기 교회에게 뜻밖의 것은 아니었다. 본 가르침은 제자들이 예수님의 가르침뿐 아니라 그가 가신 고난의 길 역시 따라가는 사람들임을 함의하고 있다. 더불어 예수님은 그들이 당하는 환난이 단지 고통스러운 순간이기만 한 것이 아니라 도리어 복음 증거의 계기가 될 것이라 말씀하신다. 고

19. BDAG, ὑπομένω.

통을 진통으로 바꾸시는 하나님은 그의 백성이 유대인의 회당과 로마 관리들 앞에서 받는 심문을 그리스도의 도를 전하는 계기로 반전시킬 것이라는 믿음을 심어주신다. 이런 환난의 때에 그리스도인의 자세는 인내였다. 인내는 외부의 압박을 견디는 것일 뿐만 아니라 본질을 더욱 굳세게 붙잡는 것이었기에, 환난을 통해 더욱 믿음에 뿌리를 내리는 성도가 초기 교회에서 탄생될 수 있었다.

라. 13:14-23 (임박한 성전 멸망의 조짐들)

본 단락은 4절에서 논의된 성전 멸망이 시작되기 직전의 상황에 대한 직접적이고 구체적인 언급(14-18절)이자, 뒤따르게 될 환난(19-20절)과 거짓 선지자와 거짓 메시아의 등장(21-23절)에 대한 경고적인 내용으로 구성되어 있다. 앞으로 닥칠 환난(19절)을 예언한다는 점에서 앞선 단락들과 유사하지만, 현 담화가 특정 장소(유대)에 대한 언급과 구체적인 상황에 처한 인물 각각에게 요청하는 내용이 무엇인지를 상세하게 묘사한다는 점에서 그 단락들과 차이가 있다. 환난의 상황을 묘사하기 위해 사용된 문체는 생생하고 또 다급하다. 이런 문체는 현 단락이 환난 예언이 성취되는 시점 혹은 직전에 있었던 목격자의 증언을 바탕으로 하고 있기 때문일 것이다. 더불어 그런 문체의 수사적 효과 역시 있는데, 청자로 하여금 예수님이 예언한 환난을 생생하게 기억하게 하여 23절이 말하는 것처럼 앞으로 닥칠 환난을 미리 준비하도록 한다.

14 그리고 그대들이 '멸망의 가증한 것이 서지 말아야 할 곳에 선 것'을
보면-읽는 자는 깨달으시오-그때 유대에 있는 이들은 산으로 도망가십시
오. **15** 그리고 지붕 위에 있는 이는 아래로 내려가지 마시고 자기의 집에 무

엇을 가지러 들어가지도 마십시오. **16** 그리고 밭에 있는 이는 자기의 겉옷
을 가지고자 뒤에 있는 것을 향해 돌아가지 마십시오. **17** 아이 밴 자들과 젖
먹이는 이들에게 화로다! **18** 그리고 이 일이 겨울에 일어나지 않도록 기도
하십시오. **19** 그때에 환난이 있을 것인데 그와 같은 것은 하나님께서 창조
하신 피조물의 시작부터 지금까지 없었고 앞으로도 결코 없을 것입니다.
20 그리고 만일 주께서 그 날 수를 줄여 주지 않으신다면 어떤 육체도 구
원받지 못할 것이지만 그가 택한 선민들 때문에 그는 그 날 수를 줄여주셨
습니다. **21** 그리고 그때 만일 누가 그대들에게 '보시오 여기에 그리스도가
있소, 보시오 저기에 [그리스도가 있소]'라고 말해도 믿지 마십시오. **22** 이
는 거짓 그리스도와 거짓 선지자가 일어나 곁길로 가도록 하려고 표적과
기적을 줄 것이기 때문입니다. **23** 하지만 그대들은 주의하십시오. 내가 그
대들에게 모든 것들을 미리 말해둡니다.

주해

성전 멸망의 조짐(14-18절) "끝까지 견디는 이"(13절 후반부)가 구원을 받을 것이라는 말에서 확인할 수 있듯이 앞 단락은 수동적인 태도에 대한 권면으로 끝을 맺었지만, 현 단락은 "도망하라"(14절)는 적극적 행동을 촉구하는 권면으로 시작한다. 이런 차이는 제자들이 직면한 상황의 차이 때문이다. 참고 견뎌야 하는 상황은 모든 사람으로부터 미움을 받는 박해의 때이고, 도망이 더 나은 선택이 되는 상황은 재앙이 본격화되기 직전 곧 환난의 징조가 보일 때이다. 이런 징조는 "멸망의 가증스러운 것[τὸ βδέλυγμα τῆς ἐρημώσεως]이 서지 말아야 할 곳에 선 것[ἑστηκότα]"(14절)이라고 말씀하신다. 이 구절은 다니엘로부터 인용된 문장(βδέλυγμα ἐρημώσεως, 단 11:31; τὸ βδέλυγμα τῆς ἐρημώσεως, 단 12:11)으로, 원 본문의 맥락에선 시리아의 안티오쿠스 4세 에피파네스가 주전 168년 기스월(11-12월) 25일에 예루살렘 성전에서 돼지 피로 제우스(Zeus)/쥬피터(Jupiter)에게 제사를 지내도록 지성소에 세운 제단을 가리키는 예언이다.[20] 위 사건은 예수님 시대보다 130여 년 전에 일어난 사건으로 이미 유대 역사에서 성취된 일이다. 그렇다면 예수님은 다니엘의 용어를 사용하시어 그와 유사한 사건이 앞으로 다시 일어날 것을 예언하신 것이다. 그가 염두에 두셨을 사건에 대한 몇 가지 이론들이 제시되어 왔다.

첫째, 몇몇 학자들은 "선 것"(ἑστηκότα)이 남성 단수임을 근거로 "멸망의 가증스러운 것"을 적그리스도로 본다(Cranfield, 403; Schweizer, 272; Edwards [b], 399). 그러나 이 주장은 "서지 말아야 할 곳"은 의심할 바 없이 성전을 가리킨다는 사실을[21] 근거로 본다면, 그 예언이 앞으로 일어날 또 다른 성전 유린 사건에 관한 것이라는 명백한 의미를 무시한다. 둘째, "멸망의 가증스러운 것"을 유대와의 전쟁을 이끌었던 로마 장군 티투스(Titus)가 성전을 파괴한 후 거룩한 지성소에 난입했던 사건을[22] 지시한 예언으로 볼 수 있다(Hooker, 1991: 314). 이 해석은 "가증스러운 것"(τὸ βδέλυγμα)은 중성이지만 성전에 "선 것"(ἑστηκότα)은 단수 남성형으로 발화되었다는 사실에 의해 지지될 수 있다.[23] 하지만 이 해석의 약점은 유대

---

20. 마카비1서 1:41-64; 6:7; 마카비2서 6:1-9; Josephus, *Jewish Antiquities* 12.5.4 §§ 248-56.

21. 성전이라는 일상적 용어보다 "서지 말아야 할 곳"이라는 다소 애매한 표현을 사용한 것은, 예수님 당시와 마가복음 기록 당시 유대가 처한 위험한 정치적 상황을 고려하면 이해될 수 있다(참조. Grassmick, 207).

22. Josephus, *Jewish Wars* 6.4.7 §260.

23. 케어드(G.B. Caird)는 "가증스러운 것"을 주어 삼고 있는 분사 "선 것"(ἑστηκότα)이 남성 단수 동사인 것은 적그리스도의 등장에 대한 초기 교회의 예언(요일 2:18, 22; 4:3; 요이 7; 살후 2:8; 계 11:7; 13:1-4)의 단초를 제공했다고 본다(Caird, 111-12).

에 있는 자들은 산으로 “도망하라”(14절 후반부)는 권면은 티투스가 성전 멸망을 완결한 때가 아니라 아직 포위가 본격적으로 시작되지 않은 상황을 염두에 둔 것처럼 보인다는 점이다(Marcus, 2009: 890). 셋째, 로마 황제 갈리귤라(Caligula)가 주후 40년에 자기의 조상을 예루살렘 성전에 세우도록 명령한 사건을[24] 가리킨다고 보는 입장이 있다(Manson, 329; Gaird, 113). 이 해석의 약점은 갈리귤라의 때이른 죽음으로 그의 명령이 집행되지 못했다는 것이다. 넷째, 마르쿠스는 유대 전쟁이 발발하던 주후 67-68년에 열심당이 시몬의 아들 엘리자(Eleazar son of Simon)의 인도를 받아 성전을 점령한 후 임의로 대제사장을 파니아스(Phanias)로 세웠던 사건을[25] 가리킨다고 본다(Marcus, 2009: 891). 예수님이 열심당에 의한 성전 유린을 “멸망의 가증한 것”이 성전에 세워진 것으로 보았다는 해석은 당시 성전이 열심당의 폭력적 저항 운동의 중심지가 된 까닭에 예수님이 성전에서 행하신 소란 행위의 의도와도 일치한다. 그러나 마르쿠스도 인정한 것처럼 “멸망의 가증한 것이 서지 말아야 할 곳에 선 것”이라는 표현은 열심당의 찬탈을 염두에 둔 것이라는 해석은 마가가 그 사건을 이미 경험했기 때문에 쓸 수 있었다는 전제를 바탕으로 한 것이다(Marcus, 2009: 890).

본 주석은 해당 절이 문자 그대로 예수님의 예언에 대한 신실한 증언임을 믿으면서, 그 예언의 목적이 학자들의 관심처럼 일어날 특정 사건을 지목하는 데 있었는지 의구심을 갖는다. 사실 예언의 다중적 성취는 예수님 역시 믿으신 바인데 다니엘의 예언이 에피파네스의 성전 유린으로 성취되었음에도 또 다른 사건을 예언하시고자 그 표현을 사용하시고 있기

24. Josephus, *Jewish Wars* 2.10.1-5 §§184-203; *Jewish Antiquities* 18.8.2-9 §§ 261-308.

25. Josephus, *Jewish Wars* 4.3.7-8 §§151-57; 4.3.10 §§163, 182-83; 4.3.12 §§201; 4.6.3 § 388; 6.2.1 §95.

때문이다(Cranfield, 402). 그러므로 예수님의 궁극적 관심은 에피파네스가 제우스 신전을 성전에 세웠을 때 시리아와의 전쟁이 시작되었던 것처럼 환난(아마도 로마와의 전쟁)이 시작될 때도 비슷한 징후가 있을 것을 밝히심으로, 23절이 암시하듯 제자들로 깨어 시대를 분별토록 하는 데 있었다고 보는 것이 더 나은 대안이다. 주후 70년 성전 멸망 전후를 살아간 청자의 시대가 다름에 따라 예수님의 예언 성취에 대한 이해 역시 달랐을 것이다. 곧 주후 40년에 갈리귤라의 조상 건립 명령에 관한 소문을 들었던 제자들은 새로운 전쟁이 유대에 시작될 것이라는 예수님의 예언을 떠올리며 경각심을 가졌을 것이고, 또 60년대 중반을 살아가던 초기 교회는 주후 67-68년에 유대 열심당이 로마와의 전쟁을 준비하고자 성전을 점령하여 군사 기지로 사용하는 일이 일어났을 때에 예수님의 예언이 성취된다고 보았을 것이다. 당시 많은 사람들은 이 행위를 성전을 모독하는 일로 보았고,[26] 유대 기독교인들 역시 요단강 동편 산 속에 위치한 펠라(Pella)로 도망하였기 때문이다.[27] 마가복음의 역사적 청자들 역시 로마 장군 티투스가 주후 70년에 성전에 난립한 사건을 보며 예수님의 예언의 성취를 말할 수 있었을 것이다.

14절 중반부에는 삽입구 형태로 "읽는 자는 깨달으시오"(ὁ ἀναγινώσκων νοείτω)가 등장한다. 1세기 사회의 구술-청각적 의사소통 문화에서 "읽는 자"(ὁ ἀναγινώσκων)는 많은 사람 앞에서 큰 소리로 읽는 낭독자만이[28] 아니라 그 낭독을 듣는 청자를 가리키기도 했다(Park, 58).[29] 그렇다면

26. Josephus, *Jewish Wars* 4.3.9-10 §§158-92

27. Eusebius, *Ecclesiastical History* 3.5.3.

28. Liddell and Scott, ἀναγνώσις.

29. Apuleius, *Metamorhoses*, 1:2에 따르면 아풀레이우스는 "독자[lector]들이여, 주의하십시오. 그대는 만족을 얻을 것이오." 여기서 독자는 그의 말을 듣는 청자를 가리킨다.

이 말의 화자는 누구이며 또 그 청자는 누구인가? 자연스러운 해석은 앞선 담화의 화자이신 예수님이 청자인 제자들(13:3)을 다니엘의 '독자'로 가정한 언설로 보는 것이다. 하지만 이 입장은 두 가지 문제점이 있다. 첫째, 현 본문에는 다니엘 본문의 인용 언급이 없다는 것이다(France, 2002: 523). 둘째, 지금까지 예수님의 청자는 그의 제자들(베드로와 야고보와 요한과 안드레, 13:3)인 반면, "읽는 자"(ὁ ἀναγινώσκων)와 "깨달으시오"(νοείτω)의 문법적 주어가 모두 3인칭 단수로 발화된다는 점이다(France, 2002: 523; Park, 58). 대안적으로 위 구절은 2:10; 3:30; 7:11, 19에서처럼 그의 청자를 위한 발설로 의도된 마가의 삽입구로 봄이 타당하다(Evans, 2001: 320; Marcus, 2009: 891). 그러면 예수님의 담화 서술 중간에 그와 같은 '돌발 발언'을 한 이유는 무엇일까? 내러티브 흐름상 그 같은 삽입구는 담화 차원에서의 현저성을 가지는 것이 분명하다. 삽입구를 통해 환기된 근접 정보는 환난(14절)이기 때문에, 마가는 청자들이 그런 환난을 겪을 때 그것을 단순히 어려움 혹은 고난으로만 받기보다 종말의 시작을 알리는 표징으로 '깨닫게 하고' 궁극적으로는 영적 경각심을 심어 주려고 의도한 것이다. 그리고 그 같은 내용을 명시하기보다 "읽는 이들은 깨달으시오"와 같은 애매모호한 발설로 암시만 한 이유는, 만일 그것의 정체를 분명히 밝혔을 경우 마가의 청자들이 정치적으로 위험에 처해질 수 있었기 때문이라는 해석(Grassmick, 207)은 설득력이 있다.

이어지는 본문(14절 후반부-16절)은 전쟁 발발 징후를 목격했을 때 보여야 할 반응이 구체적으로 나열된다. 유대에 있는 자들은 산으로 도망해야 했다(14절 후반부). 산은 전쟁과 환난의 때에 피할 도피처로 이해된 장소이다(왕상 22:17; 렘 16:16; 나 3:18; 슥 14:5; 히 11:38; 마카비1서 2:28; 마카비2서 5:27). '산으로 도망하라'는 말은 단순히 도피처를 알려주는 그 이상의 뜻이 있다. 예루살렘이 전쟁에 휘말리게 될 징조를 보았을 때 "유대에 있는 이들은" 그 성전이 하나님이 머무시는 곳이라는 종교적 신념을 더 이상 붙들지 말 것을 경고하신 것이다. 마치 예레미야 선지자가 바벨론 왕 느부갓네살이 예루살렘을 포위했을 때 하나님의 전에 들어가 기도하려는 이들을 향해 하나님은 성전에 계신 것이 아니라(렘 7:1-15) 이방 왕에게 포로로 잡혀가는 백성들과 함께 계시며(27:1-22), 바벨론 왕의 멍에를 메지 않는 자는 칼과 기근과 전염병으로 심판할 것이라(27:8)고 예언한 것과 같은 맥락이다. 예수님에 따르면 성전은 이미 하나님이 버리신 공간이었다(막 11:11-26; 13:1-2 주해를 보라).

계속해서 내러티브는 전쟁의 신호가 있을 때 지붕 위에 있는 사람과 밭에 있는 사람이 취해야 할 행동이 무엇인지 설명한다(15-16절).

지붕 위에 있는 자는 집 안으로 "들어가지" 말고(μηδὲ εἰσελθάτω), 밭에 있는 자는 "돌아가지" 말도록(μὴ ἐπιστρεψάτω) 권고하시는데, 특히 후자는 구약 롯의 부인의 행동(창 19:26, "뒤를 돌아보았으므로")을 고려한 권고처럼 보인다. 두 부류의 사람 모두에게 '하지 말아야' 할 것이 무엇인지 알려준다. 지붕 위에 있던 사람이 내려와 집안에 들어가 생필품을 챙기는 것과, 밭에 있는 자가 일하기 위해 뒤에 벗어 두었던 겉옷을 다시 입는 일은 이후 도피 생활을 위한 가장 기본적인 생필품을 준비하는 조치였지만, 예수님은 그런 기본적인 일마저 포기하라 하신다. 이런 포기 권고는 다가오는 전쟁과 환난이 얼마나 촉각을 다투며 진행될 것인지를 부각시켜 준다.

많은 범주의 사람들 중 특히 "아이 밴 자들과 젖먹이는 이들"을 예로 들어 그들에게 "화"(οὐαί, 참조. 마 11:21, 병행. 눅 10:13; 마 23:13-23, 병행. 눅 11:42-52; 6:24-26)가 있을 것이라 알려주신다(17절). 그들은 모두 당시 사회적으로 취약한 부류로 여겨진 여성일 뿐만 아니라 말 그대로 가장 연약한 생명(태중에 있든, 갓 태어난 아이든)을 돌보는 이들이기에 환난의 고통은 누구보다 그들에게 더 심할 수밖에 없다. 따라서 그들에 대한 언급은 환난이 가져온 비참한 현실을 보다 더 실감나게 할 수 있었을 것이다. 임신한 여인(호 13:16)과 젖먹이 아이(신 32:25; 왕하 8:12; 렘 44:7; 애 2:11; 4:4; 호 13:16; 암 1:13)에게 임하는 화는 구약과 유대 문헌에서 심판의 상징으로 그려지고 있는 것도 이와 무관하지 않다(Evans, 2001: 321; Marcus, 2009: 896).[30] 그들을 향한 "화"(17절) 선언은 닥친 재앙으로 인해 더욱 더 취약해진 이들을 향한 예수님의 비통해 하심을 드러낸다(비교. 14:21).[31] 위와 같은 조건을 고려할 때 그들에게 피신은 더 어려울 것이라 판단하셨기 때문이다. 이러한 일들이 춥고 우기 때(10월-4월)인 겨울에 일어나지 않도록 기도하라는 말(18절)은 피난하기 어려운 계절을(Cranfield, 403; Hooker, 1991: 315) 피할 수 있도록 간구하라는 말로 볼 수 있다. 이에 더해 "기도하십시오"에 방점을 둔다면 극심한 환난 중에도 하나님은 도움과 긍휼을 베풀 것이라는 기대를 동시에 가지라는 뜻도 가진다. 더불어 기도를 통해 환난의 때가 조정될 수 있다는 가능성은 환난의 전 과정이 하나님의 섭리하에 있다는 암시 역시 내포한다.

환난과 하나님의 긍휼(19-20절) 19절은 다가오고 있는 가장 혹독한 환난에 대한 예언이다: "그때에 환난[αἱ ἡμέραι ἐκεῖναι θλῖψις]이 있을 것인데 그와 같은 것은 하나님께서 창조하신 피조물의 시작부터 지금까지 없었고 앞으로도 결코 없을 것입니다." 지금까지 담화의 맥락을 고려할 때 그 같은 예언은 예루살렘 멸망 때에 그곳 주민들이 겪을 일을 염두에 둔 것이다. 사실 19절의 환난 묘사는 구약의 여러 본문의 에코처럼 보인다(Gnilka, 2권 262):

30. 시뷜라의 신탁 2.190-93; 에스라4서 6:21.

31. BDAG, οὐαί §1.

그 날에 환난[ἐκείνη ἡ ἡμέρα θλίψεως], 그 날[ἐκείνη ἡ ἡμέρα]까지 결코 일어나지 않았던 것(칠십인경 단 12:1).

지금까지 없었고 앞으로도 있지 않을 큰 울부짖음(칠십인경 출 11:6)

앞서 지적한 것처럼 다니엘의 환난은 종말론적 성격이 분명하고 출애굽 재앙 역시 마지막 때에 닥칠 환난의 유비로 종종 사용되었다.[32] 그러므로 이 같은 에코는 예수님 역시 예루살렘 멸망을 종말론적인 환난의 일부분으로 이해했다는 것을 보여준다(Caird, 365). 특별히 일어날 환난이 "하나님께서 창조하신 피조물의 시작[ἀρχῆς κτίσεως]부터 지금까지 없었"던 것(19절)이라는 말은 그 환난이 가장 극심한 종류의 것이 될 것임을 알려준다. 하지만 이것만이 아니다. 하나님께서 "창조하신"(ἔκτισεν) 것이라는 정보가 지시하듯 가장 혹독한 환난이 닥친 "창조물"은 말 그대로 하나님의 손이 만드신 대상이라는 점은 간과될 수 없다. 신실한 하나님의 피조물에게 닥친 환난은 단지 참혹이나 파괴로만 끝나지 않을 것이라는 기대를 갖게 하는 대목이 바로 이곳이다. 이런 기대는 24-30절에서 충족되는데, 그 단락들은 모든 창조물에 닥친 환난이 결국 새 창조가 동 터오기 직전 옛 창조물에 일어날 산통과 같은 것임을 암시해준다(참고. 8절 후반부). 환난의 그 같은 성격은 구약에 이미 직간접적으로 암시되었는데, 노아를 통한 새로운 언약(창 9:1-17) 전 홍수(7-8장)가 있었고, 출애굽(12:37-51) 전 이집트에 재앙이 닥쳤고(출 7-12:36), 몸의 부활(단 12:2)이 일어나기 전 큰 환난(1절)이 예고된 본문들을 통해 확인할 수 있다.

환난 후 새로운 일이 시작된다는 역설적 진리는 하나님의 주권이라는

32. 계 8:1-11:19; 15:1-16:21; 아브라함의 묵시 29:14-16.

주제로 이어진다:

> 만일 주께서[κύριος] 그 날 수를 줄여 주지[ἐκολόβωσεν] 않으신다면 어떤 육체도 구원받지 못할 것이지만 그가 택한 선민들 때문에 그는 그 날 수를 줄여 주셨습니다[ἐκολόβωσεν](20절).

하나님의 칭호는 직전 문장에서 사용된 '테오스'(θεός, '신')와는 달리 주권자의 뜻이 부각된 '뀌리오스'(κύριος, '주')가 사용되었다. 또한 "주께서" 날 수를 "줄여 주셨다"(ἐκολόβωσεν)는 말을 두 번 반복함으로써 환난의 날은 아무런 통제 없이 일어나는 혼돈이 아니라, 하나님의 주관하에 있음을 명시한다. 하나님께서 '날 수를 줄여 주신다'는 것이 무엇을 뜻하는지에 대한 두 가지 해석이 있다. 첫째, 하나님께서는 선택한 자를 위해 환난의 시기를 원래부터 짧게 계획하셨다(Hooker, 1991: 316). 둘째, 예정된 고난의 시기가 있지만 하나님께서 그의 백성을 생각하여 그 시기를 짧게 줄여 주셨다(Boring, 2006: 369; Marcus, 2009: 893). 원래 계획하셨던 일을 변경하시는 하나님의 모습은 구약성경에서 결코 낯설지 않기 때문에 두 번째 입장이 보다 더 타당하다(대상 21:15; 단 2:21; 욘 3:9-10; 4:1).[33] 따라서 '환난의 날 수를 줄여 주셨다'는 말은 역사적으로 본다면 유대 혁명으로 촉발된 전쟁이 일찍 종결되도록 하셨다는 뜻을 가진다. 한편 "줄여 주셨습니다"(ἐκολόβωσεν)에 사용된 과거 시제는 예수님의 관점에서 유대 전쟁과 그에 따른 성전 파괴가 여전히 미래 사건인 것을 고려하면 놀랍다. 하지만 과거 시제는 어떤 행동이 완료되어 더 이상 어떤 변화

33. 하나님께서 종말론적인 때를 재촉하시거나 고난의 때를 단축시키신다는 것을 보여 주는 제2성전 시기 유대 문헌은 에스라4서 4:26; 에녹1서 80:2; 바룩2서 20:1-2; 54:1; 83:1 참고(Evans, 2001: 323; Marcus, 2009: 893).

가 있을 수 없을 때 사용하는 시제이기에(Porter, 1994: 35) "선민들"을 위한 하나님의 능동적 선택은 그의 예정 가운데 이미 확고해졌음을 과거 시제를 통해 드러낸다고 봐야 한다.

더 나아가 날수의 단축은 "그가 선택한 선민들을"(τοὺς ἐκλεκτοὺς οὕς ἐξελέξατο) 위한 조처로 설명된다. 날 수를 줄여 주지 않으셨다면 "어떤 육체도 구원받지 못할 것"이라는 말이 가리키듯 선민들의 구원은 오직 진노 중에 베푸신 하나님의 긍휼(합 3:2) 때문이었다. 이런 긍휼을 입은 "선민들"(τοὺς ἐκλεκτούς)은 누구인가? 구약에서 '선택된 사람'은 하나님의 언약 백성을 가리키는 용어로 쓰인다(ἐκλεκτοί, 칠십인경 시 104:6; ὁ ἐκλεκτός, 사 42:1; τὸ ἐκλετόν, 43:20; οἱ ἐκλεκτοί, 65:9). 또한 제2성전 시기 유대 문헌 중의 하나인 에녹1서에서는 종말에 하나님과 "인자"에 의해 신원되고 구원받을 사람들 역시 "선택된 자들"(45:5; 48:1, 9; 55:4; 56:6; 58:2; 60:6; 62:8, 15)로 불려진다. 마가복음에서 제자들은 새 이스라엘로 부름을 입었기 때문에(3:13-19; 10:45) 현 본문의 "선민들"은 제자들과 그들을 기초로 형성된 하나님의 새로운 백성(3:31-35; 10:45 주해를 보라)을 가리킨다고 보는 것이 타당하다.

거짓 메시아의 등장(21-23절) 종말의 때의 표징으로 자칭 그리스도의 등장이 제시된다: "'보시오 여기에 그리스도가 있소, 보시오 저기에 [그리스도가 있소]'라고 말해도 믿지 마십시오"(21절). 언급된 "그리스도"는 이어지는 22절이 말하듯 거짓 메시아를 말한다. 거짓 선지자와 거짓 메시아의 등장은 1, 2차 유대 전쟁 기간 동안 유대 사회에 있었던 뚜렷한 현상들 중의 하나였다(Hengel, 1989: 229-312). 요세푸스는 백성들을 그릇된 길로 이끌었던 거짓 선지자를 소개하는데, 빌라도가 유대 총독으로 있을 때 활동한 "사마리아 예언자"와[34] 주후 44년부터 46년까지 큐스피우스 파두스(Cuspius Fadus)가 총독으로 있을 때 활동한 드다(Theudas)가 있다.[35] 특히 드다는 사백 명의 무리를 이끌고 광야로 나가 요단 강을 갈라 그를 따르는 무리와 함께 건너갈 것이라 주장했다(비교. 행 5:36). 그뿐만 아니라 펠릭스(Felix)가 재임하고 있었던 주후 52-60년에도 많은 거짓 선지자들이 백성을 선동하면서 나라를 어지럽혔다고 말한다.[36] 그들 역시 무리들을 광야로 이끌고 가서 그곳에서 하나님께서 그들에게 "자유의 표적[σημεῖα]"을 보여줄 것이라고 선동했다(8:12-13 주해를 보라).[37] 거짓 메시아 역시 요세푸스에 의해 거론된다. 대표적인 자칭 메시아들(royal pretenders)은 갈릴리 사람 유다의 아들로 알려진 메나헴(Menahem),[38] 시몬 바 지오라(Simon Bar Giora)[39] 등이 있다. 비록 요세푸스 사후에 활동한 인물이어서 그의 기록에는 등장하지 않지만 2차 유대 전쟁을 이끌었으며 랍비 아키바(Akiba)에 의해 "별들의 아들"(민 24:17)로 불린 시몬 바르 코시바가 있다(8:29-30 주해를 보라). 그는 초기 2년 동안(132-34년) 로마를 예루살렘에서 몰아내면서 성전을 회복하였고 승리를 기념하기 위해 동전을 주조하기도 했다(뒷 장을 보라).

34. Josephus, *Jewish Antiquities* 18.4.1 §§85-87.

35. Josephus, *Jewish Antiquities* 20.5.1 §§97-99.

36. Josephus, *Jewish Wars* 2.13.4-5 §§259-63; 20.8.6 §167. 이집트 출신 유대인이면서 선지자 노릇을 한 사람에 관해서는 *Jewish Antiquities* 20.8.6 §169를 보라.

37. Josephus, *Jewish Wars* 2.13.4 §259.

38. Josephus, *Jewish Wars* 2.17.9 §§442-48.

39. Josephus, *Jewish Wars* 7.2.2 §§26-36.

왼쪽(은 세겔 전면): "시므온"이라는 이름에 의해 둘러싸인 채 떠오르는 별을 가진 예루살렘 성전 외관.
오른쪽(은 세겔 뒷면): "예루살렘 구속을 위하여"라는 히브리어 글귀를 초막절 과실인 시트론과 종려나무 가지가 둘러싸고 있다.

거짓 선지자와 거짓 메시아가 성전 멸망 전후에 등장할 것이라는 예언을 하시는 예수님의 의도는 "그대들은 주의하십시오"(ὑμεῖς δὲ βλέπετε)에 담겨 있다(23절).

강조형 인칭 대명사는 거짓 선지자와 메시아의 등장이 누구보다 제자들에게 위협 혹은 유혹이 될 수 있음을 암시한다. 이어지는 본문은 제자들이 주의해야 할 것이 무엇인지 말해주는데, 그들은 "표적[σημεῖα]과 기적"(참조. "자유의 표적[σημεῖα]", Josephus, *Jewish Antiquities* 2.13.4 §259)으로 제자들을 "곁길로 가도록" 유혹할 것이라고 알려준다(22절). 거짓 메시아와 선지자들이 이끌려는 "곁길"은, 그들이 로마를 대항하여 무력 항쟁을 이끌던 인물들이라는 요세푸스의 말을 고려한다면, 그들과 같은 유대인이었던 초기 팔레스타인 제자 공동체를 로마에 대항하는 무력 항쟁에 동참토록 하려는 시도들로 볼 수 있다.[40] 이런 시도들이 실제로 있었다

40. 요세푸스(Josephus, *Jewish Wars* 2.13.4 §259)는 그들이 "신의 감동이라는 속임으로"(προσχήματι θειασμοῦ) 많은 사람들을 그릇된 길로 이끌고 있었다고 말한다. "그릇된 길로 이끈다"는 표현은 쿰란 문서의 시편 37:7 주석(4QpPsa)에도 등장하는데, 의의 교사를 대적한 사악한 제사장이 "많은 사람을 그릇된 길로 인도했다"고 비난한다.

는 기록이 있다. 저스틴(Justin)에 따르면 2차 유대 전쟁 동안 유대 지역에 있는 그리스도인들은 유대 전쟁 지도자 바르 코시바에 의해 "가혹한 징벌"을 받았는데, 이는 그리스도인들은 "예수님이 그리스도이심을 부인" 하지 않았기 때문이었다.[41] 전쟁이 발발했을 때 바르 코시바가 그리스도인들로 하여금 예수님의 메시아 되심을 부인하게 한 이유는 "별들의 아들"이라 불린 그를 따라 전쟁에 참여하도록 하기 위함이었을 것이다.[42] 하지만 그리스도인들은 전쟁에 동참하지 않았는데, 그리스도인들은 이미 예수님을 메시아로 믿고 따르고 있었고(Dunn, 1991: 243), 게다가 폭력적 저항 운동을 단호히 반대하였기 때문이다(Wright, 1992: 165-66). 즉 그리스도인들에게 바르 코시바는 거짓 메시아였고 그가 이끈 무력 항쟁은 예수 그리스도의 가르침에 역행하는 것이었기에 참여는 물론 동의도 할 수 없었던 것이 분명하다(Wright, 1992: 166). 예수님은 이런 일들이 그의 제자들에게 일어날 것이라 보셨고 그 일이 실제로 닥쳤을 때 거짓 선지자와 메시아에게 미혹되지 않도록 "모든 것들을 미리"(23절 후반부) 말씀하신 것이다.

요약과 해설

닥칠 전쟁과 그것을 앞둔 유대 그리스도인들이 어떻게 처신해야 할 것인지는 구체적이고 상세한 문장으로 설명된다. 먼저, 예수님은 한 징조("멸망의 가증스러운 것이 서지 말아야 할 곳에 선 것", 14절 전반부)를 알려주시며 전쟁의 서막을 예고하신다. 그러한 징조를 보았을 때 유대에 있

41. Justine, *1 Apology* 31.6.

42. Eusebius, *Ecclesiastical History* 4.8.4.

는 그리스도인들이 취해야 할 행동은 산으로 도망가는 것이다. 도망하라는 명령에는 성전을 하나님이 계신 곳이라 여전히 믿으며 그것을 지켜보호하려는 전쟁에 참여하지 말라는 권면이 함축되었다. 닥칠 재난은 옛 창조 세계가 경험해 보지 못한 가장 혹독한 종류가 될 것이라는 메시지를 주시는 것이 분명하다. 그러나 본 문장의 배경이 되고 있는 사건인 출애굽 시 닥친 환난이 이스라엘에게 구속을 가져왔고 다니엘이 예언한 종말론적인 환난(12:1)이 순교자에게 새 시대(2절)로 이어진 것처럼, 환난이 구원받은 자에게 새 시대를 가져오는 산통이 될 것이라는 함의를 동시에 전해준다. 게다가 하나님은 환난 가운데서도 그가 선택한 자들의 구원을 위해 그의 원래 계획을 변경하여 환난의 길이를 줄여 주실 것이라 말씀하시는데, 이 말씀은 한편으로는 진노 중에도 긍휼을 베푸시는 하나님을 보여주고, 다른 한편으로는 환난이 주의 주권적 섭리 하에 통제되고 있음을 알려준다. 끝으로 예수님은 전쟁 중에 거짓 메시아와 선지자의 등장을 예견하시며 그들의 미혹에 이끌려 "곁길"(22절)로 가지 않도록 권면하신다. 유대 전쟁 기간 동안 거짓 메시아와 선지자들의 등장은 요세푸스에 의해 확인될 수 있는 것으로, 그들은 유대 백성을 선동하여 로마와의 무력 항쟁을 이끌었지만 결국 비참한 죽음과 재난으로 끝났다. 따라서 특히 예수님을 메시아로 믿고 따르는 제자들에게 강조된("그대들은 주의하십시오"[ὑμεῖς δὲ βλέπετε], 23절) 거짓 메시아와 거짓 선지자에 대한 경고는, 기독교인들로 무력 항쟁에 참여하기보다 끝까지 예수님의 길을 따라 평화의 길을 걷도록 하기 위한 강한 권면이다.

막. 13:24-27 (성전 멸망과 그 의미)

현 단락은 성전 멸망 바로 직전에 일어날 현상들(24-25절)과 그것의 멸망이 인자에게 의미하는 바(26-27절)를 "은유적 언어"(Evans, 2001: 328)로 설명한다. 본 주석은 예수님의 재림의 주제는 31-36절에서 시작되는 것으로 보고, 현 단락의 "인자가 … 오는 것"(26절)과 다음 단락의 "그가 문 가까이 온 줄로"(29절 후반부)는 재림의 언어(Edwards [b], 402; Witherington, 2001: 347-48)라기보다는 성전 멸망과 그에 따른 인자의 신원을 가리키는 은유로 본다(자세한 논의는 아래 주해를 보라).

24 그러나 그 환난 후 그때
'해가 어두워질 것이고
그리고 달은 그 빛을 발하지 않을 것이며
25 그리고 별들이 하늘로부터 떨어질 것입니다.
그리고 하늘에 있는 권능들이 흔들릴 것입니다.'

26 그리고 그때에 사람들이 인자가 많은 권능과 영광과 함께 구름 가운데로
부터 오는 것을 볼 것입니다. **27** 그리고 그때에 그가 그의 전령들을 보내어
자기의 택한 자들을 땅 끝에서 하늘 끝까지 사방으로부터 모을 것입니다.

주해

천상에 펼쳐질 종말론적 현상(24-25절) 본 단락이 반의적 접속사(ἀλλά)로 시작한다는 것은 내용에 있어서 이전 단락과 단절이 있다는 것을 암시한다. 보링은 '알라'(ἀλλά)를 앞 섹션과 24절 이후의 섹션 사이에 시간적

반전이 있음을 드러내는 접속사로 보면서 선행 문맥은 종말의 시작을 알리는 유대 전쟁 전후의 상황을, 현 단락은 종말의 완성으로서 인자의 재림 때를 배경으로 한다고 주장한다(Boring, 2006: 372). 하지만 문맥상 보다 더 분명한 대조는 환난 전후의 내용에 있다. 14-23절, 특히 19절에선 가장 극심한 환난이 있을 것이라 예고했지만, 현 단락은 환난이 환난으로 끝나지 않고 인자의 옴으로 끝날 것이라 말한다는 점에서 두 단락 사이에 내용상의 반전이 있다. "그러나"(ἀλλά)로 시작하는 현 단락은 그런 점에서 내러티브와 함께 환난을 통과하는 청자들에게 새로운 일에 대한 기대를 갖게 한다.

24절은 두 개의 시간 부사로 시작한다: "그 환난 후 그 날에"(ἐν ἐκειν-αις ταῖς ἡμέραις μετὰ τὴν θλῖψιν ἐκείνην). "그 날에"(ἐν ἐκειναις ταῖς ἡμέραις)는 칠십인경 구약(렘 3:16, 18; 31:33; 욜 3:2; 슥 8:23)에서 하나님의 구원이 실현되는 종말의 때를 가리키는 표현이기에(1:9 주해를 보라) "그 환난 후"에 있을 하나님의 구원에 대한 기대를 불러오기에 충분한 표현이다. "그 날"은 천상 질서의 변화(24-25절)로 시작된다. 묵시 문학(에스드라2서 5:4; 에녹1서 80:3-7; 102:2; 계 6:12-13; 8:10)에서 이런 변화는 하나님의 현현이 일어나기 직전의 현상으로 서술되고(참고. 시 18:9-13; 사 34:4; 겔 32:7-8; 욜 2:10, 31; 3:15),[43] 그 의미는 사회 정치적 차원을 가진다(Wright, 1996: 361). 24-25절의 천상적 변화는 이사야 13:9-10에 의존한 것처럼 보인다(Donahue and Harrington, 374):

> 보라 여호와의 날[이] … 이르러 … 하늘의 별들과 별 무리가 그 빛을 내지

43. 구약에는 하나님이 임하실 때 하늘이 어두워진다는 전승이 있는데(시 18:10-13), 이것은 시내산에서 하나님이 구름 가운데 임하실 때 하늘이 어두워진 현상에까지 거슬러 올라갈 수 있다(출 19:16-18; 24:15; 신 4:11; 5:22-23).

아니하며 해가 돋아도 어두우며 달이 그 빛을 비추지 아니할 것이로다.

이사야 13장은 바벨론에게 주신 경고이기에(1절) 하늘 광명체의 빛 상실은 하나님께서 바벨론을 멸망시키고자 찾아오시는 날(여호와의 날)의 현상으로 이해돼야 한다. 이런 해석은 하늘의 광명체들이 세상 통치자들을 위한 은유로 사용되고 있는 성경 전체의 비유와 일치한다(민 24:17; 사 13:9-22; 마 2:1-12). 아래서 논의될 것처럼 현 단락은 예루살렘 멸망과 그에 따른 인자의 신원을 중심 주제로 삼고 있기에 현 문맥에서 빛 잃은 하늘 광명체는 인자의 승귀에 따른 유대 정치, 종교 지도자들의 쇠락을 나타내는 비유이다. 예수님의 이사야 본문 사용에는 전복적 성격이 나타나고 있는데, 바벨론의 멸망을 위한 심상을 예루살렘 멸망을 위한 언어로 바꾸어 사용하시고 있기 때문이다(참조. 암 5:18-20; 렘 4:23).

인자의 신원(26-27절)[44] 구약 예언자들은 여호와의 날에 하늘 광명체의 암흑화 현상이 있을 것이라 말하지만(사 13:10; 욜 2:10-11; 참조. 사 34:4), 예수님은 인자가 오는 날에 그 일이 있을 것이라 말씀하신다: "그 때에[τότε] 사람들이 인자가 많은 권능과 영광과 함께 구름 가운데로부터 오는 것을 볼 것입니다"(26절). 26절의 해석은 크게 두 가지로 나뉜다. 첫째, 인자의 옴을 마지막 날에 이뤄질 예수님의 재림으로 보는 입장이 있다(Cranfield, 406; Marcus, 2009: 908; Boring, 2006: 373; Stein, 613-14). 둘째, 인자이신 예수님의 왕적 권위가 신원되는 사건으로 보는 입장인데, 이는 다니엘의 인자의 역할에 기초한 해석이다(Wright, 1996: 361; France, 2002: 534-35; 양용의, 309-11). 두 입장에 있는 학자들 모두가 인정하는 것은 26절이 다니엘의 본문을 빌려왔다는 것이다:

44. 저자는 막 13:26에 나오는 신적 기독론에 대해 논문(박윤만, 2017: 53-54)으로 다룬 바 있다. 위 내용은 저자의 논문과 상당 부분 일치함을 밝혀 둔다.

> 인자가 많은 권능과 영광[δόξης]과 함께 구름 가운데서 오는[ἐρχόμενον ἐν νεφέλαις](26절) 인자 같은 이가 하늘 구름을 타고 와서[ἐπὶ τῶν νεφελῶν ... ἤρχετο] … 그에게 권세와 영광[δόξα]과 나라를 주고"(칠십인경 단 7:13).

다니엘의 환상에 따르면 하나님은 네 짐승에 비유된 네 제국의 권세를 빼앗아 인자에게 주심으로 그의 통치권을 인정하신다. 따라서 26절을 성전 멸망과 인자의 신원에 대한 비유로 보는 입장은 예수님 역시 인자가 구름 가운데서 올 것이라는 말을 통해 그를 거부한 이스라엘의 종교와 정치의 중심지인 성전이 멸망하고 그의 메시아 됨은 하나님에 의해 확증될 것이라는 뜻을 드러내셨다는 해석을 한다(Wright, 1996: 362). 반면, 인자의 옴을 예수님의 재림을 가리키는 것으로 보는 해석은 예수님이 다니엘의 인자를 인용하시며 그의 이동 경로에 변화가 있다는 점에 주목하면서, 다니엘서의 인자는 하나님에게로 '올라가'("옛적부터 항상 계신 이에게 나아가") 모든 나라를 다스릴 권세를 부여받지만 예수님은 인자가 "오는"(ἐρχόμενον) 모습을 사람들이 볼 것이라 말씀하신다(Marcus, 2009: 908-9). 이런 점에서 인자는 하나님에게 올라가기보다 땅으로 내려오고 있는 인물로 소개된다는 것이다. 그러나 이런 주장은 결정적이지 않은데 헬라어 '에르코마이'(ἔρχομαι)가 '가다'와 '오다'의 의미 모두로 사용된 용어이기 때문이다(Wright, 1996: 361).[45]

어느 해석이 본문의 의미인지를 결정하려면 다니엘의 인자의 등장 문맥이 우선적으로 고려돼야 한다. 다니엘서에 따르면 인자가 하나님께로 인도된 사건은 그가 대표하는 "성도들"의 핍박자인 네 제국에 대한 승리

45. BDAG, ἔρχομαι §1, 2.

의 확정이자 그들을 신원하는 의미를 가진다(단 7:18, 27). 이런 의미는 현 본문이 말하고 있는 인자의 옴은 성전 멸망과 그에 따른 예수님과 그의 백성의 신원의 사건으로 보는 해석(Wright, 1996: 362; France, 2002: 534-36)과 잘 조화된다. 예수님은 이미 성전 멸망 즈음에 핍박(9-13절)과 환난(14-20절)이 있을 것이고 심지어 많은 거짓 선지자와 거짓 메시아가 일어나 제자들을 그릇된 길로 이끌려 할 것이라 예언하셨다. 그 와중에 "끝까지 견디는 자는 구원을 받을 것입니다"(13절 후반부)라는 말씀이 주어진다. 이런 맥락을 고려할 때 내러티브가 마지막까지 견디는 자에게 주어질 구원이 무엇인지 시사하리라는 기대는 자연스럽고, 26-27절은 그 응답이다. 곧 거짓 선지자와 거짓 메시아의 선동 목적과는 반대로 성전은 멸망되고, 인자와 그를 메시아로 믿고 따랐던 자들은 신원될 것이라는 결론을 다니엘의 인자 본문을 근거로 내리신 것이다.

사실인즉 인자가 성전을 대체하리라는 암시는 선행 본문 곳곳에서 주어졌고(2:1-12; 11:15-17, 20-25; 12:10-11) 현 본문에도 다시 주어진다. 인자의 옴은 구약에서 하나님의 현존을 드러내는 매개체인 "구름"("하늘 구름", 신 33:26; 삼하 22:12; 시 68:4; 겔 1:4)과 그의 속성을 드러내는 "권능과 영광"(δύναμεως ... καὶ δόξης, 칠십인경 시 62:3; 참조. 개역개정 시 68:34)의[46] 언어로 소개된다. 특별히 "권능과 영광"과 관련하여 칠십인경 시편 62:3(개역개정 63:2)을 주목해야 한다:

> 내가 당신의 권능과 당신의 영광을 보기 위하여[τοῦ ἰδεῖν τὴν δύναμίν σου καὶ τὴν δόξαν σου] 성소에서 당신을 바라보았나이다.

46. 개역개정 시편 68:34에는 하나님의 능력과 구름이 병행된다. "너희는 하나님께 능력을 돌릴지어다 그의 위엄이 이스라엘 위에 있고 그의 능력이 구름 속에 있도다."

시인은 하나님의 "권능과 영광"을 "성소"에서 볼 것이라 말했지만, 예수님은 사람들이 성소에서 볼 수 있었던 하나님의 영광과 권능을 인자에게서 보게 될 것이라 예언하신다. "인자를 이 용어로 묘사한 것은 인자에게 하나님 복장을 입힌 것이다"(Hurtado, 2020: 317). 이것은 성전 멸망 후 그가 참된 성전이자 신적 권위를 가진 존재라는 것을 사람들이 확인하게 될 것이라 주장하신 말로 받아들여야 한다. 그리고 26절의 "사람들이 … 볼 것입니다[ὄψονται]"는 말은 시각적 관찰보다는 시편 62:3("내가 … 보기 위하여[τοῦ ἰδεῖν]")에서와 마찬가지로 '경험하다' 혹은 '이해하다'라는 의미로 보는 것이 적절하다.[47] 사람들이 성전 멸망 후 성전에서 경험될 수 있다고 믿은 하나님의 "권능과 영광"을 인자에게서 보게 될 것이라는 말이 현 맥락에서 가지는 중요한 의미가 있다. 유대 전쟁 동안 폭력적 저항 운동을 이끌었던 거짓 선지자와 거짓 메시아들은 모두 하나님의 이름으로 성전(holy war)의 정당성을 확보하려 했다. 하지만 예수님은 하나님 나라의 완성은 거짓 메시아들의 주장(21-22절)처럼 무력 저항을 통해 실현되는 것이 아니라, 하나님의 주권적인 능력으로 이뤄지는 것이라 믿으셨다. 이런 점에서 성전 멸망과 그것을 통한 인자의 신원은 하나님의 주권을 명백히 드러낸 사건이다. 이전 단락과 현 단락의 내용을 비교했을 때도 인자를 통한 하나님의 주권적인 통치와, 무력으로 이 땅에 실현시키려는 거짓 메시아들의 통치는 뚜렷하게 대조된다. 더불어 본문은 제자들이 왜 거짓 메시아를 추종치 말아야 하는지에 대한 함축적인 가르침을 동시에 주는데, 그 내용은 '인자의 길은 하나님의 다스림을 받는 길이지만 거짓 메시아의 길은 망하는 길이다.' 정도가 될 수 있다.

성전이 멸망하고 인자가 신원될 "그때에"(τότε) 일어날 마지막 일은

47. Louw & Nida, ὁράω, 32.11, '이해하다'; 90.79, '경험하다'.

"택한 자들"(τοὺς ἐκλεκτοὺς)의 돌아옴이다: "그때에 그가 전령을 보내어 [ἀποστελεῖ] 자기의 택한 자들을 땅 끝에서 하늘 끝까지 사방으로부터 모을 것입니다[ἐπισυνάξει]"(27절). 하나님에 의해 선택된 백성이 종노릇에서 돌아오는 일(그러므로 새 출애굽 또는 구속)은[48] 제2성전 시기 유대인들의 종말론적인 소망이었다(신 30:3-5; 사 11:11-12; 43:6; 슥 2:6-8; 겔 36:24; 37:21; Hurtado, 2020: 312). 특히 "땅 끝에서 하늘 끝까지 사방으로부터 모을 것"이라는 말은 신명기 30:4("하늘 가에 있을지라도 … 거기서 너를 모으실 것이며")과 이사야 43:5-6을 떠올려 준다:

> 두려워하지 말라 내가 … 네 자손을 동쪽에서부터 오게 하며 서쪽에서부터 너를 모을 것이며 내가 북쪽에게 이르기를 내놓으라 남쪽에게 이르기를 가두어 두지 말라 내 아들들을 먼 곳에서 이끌며 내 딸을 땅 끝에서 오게 하며.

신명기와 이사야의 해당 본문에서 언약 백성의 돌아옴이라는 주제는 모두 종말에 하나님께서 그의 백성에게 가져오실 새 출애굽의 맥락에서 등장한다. 이런 구약적 배경을 고려한다면 현 본문이 말하고 있는 것과 같은 "택한 자들"을 모으는 일은 새 출애굽의 실현으로 의도된 것이 분명하다. 특히 현 본문에서 "택한 자들"은 환난(20절)과 거짓 선지자와 메시아의 미혹(22절)을 극복한 새 이스라엘을 가리키고 있기에(20절 주해를 보라) 종말론적 새 이스라엘의 구속이라는 주제가 내포되어 있다.

중요한 것은 새 출애굽의 주체를 누구로 이해하느냐이다. 이를 위해선 두 동사, "보내어"(ἀποστελεῖ)와 "모을 것입니다"(ἐπισυνάξει)의 주체를 파악해야 한다. 구약에서 전령(ἄγγελος, '천사' 또는 '전령')은 하나님의 수

48. 예수 시대 "구속"이라는 말이 어떻게 이해되었는지는 13:21-23 주해에 예증된 바르 코시바의 동전에서 "구속"의 쓰임을 기억하라.

하에 있는 존재이고(예. 출 32:34; 단 10:11) 또 그의 백성을 포로에서 돌아오게 하는 자는 위 구약 본문들이 말해주듯 하나님으로 알려져 있기 때문에(또한 참고. 미 2:12-13), 두 동사의 주어가 하나님이라 말할 수 있다. 하지만 직전 본문("인자가 많은 권능과 영광과 함께 구름 가운데로부터 오는 것", 26절)을 고려하면 "택한 자들을" 불러 모으는 일을 하는 주체는 인자로 보는 것이 맥락상 자연스럽다(Evans, 2001: 329; Marcus, 2009: 909). 게다가 인자는 다니엘 7:13에서도 하나님의 권세를 위임받은 존재일 뿐만 아니라 26절에서도 하나님의 "권능과 영광"을 공유하는 인물로 이미 소개되었던 터라 그가 주어라는 것은 의심의 여지가 없어 보인다. 이런 관측은 두 가지 의미를 제공한다. 첫째, 이스라엘의 메시아의 우회적인 표현인 인자(2:8-11; 8:31 주해를 보라)가 성전 멸망 후 택한 자들을 모으는 조치는 그의 백성을 죄(2:10)와 부패(7:21-23)로부터 벗어나게 하려는 새 출애굽 사역(10:45; 14:21, 24)이 본격적으로 새 성전된 예수님을 중심으로 시작될 것임을 알려준다. 구약 시대 포로에서 돌아온 이스라엘이 성전을 중심으로 모여든 것처럼, 새 이스라엘이 된 택한 자들 역시 성전된 인자를 중심으로 모일 것이란 암시가 내포된 것이다. 둘째, 구약 전통으로 본다면 구속의 주체는 하나님이지만 이제 그 사역은 인자에게 돌려진다. 하나님께서 그의 택한 자들에게 새 출애굽, 곧 구속을 베풀 것이라는 하나님의 종말론적인 사역이 인자에 의해 수행된다는 점에서 인자는 하나님의 종말론적인 체현자로 보는 것이 옳다.[49]

택한 자들을 모으고자 보냄받은 이는 '앙겔루스'(ἀγγέλους)인데 이것은 '천사'(1:13; 8:38; 12:25)와 사람(1:2, 4) 모두를 가리킬 수 있는 낱말이

49. 흥미롭게도 에녹1서 37-71장에 등장하는 "인자" 역시 하나님에 의해 종말론적인 심판자로 세움을 입어(46:4-5; 62:2, 9) "선택된 자들"을 신원하고 구원한다(45:3, 5; 48:7; 62:7, 14-16; 박윤만, 2020: 95-101).

다. 만약 현 상황이 재림의 때에 관한 말씀이라면 '천사'로 해석하는 것이 가능한데, 이는 마지막 추수꾼은 천사가 될 것이라는 사상이 신약성경에 종종 나오기 때문이다(마 13:39; 계 14:17-20). 하지만 앞서 논의한 바대로 현 문맥은 성전 멸망의 때에 관한 것이기에 보냄받은 이는 제자들 혹은 초기 교회의 복음 전파자로 보는 것이 타당하다(France, 2002: 536).

요약과 해설

본 단락은 하늘 광명체의 종말론적인 변형과 인자의 옴에 관한 담화로 이뤄진다. 먼저, 하늘의 해와 달과 별은 고대 시대에 세상 주관자들을 가리키는 상징들로서 선지자들의 전통에 따르면 주의 날에 그것의 변형이 일어날 것이라 했다. 때문에 인자의 옴이 상징하는 사건은 곧 하나님이 역사에 개입하시는 종말론적 사건이 될 것이라 보여준다. 인자의 옴은 다니엘의 "인자 같은 이"(7:13)를 떠올려주는 방식으로 서술된다. 13장의 맥락상 그것은 성전의 멸망과 그로 말미암아 이뤄질 인자와 그의 백성의 신원을 가리키는 은유적 표현으로 보는 것이 가장 자연스럽다. 예수님은 사람들이 인자의 "권능과 영광"(26절)을 볼 것이라 예언하시는데, 이는 성전 멸망이란 곧 성소에서 뵐 수 있는 하나님의 권능과 영광을 인자에게서 볼 수 있게 될 것을 말씀하신 것이다. 인자의 신적 권위에 대한 강조는 이전 단락에서 언급된 1세기 유대 사회에서 활동한 거짓 선지자와 거짓 메시아의 인위적이며 무력적인 '하나님 나라' 운동과 대조를 이룬다. 종말은 인간의 노력으로 이뤄지는 것이 아니라 하나님의 주권적인 사역으로 진행되는 것인데, 인자의 사역은 바로 그 같은 하나님의 주권적 사역을 대변한다는 진술이 본문 정보에 함축되어 있다. 성전 멸망과 인자의 신원이 확증된 후 그의 사역은 "택한 자들을" 모으는 일이다(27절). 택한 백성을 모으는 일은 하나님께서 종말에 하실 일로 기대되었지만, 예수님은 그 일을 인자된 자신이 할 것이라고 말씀하신다. 구약에서 하나님의 현존의 상징인 성전을 중심으로 모여들었던 해방된 백성이 이제 인자를 중심으로 모이게 될 것이라는 말씀은, 인자는 하나님의 종말론적인 사역을 수행하는 존재이자 그가 바로 새 성전이라는 함의를 가진다.

바. 13:28-31 (무화과나무 비유와 결론)

현 단락은 3절에서 시작된 성전 멸망과 그 징조들에 관한 담화의 결론부이다. "이 일들"(ταῦτα, 4절 전반부), 곧 성전 멸망의 때와 "이 모든 일들"(ταῦτα πάντα, 4절 후반부), 곧 성전 멸망과 그 전에 있을 표적들에 관한 질문으로 담화(3-4절)가 시작된 후 5-23절에서는 성전 멸망 전의 표적들을, 24-27절에서는 성전 멸망과 인자의 신원에 관한 담화를 주셨다. 결론부인 현 단락은 표적을 보고 그것이 가리키는 바가 무엇인지 깨닫는 '비(은)유적 사고의 필요성을 최종적으로 다시 한번 더 강변한다("무화과나무로부터 비유를 배우십시오", 28절 전반부; "아십시오" [2x], 28절 후반부, 29절). 그 후 그 모든 일이 반드시 일어날 것을 이야기함으로써 성전 멸망과 표적에 관한 담화를 결론 맺으신다. 3-31절의 흐름은 아래와 같이 정리될 수 있다:

질문: 성전 멸망의 때("이 일들", 3-4절 전반부)
성전 멸망의 때와 표적들("이 모든 일들", 4절 후반부)
대답: 표적들(5-23절)

성전 멸망 자체와 인자의 신원(24-27절)

결론: 표적들("이 일들")을 통한 성전 멸망과 인자의 신원의 때 인지의 재강조(28-29절)

표적들과 성전 멸망, 그리고 인자의 신원("이 모든 일들")의 발생의 필연성(30-31절).

현 단락은 비유(28절)와 담화(29-31절)로 구성되어 있다.

28 그리고 그대들은 무화과나무로부터 비유를 배우십시오. 그것의 가
지가 부드러워지고 잎들이 나올 때면 여름이 가까이 온 줄로 아십시오. **29**
이처럼 그대들 역시 이 일들이 일어나는 것을 볼 때면 그가 문 가까이 온
줄로 아십시오. **30** 진정으로 내가 그대들에게 말합니다. 이 모든 일들이 일
어나기 전에 이 세대는 결코 사라지지 않을 것입니다. **31** 하늘과 땅은 사라
집니다. 하지만 내 말은 결단코 사라지지 않을 것입니다.

주해

무화과나무의 비유(28절) 무화과나무는 무화과나무 저주 사건(11:12-14, 20-21) 이후 다시 이야기의 소재가 된다. 11장에서는 이스라엘에 내려진 심판의 상징으로 무화과나무의 마름이 강조되었고, 현 단락에서는 인자가 신원되는 때를 사전에 지각하는 일의 중요성을 위해 그것의 새순 돋음이 부각된다. 이렇듯 무화과나무는 배움의 재료가 되고 있다. 그런데 예수님은 "무화과나무 비유[παραβολή]로부터" 배우라고 하신다. 비유는 다

양한 뜻을 가지는데[50] 현 단화의 맥락상 '교훈'(maxim)이 적합하다. 제자들은 무화과나무가 겪는 자연적 변화 과정으로부터 배울 '교훈'이 있다는 것이다. 교훈의 내용은 평행절로 설명된다(반복된 운율은 밑줄 그어져 있다):

> 그것의 가지가 부드러워지고 잎들이 나올 때면 여름이 가까이 온 줄로[ἐγγὺς τὸ θέρος ἐστίν] 아십시오(28절).
> 이처럼 그대들 역시 이 일들이 일어나는 것을 볼 때면 그가 문 가까이 온 줄로[ἐγγύς ἐστιν ἐπὶ θύραις] 아십시오(29절).

동일한 언어 '엥귀스'(ἐγγύς)와 '에스띤'(ἐστίν)의 반복을 비롯하여 "여름"[θέρος]과 "문"[θύραις]의 유사한 소리 반복은 두 문장이 맺고 있는 비유적 상관 관계를 만드는 데에 일조한다. 11:12-14, 20-21에서 환기되었던 이스라엘을 가리키던 무화과나무의 상징적 의미는 현 비유에서 더 이상 작용하지 않는다. 대신 제자들이 배워야 하는 것은 현상이 가진 징조적 성격으로서 잎의 돋움을 통해 "여름이 가까이 온 줄"을, "이 일들"의 발생을 통해 "그가 문 가까이 온 줄"을 알아야 했다.

담화(29-31절) 무화과나무 비유를 통해 교훈을 얻으려면 두 가지 해결해야 할 문제가 있다. "이 일들"의 지시체와 "문 가까이 온" 실체가 무엇인지를 파악해야 한다. 먼저, 문 가까이 온 주체를 파악해보자. 28절 '에스띤'(ἐστίν)의 주어는 "여름"으로 발화된 반면, 29절 '에스띤'(ἐστίν)의 주어는 명시되지 않았다. 29절의 주어를 28절의 "여름"으로 볼 수도 있고 '인자'로 볼 수도 있다(Marcus, 2009: 911). 하지만 28절의 비유는 인자의

---

50. BDAG, παραβολή §1, 2. 또한 4:2을 보라.

옴을 설명하기 위해 등장했고 또 명사구 "문 가까이"(ἐπὶ θύραις)가 뒤따른다는 사실과 선행 단락(26-27절)과 후행 단락(34-35절)의 주어가 모두 사람(인자와 주인)이라는 것을 고려한다면 29절의 '에스띤'(ἐστίν)의 주어는 인자로 보는 것이 맥락상 옳다(Hooker, 1991: 321). 하지만 어느 번역을 택하든지 인자의 옴(곧, 성전 멸망과 그에 따른 인자의 신원)이 가까이 오고 있다는 의미는 변함없이 유지될 수 있는데, 이는 앞선 단락에서 언급된 것처럼 '여름이 가까이 옴'이 가리키는 인자의 옴은 성전 멸망과 인자의 신원을 가리키는 은유로 사용되기 때문이다.

예수님은 무화과나무 가지의 부드러워지고 새순이 돋는 것을 보고 여름이 온 줄로 알듯이 "이 일들"이 일어나는 것을 보면 성전 멸망이 가까이 온 줄로 알도록 권면하신다. 그렇다면 "이 일들"(ταῦτα, 29절)이 가리키는 바는 무엇인가? 그것이 성전 멸망과 인자의 신원 자체를 말하는 직전 단락(24-25절)의 사건들을 가리킨다고 보기는 어려운데, 이는 현 문장에서 "이 일들"(ταῦτα)의 발생은 인자가 문 가까이 왔음(성전 멸망과 인자의 신원)을 알게 하는 표지라고 말하고 있어 인자의 옴을 보고 인자가 가까이 왔다고 추론하는 것은 모순이기 때문이다(Edwards [b], 404; 비교. Collins [a], 616).[51] 보다 가능성 있는 것은 "이 일들"(ταῦτα)은 인자의 옴(성전 멸망과 인자의 신원)을 제외한 채 4-23절까지에서 서술된 자연적 재앙과 전쟁과 같은 표적들을 가리키는 것으로 보는 것이다(Cranfield, 407; Marcus, 2009: 911;[52] Hurtado, 2020: 313-14; 비교. Hooker, 1991: 321-21). 이

51. 콜린스는 "이 일들"이 5-25절의 정보 모두를 포함한다고 주장한다(Collins [a], 616).

52. 그러나 마르쿠스(Marcus, 2009: 911), 크랜필드(Cranfield, 408), 후커(Hooker, 1991: 319, 21)는 29절 후반부의 인자의 옴을 성전 멸망이 아닌 예수님의 재림으로 본다.

미 8절에서도 "이 일들"(ταῦτα, 8절)이 성전 멸망 전에 일어날 일들을 가리키고자 사용됐다는 것은 이런 해석을 지지한다(Edwards [b], 405). 물론 4절의 "이 일들"(ταῦτα)은 성전 멸망을 지시하고자 사용된 것이 사실이다. 하지만 지시 대명사의 지시체가 무엇인지는 그것이 사용된 문맥이 결정한다는 것을 잊지 말아야 한다.

3-31절 담화의 결론으로서 현 단락은 지금까지 말해왔던 가르침의 단순한 반복은 아니다. "무화과나무 비유를 통해 배우십시오"(28절)가 말하듯 강조는 은유적 추론에 있다. 여러 현상을 현상으로만 보기보다 그것들을 통해 그것들이 가리키는 바, 곧 성전 멸망과 인자의 신원의 때의 도래를 볼 수 있어야 한다는 것이다. 이런 식의 인지의 중요성은 28절 후반부와 29절에서 반복되고 있는 "아십시오"(γινώσκετε [2x])를 통해서도 확인될 수 있다. 놀라운 점은 메시아의 시대가 도래 하면 성전이 정화되거나[53] 새롭게 건축될[54] 것이라 이해한 제2성전 시기 유대인들과는 달리 예수님은 이스라엘의 성전 멸망을 종말의 시작을 알리는 신호들 중의 하나로 보신 것이다.[55]

30절은 "이 세대"가 지나기 전에 "이 모든 일들"이 일어날 것이라 말한다. "이 세대"(ἡ γενεὰ αὕτη)는 마가복음의 다른 구절(8:12, 38; 9:19)에서와 같이 예수님의 동시대인들을 가리킨다고 보는 것이 옳다. 그렇다면 "이 세대" 안에 일어날 "이 모든 일들"(ταῦτα πάντα)은 무엇을 가리킬까? 앞선 29절의 "이 일들"이 성전 멸망 직전에 일어나는 모든 일들을 가리키는 것과는 달리 "이 모든 일들"은 성전 멸망 직전의 징조들과 직전 단락이

53. 솔로몬의 시편 17:25, 33.

54. 겔 40-8; 사 54:11ff., 60; 학 2:7-9; 슥 2:6-17.

55. 예수님 자신이 새 성전의 기초가 될 것으로 보았다는 주장을 위해서는 12:1-12의 비유를 참고.

말하고 있는 인자의 도래(곧 성전 멸망 자체)를 모두 포함한다고 보는 것이 문맥상 자연스럽다(Marcus, 2009: 911; Boring, 2006: 375; 비교. Cranfield, 408-9).[56]

현 본문을 해석함에 있어서 간과하지 말아야 할 것은 26-27, 29절의 인자의 옴이 예수님의 재림이 아니라 성전 멸망과 그에 따른 인자의 신원을 가리킨다는 것이다. 만일 그 본문을 문자적으로 취하여 재림으로 이해한다면 예수님이 "이 세대"가 지나가기 전에 재림이 있으리라 예언한 것이 됨으로 다음과 같은 두 가지 문제가 발생할 수밖에 없다. 첫째, 재림이 "이 세대" 안에 일어난다는 해석은 아래 32절에서 밝힐 것처럼 그는 재림의 때를 모르며 그러므로 제자들 역시 알려고 해서는 안 된다는 주장과 충돌된다. 둘째, 오늘날까지 재림의 실현이 미뤄지고 있는 것이 엄연한 현실이기에 "이 세대", 곧 그의 동시대에 재림이 일어날 것이라는 예수님의 예언은 그 신뢰성을 잃어버리게 된다. 그러나 앞서 주장했고 또 본 주석이 따르고 있는 것처럼 26-27절과 29절의 인자의 옴을 성전 멸망과 인자의 신원에 관한 은유로 본다면 이런 문제는 쉽게 해결된다.[57]

지금까지의 예언이 반드시 성취될 것을 말하고자 예수님은 자신의 말의 불멸성을 강조한다("내 말은 결단코[οὐ μὴ] 사라지지 않을 것입니다", 31절). 이사야는 하나님의 말씀의 영원성을 말했고(40:7-9) 당시 유대인

56. 그러나 이미 지적한 것처럼 세 학자 모두 24-27절과 29절 후반부의 인자의 옴을 예수님의 재림으로 본다는 점에서 본 주석의 입장과 차이가 있다.

57. 어떤 학자는 재림의 때에 관한 본문 정보가 역사의 예수가 아닌 마가의 신학이라고 주장하며 이런 문제를 해결하려 한다(Marcus, 2009: 866, 912; Boring, 2006: 376). 또 다른 학자는 "이 모든 일들"을 성전 멸망에 국한하고 또 '에스띤'(ἐστίν)의 주어를 사람(인자)으로 보기보다는 비인칭 주어('그것'), 곧 종말로 번역하면서 성전 멸망을 보았을 때 '종말이 가까이 온 줄로'(ἐγγύς ἐστίν) 알도록 예수님이 권면하신 것이라 주장한다(Wright, 2004: 185-86).

역시 토라의 영원성을 믿고 있었다.[58] 알렉산드리아의 필로도 토라의 영원성을 믿으며 다음과 같이 말했다: "법 수여자의 법은 견고하며 … 태양과 달, 그리고 온 하늘과 온 세상이 있는 동안 멸함이 없이 모든 미래 세대에까지 남을 것이다"(Philo, *Life of Moses* 2:14). 필로는 "온 하늘과 온 세상이 있는 동안" 하나님의 토라는 남을 것이라 했지만 예수님은 하나님의 말씀의 그 같은 속성을 자기 말에 적용한다(Marcus, 2009: 912; 참조. France, 2002: 540). 게다가 31절은 그의 말의 영원성뿐만 아니라 새 창조적 능력에 대한 증언이라 볼 수 있다. 구약성경에 잘 알려진 것처럼 하나님의 말씀은 창조적 능력이 있고(창 1:3, 6, 11, 14-15, 20-21, 24, 30; 잠 8:22-31; 렘 1:9-10; 요 1:1-3), 제2성전 시기 유대인들은 메시아 시대가 도래하면 세상이 새롭게 갱신될 것이라 믿었다(Schürer, 2권 537-38). 그렇다면 메시아와 신적 자의식을 가진 예수님이 "하늘과 땅은 사라집니다. 하지만 내 말은 결단코 사라지지 않을 것"이라 하셨을 때, 옛 하늘과 땅이 사라진 자리에서 그의 말이 새 하늘과 땅을 창조하는 역할(참조. 롬 8:19-21; 계 21:1, 5)을 수행할 것이라 밝히셨다고 보는 것은 충분한 근거가 있다(Marcus, 2009: 917). 이에 더해 현 시점에서 그의 창조적 능력이 언급돼야 할 문맥적인 이유 역시 있다. 성전 멸망 직전에 일어날 일로 제시된 5-23절의 내용은 전쟁과 기근, 그리고 그에 따른 환난과 죽음의 소식이었다. 또한 비록 은유적 언어이지만 성전 멸망 자체 역시 해와 달이 그 빛을 잃는 일로 표현되었다(24-25절). 환난이 창조질서에 일어난 혼돈 그 자체로 이해된 것이다. 따라서 그의 신원이 혼돈에 빠진 하나님 세상에 대한 갱신으로 이어지게 될 것이라는 믿음은, 하나님의 전권을 위임받은 인자에게는 당연한 판단이다.

---

58. 바룩2서 4:1; 솔로몬의 지혜 18:4; 에스라4서 9:36-37. 에반스 역시 이런 관측을 견지한다(Evans, 2001: 335-36).

요약과 해설

현 단락에서 성전 멸망의 때와 그 징조들에 관한 긴 담화가 결론난다. 결론적으로 주어진 무화과나무 비유는 징조를 보고 때의 가까움을 아는 일의 중요성을 부각시킨다. 무화과나무의 새순이 돋으면 여름의 때가 시작된 것을 알 수 있듯이 5-25절까지 주신 성전 멸망 직전에 일어날 여러 자연적, 인적 재해를 징조로 삼아 인자의 신원의 때로써 성전 멸망의 시기가 가까움을 알도록 하셨다. 은유적 언어로 주어진(26-27, 29절) 성전 멸망 자체와 인자의 신원이 "이 세대"(30절)에 일어날 것이라 예언하심으로 제자들로 인자에 대한 믿음과 그의 말씀을 지켜가도록 도전하셨다.

사. 13:32-37 (여행 떠난 사람 비유와 파루시아)

32-37절은 앞 단락들과 동일하게 성전 멸망의 주제를 이어간다는 입장(Wright, 2004: 185-88; 신현우, 2011: 310-11)이 있지만, 주제적 변화가 일어났고 그 주제는 인자의 재림에 관한 것이라고 믿어야 할 이유가 있다. 이에 대해 프란스는 네 가지 근거를 제시하는데, 요약하면 다음과 같다:

첫째, 현 단락을 시작하는 전치사구(περὶ δέ, '관해서는', 32절)는 12:26과 바울 서신(고전 7:1, 25; 8:1; 12:1; 16:1)에서 주제의 전환을 이끄는 용례를 가지고 있기 때문에 32절에 사용된 그 전치사구 역시 새로운 주제가 이곳에서 시작되고 있음을 알려준다.

둘째, 전치사구 '관해서'(περὶ δέ)에 뒤따르는 속격 "그 날 또는 시간에"(ἡμέρας ἐκείνης ἢ τῆς ὥρας, "그 날 또는 시간에 관해서는")는 13장에서 처음으로 등장하는 단수 시간 명사구로, 성전 멸망과 예루살렘 포위의 때를 위해 사용된 복수 명사구 "그 날들" ["저"](αἱ ἡμέραι [ἐκεῖναι], 17, 19, 20, 24절)과 다른 지시체를 가지고 있는 것이 분명하다.

셋째, "그 날과 또는 그 시간에 관해서는 아무도 모릅니다"는 직전 문장에서 예수님이 말씀하신 "이 모든 일들이 일어나기 전에 이 세대는 결코 사라지지 않을 것입니다"와 대조를 이룬다. 주제가 때를 앎에서 모름으로 변화가 된 것이다. 이것은 알 수 있는 때와 모르는 때의 내용이 다름을 암시한다.

넷째, 단수 "때 혹은 시간"이 가리키는 내용은 이어지는 여행을 떠났다가 돌아오는 사람의 비유가 암시하듯 예수님의 재림의 때로 보는 것이 가장 무리가 없다. 이런 해석은 마태복음의 지지를 받을 수 있는데 24:3에서 예수님은 성전 멸망과 그의 재림을 함께 이야기하고 있기 때문이다(참조. 24:36, 37, 39; 참고. France, 2002: 541).

현 단락의 요지는 아버지를 제외하고는 누구도 그 재림의 때가 언제인지 정확히 알 수 없다는 것이다. 때에 관한 무지의 강조는 직전 단락의 시기 분별의 강조와 비교했을 때 매우 놀랍다. 성전 멸망의 때와 그 징조에 관해서는 제자들의 앎이, 재림의 때에 대해서는 모름이 강조된 것이다. 충돌되는 것처럼 보이는 이 두 가르침은 현 담화의 전체적인 방향이기도 한 제자도 전망에서 본다면 쉽게 이해된다. 28-30절에서 예수님은 제자들에게 성전 멸망과 그에 따른 인자의 신원의 날이 다가온다는 사실을 알려줌으로써 그들이 거짓 선지자들과 메시아의 미혹에 빠지지 않도록 영적 각성 상태를 주문하셨다. 그리고 이제 재림의 때에 대해서는 그 정확한 시기를 아는 것이 아버지를 제외하고 그 누구에게도 허락되지 않았기에 취해야 할 자세는 항상 깨어 기다리는 일이란 가르침을 주신다(33, 34절 후반부, 35, 37절). 이로 보아 비록 시기의 지식 여부에 대한 입장 차이는 있지만 두 단락의 요지가 제자들의 영적 각성을 요청한다는 점에서 공통점을 가진다고 할 수 있겠다.

현 단락은 네 번 반복되고 있는 '깨어 있음'을 중심으로 크게 두 부분으로 나눠지는데 첫 섹션은 영적 각성 상태의 필요가 아버지 외에는 그때를 아무도 모른다는 사실에 연결되고, 둘째 부분은 비유 섹션으로 여행 떠난 사람이 언제 돌아올지 모른다는 사실에 입각해 깨어 있도록 요청하는 내용이다:

그 날 또는 시간에 관해서는 아무도 모릅니다(32절).

주의하여 깨어 있으십시오[βλέπετε ἀγρυπνεῖτε](33절 전반부).

이는[γὰρ] 그때가 언제인지 그대들이 모르기 때문입니다"(33절 후반부).

여행하는 한 사람이 … 깨어 있으라[γρηγορῇ]고 명령합니다(34절).

그런즉 깨어 있으십시오[γρηγορεῖτε οὖν]"(35절).

깨어 있으십시오[γρηγορεῖτε](37절 후반부).

32-33절의 깨어 있으라는 요청은 그때에 관한 무지(32, 33절 후반부)에 의해 둘러싸여 있다. 이런 구조는 재림과 관련해서는 모름이 걸림이 아니라 디딤돌이 되어 영적 각성에 이바지한다는 의미를 만든다. 깨어 있음과 무지의 이런 상관관계는 33절 서두에 나온 이유 설명 접속사 '가르'(γάρ)에 의해 재차 부각된다. 두 번째 깨어 있으라(34절 후반부)는 요청은 비유 속에 등장하는 여행 떠난 주인이 종들에게 하는 소리로 들려진다. 이런 요청은 비유의 중간 요약(οὖν, '그런즉') 차원에서 35절에서 다시 한번 반복된다. 그리고 마지막 네 번째 깨어 있으라는 요청은 모든 담화의 결론으로 37절에 주어져 있다. 그러므로 현 단락의 중심 가르침은 깨

어 있는 제자도에 있음을 보여준다.

13장의 긴 종말론적 담화가 비유(34-37절)로 끝난다는 것은 하나님 나라의 도래를 위한 가르침에서 확인된 것처럼, 비유가 예수님의 전형적인 화법이라는 것을 고려할 때 그리 놀랄만한 일은 아니다(2:18-22 해설과 4:1-2 주해를 보라). 더불어 결론으로 비유가 등장한 것은 선행 담화의 내용을 쉽게 이해하고 오래 기억하도록 돕는 의도에서 비롯된 것으로 보인다.

32 그 날 또는 시간에 관해서는 아무도 모릅니다. 하늘의 천사도 모르며, 아들도 모르며 아버지만 [아십니다]. **33** 주의하여 깨어 있으십시오. 이는 그때가 언제인지 그대들이 모르기 때문입니다. **34** 마치 여행하는 한 사람이 자기 집을 떠나며 그 종들 각각에게 권세와 그의 일을 주는 것과 같습니다. 그때 그는 문지기에게 깨어 있으라고 명령합니다. **35** 그런즉 깨어있으십시오. 이는 그 집주인이 언제 올 지 그대들은 모르기 때문입니다. 저녁일지 혹은 한밤중일지 혹은 새벽 닭 울 때일지 혹은 아침일지. **36** 갑자기 그가 왔을 때 그대들이 자고 있는 것을 발견하지 않도록 하십시오. **37** 그리고 내가 그대들에게 말하는 것은 모든 사람들에게 말하는 것입니다. 깨어 있으십시오."

주해

아버지만 아시는 때(32-33절)[59] 현 섹션은 모름과 앎, 그리고 깨어 있음과 모름의 구조로 되어 있다:

59. 저자는 막 13:32에 나오는 신적 기독론에 대해 논문(2017: 59-62)으로 다룬바 있다. 위 내용은 저자의 논문과 상당 부분 일치함을 밝혀 둔다.

모름:	그 날 또는 시간에 관해서는 아무도 모릅니다[οὐδεὶς]. 하늘의 천사도 모르며[οὐδὲ], 아들도 모르며[οὐδὲ] (32절의 중반부)
앎:	아버지만[εἰ μὴ][아십니다](32절 후반부).
깨어 있음:	주의하여 깨어 있으십시오(33절 전반부).
모름:	이는 그때가 언제인지 그대들이 모르기[οὐκ] 때문입니다 (33절 후반부).

32-33절은 모름(οὐδεὶς οἶδεν, '아무도 모른다')으로 시작했다가 모름(οὐκ οἴδατε, '그대들이 모릅니다')으로 마치지만 그 중심에는 두 긍정적인 묘사가 있다. 때를 아시는 아버지와 주의하여 깨어 있어야 하는 제자들이 그것들이다.

언제일지 예측 불가한 "그 날"(τῆς ἡμέρας ἐκείνης)은 구약에서 주로 '주의 날'로 표현되어 악한 자에 대한 심판과 하나님의 현현(사 2:12-22; 슥 14:1-9), 이스라엘의 회복(렘 30:2-9; 암 9:11-15), 하나님의 영의 오심(욜 2:28-32)이 있을 것으로 기대된 날이었다(Evans, 2001: 337; 또한 19-20절 주해를 보라). 현 맥락에서 예수님은 "그 날"이 그의 재림의 날이라고 여기셨던 것이 분명하다. 여행을 떠났다가 돌아오는 주인(34-35절)은 그의 파루시아(재림)를 지시(36절)하고 있는 것으로 보는 것이 가장 자연스럽기 때문이다. 따라서 예수님은 구약의 '주의 날'에 이뤄질 일들이 재림 때에 새로운 방식으로 성취될 것이라 보셨다는 추론은 타당하다. 하지만 본 단락의 요지는 재림에 관한 강령이 아니라 "그 날"과 "시간"의 예측 불가능성과 그를 기다리는 자가 가져야 할 자세, 곧 깨어 있음을 강조하는 데 있다. 이런 요지는 본 섹션의 시작(ἀγρυπνεῖτε, 33절)과 중간(γρηγορῆ, 34절 후반부; γρηγορεῖτε, 35절 전반부), 그리고 결론(γρηγορεῖτε, 37절 후반부)이 모두 '깨어라'는 동사가 사용된 것을 통해 확증된다. 따라서 본 섹션이 13장의 결론부라는 것을 고려하면 13장 전체의 결론을 '영적 각성'으로 봐도 무방하다.

깨어 있음의 주제는 "때"에 관한 "아들"(ὁ υἱός)의 모름을 통해서 더욱 강화된다. 먼저, 아들의 모름과 관련하여 주목해야 할 두 가지 요점이 있다. 첫째, "아들"(ὁ υἱός)이 함의하는 바이다. "그 아들"(ὁ υἱός)은 구약과 제2성전 시기 유대 문헌으로부터 확인할 수 있는 것처럼 단순히 메시아를 뜻하였을까?[60] 아니면 신적 아들의 의미를 내포하고 있을까? 먼저, 그 용어가 사용된 맥락을 살펴보자. 현 문장은 "아무도 모르며", "천사도 모르며", "아들도 모르며" "아버지만 [아십니다]"라는 서술 구조를 통해 여러 대상을 반복적으로 제시하는 점층법을 사용하여 때에 관해 모름을 점점 강화한다. 이런 점층법에서 아들의 위치는 천사와 아버지 사이에 있어, 근접성으로 본다면 천사보다 아버지에게 더 가까이 있는 존재(참조. 마 11:27, 병행. 눅 10:22)로 묘사된다(Lee, 146). 또한 마가복음을 통틀어 예수님이 자신을 아들로 직접 지시하신 경우는 이곳이 처음이다(또한 참조. 14:61-63). 예수님의 이 같은 아들 용어 사용은 비록 간접적이지만 포도원 농부 비유에서 포도원 농부의 아들에 자신을 빗대실 때 이미 암시되었다. 예수님이 가지신 하나님의 아들로서 자기 이해는, 적어도 마가복음이 보여 주는 바에 따르면, 세례 때 하나님이 그에게 들려주신 소리(1:11)를 통해 확증되었다고 봐야 한다. 그러므로 현 문장에서 "아들"이 함의하는 의미는 마가복음 전체에서 그것의 사용과 분리해서 이해할 수는 없다. 앞서 살펴본 것처럼 1:11과 12:6에서 아들은 하나님과 아들이 존재론적이며 인

60. 하나님의 아들이 메시아를 가리키는 용례를 위해선 1:1, 11 주해를 보라.

격적 관계하에 있음을 보여 주는 "사랑하는 아들"로 표현되었다(해당 본문 주해를 보라). 따라서 위의 두 논지를 고려할 때 현 맥락에서 "그 아들"(ὁ υἱός)은 지상에서 메시아직을 수행하는 기능적 칭호라기보다는 하나님과 인격적 관계에 있는 독특한 아들(1:11; 9:7; 12:6; 14:62-63), 즉 신적인 존재로서 예수님의 자기 이해를 반영하고 있는 용어로 봐야 한다(France, 2000: 543; Lee, 146).

둘째, 신적 존재라는 함의를 가진 "아들"(1:11; 9:7; 12:6; 참조. 1:1; 15:39)도 재림의 때를 모른다는 당혹스러운 주장이 야기할 수 있는 신학적 문제이다. 그닐카는 아들의 모름에 관한 정보는 파루시아의 지연으로 초조해 하고 있던 초기 교회가 상황 해결을 위해 창작한 것이라고 주장한다(Gnilka, 2권 274; 또한 Bultmann, 130). 하지만 출발에서부터 예수님의 신성을 별 의심 없이 고백(고전 8:6; 빌 2:6-11; 행 2:33-35)하고 있었던 초기 교회가 기독론에 오해를 불러일으킬 만한 어록을 창작했다고 상상하기는 더욱 어렵다(Taylor, 1957: 522; Edwards [b], 407; Lee, 144-46). 그러므로 그런 당혹스러운 어록을 '역사의 예수'의 말로 믿지 않을 이유는 없다. 교리적으로 본다면 예수님은 신성과 인성을 가지고 계셨지만 성육신하신 상태에서 영향받을 수밖에 없는 인성의 측면에서 지식의 한계를 말씀하고 계신다는 설명이 가능하다.[61]

중요한 것은 "아들도 모른다"(οὐδὲ ὁ υἱός)는 정보가 현 맥락에서 언명된 이유이다. 큰 틀에서 보면 아들의 모름은 제자들에게 종말론적인 담화를 베풀고 있는 맥락에서 주어졌고 근접 문맥에서 본다면 시대를 분별하며 깨어 있으라는 맥락에 위치해 있다. 그렇다면 제자 교육을 위해 예수님은 재림의 때와 관련하여 자신이 가진 지식의 한계를 의도적으로 강

61. Athanasius, *Four Discourses Against the Arians* 3.46; Oden & Hall, 264에서 재인용.

조("아들도 모르며"[οὐδὲ ὁ υἱός])하여, 그들이 아들도 모르는 "날과 때"를 알려고 하기보다 도리어 그가 언제든지 올 수 있다는 가능성을 가지고 항상 깨어있도록 하시는 데 그의 의도가 있었다는 것이 분명하다.

여행 떠난 사람 비유와 결론(34-37절) 주어진 비유의 전반부의 주요 낱말은 '아'(짙은 글씨) 운율로 시작하고 '호스'와 '오스', 그리고 '이스'(밑줄) 운율로 끝난다:

> 먼 길 가는 한 사람이 자기 집을 떠나며
>
> 그 종들에게 권세를 주어.
>
> ῾Ως **ἄ**νθρωπος **ἀ**πόδημος **ἀ**φεὶς τὴν οἰκίαν αὐτοῦ
>
> καὶ δοὺς τοῖς δούλοις αὐτοῦ τὴν ἐξουσίαν.

이런 운율 반복은 청자에게 청각적 즐거움을 주어 비유에 대한 인상을 짙게 만드는 역할을 한다. 비유는 여행을 떠나면서 명령을 남기는 "한 사람과 같다"는 말로 시작한다(ὡς ἄνθρωπος). 그러나 35-36절에 이르러서는 비유와 현실의 경계선이 모호해지는데, 이는 "한 사람"이 후에 "집주인"(35절)과 "그"로 재현되면서 그를 기다려야 하는 사람은 "너희"(35, 36절), 곧 제자들로 발화되기 때문이다. 이것은 예수님이 여행을 떠난 사람의 비유를 자신의 상황을 염두에 둔 채 하신 이야기임을 알려준다. 그러므로 비유는 제자들이 "그때"를 알지 못하기에 주의하여 깨어 있어야 한다는 예수님의 직전 명령(33절)이 어떤 상황을 염두에 둔 것인지 추론할 수 있도록 돕는다. "한 사람"의 여행은 예수님의 떠남을, 그리고 그 사람의 돌아옴은 예수님의 재림을 함의하고 있고, 종들의 깨어 있음은 예수님의 떠남과 돌아옴 그 중간 시기에 제자들이 살아가야 할 삶의 자세를 말한다. 여행 떠난 주인의 예측할 수 없는 귀환 시기와 그에 따른 종들의 깨

어 있어야 할 필요성이 비유의 중심 주제라는 것은 이야기 구조에 반영되어 있다:

주인의 여행 떠남(34절 전중반부)

"깨어 있으라"(34절 후반부)

"깨어 있으십시오"(35절 전반부)

주인의 여행에서 돌아옴(35절 중후반부-36절).

첫 번째 "깨어 있으라"(34절 후반부)는 3인칭 단수 가정법(γρηγορῇ)이 보여 주듯 비유 속의 인물인 주인이 여행 '떠나며' 문지기에게 명령한 것으로 서술된다. 두 번째로 주어진 "깨어 있으십시오"(35절 전반부)는 2인칭 복수 명령법(γρηγορεῖτε)이 말하듯 예수님이 제자들에게 언명하신 것으로 주인이 언제 '돌아올'지 모르기 때문에 깨어 있어야 한다는 맥락에서 주어졌다. 이처럼 비유는 주인의 떠남과 돌아옴 그 중심에 종들의 깨어 있음이라는 주제를 위치시킨다.

비유의 후반부(35-36절)에서 주인의 '돌아옴'은 두 번(ἔρχεται, 35절; ἐλθών, 36절) 반복되었지만 그의 귀환의 때는 예측 불가하다는 것이 "그대들은 모릅니다"(35절)와 "갑자기 그가 왔을 때"(36절)라는 정보로 강조된다. 흥미로운 점은 주인의 귀환 시기를 예측할 수 없다는 점을 부각시키고자 특정 시점이 예로 제시된다는 것이다: "저녁[ὀψὲ]일지 혹은 한밤중[μεσονύκτιον]일지 혹은 새벽 닭 울 때[ἀλεκτοροφωνίας]일지 혹은 아침[πρωΐ]일지"(35절 후반부). 위 구분은 로마 시간법으로 로마인들은 밤을 세 시간 단위의 네 때로 구분하여 저녁은 오후 여섯시부터 아홉시까지, 밤중은 아홉시부터 자정까지, 닭이 울 때는 자정부터 오전 세시까지 아침은 오전 세시부터 아침 여섯시까지로 이해된다(Hooker, 1991:324).[62] 신약 시대 이전의 유대인은 밤을 네 시간 단위로 나누어 세 때로 구분했는데 초경은 해질 때부터 오후 열시까지, 이경은 오후 열시부터 오전 두시까지, 삼경은 오전 두시부터 해 뜰 때까지로 나누었다(삿 7:19; 희년서 49:10-12; Martin 693-94). 마가가 유대식 구분보다 로마식 시간 표기를 한 것은 그의 로마 청중을 위한 고려처럼 볼 수 있다(Stein, 324). 하지만 보다 나은 해석이 가능하다. 로마인은 경계 근무병의 교대 시간에 따라 밤을 세 시간 단위의 네 때로 구분했기에(BDAG, φυλακή §4), 예수님 또한 제자들에게 영적 각성 혹은 깨어 있음을 경계병의 근무 태도에 빗대시면서 밤의 네 때를 언급했다고 보는 것이다. 더불어 생각해보아야 할 것은 밤을 배경으로 권면을 주시는 이유이다. 먼저 신학적으로 본다면 유대 문학에서 밤은 종종 악의 통치가 만연한 현시대의 시간이자(에녹1서 58:5; 1QM 1:8) 죄인의 시간(1QS 1:9-10; 1QM 1:10-11)으로 묘사된다(Marcus, 2009: 922).[63] 그것이 영적 잠이 든 아니면 무감각 혹은 파루시아의 늦어짐에 따

62. 마틴(Martin, 694)은 밤을 세 시간 단위의 네 때로 구분하는 것은 로마식이지만 구분 명칭은 유대식이라는 점을 언급한다(또한 Stein, 625 보라). 로마는 주로 경(φυλακή)으로 시간을 구분했고 1세기 유대인은 그 구분을 따랐다(6:48; 눅 12:38; Josephus, *Jewish War* 5.12.2 §§510-11; BDAG, φυλακη §4; 이진경, 530-31).

63. "의인들은 영원하신 주님 곁에 평안을 얻는다. … 태양이 지상을 밝게 비추는 것처럼 밝아져서 암흑은 영원히 사라져 버릴 것이다"(에녹1서 58:5, 『외경위경전서-구약위경』 [서울: 성인사, 1979-1981]).

"모든 빛의 자녀들은 하나님의 계획안에 있는 개개인의 운명을 따라 사랑하라. 그리고 하나님께서 보복하시는 개개인의 죄악을 따라 어둠의 자녀들을 미워하라"(1QS 1:9-10)

"그리고 의[의 자녀들]은 땅의 온 끝에서 밝게 빛날 것이요, 어둠의 때가 완전히 사라질 때까지 계속해서 빛날 것이다 빛의 자녀들을 위하여 평화와 복과 영광과 기쁨과 장수 등의 선물이 주어질 것이다. … 지금은 그가 오래전에 어둠의 자녀들을 멸할 전쟁으로 결정한 날이기 때문이다"(1QM 1:8-10, 마르티네즈의 영어역에 기초한 강성열 번역).

른 영적 위기감이든지, 재림을 기다리는 자는 불가피하게 깨어 있기 힘든 어둔 밤과 같은 시기를 견뎌야 함을 암시해준다. 깨어 있으라는 권면의 첫 번째 실험장은 이어지는 수난의 때인데, 수난 기사가 밤의 사경점을 배경으로 묘사되기 때문이다(Lightfoot, 53; Hooker, 1991: 324). 그러나 제자들은 예수님의 경고에도 불구하고 그 밤에 실패자로 판명된다. "저녁이 되자"(ὀψίας γενομένης, 14:17) 마지막 만찬을 가진 후, 겟세마네에서 "밤에"(νυκτί)(14:30) 기도하는 예수님과 달리 제자들은 잠을 잔다(37-40절). 그 밤에 그들 모두는 예수님을 버리고 도망하고 베드로는 새벽 "닭 울"(ἀλέκτωρ ἐφώνησεν)때 쯤에 예수님을 세 번 부인한다(14:72). "아침에"(πρωΐ) 예수님은 대제사장들과 서기관들과 장로들에 의해 홀로 빌라도에게 넘겨진다(15:1).

이처럼 항상 깨어 재림을 기다려야 한다는 권면이 밤의 네 경점이라는 배경으로 주어진 후 깨어 있기에 실패한 제자들의 이야기가 동일한 시간적 배경으로 주어진다. 이것은 떠나신 예수님이 다시 돌아오실 때까지의 중간 시기를 살는 동안 맞이할 수밖에 없는 위기를 실제로 겪고 있던 초기 교회에 시사하는 바가 컸을 것이다. 본 주석의 서론에서 밝힌 것처럼 타키투스의 역사기록(Tacitus, *Annals* 15.44)에 따르면 로마 교회는 네로 박해로 신앙을 저버렸을 뿐만 아니라 서로가 서로를 배신하는 등 깊은 영적 침체에 빠져 있었다. 이런 그들에게 '깨어 있으라'는 예수님의 교훈과 그럼에도 실패한 제자들의 이야기는 한편으로는 초기 교회의 자기 성찰의 기회가 되었을 것이고, 다른 한편으로는 그들을 반면교사 삼아 영적 각성 상태를 지켜가라는 도전이 되었을 것이다.

그렇다면, 이쯤에서 마땅히 해야 할 질문은 동일한 동사의 반복(γρηγορεῖτε, 35, 37절)과 동의이어의 사용(ἀγρυπνεῖτε, 33절)을 통해 형성된 주제인 '깨어 있으라'가 지시하는 바가 무엇일까이다. 은유적 의미를 그대로 가져오면 이미 지적한 것처럼 영적 각성 상태를 변함 없이 유지하라는 것으로 이해된다. 이와 더불어 본문이 만들어 내는 의미가 역시 있다. 이를 위해선 현 비유에서 주인으로부터 권면을 받는 두 인물이 "종들"과 "문지기"라는 것이 고려돼야 한다. 깨어 있음은 그들의 임무와 무관하지 않기 때문이다. 먼저, 종들에게는 주인의 "권세"와 "그의 일"이 맡겨졌기에 그들이 해야 하는 임무는 주인의 권세와 일을 대행하는 일이다. 마치 주인의 입장에 들어가 주인이 하듯 권세를 행사하고 일을 수행해야 했다. 따라서 종들에게 깨어있는 일은 그들에게 주어진 권세와 일이 자신의 일이 아니라 주인의 일임을 항상 기억하는 것이다. 또 문지기의 역할은 전통적으로 외부인의 침입으로부터 집 전체를 보호하는 것이다(참조. 요 10:1-6). 문지기에게 깨어 있음은 들어 오는 사람이 허락된 사람인지 아닌지를 판단하여 외부인이 집안에 들어와 집안을 혼란스럽게 하는 일이 없도록 하는 것일 것이다. 13장의 담화는 제자들, 특히 베드로와 야고보, 그리고 요한과 안드레에게 주어졌다는 것(3절)을 고려할 때 종들과 문지기는 열두 제자를 빗댄 표현이다. 먼저, 종들로 비유된 이야기에서, 예수님은 제자들에게 그의 사역인 하나님 나라 전파, 축귀, 병 치유 등을 맡기셨던 것처럼(3:14-15; 6:7-13), 그들에게 다시 주인의 "권세"와 "일"을 맡긴다. 그리고 그들은 자신에게 주어진 권세와 일의 기원이 자신이 아니라 예수님이라는 사실을 항상 기억해야 했다. 제자들은 다시 문지기에 비유된다(34절 후반부). 문지기에 빗대어진 제자들에게 강조된 것은 깨어 있는 태도이다(34절 후반부). 제자들의 깨어 있는 문지기로서의 사역은 22절에서 지적된 것처럼 거짓 선지자들의 영향이 초기 교회 안에 미치지 못하도록 막아 예수님의 길과 가르침이 계속적으로 '집 안'에서 지켜지도록 하는 것이다(Collins [a], 618).

지금까지 주어진 긴 담화의 마지막 문장은 '-인 레고' 운율의 반복(밑

줄)으로 끝난다:

> 그러나 내가 그대들에게 말하는 것은 모든 사람들에게 말하는 것입니다. 깨어 있으십시오(37절).
>
> ὃ δὲ ὑμῖν λέγω πᾶσιν λέγω γρηγορεῖτε

마지막 권면에 담긴 강한 어조는 세 동사(λέγω ... λέγω γρηγορεῖτε)가 모두 1인칭 강조적 현재 시제로 사용된 것을 통해 확인된다. 예수님이 제자들에게(ὑμῖν) 주신 마지막 권면의 내용(ὃ ... λέγω)은 '깨어 있으라'(γρηγορεῖτε)는 것이다. 본 구절이 담화의 최종적 결론이라는 것을 고려할 때 제자들이 '깨어서' 해야 할 것은 지진과 기근과 같은 자연적 재해와 전쟁과 증오, 그리고 핍박과 같은 인재를 징조 삼아 성전 멸망이 가까이 왔음을 깨닫고(5-13절), 전쟁이 다가와 거짓 메시아와 선지자의 미혹이 있더라도 참과 거짓을 분별하여 그곳에 동참하지 말며(14-23절), 결국 성전 멸망과 그로 말미암아 이뤄질 인자의 신원이 있을 것(24-27절)을 믿고, 재림이 언제 일어날 것이라 예단하기보다 언제든지 있을 수 있다는 영적 각성 상태를 유지하는 것(32-36절)이다. 무엇보다 예수님은 영적 각성이 지금까지 담화의 청자였던 네 명의 제자들(3절)뿐 아니라 모든 제자들(πᾶσιν λέγω)의 삶의 태도여야 함을 밝히신다. "모든"(πᾶσιν)은 비단 열두 제자 혹은 지상 사역 동안 그를 따랐던 사람들뿐만 아니라, 담화 자체가 전제하듯이(9-22절), 예수님의 부활 이후의 교회까지 내포한다고 봐야 한다. 세상의 현상을 보며 다가오는 새 시대를 꿰뚫어 보는 일은 모든 성도들에게 요구된 기본적인 영적 자세이다.

요약과 해설

13장의 종말론적 담화는 성전 멸망의 주제로 시작했지만 인자의 재림으로 결말을 맺는다. 예수님의 종말론적 세계관에는 성전 멸망과 재림이 원형적(prototypical) 사건으로 자리 잡고 있었음을 보여준다. 마찬가지로 13장은 제자들의 앎에 대한 욕구(4절)로 시작했지만 제자들의 무지(33절)로 끝난다. 박해와 전쟁과 재앙, 그리고 천상의 변화와 같은 성전 멸망 때의 징조들에 대한 지식을 가지도록 촉구하셨지만(5, 9, 23절) 종말의 완성을 이루는 재림의 때에 관해서는 예측불능의 상태로 남아 있도록 하셨다. 이처럼 종말과 성전 멸망의 여러 징조들에 대해서는 앎을 강조하는 것과는 달리 종말의 완성으로서 예수님의 재림과 관련해서 자신의 모름을 강조하신 것은, 종말을 살아가는 제자들의 자세가 영적 각성 상태가 되도록 하기 위해서이다. 마지막 날과 관련해서는 알아서 예측하는 것이 아니라, 모르는 가운데서 깨어 있는 것이 제자들의 자세로 요구된 것이다. 때로는 알지 못한 채로 있는 것이 제자의 삶을 도울 수 있음을 예수님은 아신 것이다. 그리고 여행 떠난 주인 비유는 주인이 돌아올 때가 아무에게도 알려지지 않은 까닭에 종들이 '항상' 준비하고 깨어 있어야 하듯, 제자들 역시 그때를 모르는 재림을 앞두고 예수님의 부활 이후 일상의 삶이 기다림이 되어야 함을 말해준다.

제59장
살해 음모와 장례 준비
마가복음 14:1-11

현 단락은 수난 기사(14:1-15:47)를 여는 첫 에피소드로서 예수님의 앞길에 드리워진 죽음의 먹구름이 점점 더 짙어가고 있음을 보여준다. 이야기 흐름은 마가복음의 익숙한 구조인 A B A′(소위 말하는 샌드위치 구조) 형태로 진행된다:

A 종교 권력자들의 살해 음모(1-2절)

B 무명의 여인에 의한 기름 부음(3-9절)

A′ 가룟 유다와 종교 권력자들의 공모(10-11절)

A와 A′ 사이에는 주제의 발전이 있다. 1-2절(A)에서 예수님에 대한 대제사장들과 서기관들의 살해 음모는 특정 날짜('절기 때는 말자')가 언급될 정도로 구체적으로 진행되고 있었지만, 그것을 실행할 방법은 여전히 '찾고 있는'(ἐζήτουν) 중이었다(사건이 '진행' 중인 것을 의미하는 미완료 시제가 사용된 것에 주의하라). 하지만 10-11절(A′)은 열둘 중 하나인 가룟 유다가 대제사장들에게 찾아와 그를 넘겨 주기(παραδοῖ)로 약속함으

로 음모의 실행이 구체화되는 단계에 들어갔다고 말한다. 주제의 발전과 함께 A, A′와 B의 인물사이에는 역할의 대조가 부각된다. A와 A′에는 저명한 종교 권력자들과 열둘 중 하나가 예수님을 죽음으로 이끌 음모를 꾸미며 돈 거래를 하고 있지만, B에 등장한 무명의 여성은 값비싼 향유로 사랑을 '낭비하듯' 쏟아내고 있다. 흥미롭게도 현 단락의 이야기는 식사 동안 원수(배반자) 앞에서 한 여인이 예수님의 머리에 기름을 붓는 이야기라는 점에서 시편 23:5("주께서 내 원수의 목전에서 내게 상을 차려주시고 기름을 내 머리에 부으셨으니 내 잔이 넘치나이다")과 유사성이 있다(Donahue and Harrington, 389). 세부적으로 본다면 B는 여인의 향유 부음(3절), 곁에선 자들의 비판(4-5절), 예수님의 여인 변호(6-9절)로 진행된다.

1 그리고 유월절과 무교절이 이틀 후였다. 대제사장들과 서기관들이 어떻게 속여 그를 잡아 죽일 것인지 찾고 있었다. **2** 이는 "백성들의 소요가 일어나지 않도록 하기 위해서 절기[로 모인] 무리 앞에서는 말자"라고 말하고 있었기 때문이다.

3 그리고 그가 베다니에 있는 한센병환자 시몬의 집에 계시며 식사를 위해 비스듬히 앉아 계실 때 한 여인이 매우 순전하고 값비싼 나드 향유 옥합을 가지고 온 후 그 옥합을 깨뜨려 그의 머리에 부었다. **4** 그런데 어떤 사람들이 저희끼리 분을 내고 있었다. "향유의 이런 낭비는 무엇을 위해 이뤄진 것이란 말인가? **5** 이는 이 향유가 삼백 데나리온 이상에 팔려 가난한 자들에게 나눠질 수 있기 때문이다." 그러면서 그들이 그 여인을 꾸짖고 있었다. **6** 그러자 예수님이 말씀하셨다. "그 여인을 가만 두시오. 왜 그 여인을 괴롭게 하시오? 그녀가 내게 좋은 일을 하였소. **7** 이는 여러분들은 항상 가난한 자들을 그대들 곁에 두고 원할 때는 그들에게 잘해줄 수 있소. 그러나

나를 항상 [곁에] 둘 수 있는 것은 아니요. **8** 그녀는 자기가 할 수 있는 것을
행했소.[1] 장사 준비를 위해 내 몸에 기름을 바르는 일을 미리 행한 것이요.
9 그리고 진정으로 내가 그대들에게 말합니다. 복음이 온 세상 어디에 선
포되든지 그녀를 기억하고자 그 여인이 행한 것도 말해질 것이요."

10 그리고 열둘 중 하나인 가룟 유다가 그를 그들에게 넘겨주고자 대
제사장들을 찾아갔다. **11** 그리고 들은 자들이 기뻐하여 은을 주고자 그에게
약속했다. 그러자 그는 어떻게 해야 시의적절하게 그를 넘겨줄 것인지를
모색하고 있었다.

주해

종교 권력자들의 살해 음모(1-2절) 어두운 곳에서 진행된 대제사장들과 서기관들의 '예수 살해 음모'가 청자에게 공개된 것은 이번이 두 번째이다(11:18; 참조. 12:12). 이전 경우와는 달리 현 본문은 그 음모가 유월절과 무교절 이틀 전(1절 전반부)에 이뤄진 것으로 밝힌다. 유월절은 이스라엘이 이집트의 노예생활로부터 해방된 날(출 12장)을 기념하고자 어린양을 잡아먹으며(21절) 니산월(3-4월) 15일의 하루 밤 동안 지키는 절기였고, 무교절은 이어지는 7일간(15-21일) 누룩이 들어가지 않는 빵을 먹으며 보내는 절기였다(15절). 두 절기 모두 하나님이 그의 백성을 억압으로부터 해방시킨 사건을 어린양의 희생을 통해 기념하는 기간이었다. 종교 권력자들의 예수님 살해 음모가 유월절을 이틀 남기고 진행되었다는 수난 기사의 도입부 정보는, 그의 죽음을 유월절의 맥락에서 보게 하는 실마리

1. 문자적으로는 '그녀는 자기가 가진 것을 행했소'로 번역될 수 있다.

(clue)이다(또한 14:12 주해를 보라).

내러티브 흐름상 1절과 2절 사이에는 긴장이 있다. 그들은 예수님을 살해할 기회를 '찾고'(ἐζήτουν)있었지만(1절) 막상 음모를 실현하는 데 있어서는 매우 조심스러워 하는데(2절), 이는 백성들의 눈 때문이었다: "백성들의 소요가 일어나지 않도록 하기 위해서 절기[로 모인] 무리 앞에서는[ἐν τῇ ἑορτῇ] 말자"(2절). '엔 떼 헤오르떼'(ἐν τῇ ἑορτῇ)의 문자적 번역은 개역개정이 취하듯이 '절기 때'이다. 그러나 문자적 번역을 취할 경우 백성들의 소요를 피하려는 그들의 의도가 불명확해진다. 무리들의 소요를 피하기 위해 절기 때는 추진하지 말자는 의논을 하고선 가룟 유다가 찾아왔을 때 그의 제안을 쉽게 수락할 뿐 아니라(10절), 심지어 무리들이 가장 많이 모여들기 시작하는 유월절[2] 직전에 예수님을 잡아들이는 행동(14:43)을 하고 있기 때문이다. 따라서 '엔 떼 헤오르떼'(ἐν τῇ ἑορτῇ)에 대한 다른 해석이 필요하다. 만일 '헤오르떼'(ἑορτῇ)가 가진 또 다른 의미인 '절기를 위해 모인 무리'가 현 맥락에서 쓰인 뜻이라고 본다면(Cranfield, 414; Donahue and Harrington, 385) 훨씬 더 자연스럽게 본문을 이해할 수 있는데,[3] 이는 종교 권력자들이 백성들의 소요를 피하기 위해 합의한 것은 "절기 무리"의 눈을 피해 살해하려는 음모였다는 이해가 가능해지기 때문이다. 이런 해석은 1절의 흐름에도 일치한다. 1절은 그들이 "속여"(ἐν δόλῳ) 예수님을 잡아 죽이려는 음모를 꾸민다는 정보를 주기 때문에, 2절은 그들의 속임수가 구체적으로 무엇인지를 설명하는 것으로 볼 수 있다. 2절의 '가르'절은 이것을 확증한다: "이는[γάρ] '백성들의 소요가

---

2. 제2성전 시기 매년 수천 명의 사람들이 유대 절기를 지키고자 팔레스타인 각지와 디아스포라에서 예루살렘으로 순례 여행을 왔다는 기록을 위해서는 Schürer, 2권 76 참고.

3. Liddell and Scott, ἑορτή, 4.

일어나지 않도록 하기 위해서 절기 무리 앞에서는 말자"는 말을 하고 있었기 때문이다. 곧 그들의 속임은 절기 무리의 눈을 속여 그를 은밀히 처치하려는 음모였다. 그들이 종교 권력자들임에도 무리를 의식할 수밖에 없었던(참고. 12:12) 이유는 그 무리가 갈릴리에서부터 그를 따라 유월절을 지키고자 온 사람들이었음을 알았기 때문이었을 것이다(11:8-10 주해를 보라). 그렇다면 그들이 피하고자 한 무리는 불특정한 무리라기보다는 갈릴리에서부터 그를 좇아왔던 이들이라 보는 것이 타당하다. 어쨌든 대제사장들과 서기관들이 그런 은밀한 방법으로 예수님을 잡으려 했다는 정보는 그들의 계획은 정당한 명분이 없을 뿐더러 밀실 음모에 지나지 않음을 폭로하는 성격이 짙다.

현 정보가 말하듯 종교 권력자들의 주된 관심이 무리의 시선이라는 점은 시사하는 바가 있다. 그들은 하나님을 경외하고 섬기는 직위에 있던 이들이었다. 그러나 실제로 그들이 두려워하는 대상은 하나님이 아닌 사람들이었다. 두려움은 예수님에 대한 그들의 태도를 이끌어 온 감정이었다. 예수님이 성전에서 소란 행위를 하셨을 때 대제사장들과 서기관들이 그를 죽이려 한 이유는 "그를 두려워했고 모든 무리는 그의 가르침에 놀랐기 때문"(11:18)이었다. 예수님이 그들에게 요한의 세례의 기원에 대한 질문을 하셨을 때 침묵한 것도 "무리를 두려워하고 있었"(11:32)기 때문이었다. 악한 포도원 농부 비유를 들은 후 예수님을 "붙잡고자 했지만 무리를 두려워"(12:12)하여 실행에 옮기지 못했다. 그들을 이끌고 있는 것은 진리가 아니라 두려움이었다. 대제사장들이 유독 백성의 소요를 두려워했던 이유는 로마가 이스라엘의 대제사장 임명권을 가지고 있었다는 사실을[4] 고려할 때 어느 정도 이해될 수 있다. 로마의 직영 관할 구역이던 유대

4. Josephus, *Jewish Antiquities* 18.2.1 §§26-28.

에서 백성들이 소요를 일으킬 경우 로마 당국의 신임을 잃을 수 있다는 판단이 배후에 있었다고 볼 수 있다.[5] 그들의 권력 유지 욕망은 하나님과 그의 메시아를 배척하는 데 일조하고 있는 것이다.

무명의 여인에 의한 장례 준비(3-9절) 여인의 향유부음(3절) 내러티브의 장소는 (1-2절의 등장 인물의 신분에 의해 암시된 것처럼) 성전에서 베다니 나병 환자의 집(3절)으로 옮겨간다. 베다니는 예수님이 예루살렘 입성 전 타고 들어갈 나귀를 준비시켜 놓았던 곳(11:1)이며, 성전에서 나왔을 때 머물다가(11절) 다시 그곳으로 들어가실 때 출발했던 장소(12절)로 언급된다. 이로 보아 베다니는 예수님과 그 일행이 예루살렘 방문 시 이용했던 숙소가 있었던 곳이라 추정할 수 있다(참조. 요 11:1-2; 12:1-8) 물론 모두 같은 장소인지는 확인할 수는 없다. 그러나 분명한 것은 앞서 베다니에 가셨을 때와는 달리 현 섹션에서는 예수님이 머무신 곳을 구체적으로 밝힌다는 점이다. 이런 정보는 앞선 베다니 관련 담화 중 새로운 정보(discourse-new information)인 까닭에 현저성을 가질 뿐만 아니라[6] 거룩한 절기 기간인데도 예수님이 정결법상 부정한 사람으로 알려진 한센병환자의 집에 머무신다는 사실 자체도 놀람을 준다. 물론 시몬이 현재 병중에 있었는지 아니면 이미 치료받았는지는 확인할 길이 없다. 그럼에도 "한센병환자 시몬의 집"은 그 자체만으로도 정결법상 부정한 공간이라는 암시를 주고 있는 것은 틀림없다.

3-9절 섹션의 시작(3절)은 또한 내러티브 흐름상 대조의 효과를 가지는데, 직전 섹션(1-2절)은 거룩한 인물로 알려진 대제사장들과 서기관들이 등장했던 반면, 현 섹션은 부정한 인물 한센병환자로 시작하고 있기

---

5. Josephus, *Jewish Wars* 5.3.1 §§98-105에는 요한이라는 인물이 유월절에 모여든 무리를 선동하여 소요를 일으켰다는 기록이 있다.

6. 담화의 현저성과 관련된 연구를 위해서는 박윤만, 2010: 309-34 참고.

때문이다. 더 놀라운 것은 현 섹션에서 이어지는 내용이 직전 섹션의 내용과 가지는 비교와 대조이다. 거룩하고도 유명한 사람들인 대제사장들과 서기관들은 거룩한 공간으로 알려진 성전에서 예수님을 살해할 음모를 은밀히 꾸미고 있었던 반면, 정결법상 부정한 공간인 한센병환자(레 13-14장)의 집에서는 이름도 모르는 여인이 공적인 멸시를 무릅쓰고 예수님을 향한 사랑과 헌신의 증표로 "순전한"(πιστικῆς) 향유를 그의 머리에 붓고 있다(참조. 시 23:5; 141:5). 마가는 대조되는 두 공간과 인물들의 행동을 통해 "성스러운 공간에 대한 공간 전이를 시도"했을 수도 있다(박노식, 2016: 342). 일찍이 "강도의 소굴"(11:17)로 칭해졌던 거룩한 공간에서는 여전히 타자 살해의 음모가, 부정한 공간에서는 예수님의 길을 미리 보여 주는 자기희생이 진행되고 있었는데, 예수님은 그러한 "공간 전이"(박노식의 용어를 빌리자면)의 주체가 되신다.

본문은 그 여인이 누군지 또 그렇게 값비싼 향유를 붓는 동기에 대한 어떤 정보도 주지 않는다. 필요한 정보의 부재는 주어진 정보인 여인의 행동과 그 행동이 예수님에게 의미하는 바에 집중하게 한다. 마가는 그녀가 부은 나드 향유를 이중적으로 표현한다. 먼저, 향유의 성질을 "순전한"(πιστικῆς) 것이라 말한다. '삐스띠꼬스'(πιστικός)는 '하팍스 레고메논'(*hapax legomenon*)으로 신약성경에서 이곳과 아마도 동일한 사건을 다루는 요한복음(12:3)에서만 등장하는데, 그 어원은 대체로 '삐스띠스'(πίστις, '순전한', '신실한', '희석되지 않은')에서 유래된 것으로 본다.[7] 향유는 다시 경제적 기준으로 "값비싼"(πολυτελοῦς) 것이라 말해진 후, 5절에서는 그 가치를 당시 노동자의 한 해 품삯에 해당하는 삼백 데나리온이라 첨언한다. 예수님에게 부어진 향유에 대한 이런 서술은 여인의 '순

---

7. Louw & Nida, 79.97 각주 9.

전'하고도 고귀한 헌신을 부각하는 데에 일조한다. 예수님을 향한 여인의 마음은 두 번 반복되고 있는 "옥합"을 통해서도 드러난다: "옥합을[ἀλά-βαστρον] 가지고 온 후 그 옥합을[τὴν ἀλάβαστρον] 깨뜨려." 선행하는 명사를 지시할 경우 대명사가 사용되는 것이 일반적이지만 명사 자체를 강조할 경우 동일 명사가 다시 사용되기도 한다(박윤만, 2010: 311-14). 3절에서 마가는 대명사의 사용에 의존하지 않고 옥합을 지시하는 '알라바스뜨론'을 반복적으로 사용하여 "옥합"을 깨뜨렸다는 사실에 초점을 맞추도록 한다. 강조된 '깨진 옥합'은 "순전하고 값비싼 나드 향유" 전액을 단 번에 예수님의 머리에 쏟아 부은 여인의 "온전한"(total) 헌신을 상징한다(Hooker, 1991: 329).

곁에 선 자들의 비판(4-5절) 여인의 행동에 대한 첫 반응(4-5절)은 예수님이 아닌 "어떤 사람들"(4절)로부터 나왔고 그것도 그녀의 헌신의 방법에 대한 비판이었다. 마가는 저희끼리 분을 내고 있던 "어떤 사람들"의 신원을 본문에 명시하지 않는다. 그닐카는 제자들을 불평자들의 후보자로 보려 하진 않지만(Gnilka, 2권 296) 여인의 행위에 대한 예수님의 담화가 끝난 후 대제사장들을 "찾아[간]"(ἀπῆλθεν πρός) 사람이 "열둘 중의 하나인[ὁ εἷς τῶν δώδεκα] 가룟 유다"(10절)라는 본문 정보는 그들이 제자들일 가능성을 보여준다(참조. 마 26:8; 요 12:4). 유사한 표현 방식이 3:1-6에서도 나온다. 마가는 예수님이 회당에서 손 마른 사람을 치료하는지 어떤지를 지켜보고 있었던 사람의 신원을 밝히지 않다가("사람들", 2절; "그들에게", "그들의", 4절; "그들의", 5절) 마지막 6절에 이르러서 그들이 바리새인들이라는 것을 알려주었다("그 바리새인들이 즉시 나가").

4-5절에 주어진 그들의 평가는 정당한가? 초대받은 손님에 대한 환대의 의미로 식사 중 기름을 그에게 붓는 행위는 자연스러운 유대 풍속(시 23:5; 눅 7:46)이라 보더라도 삼백 데나리온어치의 향유를 한 순간에, 그

것도 한 사람에게만 붓는 행위는 어느 정도 과도(ἀπώλεια)해 보일 수 있었을 것이다(4절). 마찬가지로 가난한 자들에게 관심을 가져야 한다는 주장(5절) 역시 타당해 보인다. 신명기법에 따르면 유대인들은 가난한 자들에게 결코 인색하지 말아야(15:7-11) 했으며, 무엇보다 예수님 역시 가난한 자들에게 자비를 베푸는 일을 제자도의 전제 조건으로 제시하셨기 때문이다(10:21).

예수님의 여인 변호(6-9절) 하지만 예수님은 비평자들이 아닌 여인의 입장에 서신다(6-9절). 먼저 마르쿠스가 지적하듯이 곁에 서 있던 자들이 "감정적 반응"("그러면서 그들이 그 여인을 꾸짖고 있었다", 5절 후반부)을 보이자 예수님 역시 "감정적"으로 여인을 옹호한다("그 여인을 가만두시오. 왜 그 여인을 괴롭게 하시오? 그녀가 내게 좋은 일을 하였소", 6절 전반부; Marcus, 2009: 941). 특히 여인이 행한 일은 평가적 언어를 사용하여 "좋은 일"(καλὸν ἔργον)이라 인정하신다. 어떤 일의 적합성 여부는 사람의 인지 구조 안에 있는 지식 체계인 틀(frame)이 결정하는데, 틀은 사회 문화적 지식과 관련된 표준적 지식을 가지고 있기 때문이다(박윤만, 2013b: 60-61). 제자들은 여인의 행동을 '자선'의 틀로 평가했기에 그것이 '낭비'로 여겼을 것이다. 그러면 예수님의 틀 지식은 무엇이었을까? 예수님은 '그녀 자신의' 동기(의 순수성)에 근거해서 여인의 행동에 대한 긍정적 평가를 하고 있는 것처럼 보이지는 않는다. 오히려 "그녀가 내게[ἐν ἐμοί] 좋은 일을 하였소"(6절 후반부)가 말해주듯 여인의 기름 붓는 행위는 '예수님 자신'과 관련해서 평가된다. 그리고 8절 후반부("장사 준비를 위해 내 몸에 기름을 바르는 일을 미리 행한 것이요")는 구체적으로 예수님과 관련된 그 일이 장례였음을 말해 준다. 자선의 틀로만 그 사건을 바라본 제자들에게는 "낭비"처럼 보이는 기름 붓는 행위가 예수님에게는 "좋은 일"로 여겨진 이유는, 그 행동이 장례 준비의 의미를 가진다고 평가하셨기 때문이다. 또 유대인의 장례 틀로 보아도 기름 붓는 행위는 문화적으로 정당하고 옳은 일이었기 때문이다(Gnilka, 2권 297).

물론 논쟁의 핵심은 향유의 양이었다. 7-8절에서 예수님은 곁에 선 자들의 자선 논리를 반대하시며 그 문제에 답을 하신다. 여인의 과도해 보이는 향유 사용이 정당하다는 예수님의 논지는 현재 그의 (짧은 기간 동안만 그들과 머무는) 상황의 특수성에 기초해 있다(Hooker, 1991: 329). 가난한 자들은 "항상"(πάντοτε) 그들 곁에 있어 원한다면 그들이 도울 수 있지만 그는 "항상" 곁에 있는 것은 "아니"라는 주장을 내세우신다(7절). 급박한 죽음으로 그들 곁에 더 이상 머물 수 없는 상황이 닥칠 것(참고. 막 2:20)이기 때문에 시간의 흐름과 함께 사라질 기회를 잡아 그에게 희생적 사랑을 표현한 여인의 행위는 칭찬받아 마땅하다는 것이다. 그렇다고 예수님을 위한 헌신이 항상 자선보다 우선시돼야 한다는 것은 아니다.[8] 재물이 많은 어떤 사람에게 재산을 팔아 가난한 자들에게 나눠주고 그를 따르라는 가르침(10:21)에 나타난 것처럼 자선은 제자도의 핵심이다. 그럼에도 여인의 행동을 통해 예수님이 집중하고 싶었던 부분은 그의 죽음이 임박했다는 사실이었고, 비록 이례적이지만(어쩌면 이례적이기 때문에) 그녀의 행동이 그의 죽음을 알리는 목적에 쓰이고 있으므로 비판이 아니라 칭송이 주어져야 한다는 것이다.

예수님은 자기의 죽음이 가난한 자가 받는 자선이나 죽은 자에게 주는 통상적인 장례 그 이상의 의미를 지닌다고 생각하셨는데, 이것은 여인의 "낭비"적 행위를 자기의 장례 준비라는 이름으로 옹호하신 태도를 통해 확인된다. 그의 죽음은 낭비를 희생적 사랑으로 승화시킬 수 있다. 비슷한 논지가 금식을 행해야 할지 말아야 할지를 두고 벌어진 논쟁에서도

---

8. 이런 점에서 죽음을 앞둔 예수님을 위해 여인이 행한 행위는 반복할 수 없는 단회적인 사건으로 보는 칼빈의 입장은 타당하다(Calvin, 공관복음 2권 388-89).

발견된다(Collins [a], 642; Boring, 2006: 384): "그들이 신랑과 함께 있는 기간 동안은 금식할 수 없습니다. 그러나 그 신랑이 그들로부터 데려감을 당할 날들 … 에는 그들이 금식할 것입니다"(2:19 후반부-20). 초기 교회는 금식을 부정해야 했던 것이 아니라 메시아 예수님의 죽음 때문에 금식해야 할 새로운 이유를 가지게 된 것이다(해당 본문 주해를 보라). 마찬가지로 메시아 예수님의 죽음을 준비하는 차원에서라면 삼백 데나리온에 해당하는 옥합을 깨뜨리는 행위 역시 할 수만 있다면 행해야 하는 일(ὃ ἔσχεν ἐποίησεν, '그녀는 자기가 할 수 있는 것을 행했소', 8절 전반부)로 설명된다.

전치사 '에이스'(εἰς)의 은유적 사용은 관련된 행동의 목적을 묘사하는 기능을 포함한다(1:4 주해를 보라). 따라서 8절 후반부("장사 준비를 위해[εἰς] 내 몸에 기름을 바르는[9] 일을 미리 행한 것이요")는 여인의 기름 바르는 행위의 목적이 "장사 준비"임을 밝힌다고 봐야 한다. 여기서 여인이 예수님에게 닥친 비극을 알고 그 같은 행동을 했는지 질문해 볼 수 있다. 앞서 언급한 것처럼 본문상에서는 여인이 직접 자신의 행동에 담긴 의미를 밝히지는 않고 있기에 18절 후반부는 그녀의 행위가 기여하는 바에 대한 예수님의 해석이라 보는 입장이 있다(Cranfield, 417). 그럼에도 8절 후반부의 '목적'의 의미를 가진 전치사 '에이스'(εἰς)는 여인의 행동이 지향했던 바를 예수님이 대신 말해주고 계신 것으로 보도록 한다. 따라서 비록 죽음에 대한 예언은 여인이 아니라 예수님이 하고 계신 것이라는 주

9. 여인의 "기름을 바르는"(μυρίσαι) 행위는 자주 예수님의 메시아 됨을 드러내는 행위로 언급되곤 한다(예. 신현우, 2011: 319). 히브리어 메시아와 헬라어 대용어 '크리스또스'는 '기름 부음을 받은 자'라는 뜻을 가지고 있기 때문이다. 하지만 본문에서 사용된 단어가 '크리사이'(χρίσαι)가 아니라 '뮈리사이'(μυρίσαι)라는 점은 예수님의 메시아 됨을 드러내는 것이 현 본문에 함축되었다고 보는 것을 어렵게 만든다(France, 2002: 552; Marcus, 2009: 936).

장(France, 2002: 554-55; Boring, 2006: 384)을 인정하더라도, 적어도 예수님은 그 여인이 자신의 죽음이 임박했다는 것을 안다고 판단한 것으로 밖에 볼 수 없다(Edwards [b], 415-16). 물론 본문은 어떻게 그녀가 그것을 알았는지에 관해선 침묵한다. 내러티브의 관심은 다른 데에 있는 것 같다. 예수님은 제자들에게 자신의 미래에 닥칠 죽음을 세 차례 반복해서 알리셨음에도(8:31-33; 9:31-32; 10:32-34) 그들은 높은 자리에 오르려는 논쟁을 멈추지 않았다(9:33-34; 10:35-41). 그 와중에 마가는 지금까지 존재 사실조차도 몰랐던 여인을 갑작스럽게 등장시켜 그 여인이 죽음과 관련된 예수님의 말씀을 이해하고 심지어 자기희생적 헌신으로 그의 죽음을 준비했다고 서술한다. 그 여인의 등장과 행위는 예수님이 전하신 하나님 나라의 씨(4:3-9, 13-20)는 인간의 예상을 뛰어넘어 예기치 않은 방법과 장소, 그리고 인물 가운데서 '스스로' 열매 맺어가는 생명임을(28절) 알려 준다.

복음과 함께 그 여인이 행한 일도 말해지도록 권면된다: "복음[τὸ εὐ-αγγέλιον]이 온 세상 어디에 선포되든지 그녀를 기억하고자[μνημόσυνον αὐτῆς] 그 여인이 행한 것도 말해질 것이요"(9절). 복음이 선포되는 곳엔 그녀의 행위도 선포되어 그녀를 기억하도록 해야 한다는 권면은 그 행위가 복음을 체현했다는 가정을 기반으로 한다. 어떤 점에서 그 여인이 복음의 '대변자'가 될 수 있는가? 이것을 알기 위해선 먼저 '유앙겔리온'이 무엇인지를 기억해야 한다. 9절의 '유앙겔리온'은 마가복음(Collins [a], 644) 혹은 초기 교회의 선포(Cranfield, 417)를 위한 지시어라는 주장이 있다. 본 주석은 1:1, 14-15에서 밝힌 것처럼 제2성전 시기 맥락에서 본다면 예수님이 선포하신 복음은 하나님이 그를 통해 종말론적인 다스림을 실현하시고 있다는 메시지라고 본다. 현 맥락은 복음이 이스라엘 땅만 아니라 "온 세상"으로 그 '문맥'이 넓어지고 있는 상황을 전제하고 있다. 예수님은 그를 통한 하나님의 왕 노릇이 이스라엘 땅뿐만 아니라 온 세상으로 확장될 것을 내다보신다(참고. 1:11-12). 복음이 우상 숭배의 죄로부터 돌이켜 하나님의 다스림으로 돌아오는 것이라면(1:14), 이스라엘뿐 아니라 온 세상이 그를 통해 그 죄로부터 해방을 받아 창조주 하나님의 다스림으로 들어오게 될 것을 염두에 두셨다고 봐야 한다.

기억해야 할 것은 '복음의 문맥'이 종말론적 담화인 13:10("반드시 모든 민족에게 먼저 복음이 전파돼야 합니다")에 이어 수난 기사의 시작점에서 다시 등장하고 있는 것이다. 한편에선 그를 살해하려는 음모가 한창 진행 중인데도 복음이 온 세상으로 확장될 것을 가정하신다는 것은, 그의 사역이 비극적 죽음으로 종결되지 않을 뿐더러 이스라엘과 온 세상에 부패와 죽음을 가져오는 죄의 세력을 척결하고 하나님의 왕적 통치를 "온 세상"으로 확장케 하는 계기가 될 것이라 믿고 계셨음을 말해준다 (France, 2002: 555). 여인이 행한 일이 복음과 함께 선포돼야 하는 이유가 여기에 있다. 어떤 사람에게는 낭비적 행위로 보임에도 예수님의 죽음과 장사를 준비했다는 점에서 "좋은 일"이라 선포된 여인의 자기희생적 헌신은, 실패한 메시아의 표징인 죽임 당함이 오히려 죄악의 세력을 멸하고 "많은 사람들을" 속량하여(10:45) 하나님의 종말론적 다스림을 이 땅에 가져온 예수님과 그의 복음의 내용을 미리 예시하기 때문이다. 그 여인은 희생적이고 선취적인 섬김의 행위로 복음을 체현했다. 따라서 예수님의 복음이 전파될 때 그러한 복음의 가치를 자신의 행위로 고스란히 담아냈던 여인 역시 전파되고 또 기억돼야 한다는 것이다.

가룟 유다와 종교 권력자들의 공모(10-11절) 에피소드(B)의 인물 중 한 명의 장소적 이동(ὁ εἷς τῶν δώδεκα ἀπῆλθεν, '열둘 중 하나가 떠나가다', 10절)으로 섹션은 다시 A′로 이동하고, A′는 A 섹션의 인물(대제사장들)과 사건(살해 음모)을 재개한다. 세 섹션 간의 주제와 인물 연결은 세 에피소드를 서로 비교하며 읽도록 하며 크게 세 가지 요지를 만든다.

첫째, A의 대제사장들과 서기관들은 단순 '음모자'(plotters)였지만 A′의 가룟 유다는 배반자(ἵνα αὐτὸν παραδοῖ, '그를 넘겨주기 위해')가 된다.[10] 배반자가 음모자를 만나자(10절) 예수님을 살해할 계획은 급물살을 탄다. 종교 권력자들이 가룟 유다와 내통하여 공모한 이유는 두 가지로 추정을 할 수 있다. 먼저, 대제사장들은 예수님을 살해할 음모를 대중의 눈을 피해 비밀리에 진행하고 싶어 하던 차에(1-2절) 내부 그룹에 속한 가룟 유다의 방문을 맞이하게 된다. 대제사장들과 서기관들은 그의 방문으로 자기들의 음모를 구체적으로 실행할 발판이 마련된 것이라 판단했을 것이고, 이것이 바로 그들이 "기뻐하여"(ἐχάρησαν, 11절) 그와 협상한 이유라고 볼 수 있다(Stein, 637). 한밤중에 유다가 무리를 이끌고 예수님이 계신 겟세마네로 왔다는 본문 정보는 이것을 지지한다(Stein, 637). 다음으로, 대제사장들이 가룟 유다와 손을 맞잡은 데에는 그가 일반인들보다 훨씬 더 많은 정보를 가진다는 판단이 배후에 작용했을 것이다(France, 2002: 556). 보다 구체적으로 말하자면, 가룟 유다가 종교 지도자들에게 넘긴 것은 예수님이 메시아라는 정보였다(Schweitzer, 394). 이 입장에 따르면 가룟유다는 자신이 메시아라는 비밀을 "아무에게도 말하지 말도록"(8:30) 하신 예수님의 경고를 어기고 대제사장들과 장로들에게 그것을 누설한 것이다(Schweitzer, 394). 10절에서 가룟 유다와 협상한 이들을 "그 들은 자들이"라고 한 것은 그들이 유다의 방문만 아니라 그가 가지고 온 정보를 들었다는 것을 추정하게 한다. 구체적으로 그들이 정보가 무엇인지는 본문에서 명시되지 않았지만 추론은 가능하다. 대제사장들은 예

---

10. 마가복음에서 '빠라디도미'(παραδίδωμι)의 사용과 관련해서는 1:14; 3:19; 9:31; 10:33 주해를 보라. 또한 롬 4:25; 8:32; 고전 11:23 참고.

수님을 당시 자칭 메시아들과 같이 선동적이고 폭력적인 메시아로 몰아 로마법에 따라 반역죄로 처리하려는 계획을 꾸미고 있었을 것이다(14:61; 15:1-2). 그러던 차에 유다의 방문을 맞이하게 되었다. 유다의 정보를 들은 후 "기뻐하여" 협상한 것은 그로부터 예수님이 메시아라는 정보를 얻을 수 있었기 때문이었을 것이다. 마가복음 전체에서 밝혀진 것처럼 예수님은 자신의 메시아 됨을 공개적으로 주장하지 않으셨고 오히려 많은 경우 그의 신분이 더 이상 알려지지 않도록 침묵을 명하셨지만(1:34) 제자들에게는 자신을 알리신 까닭이다(8:27-30). 종교 권력자들에게 유다의 방문이 뜻밖에 일이었을 것이라 볼 필요는 없다. 내부 그룹은 일반인보다 내밀한 정보를 더 알고 있을 것이라는 추정은 일반적이기에 종교 권력자들은 제자들로부터 그런 정보를 손에 넣고자 벼르고 있었고 그 와중에 가룟 유다의 방문을 맞이하게 되었다고 볼 수 있기 때문이다(France, 2002: 556-57). 다만 예수님의 심문 과정에 유다가 증인으로 등장하지 않았고 유다가 한 일은 예수님을 잡으려는 무리를 그가 있는 곳으로 인도한 일이 전부라는 본문 정보는 이런 주장의 약점이라 볼 수 있다(Hooker, 1991: 331).

둘째, A′와 B 섹션과의 상호 비교는 두 섹션 간의 비교 대조되는 내용을 보게 한다. B에서 무명의 여인은 삼백 데나리온에 해당하는 옥합을 깨뜨리는 희생적 사랑으로 예수님의 죽음을 준비한 반면, 선택된 열둘 중 하나는 "은"(ἀργύριον, 11절)을 받을 약속하에 그를 죽음에 넘겨주려 한다. 자기희생적 여인과 재물의 덫에 걸린 제자가 비교 대조되고 있는 것이다. 가룟 유다가 정확히 언제 대제사장들과 서기관들을 찾아갔는지는 알 길이 없지만 A′를 B와 병렬시킨 마가의 구성은 두 인물을 대조하는 데에 그 뜻이 있음을 알려준다. 사실 유다가 예수님을 배반한 이유에 관한 많은 논의들이 있지만 본문을 근거로 추론할 수 있는 것은 "은" 때문이었

다는 것뿐이다(참조. 3:19; 마 26:15; 요 12:6).[11]

셋째, 내러티브의 전체적 흐름에서 A′의 위치도 고려해 볼 만하다. 내러티브 초반에 예수님이 안식일에 손 마른 사람을 치료하신 것을 본 후 회당을 나가(ἐξελθόντες) 헤롯당과 함께 그를 살해할 음모를 꾸민 자는 '외부인'이었던 바리새인이었지만(3:6), 내러티브 말미에 이르러 '내부인'으로 불린 열둘(14:10) 중 하나는 종교 권력자들에게 직접 '찾아가'(ἀπῆλθεν πρός) 외부인의 음모에 가담한다. 선을 무너뜨리기 위해 악은 언제나 연합전선의 형태를 띤다. 열둘 중 하나인 가룟 유다의 적과의 공모, 그러므로 배반이 더욱 중대한 위기감을 조성할 수밖에 없는 까닭은 "나라가 스스로를 대항하여 나뉘지면 그 나라는 세워질 수 없[고] … 만일 집이 스스로를 대항하여 나뉘지면 그 집은 세워질 수 없"다는 예수님의 말씀(3:24-25)이 내부 반역자로 인해 시험대에 올랐기 때문이다. 예수님이 선포한 하나님 나라는 내부 배반자로 인해 무너질 수밖에 없을 것인가? 배반이 그 나라의 멸망으로 이어질지 아니면 또 다른 반전(복음)으로 이어질 것인지에 대한 해답은 내러티브 중간 중간에 암시를 했지만(10:45; 12:9-11; 13:24-31; 14:22-26) 최종적인 답은 내러티브 종결부(16장)에 가서야 내려질 수 있을 것이다.

---

11. 하지만 유다가 먼저 돈을 요구하기보다 대제사장들과 서기관들이 유다의 정보를 들은 후에 돈을 주기로 약속했다는 점은 유다의 배반 동기가 돈에 대한 욕심 때문이라는 주장에 걸림처럼 보인다. 그럼에도 현 에피소드에서는 그가 배반의 대가로 "은" 수령을 약속받은 것은 무명의 여인의 자기 희생적 헌신과 비교되기에 가룟 유다를 특징지우는 요소가 재물이라는 점은 부인할 수 없다.

요약과 해설

현 단락은 수난 기사의 시작 에피소드이다. 아이러니하게도 예수님의 수난은 종교 인사들과 그의 내부인사들에 의해 진행된다. A 섹션에서 마가는 하나님을 경외해야 할 대제사장들이 현실에서 두려워하는 것은 백성들이었으며, 하나님과 백성들 사이에 죄를 속죄하는 중보 사역을 해야 하는 대제사장들이 하는 계획은 기껏해야 무리의 눈을 속여 하나님의 종말론적인 계시자를 살해하는 일이라는 아이러니한 상황을 보여준다. A′ 섹션은 대제사장들의 이런 음모에 뜻밖에도 새 이스라엘로 임명된 열둘 중의 하나가 가담하고 있음을 밝혀준다. 이처럼 종교적 저명인사들은 음모를 꾸미고 또 특별하게 선출된 열둘 중 하나는 배반을 꾀하고 있는 반면, 오직 무명의 한 여인만 예수님을 위하는 행동을 한다. 그녀의 옥합을 깨뜨리는 행동은 예수님에 의해 자기의 장례를 준비하는 목적에 기여하는 것이라 대변되어 복음이 “온 세상에”(9절; 비교. 눅 23:19; 고전 11:24, “나[예수]를 기억”) 전파될 때 그녀 역시 기억돼야 한다는 선언을 하신다. 복음에 합당한 행동을 한 사람은 종교적 수장도 친밀한 열두 제자도 아닌, 이름도 모르는 한 여인이었다. 마가복음에 따르면 초기 교회는 예수님의 수난 사건과 관련하여 그 무명의 여인을 기억하도록(εἰς μνημόσυνον αὐτῆς, 9절) 교훈받는다.

제60장
유월절 식사 준비
마가복음 14:12-16

현 단락은 14:1에 이어 다시 강조된 유월절/무교절을 시간적 배경으로 그 절기 행사 중 가장 중요한 의식인 유월절 식사 준비와 관련된 사건이 펼쳐진다. 현 단락과 이어지는 마지막 만찬과 관련된 중요한 논의는 마지막 만찬이 유월절 식사인지를 중심으로 진행돼 왔다. 먼저, 이런 논의를 위해 기억해야 할 두 가지가 있다. 첫째, 유대인의 하루는 그날 해 진 후에서 다음날 해 질 때까지이다. 둘째, 유월절 양은 니산월 15일인 무교절 저녁에 이뤄지는 유월절 식사 하루 전날에 성전에서 도살된다.[1] 마지막 만찬이 공식적 유월절 식사였는지 아닌지를 판가름하려면 14일에 진행되는 "유월절 양 잡는 날"이 제자들의 식사 준비 단락과 마지막 만찬 단락(17-26절) 모두를 위한 시간적 배경인지 아닌지를 결정해야 한다. 언뜻 보기에는 "유월절 양 잡는 날"은 제자들이 식사를 준비한 니산월 14일을 가리키고, 17절의 "저녁이 된 후"는 15일 곧 무교절 저녁을 가리키는 것처럼 보인다. 이런 해석에 따르면 예수님의 식사는 니산월 15일인 무교절 저녁

1. Josephus, *Jewish Wars* 6.5.3 §292; 희년서 49:10.

에 이뤄진 유월절 식사가 된다(Cranfield, 420; Marcus, 2009: 953; Boring, 2006: 388-99). 이런 해석이 가져오는 문제는 요한복음과 비교했을 때 드러나는데 요한복음 13:1과 18:28, 그리고 19:14는 예수님의 죽음이 유월절 식사일(15일 저녁) 하루 전에 일어났다고 밝히고 있어 마지막 만찬은 14일 저녁, 곧 유월절 양 잡는 날에 이뤄진 식사가 된다.[2] 마지막 만찬이 마가에 의해서는 유월절 식사로, 요한에 의해서는 유월절 전날 식사로 각기 다른 날에 이뤄진 사건으로 보게 되는 문제가 발행한다. 문제 해결을 위한 여러 해석이 있어 왔다.[3] 본 주석은 요한복음과 마찬가지로 마가복음 본문 역시 마지막 만찬이 유월절이자 유월절 양 잡는 날(14일) 저녁에 이뤄진 식사로 본다는 해석을 피력할 것이다(Hooker, 1991: 333; Evans, 372; France, 2002: 559-63; Witerington, 371).

이런 대안적 해석의 출발은 "유월절 양 잡는 날"(12절)을 제자들의 식사 준비와 마지막 만찬 둘 다의 시간적 배경으로 보는 것이다. 보통 유월절 식사는 밤늦게 이뤄졌기 때문에(출 12:8; 미쉬나 페싸힘 10:1) 제자들은 유대 시간 계산법에 따라 니산월 13일의 해가 지고 14일, 곧 유월절 양 잡는 날이 저녁과 함께 시작되자 식사 준비를 했고 마지막 만찬은 그렇게 준비된 식사에 따라 이뤄졌다는 풀이이다. 마가는 마지막 만찬이 이뤄진 날에 대한 다른 추가적인 정보를 주지 않고 있기에 식사는 준비했던 날과

---

2. 요한복음 13:1("유월절[τῆς ἑορτῆς τοῦ πάσχα] 전에")와 18:28("유월절 잔치[τὸ πάσχα]를 먹고자 하여"), 그리고 19:14("유월절[τοῦ πάσχα] 준비일이요")에서 "유월절" 혹은 "유월절 잔치"에 해당하는 헬라어는 모두 πάσχα이다. πάσχα는 날(유월절)과 유월절 어린양 혹은 유월절 식사(요 18:28)라는 뜻을 모두 가진다(BDAG, πάσχα; 또한 14:12 주해를 보라). 따라서 요한복음에서 예수님이 십자가 처형당한 날이 "유월절의 준비일"(19:14)이라는 말은 '유월절 식사를 준비하는 날'이라는 뜻으로 번역이 가능하다.

3. 상세하면서도 잘 요약된 논의 역사를 위해선 Morris, 684-95을 보라.

같은 날에 이뤄졌다는 추정은 타당하다. 그럼에도 이 해석의 난제는 있다. 그것은 마지막 만찬의 시간이 "저녁이 된 후"(ὀψίας γενομένης)에 이뤄졌다는 정보로서 그 시간절은 새로운 날이 시작됐다는 표지로 볼 수 있기 때문이다. 하지만 그것이 반드시 날의 변화를 의미한다고 볼 필요는 없는데, 이는 15:42에 등장하는 "저녁이 된 후"(ὀψίας γενομένης)도 십자가 처형이 있었던 유월절 양 잡는 날(14일)과 같은 날 저녁을 가리키는 의미로 사용되기 때문이다(France, 2002: 665). 따라서 17절의 "저녁이 된 후"는 현 맥락에서 "유월절 양 잡는 날"이 시작된 저녁으로 보지 않을 이유가 없다(France, 2002: 562). 비록 간접적이고 늦은 시기의 증거이지만 예수님이 "유월절 전날"에 돌아가셨다는 랍비 증거도 있고(바벨론 탈무드 산헤드린 43a), 무엇보다 바울 역시 고린도전서 5:7에서 "우리의 유월절 양 곧 그리스도께서 희생되셨다"고 증언하여 이 입장을 지지한다.

그렇다면 예수님은 왜 공식적인 유월절 식사 전날에 유월절 식사를 가지셨을까? 네 가지 이유가 제시될 수 있다. 첫째, 예수님은 자신에게 다가오던 죽음의 시간이 드디어 유월절 식사를 제대로 가질 수 없을 만큼 임박했음을 아셨기 때문일 것이다. 오는 내내 예루살렘에서 그가 당할 고난과 죽음을 예언하셨고(8:31; 9:31; 10:33-34), 도착한 후 가지신 대제사장들과 서기관들과 논쟁(11:18, 27-33; 12:12, 13-17)은 그 예언이 성취될 것을 확인하신 계기가 되었을 것이다. 무엇보다 사람의 마음(2:8; 3:1-3; 참조. 7:18-23)과 상황(6:48)을 꿰뚫어 보실 수 있는 능력을 가지신 것을 고려할 때, 예수님은 그의 제자 중 하나가 대제사장들과 살해 음모(14:1-2, 10-11)를 모의한 사실을 알고 계셨을 것이다. 둘째, 이스라엘의 메시아로서 예수님이 해오신 지금까지의 사역은 메시아에게 기대된 노선을 따라 행동하면서도 결정적인 지점에서 새로운 혁신을 도모하시는 방식이었다. 한편으로는 이스라엘을 새 출애굽하려는 차원에서 전 이스라엘에게 하나님 나라의 복음을 전하셨고(1:14-15), 다른 한편으로는 열둘을 불러 모아 새 이스라엘을 시작하셨다. 더불어 이스라엘 메시아에게 기대된 대로 왕으로(11:1-10) 성전에 들어가셨지만 막상 성전에 들어 가신 후에는 성전을 정화하거나 혹은 그것의 재건에 대한 비전을 제시하기보다 성전과 전 이스라엘 위에 드리워진 하나님의 심판을 드러내기 위해 성전 파괴를 위한 상징적 행위를 하셨고(11:15-19), 결국 성전의 멸망까지 예언하셨다(13:1-2). 그는 기대된 다윗의 아들에 만족하지 않으시고 메시아는 다윗의 주라 선언하심으로써 메시아의 정체성을 재정의하셨다(12:35-37). 만일 이것이 예수님이 걸으신 길이라면 전통적인 유월절 식사가 있음에도 불구하고 다른 날을 택하여 그것의 의미를 재정의하시려 했다고 보는 것은 그렇게 어렵지 않다(그가 주시려 한 새로운 의미는 아래 주석을 참고하라; 또한 참고. Marshall [b], 1980[b]: 80, 88; Wright, 1996: 554-59). 셋째, 예수님이 유월절 식사를 하루 앞당겨 유월절 양이 도살되는 날에 가지신 것이 상황적으로 어쩔 수 없는 선택이었다고 보아서는 안 된다. 왜냐하면 아래서 볼 수 있는 것처럼 마지막 만찬 때 주신 말씀(22-25절)은 자신에게 닥칠 죽음을 유월절에 도살되는 어린양의 죽음의 빛 아래에서 설명하려는 적극적인 의도 역시 있었음을 확인할 수 있기 때문이다(보다 자세한 논의를 위해서는 22-25절 주해를 보라).

가룟 유다를 제외하고는 이전 단락에서 활동이 없었던 제자들이 다시 등장하여 유월절 식사 준비를 요청(12절)하는 것으로 시작된 에피소드는 예수님의 지시(13-15절)와 제자들의 응답과 식사 준비(16절)로 진행된다. 내러티브 흐름상 현 단락은 선행하는 단락(1-11절)과 뒤따르는 단락(17-21절)을 주제적으로 연결시켜 준다. 선행 단락은 가룟 유다의 배반(παραδοῖ, 10, 11절)이 비밀스럽게 진행되고 있는 것으로 끝맺지만, 후행 단락에서 가룟 유다의 배반(παραδώσει, 18절; παραδίδοται, 21절)은 마지막 만찬의 맥락에서 공론화된다. 현 단락은 배반의 공론화가 이뤄지는 마지막 만찬 이 어떻게 준비되었는지를 말해준다.

> **12** 무교절 첫 날, 유월절[4] 양을 잡는 날 그의 제자들이 그에게 말한다.
> "우리가 어디서 당신이 유월절 식사를 하시도록 나가서 준비하기를 원하
> 십니까?" **13** 그러자 그가 그의 제자들 중 둘을 보낸다. 그리고 그들에게 말
> 한다. "그 도시로 가시오. 그러면 물동이를 운반하는 한 남자가 그대들을
> 맞이할 것이요. 그를 따라가시오. **14** 그리고 그가 들어가는 곳이 어디든지
> 간에 그 집 주인에게 '그 선생님이 말씀하십니다. 내가 나의 제자들과 함께
> 유월절 식사를 할 숙소가 어디 있소?'라고 말하시오. **15** 그러면 그가 자리
> 가 마련되어 준비된 큰 다락방을 그 대들에게 보여줄 것이요. 그리고 그곳
> 에서 우리를 위해 준비하시오." **16** 이에 그 제자들이 떠나 그 도시로 들어
> 가 그가 그들에게 일러준 대로 발견했다. 그래서 그들이 그 유월절 식사를
> 준비했다.

주해

제자들의 유월절 식사 준비 요청(12절) 현 사건의 시간적 배경("무교절 첫날, 유월절 양 잡는 날")은 서두에 명확히 제시된다. 유월절은 니산월 14일 해 질 때부터 시작되며 무교절은 다음날 해 질 때, 곧 15일에 시작되

---

4. 유월절을 위한 헬라어'또 빠스카'(τὸ πάσχα)는 예수님 시대에 '빠스하'로 발음했을 아람어 '파스하'(פסחא)의 헬라어 음역으로 보는 것이 타당하다(Evans, 2001: 354). 공교롭게도 헬라어 '빠스코'(πάσχω)는 '고난받다'의 뜻으로 마가 역시 이 단어를 인자의 고난과 관련하여 사용한다(8:31; 9:12; 참조. 5:26).

어 22일까지 7일간 지켜진다(레 23:5-6; 민 28:16-17). 유월절 양은 14일 오후 성전에서 도살되고[5] 유월절 식사는 그날 해 진 후, 곧 15일 저녁에 이뤄진다. 엄밀한 의미에서 본다면 무교절 첫 날(15일)은 유월절 양 잡는 날(14일) 하루 지난 후이다. 그러면 "무교절 첫날, 양 잡는 날"이란 마가의 표현을 어떻게 이해해야 할까? 이런 문제를 해결하기 위해 어떤 학자는 마가는 이 부분에서 해 질 때 하루가 시작되는 것으로 보는 유대 시간 계산법이 아닌 그의 이방 청중을 위해 밤 12시를 하루 시작점으로 보는 로마 시간 계산법에[6] 따라, 양 잡는 14일 낮과 그날 저녁에 시작되는 무교절을 같은 날로 보았다는 해석을 한다(Hooker, 1991: 334; Witherington, 2001: 371). 하지만 이런 해석은 다른 곳에서 마가(예수)가 따르고 있는 유대 시간 계산법과 대치된다. 예컨대, 겟세마네로 가는 늦은 밤 시간에 예수님은 새벽에 베드로가 그를 부인할 것을 예언하시면서 "오늘, 이 밤"(14:30)이라 말하시는 것은 하루를 저녁 해 질 때부터 그 다음날 해 질 때까지로 본 유대 시간 계산에 따른 표현이다. 보다 나은 해결은 마가가 유월절과 무교절을 구분 없이 사용한다고 보는 것이다. 레위기 23:5와 민수기 28:16이 말하듯이 유월절 양을 잡고 집안에서 누룩을 없애는 14일을 유월절이라 밝히고 있지만 예수님 시대의 유대인들은 유월절과 무교절을 총칭하여 무교절로 부르며 지키곤 하였다(눅 22:1; Josephus, *Jewish Wars* 5.3.1 §99; *Jewish Antiquities* 2.15.1 §317).[7] 따라서 마가 역시 그와 유사한 방식으로 양 잡는 날을 무교절이라 본다는 추정이 가장 타당하다(France,

---

5. Josephus, *Jewish Wars* 6.5.3 §292; 희년서 49:10.
6. Pliny, *Natural History* 5.188에 따르면 로마 제사장들과 당국은 자정부터 자정까지를 공식적인 하루로 여기고 있었다.
7. Josephus, *Jewish Wars* 5.3.1 §99에는 무교절이 니산월 14일에 시작한다고 말한다. 마찬가지로 *Jewish Antiquities* 2.15.1 §317은 유대인들이 "무교절을 8일간 지켰다"고 말한다.

2002: 563; Boring, 2006: 387).

제자들은 "유월절 식사"(τὸ πάσχα)를 할 수 있는 장소를 구하는 문제를 두고 먼저 문의한다. 식사 장소에 대한 제자들의 질문은 그들이 갈릴리로부터 온 순례자들이라는 것을 고려한다면 쉽게 이해된다. 특히 유월절 식사는 성전 경내에서 이뤄져야 했기 때문에(13절 주해를 보라) 예루살렘 성안에 뚜렷한 연고가 없는 그들로서는 사전에 식사할 수 있는 장소와 무엇보다 그것을 준비할 장소를 확보하는 것이 절실했을 것이다. 물론 그들이 먼저 질문한다고 하루 앞당겨 유월절 식사를 가지려는 생각이 제자들에게서 나왔다고 말하지 말아야 한다. 그것보다 예수님이 제자들에게 유월절 전의 식사에 대해 사전에 언질을 주셨고 제자들의 질문은 그 반응으로 보는 것이 더 타당하다. 예수님의 사전 언질은 제자들이 그들 모두를 염두에 둔 '우리가'가 아니라 예수님만 주체로 삼는 "당신이 유월절 식사를 하시도록"(12절)이라는 문장을 사용하고 있는 것에 암시되어 있다. 이것은 식사의 주도권을 처음부터 예수님이 잡고 계셨다는 추론을 가능케 한다. 더불어 이 표현(또한 14절)은 앞으로 있을 식사에서 주된 역할을 수행하실 분이 예수님이심을 암시하기도 한다("이것은 내 몸이오. … 이는 많은 사람을 대신하여 흘려지는 나의 언약의 피요. … 나는 결단코 더 이상 마시지 않을 것이오. 하나님 나라에서 새로운 그것을 마시는 그 날까지!", 22-25절; Edwards [b], 420).

그들이 가지려 한 그 '빠스카'(τὸ πάσχα)는 무엇이었을까? '빠스카'는 '유월절', '유월절 양', '유월절 식사' 등의 의미를 가진다.[8] 현 단락에서는 2회에 걸쳐 '먹다' 동사(φάγῃς, 12절; φάγω, 14절)와 결합되어 나타나고 있기 때문에 '유월절 식사'가 주된 의미라고 봐야 한다. 유월절 식사로는 누

8. BDAG, πάσχα.

룩 없는 빵, 쓴 나물 및 양이 준비된다(출 12:8).[9] 하지만 현 단락에서는 유월절 식사 중 어린양에 초점화되고 있는데, 이는 단락 서두에 처음으로 등장하는 '빠스카" 곧 "유월절 식사"가 "잡는"(ἔθυον)과 함께 문단 서두에 나오고 있기 때문이다("유월절 양 잡는 날"[ὅτε τὸ πάσχα ἔθυον]). 물론 막상 마지막 만찬을 가질 때에는 그들이 유월절 양을 먹었다는 언급은 나오지 않는다. 그럼에도 네 번 반복(12 [x2], 14, 16절)되고 있는 '빠스카'(πάσχα)는 그들이 가지려는 식사가 유월절 어린양을 먹는 식사의 성격을 가지고 있음을 강조한다.

예수님의 지시(13-15절) 식사 준비를 위해 제자 "둘"(δύο)을 보낸다. 맡겨진 임무 수행을 위해 두 명을 짝지어 보내는 것은 예수님의 파송에 나타나는 전형적인 특징이다(6:7; 11:1). 하지만 본 단락에서 '둘'이라는 숫자는, 만찬 장소에서 기다리고 있는 사람이 예수님에 의해 보내진 사람들을 확인할 수 있는 표지 중 하나로 약속된 것처럼 보인다(아래를 보라). 예수님은 그들을 "그 도시"(τὴν πόλιν)로 보낸다. 지시어 성격을 가진 헬라어 관사와 함께 사용된 "그 도시"는 예루살렘 성을 가리킨다는 데에는 의심의 여지가 없다. 14:3이 알려준 것처럼 그들은 예루살렘 바깥 베다니에 머물고 있었고 유월절 식사는 성전에서 가지도록 되어 있었기 때문이다.[10] 예수님은 다른 많은 순례자들과 마찬가지로 성전 경내에서 유월절 식사를 가지고자 하셨다.[11] 선행 단락과 연관해서 본다면 예루살렘 성은 종교 권력자들이 예수님을 살해할 음모를 꾸미고 있는 곳이었다(14:1, 11). 그렇

9. 미쉬나 페싸힘 10:1, 2, 4, 7이 보여 주듯이 신약성경보다 조금 늦은 시기이지만 미쉬나가 기록될 시기(주후 200년)에는 포도주 역시 유월절 식사에 포함되었음을 보여준다.

10. 희년서 49:15-21; 쿰란 문서 11QTemple 17:8-9; 또한 신 16:5-7 참고.

11. 이것이 유월절 절기 때 유대인들이 예루살렘으로 순례를 오는 이유이기도 하다.

기 때문에 유월절 식사 준비를 위해서이지만 그에 대한 살해 음모가 진행되는 장소에 제자들을 보내는 것은 위험한 일이기도 하고, 또 그래서 긴장감이 흐른다. 마지막 만찬 자체에서 밝혀지는 것처럼 예수님의 죽음은 어린양의 죽음을 강하게 암시한다. 이런 점에서 유월절 어린양('빠스카')이 도살되는 날에 예수님이 그를 살해하려는 음모가 진행되고 있는 예루살렘 성내(14:1-2, 10-11)로 그의 제자들을 보내어 어린양이 암시되고 있는 '빠스카' 식사를 준비시킨 것은 다분히 상징적인 행동이다. 종교 권력자들이 그의 제자인 가룟 유다와 공모하여 예수님을 살해하고자 준비하고 있을 때, 그의 제자 둘을 보내어 어린양 식사를 준비시킨 배후에는 단순히 유월절 식사를 가지시겠다는 결단만 있었던 것은 아니다. 그의 죽음이 유월절 어린양의 죽음이며 또 대제사장들과 서기관들의 살해를 유월절 어린양의 죽음이 가져온 것과 같은 속량이 될 것이라는 예수님의 믿음 또한 그런 준비 배후에 있었음이 틀림없다.

두 명을 파송하면서 주신 일어날 일에 대한 설명(13-15절)은 구체적이고 상세하다: "물동이를 운반하는 한 남자가 그대들을 맞이할 것이요. 그를 따라가시오. … 그가 자리가 마련되어 준비된 큰 다락방을 그대들에게 보여줄 것이요." 보내진 곳에 도착했을 때 만날 사람의 차림새와 그가 보여줄 다락방 외관의 세세한 묘사는 그것이 예수님의 신적인 "주권"(sovereignty)을 드러내는 표징(Boring, 2006: 388; Marcus, 2009: 945-46, 948)이라는 입장과, 예수님이 그 일을 사전 준비하셨다는 증거(Cranfield, 420; Evans, 2001: 373-74)로 보는 입장으로 나눠진다. 두 입장 모두 타당한 근거를 가진다. 하지만 사전 준비설이 더 타당하게 보이는 이유가 있다. 첫째, 현 사건의 구조는 예루살렘 입성 수단으로 나귀 새끼를 미리 준비하신 방식과 흡사하다(11:1-10). 이를테면 두 명의 제자를 보냄(11:1; 14:13), 중간 매개자의 현장 등장(11:3; 14:13), 이미 준비된 목적물(11:2;

14:15), 목적물 사용의 확증자로서 예수님("주", "선생님")의 역할(11:3; 14:14; 참고. Taylor, 1966: 536; Evans, 2001: 370). 이처럼 잘 구성된 이야기 진행은 이미 11:1-10에서 논의된 것처럼 예수님이 그 일들을 사전에 준비하셨다고 볼 때 가장 잘 이해될 수 있다. 둘째, 두 제자가 주목해야 할 사람은 물동이를 들고 가는 남성이다. 크랜필드가 밝힌 것처럼 예수님 시대의 여자는 물 운반도구로 물동이를, 남자는 가죽부대를 선호했다는 것을 고려할 때 남자가 물동이를 들고 있다는 것은 일종의 자신을 알리는 '표시'로 봐야하기 때문이다(Cranfield, 422). 셋째, 제자들이 그 남자를 만난 것이 아니라 그가 두 제자를 "맞이 할"(ἀπαντήσει, 13절 중반부) 것이라는 정황 예측도 주목할 만하다. 이런 조우 과정은 그들 사이의 만남이 "우연이 아니라 그 남자가 두 제자의 방문을 기다리고 있었음"을 보여준다(France, 2002: 564). 이런 의미는 '아빤테세이'(ἀπαντήσει)를 선두로 하는 문장 구조를 통해 문법적으로 확인할 수 있다. 헬라어 어순에서 주어 + 동사는 일반 어순에 속하지만 동사 + 주어는 특별어순으로 분류되는데(박윤만, 2010: 322), 이는 헬라어에서 의미적 무게는 문장 제일 앞에 주어지기 때문이다(Porter, 1994: 296). "한 남자가 그대들을 맞이할 것이요"(ἀπαντήσει ὑμῖν ἄνθρωπος) 문장에서는 주어 "한 남자"가 뒤로 가고, 동사 "맞이할"(ἀπαντήσει)이 문장 선두에 나왔다. 이런 어순은 결과적으로 두 제자들을 '맞이하는' 그 사람의 태도에 현저성을 부여한다. 넷째, 주인이 보여줄 공간은 "자리가 마련되어 준비된[ἐστρωμένον ἕτοιμον] 큰 다락방"(15절)이라 표현된다. '에스뜨로메논'(ἐστρωμένον)은 완료 분사로서 그 뜻은 '가구가 갖추어진' 혹은 '카펫트가 깔린' 뜻을 가진다(참조. 11:8, "그들의 겉옷[과] … 잘라온 잎이 무성한 가지들을 펼쳐 놓았다[ἔστρ ωσαν]").[12] 또 형용사 '헤또이몬'(ἕτοιμον)은 '준비된'의 뜻을 가진다.[13] 다락방의 조건 묘사를 위해 유사한 의미의 두 낱말이 접속사 없이(asyndeton) 병렬된 것은 큰 방이 이미 준비된 곳임을 부각한다. 이러한 '준비'는 예수님의 요청으로 주인이 미리 해놓은 것이라 볼 수 있다. 다섯째, 두 제자가 "선생님"의 말로 전달해야 할 내용('내가 내 제자들과 함께 유월절 양을 먹을 내 숙소가 어디 있소?', 14절)은 예수님이 사전에 집 주인에게 주었던 언질로 볼 때 가장 이해될 수 있다. 그렇지 않다면 처음 보는 "집 주인에게"(τῷ οἰκοδεσπότῃ, 14절 전반부) 다짜고짜 "선생님"이 "내 숙소"를 찾는 행위를 어떻게 이해할 수 있을까?

이 모든 것은, 비록 당시 유월절 식사는 15일 저녁 곧 무교절 저녁에 가졌지만, 예수님은 니산월 14일 저녁에 미리 가지고자 사전에 준비해 놓으셨음을 말해준다. 그런 사전 준비의 이유를 추론하기는 어렵지 않다. 예수님은 이미 종교 권력자들에 의해 요주의 인물로 지목되어(3:6; 11:18; 12:12; 14:1-2, 10-11) 그의 일거수 일투족과 특히 그의 집회 행위는 감시의 대상이 되고 있다는 것을 아셨을 것이 틀림없기 때문에 제자들과의 마지막 만찬을 최대한 안전하게 가지고자 비밀리에 식사 장소를 확보해 놓으셨다고 보는 것은 정당하다(Evans, 2001: 373-74).

제자들의 응답과 식사 준비(16절) 예수님의 말대로 제자들은 예루살렘 안으로 들어간다. 그리고 "그가 그들에게 일러준 대로 발견했다"(참조. 11:6)는 말은 예수님의 사전 준비가 차질 없이 진행되었다는 것을 말해준다. 유월절 식사 준비는 제자들의 장소에 관한 질문으로 시작됐지만(12절) 사실상 주도권은 예수님이 잡고 진행해 오셨기에 제자들은 다만 "그가 일러 준대로[καθὼς]" 일이 다 준비되었음을 "발견"(εὗρον)할 뿐이었음

12. BDAG, στρώννυμι.

13. BDAG, ἕτοιμος.

을 끝으로 말해준다.

요약과 해설

예수님은 유월절 하루 전 '빠스카'(πάσχα) 식사를 하시고자 식사 장소를 미리 준비해 놓으셨다. 자기를 대항한 살해 음모의 실행이 초읽기에 들어가 유월절 식사를 제대로 가지지 못할 것을 아셨기 때문일 것이다. 마가는 이런 식사 준비와 식사 자체가 "양 잡는 날"(12절)에 이뤄졌다고 말해줌으로써 예수님에게 닥칠 죽음이 '빠스카' 곧 유월절 어린양의 도살과 무관하지 않다는 신학적 추론을 할 수 있는 실마리를 제공해 주고 있다. 예수님의 죽음과 유월절 어린양의 도살의 연결은 유월절 식사 준비를 어린양이 도살되는 장소인 예루살렘 성 안에 들어가 하라는 예수님의 지시(13절)를 통해서도 만들어진다. 예루살렘 성전은 니산월 14일 목요일에 유월절 양이 도살되는 곳이자 이틀 전부터(14:1, 11) 예수님을 살해하려는 종교 권력자들의 음모가 최절정에 달해있는 장소였기 때문이다. 물론 이런 연결은 마가의 창작이 아니라 예수님의 신학을 마가가 기록하고 있는 것이다. 예수님의 그와 같은 신학은 마지막 만찬에서 명확하게 언급된다.

제61장
배반자 폭로와 마지막 만찬
마가복음 14:17-25

현 단락은 유월절 식사를 배경으로 한 마지막 만찬을 중심 사건으로 한다. 식사를 배경으로 두 개의 다른 주제가 언설된다. 배반자 폭로(17-21절)와 빵과 잔의 의미 설명(22-25절)이 그것이다. 배반자의 신분은 내러티브상에서 이미 두 차례 밝혀졌지만(3:19; 14:10-11) 등장 인물에 의해 직접 밝혀지기는 이번이 처음이다. 예수님은 자기의 죽음을 강하게 암시하는 떡과 잔을 나누시기 직전, 누가 자신을 배반할 것인지 공개적으로 밝히신다. 예수님은 가룟 유다와 종교 권력자들 사이에서 비밀리에 진행된 음모를 '이미' 알고 계셨고, 이제 그것을 모든 제자들에게도 알리신 것이다. 이어서 제자들에 의해 준비된 유월절 식사가 진행된다. 식사 도중에 그는 그들이 먹는 빵과 마시는 잔의 의미를 설명하신다. 두 사건은 모두 숨겨진 것들을 들추어낸다는 점에서 공통점을 가지고 있는데(비교. 4:22), 하나는 배반자의 정체이고 다른 하나는 빵과 잔의 의미였다.

마지막 만찬의 의미는 식사의 시간적 배경인 유월절과 식사 제공자인 예수님의 수난 상황이 고려될 때 이해될 수 있다. 일찍이 마지막 만찬과 유월절 식사의 상관관계를 연구한 예레미아스는 마지막 만찬이 유월절 식사라는 강한 주장을 한 바 있다(Jeremias, 1966: 41-62). 하지만 엄밀한 관찰은 마지막 만찬과 유월절 식사 사이에는 유사성과 차이점이[1] 동시에 존재한다는 것을 보여준다.[2] 유사성을 먼저 보자면, 첫째, 유월절 하루 전날이지만 예수님은 유대인의 유월절 관습대로 유월절 어린양이 잡혀 절기가 지켜지던 예루살렘 성 안에서 식사를 하신다(13절; Jeremias, 1966: 42-43). 둘째, 유월절 식사와 마찬가지로 마지막 만찬도 저녁에 진행되었다(출 12:8; 막 14:17). 셋째, 유월절 식사가 떡을 떼면서 시작된 것처럼, 예수님 역시 빵을 떼어 주시며 식사를 시작하셨다(22절; Jeremias, 1966: 49). 넷째, 유월절 식사는 가장인 아버지가 출애굽기 12장을 근거로 그 식사가 가진 의미를 해석하듯이 예수님도 빵과 잔의 의미를 해석하신다(22, 23절; Jeremias, 2009: 416; Gnilka, 2권 322). 다섯째, 유월절 식사 마지막에는 할렐 찬양(시 113-118편)이[3] 있듯이 마지막 만찬 끝에 찬양이 있다(26절; Jeremias, 1966: 55).

두 식사 사이에는 중요한 차이점 역시 존재한다. 첫째로, 앞 단락에서 설명한 것처럼 마지막 만찬으로 가진 유월절 식사는 니산월 15일 저녁이 아닌 14일 저녁에 열렸다. 둘째로, 유월절 식사에서 잔은 식사 전 절기 예식 중에 마시고 빵과 어린양은 식사 시에 먹는다(Jeremias, 1966: 79-80). 하지만 마지막 만찬에서는 빵을 먼저 떼어 나눈(22절) 후 분잔(23절)을 할 뿐만 아니라 어린양을 먹었다는 언급도 없다(대조. Marshall [b], 1980 [b]: 63, 88). 셋째로, 유월절 식사에서는 자녀들이 가장에게 유월절의 기원과

---

1. 당시 유대인들이 유월절을 어떻게 이해했으며 어떤 순서로 지켰는지에 대해서는 비록 신약성경보다 후기의 저술이지만, 미쉬나 페사힘 10:5 참고.
2. 아래의 관측 특히 마지막 만찬과 유월절 식사 사이의 유사성은 예레미아스의 연구(Jeremias, 1966: 41-62; 2009: 415-18)에 의존한 것임을 밝혀둔다.
3. 할렐 찬양에 대해선 11:9-10 주해를 보라.

빵과 잔의 의미를 먼저 묻고 가장은 그에 대한 해석을 주는 것이 관례이지만(출 12:26-27; Jeremias, 2009: 416), 마지막 만찬에서는 예수님이 빵과 잔에 관한 설명을 주시기 전에 제자들의 질문이 있었다는 기록이 없다. 게다가 식사에 관한 해석 중 예수님은 과거 유월절의 기원에 관한 그 어떤 언급을 주시는 것 없이 오직 빵과 잔을 자신의 몸과 피에 연결하여 해석하신다. 결론적으로, 마지막 만찬이 가진 유월절 식사와의 유사성과 차이점은 예수님이 유월절 식사의 의미를 그의 식사에 적용하려 했을 뿐 아니라 그의 죽음의 빛 아래에서 그것을 재해석하신다고 볼 때 가장 잘 이해될 수 있다(Wright, 1996: 555-59, 579-84; Dunn, 2012: 382-83, 423-24).[4]

내러티브 흐름으로 본다면 현 단락의 식사는 예수님이 앞서 가지신 많은 식사들(1:13, 31; 2:15-17; 6:30-44; 8:1-10; 14:3; 비교. 2:18-19)을 결론짓는 만찬이다. 특히 마가복음에서 예수님의 첫 식사는 광야에서 악의 권세를 물리치신 후 승리의 잔치(1:13)였지만, 마지막 식사는 하나님 나라 선포자의 배반당함과 죽음을 알리는 자리이다. 마가복음에서 예수님의 식사는 승리의 잔치로 시작했다가 배신과 죽음을 예고하는 자리로 끝나는 것처럼 보인다. 하지만 예수님은 죽음을 알리는 자리에서조차 도래할 하나님 나라에서의 잔치를 역설적으로 기대하시는데(25절 후반부), 이는 그의 죽음이 남을 살리고 그의 희생이 악의 권세를 무너뜨려 결국 그가 선포해 왔던 하나님 나라가 도래할 것을 믿으셨기 때문이다(Marshalll [b], 1980[b]: 94-97).

원접 문맥에서 본다면 마지막 만찬은 일정한 유사 언어 반복(6:31-44

---

4. 마샬은 예수님이 자신의 죽음을 유월절 어린 양에 비교하셨다고 보지는 않지만 마지막 만찬이 유월절의 배경으로 이워졌고 또 예수님은 하나님의 나라에서 유월절 식사를 가지기를 고대하셨다고는 본다(Marshall [b], 1980 [b]: 88).

서언을 보라)을 가진 채 삼 단계로 진행된 식사들(오병이어[6:35-44], 사천 명 먹이심[8:1-9], 마지막 만찬[14:17-26]) 중 대단원이다. 따라서 마지막 만찬의 의미는 지난 두 식사의 의미를 되돌아볼 때 발견될 수 있다. 처음 두 식사를 통해 예수님은 오천 명과 사천 명에게 각각 급식하셨고 이제 마지막으로 열둘을 먹이신다. 비록 급식 수혜자의 숫자는 줄어들었지만 급식의 의미는 명확해졌다. 열둘을 먹이시며 예수님은 빵을 자신의 몸이라 밝히셨기 때문에 지난 두 급식 기적 동안 빵을 먹은 무리들 역시 앞으로 '예수님의 몸'을 먹고 마시는 일에 참여할 것이라는 함축된 의미가 있었음을 알 수 있다. 또한 두 급식 기적 동안 예수님은 빵을 쪼개신 후 제자들에게 주시며 그들이 직접 나눠 주도록 지시하셨다(6:41; 8:6)는 것을 기억한다면, 마지막 만찬에서 그의 몸이라는 말씀과 함께 다시 그 빵을 그들에게 나눠주신 행위에 담긴 의미가 무엇인지 추정할 수 있다. 곧 그 빵(몸)은 그들 자신만을 위해서 쪼개지고 나눠진 것이 아니라 그들을 통해 다시 사람들에게 쪼개지고 나눠지도록 주어진 것이다.

17 그리고 저녁이 된 후 그가 그 열둘과 함께 가셨다. **18** 그리고 그들이
비스듬히 기대어 먹을 때 예수님이 말씀하셨다. "진정으로 내가 그대들에
게 말합니다. 그대들 중 한 명, 나와 함께 식사하고 있는 그가 나를 넘겨줄
것이오." **19** 그들이 근심하며 한 명씩 돌아가며 그에게 묻기 시작했다. "저
는 아니겠지요?" **20** 그러자 그가 그들에게 말씀하셨다. "열둘 중 하나, 나
와 함께 그릇에 [빵을] 적시는 사람이오. **21** 그러므로[5] 한편으로 인자는 그
에 관해 기록된 대로 가지만, 그러나 다른 한편으로 인자가 넘겨지는 데 매
개 역할을 한 그 사람에게는 화로다! 그 사람은 태어나지 않았다면 자기에

---

5. 헬라어 접속사 ὅτι의 '그러므로' 해석에 관해서는 BDAG, §5c를 보라.

게 좋았을 것이오."

22 그리고 그들이 먹을 때 빵을 취하신 후 축복하시고 떼어 그들에게
주셨다. 그리고 말씀하셨다. "받으시오. 이것은 내 몸이오." **23** 그리고 잔을
취하신 후 감사를 드린 후 그들에게 주셨다. 그러자 모두가 그것을 마셨다.
24 그 후 그들에게 말씀하셨다. "이는 많은 사람을 대신하여 흘리는 나의
언약의 피요. **25** 진정으로 내가 그대들에게 말합니다. 포도나무에서 빚은
것을 나는 결단코 더 이상 마시지 않을 것이오. 하나님 나라에서 새로운 그
것을 마시는 그 날까지!"

주해

배반자 폭로(17-21절)[6] "저녁이 된 후" 예수님은 "열둘"과 함께 준비된 다락방으로 가시어 마지막 만찬을 가지신다. 식사가 진행된 시간으로 언급된 "저녁이 된 후"(ὀψίας γενομένης)는 그 해석에 있어서 많은 논란이 있는 절임을 본 단락의 서언에서 살펴보았다. 어떤 학자는 이 표현을 새로운 하루가 해진 후에 시작되는 것으로 보는 유대 날 수 계산법에 따라, 새로운 날이 시작됐음을 알리는 표지로 보기도 한다(Nineham, 383; Marcus, 2009: 953; Cranfield, 423). 이런 해석을 취하는 학자들은 마지막 만찬이 이전 단락의 배경이 된 니산월 14일, 곧 "양 잡는 날"(12절) 하루 후인 유월절에 이뤄진 공식적인 절기 식사라는 주장을 한다. 그러나 '옵시아스 게노메네스'는 마가복음에서 단 한 번의 경우(1:32)를 제외하고는 날의 바뀜보다 단순한 시간의 흐름을 가리키고자 사용된다("아마도 초저녁", 4:35; "'밤의 사경'이 근접한 시간", 6:47; "같은 날의 늦은 오후 시간"

6. 저자는 최근 논문(2020: 82-88)에서 9:12와 14:21을 상세하게 다룬 바 있다. 아래 내용에는 논문과 중복되는 부분이 있음을 밝혀둔다.

15:42; 참고. France, 2002: 565). 만일 요한복음 18:28; 19:14과 앞 단락의 서언에서 제시한 증거를 고려한다면 예수님의 죽음이 유월절 전날에 일어난 사건이라고 결론 내릴 수 있다. 예수님 역시 유월절인 금요일 밤에 있을 공식적인 유월절 식사를 가질 수 없다는 것을 알았기에 니산월 14일 저녁에 제자들을 보내어 식사 준비를 시켰고, 유월절 식사 시간대에 맞춰 밤늦은 시간(Hooker, 1991: 333; 또한 12-16절 주해의 서언을 보라)에 준비된 다락방으로 가셔서 마지막 만찬을 가지셨다고 봐야 한다. 이런 해석을 근거로 본다면 17절의 "옵시아스 게노메네스"는 날의 변화보다 유월절 식사 시간으로 알려진 '밤'이 되었음을 알리는 지시어로 자연스럽게 이해된다.[7]

다락방의 규모가 컸다는 정보("큰 다락방", 15절)는 만찬의 참석자의 수의 정도를 고려할 근거를 주지만 본문의 근거로 본다면 예수님과 "열둘" 만이 식사에 참여하셨다는 것은 분명하다("열둘과 함께 가셨다", 17절). 그들이 식사하고자 취한 자세(ἀνακειμένων, 18절)는 문자적으론 '비스듬한' 혹은 '누운' 자세로 '[쉰]아나께이마이'([συν]ἀνάκειμαι), '까따께이마이'(κατάκειμαι), '아나끌리노'(ἀνακλίνω)와 함께 마가복음에서 반복적으로 등장한 식사 자세이다(2:15; 6:22, 26, 39, 40; 14:3; 참조. 8:6). 비스듬히 앉는 식사 자세는 구약성경이 말하고 있는 유월절 식사 자세는 아닌데, 출애굽기는 "허리에 띠를 띠고 발에 신을 신고 손에 지팡이를 잡고 급히 먹으라"(12:11)고 권면하고 있기 때문이다. 비스듬히 기대어 식사를 하는 자세는 심지어 고대 이스라엘 사회에서 부유한 특권층의 식사 관습으로 여겨졌다(암 6:4-7). 그런 자세는 아마도 그리스-로마 사회의 영향으로 예수님 시대 유대 사회에 일반적인 식사 자세가 된 것처럼 보인다

7. 예수 시대 유대인들의 일상적인 저녁 식사 시간은 중간 혹은 늦은 오후였다.

(Taussig, 64-70, 114-18; 또한 2:15; 6:38-41; 8:5-7; 14:17-21 주해를 보라).

그들 모두가 동일한 식사 자세를 취했다는 것은 주목할 만하다. 공적 영역의 식사자리에 초대받아 동일한 자세로 함께 앉아 있을 수 있는 참여자는 사회적으로 같은 신분의 사람들이었고, 가족 식사 중에서도 여인과 종은 배제되었다(Corley, 141). 열두 제자들이 예수님과 함께 비스듬히 앉아 식사에 참여하고 있는 모습은 그를 통해 형성된 새로운 이스라엘 혹은 하나님의 새로운 가족의 전형적인 모습으로 비춰진다(참고. 3:31-35). 그러나 이어지는 담화가 보여 주듯 이처럼 친밀함과 연합의 식탁 자리는 배반자가 폭로되는 자리가 된다(비교. 요 13:1-20). 이런 점에서 첫 '성찬'은 그리스도인 청자들에게 깊은 '파토스'를 안겨다 주며 시작된다.

중요한 선언을 할 때 사용된 예수님의 전형적 화법("진정으로 내가 그대들에게 말합니다", 3:28 주해를 보라)으로 배반자를 밝히신다. 예수님을 "넘겨줄"(παραδώσει, 18절) 자는 두 범주(category)로 언설되는데, 하나는 '열둘'(τῶν δώδεκα, 7, 8절)이고 다른 하나는 '식탁 친구'이다(18, 20절). 예수님이 "그대들 중 한 명"(18절)이라 하셨을 때 열둘 중 하나를 염두에 두셨다는 것은 앞선 정보("열둘과 함께 가셨다", 17절)를 통해 암시되고, 뒤따르는 담화를 통해 확증된다("열둘 중 하나", 20절). "열둘"은 하나님 나라 전파의 공동 사역자로 부름받았고(3:14-15), 무엇보다 그가 이끄시는 종말론적 새 출애굽에 참여한 새 이스라엘의 대표자들이었다(3:13-14 주해를 보라). 그런 점에서 "열둘 중 하나"가 예수님을 넘겨줄 것이라는 사실은 하나님 나라 선포 사역 전체의 위기로 보일 수 있는 문제였다. 더불어 배반자는 '식탁 친구'로 묘사된다:

> 나와 함께 식사하고 있는 그가[ὁ ἐσθίων μετ' ἐμοῦ]
>
> 나를 넘겨줄 것이오(18절 후반부).

나와 함께 그릇에 [빵을] 적시는 사람이오(20절).

식탁 벗이 배반자가 된다는 개념은 칠십인경 시편 40:10(개역개정 41:9)의 반향(echo)처럼 보인다:

> 내가 신뢰하여 내 떡을 나눠먹던[ὁ ἐσθίων ἄρτους μου] 나의 가까운 친구도 나를 대적하 … 나이다.

배반자가 식탁 친구에서 나온다는 것이 예수님 시대 유대인들에게 낯설지 않는 표현이었다는 것은 쿰란 공동체에서도 동일 구절이 인용된 것(1QH 5:23-24)을 통해서 알 수 있다. 시편에 근거한 예수님의 배반자 폭로 언설은 특별히 선택된 열둘과 인간적 신뢰의 절정인 밥상친구가 배반자가 되는 상황조차도 하나님의 말씀이 성취되는 과정임을 믿게 한다.

예수님의 말은 제자들 가운데 급격한 감정의 변화(ἤρξαντο λυπεῖσθαι, '근심하[기] … 시작했다', 19절)를 가져왔다.[8] 이런 감정적 변화는 예수님이 의도하셨던 것처럼 보인다. 처음부터 구체적으로 한 명을 지목하시며 배반자를 밝히실 수도 있었지만 예수님은 곁에 있던 제자들 모두를 '후보자'로 보시는 표현("그대들 중 한 명")을 사용하셨기 때문이다. 이런 표현은 제자들의 질문에 대한 답변의 성격을 가진 말씀("열둘 중 하나", 20절 전반부)에 다시 등장한다. 사실 이어지는 "나와 함께 사발에 [빵을] 적시는 사람이오"(20절 후반부)라는 표현 역시 결코 배반자가 누군지 구체적으로 지목하기보다는 다시 한번 더 열두 제자 모두를 배반자 후보로

8. 마가복음에서 λυπέω가 사용된 다른 경우는 10:1-22에 등장하는 인물이 모든 것을 버리고 예수님을 따르라는 요청에 응하지 못하고 돌아갈 때의 감정 상태(λυπούμενος, "근심하며", 22절)를 표현하기 위해서이다.

세우는 효과가 있다. '뜨뤼블리온'(τρύβλιον)은 '사발' 혹은 '접시' 등을 가리키는 단어이지만, '다른 누군가와 함께 손을 사발에 함께 넣는다'는 것은 식사를 다른 사람과 함께 나눈다는 '공동체 식사'의 의미를 가진다.[9] 발화가 이뤄지는 그 순간 그와 함께 사발에 손을 넣는 사람이 구체적으로 언급되지도 않은 상황이었음을 고려한다면 모든 제자들은 그 말("나와 함께 사발에 [빵을] 적시는 사람이오)을 지금까지 식탁 벗이 되어왔고 지금도 공동 식사에 참여하고 있는 자기 자신들을 가리키는 표현으로 받을 수밖에 없다. 예수님의 그와 같은 표현은 배반자가 될 가능성은 그들 모두에게 있음을 자각케 하여 현재 자신의 상태를 스스로 점검토록 하시려는 의도로 이뤄졌을 것이다.

예수님의 말을 들은 제자들은 불안감이 짙게 배인 질문(μήτι ἐγώ, '난 아니겠지요?')을 "한 명씩 돌아가며"(εἷς κατὰ εἷς) 한다. 부정적인 답변을 기대할 때 사용하는 '메띠'(μήτι) 부정문이[10] 사용된 것은 제자들 모두가 (심지어 가룟 유다까지) 자기는 아니라는 말을 예수님으로부터 듣고 싶었다는 사실을 드러내 보여준다. 그럼에도 제자들의 자기 확신이 결여된 질문을 부정적인 것으로만 볼 필요는 없다. 불안함이 부정적인 것만은 아니고 또 어떤 불안은 한 사람을 위기에서 건져 줄 수도 있다(참조. 고후 7:10). 그렇다면 예수님의 모호한 예언은 그들 모두를 근본적으로 뒤흔드는 도전으로 다가왔고 따라서 그들의 제자됨(discipleship)을 원점에 올려놓고 점검하도록 했을 수 있다. 이런 점에서 그의 예언은 가룟 유다나 다른 제자 모두에게 성찰과 회개를 위한 마지막 기회라는 의미가 있다.

제자들의 질문에 대한 대답 후 인자의 운명이 공개된다(21절 전반

---

9. BDAG, τρύβλιον.

10. BDAG, μήτι.

부):[11]

> 그러므로 인자는 그에 관해 기록된 대로 가지만.
>
> ὅτι ὁ μὲν υἱὸς τοῦ ἀνθρώπου ὑπάγει καθὼς γέγραπται περὶ αὐτοῦ

목적어나 여격을 동반하지 않는 독립적(absolute) 용법의 '휘빠게이(ὑπάγει, '간다')는 인자가 가는 곳이 어딘지에 대한 모호함을 준다.[12] 하지만 이미 예수님은 제자들에게 인자가 걷는 그 길 끝에는 때이른 죽음이 기다린다는 예언을 여러 차례 주신 터(8:31; 9:12, 31; 10:33, 45)였기에 "인자는 … 간다" 하셨을 때 그가 고난받아 죽는 길을 염두에 두셨다고 말할 수 있다. 주목할 것은 인자로서 자의식을 가진 예수(2:10, 28 주해를 보라)께서 그의 갈 길을 "그에 관해 기록된" 데에서 찾는다는 대목이다(고난받는 인자와 관련하여 예수님이 구체적으로 생각하신 말씀에 관해서는 또한 9:12 주해를 보라).

인자의 고난을 "기록"에서 찾고 계신다는 점과 관련하여 먼저 살펴보아야 할 것은 마가복음에서 "기록된 대로"라는 어구의 사용이다. 인자 예수님의 길을 하나님의 말씀에서 찾는 모티프는 내러티브 초반(1:2)과 중반(9:12), 그리고 결론부(14:21)에 등장한다. 먼저 '까토스 게그라쁘따이'(καθὼς γέγραπται, '기록된 대로')는 1:2에서 처음 사용되어 예수님이 이사야 선지자의 글에 기록된 대로(καθὼς γέγραπται) 한 전령(ἄγγελος)에 의해 예비된 길을 걸어갈 것이라 알려주었다(참조. 8:31). 내러티브에서 예수님은 전령으로 소개된(4절) 세례 요한에 의해 예비된 길을 걷지만(1:7,

---

11. 21절은 저자의 논문(박윤만, 2020: 77-103)에서 상세히 다룬 바 있다.
12. 마가복음에서 동사 '휘빠고'(ὑπάγω)의 쓰임에 대해서는 박윤만 2020: 89-90을 보라.

14 주해를 보라), 1:2은 세례 요한과 예수님은 모두 이사야 선지자를 통해 하신 하나님의 말씀에 기초하여 길을 예비하고 또 걷는 것이라 말한다. 내러티브가 진행될수록 예수님은 인자로 소개되지만 인자의 운명 역시 기록된 말씀에 준하고 있음이 재천명된다(9:12, "인자에 관해서는 그가 많은 고난과 멸시를 받아야 할 것이라 기록되지[γέγραπται] 않았소?"). 시작(1:2)에서는 앞으로 예수님의 길이 어떻게 성경의 성취가 될 것인지 내다보게(anticipation) 한다. 중반(9:12)에서는 지금까지 그가 걸어온 길을 되돌아보게(retrospection)하고 또 동시에 인자로서 예수님은, 그 길이 고난의 길일지언정, 성경에 기록된 대로 걸어갈 분임을 다시 기대(expectation)하게 한다. 마지막 결론부(14:21; 참조. 14:27, 49)에서는 죽음을 앞둔 가장 암담한 시기이지만 그 어둠을 통과하는 동안 예수님이 붙들고 계셨던 것은 하나님의 말씀과 뜻에 대한 믿음이었음을 말해준다(참조. 14:36).

그렇다면 이제 남은 질문은 예수님이 "인자는 그에 관해 기록된 대로 가지만"이라고 하셨을 때 구체적으로 어떤 구약 본문을 염두에 두셨을까 하는 것이다.[13] 다수의 학자들은 현 본문의 "기록은 특별한 성경 구절보다는 구약성경 전체를 지시한다고 본다(Nineham, 379, 299; Schweizer, 299; Stein, 648-49; Gnilka, 2권 314). 이 입장에 따르면 인자 예수님은 구약 전체에 드러난 하나님의 뜻에 순종하고자 고난의 길을 간 것이다. 하지만 예수님이 칠십인경 다니엘 7장과 이사야 53장이 14:21의 "기록"의 직간접적인 배경 본문이라 볼 때 현 본문은 물론 근접 본문에 등장한 인자 어록이 훨씬 더 잘 이해될 수 있다. 먼저 예수님의 자기 칭호인 인자의 배경 본문인 다니엘 7장 중 특히 25절에 주목해 보자.

13. '인자에 관한 기록'이 구약 어떤 본문을 염두에 둔 것인지에 대한 아래 논의는 저자의 논문(박윤만, 2020: 90-92)에서 그대로 인용된 것임을 밝혀 둔다.

> 그[넷째 짐승에게서 난 한 뿔]은 지극히 높으신 이의 성도들을 상하게 하며 때와 법을 고치고자 할 것이며 모든 것들이[πάντα] 그의 손에 넘겨지게 될 것이며[παραδοθήσεται](번역은 저자의 것).

다니엘의 인자가 대표하는 "성도들"은 "모든 것들"과 함께 넷째 짐승(제국)의 한 뿔(왕)의 손에 넘겨져(παραδοθήσεται) 고난을 겪는다. 여기서 사용된 "성도들"의 넘겨짐(παραδοθήσεται)과 마가복음 14:21의 인자의 팔림(παραδίδοται)은 같은 동사로 서술된다. 더불어 자신의 죽음이 많은 사람을 대신하는 것이라 밝히는 선행본문(10:45)과 후행본문(14:24)을 통해 확인할 수 있는 것처럼 예수님은 자신을 메시아적 존재로 밝히고 있다. 따라서 그것이 유다의 배반으로 인해 초래된 현실일지라도 인자 예수님은 그가 '가는' 길에서 기다리고 있는 '넘겨짐'이 그의 백성들을 대신하는 것임을 다니엘 7장을 근거로 확신하고 계셨다고 보는 것이 불가능하지 않다.

다니엘 7장과 더불어 14:21에 반향된 구약 본문은 칠십인경 이사야 53:6, 12인데, 이사야의 반향은 언어적으로나 주제적으로 보다 더 직접적이다.

> 주는 우리의 죄 때문에 그를 넘겨주셨다[παρέδωκεν](사 53:6).

> 그들을 대신하여[ἀνθ' ὧν] 그의 목숨이 죽음에 넘겨졌기[παρεδόθη] 때문이다(12절 중반부).
> 그는 많은 사람의 죄를 담당했고 그들의 죄 때문에 넘겨졌다[παρεδόθη](12절 하반부, 번역은 저자의 것).

고난받는 종의 '넘겨짐'은 능동태(παρέδωκεν, 6절)와 수동태(παρεδόθη [2x], 12절)로 각각 서술된다. 6절의 능동태 '빠라도껜'(παρέδωκεν)의 주어는 "주"로 명시됐지만 12절의 수동태 '빠라도께'(παρεδόθη)의 의미상의 주어는 다소 애매하다. 문맥상(7절 "그는 양처럼 도살장으로 끌려갔다[ἤχθη]"; "그의 생명이 땅에서 제거되었다[ἤχθη]", 8절) 사람들이 그를 죽음에 이르게 했다는 해석이 가능하기 때문이다. 결과적으로 여호와의 종의 넘겨짐과 관련하여 하나님과 인간 모두가 의미상 주어의 역할을 한다는 이해가 가능하다. 이사야 53장에서 종의 '넘겨짐'을 위한 동사 '빠라디도미'(παραδίδωμι)의 의미상 주어에 대한 이중적 관점은 14:21에서 인자의 '넘겨짐'에서도 그대로 부각된다.

배반자의 운명이 어떠할지를 밝히고 있는 21절 중반부를 보자.

> 다른 한편으로 인자가 넘겨지는 데 매개 역할을 한 그 사람에게는 화로다.
>
> οὐαὶ δὲ τῷ ἀνθρώπῳ ἐκείνῳ δι' οὗ ὁ υἱὸς τοῦ ἀνθρώπου παραδίδοται

여호와의 종과 마찬가지로 인자 역시 넘겨진다(παραδίδοται). 인자의 넘겨짐은 한편으로 "기록된 대로"(καθὼς γέγραπται) 일어나고 다른 한편으로 매개자를 통해(δι' οὗ) 진행된다. 현재 수동태 동사 "넘겨지는"(παραδίδοται)의 의미상 주어는 '또 안트로뽀 에께이노 디 후'(τῷ ἀνθρώπῳ ἐκείνῳ δι' οὗ, '매개 역할을 한 그 사람에게')에 의해 지시된 가룟 유다로 볼 수도 있다. 14:11은 이런 입장을 지지한다. 하지만 수동태 구문에서 의미상 주어를 지시하는 '휘뽀 후'(ὑπο οὗ) + '빠라디도따이'(παραδίδοται, '그에 의해 넘겨지다')가 아니라 '디 후'(δι' οὗ) + '빠라디도따이'(παραδίδοται, '그를 통해 넘겨지다')가 사용된 것은 수동태의 의미상 주어 파악을 위한 다른 해석의 여지를 만든다(France, 2002: 567; Marcus, 2009: 952). 21절 전반부("인자는 그에 관해 기록된 대로 가지만")는 인자의 넘겨짐에 하나님이 개입되었음을 명시하고 있기에 '빠라디도따이'(παραδίδοται)의 의미상 주어는 하나님으로 보는 것 역시 가능하다. 이런 해석은 하나님께서 메시아 예수님을 "많은 사람을 대신하는 대속물"(10:45)로 넘겨주신다는 해석을 가능하게 한다. 그럼에도 예수님은 자기가 종교 권력자들에게 넘겨지는 일에 "매개 역할"(δι' οὗ)을 한 사람의 책임이 면제되는 것이 아니라고 말씀하신다: "그 사람에게는 화로다." 이는 하나님의 주권적 섭리는 인간을 기계적 운명론자로 남게 하지 않기 때문이다. 인자(ὁ υἱὸς τοῦ ἀνθρώπου [2x])가 그 길을 갈지 안 갈지,[14] 또 사람(ὁ ἄνθρωπος [2x])이 인자를 배반할지 안 할지는 개인의 자발적 선택을 통해 결정된다. 그리고 신적 섭리는 개인의 선택을 '통해', 그리고 선택 '위에'서 작용한다(비교. 엡 4:6). 예수님은 동일한 한 사건(인자의 죽음)을 두고 두 영역(하나님의 주권과 인간의 책임)이 공존한다고 말씀하신 것이다. 이는 21절에 등장하는 '멘 … 데'(μέν ... δέ, '한편으로 … 다른 한편으로') 구문을 통해서 확인된다(Cranfield, 424). 한때는 식탁 벗이었고 또 특별히 선택받았던 열둘 중 누가 예수님을 배반할지도 모른다는 참담한 일이 명시되는 순간 예수님은 한편으로 그와 같은 비극적 사건 역시 신적 섭리 가운데서 통제되고 있는 것이라 설명하시고, 다른 한편으로 그렇다고 하더라도 인자를 넘겨줄 사람이 죄 없다고 말할 수 있는 것은 아니라고 말씀하신다(참고. Calvin, 공관복음 2권 398-99). 이처럼 하나님의 주권적 역사는 인간의 악이 극렬하게 드러나는 순간에서도 한 치의 후퇴도 없이 두 영역은 분명 긴장이 있다. 하지만 성경은 그 긴장을 해결하려고

14. 이 주제와 관련해서는 14:36 주해를 보라.

하지 않고 "신비"로 남겨둔다(Marcus, 2009: 955). 대신 성경이 강조하는 바는 두 영역 중 하나에 치우치지 말라는 것이다.[15]

인자를 배반할 자에 대해 "화"(οὐαί)가 선언된다(21절 중반부). '우아이'(οὐαί)는 마가복음에서 두 번 사용된 단어(13:17)로서 사전적으로는 '고통'과 '불쾌함' 혹은 '고난'과 '비탄'을 뜻한다.[16] 그것의 정확한 의미는 문맥이 결정한다. 13:17의 문맥에서는 '우아이'가 다소 긍정적인 의미로 사용되어, 돌보아야 할 아이들 때문에 닥친 재앙에 더 취약해진 여인들을 향한 예수님의 '비통한 마음'을 드러낸다. 이와 달리 현 맥락은 부정적인 의미를 선택하게 한다(Evans, 2001: 378; 대조. Cranfield, 424; Boring, 2006: 390). "화"가 돈 거래를 전제(14:11)로 메시아를 살해하려는 음모자들에게 넘겨주려는 자를 향하고 있기 때문이다. "화" 선언 후 이어지는 본문("그 사람은 태어나지 않았다면 자기에게 좋았을 것이오")은[17] 그를 넘겨준 자를 기다리고 있는 것이 종말론적인 응보로 보도록 한다(Marcus, 2009: 955). 대략 주전 2-1세기의 유대 묵시 문학인 에녹1서에서도 유사

15. 빌 1:6에서는 바울은 하나님이 "착한 일을 시작하셨"기에 그 일을 또한 "이루실 것을" 확신했다. 그런데 2:12에서 "항상 복종하여 두렵고 떨림으로 너희 구원을 이루라"고 권면한다. 바울은 여기서 하나님의 주권과 인간의 책임 사이의 긴장을 해결하지 않는다. 또한 바울은 갈 5:16에서 "성령을 따라 행하라"고 한 후 18절에서는 "너희가 만일 성령의 인도하시는 바가 되면"이라 한다. 성도의 삶은 성령이 우리를 인도하는 삶인가, 아니면 우리가 성령을 따라 행하는 삶인가? 어느 것이 신앙생활의 정도인가? 하지만 바울은 이런 모순되는 상황을 전혀 문제될 것이 없는 것처럼 갈 5:25에서 "만일 우리가 성령으로 살면[성령에 이끌려 살면] 또한 성령으로 행할지니"라고 한다.

16. BDAG, οὐαί §1, 2.

17. 전 4:3에서 유사한 표현이 나온다. "아직 출생하지 아니하여 해 아래에서 행하는 악한 일을 보지 못한 자가 더 복되다"(개역개정). 현 맥락에서 배반자는 출생하였거나 세상에서 일어나는 악행 때문이 아니라 그 자신이 행한 배반에 대한 책임을 지고 그가 겪어야 할 고통 때문에 "그 사람에게는 화로다"라고 예수님이 말씀하신 것이다.

한 문장(짙은 글씨)이 나온다(Marcus, 2009: 955):

> 의인들의 회중이 나타날 때 죄인들은 그들의 죄로 인해 심판을 받을 것이다. … 죄인들의 안식처가 어디며 영들의 주를 부인하는 자들의 쉴 곳이 어디겠는가? 그들은 태어나지 않았더라면 더 좋았을 것이다(에녹1서 38:1-2).

"영들의 주"를 부인하는 자가 "태어나지 않았더라면 더 좋았을 것"이라 한 이유는 그 부인의 대가로 심판이 기다리고 있기 때문이다. 마찬가지로 예수님도 "그[ἐκεῖνος] 사람이 태어나지 않았더라면 자신에게 좋았을 것"이라 하신 이유는 그의 배반으로 그가 받게 될 마지막 심판이 무엇인지 아셨기 때문이다. 물론, 원거리 지시 대명사 "그"(ἐκεῖνος)에 지시된 사람은 가룟 유다이다. 유다는 예수님과 함께 식사에 동참하고 있었음에도(17절) 불구하고 근거리 지시 대명사가 아니라 원거리 지시 대명사로 지시된 것은 왜일까? 헬라어 지시 대명사는 객관적 거리를 지시할 때 사용되기보다 언어 사용자의 심리적 거리를 드러내는 것이기에(박윤만, 2013a: 192-95), 그를 배반할 자를 원거리 지시 대명사로 발화한 것은 예수님이 그를 제자 공동체 밖에 있는 인물로 생각하고 있었다는 증거이다.

미래에 닥칠 종말론적인 심판으로 "화"를 보는 것에 더해 내러티브 상에서의 의미 역시 발견된다. 가룟 유다는 그 이유가 무엇이었든지 간에[18] 예수님을 종교 권력자들에게 넘겨줌으로써 선생의 하나님 나라 운동에 종지부를 찍을 수 있을 것이라 생각했을 것이다. 하지만 그의 배반은, "인자는 그에 관해 기록된 대로 간다"는 말씀에서 확인할 수 있듯이, 하나님의 뜻을 좌절시킨 것이 아니라 그것이 이뤄지는 바탕이 된다. 인자의 운

18. 가룟 유다의 배반 동기에 관해서는 3:19; 14:11 주해를 보라.

명을 기록된 말씀에서 찾았다는 것은 인자를 통한 하나님의 뜻은 배반자의 그런 의도에 예속되지 않을 것이라 믿으셨음을 보여준다. 그 까닭에 무너진 사람은 인자가 아니라 배반자가 될 것이므로 그에게 "화"가 있을 것이란 말은 '고통'과 '비탄'이 그에게 있을 것이라는 의미 역시 담고 있다.[19]

빵과 잔의 의미 설명(22-25절) 앞선 섹션에서 제자에 의한 배반과 그에 따른 죽음을 강하게 암시한 후 이제 예수님은 자신의 죽음이 가진 의미를 명확히 하신다. 사건 배경이 앞선 섹션(αὐτῶν καὶ ἐσθιόντων, '그들이 먹을 때', 18절)과 마찬가지로 식사 중이라는 사실은 "그들이 먹을 때"(καὶ ἐσθιόντων αὐτῶν, 22절)라는 반복을 통해 확인된다. 한 단락의 배경 정보(장소, 시간, 인물 등)는 일반적으로 문단 서두에 명시된 후 강조할 경우가 아니면 그것은 문단 중에서 반복되지 않는다(박윤만, 2010: 311-14). 현 섹션에서 반복된 "그들이 먹을 때"는 빵과 잔에 관한 말씀이 식사 도중에 주어졌다는 정보에 현저성을 부여한다. 빵과 그것을 나눠 주시는 행위는 그에 상응하는 헬라어 끝 낱말의 '온'과 '엔' 운율의 반복을 통해서도 초점화된다(운율 반복이 이뤄진 헬라어를 번역한 국어 단어는 전체 밑줄로 표시했다):

> 그리고 그들이 먹을 때 빵을 취하신 후 축복하시고 떼어 그들에게 주셨다. 그리고 말씀하셨다.
>
> καὶ ἐσθιόντων αὐτῶν λαβὼν ἄρτον εὐλογήσας ἔκλασεν καὶ ἔδωκεν αὐτοῖς καὶ εἶπεν

19. 쿰란 문서 CD 19:34 역시 새 언약의 공동체에 입회했다가 "생수의 우물을 등지고서 떠난 모든 이들"이 종말에 심판의 대상이 될 것이라고 선언한다(박윤만, 2020: 80).

"나의 몸"은 빵에, "나의 피"는 잔에 빗대어지고 있기에 빵을 먹는 것은 곧 예수님의 몸을 먹는 것이고 잔을 마시는 것은 예수님의 피를 마시는 것이라는 은유적 추론이 만들어진다. 그러나 기억해야 할 것은 빵과 포도주는 구체적으로 불특정 물질이 아니라 "저녁이 된 후"(17절) 진행된 식사자리의 음식이라는 점이다. 예수님이 "이는[τοῦτὸ] 내 몸이요"(22절)와 "이는[τοῦτό] 내 피요"(23절)라고 하셨을 때 근접 지시 대명사 '뚜또'(τοῦτο)는 제자들이 그날 저녁 먹고 마시던 빵과 잔을 가리킨다는 은유적 추론은 문맥상 타당하다. "나의 몸"과 "나의 피"의 의미를 알려면 그것들이 지시하는 그날 저녁 식사가 유월절 식사의 의미(이집트의 억압으로부터 해방)와 예수님의 수난의 의미를 동시에 함축한다(본 단락 서언을 보라)는 것을 기억해야 한다.

"빵"(ἄρτον)은 한편으로 이스라엘이 이집트의 억압으로부터 해방되던 날 밤에 먹었던 누룩 없는 빵(출 12:15, 20, 39)을 연상케 하고(France, 2002: 568; Marcus, 2009: 964), 다른 한편으로 하나님 나라를 경험케 해오던 몸[20] 곧 고난과 죽음을 앞둔 그의 몸을 상징한다(참조. 신 16:3, "고난의 떡"; Marshall [b], 1980[b]: 87; Evans, 2001: 390; Donahue and Harrington, 395). 또한 '아르똔'이 단수라는 것을 주목할 필요가 있다.(참고. 8:14, ἕνα ἄρτον, '빵 하나'). 그 빵을 나눠주며 그것을 "내 몸"(τὸ σῶμά μου)으로 받아먹으라는 예수님의 가르침은, 옛 이스라엘이 유월절 빵을 먹은 날 밤에 바로의 억압으로부터 해방을 경험한 것처럼, 예수님의 몸 곧 삶과 죽음을 상징하는 빵을 먹는 열두 제자들은 새 이스라엘의 신분으

20. 마가복음에서 예수님의 신체적(특히 손의) 활동은 사람을 치유하는 매체였다(1:31, 41; 5:23, 27, 28, 29, 30, 31, 41; 7:33; 8:22, 25; 9:27).

로서 하나님의 종말론적 구원, 곧 새 출애굽을 경험할 것이라는 메시지를 전한다(Wright, 1996: 560).[21]

마지막 만찬에서 어록만큼 중요한 것이 예수님의 행동이다. 행동은 빵과 관련된 네 개의 동사와, 잔과 관련된 세 개의 동사로 발화된다:

> 빵을 취하신 후[λαβὼν] 축사하시고[εὐλογήσας] 떼어[ἔκλασεν] 그들에게 주셨다[ἔδωκεν].
>
> 잔을 취하신 후[λαβὼν] 감사를 드린 후[εὐχαριστήσας][22] 그들에게 주셨다[ἔδωκεν].

이런 단계적 행동을 유대인의 일상 식사에서 이뤄지는 단순한 식사 관습(6:41; 8:5-6; 비교. 행 27:35)으로 본다고 하더라도 빵과 잔이 문맥에서 몸과 피를 상징하고 있는 이상 빵을 "떼어 그들에게 주신" 것과 잔을 "주신" 행위에는 예수님의 자기희생이 함축되어 있다고 볼 수밖에 없다(대조. Hooker, 1991: 340; Collins [a], 655; Boring, 2006: 391).

분병 때와는 달리 분잔 시에는 제자들이 그것을 받아 마셨다(23절)는 사실이 명시된다: "모두가 그것을[ἐξ αὐτοῦ] 마셨다." 단수명사(αὐτοῦ)가 지시하는 것처럼 그들은 한 잔으로 돌려가며 마셨고, 또 단락의 결론부인

---

21. 미쉬나 페사힘 10.5에 따르면 랍비 가말리엘은 다음과 같은 말을 하곤 했다고 알려진다: "Passover, unleavened bread, and bitter herbs: 'Passover'—because God passed over the houses of our fathers in Egypt; 'unleavened bread'—because our fathers were redeemed from Egypt"(유월절, 누룩없는 떡, 쓴 나물: '유월절'—이는 하나님께서 이집트에서 우리 조상들의 집을 넘어가셨기 때문이다; '누룩없는 떡'—이는 우리 조상들이 이집트로부터 구속받았기 때문이다. …)."
22. '유카리스떼사스'(εὐχαριστήσας, '감사하다')와 분병에서 사용된 '유로게사스'(εὐλογήσας, '축복하다')는 마가복음에서 동의어로 사용된다(6:41; 8:6).

2절("나는 결단코 더 이상 마시지 않을 것이오")이 암시하듯 예수님 역시 그 잔을 마셨다(대조. Jeremias, 1966: 207-12). 열쇠 말 '포테리온'(τὸ ποτήριον, '잔')은 동일한 열쇠 말을 가진 10:38-39의 전망에서 현 에피소드들을 보도록 한다. "내가 마시는 잔[τὸ ποτήριον]을 마[실] 수 있겠소?"(38절)라는 예수님의 질문에 제자들은 "우리가 할 수 있습니다"(39절)라고 반응하고 예수님 역시 "그대들이 내가 마시는 잔[τὸ ποτήριον]을 마[실] … 것이오"(39절)로 화답하셨다. 모든 제자들(심지어 유다까지)이 예수님과 함께 한 잔을 마셨다는 것은 10:38-39이 성취된 것이라 이해하는 것이 옳다. 하지만 10:38-39과 현 문단에서 잔은 문자를 넘어 상징(34절 주해를 보라; 참조. 14:36)하는 바가 있기에, 잔을 마셨다는 행위에 내포된 더 깊은 의미가 내러티브에서 어떻게 확증될 것인지는 미래에 성취될 과제로 남는다.

빵의 의미 해석은 분병 동안(22절) 있었던 것과 달리, 잔에 대한 해석(24절)은 모두가 그것을 마신 후에 이뤄진다. 제자들은 잔의 의미를 이해하기 위해서 잔에 담긴 내용물을 시각적으로 바라보기보다 그들 안에 들어와 이미 몸과 하나가 된 그 포도주의 의미를 되새기도록 의도되었다.

"이는 많은 사람을 위해 흘려지는 나의 언약의 피요[τὸ αἷμά μου τῆς διαθήκης]"에서 소유격 '떼스 디아테께스'(τῆς διαθήκης, '언약의')는 주격인 "피"의 성격을 '설명'하는 용법으로 보는 것이 자연스럽다.[23] 예수님은 자기의 죽음의 의미를 '언약 체결을 위해 흘리는 피'로 설명하신다.[24] 중요

23. 헬라어 소유격의 용례는 Porter, 1994: 92-97 참고.

24. 현 에피소드에서 잔은 피로 은유(metaphor)되고, 피 흘림은 다시 죽음을 환유(metonymy)한다. 은유법은 A 영역을 말하기 위해 B 영역을 사용하는 언어적 장치이고, 환유법은 부분(a)으로 전체(A)를, 전체(A)로 부분(a)을 지시하는 언어적 장치이다(박윤만, 2013b: 198-202). 피 흘림은 죽음의 한 부분이므로 환유법이 사용되고 있다고 봐야 한다.

한 것은 "나의 피"와 "언약"(διαθήκης)의 영역이 상호 연결된다는 점이다. "언약의 피"는 칠십인경 출애굽기 24:8(참조. 슥 9:11)을 떠올려 준다(Cranfield, 427; Marshall [b], 1980 [b]: 91-92):

> 모세가 피를 취한 후 백성에게 뿌린 후 말하였다. 언약의 피[τὸ αἷμά τῆς διαθήκης]를 보라. 이는 주께서 이 모든 말씀에 대해 너희와 언약을 체결한 것이니라.

1인칭 소유격 대명사(μου, '나의')를 제외하고는 동일한 표현이 모세와 예수님에 의해 사용되었다. 출애굽 때 맺은 시내산 언약과의 유사성은 예수님이 열두 제자들과 만찬을 가지신 것처럼 모세 역시 열두 지파를 상징하는 열두 기둥을 세운(4절) 후 언약의 피를 뿌렸으며, 바로 이어지는 사건으로 장로 칠십인과 함께 산으로 올라가 언약 인준식에 준하는 식사를 하나님 앞에서 가졌다는 것(9-11절)에 의해 더욱 강화된다. 이런 유사성은 예수님이 자기의 죽음을 시내 산에서 체결된 것과 같은 언약적 희생제사로 이해했음을 보여준다. 이미 하나님은 출애굽 시 모세를 통해 이스라엘과 언약을 체결하셨기 때문에 지금까지 새 출애굽을 이끌어 오셨던 예수님 역시 자신의 희생적 죽음으로 새 언약이 체결될 것이라 믿으셨다고 보는 것은 옳다(눅 22:20; 고전 11:25; Marshall [b], 1980[b]: 92-93; Wright, 1996: 561; Evans, 2001: 394). 사실 제2성전 시기 선지자들은 하나님께서 종말에 그의 백성과 새 언약을 체결하실 것이라 믿었다(렘 31:31-34; 겔 36:22-36; 비교. 신 30장). 제2성전 시기의 맥락에서 새 언약 체결은 다양한 개념들을 그 안에 내포한 '포괄적 프레임'(global frame)이었다.[25] 예컨

---

25. '포괄적 프레임'이라는 용어에 대해선 Park, 114-17, 199-237을 보라.

대, 포로 상태로부터 돌아옴(렘 31:23, 32; 겔 36:24), 포로생활을 유발한 죄 사함(렘 31:34; 겔 36:25, 33; 참조. 사 40:2), 하나님의 임재의 장소로서 성전의 갱신(렘 31:38; 겔 40-47장), 새 영과 새 마음의 수여(렘 31:33; 겔 36:26-27), 열방을 향한 언약 백성의 소명 성취(겔 36:36; 47:1-12) 등과 같은 여러 중요한 개념들을 그 안에 내포하고 있었다.

그렇다면 자신의 죽음이 언약의 갱신을 가져온다는 예수님의 말씀이 뜻하는 바가 무엇인지는 분명하다. 본 주석은 예수님이 자신의 사역을 새 출애굽으로 이해하셨다는 점에 주안점을 두고 저술되었다. 예컨대, 중풍병자에게 이뤄진 죄 사함 선언(2:5), 성전의 파괴를 위한 상징적 시위 행위(11:12-25)와 그를 통해 새로운 성전이 건축될 것을 암시하는 비유(12:1-12, 특히 10-11), 완고한 마음이 극복되고 새 영과 새 마음이 주어지기 시작했음을 알리는 구약 인용(10:5-12), 하나님 나라에 이방인 초대(5:1-19, 특히 19; 7:24-30, 31-37; 8:1-9) 등은 예수님이 하나님의 백성을 새 출애굽 시키는 종말론적인 사역을 해오셨음을 보여 주는 증거들이다. 예수님은 죽음과 억압으로 벗어났던 첫 유월절과 출애굽을 기념하고자 성전 안에서 어린양이 도살되던 날에[26] 제자들과 따로 예루살렘 성 안에서 마지막 만찬을 가지셨던 것이다. 그리고 그 식사에서 자신의 죽음을 상징하는 빵과 잔을 열두 제자들에게 주시며 특히 잔을 "언약의 피"라 하셨는데, 이는 지금까지 해 오셨던 사역이 이스라엘을 새 출애굽시키는 과정이었고 그의 죽음 또한 그 연장선에서 이뤄진 구속의 절정임을 드러내 보이신 것이다(Marshall [b], 1980 [b]: 91-93). 특히 고대 근동 아시아와 구약의 여러 언약 체결식에서 마지막 비준 예식은 도살한 짐승의 피를 뿌리는 행위(창 15:9-10; 출 24:5-8)와 언약 당사자의 연회(창 31:44-55, 특히 46, 54;

26. Josephus, *Jewish Wars* 6.5.3. §292.

출 24:9-11)가 이뤄졌다는 사실(송제근, 158)은 마지막 만찬이 새 언약 체결식의 성격을 가진다는 주장을 더욱 설득력 있게 만든다.

예수님은 새 언약 체결의 대상자로 누구를 생각하셨을까? 시내 산에서 이뤄진 모세의 언약 체결은 세워진 열두 기둥이 상징하듯 열두 부족으로 구성된 이스라엘 백성들이 대상자였다면, 예수님이 체결하시는 새 언약은 그의 몸과 피를 먹고 마시는 회복된 이스라엘을 상징하는 열두 제자들과 더불어, "많은 사람"(πολλῶν, '뽈론'의 의미에 대해서는 10:45 주석을 보라) 역시 그 대상이다. 예수님이 '뽈론'을 말씀하셨을 그 범위에 유대인과 이방인 모두를 생각하셨다는 것은 의심의 여지가 없다(10:45 주해를 보라). 하나님의 새로운 언약 백성이 되는 조건은 예수님의 몸을 먹고 그의 피를 마시는 것이며, 그 범위에는 유대인과 이방인 모두가 포함된다는 것이 마지막 만찬에서 예수님이 주시는 메시지이다.

예수님이 자신의 죽음이 새 언약의 체결만이 아니라 대속적 효력을 가져올 것이라 믿었다고 보아야 할 이유가 있다. "나의 피"와 "많은 사람"과의 관계는 전치사 '휘뻬르'(ὑπέρ)로 연결돼 있다. '휘뻬르'(ὑπέρ) 전치사는 소유격과 결합하여 일반적으로 '위하여', 혹은 '대신하는'(요 11:50; 롬 5:7, 8; 고후 5:14, 15; 갈 3:13) 뜻으로 사용된다(Porter, 1994: 175). 포터가 인정하고 있는 것처럼 현 문장의 '휘뻬르'는 '대신하는' 용례의 예로 예수님의 피가 "많은 사람을 대신하여[ὑπὲρ] 흘리는" 것이라는 의미를 전한다(Porter, 1994: 175). 10:45(ἀντὶ πολλῶν, '많은 사람을 대신하는')에서와 같이 마지막 만찬의 맥락에서도 예수님의 죽음이 대속적 효력을 가진다는 사실이 재천명된다. 중요한 것은 어떤 바탕 위에서 예수님의 죽음의 대속적 역할이 이해되고 있는지를 규명하는 것이다. 어떤 학자들이 현 본문에서도 10:45에서와 같이 이사야 53:12과의 연관성을 찾는다(Cranfield, 427; 신현우, 2011: 322). 하지만 문맥적으로 보다 타당한 배경은 마지막 만찬이 이뤄지고 있는 배경인 유월절 맥락이다. 예수님은 유월절 어린양으로 상징되기 때문이다(14:12, 14, 16; France, 2002: 563, 571; 대조. Marshall [b], 1980 [b]: 88). 출애굽 하던 날 밤 죽음의 그림자가 이집트의 모든 집안에 찾아 왔을 때 좌우 문설주와 문지방에 어린양의 피가 뿌려진 "이스라엘 아들들의 집안"은 죽음으로부터 "구원"(ἐρρύσατο)을 받았다(칠십인경 출 12:21-27). 예수님 역시 자신의 죽음으로 "많은 사람"들이 죽음과 그것을 유발하는 죄로부터 속량을 받을 것이라 믿으셨다고 보는 것은 옳다. 사실 속량과 언약 체결의 주제적 연결은 구약에서 결코 낯설지 않다. 칠십인경 스가랴 9:11은 "언약의 피"가 매인 자를 해방케 한다고 설명한다. 또 출애굽기 24장의 시내산 언약은 이스라엘이 이집트로부터 속량된 후 체결된 것이며, 칠십인경 시편 110:9도 "여호와께서 그의 백성을 속량하시며 그의 언약[διαθήκην]을 영원히 세우셨"다고 말하고 있기 때문이다.

더불어 주목할 것은 대속적 효력을 가진 그의 피가 많은 사람을 위해 "흘려지는"(ἐκχυννόμενον) 것이라 언명하셨다는 점이다. 스툴마허(Peter Stuhlmacher)가 잘 지적하듯이 "구약성경에서 다른 사람의 피를 흘린다는 표현은 다른 사람의 생명을 강제로 해하는 것을 뜻한다"(창 9:6; 민 35:33; 신 21:7; Stuhlmacher, 72). 따라서 수동태로 표현된 '에끄퀸노메논'은 그가 다른 사람에 의해 폭력적으로 희생될 것을 내다보고 계셨다는 것을 말해준다. 1세기 유대의 역사적 현실은 그의 생명을 강제로 빼앗아 가지만, 하나님은 그 상황을 열두 제자와 "많은 사람"을 하나님의 새로운 언약 백성으로 만들고 또 속량하는 구원 역사의 순간으로 만드실 것이라 믿었던 것이다(Marshall [b], 1980 [b]: 98-99).[27]

27. 슈바이처는 예수님의 이러한 죽음을 종말을 앞당긱디 위한 "메시아적 재앙"을 받

마지막 25절 중후반부는 임박한 죽음 예언과 미래에 도래할 하나님 나라에서 이뤄질 잔치 예언을 포함한다. 이런 점에서 마지막 만찬은 한편으로는 죽음을, 또 다른 한편으로는 하나님 나라의 잔치의 선취라고 볼 수 있다(Marshall [b], 1980 [b]: 96-97; Stein, 653). 먼저, 25절 중반부의 내용은 겉으로 보면 단순 금주 선언처럼[28] 들린다: "포도나무에서 빚은 것을 나는 결단코 더 이상 마시지 않을 것이오[οὐκέτι οὐ μὴ πίω]." 하지만 현 맥락이 그의 죽음을 예고한 상황이라는 것을 감안하면 이 선언은 그의 운명에 닥친 임박한 죽음 때문에 현재 만찬이 그가 가지게 될 마지막 식탁이 될 것이라는 예언자적 선지식이라 봄이 타당하다. 그 같은 선언에는 닥칠 일에 대한 단순 예언만이 아니라 임박한 죽음을 받아들이겠다는 자기 결심 역시 함축되어 있다(Hoppe, 167). 이런 결심은 중요한 내용을 알릴 때 예수님이 사용하신 어법인 '아멘 레고 휘민'(ἀμὴν λέγω ὑμῖν, "진정으로 내가 말합니다", 25절 전반부)과[29] 이중부정(οὐκέτι οὐ μή)을 통해 확인된다. 더불어 그의 죽음이 "기록된 대로" 이뤄지는 일이란 믿음이 있었기에(21절) 예수님의 단호한 결심은 자발적 결심이자, 그의 길에 대한 하나님의 뜻을 받아 들이겠다는 그의 순종을 동시에 드러내는 것이다.

주목할 점은 그가 마시지 않겠다고 한 것이 포도주인 것이 분명하지만 "포도나무에서 빚은 것"으로 언설된다는 것이다. 포도주(ὁ οἶνος)라는 보다 더 직접적인 단어를 사용할 수도 있었지만(2:22) 포도주의 기원과 생산 과정에 초점을 맞춘 표현("포도나무에서 빚은 것")이 사용된 것은 하나님 나라에서 마실 "새로운 그것"(25절 후반부)과의 비교를 위해서이다.

은 것이라고 말한다(Schweitzer, 359).

28. 크랜필드(Cranfield, 428)는 현 본문을 나실인의 금주 맹세(민 6:1-21)에 비교한다.
29. 3:28 주해를 보라.

25절 후반부는 그를 둘러싸 압박해 오는 죽음의 그늘에서 예수님이 품고 계셨던 빛이 무엇이었는지 말해준다: "하나님 나라에서 새로운[καινὸν] 그것을 마시는 그 날까지!" 본 절이 말하는 바를 알기 위해선 '까이논'(καινόν)의 해석이 중요한데 해석은 세 가지 입장으로 나뉜다. 첫째는 포도주의 변화된 성질('새로운' 포도주)을 규정하는 형용사적 용법(France, 2002: 572)이고, 둘째는 마시는 행위('새롭게' 마실)의 변화를 말하는 부사적 사용(Marcus, 2009: 959)이며, 마지막 세 번째는 마시는 자의 모습 갱신, 곧 '새롭게 되어' 예수님이 그것을 마실 것을 말하는 분사적 사용(Evans, 2001: 395)에 대한 해석 등이 제기돼 왔다. 첫째와 둘째는 헬라어 '까이논'이 형용사와 부사적으로 사용될 수 있는 용례에 의존한 해석이고 셋째는 예수님의 모국어 아람어에 기초한 번역이다. 맥락을 고려할 때 가장 타당한 해석은 '까이논'을 형용사로 보아 '새로운 포도주'를 가리키는 것으로 보는 것이다. 하나님 나라에서 '새로운 포도주'를 마실 것으로 기대했다(25절 후반부)는 해석은 그가 "포도나무에서 빚은 것"은 결코 마시지 않을 것이라 말한 것(25절 중반부), 그리고 문법(주어 + 동사 + 목적어, 2x)과 의미적으로 잘 조화되기 때문이다(목적어는 짙은 글씨):

> **포도나무에서 빚은 것을** 나는 결단코 더 이상 마시지 않을 것이오.
>
> οὐκέτι οὐ μὴ πίω **ἐκ τοῦ γενήματος τῆς ἀμπέλου** (25절 중반부)
>
> 하나님 나라에서 **새로운 그것을** 마시는 그 날까지.
>
> αὐτὸ πίνω **καινὸν** ἐν τῇ βασιλείᾳ τοῦ θεοῦ (25절 후반부)

예수님이 더 이상 마시지 않을 것이 '포도나무로부터 만들어진' 것이라 하셨을 때 그가 하나님 나라에서 마시게 될 '새로운 것'을 염두에 두셨다는 해석은 자연스럽다. 그리고 중반절의 목적어가 "포도나무에서 빚은 것"임을 고려할 때 평행절인 후반절의 목적어 "새로운 그것"의 지시체를 '새로운 포도주'로 보는 것이 타당하다. 물론 하나님 나라에서 마실 '새로운 포도주'를 언급하셨을 때 그의 관심은 포도주 자체보다 하나님 나라가 가져올 새로움, 곧 새 창조에 있었다고 보는 것이 옳은데, 이는 새 포도주를 새 창조의 날에 가질 종말론적 잔치의 상징적 요소로 이해할 수 있기 때문이다(Hurtado, 2020: 331, 336). 사실 포도주가 있는 축하연은 "종말론적 성취"의 상징으로 구약과 유대 문헌에 서술된다(사 25:6-8; 바룩2서 29:8; 참고. Collins [a], 657). 특히 에녹1서 62:14은 종말이 완성될 때 구원받은 백성은 인자와 함께 먹고 마실 것이라 말한다. 앞서 자신을 인자로 소개(21절)한 예수님도 그가 선포해 온 하나님 나라의 완성의 때에 열릴 종말론적 잔치를 예고하고 계신다. 또한 이런 예고가 식사 중에 열렸다는 것은 마지막 만찬의 성격이 다가올 종말론적인 잔치의 선취로 보셨음을 말해준다.

결론적으로 본다면 25절 후반부("하나님 나라에서 새로운 그것을 마시는 그 날까지.")는 임박한 죽음 앞에서 예수님이 내다보고 계셨던 것은 하나님 나라의 완성이었음을 분명히 한다. 마지막 만찬의 시점에서 그 같은 담론은 적절한데, 이는 지금까지 그의 선포와 사역의 중심에 하나님 나라가 있었고, 또 죽음의 시간이 다가옴에 따라 하나님 나라 선포자의 비극적 죽음이 하나님 통치의 실패인가에 대한 질문이 일어날 수밖에 없기 때문이다. 죽음을 예고하는 마지막 만찬이 완성될 하나님 나라에서 가질 "새로운" 잔치를 꿈꾸는 자리가 된 것은, 하나님 나라 선포자의 죽음이 그 나라의 실패가 아니라 오히려 완성의 바탕이 될 것이라는 것을 그가 믿었음을 방증한다(Hoppe, 168). 이런 믿음은 물론 예수님만의 전유물이 아닐 것이다. 모두가 예수님의 몸과 피를 마셨다는 것은 그 식탁에 참여한 제자들 역시 그 같은 역설적 완성을 향해 나아가고 있는 하나님 나라에 참여할 것을 보여준다.

요약과 해설

현 단락은 예수님이 선포해 오신 하나님 나라가 맞이한 절체절명의 위기와 한층 더 높아진 하나님 나라의 완성에 대한 기대가 공존하는 내러티브이다. 하나님 나라의 위기를 보여 주는 이유는 선포 사역의 동역자(3:14; 6:7-11)이자 식탁 친구였던 열둘 중의 하나가 하나님 나라의 담지자를 배반함으로써 '집안이 나눠질' 상황에 직면했기 때문이다. 후기 교회에 의해 거룩한 식사로 지켜진 성찬의 첫 시간은 배반자가 폭로되는 자리였다는 아이러니를 가진다. 그럼에도 현 단락이 소망을 줄 수 있는 이유 역시 있다. 예수님은 배반과 죽음이 "기록된 대로"(21절) 이뤄지는 일이라는 것을 말씀하심으로써 비극 가운데서도 하나님의 섭리가 작동하고 있음을 보여 주셨기 때문이며, 또 그의 몸과 피가 새 언약의 수립과 대속적 죽음이 될 것이라 말씀하셨기 때문이다. 무엇보다 이 같은 역설적 소망은, 배반자가 폭로되는 식탁에서 하나님 나라에서 가지게 될 "새로운"(25절) 잔치를 내다보신 것에서 알 수 있듯이, 예수님 자신이 품으신 것이기도 하다. 예수님에게는 하나님 나라의 선포자의 죽음이 그 나라의 패망이라기보다는 오히려 하나님의 종말론적인 통치를 수립하는 기초였다. 이런 점에서 마지막 만찬은 하나님 나라의 완성이 고난과 죽음을 우회하기보다 그것을 정면으로 통과한 후에야 온다는 것을 알려주는 지표이다.

제62장
제자들의 흩어짐과 베드로의 부인을 예언하심
마가복음 14:26-31

현 단락은 모든 제자들이 배신할 것이라는 예언을 중심으로 진행된다. 마지막 만찬(22-25절)을 중심에 두고 본다면 선행 섹션(17-21절)에는 열둘 중 하나의 배신에 대한 담화가, 후행 단락(26-31절)에는 모든 제자들의 배신에 대한 담화가 자리 잡고 있다. 이런 구성은 마가에게 친숙한 '샌드위치' 형식을 만든다:

A 배반자 폭로(17-21절)

B 빵과 잔에 대한 설명(22-25절)

A′ 모든 제자들의 흩어짐과 베드로의 부인 예언(26-31절)

제자들의 배신(unfaithfulness)을 그 주제로 한다는 점에서 공통점이 있지만 주제의 세밀한 변화가 감지된다. 첫 에피소드가 열둘 중 하나의 배반을 다룬 반면, 세 번째 에피소드는 모든 제자들의 "걸려 넘어짐"(27절)과 베드로의 부인을 다룬다. 그리고 주된 인물 역시 한 명(가룟 유다)에서 나머지 열한 명으로 옮겨갔다가 다시 한 명(베드로)에게로 이동한다. 선생은 죽고, 따르던 제자들은 배반하고 흩어짐에 따라, 현 단락은 마가복음 1:1에서 소개된 "하나님의 아들 예수 그리스도의 복음의 시작"이 더 이상 진행하지 못하고 '좌초'될 수도 있다는 중대한 위기감을 만든다. 내러티브 진행은 시간적 배경(26절), 제자들의 흩어짐에 대한 예수님의 예언(27-28절), 베드로의 부인과 예수님의 확증(29-31절)으로 이어진다.

26 그리고 찬송한 후 그들이 감람산으로 나갔다. **27** 그때 예수님이 그들에게 말씀하셨다. "그대들 모두가 걸려 넘어지게 될 것이오. 이는

'내가 목자를 치리니

그러면 양들이 흩어지게 될 것이다'

라고 기록돼 있기 때문이오. **28** 하지만 내가 일으킴을 받은 후 갈릴리에서 그대들을 앞서 인도할 것이오." **29** 그러나 베드로가 그에게 대답했다. "심지어 모든 사람이 걸려 넘어질지라도, 그러나 나는 아닙니다." **30** 그러자 예수님이 그에게 말씀하셨다. "진정으로 내가 그대에게 말합니다. 그대로 말할 것 같으면 오늘 이 밤 수탉이 두 번 울기 전에 세 번 나를 부인할 것이오." **31** 그런데도 그는 힘주어 말했다. "나는 기필코 당신과 함께 죽을지언정, 결단코 당신을 부인하지 않을 것입니다." 그리고 모든 이들도 그처럼 말했다.

주해

배경(26절) 현 단락의 주된 공간적 배경은 감람산으로 이동하는 길이다. 이런 공간적 정보는 현 단락 서두의 감람산으로의 이동 정보(26절)와 다음 단락(32-42절) 서두의 겟세마네 도착 정보(32절)를 통해 확인된다.

에피소드는 앞선 마지막 만찬과 중첩된 사건으로 시작한다: "찬송한 후 [ὑμνήσαντες] 그들이 감람산으로 나갔다." 그들이 부른 찬송은 시편 113-118편에 근거한 유월절 할렐(the Halle)로[1] 추측할 수 있지만 구체적으로 어떤 부분을 불렀는지 명확하지 않다.[2] 할렐 찬양은 이어지는 에피소드를 여전히 유월절의 배경하에서 이해하도록 해준다. 감람산으로 이동하신 이유는 예수님 시대 감람산도 예루살렘의 일부분으로 편입되었다는 것(Nineham, 387-88)을 고려할 때 유월절 기간에는 성내에 머물러 있어야 한다는 절기 규칙(신 16:7)을 준행하기 위해서라는 설명(Stuhlmacher, 77)도 가능하지만, 32절이 말하듯 기도하기 위해서라고 보는 것이 맥락상 옳다.

제자들의 흩어짐에 대한 예수님의 예언(27-28절) 담화는 제자들의 흩어짐에 대한 예언을 그 내용으로 한다. 특히 이런 담화가 겟세마네로 이동해 가는 도중에 진행됐다는 점은 주목할 만하다. 겟세마네 이후 예수님은 타자에 의해 계속 넘겨지시기(14:53; 15:1, 15, 16, 20) 때문에 어떤 의미에서 겟세마네는 지금까지 그 스스로 걸어오시던 길 여행 방식의 끝 지점에 해당된다. 그곳으로 가는 도중에 이뤄진 담화는 청자들에게 큰 파토스를 일으키는데, 단 한 명만이 아니라 나머지 모두 다 '예수 따르미'로서 그들의 여정을 끝내 마치지 못할 것을 미리 예고하고 있기 때문이다.

예수님의 예언은 구체적인 단어로 표현된다. '스깐달리스테세스테'(σκανδαλισθήσεσθε, '걸려 넘어지다')는 마가복음에서 8번(4:17; 6:3;

1. '할렐'은 히브리어 '찬양하라'의 뜻으로 시 113-118편에 나오는 용어에서 기원되었다. 또한 11:9 참고.
2. 미쉬나 페사힘 10:4-6에 따르면 식사 전에 113-114편을, 식사 후 곧 네 번째 잔을 든 후 115-118편을 불렀다고 말한다. 또 미쉬나 페사힘 5:7에 따르면 유월절에 성전 뜰에서 어린양이 도살되는 동안 레위인들이 할렐 찬양을 드렸다고 알려준다.

9:42, 43, 45, 47; 14:27, 29) 나오는 단어인데, 그 중 특히 현 맥락과 관련해서 중요한 용례는 씨 뿌리는 비유 중 돌밭과 같은 사람이 처한 특정한 내적 상태가 초래한 모습을 위해 사용된 경우(4:17)이다. 돌밭에 비유된 사람은 "말씀 때문에 환난과 핍박이 일어나면 즉시 걸려 넘어[지는데]"(σκανδαλίζονται), 그 이유는 "뿌리를 가지지 못했기" 때문이라 설명하셨다. 사실 예수님은 시몬을 택하여 열둘 중 하나로 세우신 후 그에게 '뻬뜨로스'(πέτρος, '돌')라는 별명을 붙여 주셨기 때문에 돌밭에 관한 비유는 시몬(을 비롯한 나머지 열한 제자)에게 자기 성찰용으로 주신 것이었다(3:16; 4:17 주해를 보라). 어떤 점에서 그들이 택함받은 후 예수님과 함께 길을 걸어오는 과정은 "뿌리"(4:17)를 찾고 깊게 내리는 시간이어야 했다. 이제 길의 마지막 지점에 도달할 즈음 예수님은 그들 "모두가"(πάντες) '스깐달리스테세스테'할 것이라 하셨다. 마지막 만찬 중에는 "열둘 중 하나[εἷς]"(14:20)가 배반할 것이라 하셨지만 이제는 "모두가" 그 하나와 별반 다르지 않은 길을 택할 것이라 예언하신 것이다. 이런 예언은 분명 자기를 돌아볼 마지막 기회를 그들에게 주시려는 뜻으로 이뤄진 것처럼 보인다.

예수님의 예언은 구약 인용으로 이어진다. 구약 인용은 원인 설명을 이끄는 접속사와 인용문의 결합 형태(ὅτι γέγραπται, "기록돼 있기 때문이오")로 나온다. 이는 흩어질 제자들의 상황을 기록된 하나님의 말씀을 통해 설명하려는 시도이다. 인용된 칠십인경 스가랴 13:7 전반부는 다음과 같다:

> 그대들이 목자들을 치시오. 그리고 양들을 몰아내시오.
>
> πατάξατε τοὺς ποιμένας καὶ ἐκσπάσατε τὰ πρόβατα

아래는 예수님의 인용이다(27절):

> 내가 목자를 치리니 그러면 그 양들이 흩어지게 될 것이다.
>
> πατάξω τὸν ποιμένα καὶ τὰ πρόβατα διασκορπισθήσονται

몇몇 차이가 발견된다. 칠십인경에는 복수 명사 "목자들"(τοὺς ποιμένας)이 나오지만, 예수님의 인용에는 단수 명사 "목자"(τὸν ποιμένα)로 변경되었다. 또한 칠십인경에는 복수 2인칭 명령법 "양들을 몰아내시오"(ἐκσπάσατε)로 나오지만, 예수님은 미래 수동태로 바꾸어 "양들이 흩어지게 될 것이오"(διασκορπισθήσονται)라 하셨다. 무엇보다 중요한 차이는 칠십인경에는 2인칭 복수 명령법으로 "목자를 치시오"(πατάξατε)로 되어 있지만, 예수님은 단수 1인칭 미래형인 "내가 양들을 치리니[πατάξω]"로 말씀하신 것이다. "치시오"가 명령법인 것은 히브리어 성경(MT)과도 동일하다(הַךְ; 남성 단수 명령법). 하지만 히브리어 성경에서 남성 단수 명령법으로 발화된 '치시오'(הַךְ)의 행위 주체는 '칼'이라는 점에서 하나님을 주어로 삼은 예수님의 미래 직설법 단수 1인칭('내가 치리니') 사용과는 차이가 있다(대조. Cranfield, 428). 학자들은 예수님의 구약 해석은 변형적인 방식을 따르는 경향이 있다고 적절하게 지적했다(Evans, 2009: 182-98; 2009; 박윤만, 2015: 97-107). 예수님은 구약 "본문 자체에 있는 부족한 부분을 자신만의 통찰을 사용하여 완성 혹은 성취하였으며, 또 본문을 바꾸어 그것을 자신이 직접 체험한 하나님 경험의 반영물이 되게 하였다"(Chilton, 185)는 것이다. 그러므로 내침을 당할 "목자"를 단수로 바꾼 것은 예수님이 자기 자신을 목자로 생각(6:34)하셨기 때문이며, 무엇보다 복수 2인칭 명령형으로 된 "치시오"를 1인칭 미래형(πατάξω, '내가 치리니')으로 변경하신 것 역시 자신을 치실 분이 하나님이라고 생각했기 때문이다. 자신의 고난과 죽음 배후에는 하나님의 주권적인 섭리가 있다는 믿음과 경험이 스가랴의 본문을 위와 같이 변경하도록 한 것이다. 예수님의 인용의 특징에서 볼 수 있는 것은 그의 고난과 죽음은 하나님께서 "치신" 까닭이요, 그 결과 양들에 빗대어진 제자들이 흩어지게 된 것 역시 하나님의 섭리 가운데 있음이 강조된다는 점이다(Marcus, 2009: 972; Hurtado, 2020: 337). 특히 수동태 "흩어지게 될 것이다"는 제자들의 "걸려 넘어짐", 그리고 부인과 같은 뼈아픈 현실조차도 하나님의 주권하에 진행된다는 것을 제자들에게 다시 알려주는 부분이다.

쿰란의 다마스커스 문서(*Damascus Document*)인 CD 19:7-10에도 스가랴 13:7을 메시아적으로 사용한다:

> … '깨어라. 이것은 하나님의 말씀이다. 칼이, 나의 목자 나의 동료 남성들을 거슬러, 그 목자에게 상처를 입힐 것이고 양떼를 흩을 것이다. 그리고 나는 나의 손을 작은 자들 위에 드리우리라.' 그에게 신실한 자들이 가난한 양떼들이다. 이들은 [하나님의] 방문의 시대에 도망갈 것이다. 그러나 아론과 이스라엘의 메시아가 올 때 남아 있는 자들은 칼에 넘겨질 것이다. [마르티네즈의 영문 번역에 근거한 저자 번역]

다마스커스 문서는 "칼이 … 그 목자에게 상처를 입힐 것이고 양떼를 흩을 것이다"(7-8절)라고 해석한 후 그 칼은 메시아가 왔을 때 심판의 도구로 쓰일 것이라 본다(10절). 이런 해석은 목자를 자신으로 보고 하나님이 그 목자를 칠 것으로 스가랴 본문을 읽은 예수님의 해석과 분명한 차이를 보인다. 스가랴 독법이 보여 주는 것은 쿰란 공동체는 메시아가 심판의 집행자가 될 것이라 보았고, 예수님은 자신이 심판의 대상자가 될 것이라고 내다본 것이다.

예수님의 담화는 제자들의 넘어짐에 관한 예언(27절 전반부)에서 그

들을 향한 약속(28절)으로 넘어간다:

> 하지만 내가 일으킴을 받은 후 그대들을 갈릴리에서 인도할 것이오.
>
> ἀλλὰ μετὰ τὸ ἐγερθῆναί με προάξω ὑμᾶς εἰς τὴν Γαλιλαίαν

반어적 접속사(ἀλλά, '알라', '그러나')로 시작하는 절은 반전의 내용을 담고 있다. 현 절에 대한 이해를 위해서는 주의 깊은 번역이 요구된다. 먼저, '에이스 뗀 갈릴라이안'(εἰς τὴν Γαλιλάιαν)을 '갈릴리로'보다는 '갈릴리에서'로 번역했다. 전치사 '에이스'(εἰς)가 방향을 가리키는 '에게로'뿐만 아니라 공간 '안'의 의미로 사용되는 경우(Porter, 1994: 153)가 있고, 마가복음에서 실제로 그와 같은 용례(1:9; 13:16)가 있다(Evans, 2001: 401-402). 다음으로 '쁘로아고'(προάγω)는 신약성경에서 세 가지 용례로 쓰이는데, 첫째는 '인도하다'(행 16:30; 25:26)이며, 둘째는 '공간적으로 앞서 가다'(막 10:32; 11:9; 눅 18:39)이고, 마지막으로는 '시간적으로 먼저 가다'(막 6:45; 마 21:31)이다.[3] 본 주석은 '인도하다'의 번역을 택했다(Evans, 2001: 402; 이석호, 2009: 210-211; 대조. Marcus, 2009: 970). 결과적으로 번역은 "갈릴리에서 인도할 것이오"가 되었다. 예수님의 약속은 개역개정의 번역("너희보다 먼저 갈릴리로 가리라")이 취하고 있는 것처럼 갈릴리로 먼저 가시겠다는 데 있다기보다 "그들을 갈릴리에서 인도할 것"에 대한 것으로 보아야 할 두 가지 이유가 있다. 먼저, 선행 본문은 목자가 내침을 당함에 따라 양들은 "흩어지게 될 것이다"고 했다. 따라서 후행 본문이 목자에 비유된 예수님이 '흩어진' 제자들을 어떻게 다시 '인도' 할 것인지를 밝히는 것은 흐름상 자연스럽다(이석호, 2009: 210-211).

3. BDAG, προάγω.

다음으로, 갈릴리에서 예루살렘으로 이어지는 길 여행(1:2-3; 8:27 주해를 보라) 동안 스승과 제자와의 관계하에서 예수님은 앞서가고 제자들은 뒤따라가는 모양새를 이루었다(1:17, 20, 36; 2:14; 6:1; 8:34; 10:32, 52). 이제 길 끝 지점에 선 예수님은 제자들 모두가 "걸려 넘어지게 될"(27절) 것이라고 예언하셨다. 하지만 그의 길 여행은 이렇게 끝나지 않는다. 그에게 부활이 있을 것이라 예언되었기에(8:31; 9:31; 10:33-34) 그의 길 인도는 갈릴리에서 다시 시작될 것이라 기대할 수 있다. 마가복음에서 부활은 예수님에게는 새 생명의 수여를, 온 세상에게는 새 창조의 시작을, 그리고 제자들에게는 새 출발을 의미한다(6:7 주해를 보라). 특히 미래형이 "어떤 행동의 성취를 향한 강한 기대"를 반영하는 시제라는 것을 고려할 때(Porter, 1994: 44-45), 미래형인 "내가 … 인도할 것이오[προάξω]"는 흩어진 제자들을 모아 다시 인도할 것에 대한 예수님의 높은 기대가 반영된 언설이다(이석호, 2009: 211). 약속을 이행할 구체적인 시점은 "일으킴을 받은 후"(μετὰ τὸ ἐγερθῆναί)였다(28절). '에게이로'(ἐγείρω, 일으키다')는 능동태 혹은 수동태로 병 치유(1:31; 2:9, 11, 12; 5:41; 9:27), 논쟁(3:3), 일상생활(4:27, 38; 10:49; 13:8, 22; 14:42)에서 일어나는 여러 행동과 사건을 위해 사용된다. 예수님을 위해서는 헤롯 진술과 빈 무덤 앞에서 이뤄진 한 청년의 설명(ἠγέρθη, 16:6)에서와 같이 두 번 사용되었으며, 두 경우 모두 '부활'을 환기하는 지시어(참고. 12:26)로 사용된다고 보는 것이 맥락상 자연스럽다(Wright, 2003: 622, 629; Evans, 2001: 401).[4] 삼단계 수난 예고(8:31; 9:31; 10:33-34)에서 예수님은 부활(ἀνίστημι)을 이미 예고

4. 부활과 회생은 분명 다른 사건을 가기키는 사건이지만(5:41; 16:6 주해를 보라), 마가복음에서 환생의 의미로 사용된 세례 요한(6:14, 16)의 경우와 야이로의 딸의 일으킴을 받은 경우(5:41)에도 미래 부활을 위한 예고의 의미가 내포되어 있다고 볼 수 있다.

했기 때문이다. 물론 부활을 지시하는 용어가 다른 것은 사실이다. 그러나 단어의 의미는 사전적 의미보다 그 단어가 어떤 상황에서 누구에게 사용되느냐에 의존한다는 현대 언어학의 명제(Saussure, 65-132; Thiselton, 79-80)를 기억할 필요가 있다.[5] 또 종종 현 진술은 예수님의 부활 후 교회에 의해 창작된 것(Bultmann, 267)으로 판단되기도 했지만, 8:31-33 주해에서 밝힌 것처럼 제2성전 시기 유대주의와 메시아로서 예수님의 자기 이해를 고려한다면 부활 전에 말씀하신 부활 예언의 역사성이 의심받아야 할 이유는 없다(더 많은 토의를 위해선 해당 본문 주해를 보라).

주목할 만한 것은 '에게르테나이'(ἐγερθῆναι, '일으킴을 받은')가 수동태로 발화되었다는 것인데, 수동태("일으킴을 받은")의 의미상 주어는 앞선 수동태 정보인 "흩어지게 될 것이다"(διασκορπισθήσονται)에서와 마찬가지로 하나님이다. 흩어짐도 일으킴을 받는 것도 모두가 하나님의 주권하에서 진행된다는 믿음이 수동태로 표현하게 한 것이다.[6] 앞서 지적한 것처럼 현 문단에서 본다면 '부활'이 제자들에게 의미한 바는 하나님 나라의 첫 선포지인 '갈릴리에서의 새 출발'이었다.

베드로의 부인과 예수님의 확증(29-31절) 베드로의 격정적인 반응(29절)이 뒤따른다. 그의 반응이 "모든 사람"(πάντες)과 차별된 "나"(ἐγώ)의 결심에 집중된 것은 흥미롭다(해당 어휘는 밑줄):

> 심지어 <u>모든 사람의</u> 걸려 넘어질지라도 그러나 <u>나는</u> 아닙니다.

---

5. 문맥에 대한 현대 언어학의 여러 주장들과 대표적인 학자들을 위해서는 박윤만, 2009: 241-73; 또한 딕(Teun A. van Dijk)의 단행본과 듀란티와 굳윈(Alessandro Duranti & Charles Goodwin)이 함께 편집한 책에 수록된 여러 글들을 보라.
6. 지식 구조인 프레임이 문법적 선택을 결정한다는 것은 현대 인지언어학의 중요 주장이다. 이러한 주장을 위해선 Croft and Cruse, 7-39, 225-327; Park, 2010: 120-35를 보라.

εἰ καὶ πάντες σκανδαλισθήσονται ἀλλ' οὐκ ἐγώ

"모든 사람"(πάντες)과 "걸려 넘어질"(σκανδαλισθήσονται)은 27절에서 사용된 예수님의 어휘들이다. 베드로는 예수님의 권고적 예언을 인용하며 그것을 부정한다. 예수님의 예언에 대한 베드로의 부정은 이번이 처음이 아니다. 앞서 8:31에서 베드로는 이미 "고난을 겪고 … 버림받아 죽임을 당하 … [는] 것이 필연[δεῖ]"인 인자의 길을 부정한 바 있다. 그때는 예수님의 길을, 이번에는 자신의 길을 부정한다. 두 번에 걸친 베드로의 부정은 몇 가지 시사하는 바가 있다. 베드로가 첫 번째 부정한 예수님의 말씀에는 "필연"(δεῖ, 8:31)이라는 낱말이 있고, 그가 두 번째 부정한 예수님의 말씀에는 "기록돼 있기 때문이오"(27절)를 포함한다. 이 두 어구는 인자의 길과 제자들의 길은 신적 필연성과 섭리 가운데 있음을 알려주고 있어 베드로의 부정은 결국 신적 섭리를 거스르는 행위로 이해될 수밖에 없다.

베드로의 완강한 부정에 대해 예수님은 강조형 인칭 대명사인 2인칭 주격(σύ, '쉬')과 준엄한 가르침을 줄 때 사용하신 어법(3:28 주해를 보라)으로 반격하신다(30절):

진정으로 내가 그대에게 말합니다. 그대로 말할 것 같으면 …

ἀμὴν λέγω σοι ὅτι σὺ ...

예수님은 먼저 강조형 2인칭 주격을 사용하여 자기는 모든 사람과는 다르다는 '엘리트 에고'를 가진 베드로를 부각시킨다. 그런 후 구체적인 정황("오늘 이 밤 수탉이 두 번 울기 전")과 부인 횟수("두 번")까지 언급하시면서 그의 앞날을 보여 주고 들려주며 예언하신다. 베드로는 배반과 관련하여 예수님의 육성으로, 또 개인적으로 지목된 유일한 제자였다. 심지어 가룟 유다 역시 애매하게 “열둘 중의 하나”로 언급되었지만 베드로는 2인칭 대명사 ‘쉬’(σύ)로 언급된 이유가 무엇일까? 물론 베드로가 더 많은 비난을 받아야 했기 때문은 아닐 것이다. 내러티브 흐름을 따라가면 가룟 유다와 달리 공개적으로 경고받은 베드로는 예수님을 부인한 후 그의 예언 속에 언급된 구체적인 시간(“수탉이 두 번 울었다”, 14:72)에 울며 회개하는 모습을 보인다. 구체적이고 공개적이며 개인적으로 지목된 권고적 예언은 결국 베드로를 예수님에게로 돌이키는 힘이 있음을 보여준다.

예수님의 확증적인 예언에 대한 베드로의 응답(31절)은 드디어 그가 예수님의 죽을 운명을 받아들인 것처럼 보인다(“나는 기필코 당신과 함께 죽을지언정”). 하지만 그가 예수님을 부인하게 되리라는 그의 앞 날에 대한 예언은 수용하지 않는다. 예수님의 예언은 기록된 말씀에 근거를 두고 있지만 베드로는 자신의 자신감 이외에는 다른 근거가 없는 것처럼 보인다. “그리고 모든 이들도 그처럼 말했다”(31절 후반부)에서 알 수 있듯이 베드로뿐 아니라 모든 제자들이 베드로의 상태와 별반 다르지 않다고 말한다. 모두가 예수님과 하나님의 말씀에 기초하기보다 자기 확신에 빠져 수난의 밤을 맞이하고 있었다.

요약과 해설

마지막 만찬 후 예수님은 제자들과 함께 감람산으로 이동하신다. 이동 중, 즉 길 위에서 예수님은 그의 제자들 모두가 “걸려 넘어질”(27절) 것이라 하셨다. 갈릴리에서 예루살렘까지는 함께 했지만 마지막 십자가로 연결되는 길, 그 끝점에 이르러서는 제자들 모두가 그 길을 떠날 것이라 예언하신 것이다. 마지막 만찬 중에는 "열둘 중" 하나의 배반이 경고(20절)되었지만 감람산, 곧 겟세마네로 가는 도중에는 나머지 열한 명도 그 하나와 다를 바가 없음을 확인해 주셨다: "그대들 모두가 걸려 넘어지게 될 것이오"(27절 전반부). 제자들이 그를 다 버릴 것을 예고하는 이 참담한 순간에도 예수님은 스가랴 13:7 전반부를 인용하시며 섭리자 하나님에 대한 믿음을 드러내셨는데, 이는 양들인 제자들의 흩어짐이 하나님께서 목자를 치셨기 때문에 일어난 일이라 해석하시고 있기 때문이다. 제자들이 이제 곧 직시해야 할 그들 자신의 비겁함과 배반 가운데서도, 스가랴 인용이 암시하듯 하나님의 섭리가 있음을 알려주어 넘어지지만 망하지는 않도록(고후 4:9) 하기 위해 선(先) 조치를 말씀으로 하신 것이라 볼 수 있다. 배반과 버림, 그 한복판에서 예수님은 미래 회복의 약속을 하고 계신 것이다.

그럼에도 베드로는 예수님의 말씀도, 그리고 기록된 말씀도 고려하지 않고 자기 확신에만 근거하여 예수님의 예언을 부정한다. 이에 예수님은 제자들의 배반과 흩어짐 예언 담화 내내 한 번도 하지 않으셨던 개인적 지목을 베드로에게는 하시며, 그가 자기를 세 번 부인할 것이라 구체적으로 예언하신다. 이런 구체적인 지목은 베드로가 다른 제자보다 비난을 더 받아야할 인물이었거나 그가 다른 제자보다 더 연약했기 때문이 아닐 것이다. 오히려 내러티브가 진행되면서 드러난 것처럼, 비밀스러운 인물(가룟 유다)과는 달리 그가 예수님을 부인한 순간 그 안에 자기 연민이나 실패의식보다 예수님이 하신 말씀이 생각나도록(14:72) 하여 결국 그가 다시 돌이킬 수 있게 하려는 의도를 가진 강조적 말씀으로 보는 것이 더 낫다.

제63장
겟세마네에서 기도
마가복음 14:32-42

현 에피소드의 뼈대는 동작 동사(action verb)이다. 예수님은 제자들과 함께 겟세마네에 오셨다(ἔρχονται, 32절). 그리고 홀로 가셔서(προελθών, 35절) 때가 지나가도록(παρέλθῃ, 35절) 기도하신다. 이후 제자들이 있는 곳에 오셔서(ἔρχεται, 37절) 그들이 자고 있는 모습을 발견한다. 그리고 떠나가신(ἀπελθών, 39절) 후 다시 오셨을 때(ἐλθών, 40절) 자고 있는 제자들을 다시 발견하신다. 이후 세 번째로 제자들에게 오신(ἔρχεται, 41절 전반부) 후에는 "그것이 멀리 있는"(ἀπέχει, 41절의 중반부) 것이 아니며 '때가 왔고'(ἦλθεν, 41절의 중반부) "함께 가자"(ἄγωμεν, 42절 전반부)고 하신다. 단락의 마지막은 배반자가 "가까이 왔다"(ἤγγικεν, 42절 후반부)는 말씀으로 끝난다. 이런 이동 동사는 체포 직전 겟세마네에서 일어난 사건의 긴박성을 증대시키는 효과가 있다. 대부분의 이동 동사는 예수님(32, 35, 37, 39, 41절 전반부, 42절)과 시간(ὥρα, 35, 41절 후반부), 그리고 배반자의 움직임(42절 후반부)을 묘사하는 데 사용된다. 반면, 제자들은 일단 겟세마네에 예수님과 함께 온(ἔρχονται, 32절) 후에는 한 자리에 앉아(καθί-σατε, 32절) 어떠한 움직임이 없이 그 자리에서 잠자고만 있다(καθεύδοντας, 37, 40절; καθεύδετε, 41절). 이런 점에서 본 단락에서 '다가오는' 때를 준비하시는 예수님의 긴박한 움직임과 때를 알지 못하는 제자들의 우둔함이 대조된다.

현 에피소드를 이끌고 있는 또 하나의 모티프는 삼(3)이라는 숫자이다. 예수님은 세 번 제자들과 떨어져 기도하셨고(35, 39, 41절[암시]), 세 번 돌아오셔서 제자들이 자고 있는 모습을 세 번 발견(37, 40, 41절)하셨다. 세 번 그와 같은 행동을 반복하신 후 예수님은 대적자들을 맞이하신다(42절).

현 에피소드는 겟세마네 도착(32-34절), 첫 번째 기도와 돌아옴(35-38절), 두 번째 기도와 돌아옴(39-40절), 세 번째 돌아옴(41-42절)으로 진행된다.

32 그리고 그들이 겟세마네라는 이름을 가진 장소에 간다. 그리고 그
가 그의 제자들에게 말씀하신다. "우리가 기도하는 동안 여기 앉아 있으시
오." **33** 그리고 베드로와 야고보와 요한을 곁에 데리고 가셨다. 그리고 그
는 놀라고 번민에 휩싸이기 시작하셨다. **34** 그리고 그들에게 말씀하셨다.
"내 마음이 너무 슬퍼 죽을 지경이오. 여기 머무시오 그리고 깨어있으시
오." **35** 그리고 앞으로 조금 가신 후 땅 위에 엎드리시고 가능하다면 그때
가 그를 비켜가도록 기도하고 계셨다. **36** 그리고 말씀하셨다. "압바 아버지
여, 모든 것이 당신에게는 가능하오니 이 잔을 내게서 거두어 주소서. 그러
나 나 자신이 원하는 바가 아니라 당신이 [원하시는] 바를." **37** 그리고 그가
왔다. 그리고 그들이 자고 있는 것을 발견하신다. 그리고 베드로에게 말씀
하신다. "시몬, 자고 있소? 한 시간을 깨어 있을 수 없었단 말이오? **38** 그대
들은 깨어 있으시오. 그리고 기도하시오. 시험에 들지 않도록 말이오. 영은
원하고 육신은 약하도다." **39** 그리고 다시 떠나가셔서 그 동일한 말씀을

하시며 기도하셨다. **40** 그리고 다시 오신 후 그들이 자고 있는 것을 발견했다. 이는[1] 그들의 눈이 무거워 내려오고 있었고 또 그에게 무엇을 말해야 할지 몰랐기 때문이다. **41** 그리고 세 번째로 오신다. 그리고 그들에게 말씀하신다. "여전히 자고 있고 또 쉬고 있단 말이오?[2] 그것이 먼 것 같소? 그때가 왔소. 보시오, 인자가 죄인들의 손에 넘겨집니다. **42** 일어나시오 함께 갑시다. 보시오, 나를 넘기는 자가 가까이 왔소."

주해

겟세마네 도착(32-34절) 강조적 현재 시제로 발설된 겟세마네 도착(ἔρχομαι, 32절)과 제자들에게 주시는 말씀(λέγει, 32절), 그리고 세 명의 제자들과의 이동(παραλαμβάνει, 33절)과 그들에게 주시는 말씀(λέγει, 34절)은 그들의 이동과 발화 행동에 초점을 맞추게 한다. 그들이 도착한 장소는 겟세마네로 마가복음과 마태복음(26:36) 이외에는 고대 문헌에 알려진 바가 없지만, 아마도 감람산 저지대에 위치한(눅 22:39-46) 올리브 나무 숲(요 18:1)에 붙여진 명칭이 분명하다(Davies and Allison, 493-94). 마가가 예수님이 가신 "장소"를 "겟세마네라는 이름을 가진"(οὗ τὸ ὄνομα

1. 현 문장에서 '가르'(γάρ)의 쓰임에 대해선 아래의 40절 주해를 보라.
2. 개역개정은 네슬-알란트(Nestle-Aland) 27판을 따라 καθεύδετε τὸ λοιπὸν καὶ ἀναπαύεσθε· ἀπέχει·을 평서문으로 번역한다. 헬라어 성경 원본에는 띄어쓰기와 구두점이 없었기 때문에 문맥에 따라 의문형인지 아니면 평서문인지를 결정해야 한다. 앞선 두 번의 방문에서 예수님이 깨어 있지 못한 채 잠자는 제자들에게 책망을 했다는 맥락을 고려하면 세 번째 방문 시에도 여전히 자고 있는 제자들에 대한 책망을 수사적 질문에 담아낸다고 보는 것이 타당하다. 신약성경에서 관사와 함께 혹은 관사 없는 '[또] 로이뽄'([τὸ] λοιπὸν)이 '여전히'(still, yet)의 뜻으로 쓰이는 용례들에 대해서는 Louw & Nida, 67.128를 보라.

Γεθσημανί)으로 덧붙여 설명한 것은 그 지역이 마가의 청자들에게도 낯설었든지 아니면 그 장소가 가진 이름의 뜻에 주의를 기울이기를 원했기 때문으로 보인다. 헬라어 '겟세마니'(Γεθσημανί)는 아람어 '갓세마니'(גת שמני)의 음역으로(Abbott-Smith, Γεθσημανεί), '기름을 짜다'(oil press)의 뜻을 가진다. 마가는 그와 같은 뜻을 가진 장소에서 예수님이 기도하신 절실한(heartfelt) 모습을 더욱 강조하려 했을 수 있다. 그러나 헬라어 이름에는 아람어의 이름이 가진 뜻이 나타나지 않는다는 점은 이런 해석의 약점이다.

"기도하는 동안 여기 앉아 있으시오"(32절 후반부)라는 말은 예수님이 겟세마네에 오신 이유가 기도하기 위해서였다는 것을 분명히 해준다. 기도에 대한 강조는 그 낱말이 총 4번 반복되었다는 사실(32, 35, 38, 39절)을 통해서도 파악된다. 임박한 죽음과 제자들의 배반 혹은 부인이 예언된 유월절 전날 밤, 예수님이 집중하셨던 것은 기도였다. 마가복음에서 예수님이 기도하셨다는 언급은 총 세 번 등장하는데, 사역 초창기(1:35)와 그의 명성이 절정에 도달하던 중반기(6:46), 그리고 종결부인 이곳 겟세마네이다. 이전 두 번의 경우 제자들과 분리되어 홀로 기도하신 반면, 지금은 그가 기도하는 동안 그들이 곁에 머물러 있게 하신다(καθίσατε ὧδε, '여기 앉아 있으시오', 32절). 마가는 겟세마네에서 기도하신 분은 오직 예수님이었음을 서술한다(32, 35-36, 39절). 심지어 예수님은 제자들에게 기도하라는 말조차 하지 않으시고 여덟 명에게는 "여기 앉아 있으시오"(32절 후반부)로, 그리고 세 명의 제자에겐 "여기 머무시오. 그리고 깨어 있으시오"(34절)로 말할 뿐이었다. 악의 어둠이 짙게 내려앉은 그 날 밤 씨름의 기도를 드린 분은 오직 예수님이었음을 간접적으로 강조한다.

이후 예수님은 아홉 명의 제자들을 뒤에 남겨 두신 채 세 명(베드로, 야고보, 요한)의 제자들을 따로 데리고 장소를 옮겨 가신다(33절 전반부).

마가가 당시 예수님의 감정이 어떠했는지를 알려주는 시점은 바로 이 때였다: "그는 놀라고 번민에 휩싸이기 시작하셨다"(33절 후반부). 예수님의 감정 상태는 다시 그의 육성으로 세 명의 제자들에게 직접 들려진다: "내 마음이 너무 슬퍼 죽을 지경이오"(34절 전반부). 예수님은 그의 내적 상태를 오직 베드로, 야고보, 요한에게만 드러내 보여 주신 것이다. 감정 표현은 몰입과 집중, 그리고 기억을 증대시키는 의사소통 장치이다(Shiner, 57-76). 예수님은 자신의 "마음"(34절 전반부)을 드러내 보이심으로써 제자들이 마음으로부터 그와 깊은 연대를 형성하도록 하신다. 무엇보다 마가복음 전체에서 그 세 명의 위치는 남달랐다. 그들은 갈릴리 바다에서 부름받은(1:16-20) 초기 제자들이었고, 열둘이 임명될 때는 추가적 이름까지 받았다(3:16-17). 또한 다른 아홉 명의 제자들과는 달리 예수님의 사역의 내밀한 영역에까지 동참하도록 허락되었다(5:37; 9:2; 참조. 13:3). 그런 까닭에 예수님과 그들 사이에는 당연히 누구보다 강한 공동체적 심적 연대감이 형성되었을 것이고, 그의 감정 고백은 다가오는 고난으로 인해 심적 눌림 가운데 있는 그 자신과의 정서적 연대를 호소하는 차원에서 이뤄졌을 것이다(Davies and Allison, 496).

하지만 예수님은 감정 고백으로 끝내지 않으시고 제자들에게 구체적인 행동을 요청하신다: "여기 머무시오. 그리고 깨어 있으시오"(34절 후반부). 예수님의 감정 고백(34절 전반부)과 제자들의 행동 요청(34절 후반부) 절은 접속사 없는 구문(asyndeton) 형태로 발설된다:

> περίλυπός ἐστιν ἡ ψυχή μου ἕως θανάτου· μείνατε ὧδε
>
> 내 마음이 너무 슬퍼 죽을 지경이오. 여기 머무시오.

무접속사(asyndeton) 문장은 진술 자체에 엄숙함 혹은 문장 하나 하나에 강조(staccato)를 주는 수사적 장치이다.[3] 현 문장에서 그 장치는 예수님의 감정 고백과 행동 요청 발화 모두를 한 덩어리로 묶어 그 정보를 부각시켜 줌으로써 제자들의 머물러 있음과 깨어 있음을 예수님의 슬픈 감정에 동참하는 방식으로 이해하도록 한다.

여덟 명의 제자에게는 "여기 앉아 있으시오"라고 한 반면, 그 세 명에게는 그것과 유사한 지시와 함께 그들의 내적 상태가 어떠해야 하는지까지 말씀해 주신다: "여기 머무시오 그리고 깨어 있으시오[γρηγορεῖτε]." '깨어 있으라'는 발설에 담긴 의도가 무엇일까? '깨어 있으라'가 '기도하라'는 함의를 가진다는 추정은 충분히 가능하지만, 마가(그러므로 예수님)는 그것을 38절까지 미뤄 놓고 있다(참조. 눅 22:39-46). 그러므로 "깨어 있으시오"를 단순히 '기도하라'는 요청으로 쉽게 환원하지 말아야 한다. 그 같은 발설은 예수님이 처한 영적, 심적 위기감과 제자들이 부름받은 이유를 함께 고려할 때 이해될 수 있다. 마가에 따르면 예수님이 제자들을 부르신 이유 중 하나는 그들이 "자기와 함께 있도록"(ἵνα ὦσιν μετ' αὐτοῦ, 3:14) 하기 위해서였다. 때문에 예수님은 그들에게 놀라운 기적을 행했을 때만이 아니라 죽음의 길을 갈 것인지 말 것인지를 두고 처절한 사투를 벌이는 순간에도 그 곁에 머물러 그를 돕도록 요청했을 것이다. 고대 유대 사회에서 스승과 제자의 관계는 상호 책임지는 관계였기 때문만이 아니라(Daube, 1972: 1-4), 특히 그 세 명은 다른 제자들보다 더 깊은 동행과 나눔을 경험한 이들이었기에 이러한 요청이 주어진 것은 어쩌면 당연했다.

물론 그 곁에 머물러 있으라는 요청은 예수님 자신만이 아니라 그들을 위한 조치이기도 했을 것이다. 제자들은 예수님과 함께 머무는 자들이

3. BDF, §§459-63.

기만 한 것이 아니라 하나님 나라 선포자들로 세워졌다(3:14). 그러므로 머물러 깨어 있으라는 말에는 그가 겪고 통과하는 그 모든 고난과 죽음의 과정을 지켜보는 증인으로서 그들을 세워, 훗날 그들이 하나님 나라 운동을 이끌어갈 교회의 지도자로 세워졌을 때 그들이 전파하고 또 따라가야 할 길이 무엇인지 미리 보게 하시려는 뜻이 있었을 것이다. 더욱이 예수님이 초기 네 명의 제자들을 부르실 때 "내 뒤에 오시오. 그러면 내가 그대들을 사람들의 어부가 되도록 만들어 주겠소"(1:17)라는 비전을 밝히셨다는 것을 고려한다면 이런 해석은 단순한 추정이 아니라 예수님의 의도라고 말해야 한다.

그 같은 솔직한 감정 표현에 담긴 예수님의 의도는 제쳐두고라도, 마가복음 전체에서 묘사된 그의 능력과 신적 정체성을 고려할 때 그 같은 부정적인 감정이 예수님 내면에 자리 잡고 있었다는 정보는 매우 당혹스럽게 들린다. 예수님의 감정 표현이 마가복음에서 낯선 것은 아니었지만(1:41; 3:5; 5:19; 6:34; 8:2, 12, 33), "그는 놀라고 번민에 휩싸이기 시작하셨다"(33절 후반부) 혹은 "내 마음이 너무 슬퍼 죽을 지경이오"(34절 전반부)라는 표현은 고대는 물론 현대 그리스도인 청자에게 놀람을 줄 수밖에 없다. 유대에서는 시리아 통치에 대항하여 벌인 마카비 전투 바로 직전에 일어난 한 순교자의 이야기가 전해지는데, 그것은 돼지고기 먹기를 거부한 까닭에 안티오쿠스 에피파네스 4세(Antiochus Epiphanes IV)에 의해 붙잡힌 일곱 아들과 어머니가 죽음의 순간에도 "영원하신 하나님의 언약"을 위해 조금의 흔들림도 없이 고문을 받은 후 순교를 하였다는 내용이다.[4] 그러나 그들보다 더 흔들림이 없을 것이라 예상된 예수님은 놀라고 번민하신다. 더 나아가 예수님은 "내 마음이 슬퍼 죽을 지

4. 마카비2서 7:1-40.

경"(περίλυπος ἐστιν ἡ ψυχή μου ἕως θανάτου)에 이르렀다는 고백을 하신다. 무엇이 예수님을 이토록 놀라고 번민하고 슬픔 가운데로 이끌게 하였을까?

예수님의 고백에 사용된 헬라 표현은 칠십인경 시편 41:6, 12(개역개정 42:5, 11)과 42:5(개역개정 43:4)에 등장하는 것과 유사하다(τί περίλυπος εἶ ψυχὴ, '영혼아, 네가 왜 슬퍼하느냐'; 참고. Cranfield, 431; Donahue and Harrington, 407, 412). 의문대명사(τί)를 제외하면 세 단어(περίλυπος εἶ ψυχή)모두 예수님의 고백에 등장한다. 시편의 맥락에서 그 같은 표현은 성전으로부터 멀리 떨어져 있는 까닭에 하나님을 향한 갈함 가운데 있는 시인의 영혼 상태를 보여준다. 만일 예수님이 시를 참조한 것이 맞다면, 그의 번민과 놀람, 그리고 슬픔은 그 역시 시편 저자의 영혼이 하나님 앞에서 가졌던 단절감을 경험하고 있다는 증거이다. 사역 시작즈음에는 요한의 회개의 세례를 기꺼이 받으심으로써 죄 가운데 있는 백성을 위한 메시아의 길을 걸어갈 것을 상징적으로 보여 주신 것처럼, 사역 말미에 이르러서는 "많은 사람을 대신하는[ἀντὶ]"(10:45) 혹은 "많은 사람을 위한[ὑπὲρ]"(14:24) 죽음을 앞두고 그들이 겪어야 하는 영적 유기 상태를 그가 직접 경험하고 있는 것이다(Taylor, 1948: 209; Grassmick, 231; Edwards [b], 433). 이것이 바로 헬라 영웅이나 유대 순교자가 걷지 않았고 또 걸을 수도 없었던 이스라엘의 메시아 예수님의 길이다(Cranfield, 431, 433).

첫 번째 기도와 돌아옴(35-38절) 기도를 위해 세 명의 제자들과 약간의 공간적 거리를 두신다("조금 나아가신 후", 35절 전반부). 직면한 문제를 두고 결국 그 홀로 하나님 앞에 나아가신다. 마가는 기도 내용을 소개하기 전 예수님의 기도 자세가 어떠했는지를 구체적으로 서술한다: "땅 위에 엎드리시고"(ἔπιπτεν ἐπὶ τῆς γῆς, 35절 전반부). 예수님의 기도 자세에 대한 정보는 옆에 있던 세 명의 제자들의 기억으로부터 왔을 가능성이 높다. 예수님의 기도 자세에 대한 그 같은 생생한(vivid) 표현은 마가의 청자들의 정보 처리를 위한 역할도 했을 것인데, 시각적으로 선명한 표현은 구술-청각적 의사소통의 전형적인 특징으로 청자에게 소리로 듣는 정보를 쉽게 이미지화하여 정보 저장과 회상(recollection)을 용이하게 하기 때문이다. 그리고 엎드려 드린 기도 자세 자체도 주목할 만하다. 고대 유대 사회에서 기도는 서서 드리는 것이 일반적이었지만(눅 18:11, 13), 종종 복종의 마음을 몸의 자세로 드러낼 경우 엎드리거나 무릎을 꿇고 기도를 드리기도 했다(시 95:6). 특히 땅에 엎드리는 행위는 경외감에 따른 자발적 행위로 이해되었다(Keel, 310; 참고. 단 8:17). 예수님은 서기보다 땅 위에 엎드리신다. 하나님에 대한 경외와 복종을 몸으로 드러내신 것이며(Marcus, 2009: 977), 언어와 함께 몸 기도를 드리셨던 것이다.

기도의 내용은 먼저 마가에 의해 요약된다: "가능하다면 그때가 그를 비켜가도록"(ἵνα εἰ δυνατόν ἐστιν παρέλθῃ ἀπ᾽ αὐτοῦ ἡ ὥρα, 35절 후반부). 현 문맥에서 '히나'(ἵνα)는 목적절로 이해하는 것이 타당하므로 현 정보는 기도의 목적이 무엇인지 말해준다. 예수님이 지나가기를 구했던 "그때"(ἡ ὥρα)에 사용된 관사는 시간이 구체적으로 지시하는 바가 있다는 것을 말한다. 가리킨 바된 특정한 시간은 문맥상으로 선행하는 문단들(17-21, 22-26, 27-31절)에서 언급된 사건들이 일어날 때로 봐야 한다. 곧 "그때"는 열둘 중 하나가 그를 팔 때(17-21절)이며, 많은 사람을 위해 피 흘림을 당해야하는 때(22-26절)이고, 하나님께서 목자를 치심으로 양들이 흩어지고 무엇보다 베드로가 자기를 세 번 부인할 때(27-31절)를 가리킨다. 예수님은 "그때"가 '빠렐테'(παρέλθῃ, '비켜가다')하도록 기도하신다. '빠렐테'는 마가복음에서 '지나가다'(13:30, 31)와 '비켜가다'(6:48)의 뜻을 가진다. 예수님이 시간이 지나가도록 기도하셨다고 보는 것은 그의 기도의 의미를 모호하게 한다. 시간의 흐름은 자연적 이치이기 때문이다. 보다 나은 뜻은 '비켜가다'인데, 이는 '분리'와 '단절'의 뜻을 가진 전치사 '-로부터'(ἀπό)를 가진 구문(παρέλθῃ ἀπ' αὐτοῦ; 문자적 의미. '그로부터 지나가도록')이 지지하는 번역이다. 예수님은 그런 일들이 그에게 일어나지 않기를 간구하셨고 궁극적으로는 "죽음을 면하게 해달라는 기도"(Calvin, 공관복음 2권 425)를 드렸다는 것이 마가의 요약이다.

기도의 내용은 예수님의 육성(36절)으로 들려진다:

> 압바 아버지여,[5]
>
> 모든 것이 당신에게는 가능하오니 이 잔을 내게서 거두어 주소서
>
> 그러나 나 자신이 원하는 바가 아니라 당신이 [원하시는] 바를.
>
> αββα ὁ πατήρ
>
> πάντα δυνατά σοι· παρένεγκε τὸ ποτήριον τοῦτο ἀπ' ἐμοῦ
>
> ἀλλ' οὐ τί ἐγὼ θέλω ἀλλὰ τί σύ

'나의 아버지' 혹은 '아버지'라는 뜻을 가진 아람어 '압바'(*abba*)에 대한 해석의 역사는 크게 세 가지 영역에서 진행돼 왔는데 전승사적, 문법적, 그리고 역사적 예수님의 신학과 관련된 논의가 그것이다.[6] 첫째, 전승사적 분야를 보자. '압바'(*abba*)가 초기 교회에서 사용된 용어(갈 4:6; 롬 8:15)라는 점에 착안하여 그 기도문 자체가 초기 교회의 창작이라는 주장이 있어 왔다(Nineham, 392; D'Angelo, 630). 그러나 그 반대가 진실이라

5. 마가복음에서 예수님이 하나님을 아버지로 부른 예는 8:38; 11:25; 13:32이 있다.
6. 아래 '압바'에 대한 최근 학자들의 논의와 그 흐름은 Lee, 122-36에 크게 빚졌음을 밝혀둔다.

는 것을 믿어야 할 이유가 있다. 아람어 '압바'(אבא)의 헬라어 음역인[7] '압바'(*abba*)가 기도문에 등장하고 있는 것은 기도문이 아람어를 일차 언어로 사용하신 예수님에게서 기원했다는 증거이다. 또한 아래서 볼 것처럼, 제2성전 시기 유대 문헌에서 하나님을 아버지('압바')로 부르는 예가 전혀 없는 것은 아니다. 하지만 예수님은 하나님을 아버지로 즐겨 부르셨으며,[8] 심지어 그 호칭으로 하나님을 부르도록 제자들에게 가르치시기까지 하셨다(Thompson, 59-60; Lee, 127-29).[9] 위의 증거는 교회가 그 호칭을 창조적으로 사용했다는 것보다, 마가복음의 청자(로마의 그리스도인)와 같은 초기 헬라 교회에서 하나님을 '압바'로 부르며 기도하는 전통(갈 4:6; 롬 8:15)이 형성되었다고 보는 것이 훨씬 더 타당하다는 것을 보여준다(Thompson, 58-63; 자세한 논의를 위해서는 아래를 보라).

둘째, '압바'(*abba*, אבא)의 문법적 해석은 크게 그것이 아람어 아버지 '압'(אב)의 강조형이란 입장과[10] 그것의 호격이란 입장(Evans, 2001: 412)으로 나뉜다. 하지만 강조형과 호격을 양자택일하지 않고 '압바'(אבא)를 '강조형 호격'의 예로 보는 제3의 입장도 있다(Fitzmyer, 1985: 18). 물론 마가의 헬라어 번역인 '호 빠떼르'(ὁ πατήρ, '아버지')가 관사를 가진 주격이라는 점은 강조형 호격으로 보는 해석에 걸림이 될 수 있다. 하지만 피츠마이어(Joseph A. Fitzmyer)는 관사를 가진 헬라어 주격이 강조형 호격으로 사용될 수 있음을 신약성경과 칠십인경, 그리고 고전 헬라어로부터 온 용례들로 적절하게 증명했다(Fitzmyer, 1985: 18-20; 또한 참고 Lee,

---

7. 마가복음에 등장하고 있는 아람어의 헬라어 음역의 다른 예들에 대해서는 '딸리타 꿈', 5:41; '에파타', 7:34; '엘로이 엘로이 레마 사박타니', 15:34 참고.
8. 막 8:38; 13:32; 14:36; 마 11:25-27; 눅 10:21-22; 마 7:9-11; 눅 11:11-13; 마 6:25-34; 눅 12:22-32; 22:29-30; 11:13; 24:49; 마 21:28-32; 23:8-10; 25:31-46.
9. 막 11:25; 마 6:8; 눅 11:2.
10. Abbott-Smith, 'Αββά.

125-27). 예수님은 하나님을 아버지로 부르시되 '압바'로 강조해서 부르신 것이다.

셋째, 역사적 예수 연구와 관련된 '압바' 논의도 있어 왔는데 그 논의는 주로 예수님의 '압바' 호칭 사용의 역사적 진정성을 중심으로 진행돼 왔고, 그 단초는 예레미아스가 제공했다(Jeremias, 1967, 64-66; 1971: 64-67). 예레미아스와 그를 잇는 일군의 학자들은 예수님 이전 혹은 이후 유대 문헌에서 하나님을 '압바'로 부르며 기도를 드린 예를 발견할 수 없다는 주장을 근거로 삼아 예수님의 '압바' 사용은 그가 가진 하나님과의 특별하고 친밀한 관계를 드러내는 증거라고 주장한다(Jeremias, 1971: 67; Fitzmyer, 1985: 28; Brown, 1968: 225-28). 이런 주장은 여러 면에서 도전받고 있는 것처럼 보이는데, 이는 구약성경에서 하나님과 이스라엘을 아버지와 아들의 관계로 설정하고 있는 많은 예들(출 4:23; 신 32:6; 렘 31:9; 호 1:10; 사 63:16; 64:8; 말 2:10)이[11] 있고, 슐러(E. M. Schuller)가 주장한 것처럼 쿰란 문서 4Q372 1:16 역시 하나님을 좀 더 친밀하고 개인적인 표현인 "나의 아버지 나의 하나님"으로 고백(Schuller, 67-79, 특히 67-68)하고 있기 때문이다(비교. Lee, 125).[12] 더불어 헬라어로 남아 있는 집회서(23:1, 4)에는 하나님을 "아버지"(πάτερ, '빠떼르')라 부르며 기도하고 있는 내용이 나온다. 따라서 예수님이 하나님을 '압바'로 부르는 것 자체가 독특하다(unique)고 말할 수는 없다는 주장이 힘을 얻고 있는 것처럼 보인다(Vermes, 1973: 210-129; Barr, 1988: 28-47; Dunn, 1989: 27; 대조. France, 2002; 584-85; Lee, 122-25).[13]

---

11. 토비트 13:4; 집회서 51:10; 마카비3서 2:21; 솔로몬의 지혜 2:16.
12. 슐러의 주장에 대해 Lee는 4Q372 1:16은 소유격이 붙은 "나의 아버지"로 나오기에 예수님이 사용하신 "압바"와는 분명 차이가 있다고 적절하게 지적한다(Lee, 125).
13. 베르메쉬는 고대 하시딤(Hasidim)이 몇 시간씩 "하늘에 계신 그들의 아버지"에게

그럼에도 Lee는 예수님의 '압바' 사용이 다른 유대 문헌과 비교했을 때 독특하고 특별하다는 예레미아스의 논지가 여전히 타당하다고 볼 수밖에 없는 다섯 가지 이유를 제시한다:

1) 구약과 제2성전 시기 문헌에 등장하는 아버지로서의 하나님 호칭과 비교했을 때 예수님의 '압바' 사용은 매우 높은 빈도수를 보인다(Lee, 122-125).[14]

2) 구약에는 한 개인이 하나님을 '압바'로 부르며 기도하는 예가 없다(비교. "지혜 없는 백성아 … 그는 네 아버지시오", 신 32:6; "우리의 아버지", 사 63:16; "우리 아버지", 64:8; "주는 내 아버지", 시 89:26 등; Lee, 130-134).

3) 쿰란 문서 4Q372 1:16의 "나의 아버지 나의 하나님"과 4Q460 5:6의 "나의 아버지 나의 주" 등의 예에는 소유격과 함께 사용된 반면, 예수님의 '압바' 사용은 소유격 없이 사용되어 좀 더 개인적인 친밀감을 담고 있다는

기도를 드렸다는 미쉬나 베라코트 5:1과, 바벨론 탈무드 타아니트 23b에 나오는 하닌 하네흐바(Hanin haNehba)의 이야기를 전해준다(Vermes, 1973: 211): "세상이 가물었을 때 랍비들은 학생들을 그에게 보내곤 했는데 그들은 그의 망토자락을 잡고 '압바, 압바, 우리에게 비를 주소서'라고 말했다. 그는 하나님께 기도했다. '만물의 주관자시여 비를 줄 수 있는 압바와 줄 수 없는 압바를 구분할 수 없는 이들을 불쌍히 여기소서"(When the world was in need of rain, the rabbis used to send schoolchildren to him, who seized the train of his cloak and said to him, *Abba*, *Abba*, give us rain. He said to God: Lord of the universe, render a service to those who cannot distinguish between *the Abba who gives rain* and the Abba who does not"). 위의 인용된 예에서 등장하는 '압바'(이탤릭)는 아이들이 랍비를 부르는 칭호인 반면, 하나님은 "만물의 주"(Lord of the universe)로 칭해진다. 물론 하나님이 비를 주시는 '압바'(밑줄)로 지시되기는 하지만 그곳에서 '압바'는 예수님이 사용하는 것과 같은 호격('압바, 하나님.')이 아닌 단순 서술('하나님은 압바')로 사용된다(Jeremias, 1967: 61; Lee, 123).

14. 예레미아스의 관찰에 따르면 아버지라는 용어가 예수님에 의해 사용된 수는 막 4번, 마 42번, 눅 15번, 그리고 요 109번에 이른다(Jeremias, 1967: 29).

점에서 쿰란의 예와 차이가 있다(Lee, 125).

4) 집회서 23:1, 4의 '빠떼르'(πάτερ)는 모두 "주 아버지"(κύριε πάτερ)로 나오는 관계로 예수님이 사용하신 아람어의 강조형 호격 '압바'(*abba*, **אבא**)의 적절한 비교의 대상이 되기 어렵다(Lee, 124).

5) '압바' 용례를 가진 유대 문헌은 대부분이 예수님 시대보다 훨씬 후기의 것들이며(Marcus, 2009: 978), 그것도 예수님과 같이 역사적 인물이 개인적인 친밀함 가운데서 '압바' 기도를 드리기보다는 이야기의 한 예로 등장하는 인물이 그 표현을 사용했다는 식으로 전해진다(Lee, 133).

따라서 앞서 살펴본 증거들은 그가 하나님과의 관계를 아버지와 아들이라는 친밀한 관계에서 생각하였다는 것과, 하나님의 아들로서 뚜렷한 자의식(참고. 막 1:11; 9:7; 12:1-11)을 예수님이 가지셨다는 주장의 뒷받침이 되기에 충분하다고 할 수 있겠다(Brown, 1994: 1권, 173; France, 2002: 584; Lee, 127-29; Bauckham, 2011: 65). 물론 예수님이 자신만이 아니라 그의 제자들도 하나님을 아버지라 부르며 기도하도록 가르치신 것은 사실이다(참조. 마 6:9; 눅 11:2). 하지만 그들이 하나님을 아버지(눅 11:2) 혹은 "나의 아버지"(마 6:9)로 부르며 기도하라는 가르침은 공동체(밑줄)의 기도 방식("그런즉 그대들은 이렇게 기도하시오", 마 6:9; "기도할 때 그대들은 말하시오", 눅 11:1)으로 제시되었다는 점에서 예수님의 개인적이고 친밀한 기도 방식과는 차이가 있다. 더불어 위에서 잠시 논증한 것처럼 초기 교회 역시 성령으로 말미암아 하나님을 '압바'라 부르며 기도하였다(롬 8:15-16; 갈 4:6)는 사실은 '압바' 기도가 예수님의 특별한 기도이자 아버지와 아들로서 하나님과 그의 독특한 관계를 보여준다는 논지의 반대 증거가 될 수 없는데, 이는 바울은 믿는 자로 하나님을 '압바'로 부르게 하는 이는 성령이라 명시한 반면, 예수님은 직접 '압바'로 부르며 기도

하시고 있기 때문이다(Lee, 129). 환언하자면, 믿는 자와 하나님이 가지는 부자 관계는 성령의 오심이라는 조건에 따른 결과이지만, 예수님은 어떤 조건 없이 하나님을 '압바'로 부르신다(Witherington and Ice, 24 각주 13)는 점에서 예수님과 믿는 자의 아들됨 사이에는 어떤 질적인 차이가 있다고 볼 수밖에 없다(Lee, 129).

그렇다면 예수님은 어떤 자기 이해를 바탕으로 창조주 하나님을 '압바'라 부르며 기도하셨을까? 두 주장이 있다. 먼저, 예수님의 '압바' 기도는 그의 메시아적 자의식의 표현이라는 입장이다(Wright, 1996: 649; Thompson, 67-76, 79-82, 91-92). 구약에서 하나님은 직간접적으로 이스라엘의 아버지라 소개된다(출 4:23; 신 8:5; 32:6; 렘 31:9; 호 1:10; 사 63:8, 16; 64:8; 말 2:10). 더 나아가 사무엘하 7:14과 시편 2:7, 12, 그리고 89:26-27은 이스라엘의 대표 메시아 역시 하나님의 아들이라 불릴 것이라 암시한다(1:1, 11 주해를 보라). 따라서 예수님이 이스라엘의 메시아로서 자기 이해를 가지셨다는 것을 감안하면 그의 '압바' 사용에 메시아로서의 자의식을 반영한다고 볼 수 있다는 것이다. 또 다른 주장은 '압바'를 그가 가진 신적 아들로서의 자의식의 발현으로 보는 것이다(Lee, 178-80; 이형일, 671-93; 참조. Edwards [b], 434). 물론 14:36만으로 이런 결론을 내리는 것은 무리가 있다. 그럼에도 위의 논증에서 입증하려 했던 것처럼 '압바'는 예수님이 아버지 하나님과 가진 친밀하고 특별한 관계의 표현이었고, 게다가 '압바'의 그러한 사용은 제2성전 시기 유대 문헌에서 유례를 찾아볼 수 없었다. 따라서 대안은 예수님의 특별한 '압바' 사용은 선재한 아들로서 그가 아버지 하나님과 가진 밀접한 관계의 표지라고 보는 것이다. 이런 입장은 본 주해에서 밝혔고 또 앞으로 밝힐 것처럼 예수님이 신적 존재라는 것을 직간접적으로 암시하는 다음 다섯 가지 증거에 의해 뒷받침될 수 있다:

1) 하나님의 전권을 가진 자라는 주장(2:10; 2:28; 3:35; 10:21; 11:27-33; 14:62-63)

2) 하나님의 전권을 가진 자로서의 사역(1:25; 2:5; 4:39; 5:8; 6:34, 48-50; 11:15-17)

3) 하나님의 사역과 예수님의 사역의 동일화(1:2-3; 5:19-20)

4) '내가 왔다' + 목적 어구(1:24, 39; 2:17; 10:45)와 '내가 보냄을 받았다'(9:37; 12:6) 어록

5) 다윗의 아들 그 이상의 존재라는 주장(12:35-37).

이미 살펴본 것처럼 신적 아들이자 메시아적 아들이라는 예수님의 두 자의식은 양자택일의 문제가 아니다(1:11; 12:6 주해를 보라). 신적 아들로서의 그의 자의식은 존재론적인 것이고 메시아적 자의식은 이 땅에서 그가 수행한 기능(역할)적인 것이기 때문이다. 그러므로 그는 신적 아들로서 메시아적 사역을 수행한 것이다.

'압바'와 관련된 위의 모든 논의들은 나름의 중요한 요지를 가지고 있는 것이 사실이지만 현 본문과 관련해서 결코 간과되지 말아야 할 것은 예수님이 '압바' 기도를 드리고 있는 '상황'이다.[15] 위의 유대 문헌이 보여주는 것처럼 하나님을 "나의 아버지"로 부르는 기도의 대부분은 기도자가 고통 속에 있을 때 나왔다. 예수님도 예외는 아니다. 그의 겟세마네 기도는 죄악의 세력을 멸하고 하나님의 통치를 세우는 일을 해온 그가 악의 세력에 의해 희생되는 이율배반적 상황이었다. 하지만 그런 모순적 상황에서 예수님이 붙드셨던 것은 하나님과의 독특하고 친밀한 부자관계였

15. 이 점은 톰슨에 의해서도 적절하게 지적된다(Thompson, 89-92).

다. 마가 내러티브 흐름을 고려했을 때 세례 때 하늘로부터 들린 소리를 떠올린다. 그때는 아버지 하나님께서 예수님을 "너는 내 사랑하는 아들"(1:11)이라 불렀지만, 지금은 아들 예수님이 하나님을 '압바'로 부르며 기도를 드린다. 그러나 그의 아들에게 소명을 주실 때는 하늘을 찢으시며 소리를 들려주셨던 아버지 하나님은, 지금 아들이 고통 속에 부르짖을 땐 침묵하고 계신다.

예수님의 간구의 근거는 하나님의 능력이다: "모든 것이 당신에게는 가능하오니"(πάντα δυνατά σοι, 36절 전반부). '능력'은 구약에서 잘 알려진 하나님의 속성(창 18:14; 욥 10:13; 42:2; 슥 8:6)이자, 예수님이 그의 제자들에게 구원(10:27)과 기도(11:22-24)와 관련하여 그들이 가져야 할 태도라고 가르치신 것 역시 '하나님은 하실 수 있다'이다. 이제 그가 직접 그 지식에 기초하여 기도를 드린다. 그런데 놀랍게도 기도의 내용은 하나님의 능력으로 "이 잔[τὸ ποτήριον]을 내게서 거두어" 달라는 것이다. 10:38, 39에서 예수님은 강조적 1인칭 대명사(밑줄)를 사용하시면서까지 '그 자신이' 마실 잔 이 있다는 것을 제자들에게 반복적으로 알리셨다(ὅ ἐγὼ πίνω). 그런데 지금은 그 잔을 거두어 달라고 기도하신다. 구약에서 잔 은유는 의인에게 주어진 구원(시 23:5; 116:13)과 악인에게 부어진 하나님의 진노(사 51:17, 23; 합 2:16; 시 75:8; 참조. 계 14:10; 16:17; 18:6)와 같이 대조적인 두 경우 모두를 위해 사용된다(또한 10:38, 39 주해를 보라). 예수님은 어떤 의미로 사용하셨을까? 마가복음에서 잔은 모두 죽음에 대한 직간접적인 은유로 사용(10:38, 39, 45; 14:23-24)되고 있어, 잔이 하나님의 진노를 가리킨다는 해석이 타당하다(Taylor, 1966: 554; Evans, 2001: 413). 예수님의 동시대인 쿰란 공동체 역시 하나님의 진노를 잔에 빗대어 주해한다(쿰란 문서 1QpHab 2:16; 또한 아래를 보라).

하나님의 진노는 누구를 위해 준비된 것일까? 먼저, 잔은 구약에서 불순종하는 하나님의 백성들에게 예비된 하나님의 진노에 대한 은유로 사용된다. 에스겔 23:32-34이 대표적인 예이다:

> 깊고 크고 가득히 담긴 네 형의 잔을 네가 마시고, 코웃음과 조롱을 당하리라. 네가 네 형 사마리아의 잔 곧 놀람과 패망의 잔에 넘치게 취하고 근심할지라. 네가 그 잔을 다 기울여 마시고 ….

북 이스라엘의 수도 사마리아가 앗시리아의 침공으로 멸망한 사건을 잔을 마셨다는 은유로 설명한 에스겔은 다시 잔 은유로 그 일이 남쪽 유다의 예루살렘에도 일어날 것을 설명한다("패망의 잔[τὸ ποτήριον] …을 마시고", 칠십인경 23:31-32). 하나님의 진노의 잔은 그의 백성만 아니라 땅의 모든 악인에게도 준비되었다. 시편 75:8(개역개정)은 바로 이 점을 보여준다:

> 여호와의 손에 잔이 있어 술 거품이 일어나는도다 속에 섞은 것이 가득한 그 잔을 하나님이 쏟아 내시나니 실로 그 찌꺼기까지도 땅의 모든 악인이 기울여 마시리로다.

"여호와의 손에 잔[ποτήριον]"(칠십인경 74:9)은 "땅의 모든 죄인"(πάντες οἱ ἁμαρτωλοὶ τῆς γῆς)이 그들이 지은 죄 때문에 마셔야 할 진노로 설명된다. 그렇다면 이스라엘의 메시아 예수님이 마시기를 주저했고 또 피하고자 했던 그 잔은 그의 백성이 불순종의 대가로 받아야 하는 하나님의 진노의 잔, 곧 "패망의 잔"이라는 해석이 가능하다(Cranfield, 433; Stein, 663; 비교. France, 2002: 416). 그뿐만 아니라 이스라엘의 메시아는 동시에 온 열방의 왕(시 2:6-12)이기에 그가 받아야 하는 잔은 "땅의 모든 죄인"이 마셔야 하는 진노의 잔이었다. 메시아로서의 자의식을 가진 예수님이 잔을 이런 식으로 이해하셨다고 보는 것이 옳다(Taylor, 1966: 554).

그러나 놀랍게도 예수님은 "잔을 내게서 거두어" 달라고 기도하신다. 이는 하나님의 진노를 그에게서 거두어 달라는 함의를 가진다. 그리스 철학자 소크라테스(Socrates, 주전 470-399)는 아테네에 새로운 신을 들여오고 젊은이들을 타락시킨다는 죄목으로 독배를 마시게 되었을 때 그는 마지막 순간까지도 "안색이나 표정의 변화와 떨림 없이" "즐겁고도 담담하게 그 잔을 마셨다"고 기록한다.[16] 또한 위에서 살펴본 것처럼 마카비2서 7:1-40이 전해준 일곱 아들과 그들의 어머니가 죽음과 하나님의 진노를 대하는 모습과는 분명한 차이가 있다. 일곱 아들은 '즐거이', 그리고 '기꺼이' 그 잔을 받으려 하는데 예수님은 주저하신다. 예수님이 최후의 순간에 임하시는 모습은 헬라 문화권에 익숙한 영웅의 모습도, 유대인들에게 익숙한 순교자의 모습도 아니다(Cranfield, 431; Wright, 2004: 198; France, 2002: 585-86). 이런 차이는 복음서가 보여 주는 예수님은 후대에 의해 신화화 혹은 영웅화된 인물이 아니라 역사적 인물임을 방증한다. 예수님은 시대와 당대 문화가 요구한 영웅은 아니다.

잔을 옮겨 달라는 예수님의 기도는 세례 때(1:11) 확증된 여호와의 종의 길에서 벗어나라는 유혹이[17] 온 신호로 해석할 수 있다(Edwards [b], 434). 그 앞에 놓인 잔은 그것을 피하고 싶은 유혹을 불러일으킬 만큼 '치명적'이었다는 것인데 이는 잔을 받아 마시는 것이 육체적으로는 죽음을,

---

16. Plato, *Phaedo*, 117.

17. 예수님의 유혹은 첫 번째는 광야에서(1:12-13), 두 번째는 가이사랴 빌립보에서 베드로를 통해(8:33), 그리고 세 번째는 비록 사탄이 직접적으로 언급되지는 않았지만 겟세마네에서 찾아왔다.

영적으로는 하나님과의 단절을 가져올 것이라는 사실을 아셨기 때문이다. 물론 예수님이 어떻게 죽음의 공포를 가질 수 있는가 하는 질문이 나올 수 있다. 교리적 배경이 전제된 질문이기에 교리적 답이 가능하다. 그가 육신을 입으셨다는 교리를 받아들인다면 육신을 가진 자들이 겪는 모든 고통을 그 역시 가감 없이 그대로 다 겪으셨다는 것을 믿지 못할 이유가 없다. 그뿐만 아니라 자신의 죽음이 "많은 사람을 위하는" 것이라 밝히신 상태이기에 "이 잔을 내게서 거두어" 달라는 간청은 자칫 많은 사람을 대속하는 메시아적 소명을 회피하려는 기도로 들릴 수 있기에 우리를 당혹케 할 수 있다. 이런 의문을 해결하는 데 칼빈이 오래 전에 한 말이 도움을 줄 수 있다:

> 나는 죽음의 공포가 그에게 엄습하고 흑암이 그에게 덮쳤을 때 그가 다른 모든 것을 잊고 그 절규를 내뱉는 것은 잘못이 아니라고 대답한다. 여기서 '도대체 그가 우리의 구원을 망각하게 되다니 그것이 가능한 이야기인가?' 하고 따질 필요는 없다. 그가 죽음을 면하게 해달라는 기도를 드릴 때 그의 기도의 문을 막아 버릴 다른 문제는 생각지 않고 있었다는 사실만으로도 충분하다(Calvin, 공관복음 2권 425).

칼빈에 따르면 죽음을 우회하기보다 통과하는 것이 그의 길이라는 소명 앞에서 예수님은 죽음이 가져오는 현재적 번뇌를 가감 없이 담아 하나님께 올리신다. 무엇보다, 예수님의 그 같은 기도는 그가 지금까지 해오셨던 생명을 사랑하고 돌봐오셨던 사역과 일치한다. 그는 생명을 사랑하셨고 그 사랑은 타인의 생명만 아닌 자신의 생명을 향해서도 가졌다는 것을 예수님의 기도는 확인해 준다. 자신의 생명을 사랑하지 않는데 어떻게 타자의 생명을 사랑하고 돌보실 수 있었겠는가. 그런 점에서 그의 기도는 정직했다는 것이다. 중요한 것은 기도의 결론이다. 예수님은 메시아적 소명의 회피를 목적으로 기도드린 것이 아니었다는 사실은 기도의 결론이 자신의 뜻보다 하나님의 뜻이 이뤄지기를 간청하는 것으로 마무리된다는 것을 통해 확인할 수 있다(강조형 인칭대명사는 밑줄 그어져 있다): "그러나 나 자신이 원하는 바가 아니라 당신이 [원하시는] 바를"(ἀλλ' οὐ τί ἐγὼ θέλω ἀλλὰ τί σύ, 36절 후반부). 이 정직한 기도에 담긴 열쇠 말은 순종이다. 쿰란 공동체의 다마스커스 문서에서는 "자기 마음의 원함을 따르는 것"(CD 3:3, 7)과 "완고함"(3:5, 11-12)이 동의어로 사용된다(CD 3:2-13). 에스겔은 새 언약이 체결될 때 하나님께서 이스라엘의 마음에서 완고한 마음을 제거하고 부드러운 마음을 주셔서 그들로 하여금 자발적으로 하나님의 교훈을 좇을 것이라 했다(36:26-27). 이제 새 언약의 체결자이신 예수님은 새 출애굽이 일어나는 날 밤에 스스로 "자신이 원하는 바"를 내려놓으심으로써 갱신된 마음을 가진 새 이스라엘이 가야할 길이 무엇인지 보여 주셨다.

예수님의 기도가 처음부터 하나님의 뜻에 대한 순종을 고백하지 않는 것이 불편하게 다가올 수도 있다. 이 문제는 기도에 대한 어떤 정의를 가지고 있느냐에 따라 다르게 이해될 수도 있다. 예수님이 보여 주신 기도는 하나님의 뜻에 대한 순응의 고백만을 포함하기보다 내적 갈등까지 숨김없이 그의 아버지 하나님께 다 아뢰시는 기도이다. "하나님께서는 우리가 언제고 정확하게 자신께서 경륜으로 펴신 것만을 구하기를 원하시는 것은 아니고, 우리의 지성이 바람직하다고 생각하는 것을 요청하는 것을 허용하시기 때문이다"(Calvin, 공관복음 2권: 425).

사실 쿰란 공동체는 하박국 2:16을 해석(페사르)하면서 하나님의 진노의 잔은 벨리알(Belial), 곧 예루살렘에 있는 사악한 제사장들에게 부어질 것이라고 보았다(쿰란 문서 1QpHab 2:16; Eisenman, 265). 하지만 예수님은 하나님의 뜻이라면 죄인들이 받아야 하는 진노를 자신이 대신 받겠다는 자발적 결단(10:45 주해를 보라)을 내리신다. 쿰란 공동체는 종말론적인 하나님의 진노가 다른 사람에게 부어지기를 기도했고, 예수님은 그 진노를 자신이 받겠다고 결단을 내리신 것이다. 예수님의 대속적 자세는 마카비2서에 나오는 순교 직전 일곱째 아들이 시리아 왕 안티오쿠스 4세 에피파네스를 반박하며 남긴 유언과 유사하다:

> 그러나 나는 내 형제들과 같이 나의 몸과 생명을 우리 선조들의 율법을 위해 내려놓으며 하나님께 간구를 드리오. 주께서 우리 민족에게는 속히 자비를 베푸시고 당신은 고통과 염병으로 하나님만 유일하신 분임을 고백하게 하시도록 말이오. 그리고 나와 나의 형제들로 말미암아 모든 우리 민족에게 정당하게 임하고 있는 전능하신 분의 진노[τὴν τοῦ παντοκράτορος ὀργὴν]가 멈출 수 있기를 말이오(마카비2서 7:36-38).

일곱째 자녀는 자신과 자신의 형제들의 순교를 통해 유대 민족 위에 임한 하나님의 "진노"(ὀργὴν)가 멈출 수 있기를 기도한다. 이는 예수님이 마지막으로 하나님의 진노를 상징하는 잔을 받겠다는 결단을 하실 때 무엇을 염두에 두셨는지를 추론케 해준다. 그는 이스라엘과 온 열방이 받아 마땅한 심판을 자신의 죽음으로 대신하겠다는 결단을 하셨던 것이다. 하지만 하나님이 진노를 풀지 않으시자 하나님의 아들 예수님이 자신의 죽음으로 그 진노를 풀려고 했다는 해석은 옳지 않다. 본 주해 여러 곳에서 밝힌 것처럼 예수님은 이 땅에 강림한 선재한 신적 아들이었다(14:36 주해를 보라). 그렇다면 마가복음을 통해서 내릴 수 있는 신학적 결론은 예수님의 죽음은 바로 하나님의 자기희생이라는 것이다. 또한 그의 죽음의 동기와 관련해서도 아버지의 뜻을 꺾을 수 없는 가운데 이뤄진 불가피한 선택이었다는 해석 역시 그릇된 것이다. 오히려 바울이 적절하게 본 것처럼 예수님은 "나를 사랑하사 나를 위하여 자기 자신을 버리신 하나님의 아들"(갈 2:20)이셨다. 아버지의 뜻을 따라 잔을 받기로 자발적 결단을 내리신 예수님의 이유는 사랑이었다(Meyer, 252-53; Wright, 1996: 607).[18] 겟세마네에서 드린 예수님의 기도 안에서 우리가 발견할 수 있는 것은 진노를 꺾지 않으시는 하나님이 아니라, 사람을 사랑하셔서 자신을 희생하는 하나님이다. 이것이 예수님에 의해 도래하게 된 나라의 통치자 하나님의 모습이다.

기도 후 예수님은 돌아와(ἔρχεται) 자고 있는(καθεύδοντας) 제자들을 발견한다(εὑρίσκει, 37절 전반부). 이후 두 번째 세 번째 기도하러 가신 모습에서 확인할 수 있듯이 그의 기도는 아직 끝나지 않았다. 그럼에도 예수님은 기도하시다 말고 제자들을 방문한 것이다. 왜 그러셨을까? 첫째, 앞서 예수님은 종말론적 담화에서 그의 재림이 언제든지 일어날 수 있다는 점을 강조하셨다. 비록 재림은 아니지만 재림의 선취적 사건으로 제자들이 깨어 있는 삶을 살도록 하시고자 기도하다 말고 불시에 방문하셨다고 볼 수 있다. 이런 해석은 37절 전반부에서 사용된 세 동사(위를 보라)는 모두 13:36의 반향("갑자기 그가 왔을 때[ἐλθὼν] 그대들이 자고 있는 [καθεύδοντας] 것을 발견[εὕρῃ]하지 않도록 하십시오")이라는 사실을 통해 확인될 수 있는 것처럼 보인다(Marcus, 2009: 987-88). 물론 13:36의 문맥은 인자의 종말론적 파루시아이고 겟세마네에서의 '돌아옴'은 지상 사역 중에 일어난 사건이라는 점에서 두 본문의 맥락이 다르다는 점은 가볍게 취급될 수 없다. 그럼에도 종말론적 파루시아의 언어로 현 사건이 묘사됨으로 종말론적 파루시아는 진행되고 있는 현재적 사건임이 부각

18. 또한 14:61-62 주해를 보라.

되었다는 점은 분명하다. 종말의 완성자로 오실 인자는 언제든지 오실 수 있으며, 그렇기 때문에 지금도 오고 계신다는 선례가 겟세마네에서 만들어진 것이다(대조. Gnilka, 2권 345).

둘째, 오셔서 제자들에게 "시험에 들지 않도록"(38절) 권면하셨다는 것은 이제 곧 통과해야 할 시험을 앞두고 있는 제자들이 기도에 계속 매진토록 하고자 점검 차 오셨을 가능성 역시 배제할 수 없게 한다. 셋째, 기도하시다 말고 제자들에게 오신 데는 비단 제자들뿐만 아니라 자신을 위한 의도 역시 있었을 것이다. 기도 전에 예수님은 내면에서 일어나고 있던 그의 두려움과 슬픔을 그들에게 알리며 깨어 있도록 요구하셨다는 것을 감안하면 기도 도중에 다시 그들을 찾아온 것도 깨어 있는 제자들을 통해 내적인 힘을 얻으려는 뜻이 있었다는 추정 역시 가능하다.

그러나 돌아오신 예수님은 제자들이 잠자고 있는 장면을 목격하게 된다(37절 전반부). 현 문단 자체에서 본다면 예수님이 아버지 하나님께 기도하시고 돌아와 자고 있는 제자들을 발견하는 장면에는 대조와 아이러니가 교차한다. 아버지의 뜻이라면 잔을 받겠다는 예수님을 통해 하나님의 뜻은 이뤄지고 있지만 '깨어 있으라'는 그의 뜻은 제자들에게 이뤄지지 않는다는 점에서 쓰라린 대조가 있다. 더 나아가 27절에서 예수님은 "그대들 모두가 걸려 넘어질 것"이라 예언하셨기 때문에 깨어 있지 못하고 잠자는 제자들의 모습은 아이러니하게도 그의 예언이 성취되고 있음을 보여준다.

잠자고 있던 "그들"(αὐτοὺς)이 세 명의 제자들(33절)인지 아니면 모든 제자들(32절)인지는 불분명하지만, 이어진 책망이 특별히 베드로에게 향한다는 것은 그가 속해 있었던 세 명의 제자들에게 예수님이 오셨다는 해석을 할 수 있게 한다(Hooker, 1992: 349). 그러나 두 번째(40절), 세 번째(41절) 방문 시에도 모두 "그들"에게 오셨다는 것과, 특히 세 번째 오신 후

"일어나시오 함께 갑시다"(42절)라는 말은 모든 제자들에게 한 것이 틀림없기에 이전 방문 때 예수님은 두 그룹의 제자들 모두에게 찾아가셨다는 추론이 자연스럽다(비교. Marcus, 2009: 979). 달리 말하면, 예수님이 오실 때마다 잠자고 있던 이들은 베드로와 야고보, 그리고 요한만이 아니라 모든 제자들도 매한가지였다는 것이다.

예수님은 자고 있는 제자들 모두를 보셨지만("그들이 자고 있는 것을 발견하신다", 37절 전반부) 책망은 오직 시몬 한 명에게 향한다("시몬, 자고 있소? 한 시간을 깨어 있을 수 없었단 말이오?", 37절 후반부). 그런 다음에야 모든 제자들을 대상으로 권면을 주신다("그대들은 깨어 있으시오. 그리고[καὶ] 기도하시오. 시험에 들지 않도록 말이오", 38절). 시몬에게[19] 특별히 집중된 이유는 30절에서 밝히신 것처럼 그가 통과해야 할 시험이 있다는 것을 아셨기 때문일 것이다. 이후 모든 제자들에게 주어진 반복된 권면에는 이전 권면과 달리 "기도하시오"라는 내용이 접속사 '까이'를 사이에 두고 "깨어 있으시오"에 뒤따르고 있다. '까이'가 A와 B를 연결시킬 때 일반적인 것을 구체적인 것으로 또는 구체적인 것을 일반적인 것으로 연결하기도 한다.[20] 현 문장에서 "깨어 있으시오"는 일반적인 가르침으로, "기도하시오"는 세부적 가르침으로 보는 것이 옳다(Hooker, 1991: 349; Evans, 2001: 415). 깨어 있는 것은 단순히 잠자지 않는 것일 뿐 아니라 적극적인 의미에서 기도하는 행위를 포함한다. 이런 점에서 제자들의 실패

19. 시몬은 베드로가 예수님을 만나기 전부터 가지고 있던 본명(1:16, 29; 3:16)으로, 마가복음에서는 베드로라는 별명이 그에게 주어진(3:16) 이후로는 불리지 않던 이름이었다(5:37; 8:29, 32, 33; 9:2, 5; 10:28; 11:21; 13:3; 14:54, 66-72; 16:7). 그 후 마가복음에서 베드로란 이름이 시몬보다 더 이상 명명되지 않은 이유는 아마도 베드로의 존재와 역할을 예수님과의 관계하에서 규정하려는 뜻이 내포되어 있었기 때문이 아니었는지 고려해 볼 필요가 있다.

20. BDAG, καί.

는 잠과 기도하지 않음을 통해 드러났다.

13장에서 '깨어 있음'은 역사 끝날에 오실 인자를 영접하는 자의 삶의 자세(33, 34, 35, 37절)로 해석되어 왔다. 14장의 겟세마네 사건에서 예수님은 그의 제자들에게 깨어 있도록 다시 권면하고(34절) 확인하신다(37절). 인자는 그 날에만 오는 것이 아니라 지금도 오시고 있기에(그러므로 종말이 시작되었기에) 깨어 있음은 지금 여기에서의 삶의 자세여야 한다는 것을 겟세마네 사건이 가르친다(Marcus, 2009: 987-88).

"기도하시오"를 뒤따르는 '히나'(ἵνα) 절(ἵνα μὴ ἔλθητε εἰς πειρασμόν, '시험에 들지 않도록 말이오')은 두 가지로 해석이 가능하다. 먼저, '히나' 절을 "기도하시오"의 목적절로 본다면 '시험에 들지 않기 위하여 기도하라'는 가르침이 된다(Taylor, 1966: 554; Edwards [b], 435). 반면, '히나'절을 "기도하시오"의 내용으로 본다면[21] 제자들에게 '시험에 들지 않게 해달라는 내용으로 기도를 드리라'는 가르침이 된다(Cranfield, 434). 선행 본문은 예수님의 기도 내용을 상세히 설명했기 때문에(35-36절) '히나'절은 제자들이 드려야 할 기도 내용을 알려주는 것으로 보는 것이 맥락상 자연스럽다. "시험"(πειρασμόν)은 '점검'(examination), '유혹'(temptation)의 뜻을 가진 단어로 동사(πειράζω)를 포함하여 마가복음에서 총 다섯 번 등장(1:13; 8:11; 10:2; 12:15; 14:38)한다. 모두 적의적인 의도로 예수님을 넘어뜨리려는 사탄과 종교 지도자들의 시도를 묘사하기 위해 사용된다. 예수님은 다섯 번 시험을 받으셨지만 시험(tempter)의 의도에 말려들지 않았고, 오히려 그때마다 진리를 드러내는 계기로 삼으셨다. 예수님의 예를 통해서 본다면 제자들에게 닥칠 시험은 겟세마네에 오기 전 예수님을 부인

21. ἵνα의 다양한 용법(목적, 결과, 내용 등)에 대해선 Porter, 1994: 210, 235, 238-39를 보라.

하지 않겠다던 그들 모두의 다짐(31절)이 진실된지 아니면 거짓된지를 점검받는 일일 것이다(31절). 그러므로 그들이 기도해야 했던 바는 '시험을 피하게 해 달라는 것'이 아니라, 시험을 받더라도 시험자의 의도에 말려들지 않고 오히려 예수님이 하셨던 것처럼 그 가운데서 그들의 진실됨을 드러내는 계기로 삼게 해달라는 내용일 것이다(참조. Taylor, 1966: 555; Hooker, 1992: 349; 대조. Stein, 663). 제자들의 믿음은 고난을 통해 연단되고, 그 진실됨이 증명될 수 있다는 것은 내러티브가 앞서 말해오던 것이기도 하다(8:34-38; 13:13; 참고. Collins [a], 681).

"영[τὸ πνεῦμα]은 원하고 육신[σὰρξ]은 약하도다"(38절 후반부)는 '성령은 원하지만 인간은 약하다'(Schweizer, 314)의 의미로 언급된 것이 아님이 분명해 보인다(대조. Hurtado, 2020: 343). '쁘뉴마'(πνεῦμα)가 성령을 지시하기도 했지만(1:8, 10, 12; 3:29; 13:11) 마가복음 그 어디에서도 성령이 제자들에게 오셨다는 언급이 없었다는 것을 감안하면 현 문맥에서 '또 쁘뉴마'(τὸ πνεῦμα)는 2:8과 8:12에서와 같이 인간 성품(personality)의 구성요소로서 '영'을[22] 의미한다고 보는 것이 옳다(Marcus, 2009: 980; Stein, 664). 인간을 영과 육으로 구성된 존재로 보는 것은 구약성경에 바탕을 둔 히브리적 인간론이다. 특히 영(혼)은 하나님을 갈망하고 만나는 장소로 이해(시 23:3; 25:1, 20; 34:2, 22; 42:2, 6, 11; 43:5; 롬 8:16 등)된 반면, 육은 종종 죄악된 욕구들의 거처(참고. 창 6:3; 롬 7:25; 8:4-9; 갈 5:16-17)로 이해되었다(또한 참고. 쿰란 문서 1QH 12:29-32; 7:25-26). 예수님은 이런 히브리적 인간론의 바탕 위에서 "영"과 "육"의 갈등(참조. 사 31:3)을 언급하셨고(대조. Hurtado, 2020: 343), 그런 갈등은 고난의 순간이 찾아왔을 때는 더욱 더 증폭될 것이라 내다보셨다. 고난의 순간이 점

---

22. BDAG, πνεῦμα §3.

점 다가옴에 따라 예수님은 제자들이 기도를 통해 영으로써 육의 약함을 극복하도록 하셨지만, 그들은 실패한 것이다. 그 같은 실패의 순간에 내리신 예수님의 평가는 "제자들이 직면한 딜레마를 압축적으로 보여준다"(Hooker, 1991: 349). 제자들의 긍정적 결심은 "영"의 희망사항으로, 깨어 있는 일에 실패한 현실은 "육신"의 연약함 탓으로 보신 것이다. 예수님이 그들 모두가 걸려 넘어질 것이라 예언하셨음에도 불구하고 베드로를 비롯한 모든 제자들은 그와 함께 죽음에까지 들어갈 것이라 장담했다(14:27-31). 결심으로는 고난의 길에 들어섰지만 현실에선 겟세마네에서 잠자고 있었다. 기도는 어떤 점에서 영으로 육의 약함을 통제하고 극복하는 시간이지만, 깨어 기도하는 일에 실패한 제자들은 여전히 시험에 취약한 육신의 상태로 고난의 때를 맞이할 수밖에 없게 되었다.

두 번째 기도와 돌아옴(39-40절) 권면 후 "다시 떠나가셔서 그 동일한 말을 하시며 기도하셨다"(39절). 두 번째 기도는 그 내용은 생략된 채 다만 첫 기도 때 드렸던 "그 동일한 말씀"(τὸν αὐτὸν λόγον)으로 진행됐다고 간단히 알려준다. 아우또스(αὐτός) 강조적 용법은 예수님의 기도 내용(λόγον)이 첫 번째 기도 때와 동일하다는 사실에 주목시킨다. 첫 번째 기도의 주제가 아직 해결되지 않았던 것이다. 이 사실은 예수님은 기도 도중에 그의 제자들을 찾아오셨다는 것을 뜻하기 때문에 놀라움을 준다.[23]

첫 번째와 비교했을 때 두 번째 기도 장면에서는 예수님이 드린 기도와 그 내용에 대한 관심은 급격히 약화된다. 기도 내용이 더 이상 서술되지 않는다는 것뿐 아니라, 35절의 "기도하고 계셨다"(προσηύχετο) 동사는 진행의 의미를 지닌 미완료 시제(박윤만, 2013b: 222-24)로 발화되었지만 39절의 "기도하셨다"(προσηύξατο)는 요약적 진술에 사용되는 과거 시제

23. 기도 중에 제자들을 찾아오신 이유에 대해선 37절 주해를 보라.

(Campbell [a], 199)로 발화되었다는 사실을 통해서도 확인된다. 더군다나 세 번째 장면에서는 기도하셨다는 언급은 없고 다만 돌아오셔서 제자들에게 준 가르침의 정보만 있다(41절). 마가의 관심은 예수님의 기도에서 그가 제자들에게 준 권면(40, 41-42절)으로 이동하고 있음을 보여준다. 그러나 기도에 대한 갑작스러운 침묵이 마가의 관심이 제자들에게 옮겨졌다는 것만을 뜻하지 않는다. 오히려 두 번째 기도 단계에서는 처음 기도드릴 때 일어났던 내적 갈등이 해결되었음을 시사한다. 내적 갈등을 시험으로 본다면 예수님은 두 번째 기도가 마칠 때는 시험을 이기셨다는 의미 역시 가능하다.

사실 시험은 이번이 처음이 아니었다. 사역 초에 사탄의 시험이 있었지만 이기셨다(1:13 주해를 보라). 사역 중반에 다시금 시험이 예수님에게 찾아오는데, 시험자는 뜻밖에도 세 명의 내적 그룹 중 하나였던 베드로였다(8:32-33)[24]. 베드로의 시험은 예수님이 고난받는 종의 길을 걷지 말도록 하려는 것이었지만(32절) 예수님은 "사탄아 내 뒤로 물렀거라"(33절) 하시며 그를 물리치신다. 사탄은 처음에는 공개적으로, 두 번째는 베드로를 통해 예수님에게 다가온 것이다. 그렇다면 비록 명시되지는 않았지만 사역 초와 중반에 격퇴를 당했던 사탄이 마지막으로 예수님을 넘어지게 하고자 겟세마네를 찾았다고 볼 수 있다(Cranfield, 431-32). 예수님은 이 마지막 시험 역시 이기신다. 이김의 비결은 첫 번째 기도 때에 밝히 드러난 것처럼 아버지의 뜻에 대한 아들의 자발적인 복종이었다.

두 번째 왔을 때(ἐλθών)도 여전히 자고 있는(καθεύδοντας) 제자들을 발견하셨다(εὗρεν, 40절 전반부).[25] 이어지는 '가르'(γάρ)절은 제자들이 깨

24. 8:27-33에서 드러난 베드로의 태도를 예수님을 그릇된 길로 가게 하는 '시험'으로 보는 입장에 대해선 Garrett, 69-82를 보라.

25. 세 동사의 쓰임에 대해선 37절 주해를 보라.

어 있지 못한 이유를 설명한다:[26] "이는[γὰρ] 그들의 눈이 무거워 내려오고 있었고 또 그에게 무엇을 말해야할지 몰랐기 때문이다." "눈이[ὀφθαλμοὶ] 무거워 내려"왔다는 설명은 어떻게 보면 육체적 피로가 그 원인이었다는 설명을 하는 것처럼 보인다(Donahue and Harrington, 410). 그러나 간과되지 말아야 할 것은 마가복음에서 '보고'(2:16, 19 주해를 보라) '깨닫는'(6:52; 7:18; 8:17 주해를 보라) 일의 중요성은 누차 강조되었고, 현 단락도 예외는 아니었다(34, 37, 38절)는 점이다. 특히 초기 네 명의 제자들은 예수님이 그들을 '보신 후'(εἶδων) 부름을 받았고(1:16, 19; 2:14), '바깥에 있는 사람'과는 달리 제자들은 볼 수 있고 깨달을 수 있는 사람으로 여겨졌다(4:11-13). 그러나 사역이 진행됨에 따라 외부인을 향한 책망이 제자들에게도 주어진다("[그대들은] 눈을[ὀφθαλμοὺς] 가지고 있지만 보지 못하고 … 아직도 깨달음이 없소[οὔπω συνίετε]", 8:18, 21). 이런 내러티브 흐름을 고려하면 두 번째 방문 때 예수님이 문제라고 발견한 제자들의 상태가 시각적("그들의 눈이 무겁게 내려오고 있었다"), 지각적("그들이 무엇을 말해야 할지 몰랐[다]") 관점에서 묘사된 것은 우연이 아니다. 갈릴리를 지나 겟세마네까지 왔지만 여전히 그들은 현 상황을 '볼' 능력이나 깨어 있으라는 그의 가르침을 깨닫고 반응하는 능력이 없다(참고. 9:6)는 결론적 설명이 '가르'절에 담겨 있다(참고. Boring, 2006: 401). 어두운 그 밤에 진행되고 있는 상황과 그에 대한 예수님의 결단을 이해할 능력의 부재가 치명적인 이유는, 그것이 곧 갈릴리에서 겟세마네로 이어지는 여행의 마지막 지점에서 기다리고 있는 시험(14:43-50)의 순간을 그들이 견딜 수 없다는 것을 말하기 때문이다. 제자들은 도망가고(14:50) 베드로는 예수님을 부인하는 말을 하는 것(14:68-71)은, 순간적 선택의 잘못

---

26. γάρ의 여러 기능에 대해선 Porter, 1994: 207을 보라.

이 아니라 지금까지 제자도의 실패의 결과라는 것을 말해준다. 갈릴리에서부터 예수님이 그렇게 제자들에게 보고 깨닫는 일의 중요성을 강조하신 이유는 어쩌면 겟세마네에서와 같은 결정적 순간에 찾아올 시험을 감당하도록 하기 위해서였을 것이다.

세 번째 돌아옴(41-42절) 예수님의 행동은 "세 번째"(τὸ τρίτον, 41절) 반복된다. 그 횟수가 세 번이었다는 점은 주목할 만하다. 유대인은 세 번 기도 시간을 지켰으며(시 55:17; 단 6:10) 엘리사는 엘리야(왕하 2:9, 12)와 하나님(14절)에게 세 번 간구했고, 바울 역시 자신의 몸에서 가시가 빠지기를 세 번 기도했다(고후 12:8). 이런 까닭에 무엇을 세 번 행한다는 것이 "열렬함을 표현한다"(Davies and Allison, 500)는 주장은 적절하다. 세 번째에 도달하는 과정에서 그 강조점은 약간의 차이가 있어 왔다. 첫 번째로 따로 가셨을 때는 그가 하신 기도 내용까지 상세히 소개되었고(35-36절), 두 번째는 단지 기도하셨다는 정보(39절)만 소개되었다. 그러나 세 번째 경우에는 그곳에 가셨다는 정보는 생략한 채 제자들에게 돌아오셨다는 내용만 있다("세 번째로 가셨다[ἔρχεται]. 그리고 그들에게 말씀하셨다", 41절; 참고. "세 번째 같은 말씀으로 기도하신 후 제자들에게 왔다", 마 26:44). 물론, 세 번째로 예수님이 가신 곳이 기도하던 장소였다고 볼 수 있지만, "가셨다"와 병렬된 동사("그들에게 말씀하셨다")는 그가 이동하신 곳이 제자들이 머물고 있는 장소라는 것을 알려준다. 이런 기도 정보의 생략은 기도한 예수님 자신보다 잠을 잔 제자들에게 초점을 맞추도록 한다. 그는 죽음의 그림자가 점점 더 다가오는 날 밤에 한편으로는 세 번 하나님 앞에 나아가 기도를 드렸고(비록 그중에 한 번은 암시만 되었지만), 다른 한편으로는 명시된 것처럼 세 번씩 그의 제자들을 깨우시며 권고하신 것이다.

세 번째로 돌아오신 후 예수님은 먼저 이전 경우와 별반 다른 모습을 보이지 않는 제자들의 행동(A)과 판단(B)을 향해 수사적 질문을[27] 하신 후 그것들과 대조되는 예수님의 판단(B′)과 제자들을 향한 권고(A′)로 담화를 이어가신다:

A 자고 있고 또 쉬고 있단 말이오?(41절 중반부)-잠

B 그것이 먼 것 같소(ἀπέχει, 41절 전반부)-멀다

B′ 그때가 왔소.(ἦλθεν ἡ ὥρα, 41절 후반부)-다가왔다

A′ 일어나시오, 함께 갑시다. 배반자가 가까이 왔소(41절 후반부-42절) -깨어 있음

여전히 자고 있다는 책망(A)은 이제 깨어 함께 가야 한다는 권고(A′)와, 때가 아직 멀었을 것이라는 제자들의 판단(B)은 때가 이미 도래했다는 예수님의 판단(B′)과 내용상 대조적 상응 관계에 있다.

"그것이 먼 것 같소"(ἀπέχει, 41절 전반부)의 의미에 대해선 논란이 있는데, 크게 두 가지로 나뉜다.[28] 첫째는 그것의 주어를 제자들의 깨어 있으려는 시도 혹은 그들의 깨어 있지 못한 태도로 보면서 "그만 되었다"(개역개정; Rhoads et al., 34) 혹은 "그 정도면 충분하다"(Hooker, 349; 양용의, 335; Collins [a], 2007: 682)로 번역하는 입장과, 둘째는 그것의 주어를 뒤따르는 동사 "왔소"(ἦλθεν)와 동일한 "그때"(ἡ ὥρα)로 보면서 때가 "멀리 떨어져 있다"로 보는 입장이다(Gnilka, 2권 347; Evans, 2001: 416-17; Marcus, 2009: 980). 두 입장 모두 '아뻬케이'(ἀπέχει)의 용례가 그 쓰임이기에 선택의 기준은 문맥이 돼야 한다. 첫 번째 해석을 취하면 '아뻬케

27. 41절 전반부(καθεύδετε τὸ λοπὸν καὶ ἀναπαύεσθε· ἀπέχει·)를 의문문으로 번역한 이유에 대해서는 41절 번역에 대한 각주를 보라.

28. BDAG, ἀπέχω.

이'('그만 되었다')는 제자들의 측면에서 더 이상 어떤 행동이 필요하지 않다는 판단을 예수님이 하신 것이 된다. 반면, 두 번째 번역을 취하면 '때가 먼 것 같소?'는 도래하고 있던 고난의 때에 대한 판단 오류가 있었다는 설명을 예수님이 수사적 질문으로 하시는 것으로 해석할 수 있다. 본 주석이 따르고 있는 두 번째 번역이 문맥에 훨씬 더 잘 어울린다. 제자들은 예수님이 그들에게 예고하신 수난의 때(14:18-21, 24, 27, 30)가 아직 멀리 있거나 혹은 그들과는 관계없는 것으로 생각하고 있었기 때문에 예수님은 그들이 깨어 기도하지 않은 것으로 판단하셨다는 해석이 가능하기 때문이다. 그러므로 예수님은 B에서는 '때가 아직 멀었다'고 생각하며 잠을 자고 있던 제자들을 책망하셨고, B'에서는 '때가 닥쳤다'는 말씀으로 현실을 일깨워 주신다.

41절의 "그때가 왔소"에서 "그때"(ἡ ὥρα)가 함의하는 바를 추론하기란 어렵지 않다. 앞서 기도하시는 동안 예수님은 "그때[ἡ ὥρα]가 지나가도록"(35절 후반부) 간구하신 적이 있는데, 그 문맥에서 "그때"는 고난의 때를 함의했다. 현 사건은 그 기도의 연장선에서 이뤄지고 있기에 "그때"는 가룟 유다가 돌아오는 것(비교. 13:33 후반부)으로부터 시작될 고난의 시간과 다르지 않다(Evans, 2001: 417; Marcus, 2009: 988). 따라서 "그때가 왔소"는 '수난이 시작되었다'는 함의를 가진다. 기도 중 "그때"를 받아들이기로 결심하신 예수님은 고난의 때를 기꺼이 맞이하고 그 한복판으로 걸어 들어가시지만, "한 시간"(μίαν ὥραν)도 깨어 기도하지 못한 제자들에게 "그때"는 '도둑같이' 와서 그들을 엄습한다. 내러티브가 진행됨에 따라 고난의 때를 대하는 태도는 그때가 오기 전의 삶의 태도에 따라 결정된다는 것을 확인할 수 있다.

돌아오신 예수님이 제자들에게 특별하게 주목시키신 내용은 '이두'(ἰδοὺ)와 '빠라디도미'(παραδίδωμι) 동사의 반복(밑줄 그어져 있다)에

서 확인된다:

> 보시오, 인자가 죄인들의 손에 넘겨집니다.
>
> 보시오, 나를 넘기는 자가 가까이 왔소.
>
> ἰδοὺ παραδίδοται ὁ υἱὸς τοῦ ἀνθρώπου εἰς τὰς χεῖρας τῶν ἁμαρτωλῶν
>
> ἰδοὺ ... ὁ παραδιδούς με ἤγγικεν (41절 후반부-42절).

'이두'는 어휘적 차원에서 현저성을 만드는 낱말로서(박윤만, 2010: 317-18) 뒤따르는 두 '빠라디도미' 동사에 청자의 초점을 집중토록 한다. 이로써 인자가 넘겨진다는 것과 그를 넘기는 자가 도착했다는 정보가 부각된다. 특히 "넘겨집니다"(παραδίδοται)는 정보를 전방에 부각하는 현재 시제(Porter,1994:10-330)로 발화되었을 뿐 아니라, 주어인 인자(ὁ υἱὸς τοῦ ἀνθρώπου)가 발화되고 있음에도 의미상 가장 많은 의미를 가진 문장의 서두에 위치하고 있어 어순의 도치를 통한 강조(14:13-15 주해를 보라) 역시 이뤄졌다. 현 시점에서 '빠라디도미' 동사의 강조적 역할은 그 시사하는 바가 크다. 예수님의 갈릴리 사역의 시작은 그의 선구자인 세례 요한("… 내 뒤에 오십니다", ὀπίσω μου, 1:7)이 "넘겨진 후"(παραδοθῆναι, 1:14 주해를 보라)에 이뤄졌다. 이제 예수님은 갈릴리에서 겟세마네로 이어지는 여행 그 끝점에서 자기 뒤에 따라 오던("내 뒤에 오시오", δεῦτε ὀπίσω μου, 17절) 제자들에게 그 역시 넘겨질(παραδίδοται) 것이고(또한 14:18 21 주해를 보라) 넘기는 자(ὁ παραδιδούς)가 가까이 왔다고 알려주신다. 세례 요한이 넘겨진 후 예수님이 길 여행을 시작하셨듯이 그가 넘겨진 후 제자들의 하나님 나라 선포를 위한 여정이 시작될 것을 암시해 준다.

"인자가 죄인들의 손에 넘겨집니다"는 9:31의 예언("인자가 사람들의 손에 넘겨지고")을 떠올리게 하는데, 현 어구에서는 인자를 해하려는 자들의 신분이 "사람들"에서 "죄인들"로 구체화되었다. "죄인들"은 근접 문맥에서 가룟 유다를 비롯하여 종교 지도자들에 의해 보냄을 받은 무리(43절)를 가리키고, 원접 문맥에서는 대제사장들과 장로들, 그리고 서기관들(53절) 및 빌라도(15:1)를 지시한다. 당시 "죄인"은 공공연하게 율법을 어기는 자를 가리키는 용어로 사용되었다(2:15-17 주해를 보라). 그리고 죄인들을 향한 예수님의 태도는 당시 종교 지도자들의 눈에 분노를 일으킬 정도로 관용적이었다. 하지만 예수님은 이제 자기의 수난에 개입한 제자, 무리, 종교 및 정치 지도자들을 "죄인들"이라 규정하는 데 주저함이 없다. 이것은 누가 죄인인지를 규정하는 기준이 율법에서 예수님으로 이동했음을 말해준다. 죄인이란 다름 아닌 율법이 정죄한 이들을 받아주신 예수님을 거부하고 배반하는 자들이다. 더불어 자기를 잡는 데 개입한 자들을 향해 "죄인들"이라고 표현하신 것은 그들이 앞으로 진행할 일련의 조치들이 정당하지 못할 것이라는 예상이 내포되어 있다. 하나님의 법을 지킨다는 명분(53-65절) 혹은 대중의 요구를 만족시키려는 동기(15:15)로 예수님을 죄인으로 몰고 가는 체포와 일련의 재판 과정이 결코 의로울 수 없는데, 이는 법을 지키고 또 안정을 추구하고자 자신에게 가하는 그 일들이 바로 하나님의 말씀을 어기는 일이라는 판단이 있었기 때문이다. 이런 점에서 종교 정치 지도자들이 죄인들이란 말씀에는 아이러니가 서려 있다.[29]

---

29. 가렛트(Susan R. Garrett)는 "인자가 죄인들의 손에 넘겨집니다" 어구는 묵시적 맥락에서 "시험 또는 체벌을 목적으로 사탄의 권위에 넘겨진 사람들의 이미지를 떠올려 줄 수 있다"(Garrett, 100)고 말한다. 예컨대, 칠십인경 욥 2:6은 말한다: "주께서 악마에게 말했다. '보라 내가 그를 너에게 넘겨주노니[παραδίδοναι] 단지 그의 생명은 보존하라.'" 마찬가지로 욥의 유언은 말한다: "그때 주께서 나를 그[사탄]의 손에 넘겨 그가 원하는 대로 내 몸에 행하도록 하셨다"(욥의 유언 20:3 in *OTP* 1,

"넘겨집니다"(παραδίδοται)가 수동태로 발화되었는데, 이어지는 42절에서 "넘기는 자"가 가룟 유다를 지시한다는 것을 고려하면 인자를 넘기는 의미상의 주어는 가룟 유다로 볼 수 있다. 하지만 인자가 고난받고 죽임을 당하는 것이(8:31) "하나님의 일들"(33절)이라 하셨고, 스가랴 13:7을 인용하시며 목자를 치는 분이 바로 하나님이심을 이미 밝히셨기 때문에 인자를 넘기는 주체에 하나님이 함의되었다고 보는 것 역시 가능하다. 유사하게 현 본문이 떠올려 주는 이사야 53:12("그들을 대신하여 그의 영혼이 죽음에 넘겨지고[παρεδόθη] … 그들의 죄 때문에 넘겨졌다[παρεδόθη]")에서 두 번 반복되는 수동태 '빠라도테'(παρεδόθη)의 의미상의 주어 역시 10절에 등장하는 "주"(κύριος), 곧 하나님이다(참고. 14:21). 물론 가룟 유다의 배신과 같은 인간의 악한 행동에 어떻게 거룩하신 하나님이 주체가 될 수 있느냐는 당혹스러운 질문이 나올 수 있다. 구약에서도 종종 발견되는 것(사 10:5-6; 합 1:2-11)처럼 하나님은 인간의 악을 구원을 가져오는 선으로 바꾸시고자 인간의 사악한 행동 위에서 그 주권을 펼치시고 계신다는 신학적 믿음에 의존할 수밖에 없다(참조. 마 2:1-18).[30]

그를 "넘기는 자"(42절)가 가까이 왔을 때 예수님이 제자들에게 하신 말씀("일어나시오 함께 갑시다", 42절)은 의미심장하다. 다가오는 배반자를 향해 함께 가자는 말에는 고난을 회피하기보다 온 몸으로 돌파하시려는 예수님의 결단이 새겨져 있다. 특히 권고('우리 함께 … 합시다')의 의미를 가진 가정법 1인칭 복수인 "함께 갑시다"(ἄγωμεν)의 사용은 예수님이 그의 제자들 모두와 함께 고난의 밤을 통과하기 원하셨다는 것을 보여준다.

스피틀러[R. P. Spittler]의 영역에 대한 저자의 번역).

30. 인간의 악을 선으로 바꾸어 나가시는 다른 본문을 위해서는 12:10; 9:31 주해를 참조.

요약과 해설

제자들과 함께 겟세마네에 도착하신 예수님은 그의 제자들이 깨어 머물러 있도록 권면하신 후 놀람과 번민, 그리고 슬픔에 휩싸인 채 "잔"(36절)을 옮겨 달라는 기도를 그의 아버지께 드리신다. 죽음 앞에서 번민하거나 제자들에게 "내 마음이 너무 슬퍼 죽을 지경이오"(34절)라고 고백하는 메시아의 모습은 고대 유대 사회나 그리스-로마 사회의 인간적 고통을 초월해 있는 모습으로 그려진 영웅상은 아니다. 그러나 메시아 예수님은 모든 인간의 고통을 가감 없이 그대로 그 몸과 마음에 경험하셨고 그것을 제자들에게 표현하셨다. 그의 번민은 "많은 사람들"의 죽음과 심판을 "대신하는"(10:45; 14:24) 차원에서 이해돼야 한다. 그들을 속량하기 위해 예수님은 그들의 죽음을 짊어지시고 그들의 놀람과 번민, 그리고 슬픔을 통과하고 계셨던 것이다. 메시아의 기도는 번민으로 시작했지만 끝은 아버지의 뜻에 대한 자발적 순종으로 맺어진다.

예수님은 아버지의 뜻이라면 주어진 "잔"을 받겠다는 순종적인 결단을 내린 반면, 그의 제자들은 깨어 기도하라는 그의 뜻에 순종하지 못한 인물로 그려진다. 깨어 있기에 실패하여 잠을 잔 제자들은 단순히 육체의 피로를 극복하지 못했다는 차원만 가진 것은 아니다. 예수님이 번민으로 씨름하고 있는 자기 내면을 "내 마음이 너무 슬퍼 죽을 지경이오"(34절)라는 말로 드러내 보여 주셨다는 것을 감안하면, 그들의 잠은 곧 예수님의 뜻을 알고 그의 마음에 동참하는 데 실패했다는 것을 더불어 보여 주는 것이다. 예수님은 두 번째에서도 첫 번째에서 드렸던 "그 동일한 말씀"(39절)으로 기도를 드리시며 결국 순종을 결단하셨지만, 제자들은 그의 두 번째와 세 번째 방문 때도 변함없이 자고 있었다는 점에서 그들의 둔함은 쉽게 정당화될 수 없다. 물론 갈릴리에서도 제자들은 보지 못하고 깨닫지 못했다. 하지만 그때는 사역 초반과 중반이었기에 어느 정도 미래에 변화의 여지를 남겨 놓고 있었다. 그럼에도 이제 예수님의 여정의 막바지에 이른 겟세마네에서도 그들의 눈은 여전히 무겁고, 또 무슨 말로 예수님께 대답을 해야 할지 모르는 모습을 보이고 있었다. 제자들의 변하지 않는 한결같은 모습은 그들이 통과해야 할 시험과 고난의 때가 점점 더 다가오고 있는 것을 알고 있는 청자들에게 참담한 심정을 안겨다 준다. 제자들이 겪게 될 시험에서의 실패는 우발적으로 일어난 일이거나 또는 겟세마네에서 기도하지 않고 잠만 잤기 때문만도 아니다. 그들의 실패는 갈릴리에서부터 계속돼 왔던 '깨어서 듣고 보라'는 예수님의 가르침(참고. 4:3, 9, 13, 23, 40-41; 7:18; 8:4, 17-21, 32-38; 9:1, 6-7, 19, 32)을 수용하지 못한 데서 이미 싹트고 있었고, 겟세마네는 다만 그 절정이었던 것이다.

제64장
체포와 도망
마가복음 14:43-52

현 단락은 선행 단락의 끝에서 이뤄진 예수님의 예언("보시오, 나를 넘기는 자가 가까이 왔소", 42절)의 성취("그가 여전히 말하고 있을 때 열둘 중 하나인 유다가 온다", 43절)로 시작된다. 현 에피소드는 장소(겟세마네)와 인물(예수님과 제자들) 모두 이전 단락과 동일하지만, 유일한 새 담화 정보는 새로운 인물인 유다와 무리의 등장이다. 특히 그들의 등장을 알리는 "온다"(παραγίνεται)는 현재 시제로 발화되기 때문에 그들은 담화 신정보(discourse-new information)로서만 아니라 문법적으로도 현저성을 가진다. 이전 담화와 비교했을 때 주위에서 일어나고 있는 사건에 대해 예수님이 보인 반응(48-49절)을 제외하면 예수님은 담화를 이끌어 가는 주어의 자리에서 물러났고, 대신 그 자리를 유다, 도망가는 제자들, 무리, 그리고 미스터리한 청년과 같은 주변 인물들이 채우고 있다. 사건의 주체가 달라진 점은 이어지는 담화에서 더욱 뚜렷해지는데, 현 에피소드는 갈릴리에서 겟세마네에 오기까지 한 번도 잃지 않으셨던 예수님의 능동성(activity)이 수동성(passivity)으로 대체되는 전환점이다.

현 단락의 흐름은 유다의 등장과 배반(43-46절), 예수님과 제자들의 반응(47-50절), 그리고 한 청년의 등장과 도망(51-52절)으로 진행된다.

43 그리고 곧 그가 여전히 말씀하고 있을 때 열둘 중 하나인 유다가 온
다. 그 곁에는 대제사장들과 장로들, 그리고 서기관들로부터 [보냄을 받은]
무리가 칼과 몽치[를 가지고 있었다]. **44** 그리고 배반자는 "내가 입맞출 사
람이 바로 그요. 그를 잡아 단단히 끌고 가시오"라고 말하며 그들에게 신호
자체를 주었다. **45** 그리고 와서 즉시 그에게 접근한 후 말했다. "랍비여."
그런 후 열렬히 그에게 입맞추었다. **46** 그러자 그들이 그에게 손을 댔고,
그를 잡았다. **47** 그런데 곁에 섰던 이들 중 어떤 한 사람이 칼을 빼들어 대
제사장의 종을 쳐 그의 귀를 잘랐다. **48** 그리고 예수님이 대답하시며 그들
에게 말씀하셨다. "강도에게 하는 것처럼 나를 잡고자 칼과 몽치를 들고 나
왔소? **49** 낮 동안 내가 성전에서 가르치며 그대들과 함께 있었지만 나를
잡지 않았소. 그러나 성경이 성취되어야만 하오."[1] **50** 그때 모든 사람들이
그를 버리고 도망갔다. **51** 그리고 어떤 젊은이가 베 홑이불을 벗은 몸 위에
두르고 따르고 있었다. 그리고 그들이 그를 붙잡는다. **52** 그러자 베 홑이불
을 남겨두고 벗은 몸으로 도망갔다.

주해

유다의 등장과 배반(43-46절) 유다의 등장은 앞선 단락들과 긴밀한 연결 속에서 이뤄진다. 그의 출현은 예수님이 "여전히 말씀하고 있을 때"(43절 전반부) 이뤄지는데, 그가 하고 계셨던 "말씀"은 배반자가 오고

1. '히나 쁠레로토신 하이 그라파이'(ἵνα πληρωθῶσιν αἱ γραφά)에서처럼 명령법의 의미로 쓰이는 ἵνα 용법에 관해서는 Moule, 144 참고.

있다는 42절의 정보로 보는 것이 맥락상 자연스럽다. 또한 등장한 유다를 "열둘 중 하나"로 서술한 것은, 그를 배반할 자가 "열둘 중의 하나"(20절)라는 예수님의 예언을 떠올려준다. 앞선 단락과의 그 같은 연결은 예수님을 체포하려는 배반자의 등장이 사실은 그의 예언이 성취되는 과정임을 알려준다.

유다와 함께 칼과 몽치를 들고 온 무리(ὄχλος)는 대제사장들과 서기관들과 장로들에 의해 보냄을 받은 이들이라는 사실이 본문에 가감 없이 명시된다. 배후 세력의 공통분모는 그들이 산헤드린 공회원이라는 것으로 마가는 예수님의 체포에 유다와 무리만 아니라 유대의 종교적, 법적 최고 권력기관이 배후에 있었다는 사실을 간과하지 않는다. 특히 밤 시간에 체포가 이뤄진 것은 14:2("백성들의 소요가 일어나지 않도록 하기 위해서 절기 무리 앞에서는 말자")이 말하듯 절기 무리들의 눈을 피하기 위해서로 볼 수 있는데(Gnilka, 2권 354-55), 이는 그 같은 체포가 정당하지 못한 것임을 그들 스스로도 알고 있었다는 점을 간접적으로 시사한다.

유다는 칼과 몽치를 든 무리를 데리고 예수님께 왔다. 칼과 몽치를 든 '오클로스'의 정체를 파악하기는 쉽지 않다. 칼을 들고 있었다는 점에서 그 중 어떤 이는 무장요원(군인 혹은 경찰)이었다고 볼 수 있지만, 모두가 동일 집단에 속한 자들이 아니었음은 그들 중에는 대제사장의 종(δοῦλον, 47절)도 포함되어 있었다는 사실을 통해 확인된다. 그들 중 어떤 이는 몽치(ξύλων)를 든 자들도 있었는데, 몽치는 군인들의 무기를 가리키는 경우도 있지만[2] 일반적으로 단순한 목재의[3] 용례가 더 많이 나온다. 따라서 그것을 든 사람들은 전문 군인들이라기보다는 "즉석 무기"(Marcus, 2009: 990)로 몽치를 든 일반 사람들로 보는 것이 합리적이다. 이로 보아 예수

2. Josephus, *Jewish Wars* 2.9.4 §176.

3. BDAG, ξύλον.

님을 잡고자 온 무리는 대제사장이 성전 경비를 위해 고용하고 있던 무장 용원들(군인; Josephus, *Jewish Antiquities* 20.8.8. §181; 20.9.2. §§206-207)을 주축으로 한 채(Gnilka, 2권 360; Evans, 2001: 423) 그 체포 임무를 위해 대제사장에 의해 특별히 차출된 소수의 일반인들도 포함되었을 것이란 추정이 타당하다. 그리고 이런 구성원의 복합성과 애매함이 그들을 '오클로스'(ὄχλος)라 칭하게 했을 것이다(비교.Marcus, 2009: 991). 어쨌든 무리가 소지한 칼과 몽치가 대제사장에 의해 명령된 것인지 아니면 유다가 요청한 것인지 알 수는 없지만, 그와 같은 무장은 그들이 예수님과 그의 제자들로부터 모종의 저항이 있을 것이라고 예상했음을 보여준다.

예수님을 체포하는 과정에서 유다의 역할은 단연 두드러진다. 본문 증거는 그가 그런 체포 과정을 치밀히 준비했다는 것을 드러내는데, 그의 입맞춤(φιλήσω, 44절)을 신호로 그들이 잡아야 할 대상이 누군지를 파악하도록 미리 계획을 짜놓았다고 말하기 때문이다. 그와 같은 사건 계획은 문법적으로 강조되는데, 먼저 그가 줄 "신호"(σύσσημον)가 강조적 '아우똔'(αὐτὸν)에 의해 반복 서술된다(αὐτὸν σύσσημον, '신호 자체'). 다음으로, 신호를 주는 '행위'("그들에게 싸인 자체를 주었다[δεδώκει]", 44절) 역시 강조되는데, "주었다"(δεδώκει)의 시제가 정보를 최전방(frontground)에 부각시킬 때 사용하는 완료(상태 상)로 발화된 것을 통해 확인된다. 유다의 배반은 우발적이거나 충동적으로 일어난 것이 아님이 분명해졌다. 그는 스승을 종교 권력자들에게 넘겨주려는 모략을 세운 후, 그들을 겟세마네로 인도하면서 적극적으로 모략을 추진한 인물이었다.[4]

예수님에게 온 후 그가 내뱉은 첫 마디는 '랍비'(ῥαββί)였다(45절). 랍비가 예수님 시대에 학식과 지혜를 갖춘 사람에 대한 일반적인 경칭어로

4. 유다의 배반에 대한 가능한 이유 설명은 14:10-11 주해를 보라.

사용되었다는 것을 고려하면[5] 배신의 순간에도 가룟 유다는 존경의 뜻이 담긴 호칭으로 그를 부른다. 마음이 돌아섰을 뿐 아니라 배반의 결심을 실행으로 옮기고 있는 중에도 그의 칭호 사용은 변함 없다. 그런 점에서 유다의 언어는 위선적이며 일종의 전율을 일으킨다. 그의 위선은 계속 이어진다. 예수님을 랍비라 부른 후 "즉시 그에게 접근한 후" 입 맞춘다(45절). 현 맥락에서 '유튀스'(εὐθὺς, '즉시')의 사용은 유다가 선생과 동료 제자들 앞에서도 일체의 흔들림 없이 그의 계획을 실행했다는 것을 말한다. 그가 실행한 것은 입맞춤이었는데, 유대를 포함한 고대 지중해 지역 문화에서 입맞춤은 동성과 이성 간의 일상적 인사 방식이었다(창 33:4; 출 4:27; 삼하 15:5; 롬 16:16; 고전 16:20; 고후 13:12; 살전 5:26; 벧전 5:14). 특히 유다의 입맞춤(45절)이 '까떼필레센'(κατεφίλησεν)으로 발화된 것에 주목할 필요가 있다. 입맞추다(φιλέω) 동사 앞에 붙여진 접두어(κατα-)는 그의 입맞춤이 오랫동안(Cranfield, 437) 혹은 다정하게(Gnilka, 2권 354) 이뤄졌음을 알려준다. 유다는 호칭에 이어 신뢰관계에서 이뤄지는 예의의 상징인 인사마저 배반의 신호로 뒤바꾼다. 배신과 음모가 내면에서 진행되고 있지만 그의 걸음걸이와 언어, 그리고 대면 자세는 변함없다는 점에서 그의 뻔뻔함과 사악함이 극명해진다.

유다의 입맞춤은 또 다른 신체적 접촉을 위한 신호로 사용된다. 무리들은 예수님에게 "손을 댔고, 그를 잡았다"(46절). 유다의 신체적 접촉은 위선적이었고 무리들의 접촉은 폭력적이었다. 체포 행위에 대한 이중적이고 구체적인 표현("그에게 손을 댔고, 그를 붙잡았다")은 청각에 의존하여 정보를 수용하고 있던 마가복음 청자에게 현장감을 고조시키는 효과

---

5. G. Schneider, "ῥαββουνί", *EDNT* 3. 또한 9:5; 10:51 주해를 보라. 서기관도 율법 선생이었다는 점에서 랍비로 불릴 수 있었지만(참고. 2:16; 3:22; 12:38-39), 마가복음에서는 오직 예수님에게만 사용된다(9:5; 10:51; 11:21).

를 만들었을 것이다. 내러티브상에서 본다면 무리들의 "손"(τὰς χεῖρας)은 인자가 "사람들의 손[χεῖρας]"(9:31)과 "죄인들의 손[τὰς χεῖρας]"(14:41)에 넘겨질 것이라는 예수님의 두 번에 걸친 예고를 떠올려 준다. 마가는 "손"이라는 모티프를 통해 폭력적인 순간에서도 예수님의 예언을 기억하도록 한다.

놀라운 것은 무리가 손을 대어 잡은 사람은 예수님뿐이었다는 사실이다. 그들은 제자들에게는 관심이 없었던 것처럼 보인다. 1세기 유대 사회의 자칭 메시아들을 소탕할 때는 지도자와 그의 추종자 모두가 척결의 대상이 되었다는 것(13:21-23 주해를 보라)을 고려할 때 예수님 개인에게 집중된 체포 과정은 그 일이 예수님에 대한 대제사장을 중심으로 하는 산헤드린 회원의 사적인 동기에서 비롯되었음을 방증한다(참고. 11:18; 12:12; 14:2, 11; 15:3, 14)

예수님과 제자들의 반응(47-50절) "곁에 섰던 이들 중 어떤 한 사람"은 누구이며 왜 칼을 소지하고 있었을까? 그를 제자들 중 하나로 보기보다는 문자 그대로 곁에 서 있던 제3자로 보는 학자들이 있다(Brown, 1994: 1권 266; 비교. Boring, 2006: 402). 그러나 그의 정체를 제자 중 하나로 보는 것이 더 타당한데(요 18:10; 참조. 눅 22:40; Evans, 2001: 424; Hurtado, 2020: 344), 이는 마가복음에서 제자들은 예수님 곁에 머물도록 부름을 입었고("그와 함께 있도록", 3:14) 또 그를 중심으로 모여 하나님의 새로운 가족을 형성한 이들 역시 "그의 주위에 둥글게 앉아 있는 자들"(3:34)로 표현된 바가 있기 때문이다. 더불어 유월절 식사 준비(14:12) 이후 지금에 이르기까지 예수님과 제자들(13, 16, 17, 20, 22, 27, 31, 32, 37절) 외에 그 어떤 인물들이 여러 단화들에 참여했다는 언급이 없었다. 그러면 마가는 왜 갑자기 친숙한 용어인 제자라는 칭호 대신 애매한 표현(εἷς τις, '어떤 한 사람')을 사용한 것일까? 대제사장의 종에게 신체적 폭력을 가한[6] 그 사람을 보호하기 위해서라는 주장이 있다(Theissen, 1991: 186-87). 이러한 설명은 부정 대명사 "어떤 한 사람"(εἷς τις)의 사용을 이해 가능케 한다.

그 사람은 왜 칼을 소지하고 있었던 것일까? 요세푸스는 주전 1세기 중엽 팔레스타인에 '싯까리오스'(σικάριος, '대검 소지자')라[7] 불린 이들이 있었다고 증언하는데, 그에 따르면 그들은 대검을 옷 속에 감추고 다니며 친로마 입장을 견지하던 유대인들을 암살하는 임무를 수행했다.[8] 그들의 첫 번째 희생자는 대제사장 요나단 아나누스(Jonathan B. Ananus)였다.[9] 마가복음에는 '싯까리오스'라는 용어가 등장하지 않지만 그가 칼(μάχαιραν)을 소지한 채 예수님을 따라 겟세마네까지 온 후 대제사장의 종을 쳤다는 사실은, 그 역시 예수님이 무력 항쟁을 이끌 메시아로 이해하며 따르고 있었음을 시사한다.

이처럼 휘둘러진 검에 의해 대제사장의 종의 귀가 잘린 상황이 펼쳐졌는데도 예수님은 그것에 대해 어떤 반응도 하지 않은 채 오히려 무장한 무리의 태도에 대한 평가를 이어가신다(48절). 예수님의 비판이 강도를 잡듯이 무장하고 자신에게 찾아온 무리에게 향한 것은, 비단 칼로 저항한 "어떤 한 사람"만이 아니라 그런 저항을 유발한 근본 원인을 비판하시는 데에 초점이 맞춰졌다고 볼 수 있다. 물론 검을 휘두른 "어떤 한 사람"의

6. 정황상 공격의 대상은 가룟 유다가 되어야 한다. 그렇다면 대제사장의 종이 칼을 맞은 것은 가룟 유다를 향한 공격이 빗나간 결과로 볼 수도 있다.
7. 헬라어 '싯까리오스'는 라틴어 *sicarius* (암살자)에서 차용된 언어이다.
8. Josephus, *Jewish Wars* 2.13.3 §254. 헹엘(Hengel, 1989: 47)에 따르면 요세푸스는 '싯까리'와 '레스떼스'(λῃστής)를 동의어로 사용한다. 또한 Josephus, *Jewish Antiquities* 20.9.2,3 §§204, 208, 210을 보라.
9. Josephus, *Jewish Wars* 2.13.3 §254.

행동 자체에 대한 그의 침묵을 근거로 예수님이 방어 차원의 폭력을 용인했다는 주장을 해서는 안 된다. 앞선 단락들에서 살펴본 것처럼 예수님은 이미 진노의 잔을 받겠다고 결단하셨기 때문에 무력 저항을 찬동할 그 어떤 이유도 없으셨고, 도리어 그런 저항 자체는 하나님의 뜻(14:21, 27)에 반하는 행동(참조. 8:32)일 수밖에 없기 때문이다(Collins [a], 685-86).

무장한 무리를 향한 발화의 요지는 "강도에게 하는 것처럼"(ὡς ἐπὶ λῃστήν)에 함의되어 있다. 당시 강도(λῃστής)는 경제적 범죄자의 범주를 넘어 로마를 대항하여 싸우던 인물들을 일컫는 사회 정치적 용어였다(11:17 주해를 보라). 예수님에 따르면 그들이 칼과 몽치를 들고 온 것은 그를 무력 항쟁을 이끌던 지도자로 오해했기 때문이라는 것이다(Hengel, 1989: 340). 그 곁에 섰던 사람들과 그를 잡고자 한 사람들 모두 예수님의 신분을 오해하고 있었음을 보여준다.

칼과 몽치를 들고 왔던 무리를 향해 49절 전반부에서 하신 말씀("낮 동안[καθ' ἡμέραν] 내가 성전에서 가르치며 그대들과 함께 있었지만 나를 잡지 않았소")은 그들의 과거 행동에 대한 단순한 진술이 아니라 비겁한 현재 행동에 대한 꾸지람을 함의한다. '카트 헤메란'(καθ' ἡμέραν)은 신약성경에서 주로 '날마다'의 뜻으로 사용되는 것이 사실(눅 9:23; 11:3; 행 2:46-47; 고전 15:31 등)이지만 '낮 동안'이란 의미 역시 가지고(참조. Porter, 2004: 164)[10] 있으며, 현 맥락에선 이 번역이 더 자연스럽다(Marcus, 2009: 994-95). 앞선 본문은 예수님이 공개석상에 있는 동안 그들이 예수님을 잡지 못한 것은 무리를 무서워하거나 의식했기 때문이라고 말했다(11:18; 12:12; 14:2). 그런 그들이 한밤중에는 중무장한 사람들을 보내어 예수님을 체포하려한 것은, 숨겨졌던 그들의 비겁함을 드러낸 것이었다

10. BDAG, κατά §2a.

(Collins [a], 686). 하나님을 섬긴다는 대제사장들과 하나님의 말씀을 연구한다는 서기관들이 무서워한 것은 하나님이 아니라 무리였음이 다시 한번 확인된 것이다.

예수님의 마지막 말씀은 “그러나 성경이 성취되어야만 하오”(ἀλλ᾽ ἵνα πληρωθῶσιν αἱ γραφαί)이다. 반어적 접속사(ἀλλά, ‘그러나’)로 연결된 49절의 두 절(“날마다 내가 성전에서 가르치며 그대들과 함께 있었지만 나를 잡지 않았소. 그러나 성경이 성취되어야만 하오”)은 논리적 흐름이 매끄럽지 않게 보일 수 있다. 이런 문제는 “성경이 성취되어야만 한다”는 말이 현 상황에서 전제하는 바를 추론할 수 있을 때 해결될 수 있다. 앞서 예수님이 자신의 고난과 죽음이 성경에 기록된 말씀을 이루기 위함임을 누차 언급해 오셨다(9:12; 12:7-11; 14:21, 27)는 것을 기억한다면, 성경이 성취돼야 한다는 말씀은 체포와 그에 따라 그가 받아야 할 고난을 전제로 한 발설임을 알 수 있다. 그러므로 반어적 접속사 ‘알라’(ἀλλά, ‘그러나’)가 이끄는 흐름은 다음과 같을 것이다: ‘그때는 잡지 않다가 지금은 잡는 것은, 사람들의 의지의 문제가 아니라 성경이 성취되기 위함이다.’ 예수님이 믿고 계셨던 바는 분명하다. 비록 열둘 중 하나의 배반과 종교 권력자들의 비겁함과 무리들의 무력행사로 그가 체포되지만, 그 모든 일을 ‘통해’ 혹은 그 일에도 ‘불구하고’ 성취되고 있는 것은 바로 하나님의 뜻이라는 것이다(명령의 의미를 가진 ἵνα 사용에 주목하라).[11] 주목할 만한 것은 예수님의 마지막 말씀에 언급된 성경이, 전체로서 하나님의 말씀을 의미하는 듯한 복수(αἱ γραφαι; 참조. 고전 15:3-4)로 사용된 점이다. 이는 그의 모든 사역과 고난과 죽음이 성경 어느 한 본문의 성취가 아닌 성경 전체가 말하는 바를 이루는 과정이라고 그가 믿고 계셨음을 말해준다. 성경은

11. ἵνα의 번역에 대해선 위의 번역을 보라.

하나님께서 창조하신 세상이 죄로 인해 부패되었지만 아브라함과 그의 후손을 언약 백성으로 선택하셔서 그들을 통해 세상을 복 주고자 약속하셨다고 말씀한다. 그러나 선택된 이스라엘은 세상의 빛이 되기보다 세상의 종이 되어 이방의 종노릇을 하고 있는 가운데 있었다. 하지만 예수님은 하나님이 이스라엘의 메시아인 자신을 통해 이스라엘을 통해 하시겠다고 약속하신 세상 구원을 이루실 것이란 믿음을 가지고 계셨던 것이 분명하다.

아이러니하게도 제자들이 예수님을 버리고 도망간 시점은 바로 이 때였다. 사실 제자들은 유다와 무리들이 예수님을 체포하려는 순간에도 도망가지 않았다. 심지어 저항까지 하였다(47절). 하지만 예수님이 성경의 성취를 위하여 기꺼이 체포되겠다는 뜻을 내비치자 제자들은 모두 메시아를 버린다. 그들을 도망가게 한 것은 두려움이 아니라 실망이었다. 제자들이 기대한 것은 그런 연약한 메시아가 아니었을 것이다. 혹은 성경이 그런 무력한(다시 말하면 무저항적인) 메시아를 말하고 있거나, 아니면 하나님의 뜻이 그 같은 메시아를 통해 성취될 수 있다는 것을 믿지 못했을 수도 있다. 그러나 메시아의 고난과 죽음이 그들에게 가장 권위 있는 책인 성경을 통해 정당화되자 제자들은 "모두"(πάντες) 메시아를 버리고 그들의 목숨을 택한다. 이러한 뼈아픈 순간에도 역설은 있다. 제자들이 예수님을 통해 성경의 예언이 이뤄질 것을 믿지 못해 모두 도망가는 그 순간이 "모두[πάντες]가 걸려 넘어질 것"이라는 예수님의 예언(14:27)이 성취되고 있는 때임을 보여준다. 이런 가르침은 삶의 모든 순간을 바라보는 이중적 전망을 가지도록 요구하는데, 이는 인과 관계에 따라 진행되는 역사만이 아니라 그것을 통해서 혹은 그것에도 불구하고 진행되고 있는 하나님의 역사를 바라보는 시각을 말한다.

제자들이 예수님을 "버리고"(ἀφέντες) 도망갔다는 표현은 의미심장하다. 초기 네 제자들은 사실 그물(1:18)과 아버지와 배(20절), 그리고 세관직(2:14)을 "버린 후"(ἀφέντες, 1:18, 20) 예수님을 따른다. 후에 베드로는 "모든 것을 버리고[ἀφήκαμεν]" 예수님을 따랐다고 자랑하듯 고백했다(10:28). 하지만 마지막 순간 그들이 버린 것은 그들이 지금까지 따랐던 예수님이었다.

한 청년의 등장과 도망(51-52절) 모든 제자들이 도망간 후 한 미스터리한 청년이 등장한다. 벌거벗고 도망간 청년은 "흰 망토"를 입고 빈 무덤 안에 앉아 있던 청년(16:5)과 함께 오랫동안 많은 사람들에게 궁금증을 일으킨 인물이다. 일반적으로 주장된 것처럼 그가 옷을 벗어버리고 도망간 모습은 창세기 39:12("요셉이 자기의 옷을 그 여인의 손에 버려두고 밖으로 나가매")과 아모스 2:16("용사 가운데 그 마음이 굳센 자도 그 날에는 벌거벗고 도망하리라")을 떠올려 주는 것이 사실이다(Nineham, 397; Hurtado, 2020: 340, 344). 그러나 주된 논의는 이 청년의 정체와 현 단락에서 그 사건 속에서의 역할을 두고 진행돼 왔다.[12] 먼저, 그 청년의 정체에 대한 대표적인 세 이론이 있는데 문학적으로 고안된 가상의 인물(Kermode, 49-73), 마가복음 저자인 마가 요한(Cranfield, 438; Lane, 527), 그리고 예수님을 따르던 무명의 제자들 중 한 명(Taylor, 1966: 561-62)이라는 입장이 있다. 본 주석은 서론에서 밝힌 것처럼 마가복음이 목격자 증언에 기초한 역사적 기록이라는 입장을 견지하고 있기 때문에, 그 청년이 현 문맥에서 담당하는 문학적 역할이 있다는 것을 부인하지는 않지만(아래를 보라), 청년에 관한 에피소드가 역사적 사실에 바탕을 두지 않은 문학적 고안물이라는 입장은 받아들일 수 없다.[13] 더불어 청년의 신분을 마

---

12. 막 14:51-52의 해석의 역사가 잘 정리된 Collins (a), 688-93 참고.
13. 최근 많은 학자들은 현 에피소드가 현장을 목격한 (무명의 청년의) 역사적 기억에 의존한 증언이라는 점을 인정한다(Davies and Allison, 516; Marcus, 2009: 999; 참

가복음 저자로 보는 입장 역시 본문 자체로부터 지지받을 수는 없다.[14]

남은 것은 그를 제자 중 하나로 보는 입장인데(Stein, 674), 이 해석은 본문의 지지를 받을 수 있다. 그는 예수님을 따르다(συνηκολούθει, 51절)가 결국 도망가는데(ἔφυγεν, 52절), 그의 행동을 묘사하는 두 동사는 마가복음에서 원접·근접 문맥에서 제자들에게 사용된 단어이다. 마가복음에서 '쉰네꼴루테이'는 예수님이 죽어 누워 있는 야이로의 딸이 있는 곳에 들어가실 때 나머지 이들을 배제한 채 오직 베드로와 야고보, 그리고 요한만 그와 "동행하는 것"(συνηκολουθῆναι, 5:37)을 허락하셨다는 맥락에서 사용된 단어이다. 그리고 '에퓌겐' 역시 직전 문장, 곧 예수님이 잡히시는 순간 제자들이 내린 마지막 선택을 묘사할 때 사용된 단어이다("모든 사람들이 … 도망갔다[ἔφυγον]", 50절). 이런 언어적 증거는 마가가 그 청년의 모습에서 예수님을 따르다가 도망간 제자들을 보도록 하려는 의도가 있었음을 나타낸다(참고. Edwards [b], 441). 물론 이미 다른 제자들이 다 도망간 상황에서 그의 등장과 도망을 다시 소개한 것은 이상하게 보인다. 추론에 불과하지만, 이미 예수님이 잡혀가고 다른 제자들이 도망간 이후 뒤늦게 그가 현장에 도착했다고 볼 수 있다(Cranfield, 439).

현 에피소드와 관련된 두 번째 논의는 내러티브 흐름에서 그것이 차지하는 신학적·문학적 역할이다. 비록 본 사건이 신학적 의의보다 역사적 기록일 뿐이라는 주장(Hooker, 1991: 352; Stein, 674)이 있지만, 입장은 크게 두 개로 나눠진다. 그 청년이 "처음에는 예수님을 따라가다 박해와 죽음이 다가오자 도망간 제자들"을 대표한다(Gardner, 41)는 입장과 그

조. Bauckham, 2006: 57).

14. 이 입장은 그 청년이 입었던 옷이 부유한 집안사람이 입던 베 홑이불(σινδών, '신돈')이었다는 것에 착안하여, 그를 마가복음의 저자이자 예수님의 마지막 만찬 자리로 제공된 다락방을 가질 만큼 부유한 집을 가졌던 마가로 추측한다(Lane, 527).

청년의 등장은 고난을 대하는 태도에 있어서 예수님과 제자들의 차이를 극명하게 이끄는 것이라는 입장(Collins [a], 695)이다. 두 입장을 양자택일 할 필요는 없다. 한편으로 그는 도망간 제자들을 대표하고, 다른 한편으로 잡혀가신 예수님과 대조되는 인물로 그려진다는 중립적 입장도 가능하기 때문이다. 물론 이미 모든 제자들이 다 도망간 상황에서 다시 청년의 이야기를 기록하며 제자들의 실패를 이야기할 필요가 있었는지는 의문이 들 수 있다. 그러나 마가의 서술 방식은 반복(1:32 주해를 보라)이라는 것을 고려할 때[15] 예수님을 버린 제자들의 부끄러운 실패를 강조하기 위해 그 청년에 관한 증언을 기록했다는 해석은 타당하다(Lane, 527-28; Gnilka, 2권 359). 특히 잡히자 청년은 두르고 있던 베 홑이불을 남겨두고 벌거벗은 채 도망간다. 벌거벗음이 수치를 드러낸다는 것은 자명(삼상 20:30; 고후 5:3; 계 3:17)하므로, 스승을 등진 제자들의 행동은 비겁하기만 한 것이 아니라 동시에 수치스러운 일임을 벌거벗고 도망가는 청년의 모습을 통해 말한다.

더불어 그가 예수님과 비교된다는 것은 본문 정보를 통해 확인된다. 예수님에게 사용된 '잡다'(ἐκράτησαν, 46절) 동사가 그에게 사용(κρατοῦσιν, '그들이 그를 잡는다', 51절 후반부)되었으며, 청년이 입었던 베 홑이불(σινδόνα, 51절 전반부)은 후에 예수님이 장사 지낼 때 입은 옷(σινδόνα, '세마포', 15:46)과 동일한 것이었다(Gundry, 863; Hurtado, 2020: 341). 마찬가지로, 그 청년의 벌거벗은(γυμνός, 52절) 모습은, 군인들이 예수님의 옷을 제비뽑기 했다는 정보(15:24)에 암시된 것처럼, 십자가상에서 벌거벗겨진 예수님의 모습과 비교된다(Hurtado, 2020: 341). 이 모든 비교

15. 모든 제자들이 예수님을 버리고 도망갔다는 정보를 준 후에도 벌거벗은 채 도망간 청년 이야기 외에 마가는 예수님을 "멀리서" 따라가는 베드로의 이야기(14:54)를 다시 들려준다.

는 단순한 평행을 넘어 대조로 이어지는데, 그 청년은 잡히는 순간 자기 목숨을 구하고자 벌거벗은 채 도망가지만 예수님은 "많은 사람을 대신하는" 속량물(10:45)이 되고자 순순히 잡혀 벌거벗겨져 죽임을 당하신다(Evans, 2001: 429; Collins [a], 695). 이제 예수님 홀로 남겨졌고 그 홀로 수난의 길을 계속 가야했다.

요약과 해설

가룟 유다는 예수님과 제자들 간의 대화(41-42절)가 진행되고 있던 겟세마네로 칼과 몽치를 든 무리를 이끌고 나타난다. 가룟 유다의 배반 계획은 지금까지 마가에 의해 청자에게만 알려졌고(3:19; 14:10-11) 내러티브 내 인물들에게는 직접 알려진 적이 없었다. 예수님 역시 애매하게 열둘 중의 하나가 그를 배반할 것이라 언급(14:18-21)했을 뿐이었다. 이런 점에서 칼과 몽치로 무장한 무리와 함께 가룟 유다가 예수님과 제자들에게로 마주보며 다가오는 모습은 다른 제자들에게 충격적인 장면이 되었을 것이다. 더욱 놀랍게도 그는 조금의 흐트러짐이 없는 자세로 다가와 존칭인 "랍비"(45절)로 그가 배반할 예수님을 부르고, 게다가 일상적인 인사인 "입맞춤"(45절)까지 한다. 하지만 그 일상적 행위는 배반의 신호로 그와 무리 사이에 전달되고 있었다. 이런 점에서 그의 행동은 "악의 평범성"을[16] 보여준다. 모든 일상을 배반의 도구로 삼는 사악함이 그의 배반에 나타나고 있기 때문이다.

---

16. "악의 평범성"(banality of evil)이란 용어는 아렌트(Hannah Arendt, 1906-1975)가 그의 책, *Eichmann in Jerusalem: A Report on the Banality of Evil* (New York: Viking Press, 1963)에서 사용한 용어이다.

반응은 먼저 한 무명의 제자로부터 나온다. 그는 칼을 빼들고 대제사장의 종의 귀를 내리친다. 예수님은 칼을 휘두른 행위에 대한 어떤 반응을 하지 않고 무리들에게 말을 이어가시는데, 그의 언명은 피 묻은 칼을 잡은 그 제자나 칼과 몽치를 든 무리들 모두가 그를 오해하고 있다는 것을 분명히 하셨다. 그들은 "강도에게 하는 것처럼"(ὡς ἐπὶ λῃστήν, 48절) 그를 체포하고자 왔다. "강도"(λῃστής)가 당시 무력에 의존하여 종말론적 운동을 펼치고 있었던 자칭 메시아들에게 사용된 용어라는 것을 고려한다면, 칼과 몽치를 들고 온 자나 그에 맞서 칼을 휘두른 자 모두가 메시아 예수님의 길이 당시 자칭 메시아의 길과 별반 다를 것이 없다고 판단한 것임을 보여준다. 자칭 메시아, 대제사장, 칼 빼든 제자 모두가 힘의 논리에 따라 하나님의 일을 이룰 수 있다고 판단한 자들이었다. 이에 반해 예수님은 무력이 판을 치고 있는 순간 "그러나 성경이 성취되어야만 하오"(49절)를 외치신다. 인간의 그 모든 사악함에도 불구하고 혹은 사악함 속에서도 하나님의 뜻이 성취될 것을 확신하시고, 그를 잡으러 온 무리들에게 어떤 저항도 없이 순순히 자신을 내어주심으로써 악의 한복판으로 들어가신다. 이 순간, 지금까지 예수님 곁에서 저항의 자세로 남아 있던 제자들의 선택은 도망이었다. 죽음에 대한 두려움이 그들을 도망가도록 했다는 것은 의심의 여지가 없다. 하지만 도망 직전에 그들이 들었던 예수님의 말씀을 기억한다면, 그들의 도망의 배후는 고난과 죽음이 메시아를 통한 하나님의 말씀이 성취되는 길이 될 수 있다는 신학에 대한 저항이라는 판단 역시 가능하다. 그들이 버린 것은 '힘' 없고 나약해보인 메시아였던 것이다.

붙잡혀가는 예수님을 따르던 한 청년의 이야기가 뒤따른다. 그가 붙잡혀가는 예수님을 따르다가 그 역시 붙잡히자 도망을 택했다는 점에서 이미 예수님을 버리고 도망간 제자들을 대표하기도 하며, "베 홑이불(σινδόνα, 51-52절)을 두르고 예수님을 따르다가 자기 목숨을 지키고자 벌거 벗고 도망갔다는 점에서 "많은 사람"을 살리려 자기 목숨을 버리고 "세마포"(σινδόνα, 15:46)에 둘려져 장사지낸 바된 예수님과 비교 대조되고 있다.

제65장
두 심문: 산헤드린 앞에 선 예수님과 대제사장의 종들 앞에 선 베드로
마가복음 14:53-72

예수님에 대한 대제사장들과 장로들과 서기관들의 심문은 산헤드린의 법에 따른 공식적 절차(미쉬나 산헤드린 4-7)처럼 보이지 않는다. 산헤드린이 한밤중에 소집되었다는 점과 15:1이 보여 주듯이 아침이 되어서야 모든 산헤드린이 소집되었다는 사실은, 53-65절의 심문이 정식 재판(5:1) 전에 이뤄진 조사 과정 정도로 보이게 한다(Cranfield, 440; Hooker, 1991: 354-55; Stein, 677).

현 단락은 예수님의 심문이 중심 사건이다. 하지만 내러티브는 예수님의 심문 과정을 베드로에게 일어나고 있는 사건(혹은 심문)과 비교 하며 읽도록 한다. 이를테면 단락 시작 부분(53-54절)에 서술된 사건 배경과 인물 묘사는 예수님(53절)과 베드로(54절) 순으로 나열되어 있으며, 그들이 있는 장소 역시 같은 공간(대제사장의 집)의 다른 위치(베드로는 아래 뜰[66절], 예수님은 아마도 위 뜰[참고. 55절])로 서술된다. 그들을 심문하는 인물 역시 유사한데, 예수님은 대제사장들과 장로들과 서기관들 "앞에서"(πρός, 53절), 베드로는 대제사장의 시종들과 "함께"(μετά, 54절) 있으며 심문을 각 각 받는다. 예수님과 베드로 둘 다 그들의 신분에 관한 심문을 받는다(60-61, 67-70절). 하지만 반응은 다르다. 예수님은 자신의 신분을 공개적으로 인정하시지만(62절) 베드로는 부인한다(68, 70, 71절). 결국 진실한 고백으로 예수님은 사형에 해당하는 선고를 받은 후 "시종들"(τῶν ὑπηρέτῶν)에 의해 모욕을 겪지만(54절), 베드로는 "시종들"(οἱ ὑπηρέται)과 함께 앉았다가(54절) 거짓말로 위기를 면한다(66-72절).

이처럼 제자들은 도망가거나 그와 거리를 두려하는 가운데 이제 예수님 홀로 오래된 그의 적대자들에게 둘러싸여 악의적 심문을 받으신다. 심문 동안 예수님에게 일어난 일은 칠십인경 시편 37:11-15(개역개정 38편)을 떠올리게 해준다. 시편 37편에서 시인은 그의 생명을 해하려는 자들이 음모를 꾸미고 악한 말을 하는 가운데(13절) "나와 가까운 자들이 멀찍이[ἀπὸ μακρόθεν] 섰나이다"라고 탄원을 올리고 있는 것처럼, 예수님 역시 적대자들로부터 거짓 증언과 위협, 그리고 폭력적 심문을 받고 있는 가운데 곁에 머물도록 부름을 입은 베드로는 "멀찍이"(ἀπὸ μακρόθεν) 따라간다(54절; 참고. Marcus, 2009: 1013). 또한 시인이 입을 열지 않고 침묵 가운데(14절) 주만 바라보겠다(15, 21-22절)는 고백을 하는 것처럼 예수님 역시 그를 향한 고소에 아무런 대답 없이(60절) 침묵을 지키며(61절), 다만 하나님으로부터 신원이 있을 것이라는 말씀만 하신다(62절; 참고. Nineham, 407). 시편 37편과 예수님의 심문 과정의 유사성은 마가에게 시편이 예수님에게 일어난 사건을 이해하고 해석하는 틀이 되었다는 것을 알려준다.

현 단락의 흐름은 다음과 같다. 도입부(53-54절), 예수님에 대한 적대자들의 심문(55-61절), 예수님의 변호(62절), 대제사장의 반응(63-65절), 베드로에 대한 심문과 부인, 그리고 회개(66-72절).

53 그리고 그들이 예수님을 대제사장에게 끌고 갔다. 그러자 모든 대

제사장들과 장로들과 서기관들이 모인다. **54** 그때 베드로는 멀찍이 그를 따라 대제사장의 뜰 안에까지 [갔다]. 그리고 그 시종들과 함께 앉아 불 앞에서 몸을 녹이고 있었다.

55 한편 대제사장들과 모든 산헤드린이 그를 사형에 처하려고 예수님에게 불리한 증거를 찾고 있었다. 하지만 찾지 못하고 있었다. **56** 이는 많은 사람들이 그에게 불리한 거짓 증언을 하고 있었음에도 그 증언들이 일치하지 않았기 때문이었다. **57** 그리고 어떤 사람이 서서 그에게 불리한 거짓 증언을 하여 [다음과 같이] 말하였다. **58** "그가 '내가 손으로 지은 이 성전을 무너뜨리고 손으로 짓지 않은 다른 것을 삼일 만에 세울 것이다'라고 말하는 것을 우리가 직접 들었습니다." **59** 그러나 그들의 그 증언 역시 그렇게 일치하지 않았다. **60** 그러자 대제사장이 가운데 일어서 "그대는 아무런 대답이 없소? 무엇 때문에 이 사람들이 그대에게 불리한 증언을 하겠소?"라고 말하며 예수님에게 질문했다. **61** 그러나 그는 침묵하며 그 어떤 대답도 하지 않았다. 다시 대제사장이 그에게 질문했다. 그리고 그에게 말한다. "그대가 그리스도 곧 찬송받을 이의 아들이요?" **62** 그러자 예수님이 말씀하셨다. "내가 그렇소, 그리고 그대들이 인자가 권능자의 우편에 앉은 것과 하늘 구름과 함께 오는 것을 볼 것이오." **63** 이에 그 대제사장이 그의 외투를 찢은 후 말하였다. "어찌 우리가 증언을 더 필요로 하겠습니까? **64** 당신들은 신성 모독[의 말]을 듣고 있는 것입니다. 당신들에게는 그것이 어떻게 보여집니까?" 그러자 모든 사람들은 그가 사형에 처해져야 마땅하다고 정죄하였다. **65** 그리고 어떤 사람들이 그에게 침 뱉고 그의 얼굴을 가리고 때리며, "선지자 노릇해 봐라"라고 말하기 시작했다. 그리고 시종들이 그의 뺨을 때리고 있었다.

66 그리고 베드로가 그 뜰 아래쪽에 있을 때 대제사장의 여종 중 하나가 온다. **67** 그리고 몸을 녹이고 있는 베드로를 본 후 응시하며 그에게 말

했다. "그대 역시 그 나사렛인 예수님과 함께 있었잖소." **68** 그러나 그는 "나는 그대가 무슨 말하는지 알지도 못하고 이해하지도 못하겠소"라고 말하며 부인했다. 그리고 현관을 향해 밖으로 나갔다. [그때 수탉이 울었다.][1]
69 그리고 그 여종이 그를 본 후 다시 시종들에게 말하기 시작했다. "이 사람도 그들 중에 있었소." **70** 그러나 다시 그는 부인했다. 그리고 조금 후에 다시 시종들이 베드로에게 말했다. "참으로 그들 중에 그대가 있었소. 이는 그대 역시 갈릴리 사람이기 때문이오." **71** 그러나 그는 저주하기 시작했다. 그리고 "나는 그대가 말하는 이 사람을 알지 못하오." **72** 그러자 곧 수탉이 두 번째 울었다. 이에 베드로가 "수탉이 두 번 울기 전 그대가 나를 세 번 부인할 것이오"라는 예수님이 그에게 하신 말씀이 생각이 나서 밖으로 뛰쳐나가 울었다.

주해

도입부(53-54절) 무리들이 예수님을 대제사장에게 끌고 갔다는 것은 이 모든 배후에 대제사장이 있었음을 명백히 한다. 예수님 시대 대제사장직을 수행하고 있던 이는 주후 6-15년에 재임했던 안나스의 사위 가야바(Caiaphas)로, 그는 주후 18-36년 동안 대제사장직을 수행했다(마 26:3; 요 11:49; 18:13, 24).[2] 예수님을 맞이한 가야바는 다른 대제사장들을 불러

1. 어떤 사본(A, C, D, Θ, $f^{1, 13}$, $sy^{p, h}$, 유세비우스)등은 이 지점에 "그때 수탉이 울었다."라는 독법을 가진다. 하지만 그 정보를 생략하고 있는 ℵ, B, L, W, Ψ, sy^{s}, sa^{mss}, Diatessaron의 독법이 원본에 더 가까운 것처럼 보이는데, 이는 그 정보가 베드로가 수탉이 두 번 울기 전 예수님을 세 번 부인하리라는 예언을 고려한 후기 서기관의 첨가처럼 보이기 때문이다(Metzger, 2001: 97).
2. Josephus, *Jewish Antiquities* 18.2.2 §35.

모았을 것이고 이에 "모든 대제사장들과 서기관들과 장로들이 모인다"(53절). 모인 곳은, 54절("대제사장의 뜰 안에까지")이 암시하듯 대제사장의 사저인 것이 분명하다. 이러한 모임 장소는 심문이 비공식적으로 이뤄진 것임을 말해준다. 당시 대제사장은 네 집안(보에투스[Boethus], 안나스[Annas], 파이비[Phaibi], 카미스[Kamith])에서 주로 선출되었기 때문에[3] 모여든 이들은 그의 장인 안나스(참고. 요 18:13, 24)를 포함하여 다른 대제사장 집안사람들일 가능성이 있다. 대제사장들을 비롯한 산헤드린 회원이 만나는 모습("… 모인다[συνέρχονται, 53절]")은 현재 시제로 발화되어 강조된다. 또한 대제사장의 시종들과 함께 앉아 있는 베드로의 모습(συγκαθήμενος, 54절)을 서술할 때도 현재 시제가 사용된다. 두 장면에 사용된 강조적 현재 시제는 서언에서 지적한 것처럼 심문이 예수님과 베드로 둘 모두에게 진행되고 있음을 보여 주려는 의도가 문법화된 것으로 봐야 한다.

베드로는 "멀찍이 그를 따[랐다]"(ἀπὸ μακρόθεν ἠκολούθησεν αὐτῷ, 54절). 마가가 예수님과 베드로 사이에 멀어진 공간을 통해 제자도에서 멀어진 베드로를 드러내려 했는지에 대해서는 논란이 있다(참고. Hooker, 1991: 358). 그러나 8:32, 35이 보여 준 것처럼 베드로는 예수님을 따르다가는 자기의 생명 역시 잃을 수도 있다는 두려움을 가진 인물로 이미 부각되었다. 베드로가 예수님을 먼 거리에서 따른 것은 그가 가진 두려움, 곧 예수님을 가까이 따를 때 그에게 닥칠 수 있는 위험을 사전에 차단하려는 의도를 반영한다고 볼 수 있다. 게다가 예수님이 열두 제자를 부르신 이유 중 하나는 "그와 함께 있도록"(ἵνα ὦσιν μετ' αὐτοῦ, 3:14) 하시기 위해서였다. 그러므로 베드로가 예수님을 따르되 "멀찍이" 따랐다는

---

3. Josephus, *Jewish Antiquities* 18.2.2 §35.

정보는 단순한 공간적 정보만이 아니라, 스승 예수님의 길에서 멀어진 제자 베드로의 따름이라는 상징적 메시지를 동시에 준다(Edwards [b], 441-42).

예수님과 베드로의 비교는 베드로가 시종들과 함께 "불 앞에서 몸을 녹이고 있었다"(54절 후반부)는 정보에 의해 더욱 부각된다. 스승은 거짓 증언하는 자들의 신랄한 고소에 노출되어 있지만, 제자는 아무런 일이 없는 것처럼 불 앞에서 몸을 녹이고 있다. 특히 그가 몸을 녹이고자 마주하고 있었던 불은 신약성경 거의 대부분(마 4:16; 5:14, 16; 6:23; 눅 2:32; 8:16; 요 1:4, 5, 7, 8; 행 9:3; 12:7; 22:9; 롬 2:19; 13:12; 고후 4:6; 엡 5:8, 9, 13; 골 1:12; 계 18:23 등)에서 '빛'을 지시할 때 사용된 '또 포스'(τὸ φῶς)였다. 예수님을 부인하는 현장에서 베드로가 몸을 녹이고(54, 67절) 있던 화로불의 어휘가 '불'을 가리키는 '쀠르'(πῦρ)가 아닌, '빛'이라는 "상징적 의미"로 주로 사용되는 '또 포스'(τὸ φῶς)로 표현된 것은 의미심장하다(Marcus, 2009: 1002, 1013; 대조. Gnilka, 2권 367; France, 2002: 604). 음모(14:2)의 밤이 깊어감에 따라 죽음의 그림자("그를 사형에 처하려고", 55절)가 예수님의 운명 위에 더욱 짙게 드리우고 있을 때, 베드로는 예수님과의 '안전거리'를 유지한 채 '빛' 앞에서 신분을 위장하고 있다. 그러나 그 '빛' 앞에서 베드로의 신분은 탄로난다("몸을 녹이고 있는 베드로를 본 후 응시하며 그에게 말했다", 67절). 그러나 베드로는 다시 그 '빛' 앞에서 자신을 위장하며 예수님을 부인한다. 이처럼 베드로가 '또 포스'(τὸ φῶς) 앞에 앉았다는 정보의 선택은 그가 "불" 앞에서 몸을 녹이고 있다는 문자적 정보와 더불어, 이후의 사건들을 통해 그의 내면세계, 곧 두려움과 비겁함, 그리고 배신, 그후 뉘우침이라는 일련의 과정을 '조명'하겠다는 마가의 의도를 반영한다(Cranfield, 441).

예수님에 대한 적대자들의 심문(55-61절) 예수님의 심문에는 "모든”(ὅλον) 산헤드린이 개입한다. 요세푸스가 증언하듯이 예수님 당시 산헤드린의 주된 역할 중 하나가 법적 의결이었다는 증언을[4] 감안하면 이런 개입은 정상적 임무 수행이라 볼 수 있다. 그럼에도 55절의 주어가 이전 명사구(“대제사장들과 장로들과 서기관들”, 53절)와는 달리 “대제사장들과 모든 산헤드린”으로 표현된 것은 명목상 산헤드린 재판이었지만 심문의 방향의 주도권을 대제사장이 잡고 있음을 보여준다.

마가는 심문을 소개하는 서두에 심문의 최종적 결론에 준하는 내용을 소개한다(“그를 사형에 처하려고 예수님에게 불리한 증거를 찾고 있었다”, 55절 전반부). 이는 심문의 부당성을 알려준다. 그들은 심문 후 결론을 내린 것이 아니라 결론을 먼저 내린 후 심문하고 있었기 때문이다. 뒤집힌 심문 절차는 앞선 여러 충돌에서 종교 권력자들이 이미 예수님을 없애버리려는 작정을 한 데서 비롯되었을 것이다(11:18, 27; 12:12, 28, 38; 14:1). 그들의 심문과 재판이 왜 정당할 수 없는지, 또 그들의 증언이 왜 거짓(“거짓 증언”, 56, 57절)으로 흘러갈 수밖에 없는지는 자명하다. 이미 내린 결론에 맞게 예수님의 행위를 평가하고 있어 그 증언에 과장과 곡해가 있을 수밖에 없기 때문이다. 하지만 죽일 만한 증거를 찾으려는 시도는 일단 실패로 돌아간다(55절 후반부). 여러 사람이 제시한 목격자 “증언들”이 서로 일치하지 않기 때문이었다(56절).[5] 증언들의 일관성과 일치를 추구했다는 것은, 에반스가 지적한 것처럼, 재판이 비공식적인 것이었고 또 음해성 심문이었음도 불구하고, 법적 절차가 완전히 무시되지는 않았음을 보여준다(Evans, 2001: 444).

이 와중에 “우리”(ἡμεῖς, 58절)라는 복수 집단에 의해 재시도된 증언

---

4. Josephus, *Jewish Antiquities* 14.9.4 §§168-170; 15.6.2 §173.
5. 산헤드린 재판의 증언이 목격자 증언이어야 한다는 것에 관해서는 민 35:30; 신 17:6; 19:15; 미쉬나 산헤드린 7:5.

제시는, 이전 심문의 문제였을 수 있는 "많은 사람들"(56절)에 의해 개별적으로 제시된 증언들이 가진 불일치를 극복하려는 시도의 일환으로 보인다. 마가는 그들의 증언 내용을 소개하기 전 그것 역시 "거짓 증언"(ἐψευδομαρτύρουν)이라고 밝힌다(57절; 비교. 10:19). 그 내용은 다음과 같다:

> '내가[ἐγὼ] 손으로 지은 이 성전을 무너뜨리고[καταλύσω] 손으로 짓지[τὸν χειροποίητον][6] 않은 다른 것을 삼일 만에 세울 것이다'라고 말하는 것을 우리가 직접 들었습니다(58절).

증언은 증언자의 현장성("우리가 직접[ἡμεῖς] 들었습니다")에 바탕을 둔 채 예수님의 말을 직접 화법으로 인용하여 증언의 신빙성을 더하려고 한다. 이어 더해 1인칭 대명사('Εγω)를 사용하여 성전을 무너뜨리겠다고 말한 주체인 예수님 자신을 강조한다. 고소 내용은 옛 성전 파괴와 새 성전 건축에 관한 메시아 예수님의 입장과 관련 되어 있다. 메시아 예수님에 대한 고소에 성전 파괴와 건축 주제를 가져온 것은 제2성전 시기 유대 메시아관을 잘 반영하는데, 이는 이스라엘 메시아 혹은 왕의 임무와 성전 건축은 불가분의 관계에 있었기 때문이다(Wright, 2000: 42-46; Bird, 2009: 139).[7] 하나님의 언약 백성 이스라엘에게 왕의 모델을 제시한 다윗

---

6. 스데반이 돌에 맞아 죽게 된 결정적인 계기는, 하나님이 "손으로 지은"(χειροποιήτοις) 성전(행 7:48)에 계시지 않는다는 주장 때문이었다. 스데반의 설교 맥락에서 "손으로 지은"(χειροποιήτοις) 것은 비록 그것이 성전일지라도 이스라엘이 시내산에서 만든 "손으로 빚은 것들"(τοίς ἔργοις τῶν χειρῶν, 41절), 곧 금송아지에 상응한다는 것이다. 따라서 예수님을 고소하는 내용으로 그가 "손으로 지은[τοίς ἔργοις τῶν χειρῶν] 이 성전을 "무너뜨릴 것이라고 주장했다는 말은, 그가 성전을 우상시 했다는 함의를 가질 수 있었다(Collins [a], 703).
7. 성전과 제2성전 시기 유대 메시아관에 대한 본 주석의 입장은 라이트(Wright, 1996)에게 빚진 바가 크다.

은 성전 건축 계획을 처음으로 가진 인물이었다(삼하 7:1-2). 그 후 다윗의 아들 솔로몬은 성전 건축을 실행에 옮겼고(왕상 5-8장), 개혁적이고 깨어 있는 인물의 대표적 왕인 히스기야와 요시야의 주된 사역 역시 성전 정화였다(대하 29장; 34:1-13; Wright, 1996: 483). 바벨론 포로생활로 성전이 훼손된 후 종노릇에서 돌아온 이스라엘의 지도자의 첫 번째 임무는 성전 건축이었다(예. 에스라, 느헤미야, 스가랴, 학개, 스룹바벨). 이후 주전 147년에 이스라엘을 점령하고 있던 시리아 왕 안티오쿠스 4세 에피파네스가 유대인들에게 할례를 금지하고 성전에서 돼지 피로 제우스와 자신에게 제사를 지내게 하자, 유다 벤 맛다디아스가 성전 정화를 시도함으로써 마카비 전쟁이 시작되었다.[8] 결국 시리아를 몰아내고 주후 164년 12월 25일에 성전을 정화한 마카비 형제들에 의해 하스모니안 왕가가 유대 사회에 설립되었다.[9] 재임 기간(주전 37-4) 내내 정통성을 의심받아 온 헤롯 왕이 자신의 왕권을 정당화하기 위해 가장 집중했던 사역 중 하나가 성전을 건축하는 것이었다(주전 20-18; 참고. Wright, 1996: 483).[10] 요세푸스는 헤롯이 성전 재건을 시작할 때 준 연설을 인용하며 그가 다윗의 아들 솔로몬의 과업을 완성하는 인물이라 스스로 믿고 있었다고 알려준다.[11]

1차 유대 전쟁(주후 68-70년)의 지도자 중 하나인 시몬 바 지오라(Simon bar Giora) 역시 로마에 의해 예루살렘이 포위되었을 때 파괴된 성전 자리에 왕의 행세를 하며 나타났다고 요세푸스는 기록한다(Horsley and

---

8. 마카비1서 1:41-51, 54-59; 마카비2서 6:1-2.
9. 마카비1서 4:1-25; 마카비2서 8:12-36; Josephus, *Jewish Antiquities* 12.7.6-7 §§316-26.
10. Josephus, *Jewish Antiquities* 15.11.1-7 §§380-424. 헤롯은 성전 건축과 함께 다른 신들에게 제사를 드리기 위한 다양한 신전들을 함께 건축했다.
11. Josephus, *Jewish Antiquities* 15.11.1 §§380-87.

Hanson, 125-27).[12] 2차 유대 전쟁(주후 132-135년)을 일으켰던 바르 코시바는 전쟁 초기에 로마를 성전에서 몰아낸 후 전면 둘레에 "시므온"이라는 이름이 새겨져 있고 그 중앙에 성전 기둥과 그 위로 떠오르는 별이 새겨진 동전을 주조하여 "예루살렘의 구속"을 기념하였다(13:21-23 주해를 보라). 이처럼 유대 왕들과 1세기 유대 사회의 자칭 왕 혹은 메시아들이 역점을 두고 추진한 것은 성전 정화였다(Wright, 1996: 483-86). 이스라엘 사회의 왕 혹은 자칭 메시아들이 성전 정화를 통해 자신의 왕적 정통성을 확보하려 한 것은 사무엘하 7:11 후반부-16에 등장하는 나단의 예언에서 찾을 수 있다. 그곳에서 나단은 하나님께 받은 계시에 따라 다윗에 말한다:

> 여호와가 너를 위하여 집을 짓고 … 내가 네 몸에서 날 네 씨를 네 뒤에 세워 그의 나라를 견고하게 하리라 그는 내 이름을 위하여 집을 건축할 것이요 나는 그의 나라 왕위를 영원히 견고하게 하리라 나는 그에게 아버지가 되고 그는 내게 아들이 되리니 … 네 집과 네 나라가 내 앞에서 영원히 보전되고 네 왕위가 영원히 견고하리라(개역개정 삼하 7:11 후반부-16).

예수님은 이스라엘의 메시아로서의 소명을 이루고자 성전과 관련된 여러 행동을 하셨지만, 그의 사역에는 혁신이 있다. 첫째, 가버나움 집에서 행하신 중풍병자를 향한 죄 용서 선언은, 토라에 따라 성전 안에서 대제사장이 할 수 있는 일이지만 자신을 향한 사람들의 믿음을 근거로 성전 밖에서 예수님이 직접 행하셨다는 점에서 자신이 성전의 기능을 수행하는 존재임을 드러내신 사건이다(2:1-12 특히 5-10 주해를 보라). 둘째, 당

12. Josephus, *Jewish Wars* 7.2.2 §§26-36.

시 유대인에게 기대된 메시아는 성전을 정화하거나 재건하는 인물이었지만, 예수님은 성전에 들어가신 후 성전 제도의 폐지와 성전 자체의 멸망을 예언하는 상징적인 행동을 하셨다(11:15-17 주해를 보라). 셋째, 또 13:2에서는 성전이 어떻게 될 것인지에 관한 제자들의 질문에 "돌 위에 돌 하나 남지 않고 반드시 무너질[καταλυθῇ] 것이오"라고 말씀하셨다. "성전 기능의 중지와 더 나아가 그것의 파괴를 위한 상징적 행위[와 예언]는 성전 제도를 허락하신 하나님의 권위에 준하는 권세를 가진 자만 할 수 있는 행위이기 때문에" 예수님은 이스라엘의 메시아로서의 정체성을 뛰어넘어 그것을 세우신 하나님의 권한을 행사하는 이로서의 자기 이해를 가지고 있었던 것이 틀림없다(박윤만, 2014: 356). 때문에 예수님이 보이신 성전 제도에 대한 일련의 부정적인 행동은 산헤드린 고소의 근거가 되었다고 봐야 한다.

하지만 마가는 그들의 증언이 거짓이라고 이미 단정했고(57절), 또 증언이 서로 일치하지 않았다고 재차 확인한다(59절). 그 이유는 아마 마가복음에서 예수님은 증언자들이 주장한 내용에 정확히 일치하는 말을 하신 적이 없었기 때문일 것이다. 유사한 어록은 있다. 13:2의 언설이다. 하지만 그곳에서도 성전 파괴는 수동태(καταλυθῇ, '무너질 것이오')로 언명된다. 반면, 그 증언자들은 강조형 1인칭 대명사(ἐγώ)와 능동형 동사(καταλύσω)를 사용하여 예수님이 직접 성전을 무너뜨릴 것이라고 말했다고 주장한다. 따라서 그들의 증언은 예수님의 말을 곡해하려는 의도로 발설된 것이라고 볼 수밖에 없다. 무엇보다 마가복음에서는 예수님이 고소자들이 말하는 것처럼 "손으로 짓지 아니한 것을 삼일 만에 세울 것이다"와 같은 말을 하신 적도 없으셨다(비교. 요 2:19). 다만 가버나움 집에서 중풍병자의 죄 용서 선언을 통해 간접적으로 자신이 성전 기능을 수행하는 인물이라는 점을 암시하셨을 뿐이다. 이런 점에서 그들의 증언이 거짓이라는 마가의 평가는 옳다.

하지만 예수님의 성전 관련 사역, 또는 말과 산헤드린 증언자들의 주장 사이의 불일치에도 불구하고 산헤드린이 제기한 성전 관련 증언이 전혀 근거가 없다고 말할 수 없는 두 가지 이유가 있다. 첫째, 앞선 어록(8:31; 9:31; 10:34)을 고려한다면 예수님은 거짓 증언자들이 말한 "손으로 짓지 않은 다른 것을 삼일 만에 세울 것이다"와 같은 말씀을 자신의 부활을 염두에 두고 하셨다고 볼 수 있기 때문이다(Ellis, 200-201). 특히 12:10에서 예수님은 자신의 죽음이 새 성전의 기초가 될 것이라 말씀하셨기 때문에 위의 주장은 그 가능성이 높다고 말할 수 있다. 둘째, 앞서 지적한 것처럼 예수님이 성전 제도와 성전 자체에 대해 부정적 자세를 취하신 것이 분명하기 때문이다. 오히려 증언자들이 제기한 것처럼 예수님이 새로운 성전을 건축할 것이라고 직접 말했다는 주장은 성전 정화가 아니라, 그것의 기능이 중지되어야 한다는 예수님의 입장에 근거한 그들의 추론이라 볼 수 있다. 종말론적 새 성전이 건축될 것이라는 예언은 구약에서 에스겔(47장)과 스가랴(6:12)가 이미 말한 바 있고 제2성전 시기 유대인들 역시 그와 같은 기대를 가지고 있었으므로,[13] 예수님이 메시아라는 소문을 알고 있었던 산헤드린(61절)은 그런 추론적인 증언을 충분히 할 수 있었을 것이다. 물론 그런 증언의 목적은 사형에 해당하는 죄(55절)를 지었다는 증거를 제시하기 위함이다. 성전 멸망 예언은 당시 매우 위험한 언설이었다. 요세푸스(Josephus, *Jewish War* 6.5.3 §§305-309)에 따르면 주후 70년 성전 멸망 직전(62-69년)에 "교육받지 못한 농부" 예수 벤 아나니아스(Jesus ben Ananias)가 있었는데, 그는 예레미야 7:1-14을 근거로 성전이 멸망되리라 예언("화, 화로다 예루살렘이여")을 하다가 종교 권력자들에

13. 제2성전 시기 유대 문헌에 나오는 종말론적인 새 성전 건축 주제에 대해서는 에녹1서 90:28-29; 4QFlor 1:1-13; 11QTemple 29:8-10 참고.

의해 로마 총독에게 넘겨져 뼈가 드러나도록 채찍질을 당한 후 방면되었다.[14] 이후 그는 동일한 예언을 계속하다가 돌에 맞아 죽게 된다. 산헤드린 증언자들은 예수님의 경우에도 그가 반성전주의자라는 것을 증명하여 로마 총독에게 넘기면 사형 선고를 받을 수 있을 것이라 판단했다고 봐야 한다.

59절은 "어떤 사람들"이 주장한 57-58절의 거짓 증언조차 서로 일치하지 않았다고 알려준다. 다수의 증언자들(τινες, '어떤 이들'; ἡμεῖς, '우리')이 제시한 성전 관련 증언 역시 서로 일치하지 않았다는 것은, 비록 본문에는 하나의 증언만 기록하고 있지만, 그 증언 이후 다른 유사한 증언이 제시되었으나 서로 일치하지 않았다는 것을 말해준다(Collins [a], 703). 그러자 대제사장이 "가운데 일어서" 질문한다(60절). 산헤드린의 의장 역할을 맡은 대제사장의 보다 직접적인 개입은 지금까지 제시된 일치하지 않은 증언들로는 유죄판결을 이끌어낼 수 없다는 판단에 따른 것이 분명하다. 그의 의도는 예수님이 주는 진술로부터 어떤 증거를 찾는 것이었다. 이것이 여러 증인들의 진술에 침묵으로 일관하는 예수님에게 그들의 주장에 모종의 응답을 하도록 유도하고 있는 이유이다.

예수님의 침묵은 계속된다(61절 전반부). 자신의 운명의 향방을 결정할 수 있는 심문 과정에서 예수님이 보이신 침묵은 콜린스가 지적한 것처럼 유사한 상황에 처했던 당시 유대 순교자들의 적극적인 최후 변론이나[15]

---

14. 나사렛 예수님과 예수 벤 아나니아스의 행적과 심문 사이의 유사성에 관해서는 Evans, 2001: 176-77 참고.

15. 마카비2서 6:18-31에 따르면 높은 지위의 서기관인 90세의 엘리자(Eleazar)는 돼지고기를 먹도록 강요된 상황에서도 먹기를 거부하여 시리아 왕 안티오쿠스 4세 에피파네스(Antiochus IV Epiphanes)에 의해 죽음에 처해진다. 그가 죽음 직전에 자신의 신앙을 변호하는 글을 위해서는 24-30절을 참고.

그리스 영웅들의 방어적 변론 모습과는[16] 차이가 있다(Collins [a], 703). 예수님의 침묵은 두 가지로 설명될 수 있다. 첫째, 성전 파괴와 새 성전 건축과 관련된 그들의 증언이 어느 정도의 진실을 담고 있다고 판단하셨기 때문일 수도 있다. 둘째, 이사야 53장에는 도살장으로 끌려가지만 입을 열지 않는 어린양에 빗대어진 여호와의 종이 나오는데(특히 7절), 예수님의 침묵은 그가 여호와의 종의 길 걷기를 결정하셨기 때문에 택한 반응이라 볼 수도 있다(Marcus, 2009: 1015; Edwards [b], 446).[17] 특히 마가복음은 예수님이 여호와의 종의 길을 걷는 인물로 묘사(1:11; 8:23-25 주해를 보라)하고 있고, 그 스스로도 그런 자의식이 있었다는 것을 보여 주기 때문에(10:45; 9:11-13 주해를 보라) 두 번째 주장의 가능성이 더 높다고 볼 수 있다.

침묵으로 일관하는 예수님에게 대제사장은 다시 질문한다. 질문의 초점은 성전에서 예수님의 신분("그대가 그리스도 곧 찬송받을 이의 아들이요?", 61절)으로 옮겨간다. 이런 주제 이동은 메시아가 성전 정화 혹은 건축에 관여할 것이라는 당시 유대인의 믿음(위를 보라)을 고려하면 자연스럽다(또한 참고. 김세윤, 1992: 148-49). "찬송받을 이"(ὁ εὐλογητός)는 하나님의 이름을 직접 거론하는 것을 가능한 피하려는 유대 관습에서 비롯된 표현이다. 질문의 요지는 예수님이 '크리스또스'(ὁ χριστός; 히브리어, '메시아')인지를 묻는 것이다. 대제사장은 '크리스또스'와 하나님의 아들을 동격으로 이해한다. 이러한 이해를 초기 교회의 신학의 투영(Boring, 2006: 413)으로 볼 필요는 없다. 제2성전 시기 유대인들이 종말론적 메시아를 하나님의 아들로 이해한 증거(쿰란 문서 4Q246 2:1; 4Q174 1 i 11;

16. Plato, *Apology* 32a-33b; *Phaedo* 117c-118 참고.

17. 콜린스는 예수님의 침묵의 동기를 시편 37:14-15과 26:12에 나오는 의인의 침묵에서 찾는다(Collins [a], 704).

1QSa 2:11-12; Evans, 2001: 449; 1:1 주해를 보라)가 있기 때문에 대제사장 역시 그러한 이해를 가질 수 있다. 그러면 대제사장은 왜 하나님의 아들이라는 추가적인 설명을 덧붙이며 질문을 했을까? '크리스또스'의 문자적인 뜻은 '기름 부음 받은 자'로 대제사장과 선지자 역시 기름 부음을 받은 자였기에, 그가 '하나님의 아들'을 덧붙여 질문한 것은 예수가 메시아인 것을 명확히 하려는 의도였다고 추론할 수 있다(Marcus, 2009: 1005). 또는 악한 포도원 농부 비유에서 자신을 "아들"(12:6)로 비유한 예수님의 말을 재인용하면서 질문한다는 해석 역시 가능하다(Cranfield, 443). 좀 더 맥락 의존적인 해석은 빌라도의 재판을 염두에 둔 대제사장의 유도 심문으로 이해하는 것이다. 당시 로마 제국은 가이사를 신의 아들로 선전하였고 데나리온 동전에 그 글귀를 새겨 넣기도 했다(12:16-17 주해를 보라). 따라서 만일 예수님이 자기가 하나님의 아들이라는 것을 시인하면 그들은 그가 가이사에 반역하는 주장을 했다는 고소를 빌라도에게 할 수 있을 것이라 판단했을 가능성이 높다.

더욱이 메시아, 곧 하나님의 아들이라는 자백은 유대적 맥락에서도 매우 위험한 발언이라는 것을 산헤드린은 알고 있었던 것이 분명하다. 정치와 종교(정교)의 분리가 없었던 유대 사회에서 메시아는 다분히 정치적 의미를 함축할 수밖에 없기 때문이다. 특히 메시아, 곧 하나님의 아들은 종종 유대 왕을 지시하고 있었던 까닭에(15:2, 18, 26, 32; 참조. 삼하 7:12, 14; 시 2:2, 7),[18] 대제사장은 만일 메시아라는 고백을 예수님으로부터 받아낸다면 그를 반로마적인 인물로 빌라도에게 넘길 수 있다(15:1)고 판단했을 것이다. 당시 팔레스타인에는 로마에 의해 임명된 분봉왕들(헤롯 안티파스, 빌립)과 총독이 관할하고 있었고, 무엇보다 헤롯 대왕이 죽던 해 전

18. 솔로몬의 시편 17:32.

후에 자칭 메시아들에 의한 반로마 봉기들이[19] 일어났던 터라 예수님을 유대인의 왕으로 고소하는 일은 빌라도를 충분히 자극하여 그들이 원하는 바를 얻어 낼 수 있는 시도라 믿었을 것이다.

예수님의 변호(62절) 예수님은 '에고 에이미'(ἐγώ εἰμι, 참고. 6:50)로 답을 시작하신다. 현 문맥이 질문과 응답이라는 점을 고려하면 '에고 에이미'는 대제사장의 질문에 담긴 신분을 예수님이 확증하는 의미, 곧 '내가 그렇소'라는 뜻을 전달하고 있는 것이 분명하다(Bock, 185-86). 그의 긍정적인 답변이 놀라운 것은 그것이 그의 신분(8:30)과 활동(1:44 주해를 보라)을 숨겨오시던 지금까지의 태도에 반하기 때문만은 아니다. 대제사장이 사용하고 있는 메시아 개념은 1세기 팔레스타인에서 반로마 항쟁을 이끌던 유대 지도자의 신분과 활동을 내포한다는 것을 모를 리 없으셨음에도, 예수님은 '내가 그렇소'라는 답을 했기 때문이다(비교. 13:6). 그는 무력에 의존하여 폭력적 저항 운동을 벌이던 인물이 아니었다. 그런데도 대제사장의 질문에 왜 '에고 에이미'로 답하셨을까? 예수님은 대제사장의 질문에 긍정적인 답변을 할 경우 그를 기다리고 있는 것이 무엇인지는 로마가 자칭 메시아들에게 가한 폭력적 진압과 형벌의 역사를 통해 쉽게 알 수 있었을 것이다. 그럼에도 예수님은 자신이 메시아라는 사실을 인정한다.

예수님의 언명 배후에는 이스라엘의 메시아로서의 그의 소명이 있었다. 그리고 그의 소명이 무엇인지는 그의 동시대 이스라엘의 사회 역사적 상황의 틀에서 이해돼야 한다. 이는 헤이스가 적절하게 지적한 것처럼 "예수님을 … 이스라엘의 운명에는 아무런 관심이 없고, 그의 동시대 유대인들에게 여감을 불어 넣었던 열망과 희망에는 무심하고, [그런 시대를

---

19. 예. 갈릴리 유다(Judas of Galilee, 주전 4세기), 시몬(Simon, 주전 4세기), 아트롱게스(Athronges, 주전 4-2세기).

이해하기 위한] 성경 해석에도 흥미 없고, 다가오는 하나님의 종말론적 심판에 대해서도 전할 어떤 메시지도 없는 인물로 묘사하는 것은—간단히 말해서—1세기 유대 상황으로부터 그를 도려내 버림으로 만든 비역사적 소설에 불과하[기 때문이다]"(Hays, 1994: 47). 따라서 이스라엘의 메시아로서의 자기 이해를 가지신 예수님이 대제사장의 질문에 "에고 에이미"로 답하신 배후에는 하나님 앞에서 열매 없는 무화과나무(11:11-14, 20-21)이자 역사적으로는 이방의 칼을 빼들고 세상의 재판관 노릇을 하려다 결국 예루살렘 멸망(13:1-3)이라는 참혹한 결과를 맞이하게 될 백성의 운명을 대신 짊어지시려는 결단이 있었다고 보는 것이 옳다. 하나님에 대한 반역의 결과가 멸망이라는 선언(13:1-3)을 하신 것으로 메시아로서의 소명을 다했다고 생각지 않으시고, 오히려 그 반역자의 운명을 스스로 선택해서 가신다. 하지만 예수님이 이스라엘의 운명만을 짊어졌다고 생각하지는 말아야 한다. 언약 백성 이스라엘의 소명은 그를 통해 열방이 하나님께로 돌아오게 하는 것이었고(창 12:2-3; 15:8; 18:18; 22:18; 사 2:2-4; 11:9-10; 42:1, 6; 미 4:1-4; 슥 8:18-23), 이스라엘의 메시아(혹은 여호와의 종)는 이스라엘뿐만 아니라 온 세상을 의의 길로 이끌 왕이 될 것이라는 믿음 역시 구약에 명시되어 있다(시 2:7-12; 사 49:6; Wright, 1992: 267). 따라서 이스라엘의 소명을 이루는 메시아인 예수님이 이스라엘만을 위해 죽음의 길을 택했다고 보는 것은 구약성경 전체의 흐름을 무시하는 것이다. 그러므로 죽음의 형벌이 기다리고 있는 메시아 됨의 선언은 창조주 하나님을 향해 반역의 칼을 빼든 온 열방을 대신하여 반역의 형벌을 짊어지겠다는 메시아의 선택이었다.

무엇보다 이런 선택을 이끌어 낸 내면에 있었던 동기가 무엇이었는지를 고려해 볼 필요가 있다. 예수님이 성전에 계실 때 한 서기관이 찾아와서 "모든 계명 중에 첫째가 무엇입니까"라고 물었을 때 예수님은 다음과

같이 말씀하신다:

> 첫째는 이것이오, '들으라 이스라엘아 주 우리 하나님은 한 분 주님이시니, 그러므로 너의 온 마음과 너의 온 목숨과 너의 온 생각과 너의 온 힘으로 너의 주 하나님을 사랑하라.' 둘째는 이것이오. '너의 이웃을 네 자신처럼 사랑하라.' 이것들보다 더 큰 다른 계명은 없소(12:28-31).

그분은 말만 하지 않으셨다. 말로만 하나님의 사랑과 이웃 사랑이 가장 큰 계명이라고 하지 않으시고 직접 그의 몸으로 보여 주고자 하셨다(Meyer, 252-53; Wright, 1996: 607). 예수님을 움직인 단 하나의 힘은 그의 백성과 사람을 향한 사랑이다. 그 사랑 때문에 모든 사람이 뒤로 물러서는 순간 그는 한 발 앞서 내디디신 것이다(참고. 요 18:6). 그 사랑 때문에 자기 정당성을 변호하시기보다 죽음을 택한 것이다. 사랑이 그의 소명을 움직이신 힘이었다(참조. 고후 5:14).

이어서 예수님은 대제사장이 질문한 메시아 그 이상의 존재가 자신임을 덧붙여 설명하신다. 62절 중후반부는 다니엘 7:13(참고. 막 13:24-27)과 시편 110:1(참고. 막 12:36-37)의 종합이다(시편과 동일한 표현은 밑줄로 다니엘과 동일한 표현은 볼드체로 표시했다):

> 너는 내 <u>우편에 앉으라</u>[<u>κάθου ἐκ δεξιῶν</u> μου](칠십인경 시 109:1).
> 내가 밤 환상 중에 보니
> 보라, **인자 같은 이가 하늘 구름과 함께 와서**
> **[ἐπὶ τῶν νεφελῶν τοῦ οὐρανοῦ ὡς υἱὸς ἀνθρώπου ἤρχετο]**
> 옛적부터 항상 계신 이에게 나아가 그 앞으로 인도되매(칠십인경 단 7:13).
> 그리고 당신들이 인자가 권능자의 <u>우편에 앉은 것</u>과

하늘 구름과 함께 오는 것을 볼 것입니다.'

καὶ ὄψεσθε τὸν **υἱὸν τοῦ ἀνθρώπου** <u>ἐκ δεξιῶν καθήμενον</u> τῆς δυνάμεως καὶ **ἐρχόμενον μετὰ τῶν νεφελῶν τοῦ οὐρανοῦ**. (막 14:62 중후반부)

"권능자"는 "찬송받을 이"와 마찬가지로 하나님에 대한 우회적 표현이고, 인자는 예수님의 자기 칭호이다(2:10 주해를 보라). 인자가 "권능자의 우편"에 앉을 것이라는 말씀은 하나님의 우편에 앉을 인물이라는 자기 이해를 예수님이 가지고 있었음을 보여준다. 특히 하나님의 "우편"은 하나님의 오른손(시 20:6; 138:7; 139:10 등)과 함께 신적 통치와 다스림을 나타내는 은유적 표지(10:35-37과 12:36 주해를 보라)이다. 따라서 예수님의 그와 같은 답변은 그가 당시 유대인들이 기다린 이스라엘의 왕인 메시아 그 이상, 곧 하나님의 고유 영역인 신적 통치를 공유하는 존재라는 믿음이 그에게 있었음을 보여준다.

물론 시편 110:1에서 하나님 우편에 앉는 인물은 인자가 아니라 "주"이고, 다니엘의 인자가 인도된 곳 역시 "옛적부터 계신 이" 앞이지 하나님의 보좌가 아니다. 하지만 예수님이 자기를 가리키고자 사용한 다니엘의 인자 역시 시편 110:1이 말하는 것처럼 하나님의 우편에 앉을 인물로 이해될 충분한 이유가 다니엘 7장에 이미 내재되어 있다. 첫째, 인자가 등장하기 전 칠십인경 다니엘 7:9은 "옛적부터 계신이"가 앉아 있는 "보좌"(θρόνοι)를 소개한다. 그런데 중요한 것은 그 보좌가 단수(θρόνος)가 아니라 복수라는 점이다. 보좌 중 하나는 하나님을 위한 것이라 볼 수 있지만 나머지 하나는 누구를 위한 것일까? 이어서 등장하는 인자가 하나님께로 인도되어 그로부터 모든 권세를 부여받는 장면(7:13)은 보좌 중 하나는 인자를 위해 예비된 것임을 알려준다. 둘째, 다니엘의 인자에게 주어진 통치권은 다니엘서에서 하나님의 것으로 서술된다(4:3; 4:34; 6:26;

Bauckham, 1999: 58). 사실 인자가 하나님의 통치권을 받아 하나님의 보좌에 앉는다는 전승은 제2성전 시기 유대문헌에 등장한다. 예수님과 거의 동시대 저작으로 알려진[20] 에녹1서에는 천상적 존재로서 인자가 46장(1-8절), 48장(2-7절), 62장(1-9절), 63장(11절), 69장(26-29절), 70장(1절), 그리고 71장(14절)에 등장한다. 물론 천상적 존재는 "선택된 자"(39:6; 45:3; 49:2, 4; 51:3; 52:6; 55:4 61:8; 62:8), "의로운 자"(38:2; 50:2), "메시아"(48:10; 52:4)라는 칭호로 등장하는데, 그들은 모두 다니엘 7:13-14에 등장하는 "인자 같은 이"의 영향 받은 인자에 대한 별칭(epithet)이라는 것이 최근 학자들의 중론이다(VanderKam, 37-71; Waddell, 48-49; Walck, 4; 이병학, 361-81; 박윤만, 2020: 95-96). 중요한 것은 하나님이 인자를 그의 보좌에 앉히신 후(61:8), 보좌에 앉은 인자는 그곳에서 종말론적인 심판을 행한다는 것이다(62:2, 5; 69:27, 29). 따라서 마가복음 14:62가 말하는 것처럼 인자가 하나님의 보좌에 앉을 것이라는 예수님의 믿음은 시편 110:1과 함께 인자가 하나님의 통치권에 참여한다고 말하는 다니엘서의 영향을 받아 형성되었을 가능성이 매우 높다(참고. 김세윤, 1992: 150). 그렇다면 예수님은 그가 다니엘의 인자를 위해 예비된 하나님의 보좌에 앉게 될 것이라고 믿으셨다는 것을 의심할 이유는 없다(Bird, 2014: 65-66).

보링은 초기 교회가 시편 110편을 메시아의 신성을 주장하기 위해 사

20. 현재 에티오피아어 사본만 남은 에녹의 비유의 기록 연대는 크게 세 가지 입장이 있는데, 주전 64년경(R. H. Charles, The Book of Enoch or 1 Enoch [Oxford: Clarendon Press, 1912], liv-lvi, 67), 주후 1세기 중엽(G. W. E. Nickelsburg, *Jewish Literature Between the Bible and the Mishina: A Historical and Literary Introduction* [Minneapolis: Fortress, 2005], 254-56), 주후 270년(J. T. Milik, *The Books of Enoch: Aramaic Fragments of Qumrân Cave 4* [Oxford: Clarendon Press, 1976], 89-98)으로 나눠지지만 대부분의 학자들(참고. 김혜윤, "에녹1서 「비유의 책 연구」: '(저) 사람의 아들'에 대한 언어·내용적 고찰," 「신학전망」 174 [2011], 18)은 그것이 적어도 기원후 1세기 중엽 이전에는 기록되었다는 점을 인정한다.

용(행 1:16; 2:34-35 4:25; 8:34; 고전 15:25; 엡 1:20; 골 3:1; 히 1:3, 13; 8:1)한 점을 들어 시편 110:1과 다니엘 7장에 대한 예수님의 해석은 초기 교회의 해석이 투영된 것이라 주장한다(Boring, 2006: 348, 413-14). 그러나 초기 교회는 인자라는 애매모호한 용어를 예수님에게 사용하고 있지 않을 뿐더러(예외. 행 7:56) 다니엘 7장과 시편 110:1의 결합은 초기 교회 저작 그 어디에도 나타나고 있지 않다. 예수님의 그와 같은 결합 시도는 하나님의 보좌를 공유한 다니엘서에 등장한 인자로서의 자기 이해에 따른 결과로 볼 수밖에 없다.

예수님은 메시아를 뛰어넘어 하나님의 보좌를 공유한 신적 인물로서 자기 이해를 가졌다는 것이 분명해졌다. 그럼에도 그가 시편과 다니엘서를 인용한 궁극적 목적은 자기가 누군지를 소개하는 데에만 있지 않다는 것은 분명하다. 인자가 "권능자의 우편에 앉은 것과 하늘 구름과 함께" 올 것이라는 말은 산헤드린의 판결과는 상관없이 최종적 심판자이신 하나님께서 그를 신원해 주실 것이라는 주장을 담고 있다. 하나님의 오른편은 재판과 통치의 자리(10:37; 12:36 주해를 보라)이기 때문이다. 하나님의 우편에 앉을 것이라는 주장은 대제사장들과 산헤드린에게 상당히 위험한 발언으로 들렸을 것이다. 현재 죄인의 위치에 있는 예수님이 통치자의 자리에 앉을 것이라는 말에는, 재판장 노릇하는 대제사장이 죄인의 자리에 앉게 될 것을 전제하고 있기 때문이다(Bock, 189-90). 사실 '역전'은 다니엘서 7장의 주된 주제이다(Wright, 1992: 289-97). 하늘 법정의 재판장으로 등장하신 하나님(9-10절)은 네 짐승을 심판하여 그들의 권세를 빼앗고 "타오르는 불"로 그들을 던져 넣는다(11-12절; 참고. Nickelsburg, 84-85). 이로써 짐승의 권세는 인자에게 위임된다(13-14절). 산헤드린을 진짜 분노케 했을 일은 예수님이 다니엘의 인자에 자신을 일치시킨 것이 아니라, 그런 일치가 내포할 수밖에 없는 그들 지위의 역전이었다. 예수님이 자신을 인자에 빗대심으로 산헤드린과 대제사장들은 네 짐승이라는 추론이 불가피했기 때문이다. 예수님의 판단은 다니엘서에서 네 짐승은 유대인을 억압하는 이방 나라이지만 지금은 그를 재판하는 유대인의 최고 기관과 그것의 수장인 대제사장이 짐승의 자리에 서 있다는 것이다.[21] 그러므로 다니엘의 네 짐승에게 심판이 주어졌듯이 하나님의 신원으로 그는 하나님의 우편에 앉고 산헤드린과 대제사장들은 심판을 받게 될 것이라 선언하셨다고 봐야 한다(Evans, 2001: 451; Wright, 1996: 520-25; 대조. Collins [a], 705).

물론 다니엘 7장에서는 짐승에 빗대어진 권력자들로부터 고난받는 주체가 하나님의 "성도들"(21, 25절; 비교. 27절)이고 마가복음 14장에서는 예수님이라는 점에서 차이가 있다. 이런 차이에도 불구하고 고난받는 자신을 다니엘의 인자로 소개한 이유가 있다. 콜린스(John J. Collins)가 말하듯 다니엘의 네 짐승은 네 제국(23절)을 대표하는 네 왕(17절)을 상징하고, "인자 같은 이"는 하나님의 "성도들"을 대표하는 인물이다(Collins [b], 1974: 61; 또한 김세윤, 1992: 54).[22] 그러면 인자가 대표하는 "성도들"은 누구를 가리킬까? 콜린스는 그들이 하늘의 천사로서 이스라엘 백성을 대변한다고 보지만(Collins [b], 1974: 62-63; 1981: 78), 다니엘 7:21, 25은 "성도들"이 핍박받는 중에 있는 것으로 말한다는 점을 기억해야 한다. 천사가 핍박받는 일을 상상하기는 어렵기 때문에 그들은 단순히 이스라엘을 가리키는 우회적 표현으로 보는 것이 합리적이다. 게다가 쿰란 공동체가 다니엘의 "성도들"을 참 이스라엘(Hartmann and Di Lella, 207)로 보면서 그들 공동체 내부에 있는 신실한 자들이 바로 그 "성도들"이라고 말한

21. 종말론적인 역전의 주제에 대해선 9:35-37; 10:29-31 주해를 보라.
22. 하지만 콜린스는 단 7:13의 "인자 같은 이"를 천사로 본다. 인자의 정체에 대해선 2:10 주해를 보라.

증거 역시 있다.[23] 그러므로 다니엘서에서 인자가 하나님의 전권을 받은 행위는 결국 그가 대표하는 신실한 언약 백성을 신원하고 그들을 핍박하는 자들을 심판하기 위해서이다(참조. 막 8:38).[24] 마찬가지로 예수님이 다니엘의 인자로 자신을 이해한 것이 맞다면, 그의 인자로서의 사역은 그가 대표하는 (새) 이스라엘을 위한 것이며, 그의 고난 역시 그들이 겪게 될 고난을 대신 담당하는 것(10:45)이라 보는 것이 자연스럽다(김세윤, 1992: 173; 참고. 8:31; 9:31; 10:33; 14:21). 앞서 지적한 것처럼 정치적 반역자라는 함의를 가진 '호 크리스토스'(ὁ χριστός) 호칭을 사용하여 그가 그리스도인지 질문한 대제사장에게 예수님이 "내가 그렇소"(ἐγώ εἰμι)로 답하신 것도 반역하는 이스라엘의 운명을 그가 기꺼이 짊어지시고자 하셨기 때문이다.[25]

현 구절과 관련하여 오랫동안 논란이 있어 왔던 해석은 예수님이 "권능자의 우편에 앉는 것과[καὶ] 하늘 구름과 함께 오는 것"을 언급하셨을 때 염두에 두신 사건이 재림(Taylor, 1966: 569; Cranfield, 444-45; Perrin, 26-27; Marcus, 2009: 1016; Donahue and Harrington, 423)인지 아니면 승귀와 신원(伸冤, vindication; Hooker, 1991: 362; France, 2002: 611-612; Edwards [b], 447)인지와 관련되어 있다. 본 주석은 몇 가지 이유에서 후자의 입장이 더 타당하고 본다. 먼저, 62절을 재림에 대한 지시로 보는 입장은 "권능자의 우편에 앉은 것"과 "하늘 구름과 함께 오는 것"을 다른 두 사건으로 보면서 전자는 승귀로 후자는 재림으로 이해한다(Donahue and

23. 1QH 11:10-12.

24. 인자가 종말론적인 재판관으로 땅의 왕들과 권세자들을 심판하는 것으로 등장하는 유대 문헌을 위해서는 에녹1서 46:4-8; 48:8; 62:1, 3, 9를 보라(박윤만, 2020: 100).

25. 이런 해석은 죄인들이 받는 요한의 세례를 그가 받으셨다는 사실을 해석하는 일에도 적용될 수 있다. 1:9 주해를 보라.

Harrington, 423; Marcus, 2009: 1008, 1016; Collins [a], 705). 물론, 인자의 행동이 각각 "앉는 것"과 "오는 것"으로 표현되었다는 점에서 그것들이 시간 순서에 따라 일어나는 다른 두 사건을 가리킨다고 말할 수 있을 것이다. 하지만 62절이 인용하는 구약 본문에서 각 사건(시 110:1의 "앉는 것"과 단 7:13의 "오는 것")은 모두 해당 인물(주와 인자)이 통치권 혹은 재판권을 가졌다는 것을 동일하게 가리키는 비유적 언어로 사용되고 있다는 점을 간과하지 말아야 한다. 그렇기 때문에 인자의 "오는 것"을 문자적인 의미로 "인자가 앉는 것"과는 다른 의미, 곧 재림을 가리킨다고 보는 것은 해석상의 오류이다(France, 2002: 611-12). 사실 62절이 다른 두 사건을 말한다는 주장은 접속사 '까이'(καί)가 두 사건의 시간적 순서에 따른 병렬적 나열을 이끄는 역할을 한다고 전제한다(Cranfield, 444; Marcus, 2009: 1008). 하지만 '까이'에 대한 이런 해석은 결정적이지 않은데, "A '까이'(καί) B"에서처럼 '까이'(καί)가 A와 B를 연결시킬 때 일반적인 내용(A)을 구체적 내용으로(B), 또는 구체적인 내용(A)을 일반적인 내용(B)으로 추가 설명할 때도 사용되기 때문이다(예. "세리와 죄인들", 2:15; "죄인과 세리들", 16절).[26] 이처럼 두 구약 본문의 맥락과 접속사 '까이'(καί)의 용례를 고려할 때, 62절은 다른 사건을 가리키는 두 정보라기보다는 모두 한 사건을 가리키면서 후자가 전자를 추가로 설명하는 것이라 보는 것이 옳다.

다음으로, 다니엘 7:13에서 다니엘은 인자가 하늘 보좌에 "나아가"는 것을 보지만 현 본문에서는 대제사장이 인자가 내려'오는 것'을 "볼 것"(ὄψεσθε)이라 말한다는 점에 착안하여 재림이 함의되었다는 주장을 하기도 한다(Cranfield, 444; Marcus, 2009: 1081). 하지만 대제사장의 봄

26. BDAG, καί §c.

(ὄψεσθε)을 육안을 통한 목격으로 제한할 필요는 없다. 8:18에서 예수님이 제자들을 책망하실 때 그들이 눈을 가지고서도 보지 못한다(οὐ βλέπετε)고 하신 것은, 그들이 시각적 관측을 못한다는 것이 아니라 깨달음이 없다는 점을 지적하신 것이다. 그러므로 예수님의 말씀은 다니엘의 인자가 그러했던 것처럼, 인자로서 그가 하나님의 전권을 받은 온 땅의 통치자로 승귀하게 되는 것을 대제사장이 '인정할 수밖에 없을 것'이라는 뜻으로 말씀하셨다는 해석이 더욱 타당하다.

마지막으로, 62절을 예수님의 승귀, 곧 온 땅의 통치자로 등극하는 것을 가리킨다고 보는 것이 현 문맥에 훨씬 더 잘 어울린다. 앞서 살펴본 것처럼 예수님이 62절을 발설하신 맥락은 산헤드린 앞에서 죄인이 되어 대제사장에 의해 심문을 받으시는 상황이다. 때문에 그에게 필요한 것은 하나님의 신원이었고, 시편 110:1과 다니엘 7:13을 인용하신 이유도 비록 지금은 죄인처럼 심문받지만 하나님께서 곧 자신을 신원해 주심으로 인해 이스라엘만이 아닌 온 땅의 통치자로 등극하게 될 것이라는 변호를 하기 위해서였다(France, 2002: 612). 마가 내러티브의 흐름(8:31; 9:9, 31; 10:33-34)은 예수님이 그의 부활을 그 같은 신원의 절정이 될 것이라 믿으셨다고 보게 한다(참조. 행 2:32-36; Wright, 1996: 524-28, 550-51). 그리고 이런 입장은 순교자의 부활은 죽인 자에 대한 심판이자 죽임당한 자가 하나님께로부터 받는 신원이라 이해했던 제2성전 시기 부활관에 일치하기도 한다(16:6 주해를 보라).[27] 이런 흐름을 고려할 때 62절의 언명은 재림의 때보다 하나님의 신원으로 그가 온 세상의 통치자로 등극하게 될 사건을 가리킨다고 보는 것이 더욱 타당성을 가진다고 할 수 있겠다.

대제사장의 반응(63-65절) 대제사장의 반응은 두 가지로 나타난다. 첫

---

27. 단 12:2; 마카비2서 7:9, 14, 23, 36; 12:43-44.

째, 그는 자기 "외투"(τοὺς χιτῶνας)를 찢는다. 유대 사회에서 옷을 찢는 행위는 통상 내적 슬픔의 외적 표현(창 37:29, 34; 레 10:6; 수 7:6-7; 삼하 13:19; 욥 1:20), 혹은 자기 부정을 드러내는 상징적 행동(행 14:14)이었다. 현 맥락에서 대제사장의 옷 찢는 행위가 산헤드린 회의 과정에서 일어났다는 것을 기억할 필요가 있다. 미쉬나 산헤드린 7:5에 따르면 신성모독 재판 중 첫 번째 증인의 진술이 받아들여지면 재판관은 그의 옷을 찢도록 명한다. 따라서 대제사장의 옷 찢는 행위는 예수님의 진술이 유죄 확증의 결정적 증거라는 확신을 표현하려는 차원에서 행해진 것이다. 그러나 다른 한편으로 가야바의 행동은, 대제사장은 그의 옷을 찢지 말라고 명한 레위기 법(21:10)을 어기고 있다(Marcus, 2009: 1008). 이런 점에서 예수님의 위법성을 보여 주려는 그의 행위가 바로 법을 어기는 행동이라는 아이러니를 내포한다(유사한 아이러니를 위해서는 3:6 주해를 보라). 증언을 듣기도 전에 이미 사형을 확증한 후 심문을 시작한 현 재판의 부당성이 대제사장의 자가당착적 옷 찢는 행위를 통해 드러났다고 할 수 있겠다.

둘째, 그는 예수님의 변호를 "떼스 블라스페미아스"(τῆς βλασφημιάς, '신성 모독')로 단죄한다. 이런 선언은 두 질문을 사이에 두고 진행되는데, 그 구조에 있어 2:7의 서기관들의 선언과 유사하다(참고. Marcus, 2009: 1019):

	14:63-64	2:7
질문	어찌 우리가 증언을 더 필요로 하겠습니까?	이 사람이 왜 이렇게 말하는가?
선언	당신들은 신성 모독을 듣고 있는 것입니다.	그가 신성 모독을 하고 있다.
질문	당신들에게는 그것이 어떻게 보입니까?	하나님 외에는 누가 죄들을 용서할 수 있는가?

2:7에서 서기관들은 속으로 질문하고 선언하지만 현 담화에서 대제사

장은 산헤드린 회원들에게 공개적으로 선언하고 질문한다. 이런 점에서 14장의 선언은 2:7의 발전적 형태이다. 생각하던 바가 공적으로 선언되고 있기 때문이다.

대제사장은 어떤 근거로 예수님에게 신성 모독 선언을 한 것일까? 그 선언이 예수님의 메시아 됨 주장에 대한 반응이라는 주장은 타당하지 않은데, 이는 크랜필드(Cranfield, 445)가 적절하게 지적한 것처럼 1세기 유대 사회에서는 메시아 주장 자체가 신성 모독으로 여겨진 것은 아니었기 때문이다(1:1 주해를 보라). 다른 학자들은 예수님의 대답에 포함된 절대적 용법 '에고 에이미'(ἐγώ εἰμι, 62절 전반부)가 구약에서 하나님의 자기 선언의 한 표현(신 32:39; 사 43:10; 46:4)이었기[28] 때문에 이것이 신성 모독 선언으로 이어지게 했다는 주장을 한다(Stauffer, 24-26, 177-95; Hooker, 1991: 362). 모세 율법(레 24:11-13)에 따르면 하나님의 이름을 모독하는 자는 죽음에 처해져야 했고, 비록 후기 유대 문헌이지만 이런 법이 유대 사회에서 가르쳐지고 있었다는 증거는 그런 주장을 뒷받침할 수 있는 것처럼 보인다.[29] 그러나 현 문맥에서 예수님의 '에고 에이미' 사용은 앞에서 본 것처럼 대제사장이 질문에 대한 '내가 그렇소'라는 의미 전달 그 이상이 있다고 보기 어렵다. 게다가 예수님은 하나님의 이름을 우회적으로 표현했다("권능자"; Hooker, 1991: 362).

표면적으로 보았을 때 예수님이 신성 모독을 범했다는 말을 들은 것은 앞서 살펴본 것처럼 인자로서 그가 "권능자의 우편에 앉[을] 것" 이라

28. 서술어와 함께 사용된 '에고 에이미'를 위해선 사 48:12; 52:6.

29. 미쉬나 산헤드린 7:5에 따르면 '블라스페미아'(βλασφημία)는 어떤 사람이 명백하게 하나님의 이름을 거론하며 모욕하는 것을 목격한 세 명의 증인에 의해 확증되도록 제시한다. 이 경우 재판관은 자기 옷을 찢으며 그에게 사형 선고를 내릴 수 있다.

는 주장과 무관하지 않다(12:36 주해를 보라). 유일하신 하나님만이 앉을 수 있는 보좌(θρόνος)에 그가 앉을 것이라는 말은 하나님의 특권을 침해한 말로 들렸을 것이 틀림없기 때문이다. 유사한 경우가 2세기 초반에 있었는데, 랍비 조세(Jose)는 랍비 아키바가 다니엘 7:9의 두 보좌(θρόνοι) 중 하나를 메시아의 자리로 해석했다는 이유로 신성 모독죄를 범했다고 비난한다(Evans, 2001: 456).[30] 예수님 시대보다 조금 늦은 시기에 기록된[31] 에녹3서 16:3-5에도 유사한 흐름이 있는데, 메타트론(Metatron; 천사 중의 하나로 '보좌의 왕좌[Prince of Presence]로 불림)에 관한 환상을 본 아헤르('Αηερ)가 하늘에 두 보좌가 있다는 주장을 하자 아헤르는 "하늘의 소리"에 의해 징벌을 받고 배교자로 여김을 받는다.[32]

예수님과 랍비 아키바, 그리고 아헤르가 하나님의 '보좌'를 언급했을 때 무엇을 염두에 두었을까? 이스라엘 역사 속에서 하나님은 성전(출

30. 탈무드 산헤드린 38b. 2차 유대 전쟁(주후 132-134년) 중 활동한 랍비 아키바(주후 50-135년)는 다니엘 7:9의 두 보좌를 두고 "하나는 옛적부터 계신 이를 위해, 다른 하나는 다윗[의 아들]을 위한" 것이라 주장했다. 그가 지시한 다윗의 아들은 2차 유대 전쟁을 이끌었으며 메시아로 칭해진 시몬 바르 코시바(13:21-23 주해를 보라)라는 것은 의심의 여지가 없다. 예수님과 시몬 바르 코시바와의 차이는, 바르 코시바는 랍비 아키바에 의해 그가 하나님의 보좌에 앉을 인물이라고 주장된 반면 예수님은 자신이 직접 그것을 주장한다는 점과, 랍비 아키바는 전쟁에 패한 후 죽음으로 끝난 반면 예수님은 부활로 그 주장이 증명되었다는 것이다.

31. 저자로 알려진 랍비 이쉬마엘(Ishmael)은 주후 1세기 말에서 2세기 초에 활동한 인물이었지만 그 저작 시기는 대략 주후 4-5세기로 알려진다.

32. 에녹1서 84:2-3에는 지혜 역시 하나님의 보좌에 앉아 있는 것으로 서술된다. 하지만 그것이 유대 유일신앙의 위배라고 볼 수 없는 것은 지혜는 하나님의 "내적 본질"로 여겨지고 있었기 때문이다(Bauckham, 2000: 54). 더불어 비극작가 에스겔 85-86에 따르면 모세는 그의 꿈에 자신 하나님의 보좌에 앉아 있는 것을 본다. 하지만 이런 묘사는 현실에서 일어나는 일에 대한 문자적 묘사가 아니라 꿈에 일어난 일에 대한 비유적 묘사에 지나지 않는다(아마도 출 7:1에 대한 해석; Bauckham, 2000: 55-57).

40:34-38; 민 9:15, 23; 참조. 사 66:1), 특히 일 년에 한 번씩 대제사장에게만 출입이 허락된 지성소(레 16장)에 영으로 임재하신다고 믿었다. 사실 유대인들에게 하늘은 하나님의 보좌(왕상 8:43; 사 66:1; 단 2:18; 마 6:9; 행 7:49; 계 4:2)이고 지상 성전은 천상 성전을 원형으로 한다는 믿음이 있었다(Bock, 188-89).[33] 그러므로 예수님과 랍비 아키바와 아헤르가 하나님의 '보좌'를 통해 하늘 보좌를 의미했다고 하더라도 지상 성전, 특히 지성소를 배제할 수 있는 것은 아니다. 따라서 그가 "권능자의 우편"에 앉을 것이라는 예수님의 주장은 지성소에 들어갈 수 있는 유일한 인물이었던 대제사장의 특권을 위협하는 말로도 들렸을 것이다(Bock, 183). 요세푸스 역시 1세기 유대인들이 대제사장에 대한 모독이 하나님을 모독하는 것이라는 이해를 가지고 있었다는 증언을 한다.[34] 그러므로 대제사장이 예수님의 말을 들은 직후 "신성 모독"이라는 선언을 내린 것은 예수님이 하나님과 대제사장 모두를 모독했다는 판단에 따른 행위로 보는 것이 옳다(Bock, 189).

다른 산헤드린 회원의 의견을 묻는 대제사장의 질문(64절 중반부)은 아무리 비공식적인 재판이라 하더라도 정당하지 못하다. 최고의 종교적 권위를 가진 대제사장이 직접 심문을 하고 스스로 내린 결정을 선포해버린 가운데 다른 회원들의 의사를 묻는 것은, 의견을 취합하기 위해서라기보다 의견을 강요하는 모양새를 가질 수밖에 없기 때문이다. 이 순간 그 누구도 대제사장의 결정에 반하는 입장을 제시하지 않는다. 결국 모든 사람들은 대제사장의 입장을 따라 사형에 해당한다고 동의를 함으로써 예수님을 죽이기기 위해 시작된 재판(55절)의 결론을 내린다. 물론 사형 선고를 최종적인 결정이라 볼 필요는 없다. 이후 그들이 다시 산헤드린을

33. Josephus, *Jewish Antiquities* 3.7.7 §180; 에녹1서 14:16-18, 20; 26:1-2.

34. Josephus, *Against Apion* 2.22-23 §§188-98.

소집하고(15:1) 예수님을 빌라도에게 넘겨주는 것으로 보아 그 결정은 로마법에 따라 그가 재판받도록 하기 위한 근거를 마련하는 준비 과정으로 보인다(Cranfield, 445).

참석한 산헤드린의 동의가 이뤄지자 육체적 폭력과 조롱이 예수님에게 가해진다(65절). 침 뱉음(ἐμπτύειν)을 당하시고, 뺨(ῥαπίσμασιν)을 맞으신다. 얼굴에 침 뱉음을 당하는 행위는 고대 유대인들에게 칠일 동안 부끄러워해야 할 일(민 12:14)로 여겨질 정도로 경멸적인 행위였다. 또한 하나님의 말씀을 지키지 않는 자는 경멸의 표시로 얼굴에 침 뱉음을 당했다(신 25:9). 두 대표적 모욕 행위인 침 뱉음을 당하고 뺨을 맞는 예수님은, 그의 침묵(60-61절)과 마찬가지로 고난받는 여호와의 종(개역개정 사 50:6)을 떠올려 준다(Hooker, 1991: 363; Gnilka, 2권 374; Marcus, 2009: 1018):

> 나를 때리는 자들에게 내 등을 맡기며
> 나의 수염을 뽑는 자들에게 나의 뺨[ῥαπίσματα]을 맡기며
> 모욕과 침 뱉음을 당하여도[ἐμπτυσμάτων]
> 내 얼굴을 가리지 아니하였느니라.

예수님과 여호와의 종 사이의 두 언어적 유사성(ἐμπτυέιν, ῥαπίσμασιν, 65절; ῥαπίσματα, ἐμπτυσμάτων, 사 50:6)은 이런 반향이 우연이 아님을 증명한다. 멸시를 받기 시작하는 그 첫 지점에서 그의 멸시와 여호와의 종의 멸시를 중첩시키는 마가의 의도는 청자들로 하여금 예수님의 고난을 바라보는 신학적 전망을 준비시키기 위함이라 볼 수 있다.

침 뱉은 후 신체적 폭력이 동반된 조롱이 다시 가해지는데(65절 중반부), 이번엔 그가 '거짓' 선지자라는 점을 밝히려는 데 집중된다: "얼굴을

가리고 때리며 '선지자 노릇해 봐라[προφήτευσον]'라고 말하기 시작했다"(65절 중반부). 먼저, 얼굴을 가린 후 "선지자 노릇해 보라"라고 말한 것은, 보지 않고 그를 가격한 자를 '알아맞혀 보라'는 뜻으로 그의 선지자적 신분을 조롱하려는 시도이다. 예수님을 거짓 선지자로 판단한 근거는 성전에서 보인 선지자적 행위(성전 멸망을 보여 주는 상징적 소란 행위[11:15-17]와 멸망 예언[13:1-2])와 방금 전 제기된 증언(그가 종말론적인 새로운 성전을 건축할 것[58절])이었을 것이다. 예수님을 향한 사람들의 조롱은 다시 예레미야 선지자를 상기시킨다. 바벨론 침공을 앞두고 예레미야는 하나님께서 더 이상 성전에 계시지 않으며(7장), 도리어 바벨론 왕 느부갓네살의 포로가 되는 것이 하나님을 섬기는 길임을 선언한다(28:14). 그 결과 그는 거짓 선지자로 여김을 받아 매 맞음과 모욕(18:18, 20)을 겪는다. 놀랄만한 일은 하나님의 임재의 상징인 성전이 멸망될 것을 예언한 예레미야는 참 선지자로, 성전 보호와 이스라엘의 안전을 이야기한 이는 거짓 선지자라고 하나님께서 선언하셨다는 것이다(27-28장). 예수님 또한 열매 없는 성전의 멸망과 성전을 대체하는듯한 사역의 결과로 성전 권력자들에 의해 거짓 선지자로 조롱을 받으시지만, 그 역시 예레미야처럼 하나님으로부터 오는 신원을 확신하고 있었다(62절).

마지막 조롱은 손바닥으로 뺨을 때리는 행위였다(65절 후반부). 뺨을 때리는 것은 신체적 고통을 넘어 한 사람의 명예에 해를 끼치는 행위이다(참고. 에스드라1서 4:30; 미쉬나 바바 캄마 8:6). 이 마지막 조롱을 행한 이들은, 앞선 육체적 해와 멸시를 가한 사람들을 가리키는 표현("어떤 사람들"[τινες], 65절)과는 달리 "시종들"(οἱ ὑπηρέται)이라고 구체적으로 명시된다(65절 후반부). 베드로가 대제사장 집 안뜰에서 함께 불을 쬐던 이들도 "시종들"(τῶν ὑπηρέτων, 54절)이었는데, 그들은 대제사장이 고용한 성전 혹은 산헤드린 경비병들로 볼 수 있다(참고. 요 7:32, 45, 46). 자신을 하나님의 보좌에 앉게 될 존재라고 소개(62절)한 이가 현실에선 "시종들"에 의해 뺨을 맞는 장면은 최고조의 비통함을 안겨다 준다.

사람들이 예수님께 가하는 신체적인 조롱의 순간에는 아이러니가 서려 있다. 앞서 언급한 것처럼 침을 뱉고 예수님의 얼굴을 가린 후 손바닥으로 치는 행위는, 그가 선지자라면 누가 그의 얼굴을 때렸는지 알아맞혀 보라는 조롱인데, 아이러니는 바로 이 지점에서 시작된다. 예수님은 그가 예루살렘에 올라가면 매 맞고 조롱받을 것을 이미 예언하셨다(8:31; 10:33-34). 때문에 그는 누가 자신을 때렸는지 알아 맞힐 수 없는 무능한 거짓 선지자임을 사람들이 확증하고자 했던 바로 그 순간이 그의 예언이 성취되는, 그래서 오히려 그가 참 선지자인 것이 증명되는 순간이 되고 말았던 것이다(France, 2002: 617).

베드로에 대한 심문과 부인, 그리고 회개(66-72절) 장면은 바뀌어 대제사장의 집 뜰 아래쪽에서 베드로가 여종에 의해 심문을 받는다. 유사 재판 형식으로 이뤄진 심문은 세 번 진행된다. 흥미로운 점은 겟세마네 기도 때부터 등장하는 숫자 삼에 기초한 이야기 진행 방식이다.[35] 겟세마네 동산에서 예수님은 그가 기도하는 곳 바로 옆에 세 명의 제자들을 머무르게 하셨고, 그들은 깨어 기도하는 일에 세 번 실패했다. 예수님은 베드로가 그를 세 번 부인할 것이라 예언하셨고 그 예언은 성취된다.

첫째 심문은 여종이 직접 베드로에게 행한다. 그 여종은 먼저 베드로를 "본 후 응시하며" 말한다. 내러티브는 여종의 말뿐 아니라 시선에 초점을 맞춘다. 여종의 강한 시선과 마주친 베드로는 "그대[σὺ] 역시 나사렛인 예수님과 함께 있었잖소?"(67절)라는 사실 그대로의 추궁에 맞닥뜨리게 된다. 지금까지 대제사장의 사람인 것처럼 위장한 채 다른 종들과 함께

35. 숫자 3의 의미에 대해선 8:31과 14:32-42 주해의 서언을 보라.

불 옆에서 몸을 녹이고 있었던 베드로는, 이 질문으로 갑작스럽게 화제의 중심에 서게 된다(강조형 2인칭 대명사 주격 '쉬'(σύ)에 주목하라). 내러티브는 둘 사이에 만남이 있었다는 정보를 주지 않지만, 베드로를 본 후 알아본 것은 이전에 여종이 그를 알고 있었다는 것을 전제한다(비교. 마 26:73). 여인의 질문은 그가 "나사렛인 예수님과 함께 있었던"(μετὰ τοῦ Ναζαρηνοῦ ἦσθα τοῦ 'Ιησου) 인물이라는 데 집중한다. 그러나 베드로는 "부인한다"(ἠρνήσατο). "멀리서"(54절) 따르며 공간적 거리를 두었던 베드로는 이제 예수님과의 관계마저 "부인한다." 예수님은 베드로를 비롯한 다른 제자들에게 "내 뒤에 따라 오기를 원한다면 자신을 부인하시오 [ἀπαρνησάσθω]"라고 하셨지만 베드로는 자신이 아닌 예수님을 부인한다(ἠρνήσατο). 부인할 때 사용된 말("나는 그대가 무슨 말하는지 알지도 못하고 이해하지도 못하겠소")은 유대인들이 어떤 혐의를 부정할 때 사용하는 법적 용어이다(미쉬나 쉐부오트 8:3, 6; 요셉의 유언 13:2; Lane, 542). 더불어 마가 내러티브 흐름을 고려할 때 베드로의 구체적인 부인 내용은 시사하는 바가 크다. 예수님은 "그와 함께 있도록"(ὦσιν μετ' αὐτοῦ) 제자들을 부르셨다(3:14). 그렇기 때문에 베드로에게는 여종의 질문이 무엇을 의미하는지는 자명하다. 그가 예수님의 제자라는 것이다. 그러나 베드로는 그 말이 무엇을 의미하는지 "이해하지도 못하겠소"라고 답한다. 이런 답은 그가 예수님을 모른다는 부인의 말이기도 하지만, 참 제자의 길이 무엇인지 그가 여전히 깨닫지 못하고 있다는 판단을 청자들로 하여금 하게 한다. 여기에서 간과하지 말아야 할 것이 있는데, 여종이 예수님을 "나사렛인 예수"로 부르고 있다는 점이다. 마가복음에서 '나사렛 예수'는 단지 그의 출신지역을 알리는 정보라기보다는 신학적 의미를 전하고 있는데, 1:9은 세례받는 '나사렛 예수', 1:27은 축귀하는 '나사렛 예수', 10:47은 치료하는 '나사렛 예수', 16:6에서는 십자가에 못 박혔다가 부활한 '나사렛 예수'라는 함의를 각각 가진다(Broadhead, 27-55).[36] 현 단락에서 '나사렛 예수'는, 그가 심문(14:55-64) 후 모욕과 매를 맞고 있는 중임(65절)을 고려할 때, 고난받는 인물임을 함의한다. 따라서 "나사렛인 예수"와 함께 있었다는 여종의 질문은 제자로서 베드로가 있어야 할 곳은 바로 그의 선생이 그러하듯 고난받는 현장임을 시사한다.

베드로가 앞뜰로 나아가자(68절 후반부) "그 여종"(ἡ παιδίσκη)이 그를 따라온다. 그녀가 동일인이라는 것은 "그 여종" 앞에 붙은 관사[ἡ]를 통해 추정할 수 있다. 이렇게 따라온 여종은 옆에 있던 동료 종들에게 베드로를 지목하며 시선의 집중을 받게 한다: "이 사람도[οὗτος] 그들 중에 있었소"(69절). 이번엔 예수님을 따르던 무리 중 하나로 지적한다. 첫번 심문에서와 같이 이번 경우도 그가 제자 그룹에 속해 있었다는 사실에 맞추어져있다. 뒤따른 세 번째 질문은 두 번째 것의 반복이지만, 그가 제자들 중의 하나임을 증명하고자 그가 "갈릴리 사람"이라는 사실을 추가로 덧붙인다(70절). 엄격한 의미에서 본다면 예수님과 함께 있었는지(첫째 심문) 또는 제자들 중의 하나인지(둘째와 셋째)를 묻고 있다는 점에서 그가 받고 있는 심문은 기독론보다는 교회론과 관련되어 있다(Boring, 2006: 416). 하지만 베드로는 다시 "부인한다"(ἠρνεῖτο). 그러자 세 번째 시험이 이어진다(70-71절). 질문은 지금까지와는 다른 형태를 띤다. 질문자는 여종 개인에서 시종들(οἱ παρεστῶτες)로 바뀌었으며, 질문 방식도 여종이 다른 종들에게 말하는 방식에서 종들이 베드로에게 직접 심문하는 것으로 바뀌었다. 질문 그 자체의 진실은 부사 "참으로"(ἀληθῶς)에 의해 더욱 강조된다(70절 후반부). 따라서 베드로의 부인 역시 더욱 악화된

36. 마가복음에서 '나사렛 예수'가 함의하고 있는 다층적 의미의 결말에 대해서는 16:6 주해를 보라.

다. 이번에 그는 맹세하고 저주하며 "나는 그대가 말하는 이 사람을 알지 못하오"라고 거짓을 말한다(71절). 사실 그들은 그가 제자인지("그대도 그들 중에 있었소") 물었지만, 베드로는 예수님을 모른다고 부정한 것이다. 이는 제자도와 기독론은 불가분의 관계가 있음을 베드로 역시 알고 있었다는 것을 말한다. 어쨌든 예수님의 심문에서는 증인들이 거짓말을 하고 예수님은 참말을 한다. 베드로의 경우에는 심문자들이 진실을 말하고 그는 거짓을 말한다. 그리고 앞선 산헤드린 심문에서 예수님은 지금까지 숨겨 왔던 그의 메시아적·신적 신분을 밝히지만, 베드로는 현 심문에서 자신의 신분을 속이고 예수님마저 "이 사람"(τὸν ἄνθρωπον τοῦτον)이라 고백한다. 베드로는 예수님을 "그리스도"(ὁ χριστός)로 밝힌 그의 이전 고백(8:29) 자체도 부정한 것이다.

이때 수탉이 두 번째 운다.[37] 그러자 베드로는 예수님의 "말씀이 생각이 나서 밖으로 뛰쳐나가 울었다"(72절). 베드로의 통곡은 수탉의 소리 때문이 아니라 예수님의 말씀(ῥῆμα) 때문에 일어났지만, 수탉의 소리는 그 말씀을 생각나게 한 매체였다. 베드로의 기억에 예수님의 말씀이 저장되었고 저장된 말씀은 수탉의 소리(φωνῆσαι)에 의해 환기되어(ἀνεμνήσθη, '기억나다') 그를 돌아서게 한 것이다.[38] 이 사건을 예언과 성취의 각도에

37. 수탉이 우는 시간은 유대에 정착된 로마 시간 계산법에 따르면 밤 삼경(밤 12시부터 3시)을 가리킨다(이진경, 532-33; 또한 13:35 주해를 보라). 이진경은 수탉이 첫 번째로 울었다는 정보는 없이 두 번째 울음만 언급된 점에 착안하여, "두 번째"(δευτέρου)는 닭이 울은 횟수를 말하는 것이 아니라 특정시간 곧 삼경 근무가 끝나고 사경(3-6시) 경계 근무 시작을 알리는 로마 군인의 나팔소리(*gallicinium*)을 가리킨다고 본다. 이진경이 말한 것처럼 마가의 청자들인 로마 그리스도인들은 두 번째 닭 울음을 그렇게 이해했을 수 있다. 하지만 마가복음에서 "수탉이 두 번째 운다"는 표현의 역할은 예수님의 말씀("수탉이 두 번[δὶς] 울기 전에 세 번 나를 부인할 것이요", 14:30)이 실현된다는 점을 드러내는 데 있다.

38. 예수님의 말과 사건에 대한 제자들의 기억이 또 다른 담화와 사건으로 이어지는

서 보는 것 또한 가능하다(Evans, 2001: 466). 예수님은 베드로가 그를 부인할 것이라 예언하셨고(14:30), 그 일은 실제로 발생한다. 베드로가 회개하고 통곡한 시점은 바로 예수님의 예언이 성취된 순간이었다. 베드로에게는 예수님의 말씀의 예언과 성취, 그리고 사람의 변화를 가져오는 능력이 그의 개인사와 함께 기억에 깊이 각인되었을 것이다.

베드로에게 일어난 일은 마가의 역사적 청자에게 공감을 주었을 수 있다. 본 주석의 서론(기록목적)에서 지적된 것처럼 네로 박해 때 기독 교인들은 예수님을 부인하고 기독교 공동체를 배신하도록 강요되었고, 실제로 많은 이들이 배반하였기 때문이다. 로마의 그리스도인들에게 통곡하는 베드로의 이야기는 그들에게 회개와 재출발을 촉구하는 또 하나의 '수탉 소리'로 들렸을 것이다.

요약과 해설

현 단락은 두 종류의 심문을 다룬다. 하나는 대제사장을 수장으로 한 산헤드린 앞에 선 예수님, 다른 하나는 대제사장의 시종들 앞에 선 베드로가 그것이다. 예수님은 거짓된 증언에도 불구하고 그의 신분에 대한 참말을 함으로써 사형에 해당할 자로 판명되고, 베드로는 거짓된 고백으로 죽음의 위기를 모면한다.

예수님에 대한 심문의 핵심은 그가 하나님의 아들 그리스도인지를 묻는 대제사장의 질문에 담겨 있다. 대제사장은 빌라도에게 예수님을 넘겨주려는 혐의를 찾고 있었기 때문에 그가 사용한 "그리스도"(61절)의 개념

예를 위해서는 11:14, 21을 참고.

에는 로마를 대항하여 폭력적 저항 운동을 하는 자칭 메시아의 신분과 사역을 내포하고 있었던 것이 틀림없다. 하지만 예수님은 "내가 그렇소"(ἐγώ εἰμι, 62절)라고 답하신다. 그런 답이 죽음으로 이어질 것을 아셨음에도 예수님은 긍정적인 답변을 하심으로써 반역자들이 맞이할 수밖에 없는 운명을 자신이 짊어지신다. 이는 메시아로서 이스라엘과 열방의 운명을 짊어지고 가려는 소명에 따른 선택이라 보는 것이 옳다. 이어서 예수님은 시편 110:1과 다니엘 7:13을 통합하여 인용하시며, 자신을 단순한 그리스도 그 이상, 곧 하나님의 고유한 영역인 보좌를 공유하는 인물로 소개한다. 이에 대제사장은 그를 유대법에 따라 신성 모독 죄를 범한 것으로 선언한다.

예수님의 재판이 진행되는 동안 베드로는 아래 뜰에서 대제사장의 시종들과 마치 그들 중 하나인 것처럼 불에 몸을 녹이고 있었다. 하지만 여종이 베드로를 인지하고 그가 '예수님과 함께 있었던 사람'임을 지적한다. 예수님과 함께 머물도록 부름을 받았고 더 나아가 자신을 부인하고 예수님을 따르도록 요청된 제자 베드로는, 자기 부정이 아닌 예수님과 그의 제자 됨을 동시에 부인하고 만다. 이어지는 모든 질문과 심문은 그가 제자 공동체에 소속된 자라는 진실에 입각하여 이뤄진다. 하지만 그때마다 베드로는 그 공동체와 자신을 분리하며, 마지막 세 번째 심문에서는 예수님을 그리스도로 고백했던 과거에 반하여 예수님을 "이 사람"(71절)으로 칭한 후 그를 부인한다. 하지만 베드로 이야기의 끝은 절망이 아니라 소망을 말한다. 그가 통곡하며 나갔다는 정보는 그가 회개했다는 것을 함의하고 있기 때문이다. 사도행전이 보여 주는 것처럼 초기 교회에서 베드로의 중대한 역할을 고려할 때 베드로의 확신-실패-통곡으로 이어지는 삶의 여정은 네로의 박해로 인해 비슷한 상황에 직면해 있던 로마의 교회에 다시 시작하라는 도전적인 이야기로 읽혀졌을 것이다.

제66장
빌라도 앞에 선 예수님
마가복음 15:1-15

예수님은 산헤드린에 의해 유대에 주둔하고 있던 로마 총독 본디오 빌라도에게 끌려간다. 로마법에 따라 재판을 받기 위해서였다. 산헤드린은 이미 예수님이 신성 모독 죄로 사형이 마땅하다는 의견 일치를 본 후였음에도 다시 유대에 주둔한 로마 총독에게 데리고 간 것은 왜일까? 유대인은 사형집행 권한이 없기 때문이라는 주장이 있다(참고. 요 18:31) (France, 2002: 624; Collins [a], 712; Grassmick, 243; Stein, 687). 그러나 이 주장은 로마 없이 오직 산헤드린의 개입으로(행 6:15; 7:1) 스데반이 성전 모독죄로 유대인들에 의해 돌에 맞아 죽임을 당한 것(행 7장)과 헤롯의 손자 헤롯 아그립바 역시 세베대의 아들 야고보를 죽인 사실(행 12:1-2)을 감안한다면 추가적인 설명이 필요하다.[1] 브라운(Raymond E. Brown)의 해

1. 예수님의 형제 야고보가 산헤드린에 의해 돌에 맞아 죽는 형벌을 당했다는 요세푸스(Josephus, *Jewish Antiquities* 20.9.1 §200)의 증언이 있지만, 예외로 봐야 한다. 왜냐하면 그는 이전 총독이었던 페스투스(Porcius Festus, 주전 59-62년)가 죽고 유대 총독으로 새로 임명받은 알비누스(Lucceius Albibus, 주후 62-66년)가 아직 오직 않은 시기(대략 주후 62년)에 죽임을 당했기 때문이다.

결책에 따르면 로마는 산헤드린에게 성전법 위반, 음행, 다른 중대한 종교적 범죄는 그들의 법에 따라 사형을 집행할 권한을 주었지만(참고. 요 19:7), 그 외에 다른 범죄의 경우 로마가 직접 형을 집행했다(Brown, 1994: 1권, 328-97). 예수님의 경우 산헤드린 심문에서 유대법에 따른 신성 모독죄로 정죄받은 것과 더불어, 그 스스로 메시아라고 자백했다. 그 까닭에 예수님은 정치적인 죄목이 추가되어 로마(가이사)의 반역자라는 혐의를 피할 수 없게 되었고, 이에 산헤드린은 그를 빌라도에게 넘겨 가이사의 반역자로 재판받도록 했다는 설명이 가능하다. 본 단락은 크게 두 부분, 즉 빌라도의 심문(1-5절), 무리의 요구에 순응하는 빌라도(6-15절)로 나눠진다.

1 그리고 곧 일찍이 대제사장들은 장로들과 서기관들과 온 산헤드린과 회합을 한 후 예수님을 묶어 끌고 가 빌라도에게 넘겼다. **2** 그리고 빌라도가 그에게 심문했다. "그대가 유대인의 왕이오?" 그리고 그가 대답하고자 말한다. "당신이 말하고 있소." **3** 그러자 대제사장들이 여러가지로 그를 고소했다. **4** 그리고 다시 빌라도가 "그대는 아무런 대답도 하지 않소? 얼마나 많은 사람들이 당신을 고소하고 있는지 보시오"라는 말로 질문했다. **5** 그러나 예수님은 더 이상 아무런 말로도 대답하지 않으셨다. 그러자 빌라도가 놀란다.

6 절기 때 그들이 요청하는 죄수 하나를 그는 풀어주곤 하였다. **7** 바라바로 불리는 사람이 반란이 일어났을 때 살해를 저지른 반란자들과 함께 묶여 있었다. **8** 그리고 무리들이 올라가 그가 그들에게 했던 것처럼 [해주도록] 요구하기 시작했다. **9** 그리고 빌라도가 "내가 당신들에게 그 유대인의 왕을 풀어주기를 원하시오?"라고 말하며 그들에게 대답했다. **10** 이는 대제사장들이 시기 때문에 그를 넘겨주었다는 것을 알고 있었기 때문이다.

11 그러나 대제사장들이 그가 도리어 바라바를 그들에게 풀어주도록 하고
자 무리를 선동했다. **12** 그리고 빌라도가 다시 대답하며 "[당신들이 말하
는] 유대인의 왕을 그러면 내가 어떻게 행하기를 [당신들은] 원하시오?"라
고 그들에게 말했다. **13** 그러자 그들이 다시 소리쳤다. "그를 십자가에 못
박으소서." **14** 그리고 빌라도가 그들에게 말했다. "이는 그가 무슨 악을 행
했단 말이요?" 그러자 그들이 더욱 더 소리쳤다. "그를 십자가에 못 박으소
서." **15** 이에 빌라도는 무리에게 만족 주기를 원한 까닭에 바라바를 그들에
게 놓아주고 예수님을 채찍질 한 후 십자가에 못 박히도록 넘겨주었다.

주해

빌라도의 심문(1-5절) 1절에는 간단히 묘사된 산헤드린의 회집과 긴 빌라도의 심문, 이 두 재판이 언급된다. 먼저 산헤드린 재판은 "일찍이" 진행된다. "일찍이"(πρωΐ)는 13:35에서 밤의 네 시간대 중 마지막 시간대("새벽", πρωΐ, 곧 사경, 3-6시)를 가리킨다(13:35 주해 참고). 따라서 산헤드린의 비공식적인 재판은 삼경(밤 12-3시 곧 수탉이 두 번째 우는 시간, 14:72)에 이뤄졌고, 정식 회집은 3-6시 사이에 이뤄졌다고 볼 수 있다. 아침 일찍 산헤드린이 다시 회집된 것은 앞서 언급한 것처럼 이전 심문이 한밤중에 대제사장의 집에서 비공식적으로 진행된 모임[2] 가운데 이뤄졌기 때문이다.[3] 따라서 아침 일찍 소집된 정식 산헤드린 회의를 통해 이전

2. 신약성경보다 후기이지만 미쉬나 미도트 5:4에 따르면 산헤드린은 "The Chamber of Hewn Stone"(문자적 의미. '깎아 만든 돌방')에서 회의를 했다.
3. 플루서(David Flusser)는 산헤드린 재판 절차는 오직 일회에 걸쳐서 열린다는 점에 착안하여 그것이 두 번 회집되었다는 마가복음의 설명은 마가의 창작에 불과하다

심문의 결과를 확증하고 빌라도에게 그를 넘길 것을 결의한 것으로 보인다. 현 단락에서 마가의 관심은 그것이 정식 회의였음에도 불구하고 더 이상 산헤드린 회의에 있지 않다. 산헤드린의 결정을 중복할 필요가 없었기 때문이기도 하지만 예수님이 공개적으로 메시아로 밝혀진 이상 로마법에 따른 처리가 불가피했고(위쪽 서언을 보라), 이에 빌라도의 재판이 전면에 등장해야 한다는 판단 때문이었을 것이다.

빌라도는 마가복음 중 여기서 처음으로 언급된다. 그는 주후 26-37년 기간에 유대 지역에 부임했던 로마 총독이다. 총독 관저는 가이사랴(Caesarea)에 있었지만 유대 절기 기간 동안에 종종 소요가 일어났기 때문에 유대 총독은 특별 감시를 위해 군인들을 이끌고 예루살렘으로 이동하여 헤롯 궁전에 머물렀다(Josephus, *Jewish Antiquities* 18.3.1 §§55, 57; *Jewish Wars* 2.14.8 §301; 또한 참고. Schürer, 1권 361). 대제사장들이 예수님을 빌라도에게 끌고 갈 수 있었던 것은, 그때가 바로 빌라도가 예루살렘에 머물고 있었던 유월절 기간이었기 때문이다.

예수님은 결박된 채 빌라도에게 끌려간다(1절).[4] 산헤드린의 심문 때는 그가 결박당했다는 언급이 없었다. 이 시점에서 특히 결박이 발화된 것은 그가 유대법에 따라 신성 모독으로 정죄된 후였기 때문이기도 하지만, 이미 유대법에 따라 정죄받아 결박당한 모습을 보여줌으로써 빌라도로부터 유죄 판결을 좀 더 쉽게 받아내려는 시위용이었을 수 있다. 그들이 예수님을 빌라도에게 인계하는 행위는 "넘겼다"(παρέδωκαν)로 발화된다(1절). 가룟 유다는 예수님을 대제사장에게 넘기며(παραδίδοται, 14:41;

고 주장한다(Flusser, 147). 하지만 이미 살펴본 것처럼 한밤중에 대제사장의 집에서 모인 것은 비공식적인 절차였다고 보는 것이 타당하기 때문에 플루서의 주장을 따를 필요가 없다.

4. 산헤드린이 예수님을 빌라도에게 넘긴 이유에 대해서는 현 단락의 서언을 보라.

παραδιδούς, 42절), 대제사장 역시 빌라도에게 예수님을 넘긴다(παρέ-δωκαν). '끌려 다니는'(ἀπάγω, 44, 53, 15:16) 것과 더불어 '넘겨지는' 모습은, 귀신을 꾸짖고 쫓아내며 파도를 잠잠케 하고 또 물위를 걷던 갈릴리에서의 '역동적(powerful) 예수'와 대조된 '무력한(powerless) 예수'를 그리는 데 일조한다. 그럼에도 '빠레도깐'은 한편으로 일전에 하신 예수님의 예언("대제사장들[이 인자를] … 이방인들에게 넘겨주고[παρεδώσουσιν]", 10:33)과 다른 한편으로 "죽음에 넘겨[진]"(παρεδόθη, 칠십인경 사 53:12) 여호와의 종의 운명이 그를 통해 성취되고 있음을 보여 주는 열쇠 말 노릇을 한다. 예수님을 향한 하나님의 뜻은 그가 가장 무력해진 순간에도 이뤄지고 있는 것이다.

빌라도는 그가 "유대인의 왕"인지 질문하고 예수님은 "당신이 말하고 있소"(σὺ λέγεις)라고 답하신다.[5] 빌라도가 말한 "유대인의 왕"(ὁ βασιλεὺς τῶν Ἰουδαίων)이라는 칭호를 초기 교회의 창작(Bultmann, 284)이라고 볼 이유는 없다. 스스로를 인종적 경계를 초월한 새 이스라엘로 이해하고 있었던 초기 교회(빌 3:4; 골 3:11; 계 7:4-8)가 예수님을 인종적 범주에 제한된 "유대인의 왕"으로 부르고 또 그것을 인정하는 듯한 어록을 창작했을 리 없기 때문이다(Hengel, 1995: 45-47). '유대인의 왕'은 당시 로마인이 사용하던 명칭이었는데 요세푸스가 보여주듯 공화정 시기 옥타비아누스(Gaius Octavius, 주전 63-주후 19년)와 함께 로마를 이끌었던 장군 안토니우스(Marcus Antonius, 주전 83-30년)는 헤롯을 "유대인의 왕"(βασιλέα ... τῶν Ἰουδαίων)으로 삼았다고 기록한다(*Jewish Wars* 1.14.4 §282, Evans,

5. 대화에 사용된 언어는 헬라어였을 가능성이 높다. 헬라어가 당시에 공용 언어(lingua franca)였기 때문이다. 예수님의 다른 어록은 모국어인 아람어에서 헬라어로 번역된 것이지만 위 대화는 헬라어로 오고 간 대화와 표현을 그대로 반영하고 있는 것으로 봐야 한다(Porter, 2000: 433-34; 박윤만, 2013b: 26-7).

2002: 478). 빌라도가 예수님을 그런 호칭으로 어떻게 부를 수 있게 되었는지 본문은 말하지 않지만, 이전 심문에서 그를 "그리스도"(14:61-62)로 확인한 대제사장이 정보 제공자였을 가능성이 매우 높다(Marcus, 2009; 1033). 물론 대제사장이 예수님에게 확인한 것은 그가 그리스도라는 사실인 것은 사실이다. 하지만 당시 유대인에게 그리스도와 유대인의 왕은 거의 동의어로 사용되었다(시 2:6, 2; 솔로몬의 시편 17:32, "그는 그들의 왕 … 그리스도"; Horsley and Hanson, 102-134; 14:61 주해를 보라). 그리스도 곧 '유대인의 왕 예수'는 대제사장에 의해 반란자라는 죄명으로 빌라도에게 넘겨진다. 당시 팔레스타인에는 로마에 의해 임명된 분봉왕 헤롯 안티파스와 빌립이 여전히 자리를 지키고 있었기 때문이었다. 반란은 당시 자칭 메시아들이 그러했던 것처럼 친로마 정책을 편 분봉왕들만이 아니라 그들을 세운 로마 황제 가이사를 향한 것으로 이해됐음이 틀림없다.

예수님은 강조적 2인칭 대명사를 사용하여 "당신이[σὺ] 말하고 있소"로 답변하신다. 그 뜻은 중의적인데, '당신이 말하듯 내가 유대인의 왕이요'라는 긍정적인 뜻과, '내가 유대인의 왕이라는 것은 당신의 말이요'라는 부정적 뜻을 동시에 함축한다(Bird, 2009: 138).[6] 그렇다면 대제사장의 질문에는 "내가 그렇소"(ἐγώ εἰμί, 14:62)라고 분명한 답변을 하셨지만, 빌라도의 질문에는 모호한 답변을 하신 이유는 무엇일까? 자신이 메시아라는 신분을 더 이상 감추지 않는 마당에 모호한 답변을 하신 것은 "유대인의 왕"이라는 명칭이 그의 신분을 드러내기에는 부적합하다는 판단 때문이었을 것이다(Evans, 2001: 478). 이제 그 대답을 확증으로 받을 것인

6. 마태복음에서는 "당신이 말했소"(σὺ εἶπας)라는 표현은 예수님이 대제사장에게 한 말로 나온다(26:64). 캐치폴(D. R. Catchpole, 226)은 마태복음에서 예수님의 그 표현은 "내용에 있어서는 긍정을 드러내지만 형식에 있어서는 미온적이거나 우회적"인 뜻을 내포하고 주장한다.

지 아니면 부정으로 받을 것인지는 빌라도에게 달렸다. 그럼에도 예수님이 그 질문에 대한 부정적인 답변을 좀 더 명확하게 하지 않으신 것은, 한편으로 유대적 맥락에서 본다면 "유대인의 왕"은 그가 인정한 그리스도라는 명칭에 어느 정도 상응하기 때문이었을 것이고, 다른 한편으로는 백성의 허물을 짊어지고 가려는 메시아적 소명에 따른 선택이라 볼 수 있다.[7]

예수님의 이러한 응답 후 대제사장들은 다시 여러 가지로 고소한다. 이는 예수님이 유대인의 왕이라는 것을 빌라도가 믿도록 설득하여 결국 유죄 판결을 이끌어 내기 위한 시도이다. 대제사장들의 고소에도 예수님이 침묵으로 일관하시자 빌라도가 개입한다. 예수님에게 고소자를 향해 어떤 답변을 시도하라는 빌라도의 개입은, 소송이 있을 경우 로마 관리에게 피고의 의견을 듣도록 하는 로마법에 따른 태도이다(Sherwin-White, 25-26). 그러나 빌라도의 이런 개입에도 예수님은 "더 이상 아무런 말로도 대답하지 않으셨다"(οὐκέτι οὐδὲν ἀπεκρίθη). 4절에서 예수님의 묵언은 빌라도의 발화와 마가의 서술에서 재차 언급될 뿐 아니라 이중부정(οὐκέτι οὐδὲν)에 의해서도 강조된다. 산헤드린의 심문에서와 마찬가지로 예수님의 침묵은 도살장으로 끌려가는 양에 빗대어진 여호와의 종의 침묵(사 53:7)을 떠올리게 한다(14:60-61 주해를 보라). 예수님의 계속된 묵언에 빌라도는 놀란다(θαυμάζειν).[8] 이방 총독의 놀람은 최소한의 변호를 거부하는 듯한 자세 때문일 것이다. 더불어 예수님의 침묵이 여호와의 종의 침묵을 떠올려 주듯이, 빌라도의 놀람 역시 여호와의 종으로 말미암아 "많은 나라들이 놀라게 될 것"(θαυμάσονται ἔθνη πολλὰ)이라는 칠십인경 이사야 52:15을 환기시킨다(Hooker, 1991: 368).

---

7. 하지만 캠벨(Willliam Sanger Campbell)은 예수님의 침묵은 자기 방어 차원에서 이뤄진 사법적 절차로부터의 이탈행위로 본다(Campbell [c], 290-91).
8. 같은 동사(θαυμάζειν)가 5:20; 6:6에서도 사용된다.

무리의 요구에 순응하는 빌라도(6-15절) 6-8절은 주제적으로 A B A′로 구성되어 있다:

A 백성들이 요구하는 죄수 하나를 풀어주는 관례가 있음(6절)

B 바라바가 있음(7절)

A′ 무리가 죄수 하나를 풀어 달라 요구함(8절).

유대 명절에 '특사'(6절)가 있었다는 증거는 복음서(마 27:15; 눅 23:13; 요 18:39) 외에는 없다. 이에 후커는 역사적으로 정확하지 않은 정보라 하고(Hooker, 1991: 368), 콜린스는 6절의 정보를 마가의 창작 탓으로 돌린다(Collins [a], 714-17). 그러나 에반스는 6절 정보가 역사적 사실을 반영하는 것으로 믿어야 할 많은 증거를 제시한다(Evans, 2001: 479-80). 사실 마가복음은 사면 제도가 유대인의 관습인지 아니면 로마의 관습인지 분명하게 밝히고 있지 않다("절기 때 그들이 요청하는 죄수 하나를 그는 풀어주곤 하였다"). 하지만 요한복음 18:39은 좀 더 명확하게 그 관습이 유대의 것이라고 말한다("유월절에 … 하나를 풀어주는 관습이 너희에게 있으니"). 유대인에게 유월절은 해방과 속량을 가져온 출애굽 사건을 기념하는 절기였기 때문에 이 속량을 사회적 차원에 적용하고자 총독에게 죄수 하나를 풀어주도록 요청했을 수 있다(Marcus, 2009: 1028). 미쉬나 페싸흐 8:6는 그러한 증거를 보여 주는데, "유월절에 감옥에서 나오도록 하겠다고 그들이 약속한 사람을 위해 유월절 양을 잡았다"는 언급을 한다(Stein, 700). 또 요세푸스에 따르면 유대에 있던 황제 대리인 알비누스(Albinus, 주후 62-63년)가 떠날 때 살인을 제외한 기타 범죄로 갇혔던 모든 죄수들을 사면했다는 증언을 한다(Josephus, *Jewish Antiquities* 20.9.5 §215). 이런 증거를 고려할 때 6-15절은 역사적 증언에 기초한 것으로 볼 수 있다.

바라바가 등장하는 맥락은 죄수 방면 정보(A, A′) 사이로, 이런 구조는 방면의 혜택을 누릴 인물이 바라바라는 예상을 하도록 한다. 바라바(Βαραββᾶς, '바라바스', 7절)는 아람어 '바르 아바'(בר אבא, 곧 '압바'의 아들)의 헬라식 표기이다. 마태복음 27:16-17에 따르면 그는 예수 바라바였다. 마가는 '예수'는 없이 바라바로만 그를 소개한다. 그는 또한 반란(τῶν στασιαστῶν)을 획책하고 그 와중에 살인을 저지른 인물들과 함께 투옥된 자로 소개된다(7절). 1세기 유대적 맥락에서 '스따시아스따이'는 '레스떼이아'(λῃστεία)와 마찬가지로 로마를 대항하여 일어난 저항 운동을 가리키는 용어이다(Hengel, 1989: 32 각주 67, 42-43; 11:17 주해를 보라). 비록 우회적으로 언급되긴 했지만 바라바 역시 반란에 가담했던 인물이었을 가능성이 높다. 마가가 바라바의 이름을 구체적으로 밝히고 반란이라는 범주로 그를 소개한 것은, 그와 예수님이 비교 및 대조될 수 있다고 판단했기 때문일 것이다(Collins [a], 718). 마가복음에서 예수님은 하나님을 '압바'(14:36)로 부르며 기도한 하나님의 아들로 소개되었고(1:1, 11; 9:7; 12:6; 13:32; 15:39), 바라바 역시('압바'가 누구를 가리키든지 간에)[9] 그 이름의 뜻은 '압바의 아들'이다. 하나님 '압바'의 아들 예수님은 자신을 희생하여 다른 사람을 살리(속량하)려는 소명 탓에 "유대인의 왕"이란 반란죄로 심문받고 있고, 또 하나의 '압바의 아들' 바라바는 실제로 반란에 가담하던 중 다른 사람을 희생시킨 죄로 투옥되었다. 두 '압바의 아들' 사이의 비교와 대조는 결국 누가 진짜 메시아이며 누가 진짜 반란자인지 드러낸다. 둘 모두 반란죄로 잡혔지만 예수님은 남을 살리기 위해 죽음의 길을

---

9. 바라바(Βαρ-αββᾶς, '바르-압바스')의 '압바'가 가리키는 대상에 대한 여러 의견이 있지만 크게 세 가지로 압축될 수 있다. 1) '압바'라는 이름을 가진 바라바의 아버지, 2) 아브라함, 3) 랍비를 위한 존칭. Collins (a), 718 참고.

가는 메시아인 반면, 바라바는 남을 희생시킨 탓에 죽음에 직면한 진짜 반란자라고 말한다.

이 때 한 무리(ὁ ὄχλος)가 등장한다(8절). 그들은 빌라도가 머물고 있는 관저(πραιτώριον, 16절)로 "올라가" 그에게 유월절 특사를 감행해 줄 것을 요구한다(8절). 무리의 등장은 1-5절과 6-15절 사이에 어느 정도의 시간적 흐름이 있었음을 암시한다. 1-5절은 예수님을 빌라도에게 끌고 갔던 이들로 산헤드린 외에는 다른 이들이 있었다고 말하지 않기 때문이다. 무리는 바라바를 추종하는 이들로 볼 수도 있지만(Cranfield, 450; 신현우, 2011: 336), 11절이 말하듯이 대제사장들이 그들을 "충동"하여 바라바를 풀어 주도록 요청하게 했다는 것은 그들의 정체는 대제사장들이 동원한 사람들로 보는 것이 더 사실에 가깝다. 특히 로마에 의해 임명된 대제사장과 열심당 계열의 사람들은 서로를 적으로 보고 있었던 상황이었기 때문에 바라바를 추종하는 사람들이 그렇게 쉽게 대제사장의 선동의 말을 따랐다고 보기는 어렵다.

그들은 특사 전례를 실행해 달라고 요청한다(8절). 이런 요청은 유월절 특사가 유대인들의 요청에 따라 이뤄진 전례였음을 암시한다. 이에 빌라도는 예수님을 다시 한번 "유대인의 왕"으로 부르며 그를 방면해 주기를 원하는지 무리에게 되묻는다(9절). 그가 예수님을 여전히 "유대인의 왕"으로 부른 것을 두고 빌라도가 예수님의 이전 답변(2절)을 긍정적으로 받아들인 증거라고 말할 수도 있지만, 이런 주장은 후에 빌라도의 군사들이 예수님을 "유대인의 왕"으로 조롱한 사실(18절)과 충돌된다. 사실 빌라도가 예수님을 "유대인의 왕"으로 인정했을 가능성은 희박한데, 만일 그러했다면 그는 반역자를 인정하는 셈이 되기 때문이다. 9절에서 빌라도의 "유대인의 왕" 용어 사용에 대한 최선의 해결은 캠머리 호갓트(Camery-Hoggatt)가 주장한 것처럼 그것을 아이러니로 보는 것으로, 로마 병사와 마찬가지로 빌라도 역시 조롱의 의도로 그 호칭을 사용하지만 청자들은 그의 의도와는 달리 그가 사실을 말한다고 판단하게 된다(Camery-Hoggatt, 174).

왜 그는 특사의 대상으로 예수님을 택한 것일까? 무리들이 예수님을 원할 것이라 추측한 까닭이라 본 콜린스의 해석(Collins [a], 720; 또한 Cranfield, 451)은 내러티브의 흐름상 지지를 받을 수 있다. 비록 현 단락에 등장한 이들과 다른 종류의 사람들로 구성되었을 가능성이 높지만, 예루살렘 입성 이후 예수님 곁에는 늘 무리가 그를 추종하며 따르고 있었기 때문에(11:8-10, 18; 12:12, 37; 14:2) 빌라도는 유대 종교 권력자들과는 달리 무리가 예수님을 원하고 있었을 것이라고 판단할 수 있었을 것이다. 빌라도가 예수님의 재판 이면에는 무리와의 갈등 보다 종교 지도자들의 개인적인 감정이 있었던 것이라 판단했다고 봐야 하는 이유는 10절에 명시되어 있다. "이는 대제사장들이 시기 때문에[διὰ φθόνον] 그를 넘겨 주었다는 것을 알고 있었기 때문이다"(10절). 예수님을 향한 대제사장들의 "시기"(φθόνον)는,[10] 선행 내러티브에서 추론할 수 있듯이 많은 무리들이 예수님을 따르며 칭송했고(11:8-10)[11] 권력의 중심지인 성전에서 예수님이 벌인 소란 행위(11:15-18, 27-33)와 무관하지 않을 것이다(Hagedorn and Neyrey, 38-40).[12]

---

10. 시기(φθόνον)는 고대인들의 악덕의 목록에 자주 거론된 것으로(Aristoteles, *Rhetorics*, 1378B, 1388A; 잠 14:30; 27:4; 롬 1:29; 갈 5:21; 딤전 6:4; 딛 3:3; 벧전 2:1), "타자의 선을 증오"하고 그것을 파괴하는 악덕 그 자체이다(Hurka, 100). 시기가 주로 같은 신분이나 라이벌 관계에서 발생한다는 것을 고려할 때 대제사장들은 예수님을 라이벌로 생각했을 가능성이 있다.

11. 다윗을 향한 사울의 시기 역시 다윗이 골리앗을 무너뜨린 후 불려진 "사울이 죽인 자는 천천이요 다윗은 만만이로다"라는 여인들의 노래를 들은 후 시작되었다고 말한다(삼상 18:6-8).

12. 물론 예수님을 따른 무리들의 다수는 갈릴리에서부터 그를 따른 사람들이었고, 대제사장이 조직한 무리들은 유대 지역에 살던 사람들이었을 것이다. 그러나 빌라도는 두 무리를 구분할 수 없었을 것이다.

하지만 무리들은 빌라도의 예상과는 달리 예수님이 아닌 바라바를 요구한다. 무리의 뜻밖의 선택은 마가에 의해 대제사장들이 그들을 "선동"(ἀνέσεισαν)했기 때문인 것으로 설명된다(11절). 마가는 예수님의 십자가 처형 이면에 대제사장들의 고소, 그리고 선동이 있었다고 밝힌다. 반면, 빌라도는 한 발 물러서 있는 존재로 묘사된다. 이어지는 12절에서 빌라도의 소극적인 태도는 더욱 뚜렷해지는데, 예수님을 어떻게 처리할지를 두고 무리들에게 주도권을 넘겨준다. 어떤 학자들은 로마 총독이 한낱 점령지 무리들의 선택에 따른다는 것은 불가능한 일이라고 보면서 빌라도의 그와 같은 모습은 역사적일 수 없다는 주장을 한다(Hooker, 1991: 369; Collins [a], 720). 하지만 마가가 서술하는 빌라도의 비겁한 태도가 역사적이라고 믿어야 할 이유가 있다.

빌라도와 유대 무리들과의 충돌은 이번이 처음이 아니다. 요세푸스에 따르면 빌라도는 어느 날 밤에 로마 황제의 상(image)이 새겨진 군기를 가이사랴에서 예루살렘으로 옮겨 놓았는데, 십계명에 따라 어떤 형상도 만들지 않았던 유대인들은 예루살렘에 들어온 로마 황제의 상에 분개하여 몇 날 며칠 동안 죽음을 불사한 저항을 한 결과, 결국 군기를 가이사랴로 옮길 수밖에 없었다(Josephus, *Jewish Antiquities* 18.3.1 §§55-59; *Jewish Wars* 2.9.2 §§169-71). 그리고 빌라도는 예루살렘 수도 공사 자금을 충당하기 위해 성전에 바친 돈(sacred money), 곧 '고르반'(Corban)을 사용하려 하다가 유대인들로부터 다시 큰 저항에 부딪히자, 그는 칼로 무장한 군대를 무리들 가운데 보내어 소요를 진압한다(Josephus, *Jewish Antiquities* 18.3.2 §§60-62; *Jewish Wars* 2.9.4 §§175-77). 빌라도는 타협하기는커녕 기꺼이 폭력을 사용하여 무리를 진압하는 것을 마다하지 않는 사람이었던 것이다. 이처럼 포악한 빌라도가 현 단락에서는 무리들과 대제사장의 요구에 쉽게 순응한다. 이런 모순적 태도에 대한 적절한 설명은 그가 해결해야 할 사건의 성격 차이 때문으로 봐야 한다. 에반스가 지적하듯이 예루살렘에 세워진 로마 군기에 대한 저항과 성전에 바친 헌금을 남용한 사건을 반대하는 유대 무리들을 향해 이뤄진 폭력적 진압은 모두 빌라도 자신이 직접 개입된 정치적 행위에 대한 저항을 진합한 경우였다면, 예수님의 재판의 경우에는 어떤 폭력적 저항 운동을 한 흔적이 없는 인물을 향한 대제사장들의 시기가 발단이 된 고소를 처리하는 사건이기 때문에 정치적 유연함을 보이고 있다(Evans, 2001: 480)는 것이다. 그는 자신의 이익과 관련된 일에는 잔인할 정도로 강경하지만, 자신과 상관없는 일에는 방관자적인 태도를 취한다.

사실 필로에 따르면 빌라도는 예루살렘의 헤롯 궁전이 있던 자리에 티베리우스(Tiberius) 황제에게 헌납한다는 명분으로 금으로 도금한 방패를 세웠다(*Embassy to Gaius* §299). 유대인들이 강렬하게 그것의 철수를 요구하였지만 빌라도가 거절하자 유대인들은 황제에게 직접 간청을 하였다(*Embassy to Gaius* §§300-3). 그러자 황제는 점령지에서 소요가 일어날 행동을 한 빌라도를 가장 엄한 말로 꾸짖었고 그 방패를 예루살렘에서 철수토록 하였다(*Embassy to Gaius* §§304-5). 이 일은 빌라도에 대한 황제의 신임을 크게 악화시켰을 것이고, 현 본문에서와 같이 예수님의 일로 또 유대인들이 소요를 일으킨다면 황제로부터 다시 문책을 당할 수 있다는 생각을 했을 것이다. 그러므로 위의 증거들을 종합해 볼 때 요세푸스와 필로가 그리고 있는 빌라도와, 마가복음에서 그려지고 있는 빌라도가 서로 충돌한다고 볼 수 없다.

바라바를 방면의 대상으로 삼아달라는 무리의 선택에 놀란 빌라도는 이제 직접적으로 예수님의 운명을 두고 무리들의 의견을 묻는다(12절). 물론 법적 판단이 요구된 결정을 무리에게 맡기는 것은 로마 총독에게 기대된 일반적 태도는 아니다(Brown, 1994: 1권, 720-22, 814-20). 이 점에서 빌라도의 비겁함이 드러난다. 자신의 이해관계가 달린 일에는 폭력 사용도 마다하지 않았지만 정작 정의가 절실히 요구된 재판에서는 무책임으로 일관한다.

무리(ὄχλος, 8, 11절)는 "십자가에 못 박으소서"(σταύρωσον)라고 "외쳤다"(ἔκραξαν, 13절). 무리의 '엑끄락산'은 한편으로 예루살렘 입성 시 동행한 무리의 "호산나" 외침(ἔκραζον, 11:9)을 기억나게 한다(Gnilka, 2권 399). 비록 두 무리는 구성원이 다른 것으로 보이지만(8절 주해를 보라), "호산나"와 "십자가에 못 박으소서"를 발화한 주체가 모두 "무리"(ὄχλος)인 것은 대중의 '변화무쌍한' 성격을 단적으로 드러내려는 마가의 의도가 반영된 것일 수 있다. 다른 한편으로 '끄라조'(κράζω, '외치다')는 축귀 사건에서 악한 영이 나가기 직전 보인 마지막 저항의 모습이었다(3:11; 5:5, 7; 9:26; Marcus, 2009: 1037). 선동된 무리의 외침이 동일한 '끄라조' 동사로 표현된 것은 광야에서 이미 패한 사탄(1:12-13 주해를 보라)이 십자가로 예수님께 최후의 일격을 가한다는 함축적인 뜻을 전한다.

십자가는 고대 앗시리아, 이집트, 페르시아, 그리스와 로마 제국으로 이어지는 동안 끊임없이 등장한 형벌로서, 특히 로마는 제국의 반역자와 국가를 위협하는 악명 높은 도둑과 방화범과 암살자를 처형할 때 사용하였다(Hengel, 1986: 125-30, 175; Chapman, 46-94).[13] 로마는 십자가의 잔

13. 에스더(5:14; 7:10)에 등장하는 페르시아 장군 하만이 유대인 모르드개를 처형하려다 결국 자신이 처형당한 형틀 역시 십자가로 보인다. 요세푸스에 따르면 시리아 왕 안티오쿠스 4세는 신앙을 포기하지 않는 유대인들을 예루살렘에서 십자가에 처형시켰다고 말한다(Josephus, *Jewish Antiquities* 12.5.4 §256). 또한 이천 명의 반군들이 퀸틸리우스 바루스(Quintilius Varus)에 의해 십자가 처형을 당했다(Josephus, *Jewish Antiquities* 17.10.10 §295). 유대인으로 태어났지만 친로마 입장에 서 있다가 후에 유대 총독이 되어 1차 유대 전쟁 때 티투스(Titus)장군과 함께 예루살렘을 함락하는 데 참여한 티베리우스 쥴리어스 알렉산더(Tiberius Julius Alexander) 역시, 갈릴리 유대의 두 아들을 십자가 처형시키도록 명령했다

혹성 때문에 자국 시민에게는 원칙적으로 사용을 금지한 채 강점한 나라 혹은 노예들에게만 적용했다(Hengel, 1986: 131-55). 만일 사용할 경우 범죄자에게서 로마 시민권을 박탈한 후 형을 집행했다(Hengel, 1986: 131-37). "유대인의 왕"으로 불린 예수님을 십자가에 못 박도록 한 것은 로마법에 따라 반역자로 처형하라는 요청일 것이다. 예수님을 십자가에 못 박도록 한 무리의 요청에는 역설이 있는데, 그들은 예수님을 반역자로 처형하도록 요청함으로써 그들의 왕과 그를 보낸 하나님에게 반역죄를 짓고 있는 것이다. 무리의 동기는 서술되지 않는다. 다만 그들은 종교 권력자들의 선동(11절)에 휘둘린 존재로 묘사될 뿐이다.

십자가 처형을 외치는 무리의 요청에 놀란 빌라도는 다시 무리에게 질문한다: "그가 무슨 악을 행했단 말이오?"(14절). 빌라도가 "악"(κακόν)이라 말할 때 염두에 둔 것은 십자가 형벌에 상응하는 반역과 방화 혹은 극악한 강도와 암살 등과 같은 범죄였을 것이다. 무리는 예수님이 왜 그와 같은 형벌을 받아야 하는지에 대한 입증은 없이 지금까지 단지 주장만 해왔다. 빌라도 역시 이 점을 알았기에 재차 무리에게 질문을 한 것이다. 그럼에도 빌라도는 소극적 태도로 일관한다. 앞서 그는 자신이 예수님을 어떻게 해야 할지 무리가 결정하도록 하면서(9, 12절) 공적 임무를 수행하는 데 전혀 책임 있는 태도를 보이지 않았다. 이제 십자가에 못 박으라는 무리의 두 번째 요청을 들은 후에 그가 내린 최종 결정은 바라바를 방면하고 예수님은 십자가에 못 박게 하는 것이었다(15절). 마가는 그런 결정을 내리는 빌라도의 동기를 "무리에게 만족[τὸ ἱκανὸν]을 주기를 원한 까닭"(15절)이라 폭로한다. 그의 관심은 정의가 아니라 정치였다. 유월절 기간을 가능한 아무런 소란 없이 조용히 지내기를 원하는 마음에서 대제사

(Josephus, *Jewish Antiquities* 20.5.2 §102).

장들과 무리와 정치적 타협을 한 것이다. 예수님은 대제사장의 시기와 선동된 무리, 그리고 로마 정치인의 무관심과 무사안일 주의에 의해 희생된 것이다. 결과적으로 살인자이자 반란자는 속량되고 무죄한 자는 희생된다. 종교 권력자와 정치 권력자가 주도한 1세기 팔레스타인의 현실 세계에 정의는 없었다. 하지만 하나님 나라 선포자의 죽음은 하나님의 통치의 패퇴가 아니라 하나님의 승리를 가져오는 역설이며, 그 첫 성취가 그의 희생으로 가능해진 '바라바의 자유 획득'을 통해서 암시된다. 빌라도의 법정에서 일어난 일은 예수님의 대속적 소명(10:45)이 어떻게 성취되고 있는지를 보여 주는 선취이자 다가올 거대한 승리의 전주곡이다.

빌라도는 예수님을 "채찍질 한 후 십자가에 못 박히도록 넘겨주었다"(15절 후반부). 채찍질은 다양한 고대 문헌들이 증명하듯이[14] 십자가 처형의 전주곡이었다(Hengel, 1986: 120-21). 로마 군인들이 사용한 채찍은 보통 그 끝에 철조각 혹은 뼈조각이 박혀 있는 여러 겹의 가죽 끈 모양이었던 것으로 전해진다(Blinzler, 222).[15] 이처럼 채찍질을 가하라는 빌라도의 말이 떨어진 그 순간은, 예루살렘에 올라갔을 때 그에게 닥칠 일을 두고 하신 예수님의 세 번째 예언("이방인들이 채찍질하고 …", 10:34)이 성취되는 순간이 된다. 더불어 가룟 유다에 의해 대제사장들에게 넘겨지고(ὁ παραδιδους, '넘기는 자', 14:42; 참조. 3:19), 다시 대제사장에 의해 빌라도에게 넘겨진(παρέδωκεν, '넘겨주었다', 15:1) 예수님은, 마지막으로 빌라도에 의해 로마 군인들에게로 넘겨진다(παρέδωκεν). 이로써 세례 요한이 "넘겨진"(παραδοθῆναι, 1:14) 후 시작된 예수님의 하나님 나라 선포 여정은 그의 '선구자'(1:7)가 도착한 것과 동일한 지점에 도달하게 되었다.

14. Cicero, *Against Verres* 2.5.61-63; Josephus, *Jewish Wars* 2.14.9 §306; *Jewish Antiquities* 12.5.4 §256.

15. Josephus, *Jewish Wars* 6.5.3 §304.

하지만 그의 넘겨짐이 그가 선포한 하나님 나라의 종말이 될 수 없는데, 이는 "나보다 강한 분이 내 뒤에 오[신다]"(1:7)는 세례 요한의 말이 암시한 것처럼 그의 넘겨짐 배후에 하나님의 통치가 있고, 그 나라는 인간의 배반과 악을 선으로 바꿀 수 있는 능력의 나라이기 때문이다.

요약과 해설

현 단락에서는 예수님을 십자가에 못 박도록 이끈 여러 인물들이 소개되고 있다. 먼저, 대제사장들을 비롯한 성전 권력자들이 등장하는데, 이들의 살해 동기는 이중적이다. 한편으로 그들은 예수님이 그들 자신의 권력과 이윤의 기반인 성전을 무시하고 심지어 그것이 파괴될 것이라고 예언하자 살해 모의를 시작했다(11:18). 다른 한편으로 예수님을 제거하고자 하는 그들의 음모를 실행하게 만든 동기는 빌라도에 의해 "시기"(15:10)로 표현되었는데, 그런 질시는 그들이 라이벌로 여기던 예수님이 많은 무리들의 지지와 찬사를 받는 모습(11:8-10; 11:18 후반부; 12:12, 37; 14:1)에 의해 유발되었을 가능성이 크다. 빌라도 역시 예수님의 죽음에 개입된다. 예수님을 재판하는 과정에서 드러난 빌라도는 정의를 행하는 법 집행자가 아니라 무사안일을 위해 힘없는 존재를 희생시키는 부패한 정치인이다. 6:14-19에 등장하는 유대 정치인 헤롯이 그의 딸에게 내뱉은 무모한 말과 사람들 앞에서 자신의 명예를 지키고자(26절) 세례 요한을 참수시켰던 것처럼, 로마 정치인 빌라도 역시 무리를 만족시켜 불필요한 소요를 미연에 방지하려는 정치적 계산에 의해 자신과 이해관계가 얽혀있지 않은 예수님의 재판을 처리한다.

일반 대중들 역시 그의 죽음에 개입된다. 이 무리들은 갈릴리로부터 예수님과 함께 온 무리(11:8)라기보다는 대제사장에 의해 모집된 사람들로 보는 것이 옳다. 그들은 예수님을 "십자가에 못 박으라"(15:13, 14)고 외침으로써 예수님의 죽음에 동조한다. 마가는 그들이 대제사장들에 의해 선동되었다고 알려준다(11절). 십자가 처형은 로마가 가이사의 통치에 반대하는 자들에게 내리는 형벌이었다는 것을 고려할 때, 로마의 지배를 받고 있는 백성들이 자국민에 대한 십자가 처형을 로마 총독에게 요구한 것은 매우 이례적인 일이다. 유사한 이야기가 사사기 15:9-13에 나오는데, 고대 유대인들은 사사 삼손을 넘겨 줄 것을 요구하며 팔레스타인을 침략한 블레셋 군인들에게 삼손을 결박하여 넘겨주고 그들의 안전을 보장받았다. 어쩌면 무리는 예수님이 걸으신 메시아의 길이 그들이 기대했던 강한 군사적 길이 아님을 보고 실망했을 수 있다. 본문 정보에 근거한 해석은 그들이 대제사장에 의해 '매수'되어 예수님의 죽음을 요구했다는 것이다.

마가는 예수님의 죽음을 이끈 것은 산헤드린의 거짓 증인들, 대제사장의 선동과 시기, 무리의 변화무쌍함이었다고 말한다. 이 모든 일이 있을 것을 아셨음에도(8:31; 9:31; 10:33-34) 예수님은 그 길을 피하지 않고 정면으로 통과하신다. 이것이 빌라도가 "유대인의 왕"인지를 물었을 때 "당신이 말했소"(2절)라고 답하신 이유이다. 예수님의 죽음은 스스로 깨끗하다고 믿는 사람들의 숨겨진 죄를 폭로한다. 이런 점에서 한 사람을 희생양으로 삼아 인간(권력자나 일반 사람 모두)의 죄를 숨기려는 인간 역사에 흘러오던 "희생양 메카니즘"이 예수님의 십자가 사건으로 폭로된다는 지라르(Rene Girard)의 관찰은 옳다(Girard, 171-82). 하지만 죄 폭로만 있었던 것이 아니다. 그의 희생적 죽음은 죄로 부터 "많은 사람들"(10:45)을 속량하며 보다 더 근본적으로 악의 권세를 대패시키심으로써 하나님 나라를 도래케 한 역설이 담긴 사건이었다.

제67장
군인들에 의해 희롱당하심
마가복음 15:16-20

슈밋트(T. E. Schmidt)는 군인들의 조롱 퍼포먼스(performance)는 반란자를 진압한 장군에게 면류관과 자줏빛 옷을 입히며 진행되는 개선행진과 유사하다고 주장한다(Schmidt, 1-18, 특히 6쪽). 그러나 데이비스와 알리슨(Davies and Allison, 598)이 주장하고 마르쿠스(Marcus, 2009: 1046)가 따르고 있는 왕의 대관식이 군인들의 일련의 조롱 행위의 배경이라고 보아야 할 이유들이 있다. 당시 로마 저술가들에 따르면 로마의 왕위 선포는 군인들의 몫이었는데,[1] 이러한 전통은 군인들이 예수님에게 "유대인의 왕 만세"(18절)를 외치는 모습과 상응한다. 또한 앞에서 본 것처럼 자줏빛 옷은 왕복을, 가시관은 왕관을 조롱조로 흉내낸 것이다.[2] 따라서 로마 군인들은 대관식을 흉내내며 예수님을 조롱한다고 보는 것이 옳다. 마가의 원독자에게 현 장면은 비통한 감정을 유발하기에 충분한 순

1. Tacitus, *Histories* 2.79-81; Josephus, *Jewish Wars* 1.33.9 §§670-73; *Jewish Antiquities* 17.8.2 §§194-95.
2. 필로(Philo, *Against Flaccus* §§36-39) 역시 헤롯 아그립바 1세(Herod Agrippa I)가 알렉산드리아 지역을 방문했을 때 카라바스(Carabas)라 불리는 한 유대인 농부를 왕위 수여식 상황을 설정하여 조롱한 이야기를 전해준다.

간이지만, 메시아 예수님이 온 세상의 왕으로 등극하는 길은 조롱과 멸시를 통해서임을 알려준다. 흥미로운 점은 십자가 처형 전 예수님을 향한 로마 군인들의 비웃음은 십자가 처형 직후 로마 백부장의 "참으로 이 사람은 하나님의 아들이었다"(39절)라는 칭송과 대조를 이룬다는 것이다. 이방 백부장의 고백이 십자가 처형 바로 직후 나왔다는 것은 십자가를 통과한 예수님이 훗날 온 세상에서 그들의 주로 고백될 모습을 예견해 준다(39절 주해를 보라).

> **16** 그리고 군인들이 그를 '쁘라이또리온'이라 불리는 뜰 안으로 끌고 갔다. 그리고 온 부대를 집결시킨다. **17** 그리고 자줏빛 옷을 그에게 입히고 가시관을 짜서 그에게 씌운다. **18** 그리고 그를 경배하기 시작했다. "유대인의 왕 만세." **19** 그리고 갈대로 만든 지팡이로 그의 머리를 때리고 그에게 침을 뱉고 무릎을 꿇고 엎드려 절했다. **20** 그리고 그들이 그를 다 조롱하자 자줏빛 옷을 벗기고 그의 겉옷을 입혔다. 그리고 그를 십자가에 못 박고자 밖으로 데리고 나갔다.

주해

15절에서 빌라도가 명한 채찍질의 구체적 실행 과정은 마가복음에서 생략된다. 현 단락의 조롱은 채찍질이 끝난 후에 진행된 일로 보인다. 이는 현 단락을 끝으로 예수님은 십자가 처형장으로 이동되기 때문이다(20절). 채찍질이 끝난 후 군인들은 예수님을 "끌고 갔다"(ἀπήγαγον, 16절). '아뻬가곤'은 수난 기사에 세 번 반복된다. 먼저는 겟세마네에서 가룟유다가 무리들에게 "그를 … 끌고가시오[ἀπάγετε](14:44)라고 말할 때이며, 다음으로 무리들이 예수님을 대제사장에게 끌고 갈(ἀπήγαγον, 14:53) 때와 지금 군인들이 그를 끌고 갈(ἀπήγαγον) 때이다. 갈릴리에서 능동적 사역을 하신 후 예루살렘으로 이어지는 '길'을 자발적으로 걸어 목적지에 도착하신 후에는 타인에 의해 끌려 다니신다. 이제 예수님은 어디로 가야할지 또 무엇을 해야 할지를 스스로 판단하고 결정하실 수 없는 상황에 내몰린 채 다른 사람의 판단과 결정에 따라 끌려 다니실 뿐이었다. 놀라운 것은 바로 이 시기가 예수님을 통한 하나님 나라가 그 절정에 도달한 때라는 것이다. 하나님의 나라는 '원하시는 곳으로 걸으시는 예수'뿐 아니라 '다른 사람이 원하는 곳에 끌려 다니시는 예수'를 통해서도 이뤄지고 있는 것이다.

예수님이 끌려가신 곳은 '쁘라이또리온'(πραιτώριον)인데(16절), 이는 라틴어 '프레토리움'(*praetorium*)의 헬라어 음역으로 헤롯 궁전 내부에 위치한 총독 관저를 가리킨다. 군인들이 그곳으로 예수님을 데려간 이유는 유대인의 왕 신분을 조롱으로 삼기 위해서이다. 군인들의 입장에선 그가 왕이라 하니(15:2, 12) 그를 그곳에 데려가서 총독 관저를 왕궁 삼아 조롱하겠다는 의도일 것이다. 그리고는 "모든 부대[ὅλην τὴν σπεῖραν]"를 모은다. 로마 군대는 오천 명에서 육천 명으로 구성된 '레기온'(λεγιὼν)을 기본 조직으로 한다(5:9 주해를 보라). '스뻬이란'(σπεῖραν)은 '레기온'의 십분의 일 규모의 부대로 약 오백 명에서 육백 명, 혹은 천명으로 조직되어 있었고(Webster, 148), 예수님 시대 유대에 주둔하고 있던 부대는 약 육백 명 정도로 알려진다.[3] 부대원 "모두"가 집결했다는 것은 마가가 자주 사용하는 과장법(예. 1:5, 33)일 것이다. 당연히 예루살렘 주변에는 여전히 근무를 서고 있던 군인들이 있었을 것이기 때문이다. 모든 부대원을 집결

---

3. Josephus, *Jewish Wars* 3.4.2 §67

시킨 것은 조롱과 모멸감을 주려는 목적 때문이었을 것인데, 그 내용이 어떠한지는 이어지는 정보를 근거로 추론할 수 있다). 마가는 군인들의 주된 조롱 행위를 모두 현재 시제(밑줄)를 사용하여 강조한다:

> 그리고 온 부대를 집결시킨다[συγκαλοῦσιν].
>
> 그리고 자줏빛 옷을 그에게 입히고[ἐνδιδύσκουσιν]
>
> 가시관을 짜서 그에게 씌운다[περιτιθέασιν].
>
> 그리고 그를 경배하기[ἀσπάζεσθαι] 시작했다(16-18절).

먼저, 그들은 예수님에게 자줏빛 옷을 입힌다(17절). 자주색은 그리스-로마의 통치자, 특히 왕의 관복색이다.[4] 그들이 가시관(ἀκάνθινον στέφανον)을 씌운 것(17절) 역시 왕관(στέφανον)을 흉내내려는 시도로 보인다. 이어서 빌라도가 예수님에게 질문했던 호칭을 사용하여 "모든" 로마 군인들이 관저에서 외친다: "유대인의 왕 만세"(χαῖρε βασιλεῦ τῶν Ἰουδαίων, 18절). 이 표현은 가이사를 향해 외쳤던 '황제 만세(*Ave. imperator*).'를[5] 패러디한 것이다(Evans, 2001: 490).

그들은 또한 갈대로 만든 지팡이로(καλάμῳ) 예수님의 머리를 때린다(ἔτυπτον, 19절). '에뛰쁘똔'은 미완료 시제로 발화되어 때리는 행위가 계속 진행되었음을 알려준다(Gundry, 940). 그들은 지팡이로 그의 머리를 반복적으로 때린 것이다. 침 뱉음(ἐνέπτυον) 역시 이뤄진다. 산헤드린 심

---

4. Plutarch, *Life of Tiberius Gracchus* 14.2; Strabo, *Geography* 14.1.3. 또한 요세푸스는 유대 전쟁 기간 중 자칭 메시아 중의 하나로 불린 시몬이 로마의 포위망이 점점 좁혀 오는 것을 보고 도망가기를 포기한 후 자줏빛 망토를 두른 후 성전에 나타났다고 기록한다(Josephus, *Jewish War* 7.2.2 §§29-31)
5. Suetonius, *Claudius* 21.6.

문에서는 동료 유대인이 종교적인 의미에서 침을 뱉었고(14:65 주해를 보라), 이방 로마 군인들은 정치적인 모욕 차원에서 그 행위를 한다. 이 모욕적 순간은 또 다시 이방인이 자신에게 침을 뱉을(ἐμπτύσουσιν) 것이라는 예수님의 예언(10:34)이 성취되는 때이다. 비극이 펼쳐지는 순간순간 마가는 하나님의 섭리의 빛을 문득문득 비추고 있는 것이다. 이후 그들은 "무릎을 꿇고 엎드려 절"(19절)하면서 조롱의 행위를 재개한다. 조롱의 전체적인 맥락이 예수님을 유대인의 왕으로 전제한 후 이뤄지고 있기에(현 단락의 서언을 보라) "엎드려 절하는"(προσεκύνουν) 행위는 왕에 대한 충성을 맹세하는 자세로 봐야 한다. 마가복음 전반부에서 귀신(3:11; 5:6), 한센병환자(1:40), 야이로(5:22) 등이 예수님의 권세를 인정하며 그 앞에 엎드려 절했다는 사실을 아는 마가의 청자는, 로마 군인들의 절하는 모습이 단순한 조롱만이 아니라 자신들도 모르게 예수님의 권위를 인정하는 아이러니한 행위로 이해할 수 있을 것이다.

"그들이 그를 다 조롱하자[ἐνέπαιξαν]"(20절 전반부)라는 정보는 지금까지 군인들의 행위가 비웃음이었다는 것을 확증한다. 동시에 이방인이 그를 조롱할 것(ἐμπαίξουσιν)이라는 예수님의 예언(10:34)이 성취되고 있음을 확증한다(Collins [a], 728). 군인들은 예수님으로부터 자색 옷을 벗긴 후 그의 옷을 도로 입힌다(20절 중반부). 그리고 십자가에 못 박으려고 데리고 나간다(20절 후반부). 보통 십자가형에 처해질 죄인은 처형장까지 벌거벗은 채 자기 십자가를 지고 가지만 예수님의 경우 나체를 혐오하는 유대인의 관습을 존중하고자 한 조처로 보인다(Marcus, 2009: 1030). 그런데 본문은 그들이 가시관을 벗겼다는 정보를 주지 않는다. 그러므로 예수님은 가시관을 쓴 채로 골고다까지 가셨고 또 십자가에 오르신 것으로 보인다. 가시관을 쓴 채 예루살렘을 통과해 걸어가시는 예수님의 걸음은 예루살렘 사람들에게는 실패한 메시아라는 조롱을 불러일으킬 수도 있었겠지만, 마가의 청자에게는 '그리스도 예수'는 그가 말씀하신 대로 고난의 길을 스스로 택하여 가시는 분임을 보여준다(8:31에서 능동태 부정사로 발화된 παθεῖν['고난을 겪고']에 주목하라).

요약과 해설

빌라도로부터 십자가에 못 박도록 예수님을 '넘겨받은' 로마 군인들은 그를 빌라도의 관저로 데려가 조롱을 한다(20절). 모든 부대를 모은 후 그들 앞에서 그에게 자색 옷과 가시관을 입히고 그에게 "유대인 만세"(18절)를 외친 행위는 대관식을 패러디한 것이다. 갈대로 만든 지팡이로 그의 머리를 때리고, 침을 뱉고, 그 앞에 무릎을 꿇고 엎드리는 행위는 경멸의 절정이다. 동료 유대인에게 신성 모독 죄인으로 조롱을 받았고(14:65), 로마 군인들에 의해서는 실패한 메시아, 곧 반역자로 조롱을 당한 것이다. 예수님이 감당하셔야 했던 고난은 어쩌면 육체적인 모욕이 아닐 수도 있다. 예수님에게 고통스러운 것은 그 모든 조롱과 멸시를 홀로 감당해야 했던 것이다. 그 곁에 그를 위하는 사람은 아무도 없었다. 제자들은 모두 도망가고 베드로 역시 살기 위해 그리스도를 부인했으며, 심지어 하나님마저 그를 버렸다(15:34)는 생각을 품은 채 십자가의 길을 가셔야 했다. 이것이 겟세마네 동산에서 하나님 아버지의 뜻이 이뤄지기를 기도드린 예수님이 기꺼이 받아들이신 길이었다. 마가는 예수님의 그와 같은 길이 예언의 성취라는 사실을 조롱 그 한가운데서(19, 20절 주해를 보라) 반복해서 떠올려 줌으로써 그가 걷는 고난의 길이 실패가 아니라 하나님의 뜻이 이뤄지는 길임을 잊지 않게 해준다.

제68장
십자가에 못 박히심
마가복음 15:21-32

현 단락과 이어지는 단락은 구약 본문들을 암시하는 여러 서술이 나온다. 예컨대, 군인들이 예수님의 옷 위에 주사위를 던지는 것(24절 후반부)은 칠십인경 시편 21:19(개역개정 22:18), 행인들의 조롱(29절)은 칠십인경 시편 21:8(22:7), 강도들이 예수님과 함께 십자가형을 받았다는 것(27절)은 이사야 53:12, 예수님의 마지막 외침(34절)은 칠십인경 시편 21:2(22:1)을 암시한다. 여러 학자들은 구약을 떠올려 주는 이런 사건들이 역사적이라기보다는 신학적 메시지를 주기 위한 저자의 창작으로 본다(Bultmann, 273; Nineham, 421-25; Collins [a], 732-33). 구약 본문을 떠올리게 하는 언어가 사용되었다는 것이 곧 역사적 신뢰성이 없다는 논리는, 사실과 해석을 혼동하는 데에서 비롯된 편견에[1] 지나지 않는다(참조. Hooker, 1991: 373; Cranfield, 453).[2] 더군다나 일어난 사건들은 1세기 팔레스타인의 사회 문화적 상황을 고려할 때 역사적으로 설명이 될 수 있

1. 또한 4:35-41 주해의 서언을 보라.
2. 예수님의 구약 사용의 역사적 신뢰성에 대해선 박윤만, 2015: 86-110을 보라.

다. 처형자들이 죄인의 옷을 나누는 것은 당시 로마의 관습이었다.[3] 당시 혁명이 없었기 때문에 십자가 처형을 받은 강도들(λῃστάς), 곧 반란자들이 있을 수 없었다는 콜린스의 주장(Collins [a], 733)을 우리가 따를 필요는 없다. 요세푸스가 언급한 여러 반란들이 주전 20-24년과 주후 60년대 이후에 집중된 것이 사실이지만, 빌라도 직무 기간 동안에도 성전 금고 약탈로 촉발된 소요와 같은 크고 작은 시위들이 있었던 것이 사실이다(위를 보라).[4] 두 강도가 그 사건에 연관된 인물인지는 증명할 길이 없지만, 거국적인 반란 운동이 예수님 시대에 일어나지 않았기 때문에 두 강도의 십자가 처형이 역사적 신뢰성을 가질 수 없다는 주장은 역사적 편협성을 드러낼 뿐이다. 요세푸스가 알지 못한 소요와 그에 따른 처형이 있었을 가능성은 여전히 있기 때문이다(눅 13:1-3). 예수님의 마지막 외침 역시 목격자의 진술에 근거한 증언으로 볼 수 있는데, 이를 위해 현 단락에서 이름으로 언급된 유일한 사람인 구레네 시몬에 주목할 필요가 있다. 마가는 구레네 시몬을 루포와 알렉산더의 아버지로 소개하는데, 이런 소개 방식은 루포와 알렉산더가 마가의 공동체에 이미 잘 알려진 그리스도인이었다는 점을 전제로 하기에, 마가가 서술하는 예수님의 십자가 처형 전승 배후에는 구레네 시몬과 루포와 알렉산더가 있었다고 믿을 수 있다 (Bauckham, 2008: 52).

따라서 십자가 처형 서술이 역사적으로 신뢰할 수 없다는 주장은 근거 없으며, 그곳에 암시된 구약 본문은 마가의 창작 재료가 아니라 메시아의 처형을 이해하는 해석학적 틀 노릇을 했다고 보는 것이 옳다. 마가는 십자가상에서 벌어진 사건이 무엇을 의미하는지 구약을 통해서 조명하고 있는 것이다.

---

3. Tacitus, *Annals*, 6.29; *Digest of Justinian* 48.20.1.
4. Josephus, *Jewish Antiquities* 18.3.2 §§60-62; *Jewish Wars* 2.9.3-4 §§172-77.

현 단락은 십자가형 언급(24, 25절)과 세 종류의 사람들에 의해 진행된 세 번의 조롱(29-32절)을 주된 내용으로 한다. 첫 번째 십자가형 언급(24절)은 벗겨진 예수님의 옷을 두고 벌인 군인들의 제비뽑기 장면과 병행되고, 두 번째 십자가형 언급(25절)은 보다 더 예수님의 처형 그 자체에 집중된 듯하다. 세 번의 조롱은 행인(29-30절), 대제사장들과 서기관들(31-32절 전반부), 그리고 함께 십자가에 달린 두 강도(32절 후반부)에 의해 주어진다.

현 단락의 흐름은 골고다로 끌려가심(21-23절), 십자가에 못 박히심(24-27절), 조롱당하심(28-32절)으로 이어진다.

21 그리고 그들이 알렉산더와 루포의 아버지인 어떤 구레네 사람 시몬
이 시골에서 올라와 지나가자 그의 십자가를 억지로 지고 가도록 했다. **22**
그리고 그들이 그를 골고다로 데리고 가는데 그 장소는 해골 터로 번역된
다. **23** 그리고 그들이 그에게 몰약을 탄 포도주를 주었지만 그것을 받지 않
으셨다.

24 그리고 그를 십자가에 못 박는다. 그리고 그의 옷을 찢어 누가 무엇
을 가질지[를 결정하고자] 그 위에 주사위를 스스로 던진다. **25** 삼시가 되
자 그들은 그를 십자가에 못 박았다. **26** 그리고 그의 죄패에는 '유대인의
왕'이라 새겨졌다. **27** 그리고 그와 함께 두 명의 강도를 십자가에 못 박는
데, 하나는 그의 우편에 다른 하나는 그의 좌편에 [못 박았다].[5]

29 그리고 지나가는 자들이 그들의 머리를 흔들고 모독하기를, "아하
성전을 무너뜨리고 삼일 만에 세우는 자여 **30** 십자가로부터 뛰어 내려 너
자신을 구원하라" 했다. **31** 마찬가지로 대제사장들 역시 서기관들과 함께

5. 29절("그리고 '그가 무법자들과 동일인으로 여겨졌다'고 말하는 성경이 이루어졌다")은 사본들인 ℵ A B C Ψ가 생략한다.

서로서로 모욕하면서 말한다. "다른 사람들은 구원해 놓고서 자기는 구원할 수 없도다. **32** 그리스도 이스라엘의 왕이여 지금 십자가로부터 내려와라 그러면 우리가 보고 믿을 것이다." 그리고 그와 함께 십자가에 못 박힌 자들도 그에게 악담을 했다.

주해

골고다로 끌려가심(21-23절) 예수님이 지고 가실 십자가는 구레네 사람 시몬에게 강제로 맡겨진다. 이 시점은 아마도 이미 십자가를 지고 가시는 도중이었을 것인데, 이는 군인들이 예수님을 조롱했던 장소인 빌라도의 관저(16절)에서 그를 끌고 나갔다(20절)는 정보가 이미 주어졌기 때문이다. 십자가의 세로빗장(*stipes*)은 보통 처형장에 박혀 있었고(Marcus, 2009: 1132) 죄수는 가로빗장(*patibulum*, crossbar)을 지고 그곳까지 가는 것이 관례(Betz [b], 142)였지만 군인들은 시몬에게 그 일을 맡긴다(21절). 채찍질을 당한 예수님의 몸 상태가 그것을 감당할 수 없다고 판단했기 때문으로 보인다. 그의 십자가를 대신 짊어진 시몬은 그 이름(Σίμωνα)이 암시하듯 유대인이다(참조. 행 2:10; 6:9; 13:1; 비교. Cranfield, 454). 하지만 이름 앞에 붙은 '뀌레나이온'(Κυρηναῖον)은 그가 팔레스타인 유대인이 아닌 "구레네 사람"이었음을 명시해 준다. 구레네(Cyrene)는 북아프리카에 위치한 도시로, 그곳엔 유대인 공동체가 존재했었다(Schürer, 3권 60-62). 예루살렘에 온 이유는 분명치 않지만 아마 유월절 순례 여행 차 방문했을 가능성이 있다. 본문은 그가 "시골에서[ἀπ' ἀγροῦ][6] 올라와 지나가"(21절)

6. 마가복음에서 '아그로스'(ἀγρός)는 '시골' 또는 '촌락'(5:14; 6:36, 56)이라는 뜻과

고 있었음을 알려주는데, 이런 정보는 그가 그 현장에서 십자가를 지게 된 것은 그에게 뜻밖에 일어난 일, 곧 '우연'이었음을 말해준다(Cranfield, 454; France, 2002: 641). 십자가를 지고 예수님을 따르는 일은 그의 제자들에게 요청된 일(8:34)이었지만, "지나가는"(παράγοντά) 행인에 불과한 시몬이 제자에게 요구된 일을 수행한 것이다. 물론 시몬은 "억지로"(ἀγγαρεύουσιν) 그의 십자가를 진다. 그리고 예루살렘으로 올라가던 그의 길에서 돌이켜 골고다로 간다(Gundry, 944).[7] 그 후 시몬은 어떻게

함께 '밭'(10:29, 30; 11:8; 13:16)을 가리키기도 한다. 그러나 현 문맥에서는 '시골' 이란 뜻으로 사용됨을 볼 수 있는데, 이는 25절이 말하듯 현 시점은 대략 삼시(오전 9시-12시)로 그 시각은 밭일을 마치고 돌아오는 시간으로 보기 어렵기 때문이다.

7. 김득중은 21절 "그의 십자가를 억지로 지고 가도록 했다"와 24절 "그를 십자가에 못 박는다"에서 3인칭 대명사 "그"가 지시하는 인물이 예수가 아니라 구레네 사람 시몬이라 이해한다(김득중, 85-88). 이런 주장을 위해 김득중은 세 가지 근거를 제시한다. 첫째, 하나의 이야기를 하는 도중에 다른 이야기를 삽입하는 것은 마가의 편집적 특징이다(김득중, 83). 둘째, 고대 로마의 십자가 형 집행에서 십자가는 처형될 죄인이 지고 간다(김득중, 89-90). 셋째, 요한복음 19:17은 예수님이 십자가를 지고 갔다고 이야기한다(김득중, 89). 하지만 그의 이런 논증에도 불구하고 21절의 "그의"와 24절의 "그를"이 가리키는 인물은 예수님이라 보는 것이 타당한 문맥적인 이유가 있다. 김득중은 구체적으로 논증하지 않지만, 현 본문에서 구레네 시몬은 죄인으로 등장하지 않고 "시골[혹은 밭, '아그로스']에서 올라와 지나가"던 인물로 묘사된다. 이 까닭에 구레네 시몬이 자신의 십자가를 지고 처형장으로 가고 있었다고 보기 어렵다. 둘째, 로마 군인들이 구레네 시몬으로 하여금 "그의 십자가를 억지로 지고 가도록 했다"(21절; 강조는 저자)는 언급은 그가 지나가는 행인이었는데 뜻하지 않게 예수님의 십자가를 대신 지고 가게 된 상황에 어울리는 표현이다. 셋째, 요한복음이 예수님이 십자가를 지고 가셨다고 말한 것은 요한이 구레네 시몬 이야기를 몰랐기 때문이라 본다면 쉽게 이해될 수 있다. 끝으로 로마의 십자가 형에서 십자가 형틀은 처형될 사람이 지고 가는 것이 관례라는 주장은 옳다. 하지만 예수님은 심문을 받으시며(14:53-64) 불면의 밤을 보내셨고 또 심한 채찍질과 매질을 이미 당하신 상태였다(14:65; 15:15, 19). 따라서 비록 그런 관례가 없었다고 하더라고 로마 군인들이 예수님은 십자가를 지고갈 수 있는 육체적 상태가 아니라는 판단을 했을 때 다른 사람이 강제로 예수님의 십자가를 지고 가도록 하는 일이

되었을까? 그가 기독교 역사에서 사라진 것처럼 보이지 않는다. 앞서 밝힌 것처럼 마가가 시몬을 루포와 알렉산더의 아버지로 소개했다는 것은 그들이 마가의 공동체가 잘 알고 있었거나 아마도 교회에 적을 둔 사람이었을 것이기 때문에(Hurtado, 2020: 383; 비교. 롬 16:13), 훗날 시몬의 가족이 예수님을 메시아로 믿고 따랐음이 분명하다. 이런 점에서 십자가를 대신 진 것은 시몬에게는 비록 강제였지만 결과적으로는 뜻밖에 찾아온 복음이었다.

그들은 예수님을 골고다(Γολγοθᾶν τόπον)로 "데리고"(φέρουσιν) 간다(22절). "데리고"는 마가복음에서 주로 거동할 수 없는 병자를 옮길 때 사용된(1:32, 2:3; 7:32) 동사(φέρω)다. 예수님에게 그와 같은 동사가 사용되었다고 해서 군인들이 그를 (중풍병자 운반하듯이) 옮겼다고 말할 수 있는 것은 아니지만, 그의 몸 상태가 극도로 약해져 거의 끌려가는 수준이었음을 짐작케 한다. 처형장으로 소개된 골고다(Γολγοθά, '골고타')는 아람어(גולגולתא, '골골타')의 헬라어 음역으로, 마가의 해석으로 덧붙여진 '끄라니우'(Κρανίου, '해골')가 말하듯 그 낱말 뜻은 '해골'이다. "골고다"와 연어 관계에 놓여 있는 "장소"(τόπος)가 암시하듯 골고다(해골)는 그 장소의 생김새에서 기원한 이름일 가능성이 높다.[8] 마가가 장소 이름인 골고다가 가진 해골이라는 뜻을 굳이 헬라어 '끄라니우'로 번역한 것은, 그곳에서 벌어지려는 십자가 처형이 가진 공포를 더욱 더 강조하려는 시도이다(Wright, 2004: 212). 그 장소의 정확한 위치는 알려진 바 없다. 로마가 십자가 처형을 특정 공간에서만 행했다는 기록이 없고, 가능한 많은 사람이 그것을 보고 제국의 힘에 대한 두려움을 갖도록 하기 위해 장소를

일어났다는 추론은 정황상 불가능한 것이 아니다.

8. Völkel, "Γολγοθά", *EDNT*, 1.

택했을 것이기 때문에[9] 골고다는 아마도 열린 공간 혹은 길 가에 위치해 있었을 것이다(Nineham, 423). 이는 예수님을 모욕한 사람들 중에 지나가는 사람들이 있었다는 정보(29절)를 통해 확증된다.

몰약을 탄 포도주(ἐσμυρνισμένον οἶνον)가 예수님에게 주어진다(23절). 크랜필드(Cranfield, 455)와 후커(Hooker, 1991: 372)는 사람들이 그에게 몰약을 탄 포도주를 주려한 것은 고통 중에 있는 사람에게 독한 포도주를 주라는 잠언 31:6에 근거한 유대 관습에 따른 행동이라 본다. 이런 해석의 반대 논증은 몰약의 기능에 근거한다. 고대 유대인들에게 몰약은 마취제가 아니라 향수 혹은 향신료로 사용되었고(에 2:12; 시 45:8; 잠 7:17; 아 1:13; 5:1, 5), 특히 로마에서는 몰약을 탄 포도주는 최고의 품질로 여겨졌다는 기록이 있기 때문이다.[10] 따라서 건드리는 건네진 몰약 탄 포도주가 십자가를 시몬에게 대신 지게 한 때와 마찬가지로 군인들이 예수님에게 베푼 최소한의 예우의 일환이라 본다(Gundry, 944). 반면, 에반스는 몰약을 탄 포도주의 고귀한 가치를 증거로 이를 예수님에 대한 군인들의 조롱의 연속(Evans, 2001: 501)으로 본다. 에반스와 건드리의 주장이 설득력 있으려면 처형장으로 이동 중인 군인들이 값진 몰약을 탄 포도주를 어떻게 소지할 수 있었는지를 설명해야 한다. 그러나 만일 포도주를 준 사람이 예수님에게 동정적인 예루살렘 사람 중 어떤 이로 본다면 포도주의 갑작스러운 등장은 어느 정도 이해 가능해진다. 물론 3인칭 복수로 발화된 동사(ἐδίδουν, '그들이 주다')의 주어가 누구인지는 명확히 제시되지 않은 것이 사실이고, 또 선행 문장의 동사(ἀγγαρεύουσιν, '그들이 … 억지로 지고 가도록 했다', 21절; φέρουσιν, '그들이 … 데리고 가는데', 22절)

9. Josephus, *Jewish Wars* 5.6.5 §289.

10. Pliny the Younger, *History of Nature* 14.15.

의 주어가 모두 로마 병사들인 것을 고려하면, 그 포도주를 준 주체 역시 로마 병사라고 말할 수 있다. 그러나 그럼에도 동사 "그들이 주다"(ἐδίδουν)는 마가가 즐겨 사용하는 비인칭 동사(Turner [b], 12)로 볼 수 있기 때문에 포도주를 건넨 이들이 로마 병사였다고만 추측할 필요는 없다.

그러면 그들은 예수님에게 왜 몰약 탄 포도주를 주려 했을까? 그런 종류의 포도주를 가장 값진 것으로 여긴 고대 문화를 고려하면 예수님에 대한 경의를 표하려는 의도가, 포도주가 가진 마취력을 고려하면 고통을 덜어주려는 의도가, 동시에 있었다고 보는 것이 타당하다.[11] 그러나 예수님은 그 잔을 거부하신다. 그의 '금주' 선택은 두 가지로 해석 가능하다. 첫째, 예수님은 하나님이 주시는 "잔"(10:38; 14:36)을 마시기로 결단하셨다. 사람들이 주는 잔을 거부하신 것은 십자가 길에서 그가 겪는 모든 고통을 하나님의 뜻으로(14:36 후반부) 기꺼이 받아들이겠다는 결단을 상징적으로 드러내는 행위이다. 둘째, 금주 선택은 그가 마지막 만찬에서 하신 말씀("포도나무에서 빚은 것을 나는 결단코 더 이상 마시지 않을 것이오. 하나님 나라에서 새로운 그것을 마시는 그 날까지", 14:25)을 떠올려 준다(Donahue and Harrinton, 442). 고통 한복판에서도 도래할 하나님 나라에 대한 열망을 금주를 통해 드러내신 것이다. 이에 더해 마가의 청자에게 예수님의 그 같은 거부는 "고통과 그것을 경감하려는 어떤 시도도 단호히 거부하신다는 함의를 전해준다"(Collins [a], 743).

11. Seneca, *Dialogi* 1.3.9-10에서 자신의 고통을 십자가의 고통에 빗대어 다음과 같이 설명한다: "… 비록 순전한 포도주(unmixed wine)를 마취제로 삼으며 또 물소리들로 자신을 잊으려 하고, 천 개의 기쁨으로 괴로운 마음을 잊으려 하지만 … 십자가 위에 있는 것과 다름 아니다." "*... mero se licet sopiat et aquarum fragoribus avocet et mille voluptatibus mentem anxiam fallat, tam vigilabit in pluma quamillein cruce*"[라틴어 번역은 저자의 동료 권정후 박사의 도움을 받았다].

십자가에 못 박히심(24-27절) "그를 십자가에 못 박는다[σταυροῦσιν]"(24절). 현재 시제로 발화된 동사 "못 박는다"(σταυροῦσιν) 는 십자가에 못 박는 행위를 초점화한다. 이상한 것은 25절에서 "그들이 그를 십자가에 못 박았다[ἐσταύρωσαν]"는 정보가 다시 명시된다는 점이다. 십자가의 세로 기둥은 보통 처형장에 세워져 있다는 것을 감안하면 24절의 십자가에 못 박음('스따우루신')은 구레네 시몬이 지고 온 가로빗장 위에 예수님을 눕혀 손에 못을 박는 행위를 지시하고, 25절의 십자가에 못 박음(ἐσταύρωσαν)은 예수님이 눕혀져 있던 가로 빗장을 세워 세로빗장에 연결 후 그의 발목을 세로빗장에 못 박는 단계를 가리킨다고 보는 것이 가능해진다.[12]

로마 정치가와 철학가들은 잔혹성과 장기간의 고통 속에서 사람을 죽어가게 하는 특성 때문에 십자가를 "야만적인 형벌"이라 규정했다(Hengel, 1986: 114-24). 십자가의 야만성은 단지 그것이 유발하는 육체적 고통 때문만은 아니었다. 로마인에게 십자가 처형은 제국의 체제에 반역한 이의 최후이자 로마의 복음('가이사가 다스린다', 1:1, 15 주해를 보라)의 승리를 말한다. 유대인에게 십자가 처형은 하나님의 저주를 가리킨다. 신명기 21:23은 "나무에 달린 자는 하나님께 저주를 받았음이니라"라고 명시하고 있기 때문이다(비교. 고전 1:23; 갈 5:11). 그러므로 십자가 처형을 당한 예수님이 감당하셔야 했던 고통은 육체적 고통과 종교적 정죄 그 자체였다. 하지만 고통스러운 역사적 현장 한복판에서 희망마저 꺼지는 것은 아니다. "많은 사람을 대신하는 속량물"(10:45)로서 그가 십자가에 못 박힐 때 그가 대표하는 새 이스라엘에게는 그로 말미암은 속량과 새 생명의

12. 헹엘은 십자가 처형이 팔과 다리 모두에 못을 박는 식으로 이뤄졌음을 보여주는 증거(*Apotelesmatica* 4.198-200)를 제시한다(Hengel, 1977: 9).

길이 열리고 있기 때문이다.

예수님을 십자가에 못 박은 후 그의 옷을 누가 차지할 것인지를 두고 군인들이 주사위를 던지는 데에 사용된 언어는, 칠십인경 시편 21:19(개역개정 22:18)에 상응하는 표현이다(동일한 낱말은 밑줄 그어져 있다)(Porter, 2016: 168):

> 그의 옷을 찢어 … 그 위에 주사위를 스스로 던진다.
>
> διαμερίζονται τὰ ἱμάτια αὐτοῦ βάλλοντες κλῆρον ἐπ' αὐτὰ
>
> (막 15:24 후반부)

> 그들이 나의 겉옷을 찢으며 … 나의 속옷 위에 주사위를 던집니다.
>
> διεμερίσαντο τὰ ἱμάτια μου ... ἐπὶ τὸν ἱματισμόν μου ἔβαλον κλῆρον
>
> (칠십인경 시 21:19)

시편 언어에 기초한 사건 묘사는 예수님의 굴욕조차 하나님의 뜻이 성취되는 과정임을 보여 주려는 의도에서 비롯되었을 것이다. 예언과 성취의 전망에서 수난 사건을 묘사하는 마가의 전망은 결코 그 자신의 독창적 신학의 결과가 아니라 자신이 구약을 성취하고 있다는 믿음을 가진 예수님의 신학(2:10, 19-22, 28; 4:12; 9:12; 10:17-22; 12:10-11, 35-37; 14:27)의 반영이다(박윤만, 2015: 85-87). 이런 점에서 마가는 예수님의 신학의 신실한 보존자이다.

예수님을 십자가에 달아 올린 때가 삼시였음을 알려준다(25절).[13]

---

13. 요 19:14에 따르면 예수님이 빌라도에게 심문을 받은 시각이 육시였다. 이 시간은 그의 십자가 처형이 삼시에 이뤄졌다는 마가의 기록과 충돌되는 것처럼 보인다. 세 가지 해결책이 있다. 첫째, 요한은 밤 열두시부터 하루의 시작을 계산하는 로마

유대 시각으로 삼시는 아침 아홉시부터 열두시 사이의 시간을 일컫는다. 간밤에 겟세마네에서 기도 중 대제사장들이 보낸 무리에 의해 잡힌 후 하루도 채 지나가기 전에 십자가 처형이 이뤄진 것이다. 그렇게 짧은 시간은 체포와 사형집행 사이에 산헤드린과 빌라도에 의해 진행된 두 법적 절차가 그를 죽이려는 종교 권력자들의 음모(14:1, 55)를 실행하기 위한 형식적인 절차뿐이었음을 말해준다. 하지만 마가는 음모에 희생된 예수님의 수난 과정을 세 시간 단위로 서술한다(1, 25, 33, 34절). 구체적 시간에 따른 사건 서술은 예수님에 의해서도 언설된다. 베드로의 부인이 "수탉이 두 번 울기 전"(14:30)에 일어날 것이라 예언하셨고, 또 성취되었다(72절). 마찬가지로 예수님의 수난과 관련해서도 재판은 아침 일찍(1절), 십자가에 못 박히심은 삼시(25절), 온 땅에 임한 어둠은 육시(33절), 돌아가심은 구시(34-37절)에 일어난 것으로 서술한 것은, 시간의 주인이신 하나님(1:15 주해를 보라)께서 그의 수난에 개입하고 주관하고 계심을 알리는 마가의 표지로 보인다(Hooker, 1991: 373).

시간법에 따라 육시를 아침 여섯시로 기술한다는 것이다(Grassmick, 251). 그러므로 아침 여섯시에 빌라도에게 심문받은 후 오전 아홉시에 십자가 처형을 받았다고 보는 입장이 있다. 그러나 로마 시간 계산법이 적용된 증거는 법적 문서에 한정되며 그 외에는 로마 역시 해 뜨는 시간과 함께 하루가 시작된다고 보았다(Morris, 708). 둘째, 마가와 요한 모두 정확한 시간을 말하는 것이 아니라 대략적인 시간을 언급하는 것으로 보는 입장이다(Morris, 708). 즉 유대 시각으로 삼시는 아침 아홉시부터 정오까지이고, 육시는 정오부터 오후 세시까지를 일컫는 표현이다. 마가는 대략 예수님이 아침 아홉시부터 정오사이에 처형당하셨다고 서술하고, 요한은 정오부터 오후 세시로 그 시각을 측정하고 있었다고 볼 수 있다. 셋째, 요한이 예수님의 십자가 처형을 정오 혹은 오후로 잡은 것은 유월절 양을 잡는 시간에 예수님이 죽으셨음을 말하여 그를 유월절 양으로 묘사하려는 시도의 결과로 보고, 마가는 수난 기사를 세 시간 간격으로 묘사(1, 25, 33, 34절)하려는 의도에 따라 시간을 서술한다고 해석하는 입장이다(Cranfield, 455-56; Evans, 2001: 503; Collins [a], 747). 둘째와 셋째 해결책을 종합하여 이해하는 것이 설득력 있어 보인다.

마가는 십자가 위에 죄패명이 있었다고 알린다(26절). 그 죄패는 처형장에 죄인의 죄명을 알리는 피켓을 설치하는 로마 형벌 관습에 따라 부착된 것으로 보인다.[14] 그리고 죄패명이 "유대인의 왕"인 것은, 빌라도가 그를 유대인의 왕이라 불렀고(2, 12절) 로마 군인들 역시 그를 유대인의 왕이라고 조롱한 사실(18절)을 고려하면, 그들이 조롱의 연장선에서 그것을 걸어 놓았음을 알 수 있다(Bird, 2009: 141). 마가 내러티브 흐름을 고려할 때 조롱을 함의하고 있는 죄패명이 시사하는 바가 있다. 베드로에 의해 처음으로 그리스도로 고백되었을 때(8:29) 그는 자기의 목숨을 기꺼이 내려놓는 그리스도임을 분명히 했고(31절), 후에는 "대속물"(10:45) 개념을 사용하여 자신의 소명을 재차 확인해 주셨다. 그러므로 이제 "유대인의 왕"이란 죄패명 아래서 반역자들을 위해 반역자의 형틀에 죽어가는 순간, 예수님은 말한 대로 사시는 분이심이 확증되고 있다.

두 강도(λῃστάς, '반역자', 11:17 주해를 보라)가 그의 좌우에 함께 처형되었는데(27절), 이는 죄패명과 함께 그의 죄목이 로마를 대항한 반역 이었음을 시사한다. 이런 역사적 의미와 함께 27절은 내러티브상에서 함의하는 바도 있다. 두 강도는 "하나는 그의 우편에 다른 하나는 그의 좌편에" 못 박혔는데, 이런 정보는 그가 왕위에 오르실 때("당신의 영광 중에") "하나는 좌편에 하나는 우편에" 앉게 해달라는 세베대의 두 아들인 야고보와 요한의 요구(10:37)를 상기시킨다.

조롱당하심(28-32절) 조롱은 세 부류의 사람들에 의해 진행된다. 첫째, "지나가는 자들"(οἱ παραπορευόμενοι)의 조롱은 예수님의 삶과 죽음이 스쳐 지나가는 이들의 '가십거리'(gossip)가 되고 있음을 보여준다. 그들의

---

14. 십자가 형틀 위에 죄패명을 붙인다는 고대 기록은 아직 발견되지는 않았지만, 헹엘이 제시한 것처럼 로마는 처형장에 죄인의 죄명을 알리는 플래카드(placard)를 설치했다는 기록이 존재한다(Suetonius, *Caligula* 32.2; Hengel, 1995: 48-49).

조소는 생생한 몸 언어로 먼저 표현된다("머리를 흔들며", κινοῦντες τὰς κεφαλὰς αὐτῶν, 29절). 상대방을 두고 머리를 흔드는 행위는 무시와 조롱을 드러내는 대표적인 신체 행위이다(시 22:8; 108:25). 이러한 조롱은 칠십인경 예레미야애가 2:15을 떠올려 준다:

> 길을 지나가는 모든 자들이[οἱ παραπορευόμενοι] 너를 향해 손뼉을 치며 비웃고 머리를 흔들며[ἐκίνησαν τὴν κεφαλὴν αὐτῶν] 말하기를 …

예레미야애가에서는 바벨론의 침공으로 파괴된 예루살렘과 그 주민이 조롱의 대상이지만, 마가복음에서는 예수님이 그 대상이라는 점에서 차이가 있다. 그러나 예수님의 십자가 지심은 역사적으로 보았을 때 장차 로마와의 폭력적 전쟁을 통해 예루살렘이 결국 맞이하게 될 멸망을 이스라엘의 메시아로서 미리 보여주는 상징적 차원(Wright, 1996: 594-97, 604-9)이 있기 때문에 마가의 예레미야애가 인용은 그의 역사적 청자들에게는 또 하나의 아이러니를 전한다. 로마의 반역자로 십자가에서 죽어가는 예수님을 향한 예루살렘 사람들의 조롱은, 수십 년 후(곧 주후 70년)에 로마에 의해 멸망될 그들의 운명을 향한 조롱을 선취하고 있기 때문이다.

이어서 언어적 모욕("성전을 무너뜨리고 삼일 만에 짓는 자여 십자가로부터 뛰어내려 너 자신을 구원하라", 29-30절)이 뒤따른다. 마가는 이런 모욕을 '에블라스페문'(ἐβλασφήμουν)으로 발화한다. 제2성전 시기 '블라스페메오'(βλασφημέω)는 하나님을 향한 신성 모독과 사람을 향한 모독 모두를 가리킨 용례를 가진다(Bock, 184-86). 따라서 예수님에 대한 행인들의 조롱이 말 그대로 신성 모독이라고 이해할 필요는 없다. 사람들은 그를 신이 아니라 단순히 거짓 메시아로 알고 있었기 때문이다. 그럼에도 마가가 예수님을 정죄할 때 대제사장이 사용한 것과 같은 '블라스페메오'로 행인들의 모독을 표현한 것은, 예수님과 그들 중 누가 진정으로 신성 모독을 하는지 청자들에게 판단케 하려는 수사적 의도에서 비롯되었다고 보는 것이 타당하다(Boring, 2006: 429).

모독의 구체적인 내용은 산헤드린 심문에 등장한 거짓 증언(14:57-58)과 거의 유사하지만 차이는 있다. 산헤드린 증언자는 예수님이 "내가 손으로 지은 이 성전을 무너뜨리고 손으로 짓지 않은 다른 것을 삼일 만에 세울 것이다"(58절)라고 말하는 것을 들었다고 증언했지만, 행인의 조롱에서 예수님은 "성전을 무너뜨리고 … 짓는 자[ὁ καταλύων ... καὶ οἰκοδομῶν]"로 묘사된다. 파괴 행동("무너뜨리고 … 세울 것이다")에 관한 증언을 기정 사실로 받아들여 그의 인물됨을 서술하는 명사("무너뜨리는 자, 세우는 자")로 전환시켰다. 어떤 사람을 동사를 통해 서술하는 것(예. '그 사람은 거짓말한다')보다 명사를 통해 정의내리는 것('저 사람은 거짓말쟁이다')이 훨씬 더 많은 의미적 무게를 전달한다. 행인의 명사 사용이 말하는 바는 예수님의 인물됨 혹은 존재 자체를 조소한 것이다. 마가의 역사적 청자와 초기 교회에게 예수님이 성전 짓기에 실패한 자라는 그들의 조소는 다시 아이러니를 전하는데, 행인들에게는 성전 파괴 예언이 죽음의 원인이었지만 교회에게는 그의 죽음이 새 성전 건축, 곧 하나님의 새로운 언약 백성의 탄생(11:15-19 주해를 보라)의 원인이 되었음을 알기 때문이다. 더불어 그들은 조롱 중에 예수님에게 구체적인 행동을 요구한다: "십자가로부터 뛰어내려 너 자신을 구원하라"(30절). 이런 요구는 초자연적인 기적을 보이라는 말로, 기적 수행자로서 예수님의 사역을 비꼬는 말일 것이다. 십자가에서 그가 겪어야 했던 고통은 그가 자기 소명에 따라 거룩하게 행한 일을 조롱거리 삼는, 곧 선을 악으로 바꾸어 버리는 모습에 직면해야 하는 것이었다.

두 번째 조롱은 대제사장과 서기관들에 의해 이뤄진다(31-32절 전반부). 종교지도자들의 조소가 그들끼리 대화하며 내뱉는 형식으로("서로서로", 31절 전반부) 진행된다는 점을 제외하고는 행인들의 것과 비슷하다(ὁμοίως, '마찬가지로', 31절 전반부). 먼저, 그들의 멸시는 예수님이 무능한 존재라는 것에 맞춰진다: "다른 사람들은 구원해 놓고서 자기는 구원할 수 없도다"(31절 후반부). 그 말은 다시 아이러니하게도 사실인데, 예수님은 다른 사람을 구원하기 위해 자신을 희생하고 있기 때문이다(10:45; Cranfield, 457; Hays, 2016: 56). 이어지는 조롱은 "이스라엘의 왕 그리스도"(32절)로 호칭하며 진행된다. "지금 십자가로부터 내려와라 그러면 우리가 보고[ἵνα ... ἴδωμεν] 믿을 것이다." 사용된 '히나'절은 결과절로 봐야 한다. 만일 예수님이 십자가에서 내 려온다면, 그들이 그것을 보고 그가 그리스도인 것을 믿겠다는 조소를 한 것이다. '히나'절은 4:12의 '히나'절과 유사한데, 그곳에서 예수님은 이사야 6:9을 인용하시며 하나님 나라의 비밀이 주어진 제자들과 달리, 외인들(바리새인과 서기관들)의 특징을 "그리하여 그들이 보기는 보아도 보지 못하[ἵνα ... μὴ ἴδωσιν]"는 사람들이라 말한다(Marcus, 2009: 1052). 마가 내러티브에서 '외인'으로 분류된 종교 권력자들의 '그리스도가 십자가에서 내려온다면 그 표적을 보고 그를 믿겠다(πιστεύσωμεν)'는 외침은, 하나님 나라 비밀은 하나님께서 주실 때에야 알게 된다(4:11)는 예수님의 가르침에 반하는 것이었다. 제자들 역시 많은 기적을 경험했지만 외인과 동일하게 눈이 있어도 보지 못하는 이들이었기에 책망받았다(8:14-21). 믿음(πίστις)은 표적의 결과가 아니라(참고. 8:11-12) 표적의 선행 조건이었다(2:5; 9:23; 11:24; 참조. 7:29-30).

함께 십자가에 못 박힌 두 강도 역시 집단적 조롱에 동참하여 그에게 "악담을 한다"(ὠνείδιζον, 비교. 칠십인경 시 42:10[개역개정 42:10]; 32절; 마 27:44). 마가, 마태와는 달리 누가는 두 강도 중 하나가 그의 잘못을 뉘우치고 "당신의 나라에 들어가실 때 나를 기억하소서"(23:42)라는 고백을 하고, 예수님 역시 그에게 "진실로 내가 그대에게 말합니다. 오늘 그대가 나와 함께 낙원에 들어갈 것이요"라는 대화를 담고 있다. 이런 차이는 누가가 마태, 마가와는 다른 목격자 증언을 토대로 했기 때문이라고 볼 수 있다. 역사적 설명을 한다면, 한 강도는 처음에는 조롱에 동참했지만, 후에 어떤 이유(아마도 온 땅을 덮은 어둠?, 막 15:33; 눅 23:44)로 그의 마음을 돌이켰을 것이다. 하지만 이는 추론일 뿐이다.

예수님은 홀로였다. 그의 제자들은 다 도망갔고 갈릴리에서부터 따르던 여인들은 멀리 떨어져 지켜만 볼 뿐이었다(40-41절). 그의 주위에 있던 사람들 곧 행인, 종교 권력자들, 함께 처형당한 강도들까지 모두가 다 그를 조롱한다. 오직 홀로 모든 사람들의 죄를 짊어지고 어둠 속으로 들어간다.

요약과 해설

심한 채찍을 맞은 탓에 예수님이 직접 십자가의 가로빗장을 짊어지고 갈 수 없자 군인들은 구레네 사람 시몬에게 그것을 대신 지운다. 그는 알렉산더와 루포의 아버지였다. 이런 소소한 정보는 구레네 시몬과 그 아들들이 기독교 공동체에 잘 알려진 그리스도인이었음을 말해 준다. 그는 "지나가는"(21절) 길에 뜻밖에 십자가를 지게 되었지만, 그 예상치 못한 순간에 예수님을 만나 십자가를 지고 자기를 따르라는 가르침(8:34)을 실천한 인물로 마가의 청자에게 소개된다.

골고다로 끌려간 후 몰약 탄 포도주가 주어졌지만 예수님은 거부한다. 이는 아버지께서 허락하신 잔을 받아 죽음의 고통을 정면으로 통과하겠다는 그의 결단을 상징적으로 보여 준 행위일 것이다. 군인들은 그를 십자가에 못 박고, 그 옷 위에 주사위를 던지며, 누가 그 옷을 가질 것인지 결정한다. 사용된 언어는 시편 21:19(개역개정 22:18)의 반영으로, 이런 구약 언어의 사용은 가장 비극적인 순간에서도 어떻게 하나님의 말씀이 성취되고 있는지를 보여 주려는 마가의 의도를 엿보게 한다. 그러나 그 같은 구약 사용은 마가의 독창적인 시도는 아니다. 예수님 역시 그의 사역이 어떻게 구약을 성취하는지 보여 왔기 때문이다. 삼시가 되자 예수님은 십자가에 달리신다. 그가 달린 십자가에는 유대인의 왕이라는 죄패가 달렸고, 그 좌우에는 두 강도가 달렸다. 메시아 예수님의 보좌는 십자가였음을 보여준다. 그러나 예수님이 "영광 중에"(10:37) 오르실 때 그 좌우에 앉게 해달라고 했던 세베대의 두 아들 야고보와 요한은 그가 실제로 '십자가의 영광'에 오르셨을 때 그 좌우에 없었다.

그를 십자가에 매다는 육체적 폭력이 행해진 후 언어적 폭력, 곧 악한 조롱들이 행인, 대제사장들과 서기관들, 그리고 함께 십자가에 달린 두 강도에 의해 가해진다. 예수님은 폭력에 희생된 채 실천하지도 못할 예언, 곧 성전 파괴와 재건축을 예언한 자, 다른 사람은 구원하면서도 자신은 구원할 수 없는 무력한 자로 조롱받았다. 폭력과 조롱은 예수님의 거짓됨을 드러내는 순간이었지만, 그는 자신이 말씀한 대로 "많은 사람을 대신하는 속량물"(10:45)로 자신의 목숨을 내려놓으신다. 어떤 의미에서 십자가는 종교 권력자들의 시기와 무리의 무지, 그리고 두 강도의 회개치 않는 고집 등 죄악을 드러내는 장소이지만, 들추어내기만 하는 곳은 아니다. 희생양 예수님의 십자가는, 모든 사람의 죄악을 폭로한 후 그것을 속량함으로써 모든 악에 대항한 하나님의 역설적 승리가 어떻게 태동하는지를 보여 주는 역설적 구원의 현장이었다.

제69장
죽으심
마가복음 15:33-41

본 단락은 예수님의 죽음과 유기의 외침을 중심으로 그 전후에 일어난 자연(33절), 사람(35-36, 39절), 성전(38절)의 반응을 담고 있다. 죽음에 대한 예수님의 반응은 그가 남긴 유기의 부르짖음(34절)과 마지막으로 내뱉으신 "큰 소리"(37절)로 간결하게 묘사된다. 특히 유기의 외침은 마가복음이 보여 주는 십자가에서 남기신 유일한 어록이자, 마가복음 전체에서 육성으로 발화된 예수님의 마지막 언어이다. 그것이 예수님의 어록인지 아니면 마가 자신의 시편 인용인지에 대한 논란이 있지만(Bultmann, 273-313; Hooker, 1991: 375), 역사적 예수님에게 그 말이 거슬러 올라가는 것이라 믿어야 할 이유가 있다. 현 단락에는 유난히 많은 현장 참여자들이 묘사되고 있는데, 곁에 서 있다가 예수님을 하나님의 아들로 인정한 백부장(39절), 포도 식초를 제공한 "곁에 섰던 이들 중 어떤 사람들"(τινες τῶν παρεστηκότων, 35절), 멀리서 그 모든 광경을 지켜보던 세 명의 여인(40-41절) 등이 그들이다. 그들의 존재는 현 단락이 목격자의 증언을 토대로 한다는 증거로 채택될 수 있다(Bauckham, 2006: 43, 49, 57, 184-85). 특히 예수님의 죽음을 멀리서 "지켜보던"(θεωροῦσαι) 세 명의 여인(막달라 마리아, 야고보와 요세의 어머니 마리아, 그리고 살로메)의 목격자적 위치는 부각되고 있는데, 이것은 그들의 '봄'(θεωροῦσαι, 40절; ἐθεώρουν, 47절; θεωροῦσιν, 16:4)이 현 단락에서 세 번 반복되는 사실을 통해서도 확인된다. 목격한 사람이 세 명 혹은 네 명이었다는 점도 간과하지 말아야 한다. 신명기 19:15에 따라 유대 사회에서 법적 목격자는 최소 두세 명은 돼야 했다. 십자가 처형 과정을 목격한 이들은 세 명(41절)이었고, 장사된 무덤의 위치를 목격한 이들은 두 명(47절), 그리고 빈 무덤 역시 세 명이 목격한다(16:1-4). 이처럼 시각적 관찰 동사의 반복과 두 명 이상의 목격자의 등장을 반복적으로 언급한 것은, 예수님의 죽음과 장사, 그리고 부활 사건에 있어 그들이 담당한 목격자적 역할을 드러내려는 마가의 의도가 있음을 부정할 수 없다.[1]

현 단락의 흐름은 유기와 운명(33-37절), 운명에 따른 두 반응(38-39절), 여인들의 목격(40-41절)으로 이어진다.

> **33** 그리고 육시가 되자 어둠이 온 땅 위에 구시까지 내려앉았다. **34** 그리고 구시에 예수님이 큰 소리로 "엘로이 엘로이 레마 사박타니"라고 부르짖으셨는데 그것을 번역하면 "나의 하나님 나의 하나님 어찌하여 나를 버리셨나이까?"라는 뜻이다. **35** 그리고 곁에 섰던 이들 중 어떤 사람들이 듣고 말했다. "보라 그가 엘리야를 부른다." **36** 그러자 어떤 사람이 달려가 스펀지에 포도 식초를 적셔 막대기에 감아 그가 마시도록 주면서 말한다. "가만히 놔둬라 엘리야가 와서 그를 내려주는지 지켜보자." **37** 이어서 예수님이 큰 소리를 발하신 후 숨을 거두셨다.
>
> **38** 그리고 성전의 휘장이 위로부터 아래로 찢어졌다. **39** 그리고 그의

1. 목격자로서 여성의 위치에 대한 논의를 위해선 16:1-8 주해를 보라.

맞은편 곁에 섰던 백부장이 그와 같이 숨을 거두시는 것을 본 후 말했다. "참으로 이 사람은 하나님의 아들이었도다."

40 또한 멀리서 지켜보던 여인들이 있었는데 그들 중에는 막달라 마
리아, 어린 야고보와 요세의 어머니 마리아, 그리고 살로메[가 있었다]. **41**
그들은 그가 갈릴리에 계실 때 그를 따르고 그를 섬겼다. 그리고 예루살렘
에 그와 함께 올라온 다른 많은 여인들[이 있었다].

주해

유기와 운명(33-37절) 유대적 시간 계산법에 따른 육시는 현대의 정오 12시이며, 구시는 오후 3시이다. 태양이 가장 밝게 빛나는 시간대였음에도 본문은 "온 땅 위에" 어둠이 찾아왔다고 말한다(33절). 어둠이 "온[ὅλην] 땅"에 찾아왔다는 것을 사실이 아닌 비유적 표현이라고만 볼 필요는 없다. 비록 마가가 자주 사용한 과장법(1:5, 32; 7:5 등)이 사용되기는 했지만, 낮임에도 "온 땅"에 "흑암"(σκότος)이 덮이는 자연적 현상이 일어나지 않는다고 볼 이유가 없기 때문이다. 어떤 학자는 그 어둠을 일식(Brown, 1994: 2권 1038-43)으로 보고 혹은 지중해 지역에 불어오는 흑구름을 동반한 태풍 탓으로 설명(Cranfield, 457)하기도 한다. 그 원인이 무엇이었든지 간에 십자가 처형 순간에 그 같은 자연적 현상을 묘사하는 마가의 목적은 구약의 배경으로 본다면 어렵지 않게 파악된다. 구약에서 "흑암"(σκότος)은 혼돈(chaos)을 상징한다. 태초에 온 세상을 뒤덮고 있었던 것이 "흑암"(σκότος)이라는 창세기 1:1은 이런 은유의 뿌리이다(참조. 시 139:11-12). 혼돈을 상징하는 흑암은 심판의 이미지로 사용되기도 하는데, 이스라엘 백성이 출애굽 하던 날 밤 "흑암"(σκότος)이 이집트 온 땅에

임했다는 출애굽기 10:21은 그 대표적인 본문이다(참조. 계 8:12; 9:2; 16:10). 선지자들은 흑암이 이방뿐만 아니라 이스라엘 위에도 임할 것이라 예언한다(욜 2:1-2, 10, 30-31; 암 8:9-10). 마가("어둠이 온 땅 위에 … 내려앉았다", σκότος ἐγένετο ἐφ' ὅλην τὴν γῆν)의 언어와 유사한 아모스 8:9은 특히 주목할 만하다(Hooker, 376):

> 그 날에 내가 해를 대낮에 지게 하여 백주에 땅을 캄캄하게 하며
>
> (συσκοτάσει ἐπὶ τῆς γῆς).

아모스에 따르면 대낮에도 어둠이 찾아 올 "그 날"은 "이스라엘의 끝" 날(8:2)로, 찾아온 어둠은 "가난한 자를 삼키며 땅의 힘없는 자를 망하게"(4절) 하는 이스라엘에 대한 하나님의 심판을 상징한다(Hooker, 376). 십자가에 달린 메시아 예수님의 죽음 직전 "온 땅"을 덮은 어둠은, 메시아를 거부한 이스라엘에 대한 심판이다. 하지만 심판을 위한 심판이 아니다. 창조 때 흑암이 밤으로 변화(창 1:5)되었고 또 출애굽에서 어둠이 히브리인의 구속을 알리는 신호가 되었듯이, 골고다 위에 임한 어둠은 예수님을 통해 시작될 새로운 창조와 종말론적인 새 출애굽의 서막(참고. 13:24)이자 어둠 속에서 동터올 하나님 나라의 징조이다(비교. 16:2).[2] 흑암에 잠긴 십자가로부터 "큰 소리"(φωνῇ μεγάλῃ)가 터져 나온다(34절). 그가 발한 "큰 소리"는 육체적 고통의 호소와 함께 유기의 외침이었다. '엘로이 엘로이 레마 사박타니'(ελωι ελωι λεμα σαβαχθανι)는 마가복음에서 직접 인용된 아람어('에파타', 5:41; '딸리타 꿈', 7:34) 중 하나로 그 뜻은 마가가 헬라어로 번역하고 있듯이 "나의 하나님 나의 하나님 어찌하여 나를 버리

---

2. 시 139:12은 말한다. "주에게서는 흑암이 숨지 못하며 밤이 낮과 같이 비추이나니 주에게는 흑암과 빛이 같음이니이다."

셨나이까?"(ὁ θεὸς μου ὁ θεός μου εἰς τί ἐγκατέλιπές με;)이다.[3] 마가복음의 예수님이 십자가상에서 말씀하신 유일한 어록이 이것이다. 마가복음에 따르면 십자가상에서 하신 유일한 말씀은 버림받았다는 외침이었다. 이는 그가 겪었던 마지막 고통 또는 마지막까지 씨름했던 난고는 단순한 육체적 통증만이 아니라 '자신이 하나님에 의해 버려졌다'는 영적인 유기였음을 말한다(Best, 1990: lxiii). 과연 이런 외침이 "바로 네가 나의 사랑하는 아들이며 내가 너를 기뻐하노라"(1:11)라는 하나님의 음성을 들은 이의 입에서 나올 수 있는 말인지 의문이 들게 하는 것이 사실이다. 이런 점에서 이 외침은 예수님의 신음 소리에 기초해서 초기 교회가 만든 창작이라는 불트만의 주장(Bultmann, 281, 313)은 타당하지 않다. 그들이 '당혹스러운' 고백을 하는 메시아상을 만들었다고 볼 수 없기 때문이다(Cranfield, 458).

유기의 외침은 칠십인경 시편 21:2(개역개정 22:1; ὁ θεὸς ὁ θεός μου ... τί ἐγκατέλιπές με;)의 인용이다. 시편에 근거한 예수님의 유기의 외침이 시사하는 세 가지 논점이 있다. 첫째, 마가복음에 따르면 예수님의 마지막 언어는 구약, 곧 하나님 말씀의 인용이었다. 그렇기에 아무리 절망스러운 어조가 담겼더라도 예수님은 여전히 하나님의 말씀을 붙들고 있었던 것이다. 둘째, 하나님을 소유격 "나의"로 표현한 것은 그의 고백에 담긴 절망과 희망의 공존을 보여준다(Anderson, 185-86). 구약에서 그의 백성과 언약을 체결하신 하나님은 백성들에게 자신을 "너(희)의 하나님"(출 20:2; 레 11:44; 18:2; 19:34) 혹은 "그들의 하나님"(출 29:46; 렘 7:23)이라 하시고, 백성들은 그를 "나의 하나님"(신 26:17) 혹은 "나의 목자"(시 23:1)

---

3. 마가복음에서의 아람어 음역이 의미하는 바를 위해선 27장의 〈요약과 해설〉을 보라.

로 부르신다. 예수님이 하나님을 반복적으로 “나의 하나님 나의 하나님”으로 부르신 것은 언약에 기초한 외침으로 보아야 한다. 밀려든 어둠 한복판에서 그의 백성에게 신실하겠다고 약속하신 언약의 하나님을 찾고 계신 것이다. 셋째, 지금까지 마가복음은 구약의 여러 본문을 근거로 예수님을 이스라엘의 하나님과 동일시해 왔다. 그는 하나님만 하실 수 있는 죄 용서의 권한(겔 34:6-7)을 임의로 집행(2:5)하셨을 뿐만 아니라, 그 권한 행사의 정당성을 하나님의 전권을 부여받은 다니엘서의 인자(단 7:13)로서의 자기 이해에 근거하여 변호하신다(2:8-11). 또한 예수님은 바다와 그곳의 풍랑을 잠잠케 하시는 하나님의 능력(개역개정 시 65:7; 시 104:7; 106:9; 107:23-30)을 직접 행하신다. 또한 스가랴 13:2이 말한 것처럼 귀신을 이 땅에서 몰아내실 하나님의 종말론적 사역을 반복적으로 행하신다(1:21-28, 34; 3:11; 5:1-20; 9:14-29). 예수님은 또한 광야에서 “목자 없는 양”(6:34) 같은 백성을 가르치고 먹이시는데, 이것은 에스겔 34:11-15에 따르면 하나님께서 종말에 하시리라 예언된 일이었다. 욥기 9:4-11에서 하나님께서 물 위를 걸어 ‘지나가시듯’(11절) 예수님 역시 바다 위를 걸어 제자들에게 가신 후 그들을 ‘지나가신다’(6:48). 또한 그는 이사야 35:5-6이 말하듯 귀 먹고 말이 어눌한 사람을 고치는 하나님의 치유 사역을 데가볼리 지역에서 행하신다(7:37). 그는 시편 110:1을 인용하시며 자신이 다윗의 아들 그 이상의 존재, 곧 다윗이 “주”라고 고백했고, 또 하나님의 보좌를 공유했던 인물이라고 선언하신다(시 110:1; 막 12:35-37). 이처럼 구약은 예수님의 정체성이 이스라엘의 하나님과 동일하다는 것을 증명하고자 사용돼 왔다. 하지만 십자가상에서 예수님이 인용하신 시편(개역개정 시 22:1)은 “나의 하나님”이 암시하듯 그가 ‘압바’로 불렀던(14:36) 하나님과 구분된 존재이며, 심지어 예수님 자신이 하나님에 의해 버림받아 죽어가는 ‘인간’임을 부정하지 않는다. 마가복음에 공존하는 예수님의 신적 신분과 인간적 신분은 우리들의 기대와는 달리 말끔히 해결되지 않은 채 긴장 속에 남아 있을 뿐 아니라, 심지어 "예수님의 정체성의 두 면은 성경에 의해 예시된(prefigured) 바"라는 것이 마가복음의 증언이다(Hays, 2016: 84).

다시 십자가로 돌아가 보자. 위의 첫째와 둘째 논점이 보여 주듯 예수님의 외침이 가진 긍정성에도 불구하고 그가 하나님으로부터 유기된 상태라는 것은 엄연한 사실이다. 무엇이 그로 유기의 고통을 겪게 한 것일까? 구약에서 하나님과의 관계 단절은 죄의 결과로 이해되었다(창 3:8, 24; 시 51:9, 11; 사 59:2). 물론 마가복음은 예수님의 경우 유기는 자신의 죄의 결과가 아님을 말한다. 10:45이 말한 것처럼 그의 죽음은 "많은 사람을 대신하는 속량물"이었고, 또 14:24에서 밝힌 것처럼 그의 피는 "많은 사람을 위하여 흘리는 … 언약의 피"였다. 환언하자면, 예수님의 죽음은 죄를 속량받은 하나님의 새로운 언약 백성을 창출하기 위한 희생이다. 이는 십자가에서 터져 나온 유기의 외침이 새 이스라엘을 위한 "속량물"로서 그가 겪는 영적 단절이었음을 알려준다. 타자를 죄악으로부터 구원하고자 자신을 죄악의 자리에 던져 넣은 자의 외침이었다. 그러므로 "나의 하나님 나의 하나님"으로 시작된 그의 외침은 한편으로 죄가 가져온 유기의 고통을 담고, 다른 한편으로 그의 언약적 신실함에 기초하여 하나님께서 새 이스라엘을 구속시켜 주시도록 간청하는 기도로 보는 것이 옳다.

죽음을 앞두고 예수님이 보이신 일련의 모습(14:33-36; 15:35)은 그리스-로마나 유대 사회가 그리고 있는 영웅의 최후 모습과는 상당히 차이를 보인다(14:33-36 주해를 보라). 마가는 의도적으로 예수님의 최후 모습을 미화하려 하지 않는다. 오히려 그가 겪고 있는 십자가의 고통을 있는 그대로 보여 주어 죄가 가져온 육체적, 사회적, 영적 고통을 들추어내고 있다.

이 순간 곁에 섰던 사람들 중 하나가 "… 엘리야가 와서 그를 내려 주는지 지켜보자"라고 말하는데(36절), 이는 아마도 예수님의 "엘로이 엘로이" 소리를 '엘리야'를 부르는 소리로 잘못 들었기 때문에 일어난 일로 볼 수 있다. 그들은 '곁에 서 있었지만' 그 말을 잘못 알아듣는다. 이런 점에서 그들은 '듣기는 들어도 깨닫지 못하는' 외인들이었다(4:11-12; Collins [a], 755). 반면 마가는 그의 청자들이 예수님의 유기의 말씀을 오해하지 않도록 아람어를 헬라어로 번역해준다. 그 결과 아람어를 사용하는 예수님의 역사적 청중들은 이해하지 못했던 예수님의 마지막 말씀을 마가의 청자들은 이해할 수 있게 되었다(또한 27장 '요약과 해설' 섹션을 보라). 하지만 구출자 엘리야에 대한 언급은 유기의 외침을 오해한 까닭만은 아닐 수 있다. 엘리야는 기적 수행자로 묘사(왕상 17:8-18장)되었고, 불 말을 타고 하늘에 올라간(왕하 2장) 후 종말에 다시 올 인물이라 예언되었다(말 4:5; 또한 막 1:3; 6:15; 9:11-12 주해를 보라). 또한 유대 문헌에는 실제로 엘리야가 위기를 만난 사람들을 구출하고자 하늘로부터 내려오는 여러 이야기를 전해주는데(Hooker, 1991: 376),[4] 35-36절은 유사한 사상을 보여 주는 가장 이른 시기의 증거가 될 수 있다. 이런 점에서 "엘리야가 와서 그를 내려 주는지 지켜보자"라는 말은 "십자가에서 내려오라"(30, 32절)와 같은 조롱으로 보인다.

곁에 섰던 사람들 중 하나가 달려가 포도 식초를 스펀지에 둘러 예수님이 마시도록 준다(36절). 이런 행위에 담긴 뜻이 자비라고 볼 수 있고 조롱이라고 볼 수도 있다(시 69:21). 식초가 갈증을 해소에 효과가 있다는 고대인들의 견해를[5] 진지하게 고려한다면 자비의 행동일 것이다. 그러나 식초를 준 후 그가 한 말("가만히 놔둬라 엘리야가 와서 그를 내려주는지

---

4. 탈무드 베라코트 58a-b. 아보다 자라 17b, 18b; 에스더 랍바 10.9.

5. Plutarch, *Cato Major* 1.7; 1QH 12:11.

지켜보자")은 생명을 연장시켜 엘리야가 그를 구원하는지 가만히 지켜보겠다는 조롱 섞인 의도를 담고 있었다고 보는 것이 더 타당한 해석이다(Collins [a], 757, 759; Marcus, 2009: 1056).

운명의 순간에 예수님은 다시 "큰 소리를 발하신 후 숨을 거두셨다"(ἀφεὶς φωνὴ̂ μεγάλη ἐξέπνευσεν, 37절). '엑세쁘뉴센'(ἐξέπνευσεν)은 문자적으로 '숨을 내쉬다'이지만, 맥락상 마지막 숨을 내쉰 것 곧 죽으심을 뜻한다.[6] 그럼에도 마가는 죽음을 가리키는 동사로 '아뽀트네스꼬'(ἀποθνῄσκω)를 일관성 있게 사용해 왔다(5:35, 39; 9:26; 12:19, 20, 21, 22; 15:44)는 점을 고려하면, 예수님의 죽음에 사용된 '숨을 내쉬다'(ἐξέπνευσεν)는 주목할 만하다. 프란스는 매우 드문 동사 '숨을 내쉬다'의 사용 이유를 '죽다'(ἀποθνῄσκω)와 같은 평범한 단어를 사용하기에는 예수님의 죽음이 너무 중요한 순간이었기 때문이라 주장한다(France, 2002; 656). '숨을 내쉬다'(ἐξέπνευσεν)는 숨(πνέω, '숨쉬다')의 관점에서 죽음을 표현한 것이다. 유대인에게 숨과 영은 동일한 단어(רוח, '루아흐', 욥 27:3; 33:4; 사 42:5; 57:16; 비교. 창 6:3; 말 2:15)로 표현된다. 따라서 예수님이 '마지막 숨을 내쉬셨다'는 표현은 그의 죽음이 그의 영을 내주는 순간이라는 뜻을 함축한다는 주장이 가능하다(Evans, 2001: 508; Bauckham, 2020: 103). 예수님의 마지막 죽음의 순간에 대한 이런 함축적 의미는 사복음서 모두에서 발견된다. 누가(23:46)는 마가와 동일한 동사로 표현하며, 마태(27:50)는 '영을 보내다'(ἀφῆκεν τὸ πνεῦμα)로, 요한(19:30)은 '영을 건내주다'(παρέδωκεν τὸ πνεῦμα)로 발화한다.

영을 내주시는 사건으로서의 죽음에 대한 이해는 마가복음 전체에서 시사하는 바가 있다. 종말론적인 새 출애굽을 이끌 예수님은 세례 요한에

---

6. Sophocles, *Ajax* 1026.

의해 성령으로(ἐν πνεύματι ἁγίῳ) 세례를 줄 분으로 예언되었고(1:8), 실제로 세례 때 성령이 그 위에 임하였다(10절). 이후 바알세불의 힘으로 축귀를 행한다는 서기관들의 비난에 맞서 예수님은 자신의 축귀가 성령의 능력으로 이뤄진다는 것을 암시하셨다(3:29). 성령을 받으셨고, 또 그 영으로 귀신을 쫓아내신 그에게, 세례 요한이 예언했던 성령으로 세례를 주는 일은 여전히 성취를 기다리고 있었다. 만일 우리가 '엑세쁘뉴센'(ἐξέπνευσεν)을 문자적으로 번역한다면 예수님의 죽음은 "큰 소리"로 그의 영/숨을 내보내시는 행위로, 그가 성령으로 세례를 주는 분이라는 세례 요한의 예언이 결국에는 성취될 것을 암시한다. 이런 맥락에서 본다면 예수님이 죽음의 순간에 발하신 "큰 소리"(φωνῇ μεγάλῃ) 역시 흥미로운 비교점을 가진다. 가버나움 회당에서 "그 사람에게서 나와라" 하는 예수님의 명령을 들은 "더러운 영"(τὸ πνεῦμα τὸ ἀκάθαρτον)이 한 남자에게서 나갈 때 낸 것도 "큰 소리"(φωνῇ μεγάλῃ)였다(1:26). 이처럼 마가복음에서 "큰 소리"는 사람에게 있는 영이 나갈 때 발해지는 소리로, 가버나움 남자에게서는 더러운 영이 나가고 예수님의 경우 그의 영 곧 성령을 내보내신다.

운명에 따른 두 반응(38-39절) 예수님의 죽음은 두 종류의 결과를 낳은 것으로 소개되는데, 하나는 유대적 상징의 핵심인 성전에서 일어난 변화(38절)이며 다른 하나는 이방 백부장의 태도 변화(39절)이다. 먼저, 유대인에게 가장 거룩한 공간으로 알려진 "성전의 휘장이 위로부터 아래로 찢어졌다"(38절). 칠십인경에서 "휘장"(καταπέτασμα)은 성소와 지성소를 구분하는 커튼(출 26:33, 35; 27:21; 30:6; 대하 3:14; 참고. Josephus, *Jewish Wars* 5.5.4 §208, 212, 214)과 성소 입구의 커튼(출 26:37; 민 3:26; 참고. Josephus, *Jewish Wars* 5.5.5 §219) 모두를 가리킬 때 사용된 용어이다. 용어 자체만을 가지고는 어느 커튼을 가리키는지 구분하기는 힘들다. 그러나 요세푸스가 언급한 것처럼 성소 입구의 커튼은 주로 거친 날씨와 바람으로부터 성소를 보호하는 기능이 강조된 반면, 내부 휘장은 가장 거룩한 공간과 성소를 구분하는 종교적 의미를 훨씬 많이 전하고 있었다(Josephus, *Jewish Antiquities* 3.6.4 §123, 126, 125, §§132-33). 예수님의 죽음과 같은 결정적이고도 중요한 순간에 성소에서 일어난 휘장의 찢어짐에 종교적 의미를 부여하고자 했다는 것은 의심의 여지가 없다. 따라서 마가가 말한 "성전의 휘장"은 내부 휘장을 지시했을 가능성이 매우 높다(Taylor, 1966: 596; Cranfield, 460; Gnilka, 2권 429; Collins [a], 759; 대조. France, 2002: 657).

중요한 것은 그 휘장이 "찢어졌다"(ἐσχίσθη)는 것이다. 마태복음에서는 지진이 휘장을 찢어지게 했다는 점(마 27:51)을 밝히고 있지만, 마가는 어떤 물리적 힘의 작용이 그 뒤에 있었는지 침묵한 채 다만 신비로 남겨 둔다. 그럼에도 에반스(Evans, 2001: 509)와 건드리(Gundry, 949-50)는 세례 때 임한 성령님이 하늘을 찢게 한 것처럼 골고다에서는 예수님이 마지막으로 뱉으신 영의 날숨(exhalation)으로 휘장이 찢어졌다고 주장하고, 프란스는 그 찢어짐이 "위로부터 아래로" 진행됐다는 점을 근거로 하늘의 하나님이 그 일에 개입됐음을 마가가 밝힌다고 믿는다(France, 2002: 657). 휘장이 찢어진 '형태'를 근거로 한 프란스의 추론이 보다 더 설득력 있다. 예수님의 유기의 외침에 하나님은 침묵하신 것이 아니라 뜻밖의 방법으로 반응하신 것이다(아래를 보라).

아무튼 그 사건이 함축하는 두 요지가 있다. 첫째, 앞선 담화에서 예수님은 임박한 성전 멸망을 예언자의 상징적 행동(11:15-19)과 말씀(13:2)으로 예언하셨다. 그리고 그 자신이 그 기능을 수행할 것임을 암시해 주셨다(2:5-10; 14:22-24). 그렇다면 죽음의 순간에 성전 휘장이 찢어진 것은 결코 우연이 아니며, 무엇보다 마가가 두 사건을 병렬시켜 서술한 것은 예수님의 죽으심은 성전의 역할이 그에 의해 대체된 사건임을 보여 주기 위함이었다(Gnilka, 2권 428; Evans, 2001: 509; France, 2002: 657).[7] 둘째, 요세푸스에 따르면 성전 중 지성소는 하늘을 본떠서 만든 공간으로, 그 외 나머지 공간은 세상의 구조에 상응하는 곳으로 이해된다(Josephus, *Jewish Antiquities* 3.6.4 §123; *Jewish Wars* 5.5.4 §208). 그리고 두 공간을 구분하는 휘장은 하늘과 땅을 구분하는 표지이다. 이런 휘장이 찢어진 것은 지성소는 하늘, 성소는 땅이라는 이분법적 구분에 틈이 생기기 시작했음을 보여준다(Donahue and Harrington, 452). 특히 하늘은 하나님의 영역이며 땅은 사람의 영역이라는 유대인의 세계관(1:10 주해를 보라)을 고려한다면, 성전 휘장의 찢어짐은 예수님의 죽음으로 하나님의 영역이 사람의 영역으로 파고 들어오기 시작했음을 말한다. 사실 사역 시작 전 예수님이 세례를 받으실 때도 하늘이 '찢어져'(σχιζομένους, 1:10) 하나님 나라 선포자 예수님을 통해 하나님의 통치가 사람의 영역으로 침투해 들어오기 시작할 것을 예시했다. 그리고 그의 사역 종결부에 다시 하늘 영역을 상징하는 지성소의 휘장이 찢어진 것이다. 이 사건은 하나님 나라 선포자의 죽음은 하나님의 통치의 실패가 아니라, 도리어 하나님의 통치라는 그 거대한 서막을 연 사건임을 단적으로 드러낸다. 하나님께서 예수 그리스도를 통해 그 지성소의 문을 열고 온 세상으로 걸어 나가시기 시작했으며, 사람들 역시 하나님께 나아갈 수 있는 길이 열렸음을 상징적으로 말해주고 있는 것이다(Gnilka, 2권 429).

더불어 성전 휘장의 찢음을 통한 하나님의 개입은 21-37절로 이어지

---

7. 콜린스는 성전의 휘장이 찢어진 사건은 성전 멸망을 상징하기보다 신 현현을 가리킨다고 말한다. 예수님이 세례 받으실 때 하늘이 찢어지고 하나님의 음성이 들렸지만, 골고다에서는 십자가에 달린 예수님의 외침에도 불구하고 하나님의 소리는 없이 휘장만 찢어졌다는 점에서 "아이러니한 신 현현"이라 본다(Collins [a], 764).

는 십자가 처형 내러티브 흐름상 하나의 절정(climax)에 도달한 사건이라는 점을 간과하지 말아야 한다. 먼저, 이 단락에 흐르고 있는 접두어 '까따'[떼](κατα[ϵ])의 반복(밑줄)에 집중해 보자:[8]

십자가로부터 내려와[καταβὰς] 너 자신을 구원하라 (30절).

지금 십자가로부터 내려와라[καταβάτω](32절).

나의 하나님 나의 하나님 어찌하여 나를 버리셨나이까[ἐγκατέλιπές]?(34절)

엘리야가 와서 그를 내려주는지[καθελεῖν] 지켜보자 (36절).

성전의 휘장[κάταπετασμα]이 위로부터 아래[κάτω]로 찢어졌다(38절).

'까테(떼)'(καθϵ[κατϵ]) 혹은 '까또'(κάτω)로 변형된 '까따'(κατα)는 '아래로'의 뜻을 가진 전치사이며, 21-37절의 내러티브를 이끌어 가는 중요한 접두어이다. 곁에 섰던 자들은 예수님에게 십자가에서 '내려오라'(30, 32절)며 조롱한다. 하지만 예수님은 '내려가시지' 않고 그대로 십자가에 달려 계셨다. 이어서 예수님은 자신을 '내버리신' 하나님을 향해 탄원의 기도(34절)를 드리지만 들려 오는 것은 하나님의 응답이 아닌, "엘리야가 와서 그를 내려주는지 지켜보자"(36절)라는 사람들의 조롱이었다. 사람들의 내려오라는 요청에 예수님은 반응하지 않으셨고, 자신을 버리지 말라는 예수님의 기도에 하나님 역시 침묵하신다. 이제 예수님은 끝내 적대자들로 둘러 싸인 세상에 홀로 버려지게 될 것인가? 그 고통스러운 외침에도 아무런 반응을 보이지 않으셨던 하나님은, 예수님이 돌아가시자 그제야 자신이 임재하는 처소의 휘장(καταπέτασμα)을 위에서 아래(κάτω)로 찢으시며 반응하신다. 하늘과 땅의 경계 노릇을 하던 휘장을 찢으시며 하

8. 아래의 관찰은 톨버트(Tolbert, 282)의 관찰에 빚진 바가 크다.

늘의 하나님이 이 땅으로 찾아오셨고 그의 통치를 세상에 이룩하신 것이다.

성전 휘장의 찢어짐과 더불어 죽음 직후 나온 또 다른 반응은 이방 "백부장"(ὁ κεντυρίων)의 고백이다(39절). 1차 유대 전쟁이 발발하기 전 유대에 주둔하고 있던 오륙백 명의 로마 부대('스뻬이란', 15:16 주해를 보라)는 다시 백 명 단위로 나눠졌는데 그 백 명의 지휘관을 '껜뛰리온' 곧 백부장이라 불렀다(Webster, 148-49). 그 중 하나이자 십자가 처형을 담당한 "그 백부장"이 십자가에 달려 죽은 예수님을 향해 다음과 같이 말한다:

> 참으로 이 사람이야말로 하나님의 아들이었도다.
>
> ἀληθῶς οὗτος ὁ ἄνθρωπος υἱὸς θεοῦ ἦν. (39절)

백부장의 고백은 반역자에 대한 진압을 마친 대표자의 사건의 결말 보고를 연상시켜 주는 것으로, 그 어조가 조롱으로 보이지 않는다. 그에게 알려진 예수님은 죄패가 말하듯 유대인의 왕이었기에 만일 그 역시 조롱하려면 앞서 군인들이 했던 것과(15:18) 동일한 칭호를 사용했었을 것이 틀림없기 때문이다. 백부장의 고백은 진심이 담겨 있다고 볼 수밖에 없는데, 그가 사용한 예수님의 칭호("하나님의 아들", υἱὸς θεοῦ)가 이것을 말해준다. 그는 마가복음에서 처음 등장했음에도 마가의 중요한 기독론적 칭호인 "하나님의 아들"(1:1, 11; 3:11; 5:7; 9:7; 12:6; 14:61)로 예수님을 부른다. 그렇다면 로마 백부장이 어떤 의미로 예수님을 그렇게 불렀을까? 당연히 그의 고백에 유대적 의미를 부가하는 것은 불가능하다. 하지만 그는 로마를 위해 일하는 군인이었기 때문에 정치적 의미를 그 고백에 담았다는 추론은 가능하다. '신의 아들'(υἱὸς θεοῦ, *Divi filius*)은 로마 황제에게 붙여진 칭호(1:1과 12:16 주해를 보라)였다.[9] 그는 황제에게 붙여진 칭호를 황제에 대한 반역죄로 죽임 당한 자에게 붙여 부르고 있는 것이다. 이런 점에서 그의 고백은 "가이사가 아닌 예수가 진정한 하나님의 아들이다"(Evans, 2001: 510)라는 의미를 적어도 마가의 역사적 청자들에게 말하고 있는 것이다.

중요한 것은 고백이 나온 시점이다. 먼저, 원거리 문맥으로 본다면 백부장의 신앙 고백은 예수님이 "큰 소리"(φωνὴν μεγάλην)로 하나님께 "나의 하나님 나의 하나님 어찌하여 나를 버리셨나이까"라는 유기의 기도를 드린 후에 나왔다. 이런 점에서 예수님의 그 같은 기도에 침묵만 하고 계셨던 것 같은 하나님은 그가 죽은 후 백부장의 신앙 고백을 통해 응답하신다는 것을 보여준다(Tolbert, 287). 다음으로 백부장의 고백은 근거리 문맥으로 본다면 예수님이 "그렇게 숨을 거두시는 것을 본 후['Ιδὼν]"에 나왔다(39절 전반부). 때문에 아마도 죽음의 순간에 닥친 어둠(33절)과 십자가를 질 수 없을 만큼 체력이 소진되었던 예수님이 마지막 죽음의 순간에 발하신 "큰 소리"(34, 37절)에 대한 경험이 그의 변화를 이끌었을 것이다. 그럼에도 백부장이 가진 것과 같은 신앙을 이끌어 내기에는, 그 같은 초자연적인 현상이 너무 짧고 단순하다고 말할 수 있을 것이다. 그러나 마가복음에서 예수님으로 말미암은 변화에 필요한 것은 시간이 아니었다. 마가가 그렇게 오랫동안 예수님과 함께 머물며 따라 다녔던 제자들은 모두 십자가 앞에서 도망갔다(14:50)고 말하고 있음을 기억할 필요가 있다.

---

9. 로마 황제는 죽은 후에 후계자에 의해 신격화되었는데 "신의 아들"은 죽은 황제의 뒤를 잇는 황제를 일컫는 칭호이다. 로마 제국에서 발굴된 많은 동전들에서 이것을 확인할 수 있는데 Harold Mattingly, *Coins of the Roman Empire in the British Museum*, vol 1, *Augustus to Vitellius* (London: British Museum, 1923), 50, 97-101, 112 참고.

이에 반해 마가복음에서 예수님을 믿고 따랐던 인물은 대부분이 내러티브에 잠시 등장한 이들이었다(예. 중풍병자와 그 친구들, 2:5; 거라사 지역의 귀신 들린 자, 5:19-20; 혈루증 앓던 여인, 5:28, 34; 시리아-페니키아 여인, 7:24-30; 소경 바디매오, 10:46, 52 등). 이는 예수님으로 인해 변화를 경험하는 데에는 시간이 그렇게 중요한 것이 아님을 말해준다. 그런 갑작스러운 인물 등장과 믿음의 모습을 통해 예수님이 가져오시는 변화는 보이지 않는 곳에서 은밀하게 진행되고 있음을 드러내 보여 주고 있다.

유대의 종교 지도자들은 "믿기 위해서 표적을 구했지만"(31-32절 전반부) 이방 백부장은 아무런 기적도 없던 십자가 앞에서 신앙을 고백했다(Gnilka, 2권 429). 무엇보다 놀라운 것은 보캄이 지적한 대로 "하나님께 버림받은 존재 안에서 하나님의 현존을 본 것이다"(Bauckham, 2008c: 268). 이와 관련하여 마가의 백부장 소개에 공간적 묘사("그의 맞은편 곁에 섰던")가[10] 특징적으로 나타난다는 점을 간과하지 말아야 한다. 특히 "맞은편"(ἐναντίας)은 그가 정면에서 십자가를 바라보고 있었다는 점을 말해주는데, 이런 공간적 묘사는 그를 십자가에서 벌어진 일들("큰 소리", 유기의 외침 등)에 대한 생생한 목격자로 소개하는 듯한 인상을 준다(Gundry, 950-51; Evans, 2001: 510). 더불어 마가는 십자가 앞에서 한 백부장의 고백을 통해 예수님이 누군지는 십자가 앞에서 그를 정면으로 바라볼 때에야 제대로 볼 수('Ιδὼν, 39절) 있다는 의미를 만든다. 끝으로 이방 백부장의 고백을 세례 때 하늘의 소리와 비교해 볼 수 있다. 세례 때 하

10. 신약성경 전체의 용례에서 '에난띠오스'(ἐναντίος, '맞은편', '적대적')는 적대적인 관계를 묘사할 때 사용된다(막 6:48; 마 14:24 행 26:9; 27:4; 28:17; 딤전 2:15; 딛 2:8). 따라서 그가 예수님 "맞은편"에서 있었다는 묘사는 지금까지 그가 예수님에 대해 가진 적대적인 자세를 함의한다(Collins [a], 765).

나님은 시편 2:7과 창세기 22:2를 근거로 예수님을 향해 "이는 내 사랑하는 아들"이라 하셨다. 이 선언은 한편으로 예수님의 신분이 하나님의 유일한 아들이자 메시아라는 확증이며, 다른 한편으로 그의 소명이 이방 나라로 하여금 여호와를 경외하도록 하게 하는 것(시 2:8, 11)임을 드러내는 하늘의 소리였다. 이제 마가는 이방 백부장의 고백을 통해 세례 때의 하늘의 소리가 어떻게 성취되고 있는지를 보여주고 있다. 십자가에 달린 예수님이 그의 죽음으로 성령을 주시는 순간 그 아래 있던 이방 백부장이 예수님을 하나님의 아들로 고백한다. 백부장의 고백은 열방이 하나님의 아들의 통치를 받아 "여호와를 경외"하는 일이 일어날 것이라는 시편 2:8, 11의 말씀이 예수님의 사역과 죽음을 통해 성취되고 있음을 보여준다. 하지만 함축된 의미는 그 이상일 수 있는데, 본 주석이 보여주려고 했던 것처럼 마가복음 전체에서 하나님의 아들이 가진 신적 정체성을 고려할 때 백부장의 고백은 예수님을 하나님의 아들로 믿고(참조. 2:5; 4:40) 그의 말을 듣고(9:7) 그를 따르는 것(1:17, 20; 2:14; 10:52)이 여호와를 섬기는 길이 되는 새로운 시대의 도래를 예고한다.

여인들의 목격(40-41절) 십자가 앞에서 예수님을 본 백부장에 더하여 현장을 "멀리서 지켜보던"(θεωροῦσαι) 또 다른 이들이 있었는데, 그들은 모두 여인들이었다. 그들은 모두 실명으로 소개된다. 이는 실명으로 거론된 막달라 마리아, 젊은 야고보와 요세의 어머니 마리아와 살로메가 아마도 마가의 역사적 청자들에게 잘 알려졌던 인물이었기 때문으로 보인다. 여인들의 실명 등장은 죽음의 순간만 아니라 장사(47절)와 부활(16:1) 장면에서도 일관되게 이어진다. 사실 지금까지 마가는 내러티브에서 긍정적인 역할을 하는 여인들을 모두 무명으로 서술했다(베드로 장모[1:30-31]; 혈루증 앓은 여인[5:25-34]; 야이로의 딸[5:21-24, 35-34], 예수님의 발과 머리에 향유를 부은 여인[14:3-9]; 비교. 6:6:3, 17, 19, 22). 따라서 예수님의 수난과 장사와 부활 장면에 등장한 실명의 여인들은 내러티브 흐름상 주목받지 않을 수 없다(Hurtado, 2017: 446-47). 그 같은 묘사에 대한 마가의 의도를 고려하기 전에 먼저 여인들의 정체를 살펴보자.

세 명 중 첫 번째는 막달라 마리아인데 예수님의 세 명의 내적 그룹(베드로, 야고보, 요한, 3:16-17; 5:37; 9:2; 14:33) 중 수장 격인 베드로가 항상 가장 먼저 이름이 거론된 것을 고려하면, 그녀 역시 여인들 중 리더 역할을 했거나 초기 교회에서 가장 잘 알려진 인물이었을 가능성이 있다(Bauckham, 2002: 187). 마가복음에서는 막달라 마리아에 대해 말하는 바가 없지만 누가는 그녀가 예수님에 의해 "일곱 귀신이 나간 자"(8:2)라고 소개해 준다. 귀신 들린 전력은 아마도 막달라 마리아로 미혼으로 남아 있게 했거나 아니면 결혼했더라도 이혼당했을 가능성이 높기 때문에 그녀는 가족 없이 단신으로 예수님을 따랐을 것이다(Bauckham, 2002: 134).

젊은 야고보와 요세의 어머니 마리아의[11] 정체에 대해서는 다음의 두 가지 입장이 있다. 첫째, 예수님의 어머니로 보는 입장이다(Gundry, 977; Boring, 2006: 438).[12] 6:3에서 예수님의 고향 사람들이 그를 "마리아의 아들이며 야고보와 요셉 … 의 형제"로 부르고 있고, 요한복음 19:25-27에 따르면 마리아는 십자가 아래에 있었다. 그렇다면 왜 마리아를 예수님의 어머니라고 부르지 않는 것인지에 대한 의문이 생긴다. 이는 아마도 마가가 예수님의 새로운 가족은 혈연에 따르지 않고 "하나님의 뜻을 행하는 자들"(3:35)이라는 새로운 기준을 제시했기 때문일 수도 있다(Marcus, 2009: 1060). 그러나 이 이론의 가장 큰 약점은 본문에서는 그 여인들이

11. 흥미롭게도 그녀는 15:47에서는 "요세의 어머니"로, 16:1에서는 "야고보의 어머니"로 소개된다.

12. 건드리(Gundry, 977)는 "야고보" 앞에 붙은 형용어구 "젊은"을 예수님과의 관계에서 '동생'으로 해석한다.

갈릴리에서 예수님을 섬기며 따랐다고 한 반면, 마가복음에서 어머니 마리아는 예수님과 그의 사역과 긴장을 형성하고 있었다(3:31-35)는 사실이다(Gnilka, 2권 431). 따라서 두 번째 제안, 곧 젊은 야고보와 요세의 어머니 마리아는 성경에서 알려지지는 않았지만 마가의 역사적 청자들은 잘 알고 있었던 인물을 가리킨다고 보는 것이 타당하다.

마지막 남은 여인은 살로메인데 마태의 목록에는 살로메 대신 세베대의 아들들의 어머니가 있다(마 27:56). 두 설명이 가능하다. 살로메와 세베대의 아들들의 어머니는 동일 인물에 대한 다른 표현이라는 입장(Evans, 2001: 511)과 각각 다른 인물로 보는 입장(Bauckham, 2002: 236)이다. 두 명칭이 동일 인물을 가리킨다고 보아야 할 필연적인 이유는 없다. 오히려 그곳에는 많은 다른 여인들이 있었기 때문에 마가는 그의 청자들에게 잘 알려진 살로메를 언급했을 수 있고, 마태는 그의 청자에게 보다 더 친숙한 세베대의 아들들의 어머니를 목록에 넣었을 수 있다.

갈릴리 출신이 틀림없는 그 여인들이 예루살렘에까지 예수님을 따라왔다는 것은 놀랍다. 당시 여인들은 결혼 전에는 아버지에게, 결혼 후에는 남편에게 매여 있는 상황이었다는 것을 감안하면 그들이 낯선 남성 그룹에 합류하여 갈릴리에서 예루살렘에까지 남편이나 아버지 없이 홀로 여행할 수 있는 허락을 받아내기란 매우 어려운 일이었 기 때문이다(Bauckham, 2002: 118). 이런 이유 때문에 심(D. C. Sim)은 그 여인들은 아마 미혼자, 과부 혹은 이전에 창녀였을 가능성이 높다고 주장한다(Sim, 55).

그러면 실명이 밝혀진 일군의 여인들이 예수님의 죽음과 장사 그리고 부활 장면을 지켜보았다는 증언을 하는 마가의 의도는 무엇일까? 십자가 앞에는 호산나를 부르며 그를 따르던 무리도, 갈릴리에서부터 그를 따랐던 남성 제자들도 없었지만 오직 여인들만 그 자리를 지킨다. 더군다나 그들은 백부장과 마찬가지로 지금까지 한 번도 내러티브에서 등장하지 않았던 인물들이었다. 이렇듯 갑작스럽게 등장한 그 여인들은 남성 제자들이 예수님을 따르기를 중단한 그 지점에서도 멈추지 않고 그를 따라왔다. 무엇보다 '테오루사이'가 말하듯 목격자로서 그들의 위치는 확고해 보인다(Bauckham, 2002: 296-97). 뷔시코그(Samuel Byrskog)가 밝혔듯이 그리스-로마의 역사학자들이 가장 가치 있게 여긴 정보 제공자는 사건 현장에 참여한 목격자였다(Byrskog, 167)는 것을 감안한다면, 마가는 그의 복음서 기록을 위해 십자가 처형 현장을 지켜보았던 그 여인들의 목격자 증언을 사용했을 것이다.

그 여인들은 십자가 처형의 현장을 목격한 자들이었을 뿐 아니라 갈릴리 사역의 동참자들로 소개된다: "그가 갈릴리에 계실 때 그를 따르고 그를 섬겼"던(ἠκολούθουν αὐτῷ καὶ διηκόνουν αὐτῷ, 41절). '운-아우또'(ουναὐτῷ) 운율이 두 번 반복되면서 두 절의 정보에 초점화가 이뤄진다. 특히 주목해야 할 단어는 "따르고"(ἠκολούθουν)와 "섬겼다"(διηκόνουν)이다. 이 두 단어는 예수님이 제자들에게 요청하신 삶의 방식인 '따름'(ἀκολουθέω, 1:18; 2:14 [2x], 15; 6:1; 8:34 [2x]; 9:38; 10:21, 28, 32, 52; 14:54; διακονέω, 10:43, 44; 참고. 1:31)과 '섬김'(διακονέω)이며, 특히 '섬기다' 동사(διακονέω)는 예수님 자신의 삶과 죽음을 설명하는 동사였다(10:45). 섬김을 받는 위치에 서려다 공동체 분열(10:35-41)에까지 이른 남성 제자들은 예수 따르기를 중단했던 반면, 갈릴리에서 그를 섬기고 따랐던 여인들은 십자가에까지 그를 좇는다. 사용된 '따르다' 동사(ἠκολούθουν)는 진행의 의미를 지닌 미완료 시제이므로 그들의 따름이 십자가 앞까지 계속 진행돼 왔다는 것을 뜻한다(Setzer, 263). 제자의 길을 몸으로 따르던 자들만 예수님이 걸으신 메시아의 길을 끝까지 지켜볼 수 있었다. 그리스-로마 역사가들이 역사 기록에 참고할 자료로 목격자의 정보를 선호했던 이유는 그들이 현장에 참여했기 때문에 사건의 의미를 누구보다 더 잘 해석할 수 있다고 판단했기 때문이었다(Byrskog, 149). 이런 맥락에서 본다면 십자가 처형의 현장까지 끝까지 목격자로 남아 있었던 여인들의 존재 의미는 깊다고 할 수 있다. 그들은 갈릴리에서부터 예수님을 섬기며 따라왔던 자들이기에 그의 죽음의 의미를 누구보다 더 잘 이해할 수 있었을 것이라고 초기 교회는 생각했을 것이다. 그러므로 초기 교회에서 그들의 증인 사역이 언어로만 이뤄졌다고 보는 것은 근대적 지성의 편견이다. 그들은 예수님으로부터 언어를 배운 자들이 아니라 삶을 배웠다. 섬기는 그들의 몸이 또 하나의 증언 매체의 노릇을 했다고 보아야 하는 이유가 여기에 있다.

요약과 해설

온 땅에 어둠이 덮인 가운데 예수님은 홀로 십자가에 달려 큰 소리로 대답 없는 '왜'(why)라는 질문을 고통스럽게 하신다. 그 질문은 자신을 믿었던 제자들로부터 버림받고, 자신이 믿었던 하나님에게조차도 버림받은 자의 고통을 고스란히 담고 있다(Volf, 39). 그를 두른 흑암은 창조 전의 혼돈을 상징한 어둠(창 1:2)과 유사하다. 하지만 창조 때는 하나님께서 말씀하심으로 흑암이 별이 빛나는 밤이 되었지만, 골고다에서 하나님은 답이 없으시다. 이런 점에서 그 흑암의 발생 원인에 대한 자연적 설명은 의미가 없다. 오히려 그것은 하나님께 버림받은 예수님의 영혼의 상태, 하나님마저 얼굴을 감추신 아들의 내면의 고통을 극적으로 드러내 보여주고자 마가가 언급하는 것으로 보아야 한다. 예수님은 이리하여 제자들, 가족들, 종교 지도자들과 이방인, 그리고 하나님께 버림받아 홀로 십자가에 남겨진다. 그럼에도 하나님은 예수님이 고통 속에서 찾았던 유일한 분이셨다. 그는 가족도 친구도 제자들도 찾지 않으셨고, 오직 하나님만 구했다. 그의 믿음은 그의 칠십인경 시편 21:1(개역개정 22:1)을 인용하시며 드리신 기도의 첫 마디("나의 하나님 나의 하나님")의 반복을 통해 확인된다. 이스라엘과 하나님 사이에 맺어진 언약에 기초한 관계적 표현인 "나의 하나님"을 예수님이 마지막까지 외치셨다는 것은 그가 끝까지 붙드셨던 것은 그의 (새) 언약 백성에게 언약적 신실함을 베푸시는 하나님의 언약이었음을 보여준다.

이후 예수님은 "큰 소리"(37절)를 발하신 후 숨을 거두신다. 마가는 숨을 거두시는 장면을 "숨[영]을 발하셨다"(37절)로 표현하여, 그의 죽음이 성령으로 세례를 줄 인물이라는 세례 요한의 예언이 성취되는 순간으로 설명한다. 이에 지성소와 성소를 가르는 휘장이 위에서 아래로 찢어진다. 찢어짐의 방향이 "위에서 아래로"(38절)인 것은 하늘의 하나님이 그 행동의 주체라는 것을 암시한다. 하나님은 예수님의 유기의 외침에 침묵하신 것이 아니었다. 무엇보다 하나님의 거룩한 공간이라고 알려진 지성소와 당시 인간의 영역으로 알려진 성소 사이에 있던 휘장의 찢어짐은, 예수님의 죽음으로 하나님의 통치가 인간의 영역으로 침투해 들어오기 시작했으며 인간 역시 하나님께 나아갈 수 있게 되었음을 상징적으로 보여준다.

예수님의 죽음 직전과 직후의 사람들의 반응이 대조된다. 죽음 직전 군인들의 반응은 조롱이었지만, 그의 죽음을 조롱한 군인들의 수장격인 백부장은 경의를 표한다(Tolbert, 279). 십자가 "맞은편"(39절)에서 고백된 백부장의 "하나님의 아들" 언설은 가이사를 신의 아들로 고백하던 로마적 배경으로 보았을 때, 참 복음(1:1; 13:10)은 죽인 (강)자 (곧 로마)가 아니라 죽임을 당한 자가 선포한 복음이라는 메시지를 함축하고 있다. 더불어 이방 백부장의 고백은 장차 예수님의 복음이 이방 지역, 특히 마가복음의 역사적 청중이 있는 로마에까지 퍼져가게 될 것을 예고하는 사건이다. 죽음 직후에 나온 두 반응, 곧 유대의 심장부에 해당하는 성전의 균열과 이방의 심장인 가이사의 장군의 신앙 고백은, 하나님 나라의 선포자 예수님의 죽음이 하나님의 통치의 실패가 아니라 도리어 그의 다스림이 성전의 담을 넘어 이방 세계로 뻗어 나가는 계기가 되었음을 알려준다.

이 사건을 멀리서 바라보던 여인들이 마지막으로 소개된다. 비록 "멀리서"(40절)이지만 그들은 십자가 현장을 지켜보던 자들이었다. 무엇보다 남성 제자들이 다 도망간 상황에서 여인들은 끝까지 예수님이 가시겠다던 메시아의 길 그 끝점까지 그를 '섬기며 따르던'(41절) 인물로 소개된다. "인자가 온 것은 … 섬기려[διακονῆσαι] 하고 많은 사람을 대신하는 속량물"로 주기 위함이라는 10:45을 고려하면, 갈릴리에서 "섬기던[διηκὄνουν]" 여인들이 십자가까지 따라왔다는 것은 누가 참 제자이며 누가 십자가까지 따라갈 수 있는 자들인지를 극적으로 보여준다. 이런 점에서 비록 제자라는 칭호가 붙여지지는 않았지만 실명이 거론된 세 명의 여인들이, 섬김의 길을 가신 예수님을 몸과 말(16:7)을 통해 섬기며 증언했던 영향력 있는 초기 교회의 지도자로 자리를 지키고 있었다고 보는 것은 자연스럽다.

제70장
장사되심
마가복음 15:42-47

어만(Bart Ehrman)은 로마 시대 때 십자가에 처형된 범죄자의 몸은 들짐승의 밥이 되도록 버려진 관습의 예를 들어 예수님의 몸은 적절하게 장사되지 못했고, 따라서 공관복음이 말하고 있는 장사 단화는 역사적 진실일 가능성이 없다고 주장한다(159, 165). 어만에 따르면 현 단락은 후기 교회가 여인들의 이야기를 토대로 창작한 것이며 예수님을 장사한 것으로 알려진 아리마대 요셉 역시 교회가 만든 인물이라고 믿는다(Ehrman, 142, 151). 그는 장사됨에 관한 가장 이른 구절인 고린도전서 15:4 전반부("장사 지낸 바 되셨다가")에서 바울이 아리마대 요셉을 언급하지 않는 것을 그 증거로 삼는다(Ehrman, 139, 152). 어만의 주장에는 많은 문제들이 있다. 먼저, 공관복음서 저자 모두가 예수님의 장사와 부활에서 아리마대 요셉을 중요한 인물로 다룬다고 해서 바울 역시 그 전례를 따라야 한다는 것은 온당치 않다. 바울은 자신만의 이유에 따라 명단과 주제를 선정할 수 있었고, 그가 아리마대 요셉을 언급하지 않는 이유는 그럴 필요가 없었기 때문이다.

[여호하난(Yehohanan)의 발목 유골]

구체적으로 말한다면 고린도전서 15장에서 바울의 주된 관심은 예수님의 부활 현현이었기 때문에 부활 목격자들만 열거했고, 예수님의 시신을 누가 장사했는지는 바울의 논지에서 불필요한 언설이기에 아리마대 요셉은 생략된 것이다. 주해에서 보겠지만 아리마대에 의한 예수님의 장사는 당시 유대 관습에 준해서 진행되었으며, 묘사 역시 구체적이다. 무엇보다 아리마대 요셉이 예수님의 장사를 맡아 진행했다는 사실을 의심할 만한 어떤 이유도 없다. 어만이 놓치고 있는 것은 고대 로마에서 십자가 처형된 범죄자들의 사후 처리에 대해 그의 주장에 반하는 문헌적, 고고학적 증거들이다. 에반스가 주목하고 있듯이 로마법 *Digesta* 48.24.3에 따르면 종종 로마는 십자가에 처형된 자들의 시신을 가족과 친구들에게 넘겨주어 적절한 장사를 치르도록 허락했다(Evans, 2014: 76). 그뿐만 아니라 에반스가 제시하고 있는 것처럼 1968년에 발견된 주후 20년대 후반에 십자가 처형을 받은 유대인 여호하난(Yehohanan)의 뼈가 담긴 유골함(ossuary)은 결정적이다. '기바아트 하-미브타아르(Giv'at ha-Mivtar) 무덤 I 유골함 제4호'라는 이름이 붙은 유골함에는 여호하난의 발목뼈가 발견되었는데 그 뼈에는 십자가 처형 때 박힌 마지막 끝 부분이 꺾어진 못이 그대로 남아 있다(Evans, 2014: 83-84). 이러한 증거는 예수님이 무덤에 장사되었다는 본문의 서술이 역사적으로 불가능하다는 어만의 주장이 근거 없음을 보여준다. 본 단락은 아리마대 요셉의 요청(42-45절)과 장사 지냄(46-47절)으로 진행된다.

> **42** 그리고 이미 저녁이 되자 그 날은 준비일 곧 안식일 전날이므로 **43**
> 아리마대 출신이자 명망있는 [산헤드린] 의원이며 또한 그 역시 하나님의
> 나라를 열렬히 기다리고 있는 요셉이 와서 용기를 내어 빌라도에 찾아가
> 예수님의 시신을 요구했다. **44** 그러나 빌라도가 벌써 그가 죽었는지 의아
> 해하여 그 백부장을 불러 그가 죽은 지 얼마나 되었는지 물었다. **45** 그 백
> 부장에게 확인한 후 요셉에게 시신을 주었다. **46** 그러자 그는 삼베를 사서
> 그를 내린 후 그 삼베로 그를 감싸 돌을 깎아 만든 무덤 안에 그를 모셔 놓
> 고 무덤의 문 앞에 돌을 굴려 놓았다. **47** 그때 막달라 마리아와 요세의 [어
> 머니] 마리아는 그가 어디에 모셔지는지 지켜보았다.

주해

아리마대 요셉의 요청(42-45절) "저녁이 되었다"(ὀψιάς γενομένης)는 복음서에서 '해가 졌다'(1:32; 6:47; 마 14:23; 16:2) 혹은 '오후가 시작되었다'(마 14:15)는 의미로 사용된다(Brown, 1994: 2권 1211-12). 현 맥락에서 그 시간절은, 이어지는 정보 "그 날은 … 안식일 전날이므로[ἐπεὶ]"에서 확인되듯, 새로운 날(안식일)이 시작되었다는 표지보다는 단순히 오후가 시작되었음을 말하는 시간 표지이다. 이런 시간 정보는 아리마대 요셉이 예수님의 장사를 신속하게 처리하려는 행동("이므로[ἐπεὶ] … 요셉이 와서 용기를 내어 빌라도에게 찾아가 예수님의 시신을 요구했다", 42절)의 동기를 설명해 준다. 요셉은 산헤드린 회원으로서 안식일 법을 어기지 않

으려 했다는 것이 마가의 설명이다. 안식일 법 준수 외에 급한 장사 진행을 설명해 주는 또 다른 이유가 있다. 고대 유대 사회에서 장사는 죽음이 일어난 당일에 이뤄졌지만, 만일 한밤중에 발생한다면 하루 미뤄진다(Evans, 2014: 87, 88). 이런 신속한 장사 권고는 더운 날씨로 인해 부패를 피하고, 또 토라가 시신을 부정한 것으로 규정하고 있기에 감염의 위험을 최대한 줄이려는 시도의 일환이었다(레 22:4; 민 16:19; 참조. 학 2:13). 예수님의 경우 죽으셨을 때가 오후였기 때문에 아리마대 요셉은 나무에 달려 죽은 자를 당일에 장사토록 규정하는 신명기 21:22-23에[1] 따라 급하게 장사를 지내려 했던 것이 틀림없다(Brown, 1994: 2권 1214-19).

아리마대 요셉의 행동은 물론 토라를 준수하려는 의도에서만 비롯된 것은 아니었다. 이는 "그 역시 하나님의 나라를 열렬히 기다리고 있는 자[ὃς ... προσδεχόμενος]"라는 마가의 덧붙여진 인물 설명을 통해 확인된다. '기다리다' 동사인 '쁘로스 데코메노스'(προσδεχόμενος)가 진행의 의미를 가진 현재 시제로 발화된 것은 그의 하나님의 나라 기다림은 '현재 진행형'임을 암시한다. 아리마대 요셉이 기다려 온 하나님 나라는 어떤 것이었을까? 하나님 나라의 도래는 예수님의 선포의 핵심(1:14-15)이자 예수님이 자신이 하나님 나라의 담지자였다. 그렇다면 마가가 예수님의 주검을 두고 "용기"(43절) 있는 행동을 취하고 있는 인물을 "하나님의 나라를 열렬히 기다리고 있는 자"로 범주화한 것은 그가 예수님 안에서 하나님의 나라를 보았다는 것을 암시한다. 비록 드러내지는 않았지만 그 동안 그는 예수님과 그의 사역에 우호적이었을 가능성이 있다(대조. Hooker, 1991: 381). 물론 그가 단순한 인정에 그치지 않고 예수님을 향한 더 깊은 믿음을 가졌는지에 대해서는 본문은 침묵하고 있지만 말이다(비교. 마 27:57).

1. 또한 Josephus, *Jewish Wars* 4.5.2 §317를 보라.

그럼에도 그의 이름이 마가복음에 기록된 것은 초기 교회가 그의 이름을 기억할 정도로 그의 (목격자적) 활동이 그 이후에도 계속되었음을 암시해 준다(Bauckham, 2006: 149). 그리고 하나님 나라 선포자인 예수님의 죽음 앞에서 끝까지 경의를 보인 그가 부활한 예수님을 대면했을 때 가졌을 깨달음과 변화는, 아마도 다음과 같았을 것이다. '하나님 나라의 도래는 죽음을 우회하는 것이 아니라 정면으로 관통할 때 실현된다.'

사실 14:55, 64이 말하는 것처럼 예수님을 죽이는 일에 "모든" 산헤드린이 참여했다고 말하고 있으므로 "명망있는 의원"(43절)이었던 그 역시 예외는 아니었을 것이다. 그럼에도 예수님의 주검을 대하는 자세에 있어서는 심문 때와는 다른 태도를 보여준다. 특히 유대법으로는 신성 모독죄로, 로마법에 의해서는 반역자로 죽은 자의 주검을 장사 지내 주는 것은 분명 사회적으로 위험이 뒤따르는 행위임이 틀림없었을 텐데도 그는 "용기 있게"(43절) 그 일을 추진한다. 그것이 산헤드린 심문 동안인지 아니면 십자가에서 돌아가시는 모습을 보았을 때였는지는 알 길이 없지만, 분명한 것은 그의 심경에 변화가 일어났다는 것이다. 심문 때의 침묵과는 달리 용기 있는 행동을 한 것이다. 결과적으로 마가는 십자가의 예수님이 낳은 최초의 '회심자'로 이방 백부장과 유대 권력자를 제시한다. 둘 다 직간접적으로 그를 죽이는 일에 개입한 사람이었다는 점에서 그들의 전환은 극적이다.

흥미로운 점은 아리마대 요셉을 "그 역시[καὶ αὐτὸς] 하나님 나라를 기다리는 자"(43절)로 소개했다는 것이다. 이 말은 그 외에 다른 어떤 이가 하나님 나라를 기다리고 있었다는 것을 간접적으로 말한다. 또 누가 하나님 나라를 기다리고 있었는가? 역사적으로 보았을 때 마가는 그의 복음서를 듣고 있던 그리스도인 청자들을 염두에 두었을 수 있다. '그들만이 아니라 요셉 역시' 하나님 나라를 기다리고 있었다는 것이다. 근접 문맥에서 본다면 "그 역시"에 의해 마가가 염두에 두었던 이들은 예수님의 죽음을 멀리서 지켜보던 여인들로 자연스럽게 추론된다(Marcus, 2009: 1071). 여인들은 갈릴리에서부터 하나님 나라의 선포자 예수님을 섬기며 따랐고 그가 십자가 처형당하는 순간까지 그와 함께 했었다는 점에서 그들은 "용기를 내어"(43절) 예수님을 장사 지낸 아리마대 요셉과 공통점을 가진다. 원접 문맥에서 본다면 아리마대 요셉이 갑작스럽게 등장하여 용기 있는 행동을 했다는 점에서 마가복음에 잠시 등장하여 예수님에 대한 믿음을 보였던 많은 조연들(중풍병자와 그 친구들[2:5], 거라사 귀신 들린 자[5:20], 열두 해를 혈루증으로 앓아 온 여인[5:34], 야이로[36절], 시리아-페니키아 여인[7:28], 칭찬들은 서기관[12:34] 등)과 공통점을 가진다(김성현, 105). 따라서 마가는 그와 같은 다른 조연들을 염두에 두고 아리마대 요셉 "역시" 그들과 같이 하나님 나라를 기다리는 인물로 설명하고 있다고 볼 수 있다. 앞서 살펴본 것처럼 마가복음에서 긍정적으로 묘사된 이들은 대부분이 조연들이었다는 점에서 세 번째 입장도 충분히 타당하다. 그러나 해석학적 원칙은 근접 문맥을 우선적으로 고려토록 하기 때문에 두 번째 입장이 가장 타당하다고 볼 수 있다.

요셉의 요청을 들은 빌라도는 예수님의 이른 죽음에 놀란다(ἐθαύμασεν). 경우마다 달랐지만 어떤 사람은 며칠 동안 산채로 십자가에 달려 있는 경우도 있었고, 일반적으로 죽음은 '오랜 시간'이 지난 후 찾아오는 것으로 고대인들은 기록한다(Seneca, *Dialogi* 3.2.2; Junvenal, *Satirae* 14.77-78; Evans, 2001: 520; 또한 참고. Hengel, 1986: 122-23). 예수님은 정오 오전 9시에 못 박힌 후, 정오 12시에서 오후 3시 사이에 돌아가셨기에 빌라도는 예수님에게 죽음이 이례적으로 빨리 찾아온 것으로 판단했다. 이에 백부장을 불러 사실 여부를 확인한다(44절). 주후 182년에 기록된 파피루스 옥시링쿠스(P. Oxyrhynchus) 3.475에는 이집트의 세넵타(Senepta) 지역의 옥시링쿠스 마을에서 열리고 있던 잔치를 지붕 난간에서 구경하던 에바브로디도(Epaphroditos)라는 여덟 살 난 어린 노예가 떨어져 죽은 사건을 두고 로마 관리(*Stratêgos*)가 의사를 통해 죽음 여부를 확인하고 장사 후 작성한 보고서에 대한 기록이 나온다(Straus, 455). 이런 기록은 빌라도가 행한 예수님의 죽음 확인 작업이 당시 로마 관리에게 주어진 책임이었다는 것을 보여준다.

로마 총독이 반역자의 형틀인 십자가에 처형된 자의 시신을 지역 관리가 장사하고자 요청한다고 해서 선뜻 내어준 것은 분명 뜻밖의 행동처럼 보인다. 아마도 예수님(과 두 강도들의) 시신 처리와 관련하여 빌라도와 대제사장 사이에 모종의 약속이 있었던 것으로 추정해볼 수 있다(Evans, 2014: 78). 무리를 두려워하여 은밀히 그를 처형(14:1)하기까지 한 대제사장들은 곧 시작될 유월절을 위해 예루살렘에 모일 무리들이 공개적인 자리에 방치된 예수님의 "시신"(43절)을 목격하게 되는 상황이 펼쳐지는 것을 결코 좋게 생각할 수 없었을 것이다. 또 유월절 기간 중 예루살렘성의 정결(ritual purity)은 대제사장의 책임이었기 때문에(레 11-16장; 민 19장) 만일 부정한 시체가 예루살렘 근교에 그대로 방치될 경우 무리들의 불만이 곧바로 대제사장에게 향해질 수 있었고, 그리고 빌라도 역시 불만이 소요로 이어질 경우 자신의 정치적 입지가 흔들릴 수 있을 것이란 판단이 있었을 것이다(Evans, 2014: 78). 이런 판단이 대제사장과 빌라도 사이의 신속한 시신 처리 협약의 동기가 되었을 수 있다(Evans, 2014: 78). 끝으로 주목해야 것은 요셉이 빌라도에게 찾아와 요구한 예수님의 시신을 위해서는 '또 소마'(τὸ σῶμα, 몸, a body)가 사용된 반면 빌라도가 예수님의 죽음을 확인한 후 요셉에게 내준 것은 '또 쁘또마'(τὸ πτῶμα, '시신', a corpse, 43절)로 표현되었다는 점이다. 이런 언어의 변화는 빌라도에 의해 확증된 것처럼 예수님의 죽음이 틀림없는 상태라는 것을 마가가 의도적으로 드러내려 했다고 볼 수 있게 한다(Edwards [b], 489; 참조. Marcus, 2019: 1071).

장사 지냄(46-47절) 제2성전 시기 유대인은 구약의 족장들처럼(창 23:19; 25:9; 49:29; 50:13) 굴을 가족 무덤으로 사용하였고 종종 바위를 깎아 무덤을 만들기도 했다(Avigad, 96-109; Rahmani, 1981: 171-77, 229-35; 1982: 43-53, 109-19). 또한 예수님 시대로부터 온 고고학적 발견에 따르면 시신은 천에 싸서(요 11:44; 행 5:6; Strange, 413) (가족) 무덤에 넣어 두었으며, 대략 일 년이 지난 후 뼈를 수습하여(2차 장사) 유골함에 넣어 보관했다(Hachlili, 790-91)고 한다. 이런 정보는 46절에서 아리마대 요셉이 진행한 장례 절차가 당시 유대 장례 문화에 입각해 진행되었음을 보여 주며, 따라서 역사적 신뢰성을 더해 준다. 본문은 그 무덤이 누구의 것인지 명시하지는 않지만, 시신을 요구하고 장례를 진행하는 이가 아리마대 요셉이었기에 그 무덤은 그의 것이었음이 틀림없다(마 27:60). 또 예수님의 죽음이 급작스럽게 이뤄졌기에(44절) 그를 위한 무덤이 미처 준비되지 못한 것을 알게 된 아리마대 요셉이 자신의 무덤을 제공하려 했다고 보는 것이 현실에 잘 부합된다.

예수님의 시신을 감쌌던 삼베(σινδόνι, 15:46)는 겟세마네 동산에서 한 청년이 그를 따르다 잡히자 도망가고자 벗어 던졌던 것(σινδόνα, 14:51)과 같은 종류이다. 동일 명사의 사용은 두 사건의 비교점을 제공한다. 그 청년은 살기 위해 옷을 벗었지만 예수님은 다른 사람을 살리기 위해 그 옷을 입으셨다. 청년은 수모를 겪지 않고자 벗은 몸으로 도망간 반면에, 예수님은 잡혀 수모를 겪었지만 결국 그 옷으로 수치가 가려진다(또한 14:51 주해를 보라).

요셉은 예수님을 무덤에 모셔 놓은 후 "무덤의 문 앞에 돌을 굴려 놓았다[προσεκύλισεν]." 무덤 문을 막고자 돌을 굴렸다는 것은 그 돌이 둥근

형이라는 것을 자연스럽게 전제한다. 클로너(A. Kloner)는 고고학적 자료를 바탕으로 예수님 시대에 무덤 문으로 사용된 돌의 형태 중 98%가 사각형이었고, 단지 2%만 둥근 형태(주로 부유한 자와 권력자의 무덤 형태)였다고 주장한 후 요셉이 무덤 문을 "굴려 놓았다"는 표현은 '옮겨 놓았다'는 뜻을 가진 것으로 설명돼야 한다고 말한다(Kloner, 22-29). 하지만 그도 인정하는 것처럼 부유하고 권력자의 무덤은 비록 낮은 비율이었지만 둥근 형태의 무덤 문이었다는 것을 감안한다면, 아리마대 요셉 역시 "명망 있는 산헤드린 의원"이었기에 예수님의 무덤 문 역시 둥근 형태였다고 볼 수 있다(Evans, 2001: 534; Marcus, 2009: 1072; Edwards [b], 490 각주 96; 참고. 사 53:9; 참고. 마 27:57). 따라서 무덤 문을 "굴려 놓았다"는 표현은 문자 그대로 둥근 형태의 무덤 문을 닫는 동작으로 이해하는 것이 합당하다. 더불어 둥근 형태의 문을 가진 무덤은 값비싸고 보기 드물었기에 예수님의 무덤 형태는 목격자들의 기억에 남을 만한 인상을 심어주었을 것이다.

내러티브는 아리마대 요셉의 이야기에서 40-41절에 등장했던 여인들에게로 되돌아간다: "그때 막달라 마리아와 요세의 [어머니] 마리아는 그가 어디에 모셔지는지 지켜보았다[ἐθεώρουν]"(47절). 여인들의 목격 담화(A, A′)가 아리마대 요셉의 장사 에피소드(B)를 샌드위치 형식으로 둘러싸고 있다:

A 여인들이 십자가 처형을 지켜봄(40-41절)

  B 아리마대 요셉의 장사(42-46절)

A′ 여인들이 장사 과정을 지켜봄(47절)

한 사람의 장사 과정에 가족이 참여하는 것은 시대를 불문한 장례 관습일 것인데, 예수님의 경우 무덤 제공자도 또 장사 절차에 참여한 자들 중에도 혈통적 가족 구성원은 없었다(40절 주해를 보라). 끝까지 예수님과 함께 한 여인들이 그를 섬기며 따랐던 자들이라는 설명(41절)이 암시하듯, 그에 의해 탄생된 하나님의 새로운 가족(3:31-35)이 전통적이고 혈통적 가족의 역할을 대신하고 있음을 보여준다. 여인들이 예수님의 장사 과정을 지켜본 이유 중 하나는 이어지는 정보(16:1)가 말하듯, 후에 무덤을 방문하여 예수님의 몸에 향유를 바르기 위해서였을 것이다. 그 여인들의 행동을 묘사하는 범주로 사용된 '지켜보다' 동사(ἐθεώρουν)가 15:40("멀리서 [십자가 처형을] 바라보는[θεωροῦσαι]")에 이어 두 번째로 사용되고 있고, 이어지는 부활 목격 장면에 다시 등장한다(θεωροῦσιν, '그들이 보았다', 16:4). 그들이 장사 지내는 과정을 목도했다는 마가의 서술은 차후 무덤 방문 이야기(16:1)의 연결고리를 제공할 뿐만 아니라 예수님의 죽음과 부활 이야기를 잇는 가교 역할을 한다(Hurtado, 2017: 447, 449,457). 이리하여 기독교의 시작을 가능케 한 주된 세 가지 사건(죽음, 장사, 부활) 모두에 여인들이 목격자로 개입된다. 초기 교회와 더 나아가 이방 세계로 퍼져 나가게 된 예수님의 죽음과 장사, 그리고 부활 증언의 진앙지는 그 현장에 있었던 여인들의 기억이었음을 말해준다(40-41절 주해를 보라). 그들이 지켜본 무덤은 헬라어로 '므네메이온'(μνημεῖον)인데, 그 명사의 어원은 동사 '기억하다'(μνημονεύω)이다(Strange, 416). 죽은 자가 무덤에 들어가는 장사 과정을 지켜보며 그들의 기억을 형성했던 이들은, 후에 부활 사건을 통해 무덤이 새 생명이 시작되는 곳이라는 기억을 동시에 가지게 된다. 적어도 무덤과 관련해서 예수님이 그 여인들(과 후기 교회)의 기억에 가져다 준 변화는 이것이다. '무덤은 주검이 들어가는 곳이자 새 생명이 탄생되는 곳'이다.

요약과 해설

예수님은 당시 유대 장례 문화에 따라 장사 지낸 바 된다. 그의 죽음은 로마 관리에 의해 확인되고, 장사는 아리마대 요셉이 주관했으며, 그의 무덤의 위치는 여인들이 목격한다. 이런 정보는 훗날 제기될 수 있는 예수님의 죽음과 장사, 그리고 부활과 관련한 거짓된 소문에 대한 분명한 반박의 근거를 포함한다(Evans, 2001: 521-22).

장사는 안식일 전에 치러지도록 신속하게 진행된다. 장사에는 아리마대 요셉이 깊숙이 개입한다. 이런 신속한 장사 처리 뒤에는 안식일에는 일을 할 수 없다는 법을 준수하려는 뜻이 있었을 것이다. 하지만 이것이 다는 아니다. 그는 "용기를 내어"(43절) 빌라도에게 예수님의 시신을 요청한다. 반역자로 십자가에 죽은 이를 적법한 절차에 따라 장사하겠다는 요구(비교. 6:29)는, 그 요구자 역시 반역자의 뜻에 동조하는 자라는 오명을 안겨다 줄 수 있었다. 그럼에도 그는 빌라도에게 나아간다. 아리마대 요셉의 용기는 제자들의 비겁함과 비교된다. 십자가 앞에 서 있는 예수님을 홀로 두고 제자들은 다 뒤로 도망갔지만, 아리마대 요셉에게는 권력자의 폭력과 개인적인 오명이 문제되지 않는다. 그는 하나님 나라를 "열렬히 기다리는"(προσδεχόμενος, 43절) 자라고 본문이 말해주듯, 아리마대 요셉에게 두려움을 극복하는 실마리가 된 것은 하나님 나라였다. 이런 점에서 이방 백부장의 신앙과 여성의 충성에 이어 유대 권력자(산헤드린 회원) 중의 한 사람인 아리마대 요셉의 용기 있는 행동은, 하나님 나라 선포자의 죽음이 가져온 열매라는 점에서 하나님 나라의 역설적 차원을 다시 한번 더 보여준다.

제71장
부활하심
마가복음 16:1-8

16장과 관련된 학자들의 논의는 크게 두 가지인데 사본학적 이슈와 원본의 범위가 그것이다. 먼저, 9-20절을 원본의 일부분으로 볼 것인지와 관련된 논의는 이어지는 72장에서 주장될 것이기 때문에 현 단락에서 논증돼야 할 것은 8절이 마가복음의 결말로 의도되었는지 아닌지이다. 먼저, 8절을 마가의 의도적 결론으로 보지 않는 학자들(Cranfield, 470-71; Nineham, 439-41; Gundry, 1009-12; Evans, 2001: 539; 배성진, 608-23)은 세 가지 주장을 하는데, 하나는 '가르'(γάρ, '왜냐하면')로 끝나는 문장(φοβοῦντο γάρ, '이는 그들이 두려움에 붙들렸기 때문이다')이 결말이 되기 힘들다는 것과, 다른 하나는 '예수 그리스도의 복음'(1:1)을 소개하겠다던 마가가 부활 소식에 대한 여인들의 부정적인 반응을 복음서의 결론으로 의도하지는 않았을 것이라는 점이다. 마지막으로 고린도전서 15장과 마태복음과 누가복음, 그리고 요한복음 모두가 기록하고 있는 부활 현현 이야기를 마가가 의도적으로 생략한 것은 이해하기 힘들다는 이유를 든다(배성진, 613-15). 이 입장에 따르면 마가의 갑작스러운 결론은 뜻하지 않은 사건(외부 핍박? 혹은 병?)으로 쓰기를 멈출 수밖에 없었거나, 기록된 두루마리(scroll) 혹은 코덱스(codex)의 마지막 부분이 유실되었을 가능성을 제기한다(Cranfield, 470-71; Metzger, 2001: 105 각주 7; 배성진, 620-22).

8절이 마가의 의도된 결론이라고 주장하는 학자들도 있는데(Lightfoot, 80-97; Gnilka, 2권 456; Hooker, 1991: 383-83; 신현우, 2011: 354; 박노식, 2015: 65-83), 라이트풋(R. H. Lightfoot)은 '가르' 접속사를 사용한 종결이 불가능한 것이 아님을 보여 주기 위해 '가르'로 끝나는 문장 혹은 이야기를 가진 구약(칠십인경 창 18:15; 45:3; 사 29:11)의 예(Lightfoot, 86)를 제시한다. 반 데르 호스트(P. W. van der Horst)는 동일한 목적을 위해 헬라 문헌들을 제시한다.[1] 그러나 크로이(N. Clayton Croy)는 호스트의 예와 다른 헬라 문헌의[2] 예의 문제점은 마가복음과는 달리 비내러티브 문학이라는 점을 지적한다(Croy, 48). 이에 이버슨(Kelly R. Iverson)은 내러티브에서 '가르'로 종결되는 문장과 문단의 예를 증거로 제시한다(Iverson, 79-94). 이버슨의 증거로 '가르'가 문장 혹은 문단과 이야기의 종결에 올 수 있음은 증명된 것으로 보인다.

또 다른 논쟁은 '마가가 초기 교회 케리그마의 핵심인 부활 현현 사건 대신 두려움에 휩싸인 여인들의 반응을 그의 복음서의 결론으로 끝내려고 했겠는가'이다. 그러나 마가의 종결부를 다른 복음서 또는 바울의 케리그마(고전 15장)와 단순 비교하는 것은 부당하다. 마가는 마가만의 신학적 주제와 그것을 전개하는 내러티브 방식이 있기 때문이다. 아래 주해에서 여인들의 부정적 반응이 마가복음 전체의 신학적 주제에 어울리는 종결부라는 것을 논증할 것이다. 지금은 돌발적 종결이 마가의 내러티브 전

---

1. Plotinus, *Enneads* 5.5; treatise (#32) ed. Porphyry [τελειότερον γάρ]; Horst, 121-24로부터 재인용.
2. Musonius Rufus, *Tractate* 12 [γνώριμον γάρ]; Croy, 48-49에서 재인용.

개 방식에 낯선 것이 아니라는 점을 설명할 필요가 있다. 본 주석 전반에 걸쳐 지적된 것처럼 마가복음은 조용한 읽기보다는 공개적 읽기를 위해, 시각적 수용이 아닌 청각적 수용이라는 의사소통 방식을 가진 구술-청각적 내러티브이다(Park, 45-70; 박윤만, 2008: 649-77). 구술-청각적 내러티브는 현대 문학에서 발견될 수 있는 직선적 발전 구조를 따르는 대신, 열쇠 말 혹은 다양한 주제로 상호 연결된 개별적 에피소드의 결합체 형식을 그 특징으로 전개한다(개관의 '3. 구조'를 보라). 마가도 예외는 아니다. 부활을 들은 이들이 두려움으로 반응한 것은 이번이 처음이 아니다. 9:35에 따르면 제자들은 "인자가 … 죽임을 당한지 삼일 후 … 살아날 것이다"(31절)라는 말을 들었을 때 "그 말을 알지 못했고 그에게 묻기를 두려워했다[ἐφοβοῦντο αὐτὸν ἐπερωτῆσαι]"(32절)고 말한다. 동일한 일이 여성들에게 나타난다. 예수님의 부활을 제자들에게 전하도록 요청받은 여인들 역시 아무런 말도 하지 못하는데, "이는 그들이 두려움에 붙들려 있었기 때문이다"(φοβοῦντο γάρ)라고 설명한다. '사람들의 실패'라는 주제가 마가복음을 이끌고 있는 주요 주제라는 것은, 부활 담화에서만이 아니라 전 내러티브에 골고루 퍼져 있는 소위 말하는 '메시아 비밀' 단화에서도 나타난다(1:25, 34, 43-44; 3:12; 5:43; 7:36; 8:26; 9:9). 예수님은 그의 정체와 사역을 전파하지 말도록 명령하지만 사람들은 그럴수록 더욱 더 전파한다. 그러므로 종결부에 여인들의 실패가 다시 등장하는 것은 마가가 극적인 절정이 없이 유사한 주제로 느슨하게 연결된 구술-청각적 내러티브 특징을 가진다는 것을 고려하면 매우 자연스럽다.

물론 인간의 실패로 끝나는 종결이 의미 없는 것은 결코 아니다. 마가복음은 하나님의 뜻이 인간의 실패 가운데서 실행되는 역설적 성격을 가지고 있음을 다양한 방식으로 보여 왔다. 세례 요한은 자기 뒤에 오는 자가 불로 세례를 주는 자라고 예언했지만, 오신 예수님은 성령으로 세례를 받으셨다(1:8-9). 네 종류의 땅 비유(4:1-9, 13-20)에서는 말씀에 비유된 (13절) 씨는 세 번의 연속적 실패 이후 마지막으로 좋은 땅에 떨어져 삼십 배, 육십 배, 백 배의 결실을 거둔다(8, 20절). 스스로 자라나는 씨 비유(4:26-29)에서는 농부가 밤낮 자고 일어나는 것 외에 하는 것이 아무것도 없음에도 "땅이 저절로"(28절) 씨의 열매를 맺는다. 치료가 약속된(5:22-24) 야이로의 딸은 혈루증 여인의 개입으로 치료는커녕 결국 죽게 되었지만, 예수님의 늦은 도착은 단순한 치료가 아니라 소생의 기적을 체험하는 계기가 된다(41-43절). 악한 포도원 농부 비유(12:1-12)에서 아들의 죽음은 성전의 "머릿돌"이 놓이는 동인이 된다(10절). 제자들은 후에 "총독들과 왕들"에게 붙잡히게 될 것이지만 그 매임이 도리어 메시아의 "증인" 노릇하는 기회가 될 것이고(10:9), 그 결과 "모든 민족에게 먼저 복음이 전파" 될 것이라 말해진다(10절). 마찬가지로, 배신당한 인자는 하나님의 뜻에서 멀어지기보다 그럼에도 성경에 기록된 그의 길(14:21)을 걸을 것이고, 제자들의 도망은 하나님께서 목자를 치신 까닭에 일어난 양들의 흩어짐(27절)으로 해석되어 비극적 상황에서 이뤄지는 하나님의 주권적 계획을 보게 한다. 무엇보다, 죽어 들어간 무덤이 역으로 새 생명이 잉태되는 모태(16:6)가 될 수 있음을 예수님은 그의 부활로 보여 주셨다.

이 모든 것들은 마가복음에서 하나님의 통치는 인간의 무능과 실패 앞에 무너지지 않고 그것을 통해서 실현되는 역설적인 나라라는 것을 증명한다. 따라서 여인의 두려움과 침묵으로 끝나는 마가의 종결이 비록 현대 문학의 결론을 기대한 이들에게는 당황스러울 수 있지만 마가의 신학적 주제를 잘 따라온 이들이라면 그 두려움과 침묵이 하나님의 나라가 실현되는 또 다른 계기가 될 것이라는 해석을 쉽게 할 수 있다.

현 단락은 여인들의 방문과 빈 무덤 발견(1-4절), 한 젊은이의 메시지(5-7절), 여인들의 반응(8절)으로 이어진다.

1 그리고 안식일이 지나자 막달라 마리아와 야고보의 어머니 마리아, 그리고 살로메가 가서 그에게 바르기 위해 향료를 샀다. **2** 그리고 한 주의[3] 첫날[4] 매우 이른 아침, 해 돋을 때 그들이 그 무덤에 간다. **3** 그리고 서로 말했다. "누가 무덤의 문에서 그 돌을 굴려주리요?" **4** 그런데 눈을 들어본즉 돌이 이미 굴려져 있었다. 이는 그것이 매우 컸기 때문이었다.[5]

5 그리고 무덤 안으로 들어갔을 때 한 청년이 흰 망토를 두르고 우편에 앉아 있는 것을 보고 매우 놀랐다. **6** 그러자 그가 그 여인들에게 말한다. "놀라지 마시오. 그대들은 십자가에 못 박힌 분, 나사렛인 예수님을 찾고 있는데, 그는 일으킴을 받았고 여기에 있지 않소. 그들이 그를 두었던 그 장소를 보시오. **7** 이제 가서 그의 제자들과 베드로에게 말하시오. '그가 갈릴리에서 그대들을 인도하십니다. 그가 그대들에게 말한 것처럼 그곳에서 그를 볼 것이오.'"

8 그러나 나간 후 무덤에서 도망갔다. 이는 그들이 떨었고 놀랐기 때문이었다. 그리고 아무에게도 아무것을 말하지 않았다. 이는 그들이 두려움에 붙들려 있었기 때문이었다.

---

3. '똔 사바똔'(τῶν σαββάτων)은 안식일뿐만 아니라 '한 주'(a week)라는 뜻(칠십인경 레 23:15; 막 16:9; 눅 18:12; *Didache* 8:1)으로도 쓰인다. 그럼에도 한 주를 안식일과 동일한 단어로 사용한 것은 유대인들의 날 개념의 기준이 안식일이었음을 알려 준다.
4. '떼 미아 똔 사바똔'(τῇ μιᾷ τῶν σαββάτων, '한 주의 첫날')은 셈어적 표현(행 20:7; 고전 16:2)이다(Davies and Allison, 663).
5. 현 절에서 γάρ('이는 … 때문이다')는 공동본문 밖으로부터 정보를 추론하여 정보를 이해하도록 유도한다.

주해

빈 무덤 발견(1-4절) 여인들은 예수님의 시신에 바르고자 향료를 구입한다(1절). 통상 시신에 향료를 바르는 일은 주검을 장사 지낼 때 진행되지만,[6] 예수님의 경우는 안식일이 다가오는 금요일 오후에 급하게 장사가 치러졌기에 아마도 향유를 바르는 일이 무시되었을 수 있다(Evans, 2001: 534). 장사 과정을 지켜본 여인들(15:47)이 안식일이 끝나자마자 무덤에 달려가지만, 결과적으로 여인들도 향유를 바르는 기회를 갖지 못한다. 예수님이 무덤에 계시지 않았기 때문이기도 하지만, 무명의 여인이 이미 옥합을 깨뜨려 그의 머리에 기름을 부어 장사를 준비했기 때문이기도 하다(14:39; Hooker, 1991: 384). 향료를 구입한 정확한 시점인 "안식일이 지났을 때"는, 금요일 해진 후부터 토요일 해질 때까지를 안식일로 보는 유대인의 날 계산법을 고려하면, 토요일의 해가 진 이후를 가리킨다고 보는 것이 옳다. 구입한 향료를 예수님의 시신에 바르고자 무덤을 방문한 날과 시간대를 "한 주의 첫날",[7] 곧 일요일 "매우 이른 아침"(2절)이라 말하고 있기 때문이다. 이처럼 현 단락의 시간적 배경은 두 번 언급("안식일이 지났을 때", "한 주의 첫날 매우 이른 아침")되었다. 한 문단/에피소드의 시간적 배경은 통상 문단 서두에 단회적으로 언급되며 반복 등장할 경우는 시간적 배경 자체를 강조할 때이다(박윤만, 2010: 311-14; Park, 183-86). 여인들이 무덤을 방문한 "매우 이른 아침"이 "한 주의 첫날"이었다는 시간은 "안식일이 지났을 때"라는 시간 정보가 이미 나온 후라 문단 차원에서 현저성을 가질 수밖에 없다(Lincoln, 382). 예수님의 부활이 "한 주의 첫날"에 이뤄졌다는 점은 문단 차원에서 강조되고 있는 것이다.

---

6. 미쉬나 샤바트 23.5.
7. 위 번역을 보라.

제2성전 시기 유대인들의 주된 관심사들(식사법, 할례, 안식일; 참고. Neusner, 15-26, 특히 17) 중 하나였던 안식일은, 구약성경에서 다양한 배경으로 그 의미가 축적돼 왔다. 창조에서 안식일은 육일간의 창조를 마치고 하나님께서 쉬신 날(창 2:1-2)이었으며, 출애굽에서 안식일은 바로의 억압에서 구속받은 백성이 하나님의 안식의 모델에 따라 사회 제도적으로 쉬어야 하는 날로 제정된다(출 20:8-11; 31:13-17). 한 주의 마지막 날인 안식일에 종말론적 의미가 부여되어 한 주(a week)는 우주의 시간(a cosmic week)으로 이해되고, 인간 역사는 종말론적인 영원한 안식을 향해 나아간다고 믿었다(시 95:11; 미쉬나 타미드 7:4;[8] 미드라쉬 시편 92;[9] 아담과 이브의 생애 51:1, 2; 히 3:7-4:13; Rordorf, 49-50). 이에 더해 인간 역사가 종말론적 안식의 때인 칠일 혹은 일곱째 주에 도달한 후에는 새로운 시대가 열릴 것이라는 기대로 이어졌다(단 9:25; 에녹1서 93:1-10; 에스라4서 7:30-31; 에녹2서 33:1-2).[10]

종말론적인 안식일과 그 후에 열리게 될 새 날에 대한 유대적 기대를

---

8. "On the Sabbath they sang A Psalm: a Song for the Sabbath Day; a Psalm, a song for the time that is to come, for the day that shall be all Sabbath and rest in the life everlasting"(안식일에 그들은 안식일의 찬송시를 노래한다. 그 찬양은 다가오는 때와 영원한 삶에서 모든 것이 안식일과 쉼이 될 날을 위한 노래이다).
9. Braude, 110-11의 번역은 다음과 같다. "I created seven Ages, and out of them I chose for my own only the seventh Age-for six Ages are to come and go-and theseventh Age, being all Sabbath and rest, will endure through eternity"(내가 일곱 시대를 창조했으며 그것들로부터 내 자신을 위해 오직 일곱 번째 시대를 선택했다. 이는 여섯 시대는 오고 갈 것이지만 일곱 번째는 모든 안식일과 쉼이 되면서 영원토록 지속될 것이기 때문이다); Johnston, 45에서 재인용.
10. 특히 기록 연대가 주후 1세기 말로 알려진 에스라4서 7:28-31에서 하나님은 "나의 아들 메시아와 모든 인간들은 죽을 것이며 세상은 태고의 침묵으로 되 돌아갈 것이며...칠일 후에 세상은 일으킴을 받을 것이다"고 말씀하신다. 이것은 제 2 성전 시기 유대 문헌에서도 칠일 후 곧 안식 후 첫날에 부활이 일어난다는 사상이 있었다는 것을 말해준다(번역은 메쯔거[B.M. Metzger]의 영역에 대한 저자의 번역).

배경으로 본다면 안식 후 첫날 곧 "한 주의 첫 날"에 일어난 예수님의 부활은 몇 가지 신학적 의미를 함축한다. 첫째, 새 창조가 시작되었음을 말해준다.[11] 흑암을 빛으로 혼돈을 질서로 바꾸시며 창조를 시작하신 하나님께서 죽은 자 가운데서 예수님을 부활시키심으로 만물을 사망과 부패로부터 해방시키는 새 창조를 시작하셨다(고후 5:17; Lincoln, 399; 참고. Wright, 2003: 122-24, 315, 440, 658, 667-68). 둘째, 안식 후 첫날에 일어난 부활은 종말론적인 영원한 안식이 그를 통해 성취되어 모든 날이 안식과 쉼이 되는 새 시대가[12] 시작되었다는 것을 알려준다(Lincoln, 347).

2절에서 무덤으로 가는 여인들은 날("한 주의 첫날")에 이어 다시 구체적 시점("매우 이른 아침, 해 돋을 때")을 배경으로 서술된다. 이러한 이중적 시간 표현(1:32, 35; 15:42)은 마가의 문체적 특징(1:32 주해를 보라)에 속하지만, 현 맥락에서는 상징적 의미 역시 내포한다. 무덤으로 가는 여인들 머리 위로 해가 떠오르는 장면은 "부활의 빛"(Gnilka, 2권 451)이 이미 현시대를 비추기 시작했음을 상징적으로 보여준다. 이런 사실을 깨닫지 못하고 있는 여인들은 여전히 옛 시대에 속한 염려("누가 무덤의 문에서 그 돌을 굴려주리요[ἀποκυλίσει]?", 3절) 가운데 무덤으로 간다.

무덤에 도착한 여인들은 "돌이 이미 굴려져[ἀποκεκύλισται]" 있는 것을 목격한다(4절 전반부). 완료 수동태로 발화된 '아뽀께뀌리스따이'의 수동태는 돌을 굴려 문을 연 행위의 주체자로 하나님을 함의하고 있고, 사건의 상태를 최전방에 부각하는 완료 시제는 무덤 문의 열린 상태에 집중하게 한다. 현시대에 속한 자의 염려와는 달리 새로운 시대에는 하나님께서 직접 개입하셔서 무덤을 해체하는 작업을 시작하셨음을 알려준다. 돌

11. 부활의 의미에 대한 충분한 설명은 6절 주해를 보라.

12. *Letter of Barnabas* 15:8-9은 주님이 부활하신 한 주의 첫날을 "팔일 째 날"이라 부른다.

문의 크기를 설명하는 이어지는 '가르' 절("이는[γὰρ] 그것이 매우 컸기 때문이었다")은 초자연적인(하나님의) 능력이 그 일에 개입했을 것이라는 추론을[13] 자연스럽게 유도한다.

한 젊은이의 메시지(5-7절) 여인들은 무덤 안으로 들어가 "한 청년"(νεανίσκον, 5절)을 본다. '네아니스꼰'은 벗은 몸으로 예수님을 좇았던 청년(14:51, νεανίσκος)으로 볼 수 있을 것 같지만 그는 천사였다고 믿어야 할 이유가 있다. 그가 입은 "희고 긴 겉옷"은 천사의 옷(행 1:10; 참조. 마 28:3)이며, 천사는 칠십인경 구약성경(창 18:2, 16, 22; 19:1; 단 8:15-16; 9:21)과 유대 문헌에서 곧잘 '사람'(마카비2서 3:26, 33) 혹은 '젊은 사람'(Josephus, *Jewish Antiquities* 5.8.2 §277)으로 언설되기 때문이다. 그렇다면 마가는 왜 그를 청년이라 표현했을까? 이 질문에 답을 하려면 먼저 마가복음 시작과 끝이 메신저의 소식 전달로 수미상관되어 있다는 점에 주목해야 한다(Stock, 27):

	서론(1장)	종결부(16장)
인물	전령(2절), 세례 요한(3절)	청년(5절)
장소	광야(3-4절)	무덤(5절)
옷	낙타털 옷(6절)	희고 긴 겉옷(5절)
선포 내용	회개의 세례(4절)	무덤에서 갈릴리로 가신 그의 길 안내(7절)
소개된 예수	"갈릴리 나사렛으로부터"(9절)	"나사렛인 예수"(6절)

서두에서 메신저(ἄγγελόν, 1:2을 보라)의 역할은 광야에 있던 세례 요한이 담당한다. 그는 "낙타털 옷"(1:6)을 입고 회개의 세례를 전파하면서 갈릴리에서 예루살렘(무덤)으로 가시는 예수님의 길을 예비한다(1:14 주해를 보라). 종결부에서 메신저는 무덤에 있던 청년이 담당한다. 그는 "희고 긴 겉옷"을 입고 예루살렘(무덤)에서 갈릴리로 돌아가신 예수님과 제

13. γάρ의 추론 유도적 기능은 Porter, 1994: 207 참고.

자들이 다시 만날 수 있도록 길 안내를 한다(Iersel, 1989: 210-11). 또한 서론부에서 세례 요한은 "갈릴리 나사렛으로부터"(1:9) 온 예수님에게 세례를 주고 종결부에서 "청년"은 "나사렛인 예수"(6절)가 십자가에서 죽었다가 살아났다고 알린다. 마가가 종결부에 등장한 메신저를 천사로 표현할 수 있음에도 "청년"이라 표현한 것은 서론부에 등장한 또 한 사람의 메신저인 세례 요한과 연결고리를 형성하기 위해서였을 것이다. 마가복음의 예수님은 길 안내자 역할을 맡았던 사람들에 의해 시작되고 종결된다. 결과적으로 예수님과 그의 복음이 전파되기 위해서는 "전령"이 필요했듯이 그 절정에 도달한 그의 이야기가 전파되기 위해서도 "청년"이 필요하다는 함의를 동시에 전달한다.

더불어 청년의 옷과 앉은 자세는 예수님을 떠올리게 한다. 청년의 "희고 긴 겉옷"은 예수님의 옷이 변화산에서 "매우 희게 빛났"던(9:3) 장면을 떠올려 주고, 그가 "우편에 앉아 있는 것"(καθήμενον ἐν τοῖς δεξιοῖς, 5절)은 산헤드린 심문에서 예수님이 "인자가 권능자의 우편에 앉은 것"(ἐκ δεξιῶν καθήμενον, 14:62)을 보게 될 것이라 하신 말씀을 연상시킨다(Collins [a], 795). 청년이 가진 예수님과의 유사성은 그가 부활한 예수님에 의해 위임받은 전령이라는 면에 유념하도록 한다.[14]

청년은 열린 무덤과 없어진 예수님의 시신을 보고 "놀란"(5절 후반부) 여인들을 향해 말한다:[15] "놀라지 마시오. 그대들은 십자가에 못 박힌 분,

14. 젊은 메신저의 등장은 마태 및 누가복음과 흥미로운 비교점을 가진다. 마태복음 서두에서 천사/전령(ἄγγελος)는 요셉에게 나타나 마리아가 성령으로 예수님을 잉태할 것을 알리고(1:20-23), 누가복음에서는 천사/전령(ἄγγελος)가 마리아에게 그 소식을 알린다(1:26-38). 하지만 마가복음에서 "청년"(νεανίσκον)으로 언설된 천사는 종결부에 나타나 예수님에게 주어진 새 생명의 소식을 여인들에게 알린다.

15. 마가복음의 '처음'과 '끝'의 유사성에 대한 아래의 표는 Iersel, 1989: 210-11의 내용에서 통찰을 얻었음을 밝혀둔다.

나사렛인 예수님['Ἰησοῦν ... τὸν Ναζαρηνὸν τὸν ἐσταυρωμένον]을 찾고 있는데 …"(6절 전반부). 청년은 여인들이 누구이며 무엇을 원하는지 안다. 첫 대면임에도 그가 그들을 알고 있다는 사실은 그들이 청년의 말을 권위 있게 받도록 만들었을 것이다. 메신저는 여인들이 누군지 알고 있을 뿐 아니라 예수님이 누군지도 알고 있다. 그는 부활한 예수님을 여전히 지명에 따라 '나사렛인'(τὸν Ναζαρηνὸν)으로, 죽음의 방식에 따라 '십자가에 못 박힌 분'(τὸν ἐσταυρωμένον)으로 소개한다. 내러티브 결말에서 다시 등장한 '나사렛 예수' 칭호가 가진 의미를 알기 위해선 마가복음 전체에서 그것의 사용을 기억해야 한다. 앞서 지적한 것처럼(14:67을 보라) 마가복음 전체에서 '나사렛 예수'는 세례(1:9), 축귀(1:24), 치유(10:47), 고난(14:67) 등 다양한 주제와 연결된 채 등장했다. 그러나 내러티브 종결부에 다다르자 마가는 관사를 가진 두 명사구를 평행시켜 예수님을 "십자가에 못 박힌 분, 나사렛인 예수"로 소개하며 "앞서 나사렛 예수가 가졌던 다양한 이미지들을 십자가의 해석학 아래로 모은다"(Broadhead, 14). 그러면서 부활한 예수님의 의미를 알아가는 일은 갈릴리 나사렛인으로 그가 한 선포와 사역, 그리고 결정적으로 그가 통과한 죽음(최고의 현저성을 가진 완료 시제로 발화된 '에스따우로메논'[ἐσταυρωμένον]을 주목하라)과 분리될 수 없음을 보여준다.

천사는 이어서 빈 무덤을 보고 놀란 여인들에게 예수님이 부활하셨다는 더욱 더 놀라운 소식을 전한다(6절 후반부):

> 부활: 그는 일으킴을 받았고[ἠγέρθη]
>
> 빈 무덤: 여기에 있지 않소. 그들이 그를 두었던 그 장소를 보시오.

"부활이 빈 무덤을 해석한다. 그 반대가 아니다"(Wright, 2003: 628).

마가복음에서 '에게르테'('일으킴을 받았고')는 다양한 맥락에서 사용되는데, 대표적으로 걷지 못하던 중풍병자가 일으킴을 받을 때(2:9, 11, 12), 죽었던 야이로의 딸이 소생(5:42)함을 받을 때, 거짓 선지자의 등장(13:22)을 묘사할 때 모두 동일한 동사가 사용되었다. 물론 종말론적인 부활(12:26; 비교. 6:16)을 가리키는 맥락에서도 사용된다. 예수님이 "일으킴을 받았"다는 말은 그가 몸은 죽은 상태로 있고 영만 되살아나 불멸(immortality)에 들어갔다거나(예. 에녹1서 71:11), 아니면 그가 단순히 소생했다는 것을 가리킨다고 볼 수 없다. 그것이 가리키는 현상은 예수님의 신체적 부활을 가리킨다는 것이 자명하다. 이어지는 빈 무덤에 관한 정보("여기 있지 않소. 그들이 그를 두었던 그 장소를 보시오")를 통해 확증된다. 그럼에도 보그(Marcus Borg)는 예수님이 신체적(physical) 부활을 하셨는지 또는 빈 무덤이 역사적(historical) 사실인지는 별 중요한 문제가 아니라고 주장한다(Borg, 130-31). 심지어 "예수님의 유골이 발굴"되어도 부활의 의미에 별 변화를 가져오지 않는다고 항변하는데, 왜냐하면 소생(resuscitation)과는 달리 예수님의 부활(resurrection)은 신체성과 역사성을 초월하는 "새로운 존재에로 들어가는 것"이기 때문이다(Borg, 131). 그러면서 그는 복음서의 부활 이야기는 후기 교회의 "발전된 전승의 산물"이자 "강도 높은 진짜 은유적 내러티브(powerfully true metaphorical narratives)"라고 단언한다(Borg, 130).

반면에 라이트는 예수님의 부활의 신체성(physicallity)과 역사성(historicity)을 강조하면서 만일 무덤에 비디오 카메라가 달려 있었다면 예수님의 부활 장면이 카메라에 촬영될 수 있었을 것이라 믿는다(Wright, 1998: 125; 2003: 7, 276, 342). 보그가 부활을 소생과 구분한 것은 옳지만, 그것의 역사성과 신체성을 무시한 점은 유대 역사와 신학적 맥락에서 부활을 이해하지 못한 결과이다. 구약과 유대인들은 인간의 몸의 변형과 만물의 갱신을 하나님의 종말론적인 약속으로 믿고 있었다(Schürer, 2권 537-38, 539-44).[16] 당신이 창조하신 세상과 인간이 죄로 오염되었을 때 하나님은 그것을 버리시기보다는 새롭게 하고자 하셨고(시 16:8-11; 51:1-19; 104:29-30; 욥 33:15-30; Wright, 2003: 94-108), 종말에 그의 세상과 인간에게서 악과 죄를 제거하심으로 새 창조를 이루실 것을 약속하셨다(사 26:20-21; 사 65:17; 66:22; 참조. 마 19:28; 계 21:1; 벧후 3:13; 에녹1서 45:4-5; 에녹4서 7:30-31). 종말에 일어날 일로 여겨진 죽은 자의 부활은 악의 패함과 죄의 용서와 함께 새 창조의 도래를 알리는 신호였다. 그럼에도 유대인들은 부활을 모든 사람 혹은 순교한 의인에게 동시에 일어날 사건으로만 여기고, 한 개인에게 개별적으로 일어날 일로는 생각하지 않았다(에녹4서 7:31-34; 4Q521 2 ii 12; 요 11:24; Schürer, 2권 539). 메시아가 부활하리라는 기대 역시 유대 문헌에서 발견되지 않는데, 부활은 죄와 악에 의한 죽음을 전제하기에 죽은 메시아는 메시아일 수 없다는 판단 때문이었을 것이다(Wright, 2003: 24-25, 575-76).

부활에 관한 구약과 제2성전 시기에 대한 지식은 예수님의 부활의 의미를 이해하는 열쇠이다. 본문은 예수님이 수동태 동사 '에게르테', 곧 "일으킴을 받았다"고 말한다(또한 2:12 주해를 보라). 일으킨 주체, 곧 의미상 주어는 생략되었다. 유대적 일신론 신앙은 어렵지 않게 일으킨 주체를 하나님(행 3:15; 4:10; 롬 4:24; 8:11; 10:9; 벧전 1:21)으로 추측할 수 있게 한다(대조. Zerwick, 74). 그럼에도 수동태에서 현저성은 문법적 주어의 자리에 온 이에게 주어짐으로써 의미적 무게는 일으킴을 받은 예수님에게 쏠린다. 결과적으로 하나님께서 종말에 하시겠다고 한 새 창조가 예수님

16. 예컨대, 단 12:2; 마카비2서 7:9, 14, 23, 36; 12:43-44; 솔로몬의 시편 3:16; 14:22-23; Josephus, *Jewish Antiquities* 18.1.3 §§12-15; *Jewish Wars* 2.8.14 §§154-58; 바룩2서 30:1-5; 50:1; 51:6; 에스라4서 7:28-32; 에녹1서 51:1 참고.

의 부활을 통해 그 안에서 시작했다는 점이 강조된다(참조. 고후 5:17; 갈 6:15). 무엇보다, 모든 사람에게 일어날 일이라 믿었던 부활이 예수님에게 먼저 일어났기에 그는 새 창조의 시작이자 첫 열매였다(고후 4:14; 갈 6:15; 참조. 롬 8: 11; 고전 15:20-23).[17] 마가는 창세기 1:2("하나님의 영이 수면 위에")을 연상시키는 성령 임재를 예수님이 세례 때 경험하셨다고 말함으로써 앞으로 진행될 그의 사역은 새 창조의 일환으로 진행될 것이라는 사실을 예상하게 한다(1:10 주해를 보라). 내러티브 종결부는 이제 그 예상이 그의 부활을 통해 성취되었다고 말한다.

부활은 또한 하나님 나라 선포 사역의 절정이기도 하다. 예수님은 악의 통치를 종결하고 하나님의 다스림을 이 땅에 도래시키는 일을 그의 소명(1:14-15)으로 삼으셨는데, 부활은 그 소명이 성취되었음을 확증한다. 사망은 죄의 결과(창 2:17; 롬 5:12; 6:23)라는 것을 고려할 때 사망을 대패한 부활은 죄 자체를 이겼음을 증명하기 때문이다. 예수님이 가져오신 하나님의 나라는 죽음을 회피하기보다 도리어 그것을 관통하여, 죽음으로 죽음을 죽이심으로(참고. 히 2:14; 비교. 골 2:14-15) 실현되는 역설적인 나라라는 사실이 확인된 것이다.

천사의 메시지는 예수님의 부활 소식(6절)에서 여인들의 임무로 넘어간다(7절). 7절은 접속사 '알라'(ἀλλά)로 시작한다. '알라'가 역행적('그러나') 의미로 사용된다고 보는 마르쿠스는 그것이 현 문맥의 흐름을 끊는다고 보면서 마가의 편집의 흔적을 주장한다(Marcus, 2009: 1083). 하지만 '알라'는 역행적 뜻만 가진 것은 아니다. 현 구문(ἀλλὰ ὑπάγετε)에서처럼 '알라'가 명령법과 함께 사용된 경우에는 명령을 강화하여 '그런

---

17. 이런 점에서 "예수는 종말을—묵시 문학에서와 같이—미리 보여주었을 뿐만 아니라 미래 실현시켰다"는 판넨베르그(Wolfhart Pannenberg, 61)의 주장은 옳다.

즉'(then) 혹은 '이제'(now)의 의미를 가진다.[18] 따라서 현 문장의 '알라'가 '이제'라는 뜻으로 사용된다고 본다면, 6절과 7절의 흐름은 자연스럽게 이어진다. 곧 6절은 빈 무덤의 이유를 부활로 설명하고 7절은 부활을 근거로 여인이 해야 할 소명을 알려준다.

부활의 증인 노릇이 여인들에게 맡겨졌다는 사실은 주목할 가치가 있다. 고대 유대 사회에서 여성은 법적 증인의 자격이 없었다는[19] 점을 고려할 때, 복음서의 그와 같은 기록은 매우 놀랍다. 이 같은 기록으로부터 추론될 수 있는 두 가지 의미가 있다. 먼저, 부활의 역사성과 관련하여 생각해 보자. 빈 무덤과 부활 단화가 허구를 기초로 조작된 이야기라면 여성을 부활의 증인과 목격자(마 28:9-10; 눅 24:1-12; 요 20:11-18)로 기록하는 것은 터무니없는 시도일 수밖에 없다(Wright, 2003: 607-8). 따라서 당시 사회가 증인 자격을 부여하지 않던 여인들이 부활 의 증인으로 등장하는 복음서 기록은, 역사적 사실을 있는 그대로 담으려는 시도의 결과라고 보는 것이 현실에 더 부합된다(Evans, 2001: 537; Edwards [b], 492; 신현우, 2011: 353). 다음으로, 부활하신 예수님의 명령이 일련의 여성들을 통해 전파되도록 하신 사실이 가진 사회적, 신학적 의미가 있다. 남성 제자들이 새로운 출발을 할 수 있기 위해서는 여인들이 전해 주는 예수님의 부활 사실과, 갈릴리에서 재회 소식을 받아들여야 했다. 예수님이 부활했다는 사실이 그들에게 복음이 되기 위해서 먼저 극복해야 하는 일이 있었는데, 그것은 당시 사회가 가졌기에 그들 역시 가졌을 것이 틀림없는 여

18. '그런즉' 혹은 '이제'의 뜻으로 사용된 ἀλλά의 용례를 위해선 BDAG, ἀλλά §5를 보라.

19. Josephus, *Jewish Antiquities* 4.8.15 §219에 따르면 "여자로부터는 어떠한 증언도 취해질 수 없다. 이는 성적으로 그들은 경솔하고 무분별하기 때문이다"; 또한 미쉬나 샤부오트 4.1; 로쉬 하샤나 1.8 참고.

성에 대한 편견이었다. 그들이 만일 동시대의 문화적 관습에 따라 여성의 증언을 무시해 버린다면, 적어도 마가복음에 의하면 예수님과 그들 사이의 재회는 성립되지 않았을 것이다. 이처럼 문화적 장벽이 버티고 있었음에도 불구하고 예수님이 여인들을 그 같은 증인으로 세우신 것은, 부활로 말미암아 동터온 새 시대는 성적 차별에 기초한 이전 시대의 가치에 더 이상 지배되지 않는 사회라는 신학적 메시지가 담겨 있다.

여인들에게 주어진 구체적인 임무는 "제자들과 베드로에게" 가서 부활한 예수님의 갈릴리로의 귀향과 그곳에서의 인도 약속(προάγει ὑμᾶς εἰς τὴν Γαλιλαίαν, '그가 갈릴리에서 그대들을 인도하십니다', 7절)을 상기시켜 주라는 것이다. 그 약속은 14:28에 이미 주어졌다. 차이는 14:28에서는 미래형 '쁘로악소'(προάξω, '앞서 인도할 것이다')가 사용된 반면, 이곳에서는 강조적 현재형(προάγει, '인도하다')이 사용되었다는 점이다. 즉 그들을 인도할 것이라는 약속이 현재 진행되고 있음을 보여준다. '쁘로아게이 휘마스 에이스 뗀 갈릴라이안'(προάγει ὑμᾶς εἰς τὴν Γαλιλαίαν)은, 14:28 주해에서 밝힌 것처럼, 그가 제자들보다 시간적으로 앞서 갈릴리로 가신다기보다 갈릴리에서 다시 그들을 인도하실 약속을 담고 있다고 보는 것이 더 자연스럽다(14:28 주해를 보라). 현재형으로 발화된 '쁘로아게이'(προάγει)는 이미 예수님의 인도하심이 진행되고 있음을 강조한다.

빈 무덤에서 나눈 대화 내용은 마가복음의 주된 관심이 예수님의 부활에 대한 신학적 정의를 내리는 일보다 부활이 제자들에게 가져올 변화에 있음을 보여준다. 특히 메시지의 수신자("제자들과 베드로에게")로 베드로의 실명이 거론된 것은 그가 제자들의 수장이었기 때문으로도 볼 수 있지만, 예수님을 세 번씩 부인하여(15:66-72) 누구보다 더 깊은 실패감을 가졌을 그를 제자의 삶을 살도록 다시 초대하는 예수님의 관심의 반영이다(Taylor, 1966: 607; Hooker, 1991: 385; Evans, 2001: 537). 이런 관심은 이어지는 절 "그곳에서 그를 볼 것이오"(7절 후반부)에도 나타난다. "그곳"은 갈릴리를 지시한다. 도망간 제자들이 어디로 갔는지에 대한 정보를 주지 않은 상황(그들은 예루살렘에 숨어 있는가 아니면 갈릴리로 돌아갔는가?)이기에 갈릴리는 예수님에 의해 의도적으로 선택된 재회의 공간으로 봐야 한다. 갈릴리는 초기 네 명의 제자들이 예수님에 의해 제자로 부름을 받은 곳이자(1:16-20), 열둘이 선택받은 곳이며(3:13-19), 또 하나님 나라 비밀이 그들에게 주어진 곳이었다(4:11). 특히 씨에 비유된 말씀이 그들에게 심겨진 곳이며(4:1-9, 13-20; Tolbert, 298), 그 씨를 품고 예루살렘을 향해 여행을 시작한 출발지였다. 그 여행 중 베드로를 비롯한 제자들은 "돌밭"(4:5, 16)임이 드러났고 결국 "걸려 넘어졌다"(17절). 하지만 부활 후 그들이 다시 그곳에서 예수님을 보게 될 것이라는 메시지는 갈릴리에서 예루살렘으로의 여행을 다시 시작하자는 예수님의 부르심이며 다시 씨를 뿌리고 돌밭 개간 작업을 하시겠다는 도전의 말씀이다.

사실 예수님이 초기 네 제자를 부르신 이유는 '사람들을 낚는 어부'(1:17)로 삼기 위해서였는데, 마가복음 종결부에 다다르자 예수님은 실제로 사람들을 어떻게 '낚아' 다시 제자로 살아가도록 만드시는지를 제자들로 경험하도록 하신다. 그런데 사람을 '낚는' 일에 가장 먼저 쓰임받는 인물은 여인들이다.

제자들이 그곳에서 예수님을 볼 수(ὄψεσθε, '볼 것이오') 있다는 정보 역시 간과되지 말아야 한다.[20] '호라오'(ὁράω, '보다')의 미래형(ὄψομαι)은

20. 막센(Willi Marxsen)은 마가는 유대 전쟁(주전 70-68년) 발발의 위기에 처한 초기 교회에게 갈릴리를 파루시아의 장소로 소개하면서 청자들로 예루살렘 떠나 그곳으로 가도록 요청하고자 복음서를 기록했다고 믿는다(Marxsen, 151-88). 막센의 편집비평적 접근은 마가복음의 갈릴리를 '역사의 예수'라는 맥락에서 제대로 다루지 못한다. 특히 현 맥락에서 갈릴리는 부활한 예수님과의 재회의 장소이자 제자들의 새 출발 장소로 그려지고 있다는 것은 의심될 수 없다.

하나님의 신원을 받아 그의 우편에 앉은 인자(14:62)를 '보는' 일을 가리키고자 이미 사용되었다(해당 본문 주해를 보라).[21] 따라서 제자들이 갈릴리에서 보게 될 예수님은 온 세상의 통치자로 승귀되신 주님이다. 여기에 제자도에 관한 가르침도 있다. '보다'(ὁράω, βλέπω)는 마가복음 전체의 이야기를 이끌어 가는 중요한 모티프 중의 하나이다(4:12; 6:48; 8:18, 22-26; 10:46-52; 15:39, 41). 특히 제자들은 내러티브가 중반에 도달했을 때 초반에 외인을 향했던 비난 곧, 보면서도 보지 못한다는 책망(4:12)을 들어야만 했다(8:18). 무엇보다 베드로는 예수님을 그리스도로 인정하면서도 어떤 길을 가는 그리스도인지는 볼 수 없었던 까닭에 골고다로 향하는 그리스도를 부인할 수밖에 없었다. 내러티브는 마침내 보면서도 보지 못하는 제자들의 어두운 상태가 갈릴리에서 부활한 예수님과의 재회를 통해 극복될 것이라 예견한다.

재회의 장소로 갈릴리는 마가복음에서 고립된 장소로 그려지지 않았다. 예수님과 제자들에게 갈릴리는 예루살렘 더 나아가 골고다로 이어지는 길이 있는 장소였다. 부활한 예수님이 갈릴리로 제자들을 부르신 것은, 그러므로 길 위에 제자들을 다시 세우기 위함이다. 그 길은 새로운 길이 아니라 이전에 걷다가 벗어났던 그 길이었다. 그는 그들을 길 걷는 사람 곧 도인(道人, people on the way; 참조. 행 9:2; 19:9, 23; 22:4; 14:14)으로 다시 부르신 것이다. 제자들에게 두 번째 길 여행은 첫 번째와는 다를 것이 틀림 없다. 그 길 끝점에 기다리고 있는 무덤이 모든 생명을 삼키는 '블랙홀'이 아니라, 도리어 새로운 생명을 탄생시키는 '하나님의 모태'라는 사실을 메시아 예수님을 통해 확인했기 때문이다.

끝으로 부활 현현이 무덤이 아니라 갈릴리에서 이뤄질 것이라는 약속

21. 미래형(ὄψομαι)는 인자의 옴(13:26)을 보는 행위를 가리킬 때도 사용된다.

이 가지는 또 다른 의미가 있다. 무덤은 죽었던 곳이기에 논리적으로 본다면 예수님의 부활은 무덤에서 이뤄져야 한다. 하지만 예수님은 죽었던 곳이 아니라 살아서 활동했던 갈릴리에서 현현하신다. 부활 현현의 공간적 전이가 가지는 의미는 예수님의 부활은 그가 가진 새 생명을 증명하는 데에만 초점이 맞춰져 있지 않고 부활이 예수님과 제자들이 새로운 출발을 할 수 있게 한 사건임을 알려 준다.

여인들의 반응(8절) 청년의 메시지를 전해들은 여인들의 반응에 대한 서술은 이중적이다. 여인들의 구체적인 반응 + '가르'(γάρ)로 시작하는 설명절이 두 번 반복된다:

> 무덤에서 도망갔다.
>
> 이는 그들이 떨었고 놀랐기 때문이었다
>
> [εἶχεν γὰρ αὐτὰς τρόμος καὶ ἔκστασις].
>
> 아무에게도 아무것을 말하지 않았다.
>
> 이는 그들이 두려움에 붙들려 있었기 때문이었다[ἐφοβοῦντο γάρ].

메신저의 전언을 들은 여인들은 무덤에서 도망하는데, 그 이유는 "떨었고 놀랐기 때문"으로 설명된다. 또 그들은 "아무에게도 아무것을 말하지 않았"고 그 이유는 "두려움에 붙들렸기 때문"으로 다시 설명된다. 두 번의 '가르'절은 일관되게 여인들의 심적 상태가 떨림, 놀람, 두려움 가운데 있었다고 설명한다. 특히 "아무에게도 아무것을 말하지 않았다"(οὐδενὶ οὐδὲν εἶπαν)는 표현은 예수님이 나병 환자를 치료한 후 하신 말씀(μηδενὶ μηδὲν εἴπῃς, '아무에게 아무것도 말하지 마시오', 1:44)을 떠올리게 한다. 부활 전에 예수님은 사람들에게 침묵을 강요하셨지만 그들은 널리 전파했고, 부활 후에는 널리 전파하라 하셨지만 그들은 침묵한다(Hooker,

1991: 387; Edwards [b], 496).[22] 여인들의 침묵은 두려움에서 비롯되었다. 그렇다면 그들로 침묵하게 만든 두려움은 어디서 기인한 것일까? 예수님의 시신이 사라져 버린 예기치 않은 상황과 무덤 안에서 만난 낯선 존재 때문이라는 것은 두 말할 필요가 없다. 이것에 더해 그들의 놀람과 두려움은 부활 소식 자체에서 비롯되었을 수 있다. 제2성전 시기 유대인들은 부활이 마지막 날에 한 개인이 아니라 의로운 순교자와 신실한 하나님의 언약 백성 전체에게 일어날 것(그러므로 일반적 부활)이라 믿었다(9:9-10 주해를 보라). 그러니 예수님이 부활하셨다는 청년의 말은 그들이 쉽게 이해할 수 있는 성격이 아니었을 것이고 혼란과 두려움은 그래서 자연스러운 반응일 수 있다. 일반 부활에 대한 기대만 가졌을 그들이 예수님 홀로 부활하셨다는 소식을 들었을 때, 그것이 도대체 무엇을 의미하는지 이

---

22. 허타도(2017: 453-59)는 여인들이 "아무에게도 아무것을 말하지 않았다"는 것은 "청년"이 말한 예수님의 부활 소식과 갈릴리에서의 재회 소식을 제자들에게 알리지 않았다는 말이 아니라 "그들이 말하도록 지시된 사람들을 제외하고는 아무에게도 말하지 않았다"는 뜻이다고 주장한다. 이런 주장을 위해 허타도는 두 가지 근거를 제시한다. 첫째, 1:44에 등장하는 "아무에게 아무것도 말하지 마시오"는 제사장에게 말하는 것을 제외하고 대중들에게 말하지 말라는 뜻으로 사용되었고, 7:36에 등장하는 "아무에게도 말하지 말도록"은 "전적 금지라기보다는 소통에 제한"을 두는 말이라고 본다(Hurtado, 2017: 456). 둘째, 16:8b는 병렬 접속사 '까이'(καί)로 시작한다는 점에 착안하여 허타도는 마가가 16:8b를 통해 여인들의 불순종을 드러내기를 원했다면 병렬 접속사 '까이'보다는 반의적 접속사인 '데'(δέ, '그런데')나 '알라'(ἀλλά, '그러나')를 사용했을 것이라 주장한다(Hurtado, 2017: 456). 허타도에 따르면 여인들이 제자들을 제외하고는 아무에게도 아무 말을 하지 않았다는 의미를 가진 8b절은 예수님의 죽음과 장사와 부활에 대한 여인들의 증언이 어떻게 해서 "기독교 진영 안에서 알려지게 되었는지를" 시작되었는지를 확증하고 또 설명한다고 주장한다(Hurtado, 2017: 456). 하지만 허타도의 약점은 8b절 자체에는 여인들이 "아무에게도 아무 것을 말하지 않[는]" 일을 함에 있어서 제자들에게는 예외로 했다는 의미를 추론할 만한 명시적 정보가 없다는 것이다. 게다가 헬라어 접속사 '까이'는 병렬적 의미만 아니라 반어적 의미로 사용되기도 한다(예. 12:12; BDAG, καί §1bη).

해하기 위해서는 분명 신학적 반추가 필요했을 것이다. 고로 여인들이 메신저의 말에 즉각 순종을 하리라 기대하는 것은, 어쩌면 예수님의 생애와 죽음, 그리고 부활의 의미를 충분히 숙고한 후기 교회의 신앙을, 이제 겨우 시작 단계에 살았던 인물들에게 요구하는 시대착오적인 일일 수 있다.

8절과 관련하여 가장 논쟁적인 이슈는 마가가 그의 복음서를 여기서 종결하려고 의도했는지이다. 앞에서 살펴본 것처럼 본 주석은 접속사 '가르'로 문장(그러므로 한 책)이 끝나는 헬라 문헌이 있고[23] 또 구약성경의 내러티브에서도 '가르'로 끝나는 문장의 예가 나왔기 때문에 '가르'로 끝나는 8절을 마가복음의 종결로 받아들인다(서언을 보라. 또한 9-20절이 원본에 없는 후기 서기관의 첨가라는 주장에 관해서는 아래를 보라). 그럼에도 내러티브가 여인들의 불순종으로 끝난다는 것은 플롯 흐름상 당혹스러운 것이 사실이다. 켈버는 "여인들은 제자들을 예수님의 길로 다시 불러 모으는 대신, 파멸로 가는 그들의 행로를 강화하고 마침내 종국에 이르게 한다"고 주장하면서, 마가복음은 제자들의 실패, 그리고 여인의 실패로 끝난다고 단언한다(1979: 116-17). 켈버의 이러한 결론은 현 단락을 독립된 이야기로 본다면 진지한 평가라고 볼 수 있을지 모르지만, 마가복음 내러티브의 전체적 흐름을 고려한다면 재고돼야 마땅한 주장이다. 사실 예수님의 말씀은 성취된다는 것이 마가 내러티브의 주된 주제이다. 예컨대, 그의 수난과 부활 예언(8:31; 9:31; 10:33-34)과 성취(14:42, 65; 15:1, 15, 19; 16:6), 그리고 베드로의 실패 예언(14:30)과 성취(72절) 등은 그런 주제의 한 부분을 형성하는 단화들이다. 그렇다면 14:28에 이어 16:7에서 재차 확인된 갈릴리에서의 재회에 관한 예수님의 예언 역시 실

---

23. 비록 강화체 문장이기는 하지만 Horapollo Nilous, *Hieroglyphics* 2.80에서 식사하는 사람을 악의 입에 비유하는 문단의 마지막 문장은 οὗτος γάρ로 끝난다. BDAG, γάρ §1a에서 재인용.

패로 돌아가지 않을 것이라는 판단은 마가복음의 흐름에 기초한 결정이다.

이에 더해 마가복음이 여성의 실패로 끝난다는 켈버의 결론에 동의할 수 없는 이유는 현 단락의 서언에서 주장된 것처럼 예수님이 선포한 하나님 나라가 이 땅에 도래하는 역설적 방식 때문이다. 복음서 전체가 그것을 증명하지만 무엇보다 그 마지막은 죽어 들어간 무덤이 부활의 몸을 출산하는 '모태'로 바뀐 이야기를 들려준다는 점에서 단연코 그러한 역설의 절정이다. 그렇다면 그 소식을 전하도록 파송된 여성들의 침묵이 하나님 나라의 무력함을 드러낸다고 말할 수 없다. 도리어 침묵은 복음 전파의 또 다른 기초가 될 것이다. 예수님의 하나님 나라는 그렇게 전파되어 왔기 때문이다. 물론 마가복음은 여기까지가 끝이고 여인들의 침묵이 어떻게 하나님 나라 전파의 계기로 변화되는지 더 이상 서술하지는 않는다. "부활이 마술처럼 두려움과 겁을 몰아내지 않는"(Edwards [b], 496) 가운데서 무엇이 그들을 다시 일으킬 수 있을까? 마가가 앞서 서술했던 두 단화는 그 답을 추론하는데 도움이 된다.[24]

먼저, 배 여행 중에 만난 풍랑으로 두려움에 붙들린 제자들에게 예수님은 잠에서 깨신 후 "왜 두려워하시오? 아직도 믿음이 없소?"(4:40)라고 도전하신다. 또 다른 예는 혈루증 앓는 여인 치유 기사이다. 뒤에서 다가와 그의 옷자락에 손을 대고 몸의 치유를 받은 여인에게 예수님은 "누가 내 옷을 만진 것이오"(5:30)라고 질문한다. 이에 그 여인은 "두려워 떨며

24. 풍랑이는 파도를 잠잠케 한 단화와 혈루증 여인 치료 단화의 내용을 근거로 무덤으로 부터 도망간 여인들에게 믿음이 요구된다는 본 주석의 주장은 Wright, 2003: 621-22에 빚진 바가 크다. 하지만 라이트는 두 이야기와 유사한 종결을 마가가 16:8 이후에 계속 써내려가기를 원했지만 불가피한 상황으로 중단했거나 혹은 기록했지만 그 부분이 유실되었을 것이라 추측한다(Wright, 2003: 623).

[φοβηθεῖσα καὶ τρέμουσα] 그에게 와서 … 모든 진실을 말했다"(33절). 이때 예수님은 그 여인을 향해 "딸아, 네 믿음이 너를 구원하였다"(34절)고 말씀하신다. 두려움의 극복과 구원의 매체는 믿음이다(4:40-41 주해를 보라). 무덤으로부터 도망간 여인들이 가게 되도록 요청된 것 역시 믿음이다(Wright, 2003: 622). 그럼에도 두려움 때문에 여인들은 믿음을 가지는 데에 실패한 것처럼 보인다(박노식, 2015: 70-76). 이제 남은 것은 풍랑 일던 바다 한복판에 있던 제자들과, 치료받았음에도 두려움에 떨고 혈루증 앓던 여인에게 일어났던 일, 곧 예수님의 개입이 그 여인들에게도 일어나는 것이다. 믿음은 예수님과의 만남을 통해 찾아온다(Edwards [b], 496)는 것이 복음서가 보여 왔던 주제이기 때문이다. 따라서 갈릴리에서 "복음을 믿으라"(1:14) 하신 예수님이 두려움에 떨고 있는 여인들에게 다시 나타나 그의 삶과 죽음, 그리고 부활로 검증된 복음을 전하시리라는 기대로 종결된다. 여인들의 침묵이 도리어 예수님의 직접적인 방문으로 이어지게 될 것이라는 기대를 만든다는 점에서 그들의 침묵엔 역설이 존재한다.[25]

이런 '미완'의 종결은 학자들이 이야기하는 것처럼 독자의 반응을 끌어내기 위한 현대적 문학 기술(France, 2002: 683; Edwards [b], 501; 배성진, 617)이기만 한 것은 아니다.[26] '미완의 종결'에는 마가가 청자들 스스로 추가적인 추론을 유도하도록 이끄는 문법적 장치를 포함한다. 그 장치는 접속사 '가르'이다. 본 주해 곳곳에서 지적한 것처럼 헬라어 '가르'는

25. 박노식은 두려움으로 아무런 말도 하지 못하는 여인의 이야기로 끝나는 마가의 종결은 청자들로 스스로 나아가 복음을 전하도록 하려는 마가의 신학적 의도라고 본다(2015: 81).

26. 마가의 '미완'의 종결에 대해 최종적 결론을 독자가 내리도록 유도한 문학적인 장치로 보는 학자들은 Peterson [b], 1980 [a]: 153; Boomershine, 1981: 239; Tolbert, 299 참고.

선행 담화(그러므로 온라인[on-line])와의 논리적 원인과 결과를 유도하거나 혹은 선행절에 대한 이유를 설명하는 접속사이기만 한 것은 아니다. 많은 경우 '가르'는 본문 외적인(오프라인[off-line]) 정보를 해당 담화의 맥락으로 삼아 본문을 이해하도록 유도하는 역할을 동시에 한다(Park, 271-72). 위와 같은 용례는 가깝게는 4절에, 멀게는 2:15 후반부와 11:13 후반부 등에서 확인할 수 있다. 8절 후반부("이는 그들이 두려움에 붙들려 있었기 때문이었다")의 '가르' 역시 이와 같은 용례의 또 하나의 예로 볼 수 있는데, 이는 8절이 마가복음의 마지막 문장이라는 것을 고려할 때 그 '가르'절은 아무에게도 아무 말도 하지 못하는 여인의 태도의 단순 설명을 뛰어넘어, 앞서 살펴본 것처럼 두려움 가운데 있는 그들에게 예수님의 방문의 당위를 추론하도록 유도하고 있는 것이기 때문이다.

더불어 '미완'의 종결이 마가의 문체에 이질적이라고 단정하기 어려운 또 다른 증거가 있다. 예수님이 풍랑을 잠잠케 하신 에피소드는 제자들의 두려움(ἐφοβήθησαν)과 질문("도대체 이 사람은 누구이기에 바람과 바다조차도 그에게 순종하고 있는가?", 4:41)으로 종결된다. 또 예수님이 인자가 사람들의 손에 넘겨져 죽임을 당하지만 삼일 만에 부활할 것이라고 두 번째로 제자들에게 말씀하셨을 때(9:31), 제자들은 "그 말을 알지 못했고 그에게 묻기를 두려워 했다[ἐφοβοῦντο αὐτὸν ἐπερωτῆσαι]"(32절). 그의 죽음과 부활 예언은 제자들을 두려움과 침묵에 빠지게 하고, 내러티브는 선행 단락의 주제와 무관한 제자들의 서열 논쟁에 관한 에피소드(33-37절)로 이어진다. 예수님이 부활하셨다는 소식을 들은 여인들 역시 동일한 두려움과 침묵으로 반응하면서 내러티브는 종결된다. 그와 같은 마가의 내러티브 서술 방식은 앞에서 살펴본 것처럼 어떤 극적인 절정 없이 유사한 플롯을 가진 에피소드들이 느슨하게 연결된 채 이야기가 진행되는 구술-청각 내러티브의 특징이다. 이런 종결은 1세기 문화에선 낯설지 않았을 것이다.

마가복음이 예수님의 복음과 그의 부활에 대한 믿음을 가지도록 초대하며 끝난다고 해서 모든 결정권을 인간의 손에 맡기고 있다고 생각할 필요는 없다. 예수님은 무엇을 해야 영생을 얻을 수 있는지 질문한 사람에게 가진 모든 것을 팔아 가난한 자들에게 주고 "그 후 와서 나를 따르시오"라고 했을 때, 그는 "근심한 후 슬퍼하며 떠나갔다"(10:22). 그가 떠난 후 "낙타가 바늘귀를 통과하는 것이 부자가 하나님 나라에 들어가는 것보다 더 쉬울 것이오"(25절)라는 극단적 가르침을 주신다. 이 놀라운 가르침에 제자들은 "그러면 누가 구원을 받을 수 있는가?"(27절)라고 질문하고, 예수님은 "사람에게는 불가능하지만 하나님에게는 [가능하오]. 이는 모든 것이 하나님에게는 가능하기 때문이오"(27절)라고 답하신다. 예수님을 따르기에 실패한 사람이 다시 하나님 나라에 참여하는 일은 오직 하나님만 하실 수 있는 일이라 단언하신 것이다. 사람들은 실패하지만 하나님은 실패하지 않으신다. 오히려 실패자를 선포자로 세우실 수 있다. 이런 귀결은 마가복음의 진지한 독자라면 내릴 수밖에 없는 결론이다.

요약과 해설

안식일이 지나고 한 주의 첫 날 이른 아침에 여인들은 예수님의 무덤을 방문한다. 그들이 발견한 것은 빈 무덤이었다. 무덤에서 만난 청년은 그들에게 "십자가에 못 박힌 분, 나사렛인 예수"(6절)의 부활이 그 이유라고 설명한다. 유대인들은 부활이 미래 하나님께서 악을 멸하고 죄를 용서한 후 그의 백성들에게 주시고자 하신 새 몸을 입는 새 창조 사건이라 믿었다. 따라서 예수님의 부활은 구약성경이 말하고 유대인들이 기다렸던 종말, 곧 악이 패퇴하고 하나님의 통치가 수립되는 새 창조가 그 안에서(in him)와 그를 통해서(through him) 시작되었음을 증명한 사건이다. 더불어 새 창조는 안식일이 지난 한 주의 첫날에 찾아왔다. 이는 예수님의 부활로 말미암아 시작된 새 창조에서 모든 평범한 날이 거룩한 날이 될 수 있다는 점을 분명히 한다.

일요일 아침에 모였던 초기 교회의 예배 관습은 부활 신학을 바탕으로 한다(Justin, *1 Apology* 67.6; *Letter of Barnabas* 15.1-9; Bauckham, 1982: 221-50; Aune, 979; Capes, 299).[27] 사실 로마는 종교 단체가 한 달에 일회 이상 모이는 것을 허락하지 않았는데, 그 이유는 제국에 대한 반역 모의를 사전에 차단하기 위해서였다(Robinson, 80; 박영호, 2018, 404).[28] 그러나 유대인들은 예외적으로 안식일마다 모이는 것이 허락됐다(Robinson, 80). 초기 교회는 그리스도께 예배드리기 위해(Justin, *1 Apology* 67.6) 이미 '면죄부'를 받은 안식일이 아닌, 한 주의 첫날(행 20:7; 고전 16:2)에 모였다. 로마법의 금지조항을 모를 리 없었지만 초기 교회는 그 날을 "주의 날"(계 1:10; Ignatius, *Magnesians* 9:1; *Didache* 14:1-3)로 부르며 일요일 아침마다 모이는 것을 중단하지 않았다(참고. Pliny the Younger, *Epistles* 96, 97 [그리스도인들은] "고정된 날"에 모였다고 말한다.). 주일 지키는 일에 있어서 초기 교회가 보인 열심은 그리스도의 부활을 얼마

---

27. 한 주의 첫 날에 부활하신 예수님은 제자들 있는 곳에(눅 24:13-32), 그리고 그들이 모인 곳에(눅 24:33-49; 요 20:19-23) 나타나셨다. 따라서 "한 주의 첫날에 제자들 가운데 일어난 부활 현현과 현존은 교회로 하여금 그 첫날에 모이도록 만든 동력이었을 것이다"(Capes, 99).

28. 하지만 Ilias N. Arnaoutoglou는 이에 반대하는 입장을 그의 논문("Roman Law and Collegia in Asia Minor," *RIDI* 49 [2002], 27-44)에서 제시했는데, 그는 자발적 단체의 정기 모임 금지령은 "문제의 소지가 있는 지역"을 중심으로 부과된 지엽적인 현상에 불과했다고 주장한다.

나 중요하게 생각했는지를 보여 주는 단적인 증거이다. 유대인들은 안식일을 지키며 종말을 향해 살아갔지만, 그리스도인들은 주일을 지키며 이미 임한 종말의 첫날을 산다고 믿었다.[29] 이런 점에서 초기 교회의 예배는 홀로 구원을 완성하신 하나님과 그의 아들 예수님을 경배하는 시간이 될 수밖에 없었다(참고. 계 4:8, 11; 5:9-10, 12, 13). 창조 때 인간이 경험한 첫 안식 역시 오직 하나님의 창조 사역(수고) 덕분에 가진 쉼이었던 것처럼, 종말론적 안식 역시 하나님께서 부활한 예수님을 통해 이루셨기에 교회는 아무런 수고 없이 그 안식에 동참할 뿐이라는 신앙 고백을 매 주일 드릴 수 있었을 것이다.

부활이 "한 주의 첫날"에 이뤄졌다는 사실은 시간에 대한 새로운 이해를 하도록 돕는다. 유대인은 시간(time)과 공간(space)이 거룩하다 여기며 거룩한 공간의 대표는 성전(레 6:16; 사 56:7, 13; 겔 45:1-7; 47:12; 참조. 고전 3:17), 거룩한 시간의 대표는 안식일이라 믿었다(창 2:3; 출 20:8; 35:2). 예수님이 숨을 거두셨을 때 찢어진 지성소 휘장(15:38 주해를 보라)은 그의 죽음을 통해 모든 공간이 하나님의 지성소가 될 수 있는 길이 열렸다는 선언(참조. 마 18:20; 행 2:1-4; 7:47-53; 고전 3:16)이며, 예수님이 부활하신 날이 "한 주의 첫날"이라는 사실은 모든 날이 거룩한 날이 될 수 있는 길이 열렸다는 선언(참조. 롬 14:5-6; 딤전 4:4)이다. 예수님의 죽음과 부활은 하나님이 창조하신 모든 시간과 모든 장소를 거룩하게 하시려는 구원 역사의 절정이다.

---

29. 주후 70-132년 사이에 기록된 것으로 알려진 초기 교회 서신 *Letter of Barnabas* 15:1-9)에 따르면 6일간은 6천년을 가리며, 7일째 날은 경건치 않은 자를 심판하고 새 창조를 가져오시는 인자의 파루시아를 가리킨다고 본다. 이어서 바나바는 예수님이 부활하신 8일째 날이 "또 다른 세상의 시작"으로 예배를 드리는 날이라 말한다.

메신저가 부활한 예수님을 "십자가에 못 박힌 분"으로 소개한 것은, 온 세상을 부패와 죽음으로 몰고 가던 죄악을 무너뜨리고 도래한 새 창조는 죽음을 우회하기보다 정면으로 관통하며 걸으신 십자가에 달린 예수님을 통해서라는 사실을 재차 강조하려는 뜻이 내포되어 있다. 죽음과 죽음의 세력을 잡은 자를 두 동강 내신 예수님의 발걸음은 죽음을 향해 나 있었다.

예수님의 부활 소식과 제자들과의 갈릴리에서 재회와 새출발의 약속이 전달되는 방식은 복잡하고 이상하다. 이 소식과 약속은 먼저 예수님에 의해 한 청년에게 전달된다. 그런데 청년은 제자들에 직접 전달하지 않고 무덤에 온 여성들에게 전달한다. 결국 제자들이 갈릴리로 가서 부활한 예수님을 만나야 한다는 전갈은 여성들이 제자들에게 전달하도록 지시된다. 왜 이런 복잡한 관계를 통한 전달 방식이 선택된 것일까? 예수님은 실패한 제자들을 회복하는 일에만 관심이 있었던 것처럼 보이지 않는다. 만일 그랬다면 이런 복잡한 방식보다는 제자들에게 직접 나타나 전달하는 방식을 택했을 것이기 때문이다. 여러 단계의 절차를 거쳐 재회와 인도의 약속이 전달되게 하신 것은 무너진 공동체를 일으키고, 중간에 길 떠난 사람들이 다시 길을 걷게 하는 일은 옆에 있는 다른 '가족'(3:31-35)에게 맡겨진 책임이라는 교훈을 주시기 위해서였을 것이다. 이렇듯 마가 내러티브는 부활이 공동체를 다시 세우는 능력이라는 점을 강조한다.

뜻밖에도 마가복음은 여인들의 도망과 두려움, 그리고 불순종으로 종결된다. 그의 책 전체를 통해 예수 그리스도의 복음(하나님이 예수님을 통해 왕 노릇 하신다)을 소개하겠다고 밝힌 1:1을 고려하면 이런 마무리는 분명 뜻밖이다. 하지만 그것이 사(원)본상의 끝일 수는 있지만, 마가복음이 말하고자 했던 복음의 끝은 아니다. 마가복음 자체가 그런 결론을 내리도록 허락하지 않는다. 그가 한 모든 예언이 성취되는 예수님이 14:28

에서 직접 제자들에게 부활 후 갈릴리에서 재회하리라 예언하셨기 때문이다. 무엇보다 여인들의 침묵의 메시지가 예수님을 죽은 자 가운데서 살아나게 하심으로 악의 통치를 끝내고 그의 다스림을 어두운 현실 한복판에서 도래케 하시는 하나님 나라의 복음이라는 사실이 기억돼야 한다. 여인들이 복음을 전하지 못하고 입을 닫았다는 것이 곧 복음의 실패를 뜻하지 않는다. 예수님을 통해 이 땅에 시작된 나라는 인간의 과실과 실책, 그리고 무능력에 의해 제한되는 것이 아니라, 그것을 통해서 또 그것을 뛰어넘어 실현되는 하나님의 능력이라는 것이 그의 부활을 통해 이미 증명되었기 때문이다. 마가의 결론은 따르기를 거부한 사람을 다시 제자로 세우는 일이 "사람에게는 불가능하지만 … 하나님에게는 가능"하다(10:27)는 예수님의 선언에 이미 암시되었다.

제72장
추가된 종결
마가복음 16:9-20

마가복음 주석을 쓴 거의 대부분의 학자들은 마가복음은 16:8에서 끝나고 9-20절은 서기관에 의해 후에 추가된 부분이라는 것에 이견을 보이지 않는다. 이런 주장은 사본상의 증거와 본문 내적인 증거에 의해 뒷받침된다. 먼저, 사본상의 증거를 보자. 메쯔거(Bruce Metzger)에 의해 잘 관찰된 것처럼 사본학적으로 가장 높은 권위를 가진 4세기 시내산 사본(א)과 바티칸 사본(B)의 마가복음은 16:8로 끝난다(Metzger, 2001: 105). 이런 독법을 지지하는 사본은 고대 라틴 코덱스 보비엔시스(it^{k}), 콥틱 사본, 시내산 시리아 역본(syr^{s})과 백 개 이상의 아르메니아 역본(arm^{mss}) 등이 있다(Metzger, 2001: 102; Elliot, 259). 이 밖에도 소문자 사본인 미니스큘(minuscule) 304와 2386과 대부분의 성구경(lectionary) 역시 16:8로 끝난다(Metzer, 2002: 102-3). 이 입장은 교부들에 의해서도 지지되는데, 제롬과 알렉산드리아의 클레멘트와 오리겐은 마가복음이 16:8 이후의 내용을 가진다는 지식이 없었으며(Metzger, 2001: 103; Elliot, 259-60), 실제로 유세비우스(Eusebius, 주후 260-340년)는 8절을 마가복음의 끝이라 전제하며 해당 본문을 인용한다.[1]

1. Eusebius, *Gospels, Questions and Solutions addressed to Marinus* PG, vol. 22.937.

물론 9-10절을 포함하고 있는 사본과 교부들도 있다. 5세기 사본인 알렉산드리아 사본(A)을 필두로 사본 C D E H K M S U와 성구경 60 69 70 8 547 883은 마가복음을 20절에서 종결한다. 교부 저스틴(*1 Apology* 45), 이레니우스(*Against Heresies* 3.10.5)는 9-20절을 마가복음의 종결로 이해한 것처럼 보인다(NA 27, 147; Metzger, 2001: 103-4; 배성진, 601). 가장 오래되고 권위 있는 사본으로 알려진 시내산 사본과 바티칸 사본이 짧은 종결(1-8절)을 지지하고 있기는 하지만, 사본과 교부들의 글에는 짧은 종결(1-8절)과 긴 종결(1-20절)을 지지하는 증거들이 공존하고 있는 것이 사실이다. 그럼에도 9-20절이 마가복음 원본의 일부분이라 볼 수 없게 만드는 결정적인 이유는 9-20절이 마가복음 전체의 내용과 신학의 특징을 나타내고 있지 않기 때문이다(Elliot, 260).

9-20절이 후기에 서기관에 의해 추가된 부분이라는 것을 보여 주는 내적인 증거를 살펴보자. 내부적 증거는 언어와 내용으로 나눌 수 있다. 먼저, 엘리옷(James Keith Elliot)이 조사한 언어적 증거는 아래와 같다:

> 10, 11, 13, 20절: 대명사로 사용된 ἐκεινος는 마가의 문체가 아니다. 10, 12, 15절: 단순동사로 사용된 πορεύομαι는 마가복음 전체에서 합성동사로 사용된 용례(예외. 9:30)와 분명한 차이가 있다. 또한 마가복음에서 그 동사는 현재로 사용된 반면, 이곳에서는 부정과거로 사용된다.
>
> 10절: τοῖς μετ' αὐτοῦ γενομένοις은 마가복음에서 제자들에게 사용된 표현이 아니다.
>
> 11, 14절: θεάομαι는 마가의 단어가 아니다.
>
> 11, 16절: ἀπιστέω는 마가의 단어가 아니다.
>
> 12절: ἕτερος는 마가의 단어가 아니다.
>
> 14절: ὕστερον는 마가의 단어가 아니다. 12:6에서 마가는 ἔσχατον을 사용하

고 병행 구절에서 마태(21:37)는 ὕστερον를 사용한다.

17, 20절: σημειᾶ는 마가의 언어라기보다는 요한의 언어이다. ταυτᾶ + 무관사 σημεῖα는 마가복음에서 사용되지않는다.

18절: κἄν('그리고 만일')은 마가의 표현이 아니다(5:28; 6:56에서 κἄν = '조차').

18절: ἐπιθήσουσιν ἐπὶ + 목적격은 마가복음에서 오직 이곳에만 나온다.

19절: μὲν οὖν은 이례적이다.

19, 20절: ὁ κύριος라는 기독론적 칭호는 오직 이곳에서만 나온다.

11:3에서 κυρίος는 '주님'이라는 뜻으로 사용될 뿐이다.

19절: ἀναλαμβάνω은 오직 이곳에서만 나온다.

20절: 이곳에 나오는 세 개의 소유격 독립(genetive absolute) 분사구문 συνεργοῦντος, βεβαιοῦντος, ἐπακολουθούντων는 매우 희귀하다(Elliot, 261).

내용에 있어서도 9-20절은 나머지 마가복음과 뚜렷한 차이를 보인다. 첫째, 16:8의 주어는 '여자들'인 반면에 9절에서는 '예수님'으로 급작스럽게 바뀐다(배성진, 607; 신현우, 2011: 355). 둘째, 9절은 막달라 마리아를 예수님이 일곱 귀신을 쫓아내 주었던 사람으로 소개하는데 이런 설명은 이미 막달라 마리아가 세 번씩이나 언급(15:40, 47; 16:1)됐던 인물이라는 것을 고려할 때 매우 어색한 소개다(Elliot, 262; Edwards [b], 498). 셋째, 9절의 내용은 8절을 고려할 때 탈문맥적이다(Edwards [b], 498). 8절은 두려움에 붙들려 도망한 여인들 이야기로 끝나고 있지만 9절은 예수님이 막달라 마리아에게만 나타나셨다고만 말할 뿐이며 그 이후에도 여인들의 문제는 간과된다. 결론적으로 외적 내적 증거를 고려할 때 9-20절은 후기 서기관들이 다른 복음서의 내용을 기초로 추가했다고 보는 것이 합리적이다.

프란스는 서기관이 9-20절을 기록할 때 참조했을 다른 복음서의 내용을 다음과 같이 정리한다:

9절	막달라 마리에게 나타나심	요 20:11-17(눅 8:2)
10절	메신저로서 막달라 마리아	요 20:18
11, 13절	제자들의 불신앙	눅 24:11, 41
12-13절	엠마오로 가심	눅 24:13-35
14절	열한 명에게 나타나심	눅 24:36-49; 요 20:19-23
14절	불신앙을 꾸짖음	요 20:24-29(?)
15절	복음 전파 사명	마 28:19; 눅 24:47
19절	승천	눅 24:50-51(히브리서 신학의 '우편 에 앉으심'; France, 2002: 686)

추가된 부분은 총 네 부분으로 구성되어 있는데 막달라 마리아에게 나타나심(9-11절), 두 제자들에게 나타나심(12-13절), 열한 명에게 나타나심(14-18절), 승천(19-20절)이 그것이다(양용의, 386-88).

9 그리고 한 주의 첫날 아침에 부활 후 그는 먼저, 막달라 마리아에게
나타나셨는데 그녀는 일전에 그가 일곱 귀신을 쫓아 내주셨던 여인이었다.
10 그녀는 슬퍼하며 울고 있는 그의 동행자들에게 가서 알렸다. **11** 그러나
그들은 그가 살아 나셨고 그녀에게 보이셨다는 말을 들었음에도 믿지 않았
다.

12 이 일 후에 그는 시골로 가면서 [길을] 걷고 있는 그들 중 두 사람에
게 다른 모습으로 현현되셨다. **13** 그러자 그들은 가서 그 나머지들에게 알
렸다. 하지만 그들 역시 믿지 않았다.

14 [그리고] 마지막으로 그들이 식탁에 앉아 있을 때 현현하셔서 그들
의 불신앙과, 일으킴을 받은 그를 본 사람들을 믿지 않는 완고한 마음을 꾸
짖으셨다. **15** 그리고 그들에게 말씀하셨다. "온 세상으로 가서 모든 피조물
에게 복음을 전하시오. **16** 믿고 세례 받는 사람은 구원받을 것이지만 믿지
않는 자는 심판받을 것이오. **17** 믿는 자들에게는 표적이 따를 것인데 내 이
름으로 귀신을 쫓아내고 새 방언을 말하고 **18** [손으로] 뱀을 잡고 무슨 독
을 마실지라도 그것이 그들을 결단코 해하지 못할 것이오. 병든 자에게 손
을 가져다 대면 그들이 나음을 얻을 것이오."

19 그런즉 주 예수님이 그들에게 말씀하신 후 하늘로 올리어지셔서 하
나님 우편에 앉으셨다. **20** 그러자 그들이 나가서 어디서든지 사람들에게
전파했고, 주님은 함께 일하시면서, 표적이 뒤따르게 하시면서 그 말씀을
확정해 주셨다.

주해

막달라 마리아에게 나타나심(9-11절) 앞서 논의한 것처럼 9-20절은 다른 복음서의 부활 현현 기사에 토대를 둔 서기관의 첨가 부분으로서 교회의 다양한 신학적 관심과 상황을 반영한다. 먼저, 추가된 본문은 예수님이 막달라 마리아에게 나타나셨다는 에피소드(9-11절)로 시작한다. 여인들의 침묵과 두려움으로 8절이 끝났음에도 불구하고 추가된 9절은 그것을 해결하는데 관심이 없으며, 그들에게 맡겨진 갈릴리에서 재회 약속을 전달하는 임무 역시 더 이상 언급이 없다. 에피소드의 탈문맥적 전개는 본 단락이 마가의 원작품이 아니라는 이론을 강화한다.

막달라 마리아가 일곱 귀신이 들렸다가 예수님에 의해 치료함을 받은

자라는 정보는 누가복음 8:2에 근거한 서술이고, 그녀가 부활한 예수님을 만났다는 기록은 요한복음 20:11-18에 의존한다. 막달라 마리아는 15:40, 47과 16:2에 이어 이곳에서 다시 등장함으로써 목격자로서 그녀의 위치는 일관된다. 그처럼 한결같은 언급은 초기 교회에서 부활의 증인으로서 그녀의 위치가 지대했다는 것을 보여준다. 막달라 마리아에 대한 긍정적 묘사와는 대조적으로 제자들은 여전히 부활한 예수님을 향한 믿음이 결여된 인물로 그려지는데(11절), 이런 서술은 마태복음 28:17과 누가복음 24:11, 그리고 요한복음 20:25에 나타난 제자들의 모습을 반영한다.

두 제자들에게 나타나심(12-13절) 이 에피소드는 누가복음 24:13-35의 엠마오로 가는 제자에게 있었던 부활 현현 사건을 참고한다. 엠마오로 가는 두 제자에게 예수님이 "다른 모습으로"(ἐν ἑτέρᾳ μορφῇ) 나타나셨다는 표현은 비록 누가복음에는 나오지 않지만, 두 제자가 그들 곁에 찾아온 예수님의 모습을 쉽게 "알아보지 못했다"는 누가복음 24:16을 설명해 준다(Evans, 548). "다른 모습"을 가지셨다는 언급은 부활 전의 모습과 불연속성이 있다는 것을 전제하지만, 사복음서 전체에서 본다면 부활 후 예수님은 부활 전과 비교했을 때 연속성(continuity)과 비연속성(discontinuity) 모두를 가지고 있었다는 점은 분명하다(참고. 고후 5:4; 빌 3:21; 계 21:1, 5). 연속성이 있다는 점은 부활한 몸에 여전히 십자가의 상처를 가지고 있었다는 요한복음 20:27과 제자들과 만나 식사를 하셨다는 누가복음 24:42-43, 그리고 "사랑하시는 제자"가 예수님의 목소리를 알아들었다는 요한복음 21:5, 7 등을 통해 확정된다. 비연속성 역시 있었다는 것은 엠마오로 가는 제자들이 그들 곁에 찾아오신 예수님을 쉽게 알아보지 못했다는 누가복음 24:15-16과 문이 닫힌 공간에 불현듯 찾아오셨다는 요한복음 20:19의 증언으로 알 수 있다.

열한 명에게 나타나심(14-18절) 식사 시간에 나타나셔서 그들의 불신앙을 꾸짖으셨다는 14절은 누가복음 24:36-43을, 온 세상을 향한 복음 전파 사명을 그들에게 확인해 주셨다는 15-16절은 마태복음 28:18-20과 누가복음 24:47을 기초로 하고 있는 것처럼 보인다. 재차 강조된 제자들의 불신은 부활한 예수님과의 만남 한 번으로 해소된 것이 아님을 말한다. 그들의 변화는 예수님이 부활의 신체로 반복해서 나타나 꾸짖고 가르치신 덕분이었다. 마지막으로 그들에게 나타나셔서 주신 말씀(15-18절)을 통해 확인할 수 있는 바처럼 반복된 부활 현현과 꾸짖음의 결국은 복음 전파자로 그들을 준비시키기 위함이었다.

15절이 보여 주듯 부활과 만국을 향한 복음 전파("온 세상으로 가서 모든 피조물에게 복음을 전하시오")라는 두 주제의 연결은 시사하는 바가 있다. 이는 예수님이 부활을 통해 온 세상의 주로 선포되셨다는 바울의 주장(롬 1:4; 빌 2:9-11)을 생각나게 한다. 하지만 두 주제의 논리적 연결은 바울만의 신학은 아니다. 초기 교회는 예수님의 부활을 통해 유대적 일신론과, 이방인이 종말에 성전으로 순례 여행할 것이라는 기대(사 2:1-5; 미 4:1-5; 슥 8:20-23)를 새롭게 발전시켰을 것이 분명하기 때문이다. 따라서 예수님은 부활로 온 세상을 부패시키는 근본적인 원인인 죄와 악의 문제를 근원적으로 해결하신 분이라는 사실이 증명된 까닭에, 그가 온 세상의 주(1:1 주해를 보라)라는 복음이 "모든 피조물"에게 전파돼야 한다는 신학적 결론은 자연스럽다(Wright, 2003: 571-78).

"믿는 자들에게는 표적이 따를 것인데"(17절)는 요한복음 14:12("나를 믿는 자는 내가 행한 일들을 그들 역시 행할 것이다")를 떠올려 준다(Taylor, 1966: 612). 귀신 축출은 제자들에게 주어진 은사(막 3:15; 6:13)였고, 새 방언을 말함은 초기 교회에서 성령의 임재를 알리는 여러 표징들 중 하나로 이해되었다(행 2:4; 10:46; 19:6; 고전 12:28). 뱀을 만져도 해를 입지 않는 표적은 사도들이 행한 표적(행 28:3-6; 비교. 눅 10:19)과 유사하다(Hooker, 1991: 390). 물론 마지막 표적("뱀을 잡고 무슨 독을 마실지라도 그것이 그들을 결단코 해하지 못할 것이오", 18절 전반부)은 믿는 자들이 모든 육체적 질병과 고통으로부터 면제받았다는 주장을 위해서 사용될 수 없다. 대부분의 제자들은 교회사 전승이 말해주듯이 많은 해를 입은 후 순교를 당했다.[2] 그와 같은 표적은 20절이 말하는 것처럼 제자들이나 믿는 자들이 전하는 "말씀"(τὸν λόγον, 20절), 곧 "복음"(τὸ εὐαγγέλιον, 15절)의 확실성을 지지하기 위한 도구이며, 그것을 베푸시는 분 역시 "주님"이시다(20절). 초기 교회는 때로 '초자연'적인 기적뿐만 아니라 순교 역시 복음의 능력을 드러내는 표징이 될 수 있다고 믿었던 것처럼 보인다(McDowell, 263-65). 이것이 초기 교회의 많은 이들이 순교의 순간이 찾아왔을 때 죽음을 피하기보다 기꺼이 받아들인 이유이다.[3]

승천(19-20절) 예수님의 승천은 사도행전 1:2, 11, 21에 다시 언급된다. 하나님 보좌 우편에 앉으신 예수님은 신약성경에 자주 등장하는 시편 110:1의 에코이다(12:36; 14:62 주해를 보라). 예수님의 승천은 이 땅을 뒤로 한 채 그의 거주 '공간'(space)을 하늘로 옮기셨다는 것을 뜻하지 않는다. 그의 승천은 그가 팔레스타인이라는 지역적 경계를 넘고 하늘과 땅 전체를 아우르는 우주적 통치자, 곧 주(κύριος)로 등극(참고. 행 2:33-36; 빌 2:9-11)하심을 가리킨다(Marshall [b], 1980 [a]: 59-60; Wright, 2003: 655). 승천한 예수님은 하나님 우편에서 모든 피조물을 계속적으로 통치(참고. 고전 15:25)하고 계시고, 통치의 확장은 제자들의 복음 선포 사역과 협력을 통해서 이뤄진다. 이런 점은 제자들이 나가서 예수님이 주라는 복

---

2. 예컨대, 행 7:54-60; 12:2. 베드로와 바울의 순교에 대해선 Clement, *1 Corinthians* 5; Eusebius, *Ecclesiastical History* 3.2.1 참고. 다른 사도들의 순교에 대해선 McDowell, 55-237을 보라.

3. *The Martyrdom of St. Polycarp* 참고.

음을 전할 때 그가 그들과 '함께 일하신다'(συνεργοῦντος)는 20절이 확증하는 바이다.[4]

요약과 해설

현 단락은 초기 교회의 신앙을 잘 대변해 주는 내용들로 가득 차 있다. 부활 증인으로서 막달라 마리아의 위치가 재강조되었으며, 믿음 없는 제자들을 꾸짖고 복음 전파자로 세우시고자 반복적으로 부활 현현하시는 예수님의 신실함은 분명 두드러진다. 또한 초기 교회가 감당했을 모든 민족을 향한 복음 전파의 근거는 예수님의 부활과 승천으로 서술되는데, 무엇보다 부활 승천하신 예수님은 하늘과 땅 전체를 다스리는 온 세상의 주로 등극하시어 제자들의 복음 전파 사역을 통해 하나님 나라를 확장해 나가고 계시는 주체라는 것을 밝히고 있다.

4. 하나님이 교회와 함께 일하고 계신다는 믿음(롬 8:28)을 바울 역시 가지고 있었으며, 더 나아가 그는 자신을 하나님의 동역자로 여기고 있었다(고전 3:9).

제3부

참고문헌

| 참고문헌 |

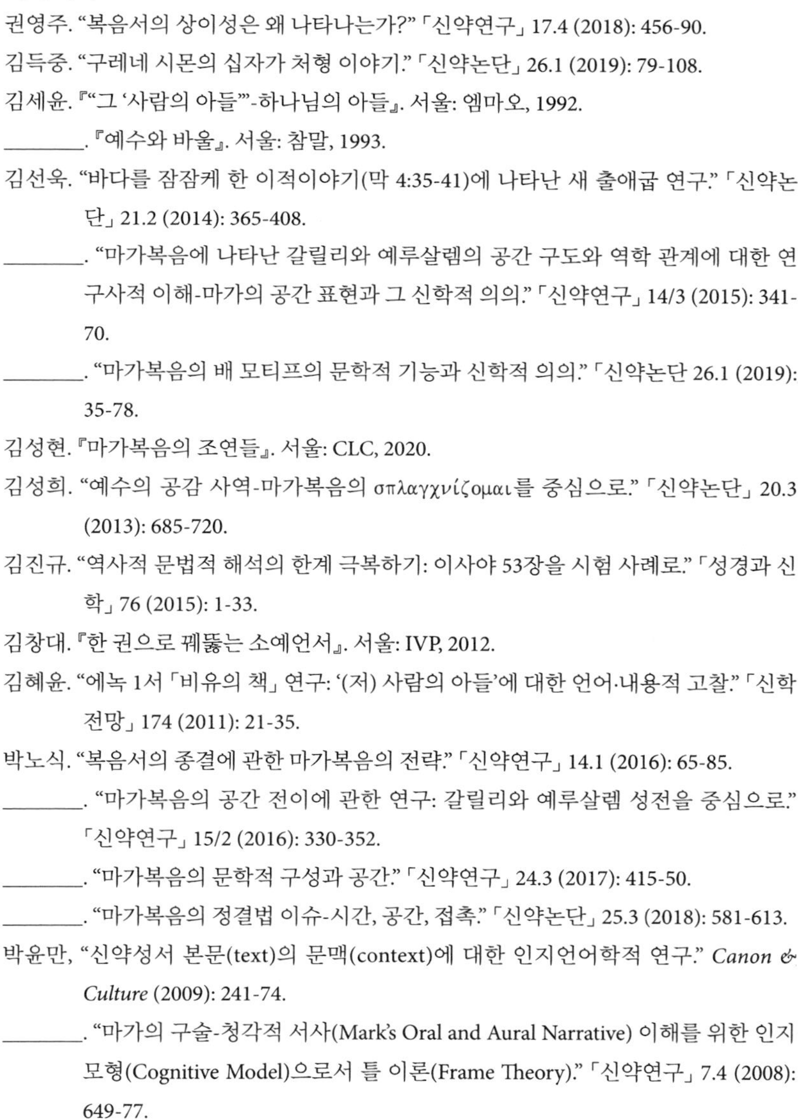

국내저서

권영주. "복음서의 상이성은 왜 나타나는가?" 「신약연구」 17.4 (2018): 456-90.

김득중. "구레네 시몬의 십자가 처형 이야기." 「신약논단」 26.1 (2019): 79-108.

김세윤. 『"그 '사람의 아들'"-하나님의 아들』. 서울: 엠마오, 1992.

________. 『예수와 바울』. 서울: 참말, 1993.

김선욱. "바다를 잠잠케 한 이적이야기(막 4:35-41)에 나타난 새 출애굽 연구." 「신약논단」 21.2 (2014): 365-408.

________. "마가복음에 나타난 갈릴리와 예루살렘의 공간 구도와 역학 관계에 대한 연구사적 이해-마가의 공간 표현과 그 신학적 의의." 「신약연구」 14/3 (2015): 341-70.

________. "마가복음의 배 모티프의 문학적 기능과 신학적 의의." 「신약논단 26.1 (2019): 35-78.

김성현. 『마가복음의 조연들』. 서울: CLC, 2020.

김성희. "예수의 공감 사역-마가복음의 σπλαγχνίζομαι를 중심으로." 「신약논단」 20.3 (2013): 685-720.

김진규. "역사적 문법적 해석의 한계 극복하기: 이사야 53장을 시험 사례로." 「성경과 신학」 76 (2015): 1-33.

김창대. 『한 권으로 꿰뚫는 소예언서』. 서울: IVP, 2012.

김혜윤. "에녹 1서 「비유의 책」 연구: '(저) 사람의 아들'에 대한 언어·내용적 고찰." 「신학전망」 174 (2011): 21-35.

박노식. "복음서의 종결에 관한 마가복음의 전략." 「신약연구」 14.1 (2016): 65-85.

________. "마가복음의 공간 전이에 관한 연구: 갈릴리와 예루살렘 성전을 중심으로." 「신약연구」 15/2 (2016): 330-352.

________. "마가복음의 문학적 구성과 공간." 「신약연구」 24.3 (2017): 415-50.

________. "마가복음의 정결법 이슈-시간, 공간, 접촉." 「신약논단」 25.3 (2018): 581-613.

박윤만, "신약성서 본문(text)의 문맥(context)에 대한 인지언어학적 연구." *Canon & Culture* (2009): 241-74.

________. "마가의 구술-청각적 서사(Mark's Oral and Aural Narrative) 이해를 위한 인지모형(Cognitive Model)으로서 틀 이론(Frame Theory)." 「신약연구」 7.4 (2008): 649-77.

________. “신약성서 헬라어의 현저성 표지들(Prominence Markers).” 「신약연구」 9.2 (2010): 309-35.
________. “동사 상과 빌레몬서 담화 처리.” 「신약연구」 10.4 (2011a): 941-76.
________. “응집성과 문단: 틀 의미론(frame semantics)에 기초한 마가복음 1:16-20 연구.” 「성경과 신학」 58 (2011b): 69-96.
________. “추론(Inference)에 기초한 신약성경. 본문 읽기.” 「성경과 신학」 66 (2013a): 63-89.
________. 『신약성경 언어의 의사소통 기술』. 서울: 그리심, 2013b.[개정증보판 2019].
________. “예수의 죄 용서 선언에 드러난 자기 이해-가버나움 집에서 죄 용서 선언(막 2:1-12)을 중심으로.” 「신약논단」 21.2 (2014): 329-64.
________. “예수의 구약해석-마가복음을 중심으로.” 「신약연구」 14.1 (2015): 86-110.
________. “예수, 총체적 종말론적 구원자: 마가복음의 예수의 치유와 축귀 그리고 죽음을 중심으로.” 「성경과 신학」 77 (2016): 261-90.
________. “예수의 두 얼굴-마가복음의 고기독론 연구.” 「신약연구」 16.1 (2017): 35-69.
________. “고난받는 인자에 대한 ‘기록’-막 9:12와 2:21에 드러난 예수의 구약 사용 연구.” 「신약연구」 19.1 (2020): 77-103.
________. “신약성경 헬라어 분사에 사용된 부사적 분사의 화용적 의미 결정에 대해.” 「신약연구」 20.1 (2021):
박영호. 『에클레시아』. 서울: 새물결플러스, 2018.
배성진. “마가복음의 종결.” 「신약연구」 9.4 (2010): 597-624.
신현우. “마가복음 4장 24-25절의 주해와 원본문 복원.” 「성경원문연구」 14 (2004): 87-106.
________. “본문 비평, 공관복음 문제, 역사적 예수 연구의 방법론 통합.” 「헤르메네이아 투데이」 33 (2006): 51-58.
________. 『메시아 예수의 복음』. 용인: 킹덤북스, 2011.
________. “예수 복음의 기원–마가복음 1:9-11 주해와 역사적 진정성 증명.” 「신약연구」 12.3 (2013): 465-87.
________. “예수의 하나님 나라 선포.” 「신약연구」 13.3 (2014): 380-404.
________. “예수의 축귀와 가르침-마가복음 1:21-28 연구.” 「신약논단」 22.2 (2015): 367-96.
________. “예수의 죄 사함 선언과 중풍병 치유.” 「신약연구」 15.3 (2016 a): 463-88.
________. “예수의 나병 치유와 새 출애굽.” 「신약논단」 23.3 (2016 b): 555-78.
________. “안식일과 질병 치유.” 「신약연구」 17.3 (2018): 283-329.

_______. “이스라엘에 관한 예수의 새 관점: 마가복음 3:20-35 주해.” 「신약연구」 19.3 (2020): 455-87.

심상법. “마지막 바다 항해 기사(막 8:14[13-21]-누룩과 떡 논쟁.” 「신약연구」 7.4 (2008): 585-618.

이민규. “마가복음 12:41-44에 나타난 과부의 헌금에 대한 연구.” 「신약연구」 13.2 (2014):219-238.

이병학. “유대 묵시문학과 신약성서: 에녹과 예수.” 「신약논단」 19.2 (2012): 353-94.

이상일. “예수의 아멘의 이중언어적 기원.” 「신약논단」 20.4 (2013): 855-91.

이석호. “쿰란의 문헌들에 나타난 ‘마음의 경화’(硬化, Hardness of Heart)에 대한 이해.” 「신약연구」 7.3 (2008): 517-40.

_______. “마가복음이 암시하고 있는 제자들의 회복에 대한 이해.” 「신약연구」 8.2 (2009); 203-21.

이응봉. “마가복음 처음과 끝의 교차 대구법.” 「신약논단」 22.1 (2015): 35-36.

이진경. “마가복음 1:1에 나타난 두 개의 기독론 칭호 연구.” 「신약논단」 20.2 (2003): 303-338.

_______. “닭은 두 번 울지 않았다-마가복음 수난사화에 등장하는 두 번의 닭 울음에 대한 소고.” 「신약논단」 24.3 (2017): 519-552.

이태호. “예수와 사회정의: 마가복음 11:15-17.” 「성경과 신학」 61 (2013.4): 241-74.

이형일. “예수의 ‘아바’ 사용과 그의 하나님의 아들 자의식에 관한 연구-초기 고(高)기독론 형성에 미친 영향.” 「신약연구」 13.4 (2014): 671-93.

안경순. “마가복음의 기도에 대한 이해.” 「신약논단」 24.2 (2017): 237-70.

양용의. 『마가복음 어떻게 읽을 것인가』. 서울: 성서유니온: 2010.

오성종. “마가복음 ‘개막사’의 해석학적 의미.” 「신약연구」 8.3 (2009): 365-402.

_______. “신약 시대의 질병과 치유(1).” 「신약연구」 17.2 (2018): 143-79.

왕인성. “마가복음 시험기사(막 1:12-13)의 ‘들짐승’에 대한 해석적 고찰.” 「신약논단」 24.3 (2017): 383-413.

정혜진. “마가복음 서사 담론의 성전-이데올로기 비판.” 「신약논단」 23.4 (2016): 969-1007.

채영삼. “마태복음에 나타난 ‘치유하는 다윗의 아들.’” 「신약논단」 18.1 (2011): 43-93.

최규명. “공관복음의 ‘사람 낚는 어부’는 구원의 이미지인가? : 심판의 이미지로 바라본 ‘사람 낚는 어부.’” 「신약연구」 8.12 (2009): 223-257.

한경임. 『사회언어학의 이해』. 파주: 리북, 2019.

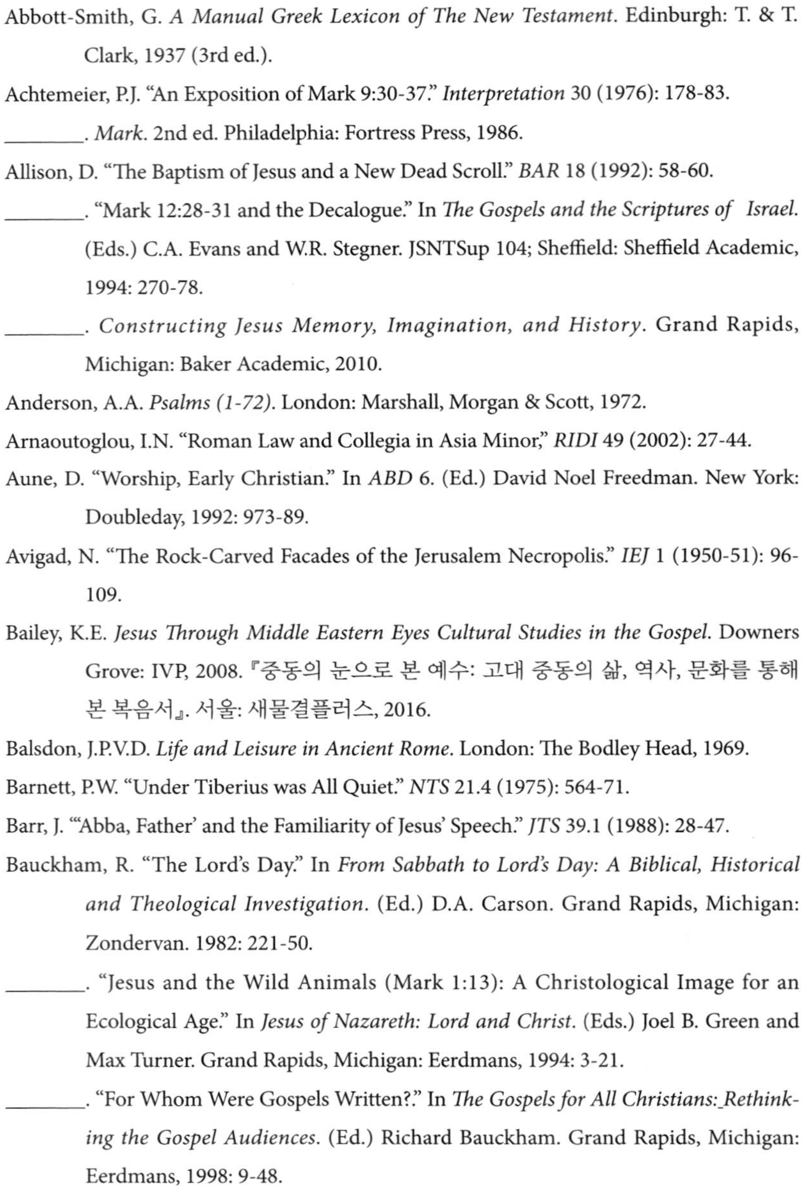

국외저서

Abbott-Smith, G. *A Manual Greek Lexicon of The New Testament*. Edinburgh: T. & T. Clark, 1937 (3rd ed.).

Achtemeier, P.J. "An Exposition of Mark 9:30-37." *Interpretation* 30 (1976): 178-83.

________. *Mark*. 2nd ed. Philadelphia: Fortress Press, 1986.

Allison, D. "The Baptism of Jesus and a New Dead Scroll." *BAR* 18 (1992): 58-60.

________. "Mark 12:28-31 and the Decalogue." In *The Gospels and the Scriptures of Israel*. (Eds.) C.A. Evans and W.R. Stegner. JSNTSup 104; Sheffield: Sheffield Academic, 1994: 270-78.

________. *Constructing Jesus Memory, Imagination, and History*. Grand Rapids, Michigan: Baker Academic, 2010.

Anderson, A.A. *Psalms (1-72)*. London: Marshall, Morgan & Scott, 1972.

Arnaoutoglou, I.N. "Roman Law and Collegia in Asia Minor," *RIDI* 49 (2002): 27-44.

Aune, D. "Worship, Early Christian." In *ABD* 6. (Ed.) David Noel Freedman. New York: Doubleday, 1992: 973-89.

Avigad, N. "The Rock-Carved Facades of the Jerusalem Necropolis." *IEJ* 1 (1950-51): 96-109.

Bailey, K.E. *Jesus Through Middle Eastern Eyes Cultural Studies in the Gospel*. Downers Grove: IVP, 2008. 『중동의 눈으로 본 예수: 고대 중동의 삶, 역사, 문화를 통해 본 복음서』. 서울: 새물결플러스, 2016.

Balsdon, J.P.V.D. *Life and Leisure in Ancient Rome*. London: The Bodley Head, 1969.

Barnett, P.W. "Under Tiberius was All Quiet." *NTS* 21.4 (1975): 564-71.

Barr, J. "'Abba, Father' and the Familiarity of Jesus' Speech." *JTS* 39.1 (1988): 28-47.

Bauckham, R. "The Lord's Day." In *From Sabbath to Lord's Day: A Biblical, Historical and Theological Investigation*. (Ed.) D.A. Carson. Grand Rapids, Michigan: Zondervan. 1982: 221-50.

________. "Jesus and the Wild Animals (Mark 1:13): A Christological Image for an Ecological Age." In *Jesus of Nazareth: Lord and Christ*. (Eds.) Joel B. Green and Max Turner. Grand Rapids, Michigan: Eerdmans, 1994: 3-21.

________. "For Whom Were Gospels Written?." In *The Gospels for All Christians:_Rethinking the Gospel Audiences*. (Ed.) Richard Bauckham. Grand Rapids, Michigan: Eerdmans, 1998: 9-48.

________. "John for Readers of Mark." In *The Gospels for All Christians: Rethinking the*

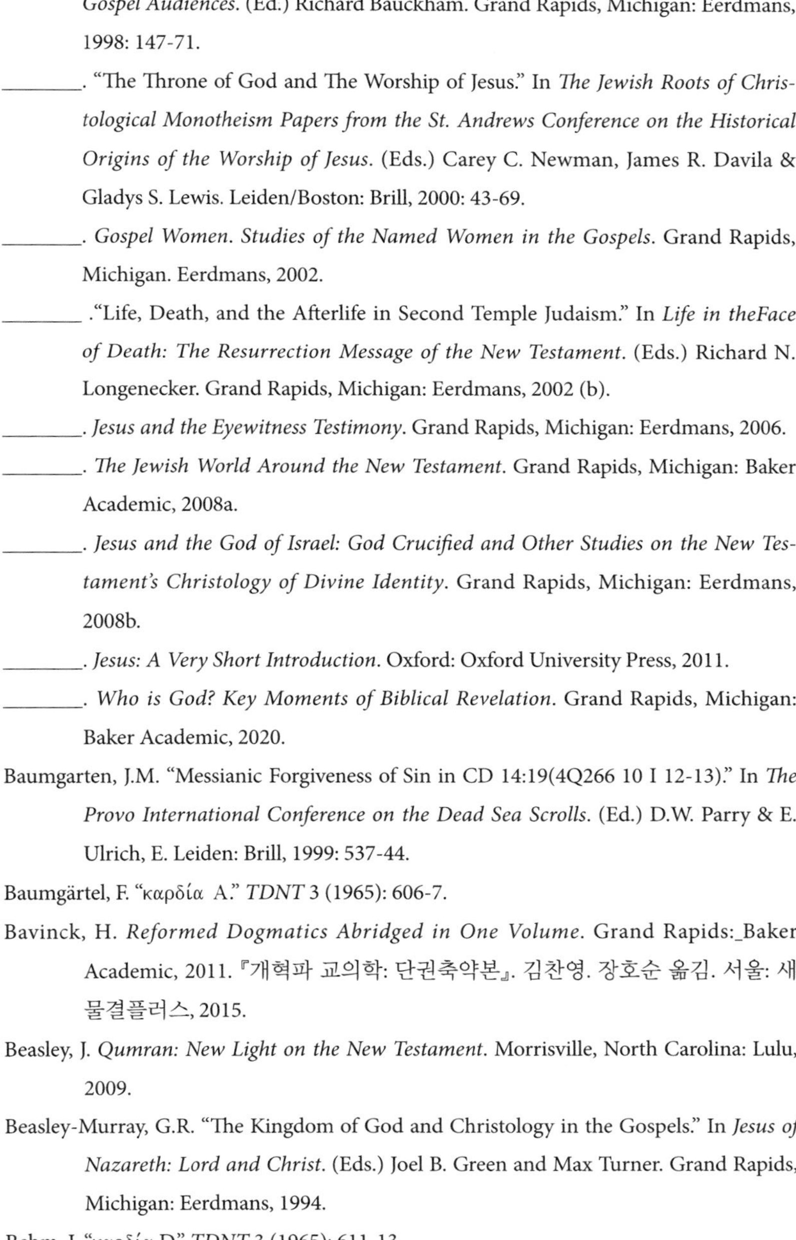

Gospel Audiences. (Ed.) Richard Bauckham. Grand Rapids, Michigan: Eerdmans, 1998: 147-71.

________. "The Throne of God and The Worship of Jesus." In *The Jewish Roots of Christological Monotheism Papers from the St. Andrews Conference on the Historical Origins of the Worship of Jesus*. (Eds.) Carey C. Newman, James R. Davila & Gladys S. Lewis. Leiden/Boston: Brill, 2000: 43-69.

________. *Gospel Women. Studies of the Named Women in the Gospels*. Grand Rapids, Michigan. Eerdmans, 2002.

________ ."Life, Death, and the Afterlife in Second Temple Judaism." In *Life in theFace of Death: The Resurrection Message of the New Testament*. (Eds.) Richard N. Longenecker. Grand Rapids, Michigan: Eerdmans, 2002 (b).

________. *Jesus and the Eyewitness Testimony*. Grand Rapids, Michigan: Eerdmans, 2006.

________. *The Jewish World Around the New Testament*. Grand Rapids, Michigan: Baker Academic, 2008a.

________. *Jesus and the God of Israel: God Crucified and Other Studies on the New Testament's Christology of Divine Identity*. Grand Rapids, Michigan: Eerdmans, 2008b.

________. *Jesus: A Very Short Introduction*. Oxford: Oxford University Press, 2011.

________. *Who is God? Key Moments of Biblical Revelation*. Grand Rapids, Michigan: Baker Academic, 2020.

Baumgarten, J.M. "Messianic Forgiveness of Sin in CD 14:19(4Q266 10 I 12-13)." In *The Provo International Conference on the Dead Sea Scrolls*. (Ed.) D.W. Parry & E. Ulrich, E. Leiden: Brill, 1999: 537-44.

Baumgärtel, F. "καρδία A." *TDNT* 3 (1965): 606-7.

Bavinck, H. *Reformed Dogmatics Abridged in One Volume*. Grand Rapids:_Baker Academic, 2011. 『개혁파 교의학: 단권축약본』. 김찬영. 장호순 옮김. 서울: 새물결플러스, 2015.

Beasley, J. *Qumran: New Light on the New Testament*. Morrisville, North Carolina: Lulu, 2009.

Beasley-Murray, G.R. "The Kingdom of God and Christology in the Gospels." In *Jesus of Nazareth: Lord and Christ*. (Eds.) Joel B. Green and Max Turner. Grand Rapids, Michigan: Eerdmans, 1994.

Behm, J. "καρδία D." *TDNT* 3 (1965): 611-13.

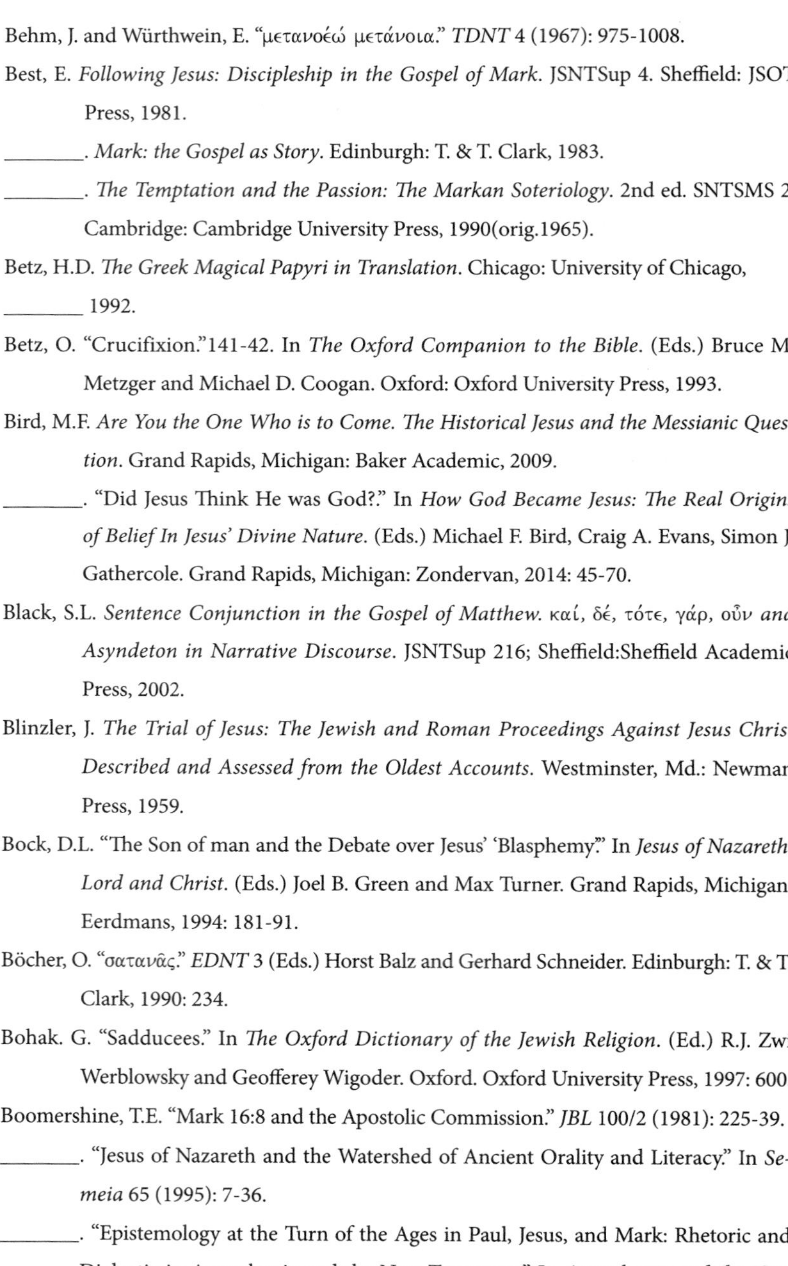

Behm, J. and Würthwein, E. "μετανοέω μετάνοια." *TDNT* 4 (1967): 975-1008.

Best, E. *Following Jesus: Discipleship in the Gospel of Mark*. JSNTSup 4. Sheffield: JSOT Press, 1981.

________. *Mark: the Gospel as Story*. Edinburgh: T. & T. Clark, 1983.

________. *The Temptation and the Passion: The Markan Soteriology*. 2nd ed. SNTSMS 2; Cambridge: Cambridge University Press, 1990(orig.1965).

Betz, H.D. *The Greek Magical Papyri in Translation*. Chicago: University of Chicago,

________ 1992.

Betz, O. "Crucifixion."141-42. In *The Oxford Companion to the Bible*. (Eds.) Bruce M. Metzger and Michael D. Coogan. Oxford: Oxford University Press, 1993.

Bird, M.F. *Are You the One Who is to Come. The Historical Jesus and the Messianic Question*. Grand Rapids, Michigan: Baker Academic, 2009.

________. "Did Jesus Think He was God?." In *How God Became Jesus: The Real Origins of Belief In Jesus' Divine Nature*. (Eds.) Michael F. Bird, Craig A. Evans, Simon J. Gathercole. Grand Rapids, Michigan: Zondervan, 2014: 45-70.

Black, S.L. *Sentence Conjunction in the Gospel of Matthew. καί, δέ, τότε, γάρ, οὖν and Asyndeton in Narrative Discourse*. JSNTSup 216; Sheffield:Sheffield Academic Press, 2002.

Blinzler, J. *The Trial of Jesus: The Jewish and Roman Proceedings Against Jesus Christ Described and Assessed from the Oldest Accounts*. Westminster, Md.: Newman Press, 1959.

Bock, D.L. "The Son of man and the Debate over Jesus' 'Blasphemy.'" In *Jesus of Nazareth: Lord and Christ*. (Eds.) Joel B. Green and Max Turner. Grand Rapids, Michigan: Eerdmans, 1994: 181-91.

Böcher, O. "σατανᾶς." *EDNT* 3 (Eds.) Horst Balz and Gerhard Schneider. Edinburgh: T. & T. Clark, 1990: 234.

Bohak. G. "Sadducees." In *The Oxford Dictionary of the Jewish Religion*. (Ed.) R.J. Zwi Werblowsky and Geofferey Wigoder. Oxford. Oxford University Press, 1997: 600.

Boomershine, T.E. "Mark 16:8 and the Apostolic Commission." *JBL* 100/2 (1981): 225-39.

________. "Jesus of Nazareth and the Watershed of Ancient Orality and Literacy." In *Semeia* 65 (1995): 7-36.

________. "Epistemology at the Turn of the Ages in Paul, Jesus, and Mark: Rhetoric and Dialectic in Apocalyptic and the New Testament." In *Apocalyptic and the New*

Testament: Essays in Honor of J. Louis Martyn. (Eds.) Joel Marcusand Marion L. Soards. Sheffield, England: JSOTPress, 1989, 147-67.

Borg, M. "The Truth of Easter", In *The Meaning of Jesus Two Visions*. (Ed.) Marcus Borg and N.T. Wright. New York: HarperCollins: 1998: 129-42.

Boring, M.E. *The Continuning Voice of Jesus: Christian Prophecy & Gospel Tradition*. Louisville, Kentucky: WJKP, 1991.

_______. *Mark: A Commentary*. Louisville: WJKP, 2006.

Botha, P.J.J. "The Historical Setting of Mark's Gospel: Problems and Possibilities." *JSNT* 51 (1993): 27-55.

Bowley, J.E. "Pax Romana." In *Dictionary of New Testament Background*. (Eds. Craig A. Evans & Stanley E. Porter. Downers Grove, Illinois: IVP, 2000: 771-75.

Bowman, J. *The Gospel of Mark: The New Christian Jewish Passover Haggadah*. Leiden: Brill, 1965.

Braude, W.G. *The Midrash on Psalms*. New Haven: Yale University Press, 1995.

Brin, G. "Divorce at Qumran." In *Legal Texts & Legal Issues: Proceedings of the Second Meeting of the International Organization for Qumran Studies, Published in Honour of Joseph M. Baumgarten*. (Ed.) M. Bernstein et al. Leiden: Brill, 1997: 231-244.

Broadhead, E.K. "Jesus the Nazarene: Narrative Strategy and Christological Imagery in the Gospel of Mark." *JSNT* 52 (1993): 3-18.

Brown, R.E. "The Pater Noster as an Eschatological Prayer." In *New Testament Essays*. Garden City, N.Y.: Doubleday, Image Books, 1968.

_______. *The Death of the Messiah: From Gethsemane to the Grave. A Commentary on the Passion Narratives in the Four Gospels*. Volume I, II. AYBRL. New York: Doubleday, 1994.

Brunson, A.C. *Psalm 118 in the Gospel of John*. Tübingen: Mohr Siebeck, 2003.

Bultmann, R. *History of the Synoptic Tradition*. New York: Harper & Row, 1963.

Burridge, R. *What are the Gospels? A Comparison with Graeco-Roman Biography*. Cambridge: Cambridge University Press, 1992.

_______. "About People, by People, for People: Gospel Genre and Audiences", In *The Gospels for All Christians: Rethinking the Gospel Audiences*. (Ed.) Richard Bauckham. Grand Rapids, Michigan: Eerdmans, 1998: 113-45.

Byrskog, S. *Story as History – History as Story: The Gospel Tradition in the Context of Ancient Oral History*. Leiden: Brill, 2002.

Burton, E.D. Syntax of the Moods and Tenses in NT Greek. Grand Rapids, Michigan: Kregel, 1976 [ori.1898]. 『신약성경 헬라어 구문론』. 권성수 옮김. 서울: 기독지혜사, 1988.

Caird, G.B. and Hurst, L.D. *New Testament Theology*. Oxford: Clarendon,1994.

Calvin, J. *Commentary on Mathew, Mark, Luke*. 『공관복음 I & II』. 서울: 성서교재간행사, 1982.

Camery-Hoggatt, J. *Irony in Mark's Gospel: Text and Subtext*. Cambridge: Cambridge University Press, 1992.

Campbell (a), C.R. *Verbal Aspect, the Indicative Mood, and Narrative Soundings in the Greek of the New Testament*. New York: Peter Lang, 2007.

Campbell (b), J.B. "Legion." In *The Oxford Classical Dictionary the Ultimate Reference Work on the Classical World*. (Eds.) Simon Hornblower and Antony Spawforth. Oxford: Oxford University Press, 1990: 839-42.

Campbell (c), W.S. "Engagement, Disengagement and Obstruction: Jesus' Defense Strategies in Mark's Trial and Execution Scenes (14:53-64; 15:1-39)." *JSNT* 26 (2004): 283-300.

Capes, D.B. "Imitation Christi and The Early Worship of Jesus." In *The Jewish Roots of Christological Monotheism Papers from the St. Andrews Conference on the Historical Origins of the Worship of Jesus*. (Eds.) Carey C. Newman, James R. Davila & Gladys S. Lewis. Leiden/Boston: Brill, 2000: 293-307.

Carson, D.A. "Jesus and the Sabbath in the Four Gospels." In *From Sabbath to Lord's Day: A Biblical, Historical and Theological Investigation*. (Ed.) D.A. Carson. Grand Rapids, Michigan: Zondervan, 1982: 57-97.

________ . *Exegetical Fallacies*. Grand Rapids: Baker Book House, 1984.

Carrington, P. *According to Mark*. Cambridge: Cambridge University Press, 1960.

Catchpole, D.R. "The Answer of Jesus to Caiaphas (Matt. xxvi. 64)." *NTS* 17 (1970-71): 213-226.

Cathcart, K.J. "The Day of Yahweh." In *ABD* 2. Doubleday: New York, 1992: 84-85.

Chancey, M.A. *Greco-Roman Culture and the Galilee of Jesus*. Cambridge: Cambridge University Press, 2005.

Chapman, D.W. *Ancient Jewish and Christian Perceptions of Crucifixion*. Tübingen: Mohr

Siebeck, 2008.

Charles, R.H. *The Book of Enoch or 1 Enoch*. Oxford: Clarendon Press, 1912.

Charlesworth, J.H. *Jesus Within Judaism: New Light from Exciting Archaeological Discoveries*. New York: Doubleday, 1988.

Chilton, B. *A Galilean Rabbi and His Bible: Jesus' Use of the interpreted Scripture of His Time*. Eugene, Oregon: Wipf & Stock, 1984.

Christensen, D.L. *Deuteronomy 21:10-34:12*. WBC 6b; Nashville: Thomas Nelson, 2002. 『신명기 21:10-34;12』. 서울: 솔로몬, 2007.

Cohen, S.J.D. "Menstruants and the Sacred in Judaism and Christianity." In *Women's History and Ancient History*. (Ed.) Sarah B. Pomeroy. Chapel Hill/London: University of North Carolina Press. 1991: 273-99.

Collins (a), A.Y. *Mark A Commentary*. Minneapolis: Fortress, 2007.

Collins (b), J.J. "The Son of Man and the Saints of the Most High in the Book of Daniel." *JBL* 93/1 (1974): 50-66.

________. *Daniel, 1-2 Maccabees*. Wilmington, Delaware: Michael Glazier, 1981.

________. *The Scepter and the Star. The Messiahs of the Dead Sea Scrolls and Other Ancient Literature*. New York: Doubleday, 1995.

________. *The Apocalyptic Imagination An Introduction to Jewish Apocalyptic Literature*. 2nd ed [1st ed. 1984]. Grand Rapids, Michigan: Eerdmans, 1998.

________. *Beyond the Qumran Community*. Grand Rapids, Michigan: Eerdmans, 2010. 『사해사본과 쿰란 공동체』. 서울: 쿰란, 2012.

Collins, N.L. *Jesus, the Sabbath and the Jewish Debate: Healing on the Sabbath in the 1st and 2nd Centuries CE*. LNTS 474; London: T. & T. Clark, 2014.

Corley, K.E. *Private Women, Public Meals: Social Conflict in the Synoptic Tradition*. Peabody, Massachusetts: Hendrickson, 1993.

Cotter, W.J. "For It Was Not the Season for Figs." *CBQ* 48 (1986): 62-6.

Cranfield, C.E.B. *The Gospel According to Saint Mark*. CGTC. Cambridge: Cambridge University Press, 1974 (orig.1959).

Croft, W. and Cruse, D.A. *Cognitive Linguistics*. Cambridge: Cambridge University Press, 2004.

Crossan, John Dominic. *The Historical Jesus: The Life of a Mediterranean Jewish Peasant*. San Francisco: Harper, 1991.

________ . "Jesus and the Challenge of Collaborative Eschatology." In *The Historical Jesus*

Five Views. (Eds.) James K. Beilby & Paul Rhodes Eddy. Downers Grove, IL: IVP, 2009.

Croy, N.C. *The Mutilation of Mark's Gospel*. Nashville: Abingdon, 2003.

Cullmann, O. *The State in the New Testament*. London: SCM, 1963.

D'Angelo, M.R. "Abba and Father: Imperial Theology and the Jesus Tradition." *JBL* 111 (1992): 611-630.

Danove, P. "The Narrative Function of Mark's Characterization of God." *NovT* 43 (2001): 12-30.

Daube, D. "Responsibilities of Master and Disciples in the Gospels." *NTS* 19 (1972): 1-15.

Davies, W.D. *Paul and Rabbinic Judaism*. 2nd ed. London: SPCK, 1955.

Davies, W.D. and D.C. Allison. *Matthew 19-28*. London: T. & T. clark, 1997.

Deissmann, A. *Light From the Ancient East*. London: Hodder and Stoughton,1927.

Derrett, J.D.M. "Fresh Light on the Wicked Vinedressers." In *Law in the New Testament*. London: Darton, Longman and Todd, 1970.

Dewey, J. "Mark as Interwoven Tapestry: Forecasts and Echoes for a Listening Audience." *CBQ* 53 (1991): 221-36.

________. *Markan Public Debate*. SBL Dissertation Series, 48; California: Scholars Press, 1980.

Dibelius, M. *From Tradition to Gospel*. New York: Charles Scribner's Sons, 1971.

Dijk, T.A. van. *Discourse and Context*. Cambridge: Cambridge University Press, 2008.

Donahue, John R. and Harrington, D.J. *The Gospel of Mark*. Collegeville, MN: Liturgical Press, 2002.

Donahue, J.R. "A Neglected Factor in the Theology of Mark." *JBL* 101 (1982): 563-94

Douglas, M. "Deciphering a Meal," In *Implicit Meanings*: London: Routledge & Kegan Paul, 1975.

Dormeyer, D. "ἐγγίζω." *EDNT* 1. (Eds.) Horst Balz and Gerhard Schneider. Edinburgh: T. & T. Clark, 1990: 370-71.

Dowd, S.E. *Prayer, Power and the Problem of Suffering: Mark 11:22-25 in the Context of Markan Theology*. SBLDS 105; Atlanta: Scholar Press, 1988.

Dunn, J.D.G. *Christology in the Making*. London: SCM, 1989 2nd ed.

________. *The Partings of the Ways: Between Christianity and Judaism and Their Significance for the Character of Christianity*. London: SCM Press, 1991.

________. *Jesus Remembered*. Grand Rapids, Michigan: Eerdmans, 2003. 『예수과 기독교

의 기원』 상권. 차정식 (역). 서울: 새물결플러스, 2010; 『예수과 기독교의 기원』 하권. 차정식 (역). 서울: 새물결플러스, 2012.

Duranti, A. and Goodwin, C. *Rethinking Context: Language as an Interactive Phenomenon*. Cambridge: Cambridge University Press, 1992.

Dwyer, T. "The Motif of Wonder in the Gospel of Mark." *JSNT* 57 (1995): 49-59.

Edwards (a), D.R. "Dress and Ornamentation." In *ABD* 2. New York: Doubleday, (1992): 232-38.

Edwards (b), J. *The Gospel According to Mark*. PNTC; Grand Rapids, Michigan: Eerdmans, 2002.

Ehrman, B. *How Jesus Became God: The Exaltation of a Jewish Preacher fromGalilee*. New York: HarperOne, 2014.

Eisenman, R. *The Dead Sea Scrolls and the First Christians*. New Jersey: Castle Books, 2004.

Elliot (a), J.K. *New Testament Textual Criticism: The Application of Thoroughgoing Principle*. Essay on Manuscripts and Textual Variation. Leiden: Brill, 2010.

Elliot (b), J.H. *1 Peter*. AB 37B; Doubleday, New York, 2000.

Ellis, E.E. "Deity-Christology in Mark 14:58." In *Jesus of Nazareth: Lord and Christ*. (Eds.) Joel B. Green and Max Turner. Grand Rapids, Michigan: Eerdmans, 1994: 192-2003.

Evans, C. *Jesus and His Contemporaries*. Leiden: Brill, 1995.

________. *Mark 8:27-16:20*. WBC 34 b: Nashville: Thomas Nelson, 2001.

________. "Parables in Early Judaism." In *The Challenge of Jesus' Parables*. (Ed.) Richard N. Longenecker. Grand Rapids, Michigan: Eerdmans, 2000: 51-75.

________. "The Misplaced Jesus: Interpreting Jesus in a Judaic Context." In *The Missing Jesus: Rabbinic Judaism and the New Testament*. (Eds.) Bruce Chilton et al. Leiden: Brill, 2002.

________. "Getting the Burial Traditions and Evidence Right." In *How God Became Jesus. The Real Origins of Belief in Jesus's Divine Nature*. (Ed.) Michael F.Bird. Grand Rapids, Michigan: Zondervan, 2014: 71-93.

Finegan, J. *Handbook of Biblical Chronology*. Princeton, NJ: Princeton University Press, 1964.

Fitzmyer, J. *A Wandering Aramean: Collected Aramaic Essays*. London: Scholars Press, 1979.

________. *The Gospel According to Luke (X-XXIV)*. AB 28A; New York: Doubleday, 1983.

________. "Abba and Jesus' Relation to God." In *A Cause de l'Évangile: études sur les Synoptiques et les Actes*. (Ed.) F. Refoulé. Paris: Cerf, 1985: 15-38.

Fletcher-Louis, C.H.T. "Some Reflections on Angelomorphic Humanity Texts among the Dead Sea Scroll." *DSD* 7/3 (2000): 292-312.

Flusser, D. *Jesus*. Jerusalem. The Hebrew University Magnes Press, 2001 (orig. 1997).

Fowler, R.M. *Loaves and Fishes. The Function of the Feeding Stories in the Gospel of Mark*. SBL Dissertation Series 54; Chico, Calif.: Scholrs Press, 1981.

France, R.T. "Jesus the Baptist?." In *Jesus of Nazareth: Lord and Christ*. (Eds.) Joel B. Green and Max Turner. Grand Rapids, Michigan: Eerdmans, 1994: 94-111.

________. *Mark*. DBC: New York: Doubleday, 1998.

________. *The Gospel of Mark: A Commentary on the Greek Text*. Grand Rapids, Michigan: Eerdmans, 2002.

Freyne, S. "Jesus in Jewish Galilee." In *Redefining First-Century Jewish and Christian Identities Essays in Honor of Ed Parish Sanders*. (Eds.) Fabian E. Udoh. Notre Dame, Indiana: University of Notre Dame Press, 2008: 197-212.

Gadamer, H.G. *Truth and Method*. London: Sheed and Ward, 1975.

Gardner, A.E. "Imperfect and Faithful Followers: The Young Man at Gethsemane and the Young Man at the Tomb in the Gospel of Mark", *Encounter* 71 (2010): 33-43.

Garrett, S.R. *The Temptations of Jesus in Mark's Gospel*. Grand Rapids, Michigan: Eerdmans, 1998.

Gärtner, B. *The Temple and the Community in Qumran and the NT: A Comparative Study in the Temple Symbolism of the Qumran Texts and the NT*. Cambridge: Cambridge University Press, 1965.

Gathercole, S.J. *The Pre-existent Son: Recovering the Christologies of Matthew, Mark, and Luke*. Grand Rapids: Eerdmans, 2006.

Gerhardsson, B. *The Testing of God's Son (Matt 4:1-11 and par.)*. Lund: Gleerup, 1966.

________. "The Parable of the Sower and Its Interpretation." *NTS* 14 (1968): 165-93.

________. *The Reliability of the Gospel Tradition*. Peabody: Hendrickson, 2001.

Gibbs, J.A. "Israel Standing with Israel: the Baptism of Jesus in Matthew's Gospel (Matt3:13-17)." *CBQ* 64 (2002): 511-26.

Gibson, J.B. "Jesus' Wilderness Temptation According Mark." *JSNT* 53 (1994): 3-34.

Girard, R. 『희생양』. 서울: 민음사, 1998.

Gnilka, J. *Das Evangelium nach Markus*. 2 vols. Zürich/Neukirchen: Benziger/ Neukirchener, 1978-9. 『마르코 복음 I, II』. 서울: 한국신학연구소, 1986.

Gómez, A.D. "Get Up! Be Opened: Code-Switching and Loanwords in the Gospel of Mark." *JSNT* 42(3) (2020): 390-427.

Goody, J. *Cooking, Cuisine and Class*. Cambridge: Cambridge University Press, 1982.

Goulder, M.D. "Those Outside(Mk. 4:10-12)." *NovT* 33/4 (1991): 291-302.

Grassmick, J. *Mark*. Illinois: Victor Books, 1983. 『마가복음』, 김도훈 (역) 서울: 두란노, 1994.

Green, W.S. "Introduction: Messiah in Judaism: Rethinking the Question." In *Judaism and their Messiah at the Turn of the Christian Era*. (Ed.) Jacob Neusner et al. Cambridge: Cambridge University Press, 1987.

Guelich, R.A. "The Beginning of the Gospel': Mark 1:1-15." *BR* 27 (1982): 5-15.

________. *Mark 1-8:26*. WBC 34A; Dallas: Word Books, 1989. 『마가복음』, 김철 (역) 서울: 솔로몬, 2001.

Gundry, R.H. *Mark: A Commentary on His Apology for the Cross*. Grand Rapids: Eerdmans, 1993.

Hachlili, R. "Burials." In *ABD* 1. New York: Doubleday, 1992: 789-96.

Hadas, M. *Ancilla to Classical Reading*. New York: Columbia University Press, 1961.

Hagedorn, A.C. and Neyrey, J.H. "'It Was Out of Envy That They Handed Jesus Over' (Mark 15:10): The Anatomy of Envy And The Gospel of Mark." *JSNT* 69 (1998): 15-56.

Harland, P.A. "Familial Dimensions of Group Identity: 'Brothers'(ἀδελφοί) in Associations of the Greek East." *JBL* 124 (2005): 491-513.

Harrington, D. *First and Second Maccabees*. Minnesota; Liturgical Press, 2012.

Harris, W. *Ancient Literacy*. Cambridge, Massachusetts: Harvard University Press, 1989.

Hartmann, L.F. and Lella, A.A. di. *The Book of Daniel*. AB 23; New York: Doubleday, 1978.

Hasler, V. "genea,", EDNT 1. (Eds.) Horst Balz and Gerhard Schneider. Edinburgh: T. & T. Clark, 1990: 241-242.

Hatina, T.R. "The Focus of Mark 13:24-27: the Parousia, or the Destruction of theTemple." *BBR* 42 (1996): 43-66.

Havelock, E.A. *Preface to Plato*. Cambridge, Massachusetts; London: Harvard University Press, 1963.

Hays, R. B. *Echoes of Scripture in the Letters of Paul*. New Haven: Yale University Press, 1989.

________ . "The Corrected Jesus." *First Things* 43 (1994): 43-48.

________. *The Moral Vision of the New Testament. Community, Cross, New Creation: A Contemporary Introduction to New Testament Ethics*. New York: HarperCollins, 1996.

________. *Reading Backwards Figural Christology and the Fourfold Gospel Witness*. Waco, Texas: Baylor University Press, 2014.

________. *Echoes of Scripture in the Gospels*. Waco, Texas: Baylor University Press, 2016.

________. *Reading With the Grain of Scripture*. Grand Rapids, Michigan: Eerdmans, 2020.

Healey, J. "Repentence." In *ABD* 5. (Ed.) David Noel Freedman. New York: Doubleday, 1992: 671-72.

Hengel, M. *Was Jesus A Revolutionist?*. Philadelphia: Fortress, 1971.

________. Judaism and Hellenism. Philadelphia: Fortress Press, 1974.

________. *Crucifixion in the Ancient World and the Folly of the Message of the Cross*. Philadelphia: Fortress, 1977.

________. *The Charismatic Leader and His Followers*. Edinburgh: T. & T. Clark, 1981

________. *Studies in the Gospel of Mark*. London: SCM, 1985.

________. *The Cross of the Son of God*. SCM. 1986.

________. *The Zealots*. trans. David Smith. Edinburgh: T. & T. Clark. 1989.

________. "Jesus, the Messiah of Israel." In *Studies in Early Christology*. London: SCM, 1995: 1-72

Henten, W.V. "The First Testing of Jesus: a Rereading of Mark 1:12-13." *NTS* 45(1999): 349-66.

Holmén, T. A. "Contagious Purity." In *Jesus Research An International Perspective*. (Ed.) J.H. Charlesworth and P. Pokorný. Grand Rapids, Michigan, Eerdmans, 2009: 199-229.

Holmes, M.W. (ed. & trans.). *The Apostolic Fathers: Greek Texts and English Translations*. Grand Rapids, Michigan: Baker Books, 1999(2nd ed.).

Hooker, M.D. *The Gospel According To St. Mark*. BNTC; Peabody, MA:Hendrickson, 1991

________. "Mark's Parables of the Kingdom." In *The Challenge of Jesus' Parables*. (Ed.) R.N. Longenecker. Grand Rapids, Michigan: Eerdmans, 2000: 79-101.

Hoppe, R. "How Did Jesus Understand His Death?." In *Jesus Research An International Perspective*. (Ed.) James H. Charlesworth & Petr Pokkorný. Grand_Rapids, Michigan: Eerdmans, 2009: 154-169.

Horsley, R. and Hanson, J.S. *Bandits, Prophets and Messiah: Popular Movements in the Time of Jesus*. Minneapolis: Winston, 1985.

Horst, P.W. van der. "Can a Book End with γάρ? A Note on Mark xvi.8." *JTS* 23 (1972): 121-24.

Hoyle, R.A. "Scenarios, Discourse and Translation: The Scenario Theory of Cognitive Linguistics, Its Relevance for Analysing New Testament Greek and Modern Parkari Texts, and Its Implications for Translation Theory." Ph.D.diss., The University of Surrey Roehampton, 2001.

Hultgren, A.J. *Jesus and his Adversaries: The Form and Function of the Conflict Stories in the Synoptic Tradition*. Minneapolis: Augsburg, 1979.

Hurka, T. *Virtue, Vice, and Value*. Oxford: Oxford University Press, 2001.

Hurtado, L.W. *Lord Jesus Christ: Devotion to Jesus in Earliest Christianity*. Grand_Rapids, Michigan: Eerdmans, 2005.

________. *God: In New Testament Theology*. Nashville, TN: Abingdon Press, 2010.

________. *Ancient Jewish Monotheism and Early Christian Jesus-Devotion: The Context and Character of Christological Faith*. Waco, Texas: Baylor University Press, 2017.

________. *Mark*. Grand Rapids, Michigan: Baker, 1995. 『마가복음』. 이여진 옮김. 서울: 성서유니온, 2020.

Iersel, B. van. *Reading Mark*. Edinburgh: T. & T. Clark, 1989.

________. *Mark: A Reader-Response Commentary*. JSNTS 164; Sheffield Academic Press, 1998.

Isaac (a), B. *The Limits of Empire: The Roman Army in the East*. Oxford: Oxford University Press, 1990.

Isaac (b), E. "1 (Ethiopic Apocalypse of) Enoch (Second Century B.C. - First Century A.D.) A New Translation and Introduction." In *OTP. vol. 1. Apocalyptic Literature and Testaments*. (Ed.) James H. Charlesworth. Garden City, N.Y.: Doubleday, 1983.

Iverson K.R. "A Further Word on Final Ga,r (Mark 16:8)." *CBQ* 26 (2006): 79-94.

Jefford, C.N. "Mark, John." In *ABD* 4. (Ed.) David Noel Freedman. Doubleday: New York, 1992: 557-58.

Jeremias, J. *Jesus' Promise to the Nations*. London: SCM, 1958.

________. *The Eucharistic Words of Jesus*. London: SCM, 1960.

________. *Jerusalem zur Zeit Jesu*. Göttingen: Vandenhoeck & Ruprecht, 1962. 『예수시대

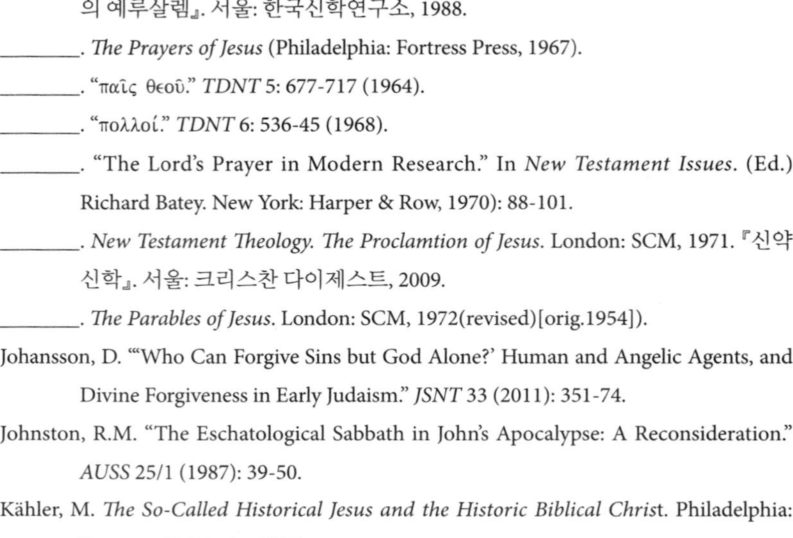

의 예루살렘』. 서울: 한국신학연구소, 1988.

________. *The Prayers of Jesus* (Philadelphia: Fortress Press, 1967).

________. "παῖς θεοῦ." *TDNT* 5: 677-717 (1964).

________. "πολλοί." *TDNT* 6: 536-45 (1968).

________. "The Lord's Prayer in Modern Research." In *New Testament Issues*. (Ed.) Richard Batey. New York: Harper & Row, 1970): 88-101.

________. *New Testament Theology. The Proclamtion of Jesus*. London: SCM, 1971. 『신약신학』. 서울: 크리스찬 다이제스트, 2009.

________. *The Parables of Jesus*. London: SCM, 1972(revised)[orig.1954]).

Johansson, D. "'Who Can Forgive Sins but God Alone?' Human and Angelic Agents, and Divine Forgiveness in Early Judaism." *JSNT* 33 (2011): 351-74.

Johnston, R.M. "The Eschatological Sabbath in John's Apocalypse: A Reconsideration." *AUSS* 25/1 (1987): 39-50.

Kähler, M. *The So-Called Historical Jesus and the Historic Biblical Chris*t. Philadelphia: Fortress, 1964(orig. 1892).

Kee, H.C. "Testament of the Twelve Patriarchs." In *OTP. vol. 1. Apocalyptic Literature and Testaments*. (Ed.) James H. Charlesworth. Garden City, N.Y.: Doubleday, 1983.

Keel, O. *The Symbolism of the Biblical World Ancient Near Eastern Iconography and the Book of Psalms*. Indiana: Eisenbrauns, 1997.

Keith, C, "Early Christian Book Culture and the Emergence of the First Written Gospel." In *Mark, Manuscripts, and Monotheism: Essays in Honor of Larry W. Hurtado*. (Eds.) C. Keith and D.T. Roth. Edinburgh: T. & T. Clark, 2014: 22-39.

Kelber, W.H. *Mark's Story of Jesus*. Philadelphia: Fortress, 1979. 『마가의 예수 이야기』. 서울: 한국신학연구소, 1987.

________. *The Oral and the Written Gospel: the Hermeneutics of Speaking and Writing in the Synoptic Tradition, Mark, Paul, and Q*. Philadelphia: Fortress, 1983.

Kermode, F. *The Genesis of Secrecy: On the Interpretation of Narrative*. Cambridge, MA / London, Uk: Harvard University Press, 1979.

King, P.J. and Stager, L.E. *Life in Biblical Israel*. Louisville. Kentucky, WJKP, 2001.

Kingsbury, J.D. "'God' Within the Narrative World of Mark," in *The Forgotten God: Perspectives in Biblical Theology*. (Ed.) A. Andrew Das and Frank J. Matera. Louisville: Westminster John Knox, 2002): 75-89.

Klawans, J. *Impurity and Sin in Ancient Judaism*. Oxford: Oxford University Press, 2000.

Kloner, A. "Did a Rolling Stone Close Jesus' Tomb?" *BAR* 25/5 (1999): 22-29.

Klosinski, L.E. "Meals in Mark." Ph.D. diss., The Claremont Graduate School, 1988.

Knox, J. *The Humanity and Divinity of Christ: A Study of Pattern in Christology*. Cambridge: Cambridge University Press, 1967.

Krämer, H. "γωνία." *EDNT* 1. (Eds. Horst Balz and Gerhard Schneider). Edinburgh: T. & T. Clark, 1990: 267-69.

Kuhn (a), K.A. "The 'One like a Son of Man' Becomes the 'Son of God.'" *CBQ* 69/1 (2007): 22-42.

Kuhn (b), K.G. "The Lord's Supper and the Communal Meal at Qumran." In *The Scrolls and the New Testament*. (Ed.) K. Stendahl. New York: Harper_and Brothers, 1975: 65-93.

Kutsch, E. "הוֹן." *TDOT* 3 (1975): 364-68.

Lakoff, G and M. Johnson, *Metaphors We Live By*. Chicago, Illinois: The University of Chicago Press, 1980. 『삶으로서의 은유』. 노양진·나익주 옮김. 서울: 박이정, 2006.

Lövestam, E. *Jesus and 'this Generation': A New Testament Study*. CB 25; Stockholm: Almqvist & Wiksell International, 1995.

Lohse, E. *Umwelt des Neuen Testaments*. Göttingen: Vandenhoeck 7 Ruprecht, 1971. 『신약성서배경사』. 서울: 대한기독교출판사, 1983.

Lane, W. *The Gospel of Mark*. NICNT; Grand Rapids: Eerdmans, 1974.

Laughlin, J.C.H. "Capernaum from Jesus' Time and After." *BAR* 19 (1993): 54-63.

Lee, H.I.A. *From Messiah to Preexistent Son*. Eugene: Wipf & Stock, 2005.

Lichtenberger, H. 『초기 유대교와 신약의 교회』. 배재욱 엮음. 장승익, 문배수, 박성호 옮김. 서울: CLC, 2020.

Lightfoot, R.H. *The Gospel Message of St. Mark*. Oxford: Oxford University Press,1950.

Lincoln, A.T. "From Sabbath to Lord's Day: A Biblical and Theological Perspective." In *From Sabbath to Lord's Day: A Biblical, Historical and Theological Investigation*. (Ed.) D.A. Carson. Grand Rapids, Michigan: Zondervan, 1982:_343-412.

Louw, J.P. and Nida, E.A. *Greek-English Lexicon of the New Testament: Based on Semantic Domains*. New York: United Bible Society, 1988.

Lust, J. et al. *A Greek-English Lexicon of the Septuagint*. Deutsche Bibelgesellschaft, 1996.

Luz, U. "βασιλεία." *EDNT* 1. (Eds.) Horst Balz and Gerhard Schneider. Edinburgh: T. & T. Clark, 1990: 267-69.

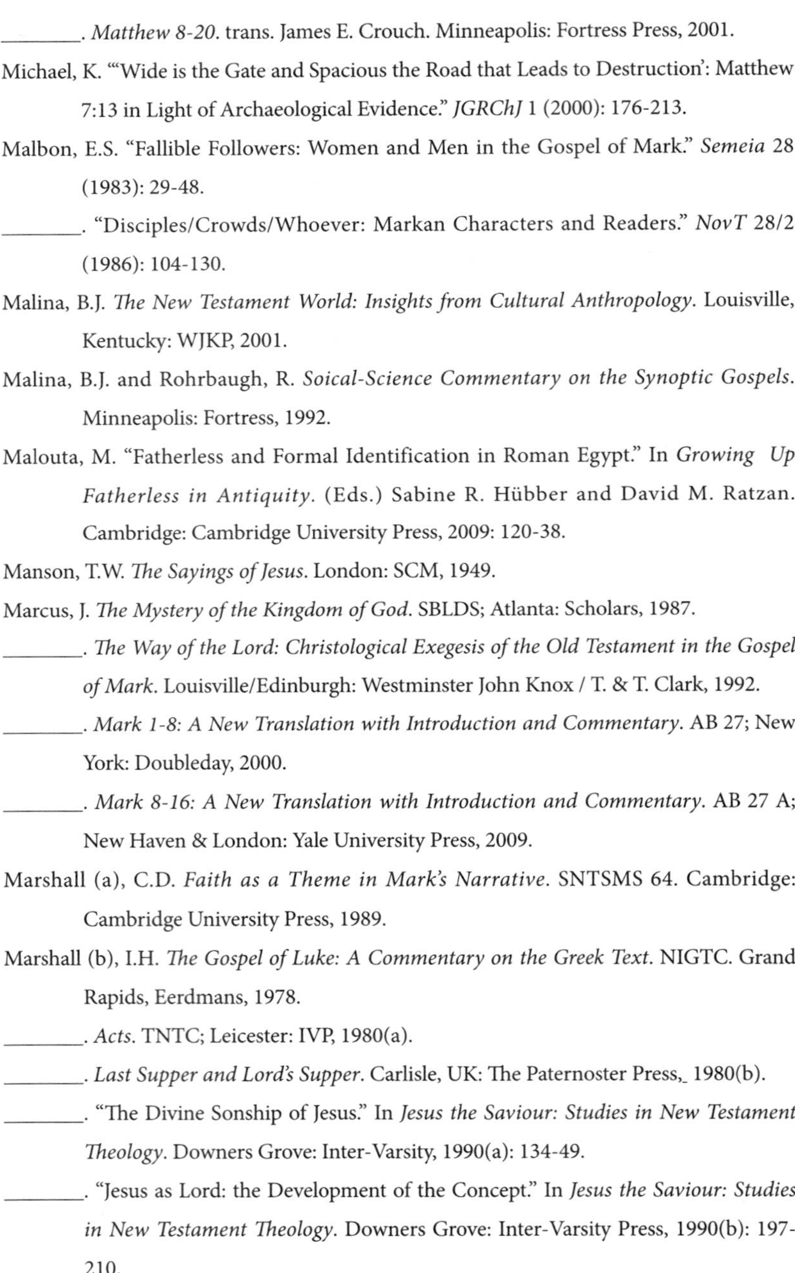

________. *Matthew 8-20*. trans. James E. Crouch. Minneapolis: Fortress Press, 2001.

Michael, K. "'Wide is the Gate and Spacious the Road that Leads to Destruction': Matthew 7:13 in Light of Archaeological Evidence." *JGRChJ* 1 (2000): 176-213.

Malbon, E.S. "Fallible Followers: Women and Men in the Gospel of Mark." *Semeia* 28 (1983): 29-48.

________. "Disciples/Crowds/Whoever: Markan Characters and Readers." *NovT* 28/2 (1986): 104-130.

Malina, B.J. *The New Testament World: Insights from Cultural Anthropology*. Louisville, Kentucky: WJKP, 2001.

Malina, B.J. and Rohrbaugh, R. *Soical-Science Commentary on the Synoptic Gospels*. Minneapolis: Fortress, 1992.

Malouta, M. "Fatherless and Formal Identification in Roman Egypt." In *Growing Up Fatherless in Antiquity*. (Eds.) Sabine R. Hübber and David M. Ratzan. Cambridge: Cambridge University Press, 2009: 120-38.

Manson, T.W. *The Sayings of Jesus*. London: SCM, 1949.

Marcus, J. *The Mystery of the Kingdom of God*. SBLDS; Atlanta: Scholars, 1987.

________. *The Way of the Lord: Christological Exegesis of the Old Testament in the Gospel of Mark*. Louisville/Edinburgh: Westminster John Knox / T. & T. Clark, 1992.

________. *Mark 1-8: A New Translation with Introduction and Commentary*. AB 27; New York: Doubleday, 2000.

________. *Mark 8-16: A New Translation with Introduction and Commentary*. AB 27 A; New Haven & London: Yale University Press, 2009.

Marshall (a), C.D. *Faith as a Theme in Mark's Narrative*. SNTSMS 64. Cambridge: Cambridge University Press, 1989.

Marshall (b), I.H. *The Gospel of Luke: A Commentary on the Greek Text*. NIGTC. Grand Rapids, Eerdmans, 1978.

________. *Acts*. TNTC; Leicester: IVP, 1980(a).

________. *Last Supper and Lord's Supper*. Carlisle, UK: The Paternoster Press,_ 1980(b).

________. "The Divine Sonship of Jesus." In *Jesus the Saviour: Studies in New Testament Theology*. Downers Grove: Inter-Varsity, 1990(a): 134-49.

________. "Jesus as Lord: the Development of the Concept." In *Jesus the Saviour: Studies in New Testament Theology*. Downers Grove: Inter-Varsity Press, 1990(b): 197-210.

________. *The Origins of New Testament Christology*. Leicester: IVP, 1976. 『신약 기독론의 기원』. 배용덕 옮김. 서울: 기독교문서선교회, 1999.

Martin, T.W. "Watch During the Watches." *JBL* 120.4 (2001): 685-701.

Martínez, F.G. *The Dead Sea Scrolls Translated the Qumran Texts in English*. Leiden: Brill, 1992.

________ . "New Jerusalem at Qumran and in the New Testament." In *The Land of Israel in Bible, History, and Theology*. (Eds.) J.T.A.G.M. van Ruiten and Cor de Vos. Leiden/Boston: Brill, 2009: 277-89.

Marxsen, W. *Mark the Evangelist: Studies on the Redaction History of the Gospel*. Nashville: Abingdon, 1969.

Mattingly, H. *Coins of the Roman Empire in the British Museum*, vol 1, Augustus to Vitellius. London: British Museum, 1923.

Mauser, U. *Christ in the Wilderness: Wilderness Theme into the Second Gospel and Its Basis in the Biblical Tradition*. SBT 39. Naperville, Ill.: Alec R. Allenson,1963.

McCutcheon, R.W. "Silent Reading in Antiquity and the Future History of the Book." *BH* 19 (2015): 1-32.

McDonald, L. and Porter, S.E. *Early Christianity and Its Sacred Literature*. Peabody, Massachusetts: Hendrickson. 2000.

McDowell, S. *The Fate of the Apostles: Examining the Martyrdom Accounts of the Closest Followers of Jesus*. Surrey: Ashgate, 2015.

Meier, J.P. *A Marginal Jew: Rethinking the Historical Jesus*, vol. 2. New York: Doubleday, 1994.

________. *A Marginal Jew: Rethinking the Historical Jesus*, vol. 3. New York: Doubleday, 2001.

________. "The Historical Jesus and The Historical Herodians," *JBL* 119/4 (2000): 740-46.

Metzger, B. "The Fourth Book of Ezra." In *OTP. vol. 1. Apocalyptic Literature and Testaments*. (Ed.) James H. Charlesworth. Garden City, N.Y.: Doubleday, 1983.

________. *A Textual Commentary on the Greek New Testament*. Stuttgart: Deutsche Bibelgesellschaft, 2002.

Meyer, B. *The Aims of Jesus*. London: SCM, 1979.

Michael, K. "'Wide is the Gate and Spacious the Road that Leads to Destruction': Matthew 7:13 in Light of Archaeological Evidence." *JGRChJ* 1 (2000): 176-213.

Middleton, J.R. *New Heaven and a New Earth*. Grand Rapids, Michigan: Baker, 2014. 『새

하늘과 새 땅-변혁적 총체적 종말론 되찾기』, 이용중 옮김. 서울: 새물결플러스, 2015.

Milik, J.T. *The Books of Enoch: Aramaic Fragments of Qumrân Cave 4*. Oxford: Clarendon Press, 1976.

Moore, G.F. *Judaism in the First Centuries of the Christian Era*. Cambridge: Harvard University Press, 1954.

Morris, L. *The Gospel According to John*. NICNT; Grand Rapids, Michigan: Eerdmans, 1995.

Morrison, J.V. "Memory, Time, and Writing: Oral and Literacy Aspects of Thucydides' History." In *Oral Performance and Its Context*. Leiden: Brill, 2004: 95-116

Moule, C.F.D. "Mark 4:1-20 Yet Once More." In *Neotesamentica Et Semitica: Studies in Honour of Matthew Black*. (Eds.) E. Earle Ellis and Max Wilcox. Edinburgh: T. & T. Clark, 1969: 95-113.

________. *An Idiom Book of New Testament Greek*. Cambridge: Cambridge University Press, 1971.

Moulton, J.H. and Milligan, G. *Vocabulary of The Greek Testament*. Peabody, MA: Hendrickson, 1977.

Moxnes, H. *Putting Jesus in His Place. A Radical Vision of Household and Kingdom*. Louisville, Kentucky: WJKP. 2003.

Myers, C. *Binding the Strong Man. A Political Reading of Mark's Story of Jesus*. New York: Orbis, 1990.

Nasmith, D. (Ed.). *Outline of Roman History: From Romulus to Justinian*. London: Hardpress, 1890.

Neirynck, F. *Duality in Mark: Contributions to the Study of the Markan Redaction*. BETL 31; Louvain: Louvain University Press, 1972.

Neusner, J. *The Rabbinic Traditions about the Pharisees before 70*, Vol. III. Leiden: E. J. Brill, 1971.

________. *From Politics to Piety*. Prentice-Hall: Englewood Cliffs, 1973.

________. "The Idea of Purity in Ancient Judaism." *JAAR* 43 (1975): 15-26.

________. "'First Cleanse the Inside.'" NTS 22 (1976): 486-96.

________. "Two Pictures of the Pharisees: Philosophical Circle or Eating Club?." *ATR* 64 (1982), 525-38.

Neyrey, J.H. "Ceremonies in Luke-Acts: The Case of Meals and Table Fellowship." In *The*

Social World of Luke-Acts: Models for Interpretation. (Ed.) Jerome H. Neyrey. Peaboddy, MA: Hendrickson, 1991.

Nickelsburg, G.W.E. *Jewish Literature Between the Bible and The Mishnah*. Philadelphia: Fortress, 1981.

Nineham, D.E. *Saint Mark*. Middlesex: Penguin, 1963.

Nygaard, M. *Prayers in the Gospels A Theological Exegesis of the Ideal Prayer*. Leiden: Brill, 2012.

Oden, T.C. and Hall, C.A. (ed). *Mark. Ancient Christian Commentary on Scripture II*. NT vol.II. Downers Grove, Illinois: IVP, 2005.

Ogg, G. "The Chronology of the Last Supper." In *History and Chronology in the NT*. (Ed.) D.E. Nineham et al. London: SPCK, 1965: 75-96.

Ong, W.J. *Orality and Literacy: The Technologizing of the Word*. New York: Methuen, 1982.

Osborne, G.R. "Structure and Christology in Mark 1:21-45." In *Jesus of Nazareth: Lord and Christ: Essays on the Historical Jesus and New Testament Christology* (Ed. Joel B. Green and Max Turner; Grand Rapids, Michigan: Eerdmans, 1994), 147-63.

Pannenberg, W. *Jesus-God and Man*. trans. Lewis L. Wilkins and Duane A. Priebe. Philadelphia: The Westminster Press, 1975.

Park, Yoon-Man. *Mark's Memory Resources and the Controversy Stories (Mk 2:1-3:6): an Application of Frame Theory of Cognitive Science into the Markan Oral-Aural Narrative*. Leiden/Boston: Brill, 2010.

Parker, H.M.D. *The Roman Legions*. Cambridge: W. Heffer and Sons, 1958.

Perkins, P. *Resurrection: New Testament Witness and Contemporary Reflection*. Garden City, N.Y.: Doubleday, 1984.

Perrin, N. *The New Testament: An Introduction*. New York: Harcourt Brace Jovanovich, 1974.

________. "Toward and Interpretation of the Gospel of Mark." In *Christology and a Modern Pilgrimage: A Discussion with Norman Perrin*. (Ed.) H.D. Betz. Claremont: The New Testament Colloquium, 1971: 1-79.

Petersen (a), D.L. *Zechariah 9-14 and Malachi: A Commentary*. OTL; Louisville, KY: Westminster John Knox Press, 1995.

Petersen (b), N.R. "When is the End not the End? Literary Reflections on the Ending of

Mark's Narrative." *Interpretation* 34 (1980 [a]): 151-66.

_______. "The Composition of Mark 4:1-8:26." *HTR* 73 (1980 [b]): 185-217.

Pilch, J. *Healing in the New Testament: Insights from Medical and Mediterranean Anthropology*. Minneapolis: Fortress Press, 2000.

Porter, S.E. *Idioms of the Greek New Testament*. 2nd ed. Sheffield: Sheffield Academic Press, 1994.

_______. "Jesus and the Use of Greek in Galilee." In *Studying the Historical Jesus Evaluations of the State of Current Research*. (Ed.) Bruce Chilton & Craig A. Evans. Leiden: Brill, 1998: 123-54.

_______. "Greek of the New Testament." In *Dictionary of New Testament Background*. (Eds.) Craig a. Evans & Stanley E. Porter. Leicester: Inter Varsity Press, 2000: 426-35.

_______. "θαυμάζω in Mark 6:6 and luke 11:38: A Note on Monosemy." *BAGL* 2 (2013): 75–79.

_______. *Sacred Tradition in the New Testament. Tracing Old Testament Themes in the Gospels and Epistles*. Grand Rapids, Michigan: Baker Academic, 2016.

Priest, J. "Testament of Moses." In *OTP. vol. 1. Apocalyptic Literature and Testaments*. (Ed.) James H. Charlesworth. Garden City, N.Y.: Doubleday, 1983.

Radcliffe, T. "The Coming of the Son of Man: Mark's Gospel and the Subversion of the Apocalyptic Imagination." In *Language, Meaning and God*. (Ed.) B. Davies and F. Herbert McCabe; London: Chapman, 1987: 167-89.

Rahmani, L.Y. "Ancient Jerusalem's Funerary Customs and Tombs." *BA* 44 (1981): 171-77, 229-35.

_______. "Ancient Jerusalem's Funerary Customs and Tombs." *BA* 45 (1982): 43-53, 109-119.

Rawlinson, A.E.J. *St. Mark*. 7th ed. London: Methuen 1949(ori. 1925).

Reed (a), J. "Identifying Theme in the New Testament: Insights from Discourse Analysis." In *Discourse Analysis and Other Topics in Biblical Greek*. (Ed.) S. E. Porter & D. A. Carson. JSNTSup, 113; Sheffield: Sheffield Academic Press, 1995: 75-101.

Reed (b), L.J. *Archaeology and the Galilean Jesus: A Re-examination of the Evidence*. Harrisburg, Pennsylvania: Trinity Press International, 2000.

Reicke, B. *The New Testament Era: The World of the Bible from 500 B.C. to A.D. 100*. Philadelphia: Fortress, 1964.

________. "Gehenna." In *The Oxford Companion to the Bible*. (Eds.) Bruce M. Metzger and Michael D. Coogan. Oxford: Oxford University Press, 1993: 243.

Reinhardt, W. "The Population Size of Jerusalem and the Numerical Growth of the Jerusalem Church." In *The Book of Acts in Its Palestinian Setting*. (Ed.) Richard Bauckham. Grand Rapids, Michigan: Eerdmans, 1995: 237-65.

Rhoads, D. et al. *Mark as Story*. 2nd ed. Minneapolis: Fortress, 1999.

Richardson (a), A. *The Political Christ*. Philadelphia: Westminster, 1973.

Richardson (b), P. "Jewish Galilee." In *Redefining First-Century Jewish and Christian Identities: Essays in Honor of Ed Parish Sanders*. (Eds.) Fabian E. Udoh. Notre Dame, Indiana: University of Notre Dame Press, 2008: 213-226.

Ricoeur, P., Crossan, J.D., Dornisch, L (Eds.). *Semeia 4: Paul Ricoeur on Biblical Hermeneutics*. Missoula, MT.: Scholars Press, 1974.

Risenfeld, H. "The Sabbath and the Lord's Day in Judaism, the Preaching of Jesus and Early Christianity." In *The Gospel Tradition*. Oxford: Blackwell, 1970:111-37

Robbins, V.K. "Plucking Grain on the Sabbath." In *Patterns of Persuasion in the Gospels*. (Ed.) Burton L. Mack & Vernon K. Robbins. California: Polebridge Press, 1989.

________ . *Jesus the Teacher: A Socio-Rhetorical Interpretation of Mark*. Minneapolis: Fortress Press 1992.

Robertson, A.T. *A Grammar of the Greek New Testament in the Light of Historical Research*. Nashville, Tennessee: Broadman Press, 1934.

Robinson, J.M. *The Problem of History in Mark*. SBT 21; London: SCM, 1957.

Rordorf, W. *Sunday: The History of the Day of Rest and Worship in the Earliest Centuries of the Christian Church*. London: SCM, 1968.

Robinson, O.F. *The Criminal Law of Ancient Rome*. Baltimore: Johns Hopkins University Press, 2000.

Roskam, H.N. *The Purpose of the Gospel of Mark in its Historical and Social Context*. Leiden/Boston: Brill, 2004.

Safrai, S. "Home and Family." In *The Jewish People in the First Century: Historical Geography, Political History, Social, Cultural and Religious Life and Institutions*. vol. 2. (Ed.) Shemuel Safrai and M. Stern. Philadelphia: Fortress, 1976.

Saldarini, A.J.J. *Pharisees, Scribes and Sadducees in Palestinian Society*. Grand Rapids, Michigan: Eerdmans, 2001.

Sanders. E.P. *Paul and Palestinian Judaism: A Comparison of Patterns of Religion*.

Philadelphia: Fortress Press, 1977.

________. *Jesus and Judaism*. Philadelphia: Fortress, 1985.

________. *Judaism: Practice and Belief, 63 BCE-66 CE*. Philadelphia: Fortress, 1992.

________. *The Historical Figure of Jesus*. London: Penguim, 1993.

Sandmel, S. *Judaism and Christian Beginnings*. New York: Oxford University Press, 1978.

Saussure, F. *Course in General Linguistics*. New York: McGraw-Hill, 1959.

Schille, G. "Γερασηνός, Γεδαρηνός, Γεργεσηνός", *EDNT* 1.

Schams, C. *Jewish Scribes in the Second-Temple Period*. JSOTSup 291; Sheffield: Sheffield Academic Press, 1998.

Schmidt, T.E. "Taxes." In *Dictionary of Jesus and the Gospels*. (Ed.) Joel B. Green et al. Leicester: InterVarsity Press, 1992. 804-7.

________. "Mark 15:16-32: The Crucifixion Narrative and the Roman Triumphal Procession." *NTS* 41 (1995): 1-18.

Schweitzer, A. *The Quest of Historical Jesus: A Critical Study of Its Progress from Reimarus to Wrede*. London: Black, 1952. orig. 1906.

Scott, B.B. *Hear Then the Parable: A Commentary on the Parables of Jesus*. Minneapolis: Fortress, 1989.

Schuller, E.M. "The Psalm of 4Q372.1 Within the Context of 2nd Temple Prayer: Genre and Prosody of Jewish and Christian Piety in Psalmody." *CBQ* 54 (1992): 67-79.

Schürer, E. *The History of the Jewish People in the Age of Jesus Christ* (175 B.C.-A.D.135). Vols 1 & 2. (Ed.) G. Vermes, F.Millar, and M.GoodmanEdinburgh: T.&T. Clark, 1973-87.

Segal, A.F. *Life After Death: A History of the Afterlife in Western Religion*. New York; London: Doubleday, 2004.

Seal, W.O. "The Parousia in Mark: A Debate with Norman Perrin and His 'School.'" Doctoral Dissertation. Union Theological Seminary in the City of New York, 1983.

Setzer, C. "Excellent Women: Female Witness to the Resurrection." *JBL* (1997) 116/2: 259-72.

Shepherd, T. *Markan Sandwich Stories: Narration, Definition, and Function*. Berrien Springs, Michigan: Andrews University Press, 1993.

Sherwin-White. A.N. *Roman Society and Roman Law in the New Testament*. Oxford: Clarendon, 1963.

Shiner, W. *Proclaiming the Gospel. First-Century Performance of Mark*. Harrisburg: Trinity Press International, 2003.

Sim, D.C. "The Women Followers of Jesus: The Implications of Luke 8:1-3." *HeyJ* 30(1989).

Smith (a), J.Z. *To Take Place*. Chicago: University of Chicago Press, 1978. Reprinted, 1993.

Smith (b), M. "Zealots and Sicarii, Their Origins and Relation." *HTR* 64 (1971):

________ 1-19.

Smith (c), D.E. "Table Fellowship as a Literary Motif in the Gospel of Luke." *JBL* 106 (1987): 613-38.

Snodgrass, K. *The Parable of the Wicked Tenants*. WUNT 27; Tübingen: Mohr, 1983.

Stagg, Evelyn and Frank. *Woman in the World of Jesus*. Philadelphia: The Westminster Press, 1978.

Starobinski, J. "The Struggle with Legion: A Literary Analysis of Mark 5:1-20." *NLH* (1973): 331-356.

Stauffer, E. *Jesus and His Story*. New York: Knopf, 1959.

Stegner, W.R. "Wilderness and Testing in the Scrolls and in Matthew 4:1-11." *BR* 12 (1967): 18-27.

Stein, R. *Mark*. Grand Rapids, Michigan: Baker Academic, 2008.

Stendahl, K. *The Scrolls and the New Testament*. New York: Crossroad, 1957.

Stock, A. "Hinge Transitions in Mark's Gospel." *BTB* 15 (1985): 27-31.

Strange, J.F. "Tombs, the New Testament, and the Archaeology of Religion." *RE* 106 (2009): 399-419.

Straus, A. "Slaves and Slavery in the Roman Period." In *Law and Legal Practice in Egypt from Alexander to the Arab Conquest: A Selection of Papyrological Sources in Translation, with Introductions and Commentary*. (Eds.) James G. Keenan et al. Cambridge: Cambridge University Press, 2014: 455.

Stuhlmacher, P. *Jesus Nazareth - Christ of Faith*, trans. Siegfried Schatzmann. Peabody, Massachusetts, Hendrickson: 1993 (orig. 1988).

Swartley, W.M. *Israel's Scripture Traditions and the Synoptic Gospels: Story Shaping Story*. Peabody, Massachusetts: Hendrickson, 1994.

Suter, D.W. *Tradition and Composition in the Parables of Enoch*. Missoula, MT: Scholars Press, 1979.

Taussig, H. *In the Beginning was the Meal: Social Experimentation and Early Christian Identity*. Minneapolis: Fortress Press, 2009. 『기독교는 식사에서 시작되었다: 사

회적 실험 그리고 초기 기독교의 정체성』. 조익표, 조영희, 장연진, 이난희 옮김. 서울: 동연, 2018

Taylor, V. *Forgiveness and Reconciliation. A Study in New Testament Theology*. London: Macmillan, 1948.

________. *The Gospel According to st. Mark*. 2nd ed. London: Macmillan, 1966.

Telford, W. *The Barren Temple and the Withered Tree: A Redaction-critical Analysis of the Cursing of the Fig-tree Pericope in Mark's Gospel and Its Relation to the Cleansing of the Temple Tradition*. JSNTSup 1. Sheffield: JOST Press, 1980.

Theissen, G. *The Miracle Stories of the Early Christian Tradition*. Edinburgh: T. & T. Clark, 1983.

________. *The Gospels in Context: Social and Political History in the Synoptic Tradition*. Minneapolis: Fortress, 1991.

________. *Social Reality and the Early Christians: Theology, Ethics, and the World of the New Testament*. Edinburgh: T. & T. Clark, 1993.

________. "Jesus as an Itinerant Teacher: Reflections from Social History on Jesus' Role." In *Jesus Research: An International Perspective. The FirstPrinceton-Prague Symposium on Jesus Research*, Prague 2005. (Ed.) James H. Charlesworth & Petr Pokorný. Grand Rapids, Michigan: Eerdmans, 2009: 98-122.

Thompson, M.M. *The Promise of the Father*. WJKP: Louisville, Kentucky, 2000.

Thiselton, A.C. "Semantics and New Testament Interpretation," In *New Testament Interpretation*. (Ed.) I. H. Marshall. Grand Rapids, Michigan: Eerdmans, 1977: 75-104.

Tolbert, M.A. *Sowing the Gospel: Mark's World in Literary-Historical Perspective*. Minneapolis: Fortress Press, 1989.

Turner (a), C.H. "Marcan Usage: Notes Critical and Exegetical, on the Second Gospel. The Movement of Jesus and His Disciples and the Crowd." *JTS* 26(1925): 225-40.

Turner (b), N. *A Grammar of New Testament Greek*. Edinburgh: T. & T. Clark, 1976.

Twelftree, G.H. "Scribes." In *Dictionary of Jesus and the Gospels*. (Ed.) Joel B. Green, at al. Downers Grove, Illinois: IVP, 1992: 732-36.

________. *Jesus the Exorcist: A Contribution to the Study of the Historical Jesus*. Tübingen: J.C.B. Mohr (Paul Siebeck), 1993. 『귀신 축출자 예수』. 이성하 옮김. 대전:대장간, 2013.

Tzaferis, V. "A Pilgrimage to the Site of the Swine Miracle." *BARev* 15/2 (1989): 45-51.

VanderKam, J.C. "Righteous One, Messiah, Chosen One, and Son of Man in 1 Enoch 37-71." in *The Messiah*. Edited by James H. Charlesworth. Minneapolis: Fortress Press, 2010: 169-91.

VanGemeren, A. Willem, *Interpreting the Prophetic Word*. Grand Rapids, Michigan: Zondervan, 1990.

Veyne, P. (Ed.). *A History of Private Life From Pagan Rome to Byzantium*. Trans. Arthur Gold hammer. Cambridge, Massachusetts: The Belknap Press of Harvard University Press, 1987.

Vermes, G. *Jesus the Jew: A Historian's Reading of the Gospels*. Philadelphia: Fortress, 1973.

________. *The Dead Sea Scrolls in English*. 3rd ed. Middlesex: Penguin Books, 1987

Volf, M. *Exclusion and Embrace*. Nashville, Tennessee: Abingdon, 1996. 『배제와 포용』. 서울: IVP, 2012.

Waddell, J.A. *The Messiah: A Comparative Study of the Enochic Son of Man and the Pauline Kyrios*. London/New York: Bloomsbury T. & T. Clark, 2011.

Walck, L.W. *The Son of Man in the Parables of Enoch and in Matthew*. London/New York: Bloomsbury T. & T. Clark, 2011.

Walker (a), P.W.L. *Jesus and the Holy City: New Testament Perspectives on Jerusalem*. Grand Rapids, Michigan: Eerdmans, 1996.

Walker (b), W.O. "Jesus and the Tax Collectors." *JBL* 97.2 (1978): 221-38.

Watson, G.R. *The Roman Soldier*. Ithaca: Cornell University Press, 1969.

Watts, R.E. *Isaiah's New Exodus in Mark*. Tübingen: Mohr Siebeck, 1997.

Webb, R.L. "John the Baptist and His Relationship to Jesus." In *Studying the Historical Jesus Evaluations of the State of Current Research*. (Ed.) Bruce Chilton & Craig A. Evans. Brill: Leiden/Boston, 1998: 179-230.

Webster, G. *The Roman Imperial Army of the First and Second Centuries A.D.* 3rd ed. London: A & C Black, 1985.

Weder, H. *ἑκατόν*. *EDNT* 1. (Eds.) Horst Balz and Gerhard Schneider). Edinburgh: T. & T. Clark, 1990: 404.

Weeden, T.J. *Mark – Traditions in Conflict*. Philadelphia: Fortress Press, 1971.

Wefald, R.K. "The Separate Gentile Mission in Mark: a Narrative Explanation of Markan Geography, the Two Feeding Accounts and Exorcisms." *JSNT* 60 (1996): 3-26.

Weiser, A. "διάκονος." *EDNT* 1. (Eds.) Horst Balz and Gerhard Schneider. Edinburgh: T. &

T. Clark, 1990: 304.

Whybray, R.N. *Isaiah 40-66*. Grand Rapids, Michigan: Eerdmans, 1975.

Witherington, B. and Ice, L.M. *The Shadow of the Almighty: Father, Son and Spirit in Biblical Perspective*. Grand Rapids, Michigan: Eerdmans, 2002.

_______. *The Jesus Quest: The Third Search for the Jew of Nazareth*. 2nd ed. Downers Grove: InterVarsity 1997.

_______. *The Gospel of Mark: A Socio-Rhetorical Community*. Grand Rapids, Michigan: Eerdmans, 2001.

Wrede, W. *The Messianic Secret*. Cambridge: James Clark, 1971 [orig. 1901].

Wright, N.T. *The New Testament and The People of God*. Minneapolis: Fortress, 1992.

_______. *Jesus and the Victory of God*. Minneapolis: Fortress Press, 1996.

_______. "The Transforming Reality of the Bodily Resurrection." In *The Meaning of Jesus: Two Visions*. (Ed.) Marcus Borg and N.T. Wright. New York: HarperCollins, 1998: 111-28.

_______. *The Challenge of Jesus*. London: SPCK, 2000.

_______. *The Resurrection of the Son of God*. Minneapolis: Fortress Press, 2000.

_______. *Mark for Everyone*. London: WJKP, 2004.

_______. *Paul and the Faithfulness of God*. Minneapolis: Fortress Press, 2013.

Yadin, Y. *Bar-Kokhba; The Rediscovery of the Legendary Hero of the Last Jewish Revolt Against Imperial Rome*. New York: Random House, 1971.

Zerwick, S.J.M. *Biblical Greek*. Rome: Reeditio photomechanica, 1982.